D1745928

Betriebssysteme

Eduard Glatz, Prof. Dr. sc., studierte an der ETH in Zürich Elektrotechnik und Betriebswissenschaften. Nach 16 Jahren Berufspraxis in der Industrie und in Ingenieurunternehmungen wurde er 1996 an die Hochschule für Technik (FH Ostschweiz) in Rapperswil berufen. Seine Lehrgebiete sind Betriebssysteme und Systemsoftware. Daneben ist er in der Forschung und in der Beratung tätig.

Papier plus+ PDF.

Zu diesem Buch – sowie zu vielen weiteren dpunkt.büchern – können Sie auch das entsprechende E-Book im PDF-Format herunterladen. Werden Sie dazu einfach Mitglied bei dpunkt.plus+:

www.dpunkt.de/plus

Eduard Glatz

Betriebssysteme

Grundlagen, Konzepte, Systemprogrammierung

3., überarbeitete und aktualisierte Auflage

dpunkt.verlag

Eduard Glatz
eduard.glatz@hsr.ch

Lektorat: Christa Preisendanz
Copy-Editing: Ursula Zimpfer, Herrenberg
Herstellung: Frank Heidt
Umschlaggestaltung: Helmut Kraus, www.exclam.de
Druck und Bindung: Media-Print Informationstechnologie, Paderborn

Bibliografische Information der Deutschen Nationalbibliothek
Die Deutsche Nationalbibliothek verzeichnet diese Publikation in der Deutschen Nationalbibliografie; detaillierte bibliografische Daten sind im Internet über http://dnb.d-nb.de abrufbar.

ISBN 978-3-86490-222-2

3., überarbeitete und aktualisierte Auflage 2015
Copyright © 2015 dpunkt.verlag GmbH
Wieblinger Weg 17
69123 Heidelberg

Die vorliegende Publikation ist urheberrechtlich geschützt. Alle Rechte vorbehalten. Die Verwendung der Texte und Abbildungen, auch auszugsweise, ist ohne die schriftliche Zustimmung des Verlags urheberrechtswidrig und daher strafbar. Dies gilt insbesondere für die Vervielfältigung, Übersetzung oder die Verwendung in elektronischen Systemen.
Es wird darauf hingewiesen, dass die im Buch verwendeten Soft- und Hardware-Bezeichnungen sowie Markennamen und Produktbezeichnungen der jeweiligen Firmen im Allgemeinen warenzeichen-, marken- oder patentrechtlichem Schutz unterliegen.
Alle Angaben und Programme in diesem Buch wurden mit größter Sorgfalt kontrolliert. Weder Autor noch Verlag können jedoch für Schäden haftbar gemacht werden, die in Zusammenhang mit der Verwendung dieses Buches stehen.
5 4 3 2 1 0

Vorwort zur 3. Auflage

Seit der Erstauflage dieses Lehrbuches, die Ende 2005 entstand, hat das Thema der Betriebssysteme nichts an Aktualität verloren. Vielmehr sind Betriebssysteme als Basissoftware von Smartphones und Embedded Systems fortlaufend in neue Anwendungsbereiche vorgestoßen. Entsprechend stellen Betriebssysteme einen obligatorischen Bestandteil einer Informatikausbildung auf Hochschulstufe dar. So gelten eine Mehrheit der in diesem Buch erfassten Themen in den von ACM und IEEE im Dezember 2013 aktualisierten *Computer Science Curricula* als *Core-Tier-1- und -Tier-2*-Inhalte, d.h., als Kernthemen eines Informatik-Bachelorstudiums.

Dieses Buch nutzt zwei Betrachtungswinkel: Einerseits ist dies die Sicht auf die Programmierschnittstelle eines Betriebssystems, also die Blackbox-Betrachtung des Softwareentwicklers. Andererseits werden die dahinter steckenden Prinzipien, Algorithmen und Mechanismen beschrieben, was der Whitebox-Betrachtung des Ingenieurs entspricht. Ergänzend werden ein paar Grundlagen der Prozessortechnik vermittelt. Diese helfen die Schnittstelle zwischen Betriebssystem und Hardware besser zu verstehen. Als Beispiele dienen die Betriebssysteme Windows und Unix, deren kombinierte Kenntnis heute eine wichtige Anforderung der Praxis darstellt. Als Hilfe für Dozierende stehen auf der Buch-Website `http://unix.hsr.ch` Übungsaufgaben mit Lösungen, alle Abbildungen des Buches und etliche Vorlesungfolien in elektronischer Form zur Verfügung.

Für die aktuelle Auflage wurde das Buch gesamthaft überarbeitet, teilweise neu gegliedert und zu Beginn jedes Kapitels mit kompetenzorientierten Lernzielen versehen. Die gestiegene Bedeutung der Mobilbetriebssysteme und der Rechnervirtualisierung wurde gebührend berücksichtigt, indem diese Themen nun in eigenen Kapiteln behandelt werden. Einen Einblick in mögliche zukünftige Systemarchitekturen gibt die Darstellung der aktuellen Forschung bzw. deren Erkenntnisse. Abschließend bedanke ich mich bei allen Personen, die mir bei der Realisierung dieses Buchprojektes geholfen haben.

Eduard Glatz
Urdorf, im Dezember 2014

Vorwort zur 1. und 2. Auflage

Obwohl heute Middleware-Systeme zur Verfügung stehen, die in vielen Fällen unabhängig von einem darunter laufenden Betriebssystem sind, ist die Betriebssystemthematik aus der Informatik-Grundausbildung aus verschiedenen Gründen nicht wegzudenken. Ohne Kenntnisse der hauptsächlichen Strukturen, Mechanismen und der Programmierschnittstelle eines Betriebssystems ist es nicht möglich, spezielle Systemdienste zu benutzen oder die Effizienz eines Systems zu optimieren. Es ist ein altes Ideal des Software Engineering, dass die hinter einer Schnittstelle stehende Implementierung als solche unwichtig ist und daher ignoriert werden soll. Auf Betriebssysteme bezogen würde dies heißen, nur die Programmierschnittstelle zu betrachten. Leider sind die dazugehörigen Beschreibungen praktisch immer minimal und befassen sich kaum mit den Konzepten der dahinter stehenden Implementierungen. Dies erschwert nicht nur ein tieferes Verständnis der Systemdienste, sondern kann auch zu einer inadäquaten Nutzung in komplexen Applikationen führen. Dieses Buch will Studierenden der Informatik und weiteren interessierten Personen die Grundlagen der Betriebssystemtheorie aus einer praktischen Perspektive näher bringen. Damit ist gemeint, dass nicht nur die Prinzipien von Betriebssystemen, sondern auch deren Nutzung bei der systemnahen Programmierung aufgezeigt werden. Dieser Ansatz entspricht der Idee des Bachelor-Studiums, das eine Berufsbefähigung nach drei Studienjahren anstrebt und die forschungsorientierte Ausbildung in die Master- und Doktoratstufe verschiebt.

Methodisch wird ein Weg zwischen der Betrachtung anfallender Probleme und ihren Lösungen auf einer theoretischen und einer praktischen Basis beschritten. Der Praxisbezug orientiert sich an den zwei am meisten verbreiteten Systemwelten, nämlich Unix und Windows. Kenntnisse der Prozessortechnik werden keine vorausgesetzt. Wo nötig werden die wichtigsten Prozessorgrundlagen erklärt, soweit sie für das Verständnis des Betriebssystems und der systemnahen Programmierung hilfreich sind. Die zahlreichen Beschreibungen von Systemfunktionen dienen dazu, die Programmbeispiele genau zu verstehen. Dies ist im Zeitalter der Java-Programmierung umso wichtiger, da eine gründliche Ausbildung in der Programmiersprache C nicht mehr vorausgesetzt werden kann, wenn auch C-Grundkenntnisse für dieses Buch notwendig sind. Im Weiteren verschaffen diese Beschreibungen einen Einstieg in die Systemdokumentationen, wie sie in Form der Unix-Handbuchseiten oder der MSDN-Beschreibungen (Microsoft Developer Network) für Windows vorliegen und erfahrungsgemäß für Neulinge nur schwer verständlich sind. Auf die Betrachtung von Computernetzen wird weitgehend verzichtet, da dieses Thema in einem Betriebssystembuch nur oberflächlich gestreift werden kann und ausgezeichnete Standardwerke zur Verfügung stehen. Dafür werden als Ergänzung die aktuellen Themen Multiprozessorsysteme, Handheld-Betriebssysteme und Virtualisierungstechnologien vorgestellt.

Als Hilfe für Dozierende stehen auf der Buch-Website http://unix.hsr.ch Übungsaufgaben mit Lösungen, alle Abbildungen des Buches und etliche Vorlesungsfolien in elektronischer Form zur Verfügung. Abschließend bedanke ich mich bei allen Personen, die mir bei der Realisierung dieses Buchprojektes geholfen haben.

Eduard Glatz
Urdorf, im August 2005

Neuheiten in der zweiten Auflage

Eine neue Auflage erlaubt nicht nur das Aktualisieren schnell veralteter Informationen, sondern auch das Einbringen von Erfahrungen und zusätzlichen Themen. Aktualisiert haben wir die Informationen zu Windows 7, Windows CE und Symbian OS. Die ausführlichen tabellarischen Beschreibungen zu den Systemfunktionen sind nun nicht mehr im Buch, sondern in einer PDF-Datei zusammengefasst auf der Buch-Website (http://unix.hsr.ch) verfügbar. Auf vielfältigen Wunsch wurde das Literaturverzeichnis ausgedehnt. Neue Themen betreffen u.a. die Linux-basierten Smartphone-Betriebssysteme Android, WebOS und Maemo, die Systemprogrammierung aus C++, Java und .NET-Sprachen, die Bauweise von SSD (Solid State Disks), spezielle Dateisystemtechnologien (Schattenkopie, Disk Scheduling) und die Vermeidung von Synchronisationsengpässen.

Eduard Glatz
Urdorf, im Februar 2010

Inhaltsverzeichnis

1	**Einführung**		1
1.1	Zweck		1
1.2	Definitionen		3
1.3	Einordnung im Computersystem		5
1.4	Betriebssystemarten		6
	1.4.1	Klassische Einteilungen	7
	1.4.2	Moderne Einteilungen	7
	1.4.3	Geschichte	8
1.5	Betriebssystemarchitekturen		9
	1.5.1	Architekturformen	9
	1.5.2	Benutzer-/Kernmodus	10
	1.5.3	Monolithische Systeme	12
	1.5.4	Geschichtete Systeme	13
	1.5.5	Mikrokernsysteme (Client/Server-Modell)	14
	1.5.6	Multiprozessorsysteme	15
	1.5.7	Verteilte Betriebssysteme	17
	1.5.8	Beispiele von Systemarchitekturen	17
	1.5.9	Zukünftige Systemarchitekturen aus Sicht der Forschung	20
2	**Programmausführung und Hardware**		25
2.1	Rechner- und Prozessorgrundlagen		26
	2.1.1	Grundmodell eines Rechners	26
	2.1.2	Befehlsverarbeitung in der CPU	29
	2.1.3	Prozessoraufbau	31
	2.1.4	Allgemeine Prozessorregister (general purpose registers)	31
	2.1.5	Steuerregister (control registers)	32

2.2	Grundlagen des Adressraums	33
	2.2.1 Adressraumtypen	35
	2.2.2 Bytereihenfolge (byte ordering)	36
	2.2.3 Adressraumbelegungsplan (memory map)	37
	2.2.4 Ausrichtungsregeln im Adressraum	39
	2.2.5 Adressraumbelegung durch Programme	40
	2.2.6 Adressraumnutzung durch C-Programme	42
2.3	Grundlagen der Programmausführung	44
	2.3.1 Quell- und Binärcode	44
	2.3.2 Programmausführung und Programmzähler (PC)	48
	2.3.3 Funktionsweise des Stapels und Stapelzeigers (SP)	49
	2.3.4 Funktion des Programmstatusworts (PSW)	52
	2.3.5 Programmunterbrechungen (interrupts)	52
	2.3.6 Privilegierte Programmausführung (Benutzer-/Kernmodus)	55
2.4	Unterprogrammmechanismen	57
	2.4.1 Unterprogrammaufruf und Komplettierung	58
	2.4.2 Formen des Unterprogrammaufrufs	60
	2.4.3 Parameterübergabe beim Unterprogrammaufruf	62
	2.4.4 Realisierung der Parameterübergabe und lokale Variablen	64

3	**Systemprogrammierung**	**71**
3.1	Wahl der Systemprogrammiersprache	72
	3.1.1 Mischsprachenprogrammierung	72
	3.1.2 Programmiersprache C++	72
	3.1.3 Java Native Interface (JNI)	73
	3.1.4 Microsoft .NET-Sprachen	77
3.2	Laufzeitsystem der Programmiersprache C	79
3.3	Unterprogrammtechniken	80
	3.3.1 Formale und aktuelle Parameter	80
	3.3.2 Idempotente Unterprogramme	80
3.4	Grundlagen der Systemprogrammierung	81
	3.4.1 Dienstanforderung und Erbringung	82
	3.4.2 Dienstparameter und Resultate	83
	3.4.3 Umgebungsvariablenliste (environment list)	87
	3.4.4 Dateideskriptoren & Handles	89
	3.4.5 Systemdatentypen	92
	3.4.6 Anfangsparameter für Prozesse	94
	3.4.7 Beendigungsstatus von Programmen	94
	3.4.8 Fehlerbehandlung	95
	3.4.9 Programmierung für 32- und 64-Bit-Systeme	99

3.5	Systemprogrammierschnittstellen	100
	3.5.1 Aufrufverfahren	100
	3.5.2 Unix-Programmierschnittstelle	103
	3.5.3 Windows-Programmierschnittstelle	103

4 Prozesse und Threads — 105

4.1	Parallelverarbeitung	106
	4.1.1 Darstellung paralleler Abläufe	106
	4.1.2 Hardware-Parallelität	107
	4.1.3 Software-Parallelität	107
	4.1.4 Begriffe	108
4.2	Prozessmodell	111
	4.2.1 Grundprinzip	111
	4.2.2 Prozesserzeugung und Terminierung	114
	4.2.3 Prozesse unter Unix	118
	4.2.4 Funktionsweise der Unix-Shell	123
	4.2.5 Prozesse & Jobs unter Windows	126
	4.2.6 Vererbung unter Prozessen	128
	4.2.7 Systemstart und Prozesshierarchie	128
	4.2.8 Ausführungsmodelle für Betriebssysteme	133
4.3	Threads	135
	4.3.1 Thread-Modell	135
	4.3.2 Vergleich Prozesse zu Threads	136
	4.3.3 Implementierung des Multithreading	138
	4.3.4 Threads & Fibers unter Windows	143
	4.3.5 Threads unter Unix	148
	4.3.6 Anwendungsprobleme	150
	4.3.7 Task-Konzept	150
4.4	Prozessorzuteilungsstrategien	151
	4.4.1 Quasiparallelität im Einprozessorsystem	151
	4.4.2 Prozess- und Thread-Zustände	152
	4.4.3 Konzeptionelle Prozessverwaltung	154
	4.4.4 Zuteilungsstrategien	156
	4.4.5 Multiprozessor-Scheduling	170
	4.4.6 POSIX-Thread-Scheduling	171
	4.4.7 Java-Thread-Scheduling	174
	4.4.8 Scheduling unter Windows	175
	4.4.9 Scheduling unter Unix	182

5	**Synchronisation von Prozessen und Threads**	**189**
5.1	Synchronisationsbedarfe und Lösungsansätze	190
	5.1.1 Problem der Ressourcenteilung	190
	5.1.2 Verlorene Aktualisierung (lost update problem)	190
	5.1.3 Inkonsistente Abfrage (inconsistent read)	192
	5.1.4 Absicherung mit Selbstverwaltung – naiver Ansatz	193
	5.1.5 Absicherung mit Selbstverwaltung – korrekter Ansatz	195
	5.1.6 Absicherung mit Systemmitteln	197
5.2	Semaphore	197
	5.2.1 Semaphortypen	198
	5.2.2 Implementierungsfragen	199
5.3	Anwendung der Semaphore	202
	5.3.1 Absicherung kritischer Bereiche (mutual exclusion)	202
	5.3.2 Synchronisation von Abläufen (barrier synchronization) ..	203
	5.3.3 Produzenten & Konsumenten (producer and consumer) ..	205
	5.3.4 Leser & Schreiber (readers and writers)	208
	5.3.5 Problem der Prioritätsumkehrung (priority inversion)	213
	5.3.6 Weitere Anwendungsprobleme	215
5.4	Implementierungen von Semaphoren	216
	5.4.1 Semaphore unter Unix	216
	5.4.2 Semaphore unter Windows	220
5.5	Unix-Signale	226
	5.5.1 Idee & Grundprinzip der Unix-Signale	226
	5.5.2 Programmierung der Signale	229
	5.5.3 Signale im Multithreading	234
	5.5.4 Realtime-Signale	235
5.6	Verklemmungsproblematik (deadlocks)	235
	5.6.1 Ursache	236
	5.6.2 Deadlock-Bedingungen	239
	5.6.3 Lösungsansätze und ihre Beurteilung	240
5.7	Vermeidung von Synchronisationsengpässen	247
	5.7.1 Granularität der Absicherung	248
	5.7.2 Replikation der abgesicherten Ressource	249

6 Kommunikation von Prozessen und Threads — 251

- 6.1 Überblick über Synchronisation und Kommunikation 251
- 6.2 Nachrichtenbasierte Verfahren 253
  - 6.2.1 Allgemeine Aspekte 253
  - 6.2.2 Unix-Pipes 259
  - 6.2.3 Windows-Pipes 267
  - 6.2.4 Unix Message Queues 271
  - 6.2.5 Windows-Messages 273
  - 6.2.6 Windows-Mailslots 275
- 6.3 Speicherbasierte Verfahren 277
  - 6.3.1 Gemeinsamer Speicher unter Windows 278
  - 6.3.2 Gemeinsamer Speicher unter Unix 279
- 6.4 Monitor 280
  - 6.4.1 Grundprinzip 280
  - 6.4.2 Java-Monitor 283
  - 6.4.3 Monitornachbildung mit Bedingungsvariablen 284
- 6.5 Rendezvous 290
  - 6.5.1 Grundprinzip 290
  - 6.5.2 Synchronisation in Client/Server-Systemen (barber shop) . 291
- 6.6 Rechnerübergreifende Interprozesskommunikation 292
  - 6.6.1 Netzwerksoftware 293
  - 6.6.2 Berkeley-Sockets 295
  - 6.6.3 Remote Procedure Call (RPC) 302
  - 6.6.4 Überblick über Middleware 308

7 Ein- und Ausgabe — 311

- 7.1 Peripherie 312
  - 7.1.1 Einordnung im Rechnermodell 312
  - 7.1.2 Begriffsdefinitionen 312
- 7.2 Ein-/Ausgabeabläufe 313
  - 7.2.1 Programmgesteuerte Ein-/Ausgabe 313
  - 7.2.2 Ein-/Ausgabe mittels Programmunterbrechungen 314
  - 7.2.3 Ein-/Ausgabe mittels DMA 315
  - 7.2.4 Ein-/Ausgabearten im Vergleich 319
- 7.3 Ein-/Ausgabesystem 319
  - 7.3.1 Treiber 320
  - 7.3.2 Geräteverwaltung 321

	7.3.3	Treiberschnittstelle	322
	7.3.4	Ein-/Ausgabeschnittstelle	323
	7.3.5	Ein-/Ausgabepufferung	327
	7.3.6	Treibermodell in Linux	329
	7.3.7	Treibermodelle in Windows (WDM & WDF)	335
7.4	Massenspeicher		341
	7.4.1	Wichtigste Massenspeicher	342
	7.4.2	Eigenschaften von Festplattenlaufwerken	342
	7.4.3	Eigenschaften von Festkörperlaufwerken (SSD)	343
	7.4.4	Zugriffsplanung für Plattenspeicher (disk I/O scheduling)	344
	7.4.5	Pufferung von Plattendaten (disk cache)	348
7.5	Benutzerinteraktion aus Systemsicht (Benutzeroberflächen)		350
	7.5.1	Allgemeines	350
	7.5.2	Systemarchitekturen	352
	7.5.3	Programmiermodelle	357
	7.5.4	Die Unix-Shell als Kommandointerpreter	359
	7.5.5	Funktionsweise und Programmierung des X-Window-Systems	361
	7.5.6	Funktionsweise und Programmierung des Windows-GUI	374

8 Speicherverwaltung 389

8.1	Speichersystem		390
	8.1.1	Einordnung im Rechnermodell	390
	8.1.2	Grundlegende Speicherprinzipien	391
	8.1.3	Speicherhierarchie & Lokalitätsprinzip	393
	8.1.4	Cache-Funktionsweise	396
8.2	Dynamische Speicherbereitstellung (Heap)		402
	8.2.1	Verwaltungsalgorithmen	404
	8.2.2	Grundprinzip der Speicherzuordnung	405
	8.2.3	Übersicht Implementierungsvarianten	410
	8.2.4	Variante A: Variable Zuordnungsgröße	410
	8.2.5	Variante B: Feste Blockgrößen bzw. Größenklassen	412
	8.2.6	Variante C: Mehrfache einer festen Blockgröße	413
	8.2.7	Variante D: Buddy-System	415
	8.2.8	Heap-Erweiterung	419
	8.2.9	Heap-Management in Windows	420
8.3	Verwaltung von Prozessadressräumen		423
	8.3.1	Adressraumnutzung durch Programme	423
	8.3.2	Adressraumverwaltung durch das Betriebssystem	425

8.4	Realer Speicher		428
	8.4.1	Monoprogrammierung	428
	8.4.2	Multiprogrammierung mit Partitionen	429
	8.4.3	Verfahren für knappen Speicher	433
8.5	Virtueller Speicher		438
	8.5.1	Adressumsetzung	439
	8.5.2	Seitenwechselverfahren (demand paging)	452
	8.5.3	Speicherabgebildete Dateien	481
	8.5.4	Gemeinsamer Speicher (shared memory)	482

9 Dateisysteme — 485

9.1	Dateisystemkonzepte		486
	9.1.1	Logische Organisation	486
	9.1.2	Dateisystemfunktionen	497
	9.1.3	Gemeinsame Dateinutzung	508
	9.1.4	Speicherabgebildete Dateien	512
9.2	Realisierung von Dateisystemen		513
	9.2.1	Konzeptionelles Modell	513
	9.2.2	Blockspeicher als Grundlage	513
	9.2.3	Organisationsprinzipien	514
9.3	UFS – traditionelles Unix-Dateisystem		521
	9.3.1	Datenträgeraufteilung	522
	9.3.2	Dateihaltung und Verzeichnisorganisation	523
	9.3.3	Index Nodes (Inodes)	523
9.4	FAT– traditionelles Windows-Dateisystem		525
	9.4.1	Datenträgeraufteilung	527
	9.4.2	Aufbau der Belegungstabelle (FAT)	527
	9.4.3	Verzeichnisdaten	528
9.5	NTFS – modernes Windows-Dateisystem		531
	9.5.1	Entstehung und Eigenschaften	531
	9.5.2	Logische Struktur und Inhalt einer NTFS-Partition	531
	9.5.3	NTFS-Streams	533
	9.5.4	Dateispeicherung	534
	9.5.5	Dateiverzeichnisse	535
9.6	ZFS – zukunftweisendes Dateisystem		535
	9.6.1	Datenträgerverwaltung	535
	9.6.2	Datenintegrität	536
	9.6.3	Pufferung und Deduplizierung	537
	9.6.4	Interoperabilität	537

9.7	Netzwerkdateisysteme		537
	9.7.1	Logische Sicht	537
	9.7.2	Implementierung	539
	9.7.3	NFS – Network File System in Unix	542
	9.7.4	SMB – Netzwerkdateisystem in Windows	543
9.8	Spezielle Dateisystemtechnologien		544
	9.8.1	Protokollierende Dateisysteme	544
	9.8.2	Schattenkopie	546
	9.8.3	Disk Scheduling	547
9.9	Datenträgerpartitionierung		548
	9.9.1	Anwendungsbereiche	548
	9.9.2	Master Boot Record (MBR)	549
	9.9.3	GUID Partition Table (GPT)	550

10 Programmentwicklung — 553

10.1	Software-Entwicklungswerkzeuge		554
	10.1.1	Ablauf der Programmübersetzung	555
	10.1.2	Darstellung von Übersetzungsvorgängen mittels T-Notation	560
	10.1.3	Automatisierte Übersetzung	562
	10.1.4	Versionsverwaltung	564
10.2	Adressraumbelegung und Relokation		567
	10.2.1	Storage Class	567
	10.2.2	Programmorganisation in Sektionen	568
	10.2.3	Relokation von Programmen	569
10.3	Programmbibliotheken		576
	10.3.1	Grundlagen und Begriffe	576
	10.3.2	Anwendungsbereiche	579
	10.3.3	Programmbibliotheken unter Unix	579
	10.3.4	Programmbibliotheken unter Windows	584
10.4	Skriptprogrammierung unter Unix		590
	10.4.1	Anwendungsbereiche	590
	10.4.2	Die Shell als Programminterpreter	591
	10.4.3	Portabilität und Kompatibilität	592
	10.4.4	Erstellung von Skriptprogrammen	592
	10.4.5	Ausführung von Skriptprogrammen	593
	10.4.6	Elemente der Skriptsprache	594
	10.4.7	Shell-Befehle	594
	10.4.8	Shell-Variablen	596

           10.4.9   Stringoperatoren für Shell-Variable   601
           10.4.10 Metazeichen   603
           10.4.11 Synonyme und Funktionen   607
           10.4.12 Bedingte Tests (conditional tests)   607
           10.4.13 Arithmetik   611
           10.4.14 Kontrollstrukturen für Skripte   612

11   Sicherheit   619

11.1   Schutzziele   619
11.2   Autorisierung und Zugriffskontrolle   620
           11.2.1   Grundlagen und Begriffe   621
           11.2.2   Schutzdomänenkonzept   623
           11.2.3   Schutzstrategien   631
11.3   Hochsichere Betriebssysteme   633
11.4   Sicherheit unter Unix   634
11.5   Sicherheit unter Windows   638

12   Virtualisierung   641

12.1   Anwendungsbereiche   641
12.2   Virtualisierungstypen   642
           12.2.1   Virtuelle Prozessoren   642
           12.2.2   Virtuelle Prozessumgebungen   643
           12.2.3   Virtuelles Betriebssystem   643
           12.2.4   Virtueller Desktop   643
           12.2.5   Virtuelle Ressourcen   644
           12.2.6   Sandboxing (virtuelles Laufzeitsystem)   645
           12.2.7   Virtuelle Computer (Stufe Computerhardware)   646
12.3   Virtual Machine Monitor bzw. Hypervisor   646
           12.3.1   Anforderungen   646
           12.3.2   VMM-Funktionsweise   647
           12.3.3   VMM-Typen   650
12.4   Einsatzgebiete   651

13	**Mobile Betriebssysteme**		**655**
13.1	Gemeinsame Eigenschaften		655
	13.1.1	Anforderungen durch die Plattform	655
	13.1.2	Middleware als Betriebssystem	656
13.2	Google Android		658
	13.2.1	Überblick	658
	13.2.2	Architektur	659
	13.2.3	System- und Applikationsstart	660
	13.2.4	Lebenszyklus von Applikationen	660
	13.2.5	Nachrichtensystem	661
13.3	Apple iOS		662
13.4	Microsoft Windows Phone 8		663
13.5	Mozilla Firefox OS		664

A	**Anhang**		**667**
A.1	Maßeinheiten und Darstellungen		667
	A.1.1	Maßeinheiten in der Informatik	667
	A.1.2	Darstellung von Bitmustern	668
	A.1.3	Oktal- und Hexadezimalzahlen	668
	A.1.4	Kennzeichnung der Zahlensysteme	669
	A.1.5	Rechnerinterne Zahlendarstellungen	669
	A.1.6	Textzeichensätze	673
A.2	Instruktionssatz der Intel x86-Prozessoren		678

Literaturhinweise   **683**

Index   **689**

1 Einführung

> **Lernziele**
>
> - Sie erklären den Zweck und die Rolle eines modernen Betriebssystems.
> - Sie erkennen wie Rechnerressourcen durch Applikationen genutzt werden, wenn sie das Betriebssystem verwaltet.
> - Sie beschreiben die Funktionen eines aktuellen Betriebssystems in Bezug auf Benutzbarkeit, Effizienz und Entwicklungsfähigkeit.
> - Sie erklären die Vorteile abstrakter Schichten und ihrer Schnittstellen in hierarchisch gestalteten Architekturen.
> - Sie analysieren die Kompromisse beim Entwurf eines Betriebssystems.
> - Sie erläutern die Architektureigenschaften monolithischer, geschichteter, modularer und Mikrokernsysteme.
> - Sie stellen netzwerkfähige, Client/Server- und verteilte Betriebsysteme einander gegenüber und vergleichen diese.

Als Einstieg in das Thema legen wir fest, welchen Zwecken ein Betriebssystem dient, wie es sich als Begriff definieren lässt und wo es in einem Rechner einzuordnen ist. Danach diskutieren wir die Anforderungen an den Betriebssystementwurf, mögliche Architekturen und weiterführende Ideen aus der Forschung.

1.1 Zweck

Der Begriff »Betriebssystem« kann unterschiedlich aufgefasst werden. Beispielsweise über die Frage: Was leistet ein Betriebssystem? Zwei Grundfunktionen sind:

- *Erweiterte Maschine*: Das Betriebssystem realisiert von vielen Applikationen geichartig genutzte Teilfunktionen als standardisierte Dienste. Damit wird die Applikationsentwicklung einfacher als beim direkten Zugriff auf die blanke

Rechnerhardware. Die erweiterte Maschine ist eine Abstraktion der Hardware auf hohem Niveau und entspringt einer Top-down-Sicht.
- *Betriebsmittelverwalter*: Das Betriebssystem verwaltet die zeitliche und räumliche Zuteilung von Rechnerressourcen. Im Mehrprogrammbetrieb wird im Zeitmultiplex der Prozessor zwischen verschiedenen ablauffähigen Programmen hin und her geschaltet. Im Raummultiplex wird der verfügbare Speicher auf geladene Programme aufgeteilt. Ausgehend von den Ressourcen entspricht dies einer Bottom-up-Sicht.

Detaillierter betrachtet erfüllt ein Betriebssystem sehr viele Zwecke. Es kann mehrere oder sogar alle der folgenden Funktionalitäten realisieren:

- *Hardwareunabhängige Programmierschnittstelle*: Programme können unverändert auf verschiedenen Computersystemen ablaufen (auf Quellcodeebene gilt dies sogar für unterschiedliche Prozessorfamilien mit differierenden Instruktionssätzen).
- *Geräteunabhängige Ein-/Ausgabefunktionen*: Programme können ohne Änderung unterschiedliche Modelle einer Peripheriegeräteart ansprechen.
- *Ressourcenverwaltung*: Mehrere Benutzer bzw. Prozesse können gemeinsame Betriebsmittel ohne Konflikte nutzen. Die Ressourcen werden jedem Benutzer so verfügbar gemacht, wie wenn er exklusiven Zugriff darauf hätte.
- *Speicherverwaltung*: Mehrere Prozesse/Applikationen können nebeneinander im Speicher platziert werden, ohne dass sie aufeinander Rücksicht nehmen müssen (jeder Prozess hat den Speicher scheinbar für sich allein). Zudem wird bei knappem Speicher dieser optimal auf alle Nutzer aufgeteilt.
- *Massenspeicherverwaltung (Dateisystem)*: Daten können persistent gespeichert und später wieder gefunden werden.
- *Parallelbetrieb (Multitasking)*: Mehrere Prozesse können quasiparallel ablaufen. Konzeptionell stehen mehr Prozessoren zur Verfügung als in der Hardware vorhanden, indem versteckt vor den Anwendungen parallele Abläufe, soweit nötig, sequenzialisiert werden.
- *Interprozesskommunikation*: Prozesse können mit anderen Prozessen Informationen austauschen. Die Prozesse können dabei entweder auf dem gleichen Rechner ablaufen (lokal) oder auf verschiedenen Systemen (verteilt) ausgeführt werden.
- *Sicherheitsmechanismen*: Es können sowohl Funktionen für die Datensicherung, d.h. die fehlerfreie Datenverarbeitung, als auch Datenschutzkonzepte implementiert sein. Der Datenschutz kann zum Beispiel durch das explizite Löschen freigegebener Bereiche im Hauptspeicher und auf Plattenspeichern sicherstellen, dass empfindliche Informationen nicht in falsche Hände fallen. Die Zugangskontrolle zum Rechner (Anmeldedialoge, Benutzerverwaltung) dient ebenfalls dem Datenschutz.

- *Bedienoberflächen*: Moderne Betriebssysteme realisieren grafische Bedienoberflächen mit ausgeklügelten Bedienkonzepten, die Dialoge mit dem System und Anwendungen komfortabel gestalten. Ergänzend existieren Eingabemöglichkeiten für Kommandozeilenbefehle, die geübten Benutzern sehr effiziente Dialogmöglichkeiten, z.B. zur Systemadministration, anbieten.

Die geräteunabhängige Ein-/Ausgabe war eine der wichtigsten Errungenschaften bei der erstmaligen Einführung von Betriebssystemen. Früher war es notwendig, dass Applikationen die Eigenheiten der angeschlossenen Peripheriegeräte im Detail kennen mussten. Mit einem Betriebssystem stehen hingegen logische Kanäle zur Verfügung, die Ein-/Ausgaben über standardisierte Funktionen bereitstellen (siehe Abb. 1–1). Die logischen Kanäle werden häufig mittels sprechender Textnamen identifiziert.

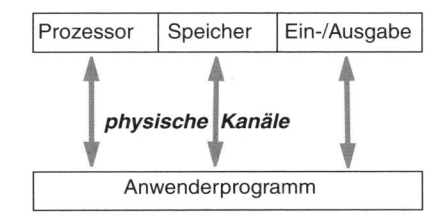

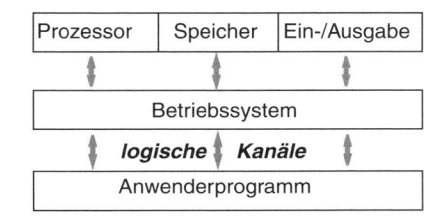

Abb. 1–1 *Ein-/Ausgabe ohne und mit Betriebssystem*

1.2 Definitionen

Leider existiert keine allgemein verbindliche Definition eines Betriebssystems. Welche Komponenten zu einem Betriebssystem gehören und welche nicht, lässt sich daher nicht endgültig festlegen. Nachfolgend sind drei unterschiedliche Definitionen stellvertretend vorgestellt, die dabei helfen, ein Betriebssystem zu charakterisieren. Eine erste, etwas schwer lesbare Definition nach DIN 44 300 beschreibt ein Betriebssystem wie folgt (Ausschnitt):

> *... die Programme eines digitalen Rechnersystems, die zusammen mit den Eigenschaften dieser Rechenanlage die Basis der möglichen Betriebsarten des Rechnersystems bilden und insbesondere die Abwicklung von Programmen steuern und überwachen.*

Eine zweite, der Literatur entnommene Definition lautet:

> *Ein Betriebssystem ist eine Menge von Programmen, welche die Ausführung von Benutzerprogrammen auf einem Rechner und den Gebrauch der vorhandenen Betriebsmittel steuern.*

Eine dritte Definition betrachtet das Betriebssystem als *Ressourcenverwalter*, wobei die Ressource hauptsächlich die darunter liegende Hardware des Rechners ist. Ein Computersystem lässt sich hierbei als eine strukturierte Sammlung von Ressourcenklassen betrachten, wobei jede Klasse durch eigene Systemprogramme kontrolliert wird (siehe Tab. 1–1).

	Zentrale Ressourcen	**Periphere Ressourcen**
Aktive Ressourcen	Prozessor(en)	Kommunikationseinheiten 1. Endgeräte (Tastaturen, Drucker, Anzeigen, Zeigegeräte etc.) 2. Netzwerk (entfernt, lokal) etc.
Passive Ressourcen	Hauptspeicher	Speichereinheiten 1. Platten 2. Bänder 3. CD-ROM/DVD etc.

Tab. 1–1   Ressourcenklassen

Ein Betriebssystem lässt sich auch mit einer Regierung (*government*) vergleichen. Wie diese realisiert das Betriebssystem keine nützliche Funktion für sich alleine, sondern stellt eine Umgebung zur Verfügung, in welcher andere Beteiligte nützliche Funktionen vollbringen können. Einige Autoren (z.B. K. Bauknecht, C. A. Zehnder) ziehen die Begriffe *Systemsoftware* bzw. *Systemprogramme* der Bezeichnung *Betriebssystem* vor. In diesem Sinne ist folgende Beschreibung dieser Autoren abgefasst:

»Die Systemprogramme, oft unter dem Begriff *Betriebssystem* zusammengefasst, lassen sich gemäß Abbildung 1–2 gruppieren.

```
                              Software
                                 |
              _____|_____
             |                                       |
    Systemprogramme (Betriebssystem)          Anwendungsprogramme
             |                                       |
  _____|_____              — Selbst erstellte
 |           |         |            |                Programme
Steuer-   Übersetzer Testhilfen  Dienstprogramme   — Bibliotheks-
programme                                            programme
 |                                |                — Softwarepakete
 — Supervisor, Monitor            — Hilfsprogramme
 — Eingabe/Ausgabe                — z.B. Sortierprogramm
 — Systemlog                      — Bilbliotheksverwaltung
 — Fehlerroutinen                 — Editierprogramme
```

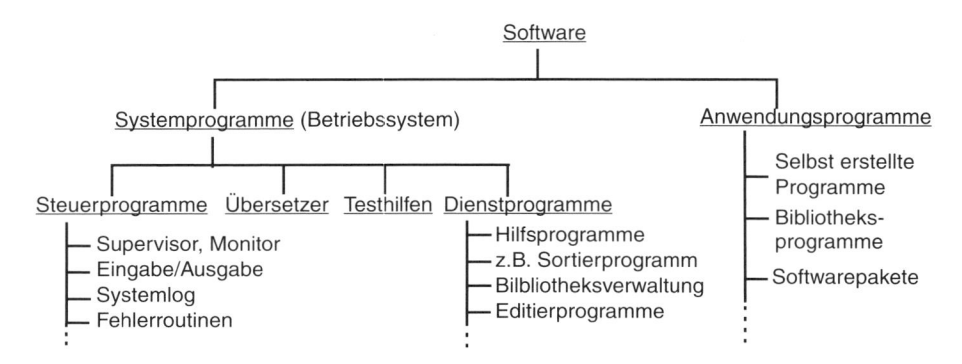

Abb. 1–2   Softwaregliederung

Die eigentlichen *Steuerprogramme* sind für folgende Funktionen zuständig:

- *Steuerung aller Computerfunktionen* und Koordination der verschiedenen zu aktivierenden Programme.

1.3 Einordnung im Computersystem

- *Steuerung der Ein-/Ausgabeoperationen* für die Anwendungsprogramme.
- *Überwachung und Registrierung* der auf dem Computersystem ablaufenden Aktivitäten.
- *Ermittlung und Korrektur* von Systemfehlern.«

Auffallend bei dieser Definition ist der Einbezug von *Übersetzern* (Compiler, Binder), *Testhilfen* und *Dienstprogrammen*. Für klassische Betriebssysteme (z.B. Unix und GNU-Tools) trifft dies vollumfänglich zu, während moderne Betriebssysteme oft die Bereitstellung von Übersetzungstools irgendwelchen Drittherstellern überlassen bzw. diese als separate Applikation ausliefern (z.B. Windows und Visual Studio).

1.3 Einordnung im Computersystem

In einem Rechner stellt das Betriebssystem eine Softwareschicht dar, die zwischen den Benutzerapplikationen einerseits und der Rechnerhardware andererseits liegt (siehe Abb. 1–3). Das Betriebssystem selbst besteht aus einem *Betriebssystemkern* und einer Sammlung von Programmen, die *Betriebssystemdienste* bereitstellen. Je nach Betrachtungsweise zählen dazu auch Programme zur Softwareentwicklung, wie Editoren und Compiler. Häufig wird nur der Betriebssystemkern als Betriebssystem bezeichnet, während der Begriff *Systemprogramme* für das Gesamtpaket inklusive der Programmentwicklungswerkzeuge benutzt wird.

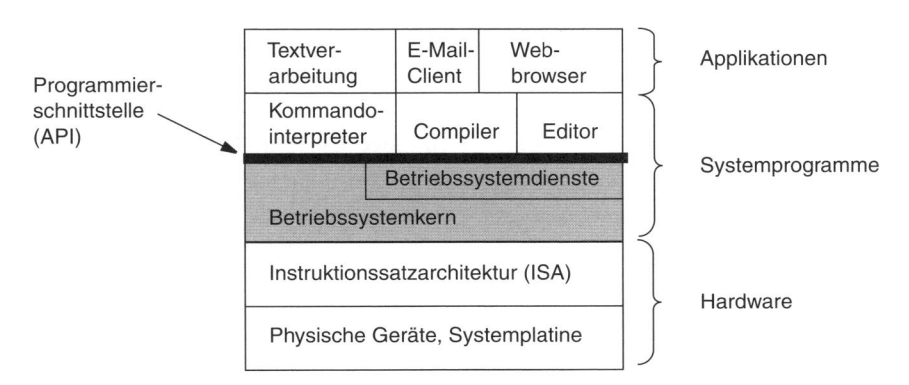

Abb. 1–3 *Schichtenmodell eines Rechners*

Das Betriebssystem setzt auf der Prozessorarchitektur auf, die durch einen Satz von Maschinenbefehlen und den Registeraufbau charakterisiert wird (sog. Instruktionssatzarchitektur, ISA). Die Systemplatine mit all ihren Bausteinen und den angeschlossenen Peripheriegeräten stellt die Arbeitsumgebung des Prozessors dar. Diese muss ebenfalls dem Betriebssystem in all ihren Details bekannt sein. Von zentraler Bedeutung für den Softwareentwickler ist die Programmierschnittstelle des Betriebssystems (*Application Programming Interface, API*). Die dort zur Verfügung gestellte Funktionalität kann in Benutzerapplikationen eingesetzt werden. Aus Anwendungssicht unterscheiden sich Betriebssysteme in der *Programmierschnittstelle*, in den unterstützten *Dateiformaten für ausführbare Dateien*, im *Funktionsumfang*, in der *Bedienoberfläche* und der *Maschinensprache*, in die ihr Code übersetzt wurde. Zudem kann oft der Funktionsumfang, d.h. die installierten Systemteile, während des Installationsvorgangs unterschiedlich gewählt werden.

Wie bereits erwähnt, setzt das Betriebssystem direkt auf der Rechnerhardware auf und muss diese daher genau kennen. Denn es verwaltet folgende Hardwareelemente:

- Prozessor
- Arbeitsspeicher (*main memory*)
- Massenspeicher (*mass storage*), z.B. Festplatten, CD-ROM, DVD
- Benutzerschnittstelle (*user interface*)
- Kommunikations- und andere Peripheriegeräte (LAN, WLAN usw.)

Die Betriebssystemtheorie beruht damit auf den Prinzipien der Computertechnik. Computertechnik befasst sich mit:

1. Rechner-Grundmodellen (Von-Neumann-, Harvard-Architektur)
2. Funktionsweise des Prozessors (Instruktionssatz, Registeraufbau)
3. Speichern und ihren Realisierungen (Primär- und Sekundärspeicher)
4. Peripheriegeräten (Tastatur, Bildschirm, Schnittstellenbausteine usw.)

Um die hardwarenahen Teile des Betriebssystems oder nur schon den exakten Ablauf der Programmausführung zu verstehen, ist es daher unerlässlich, sich mit ein paar Details der Computertechnik zu befassen. Einige computertechnische Funktionsweisen, soweit sie für das Verständnis des Betriebssystems nötig sind, werden an passenden Stellen im Buch erklärt. Für weiter gehende Realisierungsdetails der Hardwareelemente sei auf entsprechende Spezialliteratur verwiesen.

1.4 Betriebssystemarten

Ein Betriebssystem stellt eine Umgebung zur Verfügung, in der Anwendungsprogramme ablaufen können. Eine Ablaufumgebung kann recht unterschiedlich realisiert sein:

- Als Laufzeitsystem (*Run-Time System*) einer Programmiersprache (ADA, Modula-2)
- Als virtuelle Maschine zur Ausführung eines Zwischencodes (z.B. Java Virtual Machine, .NET Common Language Runtime)
- Als Basisprogramm eines Rechners (z.B. Unix, Windows)

- Als (sprachunabhängige) Programmbibliothek (z.B. Mikrokontroller-Betriebssysteme)

Häufig findet man Kombinationen dieser vier Varianten. Beispielsweise können Sprach-Laufzeitsysteme Fähigkeiten zur Verfügung stellen, die ansonsten nur Bestandteil von Betriebssystemen sind. Dies beinhaltet Multitasking-Funktionen (z.B. in Java, Ada, Modula-2) und die Speicherverwaltung (verschiedene Sprachen).

1.4.1 Klassische Einteilungen

Eine elementare Klassifizierung von Betriebssystemen basiert auf folgenden Anwendungsarten:

- *Stapelverarbeitung (batch processing)*: Typisches Merkmal ist, dass Programme angestoßen werden, aber ansonsten keine nennenswerte Benutzerinteraktion stattfindet. Die auszuführenden Befehle sind stattdessen in einer Stapeldatei abgelegt, deren Inhalt fortlaufend interpretiert wird. Klassische Großrechnerbetriebssysteme werden auf diese Art und Weise genutzt, z.B. zur Ausführung von Buchhaltungsprogrammen über Nacht.
- *Time-Sharing-Betrieb*: Die zur Verfügung stehende Rechenleistung wird in Form von Zeitscheiben (*time slices, time shares*) auf die einzelnen Benutzer aufgeteilt mit dem Ziel, dass jeder Benutzer scheinbar den Rechner für sich alleine zur Verfügung hat. Historisch gesehen sind Time-Sharing-Systeme die Nachfolger bzw. Ergänzung der Batch-Systeme mit der Neuerung, dass sie Benutzer interaktiv arbeiten lassen (Dialogbetrieb).
- *Echtzeitbetrieb*: Die Rechenleistung wird auf mehrere Benutzer oder zumindest Prozesse aufgeteilt, wobei zeitliche Randbedingungen beachtet werden. Oft sind Echtzeitsysteme reaktive Systeme, indem sie auf gewisse Signale aus der Umgebung (Interrupts, Meldungen) möglichst rasch reagieren.

1.4.2 Moderne Einteilungen

Moderne Betriebssysteme fallen mehr oder weniger in die Gruppe der Echtzeitsysteme, weswegen letztere für uns im Vordergrund stehen. Eine ergänzende Klassifizierung unterteilt Betriebssysteme nach unterstützter Rechnerstruktur:

- Einprozessorsysteme
- Multiprozessorsysteme
- Verteiltes System

Je nach Auslegung kann ein Betriebssystem eine oder mehrere dieser drei Rechnerstrukturen unterstützen. Ergänzend sei noch bemerkt, dass populäre Betriebssysteme netzwerkfähig (*networked operating system*) sind, auch wenn sie nicht verteilt ablaufen. Beispielsweise unterstützen sie verbreitete Netzwerkprotokolle, die Anbindung entfernter Laufwerke und – teilweise konfigurierbar – eine zentralisierte Benutzerverwaltung.

> **Beispiele:**
> Windows unterstützt Einprozessorsysteme und Multiprozessorsysteme. Das Betriebssystem Amoeba ermöglicht transparentes Arbeiten auf einem verteilten System. Für den Benutzer präsentiert es sich wie ein Einzelrechner, besteht in der Tat aber aus mehreren über ein Netzwerk verbundenen Computern.

1.4.3 Geschichte

Abbildung 1–4 zeigt eine kleine Auswahl an Entwicklungslinien gängiger Betriebssysteme, deren Geschichte wir kurz charakterisieren.

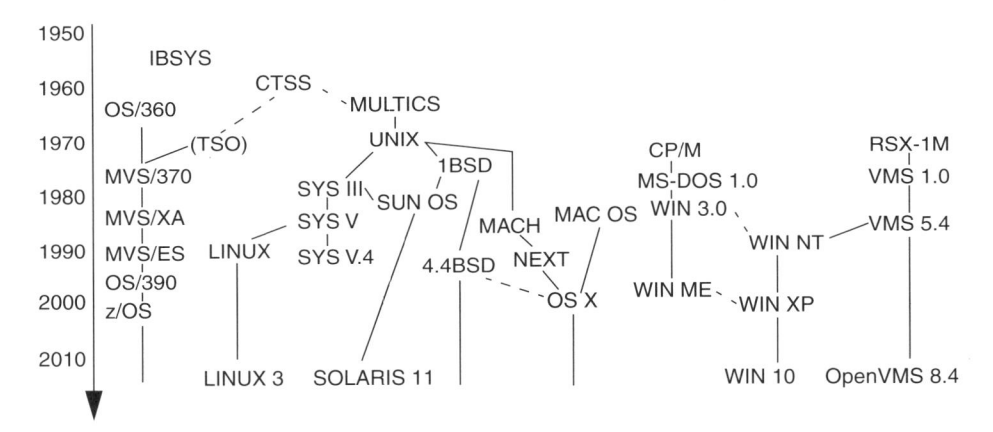

```
1950 |
     |        IBSYS
1960 |                 CTSS
     |   OS/360      ⁄     ⸜MULTICS
1970 |      |   ⸝(TSO)       UNIX⸜
     |   MVS/370              |   1BSD          CP/M              RSX-1M
1980 |   MVS/XA     SYS III⸜SUN OS       MACH   MS-DOS 1.0        VMS 1.0
     |      |         SYS V          MAC OS   WIN 3.0 ⸜
1990 |   MVS/ES   LINUX  SYS V.4   4.4BSD  NEXT                    ⸝VMS 5.4
     |   OS/390     |       |         ⸜             WIN NT
2000 |   z/OS      |       |         ⸝OS X   WIN ME⸜⸝WIN XP
     |
2010 |          LINUX 3   SOLARIS 11                 WIN 10    OpenVMS 8.4
```

Abb. 1–4 *Entwicklungslinien einiger gängiger Betriebssysteme*

Ein erstes Betriebssystem für Großrechner war das rudimentäre *IBSYS*, das Stapelverarbeitung ermöglichte. Umfangreicher war bereits das *OS/360* von IBM, das in weiterentwickelter Form als *z/OS* auf heutigen Mainframe-Systemen läuft. Anfänglich hat es nur die Stapelverarbeitung unterstützt, wurde aber bald durch die *TSO (Time Sharing Option)* für den Dialogbetrieb ergänzt. Unahängig davon entstand das *CTSS (Compatible Time Sharing System)*, das den Dialogbetrieb auf Großrechnern bereits sehr früh erlaubte. Sein Nachfolger war *MULTICS (Multiplexed Information and Computing Service)*, ein Konsortiumsprojekt, das letztlich nicht sehr erfolgreich war, jedoch viele neue Konzepte realisierte. Darin war es ein Vorbild für das ursprüngliche *Unix*, das jedoch ein wesentlich kompakterer Entwurf war, der die Komplexität des MULTICS vermied. Unix hat über viele Zwischenschritte die heutigen Systeme *Linux*, *Oracle Solaris* und *Apple OS X* geprägt. Das *BSD (Berkeley Software Distribution) Unix* existiert heute als *FreeBSD*, *NetBSD* und *OpenBSD* in geringer Verbreitung weiter. Separate Entwicklungslinien gelten für das *Microsoft Windows*. Ursprünglich hat es als grafische Oberfläche für *MS-DOS* begonnen, wurde aber immer unabhängiger davon. Separat zu dieser originären Windows-Linie entstand das *Windows NT*, das von den *DEC VMS (Virtual Memory System)* Minicomputer-Betriebssystemen abgeleitet wurde, jedoch die API des Microsoft Windows realisierte. Mit dem *Windows XP* wurde die originäre Windows-Linie beendet, womit der schwache Unterbau des MS-DOS verschwand. Das VMS existiert als *OpenVMS* noch heute, ist aber nur minimal verbreitet.

1.5 Betriebssystemarchitekturen

Beim Entwurf eines Betriebssystems sind viele Anforderungen in Einklang zu bringen, die nicht widerspruchsfrei sind, weswegen Kompromisse nötig sind. Neben der Realisierung der in Abschnitt 1.1 beschriebenen Kernfunktionalitäten sind folgende exemplarische Entwurfsziele zu berücksichtigen:

- Fehlerfreiheit des Codes: z.B. durch minimale Komplexität des Quellcodes
- Einfache Operationen (auf API und für alle Schnittstellen)
- Erweiterbarkeit (*extensibility*)
- Skalierbarkeit (*scalability*)
- Orthogonalität: Operationen wirken gleich auf verschiedenartigen Objekten
- Robuste Betriebsumgebung (»crash-proof«, »reliable«)
- Einhaltung der Sicherheitsziele (mehrere Anforderungsstufen denkbar)
- Portabilität (Unterstützung verschiedenartiger Plattformen)
- Echtzeitfähigkeit (z.B. für Multimedia-Anwendungen)
- Effizienz (schnelle Dienstbringung, minimaler Ressourcenbedarf)
- Weiterentwickelbarkeit: Trennung von Strategie (*policy*) und Mechanismus (*mechanism*)

Auf der Suche nach einem optimalen Entwurf sind verschiedenartige Architekturideen entwickelt worden. Diese werden nachfolgend kurz beschrieben und diskutiert. Als Blick in die mögliche Zukunft des Betriebssystembaus wird eine kurze Zusammenfassung einiger interessanter Forschungsarbeiten zum Thema vorgestellt.

1.5.1 Architekturformen

Solange es lediglich um die Systemprogrammierung geht, ist eine Blackbox-Betrachtung des Betriebssystems ausreichend. Nach außen ist damit nur die Programmierschnittstelle sichtbar, jedoch nicht das Systeminnere (siehe A in Abb. 1–5). Dies entspricht einem klassischen Ideal des Software Engineering, das aussagt, dass die Schnittstelle das Maß aller Dinge ist und die Implementierung dahinter beliebig austauschbar sein soll. Dennoch kann es hilfreich sein, die Innereien eines Betriebssystems zu kennen, damit man nicht Gefahr läuft, gegen die Implementierung zu programmieren. Dies könnte zum Beispiel in einem überhöhten Ressourcenverbrauch oder einer unbefriedigenden Ausführungsgeschwindigkeit resultieren. Daneben ist es stets interessant, unter die »Motorraumhaube« eines Betriebssystems zu gucken. Mit anderen Worten, es geht um eine Whitebox-Betrachtung (siehe B in Abb. 1–5).

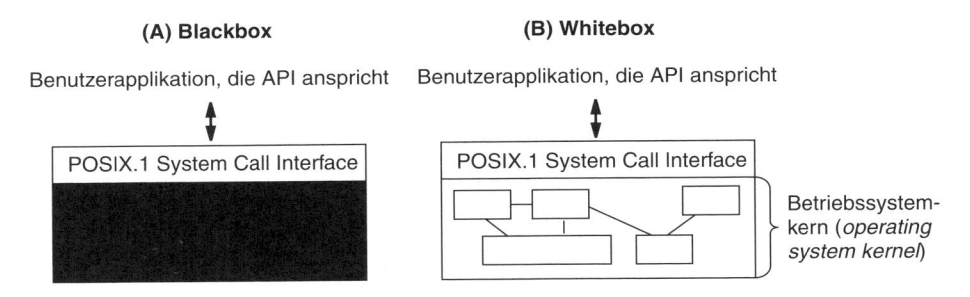

Abb. 1–5 *Black- und Whitebox-Betrachtung (Beispiel: Unix)*

Damit verbunden sind die Entwurfs- und Konstruktionsprinzipien, die einen erst dann interessieren, wenn man über die Blackbox-Betrachtung hinausgeht. Eine wesentliche Frage ist dabei die Art und Weise, wie die Betriebssystemsoftware strukturiert ist. In der Theorie kennt man *drei Grundstrukturen*, denen sich konkrete Betriebssysteme zuordnen lassen: *monolithische, geschichtete* und *Mikrokernsysteme*. Diese werden durch Strukturen für Multiprozessor- und Verteilte Systeme ergänzt. Zuerst soll jedoch auf die Funktionsweise und Bedeutung der Benutzer-/Kernmodus-Umschaltung eingegangen werden, da sie bei der Betrachtung dieser Strukturen eine zentrale Rolle spielt.

1.5.2 Benutzer-/Kernmodus

Als hardwarenahe Softwarekomponente ist ein Betriebssystem eng mit den Möglichkeiten der unterliegenden Plattform verbunden. Es haben sich mit den Jahren unterschiedliche Leistungsklassen von Prozessoren und zugehöriger Hilfslogik etabliert:

- *Mikrocontroller*: Es handelt sich hierbei um einfache Mikroprozessoren, die primär in sehr einfachen eingebetteten Systemen (*embedded systems*) eingesetzt werden. Um die Kosten gering zu halten, verfügen sie lediglich über einen Prozessor mit wenig oder gar keinen weiterführenden Mechanismen zur Unterstützung eines Betriebssystems. Hingegen sind sie zusammen mit verschiedenen Peripherieeinheiten (E/A, Kommunikation, Zeitgeber usw.) in

einen einzigen Halbleiterchip integriert, was Kosten und Platz spart.
Beispiele: Intel 8051, Siemens 80C166, Motorola HC6805
- *Einfache Universalmikroprozessoren*: Sie entsprechen in vielen Punkten den Mikrocontrollern, enthalten jedoch auf dem gleichen Chip keine Peripherieeinheiten. In dieser Gruppe finden wir vor allem die älteren Prozessortypen.
Beispiele: Intel 8080/85/86, Motorola 6800, 68000
- *Leistungsfähige Universalmikroprozessoren*: Diese Rechnerchips verfügen über eine ganze Reihe von Hardwareelementen, die ein Betriebssystem unterstützen. Dazu zählen eine MMU (*Memory Management Unit*) und Mechanismen für einen privilegierten Betriebsmodus für die Systemsoftware (Privilegiensystem). Diese Prozessoren eignen sich nicht nur für Desktop-Systeme, Servermaschinen, Tablets und Smartphones, sondern auch für viele *Embedded Systems*, da sie die Verwendung angepasster Desktop-Betriebssysteme mit ihrer reichhaltigen Funktionalität erlauben.

Bei Universalmikroprozessoren werden durch das Privilegiensystem heikle Operationen und Zugriffe geschützt, damit ein Programmierfehler in einem Anwendungsprogramm nicht das ganze Computersystem durcheinanderbringt. Insbesondere bei Multitasking-Anwendungen und Multiuser-Betrieb (mehrere gleichzeitige Benutzer) ist ein solcher Schutz erwünscht. So wird in den meisten Betriebssystemen der Zugriff auf Hardwareteile mittels dieser Schutzfunktionen dem normalen Anwender (bzw. Benutzerapplikationen) verwehrt. Dazu dienen unterschiedliche CPU-Betriebsarten, wobei jede Betriebsart in ihren Pflichten und Rechten genau definiert ist. Im Minimum beinhaltet dies:

- Einen Kernmodus (*kernel mode, supervisor mode*) mit »allen Rechten« für Betriebssystemcode
- Einen Benutzermodus (*user mode*) mit »eingeschränkten Rechten« für Applikationscode

Das Ziel besteht darin, die Applikationen untereinander und den Betriebssystemcode gegen diese zu schützen. Dies bedeutet, dass eine Applikation nicht das ganze System lahmlegen kann. Komfortablere Lösungen unterstützen mehr als zwei Betriebsarten, die dann Privilegienstufen (*privilege level*) genannt werden. Die Möglichkeiten des Privilegiensystems werden stets in Kombination mit der Speicherverwaltung genutzt. So könnte die MMU dafür sorgen, dass nur im Kernmodus ein Zugriff auf Systemcode und Daten möglich ist (mehr Details dazu siehe Abschnitt 8.5). Den Benutzerprozessen ist mithilfe dieser hardwaregestützten Mechanismen in der Regel weder ein direkter Zugriff auf Hardwareteile noch ein Überschreiben von Systemcode oder Systemdaten möglich. Mit der Kenntnis der Fähigkeiten der Benutzer-/Kernmodus-Umschaltung lassen sich die nachfolgend aufgeführten drei Grundtypen von Aufbaustrukturen klarer in ihren Eigenschaften unterscheiden. Oberstes Ziel ist, das unabsichtliche Überschreiben von Systemdaten und Code zu verhindern, um unkontrollierte Systemabstürze zu vermeiden.

	Benutzermodus	Kernmodus
Ausführbare Maschinenbefehle	Begrenzte Auswahl	Alle
Hardwarezugriff	Nein bzw. nur mithilfe des Betriebssystems	Ja, Vollzugriff
Zugriff auf Systemcode bzw. Daten	Keiner bzw. nur lesend	Exklusiv

Tab. 1–2 *Vergleich zwischen Benutzer- und Kernmodus*

Im Idealfall werden Schutzmechanismen auch für die Abschottung verschiedener Systemteile untereinander eingesetzt. Die Grenze des Sinnvollen ist allerdings darin zu sehen, dass eine teilweise lahmgelegte Systemsoftware aus Sicht des Anwenders oft nicht besser ist als ein Totalabsturz. Es kann jedoch manchmal nützlich sein, nicht vertrauenswürdige Teile der Systemsoftware, wie Erweiterungen oder Treiber von Drittherstellern, in ihrem Schadenspotenzial einzugrenzen. Ein sekundäres Ziel für den Einsatz der Benutzer-/Kernmodus-Umschaltung können Maßnahmen zur Eindämmung von Systemmanipulationen sein, die zum Ziel haben, vertrauenswürdige Daten zu missbrauchen. So ist Sicherheitssoftware fundamental von den Sicherheitseigenschaften einer Systemplattform abhängig, die softwareseitig durch das benutzte Betriebssystem gegeben ist.

1.5.3 Monolithische Systeme

Die Struktur dieser Systeme besteht darin, dass sie keine oder nur eine unklare Struktur haben (Abb. 1–6).

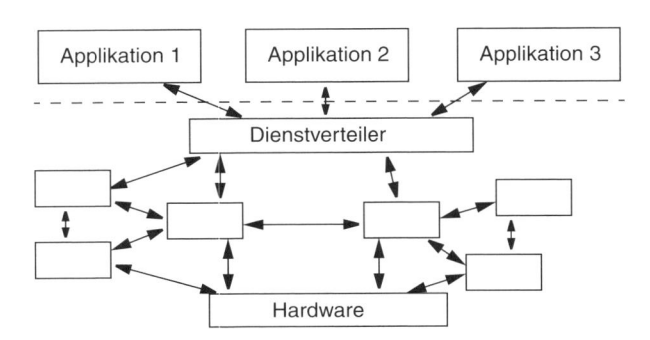

Abb. 1–6 *Beispiel für eine monolithische Betriebssystemstruktur*

Meist handelt es sich um evolutionär gewachsene Betriebssysteme, bei denen es anfänglich unwichtig war, einzelne Teilfunktionen klar mit Schnittstellen voneinander abzugrenzen. Beispiele dafür sind MS-DOS und ältere Unix-Varianten.

1.5 Betriebssystemarchitekturen

Derartige Systeme können sehr effizient sein, da sich Schnittstellen frei wählen lassen. Sie sind jedoch schwierig wartbar, wenn ihre Struktur schlecht erkennbar ist.

Modulare Betriebsysteme stellen eine Erweiterung dar, bei der ausgewählte Komponenten derart mit definierten Schnittstellen versehen werden, dass sie den Zugriff auf unterschiedliche Implementierungsvarianten erlauben. Beispielsweise können so über dieselbe Dateisystemschnittstelle verschiedenartige Dateisystemformate unterstützt werden. Meist lassen sich Module dynamisch laden/entladen. Beispiele sind Linux und Oracle Solaris.

1.5.4 Geschichtete Systeme

Bei dieser Strukturierungsform sind die Betriebssystemfunktionen in viele Teilfunktionen gegliedert, die hierarchisch auf mehrere Schichten verteilt sind. Die Festlegung der Schichtenstruktur ist vom einzelnen Betriebssystem abhängig, eine Standardstruktur gibt es nicht.

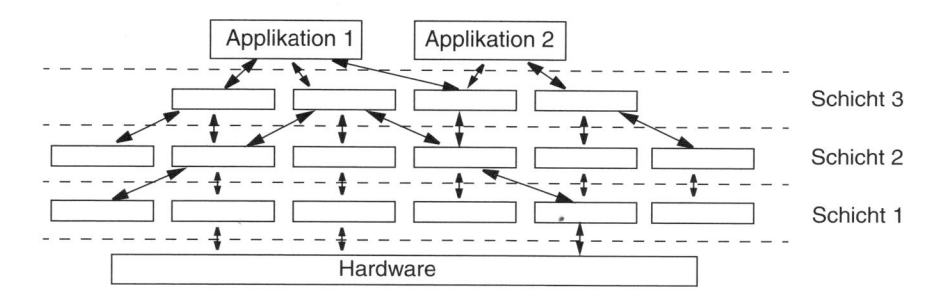

Abb. 1–7 *Beispiel einer geschichteten Struktur*

Wie in Abbildung 1–7 zu sehen ist, bauen Funktionen einer höheren Schicht strikt nur auf Funktionen einer tieferen Schicht auf. Jede Schicht realisiert eine bestimmte Funktionsgruppe. Systemaufrufe passieren nach unten alle Schichten, bis sie auf die Hardware einwirken. Eingabedaten durchlaufen umgekehrt alle Schichten von unten bis oben zur Benutzerapplikation. Die Schicht 1 in Abbildung 1–7 könnte zum Beispiel eine Hardware-Abstraktionsschicht sein, die eine allgemeine Betriebssystemimplementierung auf eine bestimmte Hardwareplattform anpasst. Beispiele für geschichtete Betriebssysteme sind neuere Unix-Varianten und OS/2. Vorteile dieser Struktur sind, dass sich einzelne Schichten gegen andere Implementierungen austauschen lassen und die Sichtbarkeit der Module durch die Schichten eingegrenzt wird. Durch die Schichtenaufteilung besteht jedoch das Problem, dass manche Funktionen künstlich aufgeteilt werden müssen, da sie nicht eindeutig einer bestimmten Schicht zuordenbar sind.

1.5.5 Mikrokernsysteme (Client/Server-Modell)

Nur die allerzentralsten Funktionen sind in einem Kernteil zusammengefasst, alle übrigen Funktionen sind als Serverdienste separat realisiert (z.B. Dateidienste, Verzeichnisdienste). Der Mikrokern enthält lediglich die vier Basisdienste Nachrichtenübermittlung (*message passing*), Speicherverwaltung (*virtual memory*), Prozessorverwaltung (*scheduling*) und Gerätetreiber (*device drivers*). Diese sind dabei in ihrer einfachsten Form realisiert. Weiter gehende Funktionen sind in den Serverprozessen enthalten, die im Benutzermodus ausgeführt werden. Dadurch werden die komplexeren Systemteile in klar abgegrenzte Teile aufgesplittet, wovon man sich eine Reduktion der Komplexität verspricht. Da zudem ein Großteil des Betriebssystemcodes auf die Benutzerebene (Benutzermodus) verschoben wird, sind überschaubare zentrale Teile des Systems durch den Kernmodus gegen fehlerhafte Manipulationen geschützt. Ebenso ist es nur dem eigentlichen Kern erlaubt, auf die Hardware zuzugreifen. Beansprucht ein Benutzerprozess einen Systemdienst, so wird die Anforderung als Meldung durch den Mikrokern an den zuständigen Serverprozess weitergeleitet. Entsprechend transportiert der Mikrokern auch die Antwort an den anfordernden Prozess zurück (siehe Abb. 1–8). Vorteilhaft ist das derart verwendete Client/Server-Modell für verteilte Betriebssysteme. Für den Benutzerprozess bleibt es verborgen (transparent), ob der Serverprozess lokal oder an einem entfernten Ort ausgeführt wird.

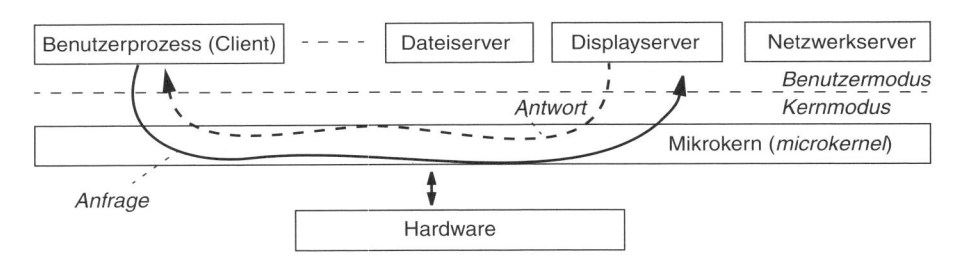

Abb. 1–8 *Mikrokern nach dem Client/Server-Prinzip*

Kommerzielle Mikrokernbetriebssysteme verlagern neben den vier erwähnten Grunddiensten zur Effizienzsteigerung zusätzliche Funktionen in den Mikrokern. Betrachtet man beispielsweise den Datenverkehr zwischen einem Benutzerprozess und dem Displayserver (siehe Abb. 1–8), so muss für eine bestimmte Operation auf dem grafischen Desktop insgesamt viermal eine Umschaltung zwischen Benutzer- und Kernmodus stattfinden, was durch Verschiebung der Displayfunktionen in den Kern effizienter gelöst werden kann. Beispiele derartiger Systemarchitekturen sind das Mac OS X (basierend auf dem Mach Kernel und BSD Unix) sowie Amoeba.

1.5 Betriebssystemarchitekturen

1.5.6 Multiprozessorsysteme

Multiprozessorsysteme haben durch die Einführung von Multicore-CPUs eine große Verbreitung erfahren. Dabei teilen sich typischerweise alle Rechenkerne die Peripherie und den Hauptspeicher, weswegen man sie *Shared-Memory*-Multiprozessoren nennt.

Drei Betriebssystemtypen sind für diese Rechner denkbar:
1. Jede CPU hat ihr eigenes Betriebssystem:
   Der Speicher wird in Partitionen (pro CPU/Betriebssystem) aufgeteilt.
2. Asymmetrische Multiprozessoren (*asymmetric multiprocessing, AMP*):
   Das Betriebssystem läuft nur auf einer einzigen CPU (=Master), die Anwendungsausführung nutzt alle restlichen Prozessoren (=Slaves).
3. Symmetrische Multiprozessoren (*symmetric multiprocessing, SMP*):
   Nur eine einzige Kopie des Betriebssystems liegt im Speicher. Diese ist von jeder CPU ausführbar.

Am einfachsten ist die Lösung, dass jede CPU ihr eigenes Betriebssystem hat und der Speicher partitionsweise den einzelnen CPUs zugeteilt wird, womit die einzelnen Prozessoren unabhängig voneinander arbeiten. Der Code des Betriebssystems (siehe Abb. 1–9) ist nur einmal im Speicher abgelegt, da unveränderlich. Infolge des fehlenden Lastausgleichs und der fixen Speicheraufteilung skaliert diese Lösung schlecht und hat deswegen keine nennenswerte Verbreitung gefunden.

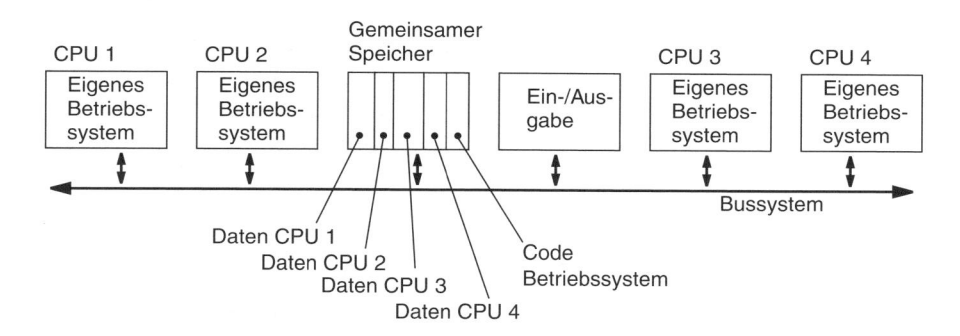

Abb. 1–9   Jede CPU hat ein eigenes Betriebssystem.

Die Variante der *asymmetrischen Multiprozessoren* weist alle Betriebssystemaktivität einer bestimmten CPU zu, die damit der Chef (Master) wird. Die Anwenderprozesse laufen auf den restlichen CPUs, die man Slaves nennt (siehe Abb. 1–10). Vorteilhaft ist die Möglichkeit der flexiblen Zuteilung ablaufwilliger Prozesse an die einzelnen Slaves. Der wesentliche Nachteil ist aber der Flaschenhals, der durch den Master entsteht, da alle Systemaufrufe nur von dieser CPU bearbeitet werden. Nimmt man beispielsweise an, dass die Anwenderprozesse 13% der Zeit in Systemaufrufen verweilen, so entstehen infolge des Flaschenhalses bereits bei einem System mit 8 Prozessoren Wartezeiten. Es handelt sich also um eine Lösung, die nur für kleine Prozessoranzahlen sinnvoll ist.

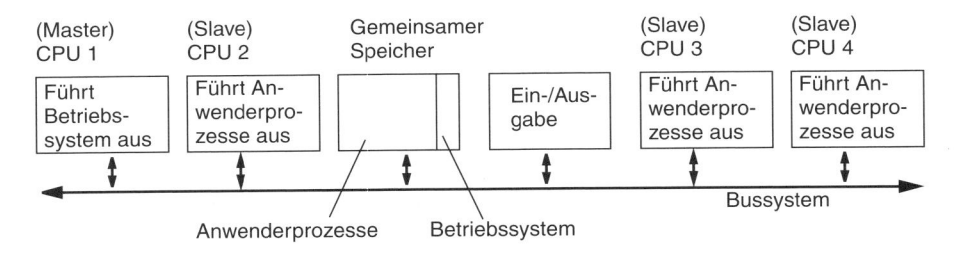

Abb. 1–10 *Asymmetrisches (Master/Slave-)Multiprozessorsystem*

Die Lösung mit *symmetrischen Multiprozessoren* führt das Betriebssystem genau einmal im Speicher, und zwar sowohl den Code als auch die Daten (siehe Abb. 1–11). Systemaufrufe können von allen CPUs ausgeführt werden. Da die Daten des Betriebssystems für alle gemeinsam zugreifbar sind, entfällt damit der Flaschenhals der Master-CPU.

Allerdings stellt sich damit auch das Problem des koordinierten Zugriffs auf die Systemdaten, um Dateninkonsistenzen zu vermeiden (kritische Bereiche). Der einfachste Weg wäre der, dass zu jedem Zeitpunkt nur eine einzige CPU einen Systemaufruf ausführen darf. Damit wäre das Flaschenhalsproblem aber in einer neuen Form wieder vorhanden und die Leistung limitiert. In der Praxis genügt es aber, wenn die einzelnen Systemtabellen separat abgesichert werden. Systemaufrufe auf unterschiedlichen Tabellen können dann parallel stattfinden. Da viele Systemtabellen in verschiedener Beziehung voneinander abhängen, ist die Realisierung eines derartigen Betriebssystems sehr anspruchsvoll (z.B. Deadlock-Problematik).

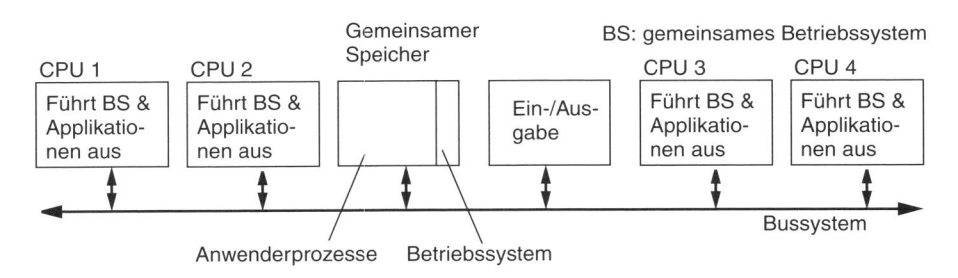

Abb. 1–11 *Symmetrisches Multiprozessor-(SMP-)System*

1.5.7 Verteilte Betriebssysteme

Verteilte Betriebssysteme nutzen eine Menge von über ein Netzwerk verbundenen Rechnern zur Lösung größerer Aufgaben oder einfach, um eine gemeinsame Rechenplattform in größerem Rahmen zu realisieren. Idealerweise wird das Betriebssystem so realisiert, dass *Ortstransparenz* herrscht. Dies bedeutet, dass der Benutzer nur ein einziges System sieht (*Single System Image, SSI*), egal an welchem der teilnehmenden Rechner er sich momentan angemeldet hat. Solche Betriebssysteme realisieren die rechnerübergreifende Kommunikation systemintern und unterstützen Mechanismen zum Lastausgleich zwischen den einzelnen Rechnern wie auch Ausfallredundanz. Die verwandten Clustersysteme hingegen unterstützen die Ortstransparenz nur partiell oder gar nicht, womit sie partiell Fähigkeiten verteilter Betriebssysteme besitzen.

1.5.8 Beispiele von Systemarchitekturen

Unix System V

Der innere Aufbau des Unix-Betriebssystems (System V Release 3 hier als Beispiel betrachtet) spiegelt die zwei zentralen Unix-Konzepte *Dateien (files)* und *Prozesse (processes)* über entsprechende Subsysteme wider. Diese sind in Abbildung 1–12 als klar abgegrenzte logische Blöcke zu sehen.

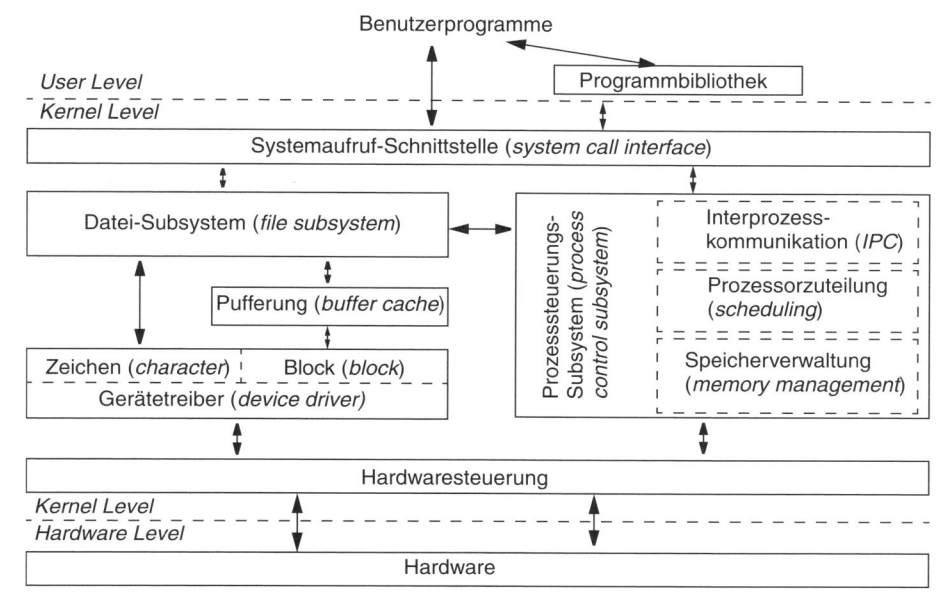

Abb. 1–12 *Interne Struktur des Unix (Kern des System V Release 3)*

In der Realität sind die Abgrenzungen aber nicht so eindeutig, da einige Module auf interne Funktionen anderer Module einwirken (monolithische Struktur). Die Architektur teilt sich in die drei Schichten *Benutzerebene (user level)*, *Kernebene (kernel level)* und *Hardwareebene (hardware level)* auf. Zuoberst stehen die Benutzerprogramme, die entweder direkt (über Trap-Interrupt von Assemblersprache) oder mithilfe von API-Funktionen aus einer Programmbibliothek (Hochsprache) die Systemdienste nutzen. Für die Interrupt-Verarbeitung liegen Kernroutinen vor, die bei einer Programmunterbrechung aufgerufen werden. Erwähnenswert ist, dass viele Unix-Kommandos gleichartig wie Benutzerprogramme implementiert sind, indem sie als ausführbare Dateien vorliegen und die Systemprogrammierschnittstelle zur Kommunikation mit dem Kern benutzen (Beispiel: Unix Kommandointerpreter, *shells*). Dadurch kann der Kern kompakt und überschaubar gestaltet werden. Die Steuerung von Peripheriegeräten erfolgt durch die Treiber, die entweder zeichenorientiert arbeiten (*character device driver*) oder ganze Datenblöcke manövrieren (*block device driver*). Letztere Gruppe von Treibern kann mithilfe eines Puffers Daten sowohl beim Lesen als auch beim Schreiben zwischenpuffern. Unix ist in C programmiert, ergänzt mit wenigen hardwarenahen Teilen in der Assemblersprache der unterliegenden Hardwareplattform.

Windows 10

Das Betriebssystem Windows 10 besitzt eine Architekturmischform, die sowohl Elemente der Mikrokernidee als auch der geschichteten Strukturierung realisiert (siehe Abb. 1–13). Jedoch unterscheidet es sich nicht groß von vielen Unix-Systemen, indem wesentliche Teile des Systemcodes einschließlich der Treiber in der gleichen Ausführungsumgebung ablaufen und damit unter sich keinen Schutz gegen Fehlzugriffe genießen. Hingegen sind viele Dienste und Hilfsfunktionen in separate Prozesse ausgelagert und daher genauso gegeneinander geschützt wie Benutzerprozesse unter sich. Alle Systemteile im Kernmodus bzw. die in Systemdienstprozesse ausgelagerten Teile sind gegen böswillige Benutzerprozesse abgeschottet. Damit unterscheidet sich Windows 10 deutlich von früheren Windows-Produkten der Reihe 3.x/95/98/ME, die keinen vollständigen Schutz des Systemcodes vor Manipulationen durch fehlerhafte Applikationen boten. Dies ist jedoch eine fundamentale Anforderung für ein stabiles und robustes Betriebssystem. Windows 10 ist in C, zu kleineren Teilen in C++ programmiert. Wenige Softwareteile, die direkt die Hardware ansprechen, sind auch in Assemblersprache codiert.

Nachdem Windows über viele Jahre nur als Gesamtsystem installier- und ladbar war, wurde mit Windows Server 2008 eine Version ohne grafische Oberfläche geschaffen (*windows core*), da ein GUI für den Serverbetrieb nicht unbedingt notwendig ist. Mit Windows 7 wurde zudem ein *MinWin* definiert, das nur aus dem eigentlichen Windows Kernel, den Netzwerkprotokollen, dem Dateisystem und

1.5 Betriebssystemarchitekturen

einem minimalen Satz von Diensten (*core services*) besteht und in 40 MB Hauptspeicher Platz findet. MinWin kann unabhängig vom restlichen Windows-Code geladen und getestet werden, womit die höheren Schichten des Systems besser abgekoppelt werden.

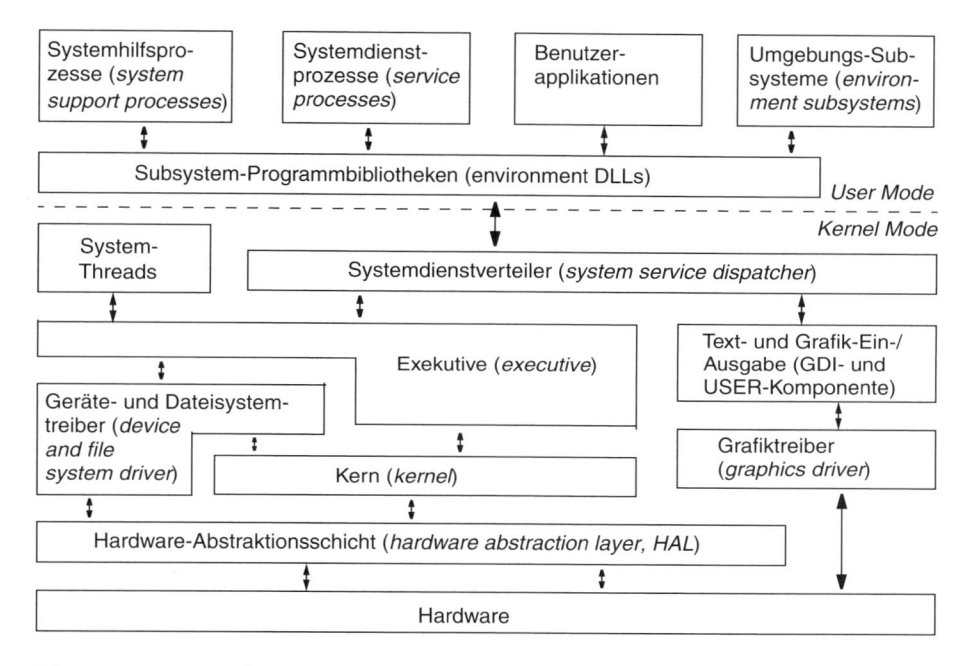

Abb. 1–13 *Interne Struktur von Windows 10*

Entsprechend wurde auch systemintern eine *MinWin API* definiert, die nun von den höheren Schichten genutzt wird. Windows 10 skaliert gut über die Plattformgröße, indem für Kleinsysteme aus der Embedded-Welt bis zu Servermaschinen passende Systemvarianten verfügbar sind.

Google Chrome OS

Google realisiert mit diesem Betriebssystem eine neue Idee, wie Anwender mit Programmen arbeiten, nämlich webbasiert. Man ist auch versucht zu sagen, dass das Chrome OS die Versprechungen einlöst, die für das Web 2.0 gemacht wurden. Die Architekturidee besteht im Wesentlichen darin, aus serverbasierten Applikationen (*Cloud-Services, Cloud Computing*) und kostengünstigen Netbooks eine Systemlösung zu realisieren, die übliche Anwendungen, wie Office-Programme, Kalender- und Informationsdienste, dem Anwender als Webapplikationen zur Verfügung stellt, ohne dass er diese Applikationen auf seinem Computer installieren muss. Der Zugriff auf die Cloud-Services erfolgt via Chrome Webbrowser. Traditionelle GUI-Applikationen lassen sich nicht installieren, da als

Benutzeroberfläche der Webbrowser dient, der seinerseits auf einem Linux-Kernel aufsetzt. Damit der Benutzer zwischendurch ohne Internetanbindung arbeiten kann, ermöglicht ihm das ebenfalls von Google stammende Browser-Plug-in *Gears*, seine Daten lokal zu speichern. Um einen möglichst schnellen Arbeitsbeginn zu erreichen, setzt das Chrome OS auf einer umfangreichen Firmware auf, die für eine blitzartige Initialisierung der Hardware sorgt. So gesehen liegt eine Drei-Schichten-Architektur vor: zuunterst die Firmware, dann der Linux-Kernel und zuoberst der Chrome Webbrowser.

1.5.9 Zukünftige Systemarchitekturen aus Sicht der Forschung

Betriebssysteme bieten viele Ansatzpunkte für Verbesserungen. Aus Benutzersicht ist die Bedienoberfläche das prägende Element eines Betriebssystems. Aus Systemsicht sind die Architektur bzw. Entwurfsprinzipien, die auf die Lösung bekannter Probleme abzielen, von größerem Interesse. Die Gestaltung von Benutzeroberflächen ist ein umfangreiches Wissensgebiet der Informatik, wofür auf entsprechende Speziallliteratur verwiesen sei. Zur Systemarchitektur und ihren Aspekten wird hingegen nachfolgend eine Auswahl an Forschungsarbeiten vorgestellt, die illustrieren, wohin die Entwicklung von Betriebssystemen jenseits der Benutzeroberfläche in Zukunft gehen könnte. Dazu stellen wir eine Reihe von Fragen, auf die mögliche Antworten gefunden wurden.

Auf welcher Schicht sollen Systemfunktionen implementiert werden? Schichten (*layers*) sind ein beliebtes Strukturierungsmittel für Software, wobei die Idee der geschichteten Systeme nahelegt, eine bestimmte Funktion in schichtenspezifische Teilfunktionen aufzuteilen. Die *End-to-End Arguments* von J. H. Saltzer et al. (1984) sagen dagegen aus, dass Funktionen auf tiefer Abstraktionsstufe oft zu teuer sind für ihren Nutzen sowie dass es Funktionen gibt, die nur mit Wissen bzw. mithilfe der Applikation an den Kommunikationsendpunkten gelöst werden können. Diese Beobachtung gilt für Kommunikationssysteme generell, stellt aber auch die Grundlage des Internets dar. Ähnliche Aussagen zu Betriebssystemen wurden von B. W. Lampson bereits 1974 gemacht, wobei er betont, dass Funktionen nie fix auf tiefer Stufe gelöst sein sollten, sondern sich stets durch die Applikation mit einer spezialisierteren Version ersetzen lassen. Teilfunktionen auf tiefer Stufe können hingegen zu hoher Effizienz beitragen.

Wie lassen sich Betriebssysteme flexibel erweitern? Traditionelle Betriebssysteme begrenzen die Performanz, Flexibilität und Funktionalität von Applikationen durch ihre fixen Schnittstellen und Implementierungen von Abstraktionen, wie z.B. Interprozesskommunikation und virtueller Speicher. Die Idee der *Extensible Systems* ist, dass ein minimaler vertrauenswürdiger Kern die Hardwareressourcen via elementare Schnittstellen an nicht vertrauenswürdige Betriebssysteme exportiert. Letztere sind als Programmbibliotheken implementiert (*Library Ope-*

rating System, LOS). Die LOS realisieren Systemobjekte und Systemstrategien und laufen im Benutzermodus im abgeschotteten Speicher des sie benutzenden Prozesses. Damit lassen sich Dienste einfacher und applikationsangepasster realisieren, womit sie effizienter erbracht werden. Applikationen können eigene Abstraktionen definieren oder die vom Kern angebotenen minimalen Abstraktionen erweitern oder spezialisieren. Eine *Proof-of-Concept*-Implementierung, genannt *ExoKernel*, wurde von D. R. Engler und M. F. Kaashoek im Jahr 1995 realisiert und mit dem kommerziellen Unix-System Ultrix verglichen, womit die Effizienzsteigerung eindrücklich belegt wurde. Die Idee der Library Operating Systems wurde in einer Nachfolgearbeit unter einem anderen Blickwinkel erforscht, nämlich der Isolierung, wie dies sonst nur mit *Virtual Machine Monitors* (VMM, siehe Abschnitt 12.2.7) erreichbar ist. Das Resultat ist das Betriebssystem *Drawbridge* (D. E. Porter et al., 2011) das die Architektur von Windows 7 so umbaut, dass ein *Security Monitor* Systemfunktionalität, wie Dateisysteme, Netzwerk-Protokollstapel und Peripheriegerätetreiber, bereitstellt, auf die dann die eigentlichen Library Operating Systems aufsetzen. Die LOS realisieren den Großteil der restlichen Systemdienste, sodass im Security Monitor nur ein kleiner Teil des gesamten Betriebssystems, entsprechend 2% des Gesamtcode-Umfangs, gemeinsam ist. Im Gegensatz zu VMM-Lösungen werden erheblich weniger Ressourcen benötigt, wenn das gleiche Betriebssystem stark isoliert mehrere Applikationsumgebungen realisieren soll. Drawbridge ermöglicht ferner eine sehr einfache Applikationsmigration während des Betriebs, vergleichbar mit VMM-Lösungen.

Wie kann ein Betriebssystem sicher erweitert werden? Es gibt Applikationen, für die vorgefertigte Betriebssystemdienste bzw. Betriebssystemschnittstellen schlecht passen. Mit dem Experimental-Betriebssystem *SPIN* (B. N. Bershad et al., 1995) wurde die Idee realisiert, mithilfe einer Infrastruktur zur Systemerweiterung, eines Grundsatzes an erweiterbaren Systemfunktionen und der Verwendung einer typsicheren Hochsprache den Applikationen die Spezialisierung von Systemdiensten zu ermöglichen. Die Erweiterungen werden dabei beim Laden oder während des Betriebs dynamisch in vom restlichen Kern logisch getrennte Domänen (*logical protection domains*) eingebunden. SPIN zeigt, dass eine effiziente Implementierung eines erweiterbaren Betriebssystems bei vollem Schutz möglich ist.

Wie wird die Ausführung unsicheren Codes verhindert? Moderne Sprach-Laufzeitsysteme zeigen, dass mit typsicheren Hochsprachen (z.B. Java, C#) und komplementären Prüfmechanismen bei der Compilierung, beim Laden des Zwischencodes (z.B. Java-Bytecode, .NET MSIL) und während der Programmausführung nicht erlaubte Zugriffe auf Code und Daten verhindert werden. Leider sind damit Applikationen, die in weniger sicheren Sprachen programmiert wurden, immer noch ein Problem, da sie evolutionär entstanden sind und eine Portierung in eine sichere Sprache unattraktiv ist. Bereits 1996 wurde von G. C. Necula und P. Lee eine Lösung präsentiert, die basierend auf einer *Safety Policy* den Binärcode (*Proof Carrying Code, PCC*) vor der Ausführung prüft, ob er sicher ist. Damit diese Prüfung schnell abläuft, wird dem Binärcode ein kryptografisches Zertifikat mitgeliefert, das eine Sicherheitsüberprüfung ohne detaillierte Codeanalyse erlaubt. G. Morrisett et al. definierten 1999 einen typsicheren Instruktionssatz (*Typed Assembly Language, TAL*), der die Erzeugung typsicherer Binärprogramme aus Hochsprachen als PCC erlaubt.

Kann typsicherer Code die Isolation durch Hardwaremechanismen bei voller Sicherheit ersparen? Traditionelle Betriebssysteme isolieren Prozesse mittels der hardwareunterstützten Mechanismen der MMU (virtueller Speicher) und der CPU (Unterscheidung Benutzer-/Kernmodus). Nachteilig ist, dass jeder Prozesswechsel dadurch zusätzliche Zeit benötigt. 2006 wurde von M. Aiken et al. das Forschungsbetriebssystem *Singularity* vorgestellt, das auf typsicheren Sprachen beruht und ohne Hardwaremechanismen volle Sicherheit gewährleistet, womit es im Vergleich zu herkömmlichen Systemen effizienter abläuft. Programme laufen als *Software Isolated Processes (SIP)* ab und stellen geschlossene Objekträume (*Closed Object Spaces*) dar, da Prozesse indirekt via *Exchange Heap* kommunizieren, wobei der Sender die Referenz auf ein abgelegtes Objekt zwangsweise verliert, bevor dem Empfänger eine Zugriffsreferenz übergeben wird. Das Betriebssystem selbst ist als minimaler vertrauenswürdiger Kern und eine Menge von SIP für höherwertige Systemfunktionen realisiert. Da der Prozesswechsel und die Interprozesskommunikation sehr effizient sind, lassen sich auch Treiber als SIP realisieren, ohne dass die Performanz leidet.

Wie skaliert man Betriebssysteme für Manycore- und Cloud-Systeme? Verbreitete Betriebssysteme wurden für Plattformen entworfen, die nur über einen oder wenige Rechenkerne verfügen. Mit dem *Factored Operating System (fos)* zeigen D. Wentzlaff et al. (2010), dass sich ein verteiltes Betriebssystem hoch skalierbar realisieren lässt, wenn das Gesamtsystem in viele Komponenten aufgeschlüsselt wird, die je für sich Dienste anbieten, die selbst wiederum als eine Dienstmenge (als *fleet* bezeichnet) auf die teilnehmenden Rechner verteilt sind. Je nach aktueller Nachfrage werden diese Dienstmengen ausgeweitet oder geschrumpft. Im Gegensatz zu bekannten *Infrastructure-as-a-Service-(IaaS-)*Lösungen werden Ressourcen in einer einheitlichen, einfach skalierbaren Art und Weise angeboten.

Wie fehlerfrei sind verbreitete Betriebssysteme programmiert? Betriebssysteme sind komplexe Softwareprodukte und entsprechend anfällig für Entwurfs- und Programmmierfehler. M. M. Swift et al. haben 2003 die Ursachen für Systemabstürze des Microsoft Windows XP untersucht und dabei festgestellt, dass diese zu 85% durch Treiber verursacht wurden. Treiber stellen jedoch Plug-in-Komponenten eines Betriebssystems dar, die großenteils durch Drittparteien programmiert werden. Als eine Konsequenz hat Microsoft eine neue Treiberschnittstelle

(WDM, siehe Abschnitt 7.3.7) zur Komplexitätsreduktion der Treiberentwicklung eingeführt. 2011 wurden von N. Palix et al. im Linux-Kernel 2.6.33 durch systematische Analysen 736 Fehler identifiziert. Ergänzend dazu steht ihre Beobachtung, dass über 10 Jahre hinweg der Codeumfang des Linux Kernel sich mehr als verdoppelt hat, jedoch die Fehleranzahl in etwa gleich geblieben ist, was für eine deutliche Steigerung der Softwarequalität spricht.

2 Programmausführung und Hardware

> **Lernziele**
>
> - Sie erklären die Funktionsweise des Von-Neumann-Rechners.
> - Sie beschreiben, wie eine CPU prinzipiell den Programmcode (Maschinencode) ausführt.
> - Sie erläutern den Zweck der Prozessorregister und die Funktionsweise der Steuerregister PC, SP und PSW.
> - Sie unterscheiden zwei Adressraumtypen.
> - Sie interpretieren Speicherinhalte unter Berücksichtigung der geltenden Bytereihenfolge und Ausrichtungsregeln.
> - Sie illustrieren den Zusammenhang zwischen C- und Assembler-Quellcode sowie Maschinencode anhand eines einfachen Beispiels.
> - Sie klassifizieren Instruktionssätze anhand der Operandenanzahl.
> - Sie ordnen C-Programmelemente, wie Code und Daten, den Speicherorten global, Stapel und Heap korrekt zu.
> - Sie unterscheiden drei mögliche Adressraumlayouts für C-Programme.
> - Sie stellen Vor- und Nachteile der Benutzung von Unterbrechungen (Interrupts) einander gegenüber.
> - Sie unterscheiden den Benutzer- und Kernmodus eines Prozessors und erläutern die Bedeutung für das Betriebssystem.
> - Sie unterscheiden drei Unterprogrammaufrufarten und drei Varianten der Funktionsparameterübergabe.
> - Sie interpretieren die in einem Debugger hexadezimal visualisierten Inhalte eines Aktivierungsrahmens nach Verwendungszweck.

Die Ausführung von Programmen bildet eine gemeinsame Aufgabe der *Prozessorhardware* und des *Betriebssystems*. Da letztlich auch das Betriebssystem aus Sicht der Hardware nur ein Programm darstellt, ist die Ausführung von Programmen auf der blanken Hardware die Basis aller Prozesse. Die entsprechenden computertechnischen Grundlagen stehen deshalb am Anfang. Beginnend beim Von-Neumann-Rechnermodell lernen wir die elementaren Prozessorelemente kennen, die für die Programmausführung eine Rolle spielen. Dazu gehört u.a der Benutzer- und Kernmodus der CPU, da er die Basis des Schutzsystems darstellt. Ein paar Grundlagen der Adressraumnutzung und die Unterprogrammmechanismen erlauben die Interpretation von Stapelinhalten nach Verwendungszweck.

2.1 Rechner- und Prozessorgrundlagen

Eine Sequenz von Maschinenbefehlen (= Prozessorinstruktionen) wird zusammen mit ihrer Datenhaltung als Programm bezeichnet, entsprechend die Ausführung durch den Prozessor als Programmausführung. Nachfolgend betrachten wir elementare Eigenschaften eines Prozessors. Dies versetzt uns in die Lage, die Programmausführung unter einem Betriebssystem besser zu verstehen. Zudem ermöglicht es uns, unter einem Programm-Debugger die direkte Ausführung von Hochsprachprogrammen auf einem Rechner zu analysieren.

2.1.1 Grundmodell eines Rechners

Die meisten heute gebauten Computersysteme beruhen auf der Aufbaustruktur des Von-Neumann-Rechners, die John von Neumann 1946 aufgestellt hat. Seltener kommt die alternative Struktur des Harvard-Rechners zum Zug, benannt nach der Struktur des Mark-I-Rechners an der Harvard University (1939-44). Der *Von-Neumann-Rechner* besteht aus vier Funktionseinheiten (siehe Abb. 2–1):

- *Leitwerk (Control Unit, CU)*: Programme werden maschinenintern als Zahlen, auch Maschinenbefehle genannt, gespeichert. Die Maschinenbefehle legen die vom Prozessor auszuführenden Operationen fest. Das Leitwerk holt die Maschinenbefehle nacheinander aus dem Speicher, interpretiert sie und setzt sie in die zugehörigen Steueralgorithmen um. Das Leitwerk übernimmt damit als Befehlsprozessor die Steuerung der Instruktionsausführung. Unter Steueralgorithmen verstehen wir mögliche Prozessoroperationen, wie z.B. eine Addition, logische Oder-Verknüpfung oder Datenkopieren.
Analogie »Fabrik«: Das Leitwerk fungiert als *Vorarbeiter*, der aktiv Aufträge in Form von Instruktionen entgegennimmt, diese interpretiert und dem Rechenwerk (= Arbeiter) die entsprechenden Arbeitsanweisungen erteilt. Dies entspricht einer *Arbeitsvorbereitung*.
- *Rechenwerk (Processing Unit, PU)*: Eingabedaten können neben den Maschinenbefehlen Bestandteile eines Programms sein (sie liegen dann im Speicher vor) oder werden während des Programmablaufs über die Funktionseinheit Ein-/Ausgabe von der Peripherie hereingeholt. Das Rechenwerk holt die

Daten aus dem Speicher bzw. von der Eingabe, transformiert diese Daten mittels unterschiedlicher Steueralgorithmen und legt sie im Speicher ab bzw. übergibt sie der Ausgabe. Als eigentlicher Datenprozessor realisiert es die logischen und arithmetischen Operationen.

Analogie »Fabrik«: Das Rechenwerk entspricht dem *Arbeiter*, der gemäß Arbeitsanweisungen die Rohmaterialien (= Operanden) in ein Endprodukt (= Resultat) verwandelt. Manchmal geht es auch nur darum, Eigenschaften von Materialien zu ermitteln oder Materialien zu transportieren. Das Rechenwerk übernimmt somit die *Arbeitsausführung*.

- *Speicher (memory)*: Er enthält die Maschinenbefehle und die zu verarbeitenden Daten. Eine Folge von logisch zusammengehörenden Maschinenbefehlen bezeichnen wir als Programm. Sowohl Befehle als auch Daten befinden sich in einem *gemeinsamen* Adressraum. Der Speicher dient somit der kombinierten Ablage von Programmen und Daten.

Analogie »Fabrik«: Der Speicher entspricht einem *Lager*, in dem Rohmaterial, Zwischen- und Endprodukte abgelegt sind. Damit die Analogie passt, müssen auch Aufträge im Lager gespeichert werden.

- *Ein-/Ausgabe (Input/Output, I/O)*: Sie verbindet die Peripheriegeräte (z.B. Tastatur, Monitor, Drucker) mit dem Rechenwerk, stellt also eine oder mehrere Schnittstellen zur Umwelt dar. Mittels passender Maschinenbefehle werden über die Ein-/Ausgabe Daten von der Peripherie entgegengenommen oder dieser übergeben. Ursprünglich wurden das Eingabewerk und das Ausgabewerk als zwei getrennte Funktionsblöcke betrachtet. Heute werden sie zur Ein-/Ausgabe zusammengefasst.

Analogie »Fabrik«: Die Ein-/Ausgabe entspricht der *Spedition*. Rohmaterialien werden eingeliefert und Zwischen- sowie Endprodukte ausgeliefert. Etwas ungewohnt werden auch Aufträge über diese Einheit entgegengenommen.

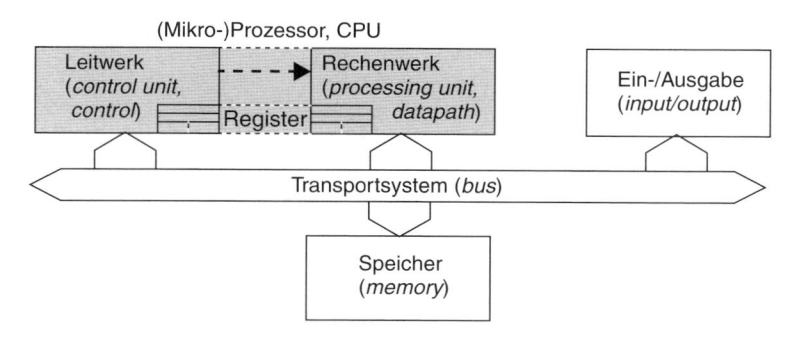

Abb. 2–1 *Funktionsblöcke des Von-Neumann-Rechners*

Häufig werden Rechenwerk und Leitwerk zusammengefasst und als Prozessor *(Central Processing Unit, CPU)* bezeichnet. Die Register stellen benannte Speicherplätze innerhalb der CPU dar (siehe Abb. 2–1). Sie ergänzen den Baublock Speicher, sind aber vergleichsweise nur in verschwindend kleiner Anzahl vorhanden. Die Anbindung des Prozessors an den Speicher wird oft als *Von-Neumann-Flaschenhals* bezeichnet, da sowohl Daten als auch Maschinenbefehle durch das gemeinsame Transportsystem (Bus) transferiert werden. Die Schritte

- Befehl aus Befehlsspeicher holen (= Abholen des Befehls),
- Daten aus dem Datenspeicher verknüpfen (= Befehl interpretieren, ausführen)

müssen beim Von-Neumann-Rechner zwingend hintereinander abgearbeitet werden, da sich Befehle und Daten nur hintereinander über den Bus transportieren lassen. Die Harvard-Architektur beseitigt diesen Nachteil, indem sie den parallelen Transport über den Bus durch separate Zugriffspfade ermöglicht. Realisiert wird dies, indem der Funktionsblock Speicher in zwei getrennte Blöcke Programmspeicher (*program memory*) und Datenspeicher (*data memory*) aufgeteilt wird. Dies erzeugt jedoch Hardware-Mehraufwand, da für den Datentransport doppelt so viele Leitungen notwendig sind. Zudem besteht das Problem, dass aus Quellcode erzeugte Programme vom Compiler im Datenspeicher abgelegt werden, aus dem sie erst in den Programmspeicher kopiert werden müssen, bevor sie ablaufen können. Infolge der Nachteile wird die Harvard-Architektur eher wenig eingesetzt, z.B. in angepasster Form für die ARM Cortex-Prozessoren oder für Signalverarbeitungsprozessoren.

Überlegt man sich, welche Betriebssystemteile zu welchen Baublöcken des Von-Neumann-Rechners gehören, so stellt man fest, dass etliche Teile mehreren Baublöcken zugeordnet sind. Diejenigen Systemkomponenten, die sich spezifisch zuordnen lassen, sind in Abbildung 2–2 eingetragen.

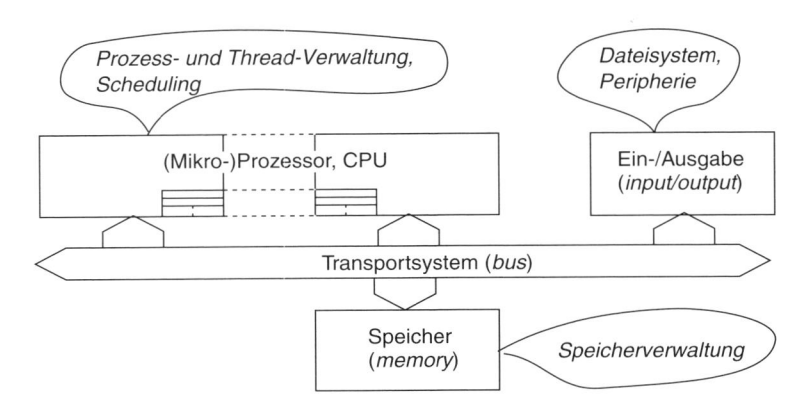

Abb. 2–2   *Betriebssystem und Von-Neumann-Rechner*

2.1.2 Befehlsverarbeitung in der CPU

Programme werden durch eine Rechnerhardware ausgeführt, in der ein Prozessor (CPU) die zentrale Einheit darstellt. Die CPU dient als Befehlsprozessor, der Schritt für Schritt die Befehle aus dem Speicher holt, interpretiert und die zugehörigen Steueralgorithmen aktiviert. Die CPU stellt den Kern jedes Rechners dar und realisiert die elektronische Datenverarbeitung.

Ein Programm liegt im Speicher in seiner einfachsten Form als Folge aufeinander folgender Maschinenbefehle vor. Die adressmäßige Anordnung im Speicher ist dabei aufsteigend, d.h., der erste Befehl hat die zahlenmäßig tiefste Adresse. Die *Startadresse* eines Programms ist die Adresse der ersten Programminstruktion. Die Maschinenbefehle sind in Form von *Binärzahlen* abgelegt, die vom Prozessor bei der Ausführung *interpretiert* werden. Betrachtet man mittels passender Programme die Speicherinhalte eines Rechners, so kann man die Programminstruktionen nicht von den Daten unterscheiden. Nur das Wissen, was wo platziert ist, entscheidet bei der Verarbeitung, ob die Speicherinhalte als Maschinenbefehle oder Datenwerte interpretiert werden. Jede Prozessorfamilie benutzt eine Reihe vom Hersteller festgelegter Regeln, die Binärzahlwerte den Prozessoroperationen zuordnen (sogenannte Instruktionssatzarchitektur, *Instruction Set Architecture, ISA*).

Nach einem Rücksetzen (*reset*) des Prozessors erfolgt zuerst die Prozessorinitialisierung, bei der unter anderem interne Register gelöscht und die Adresse der ersten auszuführenden Instruktion (*Urstartadresse*) geladen wird. Anschließend interpretiert die CPU in einer *endlosen Schleife* nacheinander jeden Befehl für sich (siehe Abb. 2–3).

Initialisierung		
loop		
	Fetch (Instruktion holen)	
	Execute (Instruktion ausführen)	

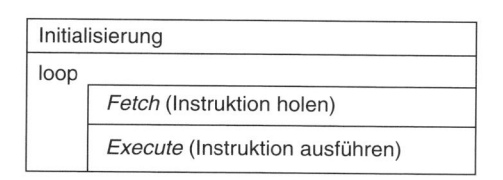

Abb. 2–3 *Arbeitsweise des Befehlsprozessors*

Für jeden Befehl werden folgende Schritte durchlaufen:

Fetch:

- Instruktionscode aus dem Speicher holen

Execute:

- Instruktion decodieren (Arbeitsvorschrift aus Binärcode extrahieren)
- Evtl. Operand(en) aus Register oder Speicher holen (instruktionsabhängig)
- Evtl. Datentransformation ausführen (instruktionsabhängig, z.B. Addition)

- Evtl. Resultat in Register oder in Speicher ablegen (instruktionsabhängig)
- Evtl. Programmstatuswort verändern (instruktionsabhängig)

Welcher Befehl als nächster zu holen und damit auszuführen ist, wird durch den Adresswert im Programmzählerregister (PC) festgelegt. Anfänglich entspricht dieser Wert der Urstartadresse und wird nachfolgend bei jeder Befehlsausführung auf den nächsten Befehl im Hauptspeicher weitergeschoben (für Details siehe S. 48). Programme werden maschinenintern als Binärzahlen gespeichert, die vom Prozessor als Maschinenbefehle (Prozessorinstruktionen) interpretiert werden. Eine Reihe von Maschinenbefehlen bezeichnet man als *Maschinencode*. Für die Programmierung benutzt man nach festen Regeln zugeordnete alphanumerische Symbole (sog. *Mnemonics*). Diese sind besser lesbar als die reinen Binärzahlen der Maschinenbefehle. Programme, die diese Mnemonics enthalten, werden als Assemblerquellprogramme bezeichnet. Ein bestimmter Maschinenbefehl, mittels Mnemonics dargestellt, wird Assemblerbefehl genannt (siehe Abb. 2–4 für ein Beispiel). In der Praxis werden manchmal die Begriffe Maschinenbefehl und Assemblerbefehl synonym gebraucht. Dies ist jedoch nicht sonderlich präzis. Assemblerquellprogramme können mittels eines passenden Dienstprogramms (= Assembler) in Maschinencode übersetzt werden. Umgekehrt enthalten die meisten Programm-Debugger die Fähigkeit, im Speicher vorliegenden Maschinencode in Form der Assemblerbefehle lesbar darzustellen. Zu bedenken ist dabei, dass auf diese Art und Weise auch beliebige Datenwerte im Speicher scheinbar als Assemblerbefehle dargestellt werden.

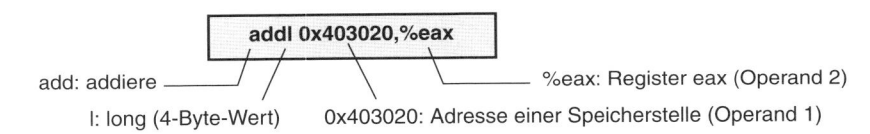

addl 0x403020,%eax

add: addiere
l: long (4-Byte-Wert)
0x403020: Adresse einer Speicherstelle (Operand 1)
%eax: Register eax (Operand 2)

Ablauf der Befehlsausführung:

Fetch:
– Instruktionscode aus Speicher holen (5 Byte)

Execute:
– Instruktion vollständig decodieren
– Operand 1 (4 Byte) aus Speicher lesen
– dazu Operand 2 (4 Byte aus Register eax) addieren
– Resultat in den Speicher schreiben (ersetzt Operand 2)

Abb. 2–4 *Assemblerbefehlsbeispiel (x86-Prozessor, GNU-Assembler)*

2.1.3 Prozessoraufbau

Jede CPU-Familie besitzt einen spezifischen *Instruktionssatz* und *Registeraufbau*, mit dem sie sich von anderen Prozessorfamilien unterscheidet. Deswegen muss ein Programm stets für die richtige CPU übersetzt sein, damit die Maschinenbefehle korrekt interpretiert werden. Innerhalb einer sogenannten CPU-Familie kann jedoch der gleiche Code benutzt werden. Ein Prozessor besteht grob gesehen aus den Teilen Leitwerk, Rechenwerk, Register, Adress- und Bussteuerung (siehe Abb. 2–5). Register lassen sich in zwei Gruppen aufteilen:

- *Allgemeine Register*: Sie dienen als Zwischenspeicher für Operanden, Resultate und Zeiger (d.h. Code- und Datenadressen). Sie gehören zum Rechenwerk und werden in ihrer Gesamtheit als *Registerblock* bezeichnet.
- *Steuerregister*: Ihre Aufgabe ist die Steuerung des Programmablaufs. Teilweise können sie auch Informationen des Rechenwerks enthalten (z.B. Programmstatuswort).

Die Baublöcke *Adresssteuerung* und *Bussteuerung* spielen eine wichtige Rolle bei der Bestimmung von Zugriffsadressen und der Ansteuerung des Prozessorbusses. Da es sich aber um Funktionen handelt, mit denen man bei der Softwareentwicklung nicht groß in Kontakt kommt, sei für Details auf die spezialisierte Literatur verwiesen. Das *Unterbrechungssystem* realisiert die Möglichkeit, in speziellen Situationen den normalen Programmfluss zu unterbrechen und eine Ausnahmebehandlung vorzunehmen (für Details siehe S. 52).

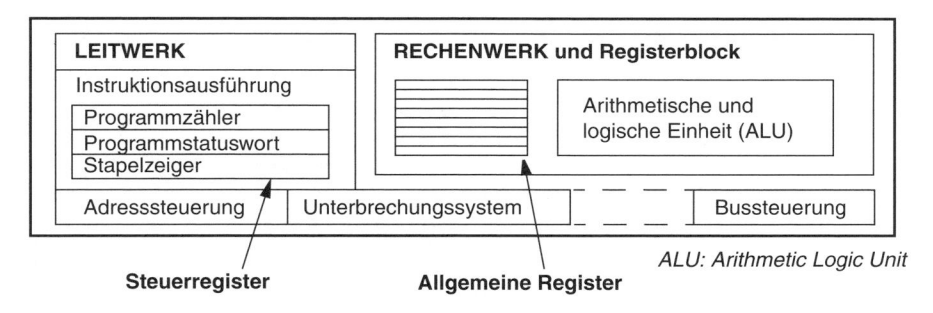

Abb. 2–5 *Schematischer Prozessoraufbau*

2.1.4 Allgemeine Prozessorregister (*general purpose registers*)

Bei den allgemeinen Registern unterscheiden sich Prozessoren in folgenden Eigenschaften:

- Anzahl der Register
- Registerbreite in xx Bit (→ bestimmt xx-Bit-Architektur, z.B. xx = 64)
- Benutzungsregeln

- Adressierbarkeit
- Registeroperationen (Maschinenbefehle, die Registerinhalte lesen/schreiben)

Allgemeine Register enthalten typischerweise Operanden, Adressen von Operanden und Funktionen (Zeiger) sowie Zwischen- und Endresultate von Rechenoperationen. Für das Betriebssystem stellen Register einen Teil der *Ausführungsumgebung* eines Programms dar, d.h., sie sind Teil des *Prozesskontexts (process context)*. Ein Prozesskontext beinhaltet alle diejenigen Informationen, die bei einer Programmunterbrechung gespeichert und bei der Weiterführung wieder zurückgeholt werden müssen. Nur dann kann ein Programm später korrekt weiter ausgeführt werden, da es potenziell ja wichtige Daten in Registern abgelegt hat. Ein Betriebssystem ist nicht in der Lage, festzustellen, welche Register für ein Programm relevante Werte enthalten und welche nicht. Aus diesem Grund müssen alle diese Registerinhalte bei einer Unterbrechung gesichert werden.

2.1.5 Steuerregister (*control registers*)

Abhängig vom Prozessortyp kann eine unterschiedliche Anzahl an Steuerregistern vorliegen. Drei wichtige Register sind jedoch in allen Prozessoren realisiert, nämlich der *Programmzähler (PC)*, der *Stapelzeiger (SP)* und das *Programmstatuswort (PSW)*. Ihre Funktionen innerhalb einer CPU werden weiter unten kurz erläutert und im Detail in den Abschnitten 2.3.2 - 2.3.4 beschrieben. Prozessorabhängig gibt es folgende Unterschiede:

- Registerbreite des PC, SP, PSW
- Maschinenbefehle zum Lesen/Schreiben der Register
- Zulässige Registerinhalte
- Funktionalität des PSW (d.h. Registeraufbau und Inhalt)

Auch die Steuerregister sind ein Teil des Prozesskontexts eines Programms und müssen daher vom Betriebssystem bei der Prozessumschaltung gesichert und bei der Weiterführung wiederhergestellt werden. In Abbildung 2–6 sind drei Beispiele für CPU-Registerauslegungen angegeben. Der IBM PowerPC-Prozessor verfügt über 32 allgemeine und eine von der Chipvariante abhängige, relativ hohe Anzahl an Steuerregistern. Auffallend ist, dass weder ein Stapelzeiger noch ein Programmzähler dazugehört. Bei dieser CPU ist der Programmzähler versteckt, da die Software im Grunde genommen nicht direkt darauf zugreifen muss. Als Stapelzeiger können die GPRs dienen, da der Stapel rein von der Software gesteuert wird.

Beim Intel x86-Prozessor stehen sieben allgemeine Register und drei Steuerregister zur Verfügung. Zusätzliche in Abbildung 2–6 nicht dargestellte Register dienen speziellen Zwecken in der CPU-Steuerung und der Speicherverwaltung. Zum Vergleich: die Intel 64-Bit-Prozessoren (x86-64) erhöhen die Anzahl der allgemeinen Register auf 15, wobei alle Register eine Größe von 64 Bit besitzen. Für die rückwärtskompatible Ausführung von 32-Bit-Programmen (x86) werden die höherwertigen 32 Bit und die zusätzlichen Register ignoriert.

IBM PowerPC-Prozessor	Intel x86-Prozessor	ARM Cortex-Prozessor
32 General Purpose Register (64 Bit)	7 General Purpose Register (32 Bit)	16 General Purpose Register (32 Bit)
GPR0	EAX	R0
GPR1	EBX	R1
:	:	R2
	EBP	R3
GPR31		R4
		R5
		R6
Special Purpose Register	Program Status and Control Register	R7
SPR0	EFLAGS	R8
SPR1		R9
:	Instruction Pointer	R10
(Anzahl chipabhängig)	EIP	R11
		R12
	Stack Pointer	R13 (SP)
Machine State Register	ESP	R14 (LR)
MSR		R15 (PC)
Condition Register	(Register der Memory Management Unit)	Current Program Status Register
CR		CPSR

Abb. 2–6 *Beispiele von CPU-Registern*

Der ARM Cortex-Prozessor schließlich ist aus Sicht der Software mit 16 Registern bestückt. Register R0 bis R12 dienen allgemeinen Zwecken, während R13 als Stapelzeiger (SP), R15 als Programmzähler (PC) und das Register CPSR als PSW dienen. Eine Spezialität stellt das R14 (*Link Register,* LR) dar, das bei der Unterprogrammausführung die Rücksprungadresse zwischenspeichert. Obwohl die Software stets nur 16 Register sieht, sind in der Hardware in Form von Registerbänken mehr vorhanden, da eine Untermenge der Register in mehreren Exemplaren existiert. Pro CPU-Modus (z.B. User, Supervisor, Abort, IRQ) kommt jeweils eine separate Registerbank zum Zug.

2.2 Grundlagen des Adressraums

Der Zugriff auf die Befehle eines Programms erfolgt ebenso wie auf alle im Speicher abgelegten Operanden mittels Speicheradressen. Die Organisation des Adressraums stellt damit eine wichtige Eigenschaft und allenfalls auch Limitierung einer bestimmten Rechnerplattform dar.

Der in Abschnitt 2.1 vorgestellte Von-Neumann-Rechner benutzt einen für Code und Daten gemeinsamen Speicher, der direkt adressiert wird. Direkt darum, weil jede Speicherstelle über eine »Hausnummer«, *Adresse* genannt, verfügt. Die Kapazität des Speichers ergibt sich als Produkt aller möglichen Adresswerte und der Speicherfähigkeit einer einzelnen Speicherstelle (z.B. 2^{16} Speicherstellen zu 1 Byte ergeben total 64 KB). Die *Speicherstelle* stellt die kleinste adressierbare Speichergröße dar. Historisch gesehen gab es in real existierenden Rechnern verschiedenste Speicherfähigkeiten separat adressierbarer Speicherstellen. So waren Werte beispielsweise von 6, 7, 8, 9, 12, 16, 18 oder 24 Bit verbreitet. Moderne Universalrechner benutzen aber praktisch ausnahmslos eine Speicherfähigkeit von 8 Bit pro Speicherstelle (bei Mikrocontrollern sind z.T. auch Einzelbits adressierbar). Deswegen gehen wir nachfolgend in diesem Buch von 8 Bit (= 1 Byte) Speicherfähigkeit pro Speicherstelle aus, sofern nichts anderes vermerkt ist (siehe Abb. 2–7). Im Zusammenhang mit dem Betriebssystem ist der Begriff des *Adressraums* wichtig.

> **Definitionen:**
> *Adressraum* = Menge aller möglichen Adressen
> *Adressraumgröße* = Anzahl aller möglichen Adressen

Bei einem Prozessor mit einem 24-Bit-Adressbus beträgt die Anzahl aller möglichen Adressen (= Adressraumgröße) 2^{24}. Die Menge aller möglichen Adressen (= Adressraum) besteht aus {0, 1, 2, ... , 2^{24}-1}. Man beachte, dass die tiefste Adresse stets den Wert 0 besitzt.

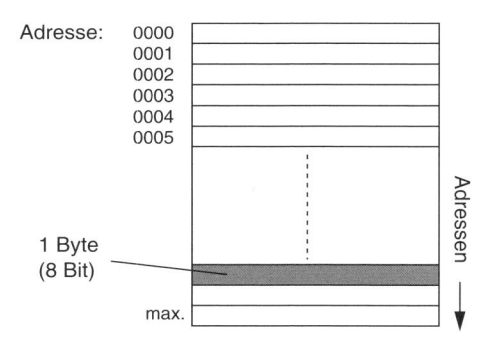

Abb. 2–7 *Grundprinzip des Adressraums*

Ergänzend sei bemerkt, dass sich neben dem Hauptspeicher auch in den CPU-Registern Werte speichern lassen (wenige, typisch nur ein paar Dutzend Byte). Der Zugriff auf Daten und Programmcode im Speicher erfolgt über Adressen. Im Gegensatz dazu geschieht der Zugriff auf Register mittels ihrer Namen (für den

2.2 Grundlagen des Adressraums

Programmierer) bzw. über spezielle Referenzcodes (innerhalb des Maschinenbefehls).

2.2.1 Adressraumtypen

Betrachtet man die Praxis, so lassen sich verschiedene *Adressraumtypen* unterscheiden.

- *Klassische Von-Neumann-Rechner*: Es ist ein einziger Hauptspeicheradressraum für Daten, Programme und Ein-/Ausgabe vorhanden. Peripherieregister von Ein-/Ausgabebausteinen werden in diesem Adressraum untergebracht, d.h. erhalten eine Hauptspeicheradresse der CPU zugeteilt (*memory mapped input/output*). In Abbildung 2–8 ist dies auf der linken Seite dargestellt.

> **Beispiel:**
> Beim Prozessor Motorola MC 68040 steht ein Adressraum der Größe 2^{32} zur Verfügung, pro Adresse 1 Byte, damit sind insgesamt 4 GB adressierbar.

- *Erweiterte Von-Neumann-Rechner*: Es existiert ein Hauptspeicheradressraum für Daten und Programme. Zusätzlich steht aber noch ein kleiner Ein-/Ausgabeadressraum zur Verfügung. Dessen Adressen lassen sich aber nur mittels einer geringen Anzahl spezialisierter Ein-/Ausgabe-(E/A-)Maschinenbefehle nutzen. Zum Beispiel steht beim Intel x86-Prozessor ein Hauptspeicheradressraum von 4 GB zur Verfügung, Adressmenge = {0, 1, ..., 2^{32}-1}, sowie ein E/A-Adressraum von 64 KB Größe, Adressmenge = {0, 1, ..., 2^{16}-1}. Die E/A erfolgt mit den x86-Instruktionen `IN/INS/INSx` und `OUT/OUTS/OUTSx`. In Abbildung 2–8 ist dies auf der rechten Seite dargestellt.

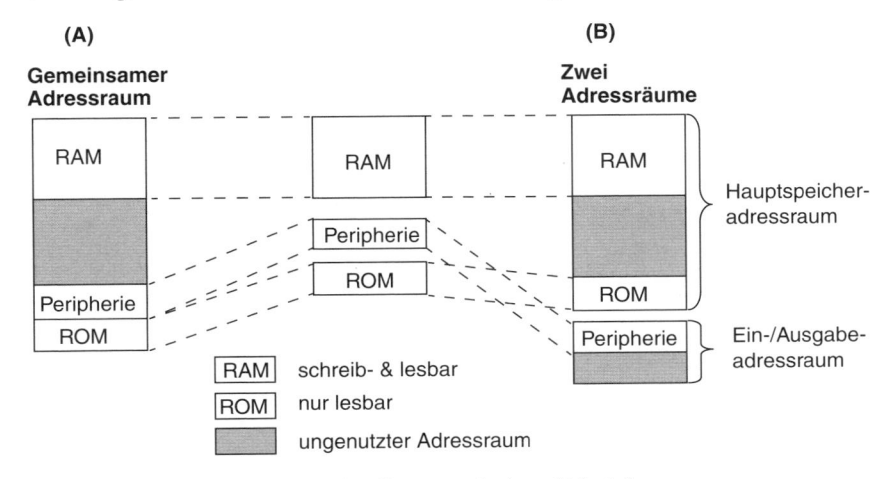

Abb. 2–8 Klassischer und erweiterter Von-Neumann-Rechner (Beispiel)

2.2.2 Bytereihenfolge (byte ordering)

Ein ganz einfacher Prozessor könnte nur mit Datenwerten von 8 Bit Größe arbeiten, d.h., er würde über eine Speicheradresse stets nur ein einzelnes Byte lesen oder schreiben. Heutige Universalprozessoren unterstützen jedoch verschiedene Operandengrößen, die auch mehrere Byte umfassen können. Die für eine bestimmte CPU möglichen Operandengrößen bezeichnet man als deren *physische Datentypen*. Diese sind direkt durch die Prozessorhardware festgelegt. Auf einem Intel x86-Prozessor werden beispielsweise ein *Word* (16 Bit), ein *Doubleword* (32 Bit) und ein *Quadword* (64 Bit) unterstützt. Im Gegensatz dazu definieren Programmiersprachen *logische Datentypen*. In C stehen die logischen Datentypen int, char und long zur Verfügung, um nur ein paar Beispiele zu nennen.

Wie werden nun logische Datentypen auf physische Datentypen abgebildet? Für viele klassische Sprachen (z.B. C, C++) wird dies durch den Compilerhersteller festgelegt. Ältere C-Compiler auf dem PC benutzen zum Beispiel 16 Bit für int, während neuere C-Compiler für den gleichen Datentyp 32 Bit an Speicherplatz belegen. Moderne Sprachen schreiben über ihre Sprachdefinition die Größe der Datentypen im Speicher vor, damit sich Programme leichter portieren lassen oder sogar auf unterschiedlichen Rechnerplattformen unmodifiziert ablaufen können. In der Programmiersprache Java belegt der Datentyp char stets 16 Bit, einem int werden 32 Bit zugestanden und für den long werden 64 Bit reserviert.

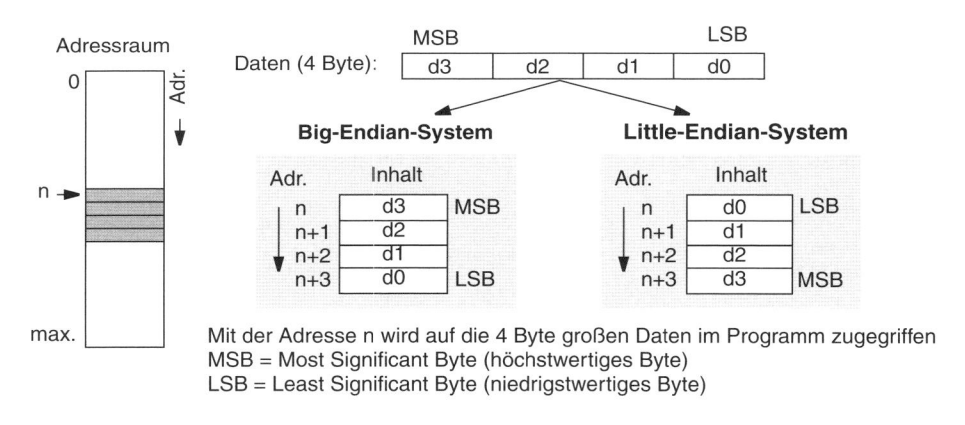

Abb. 2–9 *Varianten der Bytereihenfolge bei Mehrbyte-Datenwerten (Beispiel für 4-Byte-Wert)*

Die Arbeit mit mehreren Byte großen Datenwerten ist somit sowohl auf der Ebene der Programmiersprache als auch des Prozessors etwas Alltägliches. Nur, wie wird ein derartiger Datenwert adressiert? Schließlich belegt er mehrere Speicherstellen mit unterschiedlichen Adressen und beim Zugriff möchte man nur einen einzelnen Adresswert benutzen. Bei Datentypen von 1 Byte Größe war dies einfach, es besteht keine Wahlfreiheit (z.B. char in C). Die Lösung für mehrere Byte umfassende Datentypen ist wie folgt: Einfachheitshalber benutzt man

2.2 Grundlagen des Adressraums

adressmäßig benachbarte Speicherstellen, die man über eine der belegten Adressen anspricht. Dies ist einheitlich die Adresse mit dem *tiefsten Zahlenwert*. Für die Reihenfolge der Byteanordnung zu den belegten Adressen sind *zwei Varianten* verbreitet: *Big Endian* und *Little Endian*. Die dazugehörigen Platzierungen der Daten im Adressraum sind in Abbildung 2–9 beispielhaft für vier Byte große Daten gezeigt. Die Regeln gelten aber vergleichbar für andere Datentypgrößen, wie etwa zwei oder acht Byte. Ein Beispiel für die Verwendung der Little-Endian-Reihenfolge ist der Intel x86-Prozessor. Der IBM PowerPC-Prozessor als Gegenbeispiel arbeitet hauptsächlich mit der Big-Endian-Reihenfolge. Er kann aber als Besonderheit auch das Little-Endian-System nutzen, was den Datenaustausch mit anderen Systemen flexibler gestaltet. Ergänzend ist noch zu erwähnen, dass die Reihenfolge von Vektordaten (*arrays*) im Speicher hinsichtlich der Adresse dem Index folgt, d.h., das Element mit dem Index 0 befindet sich stets auf der kleinsten Adresse. Für die einzelnen Vektorelemente gilt dann allerdings wieder die Bytereihenfolge der CPU.

Das Wissen über die unterschiedliche Möglichkeiten der Datenablage im Adressraum ist dann wichtig, wenn Programme auf verschiedenen Plattformen laufen sollen bzw. Daten zwischen diesen auszutauschen sind. Die benutzte Bytereihenfolge muss zudem bekannt sein, um gespeicherte Datenwerte mit Testhilfsmitteln (z.B. Debugger) zu analysieren.

2.2.3 Adressraumbelegungsplan (memory map)

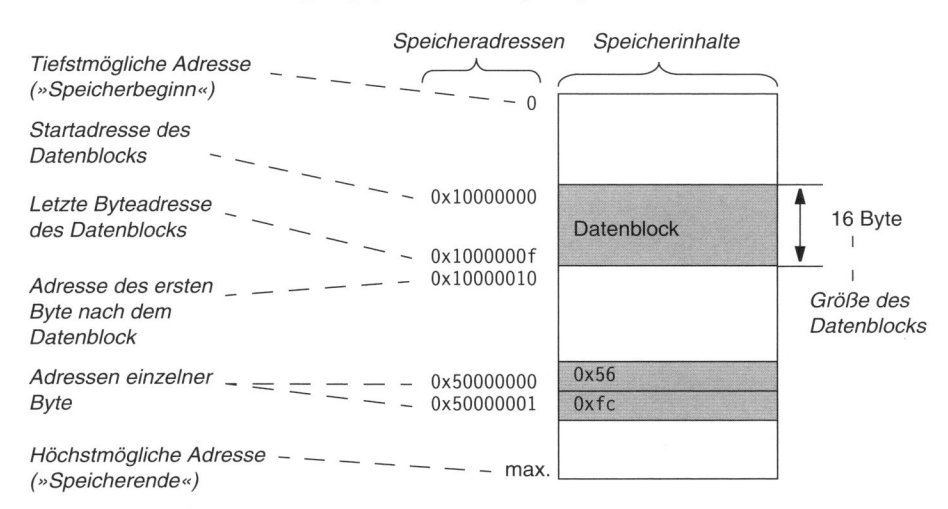

Abb. 2-10 *Beispiel eines Speicherbelegungsplans*

Um die Platzierung von Code und Daten im Adressraum zu illustrieren, wird häufig ein sogenannter Adressraum- bzw. Speicherbelegungsplan (*memory map*) benutzt. Bei dieser grafischen Darstellung wird der gesamte adressierbare Speicher in Form eines Rechtecks abgebildet, wobei die Adressen links des Rechtecks und die zugehörigen Speicherinhalte innerhalb des Rechtecks dargestellt sind (siehe Abb. 2–10). In unseren Speicherbelegungsplänen tragen wir die tiefstmögliche Adresse (0) zuoberst und die größtmögliche Adresse (max.) zuunterst ein. In der Praxis ist teilweise auch die umgekehrte Darstellung zu finden. Im Weiteren gehen wir von einer Speicheradressierung aus, bei der pro Adresse genau 1 Byte (zu 8 Bit) gespeichert wird. Dies ist in der Praxis die Regel, wenn auch andere Größen für eine Speicherstelle möglich sind. Zu bemerken bleibt noch, dass Speicherbelegungspläne selten maßstabsgerecht sind.

Für Mehrbyte-Datenwerte wird links neben dem Rechteck stets der kleinste Adresswert aller beteiligten Speicherstellen notiert. Diese Konvention gilt allgemein, d.h. auch für Systemaufrufe, bei denen ein Datenblock übergeben wird.

```
DDD: /ramdisk/home/root/pthread1.c                    _ □ ×
File  Edit  View  Program  Commands  Status  Source  Data              Help
0: pthread1.c:22  ▼  Lookup Find» Clear Watch Print Display Plot Hide Rotate Set Undisp
0xbffffaf0:   0x1f   0x87   0x04   0x0c   0xfb   0xff   0xbf
0xbffffaf8:   0x18   0xfb   0xff   0xbf   0xbb   0x85   0x04   0x08
0xbffffb00:   0x90   0x42   0x1a   0x40   0x00   0x86   0x04   0x08
0xbffffb08:   0x64   0xfb   0xff   0xbf   0x90   0x42   0x1a   0x40
0xbffffb10:   0x63   0x00   0x00   0x00   0x64   0xfb   0xff   0xbf
0xbffffb18:   0x38   0xfb   0xff   0xbf   0xa6   0xad   0x08   0x40
0xbffffb20:   0x01   0x00   0x00   0x00   0x64   0xfb   0xff   0xbf
0xbffffb28:   0x6c   0xfb   0xff   0xbf   0x80   0x6c   0x01   0x40

Display -3: `x /64xb 0xbffffaf0` (enabled)
```

Abb. 2–11 *Beispiel eines mit DDD gewonnenen Hex-Dumps (hexadezimaler Speicherauszug)*

Ein Datenblock im Adressraum wird somit durch die Angabe der tiefsten Byteadresse und der Blockgröße (in der Regel in Anzahl belegter Byte) eindeutig spezifiziert. Debugger erlauben die Analyse ganzer Speicherbereiche, was bei Programmtests hilfreich sein kann. Die Abbildung 2–11 zeigt beispielhaft den Speicherinhalt in Form eines sogenannten *Hex-Dumps*. Bei dieser üblichen Darstellung, die Zahlenwerte hexadezimal angibt, werden in der Spalte ganz links die Adresswerte angezeigt. Daneben stehen einzelne Byte, in unserem Beispiel von links nach rechts acht aufeinander folgende Byte, wobei die Adresse ganz links für den ersten Bytewert gilt. Die Adresse des letzten, ganz rechts in der Zeile stehenden Bytewerts ist entsprechend um sieben höher.

2.2 Grundlagen des Adressraums

2.2.4 Ausrichtungsregeln im Adressraum

Die Ausrichtungsregeln (*alignment rules*) legen fest, auf welchen Adressen Variablen und Instruktionen liegen müssen. Sie sind maßgebend für die Programmübersetzung (Compiler, Assembler, Binder). Ihr Zweck liegt in der Erreichung optimaler Ausführungsgeschwindigkeiten auf dem benutzten Rechnersystem. Da sie von der Hardware abhängen, können sie entsprechend der benutzten Rechnerplattform variieren. Ausrichtungsregeln können sowohl für Code als auch Daten existieren.

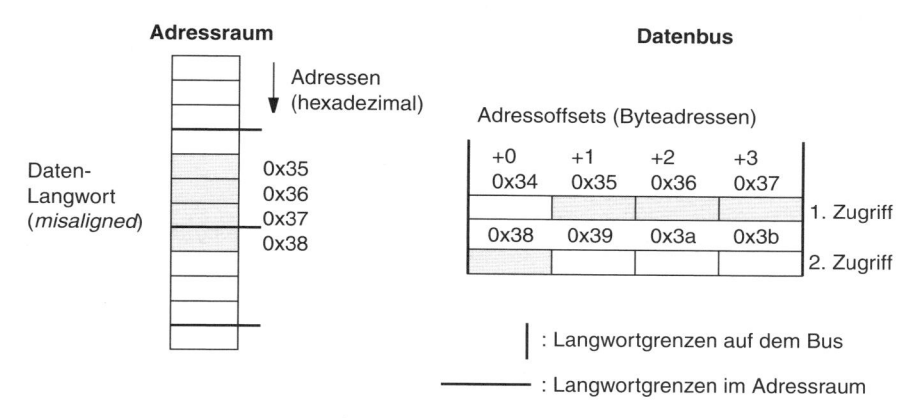

Abb. 2–12 *Fehlausrichtung im Adressraum und ihre Folgen (Beispiel für einen 32-Bit-Datenbus und einen Zugriff auf einen Datenwert von 32 Bit Größe)*

- *Bedeutung für Instruktionscode*: Abhängig von der Prozessorhardware gelten andere Ausrichtungsregeln. Zum Beispiel müssen beim Motorola MC-68000-Prozessor die Instruktionen immer auf geradzahligen Adressen liegen.
- *Bedeutung für Daten*: Die Datenbusbreite bestimmt die Ausrichtungsregeln für eine optimale Zugriffsgeschwindigkeit. Zum Beispiel ist beim Motorola MC-68040-Prozessor der Datenbus 32 Bit breit. Damit ist eine optimale Ausrichtung für 4-Byte-Werte eine sogenannte Langwortgrenze, d.h. eine ohne Rest durch vier teilbare Adresse. Im Beispiel (siehe Abb. 2–12) ist die Notwendigkeit von zwei Zugriffszyklen auf dem Datenbus gezeigt, wenn die Ausrichtungsregel nicht eingehalten wird (*misalignment*).

Beim C-Strukturdatentyp (`struct`) bzw. dem C++-Klassendatentyp (`class`) gelten die Ausrichtungsregeln jeweils separat für die einzelnen Teilkomponenten (siehe Abb. 2–13). Neben dem Einfluss auf die Zugriffsgeschwindigkeit spielt dies wiederum sowohl für die Kompatibilität beim Datenaustausch wie auch für den effektiv belegten Platz im Adressraum eine Rolle.

Das Wissen um diese Ausrichtungsregeln hilft beim Analysieren des Speichers mittels eines Debuggers, da es Unterschiede zwischen erwarteter und effektiver

Speicherbelegung erklärt. Fehler im Datenaustausch über Dateien und Netze können u.a. durch unterschiedliche Ausrichtungsregeln bei Sender und Empfänger verursacht sein. Die Ausrichtungsregeln können teilweise bei der Programmübersetzung über Compilereinstellungen (*compiler directives*) beeinflusst werden. Oft sind sie aber auch durch die benutzten Übersetzungswerkzeuge festgelegt. Zum Beispiel richtet beim GNU-Compiler die Compilereinstellung -malign-int auf einem bestimmten Prozessor auf die 32-Bit-Grenze aus.

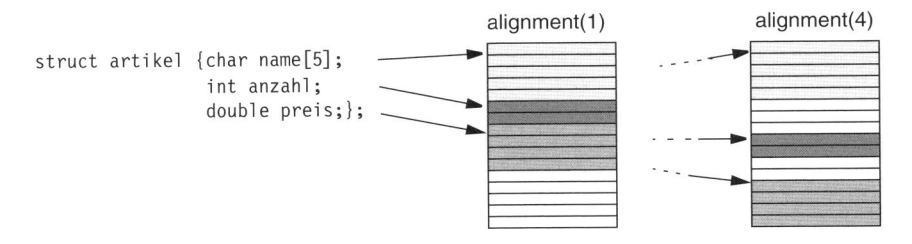

Abb. 2-13 *Einfluss der Ausrichtung auf die resultierende Adressraumplatzierung (Beispiel)*

2.2.5 Adressraumbelegung durch Programme

Die Belegung des Adressraums durch ein Programm wird einerseits durch die Übersetzungswerkzeuge, andererseits durch das Betriebssystem festgelegt. Im Grundsatz können etwa fünf verschiedene Bereiche unterschieden werden (siehe Abb. 2–14).

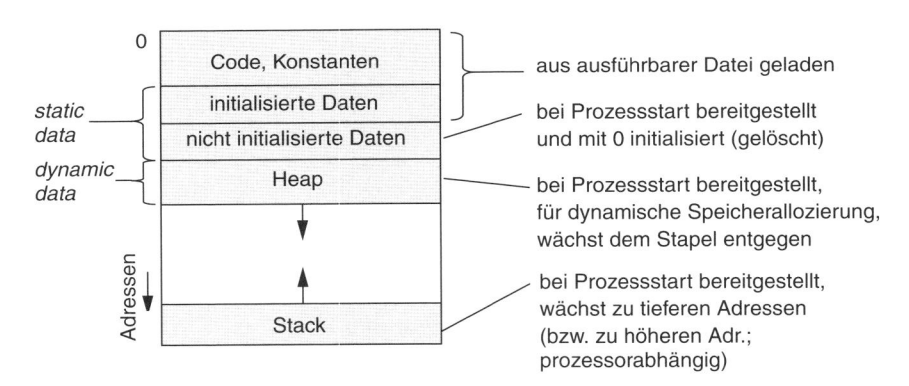

Abb. 2-14 *Adressraumbelegung eines Programms (Prinzipbeispiel)*

Wir gehen von einem Rechner aus, bei dem die Programme zur Ausführung von der Platte bzw. einem Halbleiterlaufwerk in den Speicher geladen werden, wie dies für Universalrechensysteme üblich ist.

2.2 Grundlagen des Adressraums

- *Code und Konstanten*: Die zugehörigen Speicherinhalte werden aus der ausführbaren Datei in den Hauptspeicher geladen. Dieser Adressbereich ändert seine Größe während der Programmausführung nicht.
- *Initialisierte Daten*: Ein passender Bereich des Adressraums wird reserviert und anschließend werden die Initialwerte der Variablen aus der ausführbaren Datei dorthin geladen. Dieser Adressbereich ändert seine Größe während der Programmausführung nicht.
- *Nicht initialisierte Daten*: Ein passender Speicherbereich wird reserviert und eventuell gelöscht (d.h. mit 0 geladen). Dieser Adressbereich ändert seine Größe während der Programmausführung nicht.

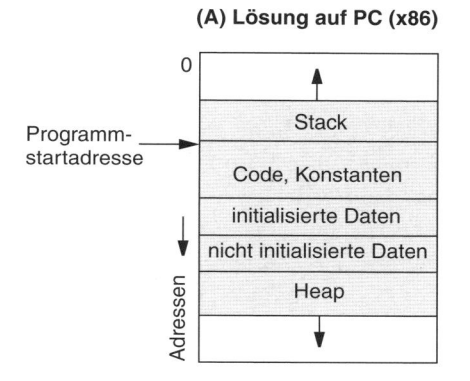

Abb. 2-15 *Alternative Layouts des Adressraums*

- *Heap und Stack*: Es wird ein gemeinsamer Bereich im Adressraum derart reserviert, dass die zwei Bereiche möglichst weit voneinander entfernt sind. Im Betrieb können sowohl Heap als auch Stack wachsen und schrumpfen. Das Wachstum ist aber nur ungefährlich, solange sich die Heap- und Stack-Inhalte nicht überschneiden. Eine derartige Überschneidungssituation würde zu einem Fehler führen. Die Kunst liegt darin, diese Bereiche ausreichend groß zu wählen und eine mögliche Fehlsituation erkennen zu können. Ein Betriebssystem und/oder ein Laufzeitsystem einer Programmiersprache können hier allenfalls Hilfe anbieten, um Fehlsituationen zu erkennen.

In Abbildung 2–15 sind weitere Varianten des Adressraumlayouts illustriert, die aber grundsätzlich die gleichen Elemente beherbergen. In einem reellen Fall wäre typischerweise der durch ein Programm belegte Bereich im Adressraum wesentlich kleiner als in den Beispielen in Abbildung 2–14 und Abbildung 2–15 gezeigt. Aus Darstellungsgründen wurde dies jedoch nicht berücksichtigt.

2.2.6 Adressraumnutzung durch C-Programme

Für die Programmierung ist es hilfreich, die Platzierungsregeln für Variablen in der Programmiersprache C zu kennen. Nachfolgend sind sie kurz aufgeführt:

- *Global (d.h. außerhalb einer Funktion) deklarierte Variablen*: Ohne Initialisierung werden sie im Bereich *nicht initialisierte Daten* platziert. Mit einer Initialisierung jedoch im Bereich *initialisierte Daten*. Diese unterschiedliche Behandlung wird deshalb gemacht, weil die Anfangswerte für *initialisierte Daten* sich aus der ausführbaren Datei laden lassen. Das Betriebssystem kann so diese zwei Fälle klar voneinander unterscheiden.
- *Innerhalb einer Funktion deklarierte Variablen*: Ohne Angabe der Speicherklasse (implizit gilt auto) oder mit Angabe von auto: Es erfolgt eine Platzierung auf dem *Stapel*. Mit Angabe der Speicherklasse static: Platzierung wie global deklarierte Variablen.
- *Konstanten (const)*: Platzierung im Bereich *Code, Konstanten*. Sowohl *Code* als auch *Konstanten* sind funktional gesehen nur lesbare Speicherinhalte. Da sie separat ausgezeichnet werden, kann das Betriebssystem die so belegten Speicherbereiche mit einem Schreibschutz belegen.
- *Dynamisch allozierte Daten*: Platzierung auf der *Halde (Heap)*. Reservation mittels der Bibliotheksfunktionen malloc() oder calloc(), Freigabe mittels der Bibliotheksfunktion free(). In C++ leisten die Operatoren new and delete Vergleichbares.
- *Aufrufparameter von Funktionen*: Die Parameter stehen auf dem *Stapel (Stack)* bereit oder werden über allgemeine Prozessorregister übergeben (compilerabhängig konfigurierbar). Zu beachten ist, dass bei der Übergabe von Zeigern die Daten selbst anderswo liegen, d.h. nicht auf dem Stapel!

In der Lebensdauer unterscheiden sich Variablen je nach Verwendungsart. Funktionslokale Variablen (Speicherklasse auto) leben nur so lange, wie der Funktionsaufruf dauert. Variablen auf dem Heap leben vom Zeitpunkt der Reservierung bis zum Zeitpunkt der Freigabe, was beides durch den Applikationscode bestimmt wird. Globale Variablen leben für die Dauer der Programmlaufzeit, was auch für funktionslokale Variablen der Speicherklasse static gilt. Wie steht es nun bei funktionslokalen Variablen im main()? Auch diese leben nur für die Laufzeit des main(), die jedoch kleiner ist als die Programmlaufdauer. Denn vor dem main()-Aufruf läuft der Startcode des C-Laufzeitmoduls (*crt, C Run-Time System*) und nach Beendigung des main() findet ein Aufräumen statt (wiederum durch das Laufzeitsystem). Im Programmbeispiel unten sind die wichtigsten C-Regeln illustriert. In Abbildung 2–16 sind die Adressraumplatzierungen des Beispielcodes exemplarisch eingetragen.

2.2 Grundlagen des Adressraums

```c
int a;         // Ich lebe für die ganze Programmdauer
static int b;  // Ich auch, habe aber eine begrenzte Sichtbarkeit (Datei)

void func(void)
{
   char c;        // Ich lebe für die Laufzeit von func(), dafür zweimal (s.u.)
                  // Bin aber nur innerhalb von func() sichtbar.
   static int d;  // Mich gibt es nur einmal, da ich eine feste Adresse besitze
                  // Bin aber ebenfalls nur innerhalb von func() sichtbar.
}

int main ()
{
   int e;         // Ich lebe für die Laufzeit des main()

   int *pi = malloc(sizeof(int)); // Bin grad geboren worden, pi zeigt auf mich
   func();        // Erste Ausführung von func()
   func();        // Zweite Ausführung von func()
   free(pi);      // Musste wieder abtreten, pi zeigt nun auf ungültige Adresse
   return 0;
}
```

Für andere Programmiersprachen gelten eigene Regeln. Java beispielsweise arbeitet mit einem eigenen Speichermodell, das mithilfe der *Java Virtual Machine (JVM)* auf einen konkreten Prozessor abgebildet wird. Für den Zugriff auf Systemfunktionen muss jedoch entsprechender C-Code über die Schnittstelle *JNI (Java Native Interface)* eingebunden werden. Dies gilt, wenn die Systemprogrammierschnittstelle in C gehalten ist (wie z.B. bei Windows und Unix/Linux).

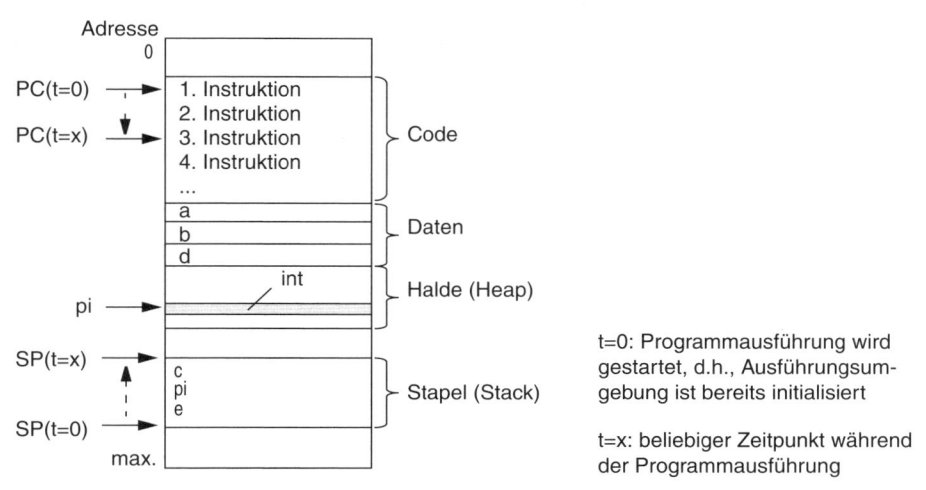

Abb. 2-16 *Variablenplatzierung im Adressraum (entsprechend Programmbeispiel)*

Eine wichtige Konsequenz für die Systemprogrammierung ist noch die, dass mehrfach aufrufbare Funktionen nur dann private Variablen enthalten, wenn diese mit dem Attribut `auto` (nicht `static`!) deklariert wurden. Die Speicherklasse auto gilt jedoch immer dann, wenn nicht static in der Variablendeklaration vorkommt.

2.3 Grundlagen der Programmausführung

2.3.1 Quell- und Binärcode

Programme werden von Softwareentwicklern als Textdateien, *Quellcode* genannt, erstellt. Die darin enthaltenen Anweisungen sind menschenlesbar, aber vom Prozessor nicht ausführbar. Bei größeren Applikationen ist der Quellcode meist auf viele Dateien verteilt, da sich so die Entwicklungsarbeit besser aufteilen lässt und die Wartung einfacher gestaltet. Da Code von der CPU nur ausgeführt werden kann, wenn er sich im Hauptspeicher befindet, müssen auf Massenspeichern befindliche Programm zuerst in den Hauptspeicher geladen werden. Auf Kleinstsystemen ist der Code oft in einem Festwertspeicher (z.B. Flash-ROM) abgelegt und kann von dort aus direkt ablaufen.

Ausführbarer Binärcode (hexadezimal dargestellt)

```
4012ee  a1
4012ef  30
4012f0  30
4012f1  40
4012f2  00
4012f3  0f
4012f4  af
4012f5  05
4012f6  30
4012f7  30
4012f8  40
4012f9  00
4012fa  a3
4012fb  20
4012fc  30
4012fd  40
4012fe  00
```

C-Quellcode

```
int a, b;
a = b * b;
```

Intel x86-Assembler-Quellcode

```
mov   0x403030,%eax
imul  0x403030,%eax
mov   %eax,0x403020
```

Maschinenbefehle bzw. Prozessorinstruktionen

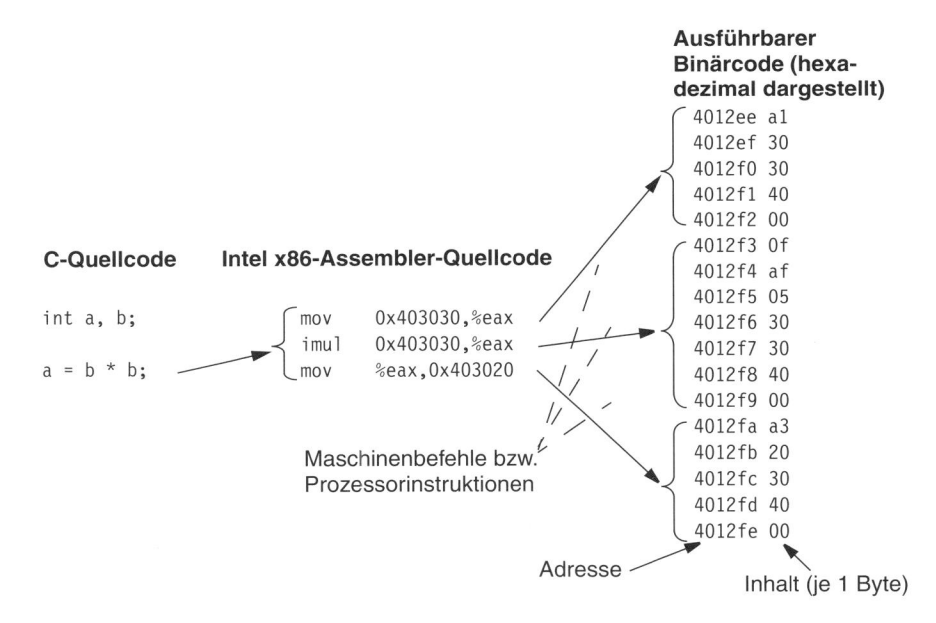

Adresse — Inhalt (je 1 Byte)

Abb. 2–17 *Verschiedene Formen eines Programmausschnitts (Beispiel auf PC)*

Der ausführbare Code besteht aus binären Daten, die vom Prozessor aufgrund eingebauter Regeln interpretiert werden. Dieser *Binärcode* setzt sich aus einer Reihe von *Maschinenbefehlen* bzw. *Prozessorinstruktionen* zusammen. Früher war es üblich, die Programme direkt unter Nutzung der Maschinenbefehle zu erstellen. Da die Binärcodes nicht vernünftig von Menschen lesbar sind, wurde

2.3 Grundlagen der Programmausführung

eine Textdarstellung derartiger Programme entwickelt. Dabei wird für jeden Maschinenbefehl ein kurzer Buchstabencode benutzt, der *Mnemonic* genannt wird. Die Gesamtheit aller Mnemonics für einen bestimmten Prozessor wird als dessen *Assemblersprache* bezeichnet bzw. damit erstellte Programme als Assembler-Quellcode. Ein Dienstprogramm, genannt *Assembler*, übersetzt den Assembler-Quellcode in ein ausführbares Programm. Heute wird Software bevorzugt mittels Hochsprachen erstellt. Die Übersetzung in Binärcode übernimmt dabei ein Dienstprogramm, *Compiler* genannt.

In Abbildung 2–17 ist der Zusammenhang zwischen Hochsprachenprogramm, Assemblercode und Maschinencode anhand eines Programmausschnitts illustriert. Dieser Ausschnitt beinhaltet eine einfache Variablendeklaration von a und b sowie eine Rechenanweisung, die das Quadrat von b der Variablen a zuweist. Die Variablendeklaration legt erstens den Datentyp für a und b fest und reserviert zweitens den notwendigen Platz im Adressraum. Aus dem C-Quellcode resultieren nach der Compilation drei Maschinenbefehle (mov, imul, mov). Die erste Prozessorinstruktion holt den Inhalt der Variablen b aus dem Speicher von Adresse 0x403030 und kopiert ihn in das allgemeine Prozessorregister mit dem Namen eax. Die zweite Instruktion multipliziert den Inhalt des Registers eax mit dem Variableninhalt von b und legt das Resultat im Register eax ab. Die dritte Instruktion kopiert den Inhalt des Registers eax an die Speicherstelle 0x403020 der Variablen a. Aus dem Beispiel ist auch ersichtlich, dass der Binärcode eines Maschinenbefehls je nach Befehlstyp eine unterschiedliche Anzahl Byte an Instruktionscode umfassen kann.

```
                    Maschinenbefehl
            1       /      1      \      n
      Operationstyp    Befehlslänge    Operandenadresse
```

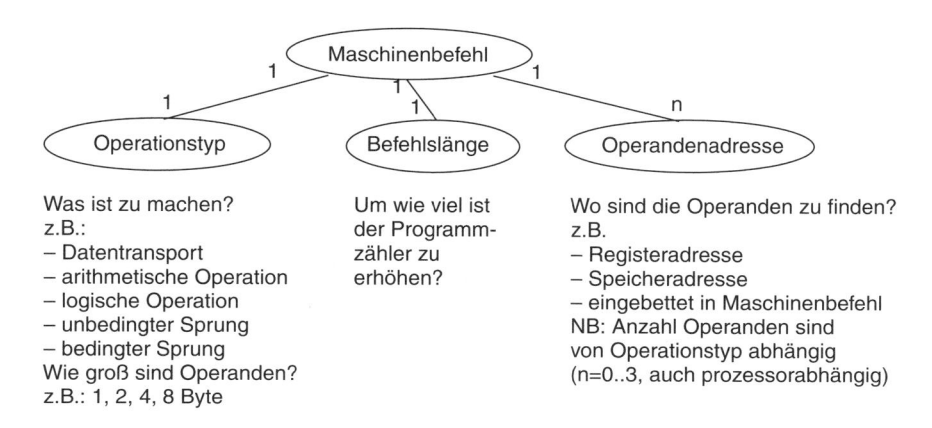

Was ist zu machen?   Um wie viel ist   Wo sind die Operanden zu finden?
z.B.:   der Programm-   z.B.
– Datentransport   zähler zu   – Registeradresse
– arithmetische Operation   erhöhen?   – Speicheradresse
– logische Operation   – eingebettet in Maschinenbefehl
– unbedingter Sprung   NB: Anzahl Operanden sind
– bedingter Sprung   von Operationstyp abhängig
Wie groß sind Operanden?   (n=0..3, auch prozessorabhängig)
z.B.: 1, 2, 4, 8 Byte

Abb. 2–18 *Informationsgehalt eines Maschinenbefehls*

Nebenbei wäre noch zu erwähnen, dass der Datentyp int bei dem im Beispiel benutzten Compiler (GNU-C/C++-Compiler auf der PC-Plattform unter Linux) im Adressraum vier aufeinander folgende Byte nach der Little-Endian-Bytereihenfolge belegt. Daher kopieren die zwei mov-Befehle natürlich immer vier Byte zusammen.

Ohne groß auf die Details einzugehen, soll kurz aufgezeigt werden, was typischerweise im Instruktionscode eines Maschinenbefehls an Informationen vorhanden sein kann. Dies ist aus Abbildung 2–18 ersichtlich, wobei wiederum betont werden muss, dass die eigentliche Codierung dieser Informationen in den binären Instruktionscode prozessorfamilienabhängig unterschiedlich sein kann.

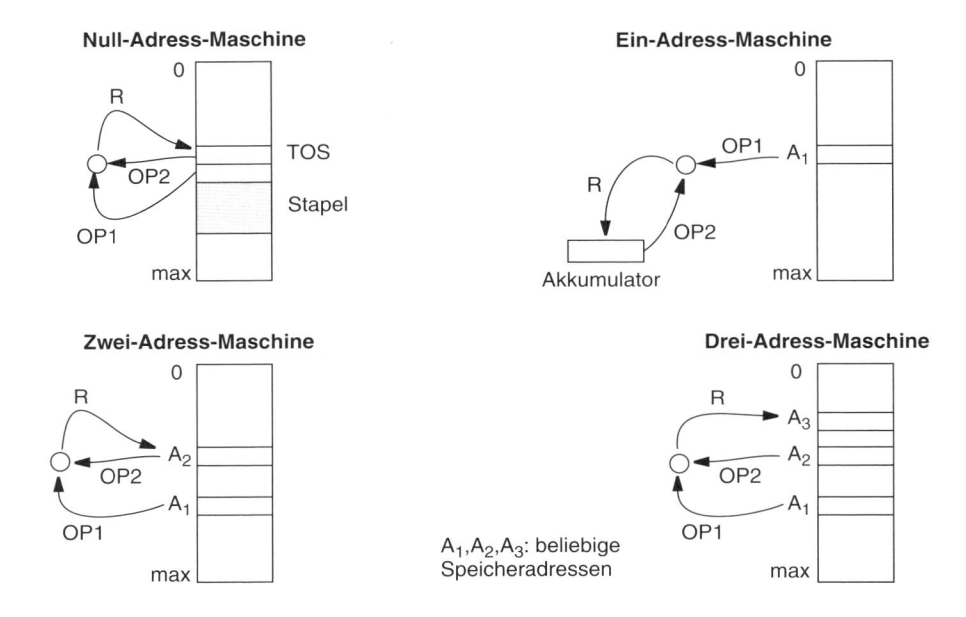

Abb. 2-19 *Rechnereinteilung nach Adressanzahl: gezählt wird die Anzahl Operanden eines dyadischen Operators (z.B. einer Addition).*

Assemblerinstruktionen sind ein symbolisches Abbild von Maschinenbefehlen und daher stark an den benutzten Prozessor gebunden. Eine einfache Klassifizierung der Instruktionssätze verschiedener Prozessoren beruht auf der Art, wie sie bei einem Assemblerbefehl die Operanden spezifizieren. Für diese Einteilung betrachtet man den elementaren Verarbeitungsschritt der Verknüpfung von zwei Operanden (*OP1, OP2*) zu einem Resultatwert (*R*):

- *Null-Adress-Maschine*: *OP1* und *OP2* befinden sich auf dem Stapel (*stack*). Das Resultat der Verknüpfungsoperation wird ebenfalls auf dem Stapel abgelegt. Dieses Prinzip wird von dem Java-Prozessor bzw. der *Java Virtual Machine (JVM)* verwendet.
- *Ein-Adress-Maschine*: *OP1* befindet sich im Speicher, *OP2* in einem spezialisierten Register (= Akkumulator). Das Resultat wird im Akkumulator abgelegt, d.h., es überschreibt den *OP2*. Beispiele für diese Lösung sind Prozesso-

2.3 Grundlagen der Programmausführung

ren aus der Anfangszeit der Mikroprozessortechnik (z.B. der Rockwell 6502-Prozessor des Apple-2-Computers).

- *Zwei-Adress-Maschine*: OP1 und OP2 befinden sich im Speicher. Das Resultat der Verknüpfungsoperation wird an der Stelle von OP2 abgelegt, d.h., OP2 wird überschrieben. Dies wird z.B. durch den Intel x86-Prozessor realisiert.
- *Drei-Adress-Maschine*: OP1 und OP2 befinden sich im Speicher. Das Resultat der Verknüpfungsoperation wird an der Stelle R abgelegt, d.h., für den Resultatwert wird eine von OP1 und OP2 verschiedene Speicheradresse benutzt. Ein aktuelles Beispiel dafür ist der PowerPC-Prozessor.

C-Quellcode	Speicher-adresse	Speicherinhalt (= Maschinenbefehl)	Assembler-Quellcode	
`int a=4, b;`				
`int main(void)`				
`{`				
`if (a>5)`	8048344: 804834b:	83 3d 94 94 04 08 05 7e 0c	cmpl jle	$0x5,0x8049494 8048359
`b=1;`	804834d: 8048354:	c7 05 8c 95 04 08 01 00 00 00	movl	$0x1,0x804958c
`else`	8048357:	eb 0a	jmp	8048363
`b=0;`	8048359: 8048360:	c7 05 8c 95 04 08 00 00 00 00	movl	$0x0,0x804958c
`}`	8048363:	c9	...	

a liegt auf Adresse 0x8049494
b liegt auf Adresse 0x804958c

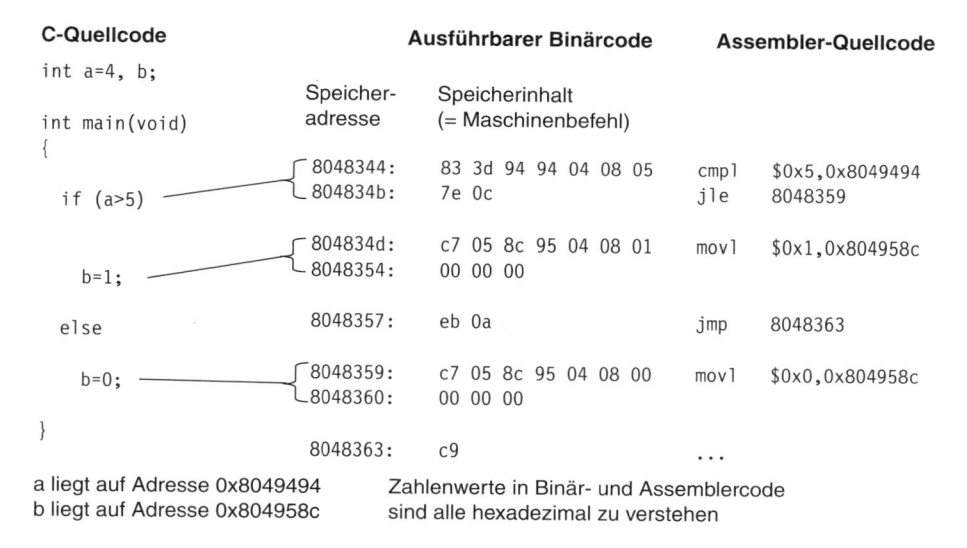

Zahlenwerte in Binär- und Assemblercode sind alle hexadezimal zu verstehen

Abb. 2–20 *Beispiel zu Maschinenbefehlen: gezeigt wird eine mögliche Abbildung einer if-Anweisung der Programmiersprache C auf Maschinencode bzw. Assemblercode.*

Bei allen Bauformen können anstelle von Speicheradressen auch Registerreferenzen benutzt werden. Zudem kann ein Operand in den Maschinenbefehl selbst eingebettet sein (*immediate operand*). In Abbildung 2–20 ist ein einfaches Beispiel einer Reihe von Maschinenbefehlen gezeigt, wie sie auf einem Intel x86-Prozessor vorkommen können. Der erste Maschinenbefehl (Mnemonic `cmpl`) vergleicht den Wert 5 (in Maschinenbefehl eingebettet) mit dem Variableninhalt von a (auf Hauptspeicheradresse 0x8049494 lokalisiert). Falls der Vergleich ergibt, dass a <= 5 ist, so wird ein bedingter Programmsprung auf die Adresse 0x8048359 ausgeführt (Mnemonic `jle` = jump less or equal). Andernfalls wird mit dem nächstfolgenden Befehl weitergefahren (Mnemonic `movl` = move long). Es wird der Wert 1 (in Maschinenbefehl eingebettet) in die Variable b (auf Hauptspeicheradresse 0x804958c lokalisiert) geladen. Damit ist der then-Teil der if-Anweisung erledigt und es muss der Rest des if-Blocks (else-Teil) übersprungen werden.

Dies erfolgt mittels eines unbedingten Sprungbefehls (Mnemonic `jmp = jump`) mit Zieladresse 0x8048363. Nun verbleibt noch die Betrachtung des `else`-Teils. Es wird der Wert 0 in die Variable b geladen (vergleiche mit `then`-Teil). In diesem Beispiel kamen die Befehle der Intel x86-Prozessorfamilie zum Einsatz, wie sie für einen Rechner der PC-Familie gelten. Im Anhang ist eine Kurzübersicht über weitere auf diesem CPU-Typ verfügbare Maschinenbefehle zu finden.

2.3.2 Programmausführung und Programmzähler (PC)

Die Ausführung eines Programms wird durch den Programmzähler *(Program Counter, PC, instruction pointer)* gesteuert, der stets aussagt, wo im Programmcode weiterzufahren ist. Den konkreten Weg durch ein Programm, der infolge von Verzweigungen variieren kann, nennt man *Ablaufpfad*. Die zeitliche Abfolge der dabei ausgeführten Befehle bezeichnet man als *Kontrollfluss* (siehe Abb. 2–21).

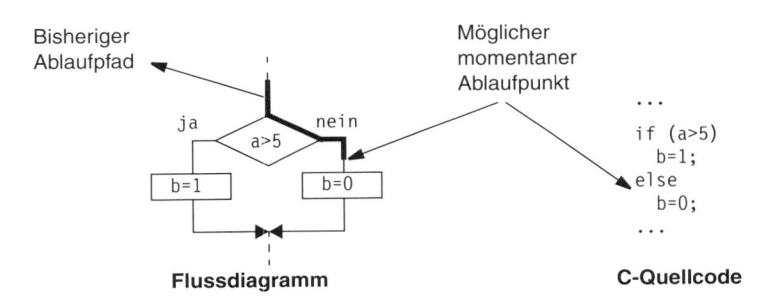

Abb. 2–21 *Beispiel zu Kontrollfluss und Ablaufpfad anhand eines Codefragments*

Der Programmzähler ist ein Steuerregister, das jeweils auf die nächste auszuführende Instruktion (=Maschinenbefehl) im Speicher zeigt, d.h., der PC enthält deren Speicheradresse. Maschinenbefehle können unterschiedlich lang sein. So können sie beispielsweise 2 bis 10 Byte an Instruktionscode umfassen. Jeder Befehl muss daher die Information enthalten, aus wie vielen Byte an Code er besteht (siehe auch Abb. 2–18). Beim Holen eines Befehls wird diese Information extrahiert, um den Programmzähler befehlsrichtig zu erhöhen. Bei Programmverzweigungen (bzw. Programmsprüngen) wird der neue Inhalt des Programmzählers durch die Zieladresse des Sprungs ersetzt. Dies trifft für unbedingte Sprungbefehle immer zu, jedoch für bedingte Sprunganweisungen nur dann, wenn die Sprungbedingung erfüllt ist. Als Sprungbedingungen können z.B. Rechenausdrücke dienen, die ein boolesches Resultat von TRUE oder FALSE liefern (z.B. a > 5).

In Abbildung 2–22 ist der Ablauf der Programmzähleraktualisierung in allgemeiner Form gezeigt. Zu Beginn des Befehlszyklus zeigt der Programmzähler auf die Adresse A_n der auszuführenden Instruktion. Im Teilschritt FETCH wird der

2.3 Grundlagen der Programmausführung

Operationscode I_n aus dem Speicher geholt und im internen Instruktionsregister *IR* abgelegt sowie decodiert. Das Instruktionsregister *IR* ist ein sogenanntes Schattenregister, d.h., man kann in Programmen nicht darauf zugreifen. Es dient der internen Befehlsverarbeitung. Im Teilschritt EXECUTE wird der Befehl ausgeführt. Als Folge davon wird der Programmzähler auf die im Speicher nachfolgende Instruktion an der Adresse A_{n+1} ausgerichtet bzw. mit der Zieladresse A_m des Sprungbefehls geladen (bei erfüllter Sprungbedingung). Die Adresse A_m kann kleiner oder größer als A_{n+1} sein, der Betrag der Differenz $A_m - A_{n+1}$ ist jedoch immer innerhalb der für einen bestimmten Prozessor vorgegebenen maximalen Sprungweite.

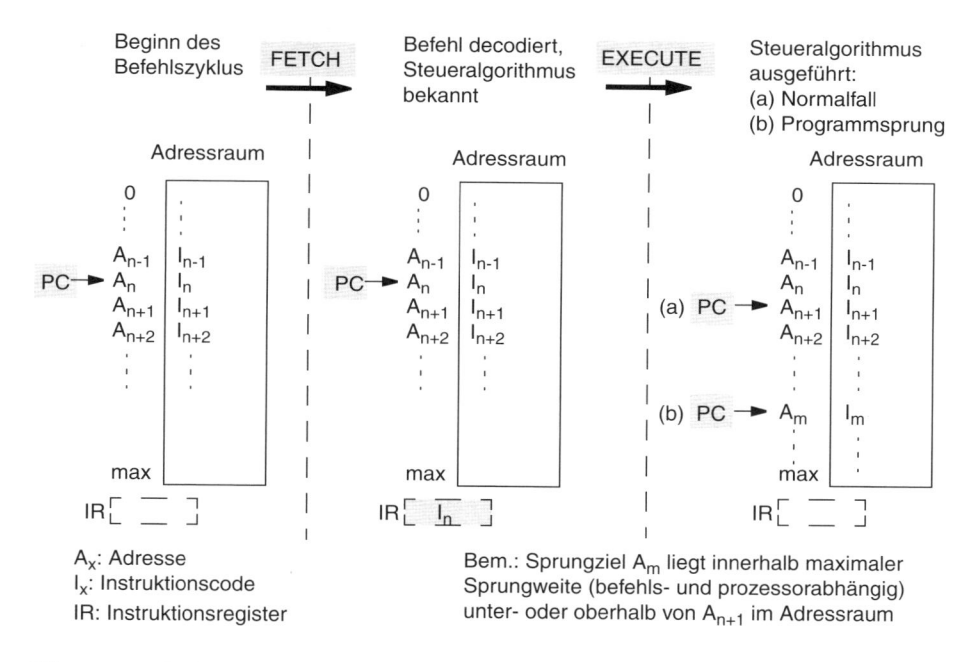

Abb. 2-22 *Befehlsausführung und Veränderung des Programmzählers (Beispiel)*

2.3.3 Funktionsweise des Stapels und Stapelzeigers (SP)

Die dynamischen Daten eines Unterprogrammaufrufs werden auf dem Stapel als Teil des sogenannten *Aufrufrahmens* bzw. *Aktivierungsrahmens (stack frame)* gespeichert (für Details siehe Abschnitt 2.4.4). Sie stehen dort nur für die Dauer der Unterprogrammausführung zur Verfügung. Der bei Unterprogrammaufrufen benutzte Aktivierungsrahmen betrifft direkt die Programmierschnittstelle des Betriebssystems und die Prozess-/Thread-Verwaltung, sodass die Funktionsweise des Stapels näher beleuchtet werden soll. Der Stapelspeicher *(stack)* besteht genau genommen aus einem dafür reservierten Teil des Adressraums und dem

Prozessorsteuerregister *Stapelzeiger (Stack Pointer, SP)*. Der Stapelzeiger enthält jederzeit die Adresse des aktuellen oberen Endes des Stapels (*Top Of Stack, TOS*). Im Stapel selbst befinden sich die Aufrufrahmen (*stack frames*) aller nicht beendeten Unterprogrammaufrufe sowie eventuell andere zwischengespeicherte Werte. Entsprechend sieht man oft den Begriff des *call stack*, d.h. des Aufrufstapels. Der Stapel wird im deutschen Sprachraum teilweise als *Kellerspeicher* bzw. *Keller* bezeichnet.

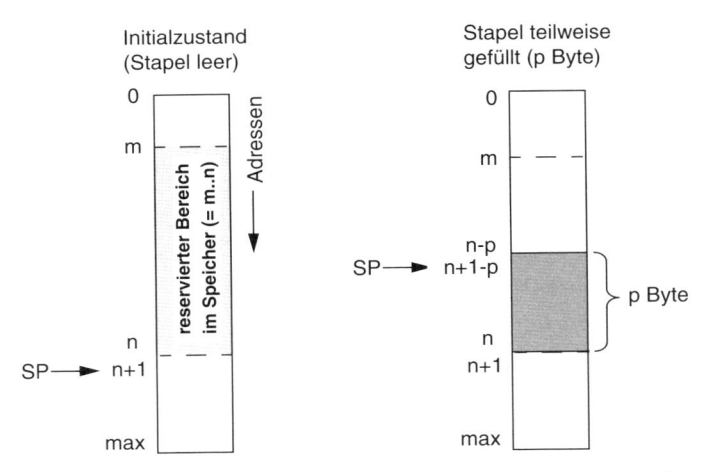

m: Adresse des adressmäßig tiefsten Byte im reservierten Bereich für Stapel
n: Adresse des adressmäßig höchsten Byte im reservierten Bereich für Stapel
k: Größe des Elementarelements (EE) in Anzahl Byte
   (EE = kleinste speicherbare Dateneinheit)
p: momentaner Inhalt des Stapels (in Anzahl Byte, immer Mehrfaches von k)

EE ablegen:
SP = SP − k,
EE an Adr. SP in Speicher schreiben

EE entnehmen:
EE an Adr. SP aus Speicher auslesen,
SP = SP + k

Spezielle Werte:
n+1−p: TOS (Top Of Stack)
n+1: BOS (Bottom Of Stack)

Spezielle Zustände:
SP<m: Überlauf (overflow)
SP>(n+1): Unterlauf (underflow)

Besonderes:
− k ist prozessorabhängig gleich 1, 2, 4 oder 8 Byte groß.
− m und n+1 müssen ohne Rest durch k teilbar sein (= Ausrichtung, alignment).
− Der Stapel wächst meist von hohen zu tiefen Adressen (prozessorabhängig).
− Die automatische Erkennung eines Stapelunter-/-überlaufs bedingt eine
  spezielle Prozessorhardware (Vorhandensein prozessorabhängig).

Abb. 2-23 *Prinzip des Stapelspeichers*

Die Funktionsweise des Stapels ist in Abbildung 2–23 allgemein dargestellt. Die kleinste speicherbare Datenmenge auf dem Stapel wird als Elementarelement (EE) bezeichnet. Prozessorabhängig kann dies 8, 16, 32 oder 64 Bit groß sein. Im Bild wächst der Stapel von höheren zu tieferen Adressen, d.h. von unten nach oben (Speicherbelegungsplan mit Adresse 0 zuoberst!). Je nach Prozessor kann

2.3 Grundlagen der Programmausführung

jedoch auch das Umgekehrte der Fall sein, dies ist stets durch die Prozessorhardware vorgegeben. Für nachfolgende Beispiele gehen wir von einem Stapel aus, der im Speicherbelegungsplan von unten nach oben wächst, wie in Abbildung 2–23 dargestellt. Grundsätzlich gilt in diesem Fall: Oberhalb des *TOS (Top Of Stack)* sind die Daten als ungültig zu betrachten. Auch wenn eventuell noch alte Werte dort stehen, sie können jederzeit durch das *stack frame* eines neuen Unterprogrammaufrufs überschrieben werden. Zu beachten ist, dass der Aufruf einer *Interrupt-Serviceroutine (ISR)* einem Unterprogrammaufruf in etwa gleichkommt (siehe auch Abschnitt 2.3.5).

Am Anfang enthält der Stapel keine gültigen Daten und der Stapelzeiger ist direkt unter den Anfang des reservierten Bereichs positioniert (Adresse n+1), d.h., er zeigt auf den *Bottom Of Stack (BOS)*. Werden p Byte an Daten auf den Stapel gelegt, so wird der Stapelzeiger um den Wert p verschoben. Damit zeigt der Stapelzeiger stets auf das Byte mit der niedrigsten Adresse im Stapel bzw. auf das erste Byte unterhalb des reservierten Bereichs, wenn der Stapel noch leer ist. Werden p Byte dem Stapel entnommen, so sind dies im Speicher die Byte an den Adressen SP bis SP+p-1. Zum Beispiel sei der SP-Inhalt 0x10000100. Es sollen vier Byte an Daten auf den Stapel gelegt werden (p=4). Gespeichert wird damit auf den Adressen 0x100000fc bis 0x100000ff und SP wird SP-p, d.h., neuer Inhalt des SP ist 0x100000fc. Hier kommt die Grundregel zum Zug, dass bei einem mehrere Byte umfassenden Speicherzugriff stets die adressmäßig tiefste Adresse verwendet wird. Wir gehen dabei von einer Speicherorganisation aus, bei der pro Adresse genau ein Byte (acht Bit) gespeichert wird. Die Regel der tiefsten Adresse zur Blockidentifizierung gilt nicht nur für den Stapel, sondern generell für alle Speicherzugriffe.

Die obige Funktionsbeschreibung und Abbildung 2–23 beziehen sich auf einen Prozessor, bei dem der Stapelzeiger stets auf das oberste Byte innerhalb des Stapels ausgerichtet ist. Es existieren jedoch auch Prozessoren, bei denen der Stapelzeiger auf das nächsthöhere Byte oberhalb des TOS zeigt. Am Funktionsprinzip ändert dies aber grundsätzlich nichts, da alle Stapeloperationen diese andersartige Ausrichtung berücksichtigen.

Der Stapel stellt die Grundinfrastruktur für die nachfolgend beschriebenen Unterprogrammtechniken dar. Pro Unterprogrammaufruf wird ein Aktivierungsrahmen (*stack frame*), d.h. ein Datenbereich auf dem Stapel, angelegt. Bei Beendigung des Unterprogramms wird der Datenbereich wieder freigegeben, was auch als Abräumen bezeichnet wird. Ein Aktivierungsrahmen enthält eines oder mehrere der folgenden Elemente:

- Rücksprungadresse des Unterprogramms (d.h. Adresse, an der im aufrufenden Programm nach Unterprogrammende fortzufahren ist)
- Unterprogramm-Aufrufparameter (Funktionsargumente)
- Unterprogramm-Rückgabewerte

- Lokale Variablen (in C sog. *automatic variables*)
- Nach Bedarf weitere zwischengespeicherte Werte (computersprachabhängig)

Der Stapelspeicher basiert auf einem Verwaltungsmechanismus, der durch den Prozessor bereitgestellt wird. Unter Nutzung entsprechender Maschinenbefehle kann er zum Aufbau von Aktivierungsrahmen verwendet werden. Die genaue Art der Nutzung ist damit sowohl durch gewisse Grundeigenschaften eines bestimmten Prozessortyps als auch durch die Konstruktion eines bestimmten Compilers festgelegt. Der genaue Aufbau eines Aktivierungsrahmens kann daher von Compiler zu Compiler bzw. von Plattform zu Plattform variieren. Die entsprechenden Informationen müssen daher in der zutreffenden Compilerdokumentation nachgeschlagen werden.

Das Wissen um den Aufbau eines Aktivierungsrahmens ist hilfreich, wenn man Programme auf einer tiefen maschinennahen Ebene, z.B. mithilfe eines Debuggers, testen will. Zudem erlaubt die Kenntnis des Aktivierungsrahmens die Eigenschaften lokaler Variablen, aktueller Parameter und rekursiver Funktionsaufrufe besser zu verstehen. Dies sind wichtige Grundeigenschaften von komplexen parallel laufenden Anwendungen unter Betriebssystemen.

2.3.4 Funktion des Programmstatusworts (PSW)

Das Programmstatuswort *(status register, program status word, PSW, flags)* enthält Datenwerte des Rechenwerks und des Leitwerks. Das PSW ist in Bitgruppen mit jeweils spezifischer Funktion unterteilt. Folgende Informationen sind typischerweise vorhanden:

- Eigenschaften von Operanden & Resultaten (z.B. =0, >0, <0, TRUE/FALSE)
- Weitere Steuer- und Statusbits (prozessorabhängig)

Diese Funktionen können auch auf zwei Register verteilt sein, z.B. bei der Power PC-CPU sind dies die Register CR und MSR. Dies ist stark prozessorabhängig.

2.3.5 Programmunterbrechungen (interrupts)

Während der Ausführung eines Programms können unterschiedliche Ausnahmesituationen entstehen, auf die schnell reagiert werden muss. Allerdings ist der genaue Zeitpunkt und möglicherweise die Wahrscheinlichkeit des Auftretens der Ausnahmesituation im allgemeinen Fall nicht voraussagbar. Aus diesem Grund unterstützt jeder Prozessor den Mechanismus der Programmunterbrechung *(exception processing, interrupts)* durch seine Hardware. Der realisierende Teil der CPU wird Unterbrechungssystem *(interrupt system)* genannt. Die Unterbrechungserkennung in der CPU findet während des Befehlszyklus statt, was heißt, dass Unterbrechungen inmitten der Instruktionsausführung möglich sind, auch

2.3 Grundlagen der Programmausführung

wenn sich dies auf Spezialfälle (Seitenfehlerinterrupt, siehe Abschnitt 8.5.2) beschränkt. In allen Fällen reagiert die CPU auf das Ausnahmeereignis mit dem Aufruf eines speziellen Unterprogramms, genannt *Interrupt-Serviceroutine* (ISR), das die Ausnahmebehandlung erledigt, bevor das unterbrochene Programm weiterläuft.

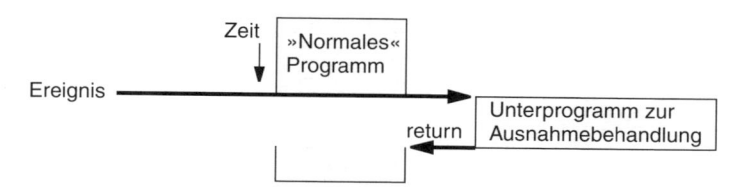

Abb. 2–24 *Grundprinzip einer Programmunterbrechung*

Was können Unterbrechungsursachen sein? Dies sind stets Ereignisse, die einer sofortigen Behandlung bedürfen:

- *Fehlsituation*: Fehler bei Rechenoperationen (z.B. Division durch null, Gleitkommafehler), ungültiges Maschinenbefehlsformat (nicht definierter Instruktionscode), Adressfehler (Verletzung von Ausrichtungsregeln der CPU), Fehler im Bussystem (Paritätsfehler).
- *Software-Interrupt*: Ausgelöst durch ein Programm mittels eines speziellen Maschinenbefehls (*trap instruction*) z.B. für die Umschaltung in den Kernmodus (Systemeintritt) oder für den Einzelschrittbetrieb beim Programmtest (*debugging, trace*).
- *Hardware-Interrupt*: Eine Peripherieeinheit meldet über ein Hardwaresignal ein Ereignis an die Software (z.B. Ein-/Ausgabe abgeschlossen).

Der Ablauf einer Programmunterbrechung besteht aus fünf Teilschritten (siehe Abb. 2–25).

1. Aus irgendeiner der weiter oben genannten Ursachen entsteht eine Unterbrechungsanforderung. Diese führt zur Unterbrechung des gerade laufenden Programms. Die Hardware liefert entsprechend dem Verursacher eine Identifikationsnummer (*Vektornummer*), z.B. 5.
2. Die Vektornummer wird von der CPU benutzt, um auf die richtige Stelle einer Funktionszeigertabelle (*Vektortabelle*) zuzugreifen, z.B. Index 5. Die Vektortabelle besitzt für jede unterstützte Interrupt-Nummer eine separate Eintragsstelle zur individuellen Behandlung durch Serviceroutinen.
3. Der Vektortabelle wird die Startadresse der Interrupt-Serviceroutine entnommen, z.B. ISR5(). Dies ist ein Vorgang der Prozessorhardware.
4. Die Interrupt-Serviceroutine wird abgearbeitet. Am Schluss der Routine steht ein spezieller Maschinenbefehl (*return-from-interrupt*), der den korrekten Rücksprung in das unterbrochene Programm ausführt.

5. Das unterbrochene Programm wird weitergeführt, wie wenn es nie unterbrochen worden wäre (abgesehen von einer Zeitverzögerung).

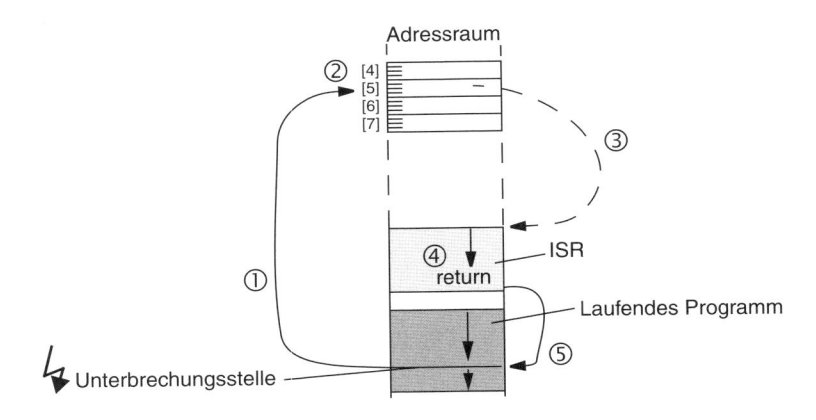

Abb. 2–25 *Ablauf einer Programmunterbrechung (im Speicherbelegungsplan)*

Der Aufruf einer Interrupt-Serviceroutine findet im Wesentlichen wie ein normaler Unterprogrammaufruf statt (siehe Abschnitt 2.4). Der Aufrufer ist jedoch die CPU-Hardware selbst, veranlasst durch ein Ausnahmeereignis. Zudem werden wenige Zusatzinformationen auf dem Stapel für die Dauer der Unterbrechungsbehandlung gesichert (PSW-Inhalt), da nur so das unterbrochene Programm korrekt weitergeführt werden kann. Da eine Unterbrechung irgendwo stattfinden kann, sind vereinfachende Konventionen zwischen Aufrufer und Unterprogramm, im Gegensatz zu regulären Unterprogrammaufrufen, nicht möglich.

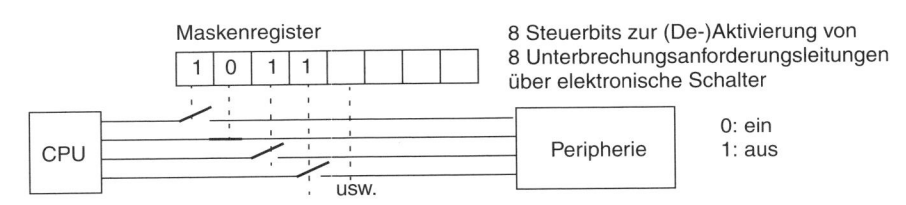

Abb. 2–26 *Maskierung von Interrupt-Signalen (Beispiel)*

Da die sofortige Unterbrechungsbehandlung innerhalb gewisser Programmteile unerwünscht sein kann, lässt sie sich temporär oder dauerhaft unterbinden. Dazu dient ein Steuerregister, mit dem sich die einzelnen Interrupt-Quellen ein- und ausschalten lassen (*Maskierung*, siehe Abb. 2–26). Die meist vorhandene NMI (*Non Maskable Interrupt*)-Leitung ist davon ausgenommen, da sie zur Signalisierung schwerwiegender Ereignisse (Netzausfall o.Ä.) benutzt wird, die stets sofort zu behandeln sind.

2.3 Grundlagen der Programmausführung

Unterbrechungsbehandlungen finden an ganz bestimmten Programmstellen (*synchrone Unterbrechungen*) oder irgendwann während der Programmausführung (*asynchrone Unterbrechungen*) statt. Das Auftreten synchroner Unterbrechungen ist stets an die Ausführung einer Instruktion gebunden, z.B. bei einer Division durch 0 oder bei einem Software-Interrupt, der durch eine Trap-Instruktion ausgelöst wird. Der Zeitpunkt asynchroner Unterbrechungen hingegen lässt sich i. Allg. nicht voraussagen, da dafür programmexterne Ereignisse verantwortlich sind, wie Peripheriegeräte oder Hardwarefehler (z.B. Parity Error im RAM). Tritt ein zweiter Interrupt auf, nachdem einer erster Interrupt noch nicht fertig behandelt wurde, so stellt sich die Vorrangfrage: Soll die Behandlung des zweiten Interrupts sofort stattfinden (geschachtelt) oder darf die laufende Ausnahmebehandlung zuerst abschließen (sequenziell)? Beide Varianten kommen vor, je nach CPU-Familie konfigurierbar oder durch die Hardware fest vorgegeben.

2.3.6 Privilegierte Programmausführung (Benutzer-/Kernmodus)

Eine CPU, sofern ihre Hardware das unterstützt, führt sicherheitskritische Operationen, wie z.B. Hardwarezugriffe, nur in einem für das Betriebssystem reservierten privilegierten Modus aus. Damit lassen sich ungewollte Manipulationen von Systemfunktionen oder Daten durch fehlerhafte oder böswillige Applikationen verhindern. Eine entsprechende Prozessorhardware unterstützt dies durch die Unterscheidung der zwei Betriebsarten Kernmodus (*kernel mode, supervisor mode*) und Benutzermodus (*user mode*). Der Benutzermodus grenzt Benutzerprozesse auf eine Menge unkritischer CPU-Instruktionen ein, womit gewisse Instruktionen verboten sind (z.B. Zugriff auf Ein-/Ausgabe) und kritische Register, d.h. ihre Inhalte, nicht verändert werden dürfen (z.B. Register für Speicherkonfiguration und Schutz). Versucht dies eine Benutzerapplikation trotzdem, so löst dies eine Ausnahmebehandlung aus. Tabelle 2–1 fasst die typische Nutzung durch Betriebssysteme zusammen (siehe dazu auch Abschnitt 1.5.2).

	Benutzermodus	**Kernmodus**
Ausführbare Maschinenbefehle	Begrenzte Auswahl	Alle
Hardwarezugriff	Nein bzw. nur mithilfe des Betriebssystems	Ja, Vollzugriff
Adressraum	Einer pro Prozess	Separat, exklusiv

Tab. 2–1 Vergleich zwischen Benutzer- und Kernmodus

Die Umschaltung vom Benutzer- in den Kernmodus findet mittels einer Programmunterbrechung (*interrupt*) statt, die entweder von der Software (Trap-Instruktion) oder der Hardware (externes Signal) ausgelöst wird. Derartige Programmunterbrechungen führen stets auf Systemcode-Einsprungadressen, sodass nur der Systemcode Privilegien erhält. Die Umschaltung zurück in den Benutzermodus erfolgt mithilfe eines privilegierten Maschinenbefehls bzw. einer PSW-Modifikation, die nur im Kernmodus möglich ist. Will nun ein Anwendungsprozess auf die Hardware zugreifen, so kann er dies nur indirekt via Systemaufrufe.

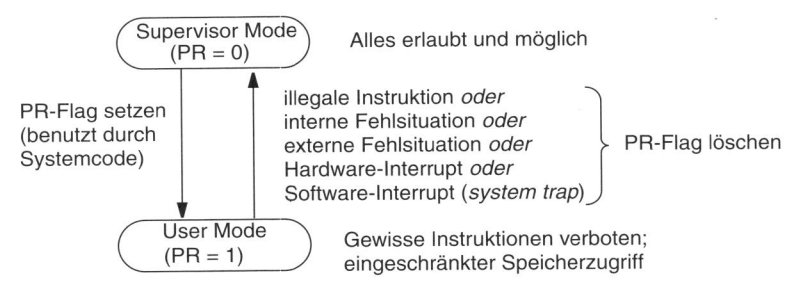

Abb. 2–27 *Privilegiensystem des PowerPC-Prozessors*

Betrachten wir als erstes Beispiel den PowerPC-Prozessor. Sein Schutzsystem kann mit einem Zustandsdiagramm beschrieben werden. Ein Anwenderprogramm darf nur unter bestimmten Bedingungen einen Wechsel in den Kernmodus ausführen. Konkret heißt dies eine Verzweigung in eine Systemroutine. Die zwei unterstützten Betriebsarten werden als *Supervisor Mode* und *User Mode* bezeichnet (siehe Abb. 2–27). Sie werden durch das *PR-Flag* im *Machine Status Register (MSR)* repräsentiert. Gewisse Instruktionen sind im User Mode nicht erlaubt. Adressbereiche können hardwaremäßig vor Zugriffen im User Mode geschützt werden. Der Übergang in den Supervisor Mode erfolgt mittels einer Programmunterbrechung oder des Befehls sc (= *system call*).

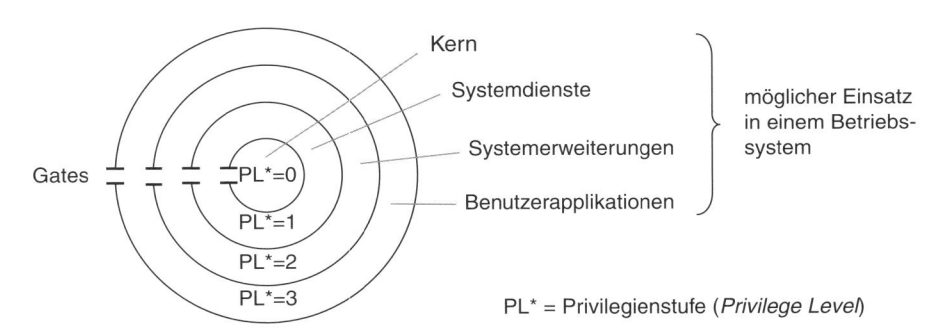

Abb. 2–28 *Privilegiensystem des Intel x86-Prozessors*

Ein Beispiel für ein mehr als zwei Stufen umfassendes Privilegiensystem stellt der Intel x86-Prozessor dar. Es sind vier Privilegienstufen *(privilege levels)* definiert. Die Stufe 0 erlaubt am meisten Privilegien, während die Stufe 3 den größten Schutz bietet (siehe Abb. 2–28). Der Übergang von einer Stufe zur nächsten in Richtung des höheren Schutzes erfolgt über sogenannte Tore *(gates)*. Jedes Tor wird durch einen eigenen Deskriptor (*gate descriptor*) beschrieben, der unter anderem die Eintrittsadresse festlegt, die in den Systemcode führt. Der Übergang in den Kernmodus erfolgt durch eine Programmunterbrechung oder mittels einer speziellen CALL-Instruktion, womit ein Programm in einer höher privilegierten Stufe stets Systemcode ausführt. Obwohl dieser Prozessortyp vier Privilegienstufen besitzt, wird dies durch die darauf laufenden Betriebssysteme kaum je genutzt. Der Grund liegt darin, dass Betriebssysteme meist für eine gute Portabilität auf verschiedene Prozessoren entwickelt werden, die teilweise durch ihre Hardware auf zwei Privilegienstufen begrenzt sind. Die ARM Cortex-Prozessoren realisieren ein zweistufiges Privilegiensystem mit den Stufen *privileged execution* und *user execution*. Von den unterstützten sieben CPU-Betriebsarten läuft nur der *User Mode* unprivilegiert.

2.4 Unterprogrammmechanismen

Jedes nicht triviale Programm ist aufgeteilt in ein Hauptprogramm und eine Reihe von Unterprogrammen, die vom Hauptprogramm verschachtelt aufgerufen werden. Unterprogramme werden je nach verwendeter Programmiersprache etwas unterschiedlich benannt: So stellen Subroutinen (*subroutines*), Prozeduren (*procedures*), Funktionen (*functions*) und Methoden (*methods*) nichts anderes dar als Unterprogramme. Die Unterprogrammmechanismen befassen sich mit verschiedenen *Formen des Unterprogrammaufrufs* (einfach, rekursiv, wiedereintretend bzw. *reentrant*), der Übergabe von *Aufrufparametern* in verschiedenen Arten (Wert, Zeiger, Referenz) und der *Implementierung des Unterprogrammaufrufs* mit den Möglichkeiten des Prozessors. Bei der Realisierung der Parameterübergabe sind folgende Punkte von besonderem Interesse:

- Stapelverwendung (*stack frame, call stack, frame pointer*)
- Übergabekonventionen
- Prozessorregisterverwendung
- Steuernde Schlüsselwörter in C/C++
- Formen von Unterprogrammaufrufen

Sowohl die exakte Art und Weise der Parameterübergabe an Unterprogramme als auch die der Rückgabe von Resultatwerten sind vom verwendeten Prozessor und Compiler abhängig. Wir konzentrieren uns im Weiteren auf gemeinsame Eigenschaften aller Implementierungen.

Was ist ein Unterprogramm (UP)? Es ist eine in sich abgeschlossene Befehlsfolge, die an übergeordneter Stelle wiederholt aufgerufen und damit ausgeführt wird. Die übergeordnete Stelle kann das Hauptprogramm oder ein Unterprogramm sein, weswegen wir den aufrufenden Programmteil im weiteren verallgemeinert als Oberprogramm (OP) bezeichnen. Ferner definieren wir ein Hauptprogramm als denjenigen Programmteil im Applikations-Quellcode, mit dem die Ausführung des anwendungsspezifischen Codes startet.

Ein Unterprogramm kann Eingangsdaten erhalten. Diese werden als Aufrufparameter, Funktionsparameter oder Argumente bezeichnet. Ein Unterprogramm kann Resultate an das Oberprogramm zurückgeben. In der Programmiersprache C/C++ ist der Rückgabewert ein Skalarwert oder eine Datenstruktur bzw. ein Objekt, d.h., Vektoren (*C arrays*) sind nicht möglich. Abhängig von der Programmiersprache bestehen jedoch mehr oder weniger elegante Möglichkeiten, indirekt vektorielle Werte an den aufrufenden Programmteil zurückzugeben (siehe weiterführende Literatur). Der Einsatz von Unterprogrammen bietet verschiedene Vorteile:

- *Effiziente Speicherplatznutzung*: Es ist nur eine einmalige Speicherung sich wiederholender Befehlsfolgen nötig (Einsparung von Speicherplatz für Code).
- *Unabhängige Übersetzung des Unterprogramms*: Werden Änderungen an einem Programm durchgeführt, so muss nicht das gesamte Programm neu compiliert werden. Die Neuübersetzung ist nur für das betroffene Unterprogramm obligatorisch.
- *Strukturierung der Software*:
  - prozedural: sinnvolle Gliederung des Quellcodes
  - objektorientiert: Kapselung von Daten und zugehörigen Operationen
  - Aufteilung in Arbeitspakete für Teamarbeit (parallel arbeitende Entwickler)
  - Bereitstellung von Funktionsbibliotheken bzw. Klassenbibliotheken

2.4.1 Unterprogrammaufruf und Komplettierung

Jeder Universalprozessor stellt für den Aufruf von Unterprogrammen und die Rückkehr in das Oberprogramm spezifische Maschinenbefehle zur Verfügung, die diesen Vorgang automatisieren helfen. Wir bezeichnen nachfolgend diese zwei Maschineninstruktionen mit den Namen JSR (*jump to subroutine*) und RET (*return from subroutine*). Abhängig vom benutzten Prozessor können diese Befehle etwas abweichend bezeichnet sein, arbeiten aber stets nach dem hier vorgestellten Verfahren. Eine wichtige Grundeigenschaft des Unterprogrammaufrufs besteht darin, dass egal woher ein Unterprogramm aufgerufen wird, stets an die dem Aufruf direkt nachfolgende Programmstelle zurückgekehrt wird, wenn das Unterprogramm endet. Dies wird technisch mithilfe des Stapels realisiert, indem die Rücksprungadresse für die Dauer der Unterprogrammausführung auf dem Stapel zwischengespeichert wird. Für den Unterprogrammaufruf dient der JSR-Befehl, der die Rücksprungadresse auf dem Stapel ablegt und den Programmzähler mit der Startadresse des Unterprogramms lädt. Die Rückkehr in das Oberprogramm wird durch den RET-Befehl veranlasst, indem er das oberste Element vom

2.4 Unterprogrammmechanismen

Stapel entfernt und als neuen Wert in den Programmzähler lädt (siehe Abb. 2–29), womit der Programmablauf an der Rücksprungstelle fortfährt.

Aufruf:
Maschinenbefehl JSR (o.Ä.)
→ sichert Rücksprungadresse auf Stapel
→ lädt PC mit UP-Adresse

Rücksprung:
Maschinenbefehl RET (o.Ä.)
→ holt gesicherte Rücksprungadresse vom Stapel und lädt sie in den Programmzähler PC (damit: Rückkehr zu OP)

OP: Oberprogramm
UP: Unterprogramm

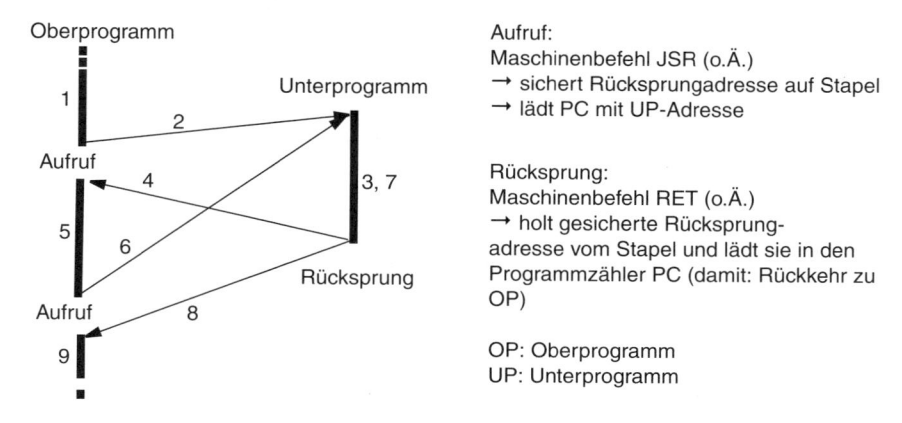

Abb. 2–29 *Verwendung von Unterprogrammen (Beispiel)*

Die Maschinenbefehle JSR und RET arbeiten stets im Paar. Dabei muss der SP-Wert nach der JSR-Ausführung dem SP-Wert vor der RET-Ausführung entsprechen, da ansonsten ein Stapelfehler (*stack error*) auftritt, weil ein falscher Wert als Rücksprungadresse vom Stapel geholt wird. Da der Stapel ein LIFO- Speicher (*Last In First Out*) ist, wird bei verschachtelten Unterprogrammaufrufen immer an die richtige Aufrufstelle zurückgekehrt (siehe Abb. 2–30 und Abb. 2–31).

A_{RH}: Rücksprungadresse in Hauptprogramm
A_{R1}: Rücksprungadresse in Unterprogramm 1

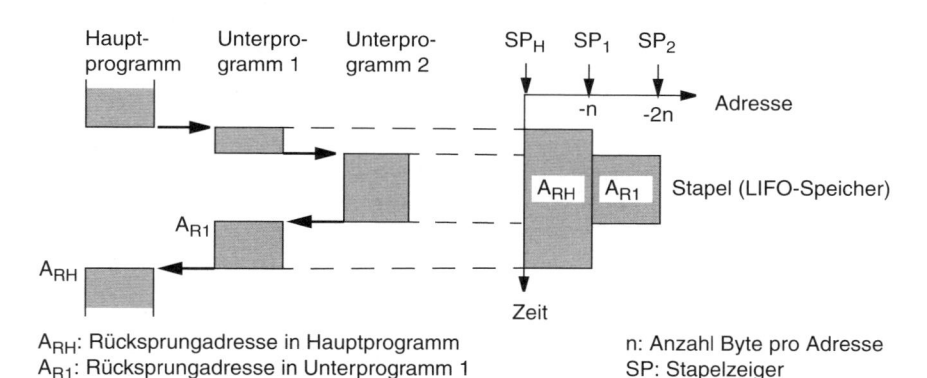

n: Anzahl Byte pro Adresse
SP: Stapelzeiger

Abb. 2–30 *Sicherung der Rücksprungadresse (Beispiel)*

Zusammenfassend übernehmen die zwei Maschinenbefehle folgende Funktionen:

- JSR (*jump to subroutine*): Als Rücksprungadresse wird die Adresse des direkt dem JSR-Befehl nachfolgenden Maschinenbefehls benutzt. Die Rücksprungadresse wird auf den Stapel gelegt und der Stapelzeiger (SP) entsprechend verschoben. Anschließend wird die Unterprogramm-Startadresse (= Operand

von JSR) in den Programmzähler (PC) geladen: Damit läuft das Unterprogramm (UP) an!
- RET (*return from subroutine*): Dieser Befehl holt den obersten Adresswert vom Stapel. Außer im Fehlerfall ist dies immer die dort vom Befehl JSR vorher abgelegte Rücksprungadresse. Die Rücksprungadresse wird in den Programmzähler (PC) geladen, womit die nächste ausgeführte Instruktion zum Oberprogramm gehört und damit die Rückkehr dorthin stattfindet!

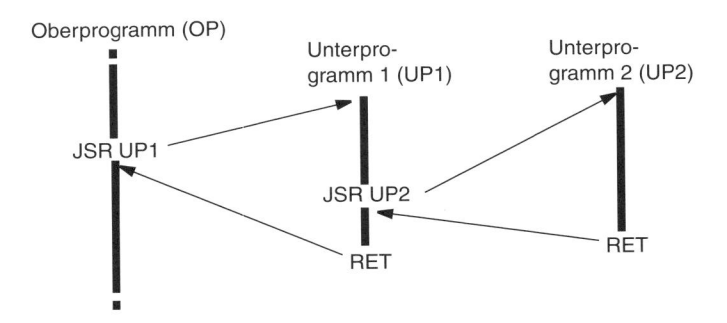

Abb. 2-31 *Geschachtelter Unterprogrammaufruf (Beispiel)*

2.4.2 Formen des Unterprogrammaufrufs

Neben dem bereits vorgestellten einfachen Unterprogrammaufruf wird manchmal mit rekursiven Aufrufen gearbeitet. Die Rekursion besteht darin, dass ein Unterprogramm sich selbst wieder aufruft, bevor es an sein Ende gelangt.

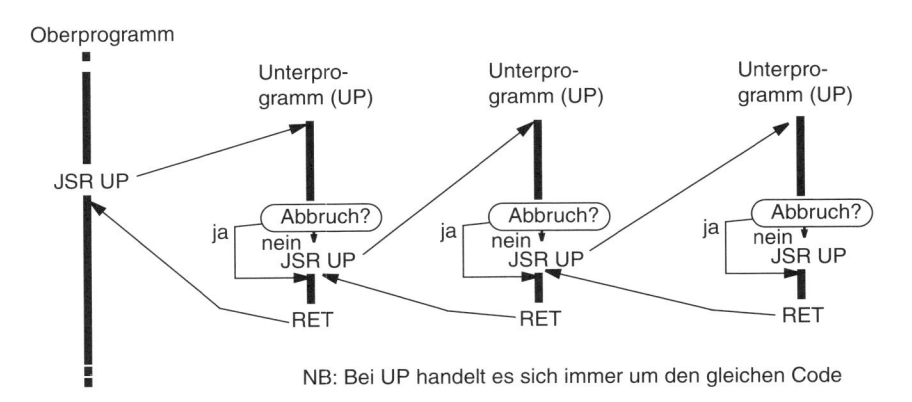

Abb. 2-32 *Rekursiver Unterprogrammaufruf (Beispiel)*

Wir bezeichnen jeden neuen Aufruf eines bestimmten Unterprogramms als Instanz des Unterprogramms. Bei rekursivem Aufruf entstehen daher mehrere Instanzen desselben Unterprogramms. Da jede Unterprogrammausführung private

2.4 Unterprogrammmechanismen

Daten benötigt (Rücksprungadresse, lokale Variablen), wird pro Aufruf ein Satz dieser Werte auf dem Stapel abgelegt. Wiederum kommt hier die LIFO-Eigenschaft des Stacks nutzbringend zur Anwendung, indem stets der zu der gerade laufenden Unterprogramminstanz gehörige Satz an Daten angesprochen wird.

In der Form des *direkt-rekursiven* Aufrufs ruft das Unterprogramm sich selbst auf, bevor seine Verarbeitung abgeschlossen ist. Der *indirekt-rekursive* Aufruf eines Unterprogramms erfolgt gleichartig wie der direkt-rekursive Aufruf, aber mit dem Umweg über andere Unterprogramme. Zum Beispiel: UP1 ruft UP2, UP2 ruft UP3, UP3 ruft UP1.

Wesentlich für eine erfolgreiche rekursive Unterprogrammausführung ist das Vorhandensein einer Abbruchbedingung (siehe Abb. 2–32). Nur mit einer Abbruchbedingung erhalten wir eine abbrechende Rekursion. Bekanntes Beispiel einer theoretisch nicht abbrechenden Rekursion ist die Videokamera, die auf einen Bildmonitor gerichtet ist, auf dem das von ihr aufgenommene Bild angezeigt wird.

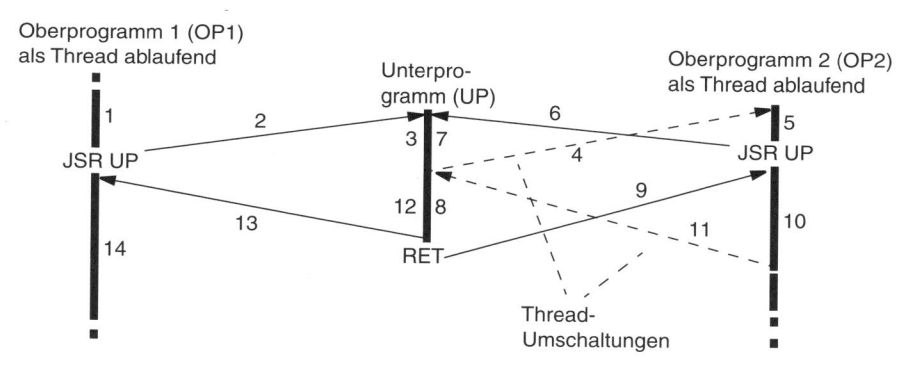

Abb. 2–33 *Wiedereintretender Unterprogrammaufruf. Die Nummern illustrieren eine mögliche Programmablauffolge auf einem Einprozessorsystem.*

Eine weitere für die Praxis wichtige Form des Unterprogrammaufrufs ist der sogenannte Wiedereintritt (*reentrancy*). Wird aus zwei parallel ablaufenden Programmteilen ein gemeinsames Unterprogramm aufgerufen, so kann der zweite Aufruf stattfinden, bevor der erste Aufruf beendet wurde. Abbildung 2–33 zeigt einen möglichen Programmablauf auf einem Einprozessorsystem. Der Grund dafür liegt darin, dass diese zwei Programme echt parallel (Multiprozessorsystem) oder quasiparallel (Einprozessorsystem) ablaufen. Das zu lösende Problem ist genau das gleiche wie beim rekursiven Aufruf. Jede Instanz des Unterprogramms muss über ihren eigenen Satz an Daten verfügen. Der wiedereintretende Unterprogrammaufruf tritt zum Beispiel dann auf, wenn verschiedene Threads die gleiche Programmbibliothek nutzen. Unter einer Programmbibliothek versteht man eine Gruppe von Unterprogrammen, deren Code in einer separaten Bibliotheksdatei bereitgestellt wird. Beispiele:

- Laufzeitsystem einer Programmiersprache (C, C++ usw.)
- Grafik- und Mathematik-Bibliotheken
- Bibliotheken von Systemfunktionen, grafischen Benutzerschnittstellen, Netzwerkfunktionen

Bei der Softwareentwicklung ist stets darauf zu achten, dass gemeinsam benutzte Unterprogramme »wiedereintrittsfest« bzw. »reentrant-fähig« sind. Man bezeichnet diese Eigenschaft als *MT Safe (MultiThreading Safe)*. Diese Eigenschaft ist gegeben, falls bei einem wiedereintretenden Aufruf kein Einfluss auf das Verarbeitungsergebnis vorliegt. Dies bedingt, dass jede Unterprogramminstanz mit privaten Daten arbeitet. In integrierten Entwicklungsumgebungen muss umkonfiguriert werden, wenn eine *Single-threaded Library* voreingestellt ist!

2.4.3 Parameterübergabe beim Unterprogrammaufruf

Parameter sind Eingangsdaten für Unterprogramme. Diese können einem Unterprogramm auf verschiedene Arten zur Verfügung gestellt werden. Wir wollen die wichtigsten kurz vergleichen:

- *Direkter Zugriff auf Daten des Oberprogramms*: Dies ist aus Sicht eines guten Software Engineering zu vermeiden! Es können nämlich kaum kontrollierbare Seiteneffekte entstehen, die das Programm schlecht wartbar machen bzw. die Fehlerwahrscheinlichkeit erhöhen. Zudem ist dies meist bei Rekursion und Wiedereintritt nicht zulässig, sofern zwischen verschiedenen Unterprogramminstanzen nicht identische Daten auszutauschen sind.
- *Bereitstellung in »Parameterfeld« (Datenbereich des OP) vor UP-Aufruf*: In der Regel nicht zulässig bei Rekursion und Wiedereintritt (falls private Daten).
- *Bereitstellung in Prozessorregistern vor UP-Aufruf*: Dies ist eine schnelle Methode und daher in hoch optimierenden Compilern üblich. Jedoch besteht eine Beschränkung durch die Anzahl Prozessorregister, sodass dies als einziges Verfahren nicht tauglich ist.
- *Bereitstellung auf Stapel vor UP-Aufruf*: Dies ist die Standardmethode (fast) aller Programmiersprachen. Wir betrachten sie im Folgenden näher.

Aus Sicht der Programmiersprache C/C++ gibt es drei Grundvarianten der Parameterübergabe:

- Übergabe von Werten (*call by value*)
- Übergabe von Zeigern
- Übergabe von Referenzen (*call by reference*)

Bei der *Übergabe eines Werts* (*call by value*) wird direkt der gewünschte Datenwert dem Unterprogramm übergeben. Technisch gesehen funktioniert dies so,

2.4 Unterprogrammmechanismen

dass Kopien der Variableninhalte auf dem Stapel abgelegt werden. Das Unterprogramm verändert nur diese Kopien, d.h., die Originale bleiben unverändert. Ein Beispiel in der Programmiersprache C:

```c
void sub(int x)
{
   x++;  printf("Wert x = %d", x);
}

int main()
{
   int a = 500;

   sub(a);   // Was wird ausgegeben? -> 501
   sub(a);   // Was wird ausgegeben? -> 501
   return 0;
}
```

Bei der *Übergabe eines Zeigers* wird dem Unterprogramm die Adresse einer Variablen zur Verfügung gestellt. Das Unterprogramm holt sich den Variableninhalt bei Bedarf direkt von dieser Adresse und kann daher die Inhalte der Originalvariable modifizieren. Im Detail funktioniert dies so, dass die Adresse einer Variablen auf dem Stapel abgelegt wird. Das Unterprogramm kann deshalb indirekt über die Adresse den Inhalt der Originalvariablen verändern. Ein Beispiel in der Programmiersprache C/C++:

```c
intsub(int *x)
{
   (*x)++;  printf("Wert x = %d", *x);
}

void main()
{
   int a = 500;

   sub(&a); // Was wird ausgegeben? -> 501
   sub(&a); // Was wird ausgegeben? -> 502
   return 0;
}
```

Bei der Übergabe von Referenzen in C++ (nicht verfügbar in C) passiert im Grunde genommen das Gleiche wie bei der Übergabe eines Zeigers. Der wesentliche Unterschied liegt in der anderen Syntax der Hochsprache. Im Vergleich zur Übergabe eines Werts bzw. Zeigers gilt bei einer Referenz:

- Funktionsweise gleich wie bei Übergabe eines Zeigers
- Parameterdeklaration jedoch im Quellcode wie bei Übergabe eines Werts

Ein Beispiel in der Programmiersprache C++:

```
void sub(int &x)
{
   x++;  printf("Wert x = %d", x);
}
void main()
{
   int a = 500;
   sub(a);    // Was wird ausgegeben? -> 501
   sub(a);    // Was wird ausgegeben? -> 502
   return 0;
}
```

2.4.4 Realisierung der Parameterübergabe und lokale Variablen

Die Verwendung des Stapels für die Zwischenspeicherung der Rückkehradresse haben wir schon kennengelernt. Der Stapel spielt auch bei der Parameterübergabe eine zentrale Rolle.

Oberprogramm
- Parameter auf Stapel bereitstellen
- Unterprogrammaufruf (JSR)
- Resultat entgegennehmen
- Platz für Parameter freigeben

Unterprogramm
- Platz für lokale Variablen reservieren
- Parameterwerte verarbeiten
- Rückgabewert bereitstellen
- Platz für lokale Variablen freigeben
- Rücksprung in Oberprogramm (RET)

Abb. 2–34 Implementierung der Parameterübergabe (Prinzip)

Das Grundprinzip ist wie folgt (siehe Abb. 2–34):

- *Aufrufparameter bereitstellen*: Das Oberprogramm legt die Parameterwerte auf den Stapel, und zwar vor dem Unterprogrammaufruf mittels des JSR-Befehls. Das Unterprogramm holt die Parameterwerte vom Stapel und kann sie dort auch verändern. Man beachte: In der Hochsprache ist bereits das Bereitstellen der Parameterwerte ein Teil des Unterprogrammaufrufs. Auf der Maschinenebene beginnt die Ausführung des Unterprogramms aber erst nach der Ausführung des JSR-Befehls.

2.4 Unterprogrammmechanismen

- *Rückgabe von Resultaten vom UP an das OP*: Die Rückgabe eines Funktionsresultats findet in der Regel über eines oder mehrere Prozessorregister statt. Die genaue Lösung hängt vom benutzten Compiler und Datentyp ab. Die Rückgabe eines Funktionsresultats kann entfallen, falls mittels Zeiger- oder Referenzparametern die Inhalte der Originalvariablen direkt durch das Unterprogramm modifiziert werden.

Neben der Zwischenspeicherung der Rückkehradresse und dem Bereitstellen der Eingangsdaten (Parameterwerte) interessiert uns die Ablage lokaler Variablen in Unterprogrammen. Dazu wird zusätzlich Platz auf dem Stapel reserviert, und zwar dann, wenn das Unterprogramm anläuft. Dieser reservierte Platz wird wieder freigegeben, wenn das Unterprogramm seine Verarbeitung beendet hat, da die lokalen Variableninstanzen nicht mehr benötigt werden. Details sind im nachfolgenden Beispiel zu finden.

Um die Stapelbenutzung an einem konkreten Beispiel kennenzulernen, wollen wir einen beispielhaften Aufruf für ein auf dem PC (Intel x86-CPU) erstelltes Programm mit dem GNU-C/C++-Compiler anschauen. Die einzelnen Schritte des Unterprogrammaufrufs verlaufen nach dem Schema in Abbildung 2–34.

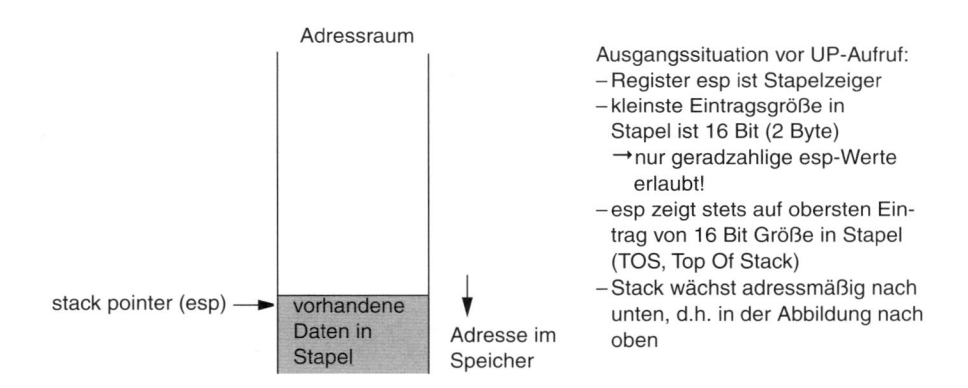

Ausgangssituation vor UP-Aufruf:
- Register esp ist Stapelzeiger
- kleinste Eintragsgröße in Stapel ist 16 Bit (2 Byte)
  → nur geradzahlige esp-Werte erlaubt!
- esp zeigt stets auf obersten Eintrag von 16 Bit Größe in Stapel (TOS, Top Of Stack)
- Stack wächst adressmäßig nach unten, d.h. in der Abbildung nach oben

Abb. 2–35 *Ausgangssituation vor UP-Aufruf (Beispiel GNU-C/C++ auf PC)*

Im Detail: Ausgangssituation ist der aktuelle Stapelinhalt bzw. das gerade geltende obere Ende des Stapels *(Top Of Stack, TOS)*. Die für einen Unterprogrammaufruf benötigten Datenwerte werden oberhalb des TOS abgelegt (siehe Abb. 2–35). Zuerst sind also die Eingangsdaten (Parameterwerte) für das Unterprogramm bereitzustellen (siehe Abb. 2–36). Beim GNU-Compiler gilt dabei die Regel von »rechts nach links«, d.h., der erste deklarierte Aufrufparameter kommt zuoberst zu liegen. Folgende Funktionsvereinbarung in C/C++ illustriert dies beispielhaft:

```
int chainadd(int a, int b, int c);
```

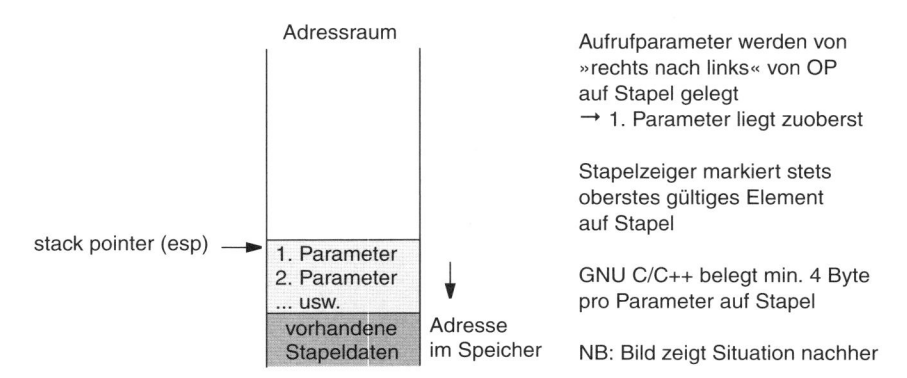

```
                Adressraum                    Aufrufparameter werden von
                    |                         »rechts nach links« von OP
                    |                         auf Stapel gelegt
                    |                         → 1. Parameter liegt zuoberst
                    |
                    |                         Stapelzeiger markiert stets
                    |                         oberstes gültiges Element
stack pointer (esp) →  ┌──────────┐           auf Stapel
                       │ 1. Parameter │
                       │ 2. Parameter │   ↓   GNU C/C++ belegt min. 4 Byte
                       │ ... usw.     │       pro Parameter auf Stapel
                       │ vorhandene   │  Adresse
                       │ Stapeldaten  │  im Speicher   NB: Bild zeigt Situation nachher
```

Abb. 2-36 *Bereitstellen der Aufrufparameter*

Zuerst wird der ganz rechts aufgeführte Parameter c der Funktion chainadd() auf den Stapel gelegt, anschließend b und dann a (also in der Reihenfolge »von rechts nach links«). Nach dem LIFO-Prinzip liegt a damit zuoberst.

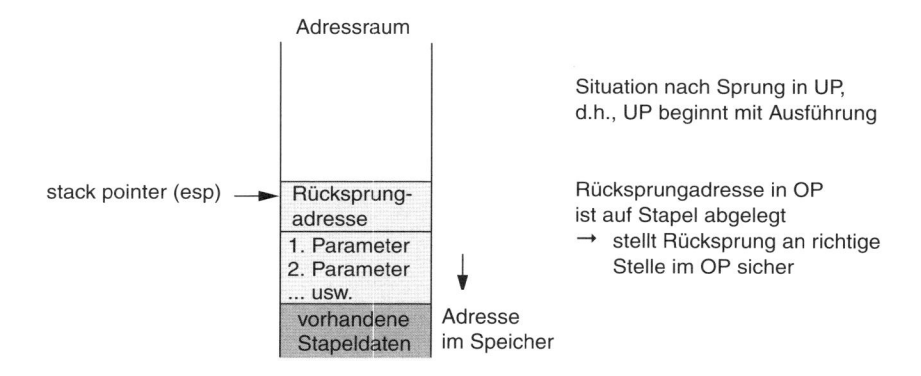

```
                Adressraum
                    |
                    |                         Situation nach Sprung in UP,
                    |                         d.h., UP beginnt mit Ausführung
                    |
stack pointer (esp) →  ┌──────────────┐
                       │ Rücksprung-  │       Rücksprungadresse in OP
                       │ adresse      │       ist auf Stapel abgelegt
                       │ 1. Parameter │       → stellt Rücksprung an richtige
                       │ 2. Parameter │   ↓     Stelle im OP sicher
                       │ ... usw.     │
                       │ vorhandene   │  Adresse
                       │ Stapeldaten  │  im Speicher
```

Abb. 2-37 *Aufruf Unterprogramm*

Nun kann der Programmsprung in das Unterprogramm erfolgen, wobei der JSR-Befehl die Rückkehradresse zuoberst auf den Stapel legt (siehe Abb. 2-37).

In einem weiteren Schritt, der bereits Teil des Codes des Unterprogramms ist, wird ein Basiszeiger (*frame pointer*) aufgesetzt, der einen einfachen Zugriff auf die lokalen Variablen erlaubt, da er die Rolle eines fixierten Zeigers auf die Liste der lokalen Variablen übernimmt. Damit verschachtelte Unterprogrammaufrufe möglich sind, muss der alte Inhalt des für den Basiszeiger benutzten Registers ebp auf dem Stapel gesichert werden (alter Wert frame pointer). Der neue TOS wird in das Register ebp als neuer Basiszeiger geladen. Darauf wird der Stapelzeiger um die Anzahl Byte, die für die Ablage der lokalen Variablen benötigt werden, nach oben verschoben. Damit ist Platz für die lokalen Variablen des UP reserviert,

2.4 Unterprogrammmechanismen

der auf einfache Art und Weise über den Basiszeiger angesprochen werden kann (siehe Abb. 2–38).

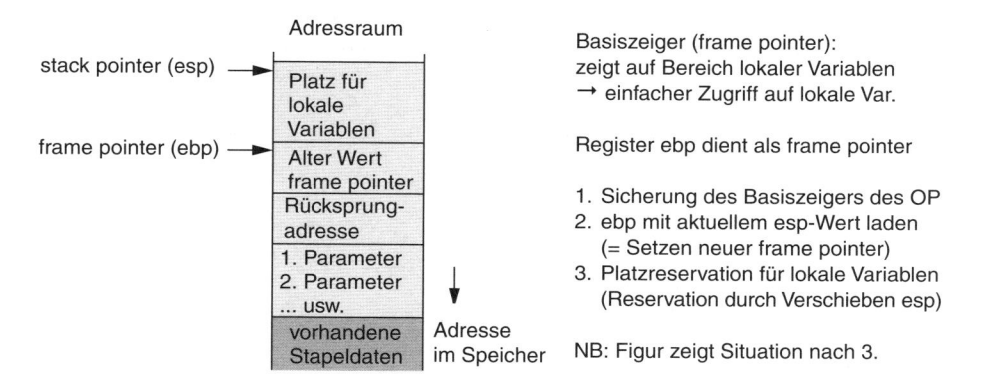

```
                    Adressraum
stack pointer (esp) → ┌─────────────┐    Basiszeiger (frame pointer):
                      │ Platz für   │    zeigt auf Bereich lokaler Variablen
                      │ lokale      │    → einfacher Zugriff auf lokale Var.
                      │ Variablen   │
frame pointer (ebp) → ├─────────────┤    Register ebp dient als frame pointer
                      │ Alter Wert  │
                      │ frame pointer│   1. Sicherung des Basiszeigers des OP
                      │ Rücksprung- │    2. ebp mit aktuellem esp-Wert laden
                      │ adresse     │       (= Setzen neuer frame pointer)
                      │ 1. Parameter│    3. Platzreservation für lokale Variablen
                      │ 2. Parameter│       (Reservation durch Verschieben esp)
                      │ ... usw.    │ ↓
                      │ vorhandene  │ Adresse
                      │ Stapeldaten │ im Speicher  NB: Figur zeigt Situation nach 3.
                      └─────────────┘
```

Abb. 2–38 *Platzreservation und Aufsetzen Basiszeiger*

Die Gesamtheit der nun auf dem Stapel abgelegten Werte nennt man den Aufrufrahmen (*stack frame*) des Unterprogrammaufrufs (siehe Abb. 2–39). Ein alternativ benutzter Begriff dafür ist Aktivierungsrahmen (*activation frame*).

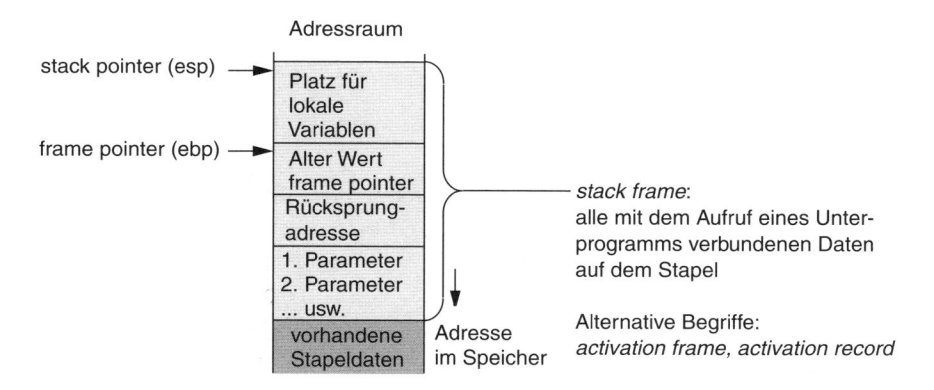

```
                    Adressraum
stack pointer (esp) → ┌─────────────┐
                      │ Platz für   │
                      │ lokale      │
                      │ Variablen   │
frame pointer (ebp) → ├─────────────┤
                      │ Alter Wert  │
                      │ frame pointer│ ⎫
                      │ Rücksprung- │ ⎬ stack frame:
                      │ adresse     │ ⎪ alle mit dem Aufruf eines Unter-
                      │ 1. Parameter│ ⎭ programms verbundenen Daten
                      │ 2. Parameter│    auf dem Stapel
                      │ ... usw.    │ ↓
                      │ vorhandene  │ Adresse   Alternative Begriffe:
                      │ Stapeldaten │ im Speicher  activation frame, activation record
                      └─────────────┘
```

Abb. 2–39 *Begriff des Stack Frame*

Erreicht die Unterprogrammausführung ihr Ende, so gilt es, in das Oberprogramm zurückzukehren. Dazu wird der Platz für lokale Variablen wieder freigegeben, der gesicherte alte Wert des Basiszeigers in das ebp geladen und der Stapelzeiger so weit nach unten verschoben, dass er auf die Rückkehradresse zeigt. Mittels des RET-Befehls findet dann der eigentliche Rücksprung statt (siehe Abb. 2–40).

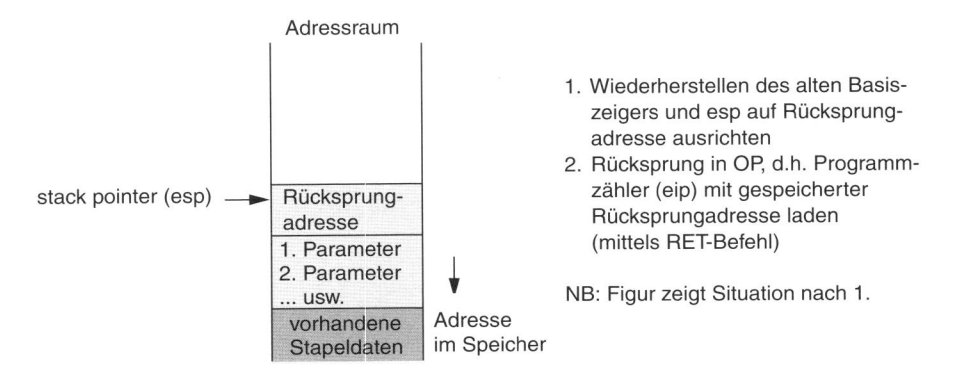

```
                    Adressraum
                         │
                         │                    1. Wiederherstellen des alten Basis-
                         │                       zeigers und esp auf Rücksprung-
                         │                       adresse ausrichten
                         │                    2. Rücksprung in OP, d.h. Programm-
stack pointer (esp) →  Rücksprung-               zähler (eip) mit gespeicherter
                       adresse                   Rücksprungadresse laden
                       1. Parameter               (mittels RET-Befehl)
                       2. Parameter
                       ... usw.          ↓
                       vorhandene     Adresse    NB: Figur zeigt Situation nach 1.
                       Stapeldaten    im Speicher
```

Abb. 2–40 *Rücksprung in Oberprogramm*

Als letzte Aktion ist der für die Aufrufparameter auf dem Stapel belegte Platz freizugeben. Dies ist bereits wieder eine Aufgabe des Oberprogramms und stellt dort einen Teil der Befehlssequenz zum Unterprogrammaufruf dar (siehe Abb. 2–41).

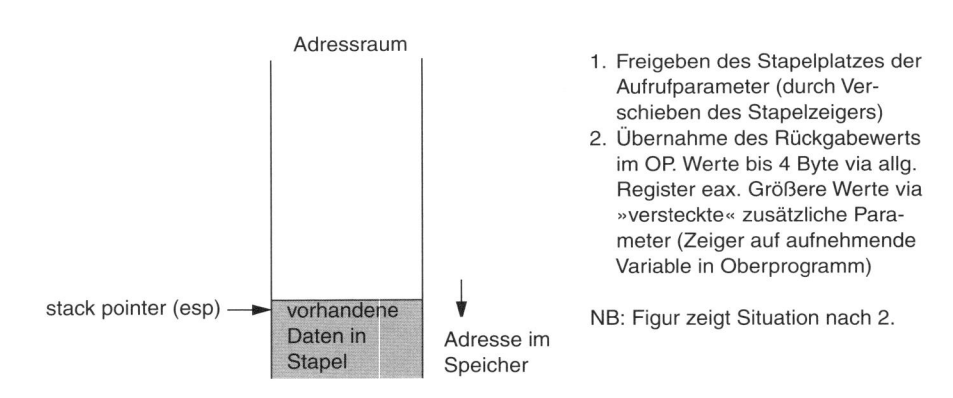

```
                    Adressraum
                         │
                         │                    1. Freigeben des Stapelplatzes der
                         │                       Aufrufparameter (durch Ver-
                         │                       schieben des Stapelzeigers)
                         │                    2. Übernahme des Rückgabewerts
                         │                       im OP. Werte bis 4 Byte via allg.
                         │                       Register eax. Größere Werte via
                         │                       »versteckte« zusätzliche Para-
                         │                       meter (Zeiger auf aufnehmende
                         │                       Variable in Oberprogramm)
stack pointer (esp) →  vorhandene    ↓
                       Daten in    Adresse im   NB: Figur zeigt Situation nach 2.
                       Stapel      Speicher
```

Abb. 2–41 *Aufgaben nach Rücksprung*

Bei verschachtelten Unterprogrammaufrufen befinden sich gleichzeitig mehrere Aufrufrahmen auf dem Stapel. Ein Beispiel dafür ist in Abbildung 2–42 gezeigt. Abschließend sind noch ein paar Bemerkungen zu unserem Beispiel zu erwähnen. Der vorgestellte Ablauf gilt exakt für den GNU-C/C++-Compiler, die PC-Plattform und Linux als Betriebssystem. Andere Plattformen und Compiler können etwas abweichende Verfahren einsetzen, wobei aber das Grundprinzip überall in ähnlicher Form gilt.

Jeder Compiler benutzt sogenannte *Aufrufkonventionen* für den Unterprogrammaufruf. Diese legen fest, welche Register das Unterprogramm verändern darf (im Beispiel: eax, ecx, edx). Enthalten diese für das Oberprogramm wichtige

2.4 Unterprogrammmechanismen

Werte, so muss sie das Oberprogramm auf dem Stapel sichern und nach dem Unterprogrammaufruf von dort her wieder mit den alten Werten herstellen.

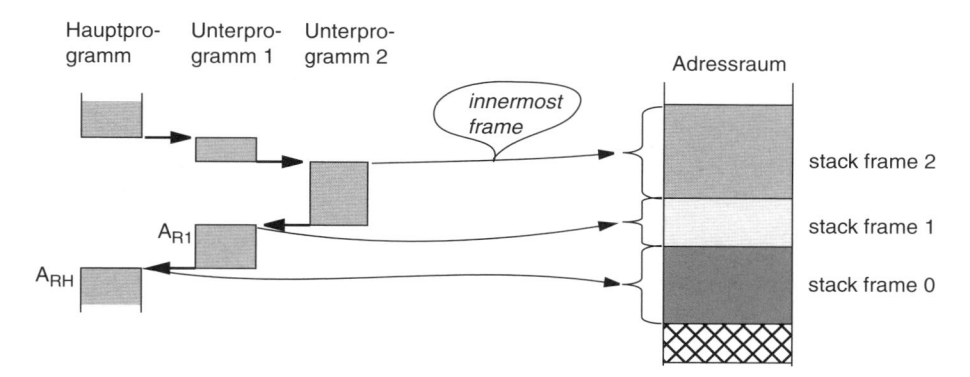

Abb. 2–42 *Rücksprung bei verschachtelten Aufrufen (Beispiel)*

Zusätzlich kann das Unterprogramm weitere Register benutzen, muss deren originale Inhalte jedoch vor dem Rücksprung wiederherstellen (gilt im Beispiel für ebx, esi, edi). Aufrufkonventionen zu kennen ist dann wichtig, wenn man Mischsprachenprogrammierung benutzt oder Assemblerroutinen von der Hochsprache her aufrufen will. Auch die Betriebssystemschnittstelle (*Application Programming Interface, API*) kennt Aufrufkonventionen, die genau einzuhalten sind, da sonst Systemaufrufe versagen können.

Die Programmiersprache C erlaubt als Spezialität die Benutzung von sogenannten *offenen Parameterlisten*. Dies heißt, dass die Parameterliste bei einem Funktionsaufruf abgekürzt werden kann, indem von hinten her nicht benötigte Parameter weggelassen werden. Die Anzahl aktueller Parameter ist damit kleiner als die Anzahl formaler Parameter. Dies ist nur möglich, wenn das Oberprogramm den Parameterbereich »aufräumt« bzw. »freigibt«, wie das auch in unserem Beispiel der Fall ist. Zusätzlich müssen die Parameter »von rechts nach links« auf den Stapel gelegt werden. Daneben gibt es abweichende Aufrufkonventionen für andere Plattformen und/oder Sprachen.

Beispiel für MS Visual C/C++:
__stdcall: Das Unterprogramm räumt den Stapel auf, es sind keine offenen Parameterlisten erlaubt.
__cdecl: Dies entspricht dem C-Standardaufrufverfahren, d.h., das Oberprogramm räumt den Stapel auf.
__fastcall: Die Parameterübergabe erfolgt via Register anstatt über Stapel (beschränkt möglich, soweit Register zur Verfügung stehen).
Notabene: Systemaufrufe sind an bestimmte Aufrufkonventionen gebunden!

3 Systemprogrammierung

> **Lernziele**
>
> - Sie wählen eine für die Systemprogrammierung geeignete Programmiersprache aus.
> - Sie identifizieren formale und aktuelle Unterprogrammparameter sowie idempotente Unterprogramme.
> - Sie kennen die Grundlagen der Systemprogrammierung und können in eigenen Programmen
>   - Parameter an Systemfunktionen übergeben,
>   - Rückgabewerte von Systemfunktionen entgegennehmen,
>   - Fehler in Systemaufrufen diagnostizieren und behandeln.
> - Sie erklären das Konzept der Dateideskriptoren und stellen die Realisierungen in Unix und Windows einander gegenüber.
> - Sie erläutern, wie der Mechanismus für Systemaufrufe als Teil der Systemprogrammierschnittstelle implementiert werden kann.

Systemprogrammierung (*system programming*) bedeutet betriebssystemnahe Programmierung. Dies schließt eine direkte Nutzung der generischen Systemprogrammierschnittstelle (*native API*) ein. Damit grenzt sich diese Programmieraufgabe klar von der Nutzung von Middleware, Klassenbibliotheken, JVM usw. ab. Zur erfolgreichen Systemprogrammierung gehört die Wahl der passenden Programmiersprache, die Nutzung der Sprachbibliotheken und die Unterprogrammtechniken. Danach richten wir unseren Fokus auf typische Muster für den Aufruf von Systemdiensten, die häufig vorkommen. Zuletzt befassen wir uns mit der Systemprogrammierschnittstelle insgesamt, für die uns Unix und Windows als Beispiele dienen. Zuerst jedoch folgt eine Liste benötigter Fähigkeiten bzw. Kenntnisse, die in der Systemprogrammierung essenziell sind:

- Gute Kenntnisse der Programmiersprache C
- Gefestigtes Wissen um Funktionen des Betriebssystems

- Beherrschung von Unterprogrammtechniken
- Wissen, wie Beschreibungen von Systemaufrufen zu interpretieren sind
- Kenntnis typischer Aufrufmuster

3.1 Wahl der Systemprogrammiersprache

Die heute am meisten verbreitete Programmiersprache für Betriebssysteme ist C. Dies geht unter anderem darauf zurück, dass C speziell für diesen Zweck entwickelt wurde, denn historisch gesehen ist C eng mit der Entstehung des Unix-Betriebssystems verbunden. Nachdem Unix zuerst in Assemblersprache geschrieben wurde, haben seine Erfinder sehr bald eine Implementierung in C erstellt, was damals revolutionär war. C ist allerdings so allgemein gehalten, dass es in vielen Bereichen auch für die Applikationsentwicklung benutzt wird. Unix hat sehr viele systemnahe Programme initiiert und den Entwurf vieler Betriebssysteme beeinflusst. Die Systemprogrammierschnittstelle fast aller Betriebssysteme ist daher eine Schnittstelle in C. Auf jeden Fall gilt dies für Unix/Linux-Systeme, Windows und wahlweise auch für das Mac OS X. Das Symbian OS (Smartphone-Betriebssystem) besitzt als eher exotische Ausnahme eine reine C++-Programmierschnittstelle.

3.1.1 Mischsprachenprogrammierung

Ist für die Entwicklung einer Applikation eine andere Programmiersprache als C vorgegeben oder erwünscht, so besteht die Möglichkeit der Mischsprachenprogrammierung (*mixed language programming*). Der Hauptteil einer Applikation wird dann in der primären Programmiersprache erstellt und nur soweit nötig werden Programmteile in C integriert. Je nach Programmiersprache bestehen für die Anbindung von C-Codeteilen unterschiedliche Möglichkeiten, die wir anhand von ausgewählten Beispielen näher kennenlernen wollen.

3.1.2 Programmiersprache C++

Da C++ die Sprachelemente von C als eine Teilmenge enthält, können Systemfunktionen genau gleich aufgerufen werden wie in C-Programmen. Allerdings stört dann manchmal, dass die Systemprogrammierschnittstelle nicht objektorientiert ist. Aus diesem Grund wird oft auf Middleware ausgewichen, die über entsprechende C++-Wrapper-Klassen die C-Programmierschnittstelle kapseln und damit einfacher in der Verwendung machen. Nachteilig ist dabei allerdings, dass diese Klassenbibliotheken nicht immer die volle Funktionalität der generischen Systemschnittstelle anbieten, was bei der Auswahl beachtet werden sollte.

3.1.3 Java Native Interface (JNI)

Java ist heute eine beliebte Programmiersprache für die Erstausbildung in der Informatik. Für die Systemprogrammierung kommt sie trotzdem kaum infrage, da sie keinen direkten Zugriff auf die üblichen Systemprogrammierschnittstellen in C/C++ erlaubt. Zusätzlich erschwert wird dies dadurch, dass viele Systemaufrufe die Angabe von Adressen (bzw. Zeigern) als Aufrufparameter erwarten. Soll trotzdem eine Applikation in Java erstellt werden, so kann man versuchen, sich mit den vorhandenen Sprachmitteln einen ausreichenden Zugriff auf die Betriebssystemdienste zu sichern. Dort, wo dies nicht möglich ist, muss auf Programmteile in C ausgewichen werden, die über die *JNI-Schnittstelle (Java Native Interface)* angebunden werden. Die JNI löst die drei hauptsächlichen Probleme:

- Java-Bezeichner müssen so in C-Bezeichner umgesetzt werden, dass dies für alle Java-Namen unter Einhaltung der C-Namenskonventionen möglich ist (*naming convention*). Dazu gehört auch das sogenannte *Name Mangling (name decoration)*, bei dem gleichnamigen überladenen Java-Methoden unterschiedliche C-Funktionsnamen zugewiesen werden.
- C-Funktionen müssen sich von Java-Programmen her korrekt aufrufen lassen (*calling convention*). Dazu gehört das entsprechende Adaptieren des Aktivierungsrahmens und gegebenenfalls die Transformation von Datentypen.
- Java-Methoden müssen sich von C her aufrufen lassen und Java-Objektvariablen müssen von C aus abgefragt und modifiziert werden können.

Um eine C-Funktion aufrufen zu können, müssen wir zuerst eine Java-Klasse vereinbaren, die eine geeignete Java-Methode definiert, die dann in C implementiert wird. Mit der C-Funktion können dann die Systemaufrufe getätigt werden. Wir betrachten die nötigen Arbeitsschritte und Programmelemente anhand eines einfachen Beispiels, bei dem Unix-Systemlimits von Java aus abgefragt und modifiziert werden. Das Beispiel ist absichtlich sehr einfach gehalten, indem es nur die Systemlimits für die maximale Dateigröße berücksichtigt. Eine naheliegende Erweiterung würde es erlauben, beliebige Systemlimits abzufragen und zu ändern. Unser Beispiel soll die Unix-Systemfunktionen getrlimit() und setrlimit() benutzen, um Systemlimits abzufragen und neu zu setzen. Zuerst erstellen wird die Java-Quellcodedatei MaxFileSize.java. Diese definiert eine Klasse mit mit den zwei Variablen softLimit und hardLimit, die mithilfe der Methode getMaxSize() mit den aktuellen Systemlimits für die maximale Dateigröße geladen werden können. Diese Methode wird mit dem Schlüsselwort native markiert, was bedeutet, dass ihre Implementierung über die JNI aufgerufen wird. Dementsprechend folgt dem Methodenkopf kein Java-Methodencode. Eine zweite Methode setMaxSize() dient dazu, das Systemlimit (maximale Dateigröße) neu zu setzen. Anschließend folgt die Methode printLimits(), die in Java genau das macht, was ihr Name meint. Die main()-Funktion enthält einen Testcode, der die aktuellen Limits abfragt, anzeigt und dann das weiche Limit neu setzt und zu Kontrollzwecken nochmals abfragt. Zuletzt findet sich in main() auch der statische Initialisierungscode für das Laden der Programmbibliothek MaxFileSize, die den C/C++-Code enthält, der die *native methods* implementiert.

```
class MaxFileSize {

    // Attributes to keep returned values
    long softLimit, hardLimit;

    // "native" modifier makes it a native method
    private native boolean getMaxSize();
    private native boolean setMaxSize(long newLimit);

    private void printLimits()
    {
        System.out.println("Soft limit for maximal file size: " + softLimit);
        System.out.println("Hard limit for maximal file size: " + hardLimit);
    }

    // main() is needed to
    // - load native code library
    // - call native functions for demonstration
    public static void main(String[] args)
    {
        MaxFileSize mfs = new MaxFileSize();
        if (!mfs.getMaxSize()) {
            System.out.println("Unable to get limits");
        };
        mfs.printLimits();
        if (!mfs.setMaxSize(1024*1024)) {
            System.out.println("Unable to set new limit");
        }
        mfs.getMaxSize();
        mfs.printLimits();
    }
    // Static initialitzer: loads library before any calls to member functions
    // For windows we assume that a file "MaxFileSize.dll" exists
    // For Unix we assume that a file "libMaxFileSize.so" exists
    static {
        System.loadLibrary("MaxFileSize");
    }
}
```

Bevor wir den C-Code erstellen, übersetzen wir den Java-Code und erzeugen eine Schnittstellenspezifikation (*C header file*):

```
javac MaxFileSize.java
javah -jni MaxFileSize
```

3.1 Wahl der Systemprogrammiersprache

Die automatisch erzeugte Schnittstellenspezifikation wird in der Datei `MaxFileSize.h` gespeichert, die wir anschließend als Include-Datei in unsere C-Quellcodedatei importieren können.

```c
/* DO NOT EDIT THIS FILE - it is machine generated */
#include <jni.h>
/* Header for class MaxFileSize */

#ifndef _Included_MaxFileSize
#define _Included_MaxFileSize
#ifdef __cplusplus
extern "C" {
#endif
/*
 * Class:     MaxFileSize
 * Method:    getMaxSize
 * Signature: ()Z
 */
JNIEXPORT jboolean JNICALL Java_MaxFileSize_getMaxSize
  (JNIEnv *, jobject);

/*
 * Class:     MaxFileSize
 * Method:    setMaxSize
 * Signature: (J)Z
 */
JNIEXPORT jboolean JNICALL Java_MaxFileSize_setMaxSize
  (JNIEnv *, jobject, jlong);

#ifdef __cplusplus
}
#endif
#endif
```

Da die Implementierung sowohl in C als auch C++ erstellt werden kann, enthält die Schnittstellenspezifikation eine bedingte Compileranweisung, die für C++ die Funktionen mittels `extern "C" { .. }` explizit als C-Code markiert. Damit wird der Aufbau des Aktivierungsrahmens eindeutig festgelegt. In einem nächsten Schritt erstellen wir nun die Datei `MaxFileSize.cpp`, die den Code für die Java-Methoden `getMaxSize()` und `setMaxSize()` enthält:

```cpp
#include "MaxFileSize.h"
#include <sys/resource.h>

JNIEXPORT jboolean JNICALL
  Java_MaxFileSize_getMaxSize(JNIEnv *env, jobject obj)
{
   // Get class and then field identifier for "soft/hardLimits"
   jclass cls = env->GetObjectClass(obj);
   jfieldID  fid1 = env->GetFieldID(cls, "softLimit", "J");
```

```c
    jfieldID  fid2 = env->GetFieldID(cls, "hardLimit", "J");
    // Do not continue if an exception occurred as fid's are invalid
    if (env->ExceptionOccurred()) { return JNI_FALSE; }

    // Get limits from system
    struct rlimit rl;
    if (getrlimit (RLIMIT_FSIZE, &rl)) {
        perror("getrlimit():");
        return JNI_FALSE;
    }

    // Copy obtained limits to java object fields
    jlong slim = rl.rlim_cur;
    env->SetLongField(obj, fid1, slim);
    jlong hlim = rl.rlim_max;
    env->SetLongField(obj, fid2, hlim);
    return JNI_TRUE;
}

JNIEXPORT jboolean JNICALL Java_MaxFileSize_setMaxSize
    (JNIEnv * env, jobject obj , jlong newLimit)
{
    // Set soft limit to new value
    struct rlimit rl;
    rl.rlim_cur = newLimit;
    rl.rlim_max = RLIM_INFINITY;
    if (setrlimit (RLIMIT_FSIZE, &rl)) {
        perror("getrlimit():");
        return JNI_FALSE;
    }
    return JNI_TRUE;
}
```

In der C-Funktion Java_MaxFileSize_getMaxSize() geht es darum, die Systemlimits für die maximale Dateigröße abzufragen. Die gewählte Lösung benutzt dazu die Unix-Systemfunktion getrlimit() und speichert die erhaltenen zwei Werte für das weiche und harte Limit in den Variablen des Java-Objekts, über das die Funktion aufgerufen wird. Zu diesem Zweck müssen die Identifikationen der Java-Klasse und der zwei Variablen des Java-Objekts abgefragt werden, damit anschließend mithilfe der JNI-Funktion SetLongField() die erhaltenen Limits gespeichert werden können. Falls die Abfrage der Klassen- und Variablenkennungen fehlerhaft ist, wird die Funktion sofort beendet, da sonst ein Absturz droht. Ein Fehler beim Aufruf der Systemfunktion getrlimit() wird über den booleschen Funktionsrückgabewert an den Java-Code weitergeleitet. In der zweiten C-Funktion Java_MaxFileSize_setMaxSize() wird ein neues weiches Limit als Aufrufparameter entgegengenommen und mittels der Systemfunktion setrlimit() gesetzt. Die zur

3.1 Wahl der Systemprogrammiersprache

Erzeugung der Programmbibliothek aus `MaxFileSize.cpp` benötigte Übersetzungsanweisung lautet für die GNU-Tools unter Linux/Unix wie folgt:

```
g++ -o libMaxFileSize.so -shared -Wl,-soname,libMaxFileSize.so \
   -I /usr/lib/jvm/java-6-sun-1.6.0.17/include \
   -I /usr/lib/jvm/java-6-sun-1.6.0.17/include/linux \
   MaxFileSize.cpp -static -lc
```

Die erzeugte Programmbibliothek `libMaxFileSize.so` ist anschließend entweder in ein Standardbibliotheksverzeichnis zu kopieren oder, wenn sie im aktuellen Verzeichnis verbleiben soll, dann muss dieses in die Umgebungsvariable LD_LIBRARY_PATH aufgenommen werden. Ferner ist zu beachten, dass in obigem Kommando die Include-Verzeichnisse je nach JDK-Installationsort angepasst werden müssen. Zur Ausführung des Programms dient folgendes Kommando:

```
java MaxFileSize
```

JNI kann natürlich auch unter Windows genutzt werden. Zur Erzeugung der Programmbibliothek `MaxFileSize.dll` dient folgende Kommandozeile:

```
cl -Ic:\Programme\Java\jdk1.6.0_02\include
   -Ic:\Programme\Java\jdk1.6.0_02\include/win32
   -LD MaxFileSize.cpp -FeMaxFileSize.dll
```

Anzumerken ist hier allerdings, dass die Systemfunktionen `getrlimit()` und `setrlimit()` durch entsprechende Systemaufrufe der Windows API zu ersetzen wären. Dies deutet darauf hin, dass mit JNI angebundene C/C++-Funktionen oft plattformabhängig sind, was die gewohnte Portabilität erzeugter Java-Programme einschränkt.

3.1.4 Microsoft .NET-Sprachen

Die Microsoft .NET-Technologie basiert, ähnlich wie Java, auf einer virtuellen Ausführungsplattform, die sich *Common Language Runtime (CLR)* nennt. Im Gegensatz zu Java werden jedoch viele Programmiersprachen unterstützt, so z.B. auch C++. Da man C++-Programme auch direkt auf einer Rechnerplattform ausführen kann, bezeichnet man die .NET-basierten C++-Programme als *Managed C++*. Gleiches gilt für alle anderen Programmiersprachen, die sowohl auf der CLR als auch direkt auf der Rechnerplattform ausführbar sind. Für den Aufruf von Windows-API-Funktionen stehen drei Möglichkeiten offen:

- Verwendung von *Wrapper-Klassen:* Diese bieten die gewünschten API-Funktionen objektorientiert an. Für Managed C++ beispielsweise sind etwa 3/4 aller Windows-API-Funktionen so nutzbar.
- *Implizites P/Invoke (Platform Invocation Services)*: In Managed-C++-Programmen kann Managed und Unmanaged Code gemischt werden. Die CLR übernimmt dabei automatisch die Lokalisierung und das Laden benötigter

Windows-DLLs sowie die Typenumwandlung von generischen C/C++-Datentypen in diejenigen des *.NET CTS (Common Type System)* beim Aufruf generischer C/C++-Funktionen. Die Typenumwandlung wird in diesem Zusammenhang auch als *parameter marshalling* bezeichnet.
- *Explizites P/Invoke*: Aufzurufende Systemfunktionen werden über eine spezielle Importanweisung spezifiziert, die sowohl den Namen der umfassenden DLL enthält als auch den Funktionsprototyp.

Nachfolgend betrachten wir das einfache Beispiel pinvoke_basic.cpp für ein explizites P/Invoke unter C++, das der *MSDN (Microsoft Developers Network)*-Dokumentensammlung entnommen ist:

```
using namespace System;
using namespace System::Runtime::InteropServices;

value class Win32 {
public:
   [DllImport("User32.dll")]
   static int GetSystemMetrics(int);

   enum class SystemMetricIndex {
      // Same values as those defined in winuser.h.
      SM_CXSCREEN = 0,
      SM_CYSCREEN = 1
   };
};

int main()
{
   int hRes = Win32::GetSystemMetrics(
            safe_cast<int>(Win32::SystemMetricIndex::SM_CXSCREEN) );
   int vRes = Win32::GetSystemMetrics(
            safe_cast<int>(Win32::SystemMetricIndex::SM_CYSCREEN) );
   Console::WriteLine("screen resolution: {0},{1}", hRes, vRes);
}
```

Die Klasse Win32 legt fest, welche DLL benötigt wird (User32.dll) und wie die Systemfunktion GetSystemMetrics() zu gebrauchen ist (Funktionsprototyp und Enumerationstypenvereinbarung). In der main()-Funktion schließlich wird die aktuelle Bildschirmbreite und Höhe in Pixeln abgefragt und auf die Konsole ausgegeben. Das Programm pinvoke_basic.cpp kann entweder im Visual Studio in ein leeres Managed-C++-Projekt eingeführt oder direkt in einem Visual Studio-Kommandofenster wie folgt übersetzt werden:

```
cl pinvoke_basic.cpp /clr
```

Zuletzt sei noch erwähnt, dass obige drei Methoden zur Benutzung von Systemfunktionen aus .NET-Programmen heraus in vielen .NET-Sprachen angewendet werden können, so zum Beispiel für C#-Programme.

3.2 Laufzeitsystem der Programmiersprache C

In der Programmiersprache C beginnt die Programmausführung aus Sicht des Anwendungsentwicklers mit dem Aufruf der main()-Funktion. Aus Sicht des Betriebssystems trifft dies jedoch nicht zu, denn vor dem main()-Aufruf läuft der Code des C-Laufzeitsystems (*C Run-Time System, CRT*) ab. Dieser sorgt für notwendige Initialisierungen, die Bereitstellung der Aufrufparameter des main() und die ordentliche Rückgabe des Beendigungsstatus an das Betriebssystem, wenn die main()-Funktion wieder verlassen wird. Zu dem C-Laufzeitsystem gehört eine Reihe von Programmbibliotheken (*C Run-Time Libraries*), die einer Applikation zusätzliche Funktionen zur Verfügung stellen. Der Rückgriff auf diese Programmbibliotheken birgt jedoch einige Gefahren in sich. So enthält die C-Sprachbibliothek nach wie vor Funktionen, die wunderbare Angriffsflächen für Buffer-Overflow-Attacken bieten. Solche Attacken sind immer dann möglich, wenn Variablen von Bibliotheksfunktionen unbemerkt über den ihnen zustehenden Platz im Speicher hinaus beschrieben werden können. Das könnte zum Beispiel ein scheinbar erfolgreicher Schreibzugriff auf das neunte Element eines Vektors mit acht deklarierten Elementen sein. Die üblichen Verdächtigen sind die folgenden C-Bibliotheksfunktionen:

```
strcpy (char *dest, const char *src);
strcat (char *dest, const char *src);
gets (char *s);
scanf (const char *format, ... );
printf (const char *format, ... );
```

Nehmen wir die Funktion gets() als Beispiel. Als Aufrufparameter dient die Adresse einer benutzerdeklarierten Variablen (char *s). Da die gets()-Funktion nicht weiß, wie viel Platz im Speicher für diese Variable reserviert wurde, kann gets() auch nicht dafür sorgen, dass die Variable nicht über ihr Ende im Speicher hinaus beschrieben wird. Moderne C-Compiler sind inzwischen immerhin in der Lage, den Programmierer mit Warnungen auf die unsichere Verwendung dieser Funktionen hinzuweisen, sollte er dies jemals tun. Zudem geben sie auch Hinweise auf besser geeignete Bibliotheksfunktionen (z.B. gets() durch fgets() ersetzen). Vergleichen wir eine unsichere mit einer sicheren C-Bibliotheksfunktion:

```
gets (char *s);
fgets (char *s, int n, FILE *fp);
```

Die Funktion `fgets()` verlangt einen zweiten Aufrufparameter, der die Größe der als ersten Aufrufparameter mit *s bezeichneten Variablen angibt. Der Quellcode gängiger Betriebssysteme (z.B. Linux, Windows) enthält eine Unmenge von Aufrufen der unsicheren C-Bibliotheksfunktionen. Dies für sich alleine ist noch nicht ein Problem, sofern stets mit anderen Maßnahmen dafür gesorgt ist, dass diese Buffer-Overflow-Attacken bei diesen Aufrufen nicht greifen können. Dazu gehört im Speziellen das Überprüfen von Aufrufparametern bei Systemdienstaufrufen, ob die erlaubten Wertebereiche eingehalten werden. Einen begrenzten Schutz bieten zudem Prozessoren, die es erlauben, einen Speicherbereich (z.B. stack) mit einem *no-execute*-Attribut zu belegen, d.h., dass kein Code aus diesem Bereich ausgeführt werden kann. Der Schutz ist allerdings nur begrenzt, da mittels Buffer-Overflow-Attacken immer noch Datenwerte eines Aktivierungsrahmens (funktionslokale Variablen) unerlaubt modifiziert werden können.

3.3 Unterprogrammtechniken

3.3.1 Formale und aktuelle Parameter

Formale Parameter (*formal parameters*) sind die im Quelltext des Unterprogramms in der *Funktionsdeklaration* benutzten Variablennamen. Im nachfolgenden Beispiel sind x, py und z formale Parameter:

```
int func (int x, int *py, char z)
{
  ...
}
```

Aktuelle Parameter (*actual parameters*) sind die im Quelltext beim *Aufruf* eines Unterprogramms benutzten Datenwerte. Im unten stehenden Beispiel sind a, &b und c aktuelle Parameter der Funktion `func()`:

```
int main ()
{
   int a, b, d; char c;
   ...
   d = func (a, &b, c);
}
```

3.3.2 Idempotente Unterprogramme

Ein Unterprogramm bezeichnet man als *idempotent*, falls die mehrmalige Ausführung den gleichen Effekt hat wie eine einmalige Ausführung. Wenn beispielsweise ein Unterprogramm einen trigonometrischen Wert berechnet (z.B. `sin(x)`), so führt ein mehrmaliger Aufruf immer zum gleichen Ergebnis (Unterprogramm ist idempotent). Ein gegenteiliges Beispiel stellt der Fall dar, in dem ein Unterprogramm den Text »Hello World!« ausgibt. Ein mehrmaliger Aufruf würde zur mehrmaligen Ausgabe führen, daher ist das Unterprogramm nicht idempotent. Nebenbei soll erwähnt werden, dass die mathematische Definition von dem hier vorgestellten Begriffsgebrauch in der Informatik abweicht.

3.4 Grundlagen der Systemprogrammierung

Ein Systemdienstaufruf (*system service call*) bzw. kürzer Systemaufruf (*system call*) dient dazu, aus einem Anwendungsprogramm eine Dienstleistung des Betriebssystems anzufordern (= Zweck).

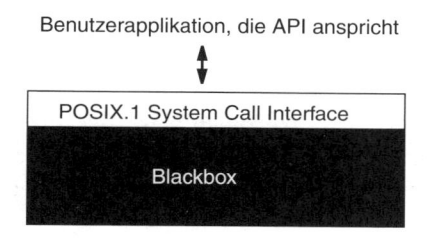

```
         Benutzerapplikation, die API anspricht
                         ↕
         ┌─────────────────────────────────────┐
         │   POSIX.1 System Call Interface     │
         ├─────────────────────────────────────┤
         │                                     │
         │              Blackbox               │
         │                                     │
         └─────────────────────────────────────┘
```

Abb. 3–1   *Betriebssystem als Blackbox (Beispiel: Unix)*

Konkret bedeutet dies, eine C-Funktion der C-Systemprogrammierschnittstelle aufzurufen (= Programmierung). Die *Systemprogrammierschnittstelle* bzw. *Anwendungsprogrammierschnittstelle (Application Programming Interface, API)* ist damit die maßgebende Schnittstelle zur Anforderung von Betriebssystemdiensten. Sie entspricht der Betrachtung des Betriebssystems als eine Blackbox, die mittels einer Sammlung von C-Funktionen (Schnittstellenbibliothek) angesprochen werden kann (siehe Abb. 3–1).

Die Systemprogrammierung befasst sich mit der Nutzung der API des Betriebssystems in Anwendungsprogrammen. Dazu muss der Entwickler mit den Beschreibungen von Systemfunktionen arbeiten können. Diese Beschreibungen sind die zentrale Systemdokumentation für die Anwendungsentwicklung. Unter Unix stehen sie in Form der sogenannten *Unix Manual Pages* als Onlinedokumentation zur Verfügung. Auf diese kann mit dem Kommandozeilenbefehl man, gefolgt von dem Systemdienstnamen (z.B. man pwd), zugegriffen werden. Alternativ bieten grafische Bedienoberflächen auch Hilfemenüs dazu an. Unter Windows ist die Systemdokumentation ein Teil der Informationen, die im Rahmen des MSDN (*Microsoft Developer Network*) bereitgestellt werden. Diese können lokal auf dem Rechner installiert oder unter http://msdn.microsoft.com abgerufen werden. Den meisten Beschreibungen von Systemdienstaufrufen ist eigen, dass sie nicht gerade leicht verständlich sind. Zudem ist es oft nötig, diese nicht nur flüchtig, sondern gründlich und vollständig durchzusehen, damit essenzielle kleine Details erkannt werden.

Ein Beispiel für eine systemnahe Programmierung könnte ein Programm sein, das Daten aus einer Datei ausliest. Gerade dieses Beispiel könnte aber auch systemfern unter Nutzung einer Sprachbibliothek programmiert werden. Systemnah würde zum Lesen z.B. die Unix-Funktion read() benutzt werden, systemfern hingegen die C-Bibliotheksfunktion fread(). Warum also nicht systemfern arbeiten und damit portabel auf andere Betriebssysteme sein? Drei Gründe führen zur Systemprogrammierung hin:

- Es gibt systemspezifische Optionen, die eine Sprachbibliothek nicht portabel anbieten kann.
- Systemdienste stehen zur Verfügung, die in einer Sprachbibliothek fehlen.
- Eine nicht zwingend nötige Softwareschicht (Sprachbibliothek) wird umgangen, was die Software verschnellert.

Beim letzten Argument wäre nachzutragen, dass dies nur dann wirklich zum Tragen kommt, wenn die Erbringung des Systemdienstes äußerst schnell erfolgt. Ansonsten sollte dies nie ein Grund sein, den direkten Weg zu wählen.

3.4.1 Dienstanforderung und Erbringung

Systemdienste können synchron oder asynchron erbracht werden. Synchron sind sie dann, wenn der Aufrufer der Systemfunktion so lange warten muss, bis der Dienst erbracht ist. Kann er jedoch sofort weiterarbeiten, d.h., bevor der Dienst vollständig erbracht wurde, so handelt es sich um eine asynchrone Diensterbringung. In diesem Fall stehen dem Aufrufer weitere Dienste zur Verfügung, mit denen er den Status der Diensterbringung abprüfen kann. Dazu kann auch ein Aufruf einer Systemfunktion gehören, die den Aufrufer so lange schlafen legt, bis die Diensterbringung komplett ist. Auf diese Art und Weise kann ein Systemdienst angestoßen und weitergearbeitet werden, bis das Resultat des Dienstes benötigt wird. Ist die Weiterarbeit erledigt, bevor dieses Resultat vorliegt, so kann der Aufrufer sich schlafen legen, bis es so weit ist. Systemdienste können grob in drei Gruppen eingeteilt werden, was die benötigte Zeit zu ihrer Erbringung angeht:

- Abfrage und/oder Modifikation von Systemeinstellungen, die rein in der Software verwaltet werden. Diese Dienste werden typischerweise sofort erbracht (im Mikrosekundenbereich).
- Dienste, die den Zugriff auf ein Peripheriegerät beinhalten. Die benötigte Servicezeit hängt von der Art des Zugriffs und des Peripheriegeräts ab. Sie kann verhältnismäßig lange dauern (im Millisekunden- bis Sekundenbereich) oder zählt zur ersten Kategorie, wenn sie schnell erledigt wird.

3.4 Grundlagen der Systemprogrammierung

▪ Dienste, die von einem entfernten Rechner erbracht werden. Die Servicezeit hängt von den momentanen Transferzeiten über das Rechernetz ab bzw. von der Reaktionszeit des entfernten Rechners. Die Servicezeiten können im Bereich von vielen Mikrosekunden bis Sekunden liegen. Für den Benutzer problematisch sind Systemdienste, die einen nicht mehr reaktionsfähigen Kommunikationspartner ansprechen. Systemdienste besitzen hier Zeitlimits, die bis in den Minutenbereich reichen. Manchmal treten sogar völlige Rechnerblockaden auf.

Besonders bei der Nutzung von Systemdiensten der dritten Gruppe sollte eine Zeitüberwachung innerhalb der Applikation in Betracht gezogen werden. Denn eine sinnvolle Fehlermeldung an den Benutzer ist stets einem nicht mehr reagierenden Programm vorzuziehen (»Absturz«). Zudem ist auf die Eigenschaften des benutzten Rechernetzprotokolls zu achten. So kann je nach Protokoll in Fehlsituationen unter Umständen ein Dienst doppelt erbracht werden, der nur einmal angefordert wurde (Protokoll nutzt keine Sequenznummern).

Zur Unterscheidung verschiedener Dienste werden unterschiedlich benannte Systemfunktionen und teilweise auch Aufrufparameter verwendet. Spezielle Diensteinstellungen werden über zusätzliche Aufrufparameter festgelegt (=Dienstparameter). Informationen über die Diensterbringung bzw. deren Resultate werden über den Funktionsrückgabewert und/oder spezielle Zeigerparameter zurückgegeben.

3.4.2 Dienstparameter und Resultate

Natürlich sind die Dienstparameter stark von den angebotenen Diensten abhängig und darum sehr vielfältig. Trotzdem kann man Muster identifizieren, die immer wieder vorkommen, da sie verschiedenste Dienste in gleichartiger Form nutzen. Diese wollen wir auf einer prinzipiellen Basis betrachten.

Eine häufige Aufgabe ist der *Austausch größerer Datenmengen* zwischen Applikation und Betriebssystem, denken wir nur z.B. an die Dateiein-/-ausgabe oder das Versenden/Empfangen von Datenblöcken. Unter einem Datenblock verstehen wir ein oder mehrere ihrer Adresse nach aufeinander folgende Byte im Hauptspeicher. Ein Datenblock wird charakterisiert durch seine *Anfangsadresse* und seine *Größe*. Die Anfangsadresse ist stets die tiefste Adresse aller Byte, die zum Datenblock gehören. Die Größe wird meist, aber nicht immer in Anzahl Byte angegeben. Hier lohnt sich ein Blick in die Systemdokumentation, um damit Programmierfehler zu vermeiden. Betrachten wir ein Beispiel, bei dem es darum geht, Daten zu versenden. Diese Daten werden im Hauptspeicher von der Applikation als Inhalte einer Variablen bereitgestellt. Beispiele von typischen Variablendeklarationen:

```
int dta[100];
char coms[50];
struct {int a; char b;} x;
```

Die für diese Anwendungssituation typischen Aufrufparameter bei Systemfunktionen sind erstens die *Anfangsadresse* und zweitens die *Größe* des Datenblocks. Für die Größenbestimmung sollte der `sizeof()`-Operator benutzt werden, da man so eventuellen Fehlern bei der Größenbestimmung aus dem Weg geht. Hier könnten nämlich die Ausrichtungsregeln des Compilers unerwartet in die Quere kommen oder leicht vermeidbare Fehler beim Abzählen von Variablengrößen durch den Programmierer entstehen. Als Beispiel dazu dient die `write()`-Systemfunktion (Schreiben in eine Datei) in Unix:

```
unsigned int buf[1024];    // Variable enthält Datenblock
ssize_t n;                 // Anzahl eff. geschriebener Byte
..                         // (nach Systemaufruf)
n = write(kennung_datei, buf, sizeof(buf));
```

Der erste Parameter `kennung_datei` identifiziert die Zieldatei. Der zweite Parameter `buf` bezeichnet die Anfangsadresse des zu schreibenden Datenblocks (man könnte auch `&buf[0]` nehmen). Der dritte Parameter `sizeof(buf)` liefert die Größe des Datenblocks (z.B. 4096, falls der Datentyp `int` im Speicher vier Byte belegt). Man beachte, dass die Variable `buf` erst überschrieben werden darf (z.B. durch einen anderen Thread), wenn die `write()`-Funktion vollständig abgelaufen ist. Die Anzahl tatsächlich geschriebener Byte wird in der Variablen `n` abgelegt und sollte gleich `sizeof(buf)` sein.

Beim Empfang von Daten muss die Applikation dafür Platz im Hauptspeicher reservieren. Das Empfangen selbst beinhaltet dann das Umkopieren der Empfangsdaten in diesen reservierten Hauptspeicherbereich durch das Betriebssystem. Die Bereitstellung eines derartigen Hauptspeicherbereichs kann zum Beispiel durch die Deklaration einer Variablen passender Größe erfolgen. Sinnvollerweise wird diese Puffervariable entsprechend den empfangenen Daten strukturiert. Als Beispiel nehmen wir die Unix-Funktion `read()` (Lesen aus einer Datei):

```
char coms[128];          // Puffer für Lesedaten
ssize_t n;               // Anzahl eff. gelesener Byte (nach Systemaufruf)
n = read (kennung_datei, coms, sizeof(coms));
```

Die ersten zwei Parameter haben die gleiche Bedeutung wie beim `write()`-Beispiel. Der dritte Parameter `sizeof(coms)` dient zur Vermeidung des Pufferüberlaufs. Es werden stets nur maximal so viele Byte gelesen, wie im Puffer Platz finden. Die Anzahl tatsächlich gelesener Byte wird in der Variablen `n` abgelegt. Was man sich noch fragen könnte: Wieso wird ein Zeiger auf einen Datenblock als untypisierter Datentyp (`void *`) festgelegt? Der Grund liegt darin, dass man universell bleiben will. Egal, von welchem Datentyp ein Datenblock ist, die System-

3.4 Grundlagen der Systemprogrammierung

funktion kann damit arbeiten. Schließlich soll der Datenblock 1:1 transferiert werden, unabhängig davon, was der Datenblock genau repräsentiert. Nachteilig ist jedoch die dadurch verhinderte Typenprüfung des Compilers.

Neben dem Austausch größerer Datenmengen stellt die *Definition von Attributmengen* eine zweite häufige Parameterfestlegung dar. Ein Attribut in diesem Zusammenhang beschreibt eine zweiwertige Eigenschaft (gewünscht/nicht gewünscht). Eine Attributmenge regelt dies für eine ganze Reihe von zweiwertigen Eigenschaften gleichzeitig. Dies ist praktisch, da so für mehrere Attributfestlegungen nur ein einziger Aufrufparameter benötigt wird. Die technische Realisierung ist dabei stets gleich. Es wird jedem zweiwertigen Attribut eine Bitposition in dem Aufrufparameter zugeordnet. Der Aufrufparameter muss natürlich einem Datentyp entsprechen, der für alle Attribute genügend Bitpositionen aufweist. Ein gewünschtes Attribut wird durch ein gesetztes Bit an der zugehörigen Position markiert bzw. einem nicht gewünschten Attribut entspricht ein gelöschtes Bit. Die Zuordnung von Bitpositionen wird für den Programmierer gut lesbar mittels Konstanten gelöst, die in der Systemdokumentation beschrieben sind. Als Beispiel betrachten wir die Unix-Systemfunktion open() (Öffnen einer Datei für die Ein-/Ausgabe):

```
int fd;                                    // Dateikennung (nach open-Aufruf)
char *filename = "/usr/test/data.dat";     // Dateipfadname
..
fd = open (filename, O_WRONLY | O_TRUNC);
```

Der erste Aufrufparameter filename bezeichnet die zu öffnende Datei. Der zweite Aufrufparameter legt die Öffnungsoptionen fest. Die gewählten Optionen sind mittels #define-Anweisungen in einer System-Header-Datei folgenden Bitmustern zugeordnet:

```
#define O_WRONLY  0x0001    // Bitposition 0: zum Schreiben öffnen
#define O_TRUNC   0x0200    // Bitposition 9: geöffnete Datei erst löschen
```

Durch eine bitweise Oder-Verknüpfung von O_WRONLY und O_TRUNC werden die Bitpositionen 0 und 9 gesetzt, womit die Optionsmenge genau diese zwei Optionen enthält. In einem allgemeinen Fall lassen sich so beliebig viele Optionen mittels eines einzigen Aufrufparameters wählen. Die mit open() der geöffneten Datei zugeordnete Kennung wird in fd abgelegt.

Wie gehen Betriebssysteme damit um, dass ein Systemdienst sehr viele Aufrufparameter benötigt? Entweder ist die Systemfunktion mit sehr vielen Aufrufparametern deklariert (Windows-typisch), oder eine Reihe von Parametern wird in eine Datenstruktur zusammengefasst (Unix-typisch). Der Vorteil der ersten Lösung liegt darin, dass alle Aufrufparameter kompakt beim Aufruf selbst spezifiziert werden, ohne dass vorher irgendwelche Datenstrukturen (z.B. C-structs) zu initialisieren wären. Für die zweite Lösung spricht, dass bei wiederholtem Gebrauch der gleichen Aufrufparameterwerte diese nicht bei jedem Aufruf in voller Länge angegeben werden müssen. Es existieren übrigens auch Zwischenlösungen. Bei der Lösung mittels einer Datenstruktur muss typischerweise ein C-struct eines vordefinierten Systemdatentyps deklariert, initialisiert und ein Zeiger darauf (Adresse) der Systemfunktion übergeben werden. Damit lässt sich eine strukturierte Liste in einen einzigen Aufrufparameter konzentrieren. Ein einfaches Beispiel stellt die Unix-Systemfunktion setrlimit() dar. Sie erlaubt das Setzen von Limits für einen Prozess. Dazu ist der Systemdatentyp struct rlimit vordefiniert.

```
struct rlimit lim;      // Variable des Typs struct rlimit deklarieren

lim.rlim_cur = 1;       // Weiches Limit auf 1 Sekunde legen
lim.rlim_max = 10;      // Hartes Limit auf 10 Sekunden legen

setrlimit (RLIMIT_CPU, &lim);
```

Mit dem ersten Aufrufparameter von setrlimit() geben wir den Ressourcentyp an, für den Grenzwerte gesetzt werden sollen. Dies ist hier die Rechenzeit für den laufenden Prozess (RLIMIT_CPU). Der zweite Aufrufparameter ist als Zeiger auf die Variable lim angegeben. Die Variable lim muss vor dem Systemaufruf deklariert und initialisiert sein.

Für die Rückgabe der Resultate eines Systemaufrufs existieren grundsätzlich zwei Möglichkeiten:

- Rückgabe als Funktionsresultat
- Rückgabe über eine oder mehrere vordeklarierte Variablen

Die Programmiersprachen C/C++ erlauben für den Funktionsrückgabewert einen fast beliebigen Datentyp. So sind auch C-structs bzw. C++-Objekte möglich, jedoch nicht Vektoren (arrays). Damit wäre es möglich, mehrere Resultatwerte mittels eines C-structs bzw. Objekts als Funktionsrückgabewert festzulegen. Dies wird jedoch normalerweise nicht genutzt, d.h., Funktionsrückgabewerte sind als elementare Datentypen oder als Zeiger deklariert. Ist mehr als ein Funktionsresultat zurückzugeben, so werden typischerweise meist obige zwei Möglichkeiten kombiniert. Nachfolgendes Beispiel illustriert dies anhand der Windows-Systemfunktion WriteFile() (Datenblock in eine Datei schreiben):

```
HANDLE kennung_datei;       // Dateikennung (zu initialisieren, nicht gezeigt)
unsigned int buf[1024];     // Variable enthält Datenblock
int ok;                     // Ausführungsstatus (0: Fehler, ungleich 0: okay)
DWORD nw;                   // Anzahl eff. geschriebener Byte
                            // (nach Systemaufruf)

...                         // Vorbereitung (z.B. Öffnen der Datei)
ok = WriteFile (kennung_datei, buf, sizeof(buf), &nw, NULL);
```

Mit dem ersten Aufrufparameter kennung_datei geben wir an, in welche Datei zu schreiben ist. Der zweite und dritte Aufrufparameter beschreiben den Datenblock (Anfangsadresse und Größe). Als vierter Aufrufparameter wird ein Zeiger

3.4 Grundlagen der Systemprogrammierung

auf die Variable nw benutzt. Diese Variable ist vordeklariert und wird von WriteFile() mit der Anzahl der tatsächlich geschriebenen Byte initialisiert (als erstes Resultat). Der zweite Resultatwert wird von der Funktion als Rückgabewert geliefert. Er sagt aus, ob die Ausführung von WriteFile() erfolgreich war oder nicht.

Neben ganz spezifischen Resultaten eines Systemdienstaufrufs kommen folgende häufige Informationen vor:

- Der Funktionsrückgabewert sagt aus, ob Funktionsausführung okay oder fehlerhaft war.
- Der Funktionsrückgabewert ist ein Kennwert für eine Ressource (z.B. Prozess, Datei, Fenster).
- Der Funktionsrückgabewert ist ein skalarer Datenwert.
- Der Funktionsrückgabewert ist ein Zeiger auf einen Datenblock oder einen Systemdatentyp (strukturiert oder skalar).

3.4.3 Umgebungsvariablenliste (*environment list*)

Viele Betriebssysteme, so auch Unix und Windows, kennen eine sogenannte Umgebungsvariablenliste. Die Umgebungsvariablenliste enthält eine Anzahl von Paaren *{Umgebungsvariablenname, Umgebungsvariableninhalt}* in der Form von einzelnen Zeichenketten z.B. der Art LOGNAME=fmueller bzw. allgemein gefasst Umgebungsvariablenname=Umgebungsvariableninhalt.

Unix (Oracle Solaris 11)	**Windows 10**
DISPLAY=:0.0	ComSpec=C:\WINDOWS\system32\cmd.exe
EDITOR=/usr/dt/bin/dtpad	HOMEDRIVE=C:
HOME=/	LOGONSERVER=\\KATOMAN-XP
LANG=C	NUMBER_OF_PROCESSORS=1
LOGNAME=root	OS=Windows_NT
MAIL=/var/mail/root	Path=C:\WINDOWS\system32;C:\WINDOWS
OPENWINHOME=/usr/openwin	PATHEXT=.COM;.EXE;.BAT;.CMD;.WSH
PATH=/usr/sbin:/usr/bin	PROCESSOR_ARCHITECTURE=x86
PWD=/	ProgramFiles=C:\Programme
SESSION_SVR=katomoon	PROMPT=PG
SHELL=/sbin/sh	SESSIONNAME=Console
TERM=dtterm	SystemDrive=C:
TERMINAL_EMULATOR=dtterm	SystemRoot=C:\WINDOWS
TZ=Europe/Zurich	windir=C:\WINDOWS
USER=root	

Abb. 3–2 *Beispiele für Inhalte von Umgebungsvariablenlisten*

Die Umgebungsvariablen können in Programmen für unterschiedliche Zwecke benutzt werden. Bei der Java-Programmentwicklungsumgebung (SDK) beispielsweise dient die Umgebungsvariable mit dem Namen CLASSPATH dazu, eines oder mehrere Verzeichnisse anzugeben, in denen nach Dateien des Typs *.class gesucht werden soll. Die Umgebungsvariablenliste ist nicht sortiert, da die Reihenfolge der Einträge keine Rolle spielt. Auf die Umgebungsvariablenliste kann über die globale Variable environ zugegriffen werden. Genau genommen zeigt environ auf einen Vektor, der eine Menge von Zeigern des Typs char * enthält. Die einzelnen Zeichenketten selbst sind woanders abgelegt – über die Zeiger können diese aber abgerufen werden (siehe Abb. 3–3).

globale Variable	Umgebungsvariablenliste	Umgebungsvariablen (strings)
environ	→	→ DISPLAY=:0.0
		→ EDITOR=/usr/dt/bin/dtpad
		→ HOME=/
		→ LANG=C
		→ LOGNAME=root
		→ MAIL=/var/mail/root
		→ OPENWINHOME=/usr/openwin
		→ PATH=/usr/sbin:/usr/bin
		→ PWD=/
		→ SESSION_SVR=katomoon
		→ SHELL=/sbin/sh
	NULL	

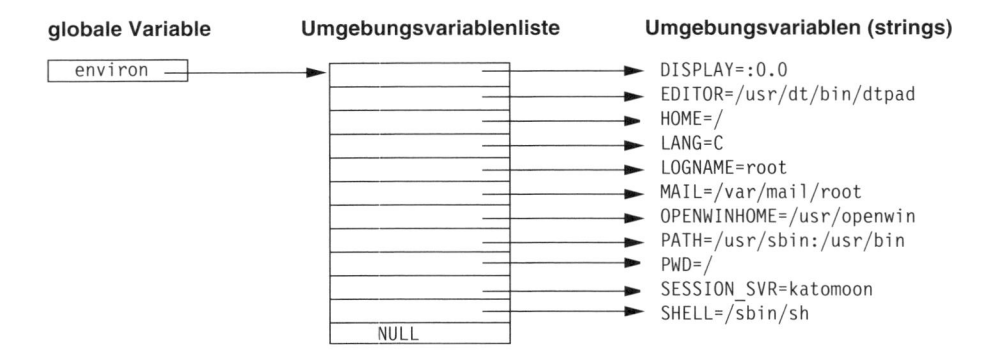

Abb. 3–3 *Umgebungsvariablenliste unter Unix*

Nachfolgendes Programmbeispiel zeigt, wie man so unter Unix oder Windows den Inhalt der Umgebungsvariablenliste auf die Konsole ausgeben kann. Der Zugriff auf den i-ten Eintrag in der Liste erfolgt mittels environ[i]. Die Liste wird übrigens durch einen NULL-Zeiger abgeschlossen (= letztes gültiges Vektorelement).

```
#include <stdlib.h>
extern char **environ;      // Zeiger auf Umgebungsvariablenliste
int main ()
{
   int i=0;
   while (environ[i] != NULL) {
      printf ("%s\n", environ[i++]);
   }
   exit(0);
}
```

Üblicherweise will man in einem Programm gezielt auf eine bestimmte Umgebungsvariable zugreifen. Dazu stehen die Funktionen getenv() und putenv() zur Verfügung (als Teil der C-Sprachbibliothek *stdlib*).

3.4 Grundlagen der Systemprogrammierung

```
#include <stdlib.h>
int main ()
{
   char *s;

   putenv("DAU=doeddel");      // Setze Umgebungsvariable "DAU" auf "doeddel"

   s = getenv("DAU");          // Frage Umgebungsvariable "DAU" ab
   if (s == 0)                 // Inhalt ausgeben, falls "DAU" gefunden
      printf ("\n\nUmgebungsvariable DAU nicht gefunden!\n");
   else
      printf ("\n\n%s\n", s);

   exit(0);
}
```

Jeder Prozess besitzt einen eigenen Satz von Umgebungsvariablen (= aktuelle Umgebungsvariablenliste). Unter Unix wird er beim Prozessstart meist von dem übergeordneten Prozess übernommen. Alternativ kann beim Prozessstart eine andere Umgebungsvariablenliste angegeben werden. Dazu wird der Unix-Systemfunktion `execle()` oder `execve()` ein Zeiger auf eine neue Umgebungsvariablenliste mitgegeben (die `exec()`-Funktionen starten einen neuen Unix-Prozess). Unter Windows wird die Umgebungsvariablenliste unterteilt in *Systemvariablen* und *Benutzervariablen*. Die Systemvariablen sind für alle Benutzer gleichartig und können nur mit Administratorrechten modifiziert werden. Die Benutzervariablen können benutzerspezifisch konfiguriert und von Benutzerprozessen modifiziert werden. Bei der Abfrage sind die zwei Typen von einem Applikationsprogramm nicht unterscheidbar. Wird ein Benutzerprozess mit der Systemfunktion `CreateProcess()` erzeugt, so kann ihm eine neue Umgebungsvariablenliste mitgegeben werden. Verzichtet man darauf, so erbt der neue Prozess die Umgebungsvariablenliste des ihn erzeugenden Prozesses.

3.4.4 Dateideskriptoren & Handles

Oft können vom Betriebssystem verwaltete Objekte mit Textnamen versehen werden, über die sie sich systemweit identifizieren lassen. Diese Benennung ist für den Benutzer und Anwendungsentwickler hilfreich, da so sprechende Namen numerische Kennungen ersetzen. So identifizierte Systemobjekte können zum Beispiel Dateien, Peripheriegeräte oder Interprozesskommunikationselemente sein. Die mögliche Auswahl ist abhängig vom verwendeten Betriebssystem. Für viele aufeinander folgende Zugriffe eines Programms auf das gleiche Systemobjekt ist es jedoch ineffizient, wenn jedes Mal über den Namen in einem Namensverzeichnis die interne Kennung gesucht werden muss. Aus diesem Grund wird dies auf den ersten Zugriff beschränkt, der als »Öffnen« bezeichnet wird. Mit dem »Öffnen« wird eine Kennung vom Betriebssystem an den Anwendungsprozess zurückgeliefert, der für die nachfolgenden Zugriffe als Referenz auf das Systemobjekt dient (siehe Abb. 3–4).

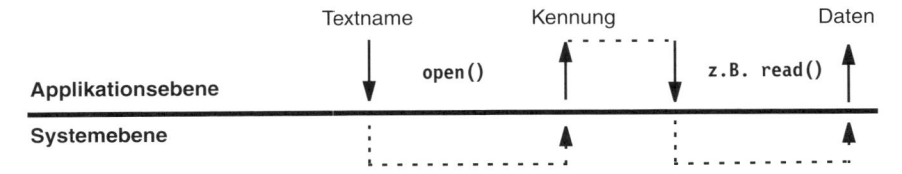

Abb. 3–4 *Öffnen von Systemobjekten*

Nicht nur beim Öffnen bereits existierender Systemobjekte werden die Kennungen benötigt, sondern auch immer dann, wenn neue Systemobjekte angelegt werden. Wird einem Systemobjekt beim Erzeugen kein Name gegeben, so erhält es als namenloses Systemobjekt trotzdem eine Kennung. Als Kennungen werden Ganzzahlwerte benutzt, die innerhalb eines Prozesses die geöffneten Systemobjekte identifizieren. Unter Unix werden sie in der Regel *Dateideskriptoren (file descriptors)* genannt, da Unix versucht, alles als Datei zu betrachten (echte und sogenannte spezielle Dateien). Unter Windows wird das Konzept der Systemobjekte sehr umfassend angewendet. Die Kennung wird dort als Handle bezeichnet. Obwohl »Handle« auf Deutsch mit »Griff« übersetzt werden kann, hat sich dies nicht eingebürgert. Stattdessen wird Handle als Fremdwort benutzt. Seltener werden Adressreferenzen für Kennungen verwendet anstatt Ganzzahlwerte. Ein Beispiel dafür ist der Datentyp FILE * der C-Standardbibliothek. Typischerweise kann die Adressreferenz von der Applikation nicht für den direkten Zugriff auf die referenzierten Daten benutzt werden, da diese als opake Datentypen definiert sind.

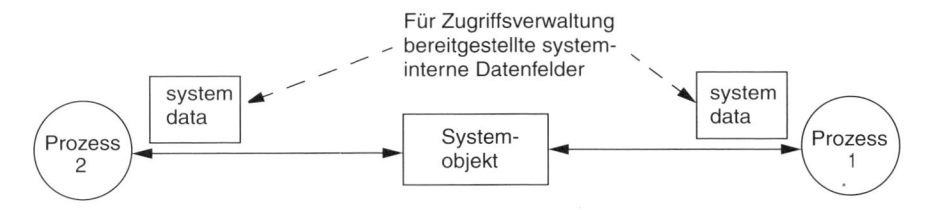

Abb. 3–5 *Systemobjekt und seine Referenzierung*

Verschafft sich ein Anwenderprozess durch »Öffnen« eines Systemobjekts den Zugriff darauf, so werden für die Zugriffsverwaltung zusätzliche Systemvariablen dynamisch bereitgestellt (siehe Abb. 3–5). Um diese Systemvariablen wieder zu vernichten, muss das Systemobjekt nach Gebrauch wieder geschlossen werden. Dies geschieht in der Regel automatisch dann, wenn ein Prozess terminiert. Läuft hingegen ein Prozess längere Zeit, wie dies für Serverprozesse typisch ist, so sollten nicht mehr benötigte Systemobjekte freigegeben werden. Unter Unix erfolgt dies für Dateien mittels der Funktion close() und unter Windows für Sys-

3.4 Grundlagen der Systemprogrammierung

temobjekte verschiedenen Typs mittels der Funktion `CloseHandle()`. Wird dies unterlassen, so besteht die Gefahr eines Ressourcenlecks (*resource leak*), verbunden mit einer allmählichen Erschöpfung der Systemressourcen. Dies tritt dann auf, wenn laufend neue Systemobjekte erzeugt, aber nicht mehr gebrauchte Systemobjekte nicht geschlossen werden.

Eingangs wurde erwähnt, dass die vom Betriebssystem erteilten Kennungen prozessspezifisch sind, d.h. prozessübergreifend keine Gültigkeit haben. Der Grund liegt darin, dass diese Kennungen Indizes in prozessspezifische Tabellen sind. In Abbildung 3–6 ist die Lösung des Unix-Systems gezeigt. Ein *File Descriptor* zeigt auf einen Eintrag in der *File Descriptor Table*. Dieser Eintrag enthält eine Adressreferenz, die in eine systemweit einmal vorhandene *Open File Table* zeigt. Der Eintrag in der *Open File Table* enthält zugriffsspezifische Verwaltungsdaten. Dazu gehört ein Zeiger auf einen *Vnode*, der die Verwaltungsdaten der Datei enthält (= Systemobjekt). Mehr Details sind in Abschnitt 9.1.2 zu finden.

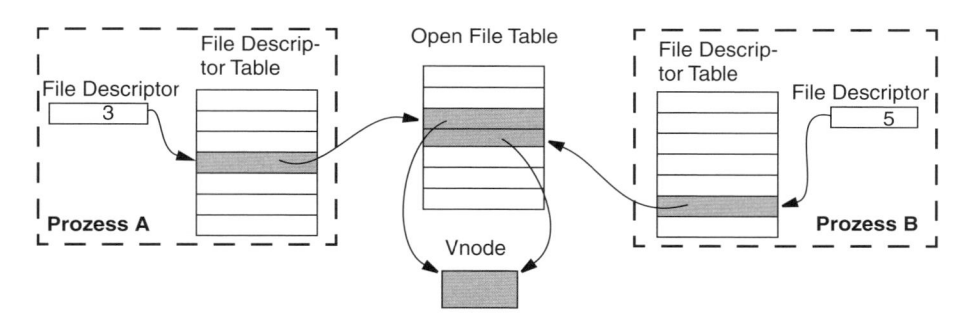

Abb. 3–6 *Prozessspezifische Ressourcentabellen unter Unix*

Unter Windows sieht die Situation ähnlich aus, lediglich die Bezeichnungen lauten etwas anders (siehe Abb. 3–7). Abhängig von der geöffneten Ressource kann das referenzierte Systemobjekt auf weitere Systemobjekte zeigen. Wird zum Beispiel eine Datei geöffnet, so ist das Systemobjekt ein zugriffsspezifisches *File Object*, das seinerseits auf ein *Device Object* zeigt, über das die Datei von der Geräteverwaltung des Betriebssystems gefunden werden kann. Mehr Details sind in Abschnitt 9.1.2 zu finden.

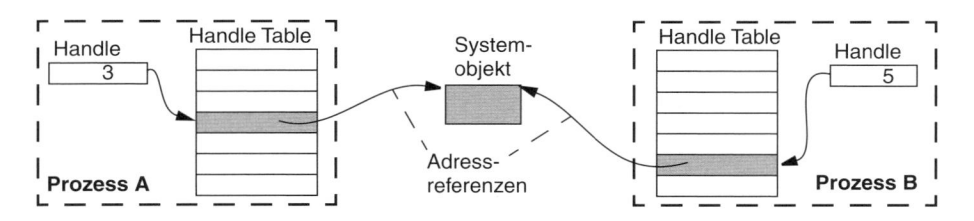

Abb. 3–7 *Prozessspezifische Ressourcentabellen unter Windows*

Die standardisierten Dateifunktionen der C-Sprachbibliothek verwenden eigene Kennwerte des Datentyps FILE * (file pointer) für Dateien. Diese werden innerhalb der Standardsprachbibliothek auf Kennwerte des darunter liegenden Betriebssystems abgebildet. Unter Unix kann mit der Systemfunktion fileno() der zu einem Zeiger des Typs FILE * gehörige File Descriptor erfragt werden. Damit ist es möglich, die Unix-Dateifunktionen auf Dateien anzuwenden, die mit der C-Funktion fopen() geöffnet wurden.

Wird eine Datei geschlossen, so verwenden manche Betriebssysteme (z.B. Windows) eine sogenannte *Deskriptorenpufferung*. Das heißt, dass intern die Datei noch eine Zeit lang offen gehalten wird, um ein erneutes Öffnen schneller durchzuführen. Dies kann störend in Erscheinung treten, wenn zum Beispiel eine Datei gelöscht oder durch eine neue Version ersetzt werden soll. Da noch offene Referenzen darauf existieren, wird sich das Betriebssystem weigern, dies zu tun.

3.4.5 Systemdatentypen

Unter Systemdatentypen versteht man Datentypen, die systemspezifisch als Teil der Programmierschnittstelle festgelegt sind. Gründe dazu gibt es mehrere:

- *Größe im Speicher*: Da nicht normiert ist, wie viele Byte im Speicher ein C-Standarddatentyp belegt, wird versucht, dies mit eigens definierten Systemdatentypen zu regeln. Unter Windows erfüllt z.B. der Datentyp DWORD diesen Zweck.
- *Implementierungsfreiheit*: Der Systemhersteller will sich die Freiheit erhalten, die Implementierung der Systemdatentypen ändern zu können. Dazu sind die entsprechenden Festlegungen in systemseitig vorgegebene Header-Dateien gepackt. Änderungen bei den Systemdatentypen wirken sich daher nur auf diese Header-Dateien aus. Anwenderprogramme lassen sich so ohne weiteren Änderungsbedarf durch eine Neuübersetzung des Quellcodes auf den aktuellen Stand bringen. So kann z.B. ein Wechsel von einem 32-Bit- auf ein 64-Bit-Windows-System ohne großen Aufwand erfolgen.
- *Verstecken von Datenstrukturen*: Hinter einem Systemdatentyp kann eine Verwaltungsdatenstruktur versteckt sein. Durch das Verstecken wird verhindert, dass Anwenderprogramme direkt deren Inhalte benutzen, da sie die innere Struktur nicht kennen. In diesem Fall dient ein Systemdatentyp als Behälter (*container*) für verschiedene Datenwerte. Man sagt, ein Systemdatentyp sei opak, weil die dahinter stehende Implementierung nicht sichtbar (d.h. transparent) ist.

Systemdatentypen tragen eigene Namen, die sich von den C-Standarddatentypen unterscheiden. Meist wird versucht, diese Namen sprechend zu halten, sodass die Verwendung erleichtert wird. Beispiele unter Unix sind pid_t, mode_t und uid_t. Beispiele unter Windows sind HANDLE, HKEY und DWORD. Nicht immer werden

3.4 Grundlagen der Systemprogrammierung

opake Systemdatentypen benutzt. So ist ein Dateideskriptor unter Unix ein sichtbarer Ganzzahlwert (Datentyp `int`). Die Zuteilung von Deskriptorwerten unter Unix erfolgt bei 0 beginnend aufsteigend, wobei die ersten drei Deskriptorwerte (0, 1, 2) eine spezielle Bedeutung besitzen. Sie bezeichnen die Ein-/Ausgabekanäle *Standardeingabe*, *Standardausgabe* und *Standardfehlerausgabe*. Unter Windows hingegen ist ein Handle ein opaker Wert, der nicht streng aufsteigend vergeben wird.

Ein weiteres Detail, das Beachtung verdient, ist die Darstellung boolescher Werte. Mit der ANSI-C99-Norm wurde für die Programmiersprache C ein eigener Datentyp `_Bool` (bzw. `bool`, sofern `#include <stdbool.h>`) eingeführt, der für `true` den Zahlenwert 0 und für `false` den Zahlenwert 1 benutzt. Aktuelle Betriebssysteme stützen sich jedoch noch kaum darauf, da sie früher entwickelt wurden. Unter Windows ist ein Systemdatentyp BOOL definiert, der den Zahlenwert 0 als FALSE und alle Zahlenwerte ungleich 0 als TRUE interpretiert (es handelt sich unter 32-Bit-Windows um einen 32 Bit großen Ganzzahlwert). Unix kennt keinen Systemdatentyp für boolesche Werte. Viele Unix-Systemfunktionen benutzen jedoch die Konvention, dass der Zahlenwert 0 eine erfolgreiche (!) Ausführung und der Zahlenwert -1 (oder ein beliebiger Zahlenwert <> 0) einen Fehler bedeutet.

Die Microsoft-Schnittstellendeklarationen benutzen eine systematische Parameter- und Variablenbenennung entsprechend dem Datentyp (siehe Tab. 3–1). Benannt ist diese Notation nach einem Microsoft-Programmierer ungarischer Abstammung. Der Datentyp wird über ein standardisiertes Präfix des Parameter- bzw. Variablennamens ausgedrückt.

Präfix	Datentyp	Präfix	Datentyp
by	BYTE (unsigned char)	fn	function
c	char	s	string
x, y	x-, y-Koordinaten	sz	string terminated by zero
cx, cy	Längenangabe (count of x/y)	p	pointer
i	int	h	handle
n	short	lp	long pointer
b, f	BOOL(int) bzw. »flag«	lpsz	long pointer to »sz« (s. oben)
w	WORD (unsigned short)	lpfn	long pointer to function
l	LONG (long)	cb	count of byte (Anzahl in Byte)
dw	DWORD (unsigned long)	hbr	handle of a brush

Tab. 3–1 *Präfixe der Ungarischen Notation (Aufzählung nicht vollständig)*

Zum Beispiel bedeutet bei dem Variablennamen `szAppName` das vorangestellte `sz` einen *string terminated by zero* (Abschluss der Zeichenkette mit Zahlenwert 0, d.h. wie in der Programmiersprache C). Funktionsprototypen und Systemvariablen sind bei Microsoft nach diesem Prinzip benannt. Die Präfixe lassen sich auch kombinieren. Beispielsweise steht bei dem Variablennamen pszAppName das psz für *pointer to string terminated by zero*.

3.4.6 Anfangsparameter für Prozesse

C-Programme kennen zwei optionale Aufrufparameter für die main()-Funktion. Damit ist es möglich, einem Prozess Anfangswerte mitzugeben. Diese Möglichkeit steht grundsätzlich unter allen Betriebssystemen zur Verfügung, deren Programmierschnittstelle in C gehalten ist (also z.B. Unix und Windows). Startet man ein Programm ab Kommandozeile, so kann man hinter dem Namen der ausführbaren Datei weitere sogenannte Kommandozeilenargumente benutzen. Diese stellen die optionalen Anfangswerte dar, die eine main()-Funktion entgegennehmen kann. Der Prototyp der main()-Funktion ist wie folgt festgelegt:

```
int main (int argc, char * argv[]);

argc:    Anzahl der Kommandozeilenargumente
argv[]:  Vektor (array) mit Zeiger auf Zeichenketten (char strings)
```

Der Text auf einer Kommandozeile wird durch Trennzeichen in einzelne Wörter aufgeteilt, die als Kommandozeilenargumente bezeichnet werden. Trennzeichen sind normalerweise das Leerzeichen (*blank*) und das Tabulatorzeichen. Erstes Kommandozeilenargument ist stets der Name der ausführbaren Datei, aus der heraus der Prozess gestartet wird. Häufig benutzt man argc, um festzustellen, ob der Befehl mit der richtigen Anzahl von Parametern aufgerufen wurde. In nachfolgendem Beispiel werden zwei Befehlsparameter nach dem Befehlsnamen erwartet. Ist die Anzahl der Kommandozeilenargumente ungleich drei, so werden eine Fehlermeldung und ein Hinweis für den richtigen Befehlsgebrauch ausgegeben. Bei der Fehlermeldung wird das Kommandozeilenargument argv[0] genutzt, um stets den korrekten Namen der ausführbaren Datei zu benennen.

```
if (argc != 3) {
   printf ("error: incorrect number of parameters\n");
   printf ("usage: %s file1 file2\n", argv[0]);
}
```

3.4.7 Beendigungsstatus von Programmen

C-Programme geben aus der main()-Funktion heraus einen ganzahligen vorzeichenbehafteten Rückgabewert (*exit status, return code*) zurück. Dies lässt sich nutzen, um Statusinformationen über die erledigte Programmausführung zu liefern. Unter Unix hat sich beispielsweise eingebürgert, dass der Rückgabewert 0 für eine erfolgreiche Ausführung steht, was es ermöglicht, für Fehler Werte zwi-

3.4 Grundlagen der Systemprogrammierung

schen 1 und 255 zu benutzen (bei einem erlaubten Wertebereich von 0..255). Unter Windows existiert eine umfangreiche Fehlercodeliste, die fast alle der 16.000 definierten Werte nutzt, wobei wiederum der Wert 0 für fehlerfrei steht.

3.4.8 Fehlerbehandlung

Die in diesem Buch gezeigten Programmfragmente enthalten jeweils keine Fehlerbehandlungen. Dies mag okay sein für einfache Beispielprogramme, bei denen es darum geht, eine bestimmte Funktionalität möglichst klar zu zeigen. Es ist jedoch ungenügend für Code in Produktionsqualität, der sich im praktischen Betrieb bewähren soll. Die Behandlung von Fehlern beim Gebrauch von Systemdiensten ist daher ein Muss, wenn es auch viele Entwickler nicht lieben und gerne unterlassen. Als wesentliche Grundregel sollte stets der Rückgabewert einer Systemfunktion überprüft werden. Dieser kann abhängig von der konkreten Systemfunktion folgende Formen haben:

- Angabe, ob Ausführung erfolgreich oder nicht, jedoch gibt es keine Informationen über aufgetretenen Fehler.
- Angabe, ob Ausführung erfolgreich oder nicht, im Fehlerfall ist ein Fehlercode verfügbar, der die erkannte Fehlersituation identifiziert.
- Bei Ressourcenanforderung wird eine Ressourcenreferenz oder im Fehlerfall eine Nullreferenz (= reservierter Zahlencode) zurückgegeben.

Wenn man nun den Rückgabewert überprüft, wie soll man dann auf Fehler reagieren? Die Klärung dieser Frage stellt einen Teil des Applikationsentwurfs dar. Viele Möglichkeiten bestehen:

- Fehlermeldung an Benutzer und Programmabbruch
- Fehlermeldung an Benutzer und Versuch, den Fehler zu beheben
- Fehlermeldung an Benutzer und Frage, wie darauf reagiert werden soll (z.B. ignorieren?, wiederholen?, abbrechen?)
- Fehlereintrag in Fehlerprotokolldatei und Fehlermeldung an Benutzer
- Fehlermeldung an Benutzer und temporäre Benutzerdaten für spätere Verwendung sichern
- usw.

Eine andere Situation stellen schwere Applikationsfehler dar, die das Betriebssystem direkt behandelt (z.B. Speicherschutzverletzungen). Eine benutzerunfreundliche Reaktion besteht darin, nach einer Fehlermeldung das Programm ohne vernünftige Rückfrage zu terminieren. Eine alternative Reaktion könnte dem Benutzer erlauben, temporäre Daten vor der erzwungenen Programmbeendigung zu sichern. Das Standardverhalten aktueller Betriebssysteme ist meist der unfreundliche Programmabbruch, so zum Beispiel bei Unix und Windows. Dies muss bei der Applikationsentwicklung aber nicht so hingenommen werden, denn auch bei diesen Betriebssystemen bestehen Möglichkeiten, vor einem erzwungenen Programmabbruch wichtige Aufräumarbeiten (z.B. Dateien sichern) vorzunehmen. Die C-Sprachbibliothek bietet die Routine atexit() an, mit der Routinen installiert werden können, die bei einer normalen Programmbeendigung nach Verlassen der main()-Funktion aufgerufen werden. Unter Windows kann der Aufruf solcher Routinen auch bei schwerwiegenden Fehlern genutzt werden, indem unter Nutzung des SEH (Structured Exception Handling) eine passende Fehlerbehandlungsroutine beim System registriert wird. Nachfolgendes Beispielprogramm illustriert dies:

```
#define _WIN32_WINNT 0x0500
#include <windows.h>
#include <stdio.h>
#include <stdlib.h>
#include <ctype.h>

LONG WINAPI MyErrorHandler(PEXCEPTION_POINTERS ExceptionInfo)
{
   printf("Kann Fehler selbst behandeln!\n");
   return EXCEPTION_CONTINUE_EXECUTION;
}

int main()
{
   int a=0;
   int *p=0;

   AddVectoredExceptionHandler(1, MyErrorHandler);
   printf("Probiere verbotenen Speicherzugriff ueber Nullzeiger!!\n");
   a = *p;
   printf("Kann trotzdem weiterarbeiten!!\n");
   return 0;
}
```

Die Ausführung dieses Programms in einem Windows-Konsolenfenster ergibt die Ausgabe:

```
Probiere verbotenen Speicherzugriff ueber Nullzeiger!!
Kann Fehler selber behandeln!!
```

Unter Unix muss ein anderer Weg zur Lösung des Problems beschritten werden. Bei einer Speicherschutzverletzung sendet das Unix-System das Unix-Signal mit dem Namen SIGSEGV an den verursachenden Prozess. Die Standardreaktion darauf ist ein Programmabruch mit der Fehlermeldung Segmentation Fault (core dumped) oder ähnlich (leicht systemabhängig). Ein Programm kann aber auf ein Signal mit einer selbst programmierten Reaktion antworten. Dies zeigt folgendes Beispielprogramm:

```
#include <unistd.h>
#include <signal.h>
```

3.4 Grundlagen der Systemprogrammierung

```
void error()
{
  printf("Kann Fehler selber behandeln!!\n");
   _exit(1);
}

int main()
{
  int a=0;
  int * p=0;

  signal(SIGSEGV, error);
  printf("Probiere verbotenen Speicherzugriff ueber Nullzeiger!!\n");
  a = *p;
  printf("Kann trotzdem weiterarbeiten!!\n");
  exit(0);
}
```

Bei der Ausführung dieses Beispielprogramms im Konsolenfenster (Unix-Shell) erfolgt die gleiche Ausgabe, wie in dem Windows-Beispiel bereits gezeigt. Ergänzend ist zu erwähnen, dass sowohl bei dem Beispielprogramm für Windows wie auch dem für Unix die Meldung »Kann trotzdem weiterarbeiten!!« nie erscheint, da sie erst nach dem fehlerhaften Zeigerzugriff vorkommt. Dies entspricht der Philosophie, dass nach einem derartig schweren Fehler ein normales Weiterlaufen des Programms keinen Sinn machen würde. Wenden wir uns nun aber wieder den übrigen, d.h. nicht schwerwiegenden Fehlern zu. Viele Funktionen der C-Sprachbibliothek hinterlassen im Fehlerfall in der globalen Variablen errno einen Fehlercode. Dies wird auch von vielen Unix-Systemfunktionen so gehandhabt, da die Entstehung von C und Unix eng miteinander verknüpft ist. Die Systemfunktion selbst gibt in diesem Fall nur ein »ok« oder »nicht okay« zurück, der genaue Fehlergrund muss der Variablen errno entnommen werden. In älteren Unix-Systemen bestand der Nachteil, dass die Variable errno für alle Threads eines Prozesses gemeinsam galt. Dies trifft jedoch nicht mehr für aktuelle Unix-Systeme zu, bei denen jeder Thread eine private Kopie von errno referenziert. Die C-Sprachbibliothek stellt die Funktion perror() zur Verfügung, mit der sich die zu einem bestimmten Fehlercode gehörige Systemfehlermeldung ausgeben lässt. Als Aufrufparameter von perror() kann ein eigener Fehlertext der Systemfehlermeldung vorangestellt werden. Ein Programmausschnitt zeigt die Funktionsweise:

```
int fd;
..
fd = open ("/usr/quorn.c", O_RDWR); // Oeffne Datei mit Pfadnamen /usr/quorn.c
if (fd == -1) {                     // Pruefe, ob dies erfolgreich war
  perror("Fehler bei open: ");
  exit(1)
}
```

```
..
exit(0)
```

Bei der Ausführung des komplettierten Programms würde im Fehlerfall folgender Fehlertext (oder ähnlich) angezeigt:

```
Fehler bei open: No such file or directory
```

Wird die Datei quorn.c nicht gefunden, so gibt open() den Wert -1 zurück. Dies wird mit einer if-Anweisung erkannt, was den Aufruf von perror() und den Programmbeendigungsstatus von 1 zur Folge hat. Beendet das Programm hingegen normal, so wird eine 0 als Beendigungsstatus benutzt. Alternativ zu perror() kann strerror() benutzt werden. Damit ist es möglich, die Systemfehlermeldung in einer Variablen des Typs char * abzulegen (d.h. genau genommen einen Zeiger auf die Zeichenkette). Dies ist nützlich, wenn zum Beispiel die Fehlermeldung in einer Fehlerprotokolldatei eingetragen werden soll. Der entsprechend modifizierte Programmteil zeigt die Verwendung, wobei hier exemplarisch die gleiche Ausgabe erzeugt wird wie mit perror().

```
int fd;
..
fd = open ("/usr/quorn.c", O_RDWR);
if (fd == -1) {
   fprintf(stderr, "Fehler bei open: %s", strerror(errno));
   exit(-1)
}
..
exit(0)
```

Unter Windows wird eine ähnliche Strategie angewendet. Anstatt jedoch den detaillierten Fehlercode der Variablen errno zu entnehmen, wird die Systemfunktion GetLastError() aufgerufen. Die zugehörige Systemfehlermeldung kann mit der FormatMessage()-Funktion abgefragt werden. Das folgende Programmfragment erledigt die gleiche Aufgabe wie das vorherige Unix-Beispiel:

```
HANDLE h;
DWORD errnumber;
TCHAR errtext[128];

h = CreateFile ("/usr/quorn.c", GENERIC_READ, 0, NULL, OPEN_EXISTING,
                FILE_ATTRIBUTE_NORMAL, NULL);
if (h == INVALID_HANDLE_VALUE) {
  errnumber = GetLastError();
  FormatMessage (FORMAT_MESSAGE_FROM_SYSTEM, NULL, errnumber,
                 0, errtext, 128, NULL);
  fprintf (stderr, "Fehler bei CreateFile: %s", errtext);
  exit(0);
}
```

```
  ..
  exit(1);
```

Der Beispielcode gibt im Fehlerfall folgende Meldung aus:

```
Fehler bei CreateFile: das System kann die angegebene Datei nicht finden.
```

3.4.9 Programmierung für 32- und 64-Bit-Systeme

Die Programmiersprache C verfügt leider nicht über eine feste Definition für die Größe der Basisdatentypen im Speicher. Es gelten lediglich Minimalwerte, die von konkreten Compilern übernommen oder auch überschritten werden können (siehe Tab. 3–2). Entsprechend kann sich die Portierung erstellter Programme zwischen unterschiedlichen Compilern und Rechnerplattformen als aufwendig erweisen. Immerhin geben sich die Betriebssystemhersteller alle Mühe, die Systemprogrammierschnittstelle so abstrakt zu definieren, dass es oft genügt, eine Applikation frisch zu übersetzen, wenn z.B. eine Portierung von 32 auf 64 Bit ansteht.

	char	short	int	long	long long
Minimale Größe (Bit)	8	16	16	32	64

Tab. 3–2 *Minimalgrößen von Datentypen in C (gemäß ISO/IEC 9899:1999)*

Dies wird im Wesentlichen durch gleichnamige Header-Dateien und die Definition von Systemdatentypen erreicht (siehe S. 92). Falls Probleme auftreten, so betrifft dies meist entweder die Größe von Zeigervariablen bzw. Adressen oder die Unverträglichkeit von Ganzzahldatentypen. So sollten Applikationen keine Annahmen über die Größe von Adressen treffen oder versuchen, Adressparameter zur Übergabe von Ganzzahlen zu missbrauchen. Nicht nur die Portierung von 32- auf 64-Bit-Plattformen kann Probleme verursachen, auch ein Wechsel des Compilers auf der gleichen Plattform ist nicht problemlos. So implementieren nicht alle 32-Bit-C-Compiler die Datentypen gleichartig (siehe Tab. 3–3).

	ILP32	LP64	LLP64	ILP64
char	8	8	8	8
short	16	16	16	16
int	32	32	32	64
long	32	64	32	64
long long	64	64	64	64
pointer	32	64	64	64

Tab. 3–3 *32- und 64-Bit-Datengrößenmodelle für C-Compiler (gemäß OpenGroup Whitepaper)*

Als gefährlich erweist sich zum Beispiel die von Applikationsentwicklern manchmal getroffene Annahme sizeof(int) = sizeof(long) = sizeof(pointer). Diese ist beispielsweise für den Visual C++-Compiler auf einem 64-Bit-Windows nicht erfüllt. Ein weiteres Problem kann darin liegen, dass sich oft die Adressausrichtung von Komponenten einer Strukturvariablen ändern, da 64-Bit-Systeme bevorzugt auf ein Mehrfaches von 8 ausrichten im Gegensatz zu 32-Bit-Systemen, bei denen ein Mehrfaches von 4 genügt. Diesem Problem kann man ausweichen, indem man konsequent für die Bestimmung der Größe von Datentypen und von Variablen den sizeof()-Operator benutzt.

3.5 Systemprogrammierschnittstellen

Benutzerapplikationen betrachten das Betriebssystem als eine Instanz eines abstrakten Datentyps (*Abstract Data Type, ADT*), die einen internen Zustand besitzt und eine Reihe von Diensten über ihre API anbietet. Konkret werden die Dienste durch den Aufruf von Systemfunktionen (*system calls*) angefordert. Meist beinhalten diese Systemaufrufe auch Funktionsparameter, die einen Dienst näher spezifizieren und/oder Ressourcen bezeichnen. Die Dokumentation zur Programmierschnittstelle stellt die primäre Funktionsbeschreibung eines Betriebssystems dar.

3.5.1 Aufrufverfahren

Die Programmierschnittstelle kann grundsätzlich auf zwei Arten ausgestaltet sein:
- *Prozedural*: Der Betriebssystemdienst wird über einen Funktionsaufruf in Assembler- oder Hochsprache erbracht. Derartige Funktionen können für die objektorientierte Programmierung in Klassen gekapselt sein. Die Systemaufrufe werden in einer Programmbibliothek implementiert und mit dem Applikationscode zusammen gebunden. Der Systemcode ist damit gegenüber der Applikation nicht geschützt. Daher ist diese Programmierschnittstelle vor allem für spezialisierte Systeme geeignet (z.B. *embedded systems*), bei denen im Betrieb kein neuer Benutzercode dazu geladen wird.

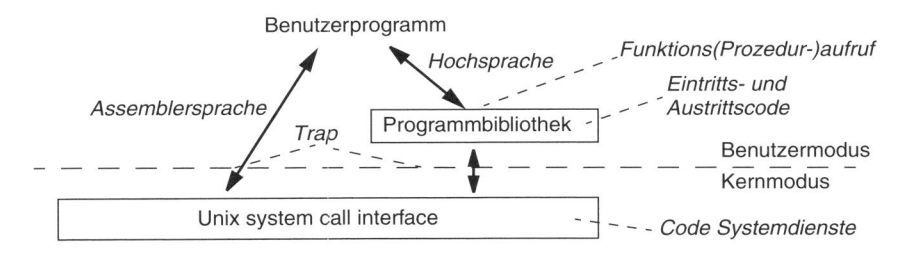

Abb. 3–8 *Systemaufrufe bei Unix*

3.5 Systemprogrammierschnittstellen

- *Trap-Interrupt*: Die Dienstparameter werden in CPU-Registern abgelegt und anschließend wird mittels eines speziellen Maschinenbefehls ein Software-Interrupt ausgelöst. Die dadurch aufgerufene ISR (*Interrupt Service Routine*) vollbringt dann den Systemdienst. Die Verwendung des Software-Interrupts (*trap, trap exception*) hat aus Sicht des Betriebssystems zwei wesentliche Vorteile im Vergleich mit einem direkten Prozeduraufruf. Erstens erlaubt der Trap-Mechanismus eine automatische Umschaltung in den Kernmodus (*kernel mode*, siehe auch Abschnitt 2.3.6). Zweitens ist damit eine Fortführung der Programmausführung an einer genau definierten Codeadresse verbunden, d.h., es ist kein beliebiger Eintritt in den Systemcode möglich. Dies ist ebenfalls eine Eigenschaft der Interrupt-Verarbeitung (siehe auch Abschnitt 2.3.5). Zudem müssen die Programmadressen der Systemfunktionen der Applikation nicht bekannt sein. Beispiele für diese Lösung sind MS-DOS und Unix (für Assemblercode).

Eine dritte Lösung, die letztlich den Systemaufruf via Trap-Interrupt nutzt, besteht darin, dass Systemdienste in Programmbibliotheken gepackt werden. Allerdings enthält der Code dieser Programmbibliotheken nicht die gesamten Systemfunktionen, sondern stellt nur einen Aus- und Eintrittscode in das Betriebssystem dar (siehe Abb. 3–8). Der *Eintrittscode* übernimmt die Aufrufparameter der Systemfunktion und legt sie in CPU-Registern bereit, gefolgt von dem Maschinenbefehl (*trap instruction*), der den Trap-Interrupt auslöst. Ist der im Kernmodus erbrachte Systemdienst komplett, so wird zuletzt noch der *Austrittscode* durchlaufen. Dieser hat die Aufgabe, die in CPU-Registern und woanders bereitgestellten Resultate für die Applikation richtig aufzubereiten. In der Tat stellt beispielsweise Windows eine Reihe von Funktionsbibliotheken (DLLs) zur Verfügung, die unter anderem genau diese Transformationen vornehmen.

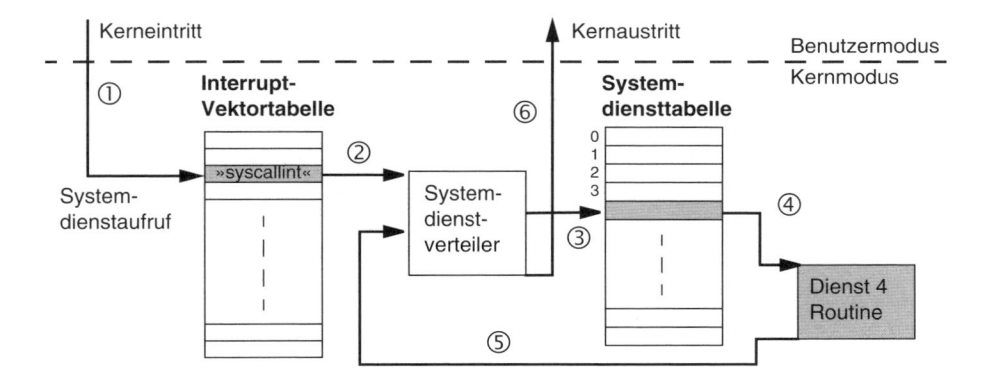

Abb. 3–9   *Prinzipbeispiel für Systemaufruf mit Kerneintritt*

Sehr einfache Systemfunktionen können auch vollständig in der Schnittstellen-Programmbibliothek *(system call library)* enthalten sein. Damit ist die Aussage, dass alle Systemdienste im Kernmodus ablaufen, offensichtlich nicht korrekt. In Abbildung 3–9 ist der prinzipielle Ablauf eines Systemaufrufs dargestellt. Die Aufrufparameter und die Dienstnummer werden von dem Eintrittcode (hier nicht dargestellt) in definierten CPU-Registern bereitgestellt. Für den Systemeintritt wird ein Maschinenbefehl *(trap instruction)* ausgeführt, der einen Software-Interrupt auslöst. Die Interrupt-Vektornummer wird dem Maschinenbefehl mitgegeben. Auf dem PC ist dies der Befehl int 0x2e für Windows bzw. int 0x80 für Linux. Der Software-Interrupt hat auch zur Folge, dass die CPU in den Kernmodus umgeschaltet wird. Die Interrupt-Vektornummer dient als Index in die *Interrupt-Vektortabelle* (① in Abb. 3–9). Aus dieser Tabelle wird die Startadresse einer sogenannten Dienstverteilungsroutine *(system service dispatcher)* entnommen. Anschließend wird zu dieser Routine gesprungen (②). Aufgabe der Dienstverteilungsroutine ist es, aufgrund einer Systemdienstnummer *(system service number)*, die vor dem Interrupt in einem Prozessorregister abgelegt wurde, den gewünschten Systemdienst zu identifizieren. Die Adresse der zugehörigen Dienstroutine wird der *Systemdiensttabelle (system service dispatch table)* entnommen (③), woraufhin die gefundene Adresse für einen Unterprogrammaufruf benutzt wird (④). Damit kann der Systemdienst erbracht werden. Am Schluss findet ein Rücksprung in den Systemdienstverteiler statt (⑤), der für die Rückumschaltung in den Benutzermodus und den Rücksprung in die aufrufende Funktion der Schnittstellenbibliothek verantwortlich ist (⑥).

Ein Betriebssystem kann über mehrere unabhängig voneinander nutzbare Programmierschnittstellen verfügen. Dabei geht es meist darum, neben der originären Programmierschnittstelle noch zusätzliche APIs zu unterstützen. Diese zusätzlichen APIs können über Funktionsbibliotheken und/oder sogenannte Subsysteme realisiert werden. Eine bestimmte Schnittstellendefinition kann auch von mehreren Betriebssystemen unterstützt werden. Für viele Softwareentwickler ist mit der Kenntnis der API die Betrachtung des Betriebssystems vollständig. Dazu muss aber gesagt werden, dass Hintergrundkenntnisse nicht allzu selten etwaige Fallstricke im Einsatz und unglückliche Programmierlösungen vermeiden helfen. Das Abstützen auf Schnittstellenspezifikationen ist ein altes Ideal des Software Engineering. Damit verbunden ist aber auch die versteckte Annahme, dass die Nutzung einer Schnittstellenspezifikation unabhängig von Kenntnissen der eigentlichen Funktionsimplementierung immer gleich gut ist. In der Realität wird diese Annahme nur teilweise erfüllt. Der Grund dafür liegt nicht nur in unvollständigen oder ungenauen Schnittstellenbeschreibungen, sondern auch in vielen Kompromissen, die bei Funktionsimplementierungen eingegangen wurden. Letztlich ist die Qualität eines rein auf Schnittstellenspezifikationen basierenden Arbeitens nur für konkrete Fälle beurteilbar. Nicht verschwiegen werden soll, dass rein schnittstellenbasiertes Arbeiten die Softwareentwicklung effizienter macht.

3.5.2 Unix-Programmierschnittstelle

Durch die Vielfalt an Unix-Varianten ist eine ganze Reihe von Schnittstellendefinitionen in Gebrauch. Diese sind teils produktspezifisch, teils aber auch von produktübergreifenden Standardisierungsgremien entwickelt worden. Als herstellerunabhängiger Standard hat POSIX (*Portable Operating System Interface*) eine größere Bedeutung erlangt. Eigentlich handelt es sich um eine ganze Gruppe von Normen, was öfters zu Verwirrung führt. So kann ein Unix-Derivat eine oder mehrere dieser einzelnen POSIX-Normen erfüllen. Was an Funktionalität effektiv zur Verfügung steht, kann bei einem bestimmten Betriebssystem erst beurteilt werden, wenn genau bekannt ist, welche der diversen POSIX-Normen erfüllt sind. Spricht man nur allgemein von POSIX-Kompatibilität, so ist meist nur die POSIX.1-Norm gemeint, die aber längst nicht alle wichtigen Systemaufrufe umfasst. Heute steht eine einheitliche Schnittstellendefinition unter dem Namen *The Single Unix Specification (SUS)* als *IEEE 1003.1* zur Verfügung, mit deren Hilfe konkrete Implementierungen überprüft werden können. Linux als das heute populärste Unix-Derivat ist zurzeit erst in einer einzelnen Distribution nach IEEE Std 1003.1 zertifiziert, und zwar nur für 1003.1a. Die wichtigen Aufrufe für Multithreading sind damit nicht erfasst. Der mangelnde Fortschritt in der Zertifizierung liegt bis auf Weiteres daran, dass sich die Vertreter der LSB (Linux Standard Base) und die Open Group (Träger der SUS) in gewissen Fragen nicht einigen konnten. Zurzeit kann man sich daher nur auf Absichtserklärungen der Linux-Entwickler verlassen, die aussagen, dass Linux POSIX-kompatibel sein will (*Linux is aimed to be POSIX compliant*).

In den Unix-Dokumentationen findet man oft neben den eigentlichen Systemaufrufen auch Beschreibungen von Bibliotheksfunktionen der Programmiersprache C. Viele Entwickler haben deswegen Mühe, zwischen eigentlichen Unix-Aufrufen und C-Bibliotheksfunktionen zu unterscheiden. Letztere stehen grundsätzlich auf jedem Rechner zur Verfügung, für den ISO-kompatible C-Compiler erhältlich sind.

3.5.3 Windows-Programmierschnittstelle

Als zweites Beispiel betrachten wir Microsoft Windows. Viele Systemaufrufe des heutigen Windows gehen auf die ersten Versionen dieses Betriebssystems zurück, die noch als grafische Betriebssystemaufsätze für DOS entwickelt wurden. Mit der Umstellung auf die 32-Bit-Prozessorplattform (Intel x32), die mit dem 80386-Prozessor erstmals implementiert wurde, erfuhr die Programmierschnittstelle eine Reihe von Erweiterungen. Die damit definierte API erhielt den Namen *Win32* API. Für das neue Windows auf 64-Bit-Prozessoren (Intel x86-64) wurde die Win32-Schnittstelle nur geringfügig geändert, sodass bestehende Applikationen mit geringem Aufwand portiert werden können. Gleichzeitig wurde die Programmierschnittstelle in *Windows API* umgetauft. Daneben existieren Klassenbibliotheken, die auf der Windows API aufbauen und einfach die API-Aufrufe objektorientiert kapseln (*wrapper libraries*). Es muss jedoch darauf hingewiesen werden, dass diese Klassenbibliotheken compilerabhängig sind und daher keine oder nur eine erschwerte Portierung auf eine andere Entwicklungsumgebung zulassen.

4 Prozesse und Threads

Lernziele

- Sie erklären die Notwendigkeit und den Nutzen der nebenläufigen (parallelen) Verarbeitung unter einem Betriebssystem.
- Sie vergleichen unterschiedliche Realisierungsmöglichkeiten der nebenläufigen (parallelen) Verarbeitung anhand ihrer Vor-/Nachteile.
- Sie erläutern den Prozesswechselmechanismus und die zugehörige systemseitige Datenhaltung.
- Sie ordnen die relevanten Systemfunktionen in Unix und Windows den grundlegenden Prozessstart- und Vereinigungsformen zu.
- Sie programmieren parallele Prozesse unter Unix und Windows.
- Sie vermeiden persistente Zombieprozesse in Unix-Parallelprogrammen.
- Sie nutzen die Vererbung bei der Unix-Parallelprogrammierung.
- Sie erklären die Funktionsweise einer elementaren Unix-Shell mithilfe eines Codebeispiels.
- Sie beurteilen die Eignung paralleler Prozesse bzw. Threads für unterschiedliche Anwendungsszenarien.
- Sie entwickeln Mutithreading-Programme unter Unix und Windows.
- Sie vergleichen unterschiedliche Thread-Implementierungsformen.
- Sie erkennen die Vor- und Nachteile echt und quasiparalleler Programmausführung.
- Sie unterscheiden drei elementare Prozess- bzw. Thread-Zustände.
- Sie zeichnen die serialisierte Ausführung vorgegebener Parallelabläufe entsprechend den Basisstrategien FIFO/SJF/SRT/ML und MLF auf.
- Sie ordnen die Basisstrategien möglichen Anwendungsszenarien zu.
- Sie erläutern die Scheduling-Verfahren der Unix- und Windows-Systeme.

Der *Prozess* ist ein Grundbaustein der *Parallelverarbeitung* unter einem Betriebssystem. Das Prozessmodell ist daher ein zentrales Konzept moderner Betriebssysteme. Ergänzt wird es durch das *Thread-Modell*, das für die Parallelisierung innerhalb von Applikationen die optimale Lösung darstellt. Wir befassen uns mit der Erzeugung und Terminierung von Prozessen und Threads sowie ihren Vor- und Nachteilen. Ergänzt wird dies durch praktische Realisierungsbeispiele. Ausgehend von der Prozesshierarchie stoßen wir danach zum Thema des Systemstarts vor. Gefolgt wird dies durch die Betrachtung der *Prozessorzuteilungsstrategien* bzw. des sogenannten *CPU-Schedulings*. Hier nehmen wir uns sowohl der Ein- als auch der Multiprozessorsysteme an.

4.1 Parallelverarbeitung

Eine Parallelverarbeitung in einem Rechner liegt immer dann vor, wenn verschiedene Aktivitäten gleichzeitig stattfinden. Dies kann beispielsweise das Versenden einer E-Mail sein, während gleichzeitig ein Dokument editiert wird.

4.1.1 Darstellung paralleler Abläufe

Abläufe auf einem Rechner lassen sich in einer allgemeinen Form mittels eines *Ablaufgraphen* darstellen. Die Knoten markieren die Anfangs- und Endzeitpunkte und die Kanten die einzelnen Verarbeitungsaktivitäten. In Abbildung 4–1 sind verschiedene Beispiele derartiger Abläufe gezeigt, beginnend bei rein sequenziellen oder parallelen Aktivitäten bis zu einer beliebigen Mischform der beiden Ablaufarten. Dieses Darstellungsmittel zeigt die Abhängigkeiten der einzelnen Teilaktivitäten. Es legt fest, wann welche Aktivität starten soll.

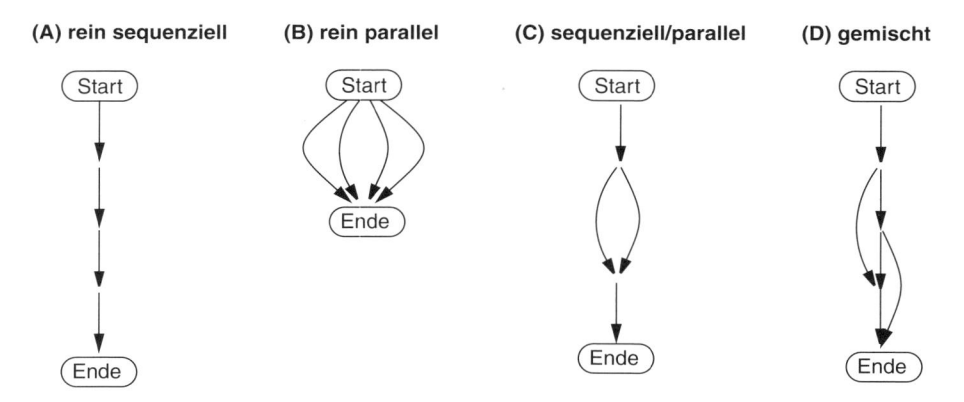

Abb. 4–1 Darstellung paralleler Abläufe (Beispiele)

Parallelverarbeitung kann sowohl in der Hardware als auch in der Software realisiert werden. Bei der Hardware-Parallelität übernimmt das Betriebssystem die Steuerung der entsprechenden Hardwarekomponenten. Bei der Software-Parallelität schafft das Betriebssystem überhaupt erst die Möglichkeit, mehrere Programme parallel auszuführen (Mehrprogrammbetrieb). Dementsprechend unterstützen einfache Betriebssysteme diese Art der Parallelität nicht unbedingt (z.B. MS-DOS).

4.1.2 Hardware-Parallelität

Die Parallelität in der Hardware ist nicht nur in einem Multiprozessorsystem gegeben, wie man im ersten Moment meinen könnte. Jedes Rechnersystem setzt für viele kleine Teilaufgaben spezialisierte Controllerbausteine ein (z.B. für Tastatur, Bildschirmgrafik, Netzwerk, USB). Diese Hardwarebausteine sind fähig, Teilvorgänge in ihrem Spezialbereich parallel zur Aktivität des Prozessors auszuführen. So kann beispielsweise ein Grafikcontroller Bildelemente zeichnen, während der Prozessor Programmteile ausführt, die völlig andere Funktionen erfüllen. Es kann auch sinnvoll sein, einen Mikroprozessor auf einer Peripheriekarte für gewisse Ein-/Ausgabefunktionen einzusetzen. Dabei handelt es sich zwar um einen universellen Prozessor, wie die zentrale CPU (*Central Processing Unit*), der aber gesteuert über ein spezielles Programm nur ganz bestimmte Funktionen ausüben kann, und zwar im Sinne eines eingebetteten Systems (*embedded system*). Eingebettete Computersysteme zeichnen sich unter anderem dadurch aus, dass sie stets fest vorgegebene Programme ausführen, während auf Universalrechnern wechselnde Programme ablaufen.

Zusammengefasst kann gesagt werden, dass bei der Hardware-Parallelität mehrere grundsätzlich unabhängige Prozessoren (Multiprozessorsystem) oder intelligente Controllerbausteine (viele Rechner) gleichzeitig arbeiten.

4.1.3 Software-Parallelität

Die Software-Parallelität ermöglicht eine scheinbar gleichzeitige Ausführung von mehreren Prozessen auf einem Einprozessorsystem bzw. eine echt gleichzeitige Ausführung auf Multiprozessorsystemen. Die Software-Parallelität, wie sie klassisch in der Programmierung eingesetzt wird, beruht auf dem sogenannten *Prozessmodell*, das ein zentrales Konzept jedes Betriebssystems darstellt. Dabei hat jeder Prozess *virtuell* den ganzen Rechner *für sich alleine* zur Verfügung. Er kann also den Adressraum frei belegen (abgesehen von reservierten Systembereichen) und kann die Register des Prozessors frei benutzen.

Die parallele Ausführung mehrerer Programme wird als Mehrprogrammbetrieb (*multiprogramming, Multiprogrammierung*) bezeichnet. Auf einem Einprozessorsystem beinhaltet sie unter anderem eine Aufteilung der Rechenzeit auf mehrere ablaufwillige Prozesse. Es findet dabei ein *Zeitmultiplex* des Prozessors statt. Dies ergibt für den Benutzer die *Illusion* der echt parallelen Programmausführung, obwohl zu jedem Zeitpunkt nur ein einziges Programm ausgeführt werden kann. Diese Betriebsart wird *pseudoparallele, quasiparallele oder nebenläufige* Programmausführung genannt. Die Strategien zur Zuteilung von Rechenzeit an Prozesse heißen Prozessorzuteilungsstrategien *(scheduling strategies)*. Auf Multiprozessorsystemen ist eine mehrheitlich gleichzeitige Ausführung von Programmen möglich. Allerdings gilt in der Praxis meist *Anzahl Prozesse > Anzahl Prozessoren*, d.h., teilweise muss auf eine pseudoparallele Ausführung auch auf Multiprozessorsystemen zurückgegriffen werden. An der Parallelarbeit auf einem Multiprozessorsystem ist stets die Soft- und Hardware zusammen beteiligt, wobei das Betriebssystem eine koordinierende Funktion ausübt.

Wenn innerhalb eines Prozesses parallele Abläufe mit den gleichen Ressourcen stattfinden sollen, so kann neben dem Prozessmodell das *Thread-Modell* eingesetzt werden. Threads sind parallel ablaufende Aktivitäten innerhalb einer gemeinsamen *Prozessumgebung* und können als eine technische Vereinfachung des Prozessmodells betrachtet werden. Diese vereinfachte Parallelverarbeitung weist Einschränkungen, aber auch Vorteile im Vergleich zum klassischen Prozessmodell auf (darauf wird später noch genauer eingegangen). Diese Art der Software-Parallelität ist allgemein unter dem Begriff *Multithreading* bekannt.

4.1.4 Begriffe

Inwieweit unterscheiden sich die Begriffe *Programm, Prozess* und *Thread*?

- Ein *Programm* ist eine Verfahrensvorschrift für die elektronische Datenverarbeitung. Auf einem Universalrechensystem liegt ein Programm als ausführbare Datei zur Ausführung bereit.
- Ein *Prozess* ist ein Programm in der Ausführung. Dies beinhaltet das Laden des Codes und etwaiger Initialwerte aus der ausführbaren Datei in den Hauptspeicher, das Aufsetzen der Prozessumgebung und das anschließende Ausführen des geladenen Programmcodes.
- *Threads* sind parallel ablaufende Aktivitäten innerhalb einer gemeinsamen Prozessumgebung. Der Code einzelner Threads ist Teil des bereits geladenen Programms. Jeder Thread gehört damit zu einem bestimmten Prozess.

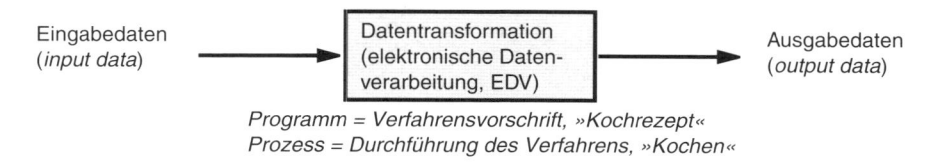

Eingabedaten (*input data*) → Datentransformation (elektronische Datenverarbeitung, EDV) → Ausgabedaten (*output data*)

Programm = Verfahrensvorschrift, »Kochrezept«
Prozess = Durchführung des Verfahrens, »Kochen«

Abb. 4–2 *Unterscheidung Programm zu Prozess*

Obige Begriffsumschreibungen beziehen sich auf eine typische Situation, die nicht in jedem Fall gegeben ist. Auf Kleinstsystemen kann beispielsweise ein Programm in einem Festwertspeicher abgelegt sein, sodass es von der CPU ohne weitere Vor-

4.1 Parallelverarbeitung

kehrungen ohne Betriebssystem ausgeführt werden kann. Unter Unix kann eine Datei auch den Code mehrerer Prozesse enthalten, die dann in einer hierarchischen Beziehung ablaufen. Nur der Start des hierarchisch zuoberst stehenden Prozesses benötigt dann ein vorheriges Laden des Codes und der Datenanfangswerte aus einer Datei.

Allgemein gilt jedoch: Wird ein Programm ausgeführt, so ist ein Prozess gestartet. Der Prozess belegt Hauptspeicherplatz, Prozessorregister, verbraucht Rechenzeit und nutzt die Peripherie. Man beachte, dass ein bestimmtes Programm mehrfach parallel ablaufen kann. Es liegen dann mehrere Prozesse vor, aber immer noch nur ein Programm.

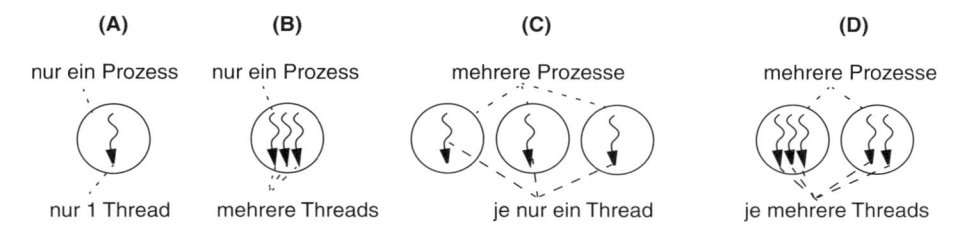

(A)	(B)	(C)	(D)
nur ein Prozess	nur ein Prozess	mehrere Prozesse	mehrere Prozesse
nur 1 Thread	mehrere Threads	je nur ein Thread	je mehrere Threads

Abb. 4–3 *Varianten der Software-Parallelität*

Die Abbildung 4–3 zeigt verschieden aufwendige Lösungen für die Software-Parallelität, wie sie in der Praxis zu finden sind. Die Form (A) kommt oft in kleineren eingebetteten Systemen vor. Es wird kein Betriebssystem, sondern lediglich die Laufzeitumgebung einer Programmiersprache benutzt, um das Hochsprachenprogramm aus einem Festwertspeicher zu starten. Auf einem Universalrechner trifft die Form (A) für ältere einfachere Betriebssysteme zu, wie z.B. das MS-DOS. Die Form (B) ist bei anspruchsvolleren eingebetteten Systemen zu finden. Sie benutzt einen gemeinsamen Adressraum für die Programmausführung (keine Hardware für die Speicherverwaltung vorhanden), realisiert jedoch mittels eines Kleinbetriebssystems das Multithreading. Die Form (C) gilt beispielsweise für ältere Unix-Systeme. Diese kannten den Mehrprogrammbetrieb, jedoch kein Multithreading. Entsprechend enthält jeder Prozess implizit (d.h. für den Programmierer nicht sichtbar) einen einzigen Thread. Die flexibelste Form ist (D). Sie gilt für viele moderne Desktop- und Serverbetriebssysteme, wie z.B. Unix/Linux und Windows.

In Abbildung 4–4 sind ein paar wichtige Begriffe der Parallelverarbeitung mittels Prozessen schematisch umrissen. So wird beispielsweise die Ausführung eines Programms auf einem Rechner, d.h. die Inanspruchnahme von Ressourcen und Zeit, als Prozess bezeichnet. Ein Prozess wird auch als die Inkarnation (Instanz) eines Programms oder Programmteils angesehen. Anwendungsabhängig besteht oft die Notwendigkeit, zwischen einzelnen Prozessen Informationen auszutauschen. Diese Art von Prozessen werden als parallele, miteinander kooperierende Prozesse bezeichnet. Die Begriffe in Abbildung 4-4 gelten großenteils auch für Threads.

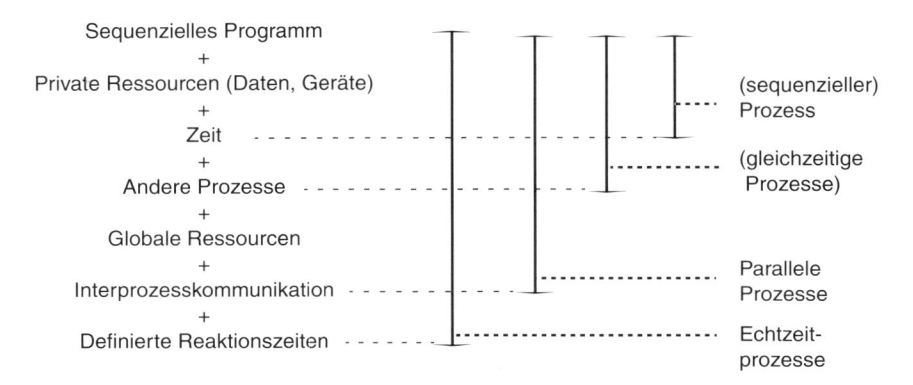

```
Sequenzielles Programm
        +
Private Ressourcen (Daten, Geräte)  ·······  (sequenzieller)
        +                                     Prozess
       Zeit  ·····························
        +                                     (gleichzeitige
Andere Prozesse  ····························  Prozesse)
        +
Globale Ressourcen
        +                                     Parallele
Interprozesskommunikation  ···················  Prozesse
        +
Definierte Reaktionszeiten  ···················  Echtzeit-
                                                prozesse
```

Abb. 4-4   *Begriffsschema der Parallelverarbeitung*

Weitere verbreitete Begriffe sind:

- *Nebenläufige Prozesse (concurrent processes)*: Nebenläufigkeit bedeutet, dass zwei Prozesse voneinander unabhängig sind und sich daher gleichzeitig ausführen lassen (abstrakte Parallelität). Parallelität im strikten Sinne bezieht sich hingegen auf die tatsächlich gleichzeitige Ausführung (konkrete Parallelität). In diesem Buch benutzen wir einfachheitshalber eine weniger strikte Definition der Parallelität, die die Nebenläufigkeit einschließt, da dies Praxisgebrauch darstellt.
- *Task*: Primär ist diese Bezeichnung bei eingebetteten Systemen (*embedded systems*) üblich und bezeichnet dort parallel ausgeführte Programmteile. Einige Universalbetriebssysteme benutzen den Begriff Task hingegen als einen Oberbegriff, der sowohl Prozesse als Threads umfasst (siehe dazu Abschnitt 4.3.7).

Im Zusammenhang mit Prozessen sind ebenfalls die Begriffe *Job* und *Session* zu erwähnen. Darunter sind voneinander unabhängige und gegenseitig geschützte Anwendungen auf einer Computeranlage zu verstehen. Eine derartige Anwendung besteht dabei aus einer Gruppe von Prozessen. Neben dem Begriff *Thread* existieren in der Praxis auch die Begriffe *Fiber (Faden)* und *Leichtgewichtsprozess (Light Weight Process, LWP)*. Dahinter stehen spezielle Implementierungen von Threads.

Oft wird zusammen mit der Parallelverarbeitung der Begriff »Echtzeitverarbeitung« genannt. Genau genommen setzt eine Echtzeitverarbeitung keine Parallelverarbeitung voraus, auch wenn dies in der Praxis oft kombiniert vorkommt. Für den Begriff *Echtzeitbetrieb* existiert eine Definition nach DIN (Deutsche Industrie Norm).

> **DIN 44 300:**
> *Echtzeitbetrieb ist ein Betrieb eines Rechensystems, bei dem Programme zur Verarbeitung anfallender Daten ständig betriebsbereit sind derart, dass die Verarbeitungsergebnisse innerhalb einer vorgegebenen Zeitspanne verfügbar sind. Die Daten können je nach Anwendungsfall nach einer zufälligen zeitlichen Verteilung oder zu vorbestimmten Zeitpunkten auftreten.*

Echtzeitprogramme müssen daher nicht nur logisch korrekt sein, sondern auch gewisse Zeitschranken einhalten, damit sie ihren Zweck erfüllen.

4.2 Prozessmodell

4.2.1 Grundprinzip

Das Prozessmodell ist ein zentrales Konzept der meisten Betriebssysteme. Kerneigenschaft dabei ist, dass jeder Prozess *virtuell* den ganzen Rechner *für sich alleine* zur Verfügung hat, d.h., er kann den Adressraum frei belegen (abgesehen von reservierten Systembereichen) und kann die Prozessorregister nach Belieben benutzen. Das Prozessmodell realisiert durch die parallele Ausführung mehrerer Prozesse den Mehrprogrammbetrieb. In einem Einprozessorsystem wird eine Aufteilung der Rechenzeit auf mehrere ablaufwillige Prozesse durchgeführt. Es findet dabei ein *Zeitmultiplex* des Prozessors statt. Dies ergibt für den Benutzer die *Illusion* der echt parallelen Programmausführung, obwohl zu jedem Zeitpunkt nur immer gerade ein einziges Programm von der CPU abgearbeitet wird. Auf Multiprozessorsystemen ist eine mehrheitlich gleichzeitige Ausführung von Programmen möglich. In der Praxis gilt aber meist *Anzahl Prozesse > Anzahl Prozessoren*, d.h., teilweise muss wiederum auf eine pseudoparallele Ausführung zurückgegriffen werden.

Die Abbildung 4–5 zeigt ein Beispiel für den Mehrprogrammbetrieb mit vier Prozessen. Konzeptionell sind vier unabhängige, sequenzielle Prozesse (*sequential processes*) vorhanden. Zu jedem Zeitpunkt läuft aber nur einer der vier Prozesse in einem Einprozessorsystem. Was sind die Schlussfolgerungen? Die Prozessausführung findet nicht echt, sondern nur pseudoparallel statt. Es sind Strategien für das Abwechseln der vier Prozesse nötig. Unterschiedliche Varianten sind denkbar und in der Praxis tatsächlich im Gebrauch. Jeder der beteiligten Prozesse erhält nur einen Teil der verfügbaren totalen Rechenzeit. Damit ist die Gesamtausführungszeit eines Prozesses oder allgemein einer Rechenaufgabe uneinheitlich, sogar auf der gleichen Rechnerplattform (gegenseitige Beeinflussung laufender Prozesse). Diese Schlussfolgerungen sollten bei der Programmentwicklung unbedingt beachtet werden, da ansonsten gefährliche Abhängigkeiten von einer bestimmten Rechnerumgebung und Betriebssystemversion entstehen können.

Konzeptionell:
Illusion separater Rechner für jeden Prozess, d.h. vier separate Programmzähler (PC)

virtuell (PC in PCB)

| PC Prozess 1 |
| PC Prozess 2 |
| PC Prozess 3 |
| PC Prozess 4 |

PCB: Process Control Block
(= Prozessverwaltungsdaten)

Real auf dem Rechner:
nur ein Programmzähler, abwechselnd benutzt von den vier Prozessen

real (PC in CPU)

| PC Prozess 1 |
| PC Prozess 2 |
| PC Prozess 3 |
| PC Prozess 4 |
| PC Prozess 1 |
| PC Prozess 2 |
| usw. |

Prozessumschaltungen

PC-Belegung   Zeit

Ablauf im Zeitmultiplex

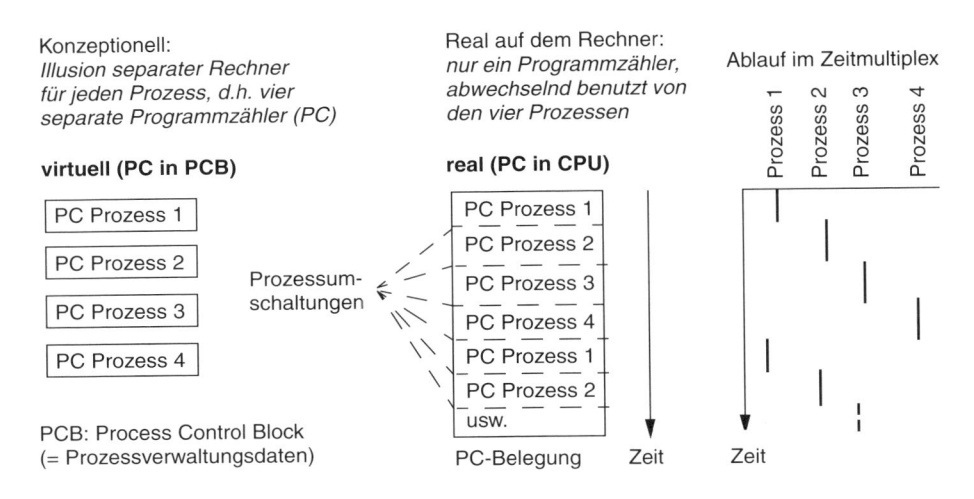

Prozess 1   Prozess 2   Prozess 3   Prozess 4

Zeit

Abb. 4–5   *Mehrprogrammbetrieb mit vier Prozessen (Beispiel)*

Wie sieht nun ein Prozess für den Programmentwickler aus? Diese Frage kann nicht für jedes System gleichartig beantwortet werden. Für viele Betriebssysteme wird ein Prozess durch die C-main()-Funktion dargestellt. Was ist die primäre Sicht des Betriebssystems auf einen Prozess? Nehmen wir die Adressraumbelegung als Beispiel, so belegt ein Prozess einen Datenbereich (inklusive Stack und Heap), einen Programmcodebereich und eine Datenstruktur zur Prozessverwaltung durch das Betriebssystem (*PCB, Process Control Block*). Der PCB enthält alle Daten, die das Betriebssystem über einen bestimmten Prozess zu Verwaltungszwecken führen muss. Dazu gehören eine Kennung (*Process Identification, PID*), der aktuelle Prozesszustand und der Prozesskontext, um nur die wichtigsten zu nennen.

Um eine für den Anwender überzeugende pseudoparallele Ausführung mehrerer Prozesse zu realisieren, muss genügend oft zwischen diesen hin und her gewechselt werden. Das heißt, die Ausführung eines Prozesses wird unterbrochen und zu einem späteren Zeitpunkt weitergeführt. Und zwar so, dass das ablaufende Programm nichts davon merkt (abgesehen von der zeitlichen Verzögerung). Das heißt, es müssen jeweils alle relevanten Informationen des laufenden Programms gesichert und später wiederhergestellt werden. Dazu gehören insbesondere die CPU-Registerinhalte (inklusive PC, SP, PSW) und die prozesszugehörigen Speicherinhalte (inklusive Stapel). Üblicherweise werden die CPU-Registerinhalte dazu in den PCB kopiert und von dort wieder zurückgeholt. Die Speicherinhalte hingegen bleiben im Allgemeinen dort, wo sie sind, indem jeder Prozess einen privaten Teil des gesamten Speichers zugewiesen erhält. In Abbildung 4–6 ist das

4.2 Prozessmodell

Grundprinzip des Prozesswechsels vereinfacht (nur anhand des Programmzählers) dargestellt.

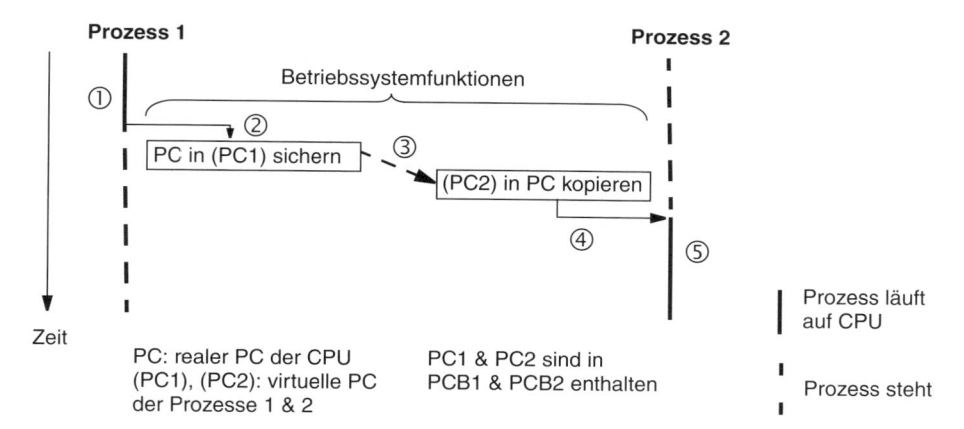

Abb. 4–6 *Prozessumschaltung und Rolle des PCB in fünf Schritten (vereinfachtes Beispiel)*

Es wird gezeigt, wie die pseudoparallele Ausführung aus Abbildung 4–5 praktisch realisiert werden kann. Vervollständigt man dieses einfache Bild und geht man davon aus, dass die Speicherinhalte (wie oben angedeutet) nicht besonders gesichert werden müssen, so ergibt sich folgender Prinzipablauf für einen Prozesswechsel (siehe Abb. 4–6):

1. *Der laufende Prozess wird gestoppt (»eingefroren«)*: Damit übernimmt der Prozesswechselcode des Betriebssystems die Kontrolle.
2. *Kontextsicherung des aktuellen Prozesses*: Die aktuellen CPU-Registerinhalte werden aus der CPU in den PCB1 kopiert.
3. *Auswahl nächster Prozess*: Entsprechend einer Prozessorzuteilungsstrategie wird der nächste auszuführende Prozess bestimmt (sog. CPU-Scheduling).
4. *Kontextwiederherstellung neuer Prozess*: Die gesicherten CPU-Registerinhalte werden aus dem PCB2 in die CPU kopiert.
5. *Neuer Prozess wird gestartet (»aufgetaut«)*: die Kontrolle wird neuem Prozess übergeben, der am letzten Unterbrechungspunkt fortfährt.

Dieser Ablauf kann zum Beispiel periodisch ausgelöst werden oder es kommen andere Strategien zum Zug (Details dazu in Abschnitt 4.4). Die Ausführung eines Programms unter einem Betriebssystem durchläuft eine Reihe von unterscheidbaren Phasen. Die folgende Liste bezieht sich auf den Fall eines Rechners mit Festplatte, bei dem das Programm noch nicht gestartet wurde.

- *Laden des Programms*: Der Programmcode (inkl. Konstanten), die Initialwerte von Variablen und Informationen zur Speicherbelegung sind alle in einer ausführbaren Datei vorhanden. Das Laden des Programms umfasst die

Bestimmung und Reservation der benötigten Speicherbereiche (Code, Daten, Stapel) sowie das Kopieren des Codes und der Variablenanfangswerte in den Hauptspeicher. Ergänzend werden systemintern Verwaltungsdaten in Form eines Prozesskontrollblocks (PCB) im Hauptspeicher angelegt.

- *Starten des Programms:* Der Programmzähler wird mit der Hauptspeicheradresse der ersten auszuführenden Instruktion des Programms geladen. Damit befindet sich das Programm in der Ausführung, d.h., der Prozess ist gestartet.
- *Programmablauf*: Es wird der Programmcode ausgeführt, wobei diese Ausführung unterbrochen werden kann bzw. pausiert, um weiteren Prozessen Rechenzeit zu geben (Zeitmultiplex im Mehrprogrammbetrieb). Der Prozess kann Systemdienste nutzen, indem er Systemfunktionen aufruft. Während der Ausführung solcher Systemdienste kann der Prozess temporär pausieren, wenn z.B. eine Ein-/Ausgabe länger andauert (man sagt, er ist blockiert, bis ein E/A-Ereignis eintritt). Wird ein Programm mehrmals gestartet, so können die einzelnen Programmausführungen durch ihre Prozessnummer unterschieden werden. Prozessnummern *(Process Identification, PID)* werden vom Betriebssystem typischerweise so zugeteilt, dass bereits benutzte Nummern sich möglichst lange nicht mehr wiederholen.
- *Programmbeendigung*: Wird das Programmende erreicht oder tritt ein schwerwiegender Fehler auf, so führt dies zur Prozessterminierung. Der belegte Hauptspeicher wird freigegeben und der Prozesskontrollblock (PCB) als ungültig erklärt.

Damit ein Programm auf einem bestimmten Betriebssystem ausgeführt werden kann, muss seine ausführbare Datei in einem unterstützten *Objektdateiformat (object file format)* vorliegen. Unter einem Objektdateiformat versteht man eine Spezifikation, die aussagt, welche Teile eines Programms in welcher Form in einer Datei zu speichern sind. Dazu gehören unter anderem auch Regeln über mögliche Speicherbelegungen (siehe auch Abschnitt 8.3.1). Dies gilt für Universalrechner, bei denen Programme in Dateiform abgelegt sind. Bei Kleinstsystemen werden hingegen Programme oft direkt in einem Festwertspeicher bereitgestellt, sodass sie sich ohne vorheriges Laden ausführen lassen.

4.2.2 Prozesserzeugung und Terminierung

Prozessstart

In sehr einfachen Systemen, z.B. in vielen eingebetteten Systemen, existieren alle Prozesse von Anfang an und laufen ewig, d.h., solange das System läuft. Auf Universalrechnern (*general-purpose computers*) ist es hingegen notwendig, Prozesse bei Bedarf zu erzeugen und gelegentlich wieder zu terminieren. Auslösende Ereignisse für die Prozess- bzw. Thread-Erzeugung können dabei sein:

4.2 Prozessmodell

- Systemstart (Initialisierung)
- Systemdienstaufruf zur Prozesserzeugung durch irgendeinen laufenden Prozess
- Benutzeranforderung zum Starten eines neuen Prozesses (Applikationsstart)
- Auslösung eines Stapelauftrags (*batch job*)

Auch die Art des Prozesses spielt eine Rolle für seine Erzeugung und Beendigung. Als *Vordergrundprozesse* bezeichnet man Prozesse, die mit dem Benutzer über eine Benutzerschnittstelle (*UI = User Interface* oder *GUI = Graphical User Interface*) interagieren. *Hintergrundprozesse* sind Prozesse, die in der Regel keinem bestimmten Benutzer gehören, sondern spezifischen Zwecken dienen (z.B. Mail-Agent, HTTP-Serverprozess, Print-Spooler). Sie werden oft als Dämonprozesse (*demons*) bezeichnet. Letztlich werden alle Prozesse mittels *Systemdienstaufrufen* erzeugt, worauf sich die nachstehend erwähnten Möglichkeiten der Prozesserzeugung beziehen.

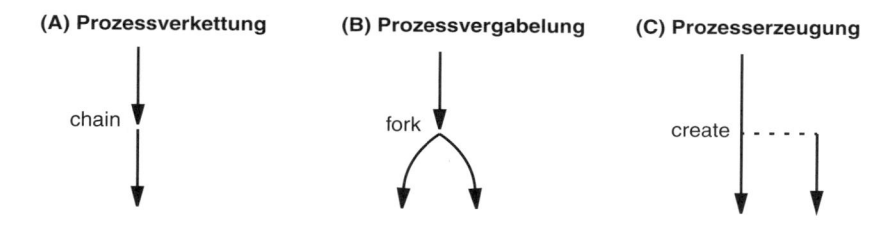

Abb. 4–7 *Prozessstartformen*

Aus den in Abbildung 4–7 vorgestellten Ablaufmustern können drei grundlegende Möglichkeiten für den Start eines neuen Prozesses abgeleitet werden :

- *Prozessverkettung (chaining)*: Der laufende Prozess startet einen neuen Prozess und terminiert sich damit selbst. Der Code des neuen Prozesses ist unabhängig (z.B. in separater ausführbarer Datei vorliegend).
- *Prozessvergabelung (forking)*: Der laufende Prozess startet einen neuen Prozess, läuft selbst aber weiter. Der Code beider Prozesse ist gemeinsam.
- *Prozesserzeugung (creation)*: Der laufende Prozess startet einen unabhängigen neuen Prozess. Der Code beider Prozesse ist unabhängig (z.B. in zwei separaten ausführbaren Dateien vorliegend).

Mit diesen einfachen Prozessstartformen können wir neue Prozesse in zeitlicher Abhängigkeit von vorangegangenen Aktivitäten starten. Praktisch stehen dazu geeignete Systemdienstaufrufe zur Verfügung. Die gleichen Grundmöglichkeiten gelten auch für das Starten von Threads. In Tabelle 4–1 sind die entsprechenden Systemdienstaufrufe in Unix und Windows als Beispiele eingetragen.

	Unix-Prozesse	POSIX-Threads	Windows-Prozesse	Windows-Threads
chain	exec()	–	–	–
fork	fork()	–	–	–
create	–	pthread_create()	CreateProcess()	CreateThread()

Tab. 4–1 *Systemdienstaufrufe für Prozess-/Thread-Start*

Interessant ist die Frage, wie ein laufender Prozess einem neu gestarteten zweiten Prozess irgendwelche Daten zur Verarbeitung übergeben kann. Es sind verschiedene Möglichkeiten denkbar. Ein paar seien im Folgenden aufgezählt:

- Vererbung aller Daten (Variableninhalte) des laufenden Prozesses an den neuen Prozess. Der neue Prozess erhält eine Kopie. Die Voraussetzung dazu ist aber, dass sich die zwei Prozesse den gleichen Programmcode teilen, da sie nur so ohne weitere Maßnahmen gemeinsame Variablen besitzen können. Zudem muss die Vererbung vom Betriebssystem unterstützt sein.
- Weitergabe über einen Datenpuffer, der vom alten Prozess beschrieben und vom neuen Prozess gelesen wird. Dies kann mittels Interprozesskommunikationsdiensten durch das Betriebssystem unterstützt werden.
- Dem neuen Prozess wird ein Initialparameter mitgegeben. Dies kann als Teil des Systemdienstaufrufs realisiert sein, der für den Start des neuen Prozesses dient.
- Weitergabe über eine temporäre Datei. Da eine Datei das Ende eines Prozesses überlebt, ist diese Methode für alle Prozessstartformen geeignet. Die C-Standardbibliothek stellt Möglichkeiten zur Verwendung temporärer Dateien zur Verfügung (Funktion tmpfile()).

Alle oben erwähnten Möglichkeiten lassen sich in der Praxis finden. Ein bestimmtes Betriebssystem kann sich jedoch darauf beschränken nur eine Auswahl davon anzubieten. Konkrete Beispiele sind in Tabelle 4–2 zu finden.

	Unix-Prozesse	POSIX-Threads	Windows-Prozesse	Windows-Threads
Vererbung	fork()	–	CreateProcess()	–
Interprozess-kommunikation	popen()	–	–	–
Initialparameter	–	pthread_create()	–	CreateThread()

Tab. 4–2 *Weitergabe von Daten an neue Prozesse/Threads*

4.2 Prozessmodell

Prozessbeendigung

Neben der Erzeugung interessiert auch die Terminierung von Prozessen. Übliche Formen sind:

- Normale Beendigung (freiwillig)
- Vorzeitige Beendigung bei einem durch den Prozess selbst erkannten Fehler (freiwillig)
- Vorzeitige Beendigung bei einem katastrophalen Fehler, erkannt durch das System (unfreiwillig)
- Terminierung durch einen anderen Prozess (unfreiwillig)

Der häufigste Fall ist natürlich die normale Beendigung. Die Signatur der C-main()-Funktion erwartet in diesem Fall ein Funktionsresultat des Datentyps int. Dieses wird bei einer normalen Prozessbeendigung mittels der Funktion exit() oder der Anweisung return() dem Betriebssystem übergeben. Betriebssysteme können daneben zusätzliche Funktionen mit etwas anderer Funktionalität anbieten (z.B. Beendigung ohne Aufräumen). Obige Feststellungen gelten grundsätzlich auch für die Thread-Beendigung. Der Rückgabewert bei der Beendigung von Threads ist jedoch systemabhängig unterschiedlich festgelegt, da die Programmiersprache C keinen fest definierten Funktionsprototyp für einen Thread kennt.

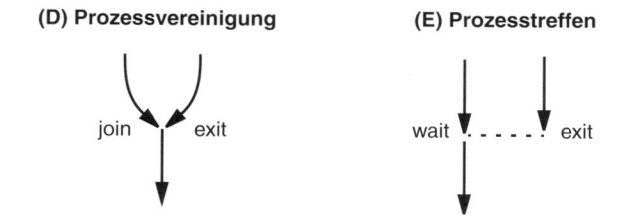

Abb. 4–8   *Prozessvereinigungsformen*

Was uns nun noch fehlt, ist die Möglichkeit, die Terminierung eines laufenden Prozesses zu erkennen. Dies benötigen wir dann, wenn z.B. das Ende eines bestimmten Prozesses erreicht sein muss, bevor ein anderer Prozess gestartet werden darf. Betrachten wir dazu nochmals Abbildung 4–7, so ist leicht ersichtlich, dass dies nur für (B) und (C) benötigt wird, da im Fall (A) der erste Prozess beim Start des zweiten bereits terminiert hat. Bei (B) und (C) hingegen läuft der anfänglich bereits existierende Prozess weiter und kann benutzt werden, um auf das Ende des neuen Prozesses zu warten (siehe Abb. 4–8). Die Form (D) einer Prozessvereinigung (*joining*) ergibt sich zwangsläufig aus der Prozessvergabelung (B). Das Warten auf das Ende des zweiten Prozesses ist hier obligatorisch.

	Unix-Prozesse	POSIX-Threads	Windows-Prozesse	Windows-Threads
join	wait(), waitpid()	pthread_join()	–	–
wait	–	–	WaitForSingleObject()	WaitForSingleObject()

Tab. 4–3 *Systemdienstaufrufe für die Prozess-/Thread-Vereinigung*

Die Form (E) des Prozesstreffens ist passend für die anfängliche Prozesserzeugung (C). Das Warten auf das Ende des zweiten Prozesses kann freiwillig erfolgen, d.h. ist kein Muss. Bei beiden Formen wird der gleiche Prozess, der den anderen ursprünglich gestartet hat, auch auf das Ende desselben warten *(join* bzw. *wait)*. Der zweite, neue Prozess wird hingegen einfach seinen Ablauf nach getaner Arbeit terminieren *(exit)*. Wie bei den Prozessstartformen können auch hier die gleichen Überlegungen für das Multithreading angewendet werden. Beispiele konkreter Systemdienstaufrufe sind in Tabelle 4–3 zu finden.

4.2.3 Prozesse unter Unix

Unix unterstützt für den Prozessstart die zwei allgemeinen Konzepte der Prozessverkettung und der Prozessvergabelung (A und B in Abb. 4–7).

Prozessvergabelung (*forking*)

Ein Prozess gabelt *(fork)* sich auf in zwei parallele Abläufe, welche zu einem späteren Zeitpunkt wieder zusammenfinden *(join)*. Zum Zeitpunkt der Vergabelung wird vom Betriebssystem für den neuen Prozess ein eigener virtueller Programmzähler aufgesetzt, der mit dem gleichen *aktuellen* Wert wie der Programmzähler des alten Prozesses geladen wird. Da der Code für beide Prozesse durch das gleiche Programm realisiert wird, zeigt der neue Programmzähler auf den *gleichen* Programmcode. Allerdings nicht auf die erste Anweisung des Programms, sondern auf die der Vergabelung folgende Programmstelle. Der neue Prozess wird als *Kindprozess (child process)* bezeichnet und steht in einer hierarchischen Eltern-Kind-Beziehung zu dem erzeugenden *Elternprozess (parent process)*. Da unter Unix alle Prozesse in einer Hierarchie eingebettet sind, ist jeder Kindprozess, sofern er nicht zuunterst in der Hierarchie angesiedelt ist, automatisch auch immer ein Elternprozess.

Wie kann der neue Prozess veranlasst werden, etwas anderes zu machen als der alte, da er ja den gleichen Code benutzt?

```
int main()
{
  int k, status;
  pid_t pid;
```

4.2 Prozessmodell

```
        k=fork();
        if (k == 0) {
            .....                   // Anweisungen, die nur Kindprozess
            .....                   // ausführen soll
            exit(0);                // Kindprozess terminiert
        }
        else {
            .....                   // Anweisungen, die nur Elternprozess
            .....                   // ausführen soll
            pid = wait(&status);    // Auf Ende des Kindprozesses warten
            exit(0);
        }
    }
```

Zu diesem Zweck gibt der fork()-Systemaufruf im Elternprozess einen anderen Wert zurück als im Kindprozess. Der Rückgabewert im Elternprozess ist die vom Betriebssystem dem Kindprozess zugewiesene Kennung, nämlich die PID (*Process IDentification*), bei der es sich einfach um eine Ganzzahl handelt. Der Rückgabewert im Kindprozess ist hingegen die Zahl 0. In dem oben stehenden einfachen Programmbeispiel wird der Rückgabewert von fork() der Variablen k zugewiesen. Durch eine Auswertung von k mittels einer if-Anweisung können unterschiedliche Ablaufpfade erzwungen werden (siehe Abb. 4–9).

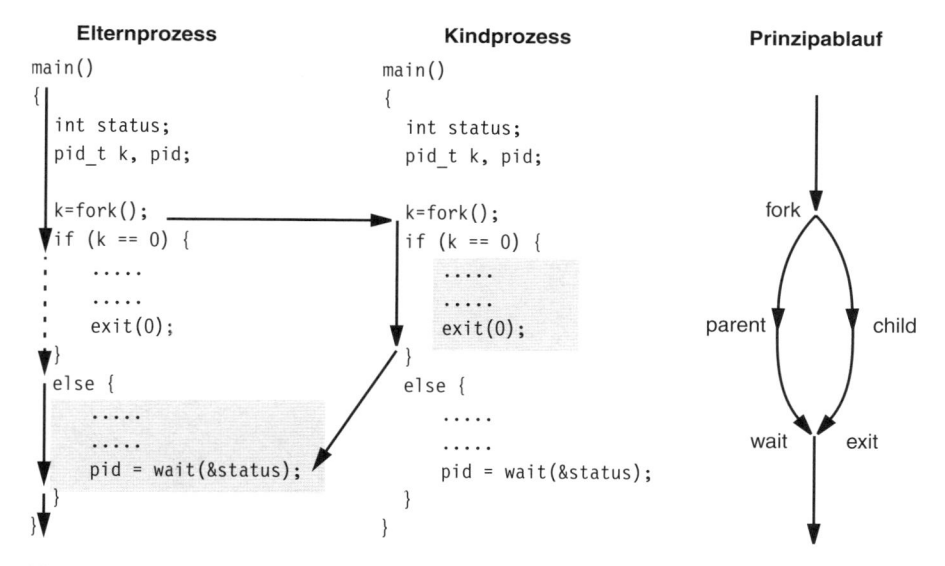

Elternprozess
```
main()
{
  int status;
  pid_t k, pid;

  k=fork();
  if (k == 0) {
    .....
    .....
    exit(0);
  }
  else {
    .....
    .....
    pid = wait(&status);
  }
}
```

Kindprozess
```
main()
{
  int status;
  pid_t k, pid;

  k=fork();
  if (k == 0) {
    .....
    .....
    exit(0);
  }
  else {
    .....
    .....
    pid = wait(&status);
  }
}
```

Prinzipablauf: fork → parent / child → wait / exit

Abb. 4–9 *Prozessverdoppelung bei fork()*

Abgesehen vom fork()-Rückgabewert stellt der Kindprozess eine exakte Kopie des Elternprozesses dar, d.h., er erhält eine Kopie aller beim fork()-Aufruf im Elternprozess gültigen Variablenwerte und die Dateideskriptoren aller geöffneten

Dateien, Geräte und etwaiger weiterer Ressourcen. Zu beachten ist aber, dass alle nachfolgenden Änderungen an den Variablenwerten für Kind- und Elternprozess je individuell erfolgen, da ja jeder seine eigene Kopie davon besitzt. Es sind also *keine* gemeinsamen Daten. Mit der Systemfunktion wait() wartet der Elternprozess auf das Ende des Kindprozesses (Prozessvereinigung). Der Elternprozess wird damit so lange blockiert, bis der Kindprozess terminiert hat. Sobald dies eintritt, liefert die wait()-Funktion dem Elternprozess Informationen über die Beendigung des Kindprozesses. Diese Informationen sind zweiteilig. Erstens sagen sie aus, ob der Kindprozess normal terminierte oder aus welchem Grund ein Prozessabbruch erfolgte (= *Beendigungsstatus*). Zweitens enthalten diese Informationen den Rückgabewert des Kindprozesses, sofern er normal terminierte. Denn bei einem vorzeitigen Prozessabbruch ist dieser Informationsbestandteil undefiniert, weil der Kindprozess keinen Rückgabewert bereitstellen konnte. Der Rückgabewert ist übrigens frei wählbar, wenn es auch gewisse Konventionen dafür gibt (z.B. 0 für okay, >0 für Fehler). Die Auswertung des Rückgabewerts eines Prozesses kann hilfreich sein, um mit ungewöhnlichen Situationen umzugehen. In obigem Programmbeispiel terminiert der Kindprozess durch Aufruf der exit()-Funktion und gibt dabei dem Betriebssystem den Wert 0 zurück. Der Elternprozess kann nach Aufruf der wait()-Funktion den Inhalt der Variablen status auswerten. Zu diesem Zweck stehen vordefinierte C-Makros zur Verfügung. Das Makro WIFEXITED(status) liefert TRUE für eine normale und FALSE für eine fehlerhafte Beendigung des Kindprozesses. Das Makro WEXITSTATUS(status) liefert bei einer normalen Beendigung des Kindprozesses den Rückgabewert, wie er vom Kindprozess mittels exit() bereitgestellt wurde (in unserem Beispiel den Wert 0).

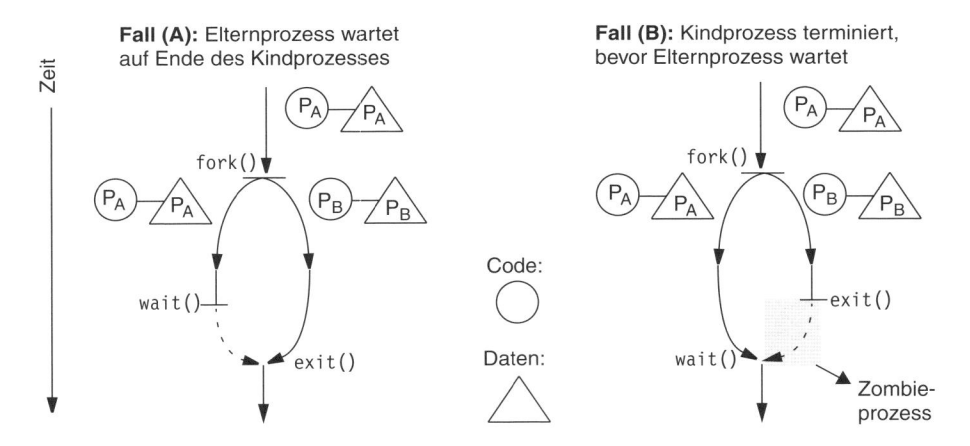

Abb. 4–10 *Prozessstart mit Verzweigen*

Der Aufruf von wait() muss übrigens zwingend gemacht werden, da sonst persistente (dauerhafte) Zombieprozesse entstehen können. Zombieprozesse können

4.2 Prozessmodell

aber auch vorübergehend existieren, wie dies für den Fall (B) in Abbildung 4–10 temporär zutrifft. Ein Zombieprozess entsteht, wenn ein Kindprozess endet, bevor ein Elternprozess auf dieses Ende wartet. Der Zombieprozess führt dann keinen Code mehr aus und existiert in diesem Sinne nicht mehr. Er belegt aber noch die Tabelleneinträge im Betriebssystem (Prozesstabelle), da der Rückgabewert und der Beendigungsstatus für den Elternprozess bereitgehalten werden müssen.

Um persistente Zombieprozesse sicher zu vermeiden, ist der Elternprozess gezwungen, die wait()-Funktion aufzurufen. Damit wird er jedoch schlafen gelegt (blockiert) und kann nichts anderes mehr machen, bis der Kindprozess terminiert hat. Dies ist manchmal nachteilig. Gibt es keine andere Möglichkeit, um Zombieprozesse zu verhindern? Folgendes gilt: Terminiert ein Elternprozess vor einem Kindprozess, so verwaist der Kindprozess. Er wird damit zu einer Waise (*orphan*) und erhält neu als Elternprozess den init-Systemprozess (mit PID=1). Der init-Prozess führt dabei implizit für alle seine Kindprozesse einen wait()-Aufruf aus, sodass die Kindprozesse nie zu Zombies werden können. Dies lässt sich dazu nutzen, um Zombieprozesse zu verhindern, ohne dass der Elternprozess lange auf das Ende des Kindprozesses warten oder selbst terminieren muss. Womit es dem Elternprozess möglich ist, sofort andere Aufgaben zu erledigen.

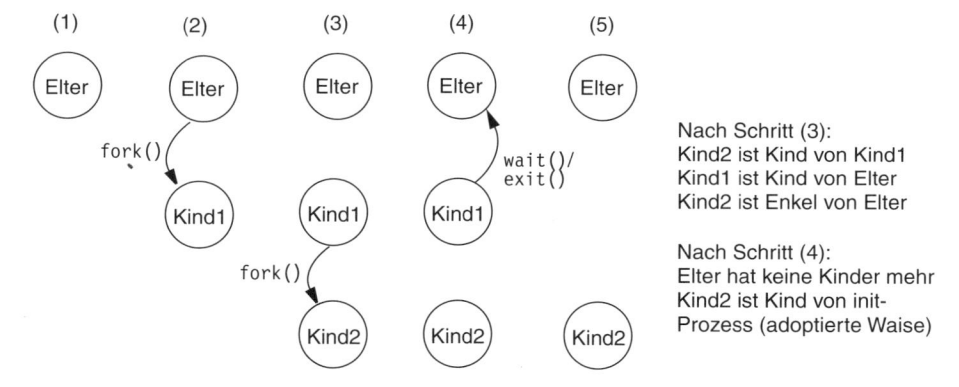

Abb. 4–11   Zombieverhinderung mittels Enkelprozess

Das Rezept: Der neu zu startende Prozess wird nicht als Kindprozess, sondern als Enkelprozess gestartet. Im Einzelnen heißt das, der Elternprozess erzeugt mittels fork() einen neuen Prozess (genannt *Kind1*, siehe Abb. 4–11). *Kind1* erzeugt nun mittels fork() einen weiteren neuen Prozess *Kind2*. Anschließend terminiert *Kind1* sofort, womit *Kind2* verwaist. *Kind2* wird nun vom init-Prozess adoptiert. Da *Kind1* sofort nach dem fork()-Aufruf terminiert, kann sein Elternprozess ebenfalls sofort nach dem fork()-Aufruf einen wait()-Aufruf ausführen, um den Zombie zu verhindern. Der Elternprozess kann anschließend sofort andere Aufgaben angehen, da er nur kurzfristig blockiert wird.

Die bis hierhin benutzten Unix-Systemaufrufe sind unten stehend nochmals kurz zusammengefasst:

- `fork()`   Erzeugt einen Klon des aufrufenden Prozesses
- `wait()`   Wartet auf das Ende irgendeines Kindprozesses
- `waitpid()` Wartet auf das Ende eines bestimmten Kindprozesses
- `exit()`   Terminiert aufrufenden Prozess und räumt auf

Verkettung (*chaining*)

Mit der Prozessvergabelung ist es möglich, ein einzelnes Programm in mehrere Prozesse verzweigen zu lassen. Will man jedoch eine andere ausführbare Datei, d.h. ein unabhängiges Programm, als einen neuen Prozess starten, so erfolgt dies mittels Aufruf einer der sechs `exec()`-Funktionen. Ein erfolgreicher `exec()`-Aufruf hat zur Folge, dass der neue Prozess startet und gleichzeitig der alte Prozess terminiert. Dies realisiert eine Prozessverkettung (siehe Abb. 4–12).

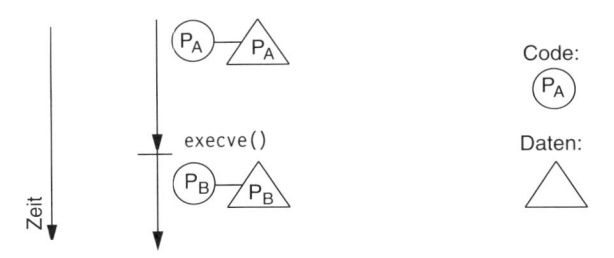

Abb. 4–12 *Prozessstart mit Verkettung*

Man sagt auch, der neue Prozess ersetzt den alten Prozess. Dabei erbt er nicht nur alle Deskriptoren des alten Prozesses, sondern auch dessen Prozessidentifikation und die Eltern-Kind-Beziehung. Das heißt, der Elternprozess seines Vorgängers wird auch sein Elternprozess. In dem unten stehenden Programmbeispiel wird das Programm date aus seiner ausführbaren Datei /bin/date gestartet:

```
execl ("/bin/date", "date", 0);
```

Die sechs Varianten der `exec()`-Funktion unterscheiden sich nur in den verfügbaren Funktionsparametern, jedoch nicht in ihrer Grundfunktion. Welche der sechs Funktionen man in einer konkreten Situation benutzt, hängt also davon ab, welche Parameter benötigt werden. Neben ausführbaren Dateien können mittels des `exec()`-Aufrufs auch Skriptdateien gestartet werden. Diese müssen das Ausführrecht besitzen und in der ersten Zeile eine Angabe enthalten, welcher Skriptinterpreter zu benutzen ist (z.B. für die Korn-Shell ksh im Pfad /bin):

```
#! /bin/ksh
```

Prozessbeendigung

Zuletzt soll noch das Beenden eines Prozesses genauer untersucht werden. Ein Unix-Prozess durchläuft eine normale Beendigung, wenn die C-main()-Funktion beendet wird (mit oder ohne return-Anweisung) oder wenn die Systemfunktion exit() bzw. _exit() aufgerufen wird. Ein normal beendeter Prozess kann einen Rückgabewert bereitstellen, sei dies mittels der C-Anweisung return() oder der Systemfunktion exit() bzw. _exit(). Wird kein Rückgabewert bereitgestellt, so gilt automatisch der Rückgabewert 0. Es hat sich eingebürgert, dass ein fehlerfrei abgelaufenes Programm den Rückgabewert 0 liefert und im Fehlerfall ein Fehlercode zwischen 1 und 255 (unterstützter Wertebereich) zurückgegeben wird. Der Rückgabewert kann bei skriptgesteuerten Abläufen dazu benutzt werden, festzustellen, ob ein Programm fehlerfrei ausgeführt wurde.

Wie unterscheiden sich die verschiedenen Möglichkeiten, einen Prozess normal zu terminieren? Der Aufruf der Funktion exit() beinhaltet ein Aufräumen, wozu das Hinausschreiben gepufferter Plattendaten, ein Schließen aller geöffneten Dateien und ein Löschen aller mittels der Funktion tmpfile() angelegten Temporärdateien gehört. Durch eine return()-Anweisung oder den Aufruf von _exit() werden diese Aufräumoperationen weggelassen.

4.2.4 Funktionsweise der Unix-Shell

Ein gutes Beispiel für den Start und die Beendigung von Prozessen unter Unix ist die Funktionsweise der Unix-Befehlskonsole (genannt *shell* oder *terminal*). Eine Befehlskonsole stellt nichts Weiteres dar als einen Prozess unter Unix, der wie Anwenderprozesse auf der Benutzerebene angesiedelt ist. Eine besondere Rolle spielen die für die Anmeldung am System verwendeten Shells. Sie werden vom System automatisch gestartet und realisieren über einen Login/Logout die korrekte Benutzeran- und -abmeldung beim System. Eine Shell arbeitet in einer Endlosschleife bis zur expliziten Shell-Beendigung wie folgt:

1. Einlesen der Kommandozeile ab Standardeingabe (stdin, in der Regel die Tastatur). Es stehen einfache Korrekturmöglichkeiten für die Eingabe zur Verfügung.
2. Interpretieren der Kommandozeile nach einem festen Satz von Regeln. Eine Zeile wird von der Shell erst nach Eingabe von <return> durch den Benutzer weiter verarbeitet.
3. Ist das erste Kommandozeilenargument (Wort abgetrennt von weiterem Zeileninhalt) ein eingebauter Befehl (*built-in command*, z.B. cd), so wird er durch die Shell selbst ausgeführt. Die Verarbeitung der Zeile ist damit abgeschlossen.
4. Wird das erste Kommandozeilenargument nicht als eingebauter Befehl erkannt, so nimmt die Shell an, dass es sich um eine ausführbare Datei handelt. Dieser Fall ist nachfolgend im Detail beschrieben.

Unten ist ein vereinfachter Code des Unix-Befehlsinterpreters gezeigt. Es können nur ausführbare Dateien ohne die Angabe weiterer Kommandozeilenargumente gestartet werden. Zudem wurde die Fehlerbehandlung einfachheitshalber weggelassen (und die unsichere C-Bibliotheksfunktion gets() eingesetzt).

```
int main ()
{
   char   kdo[100];          // Puffer für Kommandozeile
   pid_t  pid;               // Zur Unterscheidung zwischen Kind und Elter
   int    status;            // Nötig für sicheren wait()-Aufruf (kein NULL!)

   while(1) {
   printf("$>");             // Gib Eingabeaufforderung $> auf Konsole aus
   gets(kdo);                // Speichere Eingabezeile in kdo
   pid = fork();             // Befehlsausführung durch Kindprozess
   if (pid==0)
       execl(kdo,kdo,NULL);  // Verarbeite nur executables, keine Skripte
   else                      // (auch keine eingebauten Shell-Befehle)
       wait(&status);        // Entfällt für einen Hintergrundprozess
   }
}
```

Am Anfang der Endlosschleife wird die Eingabeaufforderung »$>« ausgegeben. Anschließend wird die Eingabe des Befehlsnamens erwartet. Ist dies erfolgt, so vergabelt sich das Programm. Im Kindprozess wird der eingegebene Befehl als Name einer ausführbaren Datei verstanden und der Funktion execl() übergeben. Damit wird der ursprüngliche Kindprozess durch die Befehlsausführung ersetzt. Im Elternprozess wird mittels wait() auf die Beendigung der Befehlsausführung gewartet. Ist diese erfolgt, so startet die Befehlsverarbeitungsschleife neu. Dieser *stark vereinfachte* Code kann im Gegensatz zu einer realen Unix-Shell keine Skripte ausführen und berücksichtigt auch keine Befehlssuchpfade, zudem existieren keine eingebauten Befehle.

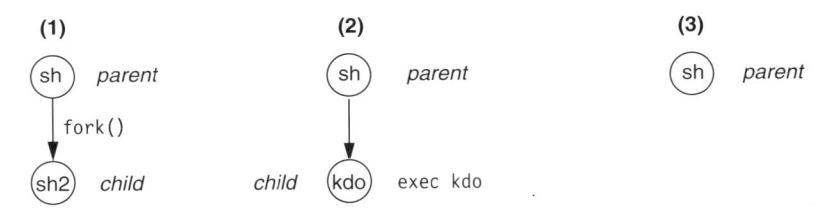

Abb. 4–13 *Starten eines Programms in der Shell*

In Abbildung 4–13 ist die Ausführung eines externen Befehls schematisch nochmals dargestellt. In einem ersten Schritt startet die Shell *sh* mittels fork() eine Subshell *sh2* und beginnt auf das Ende der Subshell zu warten. Danach startet die Subshell *sh2* das gewünschte Programm *kdo* mit einem exec()-Aufruf. Das Programm *kdo* wird ausgeführt und endet gelegentlich. Damit erhält die Shell *sh* den

4.2 Prozessmodell

Rückgabewert und kann weiterarbeiten. Ein so ausgeführtes Programm läuft als *Vordergrundprozess* ab.

Beim Start eines *Hintergrundprozesses* erfolgt der gleiche Ablauf wie beim Start eines Vordergrundprozesses mit der Ausnahme, dass die Shell nicht auf das Ende des Kindprozesses wartet, sondern sofort mit dem Einlesen der nächsten Kommandozeile (d.h. Schritt 1 aus dem endlosen Ablauf) fortfährt. Auf der Kommandozeile hängt der Benutzer dem Befehlsnamen ein »&« an, um von der Shell die Ausführung des Befehls als Hintergrundprozess anzufordern. Ein Hintergrundprozess erhält während seines Ablaufs die Tastatureingaben nicht, da diese an die Shell selbst gehen. Hingegen kann er Ausgaben auf den Bildschirm machen. Da sich dies mit weiteren Benutzereingaben überkreuzen kann, wird üblicherweise die Ausgabe von Hintergrundprozessen auf eine Datei umgelenkt oder gänzlich unterdrückt.

Eine leicht andere Situation der Shell-Verarbeitung liegt vor, wenn anstatt einer ausführbaren Binärdatei eine Skriptdatei ausgeführt wird (siehe Abb. 4–14). In einem ersten Schritt startet die Shell *sh* eine Subshell *sh2* und beginnt auf das Ende der Subshell zu warten. Danach startet die Subshell *sh2* den eigentlichen Skriptinterpreter *ipr* mit einem exec()-Aufruf. Der Skriptinterpreter liest die auszuführenden Skriptbefehle zeilenweise aus der Skriptdatei aus und arbeitet diese einen nach dem anderen ab. Zu diesem Zweck startet der Skriptinterpreter für jeden Befehl (kdo1 usw.) wiederum eine Subshell und wartet auf deren Beendigung, bevor er den nächsten Befehl ausführt. Dieses etwas kompliziert wirkende Verfahren erlaubt die Verwendung unterschiedlicher Skriptinterpreter. Eine einfache Unix-Skriptdatei nutzt eine der verfügbaren Shells als Skriptinterpreter. Die in einer Skriptdatei benutzten Befehle sind dabei stets entweder eingebaute (*built-in*) Befehle der Shell oder ausführbare Dateien (*executables*).

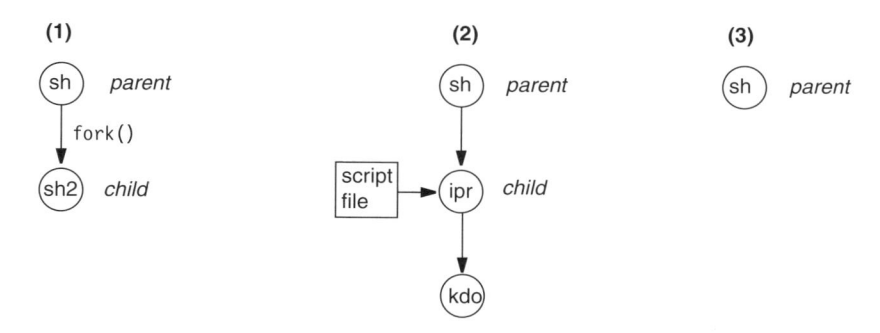

Abb. 4–14 *Ausführung einer Skriptdatei unter einer Shell*

4.2.5 Prozesse & Jobs unter Windows

Prozesse

Das Microsoft Windows-Betriebssystem unterstützt nur eine einzige Variante für den Prozessstart. Es ist dies die Prozesserzeugung (A in Abb. 4–7). Dabei startet ein laufender Prozess einen neuen Prozess, läuft aber parallel dazu weiter. Im Minimum sind zur Prozesserzeugung die Anweisungen nötig, die in dem unten stehenden Programmfragment zu sehen sind. Aus der Beschreibung der Systemfunktion CreateProcess() kann entnommen werden, dass ein Teil der Aufrufparameter genau spezifiziert werden muss, während für andere Standardeinträge möglich sind. Neben der Angabe des Namens der auszuführenden Datei betrifft dies die Vererbung von Handles, die Startinformationen und die Prozessinformationen, für die keine Standardwerte erlaubt sind.

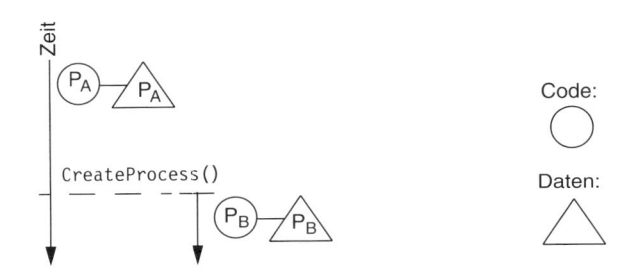

Abb. 4–15 *Prozessstart mit Erzeugen*

```
BOOL ok;
STARTUPINFO startInfo;
PROCESS_INFORMATION procInfo;

ZeroMemory(&startInfo, sizeof(startInfo)); /* Loesche "startInfo"  */
startInfo.cb = sizeof(startInfo);/* Setze cb auf Groesse des struct */
ok = CreateProcess(NULL,          /* No module name (use command line)*/
            "C:\\WINNT\\System32\\calc.exe", /* Command line */
            NULL,      /* Process handle not inheritable    */
            NULL,      /* Thread handle not inheritable     */
            FALSE,     /* Set handle inheritance to FALSE   */
            0,         /* No special creation flags used    */
            NULL,      /* Use parent's environment block    */
            NULL,      /* Use parent's starting directory   */
            &startInfo, /* Pointer to STARTUPINFO structure */
            &procInfo); /* Pointer to PROCESS_INF. structure*/
```

Das heißt, neben der booleschen Variablen ok, die den Ausführungsstatus von CreateProcess() entgegennimmt, müssen zwingend die zwei Datenstrukturen STARTUPINFO und PROCESS_INFORMATION deklariert werden. STARTUPINFO legt, wie der Name sagt, Anfangseinstellungen für den neuen Prozess fest. PROCESS_INFOR-

MATION ist eine Ablage für verschiedene Informationen, die das Betriebssystem über den neuen Prozess verfügbar macht, nachdem er erzeugt wurde. Zuerst wird die Datenstruktur STARTUPINFO mit gültigen Anfangswerten versehen. Da im Beispiel keine besonderen Voreinstellungen benötigt werden, wird die Datenstruktur mithilfe des Makros ZeroMemory() in allen Komponenten auf 0 gesetzt. Wichtig ist jedoch, dass die Komponente cb mit der Größe der Datenstruktur geladen wird (ermittelt mit dem C-Operator sizeof()). Nun kann der neue Prozess mit CreateProcess() erzeugt und gestartet werden. Hier handelt es sich um die ausführbare Datei des Windows-Taschenrechners, die im Verzeichnis C:\WINNT\System32 zu finden ist.

Etwas Mühe bereitet am Anfang die Vielzahl von Aufrufparametern der CreateProcess()-Systemfunktion. Die meisten davon können im Normalfall mit Standardwerten versehen werden. Bei der Pfadangabe zur ausführbaren Datei ist zu beachten, dass der rückwärts gerichtete Schrägstrich (*back slash*) »\« als Doppelzeichen »\\« angegeben wird, da das »\«-Zeichen in C-Zeichenketten ein Metazeichen darstellt. Zusammenfassend listen wir kurz die zwei Systemfunktionen auf, die das Starten und das Beenden eines Windows-Prozesses erlauben:

- CreateProcess()   Erzeugt neuen Prozess ab einer ausführbaren Datei
- ExitProcess()   Beendet aufrufenden Prozess und alle seine Threads

Job-Funktionen

Ab Windows 2000 wird ein sogenanntes *Job Object* unterstützt (Systemdatenobjekt). Dieses erlaubt ein Gruppieren von Prozessen. Eine derartige Prozessgruppe kann als Ganzes manipuliert werden. Unterstützt werden das Setzen von gemeinsamen Limits und Quotas sowie das Abfragen der momentanen Einstellungen. Überblicksartig sind die verfügbaren Systemfunktionen in Tabelle 4–4 (ohne Beschreibung der Aufrufparameter) zusammengefasst.

Systemfunktion	Beschreibung
CreateJobObject()	Ein Job Object anlegen (anfänglich enthält es keine Prozesse)
OpenJobObject()	Den Zugriff auf ein Job Object öffnen (Handle abfragen mittels des Objektnamens)
AssignProcessToJobObject()	Einen Prozess einem Job Object zuweisen
SetInformationJobObject()	Limits und Quotas auf Prozessgruppe setzen (Rechenzeitlimits für Gruppe bzw. pro Prozess, Limits für Working-Set-Größe, Limits für Anzahl aktiver Prozesse/Prioritäten/Prozessoraffinität)
QueryJobInformationObject()	Abfragen der aktuellen Einstellwerte

Tab. 4–4   *Windows Job-Funktionen*

4.2.6 Vererbung unter Prozessen

Bei der Prozesserzeugung können systemabhängig mehr oder weniger Ressourcen an den neuen Prozess vererbt werden. Wir betrachten dies anhand Unix und Windows genauer. Unter Unix erbt ein Kindprozess vom Elternprozess beim fork()-Aufruf

- den gesamten Code und eine *Kopie* aller Daten (*copy of parent core image*),
- die Dateideskriptoren, die von dem Elternprozess mit open() bzw. create() angelegt wurden, sowie
- weitere Eigenschaften (user/group id, Umgebungsvariablen, Arbeitsverzeichnis, Kontrollterminal usw.).

Unter Unix erbt der neue Prozess vom alten Prozess beim exec()-Aufruf

- die Prozessidentifikationen (PID, Parent Process IDentification PPID),
- alle Dateideskriptoren, die close_on_exec *nicht* gesetzt haben, sowie
- weitere Eigenschaften (user/group id, Umgebungsvariablen, Arbeitsverzeichnis, Kontrollterminal usw.).

Etwas anders sieht es unter Windows aus. Ein neuer Prozess erbt vom Erzeugerprozess bei CreateProcess()

- alle Handles, falls der InheritHandle-Aufrufparameter beim Aufruf von CreateProcess() auf TRUE gesetzt ist (und bei den Handles das inheritable-Flag gesetzt wurde).

4.2.7 Systemstart und Prozesshierarchie

Die einzelnen Schritte, die bei einem Start eines Betriebssystems durchlaufen werden, sind nicht nur system-, sondern auch hardwareabhängig. Einige Aktionen des Systemstarts werden einmalig bei der *Systeminstallation* durchgeführt:

- Parametrierung auf Plattform (verschiedene Plattformen möglich)
- Konfiguration für vorhandene Hardware (Treiberauswahl gemäß Peripherie)
- Konfiguration für vorhandenen Hauptspeicher, Dateisystem usw.

Unter einer Systeminstallation verstehen wir eine *Systemgenerierung* ohne eine Neuübersetzung der Quellcodedateien. Letzteres würde zusätzliche Einstellmöglichkeiten erschließen. Beim *Systemstart* sind primär folgende Teilschritte nötig:

- Überprüfung der Grundhardware (Systemplatine usw.) durch BIOS
- Basisinitialisierung der Grundhardware
- Erkennung spezieller Boot-Parameter, evtl. spezieller Ablauf
- Hardwareerkennung (neue Hardware?), Plug-and-Play
- Laden der Treiber

- Starten eines Rumpf-Dateisystemtreibers (nur lesen)
- Laden weiterer Systemteile ab Massenspeicher (Platte, USB-Drive)
- Basisinitialisierung von Systemdatenstrukturen
- Starten der ersten Systemprozesse/Threads
- Initialisierung der Benutzeranmeldung
- Start der Bedienoberfläche

Basic Input/Output System (BIOS)

Rechner, die ein Betriebssystem von einem Massenspeicher (z.B. SSD, HDD, DVD) laden, verfügen über eine Sammlung von Routinen, die in einem Festwertspeicher (ROM) auf der Rechnerplatine dauerhaft abgelegt sind. Diese Firmware wird als *Basic Input/Output System (BIOS)* bezeichnet und ist der erste Code, der unmittelbar nach dem Einschalten des Rechners abläuft. Die BIOS-Funktionen umfassen u.a. neben dem POST (*Power On Self Test*) Code für die Hardwareinitialisierung, elementare Ein-/Ausgabefunktionen (z.B. für die Konsole) und den allerersten Teil des Betriebssystems-Ladecodes (*Bootloader Code*). Das BIOS wurde von IBM für den IBM PC entwickelt und später von verschiedenen Herstellern mit zusätzlichen Funktion erweitert, leider aber oft in inkompatibler Weise. Als Konsequenz dieser unbefriedigenden Situation und für die optimale Unterstützung von 64-Bit-Systemen wurde von Intel eine *einheitliche Schnittstelle* zwischen Betriebssystem und dem BIOS spezifiziert (*Extensible Firmware Interface, EFI*). Nach dem Einbezug weiterer Hersteller wurde EFI zu UEFI (*Unified EFI*) weiter entwickelt. Damit können unterschiedlich implementierte BIOS einheitlich über UEFI angesprochen werden. Ein UEFI-BIOS bietet wesentlich mehr Funktionen als das ursprüngliche BIOS an, u.a:

- Sicheres Starten (*Secure Boot*): Nur signierter Bootcode wird akzeptiert
- Boot-Menü zur Wahl des zu startenden Betriebssystems
- Netzwerkfunktionen zur Fernwartung (universelles Netzwerkbootsystem)
- Kommandointerpreter für die Interpretation von `*.efi`-Skripten
- Sandbox-Modus: Netzwerk- und Speicherverwaltung via BIOS-Funktionen
- Unterstützung der erweiterten Partionstabelle GPT (siehe Abschnitt 9.9.3)
- In BIOS ladbare Treiber (unabhängig vom Betriebssystem)
- Unterstützung hochauflösender Grafikkarten

Das UEFI-BIOS ist für 64-Bit-Betriebssysteme ausgelegt. Dank eines integrierten Kompatibilitätsmodus (*Compatibility Support Module*) unterstützt es aber auch 32-Bit-Betriebssysteme, allerdings ohne das neue Partitionsformat GPT. Durch den Funktionsreichtum sind UEFI-BIOS-Implementierungen vergleichsweise komplexer und damit fehleranfälliger geworden. Dies stellt aber ein lösbares Problem dar, da der UEFI-Firmware-Code in wiederbeschreibbaren Flash-Medien abgelegt und damit nachträglich aktualisierbar ist.

Unix-Systemstart

Ein gutes Beispiel für den Einsatz der Prozessvergabelung und Verkettung ist die Art und Weise, wie das Unix-Betriebssystem selbst startet und Anmeldekonsolen für die Benutzer bereitstellt. Unix startet mit folgenden Teilschritten (gemäß M. J. Bach, 1986):

1. Nach Einschalten des Rechners (bzw. Rücksetzens) wird die *Bootstrap-Routine* gestartet, die zum BIOS gehört. Sie hat die Aufgabe, einen ersten Teil des Systemcodes in den Speicher zu laden und dort auszuführen. Dieser Code wird von der Platte bzw. dem Halbleiterlaufwerk aus dem *Boot Sector* (logischer Sektor 0, d.h. erster Datenblock auf der Platte) geladen. Der Boot Sector enthält eine Routine, die in der Lage ist, ein ausführbares Abbild des Betriebssystemcodes in den Speicher zu laden und dort auszuführen.
2. Nachdem der Systemcode in den Speicher geladen ist, beginnt das Betriebssystem mit seiner Ausführung.
3. Es werden interne Datenstrukturen initialisiert (Aufbau von Listen, Initialisierung von Puffern, Adresstransformationstabellen usw.).
4. Das sogenannte *root file system* wird eingebunden (*mounted*).
5. Die Ablaufumgebung (*environment*) für den ersten Prozess wird bereitgestellt. Danach läuft der Systemcode als Prozess mit der PID=0 weiter, d.h. wird zum Prozess 0.
6. Der Prozess 0 vergabelt sich durch Aufruf von fork(), damit ist der Prozess 1 gestartet. Dies geschieht im Kernmodus.
7. Der Prozess 1 baut seine Ablaufumgebung für den Benutzermodus auf und wechselt in den Benutzermodus. Der Prozess 1 ist damit also im Gegensatz zu Prozess 0 ein Benutzermodusprozess (allerdings mit Sonderrechten).
8. Als Nächstes ruft Prozess 1 die Systemfunktion exec() auf und beginnt damit, die Datei /etc/init auszuführen. Der Prozess 1 wird üblicherweise init genannt, da er für die Initialisierung von neuen Prozessen verantwortlich ist.
9. Der init-Prozess liest die Datei /etc/inittab und startet die darin spezifizierten Prozesse. Darunter sind unter anderem die sogenannten getty-Prozesse, die Anmeldekonsolen für den Benutzer darstellen. Welche getty-Prozesse gestartet werden, wird durch die Datei /etc/ttys festgelegt. Der Code der getty-Prozesse ist enthalten in /etc/getty.
10. Wenn ein Benutzer sich an einer Konsole anmeldet, dann durchläuft er die *login procedure*. Erst wenn er dies erfolgreich gemacht hat, wird ein Kommandozeileninterpreter, d.h. eine eigentliche Shell, gestartet. Diese Shell wird als *Anmeldekonsole (login shell)* bezeichnet, da ihr Schließen bzw. Verlassen durch den Benutzer ihn automatisch wieder abmeldet. Aus der Anmeldekonsole heraus kann ein Benutzer weitere Shells und Anwendungen starten.
11. Prozess 0 startet benötigte Kernprozesse, d.h. Prozesse, die nur Systemdienste leisten und nur im Kernmodus ablaufen. Er selbst wird anschließend

4.2 Prozessmodell

zum sogenannten *Swapper-Prozess* und ist damit verantwortlich für das Ein- und Auslagern von Programmen bzw. Programmteilen.

Aus diesem Startprozedere heraus wird auch die Prozesshierarchie klar, da von Anfang an Prozesse mit der fork()-Systemfunktion erzeugt werden, die eine Eltern-Kind-Beziehung zwischen den Prozessen kennt. Ein Beispiel dazu ist in Abbildung 4–16 dargestellt.

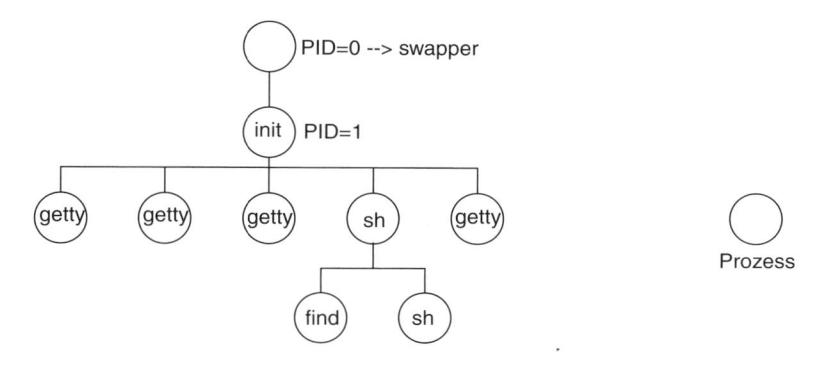

Abb. 4–16 *Prozesshierarchie (Beispiel)*

Beginnen wir zuoberst mit dem ersten Prozess mit der PID=0, dieser erzeugt den Kindprozess init durch Aufruf von fork(). Der Prozess init vergabelt sich fünfmal mittels der fork()-Funktion, womit er fünf Kindprozesse erhält. Jeder Kindprozess startet einen getty-Prozess mittels Aufruf von exec(). Meldet sich ein Benutzer bei einem getty-Prozess an, so startet dieser mittels exec() den login-Prozess zur eigentlichen Benutzerauthentifizierung. Ist der Benutzer erfolgreich identifiziert, so ruft der login-Prozess die exec()-Funktion auf, um die Anmeldekonsole (*login shell*) sh zu starten, die den getty-Prozess ersetzt. Die Anmeldekonsole wird auch als Kontrollterminal *(control terminal)* bezeichnet, da sie alle unter ihr gestarteten Prozesse kontrolliert. Die Anmeldekonsole führt zuerst ein oder mehrere Anmeldeskripte aus, bevor dem Benutzer die Eingabeaufforderung angezeigt wird. Nun ruft in unserem Beispiel der Benutzer das Kommando find auf und startet eine weitere Shell sh. Meldet sich der Benutzer ab, so wird die Anmeldekonsole beendet. Dies wird von dem init-Prozess erkannt, der dann wieder einen getty-Prozess für einen neuen Anmeldevorgang startet.

Windows-Systemstart

Der Windows-Systemstart läuft in vier Phasen ab, die wir etwas detaillierter für die PC-Plattform analysieren.

- *Initial phase (BIOS Preboot)*: Zuerst findet der *Power-On-Self-Test (POST)* statt, der zum BIOS gehört. Dadurch wird der Bootmanager (Bootmgr) aus der Systempartition, d.h. aus deren Bootsektor, geladen und anschließend gestartet. In der allerersten Phase arbeitet die CPU noch ohne Adressumsetzung im sogenannten *Real Mode*, d.h. ohne virtuelles Speichersystem und ohne Benutzer-/Kernmodus-Unterstützung. Der Bootmanager initialisiert die Tabellen für die Adressumsetzung (*page tables, page directory*) eines bis zu 16 MB großen Speicherbereichs. Danach schaltet er die CPU in den *Protected Mode*, d.h., das Schutzsystem mit Benutzer-/Kernmodus-Umschaltung wird aktiviert und ein virtuelles Speichersystem kommt zum Einsatz. Nun wird ein Mini-Dateisystem aufgesetzt, dessen Code im Bootmanager enthalten ist. Wird ein UEFI-BIOS benutzt, so kommt der EFI-Bootmanager (Bootmgfw.efi) zum Zug, der vollständig im Protected Mode abläuft. Da Windows einen *Unified Boot Process* benutzt, sind die weiteren Schritte identisch, abgesehen davon dass die Hardware-Detektion durch das UEFI-BIOS etwas umfassender erfolgt.

- *Boot loader phase*: Nun werden die Boot-Einstellungen aus der Datei \Boot\BCD gelesen und berücksichtigt. Handelt es sich um ein *Multiboot-System*, so wird das Boot-Menü auf dem Bildschirm angezeigt und der Benutzer kann seine Auswahl treffen. Für einen Windows-Start wird mit Winload weitergefahren. Als Nächstes wird die vorhandene Hardware untersucht, um festzustellen, welche Peripherie momentan vorhanden ist. Ermittelte Informationen beinhalten die vorhandenen Bustypen (PCI, USB usw.), die Anzahl und Art der Plattenspeicher und den Maustyp, um nur ein paar Beispiele zu nennen. Die Resultate werden in der Registrierungsdatenbank (*registry*) für den späteren Gebrauch eingetragen. Nun ist alles bereit für das Laden des eigentlichen Systemkerns und der Hardware-Abstraktionsschicht. Diese sind in den Dateien ntoskrnl.exe und hal.dll enthalten, die jetzt geladen werden. Gefolgt wird dies von dem Laden der Treiber, die durch die Registry festgelegt sind. Es werden aber nicht alle Treiber geladen, sondern nur die sogenannten *boot device drivers*.

- *Kernel phase*: Der Systemkern läuft nun an (ntoskrnl.exe). Vorerst sind noch alle Interrupts deaktiviert, denn es müssen zahlreiche Systemdatenstrukturen initialisiert werden (*kernel initialization*). Der erste Prozess mit dem Namen *Idle* wird erzeugt und gestartet. Die Interrupts werden nun eingeschaltet. Der *Boot-Video-Driver* wird aktiviert und der *Windows-Startup-Screen* erscheint. Es folgen weitere Systemdateninitialisierungen und die Initialisierung der übrigen geladenen Treiber. Das *Session Manager Sub-System* (smss.exe) und der *Zero-Page-Thread* werden gestartet. Der SMSS-Prozess lädt das Win32/64-Subsystem (win32k.sys) sowie das *Client/Server Runtime Sub-System* (csrss.exe), das gleich gestartet wird. Der Winlogon- und der Wininit-Prozess beginnen zu laufen. Wininit erzeugt die anfängliche *Windows Station* (= Anmeldebildschirm). Die nächste Arbeit in dieser Phase übernimmt der *Service Control Manager (SCM)*, der alle Dienste und verbleibenden Treiber startet, die als *auto-start* markiert sind. Bei Bedarf lädt er dazu nötige Dateien.

4.2 Prozessmodell

- *Logon phase*: Der Anmeldedialog wird jetzt vom *Local Security Authentication Sub-System (LSASS)* aktiviert, womit eine Benutzeranmeldung möglich wird. Ebenfalls jetzt erfolgt das Laden von Netzwerktreibern und zugehörigen Diensten.

Der Windows-Systemstart kann aus verschiedenen Gründen fehlschlagen. In dieser Situation stehen diverse Hilfen bereit. So kann das System beispielsweise in einem sogenannten *Safe Mode* mit einem minimalen Satz an Treibern gestartet werden, die vor allem keine Drittprodukte einschließen. Auch ein Start ohne grafisches Desktop in einem Konsolenmodus kann helfen. Eine weitere Hilfe stellt das Ereignisprotokoll dar, in dem wichtige Systemereignisse einen Eintrag finden. Dieses kann mit dem *Event Viewer* eingesehen werden. Eine weitere Protokolldatei stellt das *Boot Log File* (Ntbtlog.txt) dar.

Prozesshierarchie

Unter Unix gilt das Konzept der Prozessgruppe. Jeder Elternprozess mit allen ihm untergeordneten Kindprozessen ist eine Prozessgruppe. Bei Windows hingegen existiert nur eine lose Prozesshierarchie, in der Kindprozesse von ihren Eltern unabhängig sind. Vererbungen lassen sich teilweise konfigurieren, sind jedoch nicht eine Standardeinstellung.

4.2.8 Ausführungsmodelle für Betriebssysteme

Ein Betriebssystem ist ein Programm, das Anwendungsprogrammen erst die Ausführung ermöglicht.

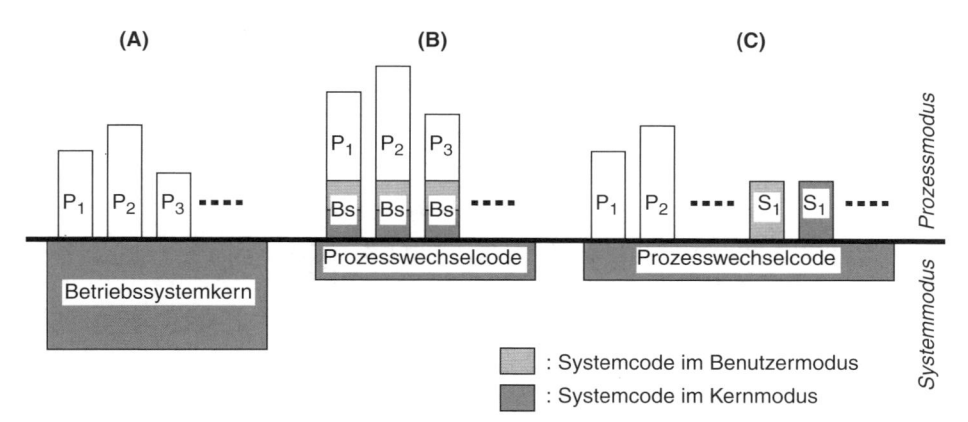

Abb. 4-17 Hauptsächliche Ausführungsmodelle für Betriebssysteme mit P_x als Benutzerprozesse, Bs als Betriebssystem und S_x als Systemprozesse

Wie läuft nun aber das Betriebssystem selbst ab? Folgende drei Grundvarianten sind hauptsächlich anzutreffen:

- Traditionelle Systeme führen oft nur die Anwendungsprogramme, aber nicht das Betriebssystem als Prozesse aus. Ein Rechner befindet sich damit entweder im *Prozessmodus* oder im *Systemmodus*. Wenn ein Anwenderprozess einen Systemdienst anfordert, dann wird er eingefroren, d.h. angehalten. Nun wird der Systemdienst erbracht und anschließend der Anwenderprozess fortgeführt. Dies beinhaltet ein Speichern des Benutzerprozesskontexts beim Eintritt in das System und eine Wiederherstellung beim Austritt. Bei dieser Lösung läuft das Betriebssystem vollständig in einem privilegierten Modus und hat einen separaten Teil des Speichers exklusiv für sich reserviert (siehe A in Abb. 4–17).
- Systemdienste werden als *Funktionsbibliothek* bereitgestellt, die jeder Prozess in seiner Ablaufumgebung nutzt, indem ein Systemdienst über einen Unterprogrammaufruf angefordert und erbracht wird. Systemdienste werden soweit nötig privilegiert ausgeführt. Hier stellt sich jedoch die Frage, zu welchem Prozess eine Prozessumschaltung zuzuordnen ist, da sie ja einen Zwischenzustand darstellt. Eine mögliche Betrachtungsweise besteht darin, diese minimale Funktionalität separat von den eigentlichen Prozessabläufen zu verorten (siehe B in Abb. 4–17).
- Ein Betriebssystem ist für Anwenderprozesse ein Dienstleister, womit eine Realisierung als *Client/Server-Lösung* eine interessante Variante darstellt. Wiederum verbleibt der Prozesswechselcode in einer prozessübergreifenden Komponente, da er sich nicht eindeutig einem bestimmten Prozess zuordnen lässt. Systemdienste sind nun jedoch durch eine Sammlung von Systemprozessen realisiert, die ihre eigenen isolierten Ablaufumgebungen besitzen. Für privilegierte Aktionen, z.B. den Hardwarezugriff, müssen die Systemprozesse zumindest teilweise mit entsprechenden Privilegien versehen werden. Zudem wird ein prozessübergreifender Nachrichtenmechanismus für den Client/Server-Meldungsverkehr benötigt (siehe C in Abb. 4–17).

In der Praxis sind Betriebssysteme häufig als Hybridlösung mit Anteilen verschiedener Grundvarianten realisiert. Ob Systemfunktionen sequenziell zu Anwenderprozessen oder nebenläufig erbracht werden, wird ebenfalls unterschiedlich gelöst. Insbesondere ist zu beachten, dass innerhalb einzelner Systemprozesse oder sogar des Systemkerns Parallelität mit System-Threads realisiert werden kann, neben der offensichtlichen Nebenläufigkeit der Varianten (B) und (C).

4.3 Threads

Beim Prozessmodell hat jeder Prozess *virtuell* den ganzen Rechner *für sich alleine* zur Verfügung. Er kann den Adressraum frei belegen, sofern man von reservierten Systembereichen absieht. Er kann die Prozessorregister beliebig nutzen und ist gegenüber anderen Prozessen geschützt, d.h., jeder Prozess kann nur seine eigenen Daten sehen, aber nicht diejenigen eines anderen Prozesses. Prozesse sind daher gut geeignet für die Realisierung unabhängiger Applikationen, bei denen wenig Bedarf an Datenaustausch zwischen den Prozessen besteht, sich die Interprozess-Kommunikationsmechanismen des Betriebssystems effizient nutzen lassen und eine Applikation für »längere« Zeit läuft. Prozesse sind weniger geeignet, falls innerhalb einer bestimmten Applikation parallele Aktivitäten benötigt werden, Teilaktivitäten nur »kürzere« Zeit dauern und viele unabhängige Anfragen zu bedienen sind (z.B. Webserver). Auch die Nutzung gleicher Ressourcen durch parallele Abläufe (Ressourcengruppe) ist nur erschwert möglich. Deshalb war ein alternatives Konzept gefragt, das mit dem *Thread-Modell* gefunden wurde.

4.3.1 Thread-Modell

Threads beruhen auf der Grundidee paralleler Abläufe mit gemeinsamer Ressourcennutzung, d.h. mit einem gemeinsamen Adressraum und gemeinsamen weiteren Systemressourcen (geöffnete Dateien usw.). Will man den Begriff Thread definieren, so lautet dies wie folgt: Threads sind parallel ablaufende Aktivitäten in einem Prozess, d.h. Abläufe im gleichen Adressraum mit den gleichen globalen Variablen. In den meisten Betriebssystemen stehen Prozesse in einer bestimmten Beziehung zu Threads. Die Prozesse stellen typischerweise alle Ressourcen zur Verfügung und verwalten diese für die zugehörigen Threads. Threads innerhalb des gleichen Prozesses nutzen diese Ressourcen gemeinsam, die somit Teil der sogenannten Prozessumgebung sind.

Abb. 4–18 *Prozesse und Threads*

Damit besteht natürlich kein Schutz der Daten gegen Einsicht und Veränderung. Somit ist auch klar, dass ein universelles Betriebssystem neben dem Thread- auch das Prozessmodell unterstützen muss. In einer verallgemeinerten Form kann man sagen, dass jeder Prozess, der neu erzeugt wird, implizit mindestens einen Thread enthält. Der Prozess besitzt die Ressourcen und der Thread führt den Code aus. In der Tat lässt sich diese Art der Betrachtung recht gut auf gängige Betriebssysteme anwenden, wie wir bei den Beispielen sehen werden. Alternative Begriffe für Threads sind Stränge, Fäden, Leichtgewichtsprozesse (*Light Weight Processes*, *LWP*). Diese Begriffe beziehen sich teilweise auf spezielle Implementierungen des Thread-Modells, auf deren Details hier nicht eingegangen wird.

4.3.2 Vergleich Prozesse zu Threads

Aus Sicht der Anwendung eines Computers sind zwei wichtige Bedarfe für Parallelität von Interesse:

- Mehrere Applikationen sollen parallel auf einem Rechner betrieben werden (z.B. eine Textverarbeitung und ein E-Mail-Programm).
- Innerhalb einer Applikation sollen gewisse Dinge parallel ablaufen (z.B. Rechtschreibprüfung, Texteingabe, Zeilen- und Seitenumbruch bei einem Textsystem).

Im Anwendungsfall 1 wird die Software als eine Gesamtapplikation übersetzt und vertrieben. Der Hersteller kann und will sich nicht mit anderen Herstellern über benutzte Speicherbereiche absprechen. Dafür ist pro Applikation ein eigener virtueller Adressraum durch das Betriebssystem zur Verfügung zu stellen (siehe Abb. 4–19). Eine Programmausführung nach diesem Schema wird klassischerweise als Prozess bezeichnet.

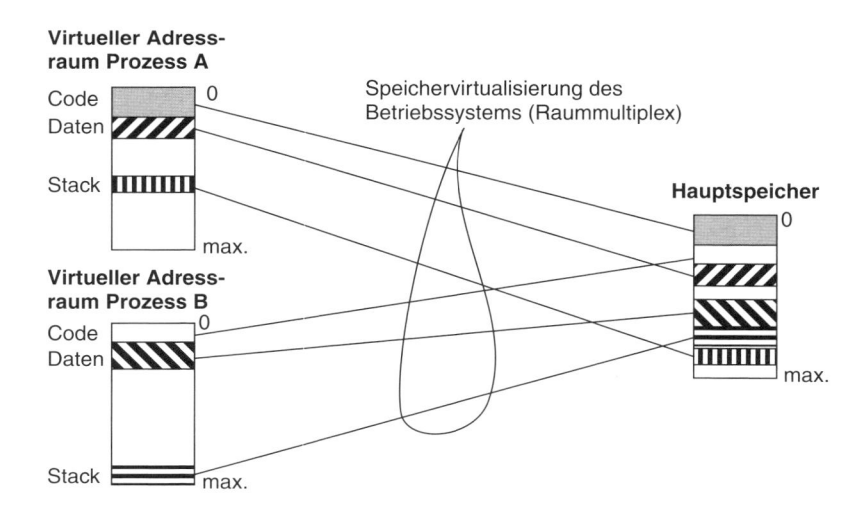

Abb. 4–19 *Mögliche Speicherbelegung für zwei Prozesse*

Im Anwendungsfall 2 handelt es sich um parallele Abläufe *innerhalb* der gleichen Applikation. Die nicht überlappende Speichernutzung wird bereits bei der Programmübersetzung im Bindevorgang (*linking*) gewährleistet. Es ist also nicht notwendig, für jeden dieser parallelen Abläufe einen eigenen virtuellen Adressraum vorzusehen. Damit kann Verwaltungsaufwand des Betriebssystems eingespart werden, indem sich alle diese parallelen Abläufe den gleichen virtuellen Adressraum teilen. Zudem ermöglicht es eine einfache Nutzung gemeinsamer Daten. Prozesse besitzen im Gegensatz dazu private virtuelle Adressräume, womit ihre Daten auch privat (unsichtbar) und damit geschützt bleiben. Private virtuelle Adressräume werden durch das Betriebssystem mithilfe einer Speicherverwaltungs-Hardware (*Memory Management Unit, MMU*) realisiert. Diese MMU muss bei der Prozessumschaltung umprogrammiert werden, damit der neu anlaufende Prozess seinen eigenen privaten Adressraum bekommt. Dies ist im Vergleich mit der Thread-Umschaltung innerhalb des gleichen Prozesses mit Mehraufwand verbunden (siehe Abb. 4–20).

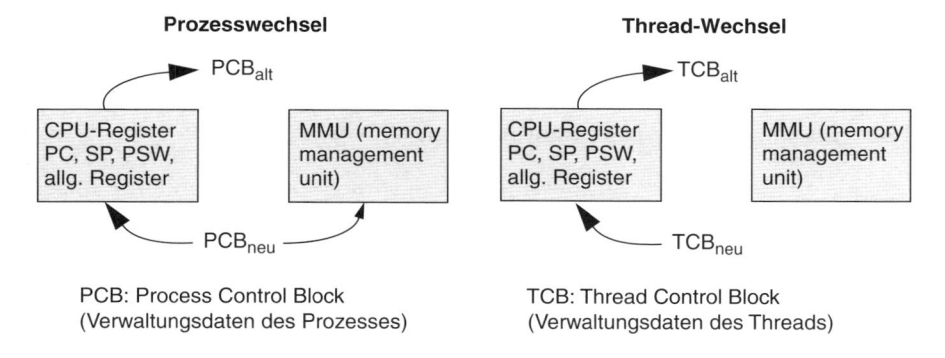

Prozesswechsel

PCB$_{alt}$

CPU-Register PC, SP, PSW, allg. Register → MMU (memory management unit)

PCB$_{neu}$

Thread-Wechsel

TCB$_{alt}$

CPU-Register PC, SP, PSW, allg. Register → MMU (memory management unit)

TCB$_{neu}$

PCB: Process Control Block (Verwaltungsdaten des Prozesses)

TCB: Thread Control Block (Verwaltungsdaten des Threads)

Abb. 4–20 *Aufwandvergleich bei Thread-/Prozessumschaltung*

Die Ausführungsumgebung eines Threads setzt sich einerseits aus der Prozessumgebung und andererseits aus gewissen threadspezifischen Daten zusammen. Threadspezifisch müssen bei jeder Umschaltung alle Prozessorregister gesichert werden. Da jeder Thread seinen eigenen Kontrollfluss besitzt, gehört dazu natürlich nicht nur der aktuelle Inhalt des Programmzählers und des Stapelzeigers, sondern auch ein privater Stapel. Schließlich besitzt jeder Thread seine eigene Aufrufhierarchie von Unterprogrammen.

Threads besitzen eine Reihe von Vorteilen gegenüber Prozessen.

- Schnellere Umschaltung zwischen Threads als zwischen Prozessen (keine MMU-Umprogrammierung). Dies ist günstig zur Bearbeitung kurzer Anfragen bzw. Aufträge in einem Serverprozess.
- Sehr einfache Nutzung gemeinsamer Ressourcen, da es sich um parallele Abläufe innerhalb der gleichen Applikation mit gleichen Ressourcen handelt.

- Bessere Nutzung der verfügbaren Rechenzeit, falls ein Teil der Aktivitäten innerhalb einer Applikation auf Ein-/Ausgaben warten muss. Während dieser Wartezeiten kann die CPU andere Aktivitäten, die gerade keine Ein-/Ausgaben benötigen, bearbeiten. Multithreading stellt zudem eine attraktive Alternative zu asynchroner Ein-/Ausgabe (siehe S. 505) dar.

Typische Beispiele für die Thread-Anwendung sind:

- *Textsysteme (z.B. MS Word)*: Die Vorgänge *Text eingeben*, *Rechtschreibung prüfen, periodisch Sicherungskopien auf der Platte anlegen* und *Zeilen-/Seitenumbruch* lassen sich effizient mittels vier Threads parallelisieren. Da die vier Vorgänge alle mit den gleichen Textdokumenten arbeiten, ist der gemeinsame Adressraum ein wichtiger Vorteil im Vergleich zu einer Lösung mit Prozessen.
- *Webserver*: Ein *Dispatcher-Thread* nimmt die Anfragen entgegen und startet für jede Anfrage einen *Worker-Thread*, der die benötigten Daten bereitstellt. Diese müssen entweder von der Platte geholt werden, was etwas länger dauert, oder stehen in einem Zwischenpuffer schnell verfügbar bereit (*web page cache*). Durch die Lösung mit Multithreading lassen sich auf jeden Fall etwaige Wartezeiten auf Plattendaten parallelisieren.

4.3.3 Implementierung des Multithreading

Die Implementierung des Multithreading ist eigentlich eine systeminterne Angelegenheit, hat aber einen beträchtlichen Einfluss auf den zeitlichen Ablauf von Programmen. Daher ist es essenziell, hier ein gutes Grundverständnis zu besitzen. Aus Sicht der Applikationsfunktion spielt die Implementierung des Thread-Modells keine Rolle, da in jedem Fall funktional das Gewünschte erbracht wird. Die Unterschiede liegen vielmehr im zeitlichen Verhalten des Programms, da die Zuteilung von Rechenzeit von der Implementierungsform abhängt. Bezogen auf die Programmierschnittstelle ist die Implementierung des Multithreading an und für sich transparent, d.h. nicht sichtbar, kann aber meist durch die Auswahl der Systemfunktionen beeinflusst werden. Nachfolgend sprechen wir von zwei Thread-Formen, die zuerst genauer definiert sein wollen:

- *User-Level-Thread (UL-Thread)*: Dies ist ein Thread, wie er für den Programmierer sichtbar ist. Wird eine Software entworfen, so legt man die Anwendung von UL-Threads fest, die eine gewünschte Parallelität logisch realisieren.
- *Kernel-Level-Thread (KL-Thread)*: Dies ist ein Thread, der tatsächlich auf der CPU abläuft. Der KL-Thread ist dem Betriebssystem bekannt und erhält vom Betriebssystem aufgrund einer bestimmten Strategie Rechenzeit zugeteilt.

Aufgrund obiger Definitionen ist sofort ersichtlich, dass ein abstrakter UL-Thread einem konkreten KL-Thread zugeteilt werden muss, damit er real zur Ausführung gelangen kann. Im einfachsten Fall wäre jedem UL-Thread genau ein KL-Thread zugeteilt und die Unterscheidung der zwei Thread-Formen könnte entfal-

4.3 Threads

len. Aus historischen und technischen Gründen ist dies jedoch nicht immer der Fall, sondern es existieren Lösungen, bei denen sich mehrere UL-Threads einen gemeinsamen KL-Thread teilen. Diese Varianten sind nachfolgend beschrieben.

Klassifikation nach Thread-Kardinalitäten

Eine gängige Klassifikation von Multithreading-Realisierungsformen baut auf dem Verhältnis von UL- zu KL-Threads auf. Es sind folgende drei Varianten zu unterscheiden:

- *m:1-Zuordnung*: Alle zu einem Applikationsprozess gehörenden UL-Threads werden einem einzigen KL-Thread zugeordnet. Das Multithreading findet hier vollständig außerhalb des Systemkerns auf der Benutzerebene statt.
- *1:1-Zuordnung*: Jedem UL-Thread ist genau ein KL-Thread zugeordnet. Das Multithreading findet hier vollständig auf der Systemebene statt.
- *m:n-Zuordnung*: Einem KL-Thread sind mehrere UL-Threads zugeordnet und es gibt mehrere KL-Threads pro Prozess. Dies ist eine Hybridlösung.

m:1-Zuordnung

Alle zu einem bestimmten Prozess gehörenden UL-Threads sind genau einem KL-Thread zugeordnet (siehe Abb. 4–21). Diese Situation liegt immer dann vor, wenn das Betriebssystem kein Multithreading kennt. In diesem Fall teilt das Betriebssystem die Rechenzeit den einzelnen Prozessen zu. Die Zuteilung von Rechenzeit zu den einzelnen Threads findet auf der Benutzerebene statt, wenn der zugehörige Prozess gerade am Ablaufen ist.

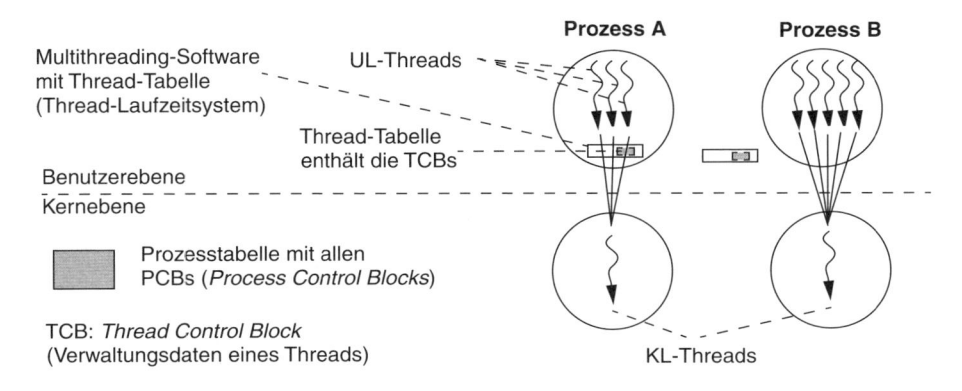

Abb. 4–21 *Multithreading auf der Benutzerebene (Beispiel einer m:1-Zuordnung)*

Der Betriebssystemkern weiß nichts über das Multithreading, was zur Folge hat, dass das Betriebssystem alle Threads eines bestimmten Prozesses als einen einzigen Prozess (*single-threaded process*) behandelt. Manchmal gibt es aber auch

Gründe, die m:1-Zuordnung unter einem Betriebssystem einzusetzen, das ein Multithreading auf der Systemebene unterstützt. Realisiert wird die m:1-Zuordnung typischerweise durch eine Programmbibliothek, auf welche die Applikationssoftware aufsetzt. Für die Zuteilung von Rechenzeit liegt ein *zweistufiges Zuteilungssystem* vor (siehe Schalteranalogie in Abb. 4–22).

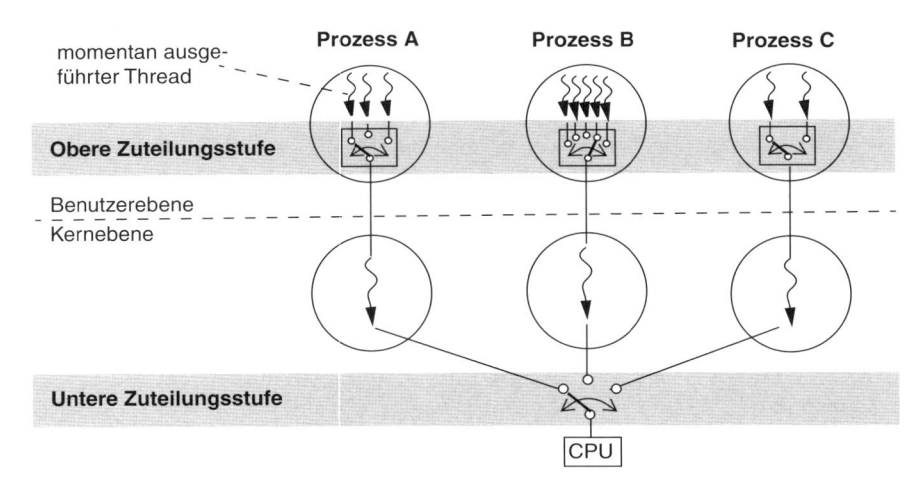

Abb. 4–22 *Schalteranalogie für das zweistufige Zuteilungssystem*

Einerseits nimmt die Thread-Verwaltungssoftware eine Zuteilung innerhalb eines Prozesses vor (obere Stufe), andererseits nimmt der Systemkern eine Zuteilung der Rechenzeit jeweils zu ganzen Applikationsprozessen bzw. dem zugeordneten KL-Thread vor (untere Stufe). Die Nachteile sind offensichtlich. Die Zuteilung auf der Benutzerebene kann nur Threads innerhalb des gleichen Prozesses auswählen. Die Zuteilung auf der Systemebene kennt die einzelnen UL-Threads nicht und wird daher keine optimalen Zuteilungsentscheide treffen können.

Die Vorteile der m:1-Zuordnung sind:

- Es ist die einzige Lösung für nicht Multithreading-fähige Betriebssysteme (vor allem ältere Unix-Systeme ließen sich auf diesem Weg mit Multithreading-Fähigkeiten ausstatten).
- Der Einsatz computersprachbezogener Multithreading-Modelle ist möglich (z.B. Java-Threads).
- Man erhält eine sehr schnelle Thread-Umschaltung, da kein Ein- und Austritt in den Kernmodus nötig ist (Thread-Umschaltung im Benutzermodus).
- Jeder Prozess kann bei Bedarf sein eigenes Multithreading-Modell realisieren (inklusive einer angepassten Strategie zur Rechenzeitzuteilung).
- Skaliert besser, da kein Tabellenplatz für Threads im Betriebssystemkern belegt wird.

Die Nachteile sind:

- Bei blockierenden Systemaufrufen blockieren alle Threads eines Prozesses, da aus Sicht des Betriebssystems nur ein einziger Prozess läuft (adäquate nicht blockierende Systemaufrufe fehlen oft).
- Bei Seitenfehlern müssen alle Threads eines Prozesses warten (Seitenfehler kommen in einem virtuellen Speichersystem vor, wenn momentan fehlende Speicherinhalte von der Platte nachgeladen werden müssen, s.a. Abschnitt 8.5.2).
- Die Vorteile eines Multiprozessorsystems können nicht genutzt werden, da alle Threads zwangsweise auf der gleichen CPU ablaufen.

Es existieren zwar Lösungen für diese Probleme, aber mit weiteren massiven Nachteilen.

1:1-Zuordnung

Die Zuteilung von Rechenzeit, d.h. die Umschaltung zwischen den Threads, findet auf der Systemebene statt. Das Betriebssystem weiß damit über die Existenz der Threads Bescheid. Es führt Buch über die aktuellen Thread-Zustände in einer Thread-Tabelle, die alle TCBs (*Thread Control Blocks*) enthält. Insbesondere findet die Zuteilung von Rechenzeit umfassend innerhalb des Betriebssystems statt.

Die Vorteile sind:

- Behebt die Nachteile der Lösung auf der Benutzerebene.
- Ist einheitlich für alle laufenden Prozesse.
- Ist (immer noch) schneller als eine reine Verwendung von Prozessen zur Parallelisierung.
- Die Vorteile eines Multiprozessorsystems können genutzt werden, denn das Betriebssystem kann ablaufbereite Threads auf die verfügbaren CPUs verteilen.

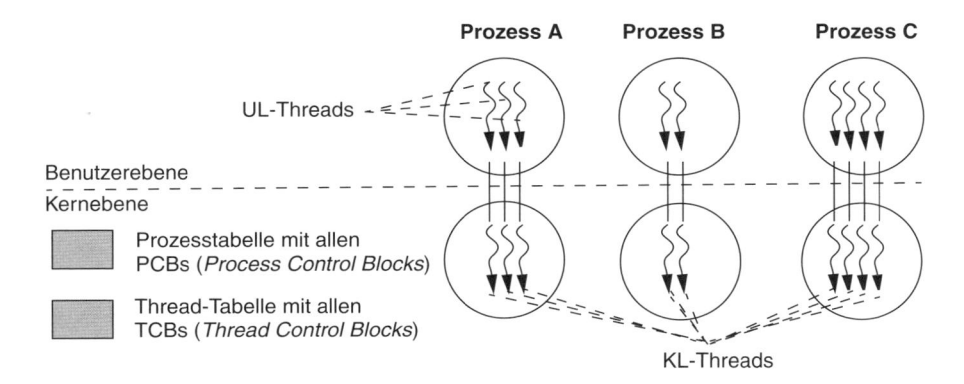

Abb. 4–23 *Multithreading auf Systemebene (Beispiel einer 1:1-Zuordnung)*

Die Nachteile sind:
- Im Vergleich zur Lösung auf der Benutzerebene langsamer (Umschaltung in Kernmodus für Thread-Wechsel nötig).
- Skaliert schlechter, da systemintern für jeden Thread Ressourcen belegt werden (im Gegensatz zur m:1-Zuordnung, die das in der Multithreading Library löst).

Da die Prozessorzuteilung nur an einem einzigen Ort stattfindet, ist es einfach möglich, eine global wirksame Strategie zu etablieren.

m:n-Zuordnung

Diese Variante versucht die Vorteile beider Lösungen zu kombinieren (für ein Beispiel siehe Abb. 4–24).

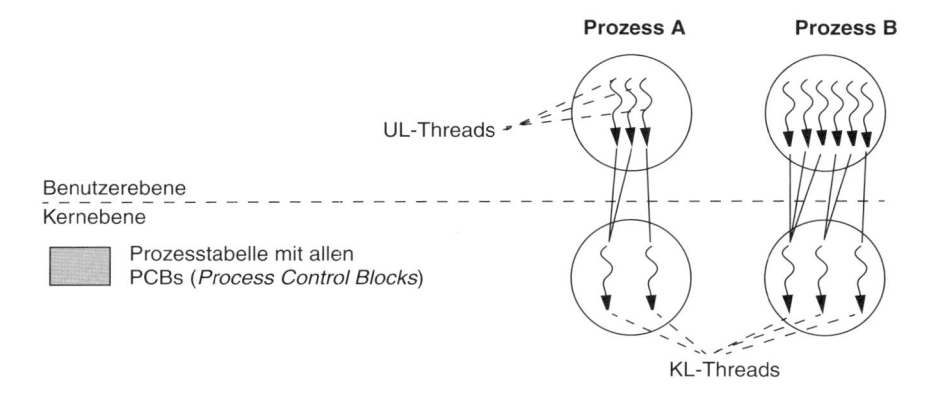

Abb. 4–24 Multithreading als Hybridlösung (Beispiel einer m:n-Zuordnung)

Eine Beurteilung ist nur anhand konkreter Lösungen möglich, von denen wir zwei betrachten wollen.

- *Lösungsvariante »scheduler activation«*: Es kommt eine Multithreading-Programmbibliothek zum Einsatz, die für die UL-Threads eine begrenzte Anzahl von KL-Threads anlegt und als *Thread-Pool* zur Verfügung stellt. Die Anzahl an UL-Threads ist dabei größer als die Anzahl der verfügbaren KL-Threads aus dem *Thread-Pool*. Die Aufgabe der Multithreading-Verwaltungssoftware besteht darin, die UL-Threads jederzeit den KL-Threads so zuzuordnen, dass lauffähige UL-Threads nicht blockiert werden. Um eine Blockierung eines UL-Threads zu erkennen, informiert das Betriebssystem das Laufzeitsystem, falls ein Systemaufruf blockiert bzw. ein ganzer Prozess wegen eines Seitenfehlers blockiert wird. Durch diesen »upcall« kann das Multithreading-Laufzeitsystem eine Prozessorneuzuteilung auf der Benutzerebene durchführen. Kommt für diese Prozessorneuzuteilung ein UL-Thread zur Auswahl, der einem momentan blockierten KL-Thread zugeordnet ist, so wird der UL-Thread neu einem anderen noch freien KL-Thread aus dem *Thread-Pool* zugeordnet. Eine typische Zuordnung ist in Abbildung 4–24 dargestellt. Die Prozessorzuteilung findet zweistufig statt, wobei per *upcall* der im Benutzermodus laufende Scheduler koordiniert wird. Dies stellt eine recht komplexe Aufgabe dar und ist aus Sicht der Systemarchitektur keine saubere Lösung. Die Aufgabentrennung zwischen unterer Schicht (Betriebssystemebene) und oberer Schicht (Benutzerebene) ist durchbrochen.

- *Lösungsvariante »Pop-up-Threads«*: Diese Lösung ist günstig für den häufigen Fall der »Thread-pro-Anfrage-Situation« (Client/Server-Konfiguration), eignet sich also für Dienstanforderungen (*service request*) per Systemmeldungen. Pro empfangene Meldung wird ein Behandlungs-Thread automatisch erzeugt. Allerdings laufen die Pop-up-Threads im Kernmodus mit entsprechendem Schädigungspotenzial.

4.3.4 Threads & Fibers unter Windows

Threads

Wird ein Prozess erzeugt, so stellt dieser eine Ausführungsumgebung für Threads zur Verfügung. Der Code des Prozesses wird durch einen sogenannten *primary thread* ausgeführt, der automatisch zusammen mit dem Prozess erzeugt wird. Der *primary thread* kann weitere Threads erzeugen, die sich dann die gemeinsame Prozessumgebung teilen. Jeder weitere Thread kann ebenfalls neue Threads erzeugen, die dann ebenfalls zum gleichen Prozess gehören. Die zur Verfügung stehenden Systemaufrufe rund um die Windows-Threads sind die folgenden:

- `CreateThread()`   Erzeugt einen Thread
- `CloseHandle()`   Gibt Thread_Handle frei (Thread kann weiterlaufen)
- `ExitThread()`   Thread beendet sich selbst
- `TerminateThread()`   Fremden Thread beenden
- `GetExitCodeThread()`   Thread-Rückgabewert abfragen

Als Nächstes betrachten wir die notwendigen Schritte zur Thread-Erzeugung unter Windows anhand eines Programmbeispiels:

```
#include <stdio.h>
#include <stdlib.h>
#include <windows.h>              // Windows-Programmierschnittstelle

DWORD WINAPI ThreadFunc(LPVOID);  // Vorwärtsdeklaration

int main()
{                                 // Code des primären Threads
   HANDLE hThrd;
   DWORD  threadId;
```

```
    hThrd = CreateThread(NULL,       // Security Descriptor
             0,                       // Reservierter Speicher für Stapel
             ThreadFunc,              // Startadresse des Threads (Code)
             (LPVOID)99,              // Initialparameter für Thread
             0,                       // Startzeitpunkt (0 für sofort)
             &threadId);              // Thread-Identifikation
    if (hThrd) {
       printf("Thread launched %d\n", threadId);
       CloseHandle(hThrd);
    }

     Sleep(2000);
     return EXIT_SUCCESS;
} // end main


DWORD WINAPI ThreadFunc(LPVOID n)
{    // Code des zusätzlichen Threads
     printf("Thread entered; initial thread parameter is: %d\n",n);
     return 0;
} // end ThreadFunc
```

Mithilfe der Systemfunktion CreateThread() wird aus dem ersten Thread (entspricht main()) ein zweiter Thread erzeugt und sogleich gestartet. Die zwei Threads konkurrieren sodann um die Zuteilung von Rechenzeit. Für die Thread-Erzeugung wird ein Systemobjekt (Thread-Objekt) angelegt. Dieses trägt eine Sicherheitseinstellung, die festlegt, ob und wie darauf zugegriffen werden kann (im Beispiel: Standardzugriff). Die Größe des reservierten Speichers für die Stacks im virtuellen Adressraum kann eingestellt werden. Der sofort zugeteilte physische Speicher (Hauptspeicherplatz) wird unabhängig davon von der Speicherverwaltung nach konkretem Bedarf geregelt.

Für den Code des Threads ist eine Thread-Funktion nach einem vorgegebenen Prototyp zu deklarieren, wobei diese Thread-Funktion frei ist, weitere Subroutinen aufzurufen. Interessant ist die Möglichkeit, der Thread-Funktion einen Anfangsparameter mitzugeben. Damit kann ein Thread mehrfach instanziiert werden, wobei jede erzeugte Instanz einen eigenen Datensatz bearbeiten kann, der über den Anfangsparameter identifiziert wird. Der Anfangsparameter ist als Zeiger auf untypisierte Daten festgelegt. Dazu wird der Datentyp LPVOID benutzt. Der Grund dafür, dass nicht ein void *-Datentyp verwendet wird, wie er von der Programmiersprache C dafür vorgesehen ist, liegt darin, dass das Betriebssystem eine zwingende Größe des Parameters von vier Byte (32 Bit) verlangt. Eine Zeigerimplementierung in C ist hingegen compilerabhängig und hat nicht unbedingt diese Größe. Genau genommen kann jeder Wert, der in vier Byte darstellbar ist, als anfänglicher Thread-Parameter benutzt werden. Dazu ist eine passende Typenumbiegung (Typecast) vorzunehmen, was in dieser Situation leider nicht vermeidbar ist. Derartige Typecasts sollten stets mit der nötigen Vorsicht und dem Wissen ihrer genauen Bedeutung und Auswirkung eingesetzt werden.

Im Beispiel wird geprüft, ob die Thread-Erzeugung erfolgreich war. Eine derartige Fehlerüberprüfung sollte auf keinen Fall fehlen. Im Beispiel wird diese Fallunterscheidung auch dazu verwendet, um situationsgerecht die Systemfunktion CloseHandle() aufzurufen. Dieser situationsbezogene Aufruf ist darum zwingend, weil ein Aufruf von CloseHandle() auf einem beliebigen, hier im Beispiel zufälligen Wert von hThrd ungeahnte Folgen haben kann. So könnte der zufällige Wert von hThrd den Handle einer anderen Ressource darstellen, mit der im Programm gearbeitet wird (ist in diesem einfachen Beispiel allerdings nicht der Fall). Diese Ressource wäre anschließend nicht mehr zugreifbar. Und wenn beim versuchten Zugriff dann auch keine Fehlerbehandlung gemacht wird, besteht die Gefahr, dass die Applikation sich auf unfeine Art verabschiedet oder anderweitig nicht richtig weiterläuft.

Die korrekte Freigabe von Systemressourcen vermeidet sogenannte Ressourcenlecks (*resource leaks*), d.h. die belastende Anhäufung von Systemobjekten, die aufgrund der nicht aufgelösten Referenz in der Applikation nicht gelöscht werden können. Eine mögliche Problemsituation könnte in einem Serverprozess entstehen, wenn er für jeden Client-Auftrag einen bearbeitenden Thread (*worker thread*) erzeugt und die durch den wiederholten Aufruf von CreateThread() bezogenen Handles vergisst mittels CloseHandle() wieder freizugeben. Es ist dann nur eine Frage der Zeit, bis keine Systemobjekte mehr angelegt werden können, weil die Systemressourcen erschöpft sind. Unter Umständen kann auf diese Art und Weise eine ganze Servermaschine lahmgelegt werden, im Minimum jedoch der Serverprozess selbst. Weniger problematisch ist das Vergessen von CloseHandle()-Aufrufen in normalen Applikationen, die im Gegensatz zu Serverprozessen nur eine begrenzte Laufzeit haben. Wird eine Anwendung beendet, so gibt das Betriebssystem automatisch alle bezogenen Ressourcen wieder frei, unabhängig davon, ob ein CloseHandle()-Aufruf gemacht wurde.

Enthält eine Applikation mehrere Threads, so ist es wichtig, dass der erste Thread (*primary thread*) nicht vor allen anderen Threads terminiert, da damit die gesamte Applikation beendet wird. Dies ist eine spezifische Eigenschaft des *Primary Thread*.

Eine Applikationsterminierung schließt die Freigabe aller belegten Ressourcen ein und dazu gehören sämtliche übrigen Threads des Prozesses, die damit terminiert werden. Im Beispiel wird dieses Problem einfach, aber wenig elegant durch den Aufruf der Systemfunktion Sleep() gelöst, die den ersten Thread für zwei Sekunden (2000 ms) warten lässt. Eine etwas bessere Lösung besteht darin, in einer Bedingungsschleife Sleep() und GetExitCodeThread() so lange aufzurufen, bis der Thread-Status auf »beendet« wechselt. Die optimale Lösung nützt die Tatsache aus, dass das Thread-Objekt vom Zustand »nicht signalisiert« in den Zustand »signalisiert« wechselt, wenn der Thread terminiert. Dazu ruft man im ersten Thread einfach die Wartefunktion `WaitForSingleObject()` auf unter Verwendung des Thread-Handles als Parameter. Muss auf mehrere Threads gewartet werden, so steht die Systemfunktion `WaitForMultipleObjects()` zur Verfügung, die auf die Signalisierung mehrerer Thread-Objekte warten lässt, die man in Form eines Array-Parameters spezifiziert. In GUI-Anwendungen kann das Warten auf Thread-Terminierungen auch mit dem Warten auf Windows-Meldungen kombiniert werden (Systemfunktion `MsgWaitForMultipleObjects()`).

Fibers

Neben den Windows-Threads, die über ein Multithreading im Systemkern realisiert sind, besteht zusätzlich die Möglichkeit eines Multithreading im Benutzermodus. So können neben den normalen Threads (Fäden) auch sogenannte *Fibers (Fasern)* eingesetzt werden. Dies sind *User-Level-Threads*, die mit in der Regel sehr einfachen Prozessorzuteilungsalgorithmen durch die Applikation selbst verwaltet werden. Ihr Einsatzbereich beschränkt sich auf spezielle Fälle, in denen die Nachteile des Multithreading auf Benutzerebene keine Rolle spielen oder in Kauf genommen werden müssen:

- Portierung von Unix-Applikationen mit *User-Level-Threads* auf Windows. Dies ist bei Benutzung der Fibers einfacher zu handhaben.
- Es werden keine blockierenden Systemaufrufe gemacht. Von Vorteil ist die im Vergleich mit Threads schnellere Umschaltung zwischen Fibers.
- Es sollen Koroutinen programmiert werden. Bei diesen wird die Umschaltung durch das Programm gesteuert und nicht durch das Betriebssystem.

Systemfunktion	Beschreibung
`ConvertThreadToFiber()`	Bereitet einen Thread für die Verwendung von Fibers vor (der Thread wird damit quasi zum *Primary Fiber*).
`CreateFiber()`	Erzeugt einen Fiber. Jeder Fiber besitzt einen eigenen Stapel und eine Startadresse, ebenfalls ist ein initialer Parameter möglich. Der neue Fiber läuft erst an, wenn ein `SwitchToFiber()` zu ihm aufgerufen wird.
`SwitchToFiber()`	Aufrufender Fiber veranlasst die Umschaltung zu einem anderen Fiber (spezifiziert als Parameter).
`GetFiberData()`	Fragt den eigenen initialen Parameter ab.
`GetCurrentFiber()`	Eigene Fiber-Adresse abfragen (entspricht der Adresse der Fiber-Verwaltungsdaten und nicht der Startadresse). Wird z.B. als Parameter für `SwitchToFiber()` benötigt.
`DeleteFiber()`	Einen anderen Fiber terminieren. Falls auf den Aufrufer selbst angewendet: terminiert ganzen Thread.

Tab. 4–5 *Windows Fiber-Funktionen*

4.3 Threads

Die Fibers werden erst ab Windows 2000 unterstützt. Die Umschaltung zwischen den Fibers erfolgt direkt unter der Kontrolle des Anwenderprogramms. Ein Überblick der verfügbaren Systemfunktionen in Tabelle 4–5 zeigt die Möglichkeiten dieses speziellen Konzepts (ohne Beschreibung der Aufrufparameter).

In dem unten stehenden Beispielprogramm verwandelt sich die main()-Funktion in einen Primary Fiber. Dies ist die Voraussetzung dafür, dass sie ein Fiber-Scheduling benutzen kann. Es werden Fiber1 und Fiber2 erzeugt, denen beiden ein initialer Parameter übergeben wird (&t1, &t2). Nun löst der Primary Fiber eine Umschaltung zu Fiber1 explizit aus. Fiber1 nimmt den initialen Parameter entgegen und legt an der Adresse, auf die er hinzeigt, die Adresse der Zeichenkette »Ich bin Fiber1« ab. Nun löst er den Wechsel zu Fiber2 explizit aus. Fiber2 setzt seinen Text gleichartig wie Fiber1 auf und schaltet dann explizit zum Primary Fiber weiter. Dieser gibt die zwei vorbereiteten Texte auf die Konsole aus, löscht die zwei Fibers und terminiert dann selbst.

```c
#include <windows.h>
#include <stdio.h>

LPVOID Fiber[3];

VOID CALLBACK Fiber1Func(LPVOID lpParameter)
{
   char **pt1 = (char **)lpParameter;

   *pt1 = "Ich bin Fiber1!";            // Bereite Text vor (t1)
   SwitchToFiber(Fiber[2]);             // Weiter zu Fiber2
}

VOID CALLBACK Fiber2Func(LPVOID lpParameter)
{
   char **pt2 = (char **)lpParameter;

   *pt2 = "Ich bin Fiber2!";            // Bereite Text vor (t2)
   SwitchToFiber(Fiber[0]);             // Zurück zu Primary Fiber
}

int main(int argc,char *argv[])
{
   char *t1="\0"; char *t2="\0";

   Fiber[0]=ConvertThreadToFiber(NULL);       // Werde zum Fiber
   Fiber[1]=CreateFiber(0,Fiber1Func,&t1);    // Erzeuge Fiber1 (Par. t1)
   Fiber[2]=CreateFiber(0,Fiber2Func,&t2);    // Erzeuge Fiber2 (Par. t2)
   SwitchToFiber(Fiber[1]);                   // Weiter zu Fiber 1
   printf("Meldung von Fiber1: %s\n", t1);    // ... wieder zurück,
   printf("Meldung von Fiber2: %s\n", t2);    // gib Texte aus ...
   DeleteFiber(Fiber[1]);                     // Lösche Fiber1
   DeleteFiber(Fiber[2]);                     // Lösche Fiber2
   return 0;
}
```

Man beachte, dass die Systemfunktion CreateFiber() zwar einen Fiber anlegt, ihn aber nicht startet. Das Scheduling muss explizit durch das Programm selbst erledigt werden (kein implizites Scheduling, wie z.B beim Multithreading). Bei der Arbeit mit Fibers liegt es an der Applikation selbst, eine Prozessorzuteilungsroutine zu realisieren. Übernimmt ein *Master-Fiber* die Steuerung der Fiber-Umschaltung, so bezeichnet man dies als *master-slave scheduling*. Gibt jeder Fiber hingegen selbstständig die Kontrolle an einen anderen Fiber weiter, so handelt es sich um ein *peer-to-peer scheduling*.

4.3.5 Threads unter Unix

Unter Unix stellt ein Prozess eine Ausführungsumgebung, den Code und die initialisierten Variablen zur Verfügung. Vergleichbar mit Windows enthält jeder Prozess anfänglich einen einzelnen Thread, der in einem C-Programm der main()-Funktion entspricht. Zu beachten ist, dass ältere Unix-Systeme oft kein Multithreading unterstützen, d.h. die Parallelverarbeitung rein durch parallel ablaufende Prozesse realisieren (trotzdem existiert natürlich immer dieser einzelne für den Programmierer nicht sichtbare Thread, der den Code ausführt). Threads unter Unix sind eine nachträgliche Ergänzung des Betriebssystems. Heute ist diese Erweiterung ein obligatorischer Bestandteil eines Unix-Systems entsprechend der *Single Unix Specification*. Vielen Leuten ist diese Standardlösung unter dem Namen *POSIX-Threads* oder *PThreads* bekannt, da die etwas ältere POSIX-Norm dazu die Grundlage bot. Daneben gibt es immer noch proprietäre Lösungen, wie etwa die *Solaris Light Weight Processes (LWP)* von Sun Microsystems. Diese verlieren aber zunehmend an Bedeutung.

Nachfolgend ist ein Beispiel einer Thread-Erzeugung und Beendigung zu sehen. Die Variable thread_id des opaken Datentyps pthread_t nimmt von pthread_create() die zugeteilte Thread-Identifikation entgegen, sofern die Thread-Erzeugung erfolgreich war. Einem neu erzeugten Thread kann als vierter Aufrufparameter von pthread_create() ein Wert mitgegeben werden. Genau genommen übergibt man einen Zeiger als Startwert, im Beispiel ist dies ein Nullzeiger. Man beachte, dass die Thread-Funktion nicht mit exit() beendet werden darf, denn dies würde nicht nur den Thread, sondern den ganzen Prozess beenden! Eine korrekte Thread-Beendigung erfolgt durch einen Aufruf von pthread_exit() oder mittels der return()-Anweisung, die implizit wiederum pthread_exit() aufruft. Übrigens, der Aufrufparameter von pthread_exit() ist ein Zeiger auf eine Variable, die den Rückgabewert enthält. Diese Variable muss daher das Thread-Ende überleben, dies ist beispielsweise für eine lokale Variable der Thread-Funktion nicht der Fall!

4.3 Threads

```c
#include <pthread.h>

void *thread_func (void *arg) // Thread function
{
   static int retval=0;    // Überlebt Thread-Ende, okay für 1 Thread-Instanz
   return(&retval);
}

main (int argc, char *argv[])
{
   pthread_t thread_id;
   void *thread_result;
   int status;

   status = pthread_create (&thread_id, NULL, thread_func, NULL);
   if (status != 0) exit (-1);
   status = pthread_join (thread_id, &thread_result);
   if (status != 0) exit (-1);
   if (thread_result == NULL)
      exit(0);
   else
      exit(1);
}
```

Nachfolgend sind die wichtigsten Funktionen zur Thread-Erzeugung und -Beendigung aufgeführt. Dabei fehlen die Synchronisationsfunktionen – diese werden in Abschnitt 5.4 vorgestellt. Die Pthread-Funktionen geben 0 bei Erfolg und sonst einen Fehlercode zurück. Das heißt, sie setzen errno nicht. Mit Einschränkungen kann jedoch die Funktion strerror() für die Auswertung des Fehlercodes dienen.

- pthread_create() Erzeugt einen neuen Thread
- pthread_self()   Fragt eigene Thread-Identifikation ab
- pthread_exit()   Beendet eigene Thread-Ausführung
- pthread_join()   Wartet auf das Ende eines Threads
- pthread_detach() Kein Warten auf Thread-Ende vorgesehen

Als erster Thread in einem Programm fungiert die main()-Funktion, die man *Primary Thread* oder *Master-Thread* nennt. Sie kann weitere Threads erzeugen, muss aber vergleichbar mit dem fork()/wait()-Verfahren bei Prozessen auf das Ende jedes von ihr erzeugten Threads warten. Dazu dient der Aufruf von pthread_join(), der auch den Rückgabewert des Threads liefert (im Beispiel wiederum NULL). Will man nicht auf das Thread-Ende warten, so kann dies der Multithreading-Verwaltung durch Aufruf der Funktion pthread_detach() mitgeteilt werden. Keine gute Lösung wäre hingegen, einfach den Aufruf von pthread_join() wegzulassen, da dadurch die Verwaltungsdaten eines Threads nicht freigegeben werden, wenn er endet (*resource leak*). Da die Thread-Funktionen nicht Teil des Systemkerns sind, sondern in einer separaten Funktionsbibliothek vorliegen, muss die Bibliotheksdatei pthread beim Binden des Programms angegeben werden. Für den Einbezug der Funktionsprototypen in einem Programm dient die Header-Datei `pthread.h`.

4.3.6 Anwendungsprobleme

Bei der Nutzung von Threads sollten ein paar wichtige Punkte beachtet werden, um die offensichtlichsten Stolperfallen zu umgehen.

- Es sollten keine Annahmen getroffen werden, in welcher Reihenfolge die Threads ablaufen. Es kann sein, dass der Master-Thread, der eine Reihe weiterer Threads erzeugt hat, lange weiter läuft, bis irgendeiner der neuen Threads anläuft. Andererseits könnten die neu erzeugten Threads sofort anlaufen, bevor der Master-Thread weitere Anweisungen ausführen kann. Auf Multiprozessorsystemen könnten sogar alle Threads echt parallel ablaufen.
- Aus Punkt 1 folgt: Jeder Thread sollte private Daten benutzen. Eine gemeinsame Nutzung von Datenstrukturen unter Annahme einer bestimmten Nutzungs- bzw. Ablaufreihenfolge ist zum Scheitern verurteilt (oder bedingt die Verwendung zusätzlicher Synchronisationsfunktionen, siehe dazu Kap. 5). Private Daten können mittels des initialen Thread-Parameters jedem Thread individuell mitgegeben werden.
- Aus Punkt 1 folgt weiterhin: Der Master-Thread sollte alle Initialisierungen schon erledigt haben, wenn er die anderen Threads erzeugt. Sie könnten sonst zu spät kommen. Dies ist ein häufig auftretender Fehler in der Programmierpraxis.
- Es sollte unter der Annahme programmiert werden, dass jeder Thread zu jedem beliebigen Zeitpunkt verdrängt werden kann und zu einem nicht vorhersagbaren Zeitpunkt weiterläuft. Eine Ablaufreihenfolge durch die Benutzung unterschiedlicher Thread-Prioritäten zu erzwingen, kann schieflaufen (z.B. dynamische Prioritätsanpassung durch Systemkern!).
- Applikationen, die Multithreading nutzen, können je nach System, Größe des Speichers und Anzahl der Prozessoren zeitlich sehr unterschiedlich ablaufen.

4.3.7 Task-Konzept

In der Windows-Welt war Multithreading von Anfang an vorgesehen, weswegen eine klare Unterscheidung zwischen Prozessen und Threads in den Systemdatenstrukturen existiert. Dies gilt aber nicht für alle Unix-Systeme, da hier die Wurzeln weiter in der Vergangenheit liegen. Denn erst mit der Weiterentwicklung der ursprünglichen Unix-Systeme wurden die parallelen Prozesse mit der Möglichkeit des Multithreading ergänzt. Beim Apple Mac OS X und unter Linux wurde hierzu einfach der Prozesserzeugungsmechanismus erweitert, der als *Taskerzeugung* bezeichnet wird. Wird ein neuer Task erzeugt, der sich den virtuellen Adressraum mit einem bereits existierenden Task teilt, dann entsteht ein neuer Thread. Wird dem neuen Task jedoch ein eigener virtueller Adressraum zugeordnet, so handelt es sich um einen neuen Prozess.

4.4 Prozessorzuteilungsstrategien

4.4.1 Quasiparallelität im Einprozessorsystem

Für die Ausführung paralleler Prozesse wäre idealerweise pro Prozess ein eigener Prozessor nötig. Da dies aber sehr aufwendig ist, hat man Verfahren entwickelt, die es erlauben, mehrere Prozesse quasi gleichzeitig auf dem gleichen Prozessor auszuführen.

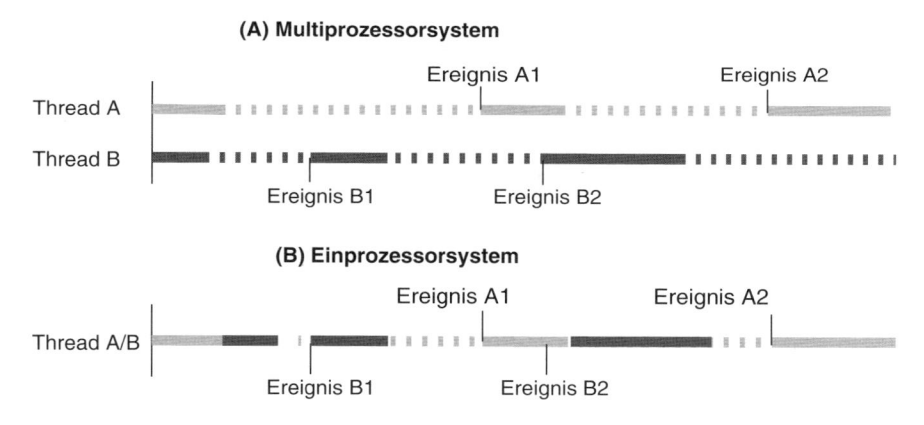

Abb. 4–25 *Grobe Sicht des zeitlichen Ablaufs (Ein- und Multiprozessorsystem)*

Dabei geht man davon aus, dass die Prozesse nicht dauernd Rechenleistung benötigen, da sie zwischendurch auf Ereignisse irgendwelcher Art warten müssen. Dies können interne Ereignisse, wie z.B. Signale oder Meldungen von anderen Prozessen, Peripheriezugriffe mit Wartezeiten (Ein-/Ausgabe auf Platten, Netzwerkschnittstellen usw.), oder externe Ereignisse, wie z.B. das Ansprechen eines Sensors, sein. In Abbildung 4–25 sind zwei wichtige Folgerungen für die Parallelverarbeitung im Einprozessorsystem anhand eines Beispielablaufs illustriert:

- Die von allen Prozessen benötigte Rechenzeit muss insgesamt kleiner sein als die vom Prozessor zur Verfügung gestellte Rechenzeit. Nur so kann der Durchsatz garantiert werden.
- Die Reaktionszeiten auf Ereignisse werden beeinflusst (z.B. verzögerte Bearbeitung im Fall B in Abb. 4–25). Diese Beeinflussung ist von verschiedenen Faktoren abhängig.

Wie ist das »warten auf …« zu lösen, ohne dass die Prozesse Rechenzeit verbrauchen? Erstens, das Betriebssystem muss die Prozesse blockieren, d.h. schlafen legen können. Zweitens, es sind keine aktiven Warteschleifen (*busy waits*) im Programmablauf erlaubt! Eine aktive Warteschleife liegt dann vor, wenn ein Programm so lange in einer Schleife verbleibt, bis eine bestimmte Bedingung der Umwelt (z.B. Eintreffen eines Zeichens ab serieller Schnittstelle) erfüllt ist. Bei einer Blockierung hingegen erhält der Prozess vom Betriebssystem so lange keine Rechenzeit mehr zugeteilt, bis das erwartete Ereignis eingetreten ist.

4.4.2 Prozess- und Thread-Zustände

Zur Verwaltung der Prozesse muss das Betriebssystem zwischen verschiedenen Prozesszuständen unterscheiden. Falls Multithreading zum Einsatz kommt, so gilt dies vergleichbar für Thread-Zustände. Wenn wir von einem Einprozessorsystem ausgehen, so sind minimal drei Zustände für ein sinnvolles System nötig (siehe Abb. 4–26).

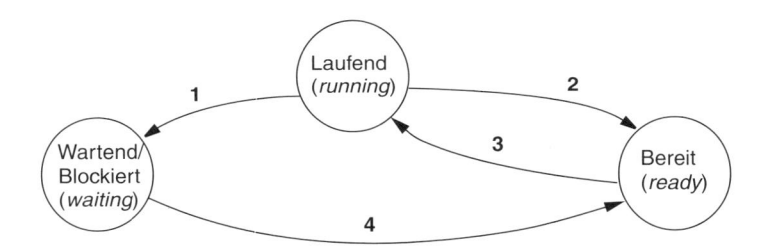

Abb. 4–26 *Grundmodell mit drei Zuständen*

Diese drei Zustände entsprechen folgenden Ablaufsituationen:

- *Laufend (running)*: Der Prozess führt Arbeitsschritte durch, d.h., er ist im Besitz der Ressource CPU. In einem Einprozessorsystem kann maximal ein *Prozess zu jedem Zeitpunkt in diesem Zustand sein.*
- *Bereit (ready)*: Der Prozess ist ablaufbereit, d.h., er wartet auf die Zuteilung von Rechenzeit. Sind mehrere Prozesse im Zustand »Bereit«, so entscheidet das Betriebssystem aufgrund seiner Prozessorzuteilungsstrategie, welcher als nächster in den Zustand »Laufend« wechseln darf.
- *Wartend (waiting)*: Der Prozess wartet auf ein Ereignis, z.B. auf den Ablauf einer Zeitspanne (*delayed*), die Zuteilung eines Betriebsmittels (außer CPU) oder eine Meldung von einem anderen Prozess. Da ein wartender Prozess vom Betriebssystem blockiert wurde, wird dieser Zustand oft auch als »Blockiert« (*blocked*) bezeichnet.

Abbildung 4–26 zeigt die drei Grundzustände zusammen mit den möglichen Übergängen zwischen diesen.

4.4 Prozessorzuteilungsstrategien

(1) Der Prozess kann nicht weiterlaufen, weil erst ein Ereignis stattfinden muss. Man sagt er ist blockiert. Der Prozess wartet somit auf das Eintreten dieses Ereignisses und wechselt dazu in den Zustand »Wartend« bzw. »Blockiert«.
(2) Dem laufenden Prozess wird der Prozessor entzogen, d.h., ihm wird keine weitere Rechenzeit mehr zugeteilt. Diese Situation ist nur möglich in Systemen mit entsprechenden Prozessorzuteilungsstrategien, die dies unter gewissen Bedingungen vorsehen (z.B. Zeitscheibenverfahren, unterschiedliche Prozessprioritäten).
(3) Wenn der Prozessor frei wird und ablaufbereite Prozesse existieren, so wird gemäß der Prozessorzuteilungsstrategie genau ein Prozess dem Prozessor zugeteilt. Dieser Prozess wechselt damit in den Zustand »Laufend«.
(4) Tritt ein Ereignis ein, auf das ein Prozess wartet, so wird dieser Prozess dadurch wieder ablaufbereit. Ist der Prozessor besetzt, so kann er diesem Prozess nicht unbedingt sofort zugeteilt werden (je nach Strategie). Er wird in die Liste der ablaufbereiten Prozesse eingereiht, wechselt also in den Zustand »Bereit«.

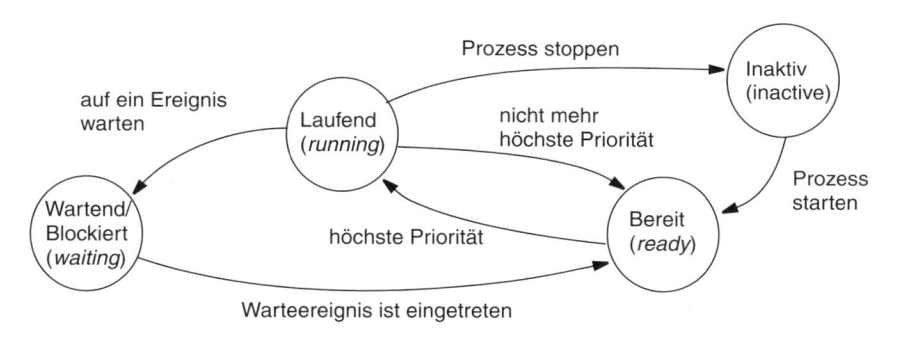

Abb. 4–27 *Prozesszustände (erweitertes Modell mit vier Zuständen)*

Folgende Schlussfolgerungen können aus diesem Zustandsmodell sofort gezogen werden:

- Die Anzahl *laufender (running)* Prozesse ist <= Anzahl Prozessoren.
- In Multiprozessorsystemen kann der Zustand »Bereit« entfallen, falls *Anzahl Prozessoren >= Anzahl ablaufbereiter Prozesse*.
  NB: Diese Regel gilt natürlich auch allgemein, d.h. im Einprozessorsystem.

In diesem einfachen Zustandsmodell mit drei Zuständen existieren die Prozesse dauernd. In der Regel wird jedoch eine Möglichkeit bestehen, um Prozesse zu erzeugen und zu beenden. Dies bedingt einen weiteren Zustand.

- *Inaktiv (inactive)*: Der Prozess wurde noch nicht gestartet oder ist bereits wieder beendet (in diesem Zustand bekommt er nie Rechenzeit zugeteilt).

Der Zustand »Inaktiv« ist vor allem aus Sicht der Prozessverwaltung nötig. Wird ein Prozess neu erzeugt, so müssen zugehörige Verwaltungsdaten aufgesetzt werden, bevor der Prozess wirklich starten kann. Manche Systeme erlauben auch die Prozesserzeugung, ohne dass damit der Prozess sofort startet. Entsprechend kann dieser Prozesszustand auch länger andauern. »Inaktiv« heißt nichts anderes, als dass der Prozess nie Rechenzeit zugeteilt erhält. Da er in dieser Situation nicht auf eine Ressource wartet, ist dies ein anderer Zustand als »Wartend«.

Bei der Terminierung dagegen müssen Datenstrukturen freigegeben werden, die Verwaltungsdaten des Prozesses enthalten. Dies kann einige Zeit dauern, wenn systeminterne Aufräumvorgänge anstehen. Es kann aber auch nötig sein, Daten über den bereits terminierten Prozess aufzubewahren, weil sie später noch gebraucht werden. Dies trifft beispielsweise bei den Zombieprozessen unter Unix zu. In Abbildung 4–27 ist ein entsprechend erweitertes Zustandsmodell abgebildet.

4.4.3 Konzeptionelle Prozessverwaltung

Das Betriebssystem unterhält verschiedene Warteschlangen (*queues*) zur Verwaltung aller wartenden Prozesse:

- Eine einzige Warteschlange, die die ablaufbereiten Prozesse aufnimmt (sogenannte Bereitliste, *ready list*).
- Eine Vielzahl von Warteschlangen für die einzelnen Warteereignisse. Je nach Ereignistyp werden alle wartenden Prozesse in einer Liste zusammengefasst (z.B. Warten auf Zeit) oder es existieren separate Listen (z.B. Warten auf Meldungen, Warten auf Daten ab Peripheriegerät; pro Queue eine separate Liste).

In Abbildung 4–28 ist ein konzeptionelles Modell der Prozessverwaltung illustriert. Dieses zeigt die Verknüpfungen von Prozessen mit der CPU oder mit Ressourcen-Warteschlangen sowie die möglichen Wechsel (auch der Prozesszustände). Die Prozessorzuteilungsstrategie (*CPU scheduling*) legt fest, welcher Prozess als nächster die CPU zugeteilt erhält. Der ausgewählte Prozess wird aus der Bereitliste entfernt und der CPU zugeordnet. Die Reihenfolge der Prozesse in der Bereitliste wird hierbei strategieabhängig unterschiedlich berücksichtigt. Wird einem laufenden Prozess unfreiwillig die CPU entzogen, so wechselt er in die Bereitliste an die vorderste Position. Wird einem Prozess die CPU entzogen, weil er sein Zeitquantum erschöpft hat, dann wechselt er in die Bereitliste an die hinterste Position seiner Priorität. Wenn der laufende Prozess auf eine Ressource zu warten beginnt, so wechselt er in die zugehörige Warteschlange. Welcher Prozess aus einer Ressourcen-Warteschlange die frei werdende Ressource erhält, ist eine Frage der E/A-Zuteilungsstrategie (*I/O scheduling*). Diese kann ressourcenabhängig unterschiedlich sein. Eine Auswahl an Prozessorzuteilungsstrategien ist

4.4 Prozessorzuteilungsstrategien

nachfolgend beschrieben. Strategien für das I/O-Scheduling werden in Kapitel 7 angesprochen.

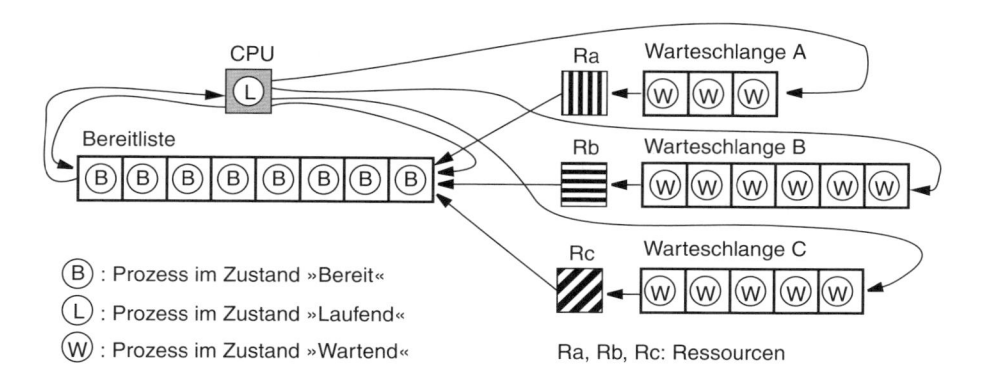

Abb. 4–28 *Konzeptionelle Prozessverwaltung (Datenhaltung)*

Sowohl bei der CPU-Zuteilung als auch der Ressourcenzuteilung kann zwischen den *Techniken (mechanisms)* und den *Strategien (strategies)* unterschieden werden. Die Techniken beschreiben konkrete Lösungen für die Datenhaltung und die Realisierung der Zuteilung. Dies ist primär ein Thema der Betriebssystemimplementierung und wird deswegen hier nur am Rande behandelt. Die Strategien hingegen befassen sich mit der Frage, was genau gemacht werden soll. Ihre Kenntnis hilft, ein konzeptionelles Verständnis des Betriebssystems zu entwickeln, was für uns im Vordergrund steht. Erfahrungsgemäß sind die Strategien auch langlebiger, da sie technologieunabhängig sind.

In Abbildung 4–28 sind die einzelnen Prozesse mit ihrem aktuellen Zustand beschriftet. Wo ist nun aber der momentane Zustand eines bestimmten Prozesses festgehalten? Er ist eine Teilinformation der Verwaltungsdaten dieses Prozesses, die in seinem PCB *(Process Control Block)* zusammengefasst sind. In der Literatur werden die PCBs oft konzeptionell in Form einer systemweiten Prozesstabelle abgebildet (jeder Prozess belegt dann eine Tabellenzeile). Häufig stellen Betriebssysteme eine Funktion bereit, die für den Benutzer interessante Inhalte der Prozesstabelle zur Anzeige bringen (z.B. Kommandozeilenbefehl ps unter Unix).

In der Literatur unterteilt man das CPU-Scheduling in drei Unterarten. Wenn es darum geht, ablaufwillige Prozesse aus der Bereitliste zur Ausführung auszuwählen, dann bezeichnet man das als kurzfristiges *(short-term)* Scheduling. Arbeitet ein Betriebssystem mit der Auslagerung von Prozessen oder Prozessteilen auf die Platte, wenn der Hauptspeicher knapp wird, so können davon betroffene Prozesse nicht sofort weiterlaufen. Zuerst müssen ausgelagerte Teile (Daten und/oder Code) wieder in den Hauptspeicher geladen werden. Die zugehörige Systemsoftware realisiert das mittelfristige *(medium-term)* Scheduling. Vor allem bei der Verarbeitung von Stapelaufträgen kann es sinnvoll sein, einen ablaufwilligen Stapelauftrag erst dann zu starten, wenn dies aufgrund der momentanen Systemlast günstig erscheint. Dies wird durch das langfristige (*long-term*) Scheduling erledigt. Eingabedaten für das langfristige Scheduling sind Steueranweisungen zum Starten von Stapelaufträgen, die auszuführen sind. Aus der Perspektive eines Benutzers von Dialogsystemen mag dies fremdartig erscheinen, da er einen sofortigen Prozessstart erwartet, wenn er ihn auslöst. Da Stapelaufträge aber keinen Benutzerdialog pflegen, ist es innerhalb eines gewissen Rahmens nicht wichtig, wann genau sie ablaufen. Alle Betriebssysteme müssen ein kurzfristiges Scheduling realisieren, wenn sie nicht die Anzahl ablaufwilliger Prozesse auf die Anzahl an Prozessoren begrenzen wollen. Die im Folgenden besprochenen Zuteilungsstrategien zielen daher auf das kurzfristige Scheduling.

4.4.4 Zuteilungsstrategien

Sind mehrere Prozesse ablaufbereit (lauffähig) und nur ein Prozessor verfügbar, so muss entschieden werden, welcher Prozess als nächster laufen darf. Dies ist die Aufgabe der Prozessorzuteilungsroutine (*scheduler*) des Betriebssystems. Aufgrund von Zuteilungsstrategien (*scheduling strategies*) teilt sie die CPU ablaufbereiten Prozessen zu. Das Verfahren als Gesamtes wird meist als *Scheduling* bezeichnet. Kennt ein Betriebssystem ein Multithreading auf Kernebene, so gelten obige einführenden Überlegungen sinngemäß für Threads anstatt für Prozesse. Dementsprechend kann zwischen zwei Arten der Rechenzeitzuteilung unabhängig von den verwendeten Strategien unterschieden werden:

- *Process based scheduling*: Findet die Prozessorzuteilung nur zu ganzen Prozessen statt, so kennt der Systemkern keine Threads (*single-threaded process*). Dies bedingt ein Multithreading vollständig im Benutzermodus (*user level threads*).
- *Thread based scheduling*: Findet die Prozessorzuteilung zu einzelnen Threads statt, so sind unterschiedliche Varianten des Multithreading möglich. Sowohl ein Multithreading auf der Benutzerebene als auch die direkte Nutzung von KL-Threads (*kernel level threads*) sowie verschiedene Zwischenformen sind denkbar.

Für beide Scheduling-Arten lassen sich dieselben Strategien verwenden, weswegen wir einfachheitshalber im Weiteren nur noch von Prozessen sprechen.

Betrachtet man typische Prozessabläufe, so kann man zwei wichtige Grundmuster (*pattern*) unterscheiden (siehe auch Abb. 4–29):

- *CPU-lastig (CPU-bound)*: Die Aktivität nutzt viel Rechenzeit und wartet im Vergleich dazu selten auf die Ein-/Ausgabe.
- *E/A-lastig (I/O-bound)*: Die Aktivität rechnet wenig, wartet hauptsächlich auf die Ein-/Ausgabe (*Input/Output*), d.h. nutzt Peripherie.

4.4 Prozessorzuteilungsstrategien

Generell können Wartezeiten auf die Ein-/Ausgabe für die Ausführung parallel laufender Berechnungen genutzt werden. Besonders lohnend ist dies für »E/A-lastige« Aktivitäten. Muss während einer Aktivität überhaupt nicht gewartet werden, dann lohnt sich die Parallelisierung dieser Aufgabe auf einem Einprozessorsystem nie, denn infolge der Prozessumschaltungen wird insgesamt mehr Zeit für die Erledigung benötigt. Da in einer typischen Konstellation aber häufig auf Ein-/Ausgaben gewartet wird, kann ein Multithreading eine bessere Ausnutzung des Rechners ermöglichen.

```
         ────────► Zeit
(A)  ───── ··· ──────── ·· ────────────── ·── ─────   CPU-lastig
                                                       (CPU-bound)

(B)  ─── ··· ─── ··· ───── ··· ────── ·──── ··· ──    E/A-lastig
                                                       (I/O-bound)

                                ─── Prozess läuft (braucht CPU-Zeit)
                                ···· Prozess wartet auf Ein-/Ausgabe
```

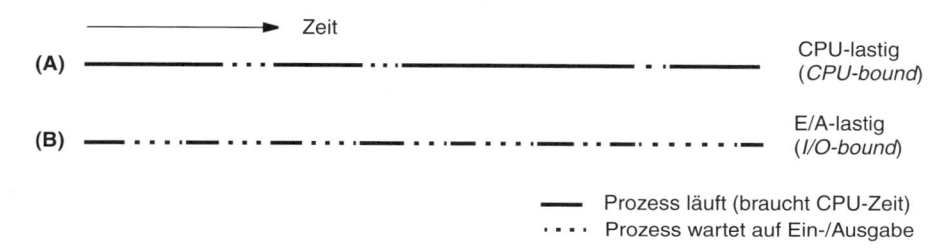

Abb. 4–29 *Prozessablaufmuster (E/A- bzw. CPU-lastig)*

Optimierungsziele

Für eine optimale Zuteilung der CPU zu rechenwilligen Prozessen wurde eine Vielzahl an Strategien entwickelt. Diese Vielfalt kommt daher, dass je nach verfolgten Optimierungszielen unterschiedliche Lösungen optimal sind. Aus Sicht des Anwenders können folgende Ziele wichtig sein:

- Durchlaufzeit (*turnaround time*): Gesamtzeit von Prozessstart bis Prozessbeendigung
- Antwortzeit (*response time*): Zeit zwischen einer Eingabe und der Reaktion des Systems darauf
- Endtermin (*deadline*): Zeitpunkt, zu dem eine vorgegebene Aktion erfolgt sein muss

Aus Sicht eines optimalen Ressourceneinsatzes können weitere Ziele interessant sein, wie Vorhersagbarkeit, Durchsatz (Anzahl erledigter Aufträge pro Zeiteinheit) und Prozessorauslastung.

Prozessklassen

Auch die Art der Prozesse hat Einfluss auf die Auswahl einer geeigneten Zuteilungsstrategie. Grob unterteilt sind dies drei Klassen:

- *Stapelaufträge (batch processes)*: Da alle Eingabedaten und Verarbeitungsschritte von Anfang an feststehen, braucht es keinen Benutzerdialog während des Prozessablaufs.

- *Dialogprozesse (interactive processes)*: Die gewünschten Aktionen werden bei dieser Prozessklasse interaktiv im Benutzerdialog während des Ablaufs erfragt.
- *Echtzeitprozesse (real-time processes)*: Es müssen vorgegebene Zeitlimits eingehalten werden, ansonsten wird das Verarbeitungsziel nicht erreicht.

Stapelaufträge besitzen andere Eigenschaften als interaktive Prozesse. So handelt es sich häufig um repetitive Aufgaben, bei denen der Rechenzeitbedarf im Voraus recht gut bekannt ist (z.B. Lohnrechnung am Monatsende, Genomanalyse, Wettersimulationen). Bei interaktiven Prozessen erwartet der Benutzer eine minimale Reaktionszeit auf Eingaben. Aktionen dürfen nur dann länger dauern, wenn dies aus Sicht des Anwenders offensichtlich durch die Art der Aktion bedingt ist (z.B. Erledigung eines Druckauftrags). Am höchsten sind die Anforderungen bei Echtzeitprozessen, besonders wenn harte Echtzeitanforderungen vorliegen. Wenn Zeitlimits überschritten werden, so kommt das Verarbeitungsergebnis zu spät und es kann nicht mehr gebraucht werden. In einer Industrieanlage könnte dieser Fall beispielsweise zu Anlageschäden führen.

Verdrängende und nicht verdrängende Zuteilungsstrategien

Eine Zuteilungsstrategie wählt aus der Menge aller Prozesse, die sich im »Bereit«-Zustand befinden, einen bestimmten Prozess aus. Zuteilungsstrategien unterscheiden sich durch das maßgebende Auswahlkriterium. Wichtig ist dabei, zu verstehen, dass ein zum Auswahlzeitpunkt im Zustand »Laufend« befindlicher Prozess an dieser Auswahl ebenfalls teilnimmt. Damit kann der Auswahlentscheid auch lauten, dass kein Prozesswechsel stattfindet, sondern dem gleichen Prozess weiter die CPU zugeteilt wird. Eine weitere spezielle Situation liegt vor, wenn der laufende Prozess in den Zustand »Wartend« gewechselt hat. In diesem Fall ist das Ziel der Auswahl auf jeden Fall die Zuteilung der CPU zu einem neuen Prozess. Eine solche Auswahl eines Prozesses, der als nächster laufen soll, wird als Neuzuteilung bezeichnet (*rescheduling*). Eine Neuzuteilung kann auch die Auswahl des bereits laufenden Prozesses bedeuten. Wann soll nun jeweils eine Neuzuteilung stattfinden? Aus obigen Überlegungen und aus dem Prozesszustandsdiagramm heraus ergeben sich folgende mögliche Zeitpunkte:

1. Ein Prozess wechselt vom Zustand »Laufend« in den Zustand »Wartend« (dadurch wird die CPU frei und kann neu zugeteilt werden).
2. Ein Prozess wechselt vom Zustand »Wartend« in den Zustand »Bereit« (dadurch könnte eine Prioritätsregel verlangen, dass dieser Prozess Vorrang vor dem laufenden Prozess erhält).
3. Ein Prozess wechselt vom Zustand »Laufend« in den Zustand »Bereit« (dies könnte nach Ablauf einer bestimmten Zeit von einer Zeitquotenregel erzwungen werden).

4.4 Prozessorzuteilungsstrategien

4. Ein Prozess wechselt von einem der Zustände »Laufend«/»Bereit«/»Wartend« in den Zustand »Inaktiv« (dies wäre eine freiwillige oder erzwungene Prozessbeendigung).
5. Ein Prozess wechselt vom Zustand »Inaktiv« in den Zustand »Bereit« (dies trifft für einen neu gestarteten Prozess zu, der durch eine Prioritätsregel den Vorrang vor einem laufenden Prozess erhalten könnte).

Eine Zuteilungsstrategie gilt als nicht verdrängend (*nonpreemptive*), wenn die Neuzuteilung nur zum 1. und 4. Zeitpunkt stattfindet. Eine nicht verdrängende Neuzuteilung hat die Eigenschaft, dass sie soziales Wohlverhalten der laufenden Prozesse erwartet. Beansprucht ein laufender Prozess für sehr lange Zeit fortlaufend immer die CPU, so haben ablaufbereite Prozesse keine Möglichkeit, dies zu ändern. Dies gilt nicht für verdrängende (*preemptive*) Zuteilungsstrategien, da bei ihnen eine Neuzuteilung zu allen fünf oben aufgeführten Zeitpunkten stattfindet.

FIFO-Strategie

Die FIFO-Strategie (*First In First Out*) ist auch unter dem Namen FCFS (*First Come First Served*) bekannt. Die Reihenfolge der Prozessausführung richtet sich streng nach der Reihenfolge, in der die Prozesse ablaufbereit wurden (d.h. Wechsel in den Zustand »Bereit«). Es handelt sich um eine nicht verdrängende Strategie, sodass neu ablaufbereite Prozesse keine Neuzuteilung zur Folge haben. Man bezeichnet dies auch als kooperative Zuteilung, da eine Neuzuteilung erst möglich wird, wenn der laufende Prozess die CPU freiwillig freigibt. Ein Sonderfall liegt vor, wenn zwei Prozesse gleichzeitig ablaufbereit werden. In dieser Situation ist die Reihenfolge ihrer Zuteilung nicht definiert, d.h. zufällig. Diese einfache Strategie erlaubt einen minimalen Verwaltungsaufwand. Damit eine Neuzuteilung des Prozessors stattfinden kann, muss der laufende Prozess entweder zu warten beginnen oder seine Ausführung terminieren. Alle Prozesse besitzen die gleiche Wichtigkeit. Dieses Verfahren funktioniert nur so lange, bis ein Prozess die CPU nicht mehr abgibt. Die Reaktionszeiten hängen zudem direkt von den durch die einzelnen Prozesse bedingten Laufzeiten ab (sog. Konvoieffekt).

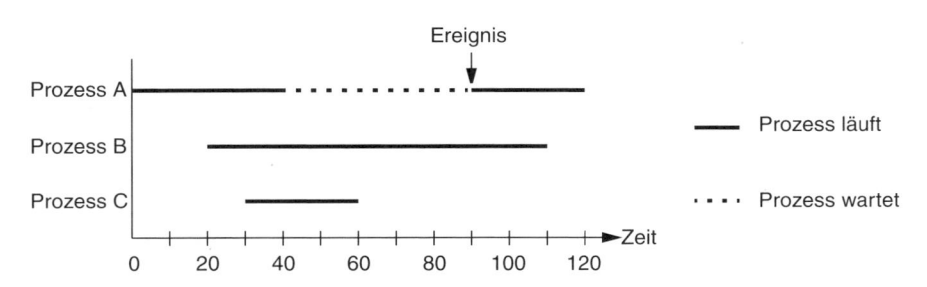

Abb. 4–30 *Beispielszenario 1 (sporadische Prozessabläufe)*

Die Wirkungsweise der FIFO-Strategie soll an einem Beispielszenario aufgezeigt werden, das auch für alle weiteren Strategien außer RM (*Rate Monotonic*) und EDF (*Earliest Deadline First*) gelten soll. Ein Prozess A startet zum Zeitpunkt 0 und läuft für 40 Zeiteinheiten. Dann wartet er auf eine Ein-/Ausgabe, die nach 50 Zeiteinheiten abgeschlossen ist. Dadurch wird er wieder ablaufbereit und verbraucht seine restlichen 30 Zeiteinheiten. Wichtig für das Verständnis ist hier, dass die Wartezeit für den Prozess A von dem Zeitpunkt an zu laufen beginnt, wenn der Prozess blockiert, weil ein Prozess eine Ein-/Ausgabe anfordert und dann für die Dauer der Ein-/Ausgabe warten muss. In unserem Beispiel sei die Wartezeit fix 50 Zeiteinheiten lang. Prozess B startet nach 20 Zeiteinheiten und will dann die CPU für 90 Zeiteinheiten belegen. Prozess C startet nach 30 Zeiteinheiten und benötigt ab dann die CPU für 30 Zeiteinheiten.

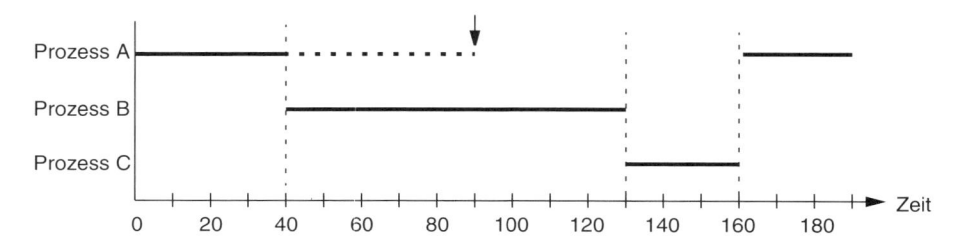

Abb. 4–31 *Beispielszenario 1 mit FIFO-Strategie*

Am Anfang ist nur Prozess A ablaufbereit und erhält damit die CPU zugeteilt (diese sei am Anfang frei). Nach 20 Zeiteinheiten wird Prozess B ablaufbereit. Da es sich um eine nicht verdrängende Strategie handelt, findet jedoch zu diesem Zeitpunkt keine Neuzuteilung statt. Prozess B gelangt damit im Zustand »Bereit« in die Liste der ablaufbereiten Prozesse. Nach 30 Zeiteinheiten wird Prozess C ablaufbereit. Auch er gelangt in die Liste der ablaufbereiten Prozesse, und zwar hinter B (FIFO-Prinzip). Nach 40 Zeiteinheiten beginnt Prozess A auf seine Ein-/Ausgabe zu warten. Dies löst eine Neuzuteilung aus, bei der Prozess B zum Zug kommt (vorderste Position in Bereitliste). Nach 90 Zeiteinheiten ist die Wartezeit für A abgelaufen, womit er zuhinterst in die Bereitliste gelangt. Nach vollständigem Ablauf des Prozesses B findet die nächste Neuzuteilung statt, bei der Prozess C die CPU zugeteilt bekommt. Ist C abgearbeitet, so kommt A dran und kann seine verbleibenden 30 Zeiteinheiten konsumieren. Der gesamte Ablauf ist in Abbildung 4–31 illustriert, wobei senkrechte gepunktete Linien die Zeitpunkte der Neuzuteilungen markieren.

SJF-Strategie

Bei der nicht verdrängenden Strategie SJF (*Shortest Job First*), die auch unter dem Namen SPN (*Shortest Process Next*) fungiert, wird bei einer Neuzuteilung derje-

4.4 Prozessorzuteilungsstrategien

nige Prozess ausgewählt, der den kleinsten erwarteten Rechenzeitbedarf hat. Diese Strategie lässt sich naturgemäß nur anwenden, wenn Angaben über den Rechenzeitbedarf zum Entscheidungszeitpunkt dem System zugänglich sind. Dies kann auf zwei Arten erreicht werden. Bei Stapelaufträgen kann diese Angabe vom Benutzer dem System beim Prozessstart mitgegeben werden. Dies ist oft möglich, da es sich in der Regel um repetitive Aufträge mit im Voraus bekannten Eingabedaten handelt (es können auch Rechenzeit-Schätzwerte sein). Die zweite Möglichkeit besteht darin, aus der Vergangenheit eine Vorhersage zu machen. Besonders bei E/A-lastigen Prozessen kann das System repräsentative Daten über den vergangenen Rechenzeitbedarf sammeln. Diese Daten ermöglichen dann eine Hochrechnung, deren Qualität letztlich durch die Vorhersagbarkeit des zukünftigen Prozessverhaltens bestimmt wird.

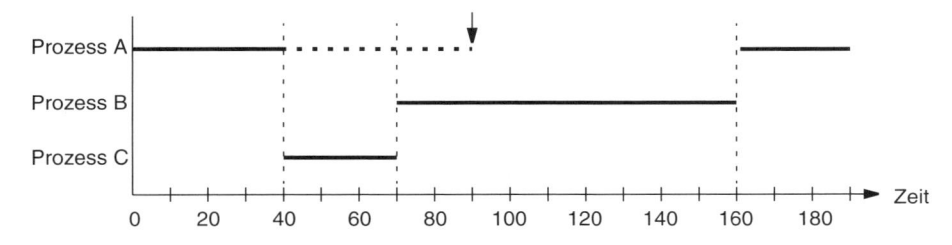

Abb. 4–32 Beispielszenario 1 mit SJF-Strategie

SRT-Strategie

Die Strategie SRT (*Shortest Remaining Time*) stellt eine Abwandlung des SJF-Verfahrens dar. Bei einer Neuzuteilung wird derjenige Prozess ausgewählt, der den kleinsten verbleibenden Rechenzeitbedarf hat. Da es sich um eine verdrängende Strategie handelt, kann eine Neuzuteilung einem laufenden Prozess die CPU entziehen, wenn ein anderer Prozess weniger Rechenzeit benötigt. Im Übrigen gelten die gleichen Einschränkungen wie bei der SJF-Strategie.

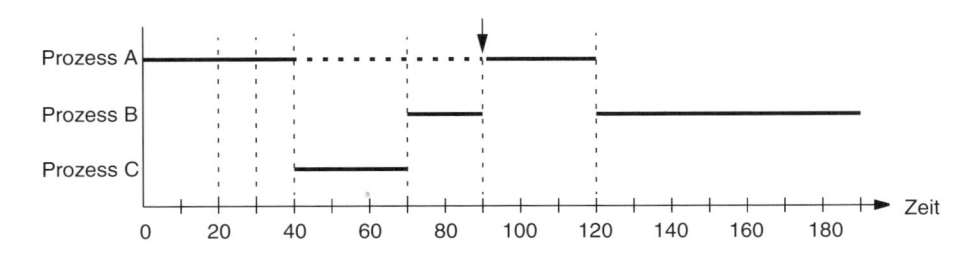

Abb. 4–33 Beispielszenario 1 mit SRT-Strategie

Der resultierende Ablauf für das Beispielszenario ist in Abbildung 4–33 dargestellt. Es fällt auf, dass zu den Zeitpunkten 20 und 30 jeweils eine Neuzuteilung stattfindet. Da aber Prozess A in beiden Fällen den geringsten verbleibenden Rechenzeitbedarf hat, wird er weder durch B noch durch C verdrängt. Erst zum Zeitpunkt 40 findet ein Prozesswechsel statt, da A zu warten beginnt. Zu diesem Zeitpunkt erhält Prozess C den Vorrang, da er weniger Rechenzeit benötigt als B. Nach dem Prozessende von C wird die CPU frei und kann daher dem einzigen dann ablaufbereiten Prozess B zugeteilt werden. Zum Zeitpunkt 90 wird A wieder ablaufbereit, da die Ein-/Ausgabe abgeschlossen ist. Da Prozess A einen geringeren Restzeitbedarf aufweist als B, erfolgt eine Verdrängung. Prozess B kann erst nach dem Prozessende von A seine restliche Rechenzeit beanspruchen.

RR-Strategie

Bei der RR-Strategie (*Round Robin*, im Kreis herum) erhält jeder Prozess ein Quantum an Rechenzeit zugeteilt, für das er ununterbrochen die CPU belegen kann. Periodisch (z.B. alle 10 ms) wird der Zeitquantumszähler des laufenden Prozesses dekrementiert. Fällt damit sein Zeitquantum auf null, so wird eine Neuzuteilung veranlasst. Enthält die Liste der ablaufbereiten Prozesse mindestens einen Eintrag, so wird der laufende Prozess verdrängt. Er wechselt damit in den Zustand »Bereit« und wird zuhinterst in der Liste ablaufbereiter Prozesse eingetragen. Danach wird der vorderste Prozess der Liste entnommen, sein Zeitquantumszähler auf ein volles Zeitquantum gesetzt und ihm die CPU zugeteilt. Ist die Liste der ablaufbereiten Prozesse leer, so wird der Zeitquantumszähler des laufenden Prozesses wieder auf ein volles Zeitquantum gesetzt und er darf die CPU behalten. Neu gestartete Prozesse werden anfänglich in den »Bereit«-Zustand versetzt und zuhinterst in die Liste der ablaufbereiten Prozesse eingereiht. Diese Strategie versucht die Rechenzeit möglichst gleichmäßig auf alle ablaufbereiten Prozesse zu verteilen, indem sich diese zyklisch abwechseln.

Da jedoch das Dekrementieren des Zeitquantumszählers nur in einem festen Zeitraster erfolgt, werden Prozesse benachteiligt, die erst kurz vor dieser periodischen Prüfung die CPU zugeteilt bekamen. Ihr Zeitquantum ist damit um maximal eine Zeitscheibe verkürzt. Diesem Effekt kann begegnet werden, indem ein volles Zeitquantum mehrere Zeitscheiben umfasst (z.B. 10). Die Implementierung des RR-Verfahrens kann unterschiedlich aufwendig sein. Eine einfache Implementierung wird einen festen Wert für das volle Zeitquantum nutzen. Wird ein volles Zeitquantum nur eine einzige Zeitscheibe groß gewählt, so stellt dies ebenfalls eine Vereinfachung dar. Andererseits lässt sich das Verfahren verfeinern, indem prozessabhängig oder lastabhängig der Wert für ein volles Zeitquantum variiert wird. Eine weitere Variante teilt Vordergrundprozessen ein größeres Zeitquantum zu und erlaubt ihnen so, möglichst gut auf Benutzereingaben zu reagieren.

Das RR-Verfahren geht davon aus, dass alle Prozesse zu jedem Zeitpunkt gleich wichtig sind, womit sich nur einfachere Systeme bauen lassen. Vorteilhaft ist allerdings der vergleichsweise bescheidene Verwaltungsaufwand. Ein weiterer

4.4 Prozessorzuteilungsstrategien

Vorteil wird teilweise darin gesehen, dass einzelne Prozesse mit Busy Waits das System nicht lahmlegen können. Neuzuteilungen finden immer dann statt, wenn der laufende Prozess die CPU freigibt (zu warten beginnt oder terminiert) oder wenn sein Zeitquantum erschöpft ist. Dieses Verfahren baut auf dem FIFO-Prinzip (kooperative Zuteilung) auf und erweitert es um die Zeitquantenumschaltung.

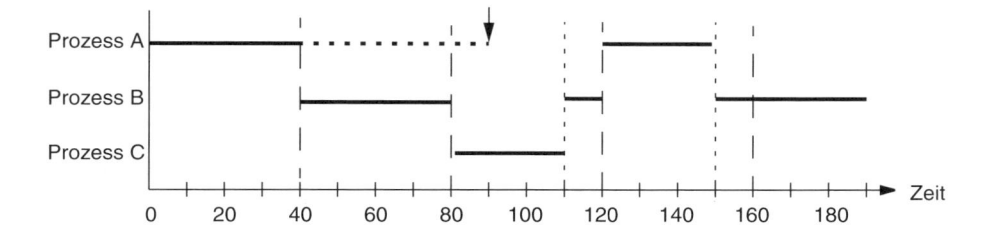

Abb. 4–34 *Beispielszenario 1 mit RR-Strategie: Zeitscheibengröße 40. Erreicht ein Prozess laufend das Zeitscheibenende, so wird ihm die CPU entzogen und dem nächsten bereiten Prozess zugeteilt.*

Um das Beispielszenario durchzuspielen, legen wir die Zeitscheibengröße exemplarisch auf 40 Zeiteinheiten fest und wählen für das volle Zeitquantum eine Zeitscheibe (d.h. Zeitquantumszähler mit eins initialisieren). In dem Diagramm (Abb. 4–34) sind die Zeitscheiben als festes Raster im 40er-Abstand eingetragen, wobei die erste Zeitscheibe bei 0 beginnt. Dieses feste Raster ist typisch für praktische Implementierungen, bei denen dies durch einen periodischen Uhreninterrupt realisiert wird. Zu Beginn ist nur Prozess A lauffähig und erhält die CPU zugeteilt. Nach 20 bzw. 30 Zeiteinheiten werden B und C ablaufbereit. Dies ändert jedoch nichts, da Verdrängungen nur bei Ablauf eines Zeitquantums möglich sind. Zum Zeitpunkt 40 beginnt Prozess A zu warten, wodurch die CPU frei wird. Da Prozess B vor Prozess C ablaufbereit wurde, kann jetzt B laufen (erhält ein volles Zeitquantum von eins). Zum Zeitpunkt 80 ist das Zeitquantum von B erschöpft, womit C die CPU zugeteilt bekommt. Kurz darauf zum Zeitpunkt 90 wird A wieder ablaufbereit nach abgeschlossener Ein-/Ausgabe. Prozess A wird hinter B in der Bereitliste eingereiht. Nach 110 Zeiteinheiten beendet Prozess C seine Arbeit. Die freie CPU wird nun B zugeteilt. Nur 10 Zeiteinheiten später wird der Zeitquantumszähler von B dekrementiert, womit sein Zeitquantum erschöpft ist. Dies erscheint unfair, ist aber durch die Einfachheit des Verfahrens bedingt. Wir erinnern uns, am Ende einer Zeitscheibe wird der Zeitquantumszähler des laufenden Prozesses dekrementiert. Fällt der Zählwert auf 0, so wird dies als erschöpftes Zeitquantum interpretiert. So kann A die nächste Zeitscheibe nutzen, terminiert aber bereits nach 30 Zeiteinheiten. Die freie CPU fällt nun B zu. Am Ende der Zeitscheibe (Zeitpunkt 160) ist das Zeitquantum von B wiederum erschöpft. Da es jedoch keine weiteren ablaufbereiten Prozesse mehr gibt, erhält B sofort ein neues Zeitquantum und kann seine Arbeit beenden. Wird für das verfügbare

Zeitquantum mehr als eine Zeitscheibe benutzt, so ergibt sich eine bessere Aufteilung der Rechenzeit, wie Abbildung 4–35 illustriert.

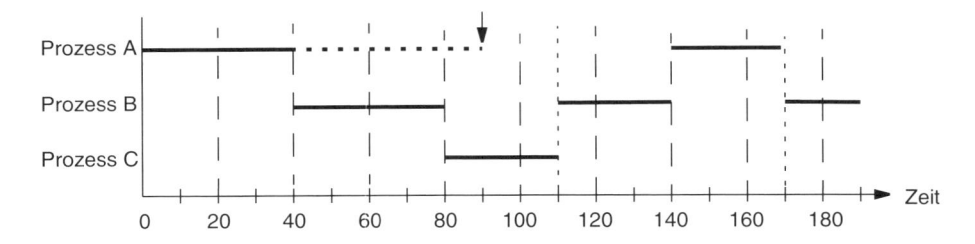

Abb. 4–35 *Beispielszenario 1 mit erweiterter RR-Strategie: Zeitscheibengröße 20, wobei jeder Prozess jeweils über ein Zeitquantum von 2 verfügt. Erreicht ein Prozess laufend zweimal das Zeitscheibenende, so wird ihm die CPU entzogen und dem nächsten bereiten Prozess zugeteilt.*

ML-Strategie

Die ML-Strategie (*Multi-Level Priority*) basiert auf Prioritäten, die den einzelnen Prozessen zugeordnet sind. Diese Prioritätszuordnung obliegt dem Anwender, der damit die Wichtigkeit der einzelnen Prozesse bestimmt. Die Priorität wird meistens mit Zahlenwerten umschrieben, z.B. 0..100. Ob eine hohe Zahl einer hohen Priorität entspricht oder umgekehrt, ist eine Implementationsfrage. Typischerweise ist diese Strategie verdrängend realisiert, sodass stets derjenige ablaufbereite Prozess die CPU besitzt, der die höchste Priorität hat. Sind mehrere Prozesse auf dieser Prioritätsstufe ablaufbereit, so gilt sekundär das FIFO-Prinzip.

Nachteilig bei dieser Strategie ist, dass die CPU von höherpriorisierten Prozessen monopolisiert werden kann. Dies ist dann der Fall, wenn diese zu oft ablaufbereit sind, sodass niederpriore Prozesse nie die CPU erhalten. Man sagt dann, dass diese niederprioren Prozesse verhungern (*starvation*). Gründe für das Auftreten dieser Situation können falsch ausgelegte Prozesse, unerwartete Anwendungssituationen mit erhöhtem Rechenzeitbedarf oder eine zu leistungsschwache CPU sein.

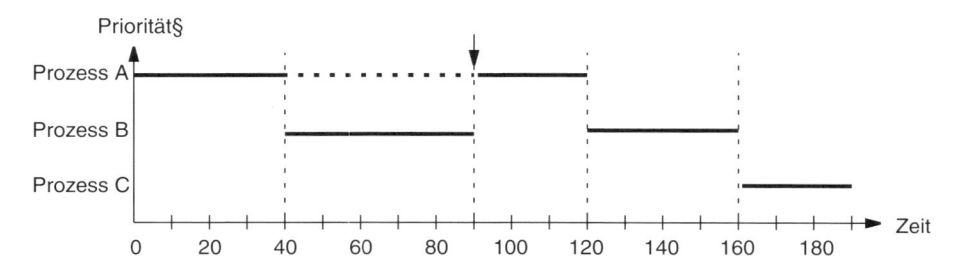

Abb. 4–36 *Beispielszenario 1 mit ML-Strategie*

4.4 Prozessorzuteilungsstrategien

Die ML-Strategie wird gerne für Echtzeitsysteme genutzt, da sie bei nur einem einzigen Prozess auf der höchsten Prioritätsstufe diesem stets sofort die CPU zuteilt, wenn er ablaufen will. Eine Neuzuteilung des Prozessors findet nicht nur statt, wenn der aktuelle Prozess die CPU freigibt (zu warten beginnt oder terminiert), sondern auch dann, wenn ein anderer Prozess ablaufbereit wird. In der Praxis wird diese Strategie oft mit der RR-Strategie kombiniert, d.h., existieren ablaufbereite Prozesse mit gleicher Priorität wie der laufende Prozess, so wechseln sie zyklisch ab (*round robin*).

Das Beispielszenario im Ablauf ist in Abbildung 4–36 dargestellt. Das Diagramm wurde um eine Prioritätsrangierung erweitert in der Art, dass A die höchste, B eine mittlere und C die tiefste Priorität zugeordnet bekommt. Da Prozess A als einziger die höchste Priorität besitzt, erhält er stets sofort die CPU zugeteilt, wenn er ablaufen will. So verdrängt er beispielsweise zum Zeitpunkt 90 den Prozess B, wenn er die Ein-/Ausgabe abgeschlossen hat. Prozess B kann immer dann laufen, wenn A die CPU nicht besetzt. Prozess C schließlich muss warten, bis die CPU für ihn als Letzten frei wird.

MLF-Strategie

Die MLF-Strategie (*Multi-Level Feedback*) begründet ihre Scheduling-Entscheide auf der aufgelaufenen Rechenzeit der ablaufbereiten Prozesse. Dazu verwendet sie eine feste Anzahl von Prioritätsstufen, z.B. 1..10. Anfänglich ist einem Prozess die höchste Priorität zugeteilt. Die Auswahl des nächsten Prozesses bei einer Neuzuteilung berücksichtigt primär die Priorität und sekundär das FIFO-Prinzip, wenn mehrere wählbare Prozesse der gleichen Priorität vorliegen. Jeder Prioritätsstufe ist zudem ein festes Zeitquantum zugeordnet. Hat ein Prozess auf einer Prioritätsstufe das geltende Zeitquantum ausgeschöpft, so wird seine Priorität um eins erniedrigt und eine Neuzuteilung ausgelöst.

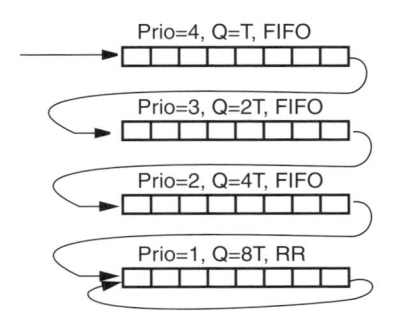

Abb. 4–37 Warteschlagenorganisation für die MLF-Strategie (Beispiel)

Damit werden Prozesse mit kleinem Rechenzeitbedarf bevorzugt, da lang laufende Prozesse schrittweise in ihrer Priorität heruntergestuft werden. Ist das Zeitquantum auf der höchsten Prioritätsstufe T, so wird dies typischerweise für jede nächsttiefere Stufe verdoppelt. Das heißt, mit absteigender Priorität betragen die Zeitquanten T, 2T, 4T ...2^{n-p}T (n: Anzahl Prioritätsstufen, p: aktuelle Priorität aufsteigend aus 1..n). Erreicht ein Prozess die tiefste Prioritätsstufe, so wird seine Priorität nicht weiter reduziert, seine Zuteilung läuft dann nach dem RR-Verfahren ab.

Vorteilhafte Eigenschaften besitzt diese Strategie für interaktive Systeme, da einerseits keine Vorkenntnisse über erwartete Rechenzeiten nötig sind und andererseits E/A-lastige Prozesse bevorzugt werden. Dies sind typischerweise auch Prozesse, die einen intensiven Benutzerdialog besitzen und mit dieser Strategie kurze Antwortzeiten realisieren können. Länger laufende Hintergrundprozesse nutzen so die verbleibende Rechenzeit, ohne dass sie die Reaktionszeit der Vordergrundprozesse negativ beeinflussen.

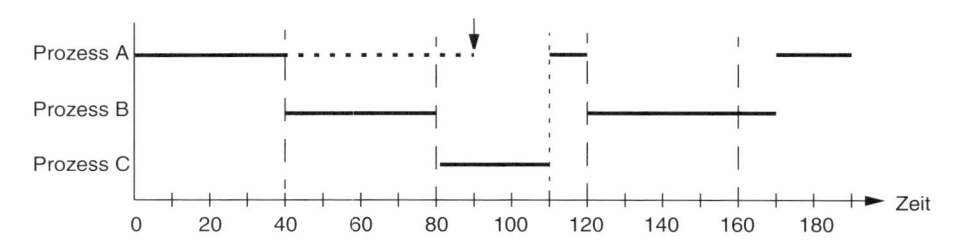

Abb. 4–38 *Beispielszenario 1 mit MLF-Strategie*

Für das Beispielszenario wählen wir für die Zeitscheibengröße 40 Zeiteinheiten und es gelte die Warteschlangenorganisation gemäß Abbildung 4–37. Prozess A beginnt zuerst die Ausführung. Nach 40 Zeiteinheiten beginnt A auf eine Ein-/Ausgabe zu warten. Von den ablaufbereiten Prozessen B und C wird nach dem FIFO-Prinzip B gewählt und gelangt zur Ausführung. Nach 40 Zeiteinheiten hat B sein erstes Zeitquantum der Größe T (40) erschöpft. Die Priorität von B wird um eins auf drei reduziert. Bei der Neuzuteilung kommt damit Prozess C zum Zug, da er anfänglich die Priorität vier besitzt (B ist damit verdrängt). Prozess C konsumiert seine insgesamt 30 Zeiteinheiten und verlässt das System. Zwischenzeitlich wurde A wieder ablaufbereit. Da A aus dem Zustand »Wartend« in den Zustand »Bereit« gewechselt hat, erhält er wieder die Priorität vier. Dies ist ein Entwurfsentscheid, der die Reaktionszeit nach einer Ein-/Ausgabe verbessert (andere Lösungen wären denkbar). Damit erhält A die frei gewordene CPU, erreicht aber nach 10 Zeiteinheiten bereits wieder das Zeitscheibenende und hat damit verfahrensbedingt sein Zeitquantum von T erschöpft. Dies heißt, dass A in die Warteschlange der Priorität drei hinten eingereiht wird. Damit kommt B zum Zug und kann seine restlichen 50 Zeiteinheiten ablaufen. In diesem Fall hat das Erreichen des Zeitscheibenendes bei 160 keine Änderung zur Folge, da auf der Priorität drei ein Zeitquantum von 2T (d.h. 80) gilt.

4.4 Prozessorzuteilungsstrategien

RM-Strategie

Das RM-Verfahren (*Rate Monotonic*) bietet sich für periodisch ablaufende Prozesse an, wie sie oft in Echtzeitsystemen anzutreffen sind. Dabei wird von einer festen Periodenlänge ausgegangen. Für periodische Aktivitäten gilt typischerweise als spätester Endtermin der Anfang der nächstfolgenden Periode. Besitzt ein Prozess die Periodenlänge T, so wird er alle T Zeiteinheiten starten und muss seine Berechnung vor dem Start der nächsten Zeiteinheit (also nach T Zeiteinheiten) abschließen. Es handelt sich um ein verdrängendes Zuteilungsverfahren, bei dem derjenige ablaufbereite Prozess gewählt wird, dessen Periodenlänge am kürzesten ist.

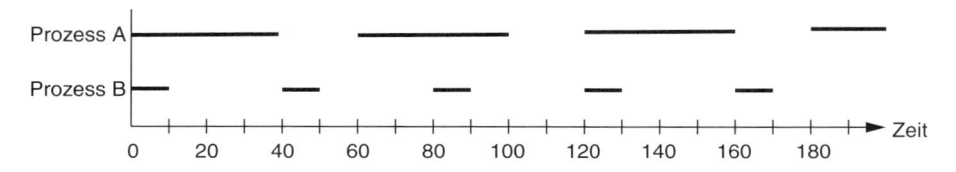

Abb. 4–39 *Beispielszenario 2 (periodische Prozessabläufe)*

Für die beispielhafte Betrachtung der RM- und der EDF-Strategie benutzen wir ein zweites Szenario, in dem zwei periodisch ablaufende Prozesse vorkommen.

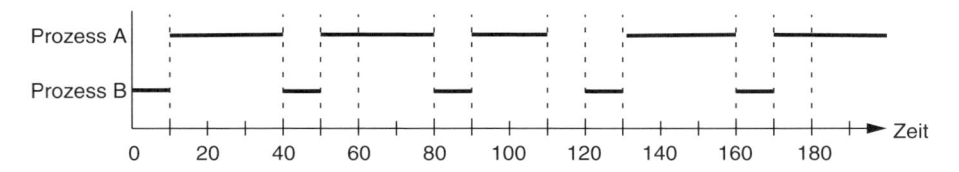

Abb. 4–40 *Beispielszenario 2 für RM-Strategie*

Prozess A läuft periodisch alle 60 Zeiteinheiten und er braucht für jeden Ablauf 40 Einheiten an Rechenzeit. Prozess B hat eine Periode von 40 und einen Rechenzeitbedarf von 10 Zeiteinheiten pro Aktivierung.

EDF-Strategie

Bei der EDF-Strategie (*Earliest Deadline First*) wird derjenige Prozess ausgewählt, dessen Restzeit bis zum Ablauf seines Endtermins am kleinsten ist.

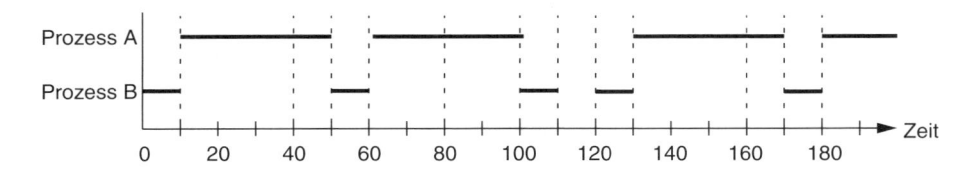

Abb. 4–41 *Beispielszenario 2 für EDF-Strategie*

Wie bei dem RM-Verfahren gehen wir von periodisch ablaufenden Prozessen aus, die mit festen Intervallen arbeiten. Der Endtermin einer anstehenden Bearbeitung ist stets der Anfang der nächstfolgenden Periode. Es handelt sich um ein verdrängendes Verfahren, das sich gut für Echtzeitsysteme eignet.

Vergleich der Strategien

Um verschiedene Strategien miteinander zu vergleichen, sind folgende Größen zur Beurteilung hilfreich:

- *Wartezeit (wait time)*: Summe aller Zeiträume, in denen der Prozess am Warten war (auf irgendeine Ressource, das heißt auch auf die CPU).
- *Bedienzeit (service time)*: Summe aller Zeiträume, in denen der Prozess am Rechnen war (d.h. CPU belegt hat, also inklusive aktiver Warteschleifen).
- *Durchlaufzeit (turnaround time)*: Gesamter Zeitbedarf (verstrichene Zeit), bis ein Prozess vollständig abgearbeitet ist (Zeitpunkt Prozessbeendigung minus Zeitpunkt Prozessstart). Es gilt: Durchlaufzeit = Wartezeit plus Bedienzeit.
- *Antwortzeit (response time)*: Zeit zwischen dem Auftreten eines Ereignisses bis zur ersten Reaktion des Prozesses darauf. Entweder wird die Situation bei einem Einzelereignis bestimmt oder ein Mittelwert über eine Vielzahl an Ereignissen ermittelt.
- *Durchsatz (Troughput)*: Anzahl vollständig abgearbeiteter Prozesse pro Zeiteinheit. Zur Bestimmung wird ein Betrachtungszeitraum gewählt.
- *CPU-Auslastung (cpu usage)*: Zeiträume, während der die CPU irgendeinen Prozess ausgeführt hat, im Verhältnis zum gesamten Beobachtungszeitraum. Typischerweise erfolgt eine prozentuale Angabe.

	FIFO	SJF	SRT	RR	ML	MLF	(MP)
Wartezeit (Prozess A)	120	120	50	80	50	120	50
Bedienzeit (Prozess A)	70	70	70	70	70	70	70
Durchlaufzeit (Prozess A)	190	190	120	150	120	190	120
Antwortzeit (Prozess A)	70	70	0	30	0	20	0
Durchsatz (Zeit: 0..150)	1	1	1	2	1	1	3
CPU-Auslastung (Zeit: 0..150)	100%	100%	100%	100%	100%	100%	42%

Tab. 4–6   Vergleich ausgewählter Scheduling-Strategien

Für einen Echtzeitbetrieb kann zusätzlich die Zeiteinhaltung bei harten Zeitgrenzen (*deadlines*) beurteilt werden. Am besten wäre es, wenn sich eine Strategie finden ließe, die für alle denkbaren Anwendungssituationen das Minimum aller erwähnten Größen garantieren würde. Dies ist praktischerweise kaum zu erwarten. So konzentriert sich ein Vergleich auf die Beurteilung der Strategien anhand typischer Ablaufbilder, die möglichst repräsentativ für den geplanten Einsatz sind. Wie man solche repräsentativen Ablaufbilder bestimmt, soll an dieser Stelle nicht näher untersucht werden. Wir beschränken uns auf einfache Beispiele, die ein paar Zahlenwerte zu den einzelnen Strategien liefern und damit das Vorgehen zur Bestimmung illustrieren. Die zwei Echtzeitstrategien wurden bereits verglichen und werden daher nicht berücksichtigt. Damit ist es möglich, als Ablaufbild das bereits vorgestellte Beispielszenario 1 zu benutzen. Der Spaltentitel (MP) in Tabelle 4–6 steht für den echt parallelen Betrieb und legt damit die bestmöglichen Werte für den Vergleich fest.

Adaptive Prozessorzuteilung

Da unter einem Betriebssystem oft verschiedene Klassen an Prozessen zur Ausführung kommen sollen, macht es Sinn, mehrere der besprochenen Strategien gleichzeitig zu unterstützen. Welche Strategie dann gilt, kann prozessspezifisch aufgrund der Zugehörigkeit zu einer bestimmten Prozessklasse (*batch, interactive, real-time*) festgelegt werden. Einige Systeme versuchen auch durch eine geschickte Kombination mehrerer Strategien allen Prozessen einigermaßen gerecht zu werden. Dies funktioniert im Mittel durchaus akzeptabel, wenn es sich nicht um Prozesse mit harten Echtzeitanforderungen handelt. Viele universelle Betriebssysteme sind aufgrund ihrer Implementierung nicht in der Lage, auf externe Ereignisse (Interrupts) garantierte Maximalzeiten einzuhalten. Daher lohnt es sich, in diesen Fällen ein für Echtzeit dediziertes Betriebssystem zu evaluieren. Einen Kompromiss stellen Universalsysteme dar, denen ein Echtzeitsystemkern zur Seite gestellt wird, der garantierte Antwortzeiten kennt. Bei diesen Lösungen läuft dann das universelle Betriebssystem quasi als Anwenderprozess unter dem Echtzeitsystemkern. Was die Prozessorzuteilung angeht, wäre dann der Scheduler des Echtzeitkerns eine zusätzliche Zuteilungsstufe, die sich unterhalb des Schedulers des Universalsystems befindet (das Universalsystem teilt sich die Rechenzeit mit allen Echtzeitprozessen).

Bei prioritätsbasierten Strategien kann das Reaktionsverhalten verbessert werden, wenn das Betriebssystem die Prioritäten einzelner Prozesse oder Threads dynamisch anpasst. So kann beispielsweise die Priorität eines Threads temporär erhöht werden, nachdem er auf eine erfolgte Eingabe hin aufgeweckt wurde. Dadurch erhält er eher Rechenzeit zugeteilt und kann schneller auf das Ereignis reagieren. Viele Betriebssysteme erlauben auch über Systemdienstaufrufe die Prioritäten zu verändern. Eine erfolgte Änderung zieht eine Prozessorneuzuteilung nach sich, da ja nun vielleicht der laufende Thread nicht mehr die höchste Priorität hat oder ein ablaufbereiter Thread plötzlich infolge höherer Priorität den laufenden Thread verdrängen könnte.

Koroutinen

Neben diesen durch Betriebssysteme realisierten Zuteilungsverfahren enthalten Programmiersprachen teilweise einfache Möglichkeiten zur Parallelverarbeitung. Der älteste Ansatz benutzt sogenannte *Koroutinen*. Dabei erfolgt der Wechsel von einem Programmablauf zu einem anderen über Anweisungen der Programmiersprache (evtl. Aufruf von Bibliotheksfunktionen). Es handelt sich dabei um eine vereinfachte Art der kooperativen Zuteilung, wobei keine übergeordnete Steuerung benötigt wird.

4.4.5 Multiprozessor-Scheduling

In einem Multiprozessorsystem verkompliziert sich das Scheduling. Nicht nur muss jeweils der nächste auszuführende Prozess, sondern auch die CPU für ihn ausgewählt werden. Man kann den neuen Problemen natürlich aus dem Weg gehen, indem jede CPU ihr privates Scheduling durchführt, ungeachtet der anderen verfügbaren Prozessoren. Dies mag angehen für ein lose gekoppeltes Multiprozessorsystem, bei dem die einzelnen CPUs über ein vergleichsweise langsames Computernetz verbunden sind. Betrachten wir jedoch Multiprozessorsysteme, bei denen eine Reihe von Prozessoren sich einen gemeinsamen Hauptspeicher teilt, dann gibt es bessere Lösungen. Insbesondere möchte man die anfallende Rechenlast so verteilen, dass möglichst keine CPU unbelegt, d.h. im Leerlauf, bleibt.

Eine einfache Lösung dafür ist, wenn für alle CPUs eine gemeinsame Bereitliste besteht (*global queue*). Wird eine CPU frei, so wird ihr gemäß einer Auswahlstrategie (FCFS, RR usw.) ein ablaufbereiter Prozess zugeteilt. Dieser Ansatz besitzt den Vorteil, dass automatisch ein Lastausgleich stattfindet. Darum wird er oft als *load sharing* bezeichnet. Diese Lösung ist geeignet für Anwendungen, bei denen die parallelen Aktivitäten voneinander unabhängig sind. Nachteilig ist, dass bei einer wechselnden CPU für einen Prozess die Cache-Nutzung abnimmt. Umfasst das System sehr viele Prozessoren, so stellt der Zugriff auf die globale Bereitliste zudem einen Flaschenhals dar.

Moderne Applikationen kommen häufig in der Form eines Multithreaded-Prozesses daher. Die einzelnen Threads eines Prozesses koordinieren sich dabei im Ablauf, sodass sie nicht voneinander unabhängig sind. Ein optimaler Ablauf würde hier bedeuten, dass alle Threads eines Prozesses gleichzeitig ablaufen können. Denken wir an einen Thread, der eine Ressource belegt und in den Bereitzustand verdrängt wird. Ein zweiter Thread, der nun auf diese Ressource zugreifen will, wird nun infolge der errichteten Sperre eventuell unnötig lang warten müssen. Dies kann bei der gleichzeitigen Einplanung des ganzen Prozesses vermieden werden. Eine Strategie, die dies berücksichtigt, wird als *group scheduling* oder *gang scheduling* bezeichnet. Nachteilig kann hier sein, dass unter Umständen eine oder mehrere CPUs im Leerlauf verbleiben, weil keine Gruppe auf ihnen Platz findet.

Beispielsweise könnte eine Reihe Applikationen je aus vier und mehr ablaufbereiten Threads bestehen. Wären drei CPUs frei, so könnten sie nicht belegt werden.

Die Leistung moderner Rechner ist stark von einer optimalen Cache-Nutzung beeinflusst. Daher liegt eine Lösung für das Multiprozessor-Scheduling nahe, bei der jeder Thread fest einer bestimmten CPU zugeordnet ist (*hard processor affinity*). Bei dieser festen CPU-Zuordnung ist allerdings keine optimale Lastverteilung mehr möglich. Schwächt man die feste CPU-Zuordnung ab (*soft processor affinity*), sodass sie nicht strikt eingehalten werden muss, entstehen wieder Möglichkeiten zum Lastausgleich. Führt jede CPU ihre eigene Bereitliste, so könnte beispielsweise periodisch eine Verschiebung ablaufbereiter Threads von stark zu schwach gefüllten Listen erfolgen.

Praktische Implementierungen versuchen meist mehrere der obigen Ideen zu kombinieren, um möglichst viele Anwendungsfälle gut zu bedienen. Linux beispielsweise führt für jede CPU eine private Bereitliste. Jedoch wird periodisch ein Lastausgleich durchgeführt. Ergänzend kann jede Applikation die gewünschte CPU-Affinität dem System mitteilen. Dies wird berücksichtigt, wenn es im Lastausgleich darum geht, einen oder mehrere Prozesse von einer CPU auf eine andere zu migrieren. Unter Windows können Prozesse ebenfalls die CPU-Zuordnung fixieren. Ein Prozess kann so Einschränkungen festlegen, auf welchen CPUs er ausgeführt werden darf. Bei Bedarf kann dies sogar auf der Stufe einzelner Threads erfolgen. Im Standardfall wird jedem Thread eines Prozesses zum Erzeugungszeitpunkt ein sogenannter *ideal processor* zugeordnet. Zusätzlich wird pro Thread laufend festgehalten, auf welcher CPU er zuletzt lief. Wird nun eine CPU frei, so erfolgt die Thread-Auswahl aus der globalen Bereitliste in der Reihenfolge (1) erster Thread, der zuletzt auf dieser CPU lief, (2) erster Thread, der suchende CPU als *ideal processor* festgelegt hat, (3) erster Thread, der länger als zwei Zeitquanten bereit war, (4) erster Thread, der eine Priorität größer als 23 hat. Dieses Auswahlverhalten führt dazu, dass Windows auf einem Multiprozessorsystem nicht immer denjenigen ablaufbereiten Thread auswählt, der gerade die höchste Priorität hat. Seit Windows 7 bzw. Server 2008 wird zusätzlich das Scheduling so modifiziert, dass bei mittlerer oder geringer Rechenlast möglichst immer die gleichen Rechenkerne am Laufen sind, sodass die restlichen Rechenkerne in einen Stromsparmodus geschaltet werden können (*core parking*).

4.4.6 POSIX-Thread-Scheduling

Die POSIX-Norm beschreibt ein *konzeptionelles Thread-Modell*, das eine große Wahlfreiheit für Implementierungen zulässt. Dementsprechend sind alle der weiter oben erwähnten Implementierungsformen für das Multithreading zulässig. Es besteht die Möglichkeit, im gleichen System sowohl Multithreading auf der Benutzer- als auch auf der Kernebene zu betreiben. Zu diesem Zweck trägt jeder Thread ein Attribut *scheduling contention scope*. Damit kann festgelegt werden, wie die Zuordnung zwischen UL- und KL-Thread erfolgen soll. Die zwei definierten Werte für *scheduling contention scope* sind:

- PTHREAD_SCOPE_SYSTEM: Der UL-Thread wird 1:1 einem KL-Thread zugeordnet (*bound thread*). Er unterliegt damit den Regeln eines KL-Threads und konkurriert bei der CPU-Zuteilung mit allen anderen KL-Threads.
- PTHREAD_SCOPE_PROCESS: Der UL-Thread ist nicht fest einem KL-Thread zugeordnet, sondern diese Zuordnung wird durch die POSIX Multithreading Library geregelt (*unbound thread*). Der UL-Thread steht bei der Prozessorzuteilung in Konkurrenz zu allen anderen UL-Threads des gleichen Prozesses, die ebenfalls den Attribut-Wert PTHREAD_SCOPE_PROCESS besitzen.

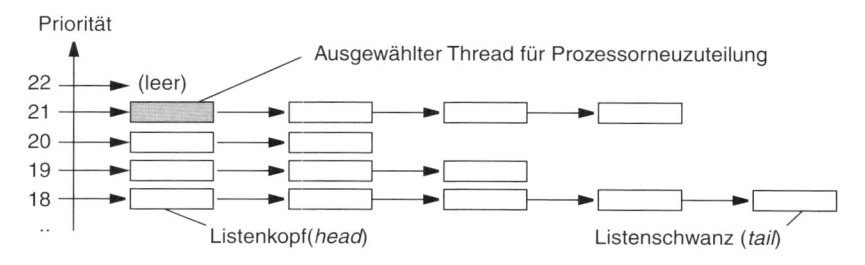

Abb. 4–42 *Listen ablaufbereiter Threads*

Eine Implementierung des POSIX-Multithreading kann beide der obigen Attributwerte unterstützen oder nur einen davon, sodass POSIX-Multithreading-Bibliotheken sehr unterschiedliche Eigenschaften besitzen können. POSIX- Threads unterstützen *Thread-Prioritäten*, wobei der Prioritätsbereich von einer Implementierung frei gewählt werden kann (minimal 32 Stufen). Ablaufbereite Threads sind konzeptionell pro Prioritätsstufe in je einer separaten Queue enthalten (siehe Abb. 4–42). Bei der Prozessorzuteilung wird immer derjenige Thread gewählt, der in der höchstpriorisierten nicht leeren Queue zuvorderst steht. Für die Sortierung der Listen sind vier unterschiedliche Strategien vorgesehen:

- SCHED_FIFO: Die Prozessorzuteilung erfolgt nach dem FIFO-Prinzip auf der höchsten Prioritätsstufe, die ablaufbereite Threads aufweist.
- SCHED_RR: Die Prozessorzuteilung erfolgt nach dem Round-Robin- bzw. Zeitscheibenprinzip auf der höchsten Prioritätsstufe, die ablaufbereite Threads aufweist.
- SCHED_SPORADIC: Dies ist eine spezielle Zuteilungsstrategie exklusiv für Serversysteme. Die aufwendigen Regeln sind in der POSIX-Norm genau umschrieben (siehe dort). Diese Strategie ist optional.
- SCHED_OTHER: Für die Prozessorzuteilung wird eine andere, d.h. proprietäre Strategie eingesetzt. Sie kann aber auch identisch mit SCHED_FIFO oder SCHED_RR sein.

4.4 Prozessorzuteilungsstrategien

Eine strikt konforme Implementierung unterstützt die drei nicht optionalen Strategien. Nicht strikt konforme Realisierungen beschränken sich oft auf SCHED_OTHER, d.h. eine von der Implementierung frei gewählte Strategie. Wenn POSIX-Threads in einer schlanken Implementierung direkt auf KL-Threads abgebildet werden, so unterliegen sie damit den Prozessorzuteilungsregeln des betreffenden Betriebssystems. Diese entsprechen aber nicht unbedingt SCHED_FIFO oder SCHED_RR.

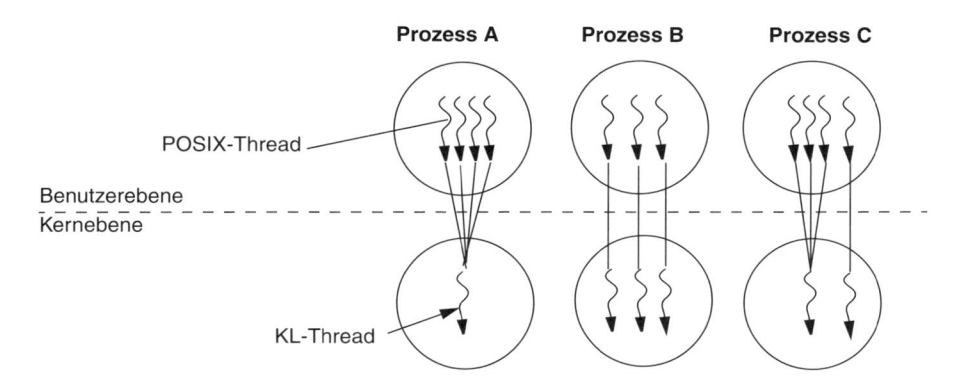

Abb. 4–43 *Beispiele für POSIX-Thread-Zuordnungen*

Die verwendete Strategie kann übrigens für jeden Thread separat konfiguriert werden (über die *scheduling attributes*). Dabei ergeben sich interessante Kombinationen, wenn Threads mit unterschiedlich gesetzten Strategien in der gleichen Queue eingereiht sind. Beispielsweise wird ein Thread mit SCHED_RR nach Ablauf seiner Zeitscheibe den Prozessor abgeben, ein Thread mit der Strategie SCHED_FIFO jedoch nicht. Zudem ist das Zusammenwirken von Threads mit SCHED_OTHER bzw. SCHED_RR/SCHED_FIFO der Implementierung überlassen, d.h. nicht näher spezifiziert.

In Abbildung 4–43 ist beispielhaft eine mögliche Anwendungssituation gezeigt. Die Threads des Anwendungsprozesses A sind alle ungebunden (*unbound threads*) und konkurrieren untereinander um die Zuordnung von einem KL-Thread. Der Anwendungsprozess B enthält drei Threads, die alle gebunden sind (*bound threads*), also 1:1 einen KL-Thread zugeordnet haben. Diese Threads konkurrieren entsprechend der Scheduling-Strategie des Betriebssystems zusammen mit allen anderen KL-Threads um den Prozessor. Im Anwendungsprozess C befinden sich drei ungebundene Threads, die untereinander als UL-Threads konkurrieren. Der vierte Thread hingegen ist gebunden und damit 1:1 einem KL-Thread zugeordnet. Für ungebundene Threads findet eine *zweistufige Prozessorzuteilung* statt: erstens in der Multithreading-Bibliothek zwischen allen ungebundenen ablaufbereiten Threads des gleichen Prozesses und zweitens auf der Betriebssystemebene durch die Prozessorzuteilung aufgrund aller ablaufbereiten KL-Threads. Für die gebundenen Threads hingegen gilt nur die Prozessorzuteilung des Betriebssystems, die alle ablaufbereiten Kernmodus-Threads berücksichtigt.

In Multiprozessorsystemen kann für jeden Thread die Menge der für ihn wählbaren CPUs separat festgelegt werden. Diese Menge der für die Prozessorzuteilung zur Verfügung stehenden CPUs wird als *scheduling allocation domain* bezeichnet. Die wählbaren Mengen können von einer Implementierung frei definiert werden. So ist auf einem Multiprozessorsystem durchaus eine *scheduling allocation domain* von eins denkbar, d.h., ein bestimmter Thread kann nur einer bestimmten einzelnen CPU zugeteilt werden (obwohl mehrere vorhanden sind).

Zusammenfassend kann gesagt werden, dass das POSIX-Thread-Scheduling sehr komplex und vor allem meistens stark implementationsabhängig ist.

4.4.7 Java-Thread-Scheduling

Java-Threads erhalten durch die JVM (*Java Virtual Machine*) den Prozessor zugeteilt. Die Zuteilungsregeln sind jedoch durch die Definition des Java-Laufzeitsystems (*JVM formal definition*) nicht sehr strikt geregelt. So werden die Thread-Prioritäten als sogenannte *priority hints* bezeichnet, was heißt, dass Threads mit höherer Priorität bei der CPU-Zuteilung den Vorzug erhalten sollen, ohne dass dies garantiert ist. So ist es durchaus möglich, dass nicht immer der ablaufbereite Thread mit der höchsten Priorität am Laufen ist. Abhängig von der eingesetzten JVM kann diese Regel zwar strikt implementiert sein, ein Verlass darauf existiert für portable Programme jedoch nicht.

Das Java-Thread-Scheduling erlaubt den Einsatz eines Round-Robin-Verfahrens für ablaufbereite Threads der jeweils höchsten Prioritätsstufe. Das Vorhandensein des Round-Robin-Verfahrens und die benutzte Zeitscheibengröße sind implementationsabhängig. Aus diesem Grund sollten alle Threads von Zeit zu Zeit die CPU abgeben. Geschieht dies nicht durch ein Warten auf ein Ereignis (z.B. Eingabedaten), so sollte in vernünftigen Zeitabständen die yield()-Methode aufgerufen werden, die die CPU an den nächsten ablaufbereiten Thread der gleichen Prioritätsstufe abgibt.

Verfügbare Thread-Prioritäten sind 1 – 10, wobei 10 die höchste Prioritätsstufe darstellt. Ein Thread erhält automatisch die Standardpriorität 5 zugeteilt, wenn er erzeugt wird. Diese kann mittels der Methode setPriority() geändert werden. Die Thread-Prioritäten sind statisch, d.h., sie werden durch das Laufzeitsystem nicht modifiziert. Eine Implementierung des Java-Thread-Schedulings kann, muss aber nicht die folgenden Eigenschaften unterstützen:

- *Prioritätsgesteuerte, verdrängende Prozessorzuteilung (preemptive, priority-based scheduling)*: Höherpriorisierte Threads erhalten immer die CPU vor tieferpriorisierten Threads zugeteilt.

4.4 Prozessorzuteilungsstrategien

- *Zeitscheibenverfahren (round-robin scheduling)*: Ablaufbereite Threads erhalten die CPU abwechselnd jeweils gleich lange zugeteilt.

Das Java-Thread-Scheduling kann als eine rein im Benutzermodus ablaufende Prozessorzuteilung stattfinden oder durch die eingesetzte JVM auf KL-Threads des darunter liegenden Betriebssystems abgebildet werden. Damit ist die CPU-Zuteilung bei Java-Threads weniger gut voraussagbar, als man gerne hätte!

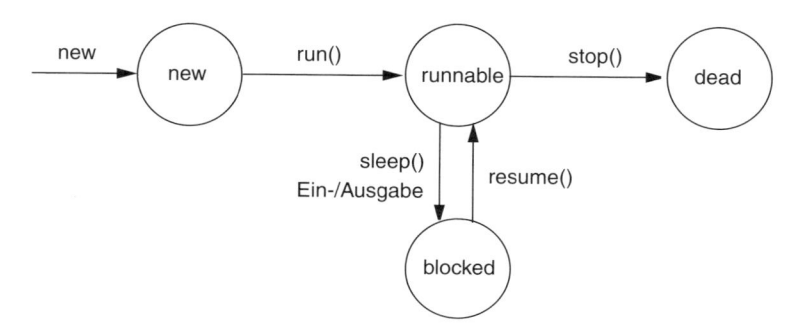

Abb. 4–44 *Java-Thread-Zustände*

In Abbildung 4–44 ist das Java-Thread-Zustandsmodell dargestellt. Ein Thread befindet sich im Zustand *new*, wenn ein Objekt für ihn erzeugt wurde. Sobald die Methode run() aufgerufen wird, wechselt er in den Zustand *runnable*. Er kann damit die CPU zugeteilt erhalten. Es existiert kein separater Zustand für laufende Threads. So verbleibt ein Thread im Zustand *runnable*, auch wenn er gerade ausgeführt wird. Der Zustand *blocked* wird eingenommen, wenn der Thread eine blockierende Methode aufruft, sei dies eine Ein-/Ausgabemethode oder sleep(). Threads in diesem Zustand erhalten die CPU nie zugeteilt. Terminiert die run()-Methode, so nimmt der Thread den Zustand *dead* an. Er kann nicht mehr gestartet werden und wird gelegentlich von der *garbage collection* abgeräumt und verlässt damit das Zustandsmodell.

Beschränkt man sich auf einen Subset der Java-Programmiersprache, so steht mit dem *Java Real-Time System* von Sun eine echtzeitfähige Java-Variante zur Verfügung. Diese entspricht der *Java Real-Time Specification* der *RTJEG (Real-Time for Java Expert Group)*. Diese Spezifikation definiert verbindliche Scheduling-Regeln sowie eine Speicherbelegung und -freigabe unter direkter Programmkontrolle (d.h. keine Garbage Collection).

4.4.8 Scheduling unter Windows

Es kommt ein verdrängendes prioritätsbasiertes Thread-Scheduling gemäß der ML-Strategie zur Anwendung. Für ablaufbereite Threads auf der gleichen Prioritätsstufe wird ergänzend die RR-Strategie eingesetzt. Zu beachten ist, dass zusätzlich eine dynamische Beeinflussung der Thread-Prioritäten stattfindet mit dem Ziel, für bestimmte Ablaufsituationen (z.B. Weiterlaufen nach Warten auf Ein-/Ausgabe) ein besseres Reaktionsverhalten zu erreichen.

Prioritäten

Die Beschreibung der Prioritäten ist für den Systemkern und den Programmierer unterschiedlich. Der Betriebssystemkern kennt 32 numerisch umschriebene Prioritätswerte. Die Windows-Laufzeitumgebung definiert dagegen ein hierarchisches Prioritätensystem, bei dem die Priorität über vier Prioritätsklassen und sieben Relativprioritäten beschrieben wird. In Abbildung 4–45 sind die 32 numerisch angegebenen Prioritätsstufen des Systemkerns dargestellt.

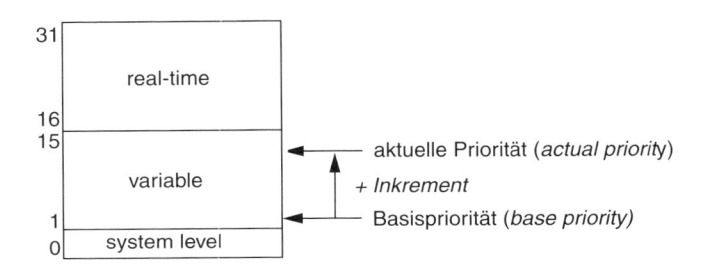

Abb. 4–45 *Prioritätsstufen des Windows NT-Kerns*

Die Stufe 0 stellt die tiefste und die Stufe 31 die höchste Priorität dar. Innerhalb dieses Prioritätenschemas gibt es drei Bereiche von unterschiedlicher Bedeutung. Die Priorität 0 ist reserviert für System-Threads, die mit einer Priorität unterhalb aller Benutzer-Threads ablaufen sollen, d.h. eigentlich dann, wenn eine Leerlaufsituation vorliegt. Die Stufen 1..15 sind reserviert für normale Anwender-Threads. Die Werte 16..31 schließlich ermöglichen weiche Echtzeitanwendungen. Die 32 Prioritätsstufen des Betriebssystemkerns werden den Benutzerprozessen nicht direkt angeboten, sondern sind auf das hierarchische Prioritätenschema der Windows-Programmierschnittstelle abgebildet. Dieses umschreibt die Prioritäten mit folgenden Textbegriffen:

- Vier Prioritätsklassen: *idle, normal, high, real-time*
- Sieben Relativprioritäten (innerhalb der Klasse): *idle, lowest, below normal, normal, above normal, highest, time critical*

Die Abbildung (*mapping*) der Prioritätsklassen und der Relativprioritäten der Windows-Programmierschnittstelle auf die Systemkernprioritäten ist in Tabelle 4–7 zu sehen. Das Zuteilungsschema ist fix. Die Basispriorität eines Prozesses ist die Stufe »*normal*« innerhalb seiner Prioritätsklasse. Threads erben die Basispriorität ihres Prozesses (= *base priority*). Die zu einem bestimmten Zeitpunkt maßgebende Thread-Priorität ist die sogenannte aktuelle Priorität (= *current priority*). Der Unterschied liegt in der dynamischen Prioritätsbeeinflussung. Anfänglich gilt die Basispriorität, die jedoch in gewissen Situationen ein Inkrement erfährt, das anschließend graduell über die Zeit wieder abgebaut wird (sofern der Thread läuft). Die Thread-Prioritäten können via Windows-API-Aufrufe oder mittels des Task-Manager-Dienstprogramms während des Betriebs geändert werden.

	Real-Time	High	Normal	Idle
Time critical	31	15	15	15
Highest	26	15	10	6
Above normal	25	14	9	5
Normal	24	13	8	4
Below normal	23	12	7	3
Lowest	22	11	6	2
Idle	16	1	1	1

Tab. 4–7 Abbildung der Windows-Kernprioritäten auf die Windows API

Aus Sicht der Programmentwicklung erfolgt die Prioritätsfestlegung wie folgt:

- Der Softwareentwickler teilt dem Prozess eine Prioritätsklasse zu (damit ist die Basispriorität für alle seine Threads festgelegt).
- Alle Threads innerhalb dieses Prozesses erhalten anfänglich die Relativpriorität *normal* innerhalb der Prioritätsklasse des Prozesses.
- Alle Prioritäten können im Betrieb über API-Aufrufe verändert werden.

Die Benutzung der zwei höheren Prioritätsklassen (*real-time* und *high*) kann unerwartete Folgen haben, da solche Prozesse in der Lage sind, die CPU praktisch vollständig an sich zu reißen. Dadurch können sogar wichtige System-Threads in ihrer Arbeit behindert werden. Selbst der Windows-Task-Manager kann so von der CPU ausgesperrt werden (wodurch der Benutzer kaum noch Eingriffsmöglichkeiten hat). Prozesse in diesen Prioritätsklassen sollten daher die CPU nur sehr kurze Zeiten belegen (zumindest ihre Threads, die eine Systemkernpriorität über 11 besitzen).

Die Prioritätsklasse im Betrieb zu ändern macht dann Sinn, wenn ein Prozess nur für eine kurze Zeit eine höhere Priorität benötigt. Die Modifikation der Relativprioritäten einzelner Threads kann das Reaktionsverhalten verbessern. So könnte die Relativpriorität eines GUI-Threads erhöht und die eines Hintergrund-Threads reduziert werden.

Thread-Zustände

Die Abbildung 4–46 zeigt das Thread-Zustandsmodell mit insgesamt sieben Zuständen. Bei der Thread-Erzeugung wird ein Thread-Objekt angelegt und initialisiert. Das Thread-Objekt ist ein Windows-Systemobjekt und enthält die zur Verwaltung nötigen Informationen über den Thread. Der Thread befindet sich während des Anlegens des Thread-Objekts im Zustand *Initialized*. Anschließend wird er in die Bereitliste (*ready queue*) eingefügt und nimmt den Zustand *Ready* an. Wird der Thread zur Ausführung ausgewählt, d.h., soll er den Prozessor zugeteilt erhalten, dann wechselt er zuerst in den Zustand *Standby*. Aus dem *Standby*-Zustand kann er allerdings verdrängt werden und muss in diesem Fall in den Zustand *Ready* zurück. In der Regel wird jedoch die Prozessorzuteilung zu Ende geführt und es wird eine Kontextumschaltung (*context switch*) zu diesem Thread stattfinden. Damit wird er in den Zustand *Running* gebracht und sein Code wird von der CPU ausgeführt. Die Zustände *Standby* und *Running* sind in einem Rechner genau so viel Mal vorhanden, wie CPUs zur Verfügung stehen. Aus dem Zustand *Running* findet ein Übergang in den Zustand *Ready* dann statt, wenn entweder der laufende Thread verdrängt wird (hat nicht mehr die höchste Priorität) oder sein Zeitquantum erschöpft ist (nur falls weitere Threads der gleichen Prioritätsstufe ablaufbereit sind).

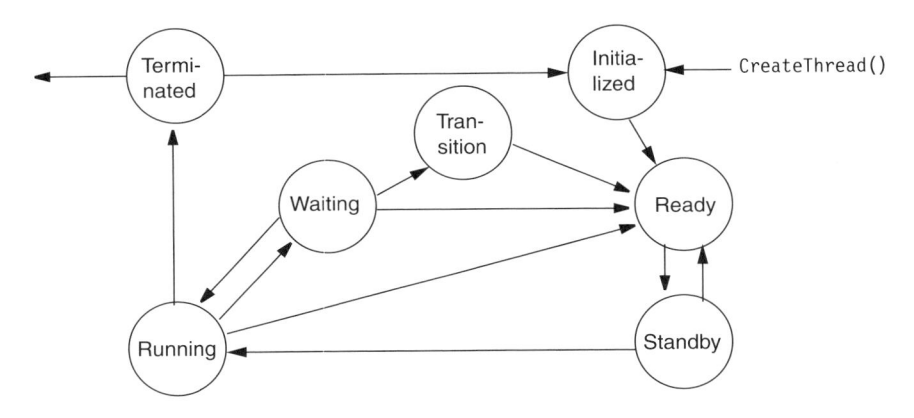

Abb. 4–46 *Thread-Zustandsmodell in Windows*

Beginnt ein laufender Thread auf ein Systemobjekt zu warten (*WaitFor...*), so geht er in den Zustand *Waiting* über. Ist das Warten beendet, so sind zwei Zustandswechsel möglich. Erstens der Wechsel in den Zustand *Running*, wenn der Thread die höchste Priorität aller ablaufbereiten Threads besitzt. Zweitens der Wechsel in den Zustand *Ready*, wenn er die CPU nicht sofort zugeteilt bekommt. Ein Spezialfall ergibt sich dann, wenn ein Thread nach dem Warten ablaufbereit wird und sein Kernmodusstapel (*kernel mode stack*) auf die Platte ausgelagert ist. In dieser Situation wird während der Einlagerung des Stapels der Zustand *Transition* eingenommen. Ist die Einlagerung komplett, so wechselt der Thread in den Zustand *Ready*. Ein Thread, der das Ende seiner Ausführung erreicht, geht vom Zustand *Running* in den Zustand *Terminated* über. Unter gewissen Bedingungen kann er daraus wieder neu gestartet werden. Normalerweise wird er jedoch das System verlassen, d.h., alle ihm zugehörigen Informationen werden in den Systemdaten gelöscht.

4.4 Prozessorzuteilungsstrategien

Datenbasis des Schedulers

Die Bereitliste ist primär nach Prioritäten und sekundär nach dem FIFO-Prinzip sortiert. So ist bei einer Neuzuteilung stets der vorderste Thread in der Bereitliste relevant. Folgende Scheduler-Szenarien illustrieren dies etwas genauer:

- *Verdrängungssituation*: Eine Verdrängung (*preemption*) findet dann statt, wenn ein Thread ablaufbereit wird, der eine höhere Priorität besitzt als der gerade laufende Thread. Der laufende Thread wird in diesem Fall sofort verdrängt, d.h., er muss die CPU abgeben und in den Zustand *Ready* wechseln. Der verdrängte Thread wird auf seiner Prioritätsstufe zuvorderst in die Bereitliste eingereiht, damit er als erster seiner Priorität wieder die CPU erlangen kann.
- *Thread beginnt zu warten*: Der Thread kann nicht weiterlaufen und verzichtet damit freiwillig auf die CPU. Der Prozessor wird nun dem vordersten Thread in der Bereitliste zugeteilt, d.h., er wird aus der Bereitliste ausgetragen und wechselt in den Zustand *Running*. Nebenbei bemerkt: Threads, die auf die Ressource CPU warten, werden als ablaufbereit (*Ready*) bezeichnet und befinden sich damit aus Sicht des Thread-Zustandsmodells nicht in dem als wartend (*Waiting*) bezeichneten Zustand!
- *Neuer Thread wird erzeugt*: Der Thread wird nach der Initialisierung in die Bereitliste eingetragen, und zwar zuhinterst auf seiner Prioritätsstufe. Anschließend wird der Scheduler aufgerufen, um zu prüfen, ob der neue Thread die CPU zugeteilt erhalten soll.
- *Thread beendet seine Ausführung*: Der Thread verlässt bei der Terminierung den Zustand *Running*. Da die CPU jetzt frei ist, wird sofort der Scheduler zur Zuteilung eines neuen Threads aufgerufen.
- *Zeitquantum aufgebraucht*: Der Scheduler wird aufgerufen und prüft, ob die Priorität des Threads anzupassen ist (siehe Prioritätsanpassungen weiter unten). Dies kann dazu führen, dass ein anderer ablaufbereiter Thread die höchste Priorität erlangt. Diesem wird anschließend die CPU zugeteilt. Falls die Thread-Priorität nicht geändert wird, folgt der Test auf weitere ablaufbereite Threads auf der gleichen Prioritätsstufe. Sind solche vorhanden, so wird der vorderste Thread gewählt, der Bereitliste entnommen und in den Zustand *Running* versetzt (kann damit ablaufen). Der alte Thread wird zuhinterst auf seiner Prioritätsstufe in die Bereitliste eingefügt und erhält ein neues Zeitquantum zugeteilt. Falls jedoch keine weiteren ablaufbereiten Threads der gleichen Prioritätsstufe existieren, erhält der bisherige Thread ein neues Zeitquantum zugeteilt und kann sofort weiterlaufen.

Zeitquantumverwaltung

Ein Zeitquantum (*time quantum*) stellt diejenige Menge an Rechenzeit dar, nach der eine Round-Robin-Umschaltung erfolgt. Die Round-Robin-Umschaltungen finden zwischen Threads gleicher Priorität statt, die ablaufbereit sind, und zwar ungeachtet davon, ob sie zum gleichen oder zu verschiedenen Prozessen gehören. Für jeden Thread wird ein Zeitquantumszähler geführt, der bei jedem Zeitscheiben-Interrupt für den laufenden Thread um drei heruntergezählt wird. Der Wert für ein volles Zeitquantum hängt von der Windows-Version ab (6 für Workstation, 36 für Server). Ein Thread, der immer vor dem Zeitscheibenende zu warten beginnt, dem wird nie der Zeitquantumszähler dekrementiert. Damit ein Thread in diesem Fall sein Zeitquantum nicht ewig ausdehnen kann, wird pro Wartebeginn der Zeitquantumszähler um eins dekrementiert (außer für Threads der Priorität 14 & 15). Dies ist der Grund, warum das normale Dekrement auf drei festgesetzt wurde.

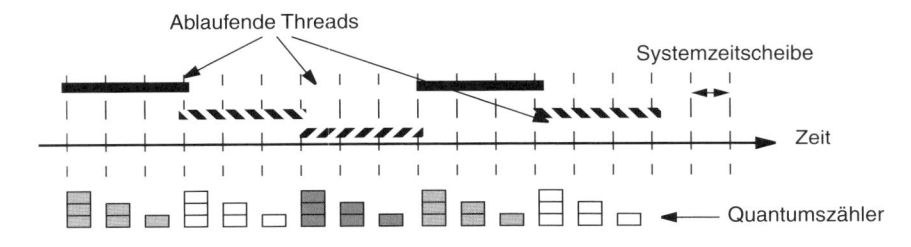

Abb. 4-47 *Rechenzeitaufteilung mittels Zeitquanten (Windows)*

Das wesentlich größere Zeitquantum des Server-Windows im Vergleich zu der Workstation-Version soll dazu dienen, dass einmal begonnene Aufgaben möglichst zu Ende geführt werden, bevor das Zeitquantum erschöpft ist. Dies orientiert sich am typischen Einsatz eines Servers in einer Client/Server-Konstellation, im Gegensatz zum Dialogbetrieb einer Workstation. Die Länge einer einzelnen Zeitscheibe hängt von der Anzahl Prozessoren im System ab. Einprozessorsysteme benutzen in der Regel Intervalle von 10 ms, Multiprozessorsysteme meistens von 15 ms.

Ein bekanntes Problem eines auf festen Zeitscheiben beruhenden Round-Robin-Zuteilungsverfahrens liegt darin, dass jeweils am Ende einer Zeitscheibe dem dann laufenden Thread sein Quantum dekrementiert wird, und zwar unabhängig davon, ob er wirklich die gesamte Zeitscheibe zum Ablaufen nutzen konnte. Beginnt nämlich ein Thread erst kurz vor einem Zeitscheibenende zu laufen, so wird ihm das Quantum dekrementiert, obwohl er kaum etwas davon verbrauchen konnte. Eine andere Situation mit einem ähnlichen Effekt liegt dann vor, wenn ein laufender Thread von zeitfressenden Interrupt-Serviceroutinen unterbrochen wird. Die für die Interrupt-Behandlung verbrauchte Zeit geht dann

4.4 Prozessorzuteilungsstrategien

dem laufenden Thread verloren, wird ihm aber trotzdem abgebucht. Mit Windows Vista wurde das Round-Robin-Scheduling erweitert, um in solchen Situationen eine fairere Rechenzeitzuteilung zu erreichen. Dazu wird mit dem in modernen CPUs vorhandenen Prozessorzyklenzähler fein granular die von einem Thread tatsächlich verbrauchte Rechenzeit gemessen. Am Zeitscheibenende wird der Verbrauchszähler des momentan laufenden Threads konsultiert und in die Aktualisierung des Quantumszählers so einbezogen, dass jeder Thread mindestens sein Quantum an Rechenzeit erhalten hat. Dieses modifizierte Verfahren kann allerdings auch dazu führen, dass ein Thread bis zu eine Zeitscheibe mehr zugeteilt erhält, als ihm eigentlich zustehen würde.

Zur Erreichung eines ruckelfreien Ablaufs von Multimedia-Applikationen enthält Windows ab Vista einen überlagerten Multimedia-Scheduler (*MMCSS, Multimedia Class Scheduler Service*). Dieser greift indirekt in das CPU-Scheduling ein, indem er die Ablaufprioritäten von Multimedia-Threads derart dynamisch verändert, dass diese ausreichend Rechenzeit erhalten. Es werden unterschiedliche Multimedia-Prioritäten definiert; so hat ein Audio-Thread beispielsweise eine kleinere Priorität als ein Video-Thread. Damit andere Applikationsarten von den Multimedia-Abläufen nicht völlig verdrängt werden, wird ersteren stets 20% der verfügbaren Rechenzeit zugeteilt.

Automatismen zur Prioritäts- und Zeitquantumsanpassung

Zur Beeinflussung des Scheduling-Verhaltens mit dem Ziel einer besseren Systemleistung passt das Windows unter bestimmten Bedingungen Thread-Prioritäten und Zeitquanten an. Grundsätzlich finden diese Anpassungen nur bei Benutzer-Threads im Prioritätsbereich 1..15 statt (d.h., Realtime-Threads sind ausgeschlossen). Die unterstützten Automatismen sind nachfolgend beschrieben.

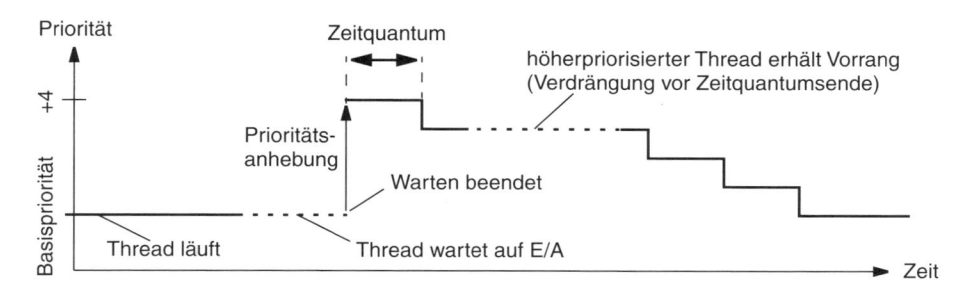

Abb. 4-48 Prioritätsanhebung (Windows)

1. Die Prioritätsanhebung beim Warten auf Ein-/Ausgabe bevorzugt betroffene Threads, sobald sie weiterlaufen können (siehe Abb. 4–48). Der Anhebungswert (*priority boost*) ist abhängig davon, auf was gewartet wird (wird vom Gerätetreiber festgelegt). Die angehobene Priorität überschreitet aber nie den

Wert 15, da sie sonst in den Realtime-Bereich geraten würde. Die Anhebung ist zeitlich begrenzt: Pro abgelaufenes Zeitquantum wird um eins reduziert, bis wieder die Basispriorität erreicht ist. Eine Prioritätsanhebung um eins wird beim Warten auf Semaphore angewendet, wiederum bezogen auf die Basispriorität des betroffenen Threads.

2. Zur Bevorzugung von Vordergrundprozessen erhalten diese ein größeres Zeitquantum. Ein Vordergrundprozess ist ein Prozess, dessen Fenster den Fokus hat. Der Grad der Anhebung kann vom Benutzer konfiguriert werden.
3. Eine Kombination von Prioritäts- und Zeitquantumsanhebungen gilt für zwei Situationen: erstens für GUI-Threads, die auf eine Ein-/Ausgabe warten, und zweitens für verhungernde Threads, die extrem lange den Prozessor nicht zugeteilt erhielten (*CPU starvation*). GUI-Threads werden generell auf die Priorität 14 gesetzt, wenn sie auf eine Ein-/Ausgabe warten. Zusätzlich wird ihr Zeitquantum verdoppelt. Nach Ablauf eines Zeitquantums wird auf die Basispriorität zurückgestuft. Zur Rettung verhungernder Threads findet alle 300 Systemperioden eine Überprüfung statt. Dabei gefundene Threads erhalten die Thread-Priorität 15 und ein doppeltes Zeitquantum. Nach Ablauf des Zeitquantums findet jedoch eine sofortige Rückstufung auf die Basispriorität statt.

Weitere Scheduling-Mechanismen

Ergänzend zu den bereits beschriebenen Algorithmen nutzt Windows zur Optimierung spezifischer Anwendungssituationen weitere Strategien:

- *DFSS (Dynamic Fair Share Scheduling)*: Spezielle Strategie zur fairen CPU-Verteilung im Remote-Desktop-Betrieb mit vielen Benutzern.
- *UMS (User Mode Scheduling)*: Erweiterte Form der Fibers, die dem Kern sichtbar sind (kooperatives Scheduling im Benutzermodus).
- *MMCSS (Multimedia Class Scheduler Service)*: Hebt die Prioritäten von Multimedia-Threads an, sodass keine Unterbrechungen stattfinden. Dazu werden wahlweise auch die Kernprioritäten 16..32 genutzt.
- *I/O Scheduling*: Verhindert ein Monopolisieren des Festplattenzugriffs durch einzelne Anwendungen.

4.4.9 Scheduling unter Unix

Zuerst betrachten wir das klassische Zuteilungsverfahren für Unix-Systeme, wie es unter System V Release 3 (SVR3) und dem BSD 4.3 zum Einsatz kam. Auf die Unterschiede zu modernen Unix-Systemen gehen wir anschließend kurz ein. Das traditionelle Verfahren versucht stark rechenzeitorientierte (*CPU-bound*) Prozesse und stark Ein-/Ausgabe-orientierte (*I/O-bound*) Prozesse möglichst optimal zu bedienen. Es zielt auf einen hohen Durchsatz dieser Art von Anwendungen

4.4 Prozessorzuteilungsstrategien

und berücksichtigt Echtzeitaspekte nicht. Erst später wurden solche Ansprüche integriert.

Prozesszustände (SVR3)

Wird ein Unix-Prozess gestartet, so befindet er sich bis zu seiner Terminierung in einem von mehreren möglichen Prozesszuständen. Eine Prozessterminierung kann normal durch Beendigung des Prozesses über das Verlassen des Programms (d.h. Verlassen der C-main()-Funktion) oder abnormal stattfinden. Ein Prozess wird abnormal terminiert, wenn eine Ausnahmesituation (*exception*) auftritt und vom Betriebssystem erkannt wird. Ausnahmesituationen können sein: Ablauffehler (z.B. Division durch 0, nicht erlaubter Speicherzugriff, ungültige Instruktion) oder der Empfang eines Unix-Signals, das als Reaktion die Prozessterminierung vorsieht (siehe dazu Abschnitt 5.5).

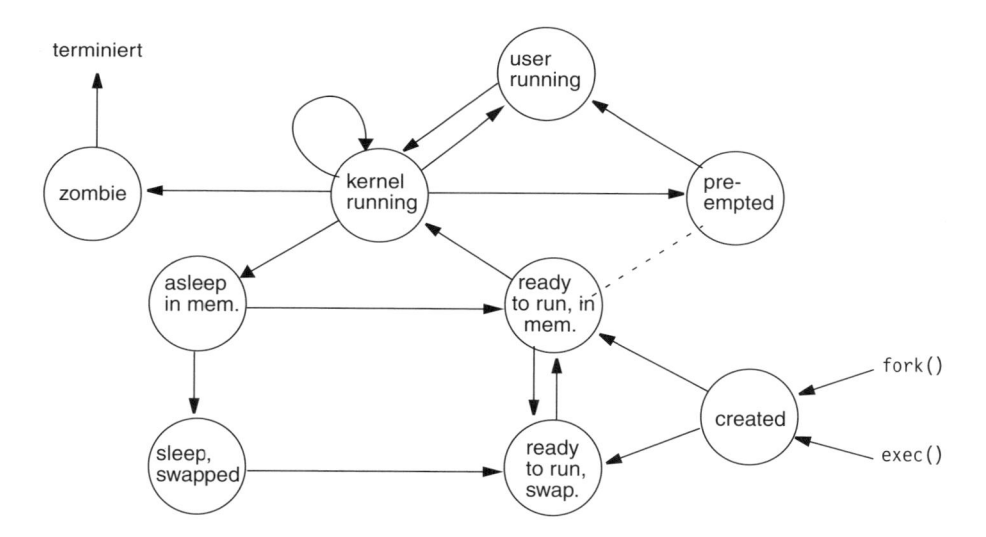

Abb. 4–49 *Prozesszustandsmodell in Unix (System V Release 3)*

Die Abbildung 4–49 zeigt die möglichen Prozesszustände und die Übergänge zwischen ihnen. Das Zustandsdiagramm wird durch einen Prozess betreten, wenn er mittels einer der Systemfunktionen fork() oder exec() gestartet wird. Er befindet sich zuerst im Zustand *created*, der einen Übergangszustand darstellt, bis der Prozess ablaufbereit ist. Ablaufbereite Prozesse, die sich bereits im Hauptspeicher befinden, sind im Zustand *ready to run, in memory*. Wird einem Prozess der Prozessor zugeteilt (*reschedule process*), so wechselt er erst in den Zustand *kernel running*, d.h., er wird anfänglich im Kernmodus ausgeführt. Verlässt er die Systemfunktion (z.B. fork() oder exec(), im Betrieb sind auch andere möglich), so nimmt er den Zustand *user running* an. Einen Wechsel von *user running* in *kernel running* findet bei einem Systemaufruf oder beim Auftreten eines Interrupts (z.B. Zeitscheiben-Interrupt) statt. Findet eine Prozessorneuzuteilung statt, so wird dies durch den *Scheduler*-Teil des Betriebssystems vorgenommen. Ein Prozess, der durch einen anderen Prozess mit höherer Priorität verdrängt wird, kann daher nur aus dem Zustand *kernel running* in *preempted* wechseln. Der Zustand *preempted* ist genau genommen identisch mit dem Zustand *ready to run, in memory*. Es soll im Diagramm aber angedeutet werden, dass ein Prozess erst dann verdrängt werden kann, wenn er eine ausgeführte Systemfunktion verlassen und in den Benutzermodus zurückkehren will.

Bei Speicherknappheit können Prozesse, die ablaufbereit sind, auf die Platte ausgelagert werden. Sie wechseln dann von *ready to run, in memory* in den Zustand *ready to run, swapped*. Beginnt ein Prozess auf ein Ereignis zu warten (z.B. Daten von Platte, Ablauf einer Zeit, Empfang von Daten), so beginnt er zu schlafen und befindet sich damit im Zustand *asleep, in memory*. Schlafende Prozesse werden bei Speicherknappheit gelegentlich ebenfalls auf die Platte ausgelagert und wechseln damit in den Zustand *sleep, swapped*. Ruft ein Prozess die Systemfunktion `exit()` auf oder beendet seine Ausführung andersartig, so wechselt er in den Zustand *zombie*. Dies ist ein Zwischenzustand, in dem der Prozess seine Ausführung beendet hat, aber noch Daten für den zugehörigen Elternprozess gespeichert werden müssen. Sobald diese nicht mehr benötigt werden, kann der Prozess das Zustandsdiagramm definitiv verlassen (d.h. ist dem System nicht mehr bekannt). Vergleicht man dieses Zustandsmodell mit dem Grundmodell, bestehend aus den Zuständen *Bereit, Laufend, Wartend, Inaktiv*, so fallen zwei Unterschiede auf. Der erste sind die Zwischenzustände beim Prozessstart (*created*) und beim Prozessende (*zombie*). Der zweite liegt in den Zuständen für ausgelagerte Prozesse, der auf die Möglichkeiten der Speicherverwaltung eingeht, bei Speicherknappheit Prozesse auszulagern.

Scheduling (SVR3)

Unix wurde als ein Multiuser-Multiprogramming-Betriebssystem für den Dialogbetrieb mit einer Reihe von Benutzern an Datensichtstationen (*terminals*) entwickelt. Als Ziel für die Prozessorzuteilung wurde ein für alle Benutzer gutes Reaktionsverhalten angepeilt. Die Anforderungen des Einsatzes in Prozesssteuerungen mit harten Zeitlimits (*hard real-time*) werden daher nicht erfüllt. Das Standardverfahren unter Unix wird als *round robin with multilevel feedback algorithm* bezeichnet. Die Zuteilung des Prozessors an einen Prozess erfolgt immer für die Dauer eines *Zeitquantums (100 ms ..1 s)*. Anschließend wird er in eine prioritätsabhängige Warteschlange eingefügt, in der er verbleibt, bis er bei der Auswahl des nächsten auszuführenden Prozesses die höchste Priorität besitzt. Bei einer Neuzuteilung des Prozessors wird immer der ablaufbereite Prozess mit der höchsten Priorität ausgewählt. Damit ist das Scheduling für gute Antwortzeiten im interakti-

4.4 Prozessorzuteilungsstrategien

ven Betrieb optimiert. Dies ist eine gute Lösung für den Mehrprogrammbetrieb mit vielen Benutzern.

Wenn man es genauer betrachtet, so ist das Unix-Scheduling ein zweistufiger Algorithmus. Die Auswahl des *auszuführenden (running)* Prozesses erfolgt nur aus den momentan *ablaufbereiten (ready)* Prozessen, die sich im Hauptspeicher befinden (*round robin with multilevel feedback*). Prozesse, die ablaufbereit sind, aber auf die Platte ausgelagert sind, müssen erst in den Hauptspeicher geladen werden, damit sie am Scheduling teilnehmen können. Der *swapper*-Systemprozess erledigt das Verschieben von Prozessen zwischen Platte und Hauptspeicher, sodass jeder ablaufbereite Prozess ausgeführt werden kann.

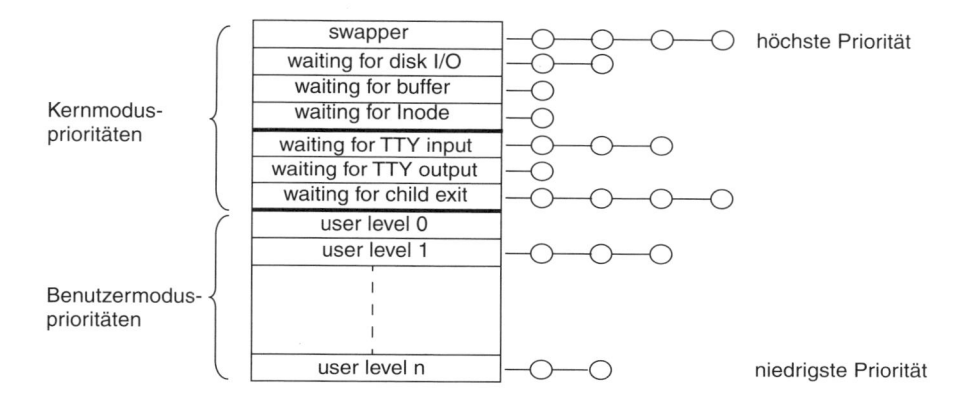

```
Kernmodus-        ┌ swapper                    höchste Priorität
prioritäten       │ waiting for disk I/O
                  │ waiting for buffer
                  │ waiting for Inode
                  │ waiting for TTY input
                  │ waiting for TTY output
                  └ waiting for child exit

Benutzermodus-    ┌ user level 0
prioritäten       │ user level 1
                  │   ⋮
                  └ user level n              niedrigste Priorität
```

Abb. 4–50 *Unix-Scheduling: Prioritätenschema*

Beim Unix-Scheduling wird eine klare Unterscheidung zwischen Benutzermodusprioritäten und Kernmodusprioritäten gemacht. Wechselt ein Anwenderprozess vom Benutzermodus in den Kernmodus, so erhält er eine neue Priorität, sofern er zu warten beginnt. Abhängig vom Wartegrund wird ihm eine fest codierte höhere Priorität zugeteilt (siehe Abb. 4–50). Ist das Warten für den Prozess beendet, so läuft er mit seiner hohen Kernpriorität weiter, bis der Systemaufruf beendet ist. Beim dann stattfindenden Wechsel vom Kern- in den Benutzermodus erfolgt eine Neuberechnung seiner Benutzermodusprioritäten, d.h., er erhält nicht seine alte Benutzermoduspriorität zurück, sondern die Rechenzeit im Kernmodus wird ihm negativ angerechnet.

Hohe Prioritäten werden unter Unix mit kleinen Zahlenwerten ausgedrückt und umgekehrt. Die höchste Priorität hat also stets derjenige Prozess mit dem *kleinsten numerischen Wert* für seine Priorität. Wenn ein Benutzerprozess im Kernmodus nicht zu warten beginnt, dann erhält er keine Kernmoduspriorität zugeteilt, kann aber auch nie verdrängt werden. Mit anderen Worten, er behält seine Benutzermoduspriorität über den Systemaufruf hinweg. Der Grund dafür ist, dass traditionelle Unix-Systeme generell keine Prozessorneuzuteilung vornehmen, wenn ein Benutzerprozess sich im Kernmodus befindet. Daher kann der Prozess auch dann seine Benutzermoduspriorität behalten. Die einzige Ausnahme ist die, wenn ein Prozess im Kernmodus freiwillig auf den Prozessor verzichtet, da er zu warten beginnt (*sleep*).

Die dynamische Prioritätsanpassung findet nur für die Benutzermoduspriotitäten statt, da die Kernmoduspriotitäten fest vordefiniert sind. Eine Neuberechnung von Benutzermoduspriotitäten findet zu folgenden Zeitpunkten statt:

- Immer wenn ein Prozess aus dem Kernmodus in den Benutzermodus wechselt, wird seine Benutzermoduspriorität neu berechnet. Dies betrifft also nur denjenigen Prozess, der von diesem Moduswechsel betroffen ist. Alle anderen Prozesse im Benutzermodus behalten ihre aktuelle Priorität.
- Einmal pro Sekunde (*gilt für Unix System 5 Release 3; systemabhängig*) wird die Priorität aller Prozesse im Benutzermodus neu berechnet. Dabei wird die aufgelaufene Rechenzeit berücksichtigt, nachdem sie gemäß unten stehender Formel verändert wurde.

Die Neuberechnung erfolgt nach folgender Formel (*für Benutzermodusprozesse*):

Priority_value = Threshold_priority + Nice_value + Recent_CPU_usage/2

Priority_value: Neu berechnete Priorität für Prozess.

Threshold_priority: Systemabhängig meist 40 oder 60; für ein bestimmtes System bleibt der Wert jedoch im Betrieb stets gleich.

Nice_value: Positive Ganzzahl, standardmäßig 20, kann mit Befehl nice durch den Benutzer verändert werden.

Recent_CPU_usage: Bereits konsumierte Rechenzeit in Zeiteinheiten von 1/50 oder 1/60 s. Die Rechenzeit wird nach Ablauf jeder Systemzeitscheibe nachgeführt (d.h. für laufenden Prozess inkrementiert).

Die Information *Recent_CPU_usage* wird für jeden Prozess in seiner Prozesstabelle abgelegt. Nach Ablauf einer Systemzeitscheibe wird dieses Feld für den momentan laufenden Prozess um eins erhöht. Für alle nicht laufenden Prozesse bleibt es gleich. Dies kann innerhalb des Zeitquantums eines laufenden Prozesses durchaus mehrmals passieren, da das Zeitquantum ein Mehrfaches der Systemzeitscheibe beträgt. Einmal pro Sekunde (*gilt für Unix System 5 Release 3; systemabhängig*) wird für jeden *ablaufbereiten* Prozess das Feld *Recent_CPU_usage* in seiner Prozesstabelle geändert, indem der dort abgelegte Wert durch zwei geteilt wird (Alterung). Der neue Wert von *Recent_CPU_usage* wird also: (alter Wert von *Recent_CPU_usage*)/2. Die Alterung der verbrauchten Rechenzeit ist damit: 1/2 für die letzte Sekunde, 1/4 für die vorletzte Sekunde usw. Nachdem alle *Recent_CPU_usage*-Werte älter gemacht wurden, wird anschließend die Benutzermoduspriorität für alle Prozesse im Benutzermodus neu berechnet, wie bereits weiter oben mit der Formel erklärt. Damit wird ein Prozess nicht für ewig, sondern nur für seine jüngere Vergangenheit für den Verbrauch an Rechenzeit »bestraft«. Benutzerprozesse im Kernmodus sind übrigens nicht betroffen von dieser Neuberechnung.

Scheduling in modernen Unix-Systemen (Linux, SVR4)

Das Linux-Scheduling basiert auf Threads anstelle von Prozessen. Ursprünglich wurde nur eine Prozessorzuteilungsstrategie unterstützt, die sich an das traditionelle Unix-Scheduling anlehnt. Später kamen zwei Strategien für weiche Echtzeitprozesse (*real-time scheduling class*) dazu, die den POSIX-Scheduling-Regeln SCHED_RR und SCHED_FIFO entsprechen. Zudem wurden, wie dies für moderne Unix-Systeme schon länger der Standard ist, sogenannte Verdrängungspunkte (*preemption points*) in den Systemfunktionen eingefügt. An diesen kann eine Systemfunktion zwecks einer Prozessorneuzuteilung unterbrochen werden. Erreicht die Ausführung einer Systemfunktion einen Verdrängungspunkt, so sind in diesem Zeitfenster kritische Systemdaten entweder konsistent oder über einen Semaphor abgesichert. Klassische Unix-Systeme erlauben hingegen keine Prozessorneuzuteilung, solange eine Systemfunktion läuft (sondern erst an deren Ende). In Sun Solaris, das auf dem Unix System V Release 4 (SVR4) beruht, sind fünf Scheduling-Klassen definiert:

- *Interrupt Threads*: Prioritäten 160..169
- *Real-Time (RT)*: Prioritäten 100..159
- *System (SYS)*: Prioritäten 60..99
- *Timeshare (TS)* und *Interactive (IA)*: Prioritäten 0..59

Die Prioritäten in den untersten zwei Klassen TS und IA sind variabel, vergleichbar mit dem traditionellen Verfahren für Prozesse im Benutzermodus. Die RT-Klasse darf Verdrängungspunkte (*preemption points*) benutzen, um ein besseres zeitliches Verhalten zu erreichen. Im Unterschied zum klassischen Unix-Scheduling entspricht eine höhere Zahl auch einer höheren Priorität.

5 Synchronisation von Prozessen und Threads

> **Lernziele**
>
> - Sie beschreiben zwei typische Prozess- bzw. Thread-Synchronisationsprobleme der Parallelprogrammierung.
> - Sie erläutern die Funktionsweise von Semaphoren und ihre Implementierungsvarianten.
> - Sie setzen Semaphore zur Behebung von zwei Arten von Prozess- bzw. Thread-Synchronisationsproblemen ein.
> - Sie vermeiden das Problem der Prioritätsumkehrung bei der Prozess- bzw. Thread-Synchronisation.
> - Sie setzen Semaphore zur Synchronisation in eigenen Unix- und Windows-Programmen ein.
> - Sie nutzen Unix-Signale in eigenen Programmen.
> - Sie identifizieren Szenarien, in denen Deadlocks entstehen können.
> - Sie beurteilen die Eignung vier verschiedener Strategien zur Lösung der Deadlock-Problematik für verschiedene Anwendungsszenarien.

Nachdem wir die Möglichkeiten kennengelernt haben, mit denen sich parallele Abläufe auf einem Rechner mit einem oder wenigen Prozessoren ausführen lassen, bleibt die Frage übrig, wie sich Prozesse und Threads gegenseitig synchronisieren können. Sind die einzelnen Prozesse bzw. Threads voneinander unabhängig, wie dies z.B. bei Applikationen auf einem Arbeitsplatzrechner oft der Fall ist, so ist eine Abstimmung trotzdem bei den gemeinsamen Betriebsmitteln nötig. Wird eine größere Applikation in mehrere Prozesse oder Threads aufgeteilt, so besteht ein höherer Synchronisationsbedarf. Dies kann ein gegenseitiges Synchronisieren im Zeitablauf sein oder auch das Weiterreichen von Verarbeitungsdaten (das auch als Kommunikation bezeichnet wird, siehe Kap. 6). In diesem Kapitel betrachten wir ausgehend von der Grundproblematik der Ressourcenteilung die verschiedenen Synchronisationsverfahren, die in der Praxis verbreitet sind. Dabei gehen wir von typischen Problemstellungen aus, in denen die Synchronisation die Lösung darstellt. Eine wichtige Ergänzung zu den Prinzipien der Synchronisation stellt der Abschnitt über die Verklemmungsproblematik (*deadlocks*) dar. Wir setzen uns mit diesem Phänomen auseinander und suchen nach möglichen Lösungen. Zuletzt befassen wir uns noch kurz mit dem Problem der Synchronisationsengpässe und einigen dazu existierenden Lösungsansätzen.

5.1 Synchronisationsbedarfe und Lösungsansätze

5.1.1 Problem der Ressourcenteilung

In der Parallelverarbeitung finden Zugriffe von mehreren parallelen Abläufen (Prozesse oder Threads) auf gemeinsame Betriebsmittel statt:

- Gemeinsame Datenstrukturen *(shared data structures)*
- Gemeinsam benutzte Dateien *(shared files)*
- Gemeinsam benutzte Hardware *(shared hardware)*

Gleichzeitige Zugriffe auf gemeinsame Betriebsmittel ergeben aber Probleme. Dies ist links in Abbildung 5–1 (A) beispielhaft gezeigt, indem zwei Threads die Texte »GROSS« und »klein« gleichzeitig auf einen gemeinsamen Drucker ausgeben wollen. Offensichtlich klappt dies nicht ohne Synchronisation, da sonst bei einer zeichenweisen Ausgabe die Texte unkontrolliert vermischt werden. Ähnlich gelagerte Probleme ergeben sich beim gemeinsamen Nutzen von Datenablagen (siehe (B) in Abb. 5–1).

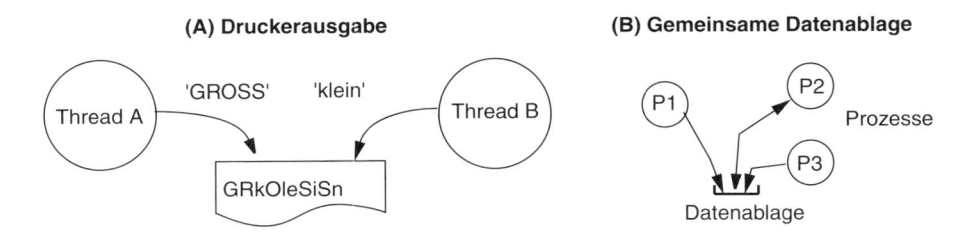

Abb. 5–1 Synchronisationsprobleme bei gemeinsamen Betriebsmitteln (Beispiele)

5.1.2 Verlorene Aktualisierung (*lost update problem*)

Anhand eines einfachen Beispiels wollen wir eine weitere mögliche Problemsituation betrachten (siehe Abb. 5–2). Die parallelen Abläufe *Thread A* und *Thread B* führen Buchungen auf einem gemeinsamen Konto *saldo* durch.

Für diesen Beispielablauf stellen sich die folgenden Fragen:

- Welcher Thread holt wann den Variableninhalt?

5.1 Synchronisationsbedarfe und Lösungsansätze

- Wann findet ein Rescheduling (Prozessorneuzuteilung) statt?
- Welcher Thread legt welchen Wert zurück?
- Was ist das Endresultat?

Thread A	shared data	Thread B
:	saldo 25.50	:
saldo=saldo+5.10;	?	saldo=saldo-4.50;

Abb. 5–2 *Problem der verlorenen Aktualisierung (Beispiel »saldo«)*

Aufgrund echt paralleler oder quasiparalleler Programmausführung lassen sich all diese Fragen nicht präzise beantworten. Es spielen viele Randbedingungen eine Rolle, die letztlich zur Aussage führen, dass keine Annahmen über das zeitliche Verhalten der zwei Thread-Abläufe gemacht werden dürfen. Mit anderen Worten, die Antwort auf die meisten Fragen ist »irgendwann« bzw. »Thread A« oder »Thread B«. Zudem sind neben dem korrekten Endresultat auch falsche Saldi möglich. In Abbildung 5–3 sind zwei Abläufe (von mehreren möglichen) in einer Multithreading-Umgebung gezeigt.

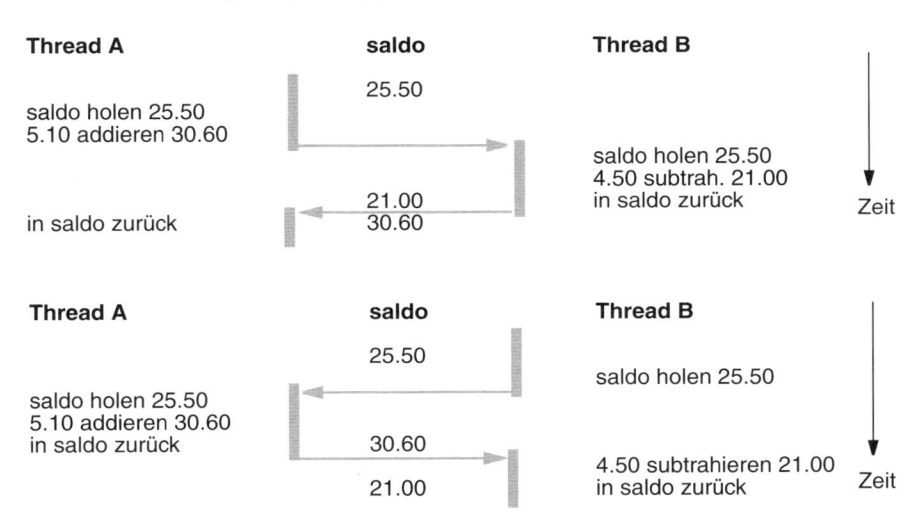

Thread A	saldo	Thread B	
saldo holen 25.50 5.10 addieren 30.60	25.50		
in saldo zurück	21.00 30.60	saldo holen 25.50 4.50 subtrah. 21.00 in saldo zurück	Zeit

Thread A	saldo	Thread B	
	25.50		
saldo holen 25.50 5.10 addieren 30.60 in saldo zurück	30.60 21.00	saldo holen 25.50 4.50 subtrahieren 21.00 in saldo zurück	Zeit

Abb. 5–3 *Mögliche Abläufe beim Beispiel »saldo«*

In beiden Abläufen liegt am Schluss ein falsches Resultat vor. Die Ursache des Problems ist der unkoordinierte parallele Programmablauf. Im Einprozessorsystem wird dies durch das Rescheduling (Prozessorneuzuteilung) erzeugt, das zwischen zwei beliebigen Assembleranweisungen (Maschineninstruktionen) stattfinden kann. Im Multiprozessorsystem ist dies dadurch bedingt, dass die zwei Threads echt parallel ausgeführt werden. Derartige Situationen, in denen das Resultat davon abhängt, wer wann läuft, werden *Race Conditions* genannt (ein entsprechender deutscher Begriff fehlt hier). Man sagt auch, ein Thread überholt den anderen. Von diesem Problem betroffene Codeabschnitte werden als *kritische Bereiche (critical sections)* oder *kritische Regionen (critical regions)* bezeichnet. In unserem Beispiel sind die zwei Transaktionen »Gutschrift« (saldo=saldo+5.10) in Thread A bzw. »Belastung« (saldo=saldo-4.50) in Thread B derartige kritische Bereiche, die logisch zusammengehören. Man beachte, dass das Problem immer dann auftritt, wenn der saldo-Wert geholt, verändert und verzögert zurückgeschrieben wird und eine zweite Transaktion gleichzeitig auf der gemeinsamen saldo-Variablen stattfindet. Keine Probleme schaffen offensichtlich Transaktionen, die sich zeitlich nicht überlappen, da sie je für sich vollständig ablaufen. Die Problemlösung liegt also darin, die Transaktionen unteilbar (atomar) auszuführen, da dann die Fehlsituationen ausgeschlossen sind. Diese Unteilbarkeit ist am einfachsten realisierbar, indem man eine Serialisierung der Transaktionen erzwingt. Damit werden die Transaktionen nicht mehr parallel (gleichzeitig bzw. überlappt), sondern hintereinander, d.h. sequenziell, ausgeführt. Es findet ein *wechselseitiger Ausschluss (mutual exclusion)* der Zugriffsoperationen statt. Die dazu nötigen Grundfunktionen können als *absichern* bzw. *freigeben* bezeichnet werden (siehe Abb. 5–4). Zu berücksichtigen sind stets alle Transaktionen, die logisch zusammengehören, d.h. auf die gleiche gemeinsame Ressource (hier saldo) zugreifen.

Thread A	shared data	Thread B	
	saldo		
	25.50	:	
:		absichern(region);	
absichern(region);		:	
saldo=saldo+5.10;		saldo=saldo-4.50;	
freigeben(region);		freigeben(region);	
	26.10		Zeit

Abb. 5–4 *Absicherung von kritischen Bereichen*

5.1.3 Inkonsistente Abfrage (*inconsistent read*)

Ein ähnliches Problem entsteht, wenn ein Thread A einen Datenwert aktuell hält, der von einem Thread B auf bestimmte Ereignisse hin gelesen wird.

Thread A	shared data	Thread B	
	10:59:59		
Warten auf Sekunden-		Warten auf externes Ereignis,	
puls von Hardware-Timer,		Ereignis mit zugehöriger	
Uhrzeit aktualisieren (Sek.-		Uhrzeit in Liste protokollieren	
Min.-Std.)			
			Zeit

Abb. 5–5 *Inkonsistente Abfrage (Beispiel)*

5.1 Synchronisationsbedarfe und Lösungsansätze

In dem Beispiel in Abbildung 5–5 ist Thread A dafür zuständig, dass die Uhrzeit in Stunden, Minuten und Sekunden auf ein Sekundentaktsignal hin aktualisiert wird. Das Sekundentaktsignal könnte in der Hardware von einem Timer-Baustein erzeugt werden. Thread B liest die aktuelle Uhrzeit auf jedes externe Ereignis hin aus, um dieses in einer Liste zu protokollieren. Die Uhrzeit sei in der Software durch eine C-Variable repräsentiert, die im Sekundentakt aktualisiert wird.

```
struct {
    unsigned int Stunden;
    unsigned int Minuten;
    unsigned int Sekunden
} uhrzeit;
```

Welche Probleme könnten nun im Betrieb auftreten? Kritisch ist wiederum, wenn ein heikler Codeabschnitt nicht unteilbar ausgeführt wird. Die kritischen Bereiche sind hier die gesamthafte Aktualisierung der Uhrzeit bzw. das Auslesen der Uhrzeit. Bei dem in Abbildung 5–5 gegebenen Zeitpunkt 10:59:59 würde ein Sekundenpuls das Nachführen aller drei Teilwerte der Uhrzeit bedingen. Wird dieser Vorgang mittendrin unterbrochen und die Uhrzeit ausgelesen, so ist sie offensichtlich nicht korrekt (z.B. 10:59:00). Die korrigierende Maßnahme ist hier die gleiche wie beim saldo-Beispiel: Die kritischen Bereiche müssen stets unteilbar ablaufen, d.h. hintereinander durchlaufen werden.

5.1.4 Absicherung mit Selbstverwaltung – naiver Ansatz

Kritische Bereiche müssen abgesichert werden. Können dies die Threads auch in Selbstverwaltung durchführen? Prinzipiell wäre dies möglich. Diese Lösung ist aber sehr kompliziert, nicht erweiterungsfähig und verwendet je nach Implementierung aktive Warteschleifen (*busy loops*). Sie kommt deshalb im praktischen Einsatz kaum infrage, obwohl sie in der Theorie zur Aktivierung der Hirnzellen beliebt ist. Für die Absicherung in Selbstverwaltung wurden verschiedene Algorithmen entwickelt, die meist mit massiv einschränkenden Zusatzbedingungen versehen sind, damit eine korrekte Funktion gewährleistet ist.

Ein Beispiel des Versuchs der Absicherung in Selbstverwaltung wollen wir trotzdem näher betrachten. Viele Leute meinen, eine Lösung mit einer booleschen Variablen müsste genügen. Dies ist allerdings nicht der Fall. Stellen wir uns nachfolgende einfache Synchronisation vor. Beispiel »Drucker, der Zweite«:

- Die boolesche Variable mit dem Namen `Drucker_Besetzt` sichert den kritischen Bereich. Sie wird zu Beginn auf `false` gesetzt.
- Will ein Thread Daten auf den Drucker ausgeben, so findet er eine der zwei folgenden möglichen Situationen vor.

Fall 1: `Drucker_Besetzt = false`:

```
Drucker_Besetzt = true,
Ausgabe,
Drucker_Besetzt = false
```

Fall 2: `Drucker_Besetzt = true`:

```
Thread wartet in Schleife, bis Fall 1 eintritt
```

Wie ist diese Lösung zu beurteilen? Als Vorteile springen die Einfachheit und die schnelle Ausführungszeit ins Auge. Als Nachteil könnte man die notwendige Sichtbarkeit der Variablen `Drucker_Besetzt` für beide Threads sehen (globale Variable). Und funktioniert das Ganze? Scheinbar ja, in der Tat jedoch nicht sicher. Der Knackpunkt liegt im Prüfen und Setzen der Variablen `Drucker_Besetzt`. Betrachten wir dazu folgende Anweisungsfolge:

```
while (Drucker_Besetzt == true)
  {
  // Wir müssen warten, der Drucker ist besetzt
  };
// Der Drucker ist jetzt frei, die Ausgabe ist möglich
// Markiere den Drucker als besetzt
Drucker_Besetzt = true;
// Drucker ist nun geschützt
```

Als Nachteil sticht zuerst die aktive Warteschleife hervor. Man könnte diese Schwäche lindern durch Einbau einer Pausenfunktion, die den Aufrufer für eine kleine Zeit schlafen legt (z.B. 10 ms). Dadurch würde der Prozessor nicht mehr monopolisiert. Es würde aber auch eine unerwünschte Verzögerung eintreten, wenn der Drucker während des Schlafens frei wird. Das wahre Problem liegt jedoch darin, dass bei einer erfolgreichen Prüfung (d.h., Aufrufer meint, der Drucker sei frei) eine Thread-Umschaltung stattfinden kann, bevor die Anweisung `Drucker_Besetzt = true` ausgeführt wird. Der andere Thread meint dann fälschlicherweise ebenfalls, dass der Drucker frei ist.

Erweiterung mit TAS-Befehl

So geht es also nicht! Die Prüfung von `Drucker_Besetzt` und das Setzen von `Drucker_Besetzt` müssten als unteilbare Operation ablaufen. Zu diesem Zweck bieten viele Prozessoren einen speziellen Maschinenbefehl »TAS« (Test And Set) an. Nicht immer ist er gleich benannt, aber die Funktion ist die gleiche, nämlich das unteilbare Prüfen und Setzen einer booleschen Variablen. Also kann doch eine Absicherung in Selbstverwaltung realisiert werden, sofern dieser Maschinenbefehl zur Verfügung steht. Dies heißt auch, dass unser Programm mit sogenanntem *Assembler Inline Code* versehen werden muss. Viele Compiler besitzen eine Spracherweiterung, die dies ermöglicht. Leider wird aber unser Programm damit

5.1 Synchronisationsbedarfe und Lösungsansätze

nicht nur compiler-, sondern auch prozessorabhängig. Also nicht das, was man sich von portabler, leicht wartbarer Software erwünscht!

5.1.5 Absicherung mit Selbstverwaltung – korrekter Ansatz

Als Nächstes betrachten wir einen Algorithmus, der verspricht, eine Ressource für eine beliebige Anzahl von Prozessen oder Threads rein in Software abzusichern. Es handelt sich um den *Bakery-Algorithmus*, der von L. Lamport 1974 vorgeschlagen wurde. Die Idee des Algorithmus finden wir im täglichen Leben in vielen Verkaufsgeschäften oder Ämtern realisiert, die für eine fair geregelte Bedienung von Kunden diesen Nummern zuteilen. Das heißt, wenn der Kunde das Lokal betritt, dann zieht er eine Nummer und wird erst dann bedient, wenn seine Nummer an der Reihe ist. Der ursprünglich vorgeschlagene Algorithmus geht davon aus, dass alle beteiligten Prozesse zyklisch einen Code durchlaufen, der aus einem kritischen und einem nicht kritischen Bereich besteht. Etwas praxisgerechter ist eine Lösung, die zwei Funktionen EnterCriticalSection() und LeaveCriticalSection() für das Betreten und Verlassen des kritischen Bereichs definiert, die direkt aus dem ursprünglichen Code abgeleitet sind. Wir gehen davon aus, dass alle N beteiligten Prozesse aufsteigend ab 0 eine Nummer i besitzen, die sie beim Aufruf der zwei oben erwähnten Funktionen übergeben (wieso? siehe später).

Der Algorithmus arbeitet so, dass ein Kunde zuerst die nächste verfügbare Nummer erhält, die der aktuell höchsten Nummer plus eins entspricht (siehe Funktion maxNumber()), und anschließend in einer aktiven Warteschleife prüft, ob er die tiefste Nummer besitzt. Haben zwei Kunden die gleiche Nummer erhalten, da sie gleichzeitig den entsprechenden Code ausgeführt haben, dann wird die übergebene Prozessnummer i benutzt, um den Konflikt zu lösen, d.h. zu entscheiden, wer als Nächster dran ist (siehe Bedingung der zweiten while()-Schleife). Eine weitere Absicherung betrifft das Prüfen auf die höchste Nummer und das Beziehen der nächsten Nummer, das nicht gleichzeitig stattfinden darf. Dies wird durch die Variable chooser erreicht, die dies individuell pro Prozess absichert.

```
int number[N] = { 0 }; // Ticket-Nummer pro Prozess
boolean choosing[N] = { false }; // Zugriffsabsicherung auf number

int maxNumber() // Gibt aktuell höchste Nummer zurück
{
   int maxNum = 0;
   for (int n = 0; n < N; n++) {
      if (number[n] > maxNum) maxNum = n;
   }
   return maxNum;
}
```

```
void EnterCriticalSection(int i)
{
   choosing[i] = true;
   number[i]   = maxNumber() + 1; // Nächste Nummer beziehen
   choosing[i] = false;

   for (int j = 0; j < N; j++) { // Prüfe für alle beteiligten Prozesse
      while (choosing[j]) { // Warte, wenn Prozess j gerade Nummer bezieht
         continue;
      }
      while((number[j] != 0) // Warte, bis eigene Nummer an der Reihe ist
         && ((number[j] < number[i]) || ((number[j] == number[i]) && (j < i )))) {
         continue;
      }
   }
}


void LeaveCriticalSection(int i) // Eigene Nummer auf 0 setzen
{
   number[i] = 0;
}
```

Wie der Code zeigt, wird die abgegebene Nummer fortlaufend erhöht. Damit stellt sich das Problem, dass es Nummern geben kann, die den technisch vorgesehenen Zahlenbereich (z.B. einer Ganzzahlvariablen) überschreiten. Der vorgestellte Algorithmus kann mit solchen Überläufen nicht korrekt umgehen, dazu müsste er erweitert werden. Ein praktischer Ansatz könnte aber auch so aussehen, dass man einen Zahlenbereich wählt, der im praktischen Betrieb erst nach Jahren ausgeschöpft ist. Zu diesem Zeitpunkt müssten dann z.B. alle beteiligten Prozesse neu gestartet werden. Eine weitere Frage stellt sich zu dem Wert 0, mit dem number initialisiert wird bzw. der number zugewiesen wird, wenn ein kritischer Bereich verlassen wird. Da beim Beziehen einer Nummer in der Funktion EnterCriticalSection() stets 1 dazu gezählt wird, stellt 0 einen speziellen Wert dar, der von keinem wartenden Prozess besessen werden kann. Dies wird auch beim Prüfen auf die tiefste Ticket-Nummer berücksichtigt, indem Prozesse mit number gleich 0 ignoriert werden.

Für den praktischen Einsatz besitzt der Bakery-Algorithmus zwei Nachteile, die sich nur beschränkt beheben lassen. Dies betrifft erstens die Tatsache, dass die Anzahl N der beteiligten Prozesse bekannt sein muss und sich im Betrieb nicht ändern darf (zumindest nicht erhöhen darf). Zweitens benutzt der Algorithmus ein aktives Warten, was unnötig Rechenzeit verschleißt bzw. auf einem Einprozessorsystem nur mit bestimmten CPU-Scheduling-Strategien verträglich ist (z.B. Round Robin und/oder Prioritäten). Aus diesen Gründen wird der Algorithmus eher selten eingesetzt oder dann mit weiteren Mechanismen gekoppelt. Zuletzt sei noch erwähnt, dass für Absicherungen, bei denen nur zwei Prozesse beteiligt sind, ein weiterer Algorithmus von G. L. Peterson 1981 vorgeschlagen wurde, für dessen Funktionsweise auf die weiterführende Literatur verwiesen sei.

5.1.6 Absicherung mit Systemmitteln

Die Grundelemente eines Betriebssystems für den wechselseitigen Ausschluss sind *Semaphore*. Hierbei handelt es sich um spezielle Objekte bzw. Funktionen, die im Betriebssystemkern oder in systemnahen Funktionsbibliotheken realisiert sind. Eine weitere Möglichkeit der Absicherung durch Systemmittel ist die Koordination mittels *Meldungen*. Derartige Synchronisationen sind jeweils auch mit einem Datenaustausch verbunden. Details dazu sind in Kapitel 6 zu finden.

5.2 Semaphore

Vorteilhafter als eine Lösung mit Selbstverwaltung ist der Einsatz von sogenannten Semaphoren. Es handelt sich dabei um Betriebssystemobjekte für die Absicherung und Synchronisation von Prozessen. Die Semaphore und ihre Operationen P und V wurden 1962 von E. Dijkstra erstmals systematisch entwickelt und dargestellt (Abb. 5–6).

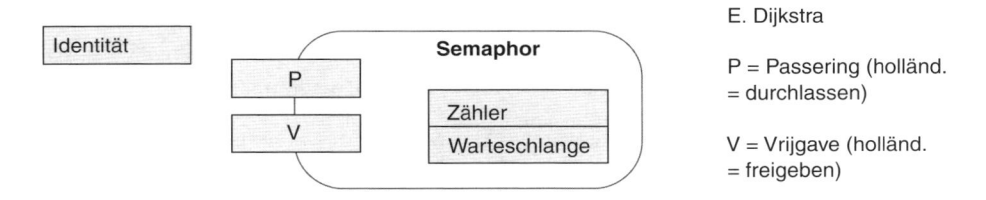

Abb. 5–6 *Semaphor mit einer Identität (Instanzenbezeichnung), den Operationen P/V und den Attributen Zähler (für Marken) und Warteschlange (für Prozesse)*

Die beiden Semaphoroperationen P (auch als Down-Operation bekannt) und V (auch als Up-Operation bekannt) bewirken, dass ein Prozess nötigenfalls blockiert wird. In diesem Fall wird er aus der Bereitliste entfernt und an die Warteschlange des entsprechenden Semaphors angefügt. P und V haben höchste Ablaufpriorität, d.h., sie werden unteilbar durchlaufen (dies muss vom entsprechenden Betriebssystemcode sichergestellt werden). Wenn die P- und V-Operationen nicht unteilbar durchlaufen werden, bleibt das alte Problem der Unterbrechung des Ablaufs durch die Prozessorneuzuteilung (*rescheduling*) bestehen. Damit verbundene Zugriffsprobleme können überall dort auftreten, wo der Zählerwert verwendet oder abgeändert wird. Nur durch die Unteilbarkeit, die bei der Implementierung der Operationen P und V im Betriebssystem gelöst werden muss, sind einwandfreie Abläufe garantiert.

P			
	Ja	Zähler > 0	Nein
	Zähler = Zähler − 1 Bem.: − Prozess erhält eine Marke − Prozess darf weiterarbeiten	Prozess an die Semaphor-Warteschlange anfügen (Prozess blockiert)	
		Reschedule (CPU neu zuteilen)	

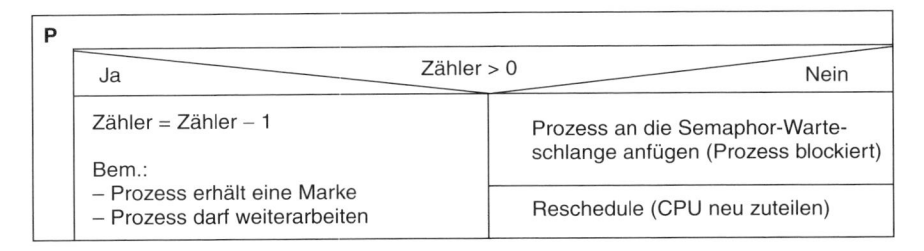

Abb. 5–7 Definition der P-Operation: Der aufrufende Prozess erhält entweder sofort eine Marke oder muss warten, bis eine verfügbar wird (dazu wird er an die Warteschlange des Semaphors angefügt).

V			
	Ja	Semaphor-Warteschlange leer	Nein
	Zähler = Zähler + 1 Bem.: − Prozess gibt eine Marke zurück	Ältesten[1] Prozess aus der Semaphor-Warteschlange entfernen und ihm die Marke übergeben (der wartende Prozess wird damit aufgeweckt)	
		Reschedule (CPU neu zuteilen)	

[1]: andere Auswahlkriterien denkbar (systemabhängig)

Abb. 5–8 Definition der V-Operationen: Der aufrufende Prozess übergibt eine Marke entweder dem Semaphor oder einem am Semaphor wartenden Prozess, der damit wieder weiterlaufen kann.

Für viele Anwendungen kann man sich den Zähler des Semaphors als Markenzähler (*token counter*) vorstellen. Sein Zählstand repräsentiert die Anzahl der im Semaphorobjekt gespeicherten Marken (*token*). Mit der P-Operation (siehe Abb. 5–7) wird eine Marke vom Semaphor erworben und mit der V-Operation (siehe Abb. 5–8) wird eine Marke dem Semaphor bzw. einem am Semaphor wartenden Prozess übergeben. Die Bedeutung einer derartigen Marke wird durch die Anwendungssituation festgelegt. Zum Beispiel könnte eine Marke für eine Berechtigung stehen, einen kritischen Bereich zu betreten.

5.2.1 Semaphortypen

Es existieren zwei Grundtypen von Semaphoren:
- *Binärer Semaphor (binary semaphore, mutex)*: Es sind genau 0 oder 1 Marke erlaubt.
- *Zählsemaphor (counting semaphore, general semaphore)*: Es sind beliebig viele Marken erlaubt, dies stellt die universellere Form dar.

Je nach Anwendungsfall ist der eine oder der andere Typ geeigneter. Beispiele sind in Abschnitt 5.3 gegeben.

5.2.2 Implementierungsfragen

Unteilbarkeit von P/V

Die Unteilbarkeit der P- und V-Operationen muss durch ihre Implementierung sichergestellt werden. Mögliche Lösungen dafür sind:

- Ausschalten der Prozessorneuzuteilung für die Operationsdauer
- Vorübergehend höhere Priorität als alle anderen Prozesse
- Ausschalten aller Interrupts (= Gewaltlösung) während der P- und V-Operationen; ist aber nur für Einprozessorsysteme ausreichend
- Verwendung atomarer Prozessorinstruktionen (v.a. der TAS-Befehl, siehe S. 194)

Aktives oder passives Warten

Eine zweite Implementierungsfrage betrifft die *Art des Wartens an der Semaphor-Warteschlange*. In der Regel heißt dies, dass der Prozess für die Dauer des Wartens blockiert wird, d.h. die CPU freigibt und in den Zustand »Wartend« wechselt (passives Warten). Dies erlaubt anderen Prozessen die Wartezeit zu nutzen. Unter speziellen Bedingungen kann jedoch ein aktives Warten die bessere Lösung sein:

- *Sehr kurze Wartezeit*: Der Zeitbedarf für ein Blockieren kann größer sein als für ein aktives Warten. Das Blockieren und spätere Aufwecken des Prozesses beinhaltet zwei Prozessumschaltungen, für die eine zwar kleine, aber doch gegebene Zeitdauer nötig ist.
- *Multiprozessorsysteme*: Da eine echte Parallelität möglich ist, wird in verschiedenen Situationen die Wartezeit sehr klein sein. Dies macht ebenfalls ein Blockieren unattraktiv.

Für diese speziellen Situationen bieten manche Betriebssysteme einen speziellen Semaphortyp an, der als *Spinlock* bezeichnet wird (ein passender deutscher Begriff fehlt). In einer ersten Variante wartet ein Spinlock beliebig lange in einer aktiven Warteschlange. Dies ist unattraktiv, wenn nicht bekannt ist, wie lange das Warten dauert. Eine zweite Variante wartet in einer aktiven Warteschleife, kennt dafür aber ein Zeitlimit. Wird dieses überschritten, so wird ein passives Warten, d.h. ein Blockieren des Prozesses, durchgeführt.

Wartereihenfolge

Eine dritte Implementierungsfrage betrifft die *Einreihung in der Semaphor-Warteschlange*. Erfolgt dies nach dem FIFO-Prinzip, so ist sichergestellt, dass jeder Prozess in endlicher Zeit drankommt, sofern die einer P-Operation folgende V-Operation stets in endlicher Zeit ausgeführt wird. Wird für die Einreihung die Prozesspriorität benutzt, so besteht die Gefahr, dass niederpriore Prozesse nie drankommen (verhungern), wenn hochpriore Prozesse genügend oft die P-Operation aufrufen.

Mehrfachbelegbarkeit

Eine vierte Implementierungsfrage betrifft die Situation, in der ein Thread die *P-Operation mehrmals* auf dem gleichen Semaphor aufruft, ohne dass jedem P-Aufruf unmittelbar ein V-Aufruf folgt. Dies macht nur für binäre Semaphoren einen Sinn, die für die Absicherung gemeinsamer Betriebsmittel dienen.

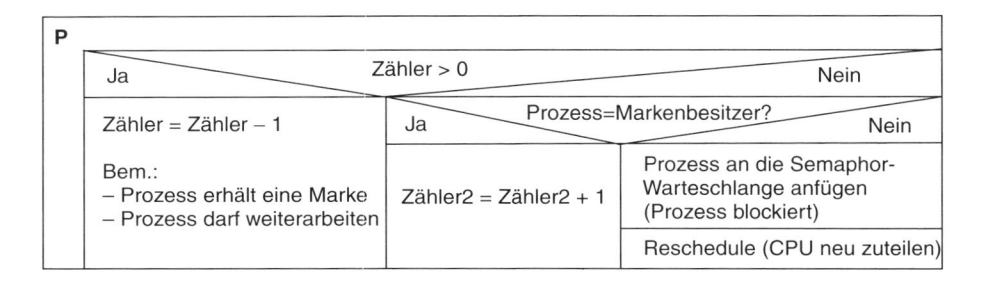

P				
Ja		Zähler > 0		Nein
Zähler = Zähler − 1	Ja		Prozess=Markenbesitzer?	Nein
Bem.: − Prozess erhält eine Marke − Prozess darf weiterarbeiten	Zähler2 = Zähler2 + 1		Prozess an die Semaphor-Warteschlange anfügen (Prozess blockiert)	
			Reschedule (CPU neu zuteilen)	

Abb. 5–9 *Erweiterte Definition der P-Operation für einen mehrfach belegbaren binären Semaphor*

Funktional soll dies in solchen Anwendungssituationen ein mehrfaches Absichern bedeuten, sofern es sich nicht um einen Fehler in der Anwendungslogik handelt. Bei einem normalen Semaphor würde der zweite P-Aufruf zu einem Blockieren führen. Damit die Mehrfachbelegung möglich ist, muss dem Semaphor ein zweiter Zähler zugeführt werden, der über die Anzahl Belegungen Buch führt. Ruft ein Prozess die P-Operation auf und kann damit die Marke erlangen, so wird er als Besitzer der Marke eingetragen. Ist die Marke nicht mehr verfügbar, so wird geprüft, ob der aufrufende Prozess der Markenbesitzer ist. Trifft dies zu, so wird der Zähler für Mehrfachbelegungen inkrementiert (siehe Abb. 5–9).

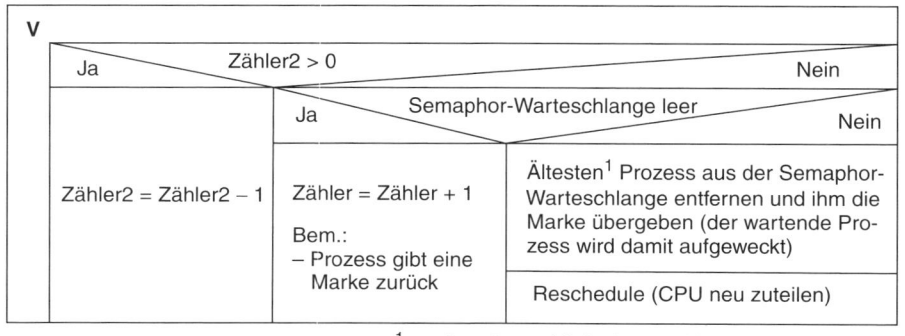

V				
Ja		Zähler2 > 0		Nein
	Ja		Semaphor-Warteschlange leer	Nein
Zähler2 = Zähler2 − 1	Zähler = Zähler + 1 Bem.: − Prozess gibt eine Marke zurück		Ältesten[1] Prozess aus der Semaphor-Warteschlange entfernen und ihm die Marke übergeben (der wartende Prozess wird damit aufgeweckt)	
			Reschedule (CPU neu zuteilen)	

[1]: andere Auswahlkriterien denkbar (systemabhängig)

Abb. 5–10 *Erweiterte Definition der V-Operation für einen mehrfach belegbaren binären Semaphor*

Andernfalls findet die Standardbehandlung statt. Beim Aufruf der V-Operation wird der Belegungszähler geprüft. Ist er größer als 0, so liegt eine Mehrfachbelegung vor und der Belegungszähler wird dekrementiert (siehe Abb. 5–10). Andernfalls findet die Standardbehandlung statt.

Vergleich mit alternativen Ansätzen

Um Semaphore mit anderen Lösungen der Ressourenabsicherung zu vergleichen, müssen wir uns zuerst überlegen, welche Beurteilungskriterien wichtig sind. Theoretische Überlegungen führen zu drei Anforderungen, denen sich in der Praxis noch eine vierte angliedert:

1. *Wechselseitiger Ausschluss (mutual exclusion)*: Es darf sich zu jedem Zeitpunkt stets maximal ein Prozess im kritischen Bereich befinden, ansonsten wird das Absicherungsziel des wechselseitigen Ausschlusses nicht erreicht.
2. *Garantierter Fortschritt (progress)*: Die Entscheidung, welcher Prozess als Nächster den kritischen Bereich betreten kann, darf nur Prozesse berücksichtigen, die sich dafür beworben haben, und der Entscheid muss zudem in endlicher Zeit fallen.
3. *Kein Verhungern (no starvation, no livelock, bounded waiting)*: Es gibt eine obere Grenze dafür, wie oft andere Prozesse, die sich wiederholt um den Eintritt in den kritischen Bereich bewerben, einem bestimmten Bewerber vorgezogen werden. Oder mit anderen Worten: Jeder kommt in endlicher Zeit dran.
4. *Effizienz (efficiency)*: Dies bedeutet, dass nicht unnötig Ressourcen, primär Rechenzeit, verbraucht werden.

Bisher haben wir drei Lösungsansätze kennengelernt, die wir nun anhand der Kriterien beurteilen:

- *Naive Absicherung in Selbstverwaltung* (siehe S. 193): Diese Lösung verletzt bereits das erste Kriterium und ist damit nicht zielführend.
- *Bakery-Algorithmus* (siehe S. 195): Er erfüllt die ersten drei Anforderungen, wobei bei der dritten Anforderung sogar eine starke Fairness erreicht wird (First Come First Served). Das vierte Ziel wird allerdings verfehlt, da aktive Warteschleifen benutzt werden.
- *Semaphor* (siehe S. 197): Diese Lösung erfüllt alle Anforderungen und eröffnet zusätzlich die Möglichkeit, anfordernde Prozesse gemäß ihrer Priorität zu bedienen.

Neben dem Semaphor existieren komplexere Mechanismen, die in nachfolgenden Abschnitten beschrieben werden. Sie weisen im praktischen Einsatz oft Vorteile gegenüber dem einfachen Semaphormechanismus auf.

5.3 Anwendung der Semaphore

5.3.1 Absicherung kritischer Bereiche (*mutual exclusion*)

Eine hervorragende Bedeutung fällt Semaphoren bei der Absicherung kritischer Bereiche zu, indem sie den wechselseitigen Ausschluss sicherstellen. Da ein kritischer Bereich jederzeit von maximal einem Prozess betreten werden darf, kommt ein binärer Semaphor zum Einsatz. Betritt ein Prozess einen kritischen Bereich, so sperrt er diesen mithilfe des Semaphors ab. Ein so eingesetzter Semaphor wird manchmal als Sperre (*lock*), die P- und V-Operationen als Sperren (*lock*) und Freigeben (*release*) bezeichnet. Konkret beinhaltet die Absicherung eines kritischen Bereichs die folgenden Elemente:

- Den Semaphorzähler mit 1 initialisieren (eine Berechtigungsmarke bereitstellen, d.h. kritischer Bereich als frei markieren)
- Die P-Operation vor dem Eintritt in den kritischen Bereich ausführen (= reservieren bzw. Berechtigungsmarke beziehen)
- Die V-Operation beim Austritt aus dem kritischen Bereich ausführen (= freigeben bzw. Berechtigungsmarke an Semaphor zurückgeben)
- Das Betriebssystem blockiert den Prozess bei der P-Operation, wenn die Berechtigungsmarke bereits vergeben ist
- Das Betriebssystem weckt einen wartenden Prozess bei der nächsten V-Operation, die auf diesem Semaphor ausgeführt wird (da Berechtigungsmarke nun verfügbar ist)

Abbildung 5–11 zeigt das Beispiel »saldo« mit der Annahme, dass der Zähler eines Semaphors mit dem Namen »krit« mit 1 initialisiert ist. Die Zuordnung des Semaphors zum abzusichernden Betriebsmittel geschieht auf der Anwendungsebene durch den Softwareentwickler. Sie ist nicht in dem Semaphor selbst enthalten, da der Semaphor das Betriebsmittel nicht kennt. Damit liegt es in der Verantwortung des Programmierers, nicht nur alle logisch zusammenhängenden kritischen Bereiche zu erkennen, sondern sie auch korrekt mit P- und V-Operationen abzusichern. Betrachten wir nochmals das saldo-Beispiel. Was wäre zu tun, wenn es mehrere saldo-Variablen – entsprechend mehreren Konten – geben würde? Die einfachste Lösung wäre die, alle Transaktionen auf diesen saldo-Variablen über einen einzigen binären Semaphor abzusichern. Wie ist diese Lösung zu beurteilen? Vorteilhaft ist, dass nur ein einziger Semaphor benötigt wird. Allerdings findet damit eine unnötige Serialisierung statt. Wird hingegen pro saldo-Variable ein eigener binärer Semaphor zur Absicherung verwendet, so können bei Vorgängen, die mehr als einen saldo einbeziehen, Verklemmungssituationen (Deadlocks) auftreten. Welche Regeln hier beachtet werden sollen, um dies zu vermeiden, ist in Abschnitt 5.6 erklärt.

5.3 Anwendung der Semaphore

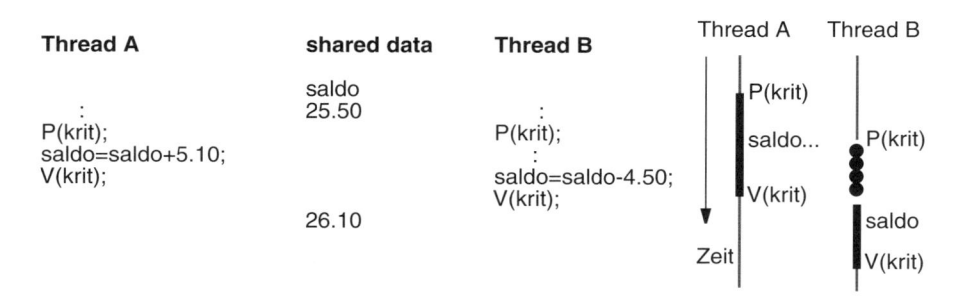

```
Thread A              shared data      Thread B
   :                     saldo
P(krit);                 25.50             :
saldo=saldo+5.10;                       P(krit);
V(krit);                                   :
                                        saldo=saldo-4.50;
                                        V(krit);
                         26.10
```

```
            Thread A        Thread B
              |               |
              | ⎫ Arbeit A1   | ⎫ Arbeit A2
              | ⎭             | ⎭
              |               ⋮
   Zeit       Synchronisationspunkte bzw. Barrieren
```

Abb. 5-11 *Absicherung kritischer Bereiche mittels Semaphor krit (Beispiel)*

5.3.2 Synchronisation von Abläufen (*barrier synchronization*)

Zwei oder mehr Threads seien so zu synchronisieren, dass an einem bestimmten Punkt in ihrem Programmablauf jeder auf den anderen wartet.

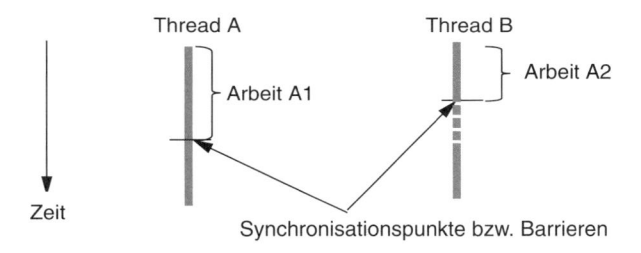

Abb. 5-12 *Beispiel für eine Ablaufsynchronisation mittels Barrieren*

So ist sichergestellt, dass jeder Thread alle Anweisungen vor diesem Synchronisationspunkt erledigt hat. Diese Synchronisationspunkte sind eine Art Barrieren (*barriers*), da sie nur von allen beteiligten Threads gemeinsam überwunden werden können. In Abbildung 5–12 hat Thread A seine Barriere erreicht, wenn er die Arbeit A1 vollständig erledigt hat. Er wartet nun dort. Thread B gelangt an die Barriere und wartet dort, nachdem er die Arbeit A2 erledigt hat. Sind beide an ihrer Barriere angelangt, so kann die Barriere überwunden werden, d.h., beide können weiterfahren. Eine erste Lösung für diese Ablaufsynchronisation arbeitet wie folgt:

- Den Semaphorzähler mit 0 initialisieren (keine Marke)
- Im einen Prozess bzw. Thread mit der P-Operation auf eine »Marke« warten
- Im anderen Prozess bzw. Thread mit der V-Operation eine »Marke« erzeugen bzw. weitergeben

Die nötigen Anweisungen sind für Thread A und B in Abbildung 5–13 dargestellt unter der Annahme, dass der Zähler des Semaphors »synch« mit 0 initialisiert sei.

Thread A
⋮
P(synch); //auf Thread B warten
⋮

Thread B
⋮
V(synch); //Thread A wecken
⋮

Abb. 5-13 *Synchronisation mittels eines Semaphors (Beispiel)*

Diese einfache Synchronisation ist nicht symmetrisch, d.h., sie kann unsere Anforderung nicht immer erfüllen. In Abbildung 5–14 muss Thread A eventuell auf Thread B warten, umgekehrt aber nicht. Es wird nur die einfache Bedingung »A wartet, bis B am Synchronisationspunkt angelangt« erfüllt. Damit findet eine einfache *Bedingungssynchronisation (condition synchronization)* statt. Was muss geändert werden?

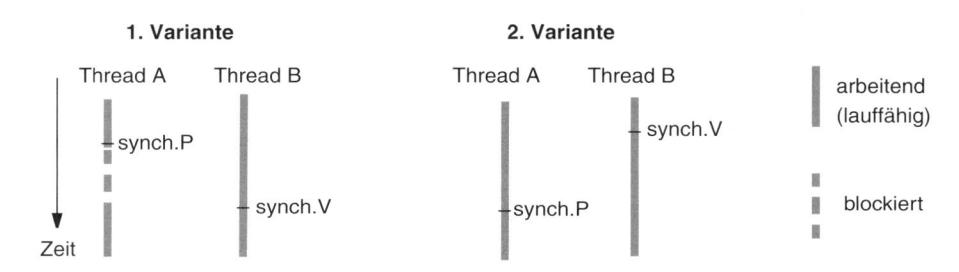

Abb. 5-14 *Mögliche zeitliche Abläufe (Beispiel)*

Es ist eine zweifache Synchronisation vorzunehmen, damit nicht ein Thread dem anderen vorauseilen kann (im Beispiel ist dies Thread B). Wir brauchen also eine doppelte Bedingungssynchronisation. Die verbesserte Lösung benötigt nun für die Synchronisation von zwei Threads minimal zwei Semaphore. Beide sind mit 0 zu initialisieren (keine Marke). Erreicht ein Thread seine Barriere, so markiert er das, indem er dem Semaphor des Synchronisationspartners eine Marke übergibt. Anschließend wartet er auf die Marke des anderen Threads. In Abbildung 5–15 sind die erforderlichen Anweisungen dargestellt, wobei die Semaphore synch_A und synch_B beide mit 0 initialisiert sein müssen. Diese Lösung kann die gestellten Anforderungen erfüllen.

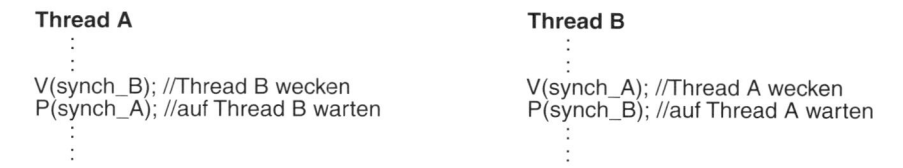

Thread A
⋮
V(synch_B); //Thread B wecken
P(synch_A); //auf Thread B warten
⋮

Thread B
⋮
V(synch_A); //Thread A wecken
P(synch_B); //auf Thread A warten
⋮

Abb. 5-15 *Wechselseitige Synchronisation mit zwei Semaphoren (Beispiel)*

5.3 Anwendung der Semaphore

Diese Art von Ablaufsynchronisation lässt sich einfach auf eine beliebige Anzahl von Threads ausdehnen, die in unterschiedlichen Abhängigkeitsverhältnissen stehen. In Abbildung 5–16 wartet beispielsweise B und C auf die Signalisierung durch A sowie E auf die Signalisierung durch B und C.

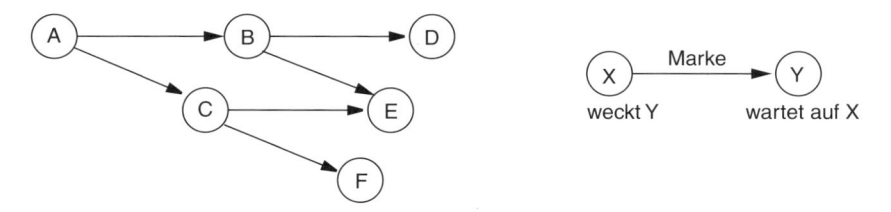

Abb. 5–16 Allgemeine Ablaufsynchronisation (Beispiel)

5.3.3 Produzenten & Konsumenten (*producer and consumer*)

In der einfachsten Konstellation schreibt ein Produzentenprozess Datenwerte in einen Puffer, die ein Konsumentenprozess ausliest (siehe Abb. 5–17). Der Puffer ist logisch als FIFO-Speicher ausgelegt, der maximal N Datenwerte aufnehmen kann.

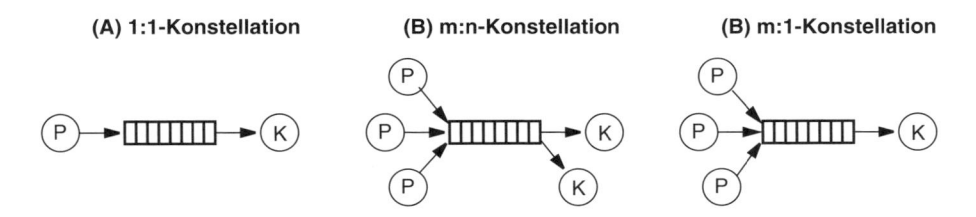

Abb. 5–17 Produzenten-Konsumenten-Konstellationen

Das heißt, die Puffergröße ist begrenzt (*bounded buffer*). In einer allgemeineren Situation sind m Produzenten und n Konsumenten vorhanden, die alle den gleichen Puffer für den Datenaustausch benutzen. In der Praxis ist dieser allgemeine Fall eher selten. Am ehesten sind m Produzenten und genau ein Konsument vorhanden, wenn wir eine Client/Server-Konstellation benutzen. In Bezug auf die Synchronisationsansprüche entspricht der m:1-Fall aber weitgehend dem m:n-Fall. Um einen logisch nach dem FIFO-Prinzip arbeitenden Puffer zu implementieren, benutzen wir eine zirkuläre Liste (siehe Abb. 5–18). Diese ist als eindimensionaler Vektor programmiert und wird über einen Schreibzeiger wi und Lesezeiger ri bedient, die nach jedem Lese- bzw. Schreibzugriff inkrementiert werden (= Indexvariablen). Zeigt eine Indexvariable nach dem Inkrementieren über das Ende des Vektors hinaus, so wird sie auf den Vektoranfang ausgerichtet. Damit sind das Vektorende und der Vektoranfang so verbunden, dass ein Kreis entsteht.

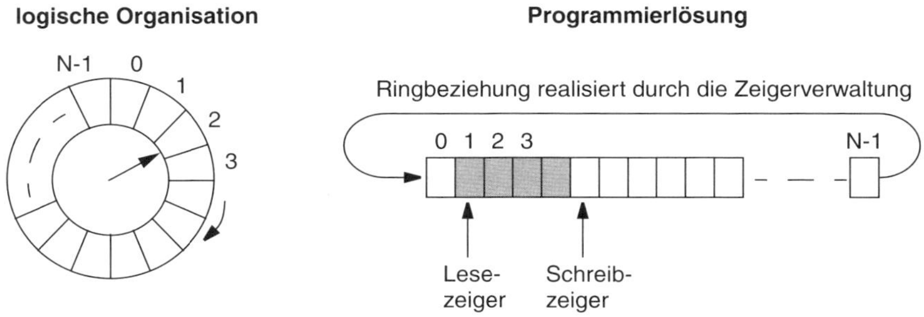

Abb. 5-18 *Implementierungsprinzip eines zirkulären Puffers*

Programmiertechnisch kann dies einfach gelöst werden, indem nach jedem Inkrementieren eine Modulo-Division mit der Puffergröße durchgeführt wird. In Abbildung 5–18 ist ein Beispiel eines Puffers mit N Plätzen gezeigt, der momentan vier Einträge enthält. Derartige Puffer übernehmen übrigens innerhalb des Betriebssystems an verschiedenen Stellen wichtige Funktionen als Ein-/Ausgabe- und Zwischenpuffer. Ihre Aufgabe besteht darin, Geschwindigkeitsunterschiede zwischen der Ein-/Ausgabe und der Verarbeitung auszugleichen.

Eine Lösung für einen Produzenten und einen Konsumenten (1:1-Konstellation) kann auf den wechselseitigen Ausschluss beim Pufferzugriff verzichten, da der Produzent die Indexvariable wi alleine benutzt und leere Pufferplätze beschreibt, während der Konsument die Indexvariable ri alleine benutzt und nur belegte Pufferplätze ausliest. Beim Schreiben muss lediglich darauf geachtet werden, dass ein Eintrag erst dann als vorhanden markiert wird, wenn der Wert im Puffer bereits eingetragen ist. Synchronisationsbedarf besteht hingegen bei den Ereignissen:

- Produzent will Wert eintragen, aber der Puffer ist voll (alle N Plätze belegt).
- Konsument will Wert auslesen, aber der Puffer ist leer (keine Einträge).

Bei vollem Puffer muss der Produzent warten, bis wieder Platz vorhanden ist. Da nur der Konsument durch das Auslesen eines Wertes Platz schaffen kann, muss dieser den wartenden bzw. schlafenden Produzenten aufwecken. Bei leerem Puffer muss der Konsument warten, bis mindestens ein Eintrag vorhanden ist. Da nur der Produzent Einträge macht, muss dieser den Konsumenten aufwecken. Grundsätzlich kann das Problem mit dem Einsatz von zwei Zählsemaphoren gelöst werden, die als Ressourcenzähler dienen. Der Semaphor full enthält pro freien Eintragsplatz eine Marke. Ist der Puffer voll, so wird der Produzent beim nächsten Aufruf von P(full) blockiert. Sobald der Konsument in consume einen Wert ausgetragen hat, liefert er mit V(full) eine Marke an, womit der eventuell schlafende Produzent wieder aufgeweckt wird. Genau gegengleich ist die Situation für den zweiten Ressourcenzähler, den Semaphor empty. Er enthält pro Ein-

5.3 Anwendung der Semaphore

trag im Puffer eine Marke. Will der Konsument mit consume einen Datenwert auslesen, so wird er beim Aufruf von P(empty) blockiert, wenn der Puffer leer ist. Sobald der Produzent einen neuen Datenwert im Puffer eingetragen hat, deponiert er dementsprechend mit V(empty) eine Marke.

```
#define N 100
int buffer[N];                  // Puffer mit N Plätzen
int wi=0, ri=0;                 // Indexvariablen für Schreiben (wi) & Lesen (ri)
// sema sei Name des abstrakten Semaphordatentyps
sema empty=0;                   // Eintragsmarken (=Anzahl Puffereinträge)
sema full=N;                    // Freimarken (=Anzahl freie Eintragsplätze)

void produce(int in)            // Wird vom Produzenten wiederholt aufgerufen
{                               // Zu schreibender Wert ist Aufrufparameter
  P(full);                      // Freimarke beziehen (evtl. darauf warten)
  buffer[wi] = in;              // Wert in Puffer schreiben (eintragen)
  wi = (wi+1) % N;              // Setze Index auf Anfang, falls > Länge
  V(empty);                     // Eintragsmarke erzeugen
}

int consume ()                  // Wird vom Konsumenten wiederholt aufgerufen
{
  int out;                      // Temporäre Ablage für ausgelesenen Wert
  P(empty);                     // Eintragsmarke beziehen (evtl. darauf warten)
  out = buffer[ri];             // Wert aus Puffer lesen (austragen)
  ri = (ri+1) % N;              // Setze Index auf Anfang, falls > Länge
  V(full);                      // Freimarke erzeugen
  return out;                   // Gelesener Wert ist Funktionsresultat
}
```

Die Erweiterung für eine Lösung mit m Produzenten und n Konsumenten besteht darin, die Zugriffe auf den Puffer selbst abzusichern. Dies ist nötig, weil sich beispielsweise mehrere Produzenten beim Eintragen von Datenwerten und dem Aktualisieren des Schreibzeigers wi in die Quere kommen könnten. Die nachfolgend abgebildete Lösung benutzt für den wechselseitigen Ausschluss den binären Semaphor lock.

```
#define N 100
int buffer[N];                  // Puffer mit N Plätzen
int wi=0, ri=0;                 // Indexvar. für Schreiben (wi) und Lesen (ri)
// sema sei Name des abstrakten Semaphordatentyps
sema empty=0;                   // Eintragsmarken (=Anzahl Puffereinträge)
sema full=N;                    // Freimarken (=Anzahl freie Eintragsplätze)
sema lock=1;                    // Wechselseitiger Ausschluss für Pufferzugriff

void produce(int in)            // Wird von Produzenten wiederholt aufgerufen
{                               // Zu schreibender Wert ist Aufrufparameter
  P(full);                      // Freimarke beziehen (evtl. darauf warten)
  P(lock);                      // Gegenseitiger Ausschluss für Pufferzugriff
  buffer[wi] = in;              // Wert in Puffer schreiben (eintragen)
  wi = (wi+1) % N;              // Setze Index auf Anfang, falls > Länge
```

```
   V(empty);                    // Eintragsmarke erzeugen
   V(lock);
}
int consume ()                  // Wird von Konsumenten wiederholt aufgerufen
{
   int out;                     // Temporäre Ablage für ausgelesenen Wert
   P(empty);                    // Eintragsmarke beziehen (evtl. darauf warten)
   P(lock);                     // Gegenseitiger Ausschluss für Pufferzugriff
   out = buffer[ri];            // Wert aus Puffer lesen (austragen)
   ri = (ri+1) % N;             // Setze Index auf Anfang, falls > Länge
   V(full);                     // Freimarke erzeugen
   V(lock);
   return out;                  // Gelesener Wert ist Funktionsresultat
}
```

5.3.4 Leser & Schreiber (*readers and writers*)

Überlegt man sich die auftauchenden Probleme bei der gemeinsamen Ressourcennutzung, so erkennt man schnell, dass eine nicht modifizierende Benutzung keine Probleme verursacht. Lesen eine Reihe von Prozessen gemeinsame Variablen, auf die sie jedoch nie schreiben, so ist dies problemlos. Sobald jedoch auf die gemeinsamen Variablen geschrieben wird, so ist dies problembehaftet. Zumindest, wenn die Zugriffe nicht sowieso atomar, sprich unteilbar ablaufen. Das Grundmuster einer derartigen Nutzung gemeinsamer Variablen ist als Leser/Schreiber-Problem bekannt. Damit die Problemstellung praktischen Situationen angepasst ist, bezeichnen wir auch Prozesse, die zuerst lesen und dann einen veränderten Wert zurückschreiben, als Schreiber. Damit ist die häufige Situation von Transaktionen eingeschlossen. Zu beachten ist, dass eine Transaktion nicht als zwei getrennte Operationen (Lesen und Schreiben) betrachtet werden darf. Würde ein Prozess A zuerst den Wert lesen, ihn modifizieren und würde er, bevor er ihn zurückschreiben könnte, von Prozess B unterbrochen, so führt dies zu falschen Verarbeitungsresultaten (verlorene Aktualisierung). Zumindest, wenn Prozess B das Gleiche machen möchte. Solche Transaktionen müssen also gesamthaft unteilbar ablaufen und sind im Leser/Schreiber-Modell wie Schreibvorgänge zu betrachten. Im Leser/Schreiber-Problem sind also zwei Teilprobleme verborgen, die je nach Anwendungssituation auch kombiniert auftreten können:

- *Inkonsistente Abfrage*: Eine gemeinsame Variable besitzt einen Datentyp, bei dem eine Aktualisierung ohne weitere Maßnahmen nicht unteilbar abläuft. Dies kann auch bereits auf einfache Datentypen zutreffen, wenn prozessorintern mehrere Maschinenbefehle zur Aktualisierung nötig sind. Diese Situation tritt zwischen Schreibern und Lesern auf.

5.3 Anwendung der Semaphore

- *Verlorene Aktualisierung*: Eine gemeinsame Variable kann unteilbar gelesen oder beschrieben werden, jedoch findet auch Lesen und Schreiben kombiniert als Transaktion statt. Diese Situation tritt zwischen mehreren Schreibern auf.

Kein Problem ist hingegen, wenn mehrere Leser gleichzeitig auf die gemeinsame Variable zugreifen, Schreiber so lange aber ausgeschlossen sind. Mögliche Lösungen betrachten wir nun anhand eines Beispiels einer gemeinsamen Kontovariablen saldo. Dabei nehmen wir an, dass es mehrere Schreiber und Leser gibt (z.B. bei einem Firmenspesenkonto). Dies bilden wir nach, indem Leser die Funktion get_balance() für eine Saldoabfrage und Schreiber die Funktion book() zur Vornahme einer Buchung nutzen. Ein erster Lösungsansatz besteht darin, alle Zugriffe auf saldo zu sichern. Damit schließen sich auch Leser gegenseitig aus, was eine Überabsicherung bedeutet. Die Synchronisationsprobleme sind jedoch behoben.

```
int saldo;                   // Gemeinsame Variable
sema rwblock=1;              // Wechselseitiger Ausschluss Kontenzugriff

int get_balance()            // Wird von Lesern nach Bedarf aufgerufen
{
   int balance;              // Temporäre Ablage für gelesenen Wert
   P(rwblock);               // Kontenzugriff absichern
   balance = saldo;          // Kontensaldo auslesen
   V(rwblock);               // Kontenzugriff freigeben
   return balance;           // Funktionsresultat ist gelesener Wert
}

void book(int amount)        // Wird von Schreibern nach Bedarf aufgerufen
{                            // Zu buchender Betrag ist Aufrufparameter
   P(rwblock);               // Kontenzugriff absichern
   saldo = saldo + amount;   // Buchung ausführen
   V(rwblock);               // Kontenzugriff freigeben
}
```

Das gegenseitige Aussperren der Leser resultiert in einer eingeschränkten Parallelverarbeitung. Darum betrachten wir eine zweite Lösung, die gleichzeitiges Lesen zulässt, jedoch Lesen/Schreiben und Schreiben/Schreiben als Kombinationen ausschließt. Die Variable nr dient zum Zählen von gleichzeitig im kritischen Bereich befindlichen Lesern. Der Semaphor rwblock wird nun so bedient, dass nur noch gleichzeitiges Lesen/Schreiben und Schreiben/Schreiben ausgeschlossen wird. Dazu bezieht nur der erste Leser von rwblock eine Marke und weitere Leser benutzen diese mit. Der letzte gleichzeitige Leser muss dann natürlich die Marke am Schluss wieder zurückgeben, da er sie ja auch bezogen hat. Diese Lösung bevorzugt Leser, denn sobald ein Leser zugreift, können ihm beliebig viele weitere Leser folgen, ohne dass ein Schreiber die Zugriffserlaubnis (Marke) erhalten könnte. Wird dauernd gelesen, so kommt ein Schreiber sogar nie mehr dran.

```
int saldo;                    // Gemeinsame Variable
int nr=0;                     // Anzahl Leser (offene Abfragen)
sema rwblock=1;               // Wechselseitiger Ausschluss Kontenzugriff
sema nrlock=1;                // Exklusiver Zugriff auf Variable nr

int get_balance()             // Wird von Lesern nach Bedarf aufgerufen
{
  int balance;                // Temporäre Ablage für gelesenen Wert

  // Schreiber ausschließen (mehrere Leser erlaubt)
  P(nrlock);                  // Exklusiver Zugriff auf nr sicherstellen
  nr = nr + 1;                // Erhöhe Zähler für offene Abfragen
  if (nr == 1) P(rwblock);    // Kontenzugriff absichern (erster Leser)
  V(nrlock);
  balance = saldo;            // Kontensaldo auslesen
  // Schreiber zulassen, wenn keine weiteren Leser mehr
  P(nrlock);                  // Exklusiver Zugriff auf nr sicherstellen
  nr = nr - 1;                // Erniedrige Zähler für offene Abfragen
  if (nr == 0) V(rwblock);    // Kontenzugriff freigeben (letzter Leser)
  V(nrlock);
  return balance;             // Funktionsresultat ist gelesener Wert
}
void book(int amount)         // Wird von Schreibern nach Bedarf aufgerufen
{                             // Zu buchender Betrag ist Aufrufparameter
  P(rwblock);                 // Kontenzugriff absichern
  saldo = saldo + amount;     // Buchung ausführen
  V(rwblock);                 // Kontenzugriff freigeben
}
```

Geht man davon aus, dass eine Aktualisierung der gemeinsamen Variablen saldo baldmöglichst allen Lesern zugänglich sein soll, so müssen die Schreiber bevorzugt werden. Die einzelnen Semaphore werden in dem unten stehenden Lösungsbeispiel wie folgt verwendet:

- Semaphor rblock: Schließt Leser aus, wenn Schreiben angesagt ist, und sorgt dafür, dass laufendes Lesen vor Schreiben ungestört beendet wird
- Semaphor wblock: Schließt weitere Schreiber aus, wenn schon geschrieben wird (setzt voraus, dass Leser schon ausgeschlossen sind)
- Semaphor nrlock: Sichert Zugriffe auf nr (wechselseitiger Ausschluss)
- Semaphor nwlock: Sichert Zugriffe auf nw (wechselseitiger Ausschluss)
- Semaphor wprev: Sorgt dafür, dass Schreiber den Vorrang erhalten, wenn mehrere Leser das Lesen beginnen wollen (hält zusätzliche Leser davon ab, rblock vor Schreiber zu sperren)

```
int saldo;                    // Gemeinsame Variable
int nr=0;                     // Anzahl Leser (offene Abfragen)
int nw=0;                     // Anzahl Schreiber (offene Transaktionen)
sema rblock=1;                // Sperrt Leser aus, wenn Marke weg
sema wblock=1;                // Sperrt Schreiber aus, wenn Marke weg
```

5.3 Anwendung der Semaphore

```
sema nrlock=1;                      // Exklusiver Zugriff auf Variable nr
sema nwlock=1;                      // Exklusiver Zugriff auf Variable nw
sema wprev=1;                       // Sorgt für Vorrang der Schreiber

int get_balance()                   // Wird von Lesern nach Bedarf aufgerufen
{
  int balance;                      // Temporäre Ablage für gelesenen Wert

  P(wprev);                         // Nur 1 Leser gleichzeitig hier reinlassen
  P(rblock);                        // (weitere Leser behindern nicht Schreiber)
  P(nrlock);                        // Exklusiver Zugriff auf nr sicherstellen
  nr = nr + 1;                      // Erhöhe Zähler für offene Abfragen (Leser)
  if (nr == 1) P(wblock);           // Erster Leser sperrt Schreiber aus
  V(nrlock);
  V(rblock);                        // Nun weitere Leser zulassen
  V(wprev);
  balance = saldo;                  // Kontosaldo auslesen
  P(nrlock);                        // Exklusiver Zugriff auf nr sicherstellen
  nr = nr - 1;                      // Erniedrige Zähler für offene Abfragen (Leser)
  if (nr == 0) V(wblock);           // Letzter Leser lässt Schreiber wieder zu
  V(nrlock);
  return balance;                   // Funktionsresultat ist gelesener Wert
}

void book(int amount)               // Wird von Schreibern nach Bedarf aufgerufen
{                                   // Zu buchender Betrag ist Aufrufparameter
  P(nwlock);                        // Exklusiver Zugriff auf nw sicherstellen
  nw = nw + 1;                      // Erhöhe Zähler für offene Transaktionen
  if (nw == 1) P(rblock);           // Erster Schreiber sperrt Leser aus
  V(nwlock);                        // (bevor er weitere Schreiber aussperrt!)
  P(wblock);                        // Weitere Schreiber aussperren
  saldo = saldo + amount;           // Buchung ausführen
  V(wblock);                        // Weitere Schreiber zulassen
  P(nwlock);                        // Exklusiver Zugriff auf nw sicherstellen
  nw = nw - 1;                      // Erniedrige Zähler für offene Transaktionen
  if (nw == 0) V(rblock);           // Letzter Schreiber lässt Leser zu
  V(nwlock);
}
```

Diese Lösung wurde 1971 von P. Courtois und anderen erarbeitet. Der Vorrang der Schreiber ist vor allem für Datenbanken attraktiv. Datenbanktechnologien kommen zunehmend auch in Betriebssystemen zum Einsatz. Weitere Anwendungsmöglichkeiten sind beim gemeinsamen Benutzen von Dateien zu finden.

POSIX-Rwlock

Unter Unix steht ein spezieller Semaphortyp mit dem Namen *Rwlock* zur Verfügung, der die gewünschten Sperreigenschaften des Leser/Schreiber-Problems implementiert und über einen Satz von einfachen Funktionen nutzbar macht. Dazu muss eine Variable des Typs `pthread_rwlock_t` deklariert und mittels Aufruf von `pthread_rwlock_init()` initialisiert werden. Die Zuordnung zu den zu schützenden Daten erfolgt, wie bei den anderen Semaphorfunktionen, durch den Softwareentwickler. Der Rwlock-Semaphor ist sich jedoch dieser Zuordnung nicht bewusst, es liegt also in der Verantwortung des Progammentwicklers, an den richtigen Programmstellen die entsprechenden Semaphoroperationen aufzurufen. Mittels der Funktion pthread_rwlock_rdlock() wird eine Lesesperre gesetzt, sie wird also von den Lesern benutzt. Entsprechend schließt diese Lesesperre nur Schreiber aus. Weitere Leser dürfen jedoch das Betriebsmittel gemeinsam benutzen. Die Funktion pthread_rwlock_wrlock() errichtet eine Schreibsperre, womit alle Leser und weitere Schreiber ausgeschlossen sind. Damit hat ein Schreiber exklusiven Zugriff auf das Betriebsmittel. Eine Sperre, egal ob zum Lesen oder Schreiben, wird mittels Aufruf von pthread_rwlock_unlock() aufgehoben.

Ein Leser darf die Funktion pthread_rwlock_rdlock() mehrmals hintereinander aufrufen (ohne direkt nachfolgendes Entsperren), ohne dass er beim zweiten Aufruf von pthread_rwlock_rdlock() blockiert würde. Er muss aber anschließend pthread_rwlock_unlock() gleich oft aufrufen, um das Betriebsmittel völlig zu entsperren. Dieses Verhalten ist aus der allgemeinen Lösung des Leser/Schreiber-Problems, wie wir sie kennengelernt haben, sofort ersichtlich. Ebenso erscheint das Verhalten logisch, dass der gleiche Schreiber bei einem zweiten Aufruf von pthread_rwlock_wrlock() ohne einen dazwischen liegenden pthread_rwlock_unlock()-Aufruf dauerhaft blockiert wird. Das Gleiche trifft auch zu, wenn der Prozess zuerst eine Lesesperre errichtet und anschließend ohne Entsperren eine Schreibsperre errichten will.

Ob *Leser vor Schreiber* oder *Schreiber vor Leser* den Vorrang haben, ist implementationsabhängig. Die Schnittstellendefinition schreibt hier kein bestimmtes Verhalten vor. Im Übrigen gilt, dass der Rwlock-Semaphor eine optionale Eigenschaft eines Unix-Systems ist (Teil der Thread-Option). Bei der Entwicklung portabler Programme ist dies zu berücksichtigen.

Das Programmbeispiel zeigt den praktischen Einsatz. Was mit den einfachen Semaphoroperationen kompliziert und unübersichtlich wirkt, lässt sich so viel einfacher erreichen.

```
#include <pthread.h>

int main ()
{
  pthread_rwlock_t rwlock;

  pthread_rwlock_init(&rwlock, NULL);

  // Lesesperre setzen
  pthread_rwlock_rdlock(&rwlock);
  // Sperre aufheben
  pthread_rwlock_unlock(&rwlock);

  // Schreibsperre setzen
  pthread_rwlock_wrlock(&rwlock);
```

```
        // Sperre aufheben
        pthread_rwlock_unlock(&rwlock);

        pthread_rwlock_destroy(&rwlock);
        exit(0);
}
```

Die Initialisierung der Variablen rwlock kann auch mit einem sogenannten *static initializer* anstatt mit pthread_rwlock_init() erfolgen, sofern Standardeinstellungen genügen. Die Initialisierung würde dann wie folgt aussehen:

```
pthread_rwlock_t rwlock=PTHREAD_RWLOCK_INITIALIZER;
```

Wie bereits im Namen enthalten, darf der *static initializer* nicht für dynamisch allozierte Variablen benutzt werden. Das heißt, in obigem Programmbeispiel wäre der Gebrauch inkorrekt, da rwlock lokal innerhalb der main()-Funktion deklariert ist und nicht der Speicherklasse static angehört (sondern auto). Als Kurzreferenz ist unten eine Liste aller verfügbaren Rwlock-Funktionen zusammengestellt:

- pthread_rwlock_init()   Initialisiert eine Rwlock-Variable
- pthread_rwlock_destroy()   Deinitialisiert eine Rwlock-Variable
- pthread_rwlock_rdlock()   Setzt gemeinsame Lesesperre
- pthread_rwlock_unlock()   Hebt Lese- oder Schreibsperre auf
- pthread_rwlock_wrlock()   Setzt exklusive Schreibsperre
- pthread_rwlock_timedrdlock()   Setzt gemeinsame Lesesperre mit Zeitlimit
- pthread_rwlock_tryrdlock()   Versucht gemeinsame Lesesperre zu setzen
- pthread_rwlock_timedwrlock()   Setzt exklusive Schreibsperre mit Zeitlimit
- pthread_rwlock_trywrlock()   Versucht exklusive Schreibsperre zu setzen

5.3.5 Problem der Prioritätsumkehrung (*priority inversion*)

Der Einsatz von Semaphoren zur Synchronisation kann zu unerwünschten Zeitabläufen führen, bei denen Prozesse gefährlich lange blockiert bleiben. Ein bekanntes Beispiel ist das Softwareproblem, das beim Einsatz der amerikanischen Marssonde »Pathfinder« auftrat. Das Symptom war ein sporadisches Rücksetzen des Systems (Reset), mit dem massive Datenverluste einhergingen. Die Ursache, die man eruieren konnte, war die *Prioritätsumkehrung beim Semaphoreinsatz*. Das Softwaresystem der Marssonde hatte folgende Eigenschaften:

- Eingesetztes Betriebssystem: VxWorks mit *priority based preemptive scheduling* (dies ist ein Betriebssystem für leistungsfähige eingebettete Systeme der Firma Wind River)
- Task Nr. 1: *Bus Management Task* (steuert »Information Bus«, hat höchste Priorität)
- Task Nr. 2: *Communication Task*, mittlere Priorität, lange Laufzeiten

- Task Nr. 3: *Meteo Task*, sammelt Wetterdaten, kleine Priorität (nutzt »Information Bus«)
- Der »Information Bus« dient dem Datenaustausch (Software-Bus), der Zugriff auf ihn ist abgesichert mit einem Semaphor.
- Überwachungsfunktion (*watch dog*): Ein Schaltkreis, der vom *Bus Management Task* regelmäßig angestoßen werden muss, ansonsten löst er einen Systemreset aus.

Die Problemsituation, bei der es zum Auftreten eines Systemresets kam, ist in Abbildung 5–19 gezeigt. Das Problem konnte mit einem Testsystem auf der Erde gefunden werden und die Lösung ließ sich mittels eines Software-Patches ferngesteuert beheben. Als Lösung wurde die sogenannte Prioritätsvererbung eingesetzt.

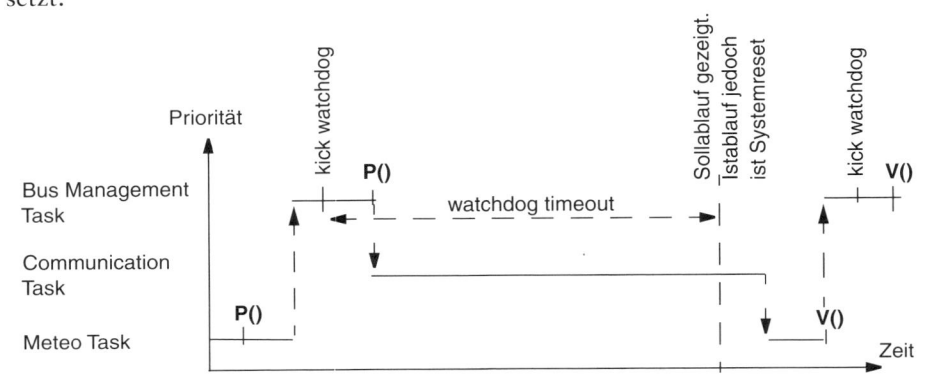

Abb. 5–19 *Prioritätsumkehrung (Beispiel Marssonde)*

Die *Prioritätsvererbung (priority inheritance)* stellt eine spezielle Semaphoreigenschaft dar. Es findet eine Prioritätsanhebung des Markenbesitzers auf die Stufe des die P()-Funktion ausführenden Prozesses statt, sofern letzterer eine höhere Priorität hat. Dies sorgt dafür, dass der Markenbesitzer den Semaphor schnellstmöglich wieder freigibt, damit der eigentlich höher priorisierte Prozess baldmöglichst den Zutritt hat. Eine Rücksetzung auf die alte Prioritätsstufe tritt ein, wenn der Markenbesitzer den V()-Aufruf tätigt, d.h. den Semaphor freigibt. Der Effekt ist, dass die Marke und damit die Ressource schnell freigegeben werden. Die *Prioritätsvererbung* ist auch als *Priority Inheritance Protocol* bekannt. In der Theorie wurde sie erstmals 1987 beschrieben. Praktische Realisierungen datieren sogar bis 1970 zurück. Die englische Begriffsdefinition lautet: *Priority Inheritance means that when a thread waits on a mutex owned by a lower priority thread, the priority of the owner is increased to that of the waiter.*

Die wichtige Voraussetzung für diese Problemlösung ist, dass die Prioritätsvererbung als Semaphoreigenschaft vom Betriebssystem zur Verfügung gestellt wird. Ist dies nicht gegeben, so existiert eine Ausweichlösung, bei der man ein

5.3 Anwendung der Semaphore

vergleichbares Verhalten in der Applikationssoftware nachbildet. Dieses alternative Verfahren einer *Prioritätsanhebung* wird auch als *Priority Ceiling Protocol* bezeichnet. Die englische Begriffsdefinition lautet: *Priority Ceiling means that while a thread owns the mutex it runs at a priority higher than any other thread that may acquire the mutex*. Diese Prioritätsanhebung kann ausnahmsweise auch durch das Betriebssystem selbst zur Verfügung gestellt werden, wird typischerweise aber innerhalb des Applikationscodes nachgebildet. Die Idee ist, die Prozesspriorität auf eine vorher definierte hohe Stufe beim P()-Aufruf anzuheben. Die Rücksetzung auf die alte Prioritätsstufe findet nachfolgend beim V()-Aufruf statt. Dies wird in der Applikation durch entsprechende Veränderungen der Prozesspriorität vor den P()- und V()-Aufrufen gemacht. Dazu müssen natürlich Systemaufrufe zur Verfügung stehen, die einem Prozess erlauben, seine eigene Ablaufpriorität im Betrieb zu ändern. Resultierender Effekt der Prioritätsanhebung ist, dass die Marke und damit die Ressource schnellstmöglich freigegeben werden. Die Auswahl der Prioritätsstufe, auf die vor bzw. beim P()-Aufruf angehoben wird, erfolgt entsprechend dem höchstpriorisierten Prozess, der den Semaphor benutzt. Ein wesentlicher Unterschied zur Prioritätsrangierung ist der, dass die Anhebung immer geschieht (auch wenn es nicht nötig wäre). Zudem ist dies leicht in der Applikationssoftware nachbildbar, falls diese Semaphoreigenschaft systemseitig fehlt.

5.3.6 Weitere Anwendungsprobleme

Vergleicht man die Anwendung von Semaphoren mit aufwendigeren Verfahren, so lassen sich die in Tabelle 5–1 zusammengefassten Vor- und Nachteile erkennen.

Vorteile	Nachteile
+ Einfache Implementation + Im Betriebssystem praktisch immer vorhanden + Einfachstes Synchronisationsmittel, z.B. für die Absicherung + Anerkannter Grundmechanismus in Betriebssystemtheorie	− Der Code für die Synchronisation ist auf die einzelnen Prozesse verteilt, was die Übersicht erschwert. Das kommt besonders zum Tragen, wenn mehrere Programmierer beteiligt sind. Auch sind Änderungen schwer überblickbar sowie Verifizierungen erschwert. − Es gibt viele Fehlermöglichkeiten im logischen Programmentwurf (z.B. eine vergessene V-Operation blockiert alle beteiligten Prozesse bzw. Threads; oder eine überzählige V-Operation erlaubt mehr als einen Prozess im kritischen Bereich). − Ergibt wenig strukturierten Programmaufbau.

Tab. 5–1 *Vor- und Nachteile des Semaphoreinsatzes im Vergleich zu alternativen Verfahren*

Alternative Lösungen kombinieren die gemeinsam benutzten Ressourcen mit den Synchronisationsfunktionen und bilden damit mächtigere Mechanismen. Solche Lösungen sind in Kapitel 6 näher erläutert.

5.4 Implementierungen von Semaphoren

Semaphore werden in der Praxis unterschiedlich bezeichnet. Eine (nicht vollständige) Auswahl an Bezeichnungen ist in Tabelle 5–2 zu sehen.

System	P-Operation	V-Operation
Dijkstra	P	V
Unix: System V Unix: Pthreads Unix: SEM Option Unix: OSF(veraltet!)	semop(id,op) pthread_mutex_lock (&mtx) sem_wait(&s) msem_lock(s, cond)	semop(id,op) pthread_mutex_unlock (&mtx) sem_post(&s) msem_unlock(s, cond)
Windows (vier Formen; Auswahl)	WaitForSingleObject(sem, tmout) EnterCriticalSection(&s)	ReleaseSemaphore(sem, cnt, &pr) LeaveCriticalSection(&s)
Algol 68	down	up
VxWorks	semTake(s)	semGive(s)
Div. Betriebssysteme	wait(s)	signal(s)

Tab. 5–2   *Übliche Semaphorbezeichnungen (Auswahl)*

5.4.1 Semaphore unter Unix

Im Unix-Bereich existieren mehrere Arten von Semaphorimplementierungen nebeneinander. Unter Sun Solaris und unter Linux werden folgende drei Arten unterstützt (gemäß Unix03-Norm wären alle optional):

- *POSIX-Mutex*: binärer Semaphor
- *System-V-Semaphor*: Zählsemaphor
- *POSIX-Realtime-Semaphor*: Zählsemaphor

POSIX-Mutex

Ein POSIX-Mutex stellt einen binären Semaphor dar, was oft auch als *simple lock (einfache Sperre)* bezeichnet wird. Sein primärer Einsatz ist die Absicherung gemeinsamer Ressourcen. Dies hat beim Multithreading eine hohe Bedeutung, da die Threads innerhalb eines Prozesses in einem gemeinsamen Adressraum mit gemeinsamen Variablen arbeiten. Der Zugriff auf diese gemeinsamen Variablen muss meistens abgesichert erfolgen. Die zwei Grundoperationen dazu sind:

5.4 Implementierungen von Semaphoren

```
pthread_mutex_lock()      entspricht P-Operation
pthread_mutex_unlock()    entspricht V-Operation
```

Das Verhalten und die Fähigkeiten eines Mutex können über den Mutex-Typ festgelegt werden:

- PTHREAD_MUTEX_NORMAL: Es wird nur ein einfaches Sperren des Mutex erlaubt. Ein mehrfach aufeinander folgender Aufruf (Mehrfachbelegung) von pthread_mutex_lock() durch den gleichen Thread führt zu einem Deadlock. Ein Aufruf von pthread_mutex_unlock() auf einem Mutex, der nicht gesperrt ist, ergibt ein undefiniertes Verhalten (keine Fehlermeldung).
- PTHREAD_MUTEX_ERRORCHECK: Die unter PTHREAD_MUTEX_NORMAL erwähnten zwei Fehlsituationen werden durch Fehlermeldungen (Rückgabewerte) dem Aufrufer angezeigt.
- PTHREAD_MUTEX_RECURSIVE: Ein rekursives Sperren des Mutex, d.h. ein mehrfach aufeinander folgender Aufruf von pthread_mutex_lock() durch den gleichen Thread, ist erlaubt und wird durch einen sogenannten *lock count* erfasst. Pro Aufruf von pthread_mutex_lock() wird der *lock count* um 1 erhöht, entsprechend pro Aufruf von pthread_mutex_unlock() um 1 erniedrigt. Erst wenn der *lock count* den Wert 0 aufweist, ist der Mutex für ein Sperren durch andere Threads frei.
- PTHREAD_MUTEX_DEFAULT: Entspricht dem Verhalten des ersten Mutex-Typs, also PTHREAD_MUTEX_NORMAL.

Die Festlegung des Mutex-Typs findet durch einen Aufruf der Systemfunktion pthread_mutexattr_settype() statt, nachdem der Mutex initialisiert wurde. Ein Mutex ist normalerweise auf die Prozessumgebung beschränkt, in der er angelegt wurde (pshared = PTHREAD_PROCESS_PRIVATE). Es kann jedoch für die Zugriffssynchronisation sehr nützlich sein, wenn mehrere Prozesse über gemeinsamen Speicher (*shared memory*) verfügen und ihre Zugriffe darauf koordinieren müssen. Für die prozessübergreifende Anwendung muss der Mutex jedoch passend konfiguriert werden. Dies erfolgt mittels eines Aufrufs der Funktion pthread_mutexattr_setpshared() unter der Verwendung des passenden Werts PTHREAD_PROCESS_SHARED. Voraussetzung ist auf jeden Fall, dass das Mutex-Objekt im gemeinsamen Speicher platziert ist, da nur so alle beteiligten Prozesse darauf Zugriff besitzen.

Zusätzliche Anwendungssicherheit kann durch die Aktivierung der Prioritätsvererbung (*priority inheritance*) erreicht werden. Dazu muss sowohl das Symbol _POSIX_THREAD_PRIO_INHERIT definiert sein als auch das protocol attribute = PTHREAD_PRIO_INHERIT gesetzt sein. Dies kann auf einem mit Standardattributen initialisierten Mutex durch den Aufruf der Funktion pthread_mutexattr_setprotocol() erreicht werden. Zusätzlich ist erforderlich, dass der *contention scope* des Threads auf PTHREAD_SCOPE_SYSTEM gesetzt ist. Ist ein Thread mit kleiner Ablaufpriorität im Besitz der Ressource und ein Thread höherer Priorität ruft pthread_mutex_lock() auf, so wird der erste Thread in seiner Priorität auf die Stufe des zweiten angehoben, damit er den Mutex schnellstmöglich freigibt. Man sagt auch, dass der erste Thread die höhere Priorität des zweiten Threads erbt. Dies gilt aber nur so lange, bis er den Mutex wieder freigibt, dann kehrt er zu seiner ursprünglichen Priorität zurück. Alternativ kann auch das als *priority ceiling* bezeichnete Verfahren mit protocol attribute = PTHREAD_PRIO_PROTECT gewählt werden. Voraussetzung dazu ist, dass das Symbol _POSIX_THREAD_PRIO_PROTECT definiert ist. Zu beachten ist jedoch, dass diese zwei Eigenschaften nicht durch alle Unix-Systeme unterstützt werden. Das Verfahren funktioniert so, dass jeder Thread, der einen Mutex gesperrt hat (erfolgreicher Aufruf von pthread_mutex_lock()), auf eine Ablaufpriorität angehoben wird, die höher ist als diejenige irgendeines anderen Threads, der den Mutex sperren könnte. Wesentlich ist die korrekte Festlegung dieser als Prioritätsdecke (*priority ceiling*) bezeichneten Prioritätsstufe bei der Programmierung. Zum Setzen der Prioritätsdecke dient die Funktion pthread_mutex_setprioceiling(). Zusammenfassend stehen also folgende Systemfunktionen zur Verfügung:

- pthread_mutex_init()   Initialisiert und konfiguriert einen Mutex
- pthread_mutex_destroy()   Löscht einen Mutex
- pthread_mutex_lock()   Sperrt einen Mutex (P-Operation)
- pthread_mutex_trylock()   Versucht einen Mutex zu sperren
- pthread_mutex_unlock()   Gibt einen Mutex frei (V-Operation)

Die grundlegende Verwendung des POSIX-Mutex ist am einfachsten aus einem rudimentären Programmbeispiel ersichtlich. Anstelle der Initialisierung mittels der Systemfunktion pthread_mutex_init() kann ein sogenannter *static initializer* benutzt werden, wenn die Standardeinstellungen genügen (im Beispiel auskommentiert). Dies ist allerdings nur zulässig, wenn die Mutex-Variable statisch alloziert ist. Dies würde z.B. für eine lokal zu einer Funktion deklarierten Variablen nicht zutreffen, wenn sie nicht die Speicherklasse static besitzt.

```
// Deklariere Mutex-Objektvariable
pthread_mutex_t mtx;
// Alternative Initialisierung (für Standardattribute)
// NB: nur zulässig, wenn mtx eine statische Variable ist!
// pthread_mutex_t mtx = PTHREAD_MUTEX_INITIALIZER;

// Initialisiere Mutex mit Standardeigenschaften
ok = pthread_mutex_init(&mtx, NULL);
..
// Kritischen Bereich betreten: Mutex sperren
ok = pthread_mutex_lock(&mtx);
.. (Operationen im kritischen Bereich) ..
// Kritischen Bereich verlassen: Mutex freigeben
ok = pthread_mutex_unlock(&mtx);
```

```
..
// Mutex löschen
ok = pthread_mutex_destroy(&mtx)
```

System-V-Semaphore

Das Semaphorkonzept des System V beruht auf der Definition von *Semaphormengen*, die mittels Mengenoperationen manipuliert werden. Dies erlaubt effiziente und atomare (d.h. unteilbare) Semaphoroperationen. Besonders vorteilhaft ist dies dann, wenn mehrere Ressourcen zur Vermeidung von Deadlocks in einem einzigen Schritt zu belegen sind. Nachteilig ist der recht umständliche Gebrauch infolge der aufwendigen Parameterspezifikation, vor allem wenn nur einer oder wenige Semaphoren benötigt werden. Die Idee zur Verwendung von Semaphormengen wurde von den modernen Signalfunktionen übernommen, die mit Signalmengen arbeiten.

Die System-V-Semaphore benutzen zur Verwaltung die gleichen Verfahren wie die unter System V definierten Funktionen für *Message Queues* und gemeinsame Hauptspeicherbereiche (*shared memory*). Dazu gehört der Einsatz von *Kennungen (identifiers)* und *Schlüsseln (keys)*. Jeder Semaphormenge wird vom Betriebssystem eine *Kennung* (nicht negative Ganzzahl) zugeordnet. Dies erfolgt beim Anlegen der Semaphormenge. Die Kennung entspricht sinngemäß einem Dateideskriptor (*file descriptor*) bzw. einem Handle unter Windows (außer dass eine Semaphorkennung auch prozessübergreifend gültig ist). Wird eine Semaphormenge neu angelegt, so muss ihr ein *Schlüssel* mitgegeben werden (Ausnahme: siehe unten). Dieser Schlüssel kann (muss aber nicht) von der Applikation festgelegt werden. Damit können verschiedene Prozesse mithilfe der Kenntnis des Schlüssels auf eine Semaphormenge zugreifen, auch wenn ihnen deren Kennung nicht bekannt ist. Ein Schlüssel kann somit in seinem Zweck mit dem Textnamen eines Systemobjekts unter Windows verglichen werden. Wird der Schlüssel nicht benötigt, so kann beim Anlegen der Semaphormenge das Flag `IPC_PRIVATE` gesetzt werden, um eine schlüssellose Semaphormenge zu erzeugen.

Zur Erzeugung oder zum Öffnen einer Semaphormenge dient die Systemfunktion `semget()`. Die Semaphoroperationen P und V sind in der Funktion `semop()` realisiert. Zur Verwaltung einer Semaphormenge steht die Funktion `semctl()` zur Verfügung. Um die Parameterwerte dieser Funktionen richtig zu setzen, müssen sehr viele Details und diverse Hilfsdatenstrukturen verstanden werden.

POSIX-Realtime-Semaphore

Es handelt sich ebenfalls um Zählsemaphore, die eine modernere Implementierung darstellen als die System-V-Semaphore. Als *unbenannte Semaphore (unnamed semaphores)* können sie innerhalb eines Prozesses oder wählbar zwischen Prozessen innerhalb derselben Prozessgruppe benutzt werden. Beliebige

Prozesse können sich mit *benannten Semaphoren (named semaphores)* synchronisieren. Diese Form wird allerdings seltener in Unix-Systemen implementiert.

Für die Erzeugung benannter Semaphore dient die Funktion sem_open() mit der Option O_CREAT. Der Name des Semaphors kann wie ein Dateipfadname gewählt werden. Allerdings ist nicht spezifiziert, ob der Name eines benannten Semaphors im Dateisystem erscheint. Zum Löschen wird sem_unlink() benutzt. Zuvor müssen aber alle Referenzen auf den Semaphor mittels sem_close() freigegeben werden. Die Funktionen sem_open(), sem_unlink() und sem_close() stehen nur für benannte Semaphore zur Verfügung, entsprechend sem_init() und sem_destroy() nur für unbenannte Semaphore. Die übrigen Funktionen sind beiden Typen gemeinsam.

5.4.2 Semaphore unter Windows

Unter Windows stehen unterschiedliche Implementierungen des Semaphorprinzips zur Verfügung. Damit soll einerseits eine für die jeweilige Aufgabe optimale Funktionalität und andererseits eine effiziente Realisierung erreicht werden. Die einzelnen Semaphorvarianten sind übersichtsartig in Tabelle 5–3 zusammengefasst und anschließend mit den interessantesten Details erklärt. Für das Warten auf Systemobjekte dienen die zwei Systemaufrufe WaitForSingleObject() und WaitForMultipleObjects() (siehe weiter unten), die von den einzelnen Semaphorvarianten gleichartig benutzt werden. Die einzige Ausnahme stellt das *Critical Section Object* dar, da es teilweise auf der Benutzerebene arbeitet, d.h. nicht im Kernmodus.

Windows-Mechanismus	Beschreibung
Semaphore Object	Zählsemaphor. Anwendungsbeispiel: Verwaltung von Pufferspeichern mit n Plätzen (→ n Marken).
Mutex Object	Binärer Semaphor. Kennt einen Ressourcenbesitzer (= Thread, der Marke bezogen hat). Anwendungsbeispiel: wechselseitiger Ausschluss (mehrere Prozesse beteiligt).
Critical Section Object	Binärer Semaphor. Für die Thread-Synchronisation prozessintern, d.h. innerhalb der Prozessgrenzen. Ermöglicht sehr schnelle Semaphoroperationen, da bei erfolgreichem Belegen des Semaphors keine Benutzer/Kernmodus-Umschaltungen nötig sind. Anwendungsbeispiel: wechselseitiger Ausschluss (innerhalb des gleichen Prozesses).
Event Object	Flexibelste Variante eines Semaphors. Der Semaphor-Markenzähler wird typischerweise nicht automatisch, sondern explizit verändert (*manual-reset event*). Anwendungsbeispiel: Synchronisation bei Ein-/Ausgabeoperationen (oft zur Koordination mit Treibern).

Tab. 5–3 *Übersicht über Windows IPC-Synchronisationsfunktionen*

Windows-Systemobjekte

Alle prozessübergreifend nutzbaren Interprozesssynchronisations- und -kommunikationsverfahren in Windows (Semaphore, Pipes usw.) greifen auf die Windows-Systemobjekte zur Ablaufsynchronisation zurück. Diese stellen einen generisch verfügbaren Systemmechanismus dar, der in der Objektverwaltung (*object manager*) zentral implementiert ist. Systemobjekte können bei Bedarf erzeugt und wieder gelöscht werden. Dazu wird auf die Objektverwaltung zurückgegriffen, die unter anderem ein globales Verzeichnis führt, in dem benannte Systemobjekte mit ihren Textnamen und zugehörigen Systemreferenzen eingetragen sind. Dies erlaubt es, aus jedem Prozess unter Benutzung des Textnamens einen Handle auf ein bestimmtes Systemobjekt zu beziehen. Natürlich ist dies durch das Rechtesystem so geregelt, dass nur berechtigte Handles verfügbar gemacht werden. Für die Ablaufsynchronisation wird die Eigenschaft der Objektsignalisierung eingesetzt. Viele Systemobjekte kennen die zwei Zustände *signalisiert/nicht signalisiert*. Abhängig vom Objekttyp hat dies eine unterschiedliche Bedeutung.

- *Beispiel Thread Object*: Threads werden systemintern als *Thread-Objekte* dargestellt. Ein Thread-Objekt ist nicht signalisiert, solange der Thread läuft. Bei der Terminierung eines Threads wechselt das Thread-Objekt in den Zustand signalisiert und verbleibt darin, bis es gelöscht wird. Ein Warten auf die Terminierung eines Threads bedeutet also, auf die Signalisierung seines Thread-Objekts zu warten. Prozessobjekte verhalten sich gleich wie Thread-Objekte. Sie sind signalisiert, wenn der zugehörige Prozess beendet ist.
- *Beispiel Semaphore Object*: Unter Windows stehen verschiedene Variationen von Semaphoren zur Verfügung. So zum Beispiel wird ein Zählsemaphor durch ein Semaphorobjekt und ein binärer Semaphor durch ein Mutex-Objekt realisiert. Eine Marke aus einem Zählsemaphor entnehmen (P-Operation nach Dijkstra) heißt einfach, auf das zugehörige Systemobjekt mit einer der verfügbaren Wartefunktion zu warten. Mit anderen Worten, ein Systemobjekt für einen binären oder zählenden Semaphor ist genau dann signalisiert, wenn der Markenzähler größer als 0 ist (d.h. eine oder mehrere Marken verfügbar sind).

Wie in obigen Beispielen erwähnt, kann auf die Signalisierung eines Systemobjekts gewartet werden. Dazu kann z.B. die Systemfunktion `WaitForSingleObject()` benutzt werden. Sie erlaubt es, einen Thread so lange schlafen zu legen, bis das gewünschte Objekt signalisiert ist. Mithilfe der Systemfunktion `WaitForMultipleObjects()` kann auf die Signalisierung mehrerer Objekte gewartet werden. Dies ist besonders vorteilhaft, wenn eine mehrfache Ablaufsynchronisation benötigt wird. Mit der Systemfunktion `MsgWaitForMultipleObjects()` kann nicht nur auf mehrere Systemobjekte, sondern auch auf Windows-Meldungen gleichzeitig gewartet werden. Folgende Systemfunktionen stehen zum Arbeiten mit Systemobjekten zur Verfügung:

WaitForSingleObject()	Auf Signalisierung eines Systemobjekts warten
WaitForMultipleObjects()	Auf Signalisierung vieler Systemobjekte warten
CloseHandle()	Referenz (Handle) auf Systemobjekt freigeben

Wird ein Systemobjekt nicht mehr benötigt, so sollten alle Referenzen darauf mithilfe der Funktion CloseHandle() geschlossen werden, um *Ressourcenlecks* zu vermeiden. Ein Ressourcenleck liegt vor, wenn unbeabsichtigt fortlaufend Systemressourcen belegt werden, ohne dass nicht mehr benötigte Systemressourcen freigegeben werden. Es ist dann nur eine Frage der Zeit, bis das System seine Funktion infolge Ressourcenerschöpfung nicht mehr erfüllen kann.

Mutex-Object

Der Name Mutex ist eine Abkürzung für *mutual exclusion* und bezeichnet einen binären Semaphor, der über Prozessgrenzen hinaus sichtbar und damit verwendbar ist. Es stehen folgende Semaphoroperationen zur Verfügung:

CreateMutex()	Ein Mutex-Objekt erzeugen und initialisieren
OpenMutex()	Ein Mutex-Objekt öffnen (aus anderem Prozess)
WaitForSingleObject()	P-Operation*
ReleaseMutex()	V-Operation
CloseHandle()	Referenz auf Mutex-Objekt freigeben (d.h löschen, falls keine weiteren Referenzen mehr vorhanden)

* Kombinierbar mit anderen Warteobjekten mittels der Systemfunktion (Msg)WaitForMultipleObjects().

Der Zugriff auf ein Mutex-Objekt von einem fremden Prozess aus erfolgt mittels OpenMutex(), weil der bei der Erzeugung zugeteilte Handle nur prozessintern gültig ist. Über Prozessgrenzen hinweg kann jedoch das gewünschte Mutex-Objekt über seinen systemglobal gültigen Textnamen identifiziert werden. Windows Mutex-Objekte sind sich des momentanen Markenbesitzers bewusst und können die folgenden Zustände unterscheiden:

- Ressource ist frei, es gibt keinen Markenbesitzer.
- Der *owner* (Windows-Terminologie) ist der Besitzer der Marke, falls die Marke vergeben ist (Ressource belegt).

Unter einem *abandoned mutex* (Windows-Terminologie) versteht man, dass der Besitzer der Marke terminierte, ohne vorher einen Aufruf von ReleaseMutex() auszuführen. Eventuell an diesem Mutex-Objekt wartende Threads werden aufgeweckt und erhalten die Fehlermeldung WAIT_ABANDONED. Ein bestimmter Thread kann mehrmals eine Marke von einem Mutex-Objekt ohne vorherige Rückgabe beziehen (Mehrfachbelegung). Dies wird wie ein einmaliger Bezug behandelt, indem kein Blockieren des Threads stattfindet, wenn er schon im Markenbesitz ist. Die Anzahl Aufrufe wird jedoch von dem Mutex-Objekt registriert, sodass

5.4 Implementierungen von Semaphoren

eine gleiche Anzahl von Marken zurückgegeben werden muss, bis der Thread nicht mehr Mutex-Besitzer ist.

Anhand eines kurzen Beispiels (siehe unten) soll die Anwendung illustriert werden. In dem Codeausschnitt wird ein Mutex-Objekt angelegt, eine Marke bezogen/zurückgegeben und das Mutex-Objekt zum Löschen markiert. Einfachheitshalber sind die normalerweise notwendigen Fehlerbehandlungen weggelassen.

```
HANDLE hMutex;
DWORD st;
BOOL ok;

// Erzeuge Mutex-Objekt »Juhui-Mutex«, anfänglich kein Besitzer
hMutex = CreateMutex (NULL, FALSE, "Juhui-Mutex");
... (Ressource Juhui ist frei, da Marke in Mutex-Objekt vorhanden)...
// Beziehe die Marke, Aufrufer wird damit Mutex-Besitzer (owner)
st = WaitForSingleObject (hMutex, INFINITE);
... (benutze Ressource Juhui) ...
// Gib Marke an Mutex-Objekt zurück
ok = ReleaseMutex (hMutex);
... (Ressource Juhui ist jetzt wieder unbelegt) ...
// Löse Referenz auf Mutex-Objekt auf (Handle-Freigabe)
// Mutex-Objekt wird gelöscht, wenn alle Referenzen aufgelöst
ok = CloseHandle (hMutex);
```

Critical Section Object

Das Critical Section Object stellt eine schnelle Form eines binären Semaphors dar und kann verwendet werden, sofern die Synchronisation prozessintern bleibt. Das heißt, alle den Semaphor nutzenden Threads müssen zum gleichen Prozess gehören. Realisiert ist es als ein sogenanntes Benutzermodus-Konstrukt, das nur dann, wenn gewartet werden muss, auf ein assoziiertes Kernmodus-Systemobjekt zurückgreift.

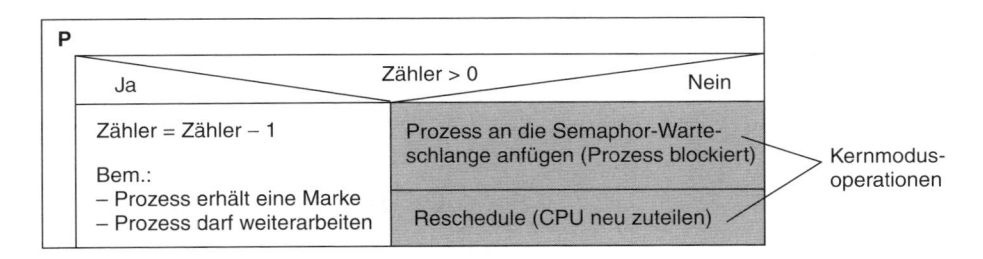

P
Zähler > 0
Ja — Nein
Zähler = Zähler – 1
Bem.:
– Prozess erhält eine Marke
– Prozess darf weiterarbeiten
Prozess an die Semaphor-Warteschlange anfügen (Prozess blockiert)
Reschedule (CPU neu zuteilen)
Kernmodusoperationen

Abb. 5–20 P-Operation beim Critical Section Object

Damit kann der Eintritt in einen unbelegten kritischen Bereich (P-Operation, Marke verfügbar) ohne Benutzer-/Kernmodus-Umschaltung sehr schnell realisiert werden. Muss der aufrufende Thread bei belegtem kritischem Bereich blockiert werden (P-Operation, Marke nicht verfügbar), so spielt die für die Benutzer-/Kernmodus-Umschaltung benötigte Mehrzeit keine Rolle, da ja sowieso gewartet werden muss. In Abbildung 5–20 sind die im Kernmodus ablaufenden Teile der P-Operation grau schraffiert hinterlegt. Zusätzlich besteht auf Multiprozessorsystemen die Möglichkeit, den aufrufenden Thread für *kurze Wartezeiten* (wenige µs) nicht zu blockieren, sondern in einer aktiven Warteschleife auf das Freiwerden eines kritischen Bereichs warten zu lassen.

Dazu wird ein sogenannter *Spinlock* verwendet. Es handelt sich beim Spinlock um eine aktive Warteschleife (*busy wait*) unter Verwendung einer prozessorspezifischen Instruktion des Typs *Test-And-Set*. Dabei wird eine boolesche Variable in einer unteilbaren (d.h. atomaren) Operation geprüft und auf TRUE gesetzt. Das Resultat des Prüfens, d.h. der Vorzustand der booleschen Variablen, kann anschließend ausgewertet werden. Zeigt der Vorzustand eine belegte Ressource an (TRUE), so muss der Thread warten (kurze Zeit aktiv, längere Zeit passiv). Andernfalls kann erfolgreich der kritische Bereich betreten werden (boolesche Variable war FALSE, ist nun TRUE). Das aktive Warten ist zeitlich begrenzt durch den Spinzählerwert. Wird er überschritten, so wird das aktive durch ein passives Warten ersetzt (d.h., der Thread wird blockiert). Dieses Verfahren vermeidet auf der einen Seite unnötige Busy Waits, erlaubt aber auf der anderen Seite bei echt parallelen Thread-Abläufen eine sehr effiziente Synchronisation. Da das aktive Warten im Benutzermodus stattfindet, wird im Wartefall erst nach Erreichen des konfigurierten Spinzählerwerts in den Kernmodus geschaltet, um den Thread zu blockieren. Auf Einprozessorsystemen wird diese Möglichkeit nie genutzt (d.h., das Warten erfolgt stets passiv). Ist sie konfiguriert, d.h. ein Spinzählerwert gesetzt, so wirkt sich dies nur auf Multiprozessorsystemen aus.

Das *Critical Section Object* ist eine durch den Benutzer deklarierte Variable eines opaken Systemdatentyps. Auf einer derartigen Variablen können eine Reihe vordefinierter Operationen durchgeführt werden. Systemseitig sind nur der Datentyp für das *Critical Section Object* und ein Satz von Funktionen bereitgestellt. Verfügbare Semaphoroperationen sind:

- InitializeCriticalSection()   Datenstruktur für Benutzung vorbereiten (anfänglich kein Markenbesitzer)
- SetCriticalSectionSpinCount()   Datenstruktur für Benutzung vorbereiten und Spinzählwert festsetzen
- DeleteCriticalSection()   Datenstruktur als »gelöscht« markieren
- EnterCriticalSection()   P-Operation (Marke beziehen)
- LeaveCriticalSection()   V-Operation (Marke zurückgeben)

5.4 Implementierungen von Semaphoren

Semaphore Object

Das Windows-Semaphorobjekt realisiert einen Zählsemaphor und entspricht damit noch am ehesten dem Semaphor nach Dijkstra. Die bereitgestellten Windows-API-Funktionen sind:

- `CreateSemaphore()`   Semaphorobjekt erzeugen und initialisieren
- `OpenSemaphore()`   Semaphorobjekt öffnen (aus anderem Prozess)
- `WaitForSingleObject()`   P-Operation*
- `ReleaseSemaphore()`   V-Operation
- `CloseHandle()`   Referenz auf Semaphorobjekt freigeben (d.h. löschen, falls keine weiteren Referenzen mehr vorhanden)

* Kombinierbar mit anderen Warteobjekten mittels der Systemfunktion `(Msg)WaitForMultipleObjects()`.

Im Vergleich zum Mutex-Objekt kennt die Systemfunktion zum Erzeugen eines Semaphorobjekts, d.h. `CreateSemaphore()`, die zusätzlichen Parameter `lInitialCount` (Anfangswert des Markenzählers) und `lMaximumCount` (erlaubter Maximalwert des Markenzählers).

```
HANDLE hSema;
DWORD st;
BOOL ok;

// Erzeuge Semaphorobjekt »Olala-Sema« mit anfänglich 4 Marken
hSema = CreateSemaphore (NULL, 4, 4, "Olala-Sema");

... (4 Ressourceneinheiten sind frei)...

// Beziehe eine Marke (belege eine Ressourceneinheit)
st = WaitForSingleObject (hSema, INFINITE);

... (benutze Ressource) ...

// Gib Marke an Semaphorobjekt zurück
ok = ReleaseSemaphore (hMutex, 1, NULL);

... (es sind wieder alle 4 Ressourceneinheiten unbelegt) ...
```

Ein einfaches Beispiel (Codefragment) zeigt die Anwendung:

```
// Datenstruktur bereitstellen (uninitialisiert)
CRITCAL_SECTION gCriticalSection;

// Datenstruktur initialisieren; Funktion kennt keinen Rückgabewert
InitializeCriticalSection (&gCriticalSection);
...
// Bereich reservieren; Funktion kennt keinen Rückgabewert
EnterCriticalSection (&gCriticalSection);

... (abgesicherte Operationen, d.h. kritischer Bereich) ...
```

```
// Bereich verlassen; Funktion kennt keinen Rückgabewert
LeaveCriticalSection (&gCriticalSection);
...
```

Event Object

Ereignisobjekte werden vorzugsweise zur Synchronisation der Applikation mit Peripherietreibern benutzt. Wird eine asynchrone Ein-/Ausgabe eingesetzt (*overlapped input/output*), dann dient ein Ereignisobjekt dazu, der Applikation das Ende der asynchronen E/A-Operation zu melden. Ereignisobjekte können in zwei Ausprägungen angelegt werden. *Das automatisch zurücksetzende Ereignisobjekt (auto-reset event)* verlässt den signalisierten Zustand jedes Mal, wenn ein Thread auf das Ereignisobjekt zu warten beginnt. Es verhält sich genau gleich wie ein Mutex-Objekt, von dem es sich nur dadurch unterscheidet, dass es keinen designierten Eigner (*owner*) gibt. Damit kann kein *abandoned event* existieren! Das manuell zurücksetzende Ereignisobjekt (*manual-reset event*) muss mittels `ResetEvent()` in den nicht signalisierten Zustand gebracht werden, wenn es diesen verlassen hat.

Die bereitgestellten Windows-API-Funktionen sind:

- `CreateEvent()`   Ein Ereignisobjekt erzeugen und initialisieren
- `OpenEvent()`   Ein Ereignisobjekt öffnen (aus anderem Prozess)
- `WaitForSingleObject()` Auf die Ereignissignalisierung warten*
- `SetEvent()`   Eine Ereignissignalisierung auslösen (Ereignisobjekt in signalisierten Zustand versetzen)
- `ResetEvent()`   Eine Ereignissignalisierung zurücksetzen (Ereignisobjekt in nicht signalisierten Zustand versetzen)
- `CloseHandle()`   Referenz auf Ereignisobjekt freigeben (d.h. löschen, falls keine weiteren Referenzen mehr vorhanden)

* Kombinierbar mit anderen Warteobjekten mittels der Systemfunktion `(Msg)WaitForMultipleObjects()`.

5.5 Unix-Signale

5.5.1 Idee & Grundprinzip der Unix-Signale

Eine spezielle Funktion bietet das Signalkonzept beim Betriebssystem Unix: Es dient dort zur Unterbrechung von Prozessen. Ein Prozess A kann einem Prozess B ein Signal senden, sofern er die PID (*process identification*)-Nr. desselben kennt. Signale werden zudem auch vom Betriebssystem selbst verwendet, um den einzelnen Prozessen gewisse Ereignisse oder Informationen zu übermitteln. Unix-Signale haben ähnliche Eigenschaften wie ein Hardware-Interrupt-Signal mit dem Unterschied, dass der Auslöser eines Signals sowohl in der Hardware als auch in

5.5 Unix-Signale

der Software liegen kann. Unix-Signale können *asynchron*, d.h. ohne Bezug zur laufenden Instruktionsausführung, oder *synchron*, d.h. an einer bestimmten Stelle eines Programms, ausgelöst werden.

Signaltyp	Bedeutung	SR	Anwendung
SIGABRT	abort signal from abort	C	Wird bei Aufruf der abort()-Funktion erzeugt
SIGALRM	alarm clock	T	Wird erzeugt, wenn die gesetzte Uhr abgelaufen ist (Setzen mittels Funktion alarm())
SIGCHLD	child stopped or terminated	I	Wird erzeugt, wenn ein Kindprozess terminiert oder gestoppt wird (geht an Elternprozess)
SIGFPE	floating point exception	C	Wird erzeugt, wenn ein Gleitkommafehler auftritt
SIGHUP	hangup detected on controlling terminal	T	Wird erzeugt, wenn zugehöriges Terminal (shell) abgemeldet wird
SIGILL	illegal instruction	C	Wird erzeugt, wenn ungültiger Maschinenbefehl in Programm angetroffen wird
SIGINT	interrupt from keyboard	T	Durch Tastenkombination ctrl-c erzeugt, dient zum Abbrechen eines Prozesses
SIGKILL	uncatchable termination	T	Dient zum Prozessabbruch (z.B. ab Kommandozeile mit Befehl »kill«). Nur Standardreaktion möglich!
SIGPIPE	broken pipe	T	Wird erzeugt, wenn in Pipe geschrieben wird, deren Ausgang geschlossen ist (keine Leser vorhanden)
SIGQUIT	quit from terminal	C	Durch Tastenkombination ctrl-\ erzeugt, dient zum Beenden der Vordergrundprozesse
SIGSEGV	segmentation violation	C	Wird erzeugt, wenn ein unerlaubter Speicherzugriff versucht wird (Schutzverletzung)
SIGSYS	bad system call	C	Wird erzeugt, wenn ungültiger Systemaufruf versucht wird
SIGTERM	catchable termination	T	Wie SIGKILL, jedoch sind auch andere Reaktionen als die Standardreaktion zulässig.
SIGTRAP	trace or breakpoint	C	Verwendung durch Debugger zum Programmtest
SIGSTOP	uncatchable stopping	S	Stoppt einen Prozess, nur Standardreaktion möglich
SIGTSTP	stop typed at keyboard	S	Durch Tastenkombination ctrl-z erzeugt, dient zum Stoppen eines Prozesses
SIGUSR1	user defined signal 1	T	Zur Anwendung in Benutzerprozessen; als einzige Information wird an den Empfänger der Signaltyp (hier: SIGUSR1) übertragen.
SIGUSR2	user defined signal 2	T	Verwendung wie SIGUSR1

Tab. 5–4 *Auswahl von Unix-Signaltypen (Aufzählung nicht vollständig; Erläuterung von SR, C, T, I und S siehe folgenden Text)*

Dies kann verglichen werden mit klassischen Interrupts aus der Hardware, die durch systemexterne Ereignisse ausgelöst werden, bzw. den sogenannten Software-Interrupts (Traps), die als Folge eines entsprechenden Maschinenbefehls auftreten (z.B. `int`-Instruktion beim x86-Prozessor). Grundsätzlich findet bei einem Prozess eine Programmunterbrechung statt, wenn er ein Signal empfängt. Egal, wo die Programmausführung gerade steht, sie wird gestoppt und die für das Signal vorgesehene Reaktion als Nächstes ausgeführt. Im Rahmen der Programmunterbrechung wird entweder eine *vordefinierte Systemreaktion* ausgelöst oder eine *benutzerdefinierte Funktion* (analog einer Interrupt-Serviceroutine) ausgeführt. Die vordefinierte Systemreaktion (= *Standardreaktion*) tritt immer dann in Aktion, wenn der betroffene Empfängerprozess keine andersartige Reaktion programmiert hat. Für die meisten Signaltypen kann auch ein Ignorieren programmiert werden, d.h., der Prozess zeigt keine Reaktion beim Signalempfang (Ausnahme: Signale `SIGKILL` und `SIGSTOP` werden *immer* mit einem Programmabbruch beantwortet!). Entsprechend den möglichen Auslösern für Signale wird eine Reihe verschiedener Signaltypen unterschieden. Je nach Unix-Variante sind eine unterschiedliche Anzahl an Signaltypen vordefiniert (siehe Tab. 5–4). Viele von ihnen werden vom Betriebssystem selbst benutzt, um bestimmte Ereignisse an Benutzerprozesse zu melden. Ältere Unix-Systeme kennen 15 Signaltypen, bei neueren Unix-Varianten sind es über 30. In Tabelle 5–4 ist für jeden Signaltyp in der Spalte SR die voreingestellte Standardreaktion mittels eines Buchstabens gekennzeichnet. Die Reaktion C steht für eine Terminierung, verbunden mit einem *Core-Dump* (= Speicherauszug, abgelegt in einer Datei). Der Buchstabe T steht für eine *Terminierung* des Prozesses, der das Signal empfängt. Mit I wird ein *Ignorieren* des Signals (= keine Reaktion, kommentarloses Konsumieren) und mit S ein *Stoppen* des Prozesses angezeigt. Ein gestoppter Prozess ist nicht beendet, sondern kann später weitergeführt werden. Das Verhalten von Prozessen bei Signalen kann wie folgt zusammengefasst werden:

- Als *Standardreaktion* wird in der Regel (d.h. für die meisten Signale) der Prozess abgebrochen und eine entsprechende Systemmeldung generiert.
- Benutzerdefinierte Funktionen können im Gegensatz dazu beliebige anwendungsspezifische Dinge erledigen.
- Grundsätzlich sind alle Prozesse jederzeit für Signale empfangsbereit. Nur im Falle des Ignorierens lassen sie sich nicht von Signalen beeinflussen.

Wichtige Begriffe

Für ein gutes Verständnis des Unix-Signalkonzepts ist eine klare Definition ein paar weniger Begriffe nötig, die zur Beschreibung des Signalverhaltens dienen.

- *erzeugt (generated)*: Löst ein Ereignis ein Signal aus, so ist es erzeugt (gleichbedeutend mit gesendet bzw. *sent*).
- *zugestellt (delivered)*: Findet die für ein Signal vorgesehene Reaktion statt, so wurde das Signal zugestellt.

5.5 Unix-Signale

- *akzeptiert (accepted)*: Wie zugestellt, beschreibt jedoch die Situation, in der ein Prozess gezielt mittels der Funktion sigwait() darauf gewartet hat.
- *pendent (pending)*: Ist ein erzeugtes Signal noch nicht zugestellt, akzeptiert oder empfangen, so ist es pendent (unerledigt).
- *blockiert (blocked)*: Kann ein erzeugtes Signal nicht zugestellt werden, so ist es blockiert (die Blockierung kann programmiert werden).

Gebrauch auf der Kommandozeile

Ein paar Tastenkombinationen, die von der Kommandozeile her Signale auslösen, sind in Tabelle 5–4 in der Spalte Anwendung aufgeführt. Daneben gibt es die Möglichkeit, mittels des Kommandozeilenbefehls kill fast beliebige Signale zu erzeugen. Der Befehlsname ist etwas irreführend, da er nicht nur für den Signaltyp SIGKILL, sondern für jeden Signaltyp verwendbar ist. Dieser Kommandozeilenbefehl kann für eine Reihe von Dingen nützlich sein:

- Test von selbst programmierten Signalbehandlungsroutinen
- Auslösen spezieller Reaktionen von Programmen (entsprechende Programmierung der Applikationen vorausgesetzt)
- Terminieren von Prozessen (freiwillig oder zwangsweise)

Die Befehlssyntax lautet:

```
kill -<sigtype> <pid>
     <sigtype>:   Nummer des Signals
                  (siehe signal.h oder Manual Pages)
     <pid>:       PID des Signalempfängers (evtl. mit Befehl ps
                  vorher erfragen)
```

5.5.2 Programmierung der Signale

Signale können vielfältig in Anwendungsprogrammen genutzt werden. Und sei es nur, um die meist ziemlich radikale Standardreaktion abzuwenden.

Klassische Signalfunktion

Für die Programmierung von Applikationen stellt Unix eine Systemfunktion zur Verfügung, mit der die Reaktion eines Prozesses auf ein Signal programmtechnisch beeinflusst werden kann. Diese sogenannte klassische Signalfunktion signal() gilt als »unsicher (*unreliable*)«. Sie wurde durch die moderne Signalfunktion sigaction() ergänzt, um nicht zu sagen ersetzt (dazu später mehr). Mit der Funktion signal() kann entweder eine *Signalbehandlungsroutine* zugeordnet, ein *Ignorieren* des Signals festgelegt oder die *Standardreaktion* (wieder) eingerichtet werden. Die Signalbehandlungsroutine ist irgendeine von der Applikation selbst implementierte Funktion mit der Signatur:

```
void neu_handler(int signr);
```

Wird das zugeordnete Signal zugestellt, so wird diese Funktion ausgeführt. Damit die gleiche Funktion für verschiedene Signale nutzbar wird, erhält sie die Nummer des Signals als Aufrufparameter mitgeteilt. Damit kann sie spezifisch darauf reagieren. Wird mithilfe der Funktion signal() ein eigener Signalhandler eingerichtet, so gilt dies für genau ein *einziges* Auftreten des Signals. Soll das nächste darauf folgende Signal des gleichen Typs ebenfalls den benutzerdefinierten Signalhandler anstoßen, so muss dieser durch einen erneuten Aufruf von signal() wieder frisch zugeordnet werden.

Wir haben früher bereits das Problem der Zombieprozesse kennengelernt. Die meisten Unix-Varianten versenden an den Elternprozess das Signal SIGCHLD, wenn ein Kindprozess beendet wird. Dieses kann benutzt werden, um in einer passend programmierten Signalbehandlungsfunktion die Systemfunktion wait() aufzurufen, die den Zombieprozess vermeidet und den Beendigungsstatus sowie den Rückgabewert des Kindprozesses an den Elternprozess weiterleitet.

Im nachfolgenden einfachen Beispielprogramm wird die Systemfunktion alarm() benutzt, um nach Ablauf von drei Sekunden das Signal SIGALRM zu erzeugen. Als Reaktion auf dieses Signal wird die Ausführung der Funktion forward() definiert. Mit der Funktion pause() wird der Prozess schlafen gelegt, bis ein Signal auftritt. Bei jedem Auftreten des Signals wird die Zuordnung von forward() erneuert, da sie nach jeder Signalzustellung automatisch wieder durch die Standardreaktion ersetzt wird.

```
void forward(int sigtype)
{
  printf("Bin geweckt worden!\n");
  signal(SIGALRM, forward);
}

int main ()
{
  int i;

  signal(SIGALRM, forward);
  while(1) {
     printf("Lege mich schlafen, stelle aber den Wecker!\n");
     alarm(3);
     pause();
     printf("Arbeite weiter...\n");
  }
}
```

Folgende klassische Signalfunktionen stehen uns zur Verfügung:

- signal()   Reaktion auf ein Signal festlegen
- kill()   Sendet ein bestimmtes Signal an einen Prozess
- alarm()   Setzt Alarmwecker (bei Ablauf folgt Signal SIGALRM)
- pause()   Legt aufrufenden Prozess schlafen, bis ein Signal eintrifft

5.5 Unix-Signale

Moderne Signalfunktion

Die klassische Signalfunktion signal() führt zu drei wesentlichen Problemen:

- Bei Aufruf von signal() ist es nicht möglich, den momentan eingerichteten Signalhandler zu erfragen, ohne dass man eine neue Reaktion auf das Signal definiert. Dieses Problem kann (umständlich) gelöst werden, z.B. soll für SIGINT ein neuer Handler gesetzt werden, falls die Reaktion auf SIGINT nicht auf Ignorieren eingestellt ist. Folgende Codesequenz erlaubt dies:

    ```
    if (signal(SIGINT,SIG_IGN)!=SIG_IGN) signal(SIGINT,signalhandler)
    ```

- Da nach Auftreten eines Signals automatisch wieder die Standardreaktion aktiviert wird, kann die unangenehme Situation auftreten, dass ein Signal beim ersten Auftreten wie gewünscht durch eine Signalbehandlungsroutine bedient wird, bei einem sofortigen zweiten Auftreten jedoch die Standardreaktion stattfindet (meist Programmabbruch!), weil unter Umständen die Zeit nicht gereicht hat, um wieder die eigene Signalbehandlungsroutine zu installieren.
- Es ist nicht möglich, die Signalbehandlung in gewissen Ablaufphasen zu unterbinden und auf später zu verschieben. Werden Signale in diesen Programmteilen ignoriert, so kann ihr Auftreten übersehen werden. Wird ihre Bearbeitung mittels programmierter Software-Flags auf später verschoben, so besteht Deadlock-Gefahr.

Infolge obiger Probleme gelten die klassischen Signalfunktionen als unzuverlässig (*unreliabe signal functions*). Zur Lösung dieser Probleme wurde eine neue Signalfunktion definiert und eingeführt, die obige Nachteile vermeidet: sigaction(). Einige moderne Unix-Varianten ersetzen die Aufrufe von signal() automatisch durch äquivalente Aufrufe von sigaction(), sodass obige Probleme trotz Gebrauch der alten Signalfunktion vermieden werden. Um sigaction() zu verstehen, wollen wir zuerst das damit verbundene Konzept der *Signalmengen* betrachten. Zur Darstellung von Signalmengen wurde der Datentyp sigset_t eingeführt. Damit deklarierte Signalmengen können über folgende fünf Funktionen mit den üblichen Operationen der Mengenlehre manipuliert werden:

- sigemptyset()   Entfernt alle Signale aus einer Menge
- sigfillset()   Fügt alle definierten Signale einer Menge hinzu
- sigaddset()   Fügt ein einzelnes Signal einer Menge hinzu
- sigdelset()   Entfernt ein einzelnes Signal aus einer Menge
- sigismember()   Erfragt die Mitgliedschaft eines Signals in einer Menge

Wird mit der Signalfunktion sigaction() eine Reaktion auf ein bestimmtes Signal programmiert, so bleibt diese so lange bestehen, bis sie mit einem neuen Aufruf von sigaction() geändert wird. Dies ist ein klarer Unterschied zu der »Oneshot«-Eigenschaft der klassischen Programmierung mit signal(). Die Funktion sigaction() arbeitet mit einer gleichnamigen Datenstruktur, die folgenden Aufbau hat:

```
struct sigaction {
   void (sa_handler)();  // Adr. des Signalhandlers oder SIG_IGN/SIG_DFL
   sigset_t sa_mask;     // Zusätzlich zu blockierende Signale
   int sa_flags;         // Signaloptionen (siehe Tab. 5-5)
}
```

Die Datenstruktur sigaction enthält drei Komponenten: Erstens sa_handler, der die Reaktion auf ein bestimmtes Signal beschreibt und dem zweiten Parameter der Funktion signal() entspricht. Zweitens die Signalmaske sa_mask, die festlegt, welche Signale für die Dauer der Signalbehandlung zusätzlich zu dem auslösenden Signal zu blockieren sind (gilt also nur für die Dauer der Signalbehandlung). Drittens die Komponente sa_flags, die Verhaltenseigenschaften gemäß einer Reihe definierter Werte festlegt (siehe Tab. 5-5).

Um beim Aufruf von sigaction() keine neue Reaktion auf ein Signal zu programmieren, verwendet man für den zweiten Aufrufparameter den Wert NULL. So können z.B. die momentan eingestellten Werte für die drei Komponenten der Datenstruktur sigaction über den dritten Aufrufparameter von sigaction() erfragt werden. Nachfolgendes Beispiel zeigt die Verwendung der Funktion sigaction().

	Verhalten bei gesetztem Flag
SA_NOCLDSTOP	SIGCHLD nur senden, falls Kindprozess beendet, nicht falls angehalten.
SA_RESTART	Alle durch Signal unterbrochene Systemaufrufe werden wieder neu gestartet (Standardeinstellung: Abbrechen der E/A-Systemfunktionen mit Eigenschaft »interruptible«).
SA_NOCLDWAIT	Es werden keine Zombieprozesse gebildet; zusätzlich wartet Elternprozess bei Aufruf von wait() solange, bis alle seine Kindprozesse beendet sind.
SA_NODEFER	Während der Ausführung des Signalhandlers wird Signal *nicht* blockiert (entspricht traditionellem Verhalten).
SA_RESETHAND	Bei Auftreten des Signals wird automatisch wieder die Standardreaktion eingestellt (schließt automatisch SA_NODEFER ein; entspricht traditionellem Verhalten).

Tab. 5-5 *Für die Funktion sigaction() verfügbare Signaloptionen, die in dem C-struct sigaction durch das Feld sa_flags konfiguriert werden (binäre Attribute).*

Für jedes Drücken der Tastenkombination »ctrl-c« erfolgt die Ausgabe »Habe das Signal erhalten«, ohne dass der Signalhandler catcher() jedes Mal neu eingerichtet werden muss.

```
void catcher(int sigtype)
{
   printf("Habe das Signal erhalten\n");
}
```

5.5 Unix-Signale

```
int main ()
{
  int i;
  struct sigaction sa;
  sigset_t mask;

  sigemptyset(&mask);         // Blockiere keine zusaetzlichen Signale
  sa.sa_handler = catcher;    // catcher() ist der Signalhandler
  sa.sa_mask = mask;
  sa.sa_flags = 0;            // Nehme keine speziellen Optionen
  sigaction(SIGINT, &sa, NULL); // Richte Reaktion auf Signal SIGINT ein
  while(1) {
    printf("Am arbeiten...\n");
    sleep(1);
  }
}
```

Um Signale zu blockieren, werden sie in die sogenannte *Signalmaske* eines Prozesses aufgenommen. Dazu steht die Funktion sigprocmask() zur Verfügung. Mit dieser Funktion kann auch ohne Änderung der momentane Inhalt der Signalmaske erfragt werden. Ergänzend steht die Funktion sigpending() zur Verfügung, mit der erfragt werden kann, welche Signale (Signalmenge) zurzeit pendent sind, d.h. zwar erzeugt sind, aber durch die Signalmaske an ihrer Zustellung gehindert werden.

In Abbildung 5–21 sind die wesentlichen Zusammenhänge gezeigt. Der Signalspeicher sorgt dafür, dass Signale pendent gehalten werden können. Wird ein Signal erzeugt, so wird es entweder sofort zugestellt oder landet im Signalspeicher, wenn es mittels der Signalmaske blockiert ist. Die Frage, wie viel Signale des gleichen Typs im Signalspeicher zu einem bestimmten Zeitpunkt existieren können, lässt sich nicht eindeutig beantworten. Durch die Unix03-Norm ist dies nämlich der Implementierung freigestellt, d.h., es kann von System zu System variieren (meistens wird es nur einmal gespeichert).

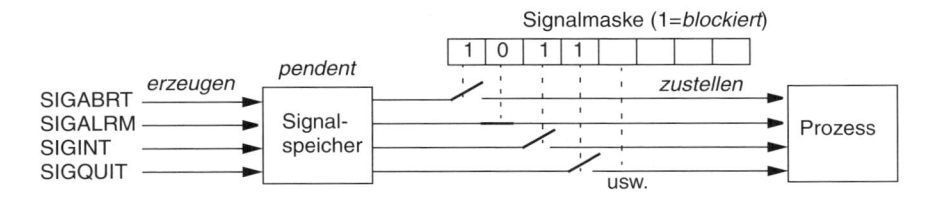

Abb. 5–21 *Wirkungsweise der Signalmaske*

Wichtig zu wissen ist, welche Reaktion für ein pendentes Signal gilt, wenn die Reaktion geändert wird, während es pendent ist. Die Antwort ist hier eindeutig: Es gilt immer die Reaktion, die zum Zeitpunkt der Zustellung eingestellt ist. Um ein blockiertes Signal wieder zu deblockieren, wird ebenfalls die Funktion sigprocmask() benutzt (erster Parameter auf SIG_UNBLOCK gesetzt). Geht es nur darum, bestimmte Signale für die Dauer einer Signalbehandlung zu blockieren, so kann dies über passendes Setzen der Komponente sa_mask der Datenstruktur sigaction und Aufruf der Funktion sigaction() erfolgen.

Eine andere Frage betrifft die Verwendung von Systemfunktionen innerhalb eines Signalhandlers. Dies ist nicht frei, sondern nur für Systemfunktionen erlaubt, die entweder *wiedereintrittsfest (reentrant)* oder *asynch-signal-safe* sind. Diese Eigenschaften sind in der Systemdokumentation für jeden Systemaufruf beschrieben.

5.5.3 Signale im Multithreading

Signale waren in Unix bereits enthalten, als es noch kein Multithreading unterstützte (nur Single-threaded-Prozesse). Trotzdem ist es möglich, auch mit mehreren Threads pro Prozess die Signale nutzbringend einzusetzen. Dazu benötigt man ein paar wenige Signalfunktionen, die speziell für Threads entwickelt wurden, sowie ein paar ergänzende Regeln.

- *Reaktion auf Signal*: Die Reaktion auf ein Signal kann von einem beliebigen Thread innerhalb eines Prozesses eingerichtet werden, gilt aber stets für den ganzen Prozess (d.h. genau gleich für alle Threads innerhalb des Prozesses).
- *Signalmaske*: Jeder Thread besitzt eine individuelle Signalmaske. Bei der Thread-Erzeugung erbt der neue Thread die Signalmaske des ihn erzeugenden Threads. Für das Abfragen bzw. Ändern seiner Signalmaske muss ein Thread die Funktion pthread_sigmask() aufrufen. Die Funktion sigprocmask() ist ungültig für Multithreaded-Prozesse (gilt nur für Single-threaded-Prozesse!).
- *Programmiertes Senden*: Ein Signal kann an einen Prozess (Funktion kill()) oder an einen Thread (Funktion pthread_kill()) adressiert werden. Achtung, der Aufruf von pthread_kill(threadid, SIGKILL) für die Terminierung eines bestimmten Threads führt zur Terminierung des ganzen Prozesses!

Interessant ist die Frage, welcher Thread ein Signal empfängt, das an den ganzen Prozess gerichtet ist. Hier gilt die Regel, dass *synchrone Signale* stets dem Thread zugestellt werden, der sie ausgelöst hat. Wir erinnern uns, synchrone Signale sind an die Programmausführung gebunden (z.B. ein SIGSEGV oder ein SIGFPE).

Andererseits wird ein *asynchrones Signal* irgendeinem Thread des Prozesses zugestellt, der es nicht blockiert hat. Dies kann ungewollte Auswirkungen haben, wenn man nicht entsprechende Vorkehrungen trifft (z.B. Signal für alle unerwünschten Adressaten blockiert). Ergänzend zu obigen Feststellungen zur Signalzustellung soll nochmals bemerkt werden, dass ein mit pthread_kill() versendetes Signal stets einen eindeutig bestimmten Thread als Adressaten besitzt und dass ein Signal nur einem einzigen Thread zugestellt wird. Trifft ein Signal eines bestimmten Typs in kurzer Folge mehrmals ein, so wird es einem wählbaren

Thread B zugestellt, auch wenn Thread A gerade dieses Signal behandelt. Speziell für Multithreading stehen folgende drei Signalfunktionen bereit:

- `sigwait()`   Wartet auf irgendein Signal aus einer Menge
- `pthread_kill()`   Sendet ein Signal an einen bestimmten Thread
- `pthread_sigmask()`   Erfragt/ändert Signalmaske des aufrufenden Threads

Die Funktion `sigwait()` haben wir noch nicht angesprochen. Sie kann von einem Thread benutzt werden, um auf ein Signal aus einer festgelegten Signalmenge zu warten. Damit genau dieser Thread ein solches Signal erhält, müssen alle anderen Threads des Prozesses alle Signale der Signalmenge blockieren. Auch der Thread, der `sigwait()` aufruft, muss diese Signale blockieren. Dies erstaunt im ersten Moment. Der Grund ist aber der, dass nicht die programmierte Reaktion auf das Signal gelten soll, sondern `sigwait()`. Denn `sigwait()` akzeptiert auch Signale, die blockiert sind. Zuletzt wäre noch zu erwähnen, dass alle Pthread-Funktionen automatisch neu gestartet werden, wenn sie durch ein Signal unterbrochen wurden.

5.5.4 Realtime-Signale

Optional unterstützt Unix auch sogenannte Realtime-Signale. Für diese gilt ein erweiterter Satz an Funktionen sowie spezielle Regeln. Die Realtime-Signale wurden, wie es der Name andeutet, speziell für den Einsatz in Echtzeitumgebungen konzipiert. Interessant ist die Möglichkeit, beim Signalversand dem Signal einen anwendungsspezifischen Zahlenwert mitzugeben. Mit dieser Erweiterung handelt es sich also nicht mehr nur um eine Funktionalität für die Synchronisation, sondern um eine Kommunikation.

5.6 Verklemmungsproblematik (*deadlocks*)

Eine Verklemmung (*deadlock*) liegt vor, wenn eine Gruppe von Prozessen in einen dauerhaft blockierten Zustand gerät, weil jeder Prozess dieser Gruppe auf ein Ereignis wartet, das nur ein anderer Prozess der Gruppe auslösen kann. Derartige Abhängigkeiten unter Prozessen entstehen immer dann, wenn gemeinsame Betriebsmittel benutzt werden, die über Semaphore oder vergleichbare Mechanismen zur exklusiven Nutzung gesperrt werden. Das Ereignis, auf das Prozesse warten, ist in diesem Fall die Freigabe eines Betriebsmittels. Vergleichbare Probleme sind natürlich auch im Multithreading möglich. Im Weiteren beziehen wir uns auf diese Ausgangslage, ohne zu vergessen, dass gleichartige Probleme zum Beispiel auch beim Nachrichtenaustausch oder beim Sperren von Dateien (*file locking*) entstehen können.

5.6.1 Ursache

Bei einer überlappenden Reservierung von Betriebsmitteln können Verklemmungen auftreten, wenn diese Reservierungen in einer ungünstigen Reihenfolge vorgenommen werden. Je nach zeitlichem Ablauf treten die Verklemmungen auf oder auch nicht. Bis eine solche Deadlock-Situation vorliegt, kann deshalb die Software zuvor monatelang einwandfrei laufen, bis plötzlich dann ein »unerwartetes« Problem auftritt. Da die Reservierungsreihenfolgen letztlich die Ursache des Problems darstellen, ist ein Deadlock die Folge eines logischen Programmfehlers. Eine Deadlock-Gefahr muss deshalb bei der Programmentwicklung erkannt werden. Beim Testen der Software besteht nur eine kleine Wahrscheinlichkeit, dass ein Deadlock auftritt und somit die Deadlock-Gefahr erkannt wird.

Damit stellen sich die Fragen, wie sich eine Verklemmungsgefahr erkennen lässt und wie dieser Gefahr zu begegnen ist. Bevor wir uns genauer mit diesen Fragen beschäftigen, wollen wir zwei Nutzungsarten von gemeinsamen Betriebsmitteln unterscheiden:

- *Ein Exemplar pro Betriebsmitteltyp*: Jedes Betriebsmittel eines bestimmten Typs ist nur einfach vorhanden und exklusiv nutzbar. Dies hat zur Folge, dass jedes Betriebsmittel über einen eigenen binären Semaphor abgesichert werden muss. Zum Beispiel: Peripheriegeräte (Drucker, Festplatte).
- *Mehrere Exemplare pro Betriebsmitteltyp*: Betriebsmittel eines bestimmten Typs stehen mehrfach zur Verfügung und es bestehen keine Präferenzen bei der Nutzung (alle sind gleichwertig). Die Absicherung kann gemeinsam über einen Zählsemaphor erfolgen. Zum Beispiel vier gleichwertige Kommunikationskanäle, jeder exklusiv nutzbar; für den Nutzer ist es egal, welcher verfügbar ist.

Die erste Nutzungsart ist häufiger, weswegen wir diese zuerst betrachten wollen. Ein einfaches Verfahren zur Erkennung einer Deadlock-Gefahr stellt ein *Betriebsmittelfahrplan* dar. Darin sind mittels Rechtecken nicht mögliche Fahrbereiche gesperrt und es lässt sich visuell beurteilen, ob alle denkbaren Fahrbahnen zum Ziel oder möglicherweise in eine Deadlock-Situation führen. Die gesperrten Bereiche entsprechen dem wechselseitigen Ausschluss bei der Betriebsmittelnutzung, die wir in einem konkreten Programm mittels binärer Semaphore realisieren würden.

Die Stärke des Betriebsmittelfahrplans liegt darin, dass sich mit ihm unabhängig von einer konkreten Ablaufsituation alle denkbaren Fahrbahnen beurteilen lassen. Allerdings ist er nur gut zu verwenden, wenn es um zwei beteiligte Prozesse geht (zweidimensionale Darstellung). Bereits bei drei Prozessen ist das Aufzeichnen erschwert, da ein dreidimensionales Diagramm nötig ist (siehe Abb.

5.6 Verklemmungsproblematik (deadlocks)

5–23). Hingegen führt eine größere Anzahl gemeinsam genutzter Betriebsmittel zu keinem speziellen Darstellungsproblem.

> **Beispiel:**
> Zwei Prozesse A und B benutzen zwei Betriebsmittel, die sie mit zwei binären Semaphoren r und s absichern, wobei die Semaphorzähler mit 1 initialisiert seien. Der Programmcode laute wie folgt:
>
> | Prozess A | Prozess B |
> |-----------|-----------|
> | P(r); | P(s); |
> | P(s); | P(r); |
> | V(r); | V(r); |
> | V(s); | V(s); |

Der zugehörige Betriebsmittelfahrplan ist in Abbildung 5–22 gezeigt. Zu Beginn haben beide Prozesse eine Rechenzeit von 0, dies ist der Startpunkt links oben im Koordinatenursprung. Jeder der zwei Prozesse hat eine bestimmte Gesamtrechenzeit. Damit wird der Endpunkt rechts unten festgelegt. Erst wenn beide Prozesse ihre gesamte Rechenarbeit erledigt haben, ist der Endpunkt erreicht. Wenn wir jetzt von einem Einprozessorsystem ausgehen und einfachheitshalber annehmen, dass immer der eine oder andere Prozess am Laufen ist, so ergibt sich vom Startpunkt zum Endpunkt eine Fahrbahn, die aus einem Kurvenzug aus lauter Teilgeraden besteht, die von links nach rechts (Prozess A läuft) oder von oben nach unten (Prozess B läuft) verlaufen.

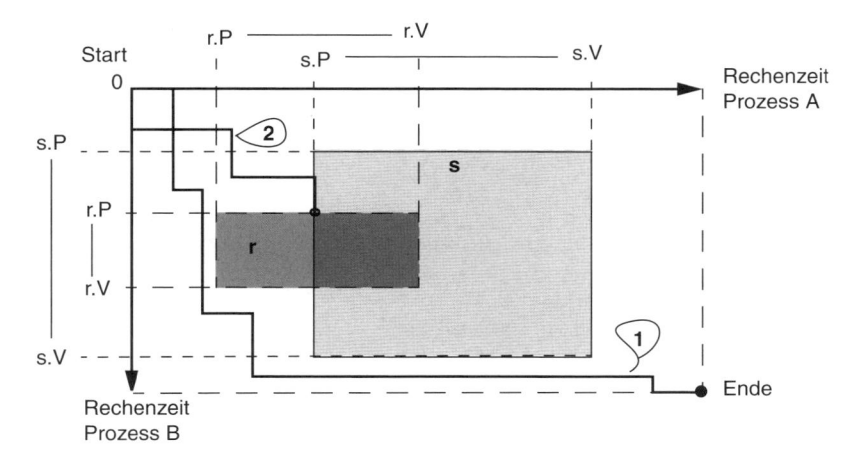

Abb. 5–22 *Zweidimensionaler Betriebsmittelfahrplan (Beispiel)*

In Abbildung 5–22 ist eine mögliche Fahrbahn, die problemlos zum Endpunkt führt, mit 1 markiert. Eine zweite Fahrbahn (mit 2 markiert) führt hingegen zu einem Deadlock. Sobald das Rechteck oberhalb des Rechtecks r und links des

Rechtecks s betreten wird, ist die Deadlock-Situation unvermeidlich, da nur nach unten oder rechts weitergefahren werden könnte (keine rückwärts laufende Rechenzeit!).

In einem Zweiprozessorsystem wären die Fahrbahnen nicht mehr strikt waag- oder senkrecht, sondern schräg von links oben nach rechts unten verlaufend. An der Deadlock-Gefahr ändert dies aber nichts, da wiederum jedes Betreten des Rechtecks links oberhalb der schraffierten Flächen dazu führt, dass jeder der beteiligten Prozesse darauf wartet, dass der andere eine benötigte Ressource freigibt.

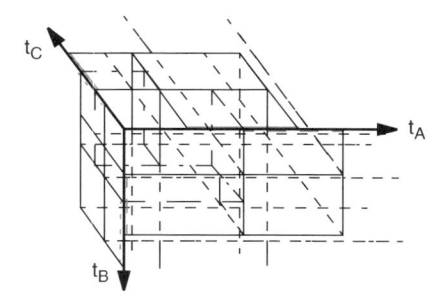

Abb. 5–23 *Dreidimensionaler Betriebsmittelfahrplan (Beispiel)*

Wenn mehrere Prozesse gemeinsame Betriebsmittel reservieren, muss für das Ermitteln der Deadlock-Gefahr immer die Gesamtheit aller Prozesse betrachtet werden. Ein paarweises Untersuchen genügt nicht, wie nachfolgendes Beispiel zeigt.

Prozess1	Prozess2	Prozess3
P(a)	P(b)	P(c)
P(b)	P(c)	P(a)
V(a)	V(b)	V(c)
V(b)	V(c)	V(a)

Markiert man bei den Beispielanweisungen die Belegungen der Betriebsmittel mit Strichen, so wird ersichtlich, was man mit überlappenden Reservierungen meint.

Prozess1	Prozess2	Prozess3
‖ P(a)	‖ P(b)	‖ P(c)
‖ P(b)	‖ P(c)	‖ P(a)
‖ V(a)	‖ V(b)	‖ V(c)
‖ V(b)	‖ V(c)	‖ V(a)

Immer wenn sich bei einem Prozess zwei Striche überlappen, muss auf Verklemmungsfreiheit geprüft werden. Hingegen ist es nicht notwendig, Betriebsmittel in der Prüfung zu berücksichtigen, bei denen dies nicht der Fall ist (d.h. die Linien

5.6 Verklemmungsproblematik (deadlocks)

übereinander angeordnet wären). Für das Beispiel lässt sich mindestens eine Deadlock-Situation finden, die in Abbildung 5–24 aufgezeigt ist. Es handelt sich also nicht um ein verklemmungssicheres System, obwohl es nicht in jedem Ablauffall zu einer Verklemmung kommen muss.

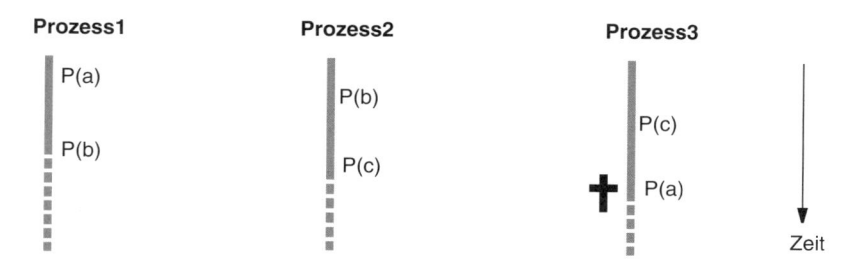

Abb. 5–24 *Ablaufsituation mit drei Ressourcen und drei Prozessen*

Um die Deadlock-Problematik noch besser in den Griff zu bekommen, sollen nun ergänzend zu den ersten empirischen Feststellungen ein paar theoretische Aspekte beleuchtet werden.

5.6.2 Deadlock-Bedingungen

Im Rahmen der Deadlock-Theorie werden verschiedene Begriffe verwendet. Diese wollen wir zuerst abgrenzen.

- *Deadlock, Verklemmung*: Die an einem Deadlock beteiligten Prozesse blockieren sich gegenseitig. Keiner der Prozesse arbeitet jemals weiter.
- *Threshing, Dreschen*: Die am Dreschen beteiligten Prozesse arbeiten, aber ihre Arbeit ist unproduktiv. Die Arbeit entspricht einem ungewollten *busy wait*.
- *Starvation, Verhungern*: Ein Prozess wird am Weiterarbeiten gehindert, indem er eine benötigte Ressource nie erhält, obwohl sie in der Zwischenzeit frei geworden wäre. Die Ursache liegt darin, dass beim Freiwerden der Ressource immer andere Prozesse vorgezogen werden. Zum Beispiel, wenn Prozesse höherer Priorität stets ablaufbereit sind (Ressource: CPU) oder ein Semaphor eine priorisierte Warteschlange benutzt, die dauernd gefüllt ist (Ressource: abgesichertes Betriebsmittel).

Für das Auftreten eines Deadlocks müssen vier Bedingungen *gleichzeitig* erfüllt sein (Coffman, 1971). Ist nur eine der vier Bedingungen *nicht* erfüllt, so ist die Deadlock-Gefahr gebannt.

1. *Mutual exclusion (wechselseitiger Ausschluss)*: Jede Ressource ist entweder genau einem Prozess zugeteilt (reserviert, abgesichert) oder allgemein erhältlich (nicht abgesichert).

2. *Hold and wait condition:* Prozesse, die bereits mindestens eine Ressource besitzen, verlangen weitere Ressourcen.
3. *No preemption:* Zugeteilte (reservierte) Ressourcen können vom Betriebssystem nicht zurückgefordert werden. Jeder Prozess gibt die Ressourcen zurück, wenn er sie aufgrund des logischen Ablaufs nicht mehr benötigt. Es erfolgt keine erzwungene Rückgabe.
4. *Zyklische Wartebedingungen*: Es muss eine zyklische Kette von zwei oder mehr Prozessen geben, die alle auf eine Ressource warten, die vom Nachfolger bereits reserviert ist.

5.6.3 Lösungsansätze und ihre Beurteilung

In Abschnitt 5.6.1 haben wir anhand von Beispielen den Betriebsmittelfahrplan und das Aufzeichnen von Prozessabläufen kennengelernt, um die Deadlock-Gefahr einzuschätzen. Diesen Möglichkeiten wollen wir nun weitere zur Seite stellen, indem wir von den vier Deadlock-Bedingungen ausgehen. Grundsätzlich gibt es vier Verhaltensweisen, mit der Deadlock-Problematik umzugehen:

- Deadlock-Ignorierung
- Deadlock-Vorbeugung *(deadlock prevention)*
- Deadlock-Vermeidung *(deadlock avoidance)*
- Deadlock-Erkennung mit Auflösung *(deadlock detection & recovery)*

Deadlock-Ignorierung

Dies entspricht der Vogel-Strauß-Politik *(ostrich algorithm)*, d.h., es werden keine Maßnahmen vorgesehen. Man rechnet mit eventuellen Deadlocks. Dieser Ansatz ist sehr problematisch. Die Akzeptanz ist abhängig von der geforderten Betriebssicherheit, d.h. der Deadlock-Häufigkeit im Verhältnis zu anderen Systemausfällen. Auch das Schadensausmaß ist zu berücksichtigen. Allenfalls kann ergänzend eine Überwachungsschaltung *(watchdog)* vorgesehen werden, die zu einem Rücksetzen des Systems *(reset)* im Blockierungsfall führt.

Denkt man an mehrfach belegbare Ressourcen, so steht jedes Betriebssystem vor der Frage, ob es bei Ressourcenerschöpfung möglichen Deadlock-Situationen vorbeugen will oder nicht. Erschöpfbare Ressourcen dieser Art sind zum Beispiel Hauptspeicher, Plattenplatz, Eintragsplätze in Prozess- oder Thread-Listen. Typischerweise wird hier jedoch die Vogel-Strauß-Politik angewendet, da sonst zu große Leistungseinbußen im Normalbetrieb vorhanden wären.

Deadlock-Vorbeugung *(deadlock prevention)*

Eine Deadlock-Vorbeugung vorzunehmen heißt, bei der Programmentwicklung dafür zu sorgen, dass keine Deadlock-Gefahr herrscht. Dazu gibt es zwei Wege. Ein erster Weg besteht darin, eine der vier Deadlock-Bedingungen zu knacken.

Ein zweiter Weg beinhaltet die Analyse des bereits entworfenen Programms, ob eine Deadlock-Gefahr existiert. Falls ja, dann besteht Nachbesserungsbedarf.

Für den zweiten Weg haben wir bereits zwei Möglichkeiten kennengelernt, nämlich den *Betriebsmittelfahrplan* und das Aufzeichnen von *Ablaufsituationen*. Beim Aufzeichnen läuft man Gefahr, dass man eine kritische Ablaufsituation nicht erfasst. Erst wenn sichergestellt ist, dass man alle denkbaren Ablaufsituationen analysiert hat, ist das Problem sicher gelöst. Daher lohnt es sich, weitere Lösungsansätze zu betrachten, die durch Umgehen von einer der vier Deadlock-Bedingungen die Gefahr sicher bannen.

1. *Mutual exclusion*: Es kann ein sogenanntes *Spooling* verwendet werden, damit kein wechselseitiger Ausschluss nötig ist. Ein *Spooler-Prozess* hat als einziger das Betriebsmittel zugeteilt. Alle Zugriffe auf das Betriebsmittel gehen über diesen Prozess, der quasi als Server dafür arbeitet (siehe Abb. 5–25). Damit ist das Betriebsmittel nicht mehr gemeinsam, sondern exklusiv diesem einen Prozess zugeordnet. Wesentlich ist, dass die Auftragswarteschlange des Spooler-Prozesses für jeden denkbaren Auftrag genügend groß ist, da ansonsten das Deadlock-Problem erneut auftreten kann. An und für sich ist dies ein guter Ansatz. Leider ist diese Lösung aber nicht für alle Betriebsmittel geeignet.
2. *Hold and wait*: Anstatt dass ein Prozess die Ressourcen Schritt für Schritt reserviert, belegt er alle Ressourcen gleichzeitig in einem einzigen unteilbaren Schritt. Das Problem ist dabei, dass die Prozesse nicht immer im Voraus angeben können, welche Ressourcen sie benötigen. Es könnten sehr lange Wartezeiten für die anderen Prozesse auftreten und möglicherweise ist überhaupt keine Parallelverarbeitung mehr möglich. Eine weitere Einschränkung kann darin bestehen, dass keine passenden Systemaufrufe zur Verfügung stehen, die eine gleichzeitige atomare Reservierung mehrerer Betriebsmittel erlauben.
3. *No preemption*: Eine erzwungene Freigabe von Betriebsmitteln ist mit einem normalen Prozessablauf nicht verträglich, da dies zu Fehlern führen wird. Auch wird der wechselseitige Ausschluss damit aufgehoben. Dies kann jedoch für die Deadlock-Vermeidung nützlich sein (siehe weiter unten).
4. *Zyklische Wartebedingungen*: Alle Betriebsmittel werden durchnummeriert und jeder Prozess darf diese Ressourcen nur in *aufsteigender Nummernfolge reservieren* (ohne zyklisches Überschreiten der höchsten Nummer, d.h., bei Schleifen darf vor der Wiederholung kein Betriebsmittel reserviert sein). Damit wird ein Deadlock wirksam verhindert (siehe auch Abb. 5–26). Dies stellt für die Praxis der Programmerstellung einen oft verwendbaren Ansatz dar, wenn auch nicht immer eine für alle beteiligten Prozesse optimale Nummerierungsreihenfolge der Ressourcen zu finden ist. Die erforderlichen Kompromisse führen zu einer unnötigen Serialisierung von Prozessabläufen, die der Verarbeitungsleistung abträglich sein kann.

Abb. 5-25 Deadlock-Prävention mittels Spooling-Prinzip (Beispiel)

Nr	Sem	T1	T2	T3	T4
1	dr	x	x		
2	f1		xx	x	
3	co	x	x		
4	sm			x	x
5	di	x	xx		

System mit vier Threads T1..T4 und fünf Ressourcen, die über die Semaphore mit Namen dr, f1, co, sm, di abgesichert sind. Vorgehensprinzip:
1. Alle fünf Ressourcen durchnummerieren (1..5)
2. Reservierungen in den Threads stets in einer Reihenfolge vornehmen, die numerisch aufsteigend ist
Beispiel: T1 reserviert dr vor co, co vor di
Wichtig: Alle Threads halten sich an diese Reihenfolge

Abb. 5-26 Aufsteigende Nummerierung von Ressourcen (Beispiel)

Deadlock-Vermeidung (*deadlock avoidance*)

Die Deadlock-Vermeidung unterscheidet sich von der Deadlock-Vorbeugung dadurch, dass sie erst während des Betriebs und nicht schon bei der Softwareentwicklung greift. Dies bedeutet, dass bei jeder Reservierungsanforderung überprüft werden muss, ob damit ein Deadlock auftreten könnte. Dazu wird ausgehend von der momentanen Ablaufsituation eine Vorhersage vorgenommen, ob die neue Reservierung zum Desaster führt. Diese Extrapolation ist sehr konkret, da sie nicht eine fiktive, sondern eine sicher zutreffende Zukunftssituation vorhersagt. Zu diesem Zweck werden Algorithmen eingesetzt, die eine momentane Ablaufsituation, ergänzt um die gewünschte Reservierung, darauf hin überprüfen, ob Zyklen vorliegen. Es wird also die potenzielle Erfüllung der vierten Deadlock-Bedingung getestet.

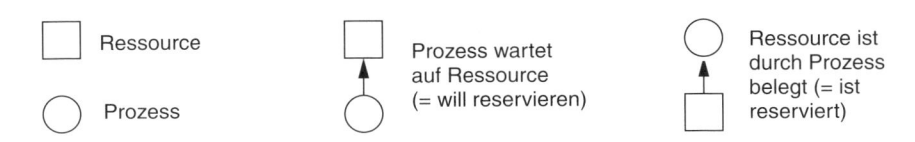

Abb. 5-27 Darstellungselemente des Betriebsmittelgraphen

Um die Arbeitsweise dieser Algorithmen kennenzulernen, ist es hilfreich, derartige Ablaufsituationen mittels des sogenannten *Betriebsmittelgraphen* nach Holt zu untersuchen. Während der früher illustrierte Betriebsmittelfahrplan die Beur-

5.6 Verklemmungsproblematik (deadlocks)

teilung aller denkbaren Abläufe auf einen Blick erlaubt, dient der Betriebsmittelgraph dazu, eine ganz bestimmte Situation zu beurteilen. Erst wenn für alle denkbaren Ablaufkonstellationen die zugehörigen Betriebsmittelgraphen analysiert wurden, kann definitiv gesagt werden, ob keine Deadlock-Gefahr herrscht. Umgekehrt gilt, dass der Nachweis einer einzigen Verklemmungssituation die Existenz der Deadlock-Gefahr beweist. Für die oben skizzierte Vorhersage ist der Betriebsmittelgraph, umgesetzt in einen Rechenalgorithmus, sicher eine geeignete Lösung.

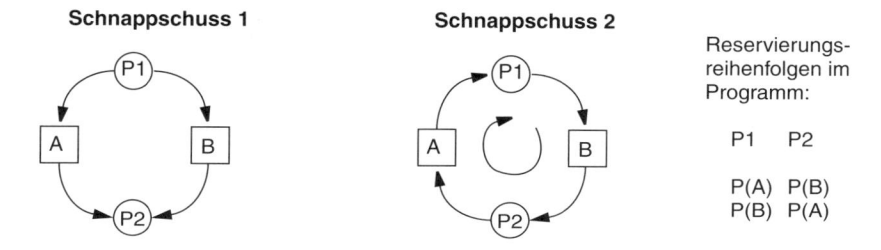

Abb. 5–28 *Anwendung des Betriebsmittelgraphen (Beispiel)*

In Abbildung 5–28 ist ein Beispiel gezeigt, in dem durch die gewählten Reservierungsreihenfolgen in den zwei Prozessen eine Deadlock-Gefahr heraufbeschworen wird. In der Ablaufsituation des Schnappschusses 1 hat Prozess P2 erfolgreich beide Ressourcen A und B belegt. Dadurch wartet Prozess P1 so lange, bis beide frei werden, was nur eine Frage der Belegungsdauer durch P2 ist (kein Deadlock). Im Schnappschuss 2 hingegen liegt eine Deadlock-Situation vor, was bereits durch die zyklische Anordnung der Pfeile im Kreis herum sichtbar wird.

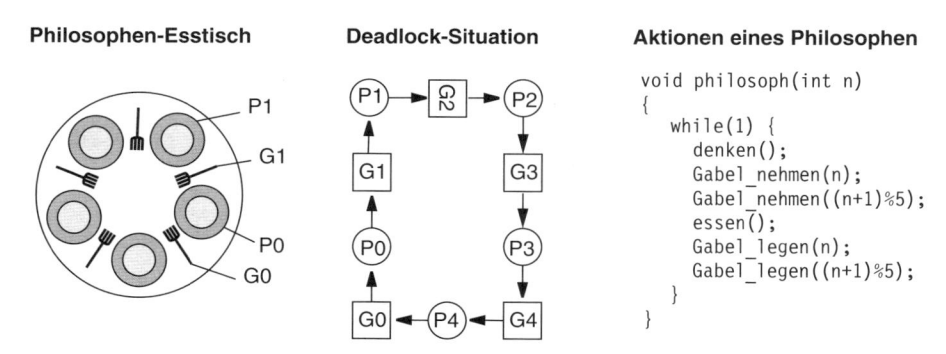

```
void philosoph(int n)
{
  while(1) {
    denken();
    Gabel_nehmen(n);
    Gabel_nehmen((n+1)%5);
    essen();
    Gabel_legen(n);
    Gabel_legen((n+1)%5);
  }
}
```

Abb. 5–29 *Philosophenproblem*

Ein bekanntes Beispiel für die Koordinationsprobleme bei der Benutzung gemeinsamer Betriebsmittel sind die fünf speisenden Philosophen nach Dijkstra. In Abbildung 5–29 ist der Esstisch der fünf Philosophen dargestellt. Jeder der Philosophen wechselt ab zwischen Denken und Essen, wobei er für das Essen die linke und rechte Gabel neben seinem Teller benötigt. Rechts in der Abbildung ist eine typische Softwarelösung aufgezeigt, bei der eine parametrierte Funktion philosoph() verwendet wird. Die Funktion wird fünffach nebenläufig ausgeführt, wobei als Parameter n=0..4 übergeben wird. Diese Lösung führt im ungünstigen Fall zu einer Deadlock-Situation, wie dies mithilfe eines Betriebsmittelgraphen in der Mitte der Abbildung 5–29 illustriert ist.

Vorbeugend wäre das Programm abzuändern, indem die Reservierungsreihenfolgen so modifiziert werden, dass der Zyklus eliminiert ist (z.B. Gabeln stets nur mit aufsteigender Nummernfolge reservieren). Wenn wir nun aber davon ausgehen, dass dieses Programm unveränderbar fertig vorliegt, so kann bei jeder Reservierungsanforderung (Gabel_nehmen()) mittels eines geeigneten Algorithmus überprüft werden, ob dadurch eine Deadlock-Situation entstehen würde. Falls ja, muss dies verhindert werden, da nur so der Deadlock vermeidbar ist.

Sind außer der Reihenfolge aller Reservierungsanforderungen keine weiteren Informationen vorhanden, so könnte im Problemfall der anfordernde Prozess für eine gewisse Zeit schlafen gelegt werden, um danach die Prüfung zu wiederholen. Ist das Prüfresultat auch dann noch negativ, so wird einfach eine weitere Pause eingelegt. Letztlich ist es ja nur eine Frage der Zeit, bis die gewünschte Ressource nicht mehr belegt und damit die Reservierung erfolgreich ist. Bei dieser Lösung ist abzuwägen, wie lange diese Pausen dauern sollen. Wird zu kurz gewartet, so entsteht viel Overhead für die Prüfung. Ist die Pause zu lange, so muss der anfordernde Prozess unnötig warten. Die Frage ist nun auch, wer diese Prüfung und Pausierung vornehmen soll. Wird dies innerhalb des Betriebssystems gelöst, so werden die Applikationsentwickler davon befreit. Allerdings ist dies nur selten der Fall. Daher bleibt meist nur der Weg, dies innerhalb einer Multithreaded-Applikation selbst zu programmieren, sofern keine einfachere Lösung für die Deadlock-Vorbeugung anwendbar ist. Das Verfahren lässt sich übrigens optimieren, wenn nicht nur die Belegungs-, sondern auch die Freigabezeitpunkte bekannt sind. Dann ist es möglich, einen infolge Deadlock-Gefahr pausierenden Prozess zum frühestmöglichen Zeitpunkt weiterzuführen.

Wie oben erwähnt werden für die Überprüfung auf eine potenzielle Deadlock-Situation passende Algorithmen benötigt, die dazu dienen, eventuell vorhandene zyklische Reservierungsketten zu finden. Derartige Algorithmen werden in der *Graphentheorie* beschrieben. Für ihre Anwendung werden Prozesse und Betriebsmittel als Knoten und die Pfeile als Kanten verstanden. Die Pfeile folgen dabei den Festlegungen gemäß den Regeln des Betriebsmittelgraphen.

Eine erste Möglichkeit besteht darin, eine *Tiefensuche* vorzunehmen. Dabei wird geprüft, ob man von einem Knoten ausgehend entlang der Pfeile wieder zu diesem Knoten zurückfinden kann. Existiert so ein Pfad, so besteht Deadlock-Gefahr.

5.6 Verklemmungsproblematik (deadlocks)

Die zweite Möglichkeit arbeitet mit einer *Reduzierung* und soll anhand eines Beispiels erläutert werden. Bisher haben wir die häufigere Situation betrachtet, in der nur ein Exemplar jedes Betriebsmitteltyps vorhanden ist. Der Betriebsmittelgraph lässt sich jedoch einfach erweitern, sodass sich auch der Fall mehrerer Exemplare pro Betriebsmitteltyp erfassen lässt. Alle Exemplare eines Betriebsmitteltyps werden als äquivalent betrachtet, sodass eine Anforderung durch die Belegung eines beliebigen Exemplars einer derartigen Menge erfüllt werden kann (z.B. fünf gleichartige Drucker). Die Notation des Betriebsmittelgraphen wird so erweitert, dass pro Exemplar einer mehrfach belegbaren Ressource je ein Punkt innerhalb des Betriebsmittelrechtecks gezeichnet wird. In Abbildung 5–30 ist dies für eine Ressource gezeigt, die zwei Exemplare enthält. Die Anforderung gilt für ein beliebiges Exemplar, die Belegung bezieht sich jedoch auf ein bestimmtes Exemplar, was in der Notation mit den Pfeilen angedeutet wird.

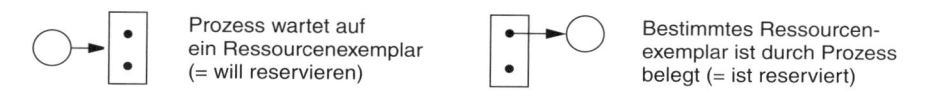

○→▯ Prozess wartet auf ein Ressourcenexemplar (= will reservieren)   ▯→○ Bestimmtes Ressourcenexemplar ist durch Prozess belegt (= ist reserviert)

Abb. 5–30 *Erweiterungen im Betriebsmittelgraph für mehrfach belegbare Betriebsmittel*

Bei mehreren Exemplaren pro Betriebsmitteltyp ist das Vorhandensein von Zyklen für eine Deadlock-Gefahr zwar notwendig, aber nicht hinreichend, weil bei Vorhandensein eines Zyklus nicht zwangsweise ein Deadlock auftreten muss, da vielleicht ein Betriebsmittel noch unbelegte Exemplare besitzt. In diesem Fall könnte eine neue Anforderung problemlos befriedigt werden. Erst wenn dies ausgeschlossen werden kann, ist die Schlussfolgerung zulässig.

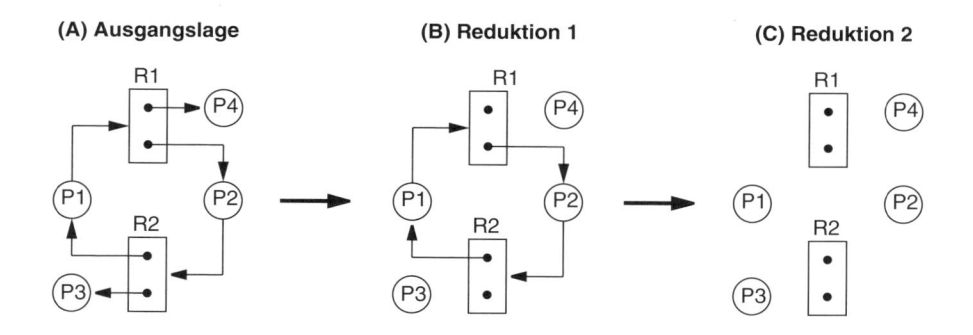

(A) Ausgangslage   **(B) Reduktion 1**   **(C) Reduktion 2**

Abb. 5–31 *Reduktion im Betriebsmittelgraph (Beispiel)*

In Abbildung 5–31 ist ein Beispiel einer Reduktion gezeigt. Am Anfang sind alle Exemplare beider Ressourcen R1 und R2 belegt. In einem ersten Schritt können die Belegungen der Prozesse P3 und P4 entfernt werden, da diese keine weiteren Anforderungen machen und somit die Ressourcen auf jeden Fall wieder freigeben werden. In einem zweiten Schritt lassen sich die Belegungen der Prozesse P1 und P2 aufheben, da sie ihre Anforderungen an R1 und R2 jetzt befriedigen können und letztlich ebenfalls wieder alle Ressourcen freigeben. Es besteht somit keine Deadlock-Gefahr. Obwohl in der Ausgangslage ein Zyklus vorhanden war, ließ sich in diesem Beispiel der Graph vollständig reduzieren, was zur Deadlock-Verneinung führt.

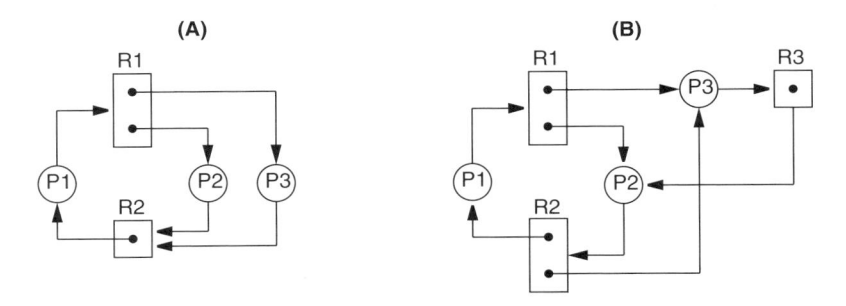

Abb. 5–32 *Nicht reduzierbare Betriebsmittelgraphen (Beispiele)*

Bei den zwei Beispielen in Abbildung 5–32 lassen sich keine Reduktionen durchführen, da kein Prozess weiterlaufen kann und somit keine Ressourcen frei werden. Es handelt sich also um Verklemmungssituationen, in denen jeweils alle drei Prozesse beteiligt sind.

Die Reduktion von Betriebsmittelgraphen kann effizient programmiert werden. Um diese Prüfung auf Zyklen durchzuführen, muss nicht mehr zwischen Prozessen und Ressourcen unterschieden werden. Es genügt, Knoten und Kanten zu betrachten. Bei der Prüfung werden Knoten bestimmt, die sicher nicht Teil eines Kreises sind. Dies sind Knoten, von denen nur Kanten wegführen (= Quellen) oder zu denen nur Kanten hinführen (= Senken). Diese werden anschließend aus dem Graphen entfernt. Da durch diese Entfernungen neue Quellen und Senken entstehen können, muss der Vorgang so lange wiederholt werden, bis keine Quellen und Senken mehr existieren. Ist der Graph dann leer, so ist der Ausgangsgraph kreisfrei. Dieser Algorithmus kann nur für Fälle angewendet werden, in denen ein Exemplar pro Ressourcentyp vorhanden ist.

Er lässt sich jedoch einfach für die Verwendung mit mehreren Exemplaren pro Betriebsmitteltyp erweitern. Dazu wird pro Knoten die Anzahl an Exemplaren mitgeführt, was natürlich nur für Knoten gilt, die Ressourcen repräsentieren. Nach jedem Reduktionsschritt wird geprüft, ob die Anzahl an Exemplaren die Anzahl abgehender Kanten übersteigt. Ist dies der Fall, so sind freie Exemplare vorhanden. Pro freies Exemplar kann eine zuführende Kante in eine abgehende Kante umgewandelt werden, d.h., eine anstehende Anforderung wird in eine Belegung übergeführt. Dies ändert wiederum den Graphen, was eine Wiederholung des gesamten Vorgangs auslöst. In Abbildung 5–33 ist dies anhand des

Beispiels aus Abbildung 5–31 illustriert. Der Ausgangsgraph (A) wird durch Entfernen der zwei Senken P3 und P4 auf die Form (B) reduziert. Da nun R1 und R2 je ein freies Exemplar besitzen, lässt sich (B) in (C) umwandeln, indem zwei Anforderungen in Belegungen verwandelt werden. Der Graph (C) besteht noch aus zwei Senken, die in einem letzten Schritt entfernt werden (nicht mehr gezeigt). Daraus resultiert ein leerer Graph bzw. der Schluss auf Deadlock-Freiheit.

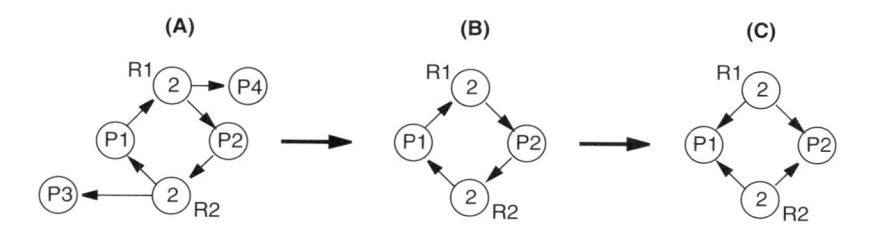

Abb. 5–33 *Reduktion bei mehreren Exemplaren pro Ressource (Beispiel)*

Deadlock-Erkennung mit Auflösung

Das Betriebssystem prüft, ob zyklische Reservierungsaufträge aufgetreten sind, und beendet in diesem Fall einen oder mehrere Prozesse gewaltsam, was in vielen Systemen nicht zulässig ist. Daher ist dieses Verfahren meistens nicht anwendbar.

In *verteilten Systemen* (vernetzten Computersystemen) kann diese Methode nützlich sein, da der Ausfall einzelner Computer zu Verklemmungen führen kann. Zudem ist in solchen Systemen nirgends der Gesamtzustand des Systems bekannt, sodass alternative Lösungen kaum zur Wahl stehen. Es existieren viele verschiedene Methoden, um Deadlocks in vernetzten Systemen zu erkennen und zu beheben.

In Transaktionssystemen kann ebenfalls eine Deadlock-Erkennung mit Auflösung angewendet werden, da die Möglichkeit besteht, eine begonnene Transaktion abzubrechen *(abort)*, ihre Resultate zu annullieren *(rollback)* und die Transaktion anschließend zu wiederholen *(retry)*. Es verwundert daher nicht, dass dieses Verfahren in vielen Datenbanksystemen zur Anwendung gelangt.

5.7 Vermeidung von Synchronisationsengpässen

Die Absicherung kritischer Bereiche führt zu einer Serialisierung ihrer Verwendung, da ja zu jedem Zeitpunkt nur maximal ein Prozess die Ressource benutzen darf. Für bestimmte Anwendungssituationen, bei denen eine Ressource oft bzw. schnell wiederholt von vielen Prozessen benutzt wird, kann sich dies als ein spürbarer Leistungsengpass erweisen. Das Problem wird zudem noch dadurch potenziert, dass in vielen Betriebssystemen die Semaphoroperationen die Prioritäten der nutzenden Prozesse ignorieren, was zu einer Prioritätsumkehrung führen kann. Ob ein konkretes Problem besteht, kann ungefähr beurteilt werden, wenn man die *Benutzungsrate* (Anzahl P-Aufrufe pro Zeiteinheit) und die *mittlere Verweildauer* im kritischen Bereich (gemessen z.B. als Bruchteil der Zeiteinheit) kennt. Nähert sich das Produkt dieser zwei Größen dem Wert 1, so liegt ein Engpass vor, manchmal aber auch schon, wenn das Verhältnis deutlich unter 1 liegt, je nach zeitlichem Nutzungsmuster. Dementsprechend definieren wir einen Synchronisationsengpass (*synchronization bottleneck*) als eine Situation, in der eine mittels Synchronisationsmitteln abgesicherte Ressource den Nutzern zu wenig schnell zur Verfügung gestellt werden kann. Zu wenig schnell in diesem Zusammenhang kann bedeuten, dass die mittlere Verweildauer in der P-Operation die mittlere Verweildauer im kritischen Bereich massiv übersteigt oder im Verhältnis zu den übrigen benötigten Ablaufzeiten eines Prozesses dominant wird. Letztlich ergibt sich eine sinnvolle Definition von »zu wenig schnell« aus dem jeweiligen Anwendungskontext. Bekannte Beispiele für Synchronisationsengpässe und ihre Behebung sind der Heap-Zugriff in der Webserver-Software *IIS (Internet Information Server)*, der Zugriff auf das aufwendige Grafiksubsystem unter *Windows Vista* oder die Absicherung aller Systemaufrufe durch einen einzigen Semaphor (*Big Kernel Lock, BKL*) unter Unix/Linux. In den nachfolgenden Abschnitten befassen wir uns mit zwei Lösungsmöglichkeiten.

5.7.1 Granularität der Absicherung

Der Einfachheit halber werden kritische Bereiche in der Softwareschichtung oft weit oben abgesichert, was die Anzahl benötigter Semaphore reduziert, aber auch zur Folge hat, dass derselbe Semaphor zur Absicherung vieler teilweise unabhängiger kritischer Bereiche dient. Hier ist es verhältnismäßig einfach, einen Synchronisationsengpass zu beheben, indem man die logisch und konsistenzmäßig voneinander abhängigen Teilfunktionen identifiziert und in Abhängigkeitsgruppen einteilt. Jede Abhängigkeitsgruppe erhält dann ihren eigenen Semaphor, womit die Feinheit der Absicherung erhöht bzw. ihre Granularität reduziert wird. Dieser Ansatz wurde beispielsweise bei der Eliminierung des Big Kernel Lock (BKL) bei Unix/Linux benutzt. Konsequenz einer solchen Änderung ist allerdings eine Erhöhung der Softwarekomplexität. Daher ist es in derartigen Problemsituationen lohnend, zuerst ein Nutzungsprofil zu erstellen, bevor zusätzliche Semaphore eingeführt werden.

Ein weiterer Weg, die Granularität der Absicherung zu reduzieren, steht dann zur Verfügung, wenn eine Ressourcenmenge verwaltet wird, bei der jedes Element der Menge für den Nutzer gleichwertig ist. Praktische Beispiele dafür sind dynamische Speicherverwaltungen wie z.B. ein Heap oder ein Memory Pool. Hier ist es oft möglich, die Gesamtmenge in eine Reihe von Teilmengen aufzuspalten, die dann separat verwaltet werden und je mit einem eigenen Semaphor abgesichert werden können. Es kann dann aber vorkommen, dass zwischen den einzelnen Teilmengen je nach Nutzungsmuster zwischendurch ein Ausgleich ausgeführt werden muss, damit nicht eine der Teilmengen erschöpft wird, während eine andere kaum beansprucht wurde. Ein Beispiel für eine Engpassbehebung dieser Art stellt die Heap-Verwaltung des *IIS (Internet Information Server)* dar.

Eine verwandte, aber doch etwas andere Problemstellung liegt dann vor, wenn eine Ressource nicht in ausreichendem Maße verfügbar ist, aber durch einfache Multiplizierung von Hardware aufgestockt werden kann. Dies trifft dann zu, wenn die Ressource eine Dienstleistung darstellt, wie dies in Client/Server-Systemen meist der Fall ist. Können Clients nicht mehr genügend schnell bedient werden, dann wird mittels eines sogenannten *Task Cloning* eine zusätzliche Servereinheit angelegt. Dies funktioniert immer dann besonders gut, wenn der von einem Server benutzte Datenbestand sich wenig ändert und ein Client nicht unbedingt die allerletzten Aktualisierungen des Datenbestands sehen muss, damit er zufriedengestellt wird bzw. korrekt seine Funktion erbringen kann.

5.7.2 Replikation der abgesicherten Ressource

Es ist manchmal möglich, Synchronisationsengpässe dadurch zu beheben, dass man die abzusichernde Ressource repliziert, d.h. für jeden beteiligten Prozess eine Kopie erstellt und diese Kopien bei Bedarf untereinander abgleicht. Da jeder Prozess seine eigene private Kopie aktualisiert und ihm dabei kein anderer Prozess in die Quere kommen kann, entfällt für solche Aktualisierungen die Notwendigkeit der Absicherung. Eine Absicherung ist nur dann erforderlich, wenn die einzelnen Kopien untereinander abgeglichen werden müssen, da man dazu atomar auf alle Kopien zugreifen muss. Es ist klar, dass diese Art der Engpasseliminierung nur für Ressourcen sinnvoll ist, die *gemeinsame Datenbestände* darstellen, bei denen im Betrieb häufig voneinander unabhängige Teilaktualisierungen stattfinden. Dies ist jedoch nicht untypisch für die objektorientierte Programmierung, bei der verwandte, aber nicht unbedingt voneinander abhängige Attribute in einem Objekt gekapselt werden. Unabhängigkeit in diesem Zusammenhang bedeutet, dass eine Teilaktualisierung auch dann gültig ist, wenn sie nicht die Resultate anderer Teilaktualisierungen kennt, aber trotzdem mit dem ganzen Datenbestand arbeitet. Verbleibende Abhängigkeiten sollten nur für wenige Zugriffe eine Rolle spielen, da der Abgleich der Replikate Zusatzaufwand verursacht.

Die Replikation von Datenbeständen wird bei *Datenbanksystemen* ebenfalls angewendet, wobei dort aber teilweise etwas andere Ziele im Vordergrund stehen, nämlich die Erhöhung der Redundanz durch die Verteilung auf verschiedene Rechner bzw. Speichersubsysteme und die Reduktion der Antwortzeiten durch Multiplizierung der eingesetzten Rechner. Dabei kann auch die geografische Verteilung der Datenbestände eine Option sein, wenn dadurch die Latenzzeit der Netzwerkzugriffe in einem verteilten System minimiert werden. Vergleicht man diese Ziele mit unserer Anwendungssituation, dann entfällt die Anforderung der Redundanz und meist auch der Leistungserhöhung durch Einsatz von mehr

Hardware, d.h., es geht letztlich primär um die Reduktion der mittleren Wartezeit an einem Semaphor. Dazu notieren wir zur Erinnerung kurz, dass die Wartezeit an einem Semaphor insbesondere dann ansteigt, wenn mehrere Prozesse gleichzeitig auf die abgesicherte Ressource zugreifen wollen, was zwar ein häufiger, aber nicht unbedingt ein normaler Betriebszustand sein kann. Kommt es zu Stausituationen an einem Semaphor, so können nicht nur Konvoieffekte (vgl. S. 159) auftreten, sondern auch Prioritätsumkehrungen (vgl. S. 213). Um solche Warteprobleme zu vermeiden, ist die Replizierung nur dann sinnvoll, wenn dadurch tatsächlich ein Synchronisationsengpass eliminiert wird. In allen anderen Fällen ist die Replikation nur nachteilig, da sie Zusatzaufwand verursacht. Dies favorisiert eine Strategie, die aus der Welt des Compilerbaus für parallelisierte Programme stammt, nämlich die *adaptive Replikation*.

Das adaptive Verhalten besteht darin, dass die laufenden Prozesse bei jedem Ressourcenzugriff prüfen, ob sie den Zugriff sofort erhalten oder warten müssen. Praktisch kann dies realisiert werden, wenn für die P-Operation eine nicht blockierende Implementierung zur Verfügung steht, die sofort zum Aufrufer zurückkehrt und diesen informiert, ob die Sperre errichtet werden konnte oder nicht. Im letzteren Fall muss der Prozess natürlich anschließend die blockierende P-Operation aufrufen, damit er auf die Ressource warten kann. Durch den vorgängigen nicht blockierenden Aufruf weiß der Prozess aber, ob er sofort den Zugriff erlangt hat oder nicht. Diese Information könnte zum Beispiel über eine Zählvariable für nicht sofortige Zugriffe ergänzt werden, wobei im Betrieb bei Überschreiten eines vorher konfigurierten Schwellwerts die Ressource repliziert würde.

Für die praktische Anwendung der adaptiven Replikation sind zwei Faktoren wesentlich. Erstens muss ein Synchronisationsengpass vorliegen, der nicht unerheblich ist und sich nicht auf einfachere Art und Weise beheben lässt. Zweitens muss der Ressourcengebrauch ein Verhalten aufweisen, bei dem häufig Teilaktualisierungen erfolgen, die zwar mehr oder weniger den ganzen Datenbestand benötigen, aber voneinander unabhängig sind. Ein einfaches Beispiel könnte das additive Hinzufügen von neuen Informationen zu einer Informationssammlung sein, die nur sporadisch oder ganz am Schluss als Ganzes benötigt wird. Die Realisierung ist im Allgemeinen aufwendig, da nicht nur die logische Abhängigkeitsanalyse des Codes sich schwierig gestalten kann, sondern auch die Implementierung der Replikation schnell arbeitsintensiv wird. Für die Zukunft sind spezialisierte Compiler zu erwarten, die beide Aufgaben automatisiert lösen können und so die Parallelprogrammierung massiv vereinfachen.

6 Kommunikation von Prozessen und Threads

> **Lernziele**
>
> - Sie beurteilen die Eignung nachrichten- und speicherbasierter Verfahren zur Kommunikation zwischen parallelen Abläufen.
> - Sie analysieren Anwendungsprobleme von Unix-Pipes.
> - Sie unterscheiden zwei Implementierungsarten von Monitoren.
> - Sie erläutern das Grundprinzip eines Rendezvous paralleler Prozesse.
> - Sie entwickeln eigene Programme, die Berkeley-Sockets bzw. RPC zur rechnerübergreifenden Datenverarbeitung nutzen.

Prozesse und Threads können lokal auf dem gleichen Rechner oder mithilfe der Netzwerksoftware des Betriebssystems in einer verteilten Umgebung kommunizieren. Das Schwergewicht dieses Kapitels liegt auf der *rechnerlokalen Kommunikation*, die wir als Basisinfrastruktur eines Betriebssystems kennenlernen. Dazu geben wir zuerst einen Überblick sowohl aus einer allgemeinen als auch einer programmierbezogenen Perspektive. Im Weiteren befassen wir uns mit nachrichtenbasierten und speicherbasierten Verfahren, für die wir allgemeine Fragen und konkrete Implementierungen heranziehen. Danach folgen die zwei Programmierkonzepte des Monitors und des Rendezvous, die nicht nur eine sprach-, sondern auch eine betriebssystembezogene Dimension besitzen. Am Schluss stehen die zwei klassischen Formen der *rechnerübergreifenden Kommunikation*, nämlich die Berkeley-Sockets und der RPC-Mechanismus. Ergänzt werden diese durch einen Überblick über Middleware-Technologien, der zum Studium entsprechender weiterführender Literatur verleiten soll.

6.1 Überblick über Synchronisation und Kommunikation

Das Semaphorkonzept steht historisch und systematisch am Anfang der Parallelverarbeitung. Davon ausgehend wurden weiterführende Konzepte für eine eigentliche Interprozesskommunikation *(Inter Process Communication, IPC)* entwickelt. Häufig wird *Interprozesskommunikation* als Oberbegriff sowohl für die *Synchronisation* als auch die *Kommunikation* zwischen Prozessen und Threads verstanden.

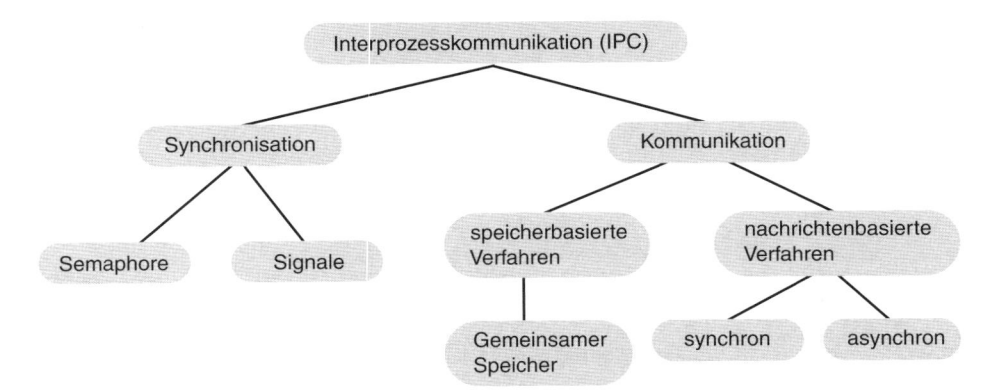

Abb. 6–1 *Übersicht über IPC-Verfahren*

Die Verfahren der Interprozesskommunikation können verschieden klassifiziert werden. In Abbildung 6–1 sind die IPC-Verfahren allgemein aufgeführt. Es wird unterschieden zwischen den zwei Gruppen »Synchronisation« und »Kommunikation«. Bei der Kommunikation wird weiter unterteilt in »speicherbasierte Verfahren« und »nachrichtenbasierte Verfahren«. Die Kommunikation unterscheidet sich von der Synchronisation, indem explizit Daten zwischen den Prozessen ausgetauscht werden und nicht nur eine Koordination im zeitlichen Ablauf oder Ressourcenzugriff realisiert wird.

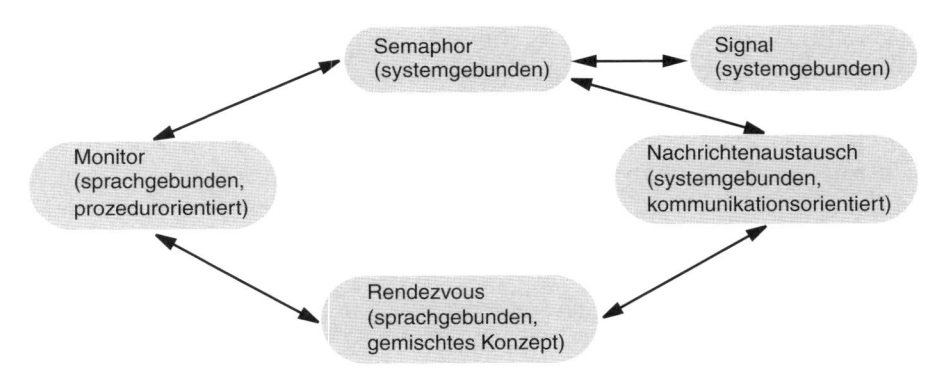

Abb. 6–2 *IPC-Programmierkonzepte*

In Abbildung 6–2 sind die IPC-Verfahren aus Sicht der Programmierung zusammengefasst. Mit der Eigenschaft »systemgebunden« ist gemeint, dass das Verfahren als Funktionsaufruf der Betriebssystem-Programmierschnittstelle zur Verfügung steht. Mit der Eigenschaft »sprachgebunden« wird der Fall umschrieben, bei dem ein Funktionsaufruf des Laufzeitsystems der Programmiersprache bzw. der Sprachbibliothek zur Verfügung steht. Jedes der Programmierkonzepte weist bezüglich einer bestimmten Problemklasse seine Vorzüge auf. Wesentlich ist jedoch, dass alle Konzepte funktional äquivalent sind, d.h., jedes Konzept kann in seiner Wirkungsweise durch jedes andere nachgebildet werden. Neben diesen zwei Übersichtsbildern sind weitere Kriterien zur Klassifizierung von Kommunikationsverfahren denkbar. Eine wichtige Hilfestellung können die verschiedenen Kriterien bei der Auswahl der für einen Anwendungsfall am besten passenden Kommunikationsform sein.

6.2 Nachrichtenbasierte Verfahren

Unter nachrichtenbasierten Verfahren fassen wir alle Mechanismen zusammen, die einen Datenaustausch zwischen Prozessen und Threads mithilfe von Systemfunktionen bewerkstelligen. Zuerst werden ein paar allgemeine Aspekte beleuchtet, in denen sich denkbare Verfahren unterscheiden können. Anschließend wird eine Reihe praktischer Implementierungen exemplarisch betrachtet und aufgezeigt, was deren Fähigkeiten und Grenzen sind.

6.2.1 Allgemeine Aspekte

Datenabgrenzung bei der Kommunikation

Die Datenabgrenzung bei der Kommunikation hängt von der Form der ausgetauschten Daten ab. Diese ist bestimmend für mögliche Lösungen der Datenabgrenzung.

- Datenaustausch mittels Nachrichten (*message passing*)
- Datenaustausch mittels Datenströmen (*streaming*)
- Datenaustausch mittels Paketen (*packeting*)

Beim Datenaustausch mittels Nachrichten haben wir eine abgegrenzte Datenmenge bei der Kommunikation in Form der Meldung (*message*). Die Meldungsgröße kann systemabhängig fest oder variabel sein. Kommen hingegen für den Datenaustausch Datenströme zur Anwendung, so ist die Nachrichtengrenze für den Sender und den Empfänger unsichtbar. Die übertragbare Datenmenge ist theoretisch unbeschränkt. Typischerweise werden die Dateisystemfunktionen *read()* und *write()* für eine stromartige Datenübertragung genutzt.

Beim Datenaustausch mittels Paketen kommen feste, oft standardisierte Datenformate zum Einsatz. Sie sind im Rahmen von Kommunikationsprotokollen definiert (z.B. IP-Paketformat). Für die Applikationsprogrammierung sind die Pakete nicht sichtbar (transparent). Beim Übertragen der Pakete kann eine *Fragmentierung* (= Aufteilung in Teilpakete) und eine *Defragmentierung* (= Zusammensetzen aus Teilpaketen) stattfinden. Dies wird versteckt (*hidden*) durch die Netzwerksoftware realisiert. Der Datenaustausch mittels Paketen ist ein Thema der Computernetze und wird daher hier nicht weiter berücksichtigt. Die zwei verbleibenden Arten des Datenaustauschs wollen wir jedoch anhand von Realisierungsformen kennenlernen.

Synchronität bei der Kommunikation

Unter einer *synchronen Kommunikation* versteht man den Fall, dass der Sender warten muss, bis der Empfänger zur Entgegennahme der Daten bereit ist (Rendezvous). Bei der *asynchronen Kommunikation* läuft der Sender hingegen weiter, auch wenn der Empfänger gerade nicht für den Datenempfang bereit ist.

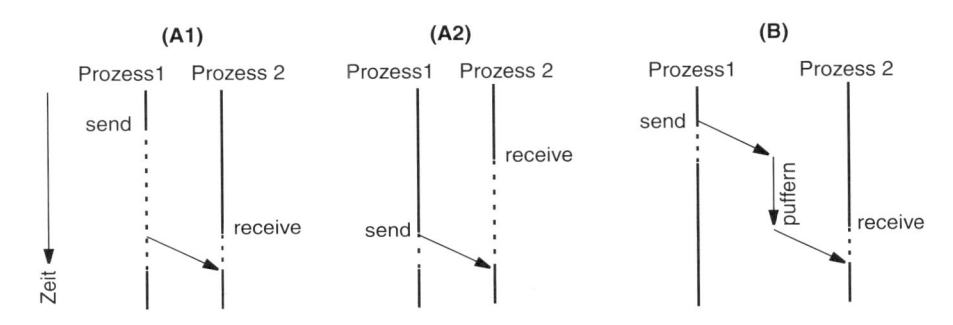

Abb. 6-3 Synchrone und asynchrone Kommunikation

Die Abbildung 6-3 zeigt die zwei Kommunikationsformen in Form von Prozessablaufbildern. Bei der synchronen Kommunikation muss entweder der Sender (A1) oder der Empfänger (A2) warten, wenn nicht gerade das Senden und Empfangen zeitlich zusammenfallen. Bei der asynchronen Kommunikation (B) kann hingegen das Senden sofort erfolgen, auch wenn der Empfänger nicht gerade für den Empfang bereit ist. Es ist also ein Puffer für die Zwischenlagerung von Daten, ein sogenannter *Nachrichtenpuffer,* notwendig. Dieser entkoppelt den Ablauf des Senders und des Empfängers und hilft, Geschwindigkeitsunterschiede in der Datenverarbeitung auszugleichen. Genau genommen läuft bei der asynchronen Kommunikation der Sender erst dann weiter, wenn die Nachricht vollständig in einen Zwischenspeicher kopiert wurde. Dies ist in Abbildung 6-3 durch die schräg verlaufenden Pfeile angedeutet und gilt auch für den Nachrichtenempfang. In der Praxis wird die Umkopierzeit meistens viel kürzer ausfallen, als in der Darstellung gezeigt.

Ein bei der asynchronen Kommunikation eingesetzter Nachrichtenpuffer wird entweder als Briefkasten (*mailbox*) oder als Nachrichtenwarteschlange (*message queue*) bezeichnet. Die Nachrichtengröße kann je nach Implementierung der Systemfunktionen fix oder variabel von Meldung zu Meldung sein. Ein

6.2 Nachrichtenbasierte Verfahren

Nachrichtenpuffer trägt eine Identifikation (Textname, Deskriptor, Handle o.Ä.). Die Zuordnung zu Prozessen erfolgt beliebig durch den Anwendungsentwickler. Typische Grundfunktionen könnten sein:

```
send(destination, &message);
receive(source, &message);
```

Kommt ein Nachrichtenpuffer zum Einsatz, so ist dieser oft von begrenzter Größe. Dies entspricht der Produzenten/Konsumenten-Situation, die bereits in Abschnitt 5.3.3 besprochen wurde. Ist der Nachrichtenpuffer leer, so muss ein empfangender Prozess so lange blockiert werden, bis eine Nachricht für ihn verfügbar ist. Umgekehrt gilt, wenn ein sendender Prozess einen vollen Puffer antrifft, so muss er so lange blockiert werden, bis mindestens Platz für eine Nachricht vorhanden ist. Erst dann darf er seine Nachricht in den Puffer eintragen. Dies wird als blockierender (*blocking*) Betrieb bezeichnet. Die Reihenfolge, in der Prozesse in den Wartelisten geordnet sind, spielt für den praktischen Einsatz ebenfalls eine Rolle. Meistens wird eine FIFO-Reihenfolge benutzt, da damit sichergestellt ist, dass kein Prozess ewig in der Warteliste verbleibt, weil ihm immer höherpriorisierte Prozesse zuvorkommen. Andere Lösungen sind jedoch denkbar und vereinzelt zu finden, bei denen beispielsweise die Prozessausführungspriorität als Einreihungskriterium dient.

Praktische Implementierung von Sende- und Empfangsfunktionen werden typischerweise blockierend realisiert. Oft bietet sich aber auch ein nicht blockierender Betrieb an. Beim Empfangen meldet der Systemaufruf sofort einen leeren Puffer als Fehler zurück. Das Gleiche gilt für einen vollen Puffer. Die Sendefunktion meldet sofort einen Fehler für einen vollen Puffer zurück. Es ist dann die Aufgabe der Applikation, mit dieser Fehlersituation geeignet zu verfahren. Dies ist nicht einfach, da nun die Applikation selbst eine spätere Wiederholung des Systemaufrufs einplanen muss in der Hoffnung, dass sich dann die Situation geändert hat. Der nicht blockierende (*nonblocking*) Betrieb muss je nach Systemlösung entweder speziell konfiguriert werden oder lässt sich als Nullwert für ein Zeitlimit (*timeout*) bei jedem Sende- oder Empfangsaufruf individuell wählen.

Synchrone Kommunikation	Asynchrone Kommunikation
+ Automatische Ablaufsynchronisation	+ Unabhängige Programmabläufe
+ Kein Zwischenpuffer nötig	− Evtl. Probleme, wenn Puffer voll und Empfänger nicht bereit (Verklemmung)
− Kein unabhängiger Programmablauf möglich (eingeschränkte Parallelität)	− Unbestimmte Übertragungszeit

Tab. 6–1   Vergleich von synchroner und asynchroner Kommunikation

Bei der synchronen Kommunikation übergibt der Sender die Nachricht *direkt* an den Empfänger. Typischerweise wird der Datenaustausch in dieser Situation in der Art eines Rendezvous erledigt. Nur wenn sowohl Sender als auch Empfänger bereit sind, kann die Datenübertragung stattfinden. Entsprechende Funktionalität, um die beteiligten Prozesse oder Threads für das Warten blockieren zu können, müssen die Systemfunktionen anbieten. Dies ist gut geeignet, wenn gelegentlich kleinere Datenmengen auszutauschen sind und eine Ablaufkoordination damit verbunden ist. Sollen große Datenmenge transferiert werden, so kann ein Datenaustausch über einen gemeinsamen Speicher attraktiver sein.

Verwaltung des Datenaustauschs

Ein Datenaustausch kann mithilfe von Systemfunktionen erfolgen oder in Selbstverwaltung, nachdem ein gemeinsamer Speicherbereich eingerichtet wurde. Bei der Selbstverwaltung muss in der Regel mittels Semaphoren die Koordinierung der beteiligten Threads bzw. Prozesse sichergestellt werden. Somit stellt der Einsatz gemeinsamen Speichers meist eine Mischform dar, die sich für den schnellen Transfer großer Datenmengen besonders anbietet.

Gemeinsamer Speicher (Lesen und Schreiben in gemeinsamen Speicherbereich)	Systemgestützter Datenaustausch (Senden und Empfangen von Nachrichten oder Datenströmen)
+ Geschwindigkeit + Transparenz (alles unter Selbstverwaltung) − Nur bei gemeinsamem Speicher möglich − Zusätzliche Synchronisation zur Erhaltung der Datenkonsistenz nötig − Transparenz (Software-Strukturierung) − Erlaubt keine saubere Kapselung der Softw. − Durchbricht Isolation durch getrennte Adressräume	+ Rechnerübergreifend verwendbar + »Eingebaute« Synchronisation − Effizienz (lokal & rechnerübergreifend)

Tab. 6–2 Vergleich von Kommunikationsverfahren

Verbindungsorientierung

Die Verbindungsorientierung spielt eine Rolle beim asynchronen Datenaustausch, wenn wiederholt Datenübertragungen mit gleichen Kommunikationspartnern anstehen. Unabhängig davon, ob man streng abgegrenzte Nachrichten oder einfach Datenströme austauschen will, können zwei Verbindungsformen unterschieden werden. Arbeitet man verbindungsorientiert (*connection-oriented*), so muss zuerst ein *logischer Verbindungskanal* eingerichtet werden. Dazu muss die Identität des Empfängers bekannt sein. Ist die Verbindung aufgebaut, so werden Daten an den Verbindungskanal übergeben, der eine Kennung trägt. Die Angabe der Empfängeridentität ist dann nicht mehr nötig. Sind alle Daten ausgetauscht, was typischerweise nach einer Vielzahl an einzelnen Datentransfers zutrifft, wird die Verbindung explizit wieder abgebaut. Dies kann über eine »disconnect«-Funktion oder ein Schließen des Verbindungskanals erfolgen. Je nach

6.2 Nachrichtenbasierte Verfahren

Form des Verbindungskanals sind nur zwei Kommunikationspartner erlaubt, oder es sind auch m:n-Konstellationen möglich.

Halbduplex   **(Voll-)Duplex**

Prozess 1   Prozess 2   Prozess 1   Prozess 2

Abb. 6–4   *Halb- und Vollduplex-Betrieb*

Der logische Verbindungskanal kann zu jedem Zeitpunkt nur einen Datentransfer in eine Richtung (*unidirektional*) oder gleichzeitig in beide Richtungen erlauben (*bidirektional*). Der unidirektionale Datenaustausch (mit alternierender Richtung) wird als *Halbduplex-*, der bidirektionale Datenaustausch als *(Voll-) Duplexbetrieb* bezeichnet (siehe Abb. 6–4). Ist generell nur eine Kommunikationsrichtung möglich, so handelt es sich um einen *Simplex-Betrieb*.

Ein verbindungsloser (*connectionless, datagram-oriented*) Datenaustausch benutzt für jeden einzelnen Datentransfer die Identität des Empfängers als Adresse. Es können sofort Daten übertragen werden, ohne dass zuerst ein Verbindungskanal angelegt werden muss. Diese Kommunikationsform empfiehlt sich, wenn nur einzelne Datentransfers, aber möglicherweise an viele verschiedene Empfänger, nötig sind.

Verbindungsorientierte Kommunikation	Verbindungslose Kommunikation
+ Nachrichtenreihenfolge gewährleistet + Zuverlässige End-End-Verbindung + Timeout-Überwachung und Neuübertragung + Meist mit Datenflusssteuerung verbunden − Verbindungsauf- und -abbau nötig (unattraktiv für wenige Nachrichten)	+ Kein Verbindungsauf-/-abbau nötig (attraktiv für vereinzelte Meldungen bzw. viele verschiedene Empfänger) − Nachrichtenreihenfolge nicht gewährleistet − Nachrichtenverlust möglich − Empfängeradressierung pro Nachricht

Tab. 6–3   *Vergleich von verbindungsorientierter und verbindungsloser Kommunikation*

Analogien zur Verbindungsorientierung lassen sich im Alltagsleben finden. Eine verbindungsorientierte Kommunikation stellt das Telefonieren dar. Ein Verbindungskanal muss aufgebaut werden, indem die Nummer des Kommunikationspartners eingestellt wird. Solange die Verbindung steht, kann geplaudert werden. Am Schluss hängt man den Hörer auf und schließt damit den Kommunikationskanal. Einen verbindungslosen Dienst stellt der Briefversand der Post dar. Jeder Brief muss die Adresse des Empfängers tragen. Allerdings hat man keine absolute Garantie, dass ein Brief den Empfänger erreicht. In der Computerkommunikation ist dies bei Rechnernetzen auch nicht immer garantiert, sondern es hängt vom benutzten Protokoll ab. Es kann bei der Rechnerkommunikation sogar der Fall eintreten, dass eine scheinbar verlorene Nachricht den Empfänger zweimal erreicht. Nützlich ist hier eine fortlaufende Nummerierung ausgetauschter Daten (Sequenznummer), da bei Computernetzen im verbindungslosen Betrieb nicht einmal die Reihenfolge der ausgetauschten Daten sichergestellt ist. Häufig, aber nicht immer, enthalten die Systemfunktionen zum rechnerübergreifenden Datenaustausch bereits solche Mechanismen für die Fehlerkorrektur.

Empfängeradressierung

In einer allgemeinen Kommunikationssituation lassen sich für die Empfängeradressierung grundsätzlich vier Fälle unterscheiden (siehe Abb. 6–5). Bei einem *unicast* (1:1) wird genau ein bestimmter Empfänger angesprochen. Bei einem *multicast* (1:m) wird eine definierte Gruppe an Empfängern (m) adressiert. Der *anycast* übermittelt Daten an irgendeinen Empfänger, mindestens einen einzigen (1:1..n). Der *broacast* schließlich geht an alle Empfänger (n), die sich finden lassen (1:n). Welche Empfängeradressierung eine Lösung unterstützt, ist implementationsabhängig. Meistens ist es aber nur der unicast.

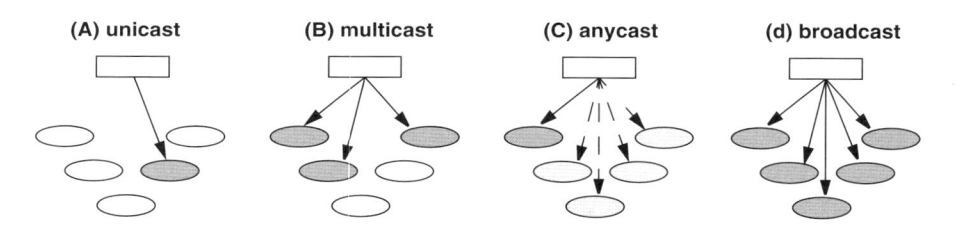

Abb. 6–5 *Empfängeradressierung bei der Kommunikation*

Eine weitere Frage der Empfängeradressierung betrifft die benutzte Empfängeridentifizierung. Um unabhängig entwickelte Programmteile miteinander zu koordinieren, werden häufig Textnamen bzw. symbolische Namen verwendet. Diese können gemäß Benennungsregeln durch die Applikationsentwickler frei gewählt werden. Meist besteht auch die Möglichkeit, diese Namen in ein systemweites Namensverzeichnis einzutragen, das auch rechnerübergreifend abgefragt werden kann. Je nach Systemlösung sind diese Namen entweder in der Dateiverzeichnishierarchie oder einem separaten Namensverzeichnis registriert. Anstelle der Empfänger können natürlich auch die Namen der Nachrichtenpuffer (Briefkästen) eingetragen sein.

Priorität

Erfolgen bei einem Datenaustausch alle Übertragungen mit der gleichen Priorität, so werden sie bei einer Zwischenpufferung in der FIFO-Reihenfolge abgelegt.

Können unterschiedliche Prioritäten benutzt werden, so ist es möglich, neue Daten vor alten Daten in den Nachrichtenpuffer einzutragen. Bei Datenströmen sind Prioritäten meistens nicht sinnvoll, daher ist diese Möglichkeit in der Regel dem Meldungsaustausch vorbehalten. Im einfachsten Fall sind zwei Prioritäten definiert, nämlich »normal« und »dringend«. Anspruchsvollere Lösungen können feinere Prioritätsabstufungen anbieten.

Anwendungsszenario Client/Server

Der gepufferte Nachrichtenaustausch eignet sich zur Realisierung eines Client/Server-Betriebs (siehe Abb. 6–6).

- *Client*: Prozess oder Thread, der eine Dienstleistung beansprucht (Auftraggeber).
- *Server*: Prozess oder Thread, der eine Dienstleistung erbringt (Auftragnehmer). Beispiele: Dateiverzeichnis liefern, Faxmeldung übermitteln.
- *Funktionsweise*: Ein Client beansprucht vom Server eine Dienstleistung und sendet dem Server deshalb eine Meldung. Wenn der Server die notwendigen Arbeiten erledigt hat, liefert er mittels einer Meldung die Antwort an den entsprechenden Client zurück.
- *Absenderkennung*: Da Meldungen von sich aus in der Regel keine Absenderangaben enthalten, muss die Absenderadresse bzw. die Bezeichnung der Nachrichtenwarteschlange für die Rückmeldung in der Meldung selbst enthalten sein.

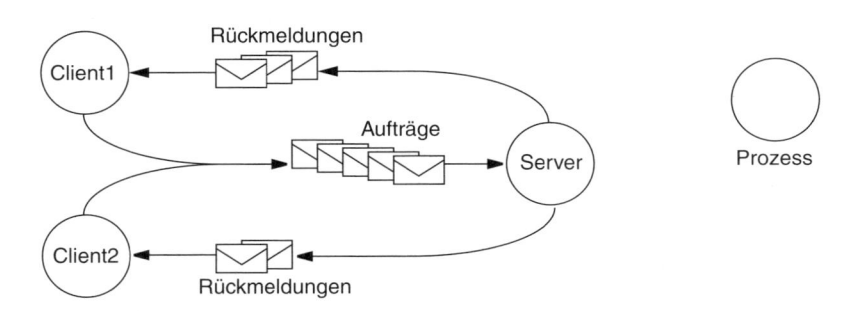

Abb. 6–6 *Client/Server-Prinzip mittels Meldungen*

6.2.2 Unix-Pipes

Pipes, eine Abkürzung für *Pipelines*, stellen eine besondere Form des Nachrichtenaustauschs dar. Sie transportieren einen Datenstrom, ohne dass Nachrichtenabgrenzungen sichtbar bzw. nötig wären. Pipes leiten Ausgabedaten von Prozessen direkt als Eingabedaten für andere Prozesse weiter, ohne dass man sich um Details kümmern muss. Die Daten werden in der Pipe gepuffert (FIFO-Prinzip).

Mit den Pipes werden die beteiligten Prozesse synchronisiert. Ein lesender Prozess wird bei leerer Pipe blockiert, ein schreibender Prozess bei voller Pipe. Eine häufige Anwendung unter Unix ist die Befehlsverkettung auf der Kommandozeile.

> **Ein Beispiel dazu:**
> who | sort | more

Hier sind die Ausgabedaten von *who* die Eingabedaten von *sort* und die Ausgabedaten von *sort* die Eingabedaten von *more*. Man unterscheidet zwischen namenlosen Pipes (*unnamed pipes*) und benannten Pipes (*named pipes, FIFOs*). Letztere tragen einen Textnamen, der in der Dateihierarchie als spezielle Datei des Typs p (für Pipe) erscheint. So können beliebige Prozesse damit arbeiten, sofern die gesetzten Dateirechte auf der benannten Pipe dies erlauben. Für Anwendungen, in denen Kindprozesse untereinander über Pipes kommunizieren, kann die einfachere Variante der namenlosen Pipe (*unnamed pipe*) verwendet werden. Die Voraussetzung dazu ist, dass der Elternprozess die Pipe erzeugt und damit die Pipe-Deskriptoren für die Kindprozesse zugänglich macht, d.h., sie ihnen vererbt. Sollen Prozesse miteinander kommunizieren, die in keiner Eltern-Kind-Beziehung stehen, so bietet sich die benannte Pipe (*named pipe bzw. FIFO*) an. Der erzeugende Prozess ordnet der Pipe einen Namen zu, der es dem anderen Prozess ermöglicht, mittels eines Systemaufrufs den Pipe-Deskriptor zu erlangen. Pipes erlauben einen Datentransport in nur einer einzigen Richtung (unidirektional). Dies wird in Anlehnung an die Nachrichtentechnik auch als Simplex-Betrieb bezeichnet. Wollen zwei Prozesse in beide Richtungen Daten austauschen, so müssen dafür zwei Pipes mit entgegengesetzter Richtung angelegt werden.

Eine Pipe kann geschriebene Daten zwischenpuffern, bis ein Prozess sie ausliest. Die Pufferkapazität ist für einen bestimmten Unix-Betriebssystemkern fix definiert. Diese Größe (Anzahl Byte) kann über das Symbol PIPE_BUF im Programm erfragt werden. Schreiben mehrere Prozesse gleichzeitig auf die gleiche Pipe, so ist garantiert, dass die geschriebenen Daten nicht gemischt, sondern hintereinander über die Pipe transportiert werden. Dies gilt jedoch nur, wenn die Datenmenge kleiner als PIPE_BUF ist. Gängige Unix-Systeme und Linux benutzen Pipe-Größen im Bereich zwischen 0,5 und 64 KB (systemabhängig). Von Interesse ist das Verhalten der nutzenden Prozesse bei leerer bzw. voller Pipe.

- Will ein Prozess aus einer leeren Pipe lesen, so wird er so lange blockiert, bis Daten verfügbar sind. Dieser blockierende Betrieb ist die Standardeinstellung. Es kann jedoch auch ein nicht blockierender Betrieb konfiguriert werden. Ist die Pipe leer, so wird in diesem Fall sofort der Fehler EAGAIN gemeldet. Ein Spezialfall liegt vor, wenn der Eingang einer Pipe geschlossen und die Pipe leer ist, dann wird sofort für die Anzahl gelesener Byte der Wert 0 zurückgegeben (dies entspricht einer End-Of-File-Situation).

6.2 Nachrichtenbasierte Verfahren

- Will ein Prozess mehr Byte aus einer Pipe auslesen, als gerade gespeichert sind, so erhält er nur die gespeicherte Anzahl an Byte zurück. Um weitere Daten auszulesen, muss er somit die Lesefunktion wiederholt aufrufen.
- Will ein Prozess in eine volle Pipe schreiben, so wird er so lange blockiert, bis Platz für alle seine Schreibdaten frei wird (kein nur teilweises Schreiben). Dieser blockierende Betrieb ist die Standardeinstellung. Es kann jedoch auch ein nicht blockierender Betrieb konfiguriert werden. Ist die Pipe voll, so wird in diesem Fall sofort der Fehler EAGAIN gemeldet und die Daten werden nur teilweise oder gar nicht in die Pipe geschrieben. Dieses Verhalten im nicht blockierenden Betrieb ist problematisch, wenn mehrere Prozesse auf die gleiche Pipe schreiben. Der einzelne Schreibvorgang ist dann nicht mehr garantiert atomar.
- Beim Lesen wird nicht garantiert, dass alle verfügbaren Daten zusammen erhältlich sind (d.h. atomares Lesen). Dies ist problematisch, wenn mehrere Prozesse aus der gleichen Pipe lesen (Zusatzmaßnahmen nötig).

Programmieren mit unbenannten Pipes

Für Pipes existieren Systemfunktionen, die sowohl die Erzeugung als auch die Kommunikation ermöglichen. Für die Kommunikation kommen die Ein-/Ausgabefunktionen für Dateien zur Anwendung. Für das Verbinden der Ein- und Ausgänge einer Pipe mit den Standardein-/-ausgabekanälen sind die Funktionen dup() und dup2() hilfreich. Ihre Funktionsweise ist ohne etwas Hintergrundwissen nicht durchschaubar.

Umlenkung der Ein-/Ausgabe (I/O redirection)

Ein Dateideskriptor (*file descriptor*) ist eine prozessinterne Kennung für eine Ressource, die der Prozess geöffnet hat. Genau genommen stellt er einen Index in die *File Descriptor Table* des Prozesses dar. Jeder Prozess besitzt eine eigene File Descriptor Table, in der Referenzen auf die von ihm geöffneten Ressourcen (reguläre und spezielle Dateien) eingetragen sind. Wird ein Prozess gestartet, so hat er anfänglich immer drei Ressourcen zugeordnet, nämlich die *Standardeingabe (stdin)*, *Standardausgabe (stdout)* und *Standardfehlerausgabe (stderr)*. Diese belegen genau in dieser Reihenfolge die ersten drei Eintragsplätze in der File Descriptor Table. Damit sind ihnen stets die Dateideskriptorwerte 0, 1 und 2 zugeordnet.

Die Funktion dup() erzeugt einen zusätzlichen neuen Eintrag in der *File Descriptor Table* des aufrufenden Prozesses für eine bestimmte Ressource (siehe Abb. 6–7). Der zusätzliche Eintrag nutzt stets die Eintragsstelle mit dem kleinsten Index, d.h. kleinsten Dateideskriptorwert, die frei ist. Bei dem Systemaufruf dup2() ist es möglich, die Eintragsstelle für den neuen Tabelleneintrag anzugeben (als Dateideskriptorwert). Ist dieser Eintragsplatz schon belegt, so wird er mit der close()-Funktion erst frei gemacht, bevor der neue Eintrag erfolgt. Das heißt nichts anderes, als dass der neue Eintrag den alten Eintrag ersetzt. Genutzt wird dies in der Regel, um einen der drei Einträge für stdin, stdout oder stderr zu überschreiben. Damit können diese drei Standardein-/-ausgabekanäle auf andere Ressourcen umgelegt werden.

In dem ersten Programmbeispiel wird gezeigt, wie die Standardausgabe mittels dup() in eine Datei umgelenkt wird. Dazu wird zuerst die alte Ressourcenzuordnung mit close() gelöst. Dann wird die fd zugeordnete Ressource an der nun freien Stelle mit dem Dateideskriptorwert 1 (für stdout) eingetragen. Damit gehen alle weiteren Ausgaben auf die Standardausgabe in die Datei. Der alte Dateideskriptor für die Datei wird der Ordnung halber noch freigegeben, da er nicht mehr benötigt wird.

```
int fd;          // Variable für einen Dateideskriptor
...
fd = open("/usr/log", O_WRONLY); // Öffne bestehende Datei für Schreiben
...
close(1);        // Schließe stdout (Dateideskriptorwert 1 wird damit frei)
dup(fd);         // Dupliziere Dateideskriptor (wird bei Index 1 eingetragen)
close(fd);       // Schließe ursprünglichen Dateideskriptor, Datei wird
...              // nun über Dateideskriptor 1, d.h. stdout, genutzt
```

Das Beispiel ist im Multithreading nicht problemlos. Findet zwischen close(1) und dup(fd) ein Thread-Wechsel statt, so ist nicht mehr unbedingt garantiert, dass 1 der tiefste freie Dateideskriptor ist (könnte zwischenzeitlich von anderem Thread belegt werden). Die Funktion dup2() ist hier sicherer. Sie schließt den gewünschten Dateideskriptor und belegt ihn neu in einer atomaren Operation. In dem zweiten Beispiel erfolgt eine Umlenkung der Standardfehlerausgabe auf die Standardausgabe. Normalerweise sind sowohl Standardausgabe als auch Standardfehlerausgabe auf die Konsole (shell) gelegt.

```
...
dup2(1, 2);
...
```

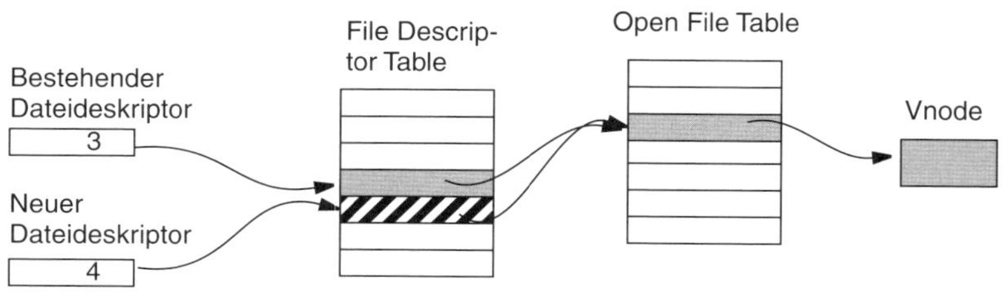

Abb. 6-7   *Duplizierung eines Dateideskriptors*

6.2 Nachrichtenbasierte Verfahren

Im Zusammenhang mit Pipes eignet sich die dup2()-Funktion gut dazu, eine Pipe mit stdin bzw. stdout zu verbinden.

Pipe als Verbindungskanal zweier Prozesse

Eine namenlose Pipe für die Kommunikation zweier Prozesse anzulegen erfordert insgesamt drei Prozesse und die folgenden Schritte: Der Elternprozess erzeugt die Pipe durch Aufruf von pipe(). Er erhält für beide Enden der Pipe die vom Betriebssystem zugeteilten Deskriptoren. Der Elternprozess erzeugt nun zwei Kindprozesse. Diese erhalten automatisch Kopien der Deskriptoren. Jeder Prozess schließt mittels close() die Enden der Pipe, die er nicht braucht. Der Elternprozess schließt beide Enden, Kindprozess 1 das »obere« Ende und Kindprozess 2 das »untere« Ende. Nun kann Kindprozess 1 mittels write() Daten über die Pipe an Kindprozess 2 senden, der diese mittels read() entgegennimmt.

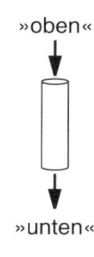

»oben«
↓
»unten«

```
int main()
{
   int fds[2];                         // Für Pipe-Dateideskriptoren
   char *text = "Hallo da!\n";         // Zu transferierender Text
   char buffer [5];                    // Lesepuffer
   int count, status;                  // Leseanzahl bzw. Endstatus

   pipe(fds);                          // Unnamed pipe erzeugen
   if (fork() == 0) {                  // Kindprozess 1:
      dup2(fds[1], 1);                 // stdout auf Pipe-Eingang legen
      close(fds[0]);                   // Pipe-Ausgang schließen
      write(1,text,strlen(text)+1);    // Text in Pipe schreiben
   } else if (fork() == 0) {           // Kindprozess 2:
      dup2(fds[0], 0);                 // Pipe-Ausgang auf stdin legen
      close(fds[1]);                   // Pipe-Eingang schließen
      while ((count = read(0, buffer, 4)) != 0) { // Wiederholt auslesen
         buffer[count]= 0;             // »string terminating zero«
         printf("%s", buffer);         // Laufend ausgeben
      }
   } else {                            // Elternprozess:
      close(fds[0]);                   // Pipe-Ausgang schließen
      close(fds[1]);                   // Pipe-Eingang schließen
      wait(&status);                   // Warte auf erstes Kind
      wait(&status);                   // Warte auf zweites Kind
   }
   exit(0);
}
```

Das Schließen nicht benutzter Enden einer Pipe hat folgende nützliche Konsequenzen:

- Wird aus einer Pipe gelesen, nachdem deren Eingang geschlossen wurde, so liefert read() für die Anzahl gelesener Byte 0 zurück, sobald alle noch gepuf-

ferten Daten ausgelesen sind. Dies wird auch als EOF (End Of File) bezeichnet. Der lesende Prozess weiß damit, dass er keine weiteren Daten zu erwarten hat (da ja der Eingang geschlossen wurde).
- Wird in eine Pipe geschrieben, deren Leseseite geschlossen wurde, so löst dies ein Signal SIGPIPE (= gebrochene Pipe) an den schreibenden Prozess aus, da ja niemand mehr diese Daten gebrauchen kann. Zudem liefert write() den Funktionsrückgabewert -1, d.h. einen Fehlerstatus.

Die namenlose Pipe ermöglicht einen unidirektionalen Datenverkehr von Kindprozess 1 zu Kindprozess 2. Sollen auch Daten in die andere Richtung übertragen werden, so ist dafür eine zweite Pipe anzulegen. Gewisse Unix-Implementationen realisieren auch bidirektionale Pipes, die Datenverkehr in beide Richtungen erlauben (sog. STREAM-Pipes). Will man mit den C-Bibliotheksfunktionen fprintf() und fscanf() auf einer Pipe arbeiten, so ist dies nicht ohne Weiteres möglich. Zuerst müssen nämlich mithilfe der Funktion fdopen() dafür spezielle Dateizeiger angelegt werden. Erfolgt die Ein-/Ausgabe jedoch nur mit read() und write(), so ist dies nicht nötig.

Programmieren mit benannten Pipes

Anwendung finden die benannten Pipes bei Client/Server-Lösungen, bei denen der Server dauernd läuft, aber die Clients zu beliebigen Zeitpunkten unabhängig von ihm erzeugt werden. Die namenlosen Pipes lassen sich hier nicht einsetzen, da sie eine Eltern-Kind-Beziehung voraussetzen, um die Dateideskriptoren der Pipe vererben zu können. Die benannten Pipes besitzen abgesehen von der Benennung die gleichen Grundeigenschaften wie die unbenannten Pipes. Das heißt, sie transportieren Datenströme in einer Richtung (unidirektional). Unterschiedlich ist, dass sie nach dem Erzeugen nicht automatisch geöffnet sind, sondern explizit mittels open() geöffnet werden müssen. Für das Erzeugen und das Löschen dienen zudem die Systemfunktionen mkfifo() und unlink().

In dem Programmbeispiel wird wiederum eine einfache Produzenten/Konsumenten-Anwendung implementiert. Drei unabhängige Prozesse sind beteiligt. Der erste Prozess legt die Pipe mittels mkfifo() an. Die Pipe erscheint mit dem Namen pipeline als Spezialdatei des Typs p (pipe) im Arbeitsverzeichnis des Prozesses. Der Zugriff auf die Pipe wird mittels Dateirechten geregelt (Eigner: alle Rechte, Rest: keine Rechte).

```
int main (int argc, char* argv[])            // Pipe anlegen (zuerst!)
{
   if (mkfifo ("./pipeline", 0700) == 0)    // Pipe anlegen
      printf("named pipe created\n");        // Minimale Fehlerprüfung
   else {
      printf ("mkfifo failed\n");
      exit (-1);
```

6.2 Nachrichtenbasierte Verfahren

```
    }
    exit(0);
}
```

Der zweite Prozess arbeitet als Produzent, d.h., er schreibt einen kleinen Text in die Pipe. Diese muss natürlich vorher vom ersten Prozess angelegt sein. Im Programmbeispiel ist gezeigt, wie Daten sowohl mittels write() über den Dateideskriptor als auch mittels fprintf() über einen FILE-Zeiger in die Pipe geschrieben werden können. Zur Nutzung von fprintf() muss zuerst passend zum Dateideskriptor mit fdopen() ein FILE-Zeiger erzeugt werden. Nach dem fprint()-Aufruf ist zudem ein Leeren des Zwischenpuffers mit fflush() angezeigt, damit die Daten sicher vor dem nachfolgenden write()-Aufruf in die Pipe gelangen.

```
int main (int argc, char* argv[])            // Produzent
{
    char* text;
    int fd;
    FILE *f;

    fd = open ("./pipeline", O_WRONLY);      // Zum Schreiben öffnen
    if (fd < 0) {                            // Minimale Fehlerprüfung
        printf("open pipe failed\n");
        exit(-1);
    }
    dup2 (fd, 1);                            // stdout auf Pipe-Eingang
    f = fdopen(fd, "w");                     // Hole FILE ptr zu fd
    fprintf(f, "Mitteilung: ");              // Ausgabe via C-Lib
    fflush(f);                               // Puffer C-Lib leeren
    text = "Hallo da!\n";
    write(1,text,strlen(text)+1);            // Text in Pipe schreiben
    close(1);
    exit(0);
}
```

Der dritte Prozess übernimmt die Rolle des Konsumenten. Er liest so lange Daten aus der Pipe, bis deren Eingang geschlossen und der Inhalt vollständig gelesen ist (read() gibt dann 0 für EOF zurück). Ungewöhnlich ist die Verwendung des Lesepuffers. Um stets einen korrekten Abschluss des Texts mit einem Nullzeichen zu erhalten, wird der Eintrag nach dem ausgelesenen Text nach jedem Lesen und vor jeder Ausgabe mit printf() mit einer 0 versehen. Nachdem die Pipe keine weiteren Daten mehr liefern kann, wird sie mit unlink() wieder gelöscht.

```
int main (int argc, char* argv[])            // Konsument
{
    char buffer [5];
    int fd, count;

    fd = open ("./pipeline", O_RDONLY);      // Zum Lesen öffnen
    if (fd < 0) {                            // Minimale Fehlerprüfung
        printf("open pipe failed\n");
```

```
        exit(-1);
    }
    dup2 (fd, 0);                                // Pipe-Ausgang auf stdin
    while ((count = read(0, buffer, 4)) != 0) {  // Wiederholt auslesen
        buffer[count]= 0;                        // »string terminating zero«
        printf("%s", buffer);                    // Laufend ausgeben
    }
    unlink("./pipeline");                        // Pipe löschen
    exit(0);
}
```

Die Reihenfolge des Startens von Produzent und Konsument ist egal. Jeder kann auf den anderen warten. Auf jeden Fall muss zuerst der erste Prozess zum Anlegen der Pipe ablaufen. Was bei ihm nicht gezeigt wurde, ist die Behandlung des Fehlers, dass die Pipe mit diesem Namen bereits existiert. In der Praxis kann dies vorkommen, wenn der Prozess, der sie hätte löschen sollen, vorzeitig terminiert wurde. In einer produktiven Anwendung ist mit dieser Situation geeignet zu verfahren.

In Abbildung 6–8 ist eine Anwendung der benannten Pipe für einen Client/Server-Betrieb gezeigt. Der Server stellt eine Pipe mit einem vordefinierten Namen bereit (z.B. »Pipe_Server«). Die Clients senden Aufträge an diese Pipe, wobei ihre Absender den Namen der Pipe enthalten, die sie für die Serverantwort bereitstellen. Ein Client mit der PID=1270 könnte eine Pipe für diesen Zweck mit dem eindeutigen Namen »Pipe_1270« anlegen. In einer Client/Server-Konstellation wird der Server viele Clientabfragen über eine Pipe entgegennehmen wollen. Nachdem der erste Client die Pipe geöffnet, seinen Auftrag hineingeschrieben und die Pipe wieder geschlossen hat, wird jedoch der Server eine unerwünschte EOF-Situation erleben. Dem lässt sich vorbeugen, indem der Server die Pipe sowohl zum Lesen als auch zum Schreiben öffnet, obwohl er eigentlich nur lesen will.

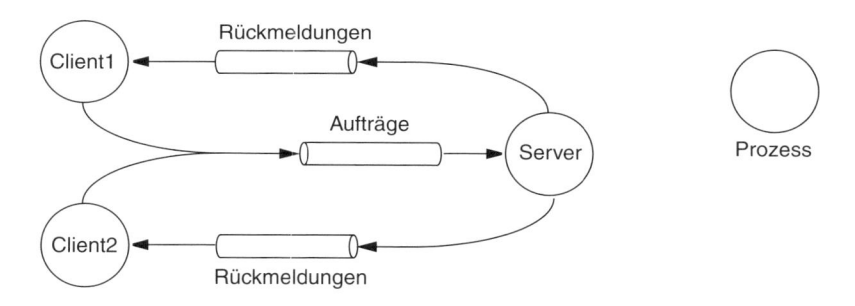

Abb. 6–8 *Client/Server-Konstellation mit benannten Unix-Pipes*

Ein vergleichbares Problem entsteht beim Client, wenn er wiederholt Aufträge versenden will, deren Antworten er über die gleiche benannte Pipe (z.B. »Pipe_1270«) entgegen nimmt, die er für diesen Zweck angelegt hat. Schließt nämlich der Server die Pipe des Clients, nachdem er die Antwort hineingeschrieben hat, so wird dem Client ein EOF mitgeteilt. Dies ist dann störend, wenn der Client bereits den nächsten Auftrag versendet hat und an seiner Pipe auf die Antwort warten will, bevor der Server die Client-Pipe für die Antwort geöffnet hat. Die Lösung ist wiederum die, dass der Client die Pipe sowohl zum Lesen als auch zum Schreiben öffnet, obwohl er eigentlich nur lesen will.

Ein Nachteil der Unix-FIFOs besteht darin, dass nur eine rechnerlokale Interprozesskommunikation möglich ist. Typischerweise wird für die rechnerübergreifende Interprozesskommunikation unter Unix die Berkeley-Socket-Schnittstelle benutzt (siehe Abschnitt 6.6.2).

6.2.3 Windows-Pipes

Windows Named Pipes

Es handelt sich bei den benannten Windows-Pipes um einen verbindungsorientierten (*connection-oriented*) Meldungsdienst. Er kann sowohl bidirektional als auch unidirektional verwendet werden. Die Benutzung erfolgt mittels Lesen und Schreiben von Byteströmen oder von Meldungen. Das Schreiben und Lesen kann blockierend oder nicht blockierend erfolgen. Die Windows-Pipes sind somit für eine maximale Flexibilität für den Aufbau von Client/Server-Systemen entworfen, sofern nur Rechner mit Windows daran beteiligt sind. Für heterogene Umgebungen muss wie bei Unix auf die universellere Socket-Schnittstelle ausgewichen werden (siehe Abschnitt 6.6.2).

Für den Meldungsaustausch werden die zwei Rollen *Server* und *Client* unterschieden. Der Server legt eine Pipe mittels CreateNamedPipe() an. Danach wartet er auf eine Verbindungsaufnahme durch einen Client mittels ConnectNamedPipe(). Der Client wartet mittels WaitNamedPipe() auf die Bereitschaft des Servers für eine Verbindungsaufnahme. Anschließend verlangt er eine Verbindung zum Server mittels CreateFile(). Die Eigenschaften der Pipe kann er bei Bedarf mit SetNamedPipeHandleState() verändern. Für den Datenaustausch nutzen sowohl Server als auch Client die Funktionen ReadFile() und WriteFile(). Den Verbindungsabbau schließlich führen der Client mit CloseHandle() und der Server mit DisconnectNamedPipe() durch.

Ein Server kann pro Pipe-Instanz nur eine einzige Clientanfrage zu jedem Zeitpunkt bedienen. Es sind jedoch Mehrfachinstanzen einer Pipe möglich. Dazu ruft der Pipe-Server die Funktion CreateNamedPipe() für jede weitere Instanz nochmals gleichartig auf. Der erste Aufruf von CreateNamedPipe() legt die Pipe an, weitere anschließende Aufrufe erzeugen dann lediglich zusätzliche Instanzen. Ein Multithreaded-Server könnte pro zu bedienenden Client je einen eigenen Thread einsetzen, der mit einer eigenen Pipe-Instanz arbeitet. Windows-Pipes können rechnerübergreifend benutzt werden. Dazu werden erweiterte Pipe-

Namen eingesetzt, die neben dem Verzeichnispfad und Pipe-Namen auch den Rechnernamen enthalten. Ein erweiterter Pipe-Name hat die Form:

```
\\rechnername\pipe\[pfad]pipename
```

rechnername: Name eines Rechners im Netz (z.B. omega)
\pipe: vorgegebenes Verzeichnis auf Server für benannte Pipes
[pfad]: Angabe eines Unterverzeichnisses unter \pipe (optional)
pipename: Dateiname der Pipe (z.B. testpipe)

Als Pipe-Server können nur Windows-Systeme ab 2000 dienen. Eine benannte Pipe kann nur lokal auf dem Pipe-Server erzeugt werden, d.h. nicht auf einem entfernten System. Bei der Spezifikation des Pipe-Namens in der CreateNamed-Pipe()-Funktion müssen alle rückwärtsgerichteten Schrägstriche (back slashes) doppelt angegeben werden, da der rückwärtsgerichtete Schrägstrich in Zeichenketten der Programmiersprache C als Metazeichen dient.

Die Systemfunktion CreateNamedPipe() entspricht unter Unix der Funktion mkfifo(). Für die rechner- und plattformübergreifende Datenkommunikation müssen die Berkeley-Socket-Funktionen benutzt werden, da sie sowohl unter Unix als auch unter Windows gleichartig zur Verfügung stehen. Zudem werden sie inzwischen sogar direkt durch Sprachbibliotheken unterstützt (Java-Sockets). Weitere hier nicht näher beschriebene Pipe-Funktionen sind:

- GetNamedPipeHandleState(): Liefert Informationen über die Konfiguration einer bestimmten Pipe (Handle muss bekannt sein).
- GetNamedPipeInfo(): Angewendet auf einen Handle einer Pipe wird Auskunft darüber gegeben, ob es ein Server- oder Client-Handle einer Pipe ist. Daneben können eingestellte Puffergrößen usw. abgefragt werden.
- PeekNamedPipe(): Kann benutzt werden, um festzustellen, ob eine Pipe Meldungen enthält. Vorhandene Meldungen lassen sich lesen, ohne dass sie damit aus der Pipe ausgetragen werden. Diese Funktion könnte dazu verwendet werden, Puffer für eintreffende Daten zu reservieren, nachdem man weiß, wie viel Platz dafür nötig ist. Eine andere Anwendung wäre eine entsprechend dem Meldungsinhalt priorisierte Verarbeitung von Meldungen oder ein fortlaufendes Abfragen der Pipe nach neuen Meldungen (*polling*).
- FlushFileBuffers(): Wird von einem Pipe-Server benutzt, um sicherzustellen, dass ein Client alle Daten aus der Pipe ausgelesen hat. Konnte die Funktion erfolgreich ausgeführt werden, ist die Pipe leer und kann damit vom Server mit DisconnectNamedPipe() geschlossen werden.

Vergleicht man die Windows Named Pipes mit den unter Unix verfügbaren FIFOs (bzw. Named Pipes), so können die in Tabelle 6–4 aufgeführten Vor- und Nachteile erkannt werden.

6.2 Nachrichtenbasierte Verfahren

Vorteile	Nachteile
+ Vollduplexbetrieb (FIFOs: nur halbduplex, d.h. unidirektionaler Datentransfer) + Rechnerübergreifend einsetzbar (FIFOs nur lokal) + Meldungsübertragung möglich, es können Meldungen variierender Größe übertragen werden (FIFOs nur Bytestrom)	– Kompliziertere Systemaufrufe

Tab. 6–4   *Vor- und Nachteile von Windows-Pipes gegenüber Unix-Pipes*

Transaktionsbetrieb

Zusätzlich ist auch ein Anforderungs-/Antwortbetrieb mithilfe von TransactNamedPipe() realisierbar. Diese Systemfunktion sendet eine Meldung und wartet anschließend auf eine Antwort darauf (kombiniert WriteFile() und ReadFile()). Bevor TransactNamedPipe() aufgerufen werden kann, muss die Pipe mittels CreateFile() geöffnet worden sein. Eine weitere Vereinfachung der Programmierung für den Transaktionsbetrieb kann durch Verwendung der Funktion CallNamedPipe() erreicht werden. Sie fasst die vier Funktionen CreateFile(), WriteFile(), ReadFile() und CloseHandle() zusammen. Im Unterschied zu TransactNamedPipe() wird für jede neue Transaktion eine eigene Verbindung geöffnet und anschließend wieder geschlossen. Je nach geforderter Anwendung kann es daher vorteilhafter sein, entweder eine permanente Verbindung mit TransactNamedPipe() zu nutzen oder für jede Transaktion mit CallNamedPipe() eine neue Verbindung zu erstellen und sofort wieder zu beenden. Die Benutzung dieser speziell für den Transaktionsbetrieb geschaffenen Systemfunktionen erspart nicht nur Programmierarbeit, sondern führt auch zu einer schnelleren, weil effizienteren Pipe-Kommunikation. Eine mögliche Verwendung von benannten Pipes zeigen die unten stehenden Programmbeispiele für die Server- und Clientseite. Der Pipe-Server legt eine Pipe mittels CreateNamedPipe() an, erlaubt Clientverbindungen mittels ConnectNamedPipe() und wartet dann auf Daten eines Clients mit ReadFile(). Eine Antwort an den Client wird mit WriteFile() übermittelt. Soll die Verbindung zum Client beendet werden, so wird zuerst die Funktion FlushFileBuffers() benutzt, um abzuwarten, bis der Client die Pipe geleert hat, bevor die Verbindung mittels DisconnectNamedPipe() abgebrochen wird. Der Client-Thread wartet ab, bis der Server für die Verbindungsaufnahme bereit ist, indem er die Funktion WaitNamedPipe() aufruft. Voraussetzung dazu ist jedoch, dass die Pipe auf der Serverseite bereits angelegt ist, da sonst WaitNamedPipe() mit einem Fehler abbricht. Anschließend eröffnet er die Pipe mit CreateFile() und nutzt sie für den Datenaustausch mittels WriteFile() und ReadFile(). Ein Verbindungsabbruch von der Clientseite her wird durch Aufruf eines CloseHandle() auf der Pipe realisiert.

Anwendung

Das vereinfachte Programmbeispiel für den Named-Pipe-Einsatz besteht aus einem Server- und Clientteil und benutzt einen Meldungsaustausch (d.h. keine Datenströme). Im Serverteil wird erst eine Pipe angelegt (CreateNamedPipe()) und dann auf eine Verbindungsaufnahme gewartet (ConnectNamedPipe()). Für den Datenaustausch dienen ReadFile() und WriteFile(). Durch Aufruf von FlushFileBuffers() wartet der Server so lange, bis der Client die Pipe geleert hat. Danach kann er die Verbindung sicher trennen (DisconnectNamedPipe()).

```
hPipe = CreateNamedPipe(lpszPipename,        // Pipe-Name
                    PIPE_ACCESS_DUPLEX,      // Lese-/Schreibzugriff
                    PIPE_TYPE_MESSAGE |      // Meldungsbetrieb
                    PIPE_READMODE_MESSAGE |  // Meldungslesemodus
                    PIPE_WAIT,               // Blockierender Betrieb
                    PIPE_UNLIMITED_INSTANCES, // Max. Instanzenanzahl
                    BUFSIZE,                 // Ausgangspuffergröße
                    BUFSIZE,                 // Eingangspuffergröße
                    PIPE_TIMEOUT,            // Client-Timeout
                    NULL);                   // Standardsicherheit
fConnected = ConnectNamedPipe(hPipe, NULL);  // Warte auf Clientverbindg.
fSuccess = ReadFile( .. );                   // Clientanfrage lesen
fSuccess = WriteFile( .. );                  // Antwort an Client
FlushFileBuffers(hPipe);                     // Warte bis Pipe geleert
DisconnectNamedPipe(hPipe);                  // Pipe-Verbindung beenden
CloseHandle(hPipe);                          // Pipe schließen
```

Der Client wartet, bis der Server zur Verbindungsaufnahme bereit ist (WaitNamedPipe()). Dann öffnet er die Pipe mit CreateFile() und tauscht Daten mit ReadFile() und WriteFile() aus.

```
// Warte bis Server zur Verbindungsaufnahme bereit
WaitNamedPipe(lpszPipename, 20000);
// Öffne die Pipe. lpszPipeName muss auf einen gültigen Pipe-Pfadnamen zeigen
hPipe = CreateFile(lpszPipename,        // Pipe-Name
                GENERIC_READ |
                GENERIC_WRITE,          // Lese-/Schreibzugrif
                0,                      // No sharing
                NULL,                   // Standardsicherheit
                OPEN_EXISTING,          // Öffne existrierende Pipe
                0,                      // Standardattribute
                NULL);                  // Keine Template-Datei
fSuccess = WriteFile( .. );             // Anfrage an Server senden
fSuccess = ReadFile( .. );              // Auf Serverantwort warten
CloseHandle(hPipe);                     // Pipe schließen
```

Windows Unnamed Pipes

Unbenannte Pipes (*unnamed pipes*) werden unter Windows als *Anonymous Pipes* bezeichnet.

Sie sind nur lokal auf dem gleichen Rechner benutzbar und nicht über mehrere Rechnerknoten hinweg. Zudem sind sie nur unidirektional, d.h., der Datentransport kennt nur eine einzige Richtung. Daher werden sie in der Praxis normalerweise durch benannte Pipes substituiert. Unter dem heutigen Windows sind sie, im Gegensatz zu älteren Windows-Versionen, als *named pipe* mit einem eindeutigen (*unique*) Namen implementiert. Zum Anlegen einer unbenannten Pipe steht CreatePipe() zur Verfügung. Das Lesen und Schreiben erfolgt mittels ReadFile() und WriteFile().

6.2.4 Unix Message Queues

POSIX Message Queues

Die Unix-Pipes sind gut geeignet für die Übertragung von Daten, wenn eine klare Abgrenzung der einzelnen gesendeten Daten voneinander nicht notwendig ist (Bytestrom). Stehen gut definierte Meldungen im Vordergrund, so bieten sich die *Message Queues* an.

Sie übertragen Meldungen unterschiedlicher Länge. Die einzelnen Meldungen sind so gegeneinander abgegrenzt, dass beim Lesen der *Message Queue* jeweils genau eine Meldung entnommen wird. Der Inhalt und die Länge einer einzelnen Meldung sind frei wählbar, wobei die Meldungsgröße nicht den für die Message Queue festgelegten Maximalwert überschreiten darf (attr.mq_msgsize). Beim Auslesen einer Meldung wird dem Empfänger die genaue Länge der Meldung mitgeteilt. Die in der Message Queue gepufferten Meldungen sind entsprechend ihrer Meldungspriorität sortiert, wobei Meldungen der gleichen Priorität eine FIFO-Reihenfolge einnehmen. Die Meldungspriorität wird durch den Sender zusammen mit der Meldung der Message Queue übergeben.

Die Message-Queue-Systemfunktionen sind mit ihren Aufrufparametern stark an die Dateisystemoperationen angelehnt. Jedoch können die Standardoperationen open(), read() und write() nicht benutzt werden, da für die Message Queue separate Funktionen definiert wurden. Der Grund dafür liegt darin, dass zur Erreichung einer hohen Ausführungsgeschwindigkeit das aufwendige Dateisystem auf diese Art und Weise umgangen werden kann.

Ob ein bestimmtes Unix-System die POSIX Message Queues unterstützt, wird durch die Existenz der Konstanten _POSIX_MESSAGE_PASSING in der Header-Datei unistd.h angezeigt. Dies kann in der Applikation z.B. mit der Anweisung #ifdef _POSIX_MESSAGE_PASSING abgefragt werden.

Eine besondere Beachtung verdient das Löschen von Message Queues. Da sie nicht im Dateisystem eingetragen sind, muss der Queue-Name bekannt sein, um sie zu löschen (kann nicht aus Verzeichnis abgefragt werden). Daher sollte jede Applikation nicht mehr benötigte Message Queues unbedingt selbst löschen. Beim Aufruf von mq_unlink() wird eine Message Queue sofort gelöscht, wenn keine Referenzen mehr darauf existieren. Dies ist der Fall, wenn jeder Prozess, der mq_open() aufgerufen hatte, die bezogene Referenz mit mq_close() wieder freigegeben hat. Existieren beim Aufruf vom mq_unlink() noch offene Referenzen, so wird das Löschen so lange verzögert, bis diese Referenzen durch ihre Besitzer aufgelöst wurden.

Beim Anlegen einer Message Queue oder auch während des Betriebs kann festgelegt werden, ob das Schreiben auf eine volle Queue bzw. das Lesen aus einer leeren Queue den Aufrufer so lange blockieren soll, bis wieder Platz bzw. Meldungen vorhanden sind. Wird der nicht blockierende Betrieb (*nonblocking*) gewählt, so geben die Aufrufe von mq_send() bzw. mq_receive() in den erwähnten Fällen sofort den Fehlercode EAGAIN zurück. Die symbolischen Konstanten für Fehlercodes sind in der Header-Datei errno.h definiert und dort im Kommentar kurz erklärt

Da die POSIX Message Queues keine Dateideskriptoren, sondern spezielle Queue-Deskriptoren benutzen, kann leider kein Ein-/Ausgabe-Multiplexing mit der Systemfunktion select() durchgeführt werden. Ein-/Ausgabe-Multiplexing bedeutet, dass gleichzeitig auf den Abschluss mehrerer Ein-/Ausgabeoperationen gewartet werden kann (siehe auch Abschnitt 9.1.2). Als Ersatz steht dafür die Funktion mq_notify() zu Diensten, mit der ein Prozess oder Thread eine Benachrichtigung beim Eintreffen einer Nachricht abonnieren kann. Trifft eine Nachricht für eine leere Message Queue ein, für die sich der Prozess oder Thread registriert hat, so wird ihm ein Signal zugesendet. Voraussetzung ist allerdings, dass kein anderer Prozess oder Thread an der leeren Message Queue auf Nachrichten wartet. Ferner gelten folgende Einschränkungen:

- Die Registrierung gilt nur für eine einmalige Benachrichtigung (muss nachher erneuert werden).
- Nur ein Prozess oder Thread kann pro Message Queue gleichzeitig registriert sein.
- Trifft eine Nachricht ein und die Message Queue ist nicht leer, so erfolgt keine Benachrichtigung.

Das versendete Signal kann beim Aufruf von mq_notify() konfiguriert werden.

System V Message Queues

Die Message Queues des System V unterscheiden sich von den POSIX Message Queues unter anderem darin, dass jede Meldung einen vorgegebenen zweiteiligen Aufbau besitzen muss.

6.2 Nachrichtenbasierte Verfahren

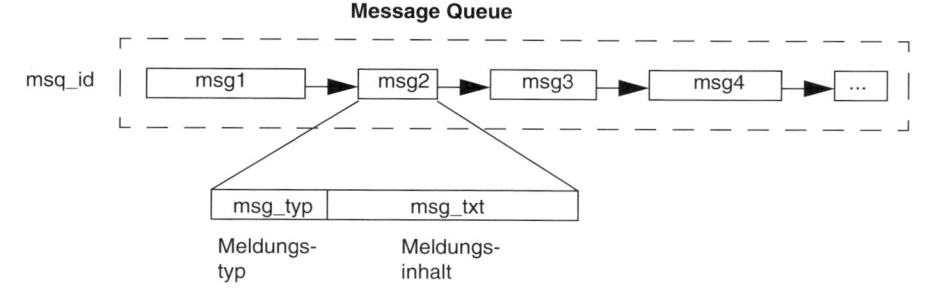

Abb. 6–9 Aufbau einer Message Queue

Eine Meldung besteht immer aus den zwei Teilen *msg_typ* und *msg_txt*, die den Meldungstyp und den Meldungsinhalt repräsentieren. Wie in einer eigenen Applikation ein Meldungstyp deklariert werden kann, zeigt nachfolgendes Beispiel:

```
struct meine_nachricht {
   long msg_typ;
   char msg_txt[100];
}
```

6.2.5 Windows-Messages

Die Windows-Meldungen stellen eine zentrale Funktion der grafischen Benutzeroberfläche des Windows dar. Sie stehen nur für Threads zur Verfügung, die eines oder mehrere Fenster zugeordnet haben, da der primäre Zweck der Windows-Meldungen die GUI-Funktionalität (vor allem Benutzerinteraktion) ist. Windows-GUI-Anwendungen haben pro Windows-Thread je eine separate Windows Message Queue zugeteilt. Diese Windows Message Queues ermöglichen neben der Übermittlung von Benutzereingaben und weiteren GUI-Ereignissen eine Kommunikation zwischen Threads verschiedener Prozesse. Die Voraussetzung dazu ist die Verwendung des Windows-Meldungstyps WM_COPYDATA und von SendMessage() zur Meldungsübertragung. Der Meldungstyp WM_COPYDATA ist speziell für diesen Datenaustausch zwischen Threads reserviert und benutzt den Datentyp COPYDATASTRUCT für die Beschreibung der zu übertragenden Daten.

```
typedef struct tagCOPYDATASTRUCT {   // Abkürzung: cds
      DWORD dwData;
      DWORD cbData;
      PVOID lpData;
      } COPYDATASTRUCT, *PCOPYDATASTRUCT;
```

Ein Puffer des Datentyps COPYDATASTRUCT wird durch das Betriebssystem automatisch alloziert und dealloziert beim Umkopieren der Daten.

Die Beschränkung auf die SendMessage()-Funktion kommt daher, dass für die Meldungsübertragung ein Umkopieren der Daten in einen dynamisch angelegten Puffer im Zieladressraum nötig ist (Überwindung der Adressraumgrenze!). Dies wird von Windows für die PostMessage()-Funktion nicht unterstützt, da dann der Zeitpunkt für die Freigabe des dynamisch allozierten Puffers nicht bestimmbar wäre. Bei SendMessage() hingegen muss der Puffer nur so lange unterhalten werden, bis der Aufruf komplett ist. Da die Daten innerhalb der aufgerufenen Fensterprozedur verarbeitet werden, muss der Puffer nur bis zum Verlassen derselben nutzbar sein.

Das untenstehende Codebeispiel zeigt die praktische Anwendung dieser Form der Thread-Kommunikation. Es ist ein Vektor arr mit 20 Elementen zu versenden. Die dazu nötigen Angaben werden in die Datenstruktur cds verpackt, die die Übertragung der Meldung steuert. Die Inhalte von arr und cds dürfen erst verändert werden, wenn sie vom Empfänger fertig verarbeitet sind. Der sendende Thread wartet so lange, bis der empfangende Thread die Meldung in seiner Fensterprozedur bearbeitet und einen Rückgabewert geliefert hat. Der Meldungstyp WM_COPYDATA ist zwingend zu verwenden, da nur so ein Umkopieren der Inhalte von arr stattfindet. Zur Identifizierung des Empfänger-Threads dient ein ihm zugeordnetes Fenster. Ist der Handle dieses Fensters nicht bekannt, so kann er mittels der Systemfunktion FindWindow() unter Angabe des Fensterklassennamens und des Fenstertitels abgefragt werden. Im ersten Codeausschnitt sind die Aktionen des sendenden Threads zu sehen:

```
DWORD WINAPI ThreadFunc1(LPVOID n)
{
   COPYDATASTRUCT cds;
   int arr[20];

   cds.dwData = 20;                    // Benutzerdefinierter Aktionscode
   cds.cbData = sizeof(arr);           // Anzahl Byte des Datenblocks
   cds.lpData = (LPVOID)arr;           // Startadresse des Datenblocks
   ...
   SendMessage(hwndReceiver,WM_COPYDATA,(WPARAM)hwndSender,(LPARAM)&cds);
}
```

Der Codeausschnitt des Empfänger-Threads zeigt die Erweiterung seiner Fensterprozedur um die Bearbeitung des Ereignisses WM_COPYDATA:

```
LRESULT CALLBACK WndProc2(HWND hwnd, UINT iMsg, WPARAM wParam, LPARAM lParam)
                                    // Dies ist die Fensterprozedur des
                                    // Empfaenger-Threads
{
   PCOPYDATASTRUCT pMyCds;
   int *p;
   int Eintrag;
```

```
    switch(iMsg) {
       case WM_COPYDATA:
          pMyCds = (PCOPYDATASTRUCT) lParam;    // Zeiger auf cds aufsetzen
          p = (int *)pMyCds->lpData;            // Anfangsadresse von arr bestimmen
          Eintrag3 = p[2];                      // Auf 3. El. des Vektors zugreifen
          ..
          return TRUE;                          // Verarbeitung war okay
       ...
}
```

Die Verwendung von Windows-Messages für die Kommunikation zwischen Threads stellt einen synchronen Nachrichtenaustausch dar, der einem Rendezvous entspricht. Nachteilig ist die vergleichsweise langsame Implementierung, da ein Umkopieren von Daten zwischen Adressräumen nötig ist.

6.2.6 Windows-Mailslots

Bei den Windows-Mailslots handelt es sich um einen verbindungslosen (*datagram*) Meldungsdienst. Wie bei den Pipes werden die zwei Rollen des *Servers* und des *Clients* unterschieden. Die Aktionen des Servers (= Leser) sind:

- Mailslot erzeugen: `CreateMailslot()`
- Von Mailslot lesen (schreiben nicht erlaubt): `ReadFile()`

Die Aktionen des Clients (= Schreiber) sind:

- Mailslot öffnen: `CreateMailslot()`
- Auf Mailslot schreiben (lesen nicht erlaubt): `WriteFile()`

Ein Client weiß nicht, ob ein oder mehrere oder gar kein Server eine geschriebene Meldung tatsächlich erhalten hat. Die Meldung eines Clients kann von allen den Mailslot nutzenden Servern gelesen werden, d.h., alle Server empfangen die gleiche Meldung. Mailslots sind unidirektional. Ein Prozess kann jedoch sowohl Server als auch Client eines Mailslots sein. Ein Mailslot kann mehrere Schreiber und Leser haben, wenn auch typische Verwendungen eine 1:m-Konstellation der einen oder anderen Art einsetzen. Die Eigenschaften eines Mailslots können dynamisch nach seiner Erzeugung mithilfe der `SetMailslotInfo()`-Funktion verändert werden.

Mailslots können rechnerübergreifend verwendet werden. Dazu kann der Client verschiedene Formen von Mailslot-Namen benutzen:

- `\\.\mailslot\[path]name`:
  Lokal auf dem gleichen Rechner befindlicher Mailslot
- `\\computername\mailslot\[path]name`:
  Auf dem Rechner mit Namen computername befindlicher Mailslot

- \\domainname\mailslot\[path]name:
  Bezeichnet alle Mailslots mit dem Namen name in der Domäne domainname. Ein derart identifizierter Mailslot kann nur Meldungen bis maximal 424 Byte übertragen (unabhängig von gewählter Meldungsgröße beim Erzeugen).
- *\mailslot\[path]name: Bezeichnet alle Mailslots mit dem Namen name in der primären Domäne. Ein derart identifizierter Mailslot kann nur Meldungen bis maximal 424 Byte übertragen (unabhängig von gewählter Meldungsgröße beim Erzeugen). Der name ist ein frei wählbarer Textname des Mailslots. Der [path] steht für ein frei wählbares, optionales Unterverzeichnis.

Von Interesse ist, dass Mailslots als einzige Systemobjekte ein Zeitlimit (*timeout*) beim Warten mittels ReadFile() bzw. WriteFile() realisieren. Dieses Zeitlimit wird beim Anlegen des Mailslots festgelegt. Ebenfalls konfiguriert werden kann die maximal erlaubte Meldungslänge. Die Konfiguration eines Mailslots kann mithilfe von SetMailslotInfo() im Betrieb geändert werden. Angaben über die aktuelle Konfiguration sowie auch über die Anzahl und Größe abgelegter Meldungen können mittels GetMailslotInfo() erlangt werden. Mailslots eignen sich gut für die Lokalisierung von Applikationsservern und die Realisierung eines Bulletin-Board-Dienstes.

- *Lokalisierung von Applikationsservern*: Ein Applikationsserver macht einen Dienst gegenüber einer unbekannten Menge von Clients bekannt, indem er seinen Rechnernamen und den Pipe-Namen für Dienstanforderungen in einen Broadcast-Mailslot schreibt. Er tut dies als Mailslot-Client.

  Alle an derartigen Diensten interessierten Applikations-Clients lesen diese Informationen aus dem Broadcast-Mailslot aus und können anschließend Applikationsanforderungen an den Applikationsserver übermitteln. Diese Applikations-Clients sind damit Mailslot-Server.

  Dies ist eine Ein-Schreiber/viele-Leser-Situation (1:m). Im Falle von mehreren Applikationsservern handelt es sich um eine m:n-Konstellation.
- *Bulletin-Board-Dienst*: Eine Menge von Rechnern will ihren Status periodisch bekannt geben (als Mailslot-Server). Ein oder mehrere Rechner interessieren sich dafür (als Mailslot-Client).

Die Vertauschung der Begriffe Client und Server bei Mailslots in obigen Beispielen kann verwirren. Dies ist jedoch nicht immer der Fall, sondern hängt vom genauen Verwendungszweck ab. Sowohl bei *Windows Named Pipes* als auch *Windows Mailslots* ist der Server für das Anlegen und das erste Lesen verantwortlich. Entsprechend ist es Aufgabe des Clients das erste Schreiben durchzuführen (= Übertragung einer Anforderung an den Server). Das erste Codebeispiel zeigt ausschnittweise den Einsatz eines Windows-Mailslots auf der Serverseite.

```
LPSTR lpszSlotName = "\\\\.\\mailslot\\sample_mailslot";
hSlot1 = CreateMailslot(lpszSlotName,
                        0,                       // Unlimitierte Meldungsgröße
                        MAILSLOT_WAIT_FOREVER,   // Kein Zeitlimit
                        NULL);                   // Standardsicherheitsattribute
fResult = GetMailslotInfo(hSlot1,                // Mailslot-Handle
                          NULL,                  // Unlimitierte Meldungsgröße
                          &cbMessage,            // Größe nächster Meldung
                          &cMessage,             // Meldungsanzahl
                          NULL);                 // Kein Zeitlimit
fResult = ReadFile(hSlot1,
                   lpszBuffer,
                   cbMessage,
                   &cbRead,
                   NULL);
```

Die zu dem Serverbeispiel passenden Anweisungen auf der Clientseite sind in diesem Codeausschnitt enthalten:

```
hFile = CreateFile("\\\\*\\mailslot\\sample_mailslot",
                   GENERIC_WRITE,
                   FILE_SHARE_READ,      // Zum Schreiben benötigt
                   NULL,
                   OPEN_EXISTING,
                   FILE_ATTRIBUTE_NORMAL,
                   NULL);
fResult = WriteFile(hFile,
                    lpszMessage,
                    lstrlen(lpszMessage) + 1,  // Abschließendes \0-Zeichen
                    &cbWritten,
                    NULL);
```

6.3 Speicherbasierte Verfahren

Die speicherbasierten Verfahren zum Datenaustausch zwischen Threads benötigen grundsätzlich keine Systemhilfe, sofern alle beteiligten Threads zum gleichen Prozess gehören. Da sie sich den Adressraum teilen, können sie über globale Variablen einen Datenaustausch realisieren. Dies geht jedoch nicht, wenn Threads verschiedener Prozesse oder Prozesse untereinander kommunizieren wollen, sofern ein virtuelles Speichersystem zum Einsatz kommt. Die strikte Trennung der Adressräume der verschiedenen Prozesse steht hier einem Datenaustausch im Weg. Meist kann in dieser Situation auf nachrichtenbasierte Verfahren ausgewichen werden, wie sie im vorangehenden Abschnitt vorgestellt wurden. Gilt es jedoch, große Datenmengen in sehr kurzer Zeit auszutauschen, so sind diese Verfahren nicht immer ausreichend schnell. Zum Glück bieten Betriebssysteme mit virtuellem Speicher die Möglichkeit an, mittels spezieller Systemaufrufe gemeinsame Speicherbereiche zwischen Prozessen einzurichten. Unter gemeinsamem

Speicher (*shared memory*) versteht man einen Hauptspeicherbereich, der für mehrere Prozesse sichtbar ist. Ist ein gemeinsamer Speicher eingerichtet, so kann der eigentliche Datenaustausch von den Applikationen ohne weitere Systemhilfe durchgeführt werden. Dabei ist allerdings der gegenseitige Ausschluss nicht garantiert. Dazu sind zusätzliche Maßnahmen durch die Applikation selbst zu treffen, die typischerweise den Einsatz von Semaphoren bedeuten. Zu beachten ist, dass diejenigen Semaphorimplementierungen nicht geeignet sind, die nur prozesslokal verwendet werden dürfen.

6.3.1 Gemeinsamer Speicher unter Windows

Die Einrichtung von gemeinsamem Speicher unter Windows bedingt die folgenden Teilschritte:

1. Zuerst muss ein Systemobjekt zur Abbildung von Dateien (*file mapping*) erzeugt werden. Im Gegensatz zur sonstigen Verwendung des File-Mapping-Objekts wird der Spezialmodus »benutze *paging file*« verlangt. Damit wird ein Speicherbereich über einen globalen Textnamen für alle Prozesse zugänglich, ohne dass extra eine zugeordnete Datei nötig wird (da die Auslagerungsdatei sowieso existiert). Es kommen die API-Funktion CreateFileMapping() und OpenFileMapping() zur Anwendung.
2. Der mit Schritt 1 definierte Speicherbereich ist nun in die Adressräume der gewünschten Prozesse einzublenden. Dieser Schritt muss von jedem beteiligten Prozess separat durchgeführt werden. Es wird die API-Funktion MapViewOfFile() benutzt.
3. Wenn der gemeinsame Speicher nicht mehr gebraucht wird, so kann sich ein Prozess durch Aufruf von UnmapViewOfFile() davon befreien.

Die praktische Verwendung zeigt folgendes Programmbeispiel:

```
// Erzeuge ein File-Mapping-Objekt zur Anlage gemeinsamen Speichers
hFileMapping = CreateFileMapping((HANDLE)0xffffffff,// Datei-Handle
            NULL,                       // Sicherheitsattribute
            PAGE_READWRITE,             // Schutzmodus
            0,                          // Größe (obere 32 Bit)
            sizeof(tCommonData),        // Größe (untere 32 Bit)
            "shared mem XY");           // Textname
if (hFileMapping == NULL) { ... }       // Fehlerbehandlung
// Blende Bereich in Prozessadressraum ein
pSharedMem = (tCommonData *)MapViewOfFile(hFileMapping,// Datei-Handle
            FILE_MAP_ALL_ACCESS,        // Lesen/Schreiben
            0,                          // Versatz (obere 32 Bit)
            0,                          // Versatz (unt. 32 Bit)
            0);                         // Alles abbilden
if (pSharedMem == NULL) { ... }         // Fehlerbehandlung
```

6.3.2 Gemeinsamer Speicher unter Unix

POSIX Shared Memory

Da die für gemeinsamen Speicher verfügbaren Funktionen auch zur Abbildung von Dateien (*file mapping*) in den Hauptspeicher dienen, müssen zwei Konstanten überprüft werden, um herauszufinden, ob ein bestimmtes Unix-System das Einrichten von gemeinsamem Speicher tatsächlich unterstützt. Es muss die Konstante _POSIX_SHARED_MEMORY_OBJECTS definiert sein und nicht nur _POSIX_MAPPED_FILE. Beide sind, falls definiert, in der Header-Datei unistd.h zu finden. Das Festlegen spezifischer Zugriffsrechte auf dem gemeinsamen Speicher setzt zudem voraus, dass zusätzlich die Konstante _POSIX_MEMORY_PROTECTION definiert ist.

Gemeinsamer Speicher wird mit der Funktion shm_open() angelegt. Für die Namensgebung gelten die gleichen Regeln wie für Message Queues, d.h. führender Schrägstrich und keine Schrägstriche innerhalb des Namens. Der zurückgegebene Deskriptor ist ein echter Dateideskriptor (*file descriptor*), d.h., zum Schließen eines Deskriptors ist die Funktion close() zu benutzen. Das Abbilden des gemeinsamen Speichers in den Prozessadressraum erfolgt mittels der Funktion mmap(), die sonst auch zur Abbildung von Dateien oder eines Bildschirmpuffers (*frame buffer*) in den Hauptspeicher dient. Das Löschen eines gemeinsamen Speichers erlaubt die Funktion shm_unlink(). Sie ersetzt die Dateisystemfunktion unlink(), da ein gemeinsamer Speicherbereich nicht wirklich im Dateisystem abgelegt ist.

Da mit shm_open() die Größe des gemeinsamen Speichers auf 0 initialisiert wird, muss die gewünschte Größe vor Gebrauch mittels ftruncate() konfiguriert werden. Falls das Setzen von Schutzattributen unterstützt wird, kann dies mit mmap() oder später auch mit mprotect() erfolgen. Nachfolgend ist ein einfaches Programmbeispiel für die Verwendung gemeinsamen Speichers gezeigt:

```
#include <sys/mman.h>
int shmd;
void *shmp;

// Shared Memory anlegen mit Schreib-/Lesezugriffsrechten für Benutzer
shmd = shm_open ("/shmem 1", O_CREAT | O_RDWR,S_IRWXU);
// Größe festlegen auf 16384 Byte
if (ftruncate(shmd, 16384) < 0) { /* Fehlerbehandlung */ };
// Ganzen Bereich in eigenen Prozessadressraum einblenden auf Adresse 0
shmp = mmap(0, 16384, PROT_READ|PROT_WRITE, MAP_SHARED, shmd, 0);
if (shmp == MAP_FAILED) { /* Fehlerbehandlung */ };
// Erhaltene Startadresse zur Kontrolle ausgeben
printf("Startadresse = %x", (unsigned long)shmp);
// Shared Memory benutzen
..
// Shared-Memory-Einblendung aufheben
```

```
close(shmd);
// Shared Memory Object vernichten
shm_unlink("/shmem 1");
```

System V Shared Memory

Grundsätzlich stehen ähnliche Möglichkeiten zur Verfügung wie bei der Einrichtung von gemeinsamem Speicher mit den POSIX-Funktionen.

6.4 Monitor

6.4.1 Grundprinzip

Ein Monitor ist ein Objekt, das die gemeinsamen Daten und die kritischen Bereiche in Form von Funktionen zusammenfasst. Man versucht damit, die Zugriffsregelung zu strukturieren und sicherzustellen, dass einer P-Operation immer eine V-Operation folgt (siehe Abb. 6–10). Der Monitor wurde erstmals von P. Brinch Hansen und C. Hoare als abstrakter Datentyp beschrieben.

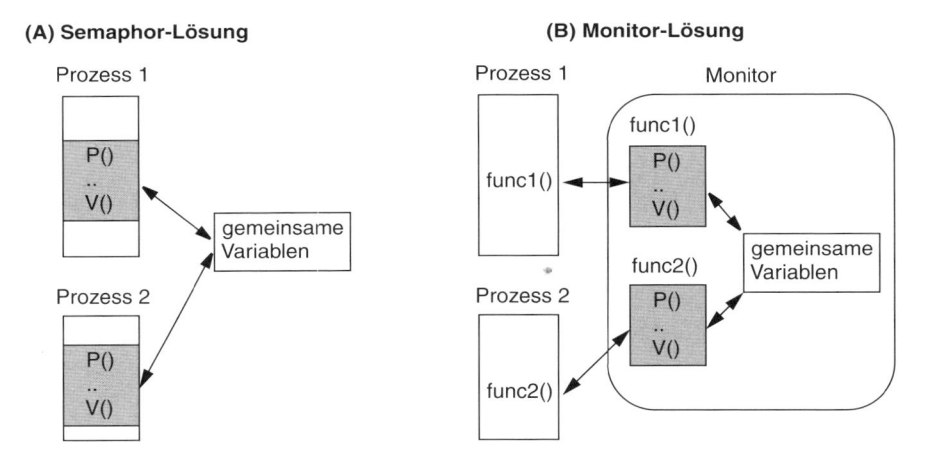

Abb. 6–10 Programmstrukturierung mittels Monitor

Ein Monitor baut auf drei Elementen auf:
- Die Monitorvereinbarung (siehe Beispiel in Abb. 6–11)
- Der Bedingungsvariablentyp »cond«
- Zwei dem Bedingungsvariablentyp zugeordnete Operationen (wait, signal)

Mit der Monitorvereinbarung werden die gemeinsamen Variablen (beliebigen Typs), die auf diesen wirksamen Operationen (in Form von Funktionen) und die Synchronisierungsvariablen (vom Typ »cond«) zu einer *Deklarationseinheit*

6.4 Monitor

zusammengefasst. Es können mehrere Monitore deklariert werden sowie innerhalb eines Monitors mehr als eine Bedingungsvariable vorhanden sein. Auf die gemeinsamen monitorlokalen Variablen können nur die ihnen zugeordneten Funktionen, die ebenfalls im Monitor enthalten sind, zugreifen. Ein Monitor wird von einem Prozess benutzt, indem er eine im Monitor deklarierte Funktion aufruft.

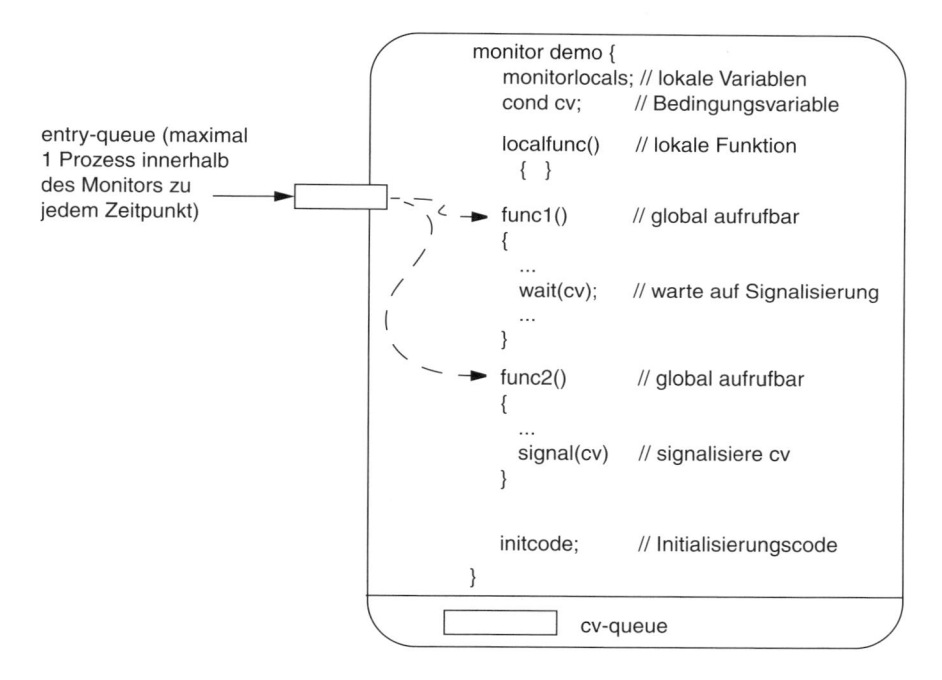

```
entry-queue (maximal           monitor demo {
1 Prozess innerhalb                monitorlocals;   // lokale Variablen
des Monitors zu                    cond cv;         // Bedingungsvariable
jedem Zeitpunkt)
                                   localfunc()      // lokale Funktion
                                   { }

                                   func1()          // global aufrufbar
                                   {
                                      ...
                                      wait(cv);     // warte auf Signalisierung
                                      ...
                                   }

                                   func2()          // global aufrufbar
                                   {
                                      ...
                                      signal(cv);   // signalisiere cv
                                   }

                                   initcode;        // Initialisierungscode
                               }
                                                    cv-queue
```

Abb. 6–11 *Struktur des Monitors (Prinzipbeispiel)*

Dabei können Parameter übergeben werden. Ein Monitor funktioniert nach definierten Regeln (die Angaben in Klammern beziehen sich auf Abb. 6–11):

- Auf die Daten im Monitor kann nur über Funktionsaufrufe zugegriffen werden. Diese Funktionen sind auch im Monitor enthalten (z.B. `func1`, `func2`).
- Bevor der erste Prozess etwas ausführt, laufen die Initialisierungsteile aller Monitore ab (`initcode`).
- Es kann maximal ein einziger Prozess gleichzeitig irgendeine Monitorfunktion ausführen (»sich im Monitor befinden«). Mögliche weitere Prozesse warten in einer gemeinsamen Warteschlange auf den Eintritt in den Monitor (`entry-queue`).
- Wenn ein Prozess innerhalb des Monitors zu warten beginnt (`wait(cv)`, betrifft `cv-queue`), so wird der Monitor freigegeben, sonst wäre der Monitor ja blockiert.

- Wenn ein Prozess innerhalb des Monitors einen in einer Monitorfunktion wartenden Prozess weckt (signal(cv)), so stellt sich die Frage, welcher der zwei Prozesse nun im Monitor weiterarbeiten darf. Eine einfache Lösung wäre die, dass der signalisierende Prozess weiterläuft und der aufgeweckte Prozess so lange wartet, bis der Monitor frei wird (alternative Lösungen existieren und sind weiter unten beschrieben).
- Die für das Warten und Wecken verwendeten Funktionen wait() und signal() sowie die dabei benutzten Semaphore sind für das Monitorprinzip speziell definiert.
- Funktionsweise von wait(): Der aufrufende Prozess wird blockiert und in die der Bedingungsvariablen (cv) zugeordnete Warteschlange eingereiht (cv-queue). Die Warteschlange wird z.B. nach dem FIFO-Prinzip geführt. Der Monitor wird freigegeben.
- Funktionsweise von signal(): Falls die Warteschlange der zugeordneten Bedingungsvariablen (cv) nicht leer ist, wird aus dieser ein Prozess entfernt und ausgeführt (betrifft cv-queue). Da der aufgeweckte Prozess den Monitor neu sperren will, wird er so lange blockiert, bis der signalisierende Prozess den Monitor verlässt (alternative Lösungen existieren und sind weiter unten beschrieben). Ist beim Aufruf der signal()-Funktion die betroffene Warteschlange leer, so bleibt der Aufruf ohne Wirkung (d.h. keine Speicherung des Aufwecksignals!).

In den oben skizzierten Regeln wurde ein sogenannter *Signal-and-continue*-Monitor beschrieben, d.h., nach einem signal()-Aufruf darf der aufrufende Prozess weiterfahren. Es ist jedoch auch ein alternativer Ablauf denkbar, bei dem der aufgeweckte Prozess bevorzugt wird, d.h. nach der Signalisierung als Erster weiterläuft. Dieser Verhaltenstyp wird als *Signal-and-wait*-Monitor bezeichnet. Dieses Verhalten kann beispielsweise erreicht werden, indem der signal() aufrufende Prozess den Monitor während der Signalisierung freigibt und ihn erst danach wieder belegt. Dadurch kann der aufgeweckte Prozess den Monitor wieder betreten. Zudem muss der aufgeweckte Prozess eine höhere Ablaufpriorität besitzen, damit er beim Rescheduling bevorzugt wird. Warten weitere Prozesse auf den Monitoreintritt, so ist das gewünschte Verhalten ebenfalls nicht garantiert. Eine sichere Implementierung müsste zusätzlich eine einseitige Ablaufsynchronisation mittels eines weiteren Semaphors benutzen. Führt man die Zusatzregel ein, dass der signal() aufrufende Prozess dies als letzte Aktion in einer Monitorfunktion durchführt, so gibt er damit den Monitor automatisch frei. Diese Variante wird als *Signal-and-exit*-Monitor bezeichnet und ist ein Untertyp von *signal-and-continue* mit *continue* als Nullaktion.

Falls nicht garantiert ist, dass der durch signal() aufgeweckte Prozess als Nächster den Monitor betritt, so muss eventuell die Bedingungsprüfung wiederholt erfolgen.

```
while (!cond) wait(cv);
```

6.4 Monitor

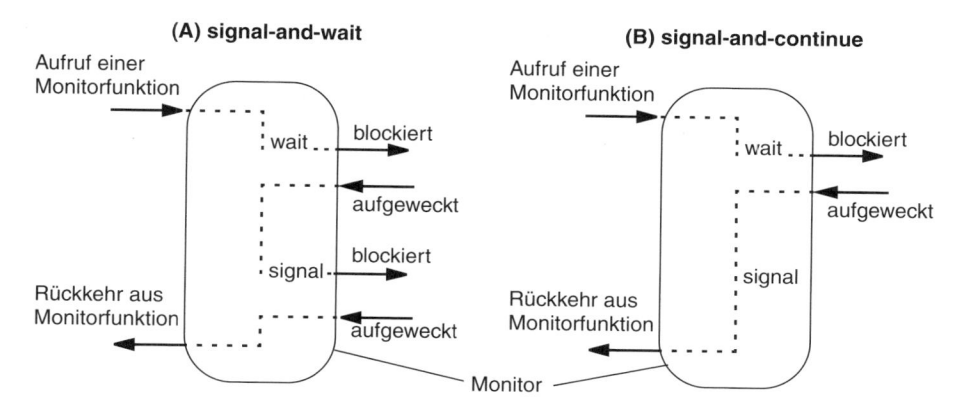

Abb. 6–12 Verhaltenstypen für signal()-Funktion

anstatt:

    if (!cond) wait(cv);

Nehmen wir z.B. an, die Bedingung cond bedeute state=15. Werden Monitorfunktionen aufgerufen, die state verändern, bevor der durch signal() aufgeweckte Prozess weiterläuft, so ist dann die Bedingung eventuell schon nicht mehr erfüllt. Dies hängt letztlich von der Programmlogik ab, was bedeutet, dass die wiederholte Prüfung nicht in jeder Anwendungssituation nötig ist. Zudem setzt eine wiederholte Prüfung mit nachfolgendem wait() auch einen wiederholten Aufruf von signal() für jede erkannte Erfüllung der Bedingung voraus, damit keine permanente Blockierung entstehen kann.

6.4.2 Java-Monitor

Das Monitorprinzip ist normalerweise an Programmiersprachen gebunden, die dann die oben beschriebenen Mechanismen und die Funktionen signal() und wait() beinhalten. Es stellt dort einen abstrakten Datentyp mit impliziten Synchronisationsfunktionen dar. In Abbildung 6–13 ist ein Monitor in der Programmiersprache Java gezeigt. Die Monitorfunktionen sind mit dem Schlüsselwort synchronized gekennzeichnet. Alle synchronized-Funktionen eines Objekts (Klasseninstanz) bilden die kritischen Bereiche eines Monitors. Pro Monitor wird ein für den Programmierer nicht sichtbarer binärer entry-Semaphor angelegt, der den wechselseitigen Ausschluss aller synchronized-Funktionen sicherstellt. Innerhalb eines Monitors können auch Funktionen ohne das synchronized-Attribut verwendet werden. Diese sind natürlich nicht über den entry-Semaphor gesichert. Pro Monitor legt der Java-Compiler eine einzige namenlose Bedingungsvariable an, auf der die Funktionen wait(), notify() und notifyAll() agieren. Mit der Funktion wait() kann an dieser Bedingungsvariablen gewartet werden (cv in Abb. 6–13). Es lässt sich dabei auch ein Timeout spezifizieren (in Anzahl ms). Die Funktion notifyAll() weckt alle an der Bedingungsvariablen blockierten

Threads auf. Alternativ kann auch die Funktion notify() benutzt werden, die einen einzelnen beliebigen Thread aus der wait-queue befreit. Die Reihenfolge der an der Bedingungsvariablen eingereihten Threads ist beliebig, d.h., der Java-Monitor garantiert keine Sortierungsregel, wie z.B. FIFO. Es wird ein *Signal-and-continue*-Verhalten realisiert, d.h., ein notify() bzw. notifyAll() aufrufender Thread kann im Monitor weiterarbeiten.

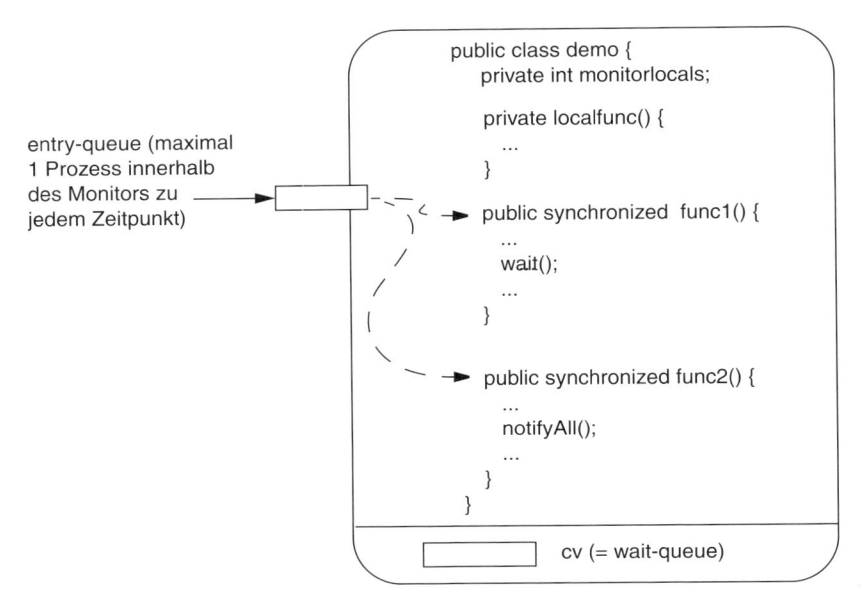

Abb. 6-13 *Struktur des Monitors (Beispiel in Java)*

6.4.3 Monitornachbildung mit Bedingungsvariablen

Funktionsweise der Bedingungsvariablen

Bedingungsvariablen (*condition variables*) stellen einen Grundbaustein eines Monitors dar. Wird mit Programmiersprachen gearbeitet, die das Monitorkonzept nicht unterstützen (z.B. C/C++), so können mit Bedingungsvariablen Monitore einfach nachgebildet werden. Die Verwendung von Bedingungsvariablen ohne das Monitorkonzept im Hintergrund erscheint hingegen wenig attraktiv, da der Gebrauch der Funktionen für Bedingungsvariablen, die zwangsweise mit P()- und V()-Operationen kombiniert werden müssen, eine potenzielle Fehlerquelle darstellt.

Eine Bedingungsvariable stellt eine Warteschlange dar, an der sich Prozesse eintragen können. Die typische Anwendungssituation besteht darin, dass Thread A eine Bedingung prüft und an einer zugeordneten Bedingungsvariablen schläft, wenn sie nicht erfüllt ist (ansonsten fährt er weiter). Wird er aufgeweckt, so wiederholt er die Prüfung. Zur Prüfung der Bedingung wird auf eine mit Thread B

6.4 Monitor

gemeinsame Variable zugegriffen, die abgesichert werden muss, damit keine inkonsistente Abfrage stattfinden kann. Dies führt zu folgendem Codeskelett:

Thread A:
```
P(lock);
while (glob > lok) wait(cv, lock);
V(lock);
```

Thread B:
```
P(lock);
glob++;
V(lock);
signal(cv);
```

In dem Beispiel ist cv die Bedingungsvariable, also die Warteschlange (anfänglich leer). Die Variable lok wird lokal zu Thread A geführt, weswegen der Test nicht in Thread B möglich ist (wäre einfacher). Die Variable glob ist mittels des binären Semaphors lock geschützt, der anfänglich eine Marke enthält. Die Zuordnung der Variablen glob zum Bedingungstest erfolgt durch den Softwareentwickler. Die Funktion wait() trägt den aufrufenden Thread in cv ein und führt V(lock) aus, damit glob für Thread B zugänglich bleibt (sonst könnte eine Verklemmungssituation entstehen). Wird der im wait()-Aufruf schlafende Thread A wieder aufgeweckt, so erfolgt gleichzeitig ein P(lock), damit Thread A gefahrlos glob ein weiteres Mal testen kann. Die wait()-Funktion übernimmt also eine Doppelrolle, nämlich erstens das Blockieren von Thread A und zweitens das Entsperren/Sperren des binären Semaphors lock. Die Funktion signal() weckt den vordersten in cv eingetragenen Thread auf bzw. verpufft ohne weitere Wirkung, wenn cv leer ist. Oben wurde festgestellt, dass die gleiche Funktionalität mittels Semaphoren realisierbar ist. Dies ist in nachfolgendem Codefragment gezeigt, in dem die Variablendeklarationen und Initialisierungen einfachheitshalber weggelassen wurden. Der Semaphor lock sei mit 1 und der Semaphor synch sei mit 0 initialisiert.

Thread A:
```
int test()
{
  P(lock);
  if (glob < lok) {
     V(lock); return 1;
  } else {
     V(lock); return 0;
  }
}

int main()
{
  while (test()) P(synch);
  return 0;
}
```

Thread B:
```
int main()
{
  P(lock);
  glob++;
  V(lock);
  V(synch);
  return 0;
}
```

In Thread A ist die Bedingungsprüfung in der Funktion test() zusammengefasst. Da der Zugriff auf glob geschützt werden muss, ist der eigentliche Test mit den

P- und V-Operationen auf dem Semaphor lock eingeklammert. Solange der Test negativ ausfällt, legt sich Thread A an dem Semaphor synch schlafen. In Thread B ist die Modifikation von glob mittels des Semaphors lock gesichert. Zum Aufwecken von Thread A wird die V-Operation auf dem Semaphor synch benutzt. Da der Semaphor synch das Weckereignis auf jeden Fall weiterleitet, d.h. notfalls temporär speichert, wird der Bedingungstest für jede Modifikation von glob sicher wiederholt (sofern er nicht bereits schon positiv ausfiel). Der einzige Nachteil dieser Lösung liegt darin, dass die Paarung von P() und V() auf dem Semaphor synch nicht sichergestellt ist. Wird der ganze Synchronisierungsablauf wiederholt, so führt Thread A damit unnötig viele Tests aus (entsprechend der Anzahl zwischenzeitlich gespeicherter »Weckmarken«). Dies gilt, wenn synch ein Zählsemaphor ist. Bei einem binären Semaphor müsste sichergestellt werden, dass eine unerlaubte zweite V()-Operation in Folge nicht zum Programmabbruch führt.

POSIX Condition Variable

Bevor wir die Nachbildung eines Monitors mittels eines binären Semaphors und Bedingungsvariablen untersuchen, betrachten wir eine konkrete Implementierung des Bedingungsvariablenkonzepts. Die *POSIX Condition Variable* stellt nicht einen eigenständigen Synchronisationsmechanismus dar, sondern ist assoziiert mit einem *POSIX Mutex* und einer globalen Variablen. Sie erweitert die Funktionalität eines Mutex. Allgemein gesehen wird eine *Condition Variable* immer dann eingesetzt, wenn gewartet werden muss, bis eine bestimmte Bedingung erfüllt ist. Sie kann daher funktional mit einem Monitor verglichen werden. Sie ist dann hilfreich, wenn eine gemeinsame Variable (*predicate*) einen bestimmten Wert annehmen muss, bevor der testende Thread weiterfahren darf. Der Test dieser gemeinsamen Variablen bedarf eines Zugriffsschutzes. Der Test, ob die gemeinsame Variable den gewünschten Wert angenommen hat, muss damit erstens wiederholt und zweitens über einen Mutex geschützt erfolgen.

Unten ist ein einfaches Beispiel gezeigt, in dem Thread A so lange warten will, bis die Variable state den Wert 15 annimmt. Thread A muss wiederholt testen, da nicht bekannt ist, wann state den Wert 15 erreicht. Ergibt ein Test von state, dass der Wert ungleich 15 ist, so wird mittels eines Aufrufs von pthread_cond_wait() Thread A blockiert (in Warteschlange cv eingetragen). Das Testen von state und das anschließende Blockieren müssen zur Vermeidung von *Race Conditions* als unteilbare Operationsfolge ablaufen. Daher wird dieser kritische Bereich mittels des Mutex mtx geschützt. Der Aufruf von pthread_cond_wait() gibt als Nebeneffekt den Mutex frei, solange Thread A schläft. Wird Thread A aufgeweckt, so wird der Mutex mtx neu gesperrt. Diese Freigabe und das erneute Sperren werden automatisch von der Funktion pthread_cond_wait() beim Ein- bzw. Austritt durchgeführt.

Thread A:
```
pthread_mutex_lock(&mtx);
while (state != 15) {
  pthread_cond_wait(&cv,&mtx);
}
pthread_mutex_unlock(&mtx);
```

Thread B:
```
pthread_mutex_lock(&mtx);
state++;
pthread_cond_broadcast(&cv);
pthread_mutex_unlock(&mtx);
```

Thread B inkrementiert die Variable state, die irgendwann den Wert 15 annimmt, sofern sie mit einem kleineren Wert initialisiert wurde (hier nicht gezeigt, aber angenommen). Um Thread A und eventuell weitere Threads auf die Änderung von state aufmerksam zu machen, wird pthread_cond_broadcast() aufgerufen. Dies weckt alle Threads auf, die an der Condition Variable cv warten. Damit die Modifikation von state unteilbar abläuft, wird dies mit dem Mutex mtx gesichert. Wenn Thread A beim Testen von state feststellt, dass der Wert 15 erreicht ist, wird Thread A die while-Schleife verlassen und den Mutex mit pthread_mutex_unlock() freigeben. Einfachheitshalber wurde in dem Beispiel die Initialisierung des Mutex mtx und der Condition Variable cv weggelassen wie auch notwendige Fehlerbehandlungen. Diese Elemente wären in einem echten Programm noch zu ergänzen. In Thread A muss der Bedingungstest und das Schlafenlegen mittels mtx gesichert unteilbar ablaufen, da sonst Thread B die Funktion pthread_cond_broadcast() aufrufen könnte, bevor Thread A an cv am Schlafen ist (das Aufwecksignal würde dann nutzlos verpuffen, da es nicht gespeichert werden kann).

Sind beim Zugriff auf eine gemeinsame Variable nur zwei Threads beteiligt, so wird besser die Funktion pthread_cond_signal() verwendet (anstatt die Funktion pthread_cond_broadcast()). Diese weckt nicht alle an einer Condition Variable wartenden Threads auf, sondern nur genau einen (bzw. keine Wirkung, wenn niemand wartet).

Anstelle der Funktion pthread_cond_init() kann ein sogenannter *static initializer* benutzt werden. Er initialisiert die Standardattribute und darf auf statisch allozierte Bedingungsvariablen angewendet werden. Dies sind Bedingungsvariablen, die global oder lokal mit dem Schlüsselwort static deklariert sind. Nicht dazu zählen lokale Variablen der Speicherklasse auto und mittels malloc() oder new allozierte Variablen.

```
static cv;
pthread_cond_t cv=PTHREAD_COND_INITIALIZER;
```

Monitor-Nachbildung mittels POSIX-Synchronisationsfunktionen

Die Idee eines Monitors besteht darin, gemeinsame Variablen zusammen mit den auf sie zugreifenden Funktionen gesamthaft zu kapseln. Die kritischen Bereiche sind damit auf monitorlokale Funktionen begrenzt. Der wechselseitige Ausschluss wird erreicht, indem durch den Monitor sichergestellt wird, dass zu jedem

Zeitpunkt maximal ein Thread eine monitorlokale Funktion ausführen kann. Praktisch wird dies erreicht, indem alle monitorlokalen Funktionen mit einem binären Semaphor entry gesichert werden. Wird ein Monitor von einer Programmiersprache unterstützt, so werden die dazu nötigen P()- und V()-Operationen sowie die Initialisierung des Semaphors entry vom Compiler bei der Codeerzeugung automatisch zugefügt. Sie sind also in dem Hochsprachen-Quellcode nicht sichtbar. Monitore enthalten zudem das Konzept der Bedingungsvariablen. Innerhalb einer monitorlokalen Funktion kann ein Thread auf die Erfüllung einer Bedingung warten, indem er sich an der spezifizierten Bedingungsvariablen einträgt. Die dazu verfügbare Funktion wait() besorgt für die Dauer des Wartens das Entsperren des entry-Semaphors (ansonsten bliebe der Monitor generell gesperrt). Das Aufwecken eines an einer Bedingungsvariablen wartenden Threads wird aus einer monitorlokalen Funktion heraus durch Aufruf von signal() erreicht.

Eine Nachbildung eines Monitors mit POSIX-Bordmitteln benutzt einen *POSIX Mutex* als Semaphor entry. Als Bedingungsvariablen können *POSIX Condition Variables* eingesetzt werden. Nachfolgend ist ein Codeskelett gezeigt, das funktional dem einführenden Beispiel aus Abbildung 6–11 entspricht.

```
pthread_mutex_t entry;
pthread_cond_t cv;

initcode()
{
  pthread_mutex_init (&entry, NULL);
  pthread_cond_init (&cv, NULL);
}
func1()
{
  pthread_mutex_lock(&entry);
  ..
  pthread_cond_wait(&cv,&entry);
  ..
  pthread_mutex_unlock(&entry);
}
func2()
{
  pthread_mutex_lock(&entry);
  ..
  pthread_cond_signal(&cv);
  ..
  pthread_mutex_unlock(&entry);
}
```

6.4 Monitor

Mit dem Beispielcode ist ein *Signal-and-continue*-Monitor realisiert, der nach Aufruf der Initialisierungsfunktion initcode() benutzt werden kann. Als zweites Beispiel ist das Produzenten/Konsumenten-Problem in C++ gelöst. Der Puffer ist nun innerhalb der Klasse ProdCons als Monitor gekapselt und die Initialisierung in den Konstruktor verlegt.

```
#define N 100
class ProdCons {
  // Attribute
  int buffer[N];            // Puffer mit N Plätzen
  int wi, ri;               // Indexvar. für Schreiben (wi) und Lesen (ri)
  int count=0;              // Zähler für Anzahl Einträge in Puffer
  pthread_cond_t empty;     // Bedingungsvar. für Warten auf »nicht leer«
  pthread_cond_t full;      // Bedingungsvar. für Warten auf »nicht voll«
  pthread_mutex_t lock;     // Eingangssperre für Monitor
  // Methoden
public:
  Monitor(void);            // Konstruktor
  void produce(int n);      // Produzentenfunktion
  int consume (void);       // Konsumentenfunktion
}

Monitor::Monitor (void)
  {
  wi=0; ri=0; count=0;      // Pufferverwaltung initialisieren
  pthread_cond_init (&empty, NULL);
  pthread_cond_init (&full, NULL);
  pthread_mutex_init (&lock, NULL);
  }

void ProdCons::produce(int in)
  {                         // Zu schreibender Wert ist Aufrufparameter
  pthread_mutex_lock(&lock); // Monitor sperren
  while (count==N)          // Warte, solange Puffer voll
     pthread_cond_wait(&full, &lock);
  buffer[wi] = in;          // Wert in Puffer schreiben (eintragen)
  wi = (wi+1) % N;          // Setze Index auf Anfang, falls > Länge
  count++;
  pthread_cond_signal(&empty);
  pthread_mutex_unlock(&lock);
}

int ProdCons::consume (void)
  {
  int out;                  // Temporäre Ablage für ausgelesenen Wert
  pthread_mutex_lock(&lock); // Monitor sperren
  while (count==0)          // Warte, solange Puffer leer
     pthread_cond_wait(&empty, &lock);
  P(empty);                 // Eintragsmarke beziehen (evtl. darauf warten)
  out = buffer[ri];         // Wert aus Puffer lesen (austragen)
```

```
        ri = (ri+1) % N;           // Setze Index auf Anfang, falls > Länge
        count--;
        pthread_cond_signal(&full);
        pthread_mutex_unlock(&lock);
        return out;                // Gelesener Wert ist Funktionsresultat
    }
```

6.5 Rendezvous

6.5.1 Grundprinzip

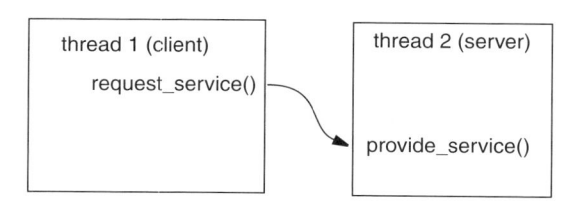

```
    thread 1 (client)              thread 2 (server)

    request_service()  ─┐
                        └─▶        provide_service()
```

Abb. 6–14 *Rendezvous-Prinzip*

Beim Rendezvous werden, ähnlich wie beim Monitor, die kritischen Bereiche zusammengefasst. Diese Bereiche werden aber in einen Serverprozess eingebettet und können von einem oder mehreren Clientprozessen aufgerufen werden. Der Aufruf durch den Client entspricht einer Dienstanforderung. Das Ausführen der kritischen Bereiche durch den Server bezeichnet man entsprechend als Diensterbringung. Falls der den Code enthaltende Serverprozess die Dienstanforderung erwartet, findet das Rendezvous sofort statt. Andernfalls wird der aufrufende Clientprozess in eine dem gewünschten Rendezvous zugehörige Warteschlange eingereiht (ein Server kann mehrere Dienste anbieten). Es können der aufrufende wie der aufgerufene Prozess aufeinander warten, deshalb die Bezeichnung Rendezvous. Wenn der aufgerufene Code ausgeführt wird, führen die beiden am Rendezvous beteiligten Prozesse keine andere Arbeit aus. Genau genommen arbeitet für die Dauer der Diensterbringung nur der Server, der Client bleibt so lange blockiert. Deshalb wird ein wechselseitiger Ausschluss von parallelen Aktivitäten erreicht. Das Rendezvous ist asymmetrisch, da zwar beliebige Clientprozesse in den Serverprozess einspringen können, aber der Serverprozess die Aufrufer nicht auswählen kann.

Praktische Realisierungen können rechnerlokal eine Pipe oder eine Message Queue für die Auftragsanforderung nutzen. Rechnerübergreifend bieten sich Lösungen an, die auf Sockets oder auf RPC (Remote Procedure Call) beruhen. Das Rendezvous-Prinzip lässt sich auch im Multithreading benutzen, wenn zum Beispiel innerhalb eines Prozesses ein wechselseitiger Ausschluss mit gleichzeitiger Synchronisation von Thread-Abläufen erwünscht ist. Das Rendezvous-Prinzip wird vereinzelt durch Programmiersprachen unterstützt (z.B. Ada).

6.5.2 Synchronisation in Client/Server-Systemen (*barber shop*)

Eine typische Situation in einem Client/Server-System wird durch das Problem des *Friseurladens (barber shop)* modelliert. Dieses bekannte Beispiel existiert in der Literatur in leicht unterschiedlich aufwendigen Variationen. Wir beschränken uns hier auf die Grundproblematik, für die wir eine mögliche Lösung mit Semaphoren diskutieren. Unser Friseurladen bietet für fünf Kunden Sitzgelegenheiten zum Warten. Daneben steht der Stuhl des Friseurs, in dem ein Kunde Platz nimmt, um sich die Haare schneiden zu lassen. Ist gerade kein Kunde da, so schläft der Friseur auf seinem Stuhl. Trifft ein Kunde ein, so setzt er sich hin und weckt den Friseur auf, wenn dieser gerade am Schlafen ist. Ist ihm das gelungen, so kann er seinen Wartestuhl verlassen und sich die Haare schneiden lassen. Findet ein Kunde alle Stühle besetzt vor, so wartet er nicht, sondern entschließt sich, ein andermal zu kommen. Wird ein Kunde bedient, so schläft er so lange, bis seine Haare geschnitten sind und ihn der Friseur wieder aufweckt.

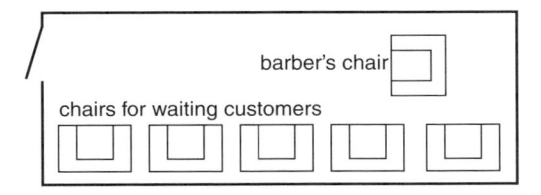

Abb. 6–15 *Friseurladen (barber shop)*

In der Programmierpraxis entspricht der Friseur einem sequenziellen Server, der zu jedem Zeitpunkt maximal einen Client bedienen kann. Der Kunde ist dem Client gleichzusetzen und die Wartestühle der Auftragswarteschlange. Will man einen parallelen Server vergleichbar modellieren, so müsste der Friseurladen ausgebaut werden, sodass mehrere Friseure gleichzeitig arbeiten könnten.

Die Rendezvous-Bedingung, dass sowohl der Friseur als auch der Kunde zum Haareschneiden bereit sein müssen, können wir mittels zweier Semaphore nachbilden (`waiting`, `barber`). Es handelt sich um eine mit der Ablaufsynchronisation (*barrier synchronization*) verwandte Situation. Ein Unterschied besteht jedoch darin, dass der Server beliebige Clients bedienen kann und die Bedingung zum Weiterlaufen durch einen einzigen Client erfüllt wird. Speziell ist die Anforderung, dass wenn alle Stühle belegt sind, ein Client nicht warten soll. Dies bedingt eine Zählvariable (`chairs`), deren Prüfung über einen Semaphor geregelt nur exklusiv erfolgen kann (`lock`). Nimmt ein Kunde Platz, so signalisiert er seinen Rendezvous-Wunsch über den Semaphor `waiting`. Umgekehrt signalisiert der Friseur seine Bereitschaft für den nächsten Kunden über den Semaphor `barber`. Ist mindestens ein Kunde am Warten, so bittet ihn der unbeschäftigte Friseur auf den Friseurstuhl (durch Prüfen des Semaphors waiting). Damit findet ein Rendezvous statt. Das Freiwerden eines Wartestuhls wird über das Nachführen der Zählvariablen chairs festgehalten. Der Kunde schläft nun für die Dauer des Haarschnitts an dem Semaphor finished. Ist der Haarschnitt beendet, so wird der schlafende Kunde aufgeweckt und ist damit entlassen. Der Friseur kann nun den nächsten Kunden bedienen, falls einer anwesend ist, oder er beginnt am Semaphor waiting zu schlafen.

```
// sema sei Name des abstrakten Semaphordatentyps
sema lock=1;              // Absicherung der Zählvariablen chairs
sema waiting=0;           // Auf Haarschnitt wartende Kunden
sema barber=1;            // Anzahl Friseure (1)
sema finished=0;          // Kunde aufwecken nach Haarschnitt
int chairs=5;             // Anzahl Wartestühle (z.B. 5)

// Kunde ruft die Funktion für einen Haarschnitt auf
void get_haircut()
{
  P(lock);                // Wechselseitiger Ausschluss für chairs
  if (chairs > 0) {       // Ist ein Wartestuhl frei?
     chairs--;            // Belege einen Wartestuhl
     V(lock);
     V(waiting);          // Markiere Präsenz (Haarschnittwunsch)
     P(barber);           // Warte auf Friseur
     // ** Rendezvous **     Der Haarschnitt kann stattfinden
     P(finished);         // Warte bis Haarschnitt beendet
  }
  else {
     V(lock);             // Verzichte auf Haarschnitt (keine Stühle frei)
  }
}
// Arbeitszyklus des Friseurs
while (1) {
  P(waiting);             // Warte auf Kunden
  P(lock);                // Wechselseitiger Ausschluss für chairs
  chairs++;               // Ein Wartestuhl wurde frei
  V(lock);
  // ** Rendezvous **        Der Haarschnitt kann stattfinden
  V(finished);            // Wecke Kunde nach getaner Arbeit
  V(barber);              // Markiere Präsenz für neue Aufträge
}
```

6.6 Rechnerübergreifende Interprozesskommunikation

Für eine rechnerübergreifende Interprozesskommunikation stehen heute eine ganze Reihe von Möglichkeiten zur Verfügung, die fast alle auf zwei Grundmechanismen aufbauen (Berkeley-Sockets und RPC). Bevor wir diese näher betrachten, geben wir eine Kurzübersicht über das ISO-OSI-Referenzmodell, unter spezieller Berücksichtigung der TCP/IP- und UDP-Protokolle. Das Schichtenmodell legt klare Funktionsgruppen fest, die aufeinander aufbauen. In der Praxis bringt dies vor allem den Nutzen, dass einzelne Schichten gegen andere Implementierungen ausgetauscht werden können.

6.6.1 Netzwerksoftware

ISO-OSI-Referenzmodell

Das ISO-OSI-Referenzmodell stellt eine Konstruktionsanleitung für Netzwerksoftware dar. Über insgesamt sieben Schichten sind abstrakte Funktionen definiert, die aufeinander aufbauen.

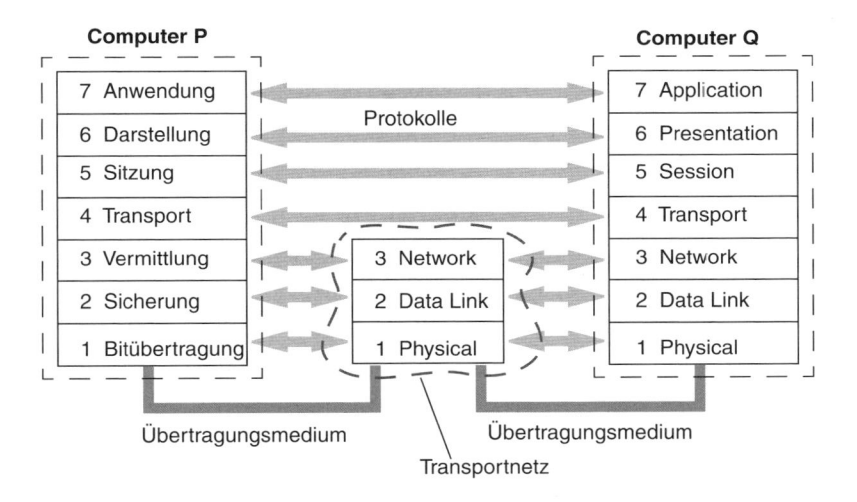

Abb. 6–16 *Schichtenaufbau im Referenzmodell*

Die Funktionen der einzelnen Schichten sind:

1. *Bitübertragung (physical layer)*: Diese Schicht realisiert die Übertragung der abstrakten Informationseinheiten 0 und 1 mittels physikalischer Mittel über ein Medium. Sie überträgt einen Bitstrom von Punkt A nach B, ohne dessen Informationsgehalt zu modifizieren. Diese Übertragung erfolgt ungesichert, d.h., es gibt keine Fehlertoleranz.
2. *Sicherung (data link layer)*: Diese Schicht sorgt dafür, dass alle Daten unverändert übertragen werden, d.h. ohne Fehler und in der richtigen Reihenfolge. Sie stellt den übergeordneten Schichten gesicherte Verbindungen zur Verfügung. Diese sind aber nicht 1:1 an die ungesicherte Verbindung (Schicht 1) gebunden, sondern es können auch mehrere ungesicherte Verbindungen zu

einer gesicherten Verbindung zusammengefasst werden. Eine weitere Aufgabe dieser Schicht ist die Durchführung der Flussregelung, also die Verhinderung eines Datenüberlaufs beim Empfänger.
3. *Vermittlung (network layer)*: Diese Schicht verbindet Endsysteme untereinander (z.B. Rechner P und Q). Dies kann die Benutzung eines oder mehrerer Kommunikationsnetze einschließen. Wenn Endsysteme über ein Netz miteinander verbunden werden, so gibt es oft mehrere Verbindungswege. Die Auswahl der besten Route (Leitweglenkung, Routing) erfolgt in dieser Schicht. Es wird eine einheitliche Adressierung der Endsysteme benutzt (z.B. IP-Adresse).
4. *Transport (transport layer)*: Diese Schicht stellt den Anwendungen transparente Datenkanäle zur Verfügung, d.h., sie schafft Verbindungen zwischen Anwendungsprozessen auf verschiedenen Systemen. Die Transparenz besteht darin, dass von der übergeordneten Schicht übernommene Daten (Bitstrom) unverändert und ohne jegliche Interpretation des Inhalts übertragen werden.
5. *Sitzung (session layer)*: Diese Schicht stellt Mittel zur Verfügung, die zur Eröffnung einer Kommunikationsbeziehung, Sitzung genannt, ihrer geordneten Durchführung und Beendigung nötig sind. Das Protokoll der Schicht 5 ermöglicht mehrere Sitzungen gleichzeitig, die mit den Phasen Verbindungsaufbau, Datentransfer und Verbindungsabbau durchgeführt werden.
6. *Darstellung (presentation layer)*: Die Dienste dieser Schicht werden benötigt, wenn es um die Beschreibung von Daten geht, sofern diese Beschreibung nicht schon Teil der Applikation selbst ist. Zu diesem Zweck wird die Datenbeschreibung *ASN1 (Abstrakte Syntax-Notation 1)* eingesetzt.
7. *Anwendung (application layer)*: Über diese Schicht werden den Anwendungen die Kommunikationsdienste in anwendungsunabhängiger Form zugänglich gemacht.

TCP/IP und UDP

TCP/IP kann im ISO-OSI-Referenzmodell den Schichten 4 und 3 zugeordnet werden (siehe Abb. 6–17). Die TCP/IP-Protokollhierarchie fasst die Schichten 5 bis 7 als eine einzige Anwendungsschicht zusammen. Die Anwendungen setzen direkt auf der Transportschicht auf. Unterhalb der Vermittlungsschicht werden die Bitübertragung und Sicherung (Schichten 1 und 2) ebenfalls zusammengelegt. TCP (*Transmission Control Protocol*) stellt virtuelle Verbindungen her (verbindungsorientierter Dienst), während IP (*Internet Protocol*) keine permanente Verbindung herstellt, sondern jedes Datenpaket einzeln ohne End-to-End-Quittierung weiterleitet. Die fehlende End-to-End-Quittierung bedeutet, dass ohne Zusatzmaßnahmen übermittelte Pakete unerkannt verloren gehen können. Im Gegensatz dazu kann das TCP-Protokoll diese Fehlsituation erkennen und an die Applikation weitermelden. UDP (*User Datagram Protocol*) realisiert einen verbin-

6.6 Rechnerübergreifende Interprozesskommunikation

dungslosen Dienst, indem es im Wesentlichen die Funktionen von IP nach oben weitergibt. Ein verbindungsloser Dienst kann mit der Briefpost verglichen werden, bei der jeder Brief für sich weitergeleitet wird. Ein verbindungsorientierter Dienst findet seine Analogie in einer Telefonverbindung, die aufgebaut, genutzt und dann beendet wird.

Schicht	Protokolle			
7 Anwendung	telnet	ftp	nfs	Protokolle
6 Darstellung				
5 Steuerung				
4 Transport	TCP		UDP	
3 Vermittlung	IP			
2 Sicherung	Ethernet	IEEE 802.x	FDDI	Netze
1 Bitübertragung				

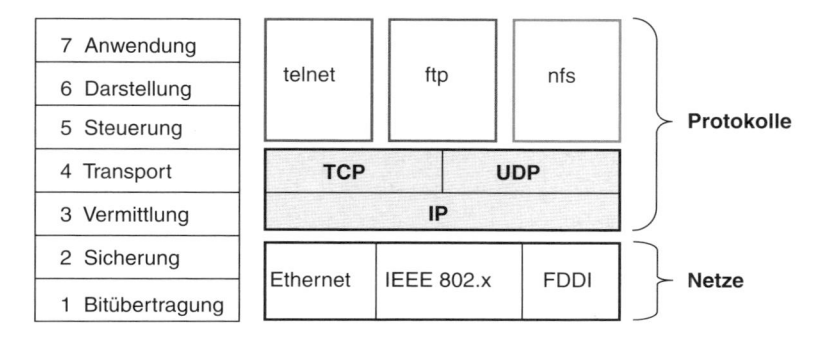

Abb. 6–17 TCP/IP-Protokollhierarchie

6.6.2 Berkeley-Sockets

Eine Kommunikation über Unix-Pipes ist nur möglich, wenn alle beteiligten Prozesse auf dem gleichen Rechner ablaufen. Ein entsprechender Mechanismus für verteilte Systeme stellen die *Berkeley Sockets* dar. Der Name geht auf die erste Implementierung unter dem *BSD (Berkeley Software Distribution)-Unix* zurück.

Die Berkeley-Sockets ermöglichen einen rechnerübergreifenden Datenaustausch mittels Datenströmen. Am Rande sei erwähnt, dass die Pipe-Implementierung unter Windows so erweitert wurde, dass sie auch rechnerübergreifend möglich ist. Aber auch unter Windows steht eine Berkeley-Socket-Programmierschnittstelle zur Verfügung.

Ports als Kommunikationsendpunkte

Die Anwendungen setzen direkt auf TCP bzw. UDP auf und kommunizieren untereinander über virtuelle Verbindungen. Die Endpunkte der Verbindungen werden als *Ports* bezeichnet. Sie dienen als Schnittstellen bzw. Adressen zu den Anwendungen (siehe Abb. 6–18). Für TCP und UDP wird je eine eigene Portnummerierung verwendet. Die Abbildung 6–18 zeigt ein Beispiel dafür, bei dem die Portnummer 177 für unterschiedliche Ports auf demselben Rechner genutzt wird. Die Portnummern 0..1023 sind reserviert und teilweise Standardanwendungen zugeordnet.

Beispiele:
telnet	Port	023	TCP
rlogin	Port	513	TCP
smtp	Port	025	UDP

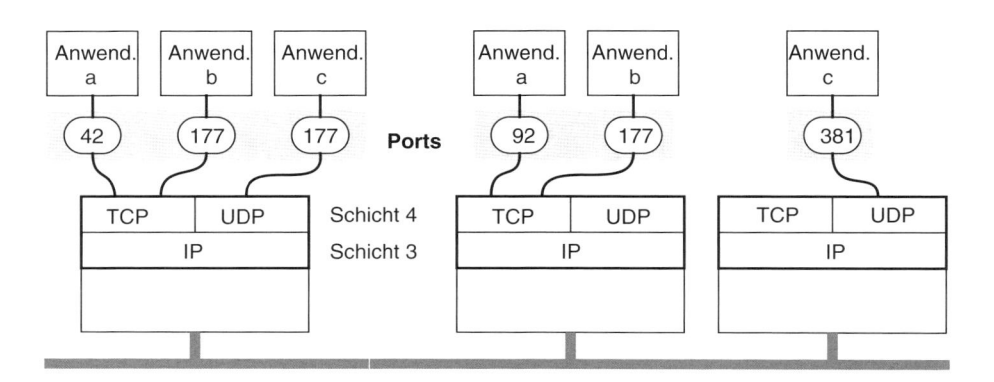

Abb. 6–18 *Funktionsprinzip von TCP/UDP über Ports*

Socket-Programmierung

Wie kann ein Anwenderprogramm geschrieben werden, das mit einem anderen Anwenderprogramm über die Portschnittstelle und über ein Netzwerk kommuniziert? Dazu steht die Socket-Programmierschnittstelle zur Verfügung. Diese wurde für Unix-Systeme und die Programmiersprache C entwickelt, steht heute aber auch auf anderen Systemen (z.B. Windows-Sockets) zur Verfügung. Ein Socket (Steckdose) ist ein Kommunikationsendpunkt, an dem sich das Anwenderprogramm und die Transportschicht treffen. Es gibt unterschiedliche Arten von Sockets:

- *Stream-Socket*: verbindungsorientierter zuverlässiger Transport, z.B. TCP
- *Datagram-Socket*: verbindungsloser unzuverlässiger Transport, z.B. UDP
- *Seqpacket-Socket*: datensatzorientierter zuverlässiger Transport
- *Raw-Socket*: unzuverlässiger Transport, z.B. auf IP

Mit zuverlässigem Transport ist gemeint, dass die Netzwerkprotokolle sicherstellen, dass die Daten fehlerfrei transportiert wurden. Ist dies nicht möglich, so wird der Applikation ein Fehler gemeldet. Unzuverlässig meint hingegen, dass dies nicht gewährleistet ist. Es könnten Daten beim Transport verloren gegangen sein, ohne dass dies der Applikation gemeldet wird.

Phase	Aktiv	Funktionen	Passiv
Endpunkt eröffnen		socket()	
Endpunkt benennen		bind()	
TCP-Verbindung aufbauen	connect()		accept() listen()
Daten senden		write(), send(), sendto(), sendmsg()	
Daten empfangen		read(), recv(), recvfrom(), recvmsg()	
TCP-Verbindung schließen		shutdown()	
Endpunkt abbauen		close()	
Diverses		getpeername(), getsockname(), getsockopt(), setsockopt()	
Ereignisse annehmen		select()	

Tab. 6–5   Socket-Funktionen

Kommunikationsverbindungen müssen an beiden Enden den gleichen Socket-Typ aufweisen. Für die Socket-Programmierung stehen die Socket-Funktionen in Form einer Programmbibliothek zur Verfügung. Diese lassen sich durch Anwenderprogramme einfach nutzen (siehe Tab. 6–5). Die in der Tabelle aufgeführten Funktionen werden je nach Socket-Typ unterschiedlich gebraucht. So entfallen beispielsweise für einen verbindungslosen Betrieb mit Datagram-Sockets die Funktionen listen(), accept() und connect(), da sie dem Verbindungsaufbau dienen. Nachfolgend wird der Gebrauch für die Stream- und Datagram-Sockets näher beschrieben.

Eine Socket-Verbindung lässt sich stets durch ein 5-Tupel folgender Art beschreiben: *{Netzprotokoll, lokale Adresse, lokale Prozessidentifikation, entfernte Adresse, entfernte Prozessidentifikation}*. Als Netzprotokolle kommen meistens TCP/IP (Stream-Sockets) oder UDP/IP (Datagram-Sockets) zum Einsatz. Prozesse werden indirekt durch TCP- oder UDP-Ports identifiziert, an die sie sich gebunden haben. Die lokale und entfernte Adresse entspricht bei Nutzung der Internetprotokolle den IP-Adressen der beteiligten Rechner. Die Festlegung des Protokolls erfolgt beim Erzeugen eines Sockets mittels socket(). Die lokale Rechneradresse und Portnummer werden in der Regel mittels bind() festgelegt. Die entfernte Rechneradresse und Portnummer werden beim konkreten Verbindungsaufbau bestimmt bzw. im verbindungslosen Betrieb pro übermitteltem Datenpaket.

Stream-Sockets benutzt man bevorzugt dann, wenn mehrere Datenübertragungen zwischen zwei Prozessen stattfinden sollen, da dann der Mehraufwand für den Verbindungsauf-/-abbau nicht ins Gewicht fällt. Die Datagram-Sockets bieten sich dann an, wenn einzelne Datenübertragungen zwischen vielen verschiedenen Prozessen nötig sind und die Sicherung der Datenübertragung sowieso auf der Applikationsebene erfolgt.

Neben den in Tabelle 6–5 aufgelisteten Funktionen existieren auf Unix-Systemen noch viele zusätzliche Bibliotheksprozeduren, die für die Netzwerkprogrammierung hilfreich sind. Sie enthalten Funktionen für:

- Kopieren, Vergleichen
- Formatumwandlungen vom Netzwerkformat in das lokale Rechnerformat
- Feststellen des eigenen Rechnernamens
- Suchen von Einträgen in Konfigurationsdateien
- Adresskonversionen (Rechnername ↔ Internetadresse)

Die Erstellung verteilter Anwendungen mit einer verbindungsorientierten Socket-Kommunikation basiert typischerweise auf dem *Client/Server-Prinzip*. Ohne zusätzliche Maßnahmen müssen zwei Annahmen erfüllt sein:

- Der Server besitzt eine bekannte Socket-Adresse (feste Portnummer) auf einem bekannten Rechner (Client kann aber beliebige Portnummer nutzen).
- Der Serverprozess wird zuerst gestartet und wartet auf Aufträge.

Beim Einsatz einer verbindungslosen Socket-Kommunikation sind die Rollen der zwei Kommunikationspartner praktisch symmetrisch. Es muss lediglich gewährleistet sein, dass der empfangende Prozess zur Kommunikation bereit ist, wenn eine Nachricht für ihn eintrifft (sonst geht sie verloren). Zudem wird jedes eintreffende Datengramm empfangen, ungeachtet des Absenders (Sender kann aber aus Nachricht bestimmt werden). Meist wird auch bei der verbindungslosen Socket-Kommunikation eine Client/Server-Konstellation eingesetzt. Typischerweise wird zudem auf der Applikationsebene ein zuverlässiger Nachrichtenaustausch programmiert. Für gewisse Anwendungen ist es aber nicht so störend, wenn einzelne Datengramme verloren gehen (z.B. Audio- oder Video-Streaming), sodass dann darauf verzichtet werden kann.

Der prinzipielle Ablauf einer verbindungsorientierten Kommunikation mittels Stream-Sockets ist in Analogie zu einem Telefonanruf in Tabelle 6–6 gezeigt. Gewisse Funktionen werden nur durch den Server, andere nur durch den Client benötigt. Die übrigen Funktionen heißen für beide gleich und lassen sich auch gleichartig benutzen.

In folgendem Programmbeispiel ist die Verwendung von Stream-Sockets für ein Client/Server-System gezeigt. Das Beispiel ist auf das Minimum reduziert, d.h., es besitzt eine feste Serveradresse der Form {IP-Adresse = 192.168.0.4, TCP-Portnummer = 3500} und enthält keine Fehlerbehandlung. Zudem wird nur eine einzige Client-Verbindungsaufnahme unterstützt, wobei genau eine Clientmeldung entgegengenommen und unverändert wieder zurückgesendet wird (»Echo-Server«).

6.6 Rechnerübergreifende Interprozesskommunikation

Server	Client	Funktion	Analogie beim Telefonieren
socket()	socket()	Sockets kreieren	Kabel des Telefonapparats einstecken
bind()		Adresse zuordnen	Telefonnummer zuordnen
listen()		Eingehende Verbindung erlauben, Größe der Warteschlange festlegen	Anderen erlauben anzurufen
	connect()	Verbindung zu anderem Socket herstellen	Nummer wählen
accept()		Verbindung entgegennehmen	Hörer abnehmen und Verbindung herstellen
read()	write()	Daten senden und empfangen	Sprechen und zuhören
write()	read()	Daten senden und empfangen	Sprechen und zuhören
close()	close()	Sockets schließen	Hörer auflegen

Tab. 6–6 Prinzipablauf einer verbindungsorientierten Socket-Kommunikation

Der anfänglich erzeugte Socket sock dient als Zieladresse für Clients. Beim Verbindungsaufbau wird automatisch ein verbindungsspezifischer Socket consock erzeugt, der nur für die Dauer der Verbindung gültig ist. In dem einfachen Beispiel ist darin kein Vorteil zu sehen. Dies ändert sich jedoch, wenn man einen Server programmiert, der viele Verbindungen parallel handhaben soll. Der Server kann nämlich die einzelnen Verbindungen über unterschiedliche verbindungsbezogene Sockets auseinander halten. Zuerst ist der Code des Serverprozesses gezeigt.

```c
// Übersetzung: gcc streamsock_server.c -lsocket -lxnet
#include <sys/socket.h>

int main()
{
    int sock, consock;                          // Socket-Dateideskriptoren
    struct sockaddr_in srv_addr;                // Serveradresse
    struct sockaddr_in cln_addr;                // Clientadresse
    socklen_t addrlen;                          // Clientadresslänge
    char buf[128];                              // Puffer
    int nread;                                  // Anzahl empfangener Byte

    sock = socket(AF_INET, SOCK_STREAM, 0);     // Stream-Socket erzeugen
    srv_addr.sin_family = AF_INET;              // Internet-Adressfamilie
    srv_addr.sin_addr.s_addr = INADDR_ANY;      // Alle Netzw.schnittstellen
    srv_addr.sin_port = htons(3500);            // TCP-Portnr. 3500
    bind(sock, (struct sockaddr *)&srv_addr, sizeof(srv_addr));
    listen(sock, 5);                            // Erlaube Verbindungsaufnahme
    addrlen = sizeof(cln_addr);
    consock = accept(sock, (struct sockaddr *)&cln_addr, &addrlen);
    nread = read(consock, buf, sizeof(buf));    // Empfange einmal Daten
```

```
    write(consock, buf, nread);           // Echoe empfangene Daten
    close(consock);
    close(sock);
    exit(0);
}
```

Nun folgt der Code des Clientprozesses. Er benötigt nur einen einzigen Socket, da er nur mit einem einzigen Server eine Verbindung aufbauen will. Dies steht im Gegensatz zu einem typischen Serverprozess, der meist mehrere Clients bedienen will.

```
// Übersetzung: gcc streamsock_client.c -lsocket -lxnet
#include <sys/socket.h>

main(int argc, char *argv[])
{
    int sock;                                    // Socket-Dateideskriptor
    struct sockaddr_in srv_addr;                 // Serveradresse
    char *pbuf1 = "Hallo da!\n";                 // Sendedaten
    char buf2[128];                              // Empfangspuffer

    sock = socket(AF_INET, SOCK_STREAM, 0);      // Stream-Socket erzeugen
    srv_addr.sin_family = AF_INET;               // Internet-Adressfamilie
    srv_addr.sin_port = htons(3500);             // Port 3500
    srv_addr.sin_addr.s_addr = inet_addr("192.168.0.4"); // IP-Adresse
    connect(sock, (struct sockaddr*)&srv_addr, sizeof(srv_addr));
    write (sock, pbuf1, strlen(pbuf1)+1);
    read(sock, buf2, sizeof(buf2));
    printf("Echo: %s\n", buf2);
    close(sock);
    exit(0);
}
```

Das Serverbeispiel kann einfach erweitert werden zu einem *iterativen Server*, indem die verbindungsspezifischen Systemaufrufe in eine Schleife gepackt werden, etwa wie folgt (alle übrigen Codeteile bleiben gleich):

```
while (1) {
    addrlen = sizeof(cln_addr);
    consock = accept(sock, (struct sockaddr *)&cln_addr, &addrlen);
    nread = read(consock, buf, sizeof(buf));   // Empfange einmal Daten
    write(consock, buf, nread);                // Echoe empfangene Daten
    close(consock);
}
```

Der Server kann so eine beliebige Anzahl an Clients bedienen, jedoch nur sequenziell. Wollen mehrere Clients eine Verbindung aufbauen, so wird eine akzeptiert und die übrigen pendent gehalten, bis der Server für die nächste Verbindung bereit ist. Die maximale Anzahl an pendenten Verbindungsaufnahmen wird durch den backlog-Aufrufparameter von listen() festgelegt. Dafür wählbare

6.6 Rechnerübergreifende Interprozesskommunikation

Werte können implementationsabhängig durch eine obere Grenze limitiert sein. Leistungsfähiger wäre für die Bedienung mehrerer gleichzeitiger Clients ein *paralleler Server*. Für jede erfolgreiche Verbindungsaufnahme erzeugt er einen eigenen Prozess oder Thread, der sich genau dieser Verbindung annimmt. Parallel dazu könnten weitere Verbindungen akzeptiert werden. Die Idee ist mit parallelen Prozessen nachfolgend angedeutet (alle übrigen Codeteile bleiben gleich). Nicht gezeigt ist die Vermeidung der Zombieprozesse, was beispielsweise mit einem Signalhandler für SIGCHLD erledigt werden könnte.

```
while (1) {
   addrlen = sizeof(cln_addr);
   consock = accept(sock, (struct sockaddr *)&cln_addr, &addrlen);
   if (fork()==0) {
      nread = read(consock, buf, sizeof(buf));   // Empfange einmal Daten
      write(consock, buf, nread);                // Echoe empfangene Daten
      close(consock);                            // Verbindungsabbau
      exit(0);
   } else {
      close(consock);                            // Nicht gebraucht
   }
}
```

Ersetzt man in obigem Beispiel die parallelen Prozesse durch Threads, so erhält man einen Multithreaded-Server. In einem zweiten Beispiel ist die Verwendung von Datagram-Sockets für den einfachsten Fall illustriert. Zuerst ist der Code des Serverprozesses abgebildet.

```
// Übersetzung: gcc dgramsock_server.c -lsocket -lxnet
#include <sys/socket.h>

int main()
{
   int sock;                            // Socket-Dateideskriptor
   struct sockaddr_in srv_addr;         // Serveradresse
   struct sockaddr_in cln_addr;         // Clientadresse
   socklen_t addrlen;                   // Client-Adresslänge
   int nread;                           // Anzahl empfangener Byte
   char buf[128];                       // Puffer
   sock = socket(AF_INET, SOCK_DGRAM, 0);   // Datagram-Socket erzeugen
   srv_addr.sin_family = AF_INET;
   srv_addr.sin_addr.s_addr = INADDR_ANY;
   srv_addr.sin_port = htons(3500);
   bind(sock, (struct sockaddr *)&srv_addr, sizeof(srv_addr));
   addrlen = sizeof(cln_addr);
```

```
        nread = recvfrom(sock, buf, sizeof(buf), 0, (struct sockaddr *)&cln_addr,
                  &addrlen);
        sendto(sock, buf, nread, 0, (struct sockaddr *)&cln_addr, addrlen);
        close(sock);
        exit(0);
}
```

Auf der Serverseite entfallen bei Datagram-Sockets die Funktionen listen() und accept(), auf der Clientseite die Funktion connect(). Zudem sind die Funktionen read() und write() durch recvfrom() und sendto() ersetzt, da pro Datenübertragung die Adresse des Verbindungspartners erfasst werden muss. Der Code des Clients ist somit wie folgt:

```
// Übersetzung: gcc dgramsock_client.c -lsocket -lxnet
#include <sys/socket.h>

main(int argc, char *argv[])
{
    int sock;                                   // Socket-Dateideskriptor
    struct sockaddr_in srv_addr;                // Serveradresse
    char *pbuf1 = "Hallo da!\n";                // Sendedaten
    char buf2[128];                             // Empfangspuffer

    sock = socket(AF_INET, SOCK_DGRAM, 0);      // Datagram-Socket erzeugen
    srv_addr.sin_family = AF_INET;              // Internet-Adressfamilie
    srv_addr.sin_port = htons(3500);            // Port 3500
    srv_addr.sin_addr.s_addr = inet_addr("192.168.0.4"); // IP-Adresse
    sendto(sock, pbuf1, strlen(pbuf1)+1, 0, (struct sockaddr*)&srv_addr,
           sizeof(srv_addr));
    recvfrom(sock, buf2, sizeof(buf2), 0, NULL, NULL);
    printf("Echo: %s\n", buf2);
    close(sock);
    exit(0);
}
```

6.6.3 Remote Procedure Call (RPC)

Grundprinzip

Das Kürzel *RPC* steht für einen Mechanismus, der den Aufruf von entfernten Prozeduren ermöglicht. Auf einen einfachen Nenner gebracht, erweitert RPC die Fähigkeiten eines Rechners derart, dass nicht nur lokale Prozeduren, sondern auch Prozeduren in entfernten Systemen aufgerufen werden können. In der Terminologie der Client/Server-Systeme wird der aufrufende Prozess zum Client und die aufgerufene Prozedur im entfernten System zur Serverprozedur. In beiden beteiligten Systemen ist hierbei ein Benachrichtigungsdienst implementiert, der den Aufruf mit allen Parametern in eine Aufruf- und eine Rückgabenachricht umsetzt (siehe Abb. 6–19).

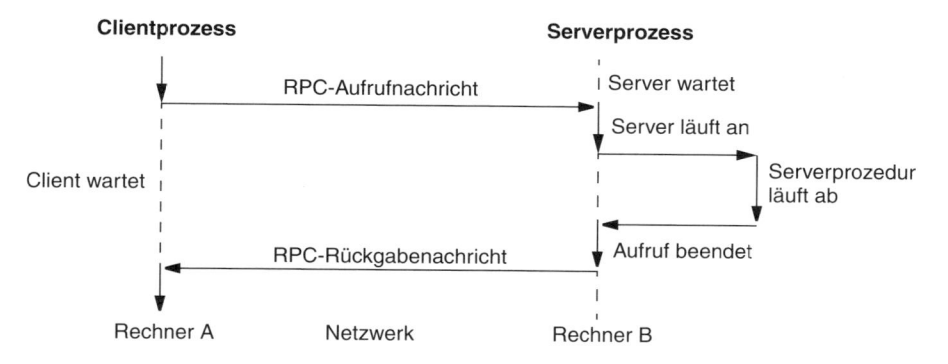

6.6 Rechnerübergreifende Interprozesskommunikation

Abb. 6–19 *RPC-Ablauf*

Der Aufruf einer entfernten Prozedur stellt einen verteilten Dienst dar. Auf der Clientseite wird der normale Funktionsaufruf durch eine Codesequenz ersetzt, die folgende Aufgaben wahrnimmt:

- Verpacken der Aufrufparameter in eine RPC-Nachricht (sogenanntes *marshaling*)
- Versenden der RPC-Nachricht an den RPC-Server
- Warten auf eine Antwort des RPC-Servers
- Erhaltene Antwort (RPC-Nachricht) entpacken (sogenanntes *unmarshaling*) und die Funktionsresultate an die Applikation zurückgeben

Diese Codesequenz wird als *client stub* bezeichnet, da sie nicht die Funktion selbst darstellt, sondern nur die Verbindung zum RPC-Server realisiert. Für die Dauer des entfernten Prozeduraufrufs wird übrigens die beauftragende Applikation blockiert, also genau gleich, wie wenn lokal ein Funktionsaufruf ausgeführt würde.

7 Anwendung		
6 Darstellung	XDR	
5 Sitzung	RPC	
4 Transport		
3 Vermittlung		
2 Sicherung		
1 Bitübertragung		

Abb. 6–20 *Zuordnung von RPC/XDR zu den Schichten des ISO-OSI-Referenzmodells*

RPC ist ein Protokoll zur Kommunikationssteuerung, das ursprünglich für das Netzwerkdateisystem *NFS (Network File System)* entwickelt wurde. Es ist jedoch so universell, dass es in vielen vernetzten Applikationen eingesetzt wird. Es steht heute auf vielen Systemen in vergleichbarer Form zur Verfügung. Im ISO-OSI-Referenzmodell ordnet sich RPC auf der Schicht 4 ein und die dazugehörige XDR-Standarddatendarstellung auf der Schicht 6 (siehe Abb. 6–20). RPC existiert in zwei wichtigen Implementierungen, die zueinander inkompatibel sind:

- SUN-RPC (= ONC-RPC): verbreitet auf Unix-Systemen (auch Linux)
- DCE-RPC(*Distributed Computing Environment*) (= OSF-RPC): teilweise unter Unix, jedoch auch unter Windows (MS-RPC)

Bei *XDR (External Data Representation)* handelt es sich um eine Festlegung zur plattformunabhängigen Darstellung von Daten (externe Datenrepräsentation). Eine C-ähnliche Sprache erlaubt Informationen auf verschiedenen Systemen in eine gemeinsame Transfersyntax zu übersetzen (ähnlich ASN.1). Im Gegensatz dazu nutzt das DCE-RPC die OSF-IDL (*Open Software Foundation – Interface Definition Language*) anstatt XDR, auf die hier aber nicht näher eingegangen werden soll. Das XDR-Format benutzt die Big-Endian-Vereinbarung, wobei alle Ganzzahldatentypen in eine einheitliche Größe von 4 Byte umgewandelt werden.

Ein paar Beispiele dazu:	
`int service_number;`	Wie in C, aber garantiert 4 Byte groß
`int week[4];`	Vektor mit fester Größe
`double density <50>;`	Vektor variabler Größe (max. 50 Elemente)
`string myname<>;`	Zeichenkette unbegrenzter Größe

Ist RPC vom Transportprotokoll abhängig? Es ist im Prinzip unabhängig von der Art des Nachrichtentransports und wird sowohl mit TCP als auch mit UDP eingesetzt. Durch die Eigenschaften von TCP und UDP bedingt, treten jedoch gewisse Unterschiede im Verhalten des Protokolls auf, die bei der Programmierung berücksichtigt werden müssen. Als verbindungsloses Protokoll garantiert UDP die Ankunft eines Pakets nicht. Die Sicherung des Transports muss hier durch die RPC-Schicht übernommen werden. Normalerweise wir auf der Clientseite ein Wecker benutzt, der nach einer gewissen Zeit den Aufruf wiederholt. Die Anzahl der Wiederholungen und die Zeitgrenze sind wählbar. In ungünstigen Fällen kann dies zur unerwünschten Mehrfachausführung einer Prozedur durch den Server führen (mit entsprechend mehreren Antworten an den Client). TCP als Protokoll sorgt hingegen selbstständig für eine Wiederholung. Der Server erhält also eine Nachricht einmal oder gar nicht. Ist die Verbindungsaufnahme erfolglos, so wird die RPC-Schicht entsprechend informiert.

Wie identifiziert ein Client den gewünschten Serverprozess? Die normale Lösung bei TCP und UDP wäre die Verwendung von festen Portnummern. Dies könnte allerdings die universelle Verwendung von RPC einschränken. Aus diesem Grunde wurde ein spezieller Serverprozess definiert, *Portmapper* genannt, der eine dynamische Zuordnung der Portnummern zu RPC-Services durchführt. Ein Client spricht den Portmapper des gewünschten Zielrechners an (über die Standardportnummer 111) und erhält von ihm die für einen bestimmten RPC-Service gültige Portnummer. Da jeder RPC-Service jeweils von einem eigenen Serverprozess erbracht wird, kann der Client nachfolgend über die erhaltene Portnummer

6.6 Rechnerübergreifende Interprozesskommunikation

diesen Prozess direkt ansprechen. Umgekehrt registriert sich jeder RPC-Server lokal bei seinem Portmapper, damit er nachfolgend von Clients gefunden werden kann. Um nämlich die möglichen Nutzungskonflikte bei der Zuweisung einer festen Portnummer zu vermeiden, bindet sich ein Server in diesem Fall an eine beliebige freie Portnummer. Es gibt allerdings zahlreiche Server, die dies nicht so lösen, sondern sich an eine feste Portnummer binden in der Hoffnung, dass sie nicht schon belegt ist. Im Falle von reservierten Portnummern für Standarddienste ist dies normalerweise garantiert.

RPC-Programmierung

Die Programmierschnittstelle für RPC stellt drei Ebenen zur Verfügung (siehe Tab. 6–7). Für die RPC-Programmierung ist die *mittlere Ebene* am interessantesten. Nachfolgendes Beispielprogramm benutzt diese Ebene und zeigt die Verwendung der Funktionen *callrpc()*, *registerrpc()* und *svc_run()*.

Oberste Ebene	Es sind keine Kenntnisse über RPC erforderlich. Gearbeitet wird mit Aufrufen von allgemeinen Funktionen (z.B. `rnusers()` liefert Anzahl Benutzer auf einem anderen Rechner).
Mittlere Ebene	Es sind keine Kenntnisse über Sockets erforderlich. Ist geeignet für gewöhnliche Applikationen. Verfügbare Funktionen sind: `callrpc()`, `registerrpc()`, `svc_run()`.
Unterste Ebene	Erlaubt das Verändern der RPC-Standardeinstellungen (defaults) z.B. Wahl des Transportprotokolls (TCP oder UDP). Auf dieser Ebene lassen sich weitere Unterebenen finden, je nach Betrachtungsweise.

Tab. 6–7   RPC-Programmierebenen

Von Interesse ist dabei die Identifizierung der entfernt aufzurufenden Prozedur. Die *Programmnummer* erlaubt die Auswahl einer gruppierten Anzahl von Prozeduren, die zu einem *Service* zusammengefasst sind und normalerweise vom gleichen Server erbracht werden. Sun hat gewisse Nummernbereiche bestimmten Zwecken zugewiesen (SUN-RPC, siehe Tab. 6–8).

Bereichsstart	Bereichsende	Verwendung
0	0x1fff ffff	SUN
0x2000 0000	0x3fff ffff	frei
0x4000 0000	0x5fff ffff	Transiente Programme
0x6000 0000	0xffff ffff	reserviert

Tab. 6–8   Programmnummernbereiche

Die *Versionsnummer* ermöglicht das Führen unterschiedlicher Versionen der gleichen RPC-Prozeduren auf einem bestimmten Server. Die *Prozedurnummer* schließlich ist eine fortlaufende Nummerierung der RPC-Prozeduren, die zu einer bestimmten Programmnummer gehören. Mit ihr kann die aufzurufende Prozedur ausgewählt werden. Eine spezielle Bedeutung fällt der reservierten Prozedurnummer 0 zu. Sie löst den Aufruf einer Leerprozedur aus und dient zu Testzwecken.

Als Anwendungsbeispiel dient uns ein einfaches Client/Server-Programm. Der Client fragt den Benutzer nach dem Netzwerknamen des Servers. Läuft der RPC-Server auf dem gleichen Rechner, so kann der Name localhost benutzt werden. Anschließend wird die Ausgabe des Textes *Hallo Welt!* mittels RPC vom Server angefordert. Der vollständige Code des Clientprozesses lautet:

```c
// Übersetzung mit: gcc rpc_cln.c -lnsl
#include <stdio.h>
#include <rpc/rpc.h>

int main(int argc, char *argv[])
{
   int MELDUNGPRG = 1000000000;
   int MELDUNGVERS = 1;
   int MELDUNGPROC = 1;
   char *meldung = "Hallo Welt!";

   if (argc < 2) {
      printf("RPC-Servername angeben\n");
      exit(-1);
   }
   if (rpc_call(argv[1], MELDUNGPRG, MELDUNGVERS, MELDUNGPROC,
       xdr_wrapstring, (char *)&meldung, xdr_void, (char *)0,
       "visible") != RPC_SUCCESS) {
      printf("Fehler bei rpc_call()");
      exit(1);
   }
   printf("Meldung angekommen\n");
   exit(0);
}
```

Der Code des Serverprogramms ist nachfolgend abgebildet:

```c
// Übersetzung mit: gcc rpc_srv.c -lnsl
#include <stdio.h>
#include <rpc/rpc.h>

void meldungproc_1 (char **meldung)
{
   printf("%s\n", *meldung);
}

int main()
{
   int MELDUNGPRG = 1000000000;
   int MELDUNGVERS = 1;
   int MELDUNGPROC = 1;
```

```
      rpc_reg(MELDUNGPRG, MELDUNGVERS, MELDUNGPROC,
              (void *)meldungproc_1, xdr_wrapstring, xdr_void, "visible");
      svc_run();
   }
```

Für die Codierung und Decodierung steht eine Reihe von Standard-XDR-Funktionen zur Verfügung, die auch XDR-Filter genannt werden. Ihre Benennung ist weitgehend selbstsprechend. Für elementare Datentypen stehen beispielsweise xdr_bool, xdr_char, xdr_enum, xdr_int, xdr_float, xdr_long, xdr_u_char, xdr_void zur Verfügung. Auch für abgeleitete Typen ist eine Auswahl vorhanden, nämlich xdr_array, xdr_bytes, xdr_opaque, xdr_pointer, xdr_reference, xdr_string, xdr_union und xdr_vector. Lassen sich die gewünschten Aufrufparameter und/oder Resultate nicht mit ihnen verpacken, so besteht die Möglichkeit, benutzerspezifische XDR-Filter einfach zu spezifizieren. Als Beispiel diene uns die angenommene Primzahlberechnungsfunktion prime, die entfernt aufgerufen werden soll. Sie besitze zwei Aufrufparameter min und max, durch die der Bereich der zu liefernden Primzahlen eingeschränkt werde. Als Resultat liefere sie einen Vektor mit den gefundenen Primzahlen, dessen Größe natürlicherweise nicht im Voraus bekannt ist. Sowohl die Aufrufparameter als auch die Resultatwerte müssen als Datenstruktur zu Datenpaketen zusammengefasst werden. Dazu ist es nötig, die kleine XDR-Spezifikationsdatei prime.x zu erstellen.

```
   /* Aufrufparameter */
   struct prime_request {
      int min;
      int max;
   };
   /* Funktionsresultate */
   struct prime_result {
      int primes<>;
   };
```

Mithilfe des Dienstprogramms RPCGEN werden daraus die zwei Dateien prime.h und prime_xdr.c erzeugt. Diese werden ein Teil des Client- und des Serverprogramms, da sie die benutzerspezifischen XDR-Filter implementieren.

      rpcgen prime.x

Die zwei neu erzeugten XDR-Filter heißen xdr_prime_request und xdr_prime_result. Sie werden beim Aufruf von rpc_call() als Parameter 5 und 7 sowie bei rpc_reg() als Parameter 5 und 6 angegeben.

Sind von den RPC-Standardeinstellungen abweichende Konfigurationen gewünscht, so muss die *unterste Schicht* zur Programmierung verwendet werden. Dies betrifft z.B. das Übertragungsprotokoll, die Anzahl Wiederholungen bei Übertragungsfehlern, die Timeout-Werte oder auch die Möglichkeiten zur Authentifizierung. Am einfachsten geht dies mit Definitionsdateien, die in der XDR-Notation zu schreiben sind. Diese werden mit *RPCGEN* übersetzt, einem RPC-Compiler, der die Übersetzung von RPC- und XDR-Definitionsdateien erlaubt.

Sicheres RPC

Das *RPC-GSS (Remote Procedure Call – Generic Security Service)* bzw. *RPCSEC_GSS* ist ein kryptografisch gesichertes RPC-Protokoll, das mehrere Sicherheitslücken des Grundprotokolls behebt. Die übertragenen Daten werden nicht nur verschlüsselt, sondern auch signiert. Zur Programmierung steht die *GSS-API (Generic Security Service – Application Programming Interface)* zur Verfügung. Es muss die unterste Programmierebene gemäß Tabelle 6–7 benutzt werden. Gegenüber dem Basisprotokoll muss für die Dauer der Verbindung ein Sicherheitskontext aufgebaut sein. Typischerweise wird RPC-GSS mit dem Sicherheitsdienst Kerberos 5 eingesetzt. Nebenbei sei erwähnt, dass auch das RPC-Grundprotokoll (RPC V2, gemäß RFC 1831) Sicherheitseigenschaften durch sogenannte *flavors* unterstützt (AUTH_DES, AUTH_KERB). Diese bauen aber nach heutigen Erkenntnissen auf zu schwachen, weil zu kurzen Chiffrierschlüsseln auf.

6.6.4 Überblick über Middleware

Unter Middleware versteht man Software, die als Konversions- oder Übersetzungsschicht arbeitet. Middleware ermöglicht eine *Konsolidierung* von Applikationen auf einer gemeinsamen einheitlichen Basis. Dies beinhaltet eine Integration unterschiedlicher Applikationen, die sonst nicht zusammenarbeiten könnten, da sie entweder auf einer anderen Plattform laufen oder von einem anderen Hersteller entwickelt wurden. Häufig, aber nicht immer sind die beteiligten Applikationen auf verschiedene Rechner mit möglicherweise unterschiedlichen Betriebssystemen verteilt (siehe Abb. 6–21).

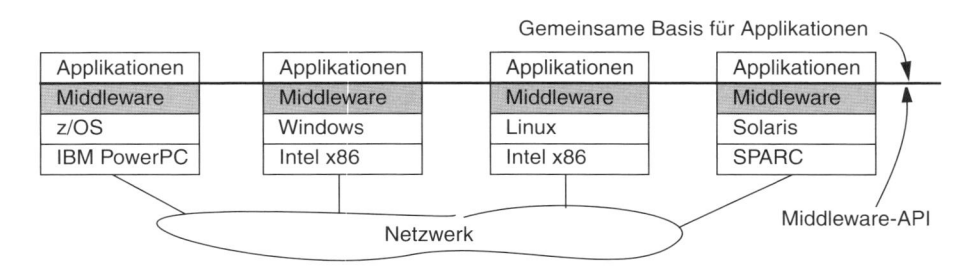

Abb. 6–21 Beispiel eines Middleware-Einsatzes

Middleware ist also das Rezept zur Beseitigung der Heterogenität (Unterschiedlichkeit) aufgrund verschiedenartiger Netzwerke, Hardware, Betriebssysteme und Programmiersprachen. Heute existieren verschiedene Produkte, die jeweils ein mehr oder weniger umfassendes Framework für die Applikationsentwicklung anbieten. Sie bauen auf den Fähigkeiten der darunter liegenden Betriebssysteme

6.6 Rechnerübergreifende Interprozesskommunikation

auf und bieten diese in erweiterter und einheitlicher Form den Applikationen an. Neben höheren Funktionalitäten, die so verfügbar sind, steht die Portabilität von Applikationen in heterogenen Umgebungen im Vordergrund. Grob können folgende Arten von Middleware unterschieden werden:

- datenbankorientiert (*database middleware*)
- transaktionsorientiert (*transaction processing monitor*)
- nachrichtenorientiert (*messaging middleware*), z.B. IBM MQSeries, Microsoft Message Queue Server (MSMQ)
- objektorientiert (RMI, CORBA, EJB, .NET, Jini, DCOM)
- RPC-orientiert (SUN-RPC, DCE-RPC)
- schnittstellenstandardisiert (ODBC, JDBC)
- webbasiert (*application server middleware*)

Die aufgelisteten Beispiele sind nicht vollständig, sondern sollen einen Eindruck der verfügbaren Vielfalt liefern. Eine genauere Betrachtung der einzelnen Ansätze würde den vorgesehenen Rahmen dieses Buches sprengen, sodass hier nur ein paar grundsätzliche Überlegungen zu dem Thema gemacht werden. Erwähnt sei jedoch, dass viele der Middleware-Lösungen auf dem Grundprinzip des RPC aufbauen und dieses um zusätzliche Funktionalität erweitern und einfacher nutzbar machen. Dies kann so weit gehen, dass die angebotenen Dienste nur noch entfernt den Bezug zu RPC erahnen lassen. Zukünftige Trends im Middleware-Bereich zielen auf die Ressourcenverwaltung (*resource management*) und die Dienstqualität (*quality of service*) in verteilten Systemen. Die Probleme von Middleware in der Praxis liegen in folgenden Bereichen:

- Es existiert eine Lücke zwischen Idee und Realisierung in der Art, dass viele Middleware-Lösungen wiederum von proprietären Technologien eines bestimmten Herstellers abhängig sind.
- Middleware realisiert zwar eine höhere Abstraktion, lässt aber schwierige Entwurfsfragen ungelöst (z.B. wie soll eine Applikation auf den Server und Client verteilt werden).
- Die zur Verfügung stehende Vielfalt an Middleware-Lösungen zwingt den Anwender zu einer Auswahl, will er letztlich die versprochene Komplexitätsreduktion nicht mit einer effektiven Vergrößerung der Komplexität erkaufen.

7 Ein- und Ausgabe

Lernziele

- Sie vergleichen die drei Ein-/Ausgabetechniken der Programmsteuerung, der Programmunterbrechung und der DMA.
- Sie beurteilen die drei Ein-/Ausgabetechniken hinsichtlich ihrer Eignung für verschiedene Einsatzszenarien.
- Sie beschreiben den Aufbau des Ein-/Ausgabesystem innerhalb eines Betriebssystems.
- Sie vergleichen vier Arten der Ein-/Ausgabepufferung.
- Sie entwickeln einfache Treiber für Unix und Windows.
- Sie identifizieren die Vor- und Nachteile von HDD-, SSD- und CD/DVD-Laufwerken und ordnen sie sinnvollen Einsatzszenarien zu.
- Sie erklären, wie GUI-Dialogelemente mit dem Windows-Betriebssystem bzw. dem X-Window-System und Anwendungsprogrammen interagieren.
- Sie skizzieren die Architektur des X-Window-Systems und erklären die Funktionen der einzelnen Bausteine (X-Server, X-Protocol, ...)
- Sie können GUI-Dialogelemente der Windows API erfolgreich in eigenen Programmen einsetzen.
- Sie erweitern einfache Unix-Programme zur Verarbeitung von X-Window-Ereignissen.

Die Ein- und Ausgabe verbindet den Rechnerkern mit seiner Umgebung. Sie betrifft Peripheriegeräte, die entweder eingebaut oder extern platziert sind. In einem ersten Schritt ordnen wir die Peripherie im Rechnergrundmodell ein und definieren ein paar wichtige Begriffe. Danach befassen wir uns mit den Ein- und Ausgabeabläufen und wie sie aus Sicht des Betriebssystems grundlegend gesteuert werden können. Anschließend folgt eine Betrachtung des Ein-/Ausgabesystems, wie es als Teil eines Betriebssystems realisiert wird. Dazu zählen die Treiber, die

Geräteverwaltung, Schnittstellen und Pufferung. Als Beispiele für die Treiberimplementierung dienen uns die Linux- und Windows-Treibermodelle. Eine zentrale Peripherie fast jedes Rechners stellen die Massenspeicher dar. Hier stehen die Plattenspeicher mit ihren Eigenschaften im Vordergrund. Spezielles Interesse findet dabei die Zugriffsplanung (I/O-Scheduling) und die systemseitige Zwischenpufferung bei Festplatten, da sie leistungsrelevant sind. Eine wichtige Funktion nimmt die Ein-/Ausgabe für die Benutzerinteraktion wahr. Wir konzentrieren uns auf diejenigen Funktionen, die Benutzereingaben auf der Systemebene beeinflussen. Als Beispiele dienen uns die Unix-Shells, das X-Window-System und das Windows-GUI, wobei wichtige Programmierfragen angesprochen werden.

7.1 Peripherie

7.1.1 Einordnung im Rechnermodell

Aus einführenden Betrachtungen kennen wir das Von-Neumann-Rechnermodell. Unter dem Namen *Peripherie* fasst man alle die Geräte (*devices*) zusammen, die über den Funktionsblock *Input/Output (I/O)* des Von-Neumann-Modells angesprochen werden (siehe Abb. 7–1).

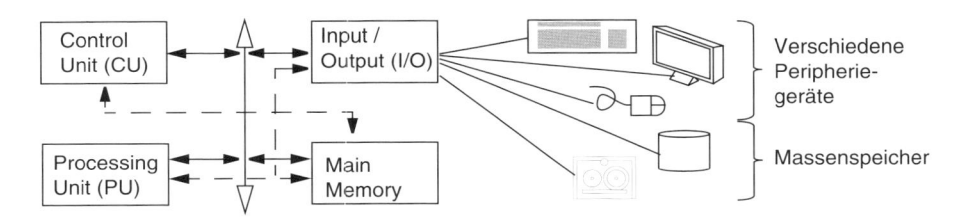

Abb. 7–1 Peripherie im Von-Neumann-Modell

7.1.2 Begriffsdefinitionen

Eine pragmatische Definition des Begriffs Peripherie lautet: *Peripherie* ist durch Ein-/Ausgabefunktionen bediente Hardware. Beispiele für Peripherie sind Plattenspeicher (*disks*), Magnetbänder (*tapes*), Netzwerke (*networks*), Bildschirm-Sichtstationen (*video terminals*), Drucker (*printers*), D/A- und A/D-Wandler (*D/A-, A/D-converters*). Meistens werden Peripheriegeräte durch sogenannte *Peripheriecontroller* gesteuert. Unter einem Peripheriecontroller verstehen wir über Register programmierbare Bausteine, die spezialisierte Abläufe selbstständig ausführen können. Man kann einen Peripheriecontroller auch als einen dedizierten primitiven Prozessor betrachten, mit dem man über Steuer- und Statusregister kommuniziert. Beispiele für Peripheriecontroller sind Tastaturcontroller (*keyboard controller*), Disketten-Laufwerkscontroller (*floppy disk controller*), Festplatten-Laufwerkscontroller (*hard disk controller*) und DMA (*direct memory access*)-Controller. Die Peripheriecontroller sind am Computer-Bussystem angeschlossen und werden in der Regel im Adressraum vom Prozessor bedient. Spezialisierte Abläufe, die sie selbstständig durchführen können, sind z.B. das Anfahren einer bestimmten Spur (*track*) auf einer Festplatte oder das Lesen/Schreiben eines Datenblocks.

7.2 Ein-/Ausgabeabläufe

Für eine nähere Betrachtung interessiert uns die genaue Funktionsweise des betriebssysteminternen Ein-/Ausgabeablaufs. Hier gelten für alle Betriebssysteme gemeinsame Prinzipien. Dabei stellen wir das Zusammenwirken der Betriebssystemsoftware und der Rechnerhardware in den Vordergrund. Grundsätzlich kann die Ein-/Ausgabe auf drei verschiedene Arten durchgeführt werden:

- Programmgesteuerte Ein-/Ausgabe
- Ein-/Ausgabe mittels Programmunterbrechungen
- DMA-Betrieb

7.2.1 Programmgesteuerte Ein-/Ausgabe

Merkmal dieses Ansatzes ist die dauernde Programmkontrolle über den E/A-Vorgang. Dazu gehören auch etwaige Wartezeiten, wenn eine Operation des Peripheriegeräts einige Zeit dauert. Zu diesem Zweck werden Abfrageschleifen benutzt. Dieser Abfragebetrieb in einer Schleife ist in der Praxis unter dem englischen Begriff des *Pollings* bekannt. Von Nachteil ist die Tatsache, dass für das Warten in dieser Abfrageschleife unter Umständen sehr viel Rechenzeit verschlissen wird, die anderweitig für nützlichere Arbeit eingesetzt werden könnte.

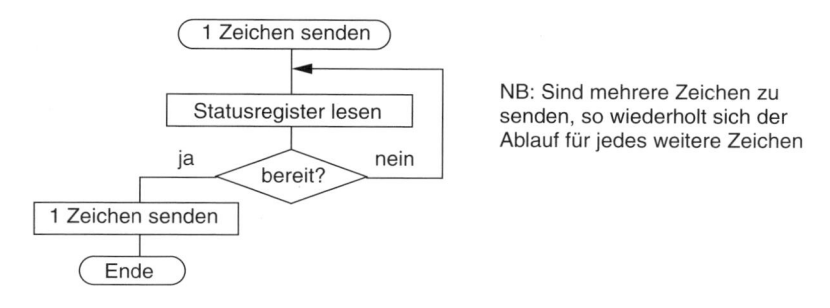

Abb. 7–2 Programmgesteuerte Ausgabe am Beispiel einer seriellen Schnittstelle

Als Beispiel betrachten wir die Ausgabe einer Zeichenfolge auf eine serielle Schnittstelle. Pro Zeichen seien 11 Bits nötig (Zeichen + Rahmenbits). Bei einer

Übertragungsgeschwindigkeit von 9600 Baud, d.h. bei dieser Übertragungsart 9600 bit/s, benötigt ein einzelnes Zeichen 11×1/9600 s = 1,1 ms. Bei der Ausgabe wird Zeichen um Zeichen in ein Senderegister geschrieben. Die Bereitschaft des seriellen Schnittstellencontrollers zur Entgegennahme des nächsten Zeichens wird dabei in einer Endlosschleife über das Statusregister erfragt (siehe Abb. 7–2). Mit anderen Worten: Die Ausgabesoftware benötigt für die eigentliche Ausgabe ein paar Mikrosekunden und für die Warteschleife pro Zeichen 1,1 ms. Für die Ausgabe von 1000 Zeichen sind 1,1 s nötig, während denen der Prozessor für andere Aufgaben nicht zur Verfügung steht.

Diese Art der Ausgabe ist akzeptabel für kurze E/A-Vorgänge oder dann, wenn sonst keine Arbeiten zu vollbringen sind. Ansonsten stellt sie eine schlechte Wahl dar, die allenfalls ergriffen werden muss, wenn die zwei anderen Möglichkeiten nicht anwendbar sind (z.B. kein Interrupt-Signal verfügbar, kein DMA-Betrieb möglich). Vorteilhaft ist aus Sicht der Programmentwicklung die Einfachheit dieses Ansatzes, weswegen er gelegentlich für billige Treiber eingesetzt wird, inklusive aller Nachteile bis hin zur völligen Blockierung des Betriebssystems infolge exzessiver Wartezeiten (wir erinnern uns: Treiber stellen einen Teil der Betriebssystemsoftware dar!).

7.2.2 Ein-/Ausgabe mittels Programmunterbrechungen

Die wesentliche Verbesserung gegenüber der programmgesteuerten Ein-/Ausgabe ist die Nutzung der Wartezeiten für andere Aufgaben. Dies wird durch das Unterbrechungssystem (siehe Abschnitt 2.3.5) des Prozessors ermöglicht. Für eine Ein-/Ausgabe wird das Peripheriegerät bzw. sein Controller beauftragt und läuft selbstständig weiter, bis die Ein-/Ausgabe abgeschlossen ist. Die Vollendung der E/A meldet das Peripheriegerät über ein Hardware-Interrupt-Signal an die CPU. Die CPU aktiviert daraufhin eine Behandlungsroutine in der Software. Als Beispiel betrachten wir die gleiche Situation mit der seriellen Schnittstelle wie bei der programmgesteuerten Ein-/Ausgabe des vorangehenden Abschnitts. Zuerst wird der Schnittstellencontroller für das Senden konfiguriert und ihm wird das erste Zeichen übergeben. Die Bereitschaft des seriellen Schnittstellencontrollers zur Entgegennahme des nächsten Zeichens wird nun über eine Interrupt-Leitung an die CPU signalisiert. Diese aktiviert eine Interrupt-Serviceroutine, die das nächste zu sendende Zeichen an den Controller überträgt. Wenn alle Zeichen übertragen sind, wird der Sendemodus des Schnittstellencontrollers durch die Interrupt-Serviceroutine wieder ausgeschaltet. So wird für diese Ausgabeaktivität nur noch wenig CPU-Zeit benötigt, nämlich alle 1,1 ms ein paar Mikrosekunden. Die übrige CPU-Zeit kann für andere Aufgaben genutzt werden, da ja die Erkennung der Sendebereitschaft bei dieser Ein-/Ausgabeart quasi in der Hardware automatisiert ist.

7.2 Ein-/Ausgabeabläufe

7.2.3 Ein-/Ausgabe mittels DMA

Grundprinzip

Eine weitere Möglichkeit, um Wartezeiten auf die Peripherie nutzbringend einzusetzen, ist der DMA-Betrieb (*Direct Memory Access*). Es geht hier darum, dass Teile von Ein-/Ausgabevorgängen anstatt durch die CPU durch einen Peripheriecontroller erledigt werden. Genau genommen handelt es sich stets um Datentransfers. Im DMA-Modus holt sich der Peripheriecontroller selbstständig die von der Peripherie benötigten Daten aus dem Speicher und überträgt sie z.B. in ein Senderegister.

> **Beispiel:**
> Das bei der programmgesteuerten Ein-/Ausgabe benutzte Beispiel der seriellen Ausgabe würde neu wie folgt ablaufen. Die CPU programmiert den seriellen Controller (u.a. für DMA-Betrieb) und schreibt das erste Byte in das Senderegister. Alle weiteren Byte holt sich der Controller selbstständig vom richtigen Ort aus dem Speicher und lädt sie in das Senderegister, ohne dass eine CPU-Interaktion nötig ist. Dies erfolgt natürlich stets zeitrichtig, wenn die Bereitschaft für das nächste Zeichen vorhanden ist. Sind alle zu sendenden Zeichen übertragen, so meldet dies der serielle Controller mittels eines Interrupt-Signals.

Damit der Controller im DMA-Betrieb die Daten selbstständig aus dem Speicher holen kann, muss er den Prozessorbus übernehmen können. Dies wird so realisiert, dass der Prozessor den Bus auf Anforderung abtritt, d.h. auf seine Bus-Masterrolle verzichtet. Der Peripheriecontroller tritt als neuer Master auf, während sich der Prozessor für die Dauer des DMA vom Bus wegschaltet. Mit Ausnahme der Initialisierung ist für den DMA-Betrieb keine Hilfe des Prozessors nötig. Die DMA-Funktion kann durch dedizierte DMA-Controller bereitgestellt werden oder ist eine Teilfunktion von Peripheriecontrollern.

DMA-Betriebsarten

Man unterscheidet zwei hauptsächliche DMA-Betriebsarten:
- *Einzeltransfer (cycle-steal mode)*: Auf eine externe Anforderung hin wird ein einzelnes Byte, Wort, Langwort oder Quadwort übertragen. Dazu wird der Bus für ein paar wenige Zyklen der CPU gestohlen. Bis zur nächsten externen Anforderung wird der Bus jedoch an die CPU zurückgegeben. Damit kann im Hintergrund ein Peripheriegerät mit kleiner Datenrate bedient werden. Ein Anwendungsbeispiel wäre die Übertragung der in Zeitabständen von ungefähr 20 μs hintereinander eintreffenden Byte von der Diskette in den Speicher.

- *Blocktransfer (burstmode)*: Alle Daten des Transfers werden unmittelbar hintereinander übertragen. Während dieser Zeit steuert der Peripheriecontroller den Bus dauernd, d.h., die CPU hat keinen Buszugriff, bis alle Daten übertragen sind. Ein Anwendungsbeispiel könnte die Übertragung eines Datenblocks von der Festplatte in den Speicher sein.

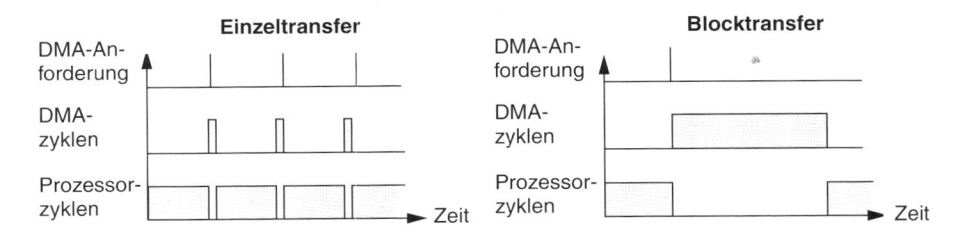

Abb. 7–3 *DMA-Betriebsarten*

Direkter und indirekter Datentransfer

Am Anfang eines DMA-Betriebs steht stets die Programmierung des DMA-Controllers mit den benötigten Auftragsdaten (siehe (A) in Abb. 7–4). Die Register des DMA-Controllers können von der CPU angesprochen werden, wenn die CPU den Bus steuert. Im DMA-Betrieb unterscheidet man zwischen direktem und indirektem Datentransfer. Beim direkten Datentransfer signalisiert das Peripheriegerät dem DMA-Controller die Bereitschaft für den Transfer. Dieser quittiert dies zurück und legt die Zieladresse auf den Prozessorbus, das Peripheriegerät legt zeitgleich den Datenwert (für das Lesen) auf den Prozessorbus. Der Hauptspeicher übernimmt nun diesen Datenwert auf die Speicherstelle der gewünschten Adresse. Beim Schreiben liefert der Hauptspeicher den Inhalt der adressierten Speicherstelle auf den Prozessorbus und das Peripheriegerät übernimmt diesen. Der direkte Datentransfer kommt also mit einem Buszyklus aus.

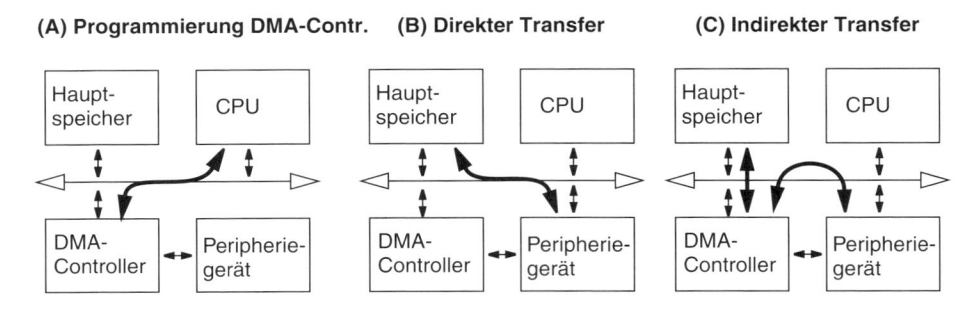

Abb. 7–4 *Datentransfer für DMA-Betrieb*

7.2 Ein-/Ausgabeabläufe

Beim indirekten Datentransfer meldet das Peripheriegerät zwar die Bereitschaft, bleibt sonst aber passiv. Stattdessen liest der DMA-Controller den Datenwert aus einem Datenregister des Peripheriegeräts aus, das auf einer bestimmten Adresse sichtbar ist (für Lesevorgang). Der geholte Datenwert wird nun in einem für den Programmierer nicht sichtbaren Register des DMA-Controllers zwischengespeichert. Anschließend wird der Datenwert auf eine zweite Adresse, die dem Hauptspeicher zugeordnet ist, geschrieben. Beim umgekehrten Transfer liest der DMA-Controller erst aus dem Hauptspeicher und schreibt anschließend in das Datenregister des Peripheriegeräts. Beim indirekten Datentransfer werden also zwei Buszyklen benötigt.

DMA-Betriebsphasen

Ein DMA-Transfer besteht immer aus drei Phasen:

- *Initialisierung*: Der Prozessor tritt als Master, der DMA-Controller als Slave auf. Programmmäßig werden die Quell- und Zieladresse, die Anzahl zu übertragende Byte und die DMA-Betriebsart festgelegt (via Steuerregister des DMA-Controllers, siehe Abb. 7–5).
- *DMA-Betrieb*: Entsprechend der DMA-Betriebsart übernimmt der DMA-Controller zeitweise oder dauernd den Bus, d.h., er tritt als Master auf. Der Prozessor ist dann abgekoppelt, muss also mit seinen Buszugriffen warten. In dieser Phase findet der eigentliche Datentransfer statt.
- *Abschluss*: Sind alle Byte übertragen, so ist der DMA-Betrieb zu Ende. Die CPU wird darüber mittels eines Interrupt-Signals informiert und kann die transferierten Daten jetzt weiterverarbeiten.

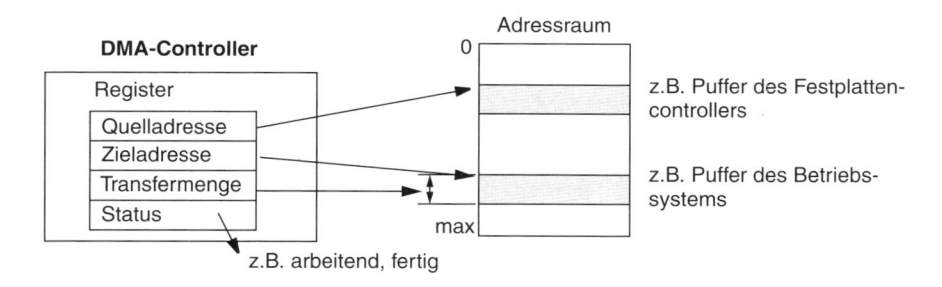

Abb. 7–5 *Prinzipaufbau eines DMA-Controllers (Beispiel für indirekten Transfer)*

Gebrauch durch Betriebssystem

Unter einem Betriebssystem ist die Steuerung von DMA-Transfers eine Sache der Treiber, die auf das abschließende Interrupt-Signal passend reagieren können. Die Treiber kennen die Quelle und das Ziel eines Transfers sowie die zu übertragende Datenmenge. Entsprechend setzen sie den DMA-Controller auf und warten, bis der Transfer beendet ist. Benutzerprozesse können blockierend die Ein-/Ausgabe durchführen, indem sie für die Dauer der gewünschten Ein-/Ausgabe (d.h. des DMA-Transfers) schlafen gelegt werden. Auch nicht blockierender Betrieb ist denkbar. In diesem Fall würde einem Benutzerprozess geeignet signalisiert, wenn der DMA-Transfer vollendet ist (der Signalisierungsmechanismus kann betriebssystemabhängig verschieden gestaltet sein). Der Einsatz des DMA-Betriebs bietet sich für folgende Situationen besonders an:

- Eine größere Menge an Byte ist in einem langsamen Takt zu transferieren. Es besteht ein krasser Unterschied zwischen der Geschwindigkeit der CPU und der Ein-/Ausgabe. Damit ist der Einsatz einer programmgesteuerten Ein-/Ausgabe ausgeschlossen. Interruptgesteuerter Betrieb wäre zwar möglich, benötigt aber vergleichsweise viel mehr Rechenzeit (erneute Ausführung der Interrupt-Serviceroutine für jedes einzelne Byte).

> **Beispiele:**
> Disketten-E/A, serielle Schnittstelle

- Es sind extrem große Datenmengen zu übertragen (z.B. Bilddaten), die relativ schnell bereitstehen. Dies könnte zwar die CPU programmgesteuert erledigen, würde aber unnötig Rechenzeit verschleißen. Im DMA-Betrieb kann der Transfer praktisch ohne Aktivität der CPU erfolgen. Oft fallen die Daten in größeren Blöcken an, wobei für jeden weiteren Block der DMA-Betrieb frisch initialisiert wird (durch eine Interrupt-Serviceroutine). Eine wichtige Voraussetzung für diesen Betrieb ist, dass die CPU während des DMA-Transfers nicht zu stark durch die Busbelegung gebremst wird (sonst könnte sie ja gerade so gut die Daten selbst transferieren).

> **Beispiele:**
> Festplatten-E/A, LAN/WAN-Netzwerkschnittstelle

Im DMA-Betrieb arbeitet der DMA-Controller ähnlich wie die CPU, wenn sie eine programmgesteuerte Ein-/Ausgabe durchführt. Der DMA-Controller stellt quasi einen spezialisierten zusätzlichen Prozessor dar, der die CPU entlastet. Damit erst können die Möglichkeiten eines Betriebssystems zur Realisierung paralleler Datenverarbeitung optimal genutzt werden. Die Benutzung des DMA-Betriebs durch Betriebssysteme wird primär durch die mitgelieferten Treiber festgelegt. Je nach Betriebssystem und Rechnerplattform wird dies unterschiedlich, z.T. auch wenig genutzt. Typischerweise stellen Betriebssysteme hilfreiche Grundfunktionen bereit, die es einem Drittsteller erlauben, eigene Treiber mit DMA-Unterstützung zu realisieren.

7.2.4 Ein-/Ausgabearten im Vergleich

In Abbildung 7–6 sind die drei E/A-Verfahren für eine Situation gezeigt, in der von einem langsamen Peripheriegerät einzelne Datenwerte in größerem Zeitabstand transferiert werden müssen. Der DMA-Betrieb führt zu der geringsten CPU-Belastung, da nur am Anfang der DMA-Controller zu programmieren ist und am Schluss, wenn alle Datenwerte übertragen sind, darauf reagiert werden muss. Andere zeitliche Situationen sind jedoch denkbar, in denen der Vergleich anders ausfällt.

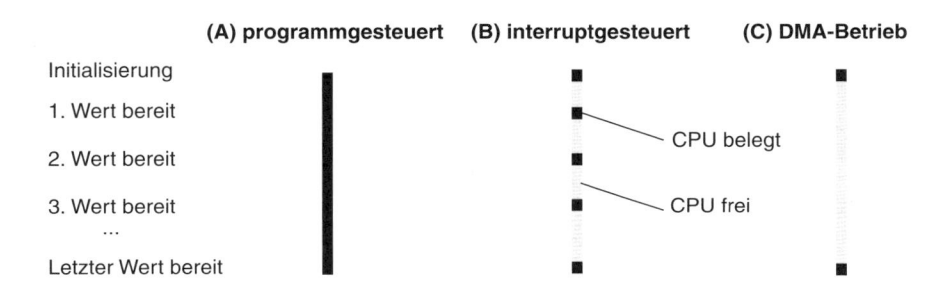

Abb. 7–6 *E/A-Verfahren im Vergleich*

7.3 Ein-/Ausgabesystem

Ohne Betriebssystem ist der Programmierer gezwungen, direkt auf die physischen Kanäle zuzugreifen (siehe Abb. 7–7). Wird ein Betriebssystem eingesetzt, so ändert sich die Ankopplung des Anwenderprogramms derart, dass anstelle physischer Kanäle logische Kanäle zur Verfügung stehen. Diese koppeln das Anwenderprogramm von der Hardware ab. Damit wird die Nutzung der gemeinsamen Hardware nicht nur vereinfacht, sondern auch optimiert. Durch die einheitliche Handhabung können Programme auf unterschiedlichen Plattformen ohne Änderungen ausgeführt werden.

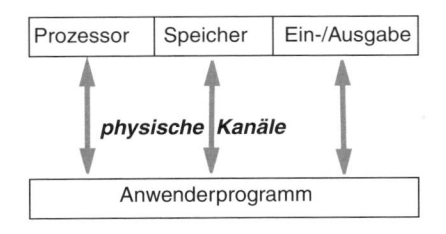

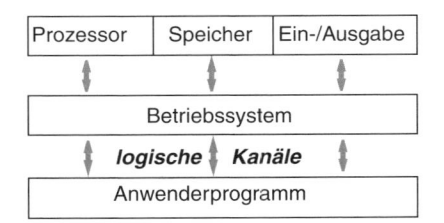

Abb. 7–7 *Rechner ohne und mit Betriebssystem*

Derjenige Teil des Betriebssystems, der für die Ein-/Ausgaben zuständig ist, wird als *Ein-/Ausgabesystem* bezeichnet.

7.3.1 Treiber

Das *Ein-/Ausgabesystem* ermöglicht den Datentransfer zwischen Anwenderprogrammen und unterschiedlichen an das System angeschlossenen Geräten. Die Anwenderprogramme benutzen dabei logische Kanäle mit standardisierten Ein-/Ausgabeoperationen, die durch das Betriebssystem auf physische Kanäle und geräteabhängige Befehle abgebildet werden. Als *Treiber (driver)* bezeichnet man diejenigen Softwareteile, welche die eigentliche Verbindung zwischen den Anwenderprozessen und den Geräten bzw. deren Peripheriecontroller schaffen. Die Treiber bedienen die Hardware zur Gerätesteuerung, also die Peripheriecontroller (siehe Abb. 7–8). Sie greifen dazu auf die Register des Controllers zu, um

- Gerätezustände abzufragen,
- Befehle an das Gerät zu übermitteln,
- Daten von/zum Gerät zu übermitteln.

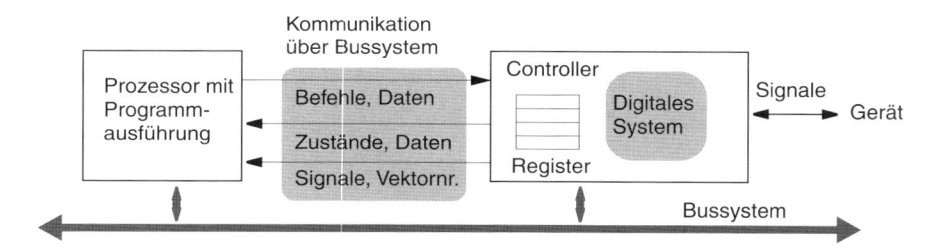

Abb. 7–8 *Von einem Treiber bediente Hardware zur Gerätesteuerung*

Viele Peripheriegeräte nutzen das Unterbrechungssystem um eine sofortige Behandlung anzufordern. Das Einrichten von Interrupt-Serviceroutinen für die zugeordneten Treiber ist Aufgabe des Betriebssystems, da nur dieses aus Sicherheitsgründen die Einträge in der Interrupt-Vektortabelle verändern darf.

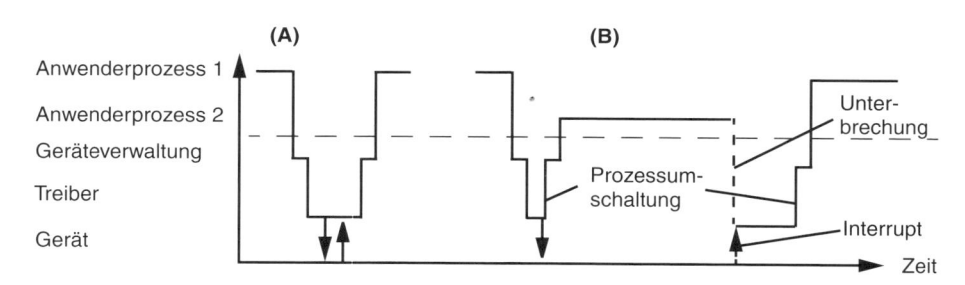

Abb. 7–9 *Ein-/Ausgabe ohne (A) und mit Interrupt-Verarbeitung (B)*

7.3 Ein-/Ausgabesystem

Während der Initialisierung des Betriebssystems werden die Adressen vordefinierter Interrupt-Serviceroutinen in die Vektortabelle eingetragen. Darunter fallen all diejenigen Interrupt-Behandlungen, die konfigurationsunabhängig erforderlich sind. Zusätzlich sind entsprechend der angeschlossenen Peripherie weitere Einträge nötig. Diese werden beim Starten der zugehörigen Treiber erledigt, indem diese ihre ISRs beim Betriebssystem registrieren. Da bei der Aktivierung einer Interrupt-Routine eine Umschaltung in den Kernmodus stattfindet, erlangt der zugehörige Treiber automatisch den Zugriff auf die Peripheriehardware (was im Benutzermodus nicht möglich wäre). Ein interruptgesteuerter Treiber gibt während der Wartezeiten auf sein Peripheriegerät den Prozessor für andere Zwecke frei. Die weitere Ein-/Ausgabe erfolgt dann durch einen Treiberteil, der als Interrupt-Serviceroutine programmiert ist. In Abbildung 7–9 ist der Ablauf für programmgesteuerte Ein-/Ausgabe (A) und interruptgesteuerte Ein-/Ausgabe (B) gezeigt. Eine kleine Anzahl an Interrupts wird das Betriebssystem auf jeden Fall benutzen. Dazu zählt der sogenannte Systemuhren-Interrupt. Dieser wird durch eine Zeitgeberhardware (*timer*) periodisch erzeugt. Er dient unter anderem zur Erzeugung von Zeitscheiben für das *Round-Robin-Scheduling*.

7.3.2 Geräteverwaltung

Dem Betriebssystem fällt die Aufgabe zu, Verbindungen zwischen den logischen und den physischen Kanälen zu knüpfen. Derjenige Teil des Betriebssystems, der die angeschlossenen Geräte verwaltet, wird als Geräteverwaltung (*I/O manager*) bezeichnet. Er ist ein Teil des gesamten Ein-/Ausgabesystems. Die Geräteverwaltung bedient sich einer Datenbasis, die Zuordnungen zwischen logischen Kanälen und physischen Geräten beschreibt. Darin sind alle installierten Treiber registriert, die der aktuellen Konfiguration des Systems entsprechen (siehe Abb. 7–10).

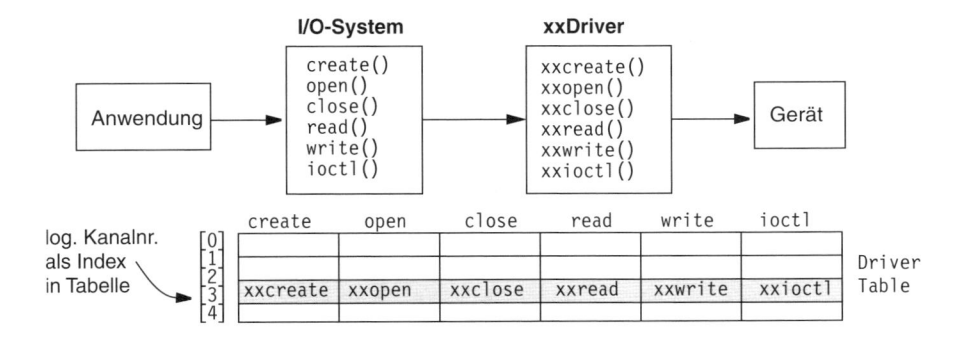

Abb. 7–10 *Geräteverwaltung (Prinzipbeispiel)*

7.3.3 Treiberschnittstelle

Um unterschiedliche Geräte zu unterstützen, zu denen auch solche zählen, die bei der Programmierung des Betriebssystems noch unbekannt waren, ist eine *Treiberschnittstelle (driver interface)* definiert (siehe Abb. 7–11). Diese erlaubt das Einklinken passender Ansteuerroutinen in die Betriebssystemsoftware, wenn ein neues Gerät an den Rechner angeschlossen wird. Treiberroutinen zur Unterstützung der üblichen Geräte werden in der Regel vom Betriebssystemhersteller mitgeliefert. Daneben existiert die Möglichkeit, eigene Treiber zu einer speziellen Hardware nachträglich zu entwickeln und dadurch den Anschluss derselben zu ermöglichen.

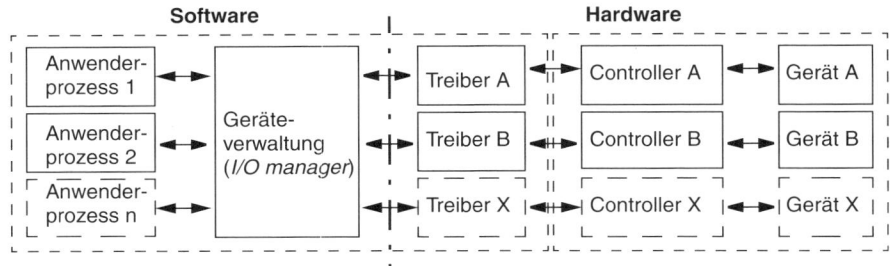

Abb. 7–11 *Treiberschnittstelle*

Moderne Betriebssysteme benutzen oft eine eigentliche Treiberhierarchie. Diese unterteilt einen Treiber in der einfachsten Form in einen logischen und einen physischen Teil (siehe Abb. 7–12). Der logische Teil unterstützt Funktionen, die für die gleiche Geräteart einheitlich gelöst werden können (z.B. Druckerpufferung, Zeigefunktionen). Der physische Teil enthält dann nur noch diejenigen Funktionen, die spezifisch für ein bestimmtes Modell dieser Geräteart sind. Sinngemäß werden die zwei Treiberarten als Klassentreiber (*class driver*) und Gerätetreiber (*device driver, port driver*) bezeichnet. Feinere Unterteilungen in Treiberschichten sind denkbar und auch teilweise im Gebrauch.

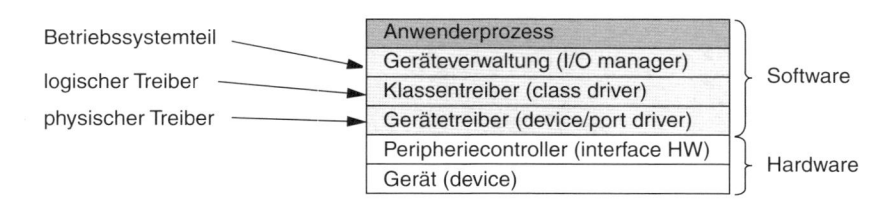

Abb. 7–12 *Treiberhierarchie*

Komplexere Betriebssysteme erlauben die Verwendung von Zeichenketten (ASCII strings) zur Benennung von Geräten. Beim Zugriff auf das Gerät wird dieser Textname über eine Zuordnungstabelle in eine logische Kanalnummer umgesetzt, die ihrerseits die Bestimmung des zugehörigen Treibers erlaubt.

Ein Treiber muss eine ganze Reihe von Aufgaben erfüllen:

- Er definiert das Gerät gegenüber dem Betriebssystem.
- Er definiert sich selbst gegenüber dem Betriebssystem.
- Er definiert die gerätespezifische Datenbasis.
- Er initialisiert den Peripheriecontroller und das Gerät beim Systemstart.
- Er wandelt allgemeine E/A-Anforderungen in gerätespezifische Befehle um.
- Er aktiviert das Gerät.
- Er antwortet auf Hardwaresignale (Interrupts) des Geräts bzw. des Peripheriecontrollers.
- Er meldet Geräte- und Controllerfehler.
- Er empfängt/sendet Daten und Zustandsinformationen vom/zum Gerät.
- Er verarbeitet mehrere E/A-Anforderungen gleichzeitig oder überlappt (Multithreading-Umgebung).
- Er puffert Daten bei der Ein- und Ausgabe.

Es ist abhängig vom Betriebssystem,

- ob alle Treiber bei der Systemkonfiguration eingebunden werden müssen,
- ob sich Treiber später hinzufügen lassen, aber beim Systemstart bekannt sein müssen, oder
- ob Treiber dynamisch während des Betriebs installiert und gestartet/gestoppt werden können.

7.3.4 Ein-/Ausgabeschnittstelle

Für die Entwicklung von Anwenderprogrammen steht eine weitgehend *geräteunabhängige Programmierschnittstelle* zur Peripherie bereit. Diese stellt Ein-/Ausgabeoperationen für logische Kanäle bereit, die durch das Betriebssystem auf physische Kanäle und geräteabhängige Befehle abgebildet werden. Die Umsetzung der standardisierten E/A-Operationen in gerätespezifische Befehle wird dabei durch die Treibersoftware erbracht. Das konzeptionelle Modell dieser Programmierschnittstelle für Applikationen (*Application Programming Interface, API*) sieht bei den meisten Betriebssystemen ähnlich aus. Dies rührt daher, dass viele Betriebssysteme die ursprünglichen Definitionen dieser Funktionen, wie sie in Unix weite Verbreitung gefunden haben, in vergleichbarer Form realisieren. Folgende Elemente spielen dabei eine Rolle:

- Identifikation der logischen Kanäle
- Art des Peripherieanschlusses
- Pufferung
- Nutzungsart
- Synchrone/asynchrone Ein-/Ausgabe
- Stream Input/Output
- Standardisierte Ein-/Ausgabe-(E/A-)Funktionen

Identifikation der logischen Kanäle

Soll ein Programm mehrere E/A-Kanäle benutzen, so muss es zwischen diesen unterscheiden können. Dies geschieht über *Ganzzahlnummern*, die vom Betriebssystem den logischen Kanälen zugeordnet werden. Bei Unix benutzt man sogenannte *Dateideskriptoren (file descriptors)*, da diese Eigenschaft ursprünglich nur für Dateien benötigt wurde. Ein Dateideskriptor kann aber auch einen logischen Kanal zu einer zeichenorientierten Peripherie bezeichnen, da die Dateischnittstelle unter Unix nicht nur für Dateien gilt. Bei Windows werden sogenannte *handles* verwendet. Diese identifizieren zugehörige Systemdatenstrukturen, über die sich die logischen Kanäle ansprechen lassen.

Art des Peripherieanschlusses

Grundsätzlich unterscheidet man zwischen *zeichenorientierter* und *blockorientierter* Peripherie. Zum Beispiel ist eine asynchrone serielle Schnittstelle zeichenorientiert, da die kleinste Ein-/Ausgabeeinheit ein Zeichen darstellt. Es handelt sich um ein sogenanntes *character device*. Ein Massenspeicher (Festplatte, Diskette, CD-ROM etc.) stellt hingegen ein blockorientiertes Gerät dar (*block device*), da die Speicherung auf der Basis von Datenblöcken mit jeweils einer fixen Anzahl von Byte stattfindet.

Pufferung

Eine wichtige Funktion des Betriebssystems bei der Ein-/Ausgabe stellt die Pufferung dar. Abhängig vom logischen Kanal kann von der Applikation die zum Einsatz gelangende Puffergröße beeinflusst werden. Die Pufferung hat den Zweck, die Applikation bei der Ein-/Ausgabe von Datenblöcken zu entlasten, da sie hier eine Sammel- bzw. Verteilfunktion erbringt. Ebenfalls ermöglicht sie die Anpassung unterschiedlicher Ein-/Ausgabegeschwindigkeiten. So kann eine Applikation sehr schnell große Datenmengen zur Ausgabe an das Betriebssystem übergeben und damit zügig in der Datenverarbeitung fortfahren. Ein Datenpuffer stellt dabei die »Zwischenlagerung« sicher, bis die Daten an das vergleichsweise langsame Gerät transferiert sind. Mehr Details zur Pufferung, vor allem im Zusammenhang mit Treibern, sind in Abschnitt 7.3.5 zu finden.

7.3 Ein-/Ausgabesystem

Nutzungsart

Abhängig vom Peripheriegerät kann eine gemeinsame Nutzung durch mehrere Programme sinnvoll sein. Die gewünschte Nutzungsart muss beim Eröffnen eines logischen Kanals dem Betriebssystem mitgeteilt werden (z.B. exklusiv, gemeinsam mit anderen, exklusiv schreiben/alle lesen etc.). Je nach Peripherie kann hier die Wahlfreiheit eingeschränkt sein (z.B. »gehört« ein serieller Kanal exklusiv einem bestimmten Prozess).

Synchrone/asynchrone Ein-/Ausgabe

Die von Applikationen meist verwendete Art ist die synchrone Ein-/Ausgabe. Hierbei wird eine E/A-Operation per Systemaufruf angefordert und so lange gewartet, bis sie komplett ist. Erst dann wird die Ausführung des Systemaufrufs beendet und ein Komplettierungsresultat an die Applikation zurückgegeben. Bei der asynchronen Ein-/Ausgabe werden zwei Systemaufrufe verwendet. Der *erste* Aufruf erteilt den Auftrag an den E/A-Teil des Betriebssystems. Der *zweite* Aufruf holt die Resultate zu einem späteren Zeitpunkt, wenn die E/A-Operation vollständig ist, zurück. In der Regel werden vom Betriebssystem Interprozess-Synchronisationsfunktionen benutzt, um der Applikation die Vollendung der E/A anzuzeigen.

Stream Input/Output

Hierbei handelt es sich um eine stromorientierte Betrachtungsweise. Bei der Ausgabe überträgt der logische Kanal eine applikationsdefinierte Anzahl von Byte als Datenstrom zum Gerät. Die Reihenfolge, in der die Datensenke die Byte konsumiert, ist dabei festgelegt. Die Übertragung selbst kann, abhängig vom verwendeten Verfahren, eine andere Byte- oder sogar Bitreihenfolge benutzen. Die Empfangsseite stellt dann aber wieder die Reihenfolge her, wie sie in Abbildung 7–13 konzeptionell aufgezeigt ist. Wie in der Abbildung ebenfalls ersichtlich wird, erfolgt die Datenübergabe einer variablen Anzahl von Byte an das Betriebssystem in Form eines Datenblocks. Dieser ist durch eine Startadresse und die Anzahl der Byte eindeutig festgelegt.

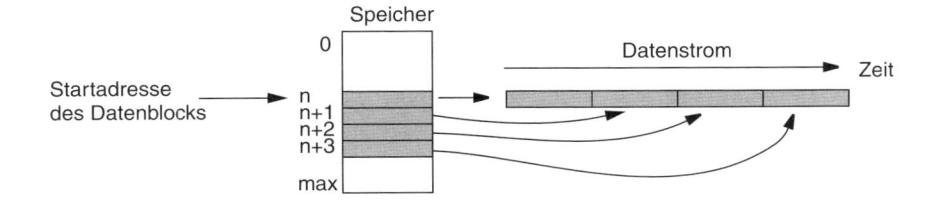

Abb. 7–13 *Ausgabe eines Datenblocks in einem Datenstrom*

Standardisierte E/A-Funktionen

Die E/A-Programmierschnittstelle kann als Teil einer Sprachdefinition standardisiert sein (z.B. C/C++) oder sie wird vom Betriebssystemhersteller sprachunabhängig definiert und mittels sprachspezifischer Umsetzungen angepasst. Für Anwendungen stellt das Betriebssystem ein *abstraktes Gerät* zur Verfügung, das mittels zugehöriger Systemaufrufe angesprochen werden kann. Abhängig vom konkreten Gerät steht dann ein mehr oder weniger umfangreicher Satz von E/A-Operationen zur Verfügung. Abstrakte Geräte verfügen ebenfalls über einen Gerätezustand, der abgefragt und oft auch beeinflusst werden kann. An E/A-Funktionen steht im Minimum folgende Auswahl zur Verfügung:

- Open(): Eröffnet einen logischen Kanal zu einem Gerät und liefert einen Identifikationswert (Deskriptor, Handle) für die anschließende Nutzung. Dies kann auch eine Geräteinitialisierung umfassen. Beim Dateisystem wird anstelle des Geräts eine einzelne Datei angesprochen. Beim Dateizugriff kann die Nutzungsart gewählt werden (z.B. geöffnet zum Lesen, geöffnet zum Schreiben). Betriebssystemintern wird eine Datenstruktur zur Verwaltung des logischen Kanals dynamisch angelegt. Diese enthält unter anderem Zustandsinformationen über das Gerät.
- Close(): Ein vorher geöffneter Kanal wird wieder geschlossen. Die zugehörige Systemdatenstruktur wird dadurch freigegeben. Eventuell wird das angesprochene Gerät in einen Grundzustand zurückversetzt.
- Read(): Liest eine Anzahl von Byte entsprechend dem Stream-I/O-Modell von dem Gerät ein. Die Übergabe an die Applikation erfolgt als Datenblock in einem dafür vom Programm zur Verfügung gestellten Pufferbereich. Falls die gewünschte Anzahl an Byte nicht oder noch nicht zur Verfügung steht, wartet die Read()-Funktion, außer es handelt sich um eine Ein-/Ausgabe einer Datei. In diesem Fall wird die effektiv verfügbare Anzahl von Byte zusammen mit den Daten zurückgegeben. Das Dateiende wird ebenfalls der Applikation mitgeteilt (*End Of File, EOF*).
- Write(): Gibt eine Anzahl von Byte an das Gerät aus.

Häufig werden auch folgende Funktionen unterstützt:

- Ioctl(): Dient dazu, die Betriebsart des Geräts zu ändern. Bei einer seriellen Schnittstelle kann dies z.B. die Übertragungsrate sein.
- Lseek(): Erfolgt die Ein-/Ausgabe auf eine Datei, so markiert ein Lese-/Schreibzeiger die aktuelle Position innerhalb der Datei. Damit ist es möglich, an beliebiger Position innerhalb der Datei zu lesen und auch zu schreiben. Lseek(): Erlaubt ein gezieltes Setzen dieses Zeigers, der von den Read()- und Write()-Funktionen entsprechend den übertragenen Byte automatisch inkrementiert wird.

7.3 Ein-/Ausgabesystem

- `Create()`: Wird in der Regel beim erstmaligen Zugriff auf ein Gerät benötigt. Beim Dateisystem dient dieser Aufruf dazu, eine neue Datei anzulegen.

7.3.5 Ein-/Ausgabepufferung

Grundsätzlich ist es möglich, die Ein- und Ausgabedaten zwischen einem Benutzerprozess und einem Peripheriegerät direkt durchzureichen. Meistens ist jedoch eine Zwischenpufferung innerhalb des Betriebssystems von Vorteil. Eine wichtige Anwendung stellt die Pufferung der Plattendaten dar, die in Abschnitt 7.4.5 beschrieben ist. Häufig wird jedoch eine Pufferung innerhalb der Gerätetreiber durchgeführt. Wir wollen unabhängig davon, in welchem Systemteil die Pufferung stattfindet, diese aus einer allgemeinen Sicht näher beleuchten. Was die gepufferte Datenmenge angeht, so hängt dies natürlich vom Peripheriegerät ab. Bei blockorientierter Peripherie (*block device*) sind dies ein oder mehrere Blöcke. Bei zeichenorientierter Peripherie (*character device*) kann es ein Byte oder bei einem Terminalgerät für die Kommandozeilenverarbeitung auch eine ganze Textzeile sein.

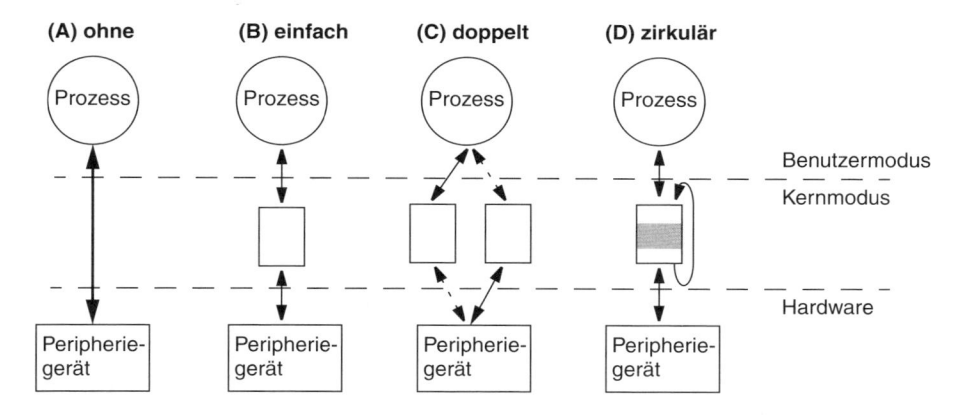

Abb. 7-14 *Varianten der Ein-/Ausgabepufferung*

In Abbildung 7-14 sind die vier Grundmöglichkeiten der Pufferung illustriert. Die einfachste Lösung ist das Weglassen der Pufferung (A). Für eine Ausgabe stellt der Benutzerprozess die Daten in seinem virtuellen Speicher bereit und das Peripheriegerät greift direkt auf diesen Speicherbereich zu. Die Eingabe verläuft analog so, dass der Benutzerprozess einen Puffer in seinem virtuellen Adressraum für die Eingabedaten anlegt und das Peripheriegerät wiederum direkt darauf zugreift. Eine systemseitige Zwischenpufferung findet somit nicht statt. Es ist jedoch unbedingt nötig, dass der Benutzerprozess den von der E/A betroffenen Teil seines virtuellen Adressraums von der Seitenauslagerung aussperrt (*locking down memory*). Ansonsten kann es geschehen, dass das Peripheriegerät seine

Ein-/Ausgabe nicht durchführen kann, da die benutzerseitigen Puffer gerade auf die Platte ausgelagert sind. Dieses Problem entfällt, wenn eine einfache Pufferung (*single buffering*) eingesetzt wird (B). Bei der Eingabe füllt das Peripheriegerät den Puffer. Ist dieser Vorgang abgeschlossen, können die Daten in den virtuellen Adressraum des Benutzerprozesses umkopiert werden. Sind mehrere Datenblöcke ein- bzw. auszugeben, so kann der Benutzerprozess einen Datenblock bearbeiten (bereitstellen bzw. auswerten), während der nächste Block zwischen Puffer und Peripheriegerät transferiert wird. Beim Lesen wird dies als Vorauslesen (*read-ahead*) bezeichnet. Beim Schreiben können die Daten schnell in den Puffer transferiert werden, womit der Benutzerprozess nach kurzer Zeit sofort weiterarbeiten kann.

Bei der doppelten Pufferung (*double buffering*) können der Benutzerprozess und das Peripheriegerät parallel arbeiten (C). Während der Benutzerprozess den ersten Puffer leert, kann das Peripheriegerät den zweiten Puffer füllen (bzw. umgekehrt). Sind große Unterschiede in der Geschwindigkeit zwischen Peripheriegerät und Benutzerprozess vorhanden, so bietet sich ein zirkulärer Puffer an (D). Besonders vorteilhaft ist dies beispielsweise, wenn das Peripheriegerät sehr schnell viele Daten liefert und es dann länger dauert, bis die nächsten Daten kommen (*burst input/output*). Auf den zirkulären Puffer können Benutzerprozess und Peripheriegerät gleichzeitig zugreifen. Die Pufferverwaltung entspricht dem Grundverfahren beim Produzenten/Konsumenten-Problem mit begrenzter Puffergröße (siehe Abschnitt 5.3.4). Logisch gesehen wirkt ein zirkulärer Puffer wie eine große Anzahl von Puffern, auf die alternierend zugegriffen wird.

Zur Beurteilung der verschiedenen Lösungen kann man überschlagsmäßig den Zeitaufwand für eine Ein-/Ausgabe und Verarbeitung der Daten abschätzen. Wenn die Ein-/Ausgabezeit als T (für Transfer), die Verarbeitungszeit im Benutzerprozess als C (für Computation) und die Umkopierzeit zwischen Benutzeradressraum und Systempuffer mit M (für Memory copy) bezeichnet wird, so ergeben sich die in Tabelle 7–1 abgebildeten Zeiten (max steht für das Maximum aus zwei Werten). Die Umkopierzeit M fällt bei der einfachen Pufferung darum in Betracht, weil die Ein-/Ausgabe erst dann weiterlaufen kann, wenn der Puffer geleert bzw. gefüllt ist. Bei der doppelten bzw. zirkulären Pufferung gilt dies jedoch nicht. Bei allen Varianten wurde die Ablaufsynchronisation zwischen Ein-/Ausgabe und Benutzerprozess ausgeblendet. Diese muss über geeignete Synchronisationsmechanismen gelöst werden, wie sie in Kapitel 5 besprochen wurden.

Ohne Pufferung	Einfache Pufferung	Doppelte Pufferung	Zirkuläre Pufferung
T + C	max(T, C) + M	max(T, C)	max(T, C)

Tab. 7–1   Ungefährer Zeitbedarf für die Datenverarbeitung

7.3.6 Treibermodell in Linux

Unsere Betrachtung der Linux-Treiber startet bei der Ausgestaltung der E/A-Schnittstelle, geht von dort weiter zu der Einordnung im System und befasst sich dann mit dem Aufbau der Treiber, der Treiberschnittstelle, dem Datenaustausch mit der Applikation und zuletzt der Installation.

E/A-Schnittstelle

Für den Zugriff auf die Hardware sind drei Stufen an Unterstützung durch den Betriebssystemkern möglich:

- *Direkter Hardwarezugriff*: Eine Applikation greift ohne Benutzung eines Treibers direkt auf die Hardware zu. Die Verwendung von Interrupts ist allerdings nicht möglich. Zu diesem Zweck stehen die zwei Systemaufrufe *change I/O privilege level* `iopl()` und *set port input/output permissions* `ioperm()` zur Verfügung, die nur unter Administratorprivilegien (Benutzer »root«) ausführbar sind. Abgesehen von den zwei Systemaufrufen findet dabei alles im Adressraum des Benutzerprozesses (*user space*) statt. Um diese Art der Ein-/Ausgabe normalen Benutzern zugänglich zu machen, kann gezielt eine dafür bestimmte ausführbare Datei mit Root-Privilegien versehen werden. Das bekannteste Beispiel dafür ist der X-Server (Ansteuerung Grafikhardware). Mit dieser Art des Hardwarezugriffs können Benutzermodustreiber (*user mode driver*) entwickelt werden. Ein Nachteil besteht darin, dass diese Softwareteile mit dem Seitenwechselverfahren (*demand paging*) auf die Platte ausgelagert werden können, was die Reaktionszeit stark beeinträchtigt.
- *Minimale Betriebssystemunterstützung*: Dem Betriebssystemkern wird nicht das Gerät, sondern nur seine E/A-Schnittstelle bekannt gemacht. Diese Art der Unterstützung ist auf dem PC unter Linux auf die serielle Schnittstelle begrenzt und wird daher nicht weiter betrachtet.
- *Erweiterte Betriebssystemunterstützung*: Bei dieser E/A-Art werden Gerätetreiber eingesetzt, die im Adressraum des Betriebssystemkerns (*kernel space*) ablaufen. Im Weiteren konzentrieren wir uns auf diese Variante, da sie bereits im Standardumfang von Linux für die meiste Peripherie eingesetzt wird.

Bei der dritten Variante mit Kernmodus-Gerätetreibern ist die Ein-/Ausgabeschnittstelle unter Linux, aber auch unter Unix generell, über das Dateisystem realisiert. Die Applikation kann mit den üblichen Dateisystemfunktionen, wie z.B. `read()`, `write()`, `open()` und `close()`, die Peripherie bedienen. Dabei ist die Integration in das Dateisystem aus Benutzersicht so stark, dass die Geräte sogar als sogenannte spezielle Dateien (*special files*) in einem reservierten Verzeichnis (/dev) im Dateisystem erscheinen. Es handelt sich hierbei natürlich nicht um echte, sondern nur um supponierte (virtuelle) Dateien, zu denen man manchmal auch Gerätedateien (*device files*) sagt. Das Dateisystem stellt über seine Verzeichniseinträge auf diese Weise eine Möglichkeit zur Verfügung, um installierte Geräte nicht nur in einem Katalog zu erfassen (konkret: Verzeichnis mit Spezialdateieinträgen), sondern auch auf einheitliche Art und Weise sowohl Dateien als auch Geräte anzusprechen. Mittels Unterverzeichnissen unter /dev können Geräteklassen übersichtlich gruppiert werden.

Damit der zu einem bestimmten Gerät gehörige Treiber gefunden werden kann, ist ein Verzeichniseintrag für Spezialdateien um eine Treiberidentifikationszahl erweitert. Diese wird als *Major Number* bezeichnet. Zusätzlich wird eine zweite Zahl, die *Minor Number*, eingetragen, die es erlaubt, treiberspezifisch verschiedene Unterarten von Geräten oder auch unterschiedliche Betriebsarten zu unterstützen. Während also die kleinere Nummer treiberspezifisch definiert und benutzt werden kann, ist die größere Nummer über eine Liste bestimmten Treibern fest zugeordnet. Die jeweils aktuelle Version ist unter Linux in /usr/src/linux/Documentation/devices.txt zu finden und enthält zurzeit etwa 30 Einträge. Für eigene Treiber kann jedoch jede freie Major Number benutzt werden.

Treiberarten

Wie bei anderen Unix-Derivaten wird auch unter Linux grundsätzlich zwischen den zeichenorientierten (*character device*) und den blockorientierten Geräten (*block device*) unterschieden. Bei *zeichenorientierten* Geräten ist die kleinste E/A-Einheit ein Byte bzw. ein Zeichen. Der Datenaustausch mit dem Gerät erfolgt dabei als ein sequenzieller Bytestrom, d.h. quasi auf der Stufe von Byte seriell. Bei *blockorientierten* Geräten ist hingegen die kleinste E/A-Einheit ein Datenblock von einer bestimmten Anzahl an Byte (typischerweise eine Zweierpotenz). Natürlich können bei beiden Gerätearten jeweils mehrere Zeichen bzw. Blöcke in einem einzigen E/A-Auftrag zusammengefasst werden. Manche Autoren betrachten die Netzwerktreiber (*network interfaces*) als eine dritte gleichwertige Treiberart.

Einbindung der Treiberfunktionen in das System

Die Einbindung der Treiberroutinen erfolgt für die standardisierten E/A-Funktionen über eine Datenstruktur (file_operations), deren Inhalt dem System bekannt gemacht wird (mittels Aufruf von register_chrdev()).

```
struct file_operations z_fileops = {
  .owner   = THIS_MODULE,
  .read    = z_read,
  .write   = z_write,
  .poll    = z_poll,
  .open    = z_open,
  .release = z_release,
  .fasync  = z_fasync,
}
```

Diese Datenstruktur stellt eine Liste von Funktionszeigern auf die entsprechenden Funktionsimplementierungen dar. Nicht benutzte Funktionen werden in der Liste mit einem NULL-Zeiger eingetragen. Das Beispiel legt eine Reihe von Zuordnungen für ein imaginäres zeichenorientiertes Gerät namens »z« fest. Die Implementierungen der standardisierten E/A-Funktionen sind mit einem führenden »z_« gekennzeichnet.

> **Beispiel:**
> Ein blockorientiertes Gerät namens »b«: Die Implementierungen der standardisierten E/A-Funktionen sind mit einem führenden »b_« gekennzeichnet.
> ```
> struct block_device_operations b_fileops ={
>    .open               = b_open,
>    .release            = b_release,
>    .ioctl              = b_ioctl,
>    .check_media_change = b_check_media_change,
>    .revalidate         = b_revalidate,
> };
> ```

Für die Interrupt-Behandlung ist ferner noch die Interrupt-Serviceroutine (ISR) einzubinden. Dies wird weiter unten besprochen.

Dynamische und statische Treibereinbindung

Ältere Unix-Systeme und Linux-Versionen verlangen eine statische Einbindung der Treiber in den Betriebssystemkern. Nachteilig dabei ist, dass alle eventuell benötigten Treiber stets im Systemcode enthalten sein müssen (Platzbedarf!) und während des Betriebs keine neuen Treiber gestartet werden können. Aktuelle Unix-Systeme und neuere Linux-Versionen unterstützen hingegen dynamisch ladbare Treibermodule (*kernel modules*), die es erlauben, beim Starten jeweils noch Parameter mitzugeben, und auch für Tests das bequeme Starten/Stoppen von Treibern ohne Systemneustart ermöglichen. Im Treibercode sind zwei Routinen für das saubere Starten und Stoppen beim Laden bzw. Entladen des Moduls verantwortlich.

> **Beispiel:**
> Ein zeichenorientierter Treiber mit dem Namen »z«
> ```
> int z_init (void)
> {
>    ...                    // Irgendwelche Initialisierungen
>    register_chrdev (..);  // E/A-Funktionen bei Kern registrieren
>    ...                    // Evtl. benötigte ISR registrieren
> }
> ```

Für das Laden eines Treibers wird der Kommandozeilenbefehl insmod und für das Entladen der Befehl rmmod eingesetzt. Diese rufen die entsprechenden Init- und Exit-Routinen des Moduls auf. Wird ein Modul geladen, so findet eine dynamische Bindung aller Externreferenzen mit der Symboltabelle des Betriebssystemkerns statt. Verfügbar sind natürlich nur die vom Kern exportierten (d.h. public) Symbole. Für gewisse Treiber ist eine statische Einbindung in den Systemkern sinnvoll, so zum Beispiel bei eingebetteten Systemen *(embedded systems)*. Es besteht dann die Notwendigkeit, dass eine Treiberinitialisierungsfunktion während des Systemstarts aufgerufen wird. Dazu muss diese in einer passenden Systemtabelle eingetragen sein. Zu diesem Zweck wird das C-Makro _initcall() bereitgestellt. Es sorgt für einen Eintrag in einer Liste von Funktionszeigern, die beim Systemstart abgearbeitet wird. Diese Liste ist unter Linux als eine separate Sektion beim Binden *(link section)* mit dem Namen .initcall.init angelegt. Natürlich müssen für eine statische Einbindung alle Treibermodule beim Generieren des Systems mitgebunden werden.

Hardwarestatus abfragen

Wird einem Gerät ein E/A-Auftrag erteilt, so steht das Resultat oft erst nach einer gewissen Zeit zur Verfügung. Steht keine Interrupt-Signalisierung zur Verfügung, so ist der Treiber gezwungen, durch wiederholtes Abfragen des Gerätestatus dieses Ereignis zu erkennen. Damit er nicht in einer dauernd aktiven Warteschleife die Rechenzeit unnütz und zum Schaden anderer Programmabläufe verbraucht, kann die CPU über den Aufruf der Systemfunktion schedule() kooperativ abgegeben werden, und zwar so, dass der beauftragende Prozess im Zustand »ablaufbereit« verbleibt. Damit kommt der Treiber nach einer gewissen Zeit wieder zum Laufen und die Statusprüfung kann wiederholt werden. Nachteilig bei diesem Verfahren ist die unter Umständen zu lange und vor allem nicht deterministische Reaktionszeit des Treibers auf das Geräteereignis. Ist geräteseitig ein hartes Reaktionszeitlimit vorhanden, so muss dann unter Umständen doch auf eine ununterbrochene Warteschleife ausgewichen werden *(busy wait)*. Wird eine aktive Warteschleife eingesetzt, so ist auf jeden Fall ein Zeitlimit einzubauen, damit der Systemkern bei einem defekten Gerät nicht dauerhaft blockiert wird. Alles andere wäre eine schusselige Programmierung.

Geräte-Interrupts

Geräte mit harten Reaktionszeitgrenzen sollten anstelle einer Warteschleife über eine Interrupt-Signalisierung verfügen, sofern die Wartezeit einen gewissen tolerierbaren Wert übersteigt (z.B. mehrere Millisekunden). Von Interesse ist dabei natürlich auch die Häufigkeit der zu erwartenden Ereignisse. Das Linux-Treibermodell unterstützt eine flexible Interrupt-Behandlung mit einer optionalen Aufteilung in einen zeitkritischen und einen nicht zeitkritischen Teil. Der zeitkritische

7.3 Ein-/Ausgabesystem

Teil wird durch die eigentliche Interrupt-Serviceroutine (ISR) erledigt. Der nicht zeitkritische Teil durch eine Routine, die von der ISR zur späteren Ausführung in eine Warteschlange eingereiht wird. Diese Warteschlange wird nach jedem Hardware-Interrupt und nach jedem Systemaufruf abgearbeitet. Die so abgearbeiteten Routinen unterscheiden sich von einer ISR darin, dass sie beliebig unterbrochen werden können. Damit behindert diese weniger zeitkritische Arbeit die Ausführung irgendwelcher ISRs nicht. Diese Art von Routinen sind in zwei Ausprägungen mit kleineren Unterschieden vorhanden: als *Soft-Interrupt-Routinen* und als sogenannte *Tasklets*.

> **Beispiel:**
> Eine einfache Interrupt-Behandlung ohne nachgelagerten nicht zeitkritischen Teil:
>
> ```
> ..
> request_irq (..)            // ISR für Interrupt-Nummer registrieren
>                             // Typischerweise beim Laden des Treibers
>                             // oder wenn Gerät mit open() eröffnet
> ..
> free_irq (..) // Interrupt deregistrieren
> static void isr (int irq) {
>    ...                      // Interrupt-Serviceroutine (ISR)
> }
> ```

Meist findet ein Interrupt als Folge eines E/A-Auftrags der Applikation statt. Das heißt, ein Benutzerprozess hat eine E/A-Funktion, wie z.B. read(), write() oder ioctl(), aufgerufen. Dadurch wurde er innerhalb dieses Aufrufs schlafen gelegt, bis das E/A-Resultat verfügbar ist. Dieser Zeitpunkt wird schließlich über ein Interrupt-Signal angezeigt. Für das Blockieren von Prozessen für eine gewisse Zeit und natürlich ihr Deblockieren stellt Linux eine Warteschlangenfunktionalität zur Verfügung. Diese besteht aus einem Datentyp wait_queue_head_t und drei Funktionen:

- init_wait_queue_head(): Dient zur Initialisierung.
- interruptible_sleep_on(): Dient dazu, einen Prozess einzutragen, in den Wartezustand auf Interrupt zu versetzen und den Scheduler aufzurufen.
- wake_up_interruptible(): Veranlasst das Aufwecken eines in der Queue wartenden Prozesses, d.h., dieser wird in den Bereitzustand versetzt und anschließend wird der Scheduler aufgerufen.

Die PC-Hardware ist sehr begrenzt, was die Anzahl verfügbarer Interrupts angeht. Deshalb können Interrupt-Leitungen gemeinsam von mehreren Treibern benutzt werden (*interrupt sharing*). Voraussetzung dafür ist allerdings, dass das Gerät abgefragt werden kann, ob es der Verursacher des Interrupts ist (dies ist die

Aufgabe einer derartigen ISR). Teilt ein Treiber eine Interrupt-Leitung mit einem anderen Treiber, so muss er diese gemeinsame Benutzung bei der Registrierung bekannt geben (gilt für alle beteiligten Treiber).

> **Beispiel:**
> Im Treiber »z« wird der aufrufende Prozess in der Lesefunktion blockiert, bis Daten eintreffen.
> ```
>   z_read (..)
>   {
>     ...
>     interruptible_sleep_on(..);   // Schlafe bis Daten eintreffen
>   }
>
>   z_isr (..)
>   {
>     ...
>     wake_up_interruptible (..);   // Daten sind eingetroffen: wecke auf
>   }
> ```

Ein gelegentliches Problem ist das Erkennen nicht eingetretener Interrupts bzw. der adäquate Umgang mit dieser Fehlsituation. Zu diesem Zweck kann ein Timer auf Betriebssystemebene beauftragt werden, nach Erreichen eines gewünschten Zeitlimits den Prozess wieder aufzuwecken. Dazu ruft der abgelaufene Timer eine durch den Treiber vorher registrierte Callback-Routine auf.

Plug-and-Play und Power Management

Im Laufe der Zeit wurde das Linux-Treibermodell um eine PCI-Hot-Plug-Fähigkeit erweitert. Zwar sind PCI-Hot-Plug-Adapter noch selten, aber da USB und PC-Cards (PCMCIA) letztlich auch über den PCI-Bus angesteuert werden, profitieren diese Gerätekategorien auch von dieser neuen Plug-and-Play-Fähigkeit. Voraussetzung ist natürlich die Verfügbarkeit passender Treiber. Wird ein Gerät im Betrieb eingesteckt (*hot plug*), so wird die probe()-Funktion des PCI-Treibers aufgerufen. Diese sucht aufgrund der von dem PCI-Adapter gelieferten Identifikationsinformationen den passenden Treiber aus einer Liste vorregistrierter Treiber. Linux-Systeme mit installiertem *udev (userspace dev)* verfügen damit über einen komfortablen Gerätemanager (*device manager*), der auf *hotplug events* reagiert. Sind in diesen Ereignismeldungen Daten über ein erkanntes neues Peripheriegerät vorhanden, so wird mithilfe der im *sysfs*-Dateisystem abgelegten Informationen die passende Gerätedatei angelegt. Allerdings schließt dies nicht das Laden des Gerätetreibers ein, dies kann nur durch den Hot-Plug-Mechanismus erfolgen. PCI-Geräte können auch ein einfaches Power Management unterstützen. Zu diesem Zweck müssen sie die zwei Funktionen suspend() und resume() implementieren, die dann passend vom Betriebssystem aufgerufen werden.

Asynchrone Ein-/Ausgabe

Ein Treiber kann die asynchrone Ein- und Ausgabe unterstützen, indem er die standardisierte E/A-Funktion fasync() implementiert. Will der Benutzerprozess die asynchrone Ein-/Ausgabe nutzen, so muss er mithilfe der Systemfunktion fcntl() und des Parameters F_SETFL dies konfigurieren.

Datenaustausch mit Applikationen

Beim Schreiben von Daten mittels write() und entsprechend Lesen von Daten mittels read() muss ein Datenaustausch zwischen dem Benutzeradressraum und dem Systemadressraum stattfinden. Zu diesem Zweck stehen für Treiber zwei Systemfunktionen zur Verfügung, die diese Umkopieroperationen erledigen: copy_to_user() und copy_from_user(). Der normale Ansatz besteht darin, dass Daten von einem Benutzerpuffer in einen Puffer des Treibers umkopiert werden. Zu beachten ist dabei, dass der Treiberpuffer sich zwar dauernd im physischen Speicher befindet, der Benutzerpuffer jedoch auf die Platte ausgelagert sein kann. Für die Treibersoftware heißt dies, dass alle Treiberroutinen, die obige zwei Funktionen benutzen, wiedereintrittsfähig (*reentrant*) sein müssen. Der Grund dafür liegt darin, dass der infolge notwendiger Seiteneinlagerung unterbrochene Prozess durch einen anderen Prozess abgelöst werden kann, der die gleiche Funktion aufruft.

7.3.7 Treibermodelle in Windows (WDM & WDF)

Das *WDM (Windows Driver Model)* stellt die generische Treiberschnittstelle seit Windows 2000 dar. Das *WDF (Windows Driver Foundation)* setzt auf dem WDM auf und erleichtert die Treiberprogrammierung. Bevor wir uns näher mit dem WDF befassen, geben wir einen kurzen Überblick über das WDM. Das WDM stellt eine Infrastruktur für Ein- und Ausgaben zur Verfügung, die über die reine Treiberaktivierung hinausgeht (siehe Abb. 7–15). Es erweitert das ältere Treibermodell von Windows NT 4.0 um *Plug-and-Play-* und *Power-Management*-Funktionen. Ebenfalls gehört die sogenannte *Windows Management Instrumentation (WMI)* dazu. Diese stellt eine Implementierung des standardisierten *Web-Based Enterprise Management (WBEM)* dar. WBEM hat zum Ziel, eine Basis für eine unternehmensweite Datensammlung und Datenverwaltung in einer leicht erweiterbaren Form bereitzustellen. Dies umfasst lokale und entfernte Systeme und beliebige Komponenten. Im WDM ist nur ein Teil des WBEM enthalten, nämlich Funktionen zur Bereitstellung von Daten *(WDM WMI provider)*.

Die WDM WMI *routines* erlauben es den Treibern, mit dem WMI-Benutzermodusteil (*WMI service*) zu kommunizieren.

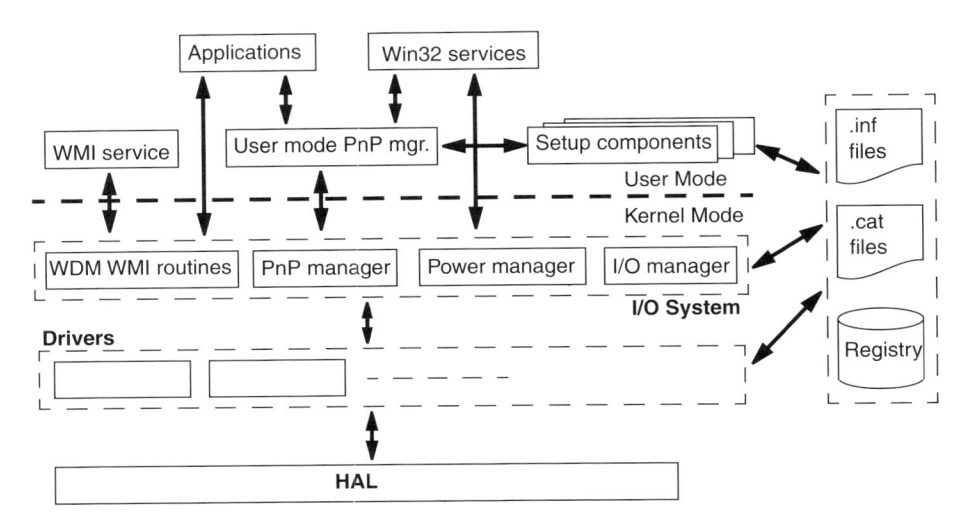

Abb. 7-15 WDM – Übersichtsbild

Die zentrale Komponente des WDM stellt die *Geräteverwaltung (I/O manager)* dar. Sie nimmt von den Applikationen E/A-Aufträge entgegen und gibt sie an die Treiber weiter. Bei mehrstufigen Treibern wird ein E/A-Auftrag von der Geräteverwaltung durch die verschiedenen Treiberschichten hindurch geleitet. Ein beendigter E/A-Auftrag wird von den Treibern wieder der Geräteverwaltung zurückgegeben, die diesen dann an die Applikation zurückgibt. Der *Plug-and-Play-Manager (PnP manager)* arbeitet eng mit der Geräteverwaltung und den sogenannten Bustreibern (*bus drivers*) zusammen. Die Bustreiber können neu eingesteckte Geräte erkennen und mithilfe des Plug-and-Play-Managers konfigurieren. Der Benutzermodusteil des PnP-Managers (*user-mode PnP manager*) kommt nur dann zur Anwendung, wenn für ein neu zugeschaltetes Gerät kein Treiber gefunden werden kann und der Benutzer gefragt werden muss.

Der *Power Manager* regelt die Umschaltungen zwischen den verschiedenen Energiesparmodi und veranlasst den I/O-Manager, entsprechende Steuersequenzen an die Treiber zu senden. Die *Windows Registry* ist eine Datenbank für Beschreibungen zur installierten Hardware, den Initialisierungswerten für die Treiber und etwaigen weiteren Konfigurationsparametern. Die sogenannten INF-Dateien, die an der Dateinamenserweiterung *.inf erkannt werden können, enthalten die für die Durchführung der Treiberinstallation notwendigen Informationen (*driver installation files*). Sie beschreiben mit einer Art Skriptsprache die Ablageorte von Treiberdateien, eventuell notwendige Registry-Einträge, eventuelle Abhängigkeiten und das Vorhandensein einer Treibersignatur. Eine Treibersignatur bestätigt, dass ein bestimmter Treiber die Qualitätsprüfung von Microsoft (*Microsoft Windows Hardware Quality Lab, WHQL*) erfolgreich durchlaufen hat. Die Signaturwerte sind in einer Datei mit dem Suffix *.cat enthalten. Diese Qualitätsprüfung stellt eine Dienstleistung von Microsoft für Drittfirmen dar, womit die Systemstabilität durch stabilere Treiber verbessert werden kann. Da sie nicht kostenfrei ist, wird es jedoch weiterhin unsignierte Treiber auf dem Markt geben.

Alle Hardwarezugriffe laufen über Routinen der Hardware-Abstraktionsschicht (*Hardware Abstraction Layer, HAL*). Für die Basishardware eines PC, d.h. die Komponenten auf der Mutterplatine selbst, übernimmt die HAL auch die Funktion eines Bustreibers. Sie kann neu angeschlossene Geräte erkennen und den Plug-and-Play-Vorgang starten. Das E/A-Modell des WDM beruht auf dem Konzept der *virtuellen Datei*. Damit wird von der nicht unbedingt dateiartigen Organisation der Peripherie abstrahiert. Entsprechend werden alle Daten als ein Bytedatenstrom in oder aus diesen virtuellen Dateien betrachtet.

WDF-Grundlagen

Das WDF erlaubt die Entwicklung von Kernmodus- und Benutzermodustreibern. Kernmodustreiber eignen sich für alle Treiberanwendungen, da sie als Teil des Betriebssystems ablaufen und damit unbeschränkte Privilegien genießen. Die Benutzermodustreiber (*user mode driver*) können hingegen nicht auf ein Interrupt-Signal reagieren und haben auch keinen direkten Hardwarezugriff. Daher eignen sie sich nur für bestimmte Aufgabenbereiche, wie zum Beispiel Netzwerk- und USB-Treiber (z.B. Media Player, Kameras, Mobiltelefone), die auf vorhandene Kernmodustreiber aufsetzen können. Sie laufen im Benutzermodus in einem separaten Prozess (*host process*). Dieser Prozess kommuniziert mit einem speziellen Kernmodus-Filtertreiber (genannt *reflector*), der die Aufträge vom I/O-Manager entgegennimmt und an den Benutzermodustreiber weiterleitet (siehe Abb. 7–16).

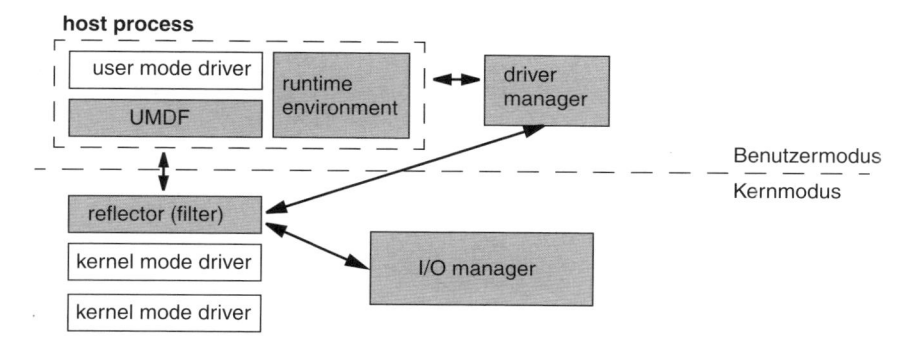

Abb. 7–16 Betrieb von UMDF-Benutzermodustreibern

Der Driver Manager dient zum Erzeugen und Terminieren von *UMDF*-Treiber *(User Mode Driver Framework)* enthaltenden Prozessen. Das WDF basiert auf einem konzeptionell objektorientierten Ansatz. WDF-Objekte stellen die Bausteine dar, mit denen Treiber aufgebaut werden. WDF-Objekte besitzen *Methoden (methods)*, *Eigenschaften (properties)* und *Ereignisse (events)*. Ein Treiber kann auf WDF-Objekte nur über wohldefinierte Schnittstellen zugreifen. Jedem WDF-Objekttyp ist eine Reihe von Ereignissen zugeordnet. Die Standardbehandlung für diese Ereignisse ist im WDF vorgegeben, sodass im Treiber selbst nur für ein abweichendes Verhalten eigene Behandlungsroutinen nötig sind. Diese werden beim WDF als Callback-Routinen registriert, womit sie die Standardbehandlung für das zugehörige Ereignis ersetzen. Die Ereignisse nimmt das WDF entgegen und ruft gegebenenfalls dafür registrierte *Callback-Routinen (callback routines)* auf. Die WDF-Schnittstellen wurden so definiert, dass sie in Zukunft eine Treiberisolierung ermöglichen würden, d.h., dass jeder Treiber in einer isolierten Umgebung mit eigenem Adressraum abläuft. Dies steht im Gegensatz zur momentanen Situation, wo Treiber den gleichen Adressraum wie der Systemkern nutzen. Einem WDF-Objekt kann ein privater Speicher (Kontextspeicher, *context memory*) zugeordnet werden, der treiberspezifische Daten speichert. Dies wird typischerweise für Treiber-, Geräte- und Warteschlangenobjekte genutzt.

Anhand eines einfachen Beispiels (Programmskelett) betrachten wir den grundsätzlichen Aufbau eines *KMDF*-Treibers *(Kernel Mode Driver Framework)* mit dem Namen »hello«. Der Treibercode besteht aus einem mehr oder weniger umfangreichen Satz von Routinen, durch die einzelne Treiberfunktionen erbracht werden. In unserem Beispiel ist nur die Treiberfunktion für ReadFile() unterstützt, die den im Treiber gespeicherten Text »Hello World!« ausliest.

Treiberinitialisierung

Wird ein Treiber geladen, so fallen ein paar Initialisierungen an, die durch eine Routine mit dem vorgegebenen Namen DriverEntry() erbracht werden. Der Routine wird ein Zeiger auf das WDM-Treiberobjekt DriverObject übergeben, zu dem mit WdfDriverCreate() ein WDF-Treiberobjekt erzeugt wird. Der zweite Parameter RegistryPath würde es erlauben, aus der Registry spezielle Konfigurationswerte für den Treiber auszulesen (hier nicht benutzt). Beim neuen WDF-Treiberobjekt wird die Routine helloEvtDriverDeviceAdd() registriert, die vom PnP-Manager aufgerufen wird, wenn das Gerät erkannt wird.

```
NTSTATUS DriverEntry(IN PDRIVER_OBJECT DriverObject,
                    IN PUNICODE_STRING RegistryPath)
{
  WDF_DRIVER_CONFIG config;
  NTSTATUS status;

  WDF_DRIVER_CONFIG_INIT(&config, helloEvtDriverDeviceAdd);
```

```
        status = WdfDriverCreate(DriverObject, RegistryPath,
                          WDF_NO_OBJECT_ATTRIBUTES, &config, WDF_NO_HANDLE);
      return status;
    }
```

Gerätehinzufügungsroutine

Die in unserem Beispiel `helloEvtDriverDeviceAdd()` genannte Routine wird aufgerufen, wenn das Gerät erkannt wurde. Sie legt ein WDF-Geräteobjekt an, dem ein kleiner privater Speicherbereich, genannt Gerätekontext (*device context*), angehängt wird. In dem Gerätekontext wird unser Spruch »Hello World!« abgelegt, damit er durch die Lesefunktion ausgelesen werden kann. Das Gerät wird mit einer symbolischen Verknüpfung `hello` versehen, damit es mit diesem Namen durch `ReadFile()` identifiziert werden kann. Für die Auftragsbearbeitung schließlich wird eine Auftragswarteschlange erzeugt, die für sequenzielles Lesen konfiguriert ist. Alternativ mögliche Konfigurationen für die Auftragswarteschlange sind »parallel« und »manual«. Mit »parallel« ist gemeint, dass der Treiber mehrere Aufträge nebeneinander bearbeiten kann. Mit der Konfiguration »manual« kann er Aufträge selbst aus der Warteschlange abholen (anstatt eines automatischen Aufrufs einer Callback-Routine durch das WDF).

```
    typedef struct {                           // Struktur des Gerätekontexts
      char * phello;                           // (treiberspezifische selbst fest-
    } FDO_DATA, *PFDO_DATA;                    // gelegte Datenstruktur)
    NTSTATUS helloEvtDriverDeviceAdd(IN WDFDRIVER Driver,
                                IN PWDFDEVICE_INIT DeviceInit)
    {
      WDF_OBJECT_ATTRIBUTES fdoAttributes;     // Geräteobjekt-Konfiguration
      WDFDEVICE hdevice;                       // Handle für Geräteobjekt
      UNICODE_STRING deviceName;               // Gerätename (in Unicode)
      WDF_IO_QUEUE_CONFIG queueConfig;         // Warteschlangen-Konfiguration
      WDFQUEUE hqueue;                         // Handle für Auftragswarteschlange
      PFDO_DATA pMyContext;                    // Zeiger auf Gerätekontext

      // Privaten Speicher des selbst definierten Typs FDO_DATA zuweisen
      WDF_OBJECT_ATTRIBUTES_INIT(&fdoAttributes);
      WDF_OBJECT_ATTRIBUTES_SET_CONTEXT_TYPE(&fdoAttributes, FDO_DATA);
      // Für das Gerät einen Namen im globalen Namensraum eintragen
      RtlInitUnicodeString(&deviceName, L"\\DosDevices\\hello");
      WdfDeviceInitAssignName(DeviceInit, &deviceName);
      // Das Geräteobjekt anlegen
      WdfDeviceCreate(&DeviceInit, &fdoAttributes, &hdevice);
      // Einen Zeiger auf privaten Speicher FDO_DATA aufsetzen
      pMyContext = helloFdoGetData(hdevice);
      // Private Daten im Gerätekontext (=privater Speicher) ablegen
      pMyContext->phello = "Hello World!\n";
      // Eine Auftragswarteschlange vorkonfigurieren
```

```
    WDF_IO_QUEUE_CONFIG_INIT_DEFAULT_QUEUE(&queueConfig,
                                   WdfIoQueueDispatchSequential);
    // Leseroutine bei Auftragswarteschlange registrieren
    queueConfig.EvtIoRead   = helloEvtIoRead;
    // Auftragswarteschlange nun erzeugen
    WdfIoQueueCreate(hdevice, &queueConfig, WDF_NO_OBJECT_ATTRIBUTES, &hqueue);
    return STATUS_SUCCESS;
}
```

Funktionsroutine

Wir unterstützen nur die Funktion ReadFile() und stellen daher für Leseaufträge die Ereignisbehandlungsroutine helloEvtIoRead() zur Verfügung. Da wir eine sequenzielle Auftragsbearbeitung konfiguriert haben, führen mehrere anstehende Leseaufträge zu entsprechenden Aufrufen von helloEvtIoRead(), wobei stets gewartet wird, bis helloEvtIoRead() vollständig abgearbeitet ist.

```
VOID helloEvtIoRead(IN WDFQUEUE Queue, IN WDFREQUEST Request,
                IN size_t Length)
{
   WDFMEMORY memory;                   // Adresse Lesepuffer
   PFDO_DATA pMyContext;               // Zeiger auf Gerätekontext
   WDFDEVICE hdevice;                  // Handle des Geräts
   NTSTATUS status=STATUS_SUCCESS;

   // Frage die Adresse des Lesepuffers ab
   WdfRequestRetrieveOutputMemory(Request, &memory);
   // Setze Zeiger auf Gerätekontext auf, der zu lesenden Spruch enthält
   device = WdfIoQueueGetDevice(Queue);
   pMyContext = helloFdoGetData(hdevice);
   // Bestimme effektiv zu lesende Anzahl Zeichen
   if (strlen(pMyContext->phello) < Length) {
      Length = strlen(pMyContext->phello)+1;
   }
   // Text aus Kontextspeicher umkopieren in Lesepuffer
   WdfMemoryCopyFromBuffer(memory, 0, pMyContext->phello, Length);
   // Komplettiere Auftrag mit Status und tatsächlich gelesener Anzahl
   WdfRequestCompleteWithInformation(Request, status, Length);
}
```

Weiterführende Möglichkeiten

Für interruptgesteuerte Geräte muss ein WDF-Interrupt-Objekt angelegt und eine Interrupt-Behandlungsroutine zugeordnet werden. Dabei besteht die Möglichkeit, die Interrupt-Behandlung aufzuteilen.

7.4 Massenspeicher

Ohne Aufteilung der Interrupt-Behandlung für A:

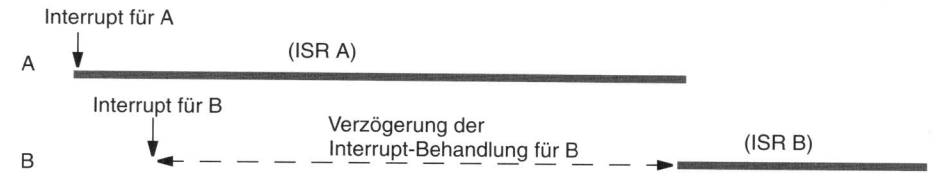

Abb. 7–17 Interrupt-Reaktionszeit ohne DPC-Routine

Mit Aufteilung der Interrupt-Behandlung für A:

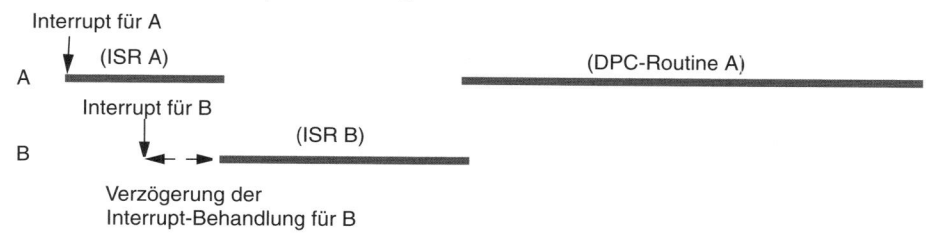

Abb. 7–18 Verbesserung der Interrupt-Reaktionszeit mittels DPC-Routine

Der zeitkritische Teil der Arbeit würde durch die Interrupt-Serviceroutine erledigt und der restliche Teil durch eine sogenannte *DPC-Routine (Deferred Procedure Call)*. Diese wird vom System erst dann abgearbeitet, wenn keine Interrupt-Serviceroutine mehr am Ablaufen ist. Damit kann die Reaktionszeit auf Interrupts reduziert werden. In Abbildung 7–17 und Abbildung 7–18 ist ein Beispiel für zwei kurz aufeinander folgende Interrupts mit und ohne Benutzung einer DPC-Routine illustriert.

7.4 Massenspeicher

Peripherieelemente werden in einem Computersystem auf zwei Arten verwendet. Erstens schaffen sie Verbindungen zur Außenwelt, wie dies im Minimum über die Tastatur und den Bildschirm geschieht. Zweitens erweitern sie das Speichersystem um *Massenspeicher (mass storage)*. Allgemein verstehen wir darunter Einheiten *(units)* zur Speicherung großer Datenmengen auf einem Medium, sei dies elektronischer, magnetischer oder optischer Art (einschließlich kombinierter Verfahren). Ein Massenspeicher kennt als kleinste speicherbare Einheit den Datenblock, der aus einer Vielzahl von Byte besteht. Beispiele für Massenspeicher sind Festplatten, Memory Sticks, Disketten, Magnetbänder, CD-ROM *(Compact Disk – Read Only Memory)* und DVD *(Digital Versatile Disk)*.

7.4.1 Wichtigste Massenspeicher

Wichtige Sekundärspeicher in Universalrechensystemen sind magnetische und optische Plattenspeicher sowie Festkörperspeicher. Festplatten (*Hard Disk Drive, HDD*) benutzen eine magnetische Aufzeichnung in konzentrischen Ringen auf einer oder mehreren magnetisch beschichteten Scheiben aus Metall oder Glas. Optische Plattenspeicher beruhen auf einer optisch lesbaren Aufzeichnung in Form einer Spirale pro Oberfläche (Laserabtastung, unterschiedliche Wellenlängen für CD-ROM und DVD). Sie sind lösch- und beschreibbar mittels thermischer Effekte (»brennen«). Als Materialien werden Kunststoffscheiben verschiedener Aufzeichnungsdichten (CD und DVD) verwendet. Festkörperspeicher (*Solid-State Drive, SSD*) nutzen Halbleiter, in denen Ladungen nicht flüchtig gespeichert werden, die sich aber im Löschvorgang wieder entfernen lassen.

7.4.2 Eigenschaften von Festplattenlaufwerken

Heute sind die beidseitige Plattenbeschichtung und der Einsatz mehrerer konzentrisch übereinander angeordneter Scheiben üblich. Dabei wird ein mechanischer Träger, mit dem alle Schreib-/Leseköpfe starr verbunden sind, über einen Antrieb radial über die Scheiben hin- und herbewegt (Spurwechsel). Bei der Festplatte ist stets nur ein Schreib-/Lesekopf aktiv, womit die Steuerungselektronik besonders einfach gehalten werden kann. Alternative Lösungen mit getrennter Ansteuerung der verschiedenen Köpfe sind zwar denkbar, jedoch kaum marktfähig. Die Daten sind in einer Vielzahl von konzentrischen Ringen, in sogenannten Spuren (*tracks*), aufgezeichnet. Die Platten rotieren mit einer konstanten hohen Drehzahl (7.000-15.000 U/min). Es liegt also eine konstante Winkelgeschwindigkeit (*Constant Angular Velocity, CAV*) vor. Eine Spur wird im Plattenstapel durch die Angabe einer *Oberflächen-* und *Zylindernummer* identifiziert. Zur Unterteilung einer Spur in kleinere Einheiten werden zudem Kreissektoren benutzt. Zur optimalen Platznutzung nimmt die Anzahl der Kreissektoren von innen nach außen zu, sodass pro Sektor stets etwa dieselbe magnetisierbare Fläche zur Verfügung steht (Zoneneinteilung). Zur einfachen Adressierung durch die Software werden alle Sektoren bei 0 beginnend durchnummeriert, d.h. mit einer *logischen Sektornummer* versehen (*Logical Block Addressing, LBA*).

Bei optischen Plattenspeichern wird eine grundsätzlich andere Aufzeichnungsgeometrie angewendet. Es befindet sich auf jeder Oberfläche nur eine einzige Aufzeichnungsspirale und nicht eine Vielzahl konzentrischer Ringe. Der Anfang der Spirale ist innen, das Ende außen. Zudem ist die Drehzahl während des Betriebs nicht konstant, sondern ändert sich abhängig vom Radius. Die Aufzeichnung der Daten erfolgt mit konstanter Längsgeschwindigkeit in der Spur (*Constant Linear Velocity*, CLV). Moderne optische Laufwerke arbeiten heute kombiniert mit CLV und CAV, sodass die Datenrate abhängig von der aktuellen

Arbeitsposition auf der Scheibe unterschiedlich sein kann. Ziel ist es jeweils, so schnell wie möglich die Daten zu transferieren. Die CD-ROM besitzt eine einzige Oberfläche. Die DVD hingegen unterstützt verschiedene Geometrien. Definiert sind DVDs mit ein, zwei oder vier Aufzeichnungsschichten auf einer einzigen Scheibe. Neben der Nutzung der Ober- und Unterseite wird auch mit zwei unterschiedlichen Schichten auf der gleichen Plattenscheibe gearbeitet. Die obere Schicht ist dabei optisch halbdurchlässig. Die Abtastung arbeitet mit unterschiedlicher optischer Fokussierung zur Unterscheidung der zwei Schichten.

Formatierung und Initialisierung

Auf einer rohen, unformatierten Platte lassen sich keine Anwenderdaten aufzeichnen. Es müssen zuerst die *Rahmendaten* auf die ganze Platte geschrieben werden (konstante Bitmuster). Die Formatierung ermöglicht nachher das Schreiben und Lesen von einzelnen Blöcken, indem die Rahmen mit Blockadressen versehen werden (*Low Level Formatting*). Die Formatierung wird vom Disk-Controller vorgenommen. Nach einer (Low-Level-)Formatierung aller Spuren befinden sich garantiert keine alten Daten mehr auf der Platte. Festplatten, die keine mechanische Spurfindung haben, können nur vom Hersteller Low-Level-formatiert werden (Vorformatierung). Bei der Initialisierung, die der Formatierung als zweiter Schritt nachfolgt, wird eine *Datenstruktur* entsprechend dem gewünschten Dateisystem auf dem Speichermedium aufgezeichnet. Dabei werden die Datenblöcke teilweise mit Inhalten gefüllt (für Details siehe Kap. 9). Die Formatierung und Initialisierung kann vom gleichen Dienstprogramm vorgenommen werden, sodass sich für den Betrachter die beiden Phasen nicht offensichtlich voneinander unterscheiden.

7.4.3 Eigenschaften von Festkörperlaufwerken (SSD)

Festkörper- bzw. Halbleiterlaufwerke (*Solid State Drive, SSD*) stellen eine Alternative zu traditionellen Festplattenlaufwerken dar. Ihr größter Vorteil ist der Verzicht auf bewegte mechanische Teile und somit die damit verbundenen Nachteile. Normalerweise werden SSDs über die gleichen Schnittstellen angeschlossen wie konventionelle Festplattenlaufwerke und können damit diese 1:1 ersetzen. Den Vorteilen der höheren mechanischen Robustheit und des schnelleren Lesezugriffs stehen allerdings die Nachteile eines höheren Preises pro gespeichertem Bit und die nicht immer begeisternde Schreibzugriffszeit gegenüber. Zudem ist ihre Lebensdauer klar begrenzt, und zwar nicht durch die Abnutzung mechanischer Teile wie bei der Festplatte, sondern durch die elektrophysikalisch limitierte Anzahl an Schreibzugriffen auf die einzelnen elektronischen Speicherzellen. Die Hersteller benutzen verschiedene Ansätze, um diese Probleme zu lösen. Einige davon wollen wir näher beleuchten, wobei wir uns auf die Bauart mit Flash-Speichern konzentrieren und die schon länger existierende, aber weniger wichtige

Bauform der SDRAM-basierten Halbleiterlaufwerke (*RAM drive*) weglassen. Bei Flash-Speichern kann man leistungs- und kostenmäßig zwischen zwei Bauformen unterscheiden:

- SLC *(Single Level Cell)*: Pro Zelle kann genau 1 Bit gespeichert werden.
- MLC *(Multi Level Cell)*: Pro Zelle werden mehrere Bit gespeichert, typischerweise 4 Bit.

Die SLC-Bausteine sind schneller, zuverlässiger und langlebiger, jedoch infolge der geringeren Informationspackungsdichte auch teurer pro gespeichertem Bit als die MLC-Bausteine. Daher werden Letztere bevorzugt in Laufwerken für den Massenmarkt verbaut. SSD werden genau wie Festplatten als Blockspeicher betrieben. Das heißt, dass für das Modifizieren eines einzigen Bytes in einer gespeicherten Datei ein ganzer Block von z.B. 4 KB zuerst gelesen, modifiziert und dann wieder zurückgeschrieben werden muss. Das Lesen ist ein sehr schneller Vorgang, typischerweise etwa 25 µs pro 4-KB-Block. Das Schreiben dagegen ist um den Faktor 10 langsamer und schließlich das Löschen sogar um den Faktor 80. Aus diesem Grund werden modifizierte Blöcke typischerweise nicht am alten Ort abgelegt, da dies ja ein sofortiges Löschen des alten Inhalts bedingen würde, sondern an einer neuen bereits gelöschten Stelle gespeichert. Der nicht mehr benötigte alte Block wird anschließend als gelöscht markiert und gelegentlich gelöscht, wenn sonst gerade keine Zugriffsaufträge anstehen. Diese Strategie wird zusätzlich noch um eine Verwaltungsfunktion erweitert, die dafür sorgt, dass möglichst alle Zellen gleich oft beschrieben werden. Damit soll das Erreichen der maximal möglichen Schreibanzahl auf eine Zelle möglichst weit nach hinten verschoben werden (*wear leveling*). Zur Leistungssteigerung werden oft mehrere SSD-Controller in einem Laufwerk verbaut, die parallel auf unterschiedlichen Speicherzellen arbeiten. Betriebssysteme unterstützen die SSD durch den Trim-Befehl, mit dem sie obsolete Speicherinhalte explizit zum Löschen freigeben. Dadurch steht mehr gelöschter und damit schnell beschreibbarer Speicher zur Verfügung.

7.4.4 Zugriffsplanung für Plattenspeicher (*disk I/O scheduling*)

Zugriffszeit bei Plattenspeichern

Die Zugriffszeit bei Plattenspeichern ist ein leistungsbegrenzender Faktor, wenn es darum geht, auf Programme und Daten zuzugreifen. Im Vergleich zu der Rechengeschwindigkeit der CPU sind die Zugriffszeiten enorm, da es sich beim Plattenzugriff letztlich um einen elektromechanischen Vorgang handelt. Um auf eine bestimmte Spur zuzugreifen, muss der Kopfträger auf die richtige Zylindernummer verschoben werden (Spursuchzeit, *seek time*). Die Anwahl der richtigen Oberfläche geht schnell, da elektronisch zwischen den Schreib-/Leseköpfen umgeschaltet werden kann. Für den Zugriff auf einen bestimmten Sektor inner-

7.4 Massenspeicher

halb der Spur muss aber gewartet werden, bis sich die Scheibe so weit gedreht hat, dass die gewünschten Daten unter den Schreib-/Lesekopf gelangt sind (Drehwartezeit, *rotation time*). Die gesamte Zugriffszeit kann mit folgender Formel erfasst werden:

$$T_{Total} = T_S + \frac{1}{2 \cdot n} + \frac{M}{M_S \cdot n}$$

T_S: Suchzeit [s]
n: Drehzahl [U/s]
M: Transfermenge [Byte]
M_S: Spurkapazität [Byte]

Die Gesamtzeit setzt sich aus der Summe der Suchzeit, der Drehwartezeit und der eigentlichen Transferzeit (*transfer time*) zusammen. Die Drehwartezeit entspricht im Mittel einer halben Umdrehung. Die Transferzeit wird durch die benötigte Drehzeit bestimmt, um die geforderte Anzahl an Byte auszulesen. Diese wird durch die Menge der pro Spur speicherbaren Nutzdaten und die Drehzahl festgelegt. In der Formel wurde nicht berücksichtigt, dass ein Zugriff eventuell warten muss, weil gerade ein anderer Zugriff ausgeführt wird (Warteschlangenzeit). Vernachlässigt wurde zudem die Zeit für die Anwahl der richtigen Oberfläche, da sie vergleichsweise sehr klein ist.

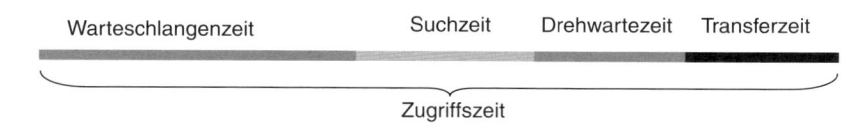

Abb. 7-19 *Zugriffszeit bei magnetischen Plattenspeichern*

Betrachtet man CD-ROM- und DVD-Laufwerke, so ist zu berücksichtigen, dass die Drehzahl nicht konstant ist. Bei den Festplatten muss zudem davon ausgegangen werden, dass die Spurkapazität, d.h. die Anzahl gespeicherter Byte pro Spur, von der Zylinderposition abhängt, sofern unterschiedliche Zonen vorkommen.

Scheduling durch Festplattencontroller

Der Blockspeicher ist ein hilfreiches Modell, um die Schnittstelle zu einem Massenspeicher zu beschreiben (siehe Abschnitt 9.2.2). Für die Implementierung eines schnellen und effizienten Dateisystems stellt er aber eine zu starke Abstraktion dar. Dies liegt daran, dass der Zugriff auf weit auseinander liegende Blocknummern mit Sicherheit langsamer stattfindet, als wenn die Blöcke auf dem Datenträger direkt benachbart sind. Wird dies jedoch vom Dateisystem berücksichtigt, so lassen sich lange Zugriffszeiten vermeiden. Das Ein-/Ausgabesystem kann die Zugriffszeit auf andere Art positiv beeinflussen. Steht nämlich eine Reihe von Anforderungen für den Festplattenzugriff an, so kann deren Reihenfolge durch eine geschickte Zugriffsplanung so gewählt werden, dass im Mittel die Zugriffszeit minimal wird. Eine direkte Orientierung an der Plattenspeichergeometrie mit Oberflächen, Zylindern und Sektoren führt allerdings nicht immer zum Ziel. So wird auf der PC-Hardware dem Ein-/Ausgabesystem oft eine andere Geometrie vorgegaukelt, als tatsächlich vorhanden ist. Dies geschieht, weil sonst Limitierungen des PC-BIOS verletzt würden. In der Tat ist es so, dass heutige Festplattencontroller die Auftragsbearbeitungsreihenfolge oft selbst optimieren, da sie über entsprechendes Wissen der genauen Daten- und Kopfpositionen verfügen. Auf jeden Fall kann aber davon ausgegangen werden, dass die logische Sektornummerierung so gewählt ist, dass näher beieinander liegende Sektoren eine kleinere Differenz in der Blocknummer besitzen. So gesehen können die nachfolgenden Strategien einfach angepasst werden, indem sie anstatt Zylindernummern einfach mit den logischen Sektornummern arbeiten.

Strategien für die Zugriffsreihenfolge

Zur zeitlichen Optimierung der Kopfpositionierung (Spur) sind verschiedene Verfahren bekannt.

- *FCFS (First Come First Served)*: Der Zugriff erfolgt in der Reihenfolge der Aufträge, es findet somit keine Optimierung statt. Diese Lösung ist fair, indem kein Zugriffsauftrag ungebührlich warten muss.
- *Priority*: Jeder Zugriffsauftrag trägt eine Priorität, die außerhalb des E/A-Systems festgelegt wird. Damit lassen sich bestimmte Anwendungen bevorzugen. Im Extremfall werden niederpriore Aufträge lange oder gar nie bedient.
- *SSF (Shortest Seek Time First)*: Zuerst werden die kürzesten Bewegungen ausgeführt (siehe Abb. 7–20). Damit wird ein lokales Verhalten ausgenutzt, d.h., auf Stellen der Platte, an denen erst kürzlich Zugriffe stattfanden, folgen mit hoher Wahrscheinlichkeit weitere Zugriffe. Diese Strategie birgt das Problem des Verhungerns, wenn neu eintreffende Aufträge stets bereits wartenden Aufträgen vorgezogen werden.

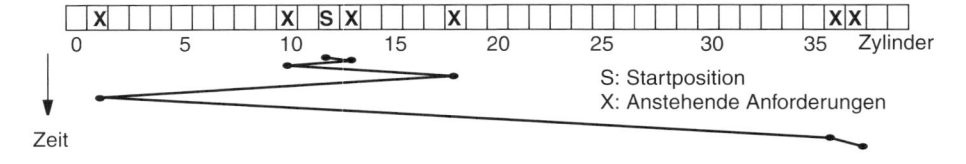

Abb. 7–20 *SSF-Algorithmus (Beispiel)*

7.4 Massenspeicher

- *Fahrstuhlalgorithmus*: Es werden möglichst wenig Richtungswechsel gemacht (siehe Abb. 7–21). Die Variante SCAN fährt vom ersten zum letzten Zylinder und wechselt erst dann die Bewegungsrichtung. Damit wird die ganze Plattenoberfläche fortlaufend vollständig in einer Hin- und Herbewegung abgefahren. Die Variante LOOK beschränkt die Bewegungsweite so, dass nur so weit hin- und hergefahren wird, wie aufgrund vorliegender Aufträge nötig ist. Die Variante C-SCAN entspricht SCAN, außer dass nur in einer Fahrrichtung Aufträge abgearbeitet werden (keine Zugriffe während der Rückwärtsbewegung). Der Fahrstuhlalgorithmus kann zur Folge haben, dass von der aktuellen Position weit entfernte Aufträge länger warten müssen. Eine modifizierte Version dieser Strategie will dem begegnen, indem sie die Warteschlange in Teilbereiche aufteilt, in denen der Fahrstuhlalgorithmus nacheinander ausgeführt wird (N-step-SCAN). Die Variante FSCAN verwendet zwei Warteschlangen. Während die eine bearbeitet wird, nimmt die andere neue Aufträge entgegen. Ist die erste Warteschlange vollständig abgearbeitet, so wechseln die Funktionen der Warteschlangen.

- *Anticipatory Scheduling*: Häufig führen Prozesse innerhalb einer Zeitspanne eine Vielzahl von Einzelzugriffen auf die gleiche Datei durch. Falls zwischen den einzelnen Zugriffen nur kurze Berechnungsphasen (z.B. 100 µs) liegen, so ist es unvorteilhaft, wenn der Disk-Scheduler Aufträge anderer Prozesse dazwischen nimmt. Würde er nämlich die nachfolgenden Aufträge des gleichen Prozesses zusammen abarbeiten, so würden praktisch keine Suchzeiten für diese anfallen. Besonders gravierend ist dies, wenn mehrere Prozesse gleichzeitig ein solches Verhalten zeigen. Die Lösung des Problems besteht darin, dass der Disk-Scheduler nicht sofort einen Auftrag eines anderen Prozesses akzeptiert, sondern erst, wenn innerhalb einer Karenzzeit kein neuer Auftrag des vorherigen Auftraggebers eintrifft. Trifft kein solcher Auftrag ein, so wird nach der SCAN-Strategie verfahren. Die Karenzzeit wird im Betrieb laufend an das aktuelle Zugriffsverhalten angepasst und liegt im Bereich weniger Millisekunden. Da neue Aufträge nicht sofort akzeptiert werden, bezeichnet man diese Strategie als nicht arbeitserhaltend (*not work-conserving*).

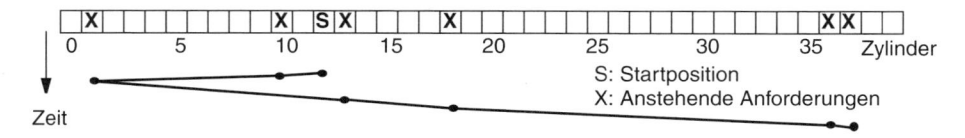

Abb. 7–21 Fahrstuhlalgorithmus (Beispiel für Variante LOOK)

- *SSTF (Shortest Service Time First)*: Diese Strategie berücksichtigt nicht nur die benötigte Suchzeit, sondern auch die Drehwartezeit. Die Summe beider Zeiten wird für die Reihenfolgebestimmung der Aufträge benutzt. Die Drehwartezeit ist allerdings nicht immer einfach zu bestimmen.

Für Multimedia-Anwendungen gelten besondere Anforderungen. Wichtig ist, dass ein Datenstrom möglichst gleichmäßig übertragen werden kann. Entsprechend eignen sich folgende spezielle Strategien besonders.

- *Proportional Share Scheduling*: Den einzelnen Prozessen wird ein bestimmter Anteil an der verfügbaren Transferbandbreite zugestanden. Damit werden zu lange Unterbrechungen des Datenstroms vermieden, sofern die verfügbare Bandbreite für alle nutzenden Prozesse insgesamt ausreicht.
- *Deadline Scheduling*: Wiederum geht es darum, innerhalb von Zeitabschnitten eine minimale Datenmenge übertragen zu können. Die dafür geltenden Anforderungen sind dem System bekannt und Datenpakete, für welche die Zeitlimits bald erreicht wären, erhalten eine Bevorzugung. Diese Strategie wird zum Teil auch mit SSF kombiniert, indem nur Aufträge vorgezogen werden, für welche die Deadline abgelaufen ist.

Die Zugriffsplanung beim Festplattenzugriff wird durch zwei weitere Verfahren zur Leistungssteigerung ergänzt:

- *Vorauslesen (pre-read, read-ahead)*: Da die Wahrscheinlichkeit groß ist, dass ein Prozess die einem Auftrag nachfolgenden logischen Sektoren bald benötigt, werden diese spekulativ im Voraus eingelesen. Dies berücksichtigt lokales Verhalten beim Plattenzugriff.
- *Verzögertes Schreiben (lazy write)*: Anstatt die Schreibdaten sofort auf die Platte zu transferieren, werden diese zwischengepuffert und erst verzögert hinausgeschrieben. Der Zeitpunkt des Schreibens kann systemabhängig unterschiedlich sein. Ein sofortiges Schreiben kann beim Öffnen einer Datei konfiguriert oder durch einen speziellen Systemaufruf angefordert werden.

Daneben existieren Zugriffsstrategien, die sich nur im Dateisystemtreiber realisieren lassen, da sie Informationen über die zeitliche Wichtigkeit einzelner Applikationen benötigen. Diese Strategien sind in Abschnitt 9.8.3 näher beschrieben. Ergänzend sei noch bemerkt, dass SSD im Gegensatz zu HDD von obigen Strategien nicht profitieren, da alle Daten unabhängig von ihrem Speicherort gleich schnell zur Verfügung stehen.

7.4.5 Pufferung von Plattendaten (*disk cache*)

Ein Plattenspeicher ist ein recht langsamer Speicher, wie zuvor bereits dargelegt wurde. Zur Leistungssteigerung bietet sich eine Zwischenpufferung von Plattendaten in einem speziellen *disk cache* an. Dies ist, wie beim Cache zwischen Hauptspeicher und CPU, infolge des Lokalitätseffekts lohnend (siehe auch Abschnitt 8.1.3 ff.). Der Disk-Cache wird system- und implementationsabhängig etwas unterschiedlich benannt, z.B. *buffer cache, file cache, page cache*. Der Pufferspeicher wird in der Regel in Software realisiert, da dies im Allgemeinen genü-

7.4 Massenspeicher

gend schnell ist. Es kommen dabei vergleichbare Zugriffsstrategien wie beim Cache zwischen Hauptspeicher und CPU zum Zug (siehe auch Abschnitt 8.1.4):

- *Read cache:* Die Wahrscheinlichkeit für einen Zugriff auf den nächstfolgenden Block ist etwa 0,5. Ein Puffer für eine ganze Spur ermöglicht einen Geschwindigkeitszuwachs beim Lesen.
- *Write through cache:* Vor dem Schreiben wird geprüft, ob sich der Blockinhalt überhaupt geändert hat.
- *Write back cache:* Die Schreiboperationen auf den Massenspeicher werden nicht wie üblich sofort ausgeführt, sondern gesammelt *(lazy write)*. Zudem werden sie nach Spuren sortiert und eine gewisse Zeit später (oder z.B. bei voller Spur) auf die Platte geschrieben. Die Verwendung einer unterbrechungsfreien Stromversorgung *(Uninterruptable Power Supply, UPS)* oder eines protokollierenden Dateisystems ist dabei von Vorteil.

Ist die Datenspeicherung auf der Platte fragmentiert, so ist eine Orientierung an Dateien anstatt an logischen Sektoren vorteilhaft. Entsprechend haben sich verschiedene Typen der Plattenpufferung etabliert:

- *Buffer cache*: Die Pufferung orientiert sich nur an den logischen Sektoren, wie dies einleitend bei den Cache-Strategien beschrieben ist. Dies ist der älteste Ansatz, der oft innerhalb eines Festplattenlaufwerks durch den Festplattencontroller eingerichtet wird (Zwischenpufferung ganzer Spuren). Er ist für den Zugriff auf die Dateisystem-Verwaltungsdaten die geeignete Lösung, wenn diese nicht in Form von Dateien abgelegt sind.

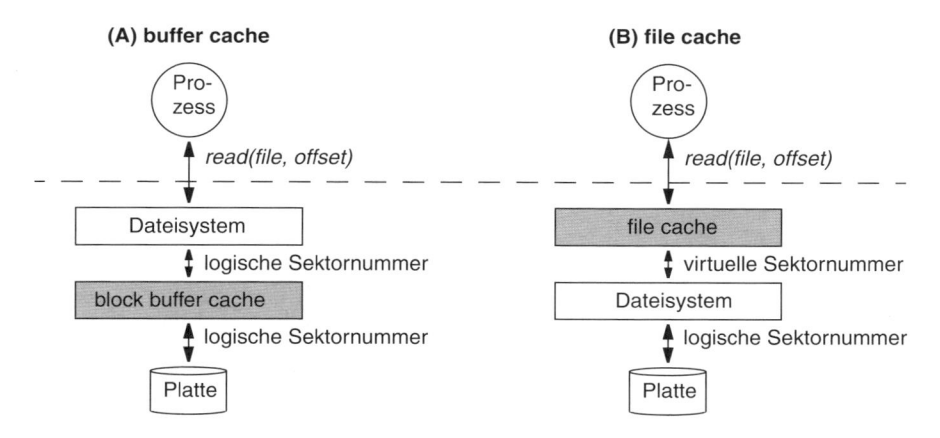

(A) buffer cache   **(B) file cache**

```
    Pro-                                              Pro-
    zess                                              zess
     ↕ read(file, offset)                              ↕ read(file, offset)
─ ─ ─ ─ ─ ─ ─ ─ ─ ─ ─ ─ ─ ─ ─ ─ ─ ─ ─ ─ ─ ─ ─ ─ ─ ─ ─ ─ ─ ─
  Dateisystem                                      file cache
     ↕ logische Sektornummer                          ↕ virtuelle Sektornummer
  block buffer cache                               Dateisystem
     ↕ logische Sektornummer                          ↕ logische Sektornummer
    Platte                                            Platte
```

Abb. 7–22 *Verfahren zur Plattenpufferung*

- *File cache*: Die Pufferung orientiert sich an der konkreten Speicherung der Dateien, indem die gepufferten Platteninhalte stets zur Datei des Zugriffs gehören. Die zu einer Datei gehörenden separat durchnummerierten virtuellen Sektoren ersetzen die logischen Sektoren (*file offset* anstatt *partition offset*). Dazu wird eine minimale Puffergröße festgelegt, die oft größer ist als die eigentlich angeforderte Plattendatenmenge (entsprechend der Cache-Zeilengröße des Hardware-Cache zwischen Hauptspeicher und CPU). Der Plattenpufferverwaltung muss die Clusterkette einer zugegriffenen Datei bekannt sein, daher wird der Puffer zwischen Dateisystem und zugreifendem Prozess eingerichtet (siehe Abb. 7–22). Wird zur Pufferverwaltung das virtuelle Speichersystem eingesetzt, so wird der *file cache* meist als *page cache* bezeichnet, da die Pufferung auf speicherabgebildeten Dateien beruht (siehe dazu Abschnitt 8.5.3).

7.5 Benutzerinteraktion aus Systemsicht (Benutzeroberflächen)

7.5.1 Allgemeines

Die Benutzerinteraktion aus Sicht des Systems besteht in den Benutzereingaben über irgendein Eingabegerät (z.B. Tastatur, Zeigegerät) und den Ausgaben des Systems auf ein Ausgabegerät (z.B. Bildschirm). Jedes System verfügt über eine Anzahl für diesen Zweck verfügbarer E/A-Geräte. Über die Jahre hinweg sind hier starke Änderungen aufgetreten. In der historischen Entwicklung standen die Stapelverarbeitungssysteme, d.h. das sogenannte *Batch Processing*, am Anfang. Lochkarten und Lochstreifen waren die Eingabemedien. Lochstreifen und Listen (*listings*) dienten der Ausgabe. Entsprechende Ein-/Ausgabegeräte waren für die Benutzerinteraktion zuständig, die jeweils nur am Anfang und am Schluss der Datenverarbeitung stattfand. Bei größeren Jobs, d.h. Verarbeitungsprozessen, wurde die Verarbeitung während der Nacht durchgeführt. Die Vorbereitung der Eingabe geschah *offline*, d.h. vor der eigentlichen Datenverarbeitung. Dazu standen Eingabestationen zur Verfügung, die Lochkarten stanzten bzw. Lochstreifen produzierten. Die Auswertung der Resultatdaten folgte nach dem Programmablauf. Diese Art von Systeme ist nicht geeignet für einen interaktiven Betrieb im engeren Sinn, also für einen Programmablauf, in dem Benutzereingaben und Verarbeitungsschritte zeitlich eng verzahnt abwechslungsweise stattfinden.

Mit der Zeit wurden Systeme entwickelt, die eine enge Benutzerinteraktion über eine *Datensichtstation*, meist *Terminal* genannt, ermöglichten. Diese Terminals bestanden aus einer alphanumerischen Tastatur für die Benutzereingaben und einem einfarbigen Bildschirm für die Systemausgaben. Die Ausgabe war beschränkt auf alphanumerische Zeichen, typischerweise die Auswahl der ASCII-Zeichencodierung (siehe Anhang). Systemseitig läuft ein Kommandozeileninterpreter, der die Benutzereingaben zeilenweise entgegennimmt und ausführt. Diese Art von Benutzerschnittstelle wird als *Kommandozeile (command line, command shell)* oder auch als klassische Benutzerschnittstelle (*User Interface, UI*) bezeichnet. Die Ausgaben des Systems erfolgen auf dem Bildschirm Zeile für Zeile, wobei am unteren Bildschirmende ein automatisches Hochschieben des gesamten Bildschirminhalts stattfindet (*scrolling*). Das heißt, die oberste Zeile verschwindet, alle übrigen Zeilen rutschen um eine Zeile nach oben und die frei werdende unterste Zeile nimmt den neuen Zeileninhalt auf. Diese zeichenorientierte Darstellung im Vollbildschirm-Modus benutzte meistens 24 Zeilen zu je 80 Zeichenpositionen. Ein Teil der Datensichtstationen besaß eine zusätzliche 25. Zeile, in der Status- und Konfigurationsinformationen angezeigt wurden (z.B. on/off line, Zahlenblock ein/aus).

Heutige Systeme verwenden vorzugsweise eine grafische Ausgabe auf den Bildschirm, bei der mit einer feinen Auflösung in vielen Bildpunkten (*picture elements, pixel*) eine schöne Benutzeroberfläche mit bildhaften Symbolen (*symbols, icons*) und Fenstern (*windows*) zum Einsatz kommt. Bei den Eingabegeräten wurde der Tastatur ein Zeigegerät (Maus, Trackball o.Ä.) zur Seite gestellt. Diese Art der Benutzerschnittstelle nennt sich grafische Benutzeroberfläche (*Graphical User Interface, GUI*). Das GUI wird manchmal auch als WIMP-Interface bezeichnet. WIMP ist dabei die Abkürzung für Windows, Icons, Menus und Pointers, die die zentralen Bausteine einer grafischen Bedienoberfläche sind. Die Möglichkeiten der einfachen Kommandozeile stehen unter grafischen Bedienoberflächen als »Konsolenfenster« sehr oft nach wie vor zur Verfügung. Im Konsolenfenster wird dabei ein Textbildschirm mit den einem Terminal vergleichbaren Eigenschaften nachgebildet.

Beispiele für klassische Benutzerschnittstellen:
Ältere Systeme: Main Frames, Unix (csh, ksh etc.), MS-DOS
Moderne Systeme: Linux (bash), Windows-Konsole (»command line«)

Beispiele für grafische Benutzerschnittstellen:
Ältere Systeme: Macintosh, X-Window-System (Aufsatz auf Unix),
                  OSF/Motif, OpenLook
Moderne Systeme: Aqua (Mac OS X), Windows, CDE, KDE, Gnome

Zwischen grafischen und klassischen Benutzerschnittstellen gibt und gab es Zwischenformen, bei denen der Textbildschirm um einfache Grafikmöglichkeiten (Rechteckgrafik, Farbe usw.) erweitert wurde. Damit ließen sich einfache Menübildschirme mit Eingabemasken realisieren. Auf den Tastaturen fügte man sogenannte *Funktionstasten (function keys)*, manchmal auch als *soft keys* bezeichnet, dazu. Diese waren beispielsweise mit den Beschriftungen PF1, PF2 usw. versehen, was als Abkürzung für *Program Function 1, 2* usw. stand. Es war dann Sache der Programmlogik, diese Funktionen mit passenden Reaktionen zu hinterlegen. Grafische Benutzerschnittstellen sind heute entweder fest in ein Betriebssystem integriert oder in Form eines Programmaufsatzes implementiert. Die Lösung des Aufsatzes liegt dann nahe, wenn eine ursprünglich textorientierte Benutzerschnittstelle aufgewertet werden soll. Zum Teil ist die Software für die grafische Oberfläche auch in zwei übereinander liegende Schichten aufgeteilt. Zum Beispiel stellt das X-Window-System einfache grafische Darstellungselemente und Fenster bereit, auf denen komfortable grafische Desktops (KDE, CDE, Gnome) aufsetzen.

7.5.2 Systemarchitekturen

Textorientierte Bedienschnittstelle

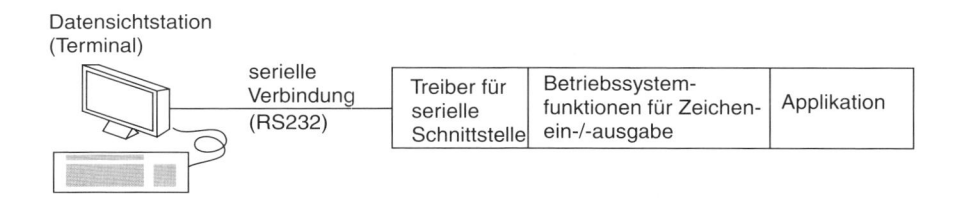

| Datensichtstation (Terminal) | serielle Verbindung (RS232) | Treiber für serielle Schnittstelle | Betriebssystemfunktionen für Zeichenein-/-ausgabe | Applikation |

Abb. 7–23 *Bedienschnittstelle mit Terminal*

Die klassische rein textorientierte Bedienoberfläche war früher durch die beschränkten Möglichkeiten der Ein-/Ausgabegeräte bedingt. Zudem waren größere Mehrbenutzersysteme die verbreitete EDV-Lösung, bei denen eine ganze Reihe von Benutzern an Datensichtstationen (Terminals) gleichzeitig mit dem System kommunizierten. Eine typische Systemstruktur ist in Abbildung 7–23 gezeigt. Bei dieser Lösung wurde in der Regel mit dem ASCII-Zeichensatz gearbeitet (siehe Anhang). Die korrekte Umsetzung der Tastenbefehle in Zeichencodes und die richtige Darstellung der anzuzeigenden Zeichen waren Aufgaben des Terminals. Die serielle Verbindung war vergleichsweise langsam (z.B. 9600 bit/s), aber ausreichend für diese Art der Systembedienung.

Moderne Rechner mit eingebauter Tastatur- und Bildschirmschnittstelle sind die Basis von grafischen Bedienoberflächen. Sie können aber auch für die klassische textorientierte Ein-/Ausgabe benutzt werden. Auf dem PC war das zu Beginn der Stand der Technik unter dem MS-DOS-Betriebssystem. Neue Probleme entstanden mit dem zunehmend wichtiger werdenden Wunsch nach länderspezifischer Textdarstellung und Eingabe. Der ASCII-Zeichensatz kennt keine Umlaute und war daher nicht ausreichend. Als Lösung wurden entweder wenig benutzte ASCII-Codes mit Umlauten belegt oder der Zeichencode von 7 auf 8 Bit erweitert, womit anstatt 128 neu 256 Codiermöglichkeiten zur Verfügung standen. Leider wurde eine Vielzahl derartiger Codierschemen entwickelt, die man unter dem Namen Zeichensatz (*character set*) zusammenfasst. Für jeden Zeichensatz musste die Bildschirmausgabe passend konfiguriert sein. Die zwei verbreitetsten Lösungen bestehen darin, entweder pro Zeichensatz einen speziellen Treiber zu benutzen oder einen einzigen Treiber entsprechend dem aktuellen Zeichensatz zu konfigurieren (durch Angabe einer sog. *code page*). Bei der Eingabe mussten ähnliche Konfigurationsmöglichkeiten geschaffen werden, da sich die Schreibmaschinentastaturen, von denen Rechnertastaturen abgeleitet wurden, länderspezifisch unterscheiden. Beim Datenaustausch ist zu beachten, dass man die ursprüngliche Zeichencodierung benutzen muss, damit die Texte korrekt angezeigt werden. Andernfalls erscheinen Umlaute nicht wie gewünscht. Diesem Problem dürfte jeder Computerbenutzer schon begegnet sein. Ein Standardisierungsansatz für eine möglichst umfassende Zeichendarstellung in allen Sprachen stellt die Unicode-Zeichencodierung dar. Details dazu sind in Anhang A.1.3 zu finden.

Grundlagen grafischer Bedienschnittstellen

Die Grundlage grafischer Bedienoberflächen stellt die Möglichkeit der Grafikausgabe dar. Dafür wird eine sogenannte Rastergrafik verwendet, bei der das Gesamtbild durch eine Vielzahl von Bildpunkten erzeugt wird. Jeder Bildpunkt kennt zwei Koordinatenwerte x (horizontal) und y (vertikal), die von der linken oberen Bildschirmecke in Anzahl Bildpunkten (*Picture Elements*, abgekürzt *Pixel*) berechnet werden. Benutzt die Bildschirmausgabe Farben, so muss die Farbe für jeden Bildpunkt gespeichert werden. Bei hochauflösenden Bildschirmen entstehen dadurch erhebliche Datenmengen. Es existieren verschiedene Datenformate, die mehr oder weniger Speicherplatz belegen. Zur Reduktion der Datenmenge werden zwei hauptsächliche Ansätze benutzt:

- Grobe Farbabstufung, z.B. nur 16 oder 256 verschiedene Farben
- Farbtabellen (*color lookup tables*): Eine begrenzte Anzahl von Farben (z.B. 16 oder 256) können sehr genau über diese Tabelle konfiguriert werden. Die Daten der einzelnen Bildpunkte enthalten bei dieser Lösung dann nur noch einen Index in diese Tabelle.

Die Speicherung der eigentliche Grafikdaten im Rechner in Form von Rastergrafiken besitzt einen wesentlichen Nachteil. Die Bildauflösung ist direkt von der verwendeten Rasterung abhängig. Deswegen benutzen viele Grafikformate die Vektordarstellung. Diese beschreibt die darzustellenden Objekte mittels Vektoren, die entsprechend der tatsächlich verfügbaren Bildschirmauflösung rechnerunabhängig stets optimal darstellbar sind. Ein davon abgeleitetes beschreibendes Datenformat wird für skalierbare Schriften (*scalable fonts*) benutzt. Eine bestimmte Schriftart ist rechnerintern durch die Umrisse, Farben und Textur ihrer Zeichen festgelegt. Sie kann aus diesen Daten durch Benutzung eines Skalierungsfaktors in unterschiedlichen Größen dargestellt werden.

GUI-Architektur in Windows

Das GUI ist bei Windows fest in den Systemcode integriert und zu wesentlichen Teilen im Kern selbst realisiert. Dies gilt zumindest für das Desktop-Windows. Die Embedded-Variante und das Windows-CE erlauben mithilfe des *Component Builder* die Erzeugung von Windows-Varianten, die alternative Formen der Benutzerschnittstelle unterstützen.

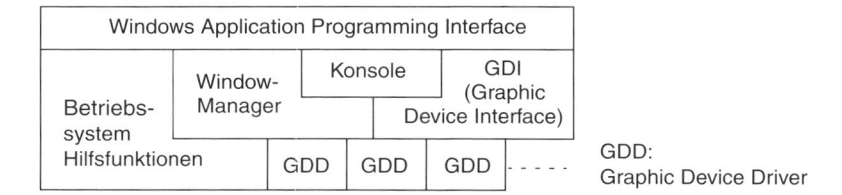

```
┌─────────────────────────────────────────────────────┐
│        Windows Application Programming Interface    │
├──────────────┬──────────┬────────┬──────────────────┤
│              │ Window-  │ Konsole│ GDI              │
│ Betriebs-    │ Manager  │        │ (Graphic         │
│ system       │          │        │ Device Interface)│
│ Hilfsfunktionen ├──────┬─┴──────┬─┴──────┐           │
│              │ GDD  │ GDD    │ GDD    │ - - - -
└──────────────┴──────┴────────┴────────┘
```
GDD: Graphic Device Driver

Abb. 7–24 *GUI-Architektur in MS Windows*

In Abbildung 7–24 ist die Systemstruktur gezeigt. Zugang zu den Ein-/Ausgabefunktionen bietet die Windows-Programmierschnittstelle *Windows API*. Der *Window-Manager* ist verantwortlich für das Aussehen der Fenster, Rollbalken usw. und für die Grundmechanismen zum Vergrößern, Verkleinern, Verschieben der Fenster (inklusive der korrekten Behandlung überdeckter Fensterbereiche). Ferner nimmt er die Benutzereingaben entgegen und leitet sie an die zugehörigen Anwenderprozesse weiter. Da Windows anfänglich auf ressourcenschwachen Systemen lief, wird darauf verzichtet, momentan nicht angezeigte Fensterinhalte zu puffern. Stattdessen wird die Applikation veranlasst, die Ausgabe zu wiederholen, wenn abgedeckte Bereiche wieder sichtbar werden. Das GDI stellt Funktionen zur geräteunabhängigen Grafikausgabe bereit. Die unterstützten Geräte sind nicht nur der Bildschirm, sondern auch Drucker und Plotter. Die Konsole ermöglicht die Textein-/-ausgabe auf der Basis einzelner Zeichen und wird vorzugsweise mit sogenannten Konsolenfenstern benutzt. Die Grafiktreiber passen unterschiedliche Geräte an die Systemausgabe an. Daneben existieren Treiber für die Eingabegeräte (in der Grafik nicht gezeigt). Enthalten sind der Code der GUI-Funktionen in Funktionsbibliotheken (DLL) und Systemdateien (Window-Manager und GDI in `win32k.sys`, Konsole in `csrss.exe`, Umsetzung Windows API auf interne Funktionen in `kernel32.dll`, `user32.dll`, `gdi32.dll`).

GUI-Architektur in Unix-Systemen

Der Unix-Kern selbst enthält keine Unterstützung grafischer Bedienoberflächen, sondern basiert auf rein textorientierter Ein-/Ausgabe. Nicht wenige Rechner, vorzugsweise in Serversystemen oder kleineren Industrieanwendungen, werden mit dieser einfachen Systemoberfläche eingesetzt. Die übliche Lösung, ein GUI unter Unix zu betreiben, besteht darin, entsprechende Software auf den Kern auf-

7.5 Benutzerinteraktion aus Systemsicht (Benutzeroberflächen)

zusetzen. In dieser mehrschichtigen GUI-Software bildet das *X-Window-System* die unterste Schicht. Es stellt Basisfunktionen zum Zeichnen von Punkten, Rechtecken usw. zur Verfügung. Das X-Window-System, abgekürzt oft nur X genannt, teilt sich in einen X-Server und mehrere X-Clients auf. Der X-Server ist für die Visualisierung und die Benutzereingaben (ab Tastatur und Maus) verantwortlich. Die X-Clients stellen die Applikationen dar, die das GUI benutzen wollen. Sie greifen dazu auf die Xlib zu, die in Form einer Programmbibliothek vorliegt. Die Xlib-Funktionen realisieren die X-Dienste für Applikationen und kommunizieren dafür mit dem X-Server. Im Weiteren konzentrieren wir uns auf die Client-, d.h. die Applikationsseite. Da X nur eine sehr einfache Ereignisbehandlung und Grafikroutinen zur Verfügung stellt, wird es durch darüber liegende, mächtigere Softwareschichten ergänzt. Insbesondere ist es heute üblich, einen Bildschirm in der Art einer elektronischen Schreibtischoberfläche zu betrachten. Dies wird mit dem Begriff *Desktop* umschrieben. Die zugehörige Software stellt dementsprechend der *Desktop-Manager* dar. Desktop-Manager werden oft abgekürzt nur als *Desktop* bezeichnet. Sie stellen eine elementare Benutzeroberfläche für Dateimanipulationen, Drag-and-Drop, Taskleiste etc. dar. In der Regel gehört auch ein ganzes Bündel von kleineren Anwendungsprogrammen, wie Taschenrechner, Texteditor usw., und eine Onlinehilfe dazu. Ein wesentlicher Aspekt für die Softwareentwicklung besteht darin, dass diese Softwarepakete auch Infrastrukturen (*Application Frameworks*) für die Kommunikation zwischen Applikationen und Möglichkeiten zur Codewiederverwendung zur Verfügung stellen. Um ein vollständiges GUI mit einer Funktionalität zu erhalten, wie sie heute selbstverständlich geworden ist, wird eine dritte Komponente benötigt. Diese wird *Window-Manager* oder seltener *Display-Manager* genannt und ist für die Koordination der Applikationsfenster, aber auch für eine bestimmte Art der Darstellung umrandeter Fenster mit Knöpfen verantwortlich.

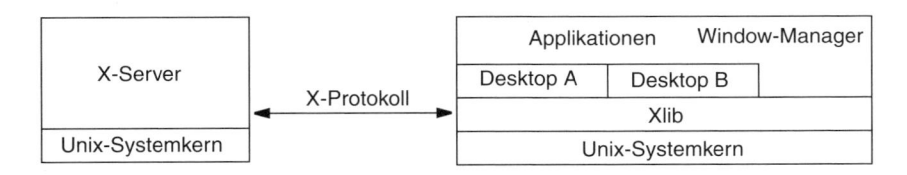

X-Server	X-Protokoll	Applikationen	Window-Manager
		Desktop A	Desktop B
Unix-Systemkern		Xlib	
		Unix-Systemkern	

Abb. 7–25 *Grundaufbau eines Unix-GUI*

Die Abbildung 7–25 zeigt die Idee einer GUI-Lösung für Unix, in der außer der gemeinsamen Xlib, die verschiedenen Komponenten im Lego-Prinzip ausgetauscht werden können. Dies betrifft den X-Server, der lokal auf dem gleichen Rechner oder entfernt auf einem anderen System laufen kann (z.B. auch Windows), den Window-Manager, der unabhängig vom Desktop gewählt werden kann, sowie den Desktop selbst. Die Xlib kommuniziert mit dem X-Server unter Nutzung des X-Protokolls entweder lokal oder über das Netz (mehr dazu weiter hinten). Die Applikationen selbst können, unabhängig vom aktiven Desktop (hier A oder B), die Funktionen eines beliebigen Desktops benutzen. Nehmen wir an, auf einem bestimmten Rechner sei Desktop A aktiv. Dann sind Applikationen immer noch frei, auf Funktionen des Desktops A oder B aufzusetzen oder sogar direkt die Xlib zu benutzen. Natürlich treten dann kleinere Unterschiede in der Bedienoberfläche auf, in denen sich die Desktops voneinander unterscheiden. Das Projekt *Freedesktop (www.freedesktop.org)* hat sich zum Ziel gesetzt, die Interoperabilität solcher heterogener Applikationslandschaften zu verbessern und gemeinsame technische Grundstandards für Desktops zu schaffen. Konkrete Beispiele bekannter Desktop-Produkte sind:

- *Motif*: Lizenzpflichtiges Produkt, das von der *OSF (Open Software Foundation)*, einem Zusammenschluss einer Reihe kommerzieller Unix-Hersteller, definiert wurde.
- *OpenLook*: Von Sun Inc. freigegebenes Desktop.
- *CDE (Common Desktop Environment)*: Lizenzpflichtiges Produkt, mit dem eine Zeit lang versucht wurde, das Unix-GUI über verschiedene Unix-Versionen hinweg zu vereinheitlichen.
- *Gnome (GNU Network Object Model Environment)*: Ein freier Desktop, der z.B. zusammen mit Linux ausgeliefert wird. Gnome wurde sowohl von HP für die Unix-Variante HP UX als auch von Sun für ihr Unix-Produkt Solaris als neuer Standard-Desktop ausgewählt.
- *KDE (K Desktop Environment)*: Ein weiterer freier Desktop, der oft zusammen mit Linux ausgeliefert wird.

Exemplarisch werden nachfolgend kurz die Architekturen der zwei modernen Desktops Gnome und KDE betrachtet und dargestellt, wie sie zusammen mit X leistungsfähige Bedienoberflächen bilden. *Gnome* benutzt die *GDK*-Programmbibliothek *(GIMP Drawing Kit)* als Wrapper, um die schwierig zu programmierende *Xlib* komfortabler ansprechen zu können (siehe (A) in Abb. 7–26). Ergänzt wird sie durch die *GLIB*, die einen Satz von nützlichen C-Hilfsroutinen enthält. Auf der *GDK* und der *GLIB* baut die *GTK*-Bibliothek *(Gimp Toolkit)* auf, die in objektorientierter Form (allerdings in C und nicht in C++ implementiert) die Grundelemente des Desktops bereitstellt *(widgets)*.

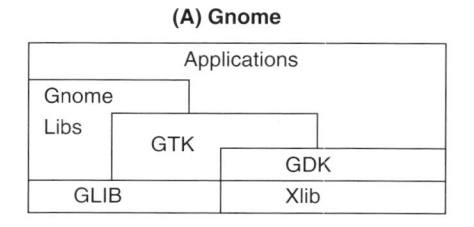

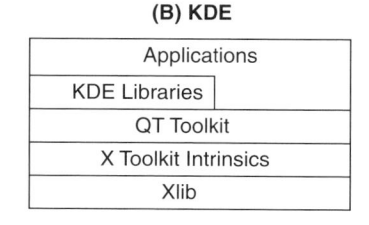

(A) Gnome	(B) KDE
Applications / Gnome Libs / GTK / GDK / GLIB / Xlib	Applications / KDE Libraries / QT Toolkit / X Toolkit Intrinsics / Xlib

Abb. 7–26 *Desktop-Architekturen (Gnome und KDE)*

7.5 Benutzerinteraktion aus Systemsicht (Benutzeroberflächen)

Die *Gnome Libs* realisieren Grundfunktionen für Dateimanipulationen, Grafikausgabe und Druckfunktionen, XML unterstützende Dienste und das *Bonobo* genannte Komponentenmodell von Gnome. Dieses setzt zur Kommunikation *CORBA (Common Object Request Broker Architecture)* ein. KDE benutzt die QT-Bibliothek *QT Toolkit* der norwegischen Firma Trolltech, die auf den *X Toolkit Intrinsics* aufsetzt, die ihrerseits die Xlib nutzen (siehe (B) in Abb. 7–26). Das QT Toolkit ist in C++ implementiert. Die Applikationen setzen auf der KDE-Programmbibliothek und teilweise direkt auf dem QT Toolkit auf. Die KDE-Bibliotheken realisieren eine ähnliche Funktionalität wie die Gnome-Bibliotheken, benutzen aber ein eigenes Komponentenmodell, das *KParts* genannt wird. Dieses setzt zur Kommunikation auf das *DCOP (Desktop Communication Protocol)* auf, das innerhalb des KDE-Projekts eigens für diesen Zweck entwickelt wurde. KDE benutzt standardmäßig den Window-Manager *kwin*, bei Gnome kommt der Window-Manager *Metacity* zum Zug. Bei beiden Desktops ist es jedoch grundsätzlich möglich, einen anderen Window-Manager zu konfigurieren.

7.5.3 Programmiermodelle

Der Schritt von textorientierter Bedienoberfläche zu modernen GUI-Systemen ist mit einer Änderung des Programmiermodells einhergegangen. Für die Softwareentwicklung stehen verschiedene Architekturmodelle zur Verfügung.

Steuermechanismen

In Benutzerschnittstellen existieren grundsätzliche Unterschiede in den Steuermechanismen. Was verstehen wir unter Steuerung in diesem Zusammenhang? Die Steuerung (Kontrolle, control) in Softwaresystemen ist derjenige Teil des Programmsystems, der gerade ausgeführt wird und damit bestimmt (kontrolliert), was geschieht.

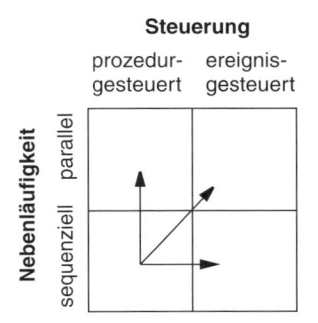

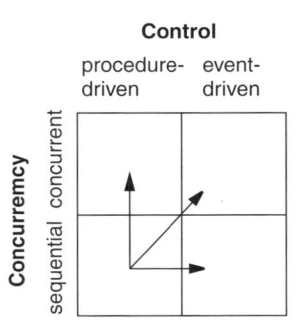

Abb. 7–27 *Klassifikationsschema aktueller Steuermechanismen (D/E)*

Die zentrale Frage ist damit: *Wo* liegt zu einem bestimmten Zeitpunkt die Steuerung (Kontrolle) bzw. *wie* wandert die Steuerung (Kontrolle) durch das Softwaresystem (Kontrollfluss). Diese Frage betrifft das gesamte Programmsystem, bestehend aus Applikationsprogrammen und Betriebssystem. Die verschiedenen Möglichkeiten sind in Abbildung 7–27 als Schema dargestellt. Klassische Benutzerschnittstellen sind entweder im Quadranten links unten oder ausnahmsweise links oben anzusiedeln. Grafische Benutzerschnittstellen liegen primär im Quadranten rechts oben.

Programmiermodell der GUI-Betriebssysteme

Abhängig von der Interaktionsart des Benutzers mit dem System basiert das Programmiermodell auf einem *programmgesteuerten* oder einem *ereignisgesteuerten Ablauf*. Der *programmgesteuerte* Ablauf kommt bei der Stapelverarbeitung oder bei der Benutzerinteraktion mittels Kommandozeile zum Tragen. Das Programm bestimmt, wann Eingaben zu erfolgen haben. Es gibt einen festen Ein-/Ausgabeablauf, der durch das Programm vorgegeben wird. Man kann ihn auch als linear (geradlinig, nicht sprunghaft) bezeichnen. Zum Beispiel fordert das Programm den Benutzer zur Eingabe von Daten auf. Nur zu diesen vorgesehenen Zeitpunkten im Programmablauf sind diese Eingaben möglich. Es gibt somit eine geringe Interaktion von Applikation und Betriebssystem. Der Kontrollfluss in Abbildung 7–28 (A) findet von oben nach unten statt. Beim Stapelbetrieb ist zudem die Interaktion zeitlich eingeschränkt auf die Vorbereitung der Eingabedaten und Entgegennahme der Resultate nach der elektronischen Datenverarbeitung.

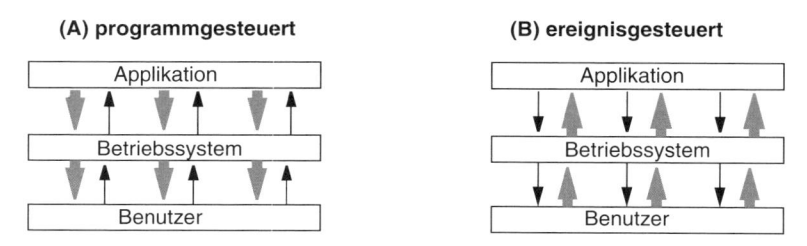

Abb. 7–28 *Kontrollflussvarianten (programm- und ereignisgesteuert)*

Der *ereignisgesteuerte Ablauf* ist typisch für die grafische Bedienoberfläche. Der Benutzer kann mittels Maus oder Tastatur unterschiedliche Eingaben tätigen. Die Reihenfolge der Ein-/Ausgaben wird vom Benutzer beeinflusst bzw. festgelegt (im Rahmen der ihm zur Verfügung gestellten Möglichkeiten). Der Programmablauf wird durch die Maus- oder Tastatureingaben (= Ereignisse) situationsbezogen verändert. Zum Beispiel können mit der Maus nach Belieben unterschiedliche Befehlsschaltflächen auf der Bedienoberfläche angewählt werden. Es existiert eine starke Interaktion von Applikation und Betriebssystem, sozusagen eine verzahnte Ausführung. Der Programmfluss in Abbildung 7–28 (B) ist von unten nach oben orientiert. Das ereignisgesteuerte Programmiermodell hat einen erheblichen Einfluss auf den Programmtest. Es genügt nicht mehr, einen Soll-Bedienablauf zu testen. Alle denkbaren Bediensequenzen müssen überprüft werden, um unerfreuliche Überraschungen im Betrieb zu vermeiden. Die Benutzereingabe wird vom Betriebssystem als »Ereignis« an die Applikation zur Verarbeitung übergeben. Der Programmablauf ist durch die Eingaben bestimmt, d.h. nicht mehr linear im Sinn des programmgesteuerten Ablaufs.

7.5.4 Die Unix-Shell als Kommandointerpreter

Ein typischer Vertreter des programmgesteuerten Benutzerdialogs stellt die Unix-Befehlskonsole, meist als Unix-Shell bezeichnet, dar. Ihre grundlegende Funktionsweise haben wir bereits in Abschnitt 4.2.3 kennengelernt. Die Unix-Shell lässt sich auf zwei Arten nutzen:

- *Kommandointerpreter*: Interaktiv werden eingetippte Befehle des Benutzers ausgeführt.
- *Programminterpreter*: Skriptdateien werden im Stapelmodus abgearbeitet.

Sowohl bei der Kommandointerpretation als auch der Skriptverarbeitung kann abhängig vom Befehl oder Skript ein Benutzerdialog stattfinden oder auch nicht. Unter Unix kann eine Vielzahl von verschiedenen Shells eingesetzt werden. Neben der ursprünglichen Bourne Shell wurden mit der Zeit zusätzliche Shells entwickelt, die sowohl Probleme der Ur-Shell beheben als auch zusätzliche Möglichkeiten erschließen. Bei vielen Betriebssystemen ist die Eingabemöglichkeit für getippte Befehle, d.h. der Kommandointerpreter, fest eingebaut. Dies gilt jedoch nicht für Unix, da hier der Kommandointerpreter ein Applikationsprogramm neben vielen anderen Anwendungen darstellt (»*just another program*«). Die Unix-Shell nutzt die API des Betriebssystems und stellt diese in einfacherer Form über Kommandozeilenbefehle zur Verfügung. Die Shell kann unterschiedlich implementiert sein. So ist es nicht weiter verwunderlich, dass über die Jahre hinweg diverse Shell-Typen entwickelt wurden. Die Bezeichnung *Shell* deutet übrigens darauf hin, dass sie Betriebssystemfunktionalität gegenüber dem Anwender kapselt. Damit wird das Betriebssystem gegen Fehlmanipulationen des Anwenders mittels klar definierter und begrenzter Funktionalität geschützt. Typische Unix-Systeme stellen dem Anwender mehrere Shell-Typen zur Verfügung. Der Anwender kann seine Standard-Shell konfigurieren.

Am Anfang aller Unix-Systeme steht die nach ihrem Erfinder benannte Bourne Shell (sh). Als älteste aller in Verwendung stehender Shells weist sie keine Jobkontrollfunktionalität auf, d.h. unterstützt keine Hintergrundprozesse und kein Pausieren von Prozessen. Die C-Shell (csh) entstand als Teil der *BSD*-Unix-Implementierung (*Berkeley Software Distribution*) und wurde von Bill Joy mit einer C-ähnlichen Syntax versehen. Die TENEX-C-Shell (tcsh) stellt eine erweiterte Ausgabe der C-Shell (csh) von Christos Zoulas dar. Ihr Name wurde von einem TENEX genannten Betriebssystem inspiriert. Die Korn-Shell (ksh) ist nach David Korn benannt und vor allem auf Unix System V beliebt. Heute wird auf vielen Unix-Systemen gerne die Bourne-again Shell (bash) eingesetzt, die ein Teil des GNU-Projekts ist. Es existieren noch diverse weitere Shells in Form weniger bekannter Implementierungen (z.B. run command rc, Z-Shell zsh, job control shell jsh, Almquist Shell ash, extensible shell es).

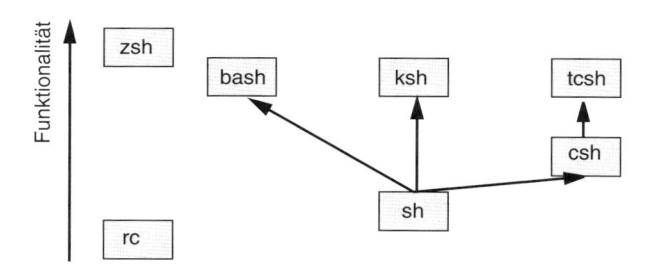

Abb. 7–29 *Verwandtschaft verschiedener Shell-Typen*

Nun stellt sich die Frage der Auswahl einer passenden Shell. Leider gibt es keine Standardempfehlung über alle Unix-Systeme hinweg. Am einfachsten, d.h. mit dem geringstem Aufwand verbunden, ist es, sich für einen bestimmten Shell-Typ zu entscheiden und diese Shell genauer kennenzulernen. Am flexibelsten, d.h. für viele Zwecke jeweils am besten passend, ist es, mehrere Shell-Typen zu benutzen, entsprechend den Anforderungen der jeweiligen Aufgabe. Es ist übrigens auch möglich, entfernt eine Shell zu öffnen. Die *remote shell rsh* bzw. die *secure shell ssh* ermöglichen so den Benutzerzugang zu einem Unix-System über eine Netzwerk- oder eine andere Kommunikationsverbindung.

Merkmal	sh	bash	ksh	csh	tcsh
Herkunft, Entstehung	Ur-Shell	GNU	Syst.V	BSD	BSD
Jobkontrolle (*job control*)	–	x	x	x	x
Befehlszeilen-Wiederholfunktion (*history*)	–	x	x	x	x
Basissyntax/Rückwärtskompatibilität	sh	sh	sh	csh	csh
Vervollständigung von Datei-/Pfadnamen	–	x	x	x	x
Brauchbare E/A-Umleitung (*I/O redirection*)	x	x	x	–	–
Eingebaute Arithmetik	–	x	x	x	x
Synonyme (*aliases*)	–	x	x	x	x
Vektorvariablen (*arrays*) unterstützt	–	x	x	x	x

Tab. 7–2 *Eigenschaften der verschiedenen Unix-Shells*

7.5 Benutzerinteraktion aus Systemsicht (Benutzeroberflächen)

Neuere Shell-Typen unterstützen fast ausnahmslos die Jobkontrollfunktionalität. Diese ermöglicht es dem Benutzer, mehrere Programme unter der gleichen Shell gleichzeitig auszuführen. Dabei gilt, dass maximal eines dieser Programme zu jedem Zeitpunkt im Vordergrund ablaufen kann. Damit ist klar geregelt, welcher der Prozesse die Benutzereingaben erhält. Ein Prozess kann im Hintergrund gestartet werden, indem ihm auf der Kommandozeile ein kaufmännisches &-Zeichen angehängt wird. Außerdem ist es möglich, einen im Vordergrund laufenden Prozess mittels Eingabe von ctrl-Z zu pausieren. Soll er im Hintergrund weiterlaufen, so wird dies mit dem Befehl bg (*background*) veranlasst. Andererseits kann er mit dem Befehl fg (*foreground*) wieder in den Vordergrund gebracht werden. Der Befehl jobs schließlich liefert eine Liste aller momentan unter der Shell laufenden Programme mit ihren Jobnummern.

7.5.5 Funktionsweise und Programmierung des X-Window-Systems

In den 80er-Jahren wurde an der amerikanischen Hochschule *Massachusetts Institute of Technology (MIT)* in Zusammenarbeit mit der Firma Digital Equipment Corp. (DEC) das sogenannte *X-Window-System* entwickelt. Es ging darum, für das Athena-Projekt am MIT in einer verteilten Umgebung eine hardwareunabhängige grafische Benutzeroberfläche zu entwickeln. In der Version 11 ist heute das X-Window-System (oft nur mit X abgekürzt) als GUI-Basis für viele Unix-Systeme im Einsatz. X wurde unter die Obhut des X-Konsortiums (*www.x.org*) gestellt und wird auf unterschiedlichsten Plattformen eingesetzt (nicht nur für Unix-Systeme). X legt die Gestaltung der Bedienoberfläche nicht fest, sondern überlässt dies übergeordneten Softwareschichten. X enthält keine Druckerdienste. X unterstützt einen ereignisgesteuerten Benutzerdialog.

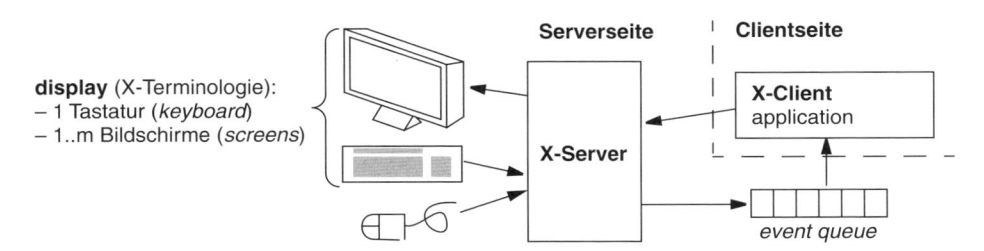

Abb. 7–30 *Client/Server-Konstellation in X-Window-System*

X-Client/Server-Konstellation

Eine zentrale Eigenschaft des X-Window-Systems ist die Netzwerktransparenz, indem die Funktionalität in einen *X-Server* und mehrere *X-Clients* aufgeteilt ist (siehe Abb. 7–30). Der X-Server ist für die Visualisierung und die Benutzereingaben (ab Tastatur und Maus) verantwortlich und muss nicht auf dem gleichen

Rechner laufen wie die X-Clients. Jede Applikation, die das GUI des X nutzen will, kommuniziert als X-Client mit dem X-Server (siehe Abb. 7–31).

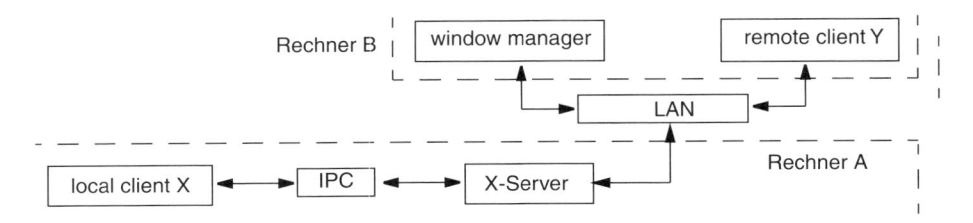

Abb. 7–31 *Client/Server-Konstellation in X-Window-System (Beispiel)*

Läuft der X-Client auf der gleichen Maschine wie der X-Server, so spricht man von einem *local client*. Läuft er auf einem anderen Rechner und kommuniziert über ein LAN (*Local Area Network*) mit dem X-Server, dann handelt es sich um einen *remote client*. Ein X-Client benutzt für die Kommunikation die vorhandenen Möglichkeiten der Interprozesskommunikation (*IPC, Inter Process Communication*), lokal die *Pipes*, entfernt die *Sockets*.

Window-Manager

In einem Multiprogrammbetrieb nutzen viele Applikationen die Dienste des X-Servers. Zur Koordination der Applikationsfenster, aber auch für eine bestimmte Art der Darstellung umrandeter Fenster mit Knöpfen, wird typischerweise ein separater Prozess eingesetzt, der diese Verwaltungsfunktionen wahrnimmt. Dieser Prozess wird als *Window-Manager* oder *Display-Manager* bezeichnet. Der Window-Manager ist einfach ein weiterer X-Client (mit Sonderrechten für die Fensterverwaltung) und kann daher gegen eine andere Implementierung ausgetauscht werden. Pro X-Server darf jedoch nur ein einziger Window-Manager aktiv sein. Ein Window-Manager kann auch die Verwaltung mehrerer virtueller Desktops auf dem gleichen physischen Bildschirm anbieten, zwischen denen der Benutzer hin und her schalten kann. In dem Beispiel in Abbildung 7–31 befinden sich der Window-Manager und der X-Server auf verschiedenen Computern. Dies ist möglich, aber eher die Ausnahme. Meistens werden X-Server und Window-Manager auf dem gleichen Rechner ausgeführt. Der Window-Manager ist verantwortlich für die Art und Weise, wie Fenster auf dem Bildschirm dargestellt werden. Er verwaltet die Fenster (Verschiebung, Minimierung, Programmwechsel per Mausklick etc.) und stattet sie mit einer bestimmten Form von Titelleiste und Knöpfen aus. Ferner kann er das Starten von Applikationen und die Veränderung der Darstellungsreihenfolge von Fenstern (*stacking order*) erlauben. Clients geben dem Window-Manager Hinweise (*hints*), wie sie angezeigt werden möchten. Der Window-Manager kann diese akzeptieren, modifizieren oder auch ignorieren. Ein Window-Manager kann eine sogenannte *window lay-*

out policy implementieren, d.h. Regeln zur Fensteranordnung (überlappend, nebeneinander etc.), für die Icon-Platzierung und für erlaubte Fenstergrößen und Positionen. Verbreitete Window-Manager sind: *fvwm (Motif window manager), kwin (KDE window manager), Metacity (GNOME window manager), Enlightenment, Blackbox, Icewm, WindowMaker, twm.* Die Umleitung des GUI auf einen anderen Rechner ist unter Unix übrigens sehr einfach konfigurierbar.

> **Beispiel:**
> set DISPLAY = rechnername:0
> (rechnername: Name des Rechners auf dem Netz; 0 ist die Display-Nummer)

Softwarearchitektur

Die Dienste des X-Window-Systems werden einer Applikation über die Funktionsbibliothek *XLib* zur Verfügung gestellt. Diese grafische Bibliothek, kombiniert mit dem Code der Applikation, stellen den *X-Client* dar, der mit dem X-Server kommuniziert. Will ein Client eine Verbindung zum X-Server herstellen, so ruft er die Funktion XOpenDisplay() aus der XLib auf. Dabei braucht er als Aufrufparameter nur den Namen des gewünschten Rechners (lokal oder entfernt) und die Display-Nummer anzugeben.

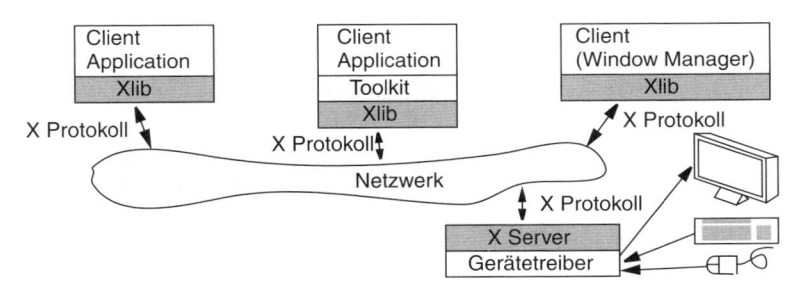

Abb. 7–32 X-Software-Architektur

Setzt eine X-Client-Applikation direkt auf der Xlib auf, so ist dies aufwendig und gilt als *low-level programming*. Komfortabler ist der Einsatz eines Toolkits, das eine Schicht oberhalb der Xlib darstellt und eine komfortablere Programmierung ermöglicht. Toolkits realisieren in der Regel eine bestimmte Gestaltung der Bedienoberfläche, indem sie Standardbedienelemente fertig zur Verfügung stellen. Diese werden *widgets* genannt und entsprechen den *controls* in Windows. Typische Standardbedienelemente sind z.B. Befehlsschaltflächen (*command buttons*), Menüs (*menus*) und Auswahllisten (*lists*). Bekannte klassische Toolkits sind:

- X Toolkits Intrinsics (DEC, MIT), ist Teil des X11 Release
- Interviews Toolkit (Stanford University)
- Andrew Toolkit (IBM, Carnegie-Mellon University)
- Tk Toolkit (Berkeley University); in der Regel genutzt zusammen mit Tcl-Skriptsprache (→ Tcl/Tk)
- Motif Toolkit (OSF)
- Open Look Toolkit (AT&T, Sun)

Heutzutage beliebte Toolkits sind:

- GTK+ Toolkit (zusammen mit GIMP entstanden, heute Basis des GNOME-Desktops), komfortabel programmierbar mit dem Glade GUI Builder
- QT Toolkit (von Trolltech AS, Basis des KDE-Desktops, freie Version erhältlich), komfortabel programmierbar mit dem QT Designer (GUI Builder)

Wie bei den GUI-Architekturen besprochen, bauen Desktops auf Toolkits auf.

X-Grundlagen

Bevor wir den Aufbau eines einfachen X-Clients kennenlernen, benötigen wir ein paar Grundlagen, wie die Funktionsweise des X-Protokolls, die Pufferungsmechanismen für Ereignismeldungen und die Philosophie der Fensterverwaltung und Grafikausgabe.

X-Protokoll

Das X-Protokoll ist eine Festlegung für die Formate von Netzwerkpaketen für den X-Datentransfer zwischen X-Server und X-Client (siehe Abb. 7–32). Dieser findet lokal über die Netzwerkschnittstelle »localhost« oder über Pipes statt. Rechnerübergreifend werden Berkeley-Sockets eingesetzt. Man unterscheidet vier Typen von Paketen:

1. *requests*: Dienstanforderungen (client → server)
2. *replies*: Antworten auf Anforderungen (client ← server; viele requests sind ohne replies)
3. *events*: spontane Ereignismeldungen (client ← server)
4. *errors*: Fehlermeldungen auf frühere Dienstanforderungen (client ← server)

Beispiele für Dienstanforderungen wären »zeichne eine Linie«, »ändere Farbe in Farbtabelle«, »liefere aktuelle Fensterposition/größe«. Eine Ereignismeldung könnte z.B. ein Mausklick sein oder dass die Maus die Fenstergrenze (nach innen bzw. außen) traversiert.

Pufferung von Dienstanforderungen (requests)

Mit möglichst wenigen Anforderungsübertragungen an den X-Server wird versucht, den Datenverkehr zu minimieren. Dazu wird eine Gruppierung von mehre-

7.5 Benutzerinteraktion aus Systemsicht (Benutzeroberflächen)

ren Dienstanforderungen für eine bessere Kommunikationseffizienz vorgenommen. Eine Übertragung an den Server findet nur statt, wenn dies sinnvoll oder zwingend nötig ist. Dies wird über Regeln gesteuert.

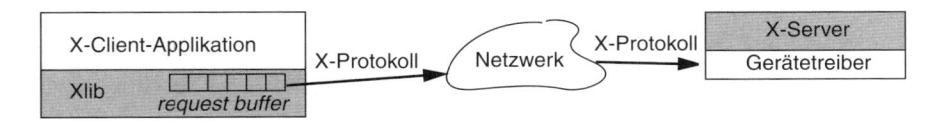

Abb. 7–33 *Pufferung von X-Dienstanforderungen*

Eine Leerung des *request buffer* (d.h. ein Senden des Inhalts an den X-Server) wird durchgeführt, wenn der Client auf ein Ereignis zu warten beginnt und blockiert (siehe Abb. 7–33). Andererseits wird der Puffer auch geleert, wenn der Client eine Anforderung mit notwendiger Antwort des X-Servers tätigt oder wenn er eine Leerung explizit verlangt (z.B. Aufruf von XFlush()). Diese Regeln können beim Testen von Applikationen ein unerwartetes Verhalten verursachen!

Pufferung von Ereignismeldungen (events)

Ereignisse werden doppelt gepuffert, nämlich sowohl beim X-Server als auch beim X-Client (siehe Abb. 7–34). Die serverseitige Pufferung berücksichtigt die begrenzte Netzwerkverfügbarkeit. Die clientseitige Pufferung speichert Ereignismeldungen, bis der Client Zeit findet, diese abzuholen. Der Client liest Ereignismeldungen in einer Meldungsschleife mittels der Xlib-Funktion XNextEvent() aus.

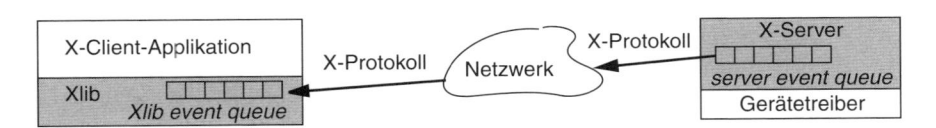

Abb. 7–34 *Pufferung von X-Ereignismeldungen*

X-Ressourcen

Die sogenannten X-Ressourcen dienen der serverseitigen Datenhaltung zur Reduktion des Netzwerkverkehrs. Die X-Ressourcen speichern Informationen im Auftrag von Clients, und zwar innerhalb des X-Servers. Komplexe Datenstrukturen müssen damit nicht wiederholt hin- und hertransferiert werden. Eine bestimmte X-Ressource wird von einem Client mittels einer zugeordneten Ganzzahlnummer (ID) identifiziert. Ein paar Beispiele von X-Ressourcentypen:

- *window*: Beschreibung von Fenstereigenschaften
- *pixmap*: Rastergrafik (Verwendung z.B. für Icons, schnelles Neuzeichnen)
- *colormap*: Farbtabelle (setzt Farbindexe in konkrete Farben um)

- *font*: Beschreibung einer Schriftart
- *graphics context (gc)*: Eigenschaften von Grafikelementen (z.B. Liniendicke, Farbe, Füllmuster); der gleiche gc kann für verschiedene Grafikelemente benutzt werden.

Die X-Ressource *pixmap* kann bei der Pufferung verdeckter Fensterinhalte helfen. Optional ist es möglich, Fensterinhalte serverseitig in einem Hintergrundspeicher (*backing store*) zu sichern, damit beim Sichtbarwerden eine automatische Aktualisierung mit minimaler Clientaktivität erfolgen kann. Nicht jeder X-Server unterstützt dies, darum muss ein Client das Vorhandensein mittels der Xlib-Funktion `DoesBackingStore()` testen. Ist dieser Test positiv, so kann der Client komplizierte Inhalte in eine *pixmap* schreiben und die *pixmap* in das Fenster kopieren, um es zu aktualisieren. Da X-Ressourcen knappe Serverressourcen sind, basieren die meisten Clientapplikationen auf einer minimalen Lösung für die Fensteraktualisierung. Diese besteht darin, dass der Server beim Sichtbarwerden verdeckter Inhalte den Client benachrichtigt, worauf dieser die Inhalte neu zeichnet.

Fenstergrundlagen

Das Fensterkonzept ist einfach gehalten. Innerhalb eines Grundfensters (*root window*), das in der Regel den gesamten Bildschirm einnimmt, können weitere Fenster definiert werden. Diese stellen die *children of root window* dar und sind die Top-Level-Fenster der Applikationen.

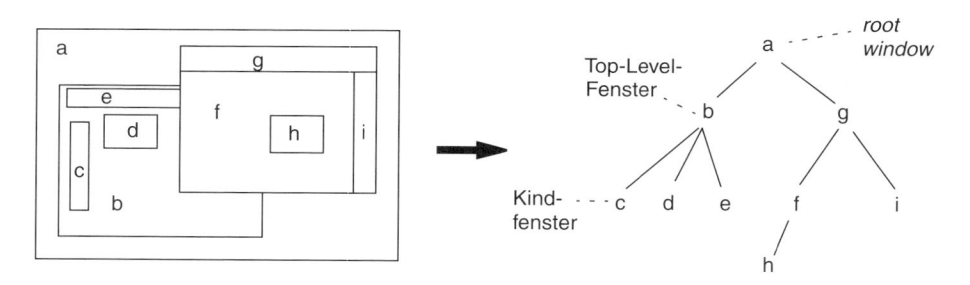

Abb. 7–35 *Fensterhierarchie im X-Window-System*

Sie werden vom Window-Manager verwaltet, wozu sie ihm Anzeigewünsche (*hints*) senden können. Diese erste Generation von Kindfenstern kann beliebig viele weitere Kindfenstergenerationen erzeugen, die unter ihrer eigenen Kontrolle stehen. So kann eine hierarchisch strukturierte Anzeige von Menüs, Tastenfeldern usw. innerhalb der Applikationen erreicht werden (siehe Abb. 7–35). Solche Kindfenster können ihr Elternfenster teilweise überlappen, jedoch erfolgt ihre Anzeige nur innerhalb des Elternfensters (*clipping to the parent*). Ebenso werden

Eingaben nur im Überlappungsbereich (Eltern/Kind) empfangen. Ein paar wichtige Grundbegriffe sind:

- *subwindow*: gleichbedeutend mit Kindfenster (*child window*)
- *siblings*: Kindfenster des gleichen Elternfensters (»Geschwister«)
- *ancestors*: alle dem betrachteten Fenster direkt übergeordneten Fenster (»Vorläufer«)
- *descendants*: alle dem betrachteten Fenster untergeordneten Fenster (»Abkömmlinge«)

Wie beeinflusst der Window-Manager das Aussehen der Top-Level-Fenster von Applikationen? Er stattet sie mit Befehlsschaltflächen zum Minimieren, Maximieren und Verändern der Größe aus, indem er hinter jedes Top-Level-Fenster ein Extrafenster platziert (siehe Abb. 7–36).

Ein Fenster besteht nur aus einem Rechteck mit Rand und Hintergrundmuster. Zur Erzeugung der bekannten GUI-Dialogelemente, wie Tasten (*buttons*), Rollbalken (*scroll bars*) usw., werden Kindfenster benutzt, denen man ein passendes Aussehen durch das Hintergrundmuster gibt. Die Breite des Fensterrands lässt sich wählen. Ist sie gleich null gesetzt, so ist der Rand nicht sichtbar. Für jedes Fenster wird ein eigenes Koordinatensystem angewendet. Dessen Ursprung ist links oben innerhalb des Rands. Die x-Achse wächst nach rechts, die y-Achse nach unten. Die Fensterposition auf dem Bildschirm ist festgelegt als die Position des Fensterursprungs relativ zur linken oberen Bildschirmecke. Überlappen Fenster, so gilt eine Sichtbarkeitsrangfolge (*stacking order*). Die Geometrie eines bestimmten Fensters (*window geometry*) wird durch drei Größen beschrieben: erstens die Breite und Höhe (exklusive Rand), zweitens die Randbreite und drittens die Position auf dem Bildschirm.

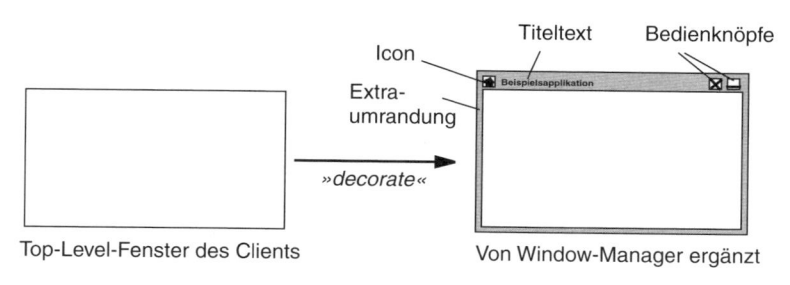

Abb. 7–36 *Dekoration von Applikationsfenstern durch den Window-Manager*

Grundsätzlich kann ein bestimmtes Fenster einer von zwei definierten Fensterklassen (*window class*) angehören. Die Fensterklasse *InputOutput* kann Ein- und Ausgaben verarbeiten, die Fensterklasse *InputOnly* jedoch nur Eingaben. Für jedes Fenster lässt sich die Charakteristik der Farbdarstellung individuell konfigurieren. Mit dem Attribut *depth* ist die Anzahl Bit pro Pixel bestimmt, d.h. die Anzahl Ebenen (*planes*). Das Attribut *visual* definiert die Art der Umsetzung von

Pixelwerten in Farben (mehr Details später). Beide Eigenschaften werden bei der Fenstererzeugung festgelegt. Die meisten Fenster übernehmen übrigens die Einstellungen des *root window*. Ganz allgemein lassen sich folgende Fenstereigenschaften wählen (auch hier gilt: mehr Details dazu später):

- Das Aussehen des Hintergrunds und des Rands
  (*color/pattern of background/border*)
- Die Ereignisse, die empfangen bzw. verworfen werden sollen
- Informationen für den Window-Manager über Repositionierung und Größenänderungen
- Die zu benutzende Farbtabelle
- Welcher Cursor angezeigt werden soll, wenn der Mauszeiger sich innerhalb des Fensters befindet

Rastergrafik

X basiert auf einer Rastergrafikdarstellung. Bei einer Schwarz-Weiß-Darstellung wird pro Bildpunkt 1 Bit benötigt, um die Farbinformation zu halten. Aufwendiger wird es für Farbdarstellungen. Grundsätzlich wäre es möglich, pro Bildpunkt direkt die Farbe zu speichern. Für eine gute Farbdarstellung resultiert dies jedoch in einem sehr großen Speicherbedarf. X geht hier einen anderen Weg. Es werden für Farben oder Grautöne zwar mehrere Bit pro Bildpunkt vorgesehen, jedoch nicht für eine direkte Farbzuordnung. Stattdessen wird ein Index in eine Umsetzungstabelle (Farbtabelle, *color lookup table*, *colormap*) gespeichert. Die Anzahl Bit (n) pro Bildpunkt bestimmt die Anzahl Einträge (= 2^n) dieser Tabelle. Damit sind 2^n verschiedene Farben gleichzeitig darstellbar. Die Anzahl Bit pro Bildpunkt entspricht auch der Anzahl Ebenen (*planes*). Für Schwarz-Weiß genügt eine Ebene, für Graustufen sind es 2 – 4 und für Farben 4 – 28 Ebenen (max. 32 unterstützt).

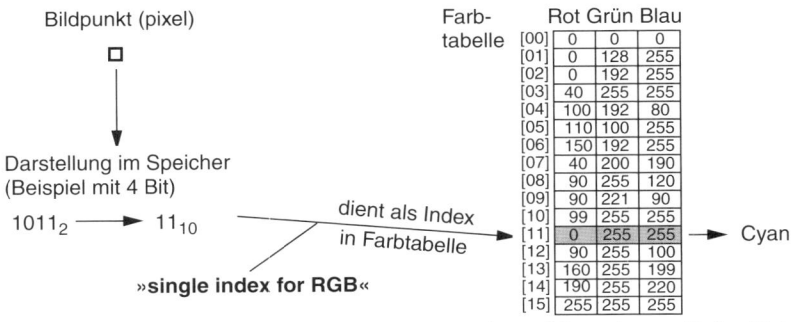

	Farbtabelle	Rot	Grün	Blau	
Bildpunkt (pixel)	[00]	0	0	0	
□	[01]	0	128	255	
	[02]	0	192	255	
↓	[03]	40	255	255	
	[04]	100	192	80	
Darstellung im Speicher	[05]	110	100	255	
(Beispiel mit 4 Bit)	[06]	150	192	255	
	[07]	40	200	190	
1011_2 → 11_{10}	[08]	90	255	120	
	[09]	90	221	90	
dient als Index	[10]	99	255	255	
in Farbtabelle	[11]	0	255	255	→ Cyan
»single index for RGB«	[12]	90	255	100	
	[13]	160	255	199	
	[14]	190	255	220	
	[15]	255	255	255	

256 Intensitätsstufen pro Farbe (Beispiel)

Abb. 7–37 *Einfacher Index in Farbtabelle*

7.5 Benutzerinteraktion aus Systemsicht (Benutzeroberflächen)

Wie werden nun die Einträge in der Farbtabelle definiert? Ein einzelner Eintrag (*color cell*) ist ein Tripel für R(Rot), G(Grün) und B(Blau). Die Eintragswerte für R,G,B haben eine fixe Eintragsgröße m (in Anzahl Bit). Dies ergibt eine Auswahl von 2^{3m} unterschiedlichen Farben. Letztlich beschränkt die Grafikhardware den Farbumfang (*hardware colormap*). Jedes Fenster kann theoretisch eine eigene Farbtabelle verwenden. In der Praxis wird aber oft eine einzige Farbtabelle gemeinsam von vielen Applikationen genutzt. Eingangs wurde erwähnt, dass die pro Bildpunkt gespeicherte Information einen Index für die Farbtabelle bildet. Genau genommen sind zwei Indexarten zu unterscheiden. Der einfache Index führt direkt zum Eintrag, der die RGB-Werte des Bildpunkts bestimmt (siehe Abb. 7–37). Beim zusammengesetzten Index handelt es sich eigentlich um drei Indexwerte, die für die drei Farben Rot, Grün, Blau individuelle Indizes bilden (siehe Abb. 7–38). Die geltende Farbumsetzungsmethode wird individuell pro Fenster durch das gewählte *visual*-Attribut festgelegt (siehe Tab. 7–3).

Farbtabellentyp	Les-/schreibbar (R/W)	Nur lesbar (R)
monochrom/Graustufen	*GrayScale*	*StaticGray*
Einfachindexiert (*single index*) RGB	*PseudoColor*	*StaticColor*
Mehrfachindexiert (*decomposed index*) RGB	*DirectColor*	*TrueColor*

Tab. 7–3 *Attribut visual eines Fensters*

Ein Bildschirm kann mehrere der obigen Eigenschaften unterstützen. Die verfügbaren Werte für *visual* können von der Clientapplikation abgefragt werden (XGetVisualInfo()).

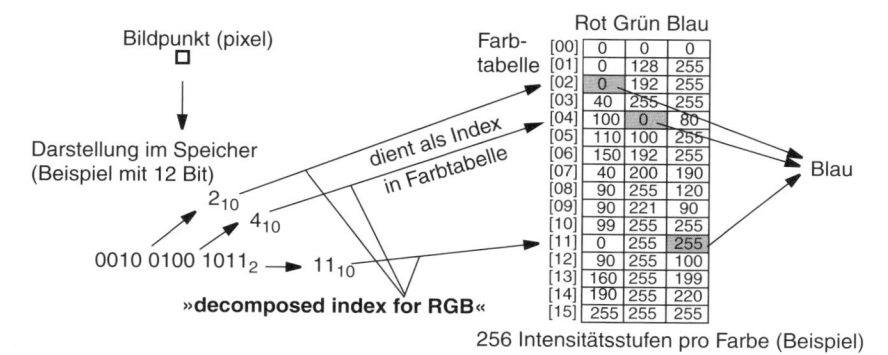

Abb. 7–38 *Zusammengesetzter Index in Farbtabelle*

Die Xlib bietet Grafikgrundfunktionen (*graphics primitives*) für das Zeichnen von Punkten, Linien, Rechtecken, Polygonen, Bogen und Texten an. Die Grafikgrundfunktionen benötigen stets einen Graphics Context (X-Ressource). Dieser legt diverse Eigenschaften fest, die die Systemaufrufe nicht direkt unterstützen (z.B. Liniendicke, Farben, Füllmuster). Daher muss der Client erst einen Graphics Context (GC) anlegen, bevor er Zeichenfunktionen aufrufen kann. Der Client kann mehrere Graphics Contexts gleichzeitig nutzen. Wohin kann gezeichnet werden? Entweder direkt in ein Fenster oder in eine *pixmap*-Ressource.

Ereignisbehandlung

Ereignisse können Benutzereingaben via Tastatur und Maus oder Systemereignisse sein. Solche treten auf, wenn z.B. ein Fenster zur Anzeige kommt oder ausgeblendet (*map/unmap*) wird, wenn beispielsweise der Mauszeiger eine Fenstergrenze passiert (nach innen/nach außen) oder wenn ein verdecktes Fenster oder ein Fensterteilbereich wieder sichtbar (d.h. aufgedeckt) wird. Auch ein Fenster, das in seiner Größe verändert wird, löst ein Systemereignis aus. Es sind noch weitere Ereignisse definiert. Ein X-Client sagt dem X-Server, welche Ereignistypen er empfangen will (XSelectInput()). Diese Selektion wird pro Fenster individuell vorgenommen (in event_mask gesetzt). Nur so gewählte Ereignistypen werden dem Client tatsächlich zugestellt. Die Standardeinstellung (default) für die event_mask ist »leer«, d.h. keine Ereignisse gewählt. Von einem Fenster nicht gewünschte Ereignistypen gehen an das direkt übergeordnete Fenster. Dies kann jedoch verhindert werden, indem der Ereignistyp in die do_not_propagate_mask aufgenommen wird. Die Einstellung ist pro Fenster mit XChangeWindowAttributes() wählbar. Die Standardeinstellung (default) für die do_not_propagate_mask ist ebenfalls »leer«, d.h immer weiterleiten. Diese Möglichkeit zur Blockierung der Weiterleitung wird selten benutzt.

Wie weiß der X-Server, an welches Fenster er eine Benutzereingabe weiterleiten soll? Die Eingabe wird demjenigen Fenster (Dialogelement) weitergereicht, über dem gerade der Mauszeiger steht oder das aktuell aktiviert ist (d.h. sich an oberster Stelle in der Display-Liste befindet). Bedienereignisse (Tastatur, Maus) gelten stets für das kleinste Fenster um die Mauszeigerposition herum, das sichtbar ist. Interessiert sich das Fenster nicht für das Ereignis, so wird das Ereignis in der Hierarchie nach oben an das nächsthöhere Fenster (Elternfenster) weitergereicht. Dies kann bis zum obersten Fenster, dem *root window*, führen. Die Zustellungsregeln für Ereignisse sind die folgenden:

1. Falls das Ereignis in der event_mask des betroffenen Fensters enthalten ist, dann wird es zugestellt (Ende).
2. Falls das Ereignis in der do_not_propagate_mask des betroffenen Fensters enthalten, dann ist die Weiterleitung unterbrochen (wird verworfen, Ende).
3. Ansonsten erfolgt die Weiterleitung an das direkt übergeordnete Fenster in der Hierarchie (Elternfenster).

7.5 Benutzerinteraktion aus Systemsicht (Benutzeroberflächen)

4. Falls das Ereignis in der event_mask des Elternfensters enthalten ist, dann wird es zugestellt (Verhalten, als ob Ereignis für dieses Fenster gegolten hätte, d.h., die Weiterleitung ist beendet),
5. Falls das Ereignis in der do_not_propagate_mask des Elternfensters enthalten ist, dann ist die Weiterleitung unterbrochen (wird verworfen, Ende).
6. Ansonsten erfolgt die Weiterleitung an das direkt übergeordnete Fenster in der Hierarchie (Elternfenster).
7. usw.

Summarisch lautet die Zustellregel: Ereignisse werden so lange in der Fensterhierarchie nach oben weitergeleitet, bis entweder ein Fenster das Ereignis gewählt hat oder die Weiterleitung explizit unterbricht. Beide Masken (event_mask und do_not_propagate_mask) existieren pro Fenster einmal. Ein Spezialfall stellt die Tastatur dar. Nur Fenster mit Fokus und Abkömmlinge davon empfangen die KeyPress/Release-Ereignisse. Betrachten wir zwei konkrete Beispiele für die Situation, wie sie in Abbildung 7–39 dargestellt ist. Ein erster Fall sei ein ButtonPress-Ereignis mit dem Mauszeiger innerhalb von win3. Das win3 will das Ereignis nicht, lässt seine Weiterleitung an win2 zu. Das win2 will das Ereignis auch nicht, unterbricht jedoch seine Weiterleitung. Damit ist es verworfen. In einem zweiten Fall betrachten wir ein ButtonRelease-Ereignis, das ebenfalls mit dem Mauszeiger innerhalb von win3 auftritt. Dieses Ereignis interessiert win3 nicht und auch nicht win2. Beide lassen die Weiterleitung aber zu. Das win1 schließlich nimmt dieses Ereignis entgegen.

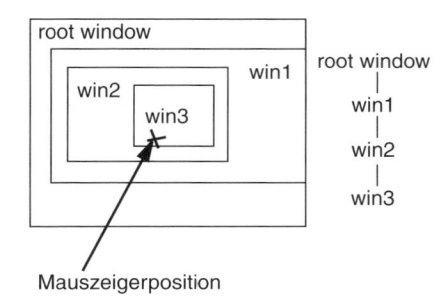

```
root window                    root window         win3:
  win2                             |               event_mask = 0 /* leer */
    win3              win1        win1             do_not_propagate_mask = 0 /* leer */
                                   |
                                  win2             win2:
                                   |               event_mask = ExposureMask|PointerMotionMask
                                  win3             do_not_propagate_mask = ButtonPressMask

Mauszeigerposition                                 win1:
                                                   event_mask = KeyPressMask|ButtonPressMask
                                                   |ButtonReleaseMask
                                                   do_not_propagate_mask = 0 /* leer */
```

Fall 1: ButtonPress-Ereignis, wenn Mauszeiger in win3
Reaktion: win3 → win2, sodann verworfen

Fall 2: ButtonRelease-Ereignis, wenn Mauszeiger in win3
Reaktion: win3 → win2 → win1, dort empfangen

Abb. 7–39 *Weiterleitung von Ereignissen (Beispiel)*

Die eigentliche Ereignisverarbeitung innerhalb des Clients erfolgt in einer Programmschleife. Die Identifikation des betroffenen Fensters ist ein Teil der Ereignismeldung. Vor dem Eintritt in die Meldungsschleife müssen die gewünschten Ereignisse in der event_mask eingetragen werden (nicht dargestellt).

```c
while (1) { // Dies ist die Ereignisschleife (event loop)
   // Entnimmt nächstes Ereignis aus dem Ereignispuffer
   XNextEvent(dis, &report); // dis wählt display, report erhält Ereignis
   // Reagiere auf Ereignis abhängig von Ereignistyp
   switch (report.type) {
      case Expose: // typ. Ereignis: verlangt Neuzeichnen des Fensters
         ..
         break;
      case KeyPress: // Ereignis: Taste wurde gedrückt
         ..
         // Verlasse Schleife, falls Programmendebefehl eingegeben (Bsp.)
         if (..) exit(0);
         break;
      }
   }
}
```

Beispiel eines minimalen Clientprogramms

Ein minimales Beispielprogramm zeigt die wesentlichen Elemente einer X-Client-Applikation. In der Praxis wird man kaum direkt auf der Xlib programmieren, sondern auf ein Toolkit zurückgreifen. Die grundlegende Funktionsweise ist aber nur auf dieser tiefen Ebene vollständig sichtbar.

```c
#include <stdio.h>
#include <stdlib.h>
#include <X11/Xlib.h>
#include <X11/Xutil.h>
#include <X11/Xos.h>
#include <X11/Xatom.h>
#include <X11/keysym.h>

int main()
{
   Display *dis;           // Zeiger auf Datenstruktur für Bildschirm
   Window win;             // Fensterkennung
   XEvent report;          // Ereignisvariable
   GC gc;                  // Graphics Context

   dis = XOpenDisplay (NULL); // Einfachheitshalber keine Fehlerbehandlung
   win = XCreateSimpleWindow (dis, RootWindow(dis, 0), 1, 1, 500, 500, 0,
                       BlackPixel (dis, 0), WhitePixel(dis, 0));
   XMapWindow(dis, win);
   XSelectInput(dis, win, ExposureMask | KeyPressMask);
   gc = XCreateGC(dis, win, 0, 0);
   while (1)  {
      XNextEvent(dis, &report);
      switch  (report.type) {
      case Expose:
         fprintf(stdout, "I have been exposed.\n");
```

7.5 Benutzerinteraktion aus Systemsicht (Benutzeroberflächen)

```
            XDrawRectangle(dis, win, gc, 50, 50, 100, 100);
            XDrawArc(dis, win, gc, 180, 100, 100, 100, 0, 11520);
            break;
        case KeyPress:
            // Programm beenden, falls q gedrückt
            if (XLookupKeysym(&report.xkey, 0) == XK_q) exit(0);
            break;
        }
    }
}
```

Zuerst wird der Bildschirm gewählt, d.h. eine Verbindung zum X-Server aufgebaut (XOpenDisplay()). Mit dem Aufrufparameter NULL ist dies der Bildschirm, der durch die Umgebungsvariable DISPLAY konfiguriert ist. Mittels XCreateSimpleWindow() wird ein einfaches Fenster als Kind des *root window* angelegt. Angegeben wird die X,Y-Position der linken oberen Fensterecke (in Pixel), die Breite und Höhe (in Pixel), die Randbreite und Randfarbe sowie die Fensterhintergrundfarbe. Mit XMapWindow() wird das Fenster zur Anzeige gebracht. Die zu empfangenden Ereignisse werden durch XSelectInput() festgelegt. Für die Grafikausgabe wird sodann ein Graphics Context initialisiert (XCreateGC()). Nun kann die Meldungsschleife betreten werden, in der am Anfang jeweils das nächste verfügbare Ereignis der Ereigniswarteschlange entnommen wird (XNextEvent()). Entsprechend dem Ereignistyp wird nun entweder das Fenster frisch gezeichnet (Expose) oder das Programm beendet (falls Taste q für Quit gedrückt). Beim Expose-Ereignis wird ein Hinweistext auf die Konsole sowie ein Rechteck und ein Halbkreis in das Fenster gezeichnet. Das Beispielprogramm hat der Übersichtlichkeit halber auf eine Fehlerbehandlung verzichtet. Im Prinzip unterstützt X drei mögliche Stufen der Fehlerbehandlung:

1. Rückgabewerte der X-Funktionsaufrufe auswerten und Fehler innerhalb der Applikation behandeln. Damit kann die Clientapplikation gezielt auf Fehlsituationen reagieren.
2. Behandlung von X-Protokollfehlern: X ruft die Standard-Fehlerbehandlungsroutine XErrorHandler() auf (gibt Fehlertext auf Konsole aus). Mit XSetErrorHandler() kann eine eigene Fehlerbehandlungsroutine gesetzt werden.
3. Behandlung von katastrophalen Fehlern (Netzwerkversagen, X-Server-Crash): X ruft die Standard-Fehlerbehandlungsroutine XIOErrorHandler() auf (gibt Fehlertext auf Konsole aus). Mit XSetIOErrorHandler() kann wiederum eine eigene Fehlerbehandlungsroutine gesetzt werden.

Im Minimum sollten Applikationen den Rückgabewert von XOpenDisplay() behandeln! In obigem Beispielprogramm wird die Tastatur für die Eingabe des Quit-Befehls benutzt. Dies ist für ein GUI-Programm wenig überzeugend. Darum wollen wir das Beispiel so abändern bzw. ergänzen, dass eine Befehlsschaltfläche (*command button*) diesem Zweck dient. Um das Beispiel abzukürzen, verzichten wir auf die include-Anweisungen, da es dieselben wie im ersten Programmbeispiel sind.

```
Display *dis;
Window win, subwin;
XEvent report;
GC gc;

int main()
{
   dis = XOpenDisplay(NULL);
   win = XCreateSimpleWindow(dis, RootWindow(dis, 0), 1, 1, 300, 200, 0,
                             BlackPixel (dis, 0), WhitePixel(dis, 0));
   XMapWindow(dis, win);
   subwin = XCreateSimpleWindow(dis, win, 200, 100, 50, 50, 0,
                                BlackPixel (dis, 0), BlackPixel(dis, 0));
   XMapWindow(dis, subwin);
   gc = XCreateGC(dis, win, 0, 0);
   XSelectInput(dis, win, ExposureMask);
   XSelectInput(dis, subwin, ButtonPressMask);
   while (1)  {
      XNextEvent(dis, &report);
      switch  (report.type) {
      case Expose:
         fprintf(stdout, "I have been exposed.\n");
         XDrawRectangle(dis, win, gc, 50, 50, 100, 100);
         break;
      case ButtonPress:
         if (report.xbutton.window == subwin) {
            fprintf(stdout, "Black Quit-Button pressed.\n");
            exit(0);
         }
      }
   }
}
```

Für die Befehlsschaltfläche wird ein Kindfenster subwin erzeugt, das einen schwarzen Hintergrund besitzt. In einem vollwertigen Programm könnte man hier eine Grafik für einen optisch ansprechenden Schalter hinterlegen. Das Kindfenster reagiert nur auf das Ereignis ButtonPress, d.h. linke Maustaste gedrückt. In der Ereignisschleife wird bei einem Mausklick geprüft, ob er im Kindfenster erfolgte. Wenn ja, dann wird eine entsprechende Meldung auf die Konsole ausgegeben und das Program beendet.

7.5.6 Funktionsweise und Programmierung des Windows-GUI

Als Beispiel für die Programmierung einer weitverbreiteten grafischen Bedienoberfläche wählen wir das Betriebssystem Windows, das eine ereignisgesteuerte

7.5 Benutzerinteraktion aus Systemsicht (Benutzeroberflächen)

Benutzerinteraktion unterstützt. Dabei interessieren uns die internen Verarbeitungswege von Benutzereingaben und Systemausgaben. Da alle Ausgaben auf die grafische Bedienoberfläche ihren Weg über das Betriebssystem nehmen müssen, fallen darunter auch diejenigen Ausgaben, die wir in Applikationen selbst vornehmen wollen. Im Weiteren befassen wir uns mit der Programmierung von Benutzerein- und -ausgaben, d.h. dem typischen Programmaufbau einer Windows-GUI-Applikation, wobei wir uns auf einfache Beispiele beschränken.

Verarbeitung von Benutzereingaben

Benutzereingaben sind aus Sicht des Systems Ereignisse, die einer Ereignisverarbeitung bedürfen (siehe Abb. 7-40). Daneben existieren auch Ereignisse innerhalb des Betriebssystems, die an die Applikation weitergemeldet werden sollen. Grundsätzlich gilt, dass Ereignisse vom Betriebssystem in Form von *Ereignismeldungen (windows messages)* an die Applikation weitergereicht werden.

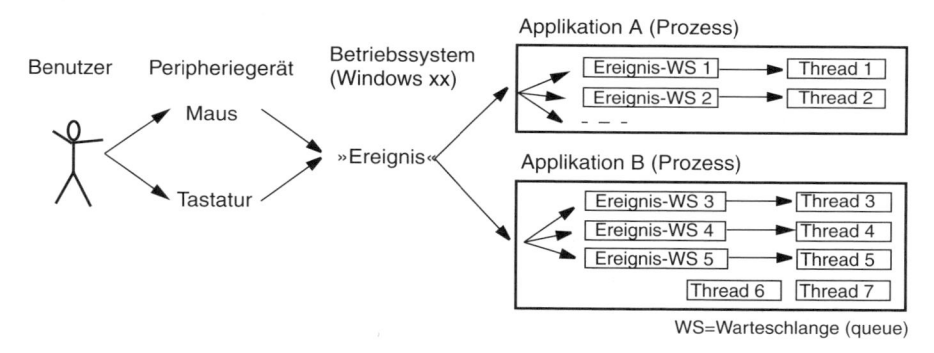

Abb. 7-40 Benutzereingaben als Ereignisse (Beispiel zur Ereignisweiterleitung)

Nebenbei ist zu erwähnen, dass Windows neben der bevorzugten Verwendung des GUI auch die Möglichkeit anbietet, nur über die Kommandozeile mit dem Benutzer zu kommunizieren. Man unterscheidet deswegen auch zwischen *GUI-Threads* und *Konsolen-Threads*. GUI-Threads haben folgende Eigenschaften:

- Sie realisieren einen ereignisgesteuerten Programmablauf.
- Jedem GUI-Thread wird eine eigene Ereigniswarteschlange vom Betriebssystem zugeteilt.
- Sie reagieren auf Ereignisse mit applikationsspezifischen Aktionen.
- Von der Applikation nicht behandelte Ereignisse erfahren eine Standardbehandlung durch das Betriebssystem.
- Die Standardbehandlung durch das Betriebssystem ist abhängig vom Ereignis.
- Falls die Programmierung mit C/C++ erfolgt: Der Primary Thread muss im Programm mit `WinMain()` bezeichnet werden (ersetzt `main()`).

Die Eigenschaften der Konsolen-Threads sind:
- Sie realisieren einen programmgesteuerten Ablauf.
- Sie besitzen (logischerweise) keine eigene Ereigniswarteschlange.
- Sie können im Vordergrund (Kommandofenster, *command shell*) oder im Hintergrund ablaufen.
- Falls die Programmierung mit C/C++ erfolgt: Der Primary Thread heißt ganz klassisch main().

Die Verarbeitung von GUI-Ereignissen in einem Applikationsprogramm geschieht in einer Endlosschleife, die als Meldungsschleife (*message loop*) oder Meldungspumpe (*message pump*) bezeichnet wird. Für die Entgegennahme von Ereignissen und das Weiterreichen an das gerade aktive Fenster werden der Applikation passende Systemaufrufe zur Verfügung gestellt. Jedem Fenster ist eine Fensterprozedur (*windows procedure*) zugeordnet, die eintreffende Ereignisse verarbeitet. Genau genommen gibt es nur pro Fensterklasse eigene Fensterprozeduren, d.h., dass alle Fenster einer bestimmten Fensterklasse sich die gleiche Fensterprozedur teilen müssen. Nützlich ist dies zur Bereitstellung von GUI-Dialogelementen, bei denen ein bestimmter Dialogelementtyp immer das gleiche Reaktionsverhalten aufweisen soll. Eine Fensterklasse (*window class*) beschreibt die Grundeigenschaften eines bestimmten Fenstertyps. Neben vordefinierten Fensterklassen für Standarddialogelemente können eigene Klassen definiert werden.

```
                    WinMain(..)                  WinProc1(..)
Ereignis-           {                            {
warteschlange                                    ..
                        GetMessage(..)           }
┌─┬─┬─┬─┬─┐ --->        DispatchMessage(..)      WinProc2(..)
└─┴─┴─┴─┴─┘                                      {
(message queue)     }                            ..
                                                 }
```

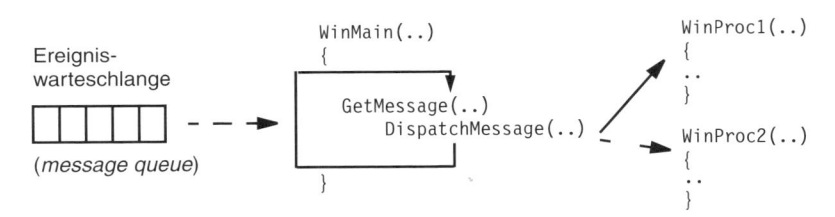

Abb. 7–41 *Ereignisverarbeitung im Programm (Grundstruktur)*

In Abbildung 7–41 ist die Grundstruktur eines GUI-Threads gezeigt. Mithilfe des Systemaufrufs GetMessage() wird der Ereigniswarteschlange die zuvorderst eingetragene Ereignismeldung entnommen. Der standardmäßig direkt darauf folgende Aufruf von DispatchMessage() verteilt die Ereignismeldungen auf die einzelnen Fensterprozeduren (entsprechend dem gerade aktiven Fenster). Falls momentan keine Ereignismeldungen in der Ereigniswarteschlange vorhanden sind, wartet die GetMessage()-Funktion, bis eine verfügbar wird. Benutzereingaben und damit Ereignismeldungen gehen immer an das Fenster, das gerade den Fokus (*focus, input focus*) hat. Dabei handelt es sich um das momentan gerade aktive Fenster (*active window*) oder eines seiner Kindfenster. Das aktive Fenster ist jeweils das oberste Fenster (*top level window*) mit hervorgehobener Titelleiste.

7.5 Benutzerinteraktion aus Systemsicht (Benutzeroberflächen)

```
int WINAPI WinMain(..)
{
  // Fenster erzeugen u. anzeigen
  ...
  // Auf Ereignisse warten
  // (message loop, message pump)
  while (GetMessage(..) != FALSE) {
    DispatchMessage(..)
    }
  // Gebe Ausführungsstatus zurück
  return msg.wParam;
}
```

In dem Programmfragment ist die Ereignisentgegennahme und Weiterleitung innerhalb der Meldungsschleife gezeigt. Das Beispiel gilt für Mauseingaben. Für Tastatureingaben ist zusätzlich eine Übersetzung der Tastencodes in die zugehörigen Zeichen nötig. Dies erfolgt über einen Aufruf von `TranslateMessage()` jeweils vor `DispatchMessage()`. Die Meldungsschleife wird bei Programmende verlassen. Dazu gibt `GetMessage()` den Wert FALSE zurück, wenn die Ereignismeldung des Typs WM_QUIT eintrifft. Für alle anderen Meldungstypen gilt der Rückgabewert TRUE. Die Systemfunktion `DispatchMessage()` ruft die jeweils richtige Fensterprozedur auf, d.h. im Beispiel gemäß der Abbildung 7–41 die `WinProc1()` oder `WinProc2()`. Der Grundaufbau einer Fensterprozedur (*windows procedure*) richtet sich nach den zu verarbeitenden Ereignissen. In nachfolgendem Beispiel sind individuelle Reaktionen für die Meldungen des Typs WM_LBUTTONDOWN und WM_CREATE programmiert.

```
LRESULT CALLBACK WndProc(HWND hwnd,
UINT iMsg, WPARAM wParam, LPARAM lParam)
{
  switch (iMsg) {                       // iMsg enthält Meldungstyp
    case WM_LBUTTONDOWN:                // Linke Maustaste gedrückt
      ..
      return xx;
    case WM_CREATE:                     // Fenster neu erzeugt
      ..
      return 0;
    default:                            // Alle übrigen Ereignismeldungen
      return DefWindowProc(hwnd,iMsg,   // Standardbehandlung
        wParam,lParam);
  }
}
```

Alle anderen Meldungen werden der Systemfunktion `DefWindowProc()` übergeben. Dies ist wichtig für die Standardbefehle zur Fenstermanipulation, da diese nur bei einem Aufruf von `DefWindowProc()` überhaupt vom System behandelt werden können. Jeder GUI-Thread hat eine einzige Warteschlange zugeteilt und realisiert deswegen genau eine Meldungsschleife, auch wenn er mit mehreren Fenstern arbeitet.

Ereignismeldungen (*windows messages*)

Für jedes Ereignis alloziert das Betriebssystem einen Speicherbereich für eine Ereignismeldung. Entsprechend dem Ereignis werden die einzelnen Komponenten der Ereignismeldung aufgesetzt. Die komplette Meldung wird in die Ereigniswarteschlange des betroffenen Fensters eingetragen.

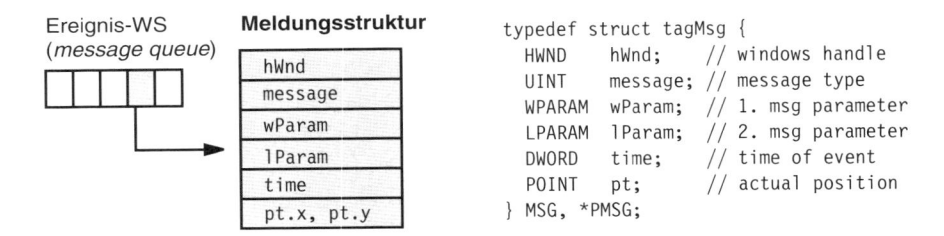

```
Ereignis-WS      Meldungsstruktur    typedef struct tagMsg {
(message queue)                         HWND    hWnd;     // windows handle
                  hWnd                  UINT    message;  // message type
                  message               WPARAM  wParam;   // 1. msg parameter
                  wParam                LPARAM  lParam;   // 2. msg parameter
                  lParam                DWORD   time;     // time of event
                  time                  POINT   pt;       // actual position
                  pt.x, pt.y          } MSG, *PMSG;
```

Abb. 7-42 *Inhaltsstruktur einer Ereignismeldung*

Beim Entnehmen aus dieser Warteschlange wird der dynamisch allozierte Speicherbereich wieder freigegeben, nachdem die Meldung in eine Applikationsvariable umkopiert wurde. Der Aufbau einer Meldung ist in Abbildung 7-42 zu sehen. Die Ereigniswarteschlangen sind als gekettete Listen von einzelnen Meldungen realisiert und nach Meldungsprioritäten geordnet. Die Meldungsprioritäten sind vom Meldungstyp (UINT message, s.o.) abhängig. Der Ereignismeldungstyp beschreibt die Art des Ereignisses und die zugehörige Belegung der zwei Meldungsparameter wParam und lParam. Jede übermittelte Ereignismeldung ist von einem bestimmten Meldungstyp. Die Meldungstypen sind numerisch codiert und über symbolische Namen identifiziert. Der Meldungstyp wird in der Meldungsstruktur in der Komponente message als unsigned integer abgelegt. Eine große Anzahl von Meldungstypen ist systemseitig vordefiniert und in den Windows Header-Dateien dokumentiert. Eigene Meldungstypen können für spezielle Zwecke definiert werden. Beispiele von Meldungstypen:

- WM_LBUTTONDOWN: Linke Maustaste wurde gedrückt
- WM_LBUTTONDBCLK: Linke Maustaste wurde doppelt gedrückt (*double click*)
- WM_SIZE: Der Benutzer hat die Größe des Fensters geändert
- WM_TIMER: Ein vorgängig aufgesetzter Software-Timer ist abgelaufen
- WM_PAINT: Fenster muss neu gezeichnet werden
- WM_DESTROY: Fenster wurde geschlossen
- WM_CHAR: Zeichen wurde über Tastatur eingegeben
- WM_KEYDOWN: Taste auf Tastatur wurde gedrückt
- WM_KEYUP: Taste auf Tastatur wurde losgelassen

7.5 Benutzerinteraktion aus Systemsicht (Benutzeroberflächen)

Für jeden Meldungstyp sind die genauen Bedeutungen der zwei Meldungsparameter (wParam, lParam) gesondert festgelegt. Zusammenfassend sind also folgende Meldungsinhalte zu finden (siehe Deklaration in Abb. 7–42):

- hWnd: Identifiziert das vom Ereignis betroffene Fenster über seine Kennung (Handle). Dies ist das Fenster, das den Fokus hat.
- message: Enthält den Meldungstyp, beschreibt damit die Art des Ereignisses.
- wParam: Erster Meldungsparameter. Seine Bedeutung ist für jeden Meldungstyp neu definiert.
- lParam: Zweiter Meldungsparameter. Seine Bedeutung ist für jeden Meldungstyp neu definiert.
- time: Zeitpunkt, zu dem die Meldung vom Betriebssystem aufgesetzt wurde (diese Information wird von Applikationen sehr selten verwendet).
- pt: Aktuelle Mausposition. Auch diese Information wird selten verwendet, da sie die absolute Position auf dem Bildschirm darstellt. Die relative Position innerhalb des aktuellen Fensters ist bei den relevanten Mausmeldungen in wParam und lParam enthalten.

Meldungsstruktur

hWnd	
message	= WM_LBUTTONDOWN
wParam	= mouse flags (MK_CONTROL, MK_SHIFT, MK_LBUTTON, MK_MBUTTON, MK_RBUTTON)
lParam	= mouse coordinates
time	
pt.x, pt.y	= Mauskoordinaten (absolute Position auf Bildschirm)

Abb. 7–43 *Beispiel einer Ereignismeldung (WM_LBUTTONDOWN)*

Beispiele von Ereignismeldungen sind in Abbildung 7–43 und Abbildung 7–44 gezeigt.

Meldungsstruktur

hWnd	
message	= WM_SIZE
wParam	= sizing flags*
lParam	= client area width and height (Einheit: Pixel)
time	
pt.x, pt.y	

* SIZE_MAXHIDE, SIZE_MAXIMIZED, SIZE_MAXSHOW, SIZE_MINIMIZED, SIZE_RESTORED

Größe des Anwendungsbereichs (client area): Höhe (height), Breite (width)

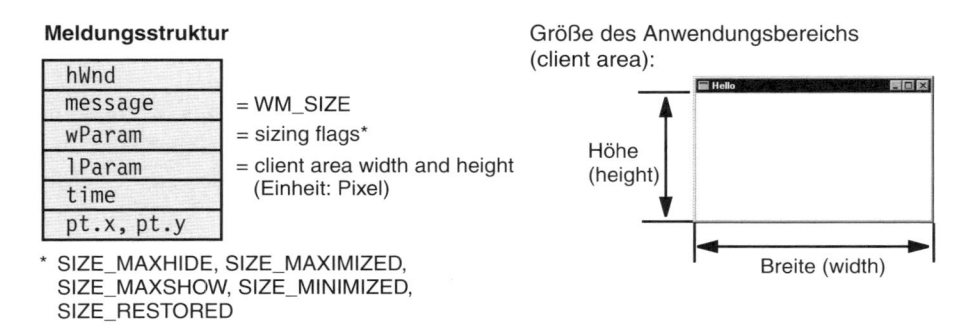

Abb. 7–44 *Beispiel einer Ereignismeldung (WM_SIZE)*

Fenstergrundlagen

Fenster (windows) sind Rechtecke variabler Größe für die Ausgabe von Grafik und Text und zur Entgegennahme von Eingaben des Benutzers (Maus, Tastatur) zu Händen des Fensterbesitzers. Ein Fenster besteht typischerweise aus zwei Hauptbereichen (siehe Abb. 7–45):

- Anwendungsbereich *(client area)*
- Systembereich *(non-client area)*

Abb. 7–45 Grundelemente eines Fensters

Der Anwendungsbereich *(client area)* wird entweder durch applikationsspezifischen Code bedient oder erfährt eine Standardbehandlung, falls die Applikation keine Reaktion für das Ereignis programmiert hat. Der Systembereich *(non-client area)* erfährt eine Standardbehandlung durch das Betriebssystem selbst. Dies wird, wie bereits erwähnt, durch einen Aufruf von DefWindowProc() in der Fensterprozedur erreicht. Die Belegung der Menüleiste sollte stets entsprechend den CUA-Richtlinien *(Common User Access)* vorgenommen werden. Die CUA-Richtlinien wurden von IBM und Microsoft entwickelt und beinhalten zwei hauptsächliche Grundregeln:

- Das Programm soll dem Benutzer die verfügbaren Befehle über Menüs zeigen.
- Übliche Befehle sollen immer gleichartig zu bedienen sein. Dies betrifft auch die Menüstruktur und die äquivalenten Tastenkombinationen *(short cuts)*.

Fenstererzeugung und Anzeige

In einer GUI-Applikation muss mindestens ein Fenster erzeugt werden, um Benutzereingaben zu erhalten. Dies passiert meist im Hauptprogramm (WinMain()). Es können grundsätzlich jedoch beliebig viele zusätzliche Fenster erzeugt werden. Die Fenstererzeugung erfolgt durch Aufruf der Systemfunktion CreateWindow(). Jedes Fenster gehört zu einer bestimmten Fensterklasse *(window class)*. Windows-Fensterklassen sind konzeptionell, da die zugehörigen Fensterfunktionen rein prozedural (in C) und nicht als Klassendefinitionen in C++ zur Verfügung stehen. Die Windows-Systemprogrammierschnittstelle Windows API ist in C realisiert. Darauf wurden verschiedene Klassenbibliotheken aufgesetzt, von Microsoft selbst (MFC) und von Drittanbietern (z.B. Borland C++-Builder).

7.5 Benutzerinteraktion aus Systemsicht (Benutzeroberflächen)

Von Windows vordefinierte Fensterklassen können zur direkten Fenstererzeugung verwendet werden (z.B. standardisierte Schaltflächen, Dialogfelder). Eigene Fensterklassen müssen zuerst definiert und dann dem Betriebssystem mittels `RegisterClass()` bekannt gemacht werden. Das Aussehen und Verhalten eines Fensters wird durch die Fensterstile (*windows styles*) und natürlich die dahinter steckende Programmlogik (Fensterprozedur) bestimmt. Die grundlegenden Eigenschaften eines neu erzeugten Fensters werden durch die Parameter des `CreateWindow()`-Aufrufs festgelegt.

Nachfolgend ist ein Beispielprogramm gezeigt. Notwendige Datendeklarationen umfassen eine Variable für die Identifikation des neu erzeugten Fensters, je eine Datenstruktur für die neue Fensterklasse und den Meldungsempfang. Zuerst müssen die Eigenschaften der neuen Fensterklasse festgelegt werden. Sie dient als Vorlage für das Hauptfenster der Applikation und wird daher mit eigenem Titel und einer eigenen Fensterprozedur ausgestattet. Die neue Fensterklasse wird beim System registriert und anschließend wird das Hauptfenster erzeugt. Um dieses anzuzeigen und den Anwendungsbereich zu füllen, sind zwei zusätzliche Systemaufrufe notwendig. Danach wird in die Meldungsschleife eingetreten und dort verblieben, bis der Benutzer das Programm beendet.

Etwas weiter unten ist die zum vorgenannten Beispiel gehörige Fensterprozedur abgebildet. Sie hat die Aufgabe, für die Applikation wichtige Ereignismeldungen zu behandeln. Im Beispiel sind dies nur `WM_DESTROY` und `WM_PAINT`. `WM_DESTROY` signalisiert, dass der Benutzer das Programm beenden will. Um die Meldungsschleife zu verlassen, sendet sich die Applikation selbst die `WM_QUIT`-Meldung zu (mittels `PostQuitMessage()`).

```
#include <windows.h>
#include <string.h>
// Vorwärtsdeklaration der Fensterprozedur
LRESULT CALLBACK WndProc(HWND hwnd, UINT iMsg, WPARAM wParam, LPARAM lParam);

// WinMain: Programmeintrittspunkt
// NB: zur Vereinfachung ohne Fehlerbehandlungen
int WINAPI WinMain(HINSTANCE hInstance, HINSTANCE hPrevInstance,
                   LPSTR lpCmdLine, int nCmdShow)
{
   HWND      hwnd;        // Fensteridentifikation (zugeteilter Handle)
   WNDCLASS  wndclass;    // Datenstruktur für Fensterklasse
   MSG       msg;         // Datenstruktur für Ereignismeldung

   if (!hPrevInstance) {  // Falls 1. Instanz
                          // (immer zutreffend für Win-95/98/NT/2000)
      wndclass.style         = CS_HREDRAW | CS_VREDRAW;
      wndclass.lpfnWndProc   = WndProc;
      wndclass.cbClsExtra    = 0;
      wndclass.cbWndExtra    = 0;
      wndclass.hInstance     = hInstance;
```

```
            wndclass.hIcon         = LoadIcon (0, IDI_APPLICATION);
            wndclass.hCursor       = LoadCursor (0, IDC_ARROW);
            wndclass.hbrBackground = (HBRUSH) GetStockObject (WHITE_BRUSH);
            wndclass.lpszMenuName  = NULL;
            wndclass.lpszClassName = "Hauptfenster";
            RegisterClass (&wndclass); // Fensterklasse registrieren
    }
    // Fenster der gerade registrierten Klasse erzeugen
    hwnd = CreateWindow (
            "Hauptfenster",          // Name Fensterklasse
            "Musterfenster",         // Text für Titelleiste (window caption)
            WS_OVERLAPPEDWINDOW,     // Fensterstil (windows style):
                                     // hier »Standardaussehen«
            CW_USEDEFAULT,           // Anfängliche X-Pos. (Standardwert)
            CW_USEDEFAULT,           // Anfängliche Y-Position
            CW_USEDEFAULT,           // Anfängliche Fensterbreite
            CW_USEDEFAULT,           // Anfängliche Fensterhöhe
            0,                       // Id. (Handle) des Elternfensters
                                     // hier: keines
            0,                       // Menü- oder Kindfenster-Id.: hier keine
            hInstance,               // Id. der laufenden Programminstanz
            NULL);                   // Optionale Erzeugungsparam.: hier keine
    // Fenster zur Anzeige bringen
    ShowWindow(hwnd, nCmdShow);
    // Fenster dazu anhalten, seinen Anwendungsbereich neu zu zeichnen
    UpdateWindow(hwnd);
    // Meldungsschleife
    while (GetMessage (&msg, NULL, 0, 0) != FALSE) {
        DispatchMessage (&msg);
    }
    // Programmende: gebe Ausführungsstatus zurück
    return msg.wParam;
}
```

Da Windows die Inhalte abgedeckter oder minimierter Fenster nicht speichert, müssen diese beim wieder Sichtbarwerden neu ausgegeben werden. Dazu dient die Ereignismeldung WM_PAINT, die der Window-Manager an die Applikation sendet. Die Reaktion auf WM_PAINT ist dann im Beispiel die Ausgabe *Hello World!*

```
// Fensterprozedur (WndProc, window procedure)
// NB: einfachheitshalber ohne Fehlerbehandlungen
LRESULT CALLBACK WndProc(HWND hwnd, UINT iMsg, WPARAM wParam, LPARAM lParam)
{
    switch (iMsg) {
    case WM_DESTROY:
        PostQuitMessage(0);
        return 0;
    case WM_PAINT:
        {
            PAINTSTRUCT ps;          // Datenstruktur für das Neuzeichnen
```

```
            HDC hdc = BeginPaint(hwnd, &ps);  // Aktualisiervorgang beginnen
            char * psz = "Hello World!";
            TextOut (hdc, 0, 0, psz, strlen(psz));  // Text ausgeben
            EndPaint(hwnd, &ps);                    // Aktualisiervorgang beenden
            }                              // (Fenster gilt jetzt für BS als aktuell)
            return 0;
        default:
            // Aufruf für die Standardbehandlung von Ereignissen
            return DefWindowProc(hwnd, iMsg, wParam, lParam);
        }
    }
```

Meldungsübermittlung

Weiter oben wurde erwähnt, dass Ereignismeldungen via Ereigniswarteschlange an den GUI-Thread übermittelt werden. Dies ist jedoch nicht die einzige Art, eine Meldung der Applikation zu übergeben. Neben dieser gepufferten Meldungsübertragung ist es möglich, mit einem Aufruf der Fensterprozedur direkt und sofort Meldungen zu übertragen (siehe Abb. 7–46). Diese Meldungsbehandlung ist infolge Fehlens des Zwischenpuffers synchron. Aus diesem Grund ist sie nicht für alle Meldungen angebracht. Sie ist aber für eine direkte Kommunikation des Betriebssystems mit der Applikation gut geeignet. Die Eigenschaften der zwei Übertragungsarten sind in Abbildung 7–46 zusammengefasst.

Meldungsübermittlung an die Applikation

»post message« → Msg Queue ⬚⬚⬚⬚⬚ → Appl.

»send message« → Msg Queue ⬚⬚⬚⬚⬚ → Appl.

gepuffert (queued)
→ Meldung wird in Meldungswarteschlange geschrieben
→ Fensterprozedur wird durch Dispatch-Message() in der Meldungsschleife aufgerufen

Gilt für Benutzereingaben, Mausmeldungen, WM_PAINT, WM_TIMER und WM_QUIT

direkt (direct)
→ direkter Aufruf der Fensterprozedur durch Betriebssystem
→ Meldungswarteschlange wird umgangen

Gilt für alle nicht gepufferten Meldungen (siehe links)

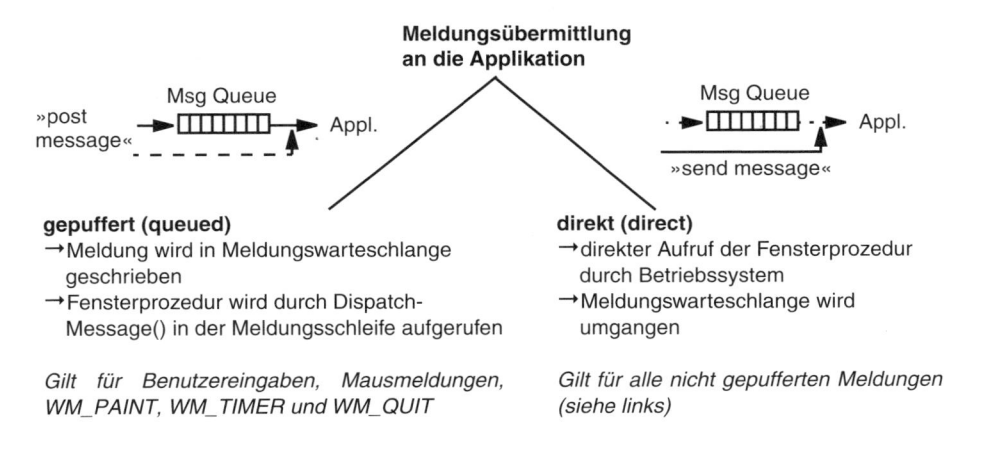

Abb. 7–46 *Meldungsübertragung an die Applikation*

Neben den vom Betriebssystem erzeugten und versendeten Ereignismeldungen können auch Benutzer-Threads Meldungen verschicken. Beide Arten der Meldungsübertragung werden unterstützt. Für die gepufferte Übertragung dient PostMessage(). Die direkte Übertragung erfolgt durch Aufruf von SendMessage().

Neben den durch das System vordefinierten Meldungstypen lassen sich auch benutzerspezifische Typen festlegen und benützen.

Meldungssender

Betriebssystem
→ Ereignismeldungen an Applikation
→ sowohl gepufferte als auch direkte Meldungsübertragung
→ Behandlung durch »DefWindowProc()« kann weitere Meldungen aus lösen!

Benutzer-Thread
→ Datenübertragung zwischen einzelnen GUI-Threads in Form von Windows-Meldungen
→ gepufferte Übertragung mittels der Systemfunktion »PostMessage()«
→ direkte Übertragung mittels der Systemfunktion »SendMessage«
ACHTUNG: Ist Empfänger-Thread nicht zum Meldungsempfang bereit, so wird der Sender-Thread so lange blockiert, bis dies zutrifft (Zweck: Vermeidung von Synchronisationsproblemen)

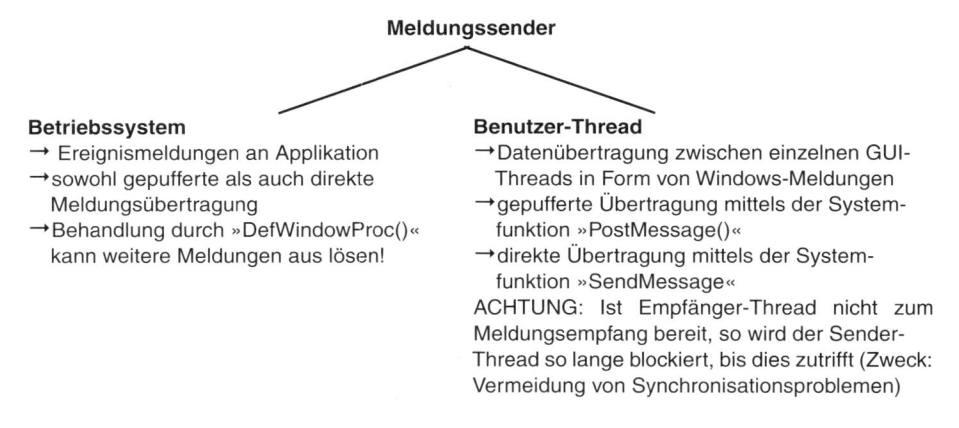

Abb. 7–47 Varianten des Meldungsversands

Die gepufferte Meldungsübertragung ist die bevorzugte Variante für den Verkehr zwischen Threads, da der Sender sicher nicht blockiert wird. Dazu dient die Systemfunktion PostMessage(). Eine Ausnahme davon bildet allerdings der Datentransfer mittels selbst definierter Meldungstypen (siehe dazu Abschnitt 6.2.5).

Die direkte Meldungsübertragung ist dann die richtige Variante, wenn es darum geht, Ereignisse von Kindfenstern an Elternfenster zu melden. Dies ist oft bei Standardsteuerelementen und Standarddialogfenstern der Fall. Die Systemfunktion SendMessage() ist dafür die richtige Wahl.

Tastaturmeldungen

Tastaturmeldungen gehen immer an dasjenige Fenster, das den Fokus hat. Die wichtigsten Tastaturmeldungen sind:

- WM_KEYDOWN: Taste hinuntergedrückt
- WM_KEYUP: Gedrückte Taste wieder losgelassen
- WM_CHAR: Zeichencode einer gedrückten Taste (falls ASCII-Code zugeordnet)

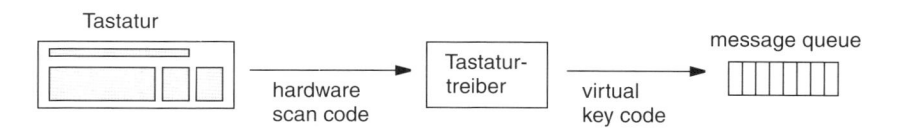

Abb. 7–48 Umsetzung von Tastaturcodes in virtuelle Tastencodes

PC-Tastaturen liefern ungeachtet der Tastenbeschriftungen nur Tastencodes, die aussagen, welche Taste in welcher Tastenzeile gedrückt wurde (Position der

7.5 Benutzerinteraktion aus Systemsicht (Benutzeroberflächen)

Taste). Zudem existieren separate Signalisierungen für das Hinunterdrücken und das Loslassen der Taste. Der Hardware-Tastencode (*hardware scan code*) wird durch den Tastaturtreiber in einen sogenannten virtuellen Tastencode umgewandelt (siehe Abb. 7–48). Während der Tastaturcode (*scan code*) vom Tastaturtyp abhängig ist, ist der virtuelle Tastencode tastaturunabhängig. Pro Taste ist nur ein einziger virtueller Tastencode definiert, womit Groß-/Kleinbuchstaben nicht unterscheidbar sind. Aus diesem Grund verarbeiten die meisten Windows-Programme nur die Ereignismeldungen des Typs WM_CHAR für ASCII-Zeichen und WM_KEYDOWN für die übrigen Tasten. Die WM_CHAR-Meldung gibt einen ASCII-Code für Tasten zurück, die einen zugeordnet haben. Dies erlaubt die Unterscheidung von Groß-/Kleinschreibung im Gegensatz zu den virtuellen Tastencodes. Die WM_CHAR-Meldung muss jedoch in der Meldungsschleife aus den WM_KEYDOWN- und WM_KEYUP-Meldungen erzeugt werden. Dies wird durch den zusätzlichen Aufruf der Systemfunktion TranslateMessage() in der Meldungsschleife erreicht. Diese Erweiterung ist immer dann nötig, wenn Texteingaben zu verarbeiten sind.

```
while (GetMessage(&msg, ...))
{
   TranslateMessage(&msg);
   DispatchMessage(&msg);
}
```

Fensterhierarchie

Unter Fenstern sind zwei Arten von Hierarchiebeziehungen möglich:

- Eltern-Kind-Beziehung (*parent-child relationship*), d.h. Eltern- und Kindfenster
- Besitzer-Besitz-Beziehung (*owner-owned relationship*), d.h. Besitzer- und Besitzfenster

Ein Kindfenster (*child window*) wird auf die Fläche des Elternfensters begrenzt, d.h., es wird nicht darüber hinaus angezeigt (*clipped to the parent*). Zudem wird es immer vor dem Elternfenster angezeigt, d.h., verschwindet nie hinter dem Elternfenster (*on top of parent window*). Typischerweise wird es für GUI-Elemente (Tastenfelder usw.) innerhalb eines Dialogfensters benutzt. Für die Erzeugung eines Kindfensters wird WS_CHILD für den dritten Aufrufparameter (dwStyle) und die Elternfensteridentifikation für den achten Aufrufparameter (hwndParent) von CreateWindow() benutzt.

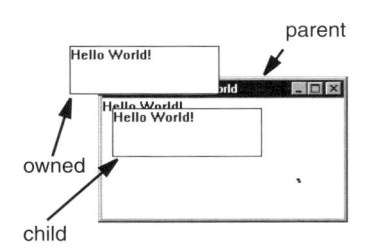

Ein Besitzfenster (*owned window*) ist ein Fenster, das einem anderen Fenster gehört. Es wird immer vor dem Besitzerfenster angezeigt, d.h., es verschwindet nie hinter diesem. Es kann ansonsten einen beliebigen Fensterstil (dwStyle) haben, d.h. auch über das Besitzerfenster hinausragen. Dieser Fenstertyp wird üblicherweise für Dialogfenster eingesetzt. Für die Erzeugung eines derartigen Fensters verwenden wir die Besitzerfensteridentifikation für den achten Aufrufparameter (hwndParent) von `CreateWindow()`. Das Besitzfenster wird zerstört, wenn das Besitzerfenster zerstört wird.

Im Zusammenhang mit den hierarchischen Beziehungen wäre die Anzeigepriorisierung bei Fenstern zu nennen. Bei der *Z-Order* handelt es sich um eine imaginäre dritte Koordinatenachse aus dem Schirm heraus (*Z-Koordinate*). Dabei gelten folgende Reihenfolgeregeln:

- Das Elternfenster ist stets »zuunterst« in der Z-Order.
- Jedes neu erzeugte Kindfenster wird in der Z-Order jeweils zuoberst platziert.

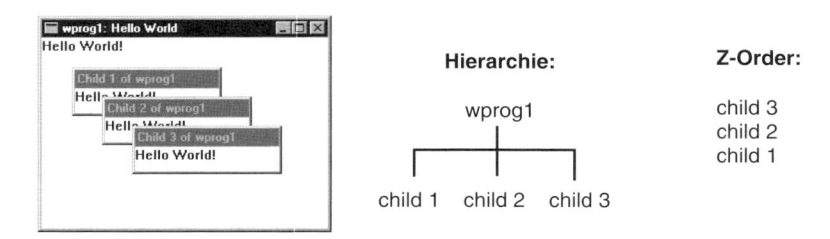

Abb. 7–49 *Anzeigepriorisierung mittels der Z-Order (Beispiel)*

Fensterprozedur

Jede Fensterklasse benötigt genau eine Fensterprozedur. Diese Fensterprozedur gilt für alle Fensterinstanzen der gleichen Klasse. Als Fensterinstanz bezeichnen wir ein Fenster einer bestimmten Fensterklasse, das mittels `CreateWindow()` erzeugt wurde. Damit eine fensterspezifische Bearbeitung von Meldungen möglich wird, erhält die Fensterprozedur als Parameter die Identifikation (Handle) der betroffenen Fensterinstanz. Kindfenster können zur gleichen oder einer anderen Fensterklasse gehören als ihr Elternfenster. Eine typische Verwendung von Kindfenstern ist der Einsatz von standardisierten Steuerelementen (siehe Abb. 7–50).

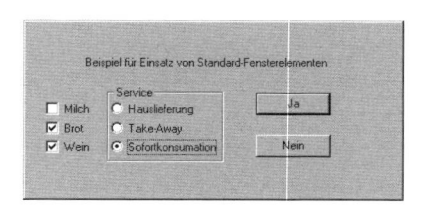

Benutzte Standardsteuerelemente:
– Dialograhmen (*dialog frame*)
– Kontrollkästchen (*check box*)
– Gruppenfeld (*group box*)
– Optionsfeld (*radio button*)
– Befehlsschaltfläche (*push button*)
– Statisches Textfeld (*static text*)

Abb. 7–50 *Nutzung von Standardsteuerelementen (Beispiel)*

7.5 Benutzerinteraktion aus Systemsicht (Benutzeroberflächen)

Eine bestimmte GUI-Ansicht (View) beinhaltet sehr viele dieser Standarddialogelemente, wie das Beispiel in Abbildung 7–51 zeigt. In der Abbildung sind auch die hierarchischen Beziehungen der Fenster (rechts) gut zu sehen.

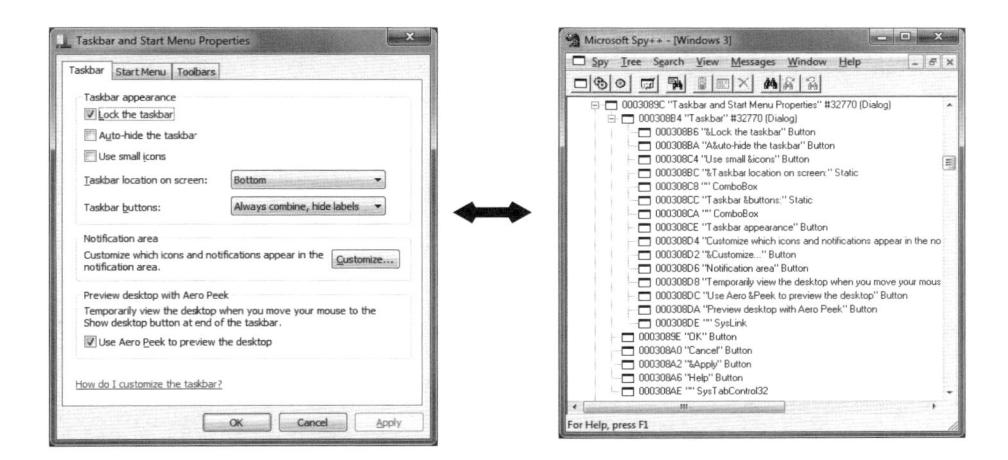

Abb. 7–51 *Eltern- und Kindfenster (Beispiel eines Konfigurationsdialogs aus der Systemsteuerung)*

Ein offensichtliches Problem ist die Frage, wie erkennt die Fensterprozedur des Elternfensters die Ereignisse des Kindfensters? Die Lösung besteht darin, dass das Kindfenster für relevante Ereignisse eine Meldung erzeugt und diese an das Elternfenster sendet.

```
LRESULT CALLBACK WndProc (HWND hwnd, UINT iMsg,
                WPARAM wParam, LPARAM lParam)
{
    static HINSTANCE hInstance;
    switch (iMsg) {
    case WM_COMMAND:
        switch (LOWORD(wParam)) {
        case ID_Beispiel:
            DialogBox (hInstance, MAKEINTRESOURCE(ID_Dialogbeispiel), hwnd, DlgProc);
            return 0;
        case ID_Hello:
            MessageBox (hwnd, "Hello there!", "Information", MB_OK);
            return 0;
        case ID_Exit:
            PostQuitMessage(0);
            return 0;
        }
        return 0;
    }
}
```

Abb. 7–52 *Verarbeitung von Steuerelementenachrichten (Beispiel)*

Standardisierte Steuer- und Dialogelemente benachrichtigen Elternfenster in der Regel mit der Meldung WM_COMMAND über das Auftreten von Benutzeraktionen. Sind mehrere Steuerelemente vorhanden, so wird jedem ein Identifikationscode zugeteilt, der als erster Parameter der Meldung WM_COMMAND mitgegeben wird (siehe Abb. 7–52). Teilweise ist es auch nötig, Kindfenster vom Elternfenster her zu beeinflussen. Der Bedarf besteht häufig bei Standardsteuerelementen und die Beeinflussung erfolgt ebenfalls durch Meldungen. Abbildung 7–53 zeigt ein Beispiel, bei dem es darum geht, ein Optionsfeld einzuschalten (d.h. einen Punkt zur Anzeige zu bringen).

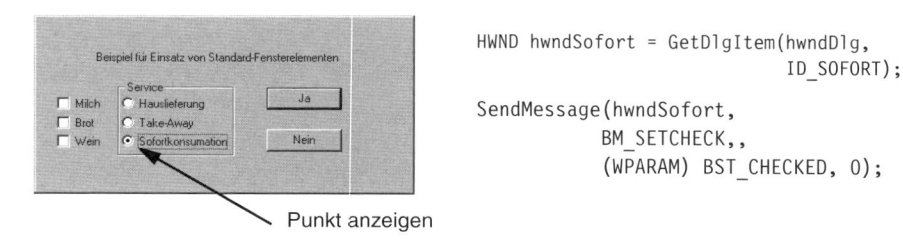

```
HWND hwndSofort = GetDlgItem(hwndDlg,
                             ID_SOFORT);
SendMessage(hwndSofort,
            BM_SETCHECK,,
            (WPARAM) BST_CHECKED, 0);
```

Abb. 7–53 *Nutzung von Standardsteuerelementen (Beispiel)*

Objektorientierte Programmierschnittstelle

Auf der prozeduralen Windows-Programmierschnittstelle wurden unterschiedliche C++-Klassenbibliotheken zur einfacheren Fensterprogrammierung aufgesetzt. Diese vereinfachen die GUI-Benutzung und werden daher heute bei der Programmierung von GUI-Applikationen bevorzugt. Allerdings verstecken sie die im Hintergrund ablaufenden Prozesse der Meldungsverarbeitung, sodass der Entwickler nicht mehr im Bilde ist, wie diese ablaufen. Es stehen verschiedene C++-Klassenbibliotheken sowohl von Microsoft als auch von Fremdherstellern zur Verfügung. Diese benutzen ein klassenintern realisiertes Ereignissystem, das mehr oder weniger direkt auf der Windows API aufsetzt.

8 Speicherverwaltung

> **Lernziele**
>
> - Sie lokalisieren den Baublock Speicher im Von-Neumann-Rechner.
> - Sie zeigen die wichtigsten Optimierungsziele eines Speichersystems auf.
> - Sie zählen die Anwendung grundlegender Speicherprinzipien in einem Rechner auf.
> - Sie identifizieren die hauptsächlichen Speichertechnologien und können diese bezüglich Kosten und Leistung einordnen.
> - Sie beurteilen die Wirkungsweise einer Speicherhierarchie aufgrund des Wissens über den Lokalitätseffekt.
> - Sie bewerten die Leistungsfähigkeit eines Cache-Speichers.
> - Sie erklären die Unterschiede zwischen Heap und Stack und zählen typische Anwendungen auf.
> - Sie beschreiben die Funktionsweise und Unterschiede vier verschiedener Heap-Organisationen.
> - Sie erklären das Problem der externen Fragmentierung des Speichers und seine Lösung an einem Beispiel.
> - Sie erläutern verschiedene Arten der Freiplatzverwaltung hinsichtlich Listenorganisation und Zugriffsstrategie.
> - Sie beschreiben die Aufgaben der Prozessadressraumverwaltung.
> - Sie unterscheiden fünf verschiedene Anwendungen von Regionen.
> - Sie beurteilen die Eignung realen Speichers für die Mono- und Multiprogrammierung.
> - Sie schätzen die CPU-Auslastung für verschiedene Grade der Multiprogrammierung ab.
> - Sie vergleichen die Overlay-Technik mit dem Swapping-Verfahren.
> - Sie erklären die Funktionsweise der drei Verfahren der virtuellen Adressumsetzung anhand einfacher Beispiele.

> - Sie beurteilen die drei Verfahren der virtuellen Adressumsetzung in Bezug auf den Verwaltungsaufwand (Speicherplatz, Zeit).
> - Sie erklären die Funktionsweise des Seitenwechselverfahrens.
> - Sie schätzen die Leistungsfähigkeit des Seitenwechselverfahrens ab.
> - Sie diskutieren das Problems des Dreschens und seine Lösungen.
> - Sie beurteilen die Wirksamkeit verschiedener Verdrängungsstrategien zur Neuzuweisung belegter Seitenrahmen.

Der Speicher in einem Computersystem hat eine ähnliche Funktion wie die Lager in einem Fertigungsbetrieb. Diese halten die Rohprodukte bereit, nehmen die Endprodukte auf und speichern vorübergehend die Zwischenprodukte. Es sind also ganz unterschiedliche Zwecke zu erfüllen. In der Computertechnik unterscheidet man grob zwischen dem *Primär-* und dem *Sekundärspeicher*. Ersterer dient der kurzzeitigen Ablage von Daten während des Betriebs, während letzterer die Aufgabe einer längerfristigen Lagerung übernimmt. In diesem Kapitel nehmen wir uns des Primärspeichers an. Zuerst interessieren uns die verschiedenartigen *Prinzipien*, nach denen Daten abgelegt werden. Sodann geben wir einen Überblick über das *hierarchische Speichersystem*, wie es in modernen Universalrechnern zum Einsatz kommt. Gefolgt wird dies von einer Einführung in die Algorithmen der *Heap-Verwaltung*, die sowohl für Programmiersprachen als auch für Betriebssysteme einen Basismechanismus zur dynamischen Speicherverwaltung darstellen. Ausgehend von der logischen *Verwaltung von Prozessadressräumen* studieren wir die traditionellen Verfahren des *realen Speichers* und die modernen Verfahren des *virtuellen Speichers*.

8.1 Speichersystem

8.1.1 Einordnung im Rechnermodell

Betrachtet man das Architekturmodell des Von-Neumann-Rechners, so findet man den Baublock *Main Memory*, der dem Hauptspeicher entspricht. Hier sind Programme und Daten abgelegt, sodass die CPU auf sie zugreifen kann (Primärspeicher). Eine weitere Gruppe von Speichern, wie beispielsweise alle Plattenspeicher, sind im Von-Neumann-Modell nicht direkt sichtbar. Sie werden als Peripheriegeräte an den Block *Input/Output (I/O)* angeschlossen und können in unterschiedlicher Anzahl und Bauweise realisiert sein. Für die Programmausführung sind sie nicht zwingend nötig, ermöglichen es aber, Programme und Daten zur Ausführung in den Hauptspeicher zu laden und diese auch längerfristig permanent zu speichern (Sekundärspeicher).

8.1 Speichersystem

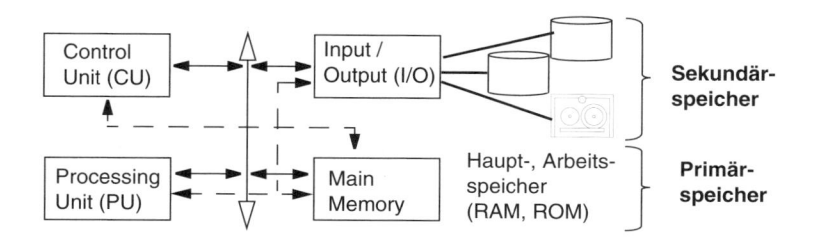

Abb. 8–1 *Einordnung von Speichern im Von-Neumann-Rechnermodell*

Der Primärspeicher (*primary storage*) ist direkt adressierbar, d.h., eine Speicheradresse führt direkt zum Inhalt. Er besitzt eine physische Datenorganisation mit nummerierten Speicherplätzen (Nummern = Speicheradressen). Er ist die Quelle für Instruktionen und ihre Operanden bei der Programmausführung durch die CPU. Er kann als flüchtiger oder als Festwertspeicher aufgebaut sein. Realisiert ist er als RAM (*Random Access Memory*) oder ROM (*Read Only Memory*). Der Primärspeicher wird auch als Hauptspeicher (*main memory*) oder als Arbeitsspeicher (*working memory*) bezeichnet (siehe Abb. 8–1). Die Sekundärspeicher (*secondary storage*) sind indirekt adressierbar mittels Schnittstellen-Hardware und Software. Sie besitzen eine logische Datenorganisation und werden durch die Speicherverwaltung bzw. das Dateisystem des Betriebssystems gesteuert (für Details siehe Kap. 9). Sie erlauben eine persistente (= dauerhafte) Programm- und Datenspeicherung. Als Datenträger dienen entweder Plattenspeicher oder Halbleiterspeicher.

8.1.2 Grundlegende Speicherprinzipien

Für die Datenspeicherung in einem Rechner werden je nach Anwendungserfordernissen unterschiedliche Prinzipien angewendet. Überblicksartig charakterisieren wir kurz sechs grundlegende Speicherprinzipien:

- *Direkt adressierter Speicher*: Über das Anlegen einer Adresse wird direkt die gewünschte Speicherstelle angesprochen. Da der Zugriff auf jede Speicherstelle unmittelbar und gleichwertig stattfindet, wird er auch als wahlfreier Speicher bezeichnet. Eine typische Anwendung ist die Hauspeicheradressierung.
- *Mehrportspeicher*: Kann über mehrere Zugriffspfade erreicht werden. Damit können zwei aktive Elemente (z.B. CPU und Peripheriecontroller) Daten austauschen oder gleichzeitig nutzen.
- *Schieberegisterspeicher*: Ein Bitmuster wird durch eine Kette von ein Bit großen Speicherzellen (z.B. Flip-Flop) in der Art eines Fließbands verschoben. Dies ist nützlich für die Umwandlung serieller in parallele Daten, z.B. zwischen CPU und Netzwerk oder einem seriellen Peripheriebus, wie USB oder SATA.

- *First-In-First-Out-Speicher (FIFO)*: Er arbeitet nach dem Senioritätsprinzip, d.h., es wird immer dasjenige Datenelement ausgelesen, das sich am längsten im Speicher befindet. Dies ist nützlich für die Zwischenpufferung von Daten.
- *Stapelspeicher (Stack)*: Der zuletzt eingespeicherte Wert wird als erster wieder ausgelesen, d.h., es gilt das LIFO-Prinzip (*Last In First Out*). Die bekannteste Anwendung ist die Funktionseinheit *Stack* eines Rechners.
- *Assoziativspeicher (Content Addressable Memory, CAM)*: Dies ist ein inhaltsadressierter Speicher, bei dem mit einer Teilinformation eines Eintrags der gesamte Informationseintrag abgefragt wird. Dieses Prinzip ist im Speichersystem an mehreren Orten essenziell und wird daher nachfolgend genauer beleuchtet.

Assoziativspeicher

Für den *Lesezugriff* wird anstatt einer Adresse eine Teilinformation verwendet. Diese Teilinformation kann in keinem, einem oder mehreren Einträgen vorkommen, womit ein Zugriff entsprechend viele Resultate liefert. Beim *Schreibzugriff* kann die Auswahl einer unbelegten Speicherstelle über Adressen geschehen.

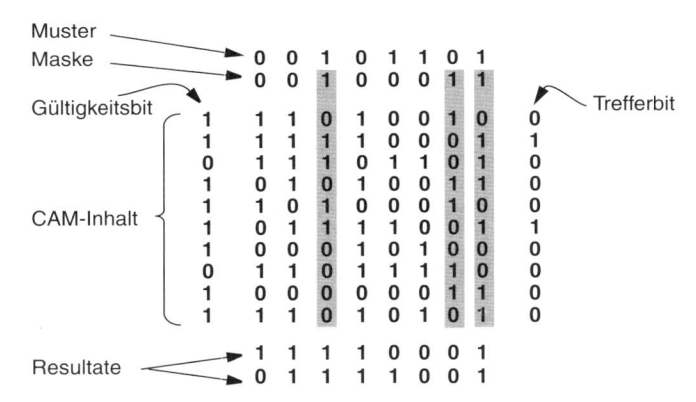

```
Muster          0 0 1 0 1 1 0 1
Maske           0 0 1 0 0 0 1 1
Gültigkeitsbit                          Trefferbit
          ⎧  1  1 1 0 1 0 0 1 0     0
          ⎪  1  1 1 1 1 1 0 0 0 1     1
          ⎪  0  1 1 1 0 1 1 0 1     0
          ⎪  1  0 1 0 1 0 0 1 1     0
CAM-Inhalt⎨  1  1 0 1 0 0 0 1 0     0
          ⎪  1  0 1 1 1 1 0 0 1     1
          ⎪  1  0 0 0 1 0 1 0 0     0
          ⎪  0  1 1 0 1 1 1 0     0
          ⎪  1  0 0 0 0 0 0 1 1     0
          ⎩  1  1 1 0 1 0 1 0 1     0
Resultate       1 1 1 1 0 0 0 1
                0 1 1 1 1 0 0 1
```

Abb. 8–2 *Funktionsbeispiel des Assoziativspeichers: Die Maske bestimmt die als Teilinformation dienenden Bitpositionen und das Muster legt die gesuchten Werte der Teilinformation fest. CAM-Inhaltszeilen mit gesetztem Gültigkeitsbit werden auf Übereinstimmung mit der Teilinformation geprüft, woraus mit den Beispielswerten zwei Treffer resultieren.*

Zur Erläuterung des Funktionsprinzip diene das Beispiel in Abbildung 8–2. Der Assoziativspeicher enthalte 10 Speicherworte zu 8 Bit. Über die Eingangsinformation (als *Muster* bezeichnet) kann eine *Maske* zur Identifikation der als Teilinformation zu benutzenden Bitpositionen gelegt werden. CAM-Einträge, bei denen das Gültigkeitsbit den Wert 0 hat, sind ungültige Einträge. Für den Beispielmusterwert, dessen Bitpositionen 0, 1 und 5 als Teilinformation dienen, können zwei passende Einträge (Resultate) gefunden werden. Und zwar wird zuerst jeder Zeileneintrag mit gesetztem Gültigkeitsbit mit der Maske bitweise UND-verknüpft sowie mit dem Muster, ebenfalls mit der Maske UND-verknüpft, verglichen. In einem C-Programm würde für jede Zeile mit gesetztem Gültigkeitsbit folgender Vergleich durchgeführt:

```
(Muster & Maske) == (Muster & CAM-Zeileninhalt)
```

Das Prinzip des Assoziativspeichers findet als Softwarelösung bei Datenbankabfragen eine Anwendung (z.B. Artikelverwaltung: Preis bekannt, wie lautet Artikelnummer?). Zwei wichtige Anwendungsbereiche in der Rechnerhardware sind die Cache-Hardware (*associative cache*) und die Adresstransformation (*Translation Lookaside Buffer, TLB*), die in den Abschnitten 8.1.4 und 8.5.1 genauer beschrieben sind.

Assoziativspeicher haben folgende Nachteile:
- Mehrfachtreffer sind möglich
- Problematische Verwaltung von freien Speicherstellen
- Sehr aufwendige Hardware bei Direktzugriffs-CAM

8.1.3 Speicherhierarchie & Lokalitätsprinzip

Hierarchischer Speicher

Aus praktischen Gründen benutzen Rechner einen hierarchisch organisierten Speicher. Die Anzahl der Stufen kann stark divergieren, je nachdem, ob es sich um ein eingebettetes Kleinsystem (*embedded system*) oder einen voll ausgestatteten Arbeitsplatzrechner handelt. Neben der Permanentspeicherung, die über Festwertspeicher oder periphere Speicher (HDD, SSD etc.) erreicht wird, sind es vor allem die zwei gegensätzlichen Forderungen

- minimale Zugriffszeit,
- minimale Kosten pro gespeichertes Bit,

die zum hierarchischen Speicher führen. Den teuersten, aber auch schnellsten Speicher bilden die prozessorinternen Register. Der billigste, aber auch langsamste Speicher ist der Massenspeicher. Der dazwischen liegende Hauptspeicher, oft mit billigen DRAM realisiert, wird über einen kleinen Pufferspeicher (*cache memory*) für die Software nicht sichtbar an den Prozessor angekoppelt. Je teurer der Speicher, umso weniger ist davon im Rechner vorhanden. Die Kunst der Speicherhierarchisierung ist die, mit möglichst geringen Kosten im Mittel an die Zugriffszeit des schnellsten Speichers heranzukommen. Diese Zusammenhänge sind in Abbildung 8–3 qualitativ und teilweise quantitativ (Richtwerte) aufgezeigt. Dass dieses Optimierungsziel überhaupt erreicht werden kann, liegt an dem sogenannten *Lokalitätseffekt* (siehe unten) und bedingt (zumindest teilweise) den kombinierten Einsatz von Hardware (Adresstransformation, Cache-Speicher) und Software (Paging, Swapping).

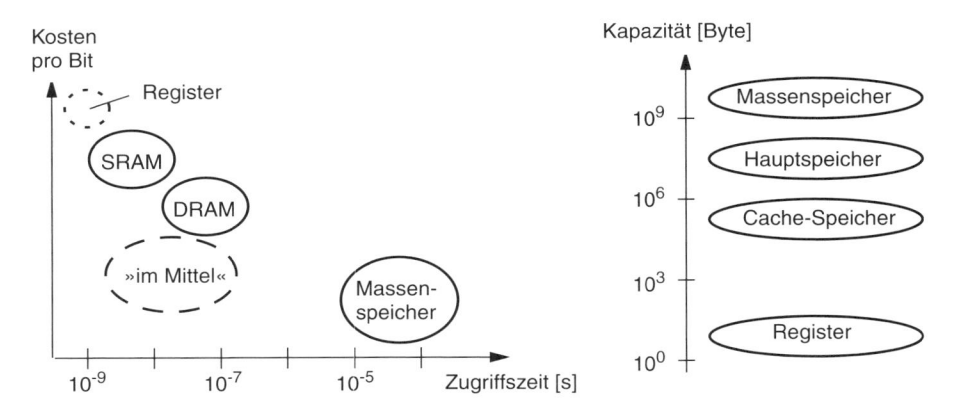

Abb. 8-3   *Kosten, Zugriffszeit und Kapazität in der Speicherhierarchie*

Zusammenfassend kann die Speicherhierarchie wie folgt charakterisiert werden: Ein universeller Rechner ist aus hierarchischen Stufen unterschiedlicher Speicher aufgebaut. Die prozessornahen Stufen sind schnell, teuer und von kleiner Kapazität. Die prozessorfernen Stufen sind langsam, billig und von großer Kapazität. Der Anwender bzw. das Anwenderprogramm sieht einen einzigen großen Adressraum, d.h. ist sich der Hierarchie nicht bewusst (Transparenz). Programme sind von der aktuellen Speicherkonfiguration unabhängig. Daten, auf die der Prozessor zugreift, müssen zuerst in den prozessornahesten Speicher transferiert werden. Diese Transfers (Kopieroperationen) finden *automatisiert* entweder in Hardware oder mithilfe der Betriebssystemsoftware statt. Die jeweils langsamste an einem Zugriff beteiligte Stufe bestimmt die Speicherzugriffszeit der CPU. Ein schneller Zugriff ist daher erst möglich, wenn die Daten bereits in einer schnellen Stufe vorhanden sind. Ohne die Hilfe des *Lokalitätseffekts* (siehe nachfolgend) wäre eine so vielstufige Hierarchie wenig sinnvoll.

Wie ist nun das Betriebssystem beteiligt? Die Hardware koordiniert die prozessornahen Speicherstufen (Cache, Hauptspeicher) und das Betriebssystem die prozessorfernen Stufen (Hauptspeicher, Massenspeicher). Außerdem nimmt das Betriebssystem Einfluss auf die Hardwaresteuerung (z.B. Cache löschen). Die Betriebssystemaufgabe wird als Speicherverwaltung (*memory management*) bezeichnet, bei der das Betriebssystem von einem Speicherverwaltungsbaustein (*Memory Management Unit, MMU*) durch Hardware unterstützt wird.

Lokalitätseffekt

Die Idee der Speicherhierarchisierung beruht auf dem Wissen um den *Lokalitätseffekt*. Bezeichnet man die im Zeitraum (t-T) und t stattfindenden Speicherzugriffe als den *Arbeitsbereich* (working set) *W(t-T, t)*, so gilt Folgendes:

> *Der Arbeitsbereich W(t-T, t) bleibt für größere Zeiträume unverändert.*

Dieser auch als *Lokalität der Referenzierung* bezeichnete Effekt wurde 1970 von P. Denning experimentell ermittelt und kann technisch nutzbringend eingesetzt werden. Gelingt es, den Arbeitsbereich eines Programms in einer möglichst schnellen Speicherstufe zu halten, so wird dessen Zugriffszeit dominierend. Unter dem Arbeitsbereich wird in diesem Zusammenhang die Menge der Adressen bezeichnet, auf denen Zugriffe beobachtet werden. Natürlich ändert sich der Arbeitsbereich beim Programmablauf, aber wenn das Nachladen genügend selten erfolgt, so ist dies ausreichend, um die Leistung hochzuhalten. Allerdings können die Arbeitsbereiche unterschiedlicher Programme stark differieren. Entsprechend sinkt die Leistung deutlich, wenn der Arbeitsbereich nicht in dem begrenzten schnellen Speicher Platz findet oder sehr schnell wechselt. Theoretisch wäre es am besten, wenn alle momentan benötigten Daten sich innerhalb der CPU befinden. In der Praxis ist aber die Anzahl der Prozessorregister begrenzt, sodass man ein bis drei Stufen an schnellen Pufferspeichern (*cache memory*) zur Reduktion der Speicherzugriffszeit benutzt. Diese befinden sich in Bezug auf Lokalität und Geschwindigkeit zwischen dem Prozessor und dem Hauptspeicher.

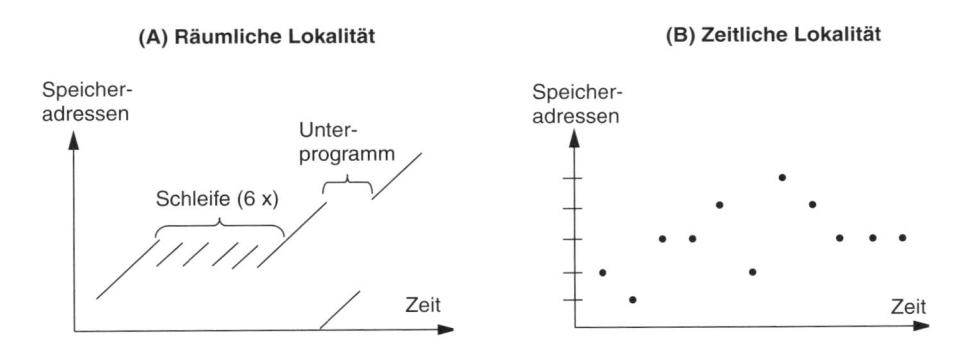

Abb. 8–4 *Grafische Beispiele zur räumlichen und zeitlichen Lokalität. Räumliche Lokalität entsteht durch Programmschleifen, zeitliche Lokalität durch wiederholte Variablenzugriffe.*

Bei der Betrachtung des Lokalitätseffekts wird zwischen zwei Teileffekten unterschieden:

- *Räumliche Lokalität (spatial locality)*: Wird auf eine bestimmte Adresse im Hauptspeicher zugegriffen, so ist die Wahrscheinlichkeit recht hoch, dass der

folgende Zugriff auf eine Adresse in der Nachbarschaft erfolgt. Im Speichersystem wird dies genutzt, indem adressmäßig benachbarte Byte zusammen zu höheren Ebenen der Hierarchie verschoben werden (Datenblöcke).
- *Zeitliche Lokalität (temporal locality)*: Wird auf eine bestimmte Adresse im Hauptspeicher zugegriffen, so ist die Wahrscheinlichkeit hoch, dass in naher Zukunft wieder darauf zugegriffen wird. Im Speichersystem bedeutet dies, dass die Daten, auf die zuletzt zugegriffen wurde, auf der schnellsten Stufe der Hierarchie gehalten werden.

Realisierung

Speicherhierarchien sind je nach Rechensystem unterschiedlich aufwendig gestaltet. Eingebettete Kleinstsysteme beschränken sich in der Regel auf die Prozessorregister und einen Hauptspeicher, der für die Daten als RAM und für den Programmcode als ROM ausgeführt ist. Aufwendiger sind anspruchsvolle Arbeitsplatzrechner (*work stations*) realisiert. Sie enthalten alle Speicherhierarchiestufen und verwenden die Verfahren des *virtuellen Speichers* (siehe Abschnitt 8.5), d.h. die Adressumsetzung, das *Paging* und z.T. auch *Swapping*, um dem Anwender einen möglichst optimalen Gebrauch des Speichers anzubieten. Das Lokalitätsprinzip wird auch von Compilern bei der Codeerzeugung berücksichtigt. Dies betrifft den Schritt zwischen zweithöchster Stufe und höchster Stufe (Prozessorregister). So werden z.B. die lokalen Variablen einer Funktion nach Möglichkeit in Prozessorregistern geführt. Die Übergabewerte von Unterprogrammen (Parameter, Resultat) werden ebenfalls oft in Prozessorregistern abgelegt.

8.1.4 Cache-Funktionsweise

In den Anfangszeiten der Mikroprozessortechnik waren die Prozessoren und der Hauptspeicher etwa gleich schnell. Über die Jahre hinweg haben sich dann allerdings die Taktraten der Prozessoren wesentlich schneller gesteigert, als die Zugriffszeiten der preiswerten DRAM-Speicherbausteine gesunken sind. Dadurch wurde eine zusätzliche Stufe in der Speicherhierarchie nötig, die dafür sorgt, dass die Programmausführung nicht allzu stark durch den Hauptspeicher gebremst wird. Diese Stufe wird als *Cache-Speicher* bezeichnet, da sie für den Programmierer nicht in Erscheinung tritt. Hingegen ermöglicht sie als schneller *Pufferspeicher* höhere Verarbeitungsleistungen, da beim Hauptspeicherzugriff nicht gewartet werden muss, wenn die Daten zuvor schon dorthin kopiert wurden. Cache-Speicher sind zwischen Hauptspeicher und CPU platziert (siehe Abb. 8–5). Sie können prozessorextern (*off-chip*) oder prozessorintern (*on-chip*) realisiert werden. Prozessorintern sind sie Bestandteil des Chips, was besonders kleine Zugriffszeiten erlaubt. Sie belegen dann oft den Hauptteil der Chipfläche des Prozessors. Der Cache-Speicher kann auch mehrstufig realisiert sein. Man spricht dann von einem Level-1-Cache für den CPU-nahesten Teil und von Level 2 und 3 bei den CPU-ferneren Teilen. Mehrstufige Cache-Speicher werden heute zunehmend on-chip realisiert.

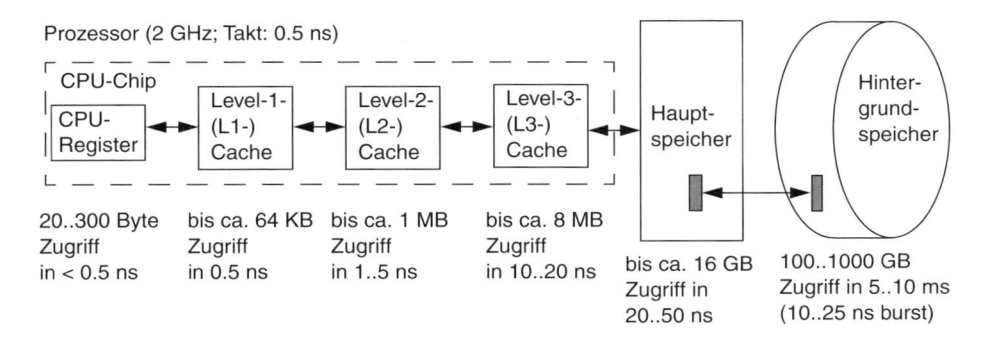

Abb. 8–5 *Cache-Speicher im Speichersystem (Beispiel mit sechs Speicherstufen)*

Das Prinzip des Cache-Speichers findet nicht nur als schneller Puffer zwischen CPU und Hauptspeicher seine Anwendung, sondern auch an anderen Stellen in einem Rechnersystem:

In der Hardware:

- Pufferspeicher in der MMU (dort *TLB, Translation Lookaside Buffer* genannt)
- Lokaler Pufferspeicher bei Peripheriegeräten (z.B. Netzwerkschnittstelle, Festplatte)
- *Branch prediction cache, branch target cache* in der Pipeline-Steuerlogik der CPU

In der Software:

- Pufferspeicher des Betriebssystems für Massenspeicher (*disk cache, buffer cache, file cache*). Eingesetzt für das Dateisystem und für die Auslagerungsbereiche (Hintergrundspeicher)
- Pufferspeicher für Datenbanken (Teil des *DBMS, Data Base Management System*)

Cache-Leistung

Abhängig davon, ob ein gewünschter Speicherinhalt sich im Cache-Speicher befindet oder aus dem Hauptspeicher geholt werden muss, gelten die entsprechenden Zugriffszeiten. Als Trefferrate (*hit rate*) bezeichnet man den Anteil aller

Speicherzugriffe, bei denen die gewünschte Information schnellstmöglich aus dem Cache verfügbar ist. Wurden die Informationen dort nicht gefunden, so spricht man von einem Fehltreffer (*miss*) bzw. einer Niete. Die Leistungssteigerung, die mit einem Cache erreicht werden kann, manifestiert sich über eine reduzierte mittlere Zugriffszeit, ermittelt über eine Vielzahl von Speicherzugriffen. Diese beträgt für den Lesezugriff:

$$T_{eff} = h \cdot T_C + (1-h) \cdot T_M$$

T_{eff}: *effektive Zugriffszeit (im Mittel)*
T_C: *Zugriffszeit des Cache-Speichers*
T_M: *Zugriffszeit des Hauptspeichers (main memory)*
h: *Trefferrate beim Speicherzugriff (hit rate)*

Beim Schreibzugriff spielt die Aktualisierungsstrategie für die Cache-Leistung eine wichtige Rolle. Die unterschiedlichen Strategien sind weiter unten erklärt. Es gilt grundsätzlich jedoch die gleiche Berechnungsformel wie beim lesenden Zugriff.

Grundprinzip

Der Cache-Speicher enthält Ausschnitte (Kopien) aus dem jeweils aktuellen Hauptspeicherinhalt, auf die der Prozessor mit hoher Geschwindigkeit zugreifen kann. Damit festgestellt werden kann, ob die verlangten Speicherinhalte sich im Cache-Speicher befinden, müssen diese mit den zugehörigen Hauptspeicheradressen etikettiert werden (siehe Abb. 8–6).

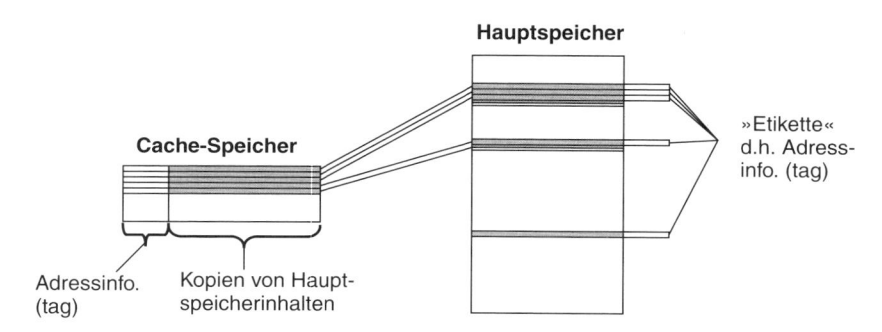

Abb. 8–6 *Grundprinzip des Cache-Speichers*

Die Bereitstellung der Daten für die CPU ist Aufgabe der Cache-Steuerlogik, die aus Geschwindigkeitsgründen vollständig in Hardware realisiert ist. Der Nutzen eines Cache-Speichers ist umso höher, je öfter die gewünschten Speicherinhalte aus dem Cache geliefert werden. Aus diesem Grund werden alle Daten, die von

8.1 Speichersystem

der CPU verlangt werden, automatisch durch die Cache-Steuerlogik vom Hauptspeicher in den Cache-Speicher kopiert, sofern sie dort nicht bereits vorhanden sind. Dank Lokalitätseffekt ist die Wahrscheinlichkeit hoch, dass diese Daten bald wieder benötigt werden, sodass dieses Verfahren zu guten mittleren Zugriffszeiten führt.

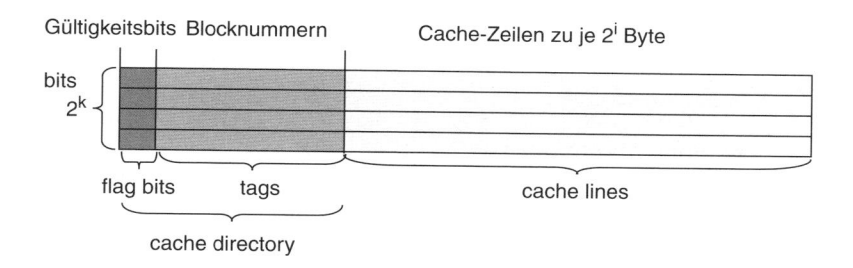

Abb. 8–7 *Grundstruktur des Cache-Speichers. In praktischen Implementierungen existieren meist mehrere Flag-Bits für Spezialzwecke, die hier aber einfachheitshalber weggelassen wurden.*

Um das Verfahren effizient zu halten, werden als Ausschnitte Blöcke einer festen Größe von 2^i (i=3, 4, 5 usw.) Byte gewählt. Der Hauptspeicher wird beginnend bei Adresse 0 fortlaufend in Blöcke der Größe 2^i Byte unterteilt. Die Wahl von Zweierpotenzen hat einen entscheidenden Vorteil: Die Blocknummer kann direkt aus dem Bitmuster der Adresse abgeleitet werden, indem man die untersten i Bitpositionen abschneidet. Dies führt zu entsprechend einfachen Hardwarestrukturen der Cache-Steuerung. Der Cache-Speicher wird aus einer Anzahl 2^k *Cache-Zeilen (cache lines)* aufgebaut, wobei jede Zeile einen Datenblock (2^i Byte) speichert. Die zugehörige Blocknummer (*tag*) und ein Gültigkeitsbit (*valid-flag*) werden im Cache-Verzeichnis (*cache directory*) geführt, das pro Cache-Zeile je einen Eintrag besitzt (siehe Abb. 8–7). Die Eckdaten eines Cache-Speichers lassen sich mit folgenden Formeln erfassen:

Cache-Speicherkapazität (*cache capacity*)
= „Anzahl Zeilen" * „Anzahl gepufferter Byte pro Zeile"
= $2^k * 2^i$ [Byte]

Größe einer Adressetikette (*tag*)
= $\log_2$(Adressraumgröße/Cache-Zeilengröße) [Bit]
= $\log_2(2^m/2^i)$ [Bit]
= $\log_2(2^{m-i})$ [Bit]
= m - i [Bit]

Da stets ganze Datenblöcke (entsprechend der Cache-Zeilengröße) zusammen gepuffert werden, finden auch nicht benötigte Hauptspeicherinhalte ihren Weg in den Cache-Speicher, sofern sich ein oder mehrere Byte darunter befinden, die von der CPU verlangt wurden. Infolge der räumlichen Lokalität ist jedoch die Wahrscheinlichkeit groß, dass Zugriffe auf benachbarte Adressen stattfinden, sodass die blockweise Pufferung nicht allzu nachteilig ist.

Beim Speicherzugriff durch den Prozessor prüft die Cache-Hardware, ob sich die gewünschte Information bereits im Cache-Speicher befindet. Dazu sind folgende Schritte notwendig:

1. Blocknummer bestimmen.
2. In allen 2^k Zeilen mit gesetztem Gültigkeitsbit die eingetragene Blocknummer mit der gesuchten Blocknummer vergleichen.
3. *Falls gefunden*: Byte/Wort/Doppelwort aus der Cache-Zeile extrahieren und an den Prozessor übergeben (Zugriff beendet, Schritt 4 entfällt). Die für die CPU wirksame Zugriffszeit ist durch den Cache-Speicher bestimmt.
4. *Falls nicht gefunden*: Gesuchtes Byte/Wort/Doppelwort aus dem Hauptspeicher holen. Dabei wird die Cache-Zeile *gesamthaft* nachgeladen. Die entsprechende Anzahl von Byte wird aus dem Hauptspeicher in den Cache kopiert und gleichzeitig die angeforderten Byte an den Prozessor weitergeleitet. Die Byte-Reihenfolge beim Nachladen einer Cache-Zeile ist üblicherweise so organisiert, dass die von der CPU gewünschten Daten zur Erreichung einer minimalen Zugriffszeit zuerst transferiert werden. Die für die CPU wirksame Zugriffszeit ist durch den Hauptspeicher bestimmt.

Dieser Ablauf gilt für einen assoziativen Cache-Speicher, bei dem jede Cache-Zeile gleichwertig für Einträge nutzbar ist (*fully associative cache*). Diese Art von Assoziativspeicher (siehe Abschnitt 8.1.2) ergibt die beste Cache-Leistung, ist jedoch in Bezug auf die Hardware sehr aufwendig. Wird die Eintragswahlfreiheit eingeschränkt, so lassen sich technisch weniger aufwendige Assoziativspeicher realisieren. Entsprechende Bauformen sind *direct-mapped cache* und *n-way set associative cache* (mit n=2,4,..), für deren Details auf die Spezialliteratur verwiesen sei.

Die Zugriffsstrategie beim Lesen ist immer gleich. Sie beinhaltet ein automatisches Nachladen einer Cache-Zeile, wenn auf Daten zugegriffen wird und diese im Cache fehlen. Für *Schreibzugriffe* existieren verschiedene Strategien, die unterschiedliche Antworten auf die Fragen »wo und wann wird der Speicherinhalt aktualisiert« geben. Eine erste Variante (*write-through policy*) besteht darin, Änderungen stets sofort im Hauptspeicher nachzuführen, was den offensichtlichen Nachteil besitzt, dass beim Schreiben stets die Hauptspeicherzugriffszeit gilt. Alternativ werden Änderungen lediglich im Cache-Speicher eingetragen und erst dann in den Hauptspeicher transferiert, wenn die betroffene Cache-Zeile zum Puffern anderer Speicherinhalte benötigt wird (*write-back policy*). Beim

Schreiben gilt nun zwar die kurze Cache-Zugriffszeit, muss jedoch beim Lesen eine belegte Cache-Zeile wiederverwendet (überschrieben) werden, so sind zwei Hauptspeicherzugriffe fällig. Im ersten Zugriff werden die pendenten Änderungen der alten Zeileninhalte im Hauptspeicher aktualisiert, im zweiten Zugriff erst die gefragten neuen Lesedaten aus dem Hauptspeicher in die nun frei belegbare Cache-Zeile übertragen.

Cache-Kohärenz

Sind in einem System mehrere Prozessoren vorhanden, die auf den gleichen Hauptspeicher zugreifen, so stellt sich das Problem der Datengültigkeit. Dies ist beispielsweise bei eng gekoppelten Multiprozessorsystemen (*shared memory multi-processors*) der Fall, wenn mehr als ein Prozessor mit einem Cache-Speicher arbeitet. So ist der Fall denkbar, dass ein Prozessor A gemeinsame Daten mit einer Schreiboperation modifiziert, die sich im Cache eines anderen Prozessors B befinden. Prozessor B wird in dieser Situation ohne weitere Vorkehrungen mit veralteten Daten weiterarbeiten. Es existieren verschiedene Lösungsansätze, die eine Cache-Kohärenz mittels Hardwaremechanismen sicherstellen.

Probleme des Cache-Speichers

Unabhängig von der gewählten Organisationsform treten folgende Probleme auf, die zur Leistungsreduktion führen:

- Es müsste eigentlich im Voraus bekannt sein, auf welche Adresse der Prozessor im Speicher zugreift. Ein Treffer wird erst beim zweiten Zugriff auf dieselbe Adresse erzielt. Die einzige Ausnahme davon sind Daten innerhalb derselben Cache-Zeile.
- Aus Aufwandgründen ist nicht zu jedem Byte die zugehörige Adresse gespeichert, sondern nur für einige aufeinander folgende Byte. Dies bedingt, dass bei einer Niete die ganze Cache-Zeile aus dem Hauptspeicher gefüllt werden muss.
- Das Schreiben bringt keine Zeitersparnis bzw. bedingt ein späteres Rückschreiben (abhängig von der Schreibstrategie).
- Wenn der Cache einmal gefüllt ist, muss bei jeder Niete eine gültige Cache-Zeile überschrieben werden. Wird diese bald wieder gebraucht, so muss sie wiederum nachgeladen werden.
- Der Peripherieadressraum darf *niemals* über den Cache bedient werden, da sonst eine wiederholte Statusabfrage eines Peripherieregisters immer dieselbe Information liefern würde. Mögliche Lösung: Der Adressdecoder muss bei einer decodierten Peripherieadresse den Cache umgehen (Zugriff erfolgt neben dem Cache herum).
- Der Cache-Speicher verschnellert lediglich den Zugriff auf den Hauptspeicher. Registerzugriffe und arithmetische bzw. logische Operationen profitie-

ren davon nicht. Eine errechnete Verschnellerung kann daher nicht direkt auf die Programmausführungszeit übertragen werden.

Einflussfaktoren auf Cache-Leistung

Direkt aus der Formel für die mittlere Zugriffszeit (T_{eff} = h * T_C + (1-h) * T_M) kann der Einflussfaktor h (Trefferrate) bei gegebenem T_C und T_M entnommen werden. Die Trefferrate ist von der ausgeführten Software und dem Design des Cache-Speichers abhängig. Dabei spielen folgende Faktoren eine Rolle:

- *Größe des Cache-Speichers*: Der Cache-Speicher sollte die Arbeitsbereiche aller Programme aufnehmen können. Falls er zu klein ist, hat dies ein häufiges Nachladen zur Folge und damit eine deutlich verringerte Trefferrate.
- *Größe der Cache-Zeile*: Diese beeinflusst den Verwaltungsaufwand und das Vorausladen der Instruktionen bei linearer Programmausführung (d.h. Programmablauf ohne Programmsprünge).
- *Organisationsform*: Sie beeinflusst die Cache-Ausnutzung (erlaubte Eintragsstellen) und damit auch das Nachladen.
- *Programmstruktur*: Ein geschicktes Organisieren vor allem von Array-Daten in Schleifen hat erwiesenermaßen einen positiven Einfluss.

8.2 Dynamische Speicherbereitstellung (Heap)

Ist ein Programm geladen und gestartet, so kann es dynamisch zusammenhängende Speicherbereiche wählbarer Größe anfordern. Diese Bereiche können auf dem Stapel oder in der Halde liegen. Gemeinsam ist ihnen, dass ihre Lebensdauer kürzer ist als die gesamte Programmlaufzeit. Darum bezeichnet man sie als *dynamische Daten* im Gegensatz zu den *statischen Daten*, die eine Lebensdauer entsprechend der gesamten Programmlaufzeit besitzen. Dynamische Daten sind im Stapel Bestandteile eines Aktivierungsrahmens (*stack frame*), wenn sie als lokale »automatische« Variablen deklariert wurden. Diese Art der dynamischen Speicherzuordnung ist dann sinnvoll, wenn die Nutzungsdauer auf die Ausführungszeit einer Funktion oder Methode begrenzt ist. Ein reservierter Bereich wird nämlich bei Abschluss der Funktionsausführung automatisch freigegeben. Die Details zur Funktionsweise wurden bereits in Abschnitt 2.3.3 beschrieben. Sollen Speicherbereiche für eine Nutzungszeit reserviert werden, die sich nicht an der Ausführung von Funktionen orientiert, so ist eine zweite Art der Speicherreservierung nötig. Diese stellt einen Speicherbereich auf eine Reservierungsanforderung hin zur Verfügung, und zwar so lange, bis die Reservierung mittels einer Freigabeanforderung wieder gelöscht wird. Da die Freigabe völlig durch die Programmlogik bestimmt wird, nennt man dies *explizite Freigabe* im Gegensatz zur *impliziten Freigabe* bei einem Aktivierungsrahmen. Diese Art der Speicherbereitstellung wird als *Halde (heap)* bezeichnet, womit man andeutet, dass aus einem größeren

8.2 Dynamische Speicherbereitstellung (Heap)

Haufen kleine Stücke zur Verfügung gestellt werden. Diese Art der dynamischen Bereitstellung von Speicher ist eine Aufgabe, die nicht nur auf der Anwendungsebene wichtig ist, sondern innerhalb des Betriebssystems an verschiedenen Stellen benutzt wird.

Für eine allgemeine Lösung des Problems geht man von beliebigen Größen der dynamisch zu allozierenden Bereiche aus (z.B. 13 Byte, 5640 Byte). Dies betrifft die Schnittstellendefinition. Die eigentliche Implementierung kann genau mit den Anforderungsgrößen arbeiten oder diese mit einer oder mehreren Größenklassen verwalten (z.B. 16, 32, 64 Byte usw.). Passt im zweiten Fall eine Anforderung nicht genau auf eine verwaltete Größe, so gibt es wiederum zwei Lösungen für diese Situation. Die erste besteht darin, die Anforderung auf die nächste Größenklasse aufzurunden (z.B. 13 auf 16). Die zweite kommt dann zum Zug, wenn intern nur eine einzige Größe (z.B. 128) verfügbar ist. Die Anforderung wird dann auf das nächstgrößere Mehrfache dieser Größe aufgerundet (z.B. 25 auf 2*16). Natürlich müssen die so zusammengehörig reservierten Blöcke im Adressraum lückenlos angeordnet sein.

	Nutzung durch Applikationen	Nutzung durch Betriebssystem
Feste Bereichsgröße bzw. Größenklassen	Speicherallokationen für Puffer, Nachrichten, Objekte usw. fester Größe (meist nur in Echtzeitsystemen verfügbar)	Allokationen für Verwaltungsdatenstrukturen fester Größe (z.B. PCB), Nachrichten und Puffer
Variable Bereichsgrößen	Allgemeine Speicherallokationen bzw. Ersatzlösung, wenn kein Heap mit festen Bereichsgrößen verfügbar ist	Adressraumbereitstellung für Prozesse und Threads (Code, Daten, Stapel usw.)

Tab. 8–1 Varianten des Heap-Managements

Fasst man die Mechanismen zur dynamischen Speicherbereitstellung mittels expliziter Reservierung/Freigabe unter dem Begriff *Heap-Management* zusammen, so lassen sich vier Untervarianten identifizieren, die sich für verschiedene Zwecke optimal eignen. Diese unterschiedlichen Nutzungen sind in Tabelle 8–1 eingetragen, ohne dass diese Zusammenstellung einen Anspruch auf Vollständigkeit erhebt. Die Tabelle bezieht sich auf die Schnittstelle zur Reservierung/Freigabe, unabhängig von der dahinter stehenden Implementierung. Die meisten Programmiersprachen stellen ein Heap-Management zur Verfügung. Damit dieses möglichst universell nutzbar ist, wird mit variablen Bereichsgrößen gearbeitet. Realisiert werden diese Heap-Verwaltungen durch Laufzeitbibliotheken, die von der Applikation mittels entsprechender Bibliotheksfunktionen genutzt werden. In der Programmiersprache C sind dies vor allem die Funktionen malloc() und free(), in C++ die Operatoren new und delete. Diese Bibliotheksfunktionen greifen in der Regel auf ähnliche Funktionen des Betriebssystems zurück. Nachfolgend werden verbreitete Algorithmen zur Heap-Verwaltung genauer betrachtet, sodass ihre Vor- und Nachteile sichtbar werden. Diese kommen nicht nur bei systeminternen Abläufen zum Tragen, sondern können auch auf der Applikationsebene spürbare Auswirkungen besitzen. Begrifflich ist zwischen Reservierung und Allokation zu unterscheiden. Eine *Reservierung* ist die Anforderung eines Bereichs einer bestimmten Größe. Die *Allokation* ist das Resultat einer erfolgreichen Reservierung. Eine Reservierung hat zur Folge, dass der reservierenden Software die Startadresse des allozierten Bereichs mitgeteilt wird (oder im Fehlerfall ein Fehlercode). Unter *Freigabe* versteht man das Aufheben einer vorangegangenen erfolgreichen Reservierung. Sie hat zur Folge, dass die Allokation aufgehoben wird und der entsprechende Speicherbereich zur Befriedigung neuer Anforderungen bereitsteht.

8.2.1 Verwaltungsalgorithmen

An eine Software für eine dynamische Speicherzuordnung werden folgende Anforderungen für eine universelle Anwendbarkeit gestellt:

- *Flexible Zuordnungsgröße*: Speicheranforderungen sollen auf das Byte genau dem Bedarf entsprechen, damit kein Verschnitt entsteht (nutzlos reservierter Speicher). Erlaubte Zuordnungsgrößen sind daher alle Ganzzahlen (Menge an Byte). Die maximale Zuordnungsgröße ist durch den verfügbaren Speicher begrenzt.
- *Zusammenhängende Zuordnungsbereiche*: Zugeordnete Bereiche müssen stets aus adressmäßig lückenlos aufeinander folgenden Speicherstellen (Byte) bestehen. Nur so können physische Datentypen, die mehrere Byte umfassen, vom Prozessor korrekt bearbeitet werden.
- *Schnellstmögliche Zuordnung*: Die Zuordnung soll maximal schnell, das heißt mit minimalstem Verwaltungsaufwand erfolgen. Die Freigabe reservierter Bereiche ist jedoch in typischen Anwendungen nicht zeitkritisch (da sie meist zum Aufräumen bei der Programmbeendigung gehört).
- *Maximale Speichernutzung*: Der für dynamischen Speicher bereitgestellte Adressbereich soll maximal dicht belegt werden. Das heißt, es sollen keine oder nur wenige nutzlose Lücken entstehen.
- *Adressraumausrichtung*: Viele Prozessoren kennen einschränkende Regeln für die adressmäßige Ausrichtung von Datentypen, die mehr als ein Byte umfassen. Die Anfangsadresse eines allozierten Speicherbereichs muss dies berücksichtigen. Dadurch kann zusätzlicher Verschnitt entstehen.

Spätestens bei der Implementierung einer dynamischen Speicherverwaltung wird klar, dass diese Wünsche nicht widerspruchsfrei sind. Je nach gewählter Lösung kann es zu einer internen oder externen Fragmentierung kommen. Damit wird das Phänomen bezeichnet, dass im Heap nutzlose Lücken entstehen. Bei der *externen Fragmentierung* liegt das Problem außerhalb der Heap-Verwaltung. Im

8.2 Dynamische Speicherbereitstellung (Heap)

Heap sind zwar Lücken vorhanden, die zusammengenommen ausreichend Speicher bereitstellen, um eine bestimmte Anforderung zu befriedigen. Nur sind im Problemfall die einzelnen Lücken alle kleiner als die Anforderung (Situation A in Abb. 8–8).

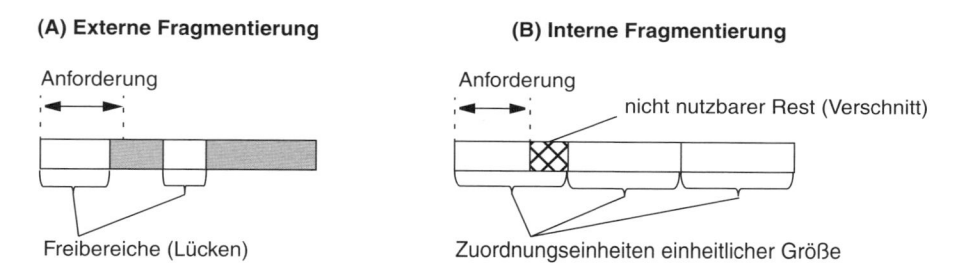

Abb. 8–8 *Externe und interne Fragmentierung (Beispiele)*

Diese nicht nutzbaren Lücken sind die Folge von aufeinander folgenden Reservierungen und Freigaben unterschiedlich großer Bereiche, die zu einer Zerstückelung (Fragmentierung) des freien Speichers führen. Die externe Fragmentierung kann nur auftreten, wenn die Heap-Verwaltung intern mit variablen Bereichsgrößen oder mit Mehrfachen einer Grundgröße arbeitet. In der Applikationssoftware kann über eine geschickte Wahl der Reservierungs- und Freigabereihenfolgen die externe Fragmentierung reduziert werden. Dies kann allerdings manchmal mit der geforderten Applikationslogik in Konflikt stehen. Es wurden verschiedene Lösungsstrategien mittels Entwurfsmustern (*design pattern*) beschrieben. Bei der *internen Fragmentierung* liegt jedoch das Problem innerhalb der Heap-Verwaltung. Sie kann dann auftreten, wenn intern mit festen Bereichsgrößen bzw. Größenklassen gearbeitet wird. Es ist unwahrscheinlich, dass alle Anforderungen genau auf diese intern verwalteten Größen passen, sodass die allozierten Bereiche nicht nutzbare Restbereiche beinhalten (Situation B in Abb. 8–8). Diese Restbereiche sind nicht mehr frei und anderweitig zuteilbar, da sie zu einer bestimmten Reservierung gehören. Die Ursache liegt also darin, dass die intern verwaltete Zuteilungseinheit größer ist als die Anforderung. Die nachfolgend beschriebenen Algorithmen leiden alle an der einen oder anderen Fragmentierungsproblematik bzw. sogar einer Kombination davon.

8.2.2 Grundprinzip der Speicherzuordnung

Das Grundprinzip einer Heap-Verwaltung besteht immer darin, einen größeren Adressbereich in kleinere Portionen zu unterteilen, entsprechend den eintreffenden Reservierungsanforderungen. Eine Anforderung verlangt einen zusammenhängenden Adressbereich, ohne dass sie eine bestimmte Startadresse erwarten darf. Es kann höchstens das Einhalten gewisser Ausrichtungsregeln im Speicher berücksichtigt werden, was wir vorerst aber ignorieren. Ferner gehen wir davon aus, dass der zur Verwaltung verfügbare Gesamtbereich nicht erweiterbar ist. Die Anforderung einer flexiblen Zuordnungsgröße führt zu schlecht nutzbaren Lücken zwischen reservierten Bereichen, wenn sich Reservierungen und Freigaben unterschiedlicher Größe beliebig abwechseln. Es entsteht eine externe Fragmentierung (bzw. *Checkerboarding*, siehe Abb. 8–9 für ein Beispiel).

Anfangssituation: gesamter dynamischer Speicherbereich unbelegt:

Situation nach 7 Reservierungen (noch keine Freigaben):

Situation nach 3 Freigaben:

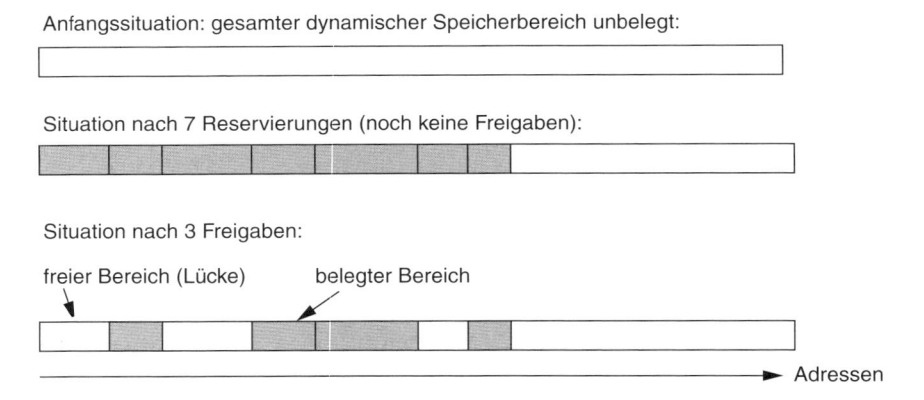

freier Bereich (Lücke)   belegter Bereich

→ Adressen

Abb. 8–9   *Externe Fragmentierung bei dynamischem Speicher (Beispiel)*

In speziellen Situationen, z.B. teilweise intern im Betriebssystem, wird Speicher reserviert und nie mehr freigegeben. In diesem Fall können keine nutzlosen Lücken entstehen. Eine andere Lösung wäre, die belegten Bereiche adressmäßig neu anzuordnen (umzukopieren), sodass keine Lücken mehr vorhanden sind. Dies bezeichnet man als Speicherverdichtung bzw. Kompaktierung. Dadurch entsteht aber ein neues Problem. Wie werden die an die Applikation abgegebenen Startadressen der allozierten Bereiche nachgeführt? Bei klassischen Lösungen, wie in C/C++, ist dies nicht möglich, da die Heap-Verwaltung die auf die allozierten Bereiche zugreifenden Programmstellen nicht kennt. Da direkt über die Startadressen zugegriffen wird, wäre ein nachträgliches Anpassen nur über das Abändern der benutzten Zeigerinhalte in der Applikation möglich.

Eine alternative Lösung beruht auf indirekt genutzten Referenzen in Form eines separaten *Master Pointer* pro alloziertem Bereich (siehe Abb. 8–10). Der Applikation werden die Adressen dieser Master Pointer angegeben, die selbst einen Teil der Heap-Verwaltung darstellen. Bei einer Speicherverdichtung würden dann nicht nur die Bereiche durch Umkopieren neu angeordnet, sondern die Master Pointer entsprechend den neuen Startadressen aktualisiert. Der Pferdefuß der Speicherverdichtung liegt jedoch an einem anderen Ort. Das Umkopieren bei der Neuanordnung ist ein zeitfressender Vorgang, der in vielen Fällen nicht akzeptabel ist. Eine Zwischenlösung könnte sich jedoch darauf beschränken, nur Teilbereiche des Heaps neu anzuordnen. Dies könnte zudem nur dann stattfin-

8.2 Dynamische Speicherbereitstellung (Heap)

den, wenn eine Anforderung ansonsten infolge der externen Fragmentierung nicht mehr befriedigt werden könnte.

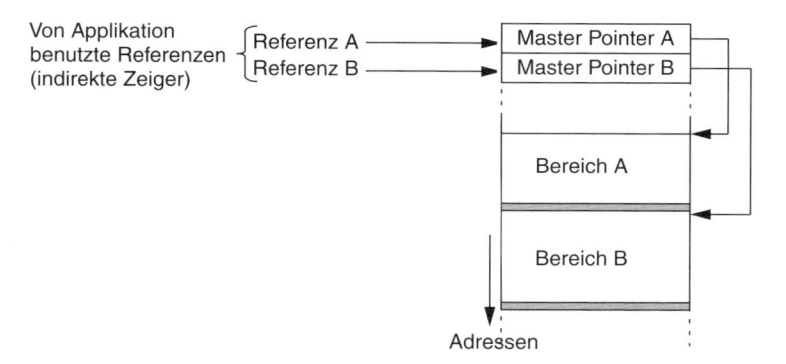

Abb. 8-10 *Indirekte Referenzierung mittels Master Pointer*

Die Benutzung der Master Pointer hat noch einen willkommenen Nebeneffekt. Sie bedeutet, dass die Heap-Verwaltungsdaten an einem sicheren Ort zentral gespeichert werden. Betrachtet man nämlich die übliche Lösung der teilweise auf die allozierten Bereiche verteilten Verwaltungsdaten, so kann ein fehlerhaftes Schreiben über das Ende eines allozierten Bereichs hinaus diese Verwaltungsdaten zerstören (siehe Abb. 8–11). Ein solcher Fall tritt beispielsweise bei einem versehentlichen Überschreiten des Vektorendes auf, was bei C/C++ bei fehlenden bzw. optionalen Laufzeittests nicht unwahrscheinlich ist.

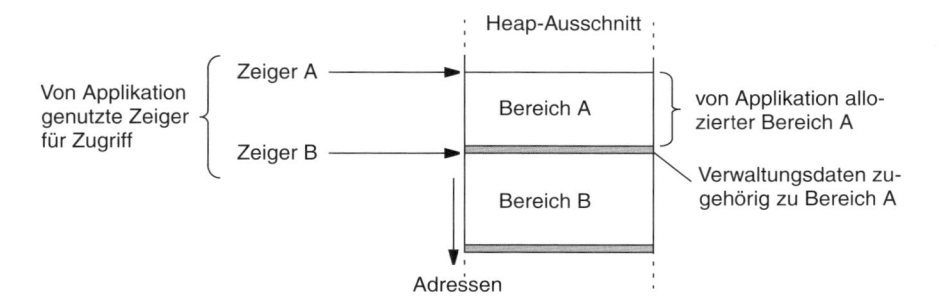

Abb. 8-11 *Verteilte Heap-Verwaltungsdaten (Beispiel)*

Eine weitere Verbesserung der Fragmentierungsproblematik kann erreicht werden, wenn bei einer Freigabe eine Zusammenlegung mit bereits freiem benachbartem Adressraum erfolgt (sogenannte Rekombination). Dies kann auf recht einfache Art und Weise innerhalb der Heap-Verwaltung gelöst werden. Es sind grundsätzlich vier verschiedene Situationen möglich (siehe Abb. 8–12). Wird Bereich b freigegeben, so ist eine Rekombination mit zwei benachbarten freien Bereichen möglich (1) oder eine Zusammenlegung mit nur einem benachbarten

Bereich (2)+(3) oder es liegt keine Möglichkeit zur Rekombination vor, wenn beide benachbarten Bereiche belegt sind (4).

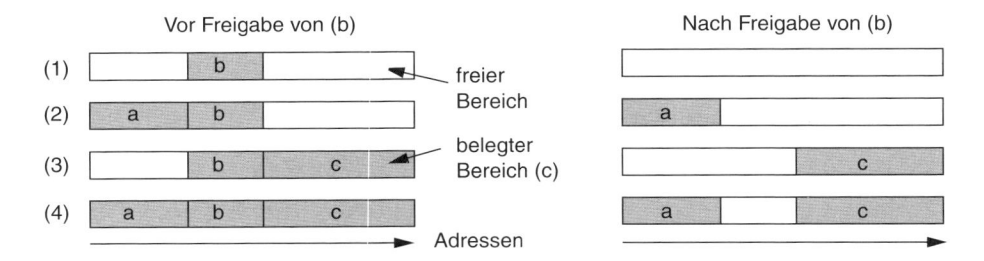

Abb. 8-12 *Mögliche Situationen für die Rekombination freier Bereiche*

Wird eine Reservierung angefordert, so muss eine freie Lücke in dem für dynamischen Speicher bereitgestellten Adressbereich gefunden werden. Üblicherweise existieren mehrere geeignete Lücken, sodass zusätzliche Auswahlkriterien nötig sind. Darin unterscheiden sich die für diesen Zweck bekannten Suchalgorithmen (mehr Details dazu später).

Für die dynamische Speicherallokation wird ein fester Adressbereich reserviert, den man als Halde (*heap*) oder Freispeicher (*free store*) bezeichnet. Ein Satz passender Routinen dient der Verwaltung der Halde (*heap management*). Diese Funktionen sind etwas unterschiedlich bezeichnet, realisieren im Wesentlichen aber immer die folgenden Dienste:

- *Einen Bereich einer wählbaren Größe reservieren*: Der Aufrufer der Funktion erhält als Resultat die Anfangsadresse des reservierten Bereichs (im Fehlerfall einen dafür reservierten Spezialwert, meist NULL bzw. 0).
- *Einen zuvor reservierten Bereich wieder freigeben*: Dieser steht anschließend für neue Reservierungen zur Verfügung. Der freizugebende Bereich wird üblicherweise durch seine Anfangsadresse identifiziert.

Beispiel für Reservierung (in C):
```
// Funktionsprototyp der Reservierungsfunktion
void * malloc(size_t size)
// Reserviere Bereich und weise Startadresse der Variablen pointer_to_int zu
int * pointer_to_int = (int *)malloc(sizeof(int));
```

Beispiel für Reservierung (in C++):
```
// Reserviert Platz für ein Element des Datentyps type-specifier
new type-specifier
// Es existieren mehrere Formate des new-Operators, z.B.
int * pointer_to_int = new int;
```

> **Beispiel für Freigabe (in C):**
> // Funktionsprototyp der Freigabefunktion
> void free(void * point);
>
> // Gibt den durch pointer_to_int identifizierten Speicherbereich frei
> free (pointer_to_int);

> **Beispiel für Freigabe (in C++):**
>   // Operator für Freigabe eines Bereichs, identifziert durch Startadresse
>   delete pointer
>
>   // Gibt den durch pointer_to_int identifizierten Speicherbereich frei
>   delete pointer_to_int;

Wenn wir davon ausgehen, dass freie Bereiche in einer Freiliste erfasst sind, so bedeutet eine Allokation, dass der Freiliste ein Bereich entnommen wird. Umgekehrt gilt, dass bei einer Freigabe eines Bereichs ein neuer Eintrag in der Freiliste entsteht, der genau den freigegebenen Bereich beschreibt. Moderne Konzepte entlasten den Programmierer von der Freigabe nicht mehr benötigter Bereiche, indem die Benutzung der Bereiche von der Speicherverwaltung überwacht wird. Wird ein Bereich nicht mehr benötigt, so erfolgt automatisch eine sogenannte *implizite Freigabe*. Dies steht im Gegensatz zum Aufruf einer Freigabefunktion, d.h. der *expliziten Freigabe*. Die Nutzung allozierter Bereiche kann z.B. über *Referenzzähler (reference counter)* erfasst werden. Dies bedingt eine entsprechende Unterstützung durch die Sprachumgebung und ist daher sprachabhängig unterstützt oder eben nicht. Der Compiler muss nämlich an passenden Stellen Code einfügen, der die Referenzzähler nachführt. Fällt der Wert eines derartigen Zählers auf null, so kann der Bereich freigegeben werden. Dies kann entweder sofort geschehen (*smart pointers*) oder zu einem passenden späteren Zeitpunkt, an dem sonst keine Aktivitäten stattfinden (Leerlauf). Im letzteren Fall wird eine sogenannte *Garbage Collection* durchgeführt, indem eine dafür zuständige Routine der Speicherverwaltung alle Referenzzähler überprüft und als Müll deklarierte Bereiche (Referenzzähler=0) abräumt, d.h. freigibt. Optimalerweise findet eine Garbage Collection immer nur in Leerlaufphasen statt. Allerdings kann es passieren, dass dies zu selten möglich ist und der Speicher knapp wird, d.h. einer Anforderung keine ausreichende Lücke mehr zur Verfügung steht. In dieser Situation muss dann erst eine Garbage Collection stattfinden (mit einer damit verbundenen zeitlichen Verzögerung). Es existieren alternative Verfahren zur Lösung mittels Referenzzähler, die auf Metadaten beruhen, die vom Compiler bei der Programmübersetzung bereitgestellt werden. Das in einem bestimmten Anwendungsfall benutzte Verfahren hängt vom Laufzeitsystem der Programmiersprache ab.

8.2.3 Übersicht Implementierungsvarianten

Wie im einleitenden Teil bereits angedeutet, kann man grob drei verschiedene Varianten zur Realisierung einer Heap-Verwaltung unterscheiden (siehe Abb. 8–13). Bei der Variante A wird eine variable Zuordnungsgröße unterstützt, d.h., jede Anforderung kann eine neue Größe haben. Dies wird auch verwaltungsintern so gehandhabt. Bei der Variante B werden entweder Blöcke einheitlicher Größe angeboten, oder eine variabel große Anforderung wird verwaltungsintern auf die nächste verfügbare Blockgröße aufgerundet. Zu diesem Zweck arbeitet die Verwaltung intern mit einer Reihe von Listen einheitlicher Blockgrößen. In der Variante C wird eine variable Anforderung intern auf das nächsthöhere Mehrfache einer einzigen einheitlichen Blockgröße aufgerundet, sodass eine Anforderung oft die Reservierung einer Reihe aufeinander folgender Blöcke zur Folge hat. Alle diese Varianten werden nachfolgend näher betrachtet. Zusätzlich ist das Buddy-System beschrieben, das als Variante D sich an die Variante B anlehnt.

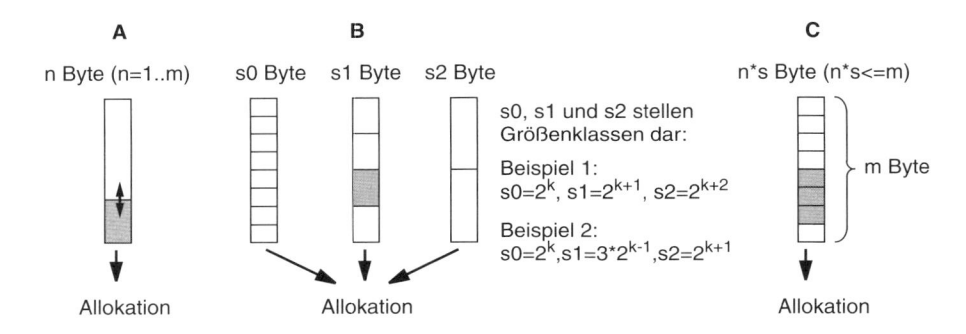

A n Byte (n=1..m) — Allokation

B s0 Byte s1 Byte s2 Byte — Allokation

s0, s1 und s2 stellen Größenklassen dar:

Beispiel 1:
s0=2^k, s1=2^{k+1}, s2=2^{k+2}

Beispiel 2:
s0=2^k, s1=$3*2^{k-1}$, s2=2^{k+1}

C n*s Byte (n*s<=m) — m Byte — Allokation

Abb. 8–13 Arten von Heap-Verwaltungen

8.2.4 Variante A: Variable Zuordnungsgröße

Wir gehen davon aus, dass eine Anforderung einer bestimmten Größe zu einer Reservierung genau der gleichen Größe führt, d.h. verwaltungsintern variabel große Blöcke belegt und freigegeben werden. Der Verwaltungssoftware fällt die Aufgabe zu, über belegte und freie Bereiche Buch zu führen. Diese Buchführung beruht in der Regel auf einer geketteten Liste aller freien Bereiche und ist z.B. nach Anfangsadressen sortiert. In Abbildung 8–14 ist ein Beispiel gezeigt, in dem jede freie Lücke über ihre Anfangsadresse und ihre Größe beschrieben ist.

8.2 Dynamische Speicherbereitstellung (Heap)

Situation im Speicher:

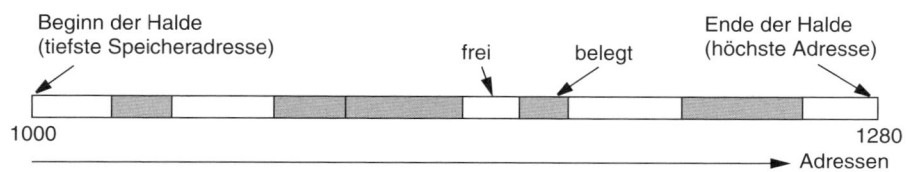

Beginn der Halde (tiefste Speicheradresse) — frei — belegt — Ende der Halde (höchste Adresse)

1000 1280
→ Adressen

Zugehörige Verwaltungsdaten (gekettete Liste):

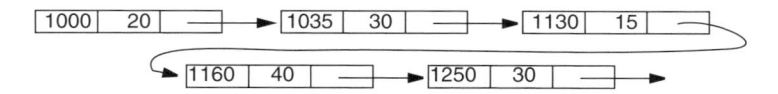

| 1000 | 20 | → | 1035 | 30 | → | 1130 | 15 | →
↳ | 1160 | 40 | → | 1250 | 30 | →

Abb. 8-14 *Beispiel für eine gekettete Freiliste. Jedes Listenelement beschreibt einen Freibereich über seine Startadresse und Größe.*

Es muss eine beliebige Reihenfolge von Reservierungen und Freigaben sowie damit verbundener Zuordnungsgrößen möglich sein. Wird die Reservierung eines Bereichs einer bestimmten Größe angefordert, so stehen folgende Suchalgorithmen für die Auswahl einer geeigneten Lücke in der Freiliste zur Verfügung:

1. *First Fit*: Bei einer Speicheranforderung wird die Liste vom Anfang an der Reihe nach durchgegangen, bis eine ausreichend große Lücke gefunden wird. Dies geht schnell, da die erste passende Lücke gewählt wird. Ist die gefundene Lücke größer als die Anforderung, so wird sie aufgeteilt und der verbleibende Restbereich als neue kleinere Lücke in die Freiliste eingefügt. Durch die Lückenauswahl werden vorzugsweise die am Anfang der Liste vorhandenen Lücken aufgeteilt, wodurch eine Massierung von kleinen Lücken am Listenanfang entsteht.

2. *Next Fit*: Dies ist ein modifiziertes *First-Fit*-Verfahren, bei dem sich der Algorithmus die Stelle in der Liste merkt, an der das letzte Mal eine Lücke ausreichender Größe gefunden wurde. Die Suche bei einer neuen Speicheranforderung beginnt dann nicht am Listenanfang (wie bei First Fit), sondern an dieser vermerkten Stelle. Das Verfahren ist also vergleichbar mit First Fit, nur dass die Suche an der Stelle der letztmals reservierten Lücke beginnt. Damit wird die Massierung von kleinen Lücken am Listenanfang vermieden. Simulationen zeigten jedoch eine schlechtere Leistung als beim First-Fit-Verfahren, indem in der Regel eine größere Fragmentierung entsteht (überall kleine Lücken und nicht nur bevorzugt am Listenanfang).

3. *Best Fit*: Bei diesem Verfahren wird die gesamte Liste nach der am besten passenden Lücke durchsucht (Minimierung der verbleibenden Lücke). Daher ist es langsamer und erzeugt auch eine größere Speicherverschwendung als

die ersten zwei Algorithmen, indem die verbleibenden Lücken oft so klein sind, dass sie von keinem großen Nutzen mehr sein können.
4. *Worst Fit*: Hier wird das *Best-Fit*-Prinzip auf den Kopf gestellt. Es wird die ganze Liste nach der größten verfügbaren Lücke durchsucht. Dieses Verfahren vermeidet die kleinen unnützen Lücken des *Best-Fit*-Verfahrens. Simulationen zeigten aber auch hier meistens eine nur mäßige Leistungsfähigkeit.

Letztlich ist die Speicherverschwendung jedoch von den konkreten Anforderungs- und Freigabesequenzen der nutzenden Programme abhängig. Oft liegt die Situation vor, dass Programme wiederholt Speicher von bestimmten Größen anfordern und freigeben, was mit dem Best-Fit-Verfahren zu sehr kleiner Fragmentierung führt. Ebenso kann die Listenverwaltung für derartige Fälle recht effizient mit Binärbäumen, die Listen von Lücken gleicher Größe enthalten, implementiert werden.

Obige vier Verfahren zählt man zur Gruppe der sequenziellen Einpassalgorithmen (*sequential fit algorithms*). Die Freilisten können jeweils nach den Prinzipien FIFO, LIFO oder adressmäßig aufsteigend (*address ordered*) sortiert sein. Meist wird die aufsteigende Sortierung nach Adressen verwendet, da sich damit sehr einfach freie benachbarte Bereiche erkennen und rekombinieren lassen. Bei all diesen Einpassalgorithmen wird versucht, die externe Fragmentierung möglichst klein zu halten. Keiner der Algorithmen ist jedoch ideal, da praktische Anwendungssituationen sehr unterschiedlich sein können. Je nach Situation ist der eine oder andere Algorithmus besser geeignet. Wird zusätzlich auf die Geschwindigkeit geachtet, so kann dies ebenfalls die Auswahl beeinflussen.

8.2.5 Variante B: Feste Blockgrößen bzw. Größenklassen

Lockert man die Anforderung der flexiblen Zuordnungsgröße, so kann man mehrere Freilisten einsetzen, die Blöcke jeweils einheitlicher Größe enthalten. Gegenüber dem reservierenden Prozess kann immer noch eine beliebige Blockgröße zulässig sein. In diesem Fall wird die angeforderte Größe *innerhalb der Allokationsfunktion* auf die nächsthöhere feste Blockgröße aufgerundet. Die Suche nach einer geeignete Lücke wird nun sehr einfach:

5. *Quick Fit*: Man führt getrennte Listen für verschiedene Lückengrößen. Da jede freie Lücke gleichwertig ist, kann stets die erste freie Lücke gewählt werden. Daher ist dieses Verfahren extrem schnell bei der Reservierung. Hingegen ist das Rekombinieren benachbarter Bereiche (sofern für den Listenausgleich angewendet) bei der Freigabe langsam, da aufwendig.

Die Verwaltung von Freilisten einheitlicher Größe stellt eine der einfachsten Organisationsformen dar. Dies trifft nicht nur für die Allokation, sondern auch für die Freigabe zu. Wird ein Bereich freigegeben, so landet er einfach in der Frei-

8.2 Dynamische Speicherbereitstellung (Heap)

liste der für ihn zutreffenden Größe. Er kann dort an beliebiger Stelle eingeordnet werden, da ja alle Listeneinträge gleichwertig sind. Das oben genannte Verfahren 5 und Varianten davon zählt man zu den sogenannten separierten Freilisten (*segregated free lists*). Variationen des Algorithmus haben folgende Eigenschaften:

- Zur effizienten Suche werden Blockgrößen in vordefinierte Größenklassen (*size classes*) eingeteilt. Pro Größenklasse wird eine separate Freiliste mit Blöcken der betreffenden Größenklasse verwaltet. Die Größenklassen stellen eine Regel zur Festlegung der unterstützten Blockgrößen dar. Sie werden so gewählt, dass eine effiziente Verwaltung möglich wird. Übliche Werte für die Größenklassen sind z.B. Zweierpotenzen (2^k Byte), d.h., eine Anforderung der Größe 20 Byte wird aus der Größenklasse 32 Byte befriedigt. Eine Verfeinerung stellen Größenklassen von 2^k kombiniert mit $3 * 2^k$, z.B. 16, 24, 32, 48 Byte, dar. Ein Anforderung der Größe 20 Byte kommt dann in die Größenklasse 24 Byte zu liegen (reduzierter Verschnitt).
- Die Vorgabe einer festen Blockgröße pro Größenklasse wird abgeschwächt, indem eine Größenklasse Blöcke ihrer Größe bis zu einer Größe der darüber liegenden Größenklasse enthalten darf. Zum Beispiel kann die Größenklasse 32 Byte Blöcke mit Größen von 32..63 Byte enthalten (für Größenklassen von 2^k). Derartige Listen stellen eine Zwischenform in Richtung zur Verwaltung beliebiger Blockgrößen dar. Entsprechend bieten sich wieder eher die Algorithmen 1 bis 4 zur Verwaltung an.
- Ist die Freiliste einer bestimmten Größe erschöpft, so wird vom Betriebssystem neuer Speicher angefordert, der dann unterteilt und in die Freiliste eingefügt wird. Alternativ können nächstgrößere Blöcke zum Auffüllen einer leeren Freiliste *aufgeteilt* werden. Entsprechend sind auch kleinere Blöcke zur nächsthöheren Blockgröße zu *rekombinieren*. Mittels des Aufteilens größerer Blöcke bzw. des Rekombinierens kleinerer Blöcke kann ein Ausgleich zwischen den verschiedenen Listen erfolgen. Arbeitet man jedoch ohne Aufteilung und Rekombination, so ist nachteilig, dass die verschiedenen Listen Gefahr laufen, unterschiedlich stark benutzt zu werden. So könnte eine Liste mit Blöcken der Größe 1 KB bereits erschöpft sein, während eine andere Liste mit Blöcken von 512 Byte noch gut gefüllt ist.

Eine weitere Variante der separierten Freilisten wird beim *Buddy-System* angewendet und ist als Variante D in Abschnitt 8.2.7 detailliert beschreiben.

8.2.6 Variante C: Mehrfache einer festen Blockgröße

Will man auf mehrere Listen unterschiedlicher Blockgrößen verzichten, so kann man ein Verfahren anwenden, das mittels einer einzigen Liste einer einheitlichen Blockgröße arbeitet. Konkrete Speicheranforderungen werden stets auf die nächsthöhere Blockanzahl aufgerundet, die zusammengefasst die Anforderung vollständig befriedigen kann. Ist zum Beispiel die Anforderung kleiner als diese Blockgröße, so wird ein einziger Block alloziert. Übersteigt die Anforderung die Blockgröße, so werden mehrere benachbarte Blöcke alloziert. Bei diesem Verfahren ist die interne Fragmentierung pro Allokation auf die einheitliche Blockgröße begrenzt. Allerdings kann auch eine externe Fragmentierung entstehen. In diesem Verfahren bieten sich zwei Möglichkeiten für die interne Datenhaltung der Heap-Verwaltung an:

- Speicherverwaltung mit *Bitliste*
- Speicherverwaltung mit *verketteter Liste*

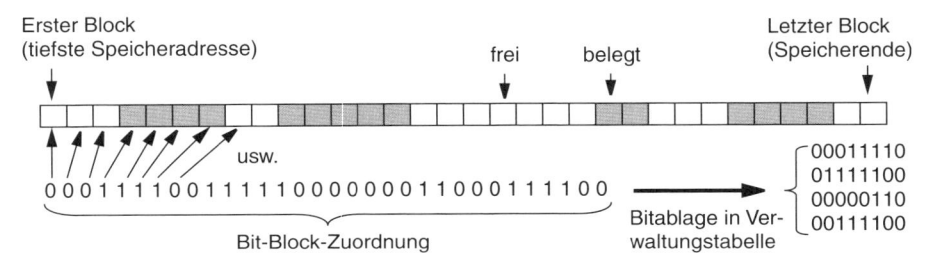

Abb. 8–15 *Speicherverwaltung mit Bitliste (Beispiel)*

Die Ausgangslage ist eine Unterteilung des zu verwaltenden Speichers in eine Menge *gleich großer* Blöcke. Bei der Lösung mit *Bitlisten* wird pro Block ein Verwaltungsbit angelegt, das mit einer 1 eine Belegung des Blocks bzw. mit 0 einen freien Block anzeigt. Alle Bit werden in einer Verwaltungstabelle in der Reihenfolge der im Speicher verwalteten Blöcke abgelegt (Belegungsplan, Bitmap). Im Speicher belegt diese Kette von Verwaltungsbit eine um den Faktor 8 kleinere Anzahl von Byte (d.h. 1 Byte nimmt 8 Verwaltungsbit auf). In Abbildung 8–15 ist ein einfaches Beispiel gezeigt. Die Verwaltung eines festen Speicherbereichs mit einer solchen Bitmap ist sehr einfach. Es können sich jedoch lange Suchzeiten ergeben, wenn es darum geht, für einen Prozess eine bestimmte Anzahl zusammenhängender Blöcke bereitzustellen. Dies heißt nämlich, die ganze Bitliste nach einer entsprechenden Anzahl aufeinander folgender Nullen abzusuchen. Die dazu infrage kommenden Suchalgorithmen sind in Abschnitt 8.2.4 beschrieben.

Ein einzelner Block stellt die kleinste Zuordnungsgröße und damit die Granularität des Verfahrens dar. Die Wahl dieser Blockgröße ist daher eine kritische Entwurfsfrage. Je kleiner die Blockgröße ist, umso mehr Bit umfasst die Bitliste. Ist die Blockgröße groß, dann entsteht mehr interne Fragmentierung durch nur teilweise belegte Blöcke. Bei der Lösung mit einer verketteten Liste wird über freie und belegte Bereiche Buch geführt. Und zwar wird jeder Bereich durch die *Art (Lücke oder Prozess)*, die *Nummer des ersten Blocks* und die *Länge des Bereichs* (in Anzahl Blöcken) beschrieben. Wie bei der Bitliste basiert die Verwal-

8.2 Dynamische Speicherbereitstellung (Heap)

tung auf einer Unterteilung des zu verwaltenden Speichers in einheitlich große Blöcke. In der verketteten Liste werden in der Reihenfolge, wie die Bereiche ab der Adresse 0 an aufwärts im Speicher liegen, Listenelemente geführt. Neben den drei bereits erwähnten beschreibenden Angaben enthält jedes Listenelement einen Zeiger auf das nächste Element in der Liste. Abbildung 8–16 zeigt ein Beispiel.

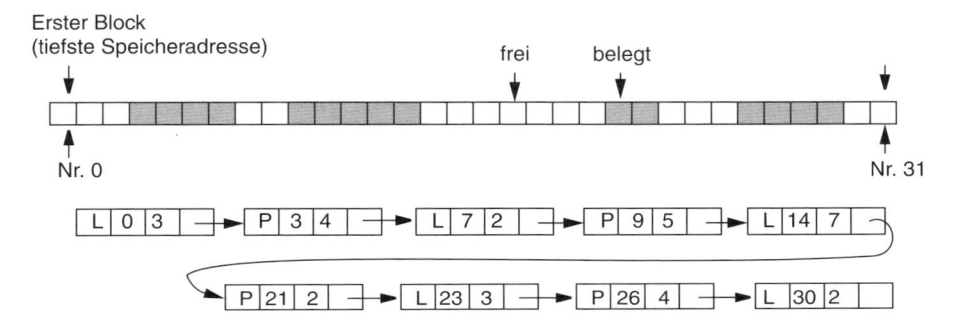

Abb. 8–16 *Speicherverwaltung mit verketteter Liste (Beispiel)*

Die Sortierung der Liste nach Adressen ist vorteilhaft, wenn ein Block frei wird und daneben ein oder zwei bereits freie Blöcke liegen. Diese lassen sich dann sehr einfach zu einem größeren Freibereich rekombinieren. Dies reduziert nicht nur die Anzahl der Listenelemente, sondern stellt auch größere Freibereiche für die Neubelegung zur Verfügung. In Abbildung 8–12 wurden bereits mögliche Situationen gezeigt, in denen eine Rekombination stattfinden kann. Liegt eine Anforderung vor, so muss die Liste nach einem passenden freien Bereichen abgesucht werden. Dazu kommen die Suchverfahren infrage, die in Abschnitt 8.2.4 besprochen wurden (First Fit, Next Fit, Best Fit, Worst Fit).

8.2.7 Variante D: Buddy-System

Für die Reservierung von Bereichen einheitlicher Größe wurde ein leistungsfähiges Verfahren entwickelt, das die bereitgestellten Blöcke optimal den Anforderungen anpasst. Dieser sogenannte Buddy-Algorithmus erlaubt Blockgrößen von 2^k Byte, wobei gilt:

$$n <= k <= m$$

mit 2^n als kleinste unterstützte Blockgröße und 2^m als Größe des gesamten reservierbaren Speichers.

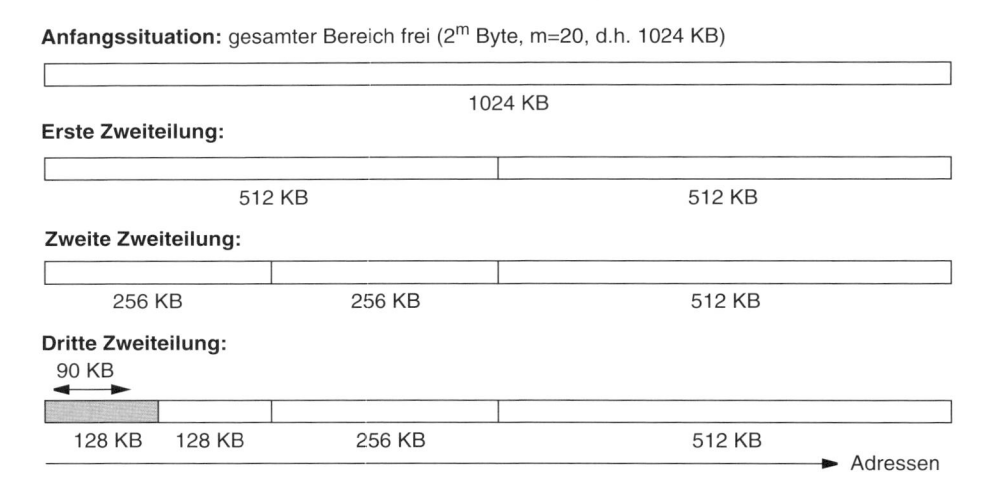

Anfangssituation: gesamter Bereich frei (2^m Byte, m=20, d.h. 1024 KB)

```
|                           1024 KB                           |
```

Erste Zweiteilung:

```
|           512 KB          |           512 KB          |
```

Zweite Zweiteilung:

```
|  256 KB   |   256 KB   |           512 KB          |
```

Dritte Zweiteilung:
90 KB

```
|▓▓▓▓▓▓▓|           |            |                       |
  128 KB   128 KB       256 KB              512 KB
```
→ Adressen

Abb. 8–17 Allozierungsbeispiel für das Buddy-System (Reservierung von 90 KB)

Grundsätzlich können Blöcke einer beliebigen Größe angefordert werden. Für die Zuteilung eines freien Bereichs werden diese Größen aber *verwaltungsintern* auf die nächste Zweierpotenz aufgerundet (z.B. 400 auf 512 Byte). Dadurch entstehen prinzipbedingt ungenutzte Bereiche. Es handelt sich um eine *interne Fragmentierung*, da das Problem innerhalb der Speicherverwaltung entsteht. Die Idee einer einfachen Verwaltung beruht darin, anfänglich einen einzigen freien Block der Gesamtgröße an reservierbaren Speichers bereitzustellen. Dieser hat die Größe 2^m Byte. Die Zuteilung des gesamten Bereichs für eine Anforderung, die mit einer kleineren Größe von 2^k Byte befriedigt werden kann, wäre nicht sinnvoll. Daher wird der freie Bereich so lange zweigeteilt, bis Blöcke einer Größe 2^k vorliegen. Da bei jeder Zweiteilung zwei gleich große Blöcke entstehen, wird das Verfahren *Buddy-System* genannt (Buddy = Kumpel). Die Funktionsweise des Verfahrens kann anhand eines Beispiels am besten gezeigt werden. In Abbildung 8–17 ist eine mögliche Situation dargestellt. Es wird eine Reservierung von 90 KB angefordert.

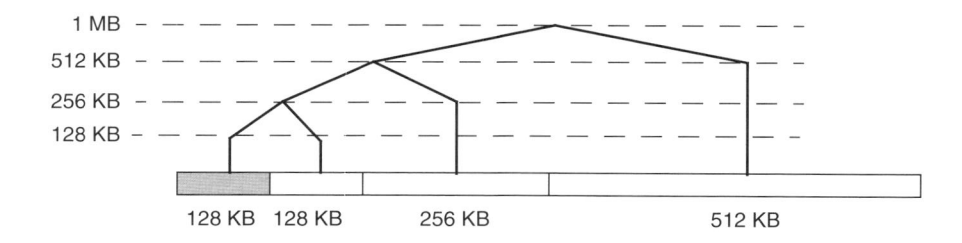

Abb. 8–18 Darstellung als Binärbaum im Buddy-System (Beispiel)

8.2 Dynamische Speicherbereitstellung (Heap)

In einem iterativen Ablauf wird ein freier Block geprüft, ob er mit halber Größe zu klein wäre, um die Anforderung zu befriedigen. Falls nein, wird der Block in seiner Größe halbiert und es entstehen daraus zwei neue Blöcke halber Größe. Diese Iteration wird fortgeführt, bis ein einzelner freier Block von 128 KB vorliegt, der dann reserviert wird. Die resultierende Blockorganisation aus dem Beispiel kann in Form eines Binärbaums dargestellt werden (siehe Abb. 8–18).

In Abbildung 8–19 ist das Verhalten des Buddy-Systems beispielhaft mit einer Abfolge von Reservierungen und Freigaben gezeigt. Ergibt sich die Situation zweier benachbarter Bereiche, die auch Buddies sind, so werden diese zu einem doppelt so großen Block rekombiniert. Ein einfacher Test, ob zwei benachbarte Blöcke der Größe 2^k Buddies sind, lässt sich auf ihren Startadressen durchführen (siehe Abb. 8–20).

Anfangssituation: gemäß Beispiel aus vorangehender Figur

90 KB

| 128 KB | 128 KB | 256 KB | 512 KB |

Neue Reservierung von 200 KB:

90 KB   200 KB

| 128 KB | 128 KB | 256 KB | 512 KB |

Neue Reservierung von 190 KB:

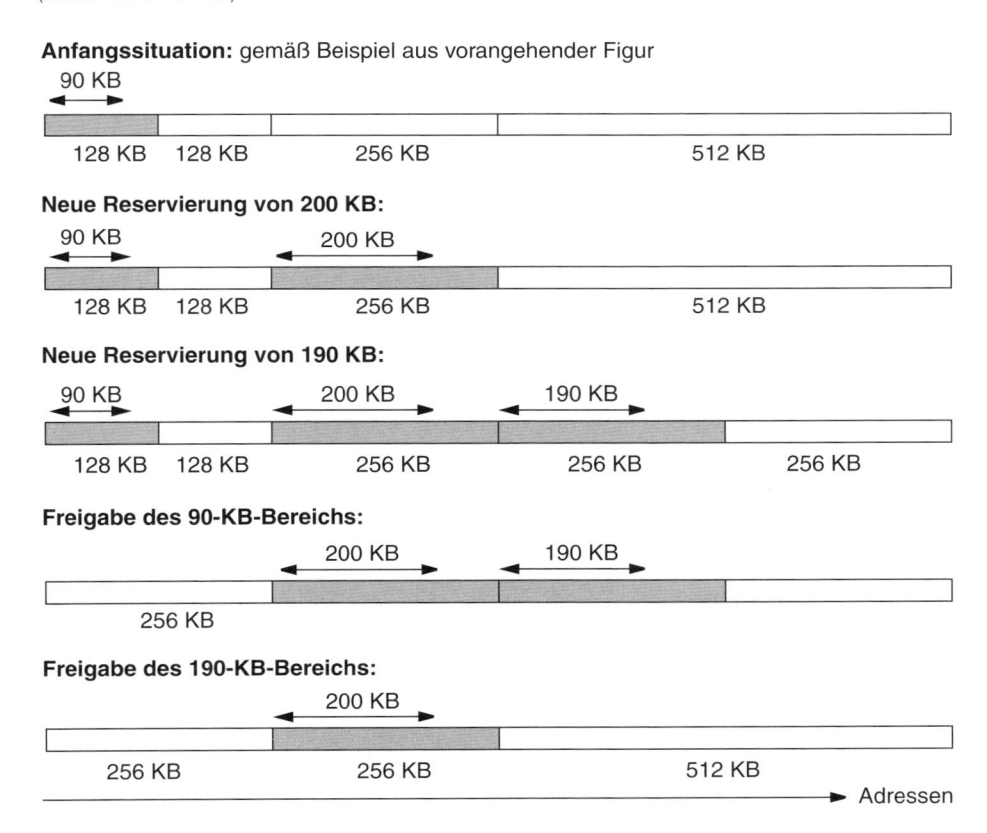

90 KB   200 KB   190 KB

| 128 KB | 128 KB | 256 KB | 256 KB | 256 KB |

Freigabe des 90-KB-Bereichs:

200 KB   190 KB

| 256 KB |

Freigabe des 190-KB-Bereichs:

200 KB

| 256 KB | 256 KB | 512 KB |

→ Adressen

Abb. 8–19 Beispielabfolge von Reservierungen und Freigaben im Buddy-System

Unterscheiden sich diese nur in der Bitposition k, so sind es Buddies (Bitposition 0 sei niedrigstwertiges Bit). Andernfalls sind es keine Buddies, sondern sie sind aus zwei *verschiedenen* Blöcken der Größe 2^{k+1} entstanden. Daher können sie auch nicht rekombiniert werden. Dieser Effekt ergibt eine *zusätzliche interne Fragmentierung*, sodass die mögliche Speichernutzung des Buddy-Systems je nach Anforderungs- und Freigabefolge irgendwo zwischen 50 und 100% liegt!

```
0000   Block 0        4 Byte Blockgröße
0001                  → k=2 → nur Bitposition 2 darf ungleich sein!
0010
0011
0100   Block 1        Buddies?
0101                  Block 0, Startadresse 0000
0110                  Block 1, Startadresse 0100
0111                  Block 2, Startadresse 1000
1000   Block 2        → Block 0, Block 1 sind ein Buddy-Pair
1001                  → Block 1, Block 2 sind kein Buddy-Pair
1010
1011
1100   Block 3
```

Abb. 8-20 *Test auf Buddy-Pair (Beispiel)*

Die verbleibenden, nicht rekombinierbaren Freibereiche werden in Freilisten verwaltet, sodass prinzipiell für jedes k (n <= k <= m) eine *separate Freiliste* zu führen ist (siehe Abb. 8–21).

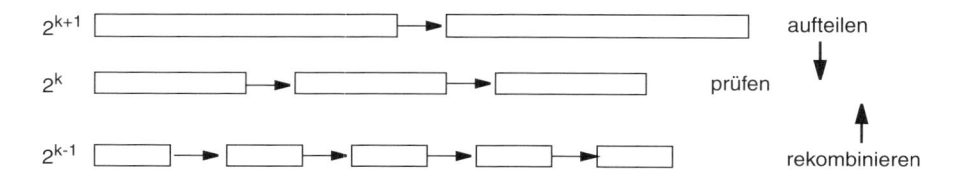

Abb. 8-21 *Freilisten im Buddy-System (Beispiel)*

Da davon ausgegangen werden muss, dass die einzelnen Freilisten leer sein können, ist für die Speicherallokation eine *rekursive Funktion* nötig. Unten ist eine derartige Funktion namens allocate() in ihren wesentlichen Eigenschaften gezeigt. Wir gehen einfachheitshalber davon aus, dass allocate() für die Speicherallokation eines Bereichs von 2^{k-1} < *Größe* <= 2^k mit dem Argument k aufgerufen wird. Erlaubte Blockgrößen seien 2^k mit $n <= k < m$.

```c
void * allocate (int k)
{
  if (k >= m) {
    // Allokation nicht möglich: gebe NULL zurück
    return (void *)0;
  }
  if ('Freiliste(k) leer') {
    // Rekursiver Aufruf
```

8.2 Dynamische Speicherbereitstellung (Heap)

```
        p = allocate (k+1);
        'Teile Bereich mit Anfangsadresse p in 2 Hälften'
        'Trage die zwei Buddies in die Freiliste(k) ein'
    }
    'Entnehme ersten Freibereich aus der Freiliste(k)'
    return 'Anfangsadresse des entnommenen Bereichs'
}
```

Die Freigabe eines Bereichs beinhaltet:

- Bereich in die Freiliste seiner Größe zuvorderst einfügen
- Freiliste nach Anfangsadressen sortieren
- Ausgehend vom neu eingefügten Element prüfen, ob eine Rekombination mit einem seiner Nachbarn möglich ist (falls ja, so muss diese Prüfung rekursiv fortgesetzt werden, damit alle denkbaren Rekombinationen stattfinden)

Zur Rekombination bei der Freigabe ist zu bemerken, dass dies nicht sehr effizient ist, wenn Blöcke der freigegebenen Größe bald wieder alloziert werden. Dies kann beispielsweise bei einer betriebssysteminternen dynamischen Speicherverwaltung der Fall sein. In dieser Situation hat sich ein *modifiziertes Buddy-System* bewährt, in dem die Rekombination freigegebener Blöcke verzögert erfolgt. Dazu wird pro Blockgröße eine Freiliste geführt. Für jede Blockgröße darf die betreffende Freiliste maximal so viele Einträge enthalten, wie Blöcke der gleichen Größe belegt sind. Ansonsten wird eine Rekombination versucht. Diese Lösung wird als *lazy buddy system* bezeichnet. Einsatz findet es beispielsweise im *kernel memory allocator* des Unix System V Release 4, auf dem viele Unix-Varianten beruhen (z.B. Sun Solaris).

8.2.8 Heap-Erweiterung

Bei der Betrachtung der verschiedenen Verwaltungsalgorithmen sind wir davon ausgegangen, dass ein Gesamtbereich einer festen Größe zu verwalten ist. Besonders bei der Verwaltung beliebiger Zuordnungsgrößen kann das Problem der externen Fragmentierung entstehen. Eine einfache Lösung, die in der Praxis oft angewendet wird, besteht darin, den verwalteten Heap gesamthaft zu vergrößern, wenn eine Allokation sonst fehlschlagen würde. Dazu wird im Prozessadressraum die für den Heap reservierte Region erweitert. Unter Unix/Linux ist dies beispielsweise mit der Systemfunktion `sbrk()` oder `mmap()` möglich. Der Vorgang zur Heap-Erweiterung findet jedoch innerhalb der Heap-Verwaltung statt und ist daher für die Applikation nicht sichtbar bzw. automatisiert.

8.2.9 Heap-Management in Windows

User Mode

Das Heap-Management in Windows ist aus mehreren Schichten aufgebaut (siehe Abb. 8–22). Es wird ein Verwaltungsschema benutzt, das aus Vordergrund- und Hintergrundallokatoren (*front-end and back-end allocators*) besteht. Ein Vordergrundallokator baut intern auf einer Freiliste von Blöcken einheitlicher Größe auf, von denen er die zu allozierenden Bereiche abschneidet. Kann von dieser Freiliste nicht alloziert werden, so greift er auf einen Hintergrundallokator zurück und holt sich von dort einen größeren Block, den er in kleinere Blöcke zerschneidet. In Betriebssystemen mit virtuellem Speicher ist der letztinstanzliche Hintergrundallokator das virtuelle Speichersystem selbst. Es stellt virtuelle Seiten als Blöcke einheitlicher Größe zur Verfügung. In Abbildung 8–22 ist dies als *back-end allocator 2* bezeichnet.

In der nächsthöheren Schicht stellt Windows eine generische Heap-Verwaltung zur Verfügung (in Abb. 8–22 als *back-end allocator 1* bezeichnet). Diese benutzt intern 127 Freilisten mit Blockgrößen von 8 (= 2^3) bis 1024 (= 2^{10}) Byte, die jeweils auf einer 8-Byte-Grenze im Adressraum ausgerichtet sind. Zusätzlich wird eine Sammelliste (*grab-bag list*) für Blöcke größer als 1024 Byte eingesetzt. Die Freilisten sind als doppelt verkettete Listen realisiert. Bei Freigaben findet automatisch eine Rekombination mit benachbarten freien Lücken statt, was hilft, die Fragmentierung klein zu halten. Auf der generischen Heap-Verwaltung setzt die Windows-Heap-Verwaltung (*Windows heaps*) auf, die mittels einer Aufrufschnittstelle die Heap-Funktionen den Windows-Subsystemen und den Applikationsprozessen zugänglich macht (in Abb. 8–22 als *front-end allocator 2* bezeichnet). Die *Windows-heaps*-Schicht wird von Microsoft als dünne Hülle (*thin wrapper*) um die generischen Heap-Funktionen beschrieben.

Für jeden gestarteten Prozess wird ein Standard-Heap (*default heap*, ④ in Abb. 8–22) im Adressraum des Prozesses angelegt. Er dient primär für Speicherallokationen von Systemfunktionen, die im Benutzermodus ablaufen. Zudem wird er von den älteren Windows-Allokationsfunktionen und dem COM Allokator genutzt (① und ② in Abb. 8–22). Neben dem Standard-Heap kann jeder Prozess private Heaps anlegen (⑤ in Abb. 8–22). Laufzeitsysteme von Programmiersprachen, wie z.B. die C-Funktionsbibliothek (③ in Abb. 8–22), legen auch separate Heaps für ihre Zwecke an. Zu beachten ist, dass pro Heap die Verwaltung über jeweils einen einzigen Semaphor (*global lock*) für den Multithreading-Betrieb abgesichert ist. Dies kann ein Leistungsengpass sein, wenn viele Threads gleichzeitig die Heap-Funktionen aufrufen.

Bei der Prozesserzeugung wird ohne spezielle Angaben für den Standard-Heap ein Adressbereich von 1 MB reserviert. Andere Größen lassen sich jedoch

8.2 Dynamische Speicherbereitstellung (Heap)

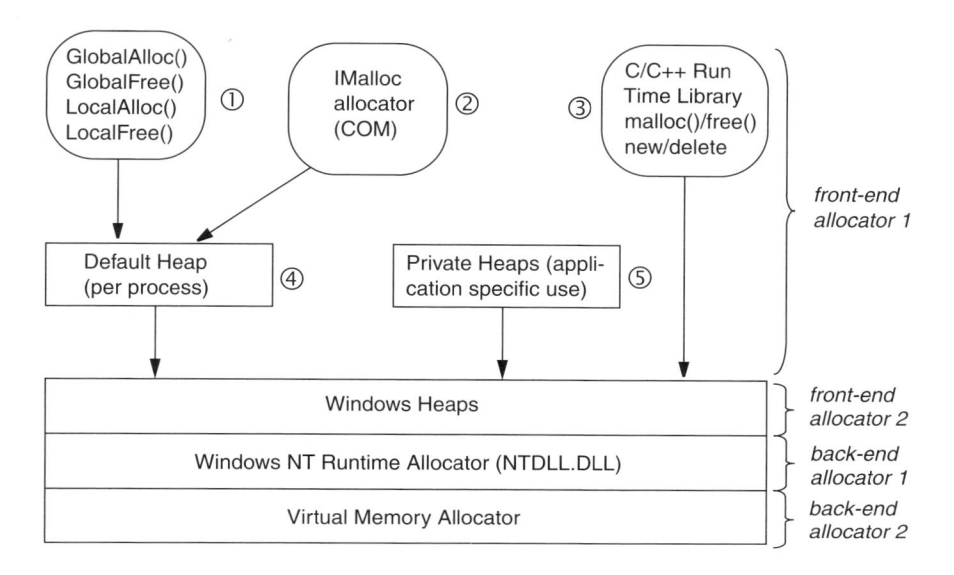

```
┌─────────────┐     ┌─────────────┐          ┌─────────────┐
│ GlobalAlloc()│    │   IMalloc   │          │ C/C++ Run   │
│ GlobalFree() │ ①  │  allocator  │ ②    ③   │ Time Library│
│ LocalAlloc() │    │   (COM)     │          │ malloc()/free()│
│ LocalFree()  │    │             │          │ new/delete  │
└──────┬──────┘     └──────┬──────┘          └──────┬──────┘
       │                   │                         │       ⎫ front-end
       │                   ▼                         │       ⎬ allocator 1
       │        ┌──────────────────────┐             │       ⎭
       ▼    ④   │ Private Heaps (appli-│ ⑤           │
┌─────────────┐ │ cation specific use) │             │
│ Default Heap│ └──────────┬───────────┘             │
│ (per process)│           │                         │
└──────┬──────┘            │                         │
       │                   │                         │
       ▼                   ▼                         ▼
┌──────────────────────────────────────────────────┐ ⎫ front-end
│               Windows Heaps                       │ ⎬ allocator 2
├──────────────────────────────────────────────────┤ ⎫ back-end
│       Windows NT Runtime Allocator (NTDLL.DLL)    │ ⎬ allocator 1
├──────────────────────────────────────────────────┤ ⎫ back-end
│              Virtual Memory Allocator             │ ⎬ allocator 2
└──────────────────────────────────────────────────┘ ⎭
```

Abb. 8-22 *Dynamische Speicherallokation unter Windows*

beim Binden mit dem *linker flag* /HEAP wählen. Reicht die vorgegebene Größe des Heaps im Betrieb nicht aus, so reserviert Windows im virtuellen Adressraum einen zweiten Bereich. Diese automatische Heap-Erweiterung wird notfalls fortgeführt, bis der virtuelle Adressraum voll belegt ist.

Private Heaps können mittels der Systemfunktion HeapCreate() angelegt werden. Für den Speicherbezug und die Freigabe stehen die Systemaufrufe HeapAlloc() und HeapFree() zur Verfügung. Zu Testzwecken können mithilfe des Dienstprogramms *Gflags.exe* (aus den Windows Support-Tools) interne Validierungschecks eingeschaltet werden. Gründe für die Verwendung privater Heaps können sein:

- *Bessere Multithreading-Leistung*: Dies kann wegen des *global lock* im Multithreading-Betrieb sinnvoll sein. Wenn jeder Thread einen eigenen Heap besitzt, kommen sich die Threads gegenseitig nicht in die Quere.
- *Schnellere Speicherreservierung*: Oft kommt es vor, dass einzelne Programmteile stets gleich große Bereiche allozieren und freigeben. In einem C++-Programm könnte dies durch unterschiedliche Klassen oder Klasseninstanzen geschehen. Hier wären separate Heaps pro Klasse mittels Überladen von new und delete denkbar.
- *Bessere Nutzung des Lokalitätseffekts*: Liegen reservierte Bereiche näher zusammen (räumliche Lokalität), so ist die Wahrscheinlichkeit größer, dass sie sich in der schnellsten Speicherstufe befinden. Zusätzlich kommt die zeitliche Lokalität zum Tragen, wenn beispielsweise pro Thread ein eigener Heap benutzt wird (Scheduling-Einfluss).

- *Schnellere Freigabe*: Wird ein Programmteil verlassen, so sind oft viele reservierte Bereiche auf einmal freizugeben. Sind dies die einzigen Reservierungen innerhalb eines privaten Heaps, so kann dies besonders schnell durch die Zerstörung des gesamten Heaps geschehen. Als Beispiel könnte der Fall der Zerstörung eines C++-Objekts dienen.
- *Höhere Sicherheit*: Will ein fehlerhafter Thread unendlich viel Speicher reservieren, so ist bei der Verwendung eines privaten Heaps der Schaden auf den verursachenden Thread begrenzt.

Die Windows Heap-Verwaltung benutzt verteilte Verwaltungsdaten. Das heißt, jede Anforderung wird intern um die Menge zugehöriger Verwaltungsdaten vergrößert. Diese Verwaltungsdaten können beschädigt werden, wenn eine Applikation über das Ende eines allozierten Bereichs hinaus schreibt. Es wird grundsätzlich ein Algorithmus für beliebige Zuordnungsgrößen verwendet. Für Allokationsgrößen bis 16 KB wird jedoch ein sogenannter *Low-Fragmentation Heap (LFH)* benutzt. Der zur Anwendung kommende Algorithmus ist eine geschickte Kombination von Variante B und C gemäß Abbildung 8–13, mit der versucht wird, einen Kompromiss zwischen interner und externer Fragmentierung zu finden.

Kernel Mode

Für Systemfunktionen, die im *Kernmodus* ablaufen, und auch für Treiber steht eine spezialisierte dynamische Speicherverwaltung zur Verfügung. Diese greift auf zwei Ressourcen zu:

- *Paged pool*: Dieser Heap kann bei Hauptspeicherknappheit durch die Verwaltung des virtuellen Speichers teilweise oder ganz auf den Massenspeicher ausgelagert werden (*paging*).
- *Nonpaged pool*: Dieser Heap ist permanent im Hauptspeicher, d.h., er kann nie auf den Massenspeicher ausgelagert werden. Der dem Heap zugeordnete Teil des virtuellen Adressraums hat somit jederzeit eine Abbildung in den physischen Speicher.

Der *nonpaged pool* ist in zwei Situationen die richtige Wahl: erstens, wenn zeitkritische Zugriffe nötig sind, und zweitens, wenn Code auf privilegierten Interrupt-Prioritätsstufen abläuft, in denen der Seitenwechsel nicht erlaubt ist (dies trifft für die Interrupt-Serviceroutinen von Treibern zu). In Fällen, in denen wiederholt Blöcke gleich bleibender Größe alloziert und wieder freigegeben werden (z.B. in E/A-Treibern), steht eine Funktionsgruppe zur besonders effizienten Heap-Verwaltung zur Verfügung. Diese arbeitet als *front-end allocator* auf den obigen zwei Heaps und basiert auf sogenannten *lookaside lists*. Diese stellen Freilisten einheitlicher Blockgröße dar.

8.3 Verwaltung von Prozessadressräumen

Nachdem ein Programm übersetzt wurde, steht es dem Betriebssystem in Form einer ausführbaren Datei zur Verfügung. Dies gilt für Systeme, die Programme persistent auf Massenspeichern ablegen. Eine ausführbare Datei (*executable*) ist intern entsprechend den Regeln eines sogenannten Objektdateiformats (*object file format*) strukturiert. Ein Betriebssystem kann ein oder mehrere solche Formate unterstützen. Auf jeden Fall muss eine ausführbare Datei alle Informationen bereithalten, die das Betriebssystem zum Laden und Starten des Programms benötigt. Beim Laden eines Programms müssen Bereiche im Adressraum zum Beispiel für Code, Daten, Heap und Stack reserviert werden. Ein laufendes Programm kann zudem Threads erzeugen, gemeinsame Speicherbereiche mit anderen Prozessen einrichten und weitere Aktionen ausführen, die wiederum Bereiche im Prozessadressraum betreffen. Das Betriebssystem muss über alle diese Belegungen des Adressraums Buch führen. Nur so ist es in der Lage, neue Reservierungen ohne Kollisionen mit bestehenden Belegungen durchzuführen.

8.3.1 Adressraumnutzung durch Programme

Übersetzt man den Hochsprachen-Quellcode eines Programms in ausführbaren Code, so gruppieren die Übersetzungswerkzeuge die einzelnen Programmteile gemäß der Adressraumnutzung in benannte Sektionen (für Details siehe Abschnitt 10.2.2). Damit ist das Betriebssystem in der Lage, die entsprechenden Teile des Adressraums bereitzustellen und soweit nötig mit Inhalten ab der ausführbaren Datei zu laden. In Abbildung 8–23 ist ein einfaches Beispiel gezeigt, in dem die Sektionsnamen der GNU-Übersetzungswerkzeuge (*GNU Compiler Collection, GCC*) benutzt werden.

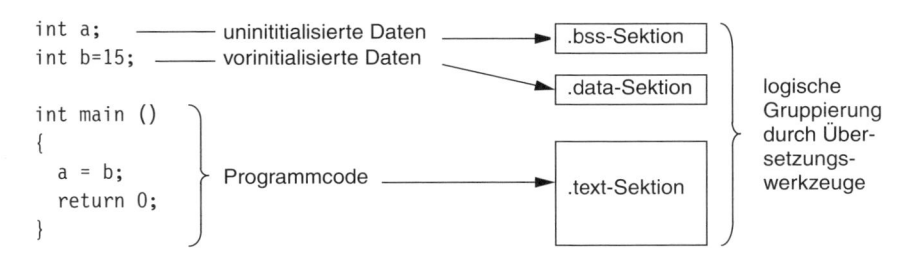

Abb. 8–23 Gruppierung verschiedener Programmteile (Beispiel)

Jede der drei in dem Beispiel enthaltenen Sektionen wird vom Betriebssystem beim Laden des Programms unterschiedlich behandelt. Für die .bss-Sektion genügt es, einen Bereich im Adressraum zu reservieren. Bei der .data-Sektion erfolgt nicht nur eine Platzreservierung, sondern zusätzlich werden die Initialwerte der vorinitialisierten Variablen ab ausführbarer Datei an diese Stelle kopiert. Damit erübrigen sich Programmanweisungen für die Variableninitialisierung. Zuletzt wird Platz für die .text-Sektion reserviert und der Sektionsinhalt, der in Form ausführbaren Maschinencodes vorliegt, ab ausführbarer Datei dorthin kopiert. Da der Programmcode sich während des Ablaufs nicht ändert, kann das Betriebssystem diesen Bereich nach dem Laden mit einem Schreibschutz versehen.

Aus obigem Beispiel lässt sich in etwa erahnen, was der Inhalt einer ausführbaren Datei sein muss. In Abbildung 8–24 sind typische Inhalte auf der linken Seite exemplarisch dargestellt. Am Anfang steht eine Kennung, meist als eine sogenannte »magische Zahl« (spezieller Zahlenwert). Bevor die Inhalte der einzelnen Sektionen abgelegt sind, ist die Adresse eingetragen, an der das Programm zu starten ist, sowie eine Beschreibung der einzelnen Sektionen. Die Sektionsbeschreibungen geben Auskunft über die gewünschten Startadressen, die Sektionstypen und die Sektionsgrößen. Auch die Positionen der Sektionen in der ausführbaren Datei sind dort vermerkt. Im Weiteren fällt auf, dass die .bss-Sektion nirgends in der Datei zu finden ist. Dies ist auch nicht notwendig, da für diese Sektion nur ein Adressbereich reserviert werden muss. In der Praxis wird eine ausführbare Datei zusätzliche Informationen enthalten, z.B. für den Programmtest eine Symboltabelle (sofern dies bei der Übersetzung verlangt wurde).

Auf der rechten Seite in Abbildung 8–24 sind die nach dem Laden resultierenden Belegungen des Adressraums ersichtlich. Die einzelnen Bereiche sind als Regionen (*regions*) bezeichnet. Neben den Inhalten, die durch die ausführbare Datei beschrieben werden, sind weitere Regionen zu sehen. Dies sind der Stack-Bereich und der Heap-Bereich, die das Betriebssystem für einen Prozess im Adres-

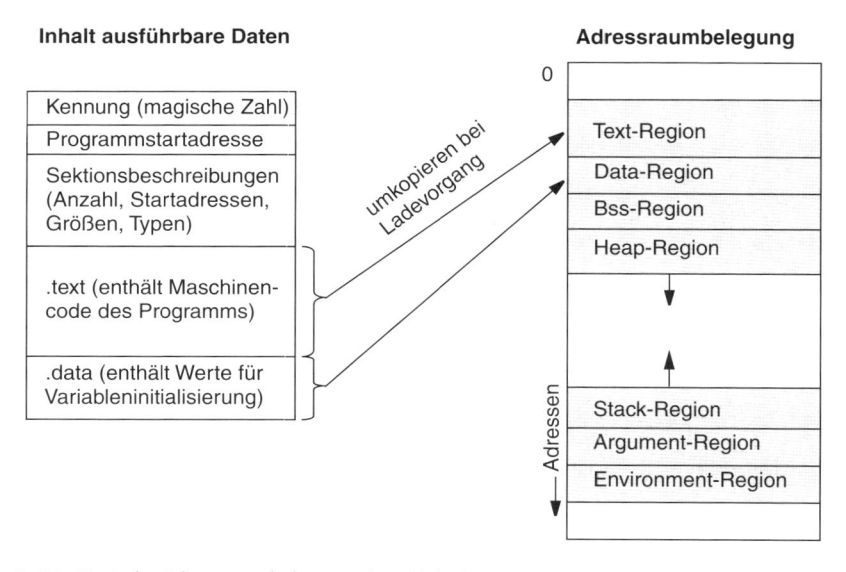

Abb. 8–24 *Typische Adressraumbelegung eines Unix-Prozesses*

8.3 Verwaltung von Prozessadressräumen

> **Beispiele von Objektdateiformaten:**
> - PE (*Portable Executable*) bei Windows
> - COFF (*Common Object File Format*) bei Unix und Windows
> - ELF (*Executable and Linkable Format*) bei Unix/Linux
> - a.out (*assembler output*) bei Unix/Linux (älteres Format)

sraum reserviert, sowie Bereiche für die Kommandozeilenargumente (Argument-Region) und die Umgebungsvariablenliste (Environment-Region). Die Argument-Region wird als Teil des Ladevorgangs mit den Inhalten der Kommandozeile gefüllt, die zum Starten des Programms benutzt wurden. Diese Informationen können vom Programm als Aufrufparameter der main()-Funktion entgegengenommen werden. Die Umgebungsvariablenliste ist entweder eine Kopie des Elternprozesses oder wurde bei der Prozesserzeugung angegeben.

Was in Abbildung 8–24 noch ausgeklammert blieb, war die Platzierung des Betriebssystems im Adressraum. Da Programme typischerweise irgendwelche Systemaufrufe machen wollen, müssen die entsprechenden Systemfunktionen im Adressraum sichtbar sein (zumindest ein Teil davon). Aus diesem Grund wird der Adressraum zweigeteilt mit einem in der Regel kleineren Bereich für das Betriebssystem und dem ganzen Rest für das Applikationsprogramm (siehe Beispiele in Abb. 8–25). Dies gilt für die Monoprogrammierung und für die Multiprogrammierung mit virtuellem Speicher. Bei der Multiprogrammierung mit realem Speicher müssen sich alle Prozesse und das Betriebssystem den Adressraum teilen.

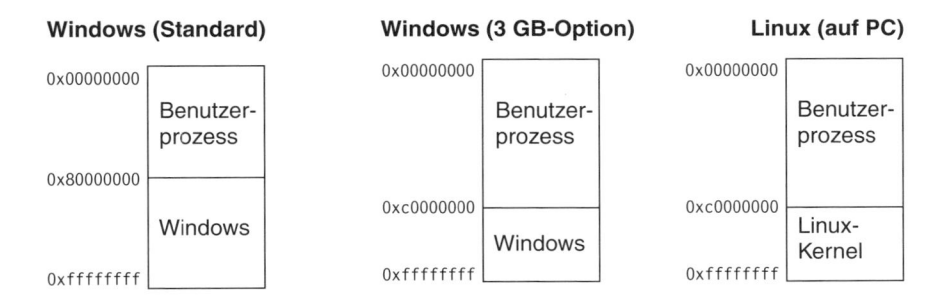

Windows (Standard)

0x00000000	Benutzer-prozess
0x80000000	Windows
0xffffffff	

Windows (3 GB-Option)

0x00000000	Benutzer-prozess
0xc0000000	Windows
0xffffffff	

Linux (auf PC)

0x00000000	Benutzer-prozess
0xc0000000	Linux-Kernel
0xffffffff	

Abb. 8–25 *Beispiele von Adressraumaufteilungen beim 32-Bit-Windows und Linux*

8.3.2 Adressraumverwaltung durch das Betriebssystem

Für jeden Prozess benötigt das Betriebssystem eine Buchhaltung der im Adressraum belegten und freien Bereiche. Da bei vielen Prozessen der Adressraum nur schwach belegt ist, wird typischerweise nur die Belegung festgehalten. Dies ist die Voraussetzung dafür, dass sich während des Prozessablaufs zusätzliche Bereiche kollisionfrei reservieren lassen. Steht eine passende Hardwareunterstützung zur

Verfügung, so können zudem Fehlzugriffe auf unbelegte Bereiche festgestellt werden. Anlässe für nachträgliche Reservierungen können sein:

- *Thread-Erzeugung*: Es wird ein Stack-Bereich bereitgestellt (evtl. sogar zwei Stack-Bereiche, getrennt für Benutzer- und Kernmodus).
- *Einrichten gemeinsamen Speichers (shared memory)*: Es wird ein Adressbereich bereitgestellt, der den Datenaustausch zwischen mehreren Prozessen ermöglicht.
- *Laden einer Bibliotheksdatei*: Ihr Inhalt wird geladen und in einem Bereich des Adressraums sichtbar gemacht.
- *Gemeinsame Bibliothek (shared library) nutzen*: Von mehreren Prozessen gemeinsam genutzte Bibliotheken werden einmal geladen und für alle beteiligten Prozesse sichtbar gemacht.
- *Speicherbasierte Datei einrichten (memory mapped file)*: Der Dateiinhalt oder Teile davon werden über einen Bereich im Adressraum sicht- und änderbar gemacht.

Regionen

Im Adressraum belegte Bereiche werden Regionen genannt. Sie repräsentieren lückenlos zusammenhängende Adressbereiche mit unterscheidbaren Eigenschaften. Wichtige Attribute einer Region sind:

1. *Startadresse*: Dies ist die Adresse, mit der die Region beginnt (niedrigster Adresswert)
2. *Größe*: Die Anzahl zugehöriger Adresswerte (als Anzahl Byte)
3. *Schutzattribute*: Les-, schreib- oder ausführbar bzw. Kombinationen davon (die Durchsetzung benötigt spezielle Hardwareunterstützung)
4. *Zugehöriger Hintergrundspeicher*: Dateiname und Position innerhalb der Datei (kann undefiniert sein; benötigt zudem Softwareunterstützung)

Für das Suchen von Lücken im Adressraum sind nur die Attribute 1 und 2 von Belang. Wird ein virtuelles Speichersystem realisiert, so erlaubt das Attribut 3 die Erkennung von Fehlzugriffen und das Attribut 4 die Zuordnung zu einer Datei. Eine Region kann einem Hintergrundspeicher zur Auslagerung zugeordnet sein (für Details siehe Abschnitt 8.5.2).

Verwaltungsdatenhaltung

Konzeptionell benötigt das Betriebssystem eine Datenhaltung, wie in Abbildung 8–26 in der Form verketteter Listen gezeigt. Praktische Implementierungen können zusätzliche Felder zur Effizienzsteigerung enthalten (z.B. doppelte Verkettung, Zeiger auf Listenende). Die den Prozessadressraum beschreibenden Daten können ein Teil des PCB sein oder separat geführt werden.

8.3 Verwaltung von Prozessadressräumen

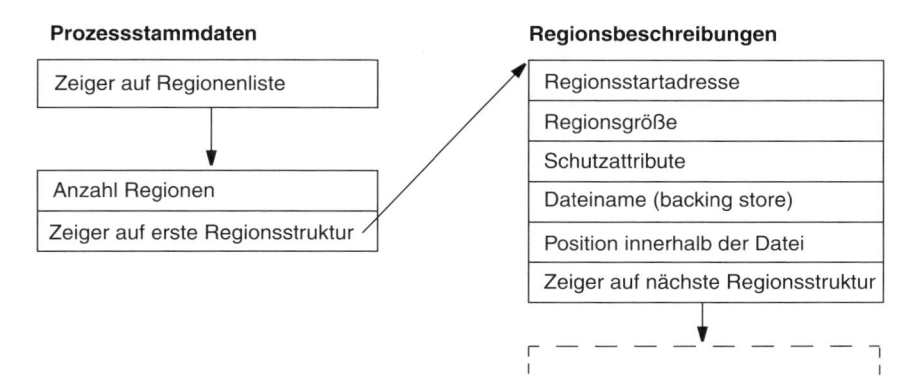

Prozessstammdaten
- Zeiger auf Regionenliste
- Anzahl Regionen
- Zeiger auf erste Regionsstruktur

Regionsbeschreibungen
- Regionsstartadresse
- Regionsgröße
- Schutzattribute
- Dateiname (backing store)
- Position innerhalb der Datei
- Zeiger auf nächste Regionsstruktur

Abb. 8–26 *Konzeptionelle Datenhaltung für Prozessadressräume*

Implementierungen

Unter Windows wird für jeden Prozess ein ausgeglichener Binärbaum (*balanced binary tree*), bestehend aus virtuellen Adressdeskriptoren (*virtual address descriptors, VADs*), angelegt. In Abbildung 8–27 ist ein Beispiel dafür gezeigt.

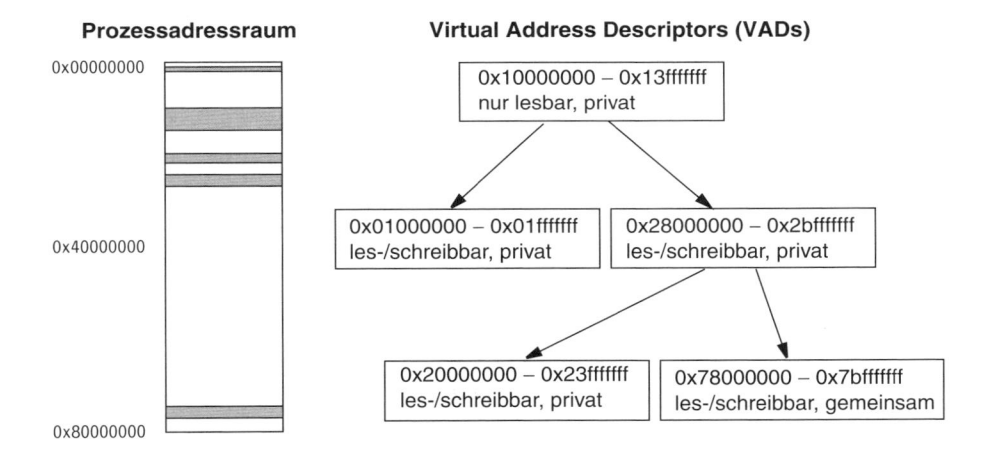

Prozessadressraum: 0x00000000, 0x40000000, 0x80000000

Virtual Address Descriptors (VADs):
- 0x10000000 – 0x13ffffff, nur lesbar, privat
- 0x01000000 – 0x01ffffff, les-/schreibbar, privat
- 0x28000000 – 0x2bffffff, les-/schreibbar, privat
- 0x20000000 – 0x23ffffff, les-/schreibbar, privat
- 0x78000000 – 0x7bffffff, les-/schreibbar, gemeinsam

Abb. 8–27 *Virtuelle Adressdeskriptoren unter Windows (Beispiel)*

Eine als »gemeinsam« bezeichnete Region ist als gemeinsamer Speicher (*shared memory*) eingerichtet und erlaubt den Datenaustausch zwischen mehreren Prozessen, in deren Adressraum sie eingeblendet ist. Eine private Region erlaubt nur den Zugriff durch den besitzenden Prozess und ist auch nur in seinem virtuellen Adressraum sichtbar.

Unter Linux dient zur Beschreibung eines Prozessadressraums eine gekettete Liste von Regionenbeschreibungen (siehe Abb. 8–28). Neben der Start- und Endadresse (vm_start, vm_end) können pro Region eine Hintergrunddatei (vm_file), eine Position innerhalb derselben (vm_offset) und Regionseigenschaften (vm_flags) angegeben werden. Für die vm_flags sind die Eigenschaften *Read/Write/Execute*, *Shared* (gemeinsamer Speicher) und *Locked* (permanente Speicherzuordnung) wählbar.

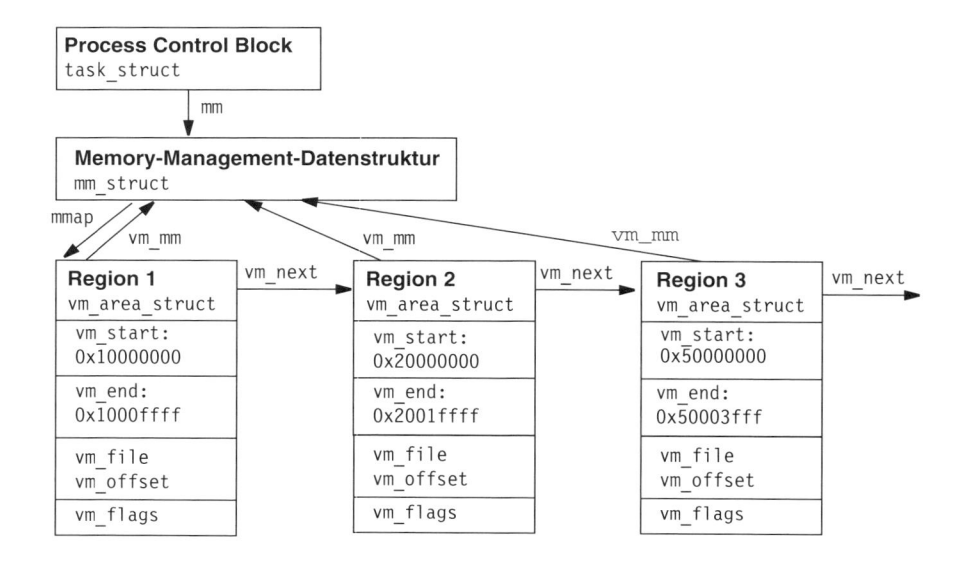

Abb. 8-28 *Prozessadressraumbeschreibung unter Linux (Beispiel)*

8.4 Realer Speicher

Frühe Speicherverwaltungsformen benötigten keine oder nur wenig Hardwareunterstützung und waren, mit Einschränkungen, für die damals verbreiteten Betriebssysteme ausreichend. Realer Speicher erlaubt die *Monoprogrammierung* sowie einfache Formen der *Multiprogrammierung*. Bei Speicherknappheit kommt die *Overlay-Technik* und das *Swapping* zum Einsatz.

8.4.1 Monoprogrammierung

Unter dem Begriff Monoprogrammierung versteht man die Tatsache, dass nur maximal ein einziges Programm gleichzeitig ausgeführt wird. Ist ein neues Programm zu starten, so muss zuerst das laufende Programm terminieren. Die Speicherverwaltung kann hier einfach gehalten werden. Das Betriebssystem und das Benutzerprogramm teilen den vorhandenen Speicher unter sich auf (siehe Beispiel in Abb. 8-29). Die maximale Programmgröße wird durch den verfügbaren physischen Speicher begrenzt. Einsatz hat dies auf frühen PCs gefunden (unter MS-DOS, PC-DOS, CP/M usw.) und ist aktuell nach wie vor in vielen eingebetteten

8.4 Realer Speicher

Systemen vertreten, die häufig auch ohne Betriebssystem auskommen. Benutzerprogramme müssen die durch das Betriebssystem gesetzten Regeln der Speicheraufteilung beachten. Arbeitet man mit einer Hochsprache, so berücksichtigen die Übersetzungswerkzeuge diese Regeln automatisch, sodass der Programmierer sich nicht darum kümmern muss.

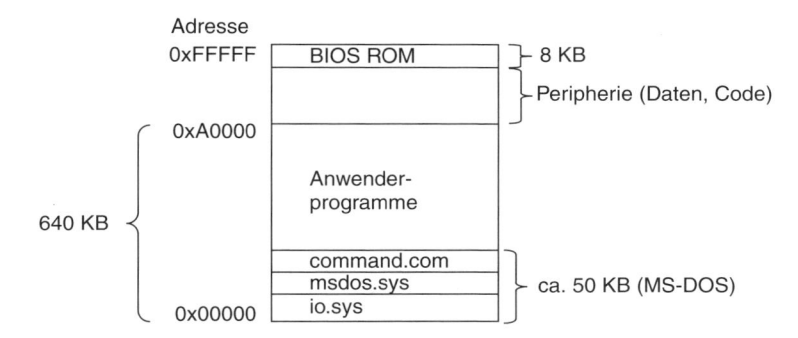

Abb. 8-29 Speicheraufteilung in MS-DOS

8.4.2 Multiprogrammierung mit Partitionen

Bei der Multiprogrammierung können mehrere Programme echt parallel oder quasiparallel ausgeführt werden. Bei einer quasiparallelen Ausführung teilen die Prozessorzuteilungsregeln (*CPU-Scheduling*, siehe Abschnitt 4.4) die verfügbare Rechenzeit auf die lauffähigen Prozesse auf. Wird ein Prozess ausgeführt, so muss er sich vollständig im Speicher befinden. Dies ist die Aufgabe der Speicherverwaltung.

Partitionen fester Größe

Die einfachste Möglichkeit besteht darin, dass

- der vorhandene Speicher in *n* feste Bereiche (= Partitionen) aufgeteilt wird,
- ablaufbereite Prozesse auf verfügbare Partitionen aufgeteilt werden,
- Warteschlangen für nicht berücksichtigte Prozesse existieren.

Die festen Partitionen können alle gleich groß oder verschieden groß sein.

> **Beispiel:**
> Stapelverarbeitung auf Main Frames: IBM OS/360
> Diese Lösung wird als MFT (*Multiprogramming with a fixed number of Tasks*) bezeichnet. Der Operator richtet am Morgen eine feste Anzahl an Partitionen ein und das OS/360 teilt die bereitstehenden Prozesse fortlaufend zu.

Für die Zuteilung freier Partitionen gibt es zwei Verwaltungsprinzipien:

- Jede Partition besitzt ihre *eigene Warteschlange* für Prozesse (siehe Abb. 8–30 (A)). Ein Prozess, der ablaufen will, trägt sich bei der kleinstmöglichen Partition ein, die gerade für ihn ausreichend ist. Die Speicherausnutzung ist so optimal. Nur kann es vorkommen, dass Partitionen frei sind und trotzdem Prozesse warten, da sie sich bei einer stärker genutzten Partition eingetragen haben.

(A) Verteilte Warteschlange

```
0   | Betriebssystem |
    | Partition 1    | ←—O—O
    | Partition 2    | ←—O—O—O
max.| Partition 3    | ←—O
```

(B) Zentrale Warteschlange

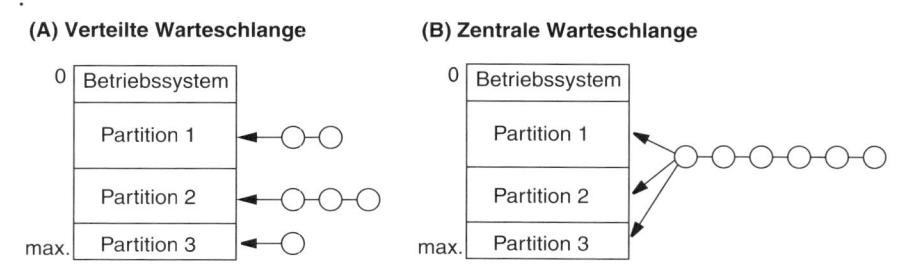

```
0   | Betriebssystem |
    | Partition 1    | ←
    | Partition 2    | ←—O—O—O—O—O—O
max.| Partition 3    | ←
```

Abb. 8–30 *Varianten der Zuteilung von Prozessen zu Partitionen*

- Alle Partitionen besitzen eine *gemeinsame Warteschlange* für Prozesse (siehe Abb. 8–30 (B)). So kommt es nicht mehr vor, dass Prozesse warten müssen, obwohl ausreichend viele Partitionen frei sind. Die Speicherausnutzung ist aber nicht immer gut. Man denke an einen Prozess mit kleinem Speicherbedarf, der zufällig zu einer riesengroßen Partition gekommen ist, weil sie gerade im richtigen Zeitpunkt frei wurde. Eine Modifikation des Verfahrens würde darin bestehen, nicht nach dem FIFO-Prinzip zuzuteilen, sondern die Liste nach dem jeweils am besten in die Partition passenden Prozess abzusuchen (lässt aber eventuell Prozesse verhungern, wenn ihnen besser passende stets vorgezogen werden!).

Probleme

Bei der Übersetzung des Quellcodes in ein ausführbares Programm wird von einer festen, gleich bleibenden Programmstartadresse ausgegangen. Der genaue Wert dieser Adresse wird vom Betriebssystem festgelegt und ist verbindlich für alle darunter ausführbaren Applikationen. Arbeitet man jedoch mit Partitionen, so kann ein Programm nicht immer auf der vorgesehenen Startadresse in den Speicher geladen werden. Stattdessen wird es in irgendeiner genügend großen freien Partition, die an einer anderen Adresse im Speicher liegen kann, untergebracht. Somit wäre die Programmstartadresse abhängig von der benutzten Partition. Die belegte Partition müsste daher bereits bei der Programmübersetzung bekannt sein, was nicht realistisch ist. Eine denkbare Lösung dieses Problems ist das nachträgliche Anpassen aller betroffenen Adressen mittels *Relokation*

8.4 Realer Speicher

(Umrechnen der Adresse entsprechend der Partitionsstartadresse). Die notwendige Voraussetzung dazu ist, dass der Binder (Linker) entsprechende Zusatzinformationen dem Code beigibt (*relocation records*). Beispiele für Adressen, die in einem Programm derart anzupassen wären, sind Aufrufadressen von Unterprogrammen, Adressen von globalen Variablen oder Zieladressen von Sprunganweisungen. Diese Adressanpassungen müssten vom Betriebssystem beim Laden des Programms erledigt werden.

Ein weiteres Problem bei der Multiprogrammierung ist der *fehlende Speicherschutz*. Ohne Zusatzmaßnahmen kann jedes Programm jede Speicherstelle verändern! Dies ist besonders in Mehrbenutzersystemen sehr nachteilig. Eine bereits in der CPU eingebaute Lösung wird in IBM OS/360 genutzt: Das Programmstatuswort (PSW) enthält einen 4 Bit großen Schlüssel. Abhängig von der Speicherpartition, auf die zugegriffen wird, ist ein unterschiedlicher Schlüssel nötig. Nur das Betriebssystem kann den PSW-Inhalt ändern und mit dem für die aktuelle Partition gültigen Schlüssel laden. Zudem sind die korrekten Schlüsselwerte ebenfalls nur dem Betriebssystem bekannt. Ein Speicherzugriff mit einem ungültigen Schlüssel wird durch die Hardware erkannt, dem Betriebssystem gemeldet und von diesem entsprechend behandelt (in der Regel durch Prozessabbruch).

Eine andere, ebenfalls von der CPU-Hardware unterstützte Lösung ermöglicht sowohl eine Relokation als auch einen Speicherschutz. Die CPU enthält ein *Basisregister (base register)*, dessen Inhalt zu jeder Programmadresse addiert wird. Es wird also nicht mehr eine 1:1-Abbildung von Programmadressen zu Speicheradressen durchgeführt, sondern es wird *basisversetzt* auf den Speicher zugegriffen (Zugriffsadresse = Programmadresse + Basisadresse, siehe Abb. 8–31). Damit ist die Relokation ohne weitere Maßnahmen bei jedem Zugriff gewährleistet. Das Betriebssystem kann entsprechend den gesetzten Partitionsanfängen jedem Prozess die korrekte Basisadresse zuordnen. Das Basisregister stellt während des Prozessablaufs einen Bestandteil des Prozesskontexts dar, d.h., es muss bei der Prozessumschaltung jeweils gesichert bzw. neu geladen werden. Dem Speicherschutz dient ein zweites Register, das als *Grenzregister (limit register)* bezeichnet wird. Sein Inhalt legt die maximal erlaubte Adresse beim Speicherzugriff fest. Es wird vom Betriebssystem mit der Endadresse der aktuellen Partition geladen. Derartige Hardwarelösungen wurden früher teilweise benutzt, haben heute aber keine große Bedeutung mehr.

Abb. 8–31 *Mechanismus der basisversetzten Speicheradressierung*

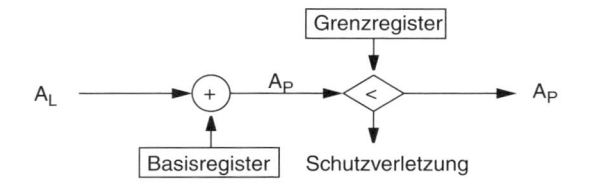

A_L: logische Adresse (= Programmadresse)
A_P: physische Adresse (= Speicheradresse)

Partitionen variabler Größe

Eine Weiterentwicklung besteht darin, die Partitionsgrößen variabel entsprechend den Bedürfnissen der einzelnen Programme zu wählen. Wie bei der Lösung mit festen Partitionsgrößen muss der Platzbedarf der einzelnen Programme im Voraus, d.h. beim Programmstart, bekannt sein. Wachsen diese in der Ausführung, so kann dies teilweise durch das Einplanen eines Reservebereichs berücksichtigt werden. Für die Zuteilung von Prozessen zu Partitionen wird eine einzige Warteschlange vorgesehen. Bei der Speicherzuteilung wird nach einer ausreichend großen Lücke gesucht. Wie bei den Verfahren für die dynamische Speicherbereitstellung beschrieben (siehe Abschnitt 8.2), kommen dafür verschiedene Suchalgorithmen infrage. Ebenso wird bei Freigaben geprüft, ob benachbarte Lücken zusammengelegt werden können. Existieren viele sehr kleine und darum nicht mehr brauchbare Lücken, so besteht noch die Möglichkeit der Speicherverdichtung bzw. Kompaktierung. Dabei werden Programme im Speicher so verschoben, dass sie alle lückenlos hintereinander platziert sind. Nachteilig fällt ins Gewicht, dass als Folge davon Relokationen nötig werden. Zudem ist der Zeitbedarf für das Verschieben im Speicher nicht zu vernachlässigen, da ganze Prozessspeicherinhalte umkopiert werden.

Modellierung

Mit der Multiprogrammierung kann die Ressource CPU besser genutzt werden als mit Monoprogrammierung. Der Grund liegt darin, dass reale Prozesse nicht andauernd am Rechnen sind, sondern des Öfteren auf die Ein-/Ausgabe warten. Dies ist einleuchtend, wenn man daran denkt, dass jeder Plattenzugriff mit einer nicht unwesentlichen Wartezeit für den zugreifenden Prozess verbunden ist. Nutzt man nun also die Wartezeit eines Prozesses, um einen anderen Prozess auszuführen, so können in einem größeren Zeitrahmen betrachtet mehr Rechenaufgaben zu Ende geführt werden (Durchsatzsteigerung), d.h., die CPU-Auslastung steigt.

Für eine genaue Modellierung dieses Sachverhalts müsste die *Warteschlangentheorie* eingesetzt werden. Grobe Betrachtungen lassen sich allerdings mithilfe eines einfacheren Modells durchführen. Dazu benutzen wir die Wahrscheinlichkeitsrechnung, verbunden mit ein paar wenigen Annahmen. Nehmen wir an, dass ein Prozess mit dem Zeitanteil p auf das Ende einer Ein-/Ausgabe wartet. Sind n Prozesse im Speicher geladen, so ist die Wahrscheinlichkeit, dass alle gleichzeitig auf die Ein-/Ausgabe warten, gleich p^n. In diesem Zeitanteil würde die CPU sich im Leerlauf befinden. Die Auslastung der CPU ist damit $1-p^n$. Die Anzahl gleichzeitig im Speicher zur Ausführung geladener Prozesse nennt man *Grad der Multiprogrammierung*.

8.4 Realer Speicher

$A = 1 - p^n$

- A: Auslastung der CPU
- p: Zeitanteil für E/A-Warten
- n: Anzahl Prozesse im Speicher (Grad der Multiprogrammierung)

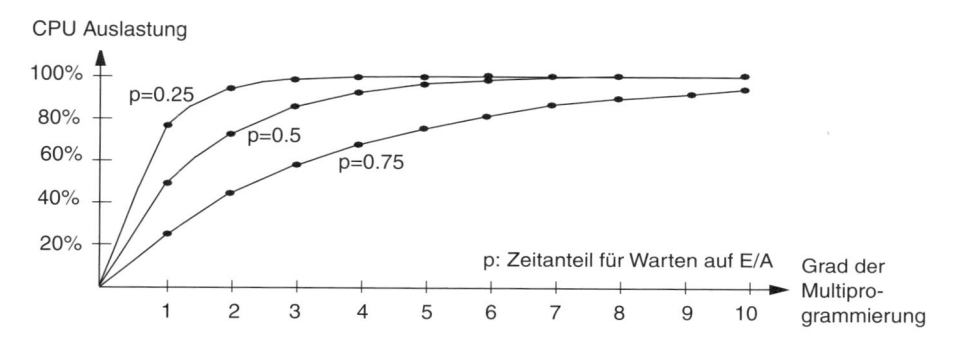

Abb. 8–32 CPU-Ausnutzung vereinfacht modelliert bei der Multiprogrammierung (Beispielwerte)

In Abbildung 8–32 kann man sehen, dass bei sechs Prozessen, die 75% ihrer Zeit auf die Beendigung einer Ein-/Ausgabe warten, die CPU-Auslastung gerade mal 80% erreicht. In dem einfachen Modell ist nicht berücksichtigt, dass in einem Einprozessorsystem zu jedem Zeitpunkt nur maximal ein einziger Prozess ablaufen kann. Das heißt, ein Prozess, der nicht gerade auf die E/A wartet, kann nicht laufen, wenn die CPU bereits besetzt ist. Die einzelnen Prozesse sind somit nicht unabhängig voneinander, was unser Modell nicht, aber die Warteschlangentheorie berücksichtigen würde. Trotz seiner beschränkten Genauigkeit kann das einfache Modell für ungefähre Voraussagen der CPU-Auslastung benutzt werden. Eine hohe CPU-Auslastung ist bei Stapelverarbeitungssystemen wichtig, bei denen ein möglichst hoher Durchsatz zu erreichen ist. Sie kann aber auch für dedizierte Serversysteme relevant sein, die möglichst viele Anfragen erledigen sollen.

8.4.3 Verfahren für knappen Speicher

Ein besonders bei der Multiprogrammierung auftretendes Problem ist der knappe Speicher. Knappheit herrscht, wenn der Adressraum und/oder der bestückte physische Hauptspeicher nicht für alle Programme ausreicht. Es existieren zwei einfachere, nachfolgend genauer beschriebene Verfahren, die sich für realen Speicher eignen:

- *Overlay-Technik*: Dies ist die älteste Technik zur Behebung der Speicherknappheit. Anwenden lässt sie sich für die Mono- und die Multiprogrammierung. Früher wurde sie z.B. unter MS-DOS eingesetzt, wird heute aber kaum mehr verwendet.
- *Swapping*: Dieses Verfahren orientiert sich an den Bedürfnissen der Multiprogrammierung. Wird Speicher knapp, so werden ganze Prozesse ausgelagert, die gerade nicht ablaufen. Swapping wurde bei älteren Betriebssystemen bzw. älterer Rechnerhardware oft eingesetzt (z.B. Unix). Heute kommt Swapping primär dort zum Einsatz, wo eine Hardware für das Paging (s.u.) fehlt.

Overlay-Technik

Die Überlagerungstechnik ist die älteste Technik zum Ausführen von Prozessen bei zu kleinem Hauptspeicher. Sie eignet sich gut für die Monoprogrammierung. Sie beruht darauf, dass nur die momentan benötigten Programmteile (Prozeduren, Funktionen) in den Hauptspeicher geladen werden. Dabei ist aber zu beachten, dass noch aktive Programmteile (= noch nicht beendete Prozeduren) nicht überschrieben werden. Der Programmablauf besteht darin, dass am Anfang ein erstes Overlay ab Platte in den Hauptspeicher geladen wird (»Datei 1«). Sobald fehlende Programmteile benötigt werden, findet ein Nachladen des zweiten Overlays (»Datei 2«) statt. Dies kann sich mehrmals für weitere Overlays wiederholen. Wird das Overlay-Verfahren im Kleinen angewendet, d.h. nicht beim Wechseln von ganzen Progammen, muss bei der Programmerstellung im Voraus festgelegt werden, welche Programmteile überlagert werden können. Dazu wird vor der Programmübersetzung die Programmstruktur ermittelt, damit sich Funktionen für das Nachladen der benötigten Teile einbinden lassen (siehe Abb. 8–33). Dieses auf Prozedurebene arbeitende Verfahren benötigt entsprechende Unterstützung durch die Übersetzungswerkzeuge. Die Überlagerungstechnik kommt in Kleinsystemen (*embedded systems*) noch ab und zu zum Einsatz, hat aber sonst keine Bedeutung mehr.

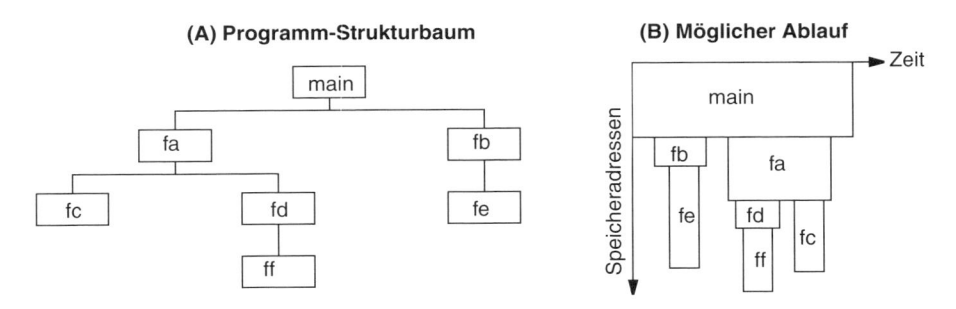

Abb. 8–33 *Overlay-Verfahren (Beispiel auf Prozedurebene)*

8.4 Realer Speicher

Swapping

Die Idee liegt darin, ganze Prozesse auszulagern, wenn sie im Moment keine Rechenzeit benötigen. Für diesen Zweck wird auf der Festplatte ein spezieller Bereich (*Swapping Area*) reserviert. In seiner Grundform basiert das Swapping auf der Multiprogrammierung mit festen Partitionen, die um das Ein- und Auslagern von Prozessen erweitert wird. Das Swapping wird vor allem dann benutzt, wenn mehrere Benutzer auf einem Rechner arbeiten (z.B. ältere Unix-Systeme). Bei sehr vielen gleichzeitigen Benutzern kann es dann passieren, dass das Betriebssystem nur noch mit Swappen beschäftigt ist. In dieser Situation könnte es hilfreich sein, wenn das Betriebssystem den Grad der Multiprogrammierung reduziert bzw. beschränkt, was jedoch in Dialogsystemen unakzeptabel ist. In einem Stapelverarbeitungssystem wäre hingegen das längere Anhalten eines Prozesses kein Problem, womit für die übrigen Aufträge ausreichend Speicher verfügbar wäre. Für das Swapping in Echtzeitsystemen bestehen spezielle Anforderungen. Prozesse mit Hard-Realtime-Bedingungen muss man im Speicher fixieren, damit sie nie ausgelagert werden!

Abb. 8–34 *Swapping-Prinzip*

Ein Problem ist das Festlegen der Partitionsgrößen beim Swapping im Mehrprogrammbetrieb. Dazu müsste bekannt sein, wie viel Speicher die auszuführenden Programme brauchen werden. Die erforderlichen Informationen sind jedoch nur für den Programmstart verfügbar. Benötigt das Programm später zusätzlichen Speicher, wie dies bei dynamischer Speicheranforderung oder bei einem wachsenden Stapel der Fall ist, so muss dies von Anfang an eingeplant werden. Aufgrund von Annahmen können Reservebereiche vorgesehen werden, die jedoch nicht immer ausreichen. Eine andere Möglichkeit besteht darin, eine *dynamische Partitionierung* zu verwenden, d.h. auf der Multiprogrammierung mit variablen Partitionen aufzusetzen. Da Prozesse öfters aus- und eingelagert werden, kann beim Einlagern die Partitionsgröße jeweils angepasst werden. Dies bietet sich auch deshalb an, weil ja mehr Prozesse gestartet wurden, als sich momentan im Hauptspeicher befinden. Die Gesamtanzahl der gestarteten Prozesse entspricht nämlich der Summe der im Hauptspeicher befindlichen und der auf die Platte ausgelagerten Prozesse.

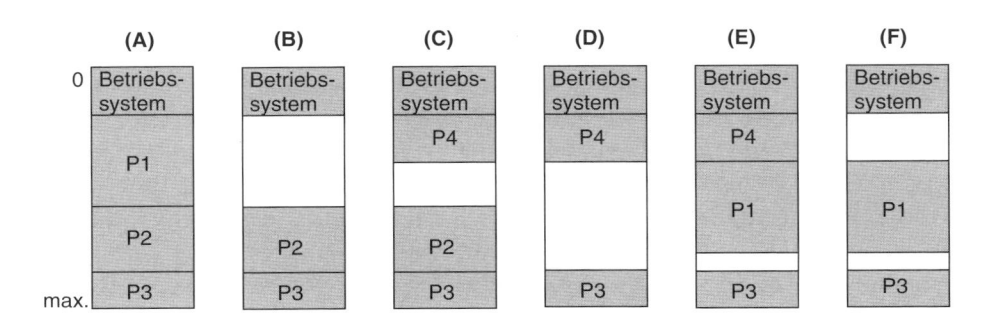

```
         (A)              (B)              (C)              (D)              (E)              (F)
0  | Betriebs- |     | Betriebs- |     | Betriebs- |     | Betriebs- |     | Betriebs- |     | Betriebs- |
   |  system   |     |  system   |     |  system   |     |  system   |     |  system   |     |  system   |
   |           |     |           |     |    P4     |     |    P4     |     |    P4     |     |    P4     |
   |    P1     |     |           |     |           |     |           |     |           |     |           |
   |           |     |           |     |           |     |           |     |           |     |           |
   |    P2     |     |    P2     |     |    P2     |     |           |     |    P1     |     |    P1     |
   |           |     |           |     |           |     |           |     |           |     |           |
max.|   P3     |     |    P3     |     |    P3     |     |    P3     |     |    P3     |     |    P3     |
```

Abb. 8-35 *Dynamische Partitionierung beim Swapping (Beispielabfolge)*

In Abbildung 8–35 ist eine Belegungsabfolge dargestellt, bei der mehr Prozesse gestartet wurden, als gleichzeitig im Speicher Platz finden. Am Anfang sind die Prozesse P1, P2, P3 am Laufen (A), darauf wird P1 ausgelagert, da er auf eine Ein-/Ausgabe wartet und P4 ablaufbereit wurde (B). In (C) konnte P4 in die Lücke platziert werden, die P1 hinterließ. Anschließend beginnt P2 zu warten und wird ausgelagert (D). P1 ist wieder ablaufbereit und kann nun hinter P4 in den Speicher geladen werden (E). Da dies nicht mehr auf der gleichen Startadresse geschieht, die P1 ursprünglich belegt hatte, muss eine Adressumsetzung mittels Basisregister stattfinden oder ersatzweise eine Relokation per Software durchgeführt werden. Etwas später beginnt P4 auf eine Ein-/Ausgabe zu warten und wird ausgelagert (F). Nun wäre P2 auch wieder ablaufbereit, da seine Ein-/Ausgabe erledigt ist, kann aber nicht laufen, da die beiden vorhandenen Lücken zu klein sind. Eine mögliche Lösung für diese Situation wäre eine Verschiebung von P1 direkt hinter den Betriebssystemcode. Dies hätte aber zur Folge, dass die Speicherinhalte von P1 auf die neue Startadresse umkopiert werden müssten. Wird dies gemacht, so bezeichnet man dies als Speicherverdichtung bzw. Kompaktierung, da nun alle belegten Bereiche kompakt hintereinander im Speicher stehen. Dem Nachteil des Zeitbedarfs für das Umkopieren und allenfalls softwaremäßigen Relozierens steht der Gewinn einer nun ausreichend großen Lücke für P2 entgegen (in Abb. 8–35 nicht gezeigt).

Da beim Swapping die Speicherinhalte ganzer Prozesse ein- und ausgelagert werden, ist das Verfahren nur unter bestimmten Randbedingungen brauchbar. Ist nämlich das System mehrheitlich nur mit der Ein- und Auslagerung von Prozessen beschäftigt, so ist dies unattraktiv. Man kann dies grob abschätzen, indem die einfache Formel für die CPU-Auslastung benutzt wird, wie wir sie bei der Multiprogrammierung mit Partitionen kennengelernt haben. Diese Abschätzungen gehen davon aus, dass jeder Prozess ausgelagert wird, wenn er zu warten beginnt. Zudem wird angenommen, dass sich mehrere Ein- und Auslagerungsvorgänge überlappen können. Folgende Beispiele illustrieren dies.

8.4 Realer Speicher

Beispiel 1:
6 Prozesse mit je 4 MB Programmgröße, Plattenein-/-ausgabe mit 20 MB/s Transferkapazität, jeder Prozess rechnet für 0,1 s und wartet dann auf eine Ein- oder Ausgabe (die nach 0,1 s abgeschlossen ist):
- Das Ein- bzw. Auslagern benötigt 4 MB / 20 MB/s = 0,2 s
- Der Vorgang Einlagern/Rechnen/Auslagern dauert total 0,5 s
- Der Zeitanteil des E/A-Wartens allein durch das Swapping ist 0,4/0,5= 80%
- CPU-Auslastung = $1 - 0,8^6$ = 74%
- Reaktionszeit auf E/A bei einem Round-Robin-Scheduling: 6*0,5 s = 3 s

Beispiel 2:
Gleiche Werte, wie bei Beispiel 1, jedoch rechne jeder Prozess 0,01 s anstatt 0,1 s:
- Der Zeitanteil des E/A-Wartens allein durch das Swapping ist 0,4/0,41= 97,56%
- CPU-Auslastung = $1 - 0,9756^6$ = 13,8%
- Reaktionszeit auf E/A bei einem Round-Robin-Scheduling: 6*0,41s = 2,5 s

Beispiel 1: einlagern 0,2 s — rechnen 0,1 s — auslagern 0,2 s → Zeit

Beispiel 2: einlagern 0,2 s — rechnen 0,01 s — auslagern 0,2 s → Zeit

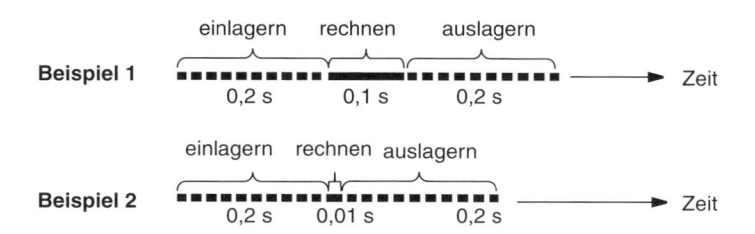

Abb. 8-36 *Beispiele für Zeitbedarfe beim Swapping-Verfahren*

Die obigen Beispiele gehen von einem Betrieb aus, bei dem stets nur ein Prozess zu jedem Zeitpunkt eingelagert sein kann. Normalerweise erlaubt jedoch die vorhandene Hauptspeicherkapazität die Koexistenz mehrerer Prozesse. In diesem Fall würde die aufgezeigte Problematik nur bei zwei oder mehr sehr platzfressenden Prozessen auftauchen, die gleichzeitig in Ausführung sind. Wegen ihrer Größe würde jedoch die Ein- und Auslagerung noch viel länger dauern.

8.5 Virtueller Speicher

Der Begriff des virtuellen Speichers bezieht sich darauf, dass ein ablaufender Prozess scheinbar den gesamten Adressraum für sich alleine zur Verfügung hat, auch wenn andere Prozesse gleichzeitig ablaufen. Jeder Prozess besitzt seinen eigenen privaten virtuellen Adressraum.

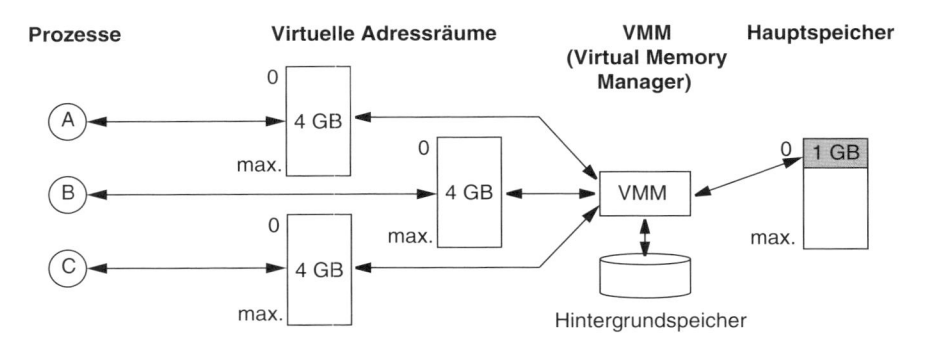

Abb. 8–37 *Virtualisierung des Speichers (Beispiel für 32-Bit-Adressierung)*

Zudem sind die virtuellen Adressräume voneinander isoliert, sodass kein laufender Prozess irgendeinen anderen gleichzeitig in Ausführung befindlichen Prozess wahrnimmt. Entsteht Knappheit im Hauptspeicher, so werden momentan nicht benötigte Inhalte automatisch auf einen Hintergrundspeicher ausgelagert. Zusammengefasst sind dies die wesentlichsten Eigenschaften:

- Jeder Prozess kann den Adressraum fast beliebig belegen, d.h. teilt ihn höchstens mit dem Betriebssystem selbst.
- Jeder Prozess ist gegen Fehlzugriffe aller anderen Prozesse geschützt (Schreib- und Leseschutz!), auch das Betriebssystem ist geschützt.
- Alle Prozesse sind von der vorhandenen Hauptspeichergröße weitgehend unabhängig (mehr Adressraum als real vorhanden).

Eine Vielzahl virtueller Adressräume auf den nur limitiert vorhandenen physischen Hauptspeicher abzubilden ist eine aufwendige Angelegenheit, besonders da die Abbildung selbst für die ablaufenden Prozesse transparent (d.h. nicht wahrnehmbar) sein soll. Die Realisierung eines virtuellen Speichers setzt das Vorhandensein einer entsprechenden Hardware voraus und bedingt einige Softwaremechanismen, die das Betriebssystem implementieren muss (siehe Abb. 8–37). Dazu gehört die Bereitstellung eines sogenannten Hintergrundspeichers (*backing store*), der dazu dient, momentan nicht benötigte Hauptspeicherinhalte aufzunehmen (bei Speicherknappheit). Die Adressumsetzung beruht auf einem seiten- oder segmentbasierten Verfahren bzw. einer Kombination der beiden Ansätze.

8.5.1 Adressumsetzung

```
   ┌─────┐       ┌─────┐          ┌──────────────┐
   │ CPU │ ◄───► │ MMU │ ◄───►│◄──►│ Ein-/Ausgabe │
   └─────┘       └─────┘      │    └──────────────┘
                              │
                              │ Speicherbus
                              │    ┌──────────────┐
                              │◄──►│ Hauptspeicher│
                              │    └──────────────┘
  Programmadressen  Speicheradressen
  (= virtuelle bzw. (= physische Adressen)
   logische Adressen)
```

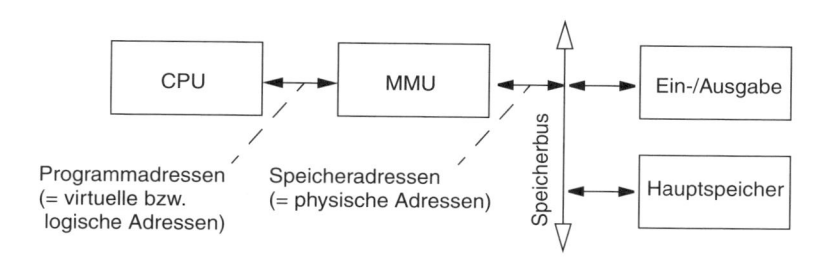

Abb. 8–38 *Adressumsetzungshardware*

In einem System ohne Adressumsetzung (bzw. 1:1-Zuordnung) entspricht die dem physischen Hauptspeicher präsentierte Adresse immer derjenigen Adresse, mit der die CPU programmgesteuert auf die nächste Instruktion oder irgendwelche Datenwerte zugreift. Für Kleinsysteme, die auf eine bestimmte Aufgabe spezialisiert sind, ist dies eine übliche und geradlinige Lösung. Dort sind auch alle auszuführenden Programme vor dem Systemstart bekannt, sodass sie im Speicher überlappungsfrei platziert werden können. Bei Universalrechnern ist dies jedoch anders. Darin besteht ja auch ihre Universalität, dass sich mehrere Programme nebeneinander ausführen lassen, ohne dass man von Anfang an weiß, welche Programme laufen werden und wie viel Speicher diese belegen. Die Adressumsetzung (*address translation*) entkoppelt die an den Speicher angelegten Adressen von den eigentlichen Programmadressen, mit denen die CPU arbeitet. Die Adressumsetzung bzw. Adresstransformation wird von der Speicherverwaltungssoftware des Betriebssystems organisiert und von der Umsetzungshardware bei jedem einzelnen Speichertransfer durchgeführt. Die Umsetzungshardware wird als Speicherverwaltungseinheit (*Memory Management Unit, MMU*) bezeichnet und ist zwischen der CPU und dem Speicherbus angeordnet (siehe Abb. 8–38). Oft ist sie kein separater Baustein, sondern schon auf dem CPU-Chip integriert.

Die Adressumsetzung muss vom Betriebssystem gesteuert werden. Zu diesem Zweck werden Umsetzungstabellen angelegt (siehe Abb. 8–39). Pro Prozess existiert eine solche Tabelle, die genau festlegt, wie seine Regionen vom virtuellen Prozessadressraum in den physischen Hauptspeicher abgebildet werden. Die Adressumsetzung selbst ist eine reine Hardwarefunktion. Der MMU-Baustein holt sich für jede Zugriffsadresse bei der Programmausführung automatisch die Umsetzungsinformation aus der Tabelle und erzeugt damit aus der virtuellen Programmadresse die physische Hauptspeicheradresse. Findet eine Prozessumschaltung statt, so muss das Betriebssystem die MMU darüber informieren, welche Umsetzungstabelle für den neuen Prozess gilt.

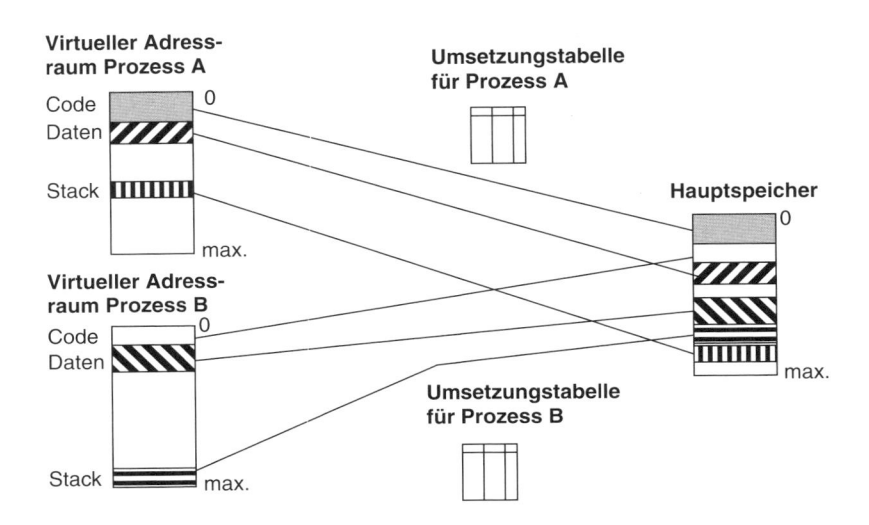

Abb. 8–39 *Flexible Platzzuteilung dank Adressumsetzung. Das Beispiel illustriert eine mögliche Situation für zwei Prozesse, die je eigene Speicherabbildungen (Umsetzungstabellen) besitzen.*

Typischerweise genügt es dazu, ein Zeigerregister in der MMU auf die neue Umsetzungstabelle auszurichten (siehe Abb. 8–40). Da die Umsetzungstabellen sich ebenfalls im Hauptspeicher befinden, sind ohne weitere Maßnahmen für einen Zugriff der CPU stets *zwei Zugriffe* im Hauptspeicher nötig (erster Zugriff auf Seitentabelle, zweiter Zugriff auf Speicherstelle der umgesetzten Programmadresse). Dies würde insgesamt eine Halbierung der Zugriffsgeschwindigkeit bedeuten, im Vergleich zu einem System ohne Adressumsetzung. Es existiert jedoch die Möglichkeit, eine kleine Anzahl von Tabelleninhalten innerhalb der MMU zu puffern. Ist dies gut gelöst, so bleibt die Leistungseinbuße durch den Doppelspeicherzugriff im Mittel gering, da er auch aufgrund des unterstützenden Lokalitätseffekts nur noch selten stattfindet. Bei ausreichender Puffergröße ist eine mittlere Trefferrate von 95% realistisch, sodass nur noch in 5% der Fälle eine Zugriffszeitverdoppelung stattfindet. Der Pufferspeicher innerhalb der MMU wird als *Translation Lookaside Buffer (TLB)* bezeichnet und ist als Assoziativspeicher realisiert (siehe Abb. 8–40 und Abschnitt 8.1.2). Die virtuelle Adresse bzw. der minimal notwendige Teil davon (virtuelle Seitennummer) dient zur Abfrage. Geliefert wird die zugehörige Umsetzungsregel, sofern sie im TLB vorhanden ist. Andernfalls wird zuerst der entsprechende Seitendeskriptor aus der Seitentabelle in den TLB geladen, bevor die Umsetzung stattfinden kann.

8.5 Virtueller Speicher

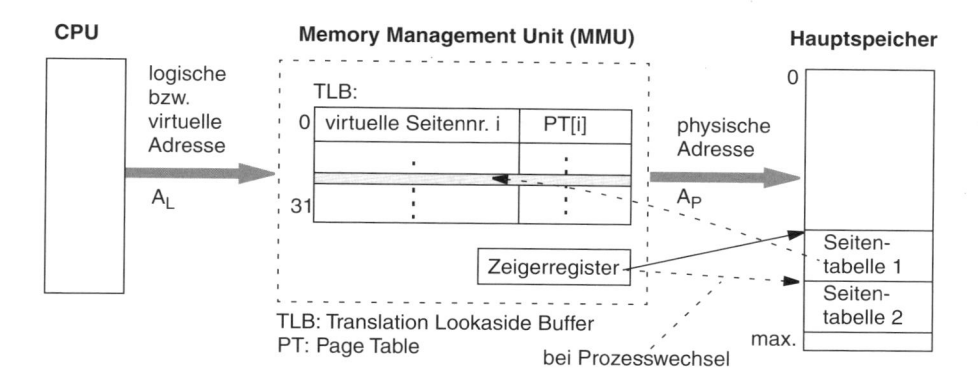

Abb. 8-40 *Adressumsetzung mittels MMU und TLB (Beispiel)*

Für die Realisierung des virtuellen Speichers kommen *drei Verfahren* zur Adressumsetzung infrage: *segmentbasiert*, *seitenbasiert* und *kombiniert*. Die ersten zwei Verfahren unterscheiden sich durch die Verwaltungseinheit, für die eine individuelle Umsetzung realisierbar ist. Beim segmentbasierten Verfahren ist dies ein Bereich wählbarer Größe (= Segment), für den eine eigene Umsetzungsregel festgelegt werden kann. Diese orientiert sich an der Prozessadressraumverwaltung. Beim seitenbasierten Verfahren ist die Verwaltungseinheit eine sogenannte Seite, d.h. ein Bereich einheitlicher Größe im Adressraum. Dies ist vorteilhaft für eine einfache Bewirtschaftung des Hauptspeichers. Das dritte Verfahren stellt eine Kombination der zwei anderen dar. Aufgrund der Namensgebung des virtuellen Speichers wird die logische Adresse oft auch als virtuelle Adresse bezeichnet.

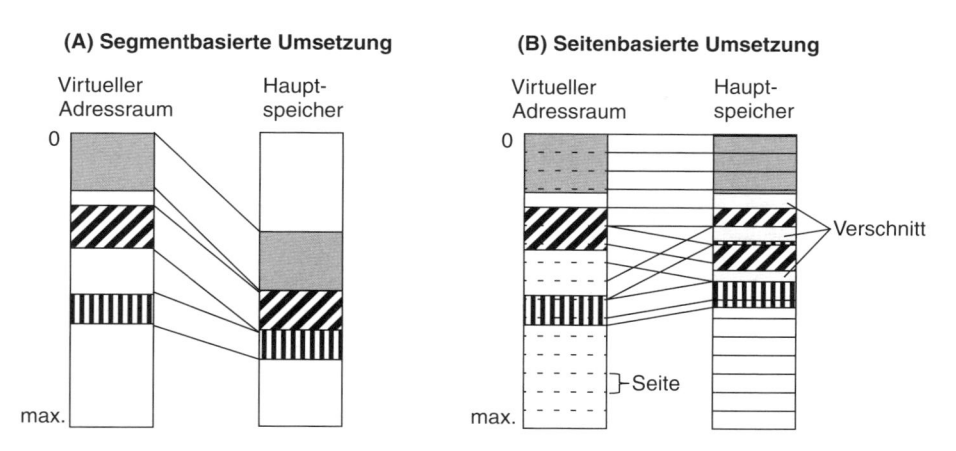

Abb. 8-41 *Prinzipbeispiel zu segment- und seitenbasierter Adressumsetzung*

Segmentbasierte Adressumsetzung

Die segmentbasierte Adressumsetzung wird auch als *Segmentierung des Speichers* (*segmentation*) bezeichnet. Die Verwaltungseinheit zur Zuteilung von Platz im Hauptspeicher ist ein Segment *frei wählbarer Größe*. Für jeden Prozess können so viele Segmente angelegt werden wie nötig. Pro Segment kann eine eigene Umsetzungsregel festgelegt werden. Es ist offensichtlich, dass mit diesem Verfahren direkt auf die Prozessadressraumverwaltung aufgesetzt werden kann, indem die Regionen auf die Segmente abgebildet werden (siehe Abb. 8–42).

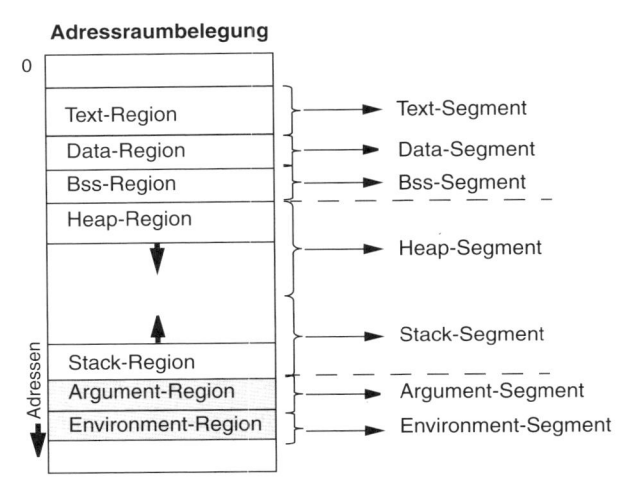

Abb. 8–42 *Abbildung der Regionen aus der Prozessadressraumverwaltung auf Segmente für eine bedarfsorientierte Adressumsetzung*

Die Segmente eines Prozesses werden vom Betriebssystem im Hauptspeicher so angeordnet, dass eine maximale Platznutzung stattfindet, wobei sie sich aber nie überlappen sollten. Die Adressumsetzung sorgt dafür, dass die Programmadressen entsprechend umgelegt werden. Die Umsetzungsregel lautet:

$$A_P = A_L + A_{Sik}$$

A_P: physische Adresse (= Speicheradresse)
A_L: logische Adresse (= Programmadresse bzw. virtuelle Adresse)
A_{Sik}: Segmentstartadresse für Segment k des Prozesses i

Um eine hardwarebasierte Erkennung der Segmentidentität zu ermöglichen, ist eine Programmadresse nicht mehr ein 1-Tupel, sondern ein *2-Tupel*, bestehend aus *(Segmentnummer, Relativadresse)*. Die Relativadresse bezieht sich stets auf den Anfang des Segments – jedes Segment beginnt mit der Adresse 0 und endet mit der Adresse gleich Segmentlänge-1. Die Segmentnummer identifiziert ein

8.5 Virtueller Speicher

bestimmtes Segment. Die segmentbasierte Adressumsetzung ist eng an den internen Aufbau einer CPU gebunden und daher stets als Teilfunktion der CPU realisiert. Wie erkennt nun die CPU, welche Segmentnummer zu einem bestimmten Zugriff gehört? Es gibt zwei verbreitete Lösungen dazu. Bei der Lösung A entscheidet der *Typus des Zugriffs*, welche Segmentnummer gilt. Unterscheidbare Typen sind Instruktionszugriff, Datenzugriff, Stapelzugriff. Ergänzend kann dies über unterschiedliche Maschinenbefehle noch feiner unterteilt werden (z.B. verschiedene Datenzugriffstypen). Bei der Lösung B wird die *Programmadresse in zwei Bereiche* unterteilt, womit das 2-Tupel festgelegt ist. Zum Beispiel könnten bei einer 64-Bit-Adresse die oberen 16 Bit für die Segmentnummer und die unteren 48 Bit für die Relativadresse reserviert sein. Die Festlegung der Segmentnummer selbst findet bei dieser Lösungsvariante bei der Programmübersetzung statt. Arbeitet man auf der Hochsprachebene, so hat man eigentlich nichts damit zu tun, da dies die Übersetzungswerkzeuge automatisch lösen. Greift die CPU auf den Speicher zu, so dient die Segmentnummer S_{Nr} als Index in die Segmentdeskriptorentabelle ST (siehe Abb. 8–43).

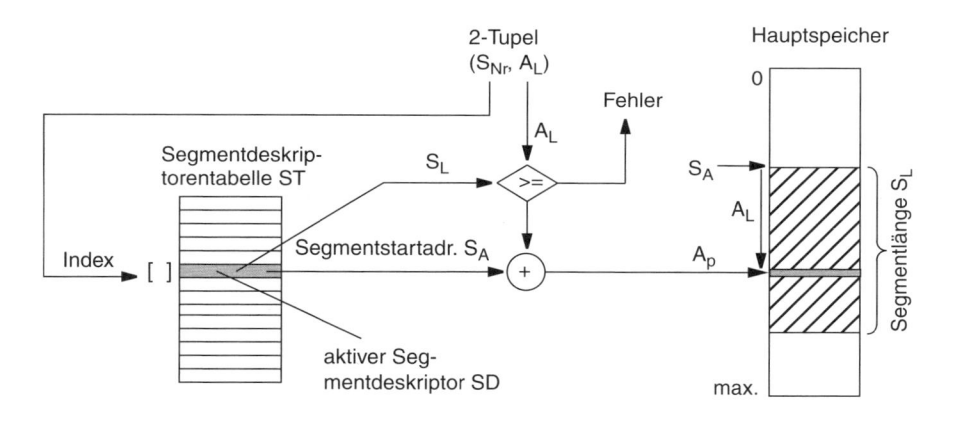

Abb. 8–43 *Segmentbasierte Adressumsetzung*

Die Umsetzungstabelle enthält für jedes definierte Segment eine Regel für die Adressumsetzung. Es dürfen nur Segmentnummern benutzt werden, für die Einträge in der Umsetzungstabelle vorhanden sind, sonst kommt eine undefinierte Umsetzungsregel zur Anwendung. Mittels der Segmentnummer wird ein bestimmter Tabelleneintrag selektiert, der damit der aktive Segmentdeskriptor für den laufenden Zugriff wird. Aus dem Segmentdeskriptor wird die Segmentstartadresse S_A und die Segmentlänge S_L entnommen. Ist die Relativadresse A_L >= S_L, so liegt ein Fehlzugriff vor, da eine Speicherstelle außerhalb des Segments adressiert würde. Ist der Test negativ, so wird die Adressumsetzung durchgeführt und der Speicherzugriff findet statt. Für jeden Prozess wird eine private Segmentdeskriptorentabelle vom Betriebssystem bereitgestellt. Sie enthält genau so viele

Einträge, wie Segmente im Prozessadressraum existieren. Neben der Segmentstartadresse und Segmentlänge enthält ein Segmentdeskriptor stets ein Gültigkeitsbit (*valid bit*) und ein Schreibschutzbit (*write bit*). Für die Zuordnung von Hauptspeicherplatz kann das Betriebssystem die Algorithmen für eine dynamische Speicherbereitstellung benutzen, wie sie in Abschnitt 8.2 für variable Größen beschrieben sind. In Tabelle 8–2 sind die Vor- und Nachteile aufgeführt. Streng genommen wird das Ziel der voll transparenten Adressumsetzung nicht ganz erreicht, indem auf der Assemblerebene die Segmente für die Anwendungen durchaus sichtbar sind. Bei der Programmentwicklung mit Hochsprachen wird dies allerdings durch die Übersetzungswerkzeuge vor dem Entwickler versteckt.

Vorteile	Nachteile
+ Passgenaue Bereiche (kein Verschnitt) + Orientiert sich an Prozessbedürfnissen + Geringer Platzbedarf für Umsetzungstabellen	− Externe Fragmentierung wahrscheinlich − Hauptspeicherbewirtschaftung aufwendig − Zeitbedarf für Ein-/Auslagern groß − Segmente für Anwendungen sichtbar

Tab. 8–2 *Vor- und Nachteile der segmentbasierten Adressumsetzung*

Seitenbasierte Adressumsetzung

Die Verwaltungseinheit zur Zuteilung von Platz im Hauptspeicher ist ein Bereich fester Größe. Der virtuelle Adressraum wird in eine Reihe gleich großer Blöcke aufgeteilt, die lückenlos, aber nicht überlappend ab Adresse 0 hintereinander angeordnet sind. Die Blöcke werden *Seiten (pages)* genannt und haben stets eine feste Länge von 2^k Byte. Der Grund dafür, dass ausnahmslos Zweierpotenzen für die Seitengröße vorgezogen werden, liegt in der dadurch massiv vereinfachten Realisierung einer MMU. Eine MMU arbeitet meist mit einer einzigen Seitengröße, kann aber hardwareabhängig auch mehrere Größen unterstützen. Unter Linux und Windows auf dem PC kommt hauptsächlich nur eine einzige Seitengröße von 4 KB zum Einsatz. Es besteht jedoch die Möglichkeit, sogenannte *large* bzw. *huge pages* zu benutzen, die aber gewissen Einschränkungen unterliegen. Der Hauptspeicher wird wie der virtuelle Adressraum in eine Reihe gleich großer Blöcke aufgeteilt. Diese nennt man *Seitenrahmen (page frames)*. Sie haben die gleiche Größe wie Seiten und stellen damit das Äquivalent der Seiten dar. Die Adressumsetzung besteht nun darin, dass jeder benutzten Seite ein Seitenrahmen zugeteilt wird. Da Seite und Seitenrahmen gleich groß sind, wird die Zuordnung von Hauptspeicherplatz besonders flexibel, da volle Wahlfreiheit herrscht. Das Problem der externen Fragmentierung, das bei der segmentbasierten Adressumsetzung nachteilig ist, besteht nicht. Die Zuteilungen von Seiten zu Seitenrahmen werden in einer Umsetzungstabelle festgehalten. Pro Prozess steht ein eigener virtueller Adressraum zur Verfügung, was zur Folge hat, dass pro Prozess eine eigene private Umsetzungstabelle angelegt wird. Hat die MMU eine Adressum-

8.5 Virtueller Speicher

setzung durchzuführen, so greift sie auf die Umsetzungstabelle zu, um den Faktor v gemäß nachfolgender Formel (1) zu bestimmen:

$$A_P = A_L + v_{ij} * S \quad (1)$$

A_P: physische Adresse (= Speicheradresse)
A_L: logische Adresse (= Programmadresse bzw. virtuelle Adresse)
v_{ij}: Verschiebungsfaktor für Seite j des Prozesses i
S: Seitengröße (2^k, k ist konstant)

Der Verschiebungsfaktor kann positive oder negative Werte annehmen, je nachdem, ob adressmäßig nach oben oder nach unten verschoben wird. Die Abbildung 8–44 zeigt zwei Beispiele von möglichen Adressumsetzungen.

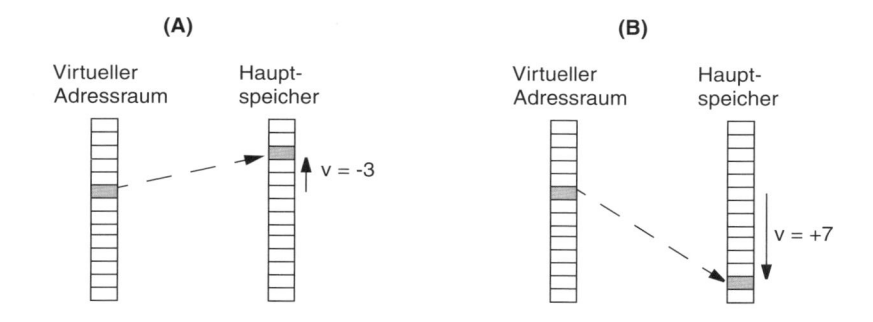

Abb. 8–44 Beispiele zum Verschiebungsfaktor

Eine Frage ist noch offen: Wie weiß die MMU, welcher Eintrag in der Umsetzungstabelle für eine bestimmte virtuelle Adresse gilt? Ganz einfach, indem die Seiten beginnend bei 0 lückenlos aufsteigend nummeriert werden, sodass die Seite bei Adresse 0 die Seitennummer 0 trägt. Somit genügt es, eine Ganzzahldivision (Div) von Adresse und Seitengröße durchzuführen (2):

$$p_V = A_L \text{ Div } S \quad (2)$$

p_V: Seitennummer
A_L: logische Adresse (= Programmadresse bzw. virtuelle Adresse)
S: Seitengröße (2^k, k ist konstant)

Da eine Seitengröße eine Zweierpotenz darstellt, ist dies in der MMU-Hardware sehr einfach zu lösen. Es genügt, die niedrigstwertigen k Bit bei der virtuellen Adresse abzuschneiden. Die Seitennummer ist der Index in die Umsetzungstabelle, die auch als *Seitentabelle (Page Table, PT)* bezeichnet wird. Die Einträge in der Umsetzungstabelle nennt man *Seitendeskriptoren (page descriptors)*. Sie enthalten das Tripel *(Seitenrahmennummer, Gültigkeitsbit, Schreibschutzbit)*, das zur Realisierung der Grundfunktion nötig ist. Die Seitenrahmennummer lässt sich einfach aus dem Verschiebungsfaktor bestimmen (3):

$$p_P = p_V + v \quad (3)$$

p_P: Seitenrahmennummer (positiver Ganzzahlwert inklusive 0)
p_V: Seitennummer (positiver Ganzzahlwert inklusive 0)
v: Verschiebungsfaktor (vorzeichenbehafteter Ganzzahlwert)

Das Gültigkeitsbit *(valid bit)* legt fest, ob ein Seitendeskriptor eine gültige Zuordnung darstellt, d.h. eine Seitenrahmennummer enthält, die einen verfügbaren Seitenrahmen im Hauptspeicher referenziert. In Abbildung 8–45 ist das Umsetzungsverfahren im Grundprinzip gezeigt.

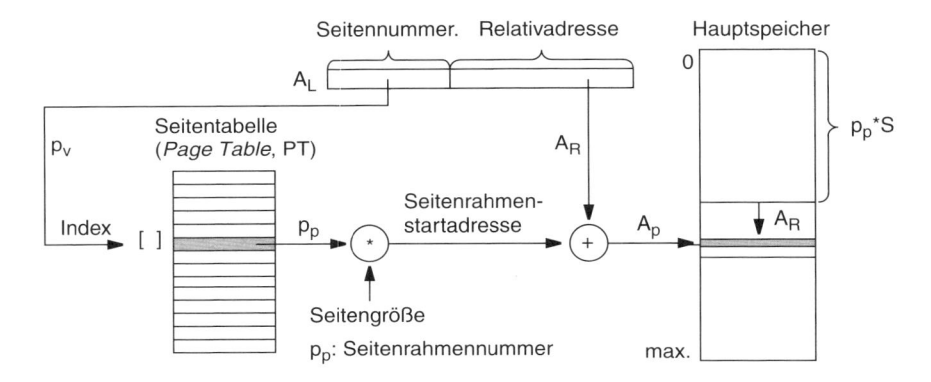

Abb. 8–45 *Seitenbasierte Adressumsetzung*

Aus der virtuellen Adresse A_L wird die Seitennummer p_v extrahiert. Diese dient als Index in der Seitentabelle PT, aus der die zugehörige Seitenrahmennummer p_p entnommen wird. Die Seitenrahmennummer p_p wird mit der Seitengröße multipliziert, womit die Seitenrahmenstartadresse bekannt ist. Zu dieser wird nun die Relativadresse A_R *(page offset)* addiert, damit ist die Speicherzugriffsadresse A_P ermittelt. Die Relativadresse kann aus der virtuellen Adresse extrahiert werden, indem eine Modulo-Division (Mod) mit der Seitengröße durchgeführt wird (4).

$$A_R = A_L \text{ Mod } S \quad (4)$$

A_R: Relativadresse (zu Seitenbeginn)
A_L: logische Adresse (= Programmadresse bzw. virtuelle Adresse)
S: Seitengröße (2^k, k ist konstant)

8.5 Virtueller Speicher

Nun wird aber in praktischen Realisierungen nicht der Verschiebefaktor v benutzt, sondern ersatzweise die Seitenrahmennummer, da dies eine vergleichsweise einfachere Hardware erlaubt. Der Zusammenhang ist jedoch durch (3) definiert.

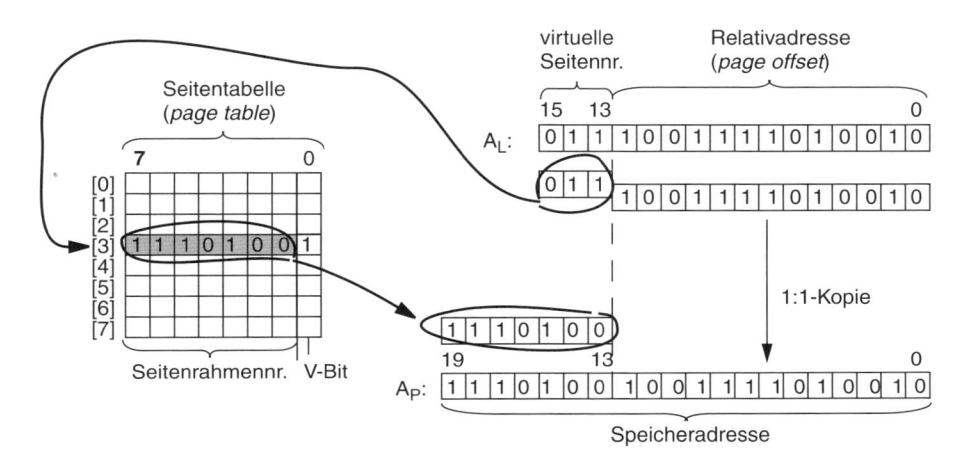

Abb. 8–46 *Beispiel einer seitenbasierten Adressumsetzung*

In Abbildung 8–46 ist das Verfahren mit ein paar Zahlenwerten exemplarisch dargestellt. Eine 16 Bit große virtuelle Adresse wird in eine 20 Bit große physische Adresse umgesetzt. Bei diesem Beispiel fällt auf, dass der Hauptspeicher wesentlich größer ist als der virtuelle Adressraum. Dies ist eine mögliche Hardwareimplementierung, die im Hauptspeicher ausreichend Platz für viele virtuelle Adressräume nebeneinander bietet, ohne dass ein Hintergrundspeicher nötig ist. Ergänzend sei noch bemerkt, dass praktisch realisierte Seitendeskriptoren neben dem Gültigkeitsbit und der Seitenrahmennummer noch weitere Informationen enthalten, die wir vorerst unterschlagen haben. Ein Beispiel ist das Schreibschutzbit (*write bit*), das einen Schreibschutz auf die betreffende Seite legt, was bei Codeseiten nach dem Laden sinnvoll ist. Die praktische Anwendung kann gut an einem Beispiel verdeutlicht werden (siehe Abb. 8–47). Drei Prozesse A, B und C benötigen Adressraum, der seitenweise auf den Hauptspeicher abgebildet wird. Für die Adressumsetzung stellt das Betriebssystem für jeden Prozess eine eigene Umsetzungstabelle bereit. Daraus resultieren drei wesentliche Vorteile. Erstens kann jeder Prozess frei über seinen privaten virtuellen Adressraum verfügen, d.h. kollisionsfrei jede mögliche Adresse nutzen. Zweitens können alle Prozesse beliebige Programmadressen benutzen ohne Rücksicht auf die effektiv physisch mit Speicherbausteinen belegten Adressbereiche. Drittens »sieht« jeder Prozess nur die ihm zugewiesenen Speicherinhalte, womit ein effektiver Speicherschutz realisiert ist.

Virtuelle Adressräume

Prozess A

Adr.	0	Seite
	1	
	2	
	3	
	4	
	5	
	6	
	7	

Prozess B

| 0 |
| 1 |
| 2 |
| 3 |
| 4 |
| 5 |
| 6 |
| 7 |

Prozess C

| 0 |
| 1 |
| 2 |
| 3 |
| 4 |
| 5 |
| 6 |
| 7 |

↑ Seitennummer

Umsetzungstabellen

Page Table A

0	06	1	1
1	00	1	1
2	10	0	1
3	08	0	1
4	09	0	1
5	34	0	0
6	11	0	0
7	00	0	0

Page Table B

0	01	1	1
1	07	1	1
2	0a	0	1
3	28	0	0
4	00	0	0
5	02	0	1
6	1f	0	0
7	0c	0	0

Index → **Page Table C**

0	03	1	1
1	04	1	1
2	05	1	1
3	0b	0	1
4	12	0	1
5	13	0	1
6	21	0	0
7	0d	0	0

Seitenrahmen-nummer (hex.) — Schreibschutzbit (1=read-only) — Gültigkeitsbit

Hauptspeicher

00 Seitenrahmen
01
02
03
04
05
06
07
08
09
0a
0b
0c
0d
0e
0f
10
11
12
13
14
15
16
17
18
19
1a
1b

Adressen ↓

Seitenrahmen-nummer (hex.)

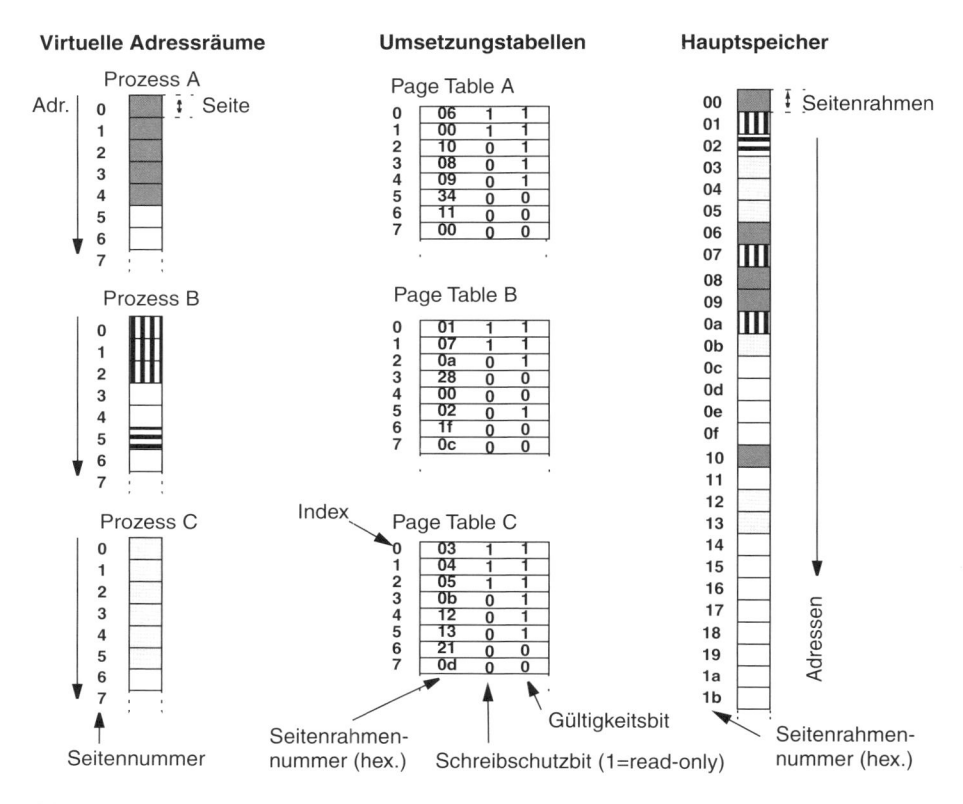

Abb. 8-47 *Seitenbasierte Adressumsetzung (Nutzungsbeispiel)*

Zur Seitenrahmennummer gelangt man, indem die Seitennummer als Index in die Umsetzungstabelle dient und der entsprechende Eintrag entnommen wird (z.B. wird die Seite 3 des Prozesses A auf den Seitenrahmen 8 abgebildet). Beim Zugriff auf die Umsetzungstabelle prüft die MMU das Gültigkeitsbit des betroffenen Seitendeskriptors. Ist der Seitendeskriptor als »ungültig« markiert, so liegt ein Fehlzugriff vor, der an das Betriebssystem weitergemeldet wird. Dies kann beispielsweise vorkommen, wenn ein Zeiger auf eine Adresse zeigt, die für den Prozess nicht gültig ist. Nur vom Prozess effektiv benutzte Seiten haben gültige Seitendeskriptoren zugeordnet (im Beispiel graue bzw. schraffierte Seiten). Eine zweite Überprüfung betrifft den Schreibschutz. Wird bei einem Schreibzugriff ein gesetztes Schutzbit festgestellt, so wird der Zugriff abgebrochen und ein Fehler an das Betriebssystem gemeldet. Das Beispiel zeigt auch sehr schön die Abbildung zusammenhängender Bereiche der virtuellen Adressräume auf den Hauptspeicher. Dort sind sie diskontinuierlich angeordnet. Dies ist typisch für eine Betriebssituation, in der sich die Hauptspeicherbelegung laufend ändert.

8.5 Virtueller Speicher

Der Platzbedarf für eine Umsetzungstabelle ist nicht zu vernachlässigen. Bei der Adressumsetzung über eine einzige Tabelle kann diese sehr groß werden.

> **Platzbedarf Umsetzungstabelle [Byte] = $2^m * t / s$**
>
> m: Anzahl Adressbit der virtuellen Adresse
> t: Größe eines Seitendeskriptors in Anzahl Byte
> s: Seitengröße in Anzahl Byte
> (Annahme: Pro Adresse werde 1 Byte an Speicherplatz adressiert)

> **Beispiel:**
> m = 32, s = 4 KB (= 2^{12}), t = 4
> → Platzbedarf = 2^{22} Byte = 4 MB (notabene: pro Prozess!)

Nun könnte man sich fragen, ob es nicht genügt, nur diejenigen Deskriptoren in der Umsetzungstabelle vorzusehen, die gültige Zuordnungen beschreiben. Dies ist aber gefährlich, weil ein Zugriff auf eine nicht zugeordnete virtuelle Seite beim Abfragen der Umsetzungstabelle einen undefinierten Eintrag liefert. Solche unkorrekten Zugriffe sind nicht unwahrscheinlich, denken wir nur an eine falsch gesetzte Zeigervariable. Damit würde ein unkontrollierter Zugriff auf den Hauptspeicher stattfinden. Eine einfache Lösung könnte sein, den virtuellen Adressraum beginnend bei der Adresse 0 zusammenhängend zu belegen und für die Seitennummer einen Maximalwert zu bestimmen, der der Anzahl der benötigten Einträge in der Umsetzungstabelle entspricht. Die MMU müsste dann bei jedem Zugriff das Überschreiten dieses Maximalwerts abprüfen. Verbreitete MMUs unterstützen diese einfache Möglichkeit nicht. Ein Grund liegt darin, dass eine lückenlose Belegung des Adressraums ab Adresse 0 zu einschränkend ist. Typische Adressraumauslegungen verteilen die Bereiche für Anwendungen, Betriebssystem, Peripherieregister und BIOS-Code großzügig über den gesamten verfügbaren Adressraum. Aus diesem Grund muss die Umsetzungstabelle vollständig initialisiert sein. Für nicht definierte Zuordnungen muss im Minimum das Gültigkeitsbit auf ungültig gesetzt werden. Somit ergibt sich, abhängig von der Seitengröße, oft ein sehr großer Platzbedarf für die Umsetzungstabelle. Der Multiprozessbetrieb verschärft das Problem, da pro Prozess eine eigene private Umsetzungstabelle benötigt wird. Es wurden jedoch folgende gangbaren Lösungsmöglichkeiten entwickelt:

- *Mehrstufige Tabellen*: Der erste Tabellenzugriff liefert nicht direkt die Seitenrahmennummer, sondern die Startadresse einer zweiten Tabelle. Der Folgezugriff geht dann auf die so identifizierte untergeordnete Tabelle und liefert die Seitenrahmennummer. Dies gilt für eine zweistufige Lösung. In der Praxis sind sowohl zwei- wie auch dreistufige Tabellen vorzufinden. Der Vorteil dieses Lösungsansatzes kommt dann zum Tragen, wenn der virtuelle Adressraum nur spärlich belegt ist, was oft zutrifft. Die Tabelle der ersten Stufe dient als Tabellenverzeichnis und enthält nur gültige Einträge für die jeweils benötigten untergeordneten Tabellen. In den restlichen Einträgen ist das Gültigkeitsbit auf ungültig gesetzt. Damit erspart jeder Eintrag, der als ungültig markiert ist, die Erzeugung einer Seitentabelle, was bei spärlicher Adressraumbenutzung sehr lohnend ist. In Abbildung 8–48 ist ein Beispiel einer zweistufigen Adressumsetzung gezeigt, bei dem die MMU einen Teil einer komplexeren CPU darstellt. Das CPU-Register CR3 dient als Zeiger auf die Tabelle der ersten Stufe (Tabellenverzeichnis). Die logische Adresse A_L besteht aus drei Teilen. Die Relativadresse ist als *offset* bezeichnet und die Seitennummer wird aufgeteilt in einen *directory index* und einen *table index*. Zu beachten ist, dass ein gut funktionierender TLB für eine mehrstufige Lösung zwingend ist, da sonst pro CPU-Zugriff insgesamt drei Speicherzugriffe stattfinden (zwei Zugriffe für Tabellenabfragen, ein Zugriff auf umgesetzte Adresse). Der Prozessor x86-64 als ein weiteres Beispiel nutzt eine dreistufige Adressumsetzung zur Verwaltung seines massiv größeren Adressraums. Seine Adressumsetzung folgt jedoch ansonsten dem gleichen Prinzip.

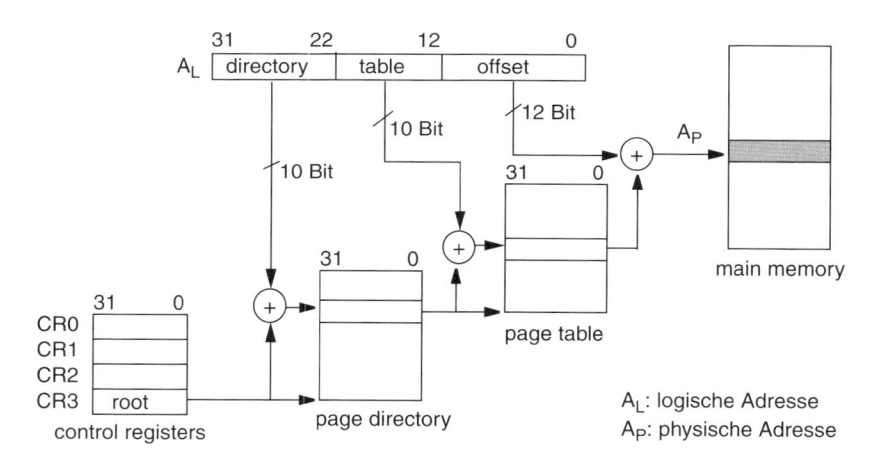

Abb. 8–48 *Zweistufige Adressumsetzung (Beispiel Intel x86-Prozessor)*

- *Erhöhte Seitengröße*: Dies reduziert den Platzbedarf für die Tabellen, erhöht aber die interne Fragmentierung. Praktisch vorkommende Werte für Seitengrößen liegen im Bereich von 0,5 KB .. 256 KB.
- *Invertierte Seitentabelle*: Diese spezielle Form der Umsetzungstabelle enthält für jeden Seitenrahmen, für den tatsächlich Speicher im System bestückt ist, die zugeordnete virtuelle Seitennummer. Die Anzahl Einträge orientiert sich also am effektiv vorhandenen physischen Speicher und ist so gesehen minimal. Da bei einem Zugriff im schlechtesten Fall die gesamte Tabelle nach der

8.5 Virtueller Speicher

Seitennummer durchsucht werden muss, ist dieses Verfahren ohne Zusatzmaßnahmen nicht tauglich. Durch Einsatz einer Hashcodierung beim Tabellenzugriff wird dies massiv verbessert. Im Beispiel in Abbildung 8–49 ist eine einfache einstufige Adressumsetzung der Lösung mit einer invertierten Tabelle gegenübergestellt. Da die invertierte Seitentabelle Tripel der Art *(Prozessidentifikation, Seitennummer, Seitenrahmennummer)* enthält, genügt es, systemweit eine einzige Tabelle zu führen (es existieren auch abweichende Lösungen). Ein freier Seitenrahmen könnte z.B. durch einen reservierten Wert für die Prozessidentifikation (PID) markiert sein. Die invertierte Seitentabelle ist besonders für sehr große Adressräume (z.B. 64-Bit-Adressierung) vorteilhaft, wenn sehr viel weniger Speicher bestückt ist als theoretisch möglich. Zu beachten ist, dass pro Hashwert mehr als ein Eintrag in der Hashtabelle existiert, wenn es Kollisionen gibt (siehe Abb. 8–49). In diesen Fällen ist der zutreffende Eintrag über eine ergänzende Suche zu bestimmen.

(A) Einfache Seitentabelle
(1 Eintrag pro Seite)

Index ist Seitennr.

$2^{50}-1$ ... 0

Hauptspeicher von 1 GB, d.h. total 2^{16} Seitenrahmen zu 16 KB

$2^{16}-1$ ... 0

Beispiel für ein System mit einer Adressraumgröße von 2^{64}, 16 KB Seitengröße und 1 GB bestücktem Hauptspeicher

(B) Invertierte Seitentabelle

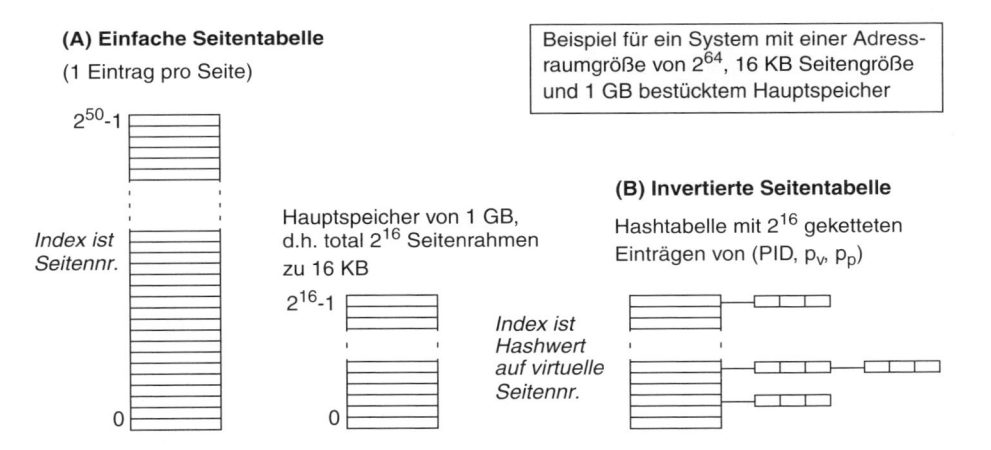

Hashtabelle mit 2^{16} geketteten Einträgen von (PID, p_v, p_p)

Index ist Hashwert auf virtuelle Seitennr.

Abb. 8–49 *Invertierte Seitentabelle (im Vergleich zu einfacher Seitentabelle)*

In Tabelle 8–3 sind zusammenfassend die Vor- und Nachteile seitenbasierter Adressumsetzung einander gegenübergestellt.

Vorteile	Nachteile
+ Einfache Hauptspeicherbewirtschaftung + Kleine Ein-/Auslagerungseinheit (schnell) + Transparent für Anwendungen + Geringerer Hardwareaufwand + Keine externe Fragmentierung	− Interne Fragmentierung wahrscheinlich − Platzbedarf für Umsetzungstabellen eher groß − Verwaltung virtueller Adressraum aufwendig

Tab. 8–3 *Vor- und Nachteile der seitenbasierten Adressumsetzung*

Segment- und seitenbasierte Adressumsetzung

Die Kombination der segment- und seitenbasierten Adressumsetzung versucht die Vorteile beider Verfahren zu kombinieren.

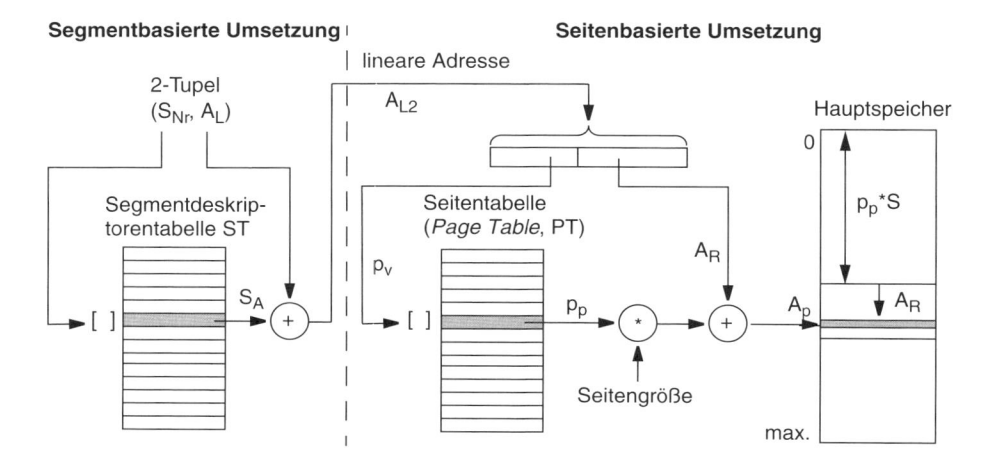

Abb. 8–50 *Kombination von segment- und seitenbasierter Adressumsetzung*

Ausgehend von der Prozessadressraumverwaltung werden Segmente aufgesetzt, die im sogenannten linearen Adressraum platziert werden (siehe Abb. 8–50). Der lineare Adressraum wird anschließend durch die Seitenverwaltung auf den Hauptspeicher abgebildet. Da der lineare Adressraum bereits einen virtuellen Adressraum darstellt, muss für die Platzierung der Segmente keine Rücksicht auf andere Prozesse und auf die Hauptspeicherauslegung genommen werden. Werden die Segmente lückenlos hintereinander platziert, so kann die interne Fragmentierung für die nachfolgende seitenbasierte Umsetzung minimiert werden. Zudem lassen sich segmentbezogene Attribute einfach verwalten, zum Beispiel eine Schreibsperre für ein Codesegment. Die Adressumsetzung der linearen Adresse in eine Speicheradresse ist geradlinig und beinhaltet alle Vorteile des Verfahrens.

8.5.2 Seitenwechselverfahren (*demand paging*)

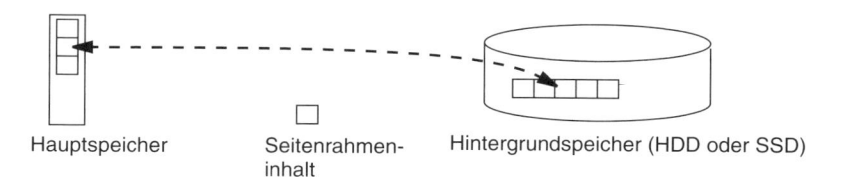

Abb. 8–51 *Prinzip des Seitenwechselverfahrens*

8.5 Virtueller Speicher

Man geht von der Idee aus, dass innerhalb größerer Zeiträume nur ein Teil des gesamten Codeumfangs ausgeführt wird (Lokalitätseffekt). Damit ist es auch unnötig, den gesamten Code dauernd im Hauptspeicher zu halten. Voraussetzung dazu ist ein Mechanismus, der es erlaubt, Codeteile bei Bedarf aus einem Hintergrundspeicher nachzuladen. Der virtuelle Speicher sorgt damit für Unabhängigkeit von der Größe des bestückten Hauptspeichers. Als Hintergrundspeicher dienen Massenspeicher (HDD oder SSD), da sie die nächste Stufe in der Speicherhierarchie heutiger Rechner bilden. Man kann den Hintergrundspeicher als eine virtuelle Erweiterung des schnellen Halbleiterspeichers betrachten.

Vorteile	Nachteile
+ Geringerer Ladeumfang (bedarfsgesteuert)	− Zusätzlicher Platzbedarf auf HDD/SSD
+ Weniger Hauptspeicherplatz benötigt	− Für Benutzer unerklärlicher Zugriffsverkehr
+ Kürzere Reaktionszeiten	− Evtl. spürbare Nachladezeiten

Tab. 8–4 *Vor- und Nachteile bei Einsatz des Seitenwechselverfahrens*

Das Seitenwechselverfahren ist *dynamisch*, indem der exakte Speicherbedarf eines Prozesses nicht im Voraus bekannt sein muss. Entsprechend dem aktuellen Bedarf kann einem Prozess fast unbegrenzt Zusatzspeicher zugeteilt werden. Dies steht im Gegensatz zu den *statischen* Verfahren, die beim realen Speicher (Monoprogrammierung, Multiprogrammierung mit Partitionen, Swapping) zum Einsatz kommen. Statische Verfahren benötigen Angaben über den Platzbedarf eines Prozesses zum Zeitpunkt, wenn ihm Speicher zugeordnet wird. Eine Vergrößerung der zugeteilten Partition während des Prozessablaufs ist im Allgemeinen nicht möglich.

Hintergrundspeicher

In der Prozessadressraumverwaltung können die einzelnen Regionen eines Prozessadressraums mit Dateien verknüpft sein. Beim Programmstart trifft dies auf die ausführbare Datei sowie allenfalls auf Bibliotheksdateien zu. Da nur Code während des Prozessablaufs unveränderlich bleibt, können direkt diese Dateiinhalte zum späteren Nachladen verwendet werden. Alle Datenbereiche werden beim Prozessstart einer speziellen *Auslagerungsdatei (page file)* zugewiesen, die entsprechend initialisiert wird. Wurden Datenwerte im Hauptspeicher verändert, so müssen sie in der Auslagerungsdatei gesichert werden, wenn sie bei Speicherknappheit im Hauptspeicher Platz für andere Inhalte machen müssen. Später können sie dann aus der Auslagerungsdatei wieder in den Hauptspeicher nachgeladen werden, wenn sie akut benötigt werden. Wird ein Programm gestartet, so werden nur Codeteile, auf die wirklich Zugriffe erfolgen, aus der ausführbaren Datei in den Hauptspeicher transferiert. Damit kann ein Programm schneller starten, da nicht das Laden des gesamten Codes abgewartet werden muss. Speicherinhalte werden nach Bedarf verfügbar gemacht, weswegen das Verfahren auf Englisch als *Demand Paging* bezeichnet wird. Einige Betriebssysteme verwenden anstelle einer Auslagerungsdatei einen speziellen Bereich auf dem Datenträger, den sogenannten *Auslagerungsbereich (paging area)*. Da der Zugriff darauf für diese Aufgabe optimiert ist, kann dies Geschwindigkeitsvorteile bieten. Das bedarfsgesteuerte Nachladen aus dem Hintergrundspeicher ist eng mit der Adressumsetzung gekoppelt. Da bei der seitenbasierten Adressumsetzung eine einheitliche und kleine Verwaltungseinheit (eine Seite) zur Anwendung kommt, wird in der Praxis nur diese Art der Adressumsetzung genutzt. Allenfalls wird sie mit einer vorgeschalteten segmentbasierten Adressumsetzung kombiniert. Beim Speicherzugriff prüft die MMU das Gültigkeitsbit des zugeordneten Seitendeskriptors. Ist es nicht gesetzt, so wird ein sogenannter *Seitenfehler-Interrupt (page fault interrupt)* ausgelöst. Dies startet den *Seitentransferprozess* des Betriebssystems. Er prüft, ob der Zugriff auf eine für den Prozess definierte Region stattfindet. Falls ja, dann wird der fehlende Seiteninhalt in den Hauptspeicher nachgeladen. Andernfalls ist es ein verbotener Zugriff, der abgefangen und dem Benutzer gemeldet wird. Bei den meisten Betriebssystemen führt dieser Vorfall zum sofortigen Prozessabbruch.

Seitentransferprozess

Die wesentlichen Schritte des Seitentransferprozesses können exemplarisch anhand des Flussdiagramms in Abbildung 8–52 für einen Datenzugriff verfolgt werden.

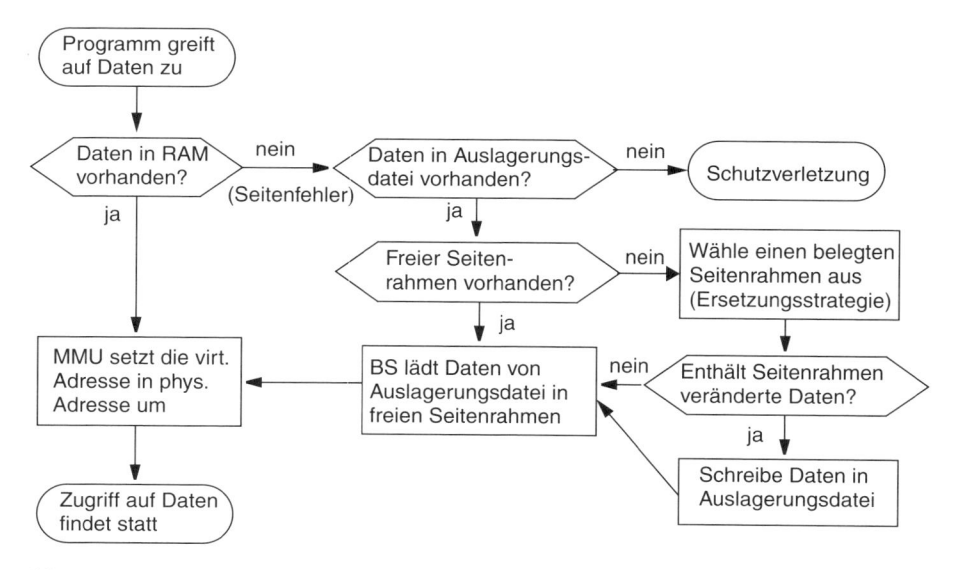

Abb. 8–52 *Typischer Ablauf für Datenzugriff (Beispiel Windows)*

Greift ein Programm auf Daten zu, so prüft die MMU, ob die Daten im Hauptspeicher vorhanden sind. Die Daten sind vorhanden, wenn das Gültigkeitsbit im betroffenen Seitendeskriptor gesetzt ist. In diesem Fall kann die Adressumsetzung sofort erfolgen und der Zugriff zu Ende geführt werden. Ist jedoch das Gültigkeitsbit nicht gesetzt, so ist der Seite kein Seitenrahmen zugeordnet. Die MMU erzeugt in dieser Situation einen Seitenfehler-Interrupt, der den Seitentransferprozess anstößt. Nun muss der den Datenzugriff ausführende Prozess für die Dauer des Seitentransferprozesses blockiert werden, da sein Speicherzugriff noch nicht erfolgen kann. Der Seitentransferprozess hat die Aufgabe, die fehlenden Daten in den Hauptspeicher zu laden. Dies beinhaltet eine Reihe von Teiloperationen. Zuerst wird geprüft, ob die Daten in der Auslagerungsdatei vorhanden sind (Annahme: zugeordnete Datei = Auslagerungsdatei). Fehlen sie, so handelt es sich um einen Zugriff auf eine für den Prozess verbotene Adresse (Schutzverletzung). Verboten sind alle Adressen, die nicht Teil einer Region im Prozessadressraum sind. Sind die Daten jedoch in der Auslagerungsdatei vorhanden, so muss ein Seitenrahmen für sie bereitgestellt werden. Sind noch freie Seitenrahmen vorhanden, so wird einer davon verwendet. Andernfalls wird mittels einer *Verdrängungsstrategie* (manchmal auch Ersetzungsstrategie genannt) ein belegter Seitenrahmen als Opfer bestimmt. Enthält dieser Seitenrahmen veränderte Daten, so müssen diese zuerst in der Auslagerungsdatei gesichert werden. Dies kann aufgrund eines *Modifikationsbit (modified bit, dirty bit)* im Seitendeskriptor erkannt werden, das die MMU bei Schreibzugriffen automatisch setzt. Wurden die Daten jedoch nicht geändert, so sind keine speziellen Maßnahmen notwendig, da die Daten in der Auslagerungsdatei identisch für ein späteres Nachladen bereits vorhanden sind. Nun steht dem Füllen des Seitenrahmens mit den gewünschten Daten aus der Auslagerungsdatei nichts mehr im Wege. Ist dies erfolgt, so wird der betroffene Seitendeskriptor aktualisiert. Dazu gehört das Eintragen der Seitenrahmennummer, das Setzen des Gültigkeitsbit und das eventuelle Löschen des Modifikationsbit. Der Seitentransferprozess ist jetzt abgeschlossen und der blockierte Prozess kann weiterlaufen, da die verlangten Hauptspeicherinhalte nun verfügbar sind. Das heißt, die Adressumsetzung und der Hauptspeicherzugriff finden statt. Im Fall eines Codezugriffs vereinfacht sich der Ablauf etwas, da Code nicht ausgelagert werden muss, da er ja stets identisch in der ausführbaren Datei vorliegt. Das Nachladen erfolgt in diesem Fall von der zugeordneten ausführbaren Datei anstatt von der Auslagerungsdatei.

Leistungsfähigkeit

Das Seitenwechselverfahren stellt einen komplexen Mechanismus dar, dessen Optimierung nicht so einfach ist. Primäres Optimierungsziel ist eine möglichst schnelle Ausführung aller Prozesse. In der Realität müssen allerdings bei Speicherknappheit in extremen Fällen einer oder mehrere Prozesse temporär angehalten werden, da sonst der Zustand entstehen kann, dass das System fast nur noch mit dem Seitenwechsel beschäftigt ist. Im Versuch, alle Prozesse auszuführen, teilt das System bei Speicherknappheit jedem nur noch so wenige Seiten zu, dass einfach zu viele Seitenfehler und damit Ladevorgänge pro Zeiteinheit anstehen. Diese gefürchtete Situation wird als *Dreschen (thrashing, Seitenflattern)* bezeichnet und ist unbedingt zu vermeiden, da so das Optimierungsziel gründlichst verpasst wird. Die hauptsächliche Schwierigkeit liegt darin, dass das Betriebssystem kein Wissen darüber besitzt, *wann*, *wie lange* und *wie viel* Speicher auf *welchen* Adressen ein Prozess benötigt. Als wesentliche Randbedingung kommt noch dazu, dass die Ressource Hauptspeicher nicht unbegrenzt zur Verfügung steht, d.h., dass ein geschickter Umgang mit der Situation der Speicherknappheit gefordert ist. Zur Entwicklung geeigneter Strategien wurden *Verhaltensmodelle* entwickelt, die auf statistischen Daten einer großen Menge an Prozessen beruhen. Das Verhalten eines bestimmten Prozesses kann von diesen Durchschnittswerten stark abweichen, weswegen praktikable Verfahren eine hohe Toleranz gegenüber solchen Spezialfällen besitzen müssen. Dies heißt, sie müssen darauf adaptiv reagieren können.

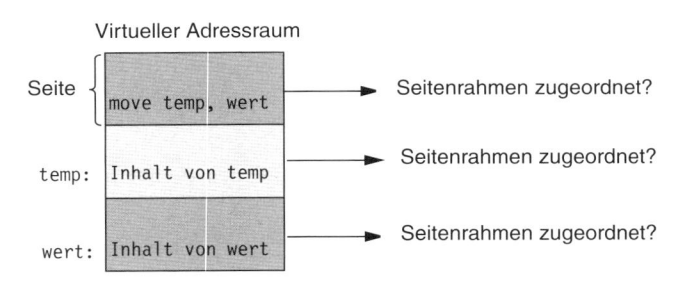

Abb. 8–53 *Beispiel eines mehrfachen Seitenfehlers (Adressraumbelegung und Assemblerzeile)*

Als Einstimmung in das Thema betrachten wir ein krasses Beispiel, bei dem ein einziger Maschinenbefehl zu drei Seitenfehlern führt (siehe Abb. 8–53). Dieser Befehl kopiert einen Datenwert von einer ersten Adresse (Variable temp) auf eine zweite Adresse um (Variable wert). Der erste Seitenfehler ist beim Holen des Instruktionscodes möglich. Zwei weitere Seitenfehler können bei den Zugriffen auf die zwei Variablen temp und wert auftreten. Es könnten sogar noch zwei weitere Seitenfehler dazu kommen, wenn die zwei Variablen als Mehrbytewerte (z.B. vier Byte) über Seitengrenzen hinaus verteilt wären (z.B. zwei Byte auf Seite 15, zwei Byte auf Seite 16). In unserem Beispiel finden insgesamt drei Hauptspeicherzugriffe statt, wobei pro Zugriff mehrere Byte transferiert werden können, da Prozessoren Mehrbyte-Datentypen kennen und die heutigen Datenbusbreiten den

8.5 Virtueller Speicher

gleichzeitigen Transport mehrerer Byte zulassen (z.B. 8 Byte bei 64-Bit-Datenbus).

Die mittlere Zugriffszeit auf den Hauptspeicher wird durch die Nachladezeit vom Hintergrundspeicher stark beeinflusst, wenn die Häufigkeit von Seitenfehlern nicht recht klein ist. Lässt sich die Wahrscheinlichkeit bzw. Häufigkeit eines Seitenfehlers berechnen oder messen, so kann die mittlere Zugriffszeit genau bestimmt werden:

$$T_{eff} = (1-p) \cdot T_M + p \cdot T_{PF}$$

T_{eff}: *effektive Zugriffszeit (im Mittel)*
T_M: *Zugriffszeit des Hauptspeichers (main memory access time)*
T_{PF}: *Zeitdauer des Seitenwechsels (page fault handling time)*
p: *Wahrscheinlichkeit eines Seitenfehlers*

Mit dieser Formel kann man für ein gegebenes System vernünftige Grenzwerte für die Seitenfehlerrate (Anzahl Seitenfehler pro Zeiteinheit) festlegen und mittels entsprechender Dienstprogramme auf realen Systemen überprüfen. Zum Beispiel lässt sich unter Windows die Leistungsanzeige des Task Manager um entsprechende Spalten erweitern. Die Bestimmung der Zeitdauer zur Behandlung eines Seitenfehlers kann auf den Massenspeicherzugriffszeiten basieren, da die softwarebedingten Zeiten vergleichsweise klein sind (typisch <1%) und sich vernachlässigen lassen. Bei der Zugriffszeit auf den Hauptspeicher gilt es, nicht nur die eigentliche Zugriffszeit der RAM-Speicher-Chips zu berücksichtigen, sondern auch die Verzögerung durch die Adressumsetzung. Diese Verzögerung entsteht normalerweise nur, wenn Zugriffe auf die Seitentabelle im Hauptspeicher notwendig werden (Holen des Seitendeskriptors). Dies ist immer dann der Fall, wenn die Seitendeskriptorenpufferung im TLB ausfällt (kein Treffer im Assoziativspeicher, siehe Abschnitt 8.5.1). Gängige Lösungen für TLBs erreichen ohne weiteres eine Trefferrate von 95% und mehr. Für den Zugriff durch die CPU selbst ist zudem der Cache-Speicher einzubeziehen (siehe Abschnitt 8.1.4). Nur, was nicht im Cache bereits vorhanden ist, führt zum Hauptspeicherzugriff! Der Einfluss des Programmverhaltens ist also enorm. Wirkt der Lokalitätseffekt gut, so läuft die Software schnell. Andernfalls ergeben sich sowohl beim Caching wie beim Paging massive Verzögerungen.

Solange genügend Hauptspeicherplatz vorhanden ist, reduziert sich die Zusatzzeit für den Seitenwechsel im Wesentlichen auf das Laden noch fehlender Codeteile. Dies ist aber sowieso nötig, lediglich der Zeitpunkt wird beim Seitenwechselverfahren nach hinten geschoben. In einem System ohne virtuellen Speicher müsste ohne Spezialmaßnahmen (z.B. Overlays) das Laden des Programmcodes vor dem eigentlichen Programmstart erfolgen, was unnötigen Zeitverschleiß bedeuten kann, wenn nachher nicht der ganze Code durchlaufen wird. Im virtuellen Speichersystem hingegen wird nach Bedarf geladen, was für sich alleine schon einen großen Vorteil darstellt. Da die Kosten für die Speicherhardware laufend am Fallen sind, könnten die nachfolgend beschriebenen Optimierungsverfahren für den sparsamen Umgang mit der Ressource Hauptspeicher in Zukunft an Bedeutung verlieren. Zumindest wenn der Speicherhunger der Software nicht im gleichen Grad ansteigt.

Prozessverhalten und Systemlast

Wie in Abschnitt 8.1.3 über die Speicherhierarchie bereits erläutert, beeinflusst der Lokalitätseffekt den Speicherbedarf eines Prozesses maßgeblich. Um die entsprechenden Zusammenhänge genauer kennenzulernen, sei hier nochmals das Wesentlichste wiederholt. Bezeichnet man die im Zeitraum zwischen (t-T) und t stattfindenden Speicherzugriffe eines Prozesses als den *Arbeitsbereich* (*working set*) *W(t-T, t) des Prozesses*, so gilt Folgendes:

Der Arbeitsbereich W(t-T, t) bleibt für größere Zeiträume unverändert.

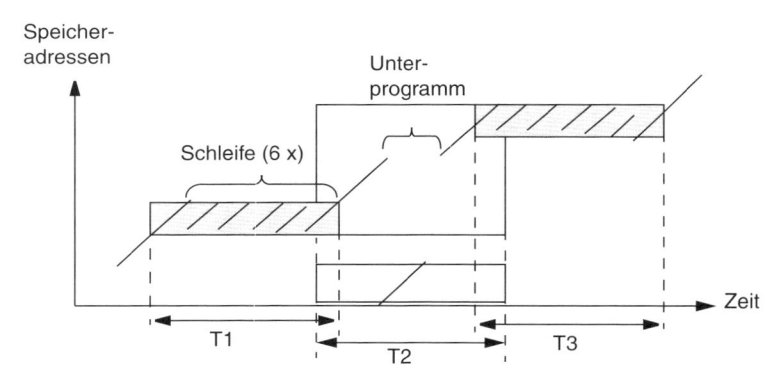

Abb. 8–54 *Beispiel für einen sich ändernden Arbeitsbereich (state-transition behavior)*

Bildlich erklärt heißt dies, dass sich ein Prozess in einem Zeitfenster der Größe T typischerweise nur in einem kleinen Teil des von ihm gesamthaft genutzten Adressraums bewegt. Verschiebt man das Zeitfenster über die gesamte Laufzeit des Prozesses, so ändert sich der Arbeitsbereich in der Größe, d.h. in Bezug auf die beteiligte Menge an Adressen. In Abbildung 8–54 ist ein Beispiel eines Ablaufbildes gezeigt, in dem drei Zeitfenster mit T1, T2 und T3 markiert sind. In T1 und T3 ist der Arbeitsbereich relativ klein, da sich der Programmablauf in einem kleinen Adressbereich bewegt. In T2 hingegen ist eine Art von Übergangsphase zu erkennen, in der viele Adressen obsolet werden, aber viele neue Adressen dazu kommen. Dieses Ablaufmuster wird als *state-transition behavior* bezeichnet.

8.5 Virtueller Speicher

Das Zeitfenster T darf nicht zu klein gewählt werden. Die Abbildung 8–55 zeigt einen aufgrund von Simulationen bestimmten Verlauf der Arbeitsbereichsgröße als Funktion der Zeitfenstergröße.

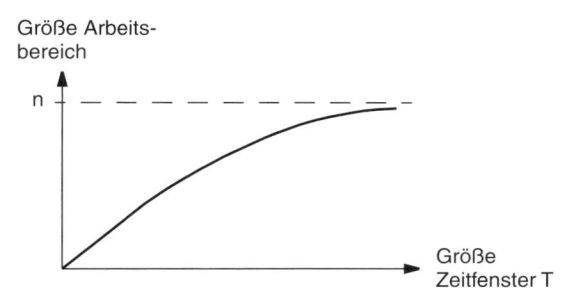

Abb. 8–55 *Größe des Arbeitsbereichs*

Dieser Verlauf gilt für eine Phase im Programmablauf, in der sich der Lokalitätseffekt ausgeprägt zeigt (z.B. T1 oder T3 in Abb. 8–54). Wird T zu klein gewählt, so wird nicht der ganze Adressbereich erfasst, in dem sich das Programm in dieser Phase bewegt. Wird T vergrößert, so nimmt der Arbeitsbereich immer weniger zu (asymptotischer Verlauf). Wählt man T aber so groß, dass eine stabile Ablaufphase (z.B. T1 in Abb. 8–54) verlassen wird, so gilt dies natürlich nicht mehr.

Theoretisch wäre es am besten, wenn alle momentan benötigten Daten sich innerhalb der CPU befinden. In der Praxis ist aber stets eine Speicherhierarchie vorhanden. Darin konzentrieren wir uns auf das Nachladen vom Massenspeicher, wenn der Hauptspeicher eine begrenzte Kapazität besitzt. Kann nicht der ganze Prozess im Hauptspeicher gehalten werden, so müssen während des Programmablaufs alte Seiteninhalte durch neue verdrängt werden, da der Arbeitsbereich sich ändert. Ein Maß für die Häufigkeit dieses Aktualisierens des Arbeitsbereichs stellt die Seitenfehlerrate (= Anzahl Seitenfehler pro Zeiteinheit) dar.

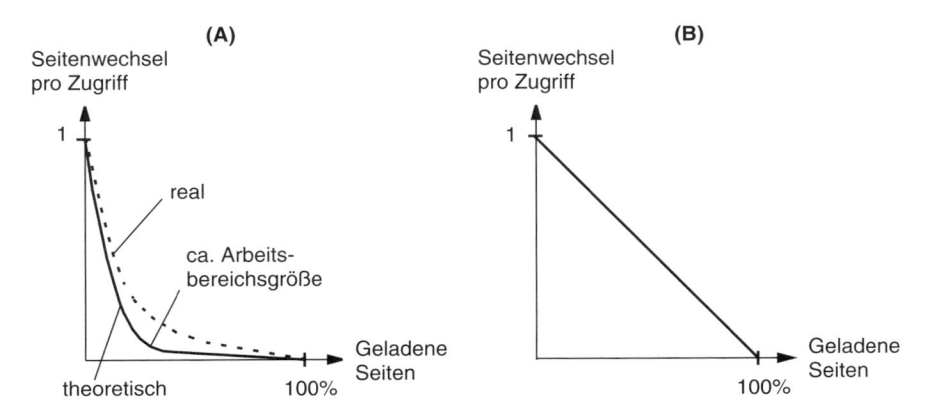

Abb. 8–56 *Seitenfehlerrate in Abhängigkeit vom verfügbaren Speicher*

Betrachtet man in Abbildung 8–56 den Verlauf der Seitenfehlerrate in Abhängigkeit von der Anzahl der im Hauptspeicher geladenen Seiten (bezogen auf die Programmgröße), so ergeben sich verschiedene Kurven. Der Grund dafür liegt im unterschiedlichen Wirken des Lokalitätseffekts. Kurve B gilt für einen Prozess, der adressmäßig rein zufällig auf den Speicher zugreift und damit überhaupt kein lokales Verhalten zeigt. Steht ein Speicher entsprechend der halben Programmgröße zur Verfügung, so führt im Mittel immer noch jeder zweite Zugriff zu einem Seitenfehler. Kurve A ist typisch für ein durchschnittliches Programm, das lokales Verhalten zeigt. Findet ein gewisser minimaler Prozentsatz des Programms im Hauptspeicher Platz, so fällt die Seitenfehlerrate auf einen kleinen Wert. Dieser Platzbedarf entspricht in etwa dem tatsächlichen Arbeitsbereich des Programms. Ob die Kurve A etwas günstiger oder weniger günstig verläuft, hängt nicht nur vom Lokalitätseffekt ab, sondern auch von der Auswahl der zu verdrängenden Seiten. Werden Seiteninhalte verdrängt, die bald wieder benötigt werden, so ist dies offensichtlich nachteilig für eine optimale Platznutzung. Eine gute Wahl der Verdrängungsstrategie ist wesentlich. In Abbildung 8–56 ist die Kurve für eine optimale Seitenverdrängung mit *theoretisch* und die Kurve für eine erreichbare Lösung mit *real* ausgezeichnet.

Der gesamte Platzbedarf aller laufenden Programme ist häufig größer als die Kapazität des vorhandenen Hauptspeichers. Solange jedoch alle Arbeitsbereiche der laufenden Programme im Hauptspeicher Platz finden, kann mit einer relativ geringen Seitenfehlerrate gearbeitet werden. Das heißt, die Geschwindigkeitseinbuße durch das Nachladen ist für den Anwender kein Problem. Werden jedoch in Bezug auf den verfügbaren Hauptspeicher zu viele Prozesse gestartet, so benötigt das System plötzlich den Hauptteil der Zeit für den Seitenwechsel und die Programme laufen nur noch im Schneckentempo. Dieses Phänomen wurde 1980 von P. Denning untersucht und grafisch illustriert (siehe Abb. 8–57).

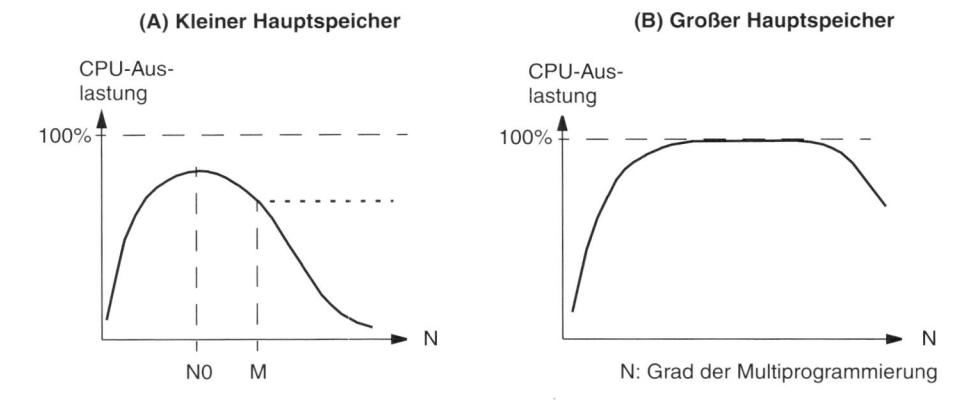

Abb. 8–57 *Dreschen und Laststeuerung*

8.5 Virtueller Speicher

Bei Kurve A ist der die Leistung limitierende Faktor eindeutig die Hauptspeichergröße. Bevor die CPU zu 100% ausgelastet werden kann, nimmt die Seitenwechselhäufigkeit massiv zu und führt bei weiterer Steigerung des Grads der Multiprogrammierung zum Dreschen. Wird jedoch der Grad der Multiprogrammierung auf den Wert M begrenzt, so kann mit einer reduzierten Zahl an Prozessen vernünftig weiter gearbeitet werden (Laststeuerung). Diese Begrenzung kann heißen, dass der Start weiterer Prozesse verhindert wird. Dies ist für Stapelverarbeitungssysteme gut machbar, jedoch für interaktive Systeme wenig attraktiv. Eine zweite Möglichkeit besteht darin, dass einige Prozesse temporär schlafen gelegt werden. Ihre Hauptspeicherinhalte können dann gesamthaft auf den Hintergrundspeicher ausgelagert werden. Es entsteht also eine Situation, in der unter dem Demand Paging zumindest für diese Laststeuerung auf ein Swapping zurückgegriffen wird. Bei der Kurve B in Abbildung 8–57 wird bei steigender Prozessanzahl die Rechenzeit immer mehr auf die laufenden Prozesse aufgeteilt, bis irgendwann dann doch die Hauptspeicherknappheit zum Dreschen führt.

Solange ausreichend Hauptspeicherplatz vorhanden ist, kann im Prinzip jeder Prozess so viel Speicher beziehen, wie er will. Ein System, das so arbeitet, verhält sich *defensiv*. Das heißt, die einem Prozess zugeordnete Menge an Hauptspeicherplatz wird nicht gesteuert. Erst wenn keine freien Seitenrahmen mehr vorhanden sind, werden belegte Seitenrahmen enteignet und neu zugeteilt. Eine andere Strategie geht so vor, dass die einem Prozess zugeordnete Menge an Hauptspeicherplatz aktiv gesteuert wird. Eine optimale Ressourcenzuteilung würde darin bestehen, jedem Prozess genau so viel Hauptspeicher zuzuteilen, dass sein Arbeitsbereich *(working set)* darin Platz findet. Leider ist die Arbeitsbereichsgröße eines Prozesses kaum je bekannt. Über das Messen der Seitenfehlerrate für jeden Prozess kann indirekt aber festgestellt werden, ob ihm momentan eine ausreichende Menge an Hauptspeicherplatz zugeteilt ist. Damit lässt sich eine Regelung realisieren, mit der die zugeteilte Hauptspeichermenge *offensiv* in einem günstigen Bereich gehalten wird. Abbildung 8–58 zeigt das Prinzip. Es wird eine obere und eine untere Schwelle für die Seitenfehlerrate eines Prozesses festgelegt. Wird die obere Schwelle überschritten, so muss ihm mehr Platz zugeteilt werden. Wird die untere Schwelle unterschritten, so wird ihm Platz weggenommen. Natürlich darf für die Bestimmung der Seitenfehlerrate nur die tatsächliche Rechenzeit berücksichtigt werden, d.h., nur die abgelaufene Zeit zählt, in der der Prozess am Rechnen war (virtuelle Zeit, *virtual time*). Wird dem Prozess Platz weggenommen, so ist die richtige Auswahl der betroffenen Seitenrahmen wesentlich. Die Regelung der Arbeitsbereichsgröße wird somit von der benutzten Verdrängungsstrategie beeinflusst. Eine ungünstige Verdrängungsstrategie führt zu mehr zugeteilten Seitenrahmen und damit zu größerem Speicherverschleiß. Weitere Möglichkeiten zur Realisierung sind daher nachfolgend bei den Erläuterungen zu den Verdrängungsstrategien zu finden.

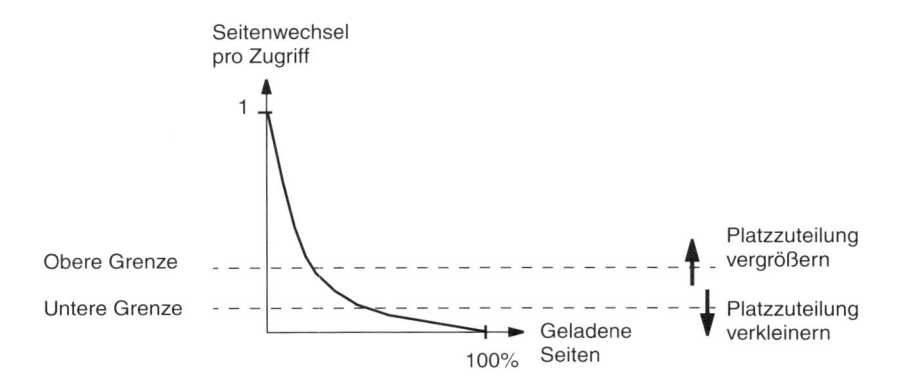

Abb. 8-58 *Laststeuerung anhand der Seitenfehlerrate*

Die Erfassung der Seitenfehlerrate eines Prozesses kann zum Beispiel mittels des *PFF*-Algorithmus *(Page Fault Frequency)* erfolgen. Gemessen werden die Zeitabstände zwischen den einzelnen Seitenfehlern. Diese Zeitmessung benutzt die virtuelle Rechenzeit des Prozesses, d.h., nur die abgelaufene Zeit zählt, in der der Prozess am Rechnen war. Der so ermittelte Zeitabstand entspricht dem Kehrwert der prozessbezogenen Seitenfehlerrate. Der PFF-Algorithmus reagiert schlecht auf schnelle Änderungen im Arbeitsbereich, die erfahrungsgemäß von Zeit zu Zeit stattfinden *(state-transition behavior)*. Er tendiert dann dazu, den Arbeitsbereich eines Prozesses vorübergehend massiv aufzublasen. Betrachten wir dazu nochmals die Abbildung 8–54 von vorhin. Für die drei gleich großen Beobachtungsfenster ergeben sich große Schwankungen der Größe des Arbeitsbereichs. Während T1 befindet sich das Programm in einer Schleife, der Arbeitsbereich ist klein und ändert sich nicht.

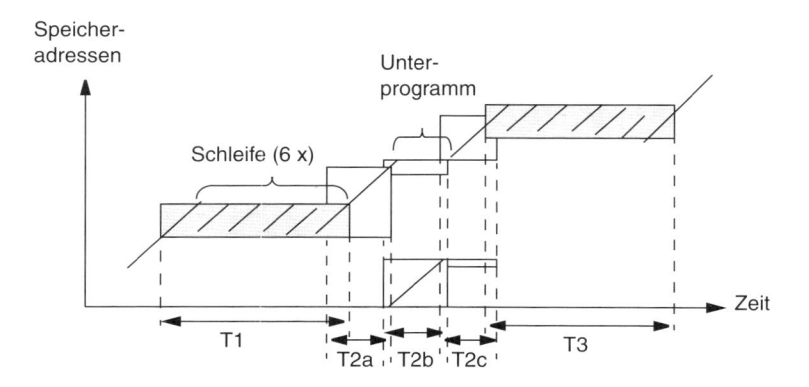

Abb. 8-59 *Anpassung des Beobachtungsfensters (Beispiel)*

8.5 Virtueller Speicher

Während T2 ändert sich der Arbeitsbereich und wird über das ganze Zeitfenster gesehen sehr groß, weil eigentlich nicht mehr benötigte Speicherinhalte immer noch gezählt werden. Das Zeitfenster T3 besitzt dann wieder mit T1 vergleichbare Eigenschaften. Ein besseres Verhalten zeigt der *VSWS*-Algorithmus *(Variable-interval Sampled Working Set)*. Er vergrößert die Häufigkeit der Überprüfung, d.h. verkleinert sein Beobachtungszeitfenster, wenn die Seitenfehlerrate stark ansteigt. So werden nicht mehr benötigte Seiten schneller aus dem Arbeitsbereich entfernt als beim PFF-Algorithmus. Die Auswirkung auf den Beispielverlauf ist in Abbildung 8–59 illustriert.

Beide Algorithmen zur Bestimmung der Seitenfehlerrate lassen sich nicht nur zur Regelung der Arbeitsbereichsgröße verwenden. Verzichtet man nämlich auf die Regelung der Arbeitsbereichsgröße, so muss auf ein mögliches Dreschen reagiert werden. Dafür wird die Seitenfehlerrate des ganzen Systems, d.h. kumuliert für alle Prozesse, überwacht. Übersteigt diese eine kritische Schwelle, so können als Abhilfe einer oder mehrere Prozesse pausiert und vollständig auf den Hintergrundspeicher ausgelagert werden *(swap out)*. Mit einer Regelung der Arbeitsbereichsgröße kann dies hingegen dann erfolgen, wenn die Summe der geregelten Arbeitsbereichsgrößen nicht mehr im Hauptspeicher unterzubringen ist.

Die Eigenschaften eines Programms legen sein lokales Verhalten fest. Dies zu beeinflussen liegt zumindest teilweise in der Macht des Softwareentwicklers. Dies soll anhand eines Beispiels (C-Codefragment) illustriert werden.

```
int m[128][128]; // 128 Zeilen (1. Index), 128 Spalten (2. Index)
for (i=0; i<128; i++) {
  for (j=0; j<128; j++) {
    m[i][j] = 1;
  }
}
```

Alle Elemente einer Matrix sollen mit 1 initialisiert werden. Die Größe des Datentyps `int` im Speicher sei 4 Byte. Damit belegt die gesamte Matrix 128*128*4 = 65536 Byte = 64 KB Speicher.

Zeile 0	Zeile 4	Zeile 8		Zeile 124
Zeile 1	Zeile 5	Zeile 9		Zeile 125
Zeile 2	Zeile 6	Zeile 10		Zeile 126
Zeile 3	Zeile 7	Zeile 11		Zeile 127

Abb. 8–60 *Adressraumbelegung durch Matrix (Beispiel)*

Die zweidimensionale Matrix muss auf den eindimensionalen Adressraum abgebildet werden. Normalerweise werden die Zeilen der Reihe nach im Speicher angeordnet sowie innerhalb der Zeilen die Spalten ihrer Reihe nach. Bei einer Seitengröße von 2 KB passen in eine einzelne Seite genau vier Zeilen (siehe Abb. 8–60). Dem Prozess, der diesen Code ausführe, stehen maximal 17 Seitenrahmen zur

Verfügung. Der benötigte Code begnüge sich mit einem Seitenrahmen und der Platzbedarf für i und j werde vernachlässigt. Somit stehen für die Matrix 16 Seitenrahmen (32 KB) zur Verfügung. Wird der Code ausgeführt, wie oben abgebildet, so müssen insgesamt 32 Seiten geladen werden (32 Seitenfehler), wenn man für die Seitenersetzung eine FIFO-Strategie nutzt. Nun ändern wir das Beispiel leicht ab, indem wir die Reihenfolge der Schleifen vertauschen (zuerst Zeilen durchlaufen, dann Spalten):

```
int m[128][128]; // 128 Zeilen (1. Index), 128 Spalten (2. Index)
for (j=0; j<128; j++) {
  for (i=0; i<128; i++) {
        m[i][j] = 1;
    }
}
```

Bereits nach der Initialisierung von vier Elementen muss jetzt die nächste Seite nachgeladen werden. Da der verfügbare Platz im Hauptspeicher auf 16 Seitenrahmen begrenzt ist, ist der verfügbare Hauptspeicherplatz nach der Initialisierung von 64 Elementen erschöpft. Das heißt, weitere Inhalte überschreiben die Inhalte bereits belegter Seitenrahmen (Seitenverdrängung). Wenn wir dafür eine FIFO-Strategie wählen, so ersetzen die Zeilen 64-67 die Zeilen 0..3. Hat die Laufvariable i die erste Runde erledigt, so haben bereits 32 Seitenfehler stattgefunden (für 128 Initialisierungen). Für die nächste Runde wiederholt sich dies, sodass insgesamt 128*32=4096 Seitenfehler stattfinden (im Vergleich zu 32 bei der ersten Codevariante).

Ladestrategie

Die Ladestrategie liefert die Antwort auf die Frage: Wann werden Seitenrahmen zugeordnet bzw. zu welchem Zeitpunkt sollen Daten und Code vom Hintergrundspeicher in den Hauptspeicher geladen werden? Grundsätzlich gibt es zwei Lösungen für dieses Problem, die sich auch kombinieren lassen:

- *Zuteilung nach Bedarf (pure demand paging)*: Eine Seite wird erst dann geladen, wenn der Prozess darauf zugreift. Dies wird dem Betriebssystem mittels eines Seitenfehler-Interrupts durch die MMU-Hardware angezeigt, worauf der verursachende Prozess so lange blockiert wird, bis die referenzierte Seite im Hauptspeicher bereitgestellt ist.
- *Zuteilung im Voraus (prepaging)*: Bei einem Seitenfehler werden benachbarte Seiten ebenfalls bereitgestellt, in der Annahme, dass diese bald gebraucht werden. Damit kann eine ganze Gruppe von Seiten sehr effizient vom Hintergrundspeicher nachgeladen werden (*clustering*). Es besteht allerdings die Gefahr, dass nicht benötigte Seiten auch geladen werden.

8.5 Virtueller Speicher

(A) Pure Demand Paging

Belegte Seitenrahmen → Zeit

| Prozess rechnet

(B) Prepaging

Belegte Seitenrahmen → Zeit

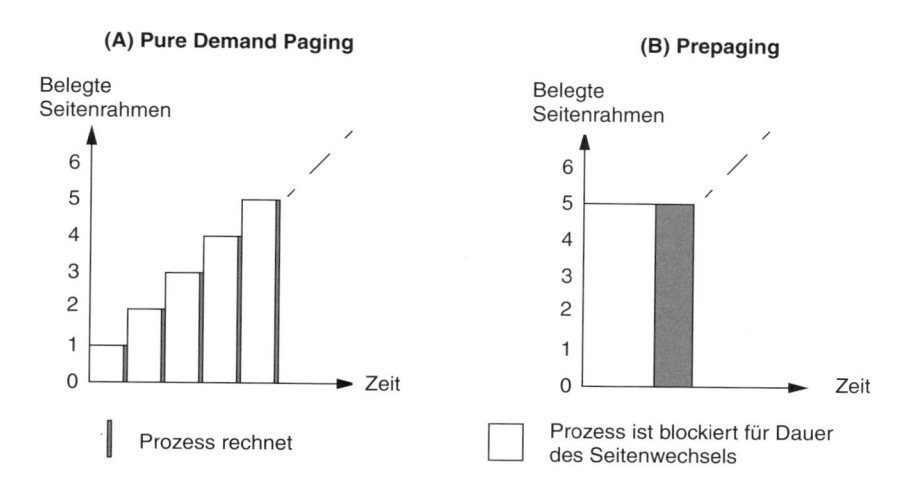

☐ Prozess ist blockiert für Dauer des Seitenwechsels

Abb. 8-61 *Raumzeitdiagramm für Speicherbelegung*

Ein reines Laden nach Bedarf ist optimal, wenn es darum geht, unnötige Ladevorgänge zu vermeiden. Hingegen führt es dazu, dass infolge des häufig wiederholten Nachladens momentan nicht lauffähige Prozesse Platz im Hauptspeicher belegen, der damit unter Umständen für lauffähige Prozesse fehlt. Ein typisches Beispiel dafür ist in Abbildung 8-61 dargestellt. Es wird linearer Code durchlaufen, d.h., es finden keine Programmsprünge statt. Bei rein bedarfsgesteuertem Betrieb muss zuerst immer eine Seite neuer Code geladen werden, bevor die CPU diesen abarbeiten kann. Bei vorausschauendem Laden kann eine Reihe von Seiten als Gruppe geladen werden, was eine bessere Zeitausnutzung mit sich bringt, da die Ladezeit für eine Gruppe kürzer ist, als wenn Seiten einzeln nachgeladen werden. Da ein vorausschauendes Laden unter Umständen Seiten einlagert, die gar nicht benötigt werden, ist diese Strategie für sich alleine eher nachteilig. Man kann sie jedoch gut mit dem bedarfsgesteuerten Betrieb kombinieren, indem bei einem Seitenfehler auch direkt benachbarte Seiten mitgeladen werden. Der dabei erzielbare Zeitgewinn setzt jedoch voraus, dass die transferierten Inhalte auch auf der Festplatte eng benachbart sind. Für ausführbare Dateien ist dies normalerweise der Fall, bei der Auslagerungsdatei ist dies eine Sache der Verwaltung. Bei Halbleiterlaufwerken (SSD) sind hingegen alle Inhalte gleich schnell zugreifbar unabhängig von ihrer Platzierung auf dem Datenträger.

Verdrängungsstrategie

Verdrängungsstrategien sind dann gefragt, wenn der Hauptspeicherplatz knapp wird. Sind keine freien Seitenrahmen mehr verfügbar, so müssen bei Seitenfehlern bereits belegte Seitenrahmen enteignet, d.h. frei gemacht werden. Ein Seitenrahmen ist dann frei, wenn er keinem Prozess mehr zugeordnet ist. Dies bedeutet für das Befreien, dass er aus der Seitentabelle des besitzenden Prozesses ausgetragen wird. Enthält der Seitenrahmen modifizierte Daten, so müssen diese zuvor in der Auslagerungsdatei gesichert werden. Es ist nicht egal, welche Seiten das Opfer einer solchen Befreiungsaktion werden. Wird einem Prozess eine Seite weggenommen, auf die er bald wieder zugreift, so treibt dies die Seitenfehlerrate unnötig hoch. Wird jedoch eine Seite ausgewählt, die er in Zukunft nicht mehr braucht, so ist dies optimal. Die Auswahl von Seitenrahmen ist also kritisch für eine gute Leistung des Verfahrens. Verschiedene *Verdrängungsstrategien* für die Auswahl der richtigen Seitenrahmen wurden zu diesem Zweck entwickelt. L. Belady konnte 1966 zeigen, dass die optimale Strategie (OPT) darin besteht, diejenige Seite zu ersetzen, die am längsten in der Zukunft nicht gebraucht wird. Da die zukünftige Verwendung von Seiten in der Praxis (leider) nicht bekannt ist, berücksichtigt man ersatzweise die Vergangenheit. Dazu gibt es drei Grundverfahren:

- *FIFO-Algorithmus*: Die älteste Seite wird gewählt. Also genau die Seite, die am längsten dem Prozess zugeteilt ist. Allerdings ist nicht gesagt, dass ein Prozess auf eine solche Seite nicht in Kürze wieder zugreift. Überdenkt man typische Programmstrukturen, so ist dies sogar für gewisse Programmteile sehr wahrscheinlich (z.B. eine main()-Funktion). Daher zeigt diese Strategie ein ungünstiges Verhalten. Man kann sogar Beispiele konstruieren, bei denen eine Vergrößerung des zugeteilten Speicherplatzes zu einem Ansteigen der Seitenfehlerrate führt (Belady's Anomaly).
- *LFU-Algorithmus (Least Frequently Used)*: Die am wenigsten oft verwendete Seite wird gewählt. Auch diese Strategie ist nicht befriedigend. Wurde zum Beispiel eine Seite frisch geladen, so gab es naturgemäß erst wenige Zugriffe darauf. Genau diese Seite wieder zu ersetzen ist offensichtlich ungünstig. Ferner wird eine Seite nicht ersetzt, die früher oft benutzt wurde, jedoch aktuell keinen Zugriff mehr erfährt. Alte Seiten können jedoch ausgemustert werden, wenn der LFU-Algorithmus um eine Alterungsfunktion (*aging*) erweitert wird. Das heißt, je weiter eine häufige Benutzung zurückliegt, um so weniger wird sie berücksichtigt.
- *LRU-Algorithmus (Least Recently Used)*: Die am längsten nicht verwendete Seite wird gewählt. Wie mittels Simulationen gezeigt werden konnte, liefert diese Strategie die besten Resultate. Allerdings ist auch sie nicht so leistungsfähig wie die OPT-Strategie, die sich in der Praxis leider nicht realisieren lässt, da das nötige Vorwissen kaum je vorhanden ist.

Meistens verwendet man einen LRU-Algorithmus basierend auf der Annahme, dass Elemente, die lange nicht mehr gebraucht worden sind, auch in Zukunft nicht mehr verwendet werden (Voraussage). Das größere Problem liegt darin, diese Strategie praktisch zu implementieren. Im Prinzip müsste man für jeden Zugriff auf eine Seite den genauen Zeitpunkt festhalten. Der dazu nötige Hardwareaufwand wird in heutigen Rechnern nicht getrieben, sodass auf Pseudo-LRU-Algorithmen zurückgegriffen wird. Diese arbeiten mit einem oder zwei zusätzlichen Bit, die die MMU pro Seitenrahmen bedient. Diese zwei Bit sind in den Seitendeskriptoren integriert und können daher sowohl von der MMU als auch dem Betriebssystem benutzt werden.

- *R-(Reference-)Bit*: Wird von der MMU bei jedem Zugriff (lesend und schreibend) auf die Seite gesetzt. Kann vom Betriebssystem gelesen und gelöscht werden.
- *M-(Modified-)Bit*: Wird von der MMU bei jedem Schreibzugriff auf die Seite gesetzt. Kann vom Betriebssystem gelesen und gelöscht werden.

Stehen beide Bit nicht zur Verfügung, so muss auf die FIFO-Strategie zurückgegriffen werden. Die dort benötigten Zeitpunkte des erstmaligen Ladens von Seiten lassen sich problemlos festhalten, da moderne Prozessoren einen dazu geeigneten Hardwaretimer integriert haben. Noch einfacher ist es, eine gekettete Liste zeitlich sortiert zu führen, da die genauen Zeitpunkte des Ladens nicht nötig sind (nur die Reihenfolge zählt).

Wird das Reference-Bit von der MMU unterstützt, so kann der *Clock-Algorithmus* als eine gute Approximation an das LRU-Verhalten eingesetzt werden. Wird eine Seite das erste Mal in den Hauptspeicher geladen, so wird das R-Bit gesetzt. Auch bei jedem Nachladen der Seite vom Hintergrundspeicher bei einem Seitenfehler wird das R-Bit gesetzt. Zudem wird das R-Bit ebenfalls gesetzt, wenn auf die geladene Seite zugegriffen wird. Beim Seitenersetzungsalgorithmus werden alle geladenen Seiten in einer konzeptionell kreisförmigen Tabelle verwaltet, in der ein Zeiger jeweils auf einen bestimmten Eintrag zeigt. Da dies grafisch dargestellt wie eine einfache Uhr aussieht, hat das Verfahren den Namen Clock-Algorithmus bekommen. Wird eine Seite verdrängt, d.h. der Seitenrahmen mit einem neuen Inhalt versehen, so wird der Zeiger auf das nächste darauf folgende Listenelement ausgerichtet. Sobald eine weitere Seite für die Verdrängung auszuwählen ist, beginnt das Betriebssystem die Liste nach einer Seite abzusuchen, die ein gelöschtes R-Bit besitzt. Die Suche beginnt stets bei der aktuellen Position des Zeigers. Für jeden Eintrag mit gesetztem R-Bit wird das R-Bit gelöscht. Wird eine Seite mit gelöschtem R-Bit gefunden, so wird diese Seite zur Ersetzung ausgewählt. Besitzen alle Seiten ein gesetztes R-Bit, so werden alle R-Bit gelöscht und die Seite an der Ausgangsposition des Zeigers wird verdrängt. Damit erhält jede Seite eine zweite Chance, weswegen das Verfahren auch als *Second-Chance-Algorithmus* bezeichnet wird. In Abbildung 8–62 ist ein Beispiel zu sehen, in dem auf der linken Seite die Liste vor der Verdrängung und rechts davon die Situation nach der Verdrängung ersichtlich ist.

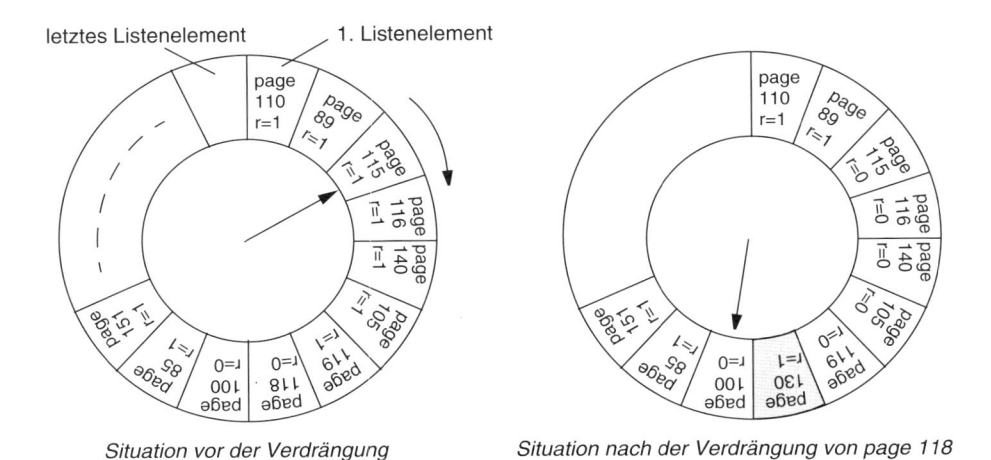

Abb. 8-62 Zirkuläre Liste des Clock-Algorithmus. Bei der Suche nach einer Opferseite wird der Zeiger im Uhrzeigersinn vorwärts bewegt.

Untersuchungen haben gezeigt, dass die Leistung des Clock-Algorithmus nahe beim LRU-Verfahren liegt. Der Clock-Algorithmus kann optimiert werden, wenn zusätzlich noch berücksichtigt wird, ob auf eine Seite geschrieben wurde. Neben dem R-Bit wird zu diesem Zweck das M-(Modified-)Bit herangezogen. Berücksichtigt man nun sowohl das R-Bit als auch das M-Bit, dann kann jede Seite in der zirkulären Liste in einem der folgenden vier Zustände sein:

- R=0, M=0: kein Zugriff neulich, Seite unmodifiziert
- R=1, M=0: ein Zugriff neulich, Seite aber unmodifiziert
- R=0, M=1: kein Zugriff neulich, Seite aber modifiziert
- R=1, M=1: ein Zugriff neulich, Seite ist modifiziert

Die Idee ist nun die, dass bevorzugt Seiten verdrängt werden, auf die neulich nicht zugegriffen wurde und auf die noch nie geschrieben wurde (R=0, M=0). Dies hat unter anderem den Vorteil, dass der alte Inhalt einer gefundenen Seite nicht auf den Hintergrundspeicher zurückgeschrieben werden muss. Wurde keine passende Seite gefunden, so wird eine Seite gewählt, auf die neulich nicht zugegriffen wurde, aber auf die schon mindestens einmal geschrieben wurde (R=0, M=1). Der alte Inhalt einer derartigen Seite muss zwar zurückgeschrieben werden, aber die Seite ist trotzdem noch ein guter Kandidat, da sie voraussichtlich nicht mehr so schnell benötigt wird. Nur wenn diese zweite Suche nicht zum Ziel führt, werden alle Seiten als ungelesen markiert und es wird mit der Suche nochmals begonnen. Die einzelnen Schritte des Clock-Algorithmus sind die folgenden:

1. Beginne bei der aktuellen Position des Zeigers und suche die zirkuläre Liste nach einem Eintrag mit R=0, M=0 ab. Mache dabei keine Änderungen an

8.5 Virtueller Speicher

den R-Bits. Falls eine passende Seite gefunden wurde, verdränge diese. Ansonsten fahre mit Schritt 2 fort, nachdem die ganze Liste abgesucht wurde.
2. Suche nach einer Seite mit R=0, M=1 und lösche dabei das R-Bit jeder geprüften Seite. Wird eine passende Seite gefunden, so wird diese verdrängt. Ansonsten fahre fort mit Schritt 3, nachdem die ganze Liste abgesucht wurde.
3. Wiederhole Schritt 1, eventuell Schritt 2. Dies sollte auf jeden Fall zum Erfolg führen.

Mit dieser erweiterten Strategie wird Zeit gespart, indem das Zurückschreiben modifizierter Seiten möglichst vermieden wird.

Zur Untersuchung der Wirksamkeit der verschiedenen Verdrängungsstrategien kann mit konkreten Seitenzugriffssequenzen gearbeitet werden. Dazu berücksichtigt man nur die Seitennummern und nicht die komplette virtuelle Adresse des Speicherzugriffs. Es ergeben sich Folgen von Seitennummern, die zeitlich hintereinander referenziert werden. Diese werden als *Referenzkette (reference string)* bezeichnet. Als Maß für die Güte einer Verdrängungsstrategie benutzt man die Anzahl der Seitenfehler für eine vorgegebene Referenzkette – diese Anzahl soll minimal sein. Häufig bestimmt man gleichzeitig die Seitenfehleranzahl der optimalen Strategie (OPT) als Vergleichsmaß. Nachfolgend werden drei Strategien auf diese Art miteinander verglichen, wobei wir einfachheitshalber diejenigen Seitenfehler nicht zählen, die zur erstmaligen Einlagerung einer Seite zwingend strategieunabhängig benötigt werden.

Die einzelnen Verdrängungsstrategien lassen sich nun für vorgegebene Referenzketten vergleichen. Die Auswahl einer für diesen Zweck optimalen Referenzkette ist ein Problem für sich, auf das hier nicht eingegangen werden soll. Für unser Beispiel nehmen wir einen Hauptspeicher an, der drei Seiten aufnehmen kann, d.h. aus nur drei Seitenrahmen besteht. Sind diese belegt, so muss eine neu einzulagernde Seite eine alte Seite verdrängen (ausgewählt entsprechend der Verdrängungsstrategie). In Abbildung 8–63 ist die Situation für die FIFO-Strategie und eine gewählte Referenzkette gezeigt.

Beispielreferenzkette: 2, 5, 6, 2, 1, 2, 5, 3, 2, 7, 2

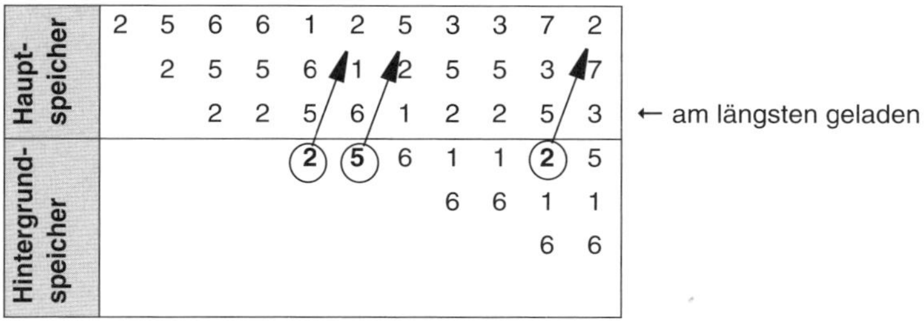

Abb. 8–63 FIFO-Seitenersetzung (Beispiel)

In dem Diagramm läuft die Zeit von links nach rechts, wobei uns nur die Zeitpunkte der einzelnen Seitenzugriffe gemäß der Referenzkette interessieren. Im oberen Teil des Diagramms sind die im Hauptspeicher eingelagerten Seiten zu sehen (in FIFO-Reihenfolge). Im unteren Teil sind die auf den Hintergrundspeicher ausgelagerten Seiten abgebildet. Anfänglich werden so lange Seiten eingelagert, bis der Speicher voll ist, d.h. alle drei verfügbaren Seitenrahmen referenzierten Seiten zugeordnet sind. Danach verdrängen neu eingelagerte Seiten alte Inhalte, die auf den Hintergrundspeicher ausgelagert werden. Wird wieder auf eine ausgelagerte Seite zugegriffen, so verdrängt diese die am frühesten eingelagerte Seiten gemäß dem FIFO-Prinzip. Es entstehen insgesamt 3 unnötige Seitenfehler, wenn man das erstmalige Laden einer Seite nicht mitzählt.

Beispielreferenzkette: 2, 5, 6, 2, 1, 2, 5, 3, 2, 7, 2

Hauptspeicher	2	5	6	2	1	2	5	3	2	7	2
		2	5	6	2	1	2	5	3	2	7
			2	5	6	6	1	2	5	3	3
Hintergrundspeicher					5	5	6	1	1	5	5
								6	6	1	1
										6	6

← am längsten nicht mehr zugegriffen

Abb. 8-64 *LRU-Seitenersetzung (Beispiel)*

Der Vorgang wird nun für die LRU-Strategie (siehe Abb. 8–64) und die OPT-Strategie (siehe Abb. 8–65) wiederholt, wobei die Eintragungen im oberen Teil der Abbildung entsprechend der Verdrängungsstrategie geordnet sind (zu verdrängende Seite jeweils zuunterst).

Beispielreferenzkette: 2, 5, 6, 2, 1, 2, 5, 3, 2, 7, 2

Hauptspeicher	2	2	2	2	5	2	2	2	2	2
		5	5	5	5	2	5	3	3	3	3
			6	6	1	1	1	5	5	7	7
Hintergrundspeicher					6	6	6	1	1	1	1
								6	6	6	6
										5	5

← am schnellsten wieder benötigt

Abb. 8-65 *Optimale Seitenersetzung (Beispiel)*

8.5 Virtueller Speicher

Mit der Beispielreferenzkette sind bei der FIFO-Strategie 3 unnötige Seitenersetzungen, bei LRU noch 1 und mit der optimalen Strategie keine unnötigen Seitenersetzungen erforderlich. Wiederum haben wir das erstmalige Laden jeder Seite nicht mitgezählt, da dies ja zwangsweise notwendig ist.

Da im virtuellen Speicher eine Seite die kleinste Verwaltungseinheit darstellt, wird der Arbeitsbereich als eine Menge von Seiten angegeben und nicht als Menge aller zugegriffenen Adressen, wie in Abschnitt 8.1.3 beschrieben. Somit gilt als Arbeitsbereich (*working set*) eines Prozesses diejenige Menge an Seiten, die er aktuell adressiert. Aktuell ist, was in ein betrachtetes Zeitfenster einer angenommenen Größe passt (darf nicht zu klein sein). Entsprechend dem Programmablauf kann der Arbeitsbereich wachsen und schrumpfen, wie weiter oben bereits näher erläutert wurde. Ein wechselnder Arbeitsbereich erlaubt das Verdrängen von lange nicht mehr benutzten Seiten. Die Grundlage einer geschickten Seitenverwaltung besteht darin, das Zeitfenster so groß zu wählen, dass einerseits für alle Prozesse genügend Hauptspeicherplatz verfügbar ist und andererseits bald wieder benötigte Seiten nicht voreilig verdrängt werden.

Grundsätzlich stellt sich bei der Seitenverdrängung immer die Frage, ob für die Auswahl alle Seitenrahmen infrage kommen oder nur diejenigen, die zum gleichen Prozess gehören, der einen freien Seitenrahmen benötigt. Eine *lokale Strategie* besteht darin, dass wenn Prozess A auf einen Seitenfehler hin einen freien Seitenrahmen benötigt, dieser aus der Menge der bereits von Prozess A belegten Seitenrahmen ausgesucht wird. Eine *globale Strategie* hingegen bezieht stets alle Seitenrahmen in die Auswahl ein. Das heißt, ein Prozess A kann einem Prozess B einen Seitenrahmen »stehlen«, wenn dies aufgrund der Verdrängungsstrategie angezeigt ist. Sind keine freien Seitenrahmen mehr vorhanden, so bedeutet eine lokale Strategie, dass die einem bestimmten Prozess zugeteilte Menge an Hauptspeicher konstant bleibt. Obwohl bei der lokalen Strategie die Arbeitsbereichsgröße konstant bleibt, kann natürlich der Inhalt des Arbeitsbereichs wechseln (andere Seitenauswahl). Dies ist notwendig, damit sich der Kontrollfluss in einem Programm überhaupt in noch nicht genutzte Programmteile weiterbewegen kann. Bei der globalen Strategie kann sich die Menge der einem Prozess zugestandenen Seitenrahmen ändern, d.h. sowohl schrumpfen als auch wachsen. In Tabelle 8–5 sind die Vor- und Nachteile der zwei Strategien einander gegenübergestellt.

Lokale Verdrängungsstrategie	Globale Verdrängungsstrategie
+ Weniger Seitenrahmen zu prüfen + Arbeitsbereichsgröße pro Prozess limitiert − Viele Seitenfehler (Limit zu tief) − Hauptspeicherverschleiß (Limit zu hoch)	+ Optimale Arbeitsbereichsgrößenanpassung + Nur eine Seitenrahmenliste zu prüfen − Evtl. überbordende Prozesse (da alokal)

Tab. 8–5   Vor- und Nachteile für lokale und globale Verdrängungsstrategien

Jeder der beiden Ansätze hat seine Stärken, sodass auch versucht wird, diese geeignet zu kombinieren. Unter Windows wird zwar eine lokale Strategie benutzt, es findet aber periodisch eine Anpassung der den einzelnen Prozessen zugestandenen Arbeitsbereichsgrößen statt (*working set trimming*). Dabei kann ein oberes Limit für jeden Prozess individuell konfiguriert werden (standardmäßig für alle gleich).

Entladestrategie

Die Entladestrategie (*cleaning policy*) legt fest, zu welchen Zeitpunkten modifizierter Hauptspeicherinhalt auf den Hintergrundspeicher zurückgeschrieben wird. Sie stellt somit das Gegenteil zur Ladestrategie dar. Eine erste mögliche Strategie ist das Entladen nach Bedarf (*demand cleaning*). Eine Seite wird erst dann auf den Hintergrundspeicher zurückgeschrieben, wenn der zugehörige Seitenrahmen mit einem anderen Inhalt versehen werden soll, d.h. überschrieben wird. Der Vorteil dieser Strategie besteht darin, dass eine Seite wirklich nur dann auf den Hintergrundspeicher geschrieben wird, wenn unbedingt nötig. Nachteilig ist hingegen, dass eine Seitenverdrängung nicht nur ein Einlesen der neuen Seite, sondern erst noch das vorige Zurückschreiben des alten Inhalts bedingt. Ein Prozess mit einem Seitenfehler muss dadurch besonders lange warten, was die Prozessornutzung verschlechtern kann.

Eine zweite Strategie versucht Seiten im Voraus auf den Hintergrundspeicher zurückzuschreiben (*precleaning*). Damit sind die betroffenen Seitenrahmen sofort für eine Seitenersetzung verfügbar. Allerdings kann es geschehen, dass eine bereits zurückgeschriebene Seite nochmals modifiziert wird, womit das Zurückschreiben vergebens war. Ist dieser Fall häufig, so wird das System mit unnötig vielen Schreibvorgängen auf den Hintergrundspeicher belastet.

Eine dritte Möglichkeit besteht darin, die für eine Seitenverdrängung ausgewählten Seiten zu puffern (*page buffering*). Dazu werden die für eine Seitenverdrängung ausgewählten Seitenrahmen einer von zwei Listen zugeordnet. Die erste Liste enthält modifizierte Seiten (*modified list*) und die zweite Liste enthält unmodifizierte Seiten (*unmodified list*). Die Seiten aus der Liste der modifizierten Seiten werden periodisch gruppenweise auf den Hintergrundspeicher zurückgeschrieben und sodann der zweiten Liste zugeordnet.

Alle diese Seiten sind noch nicht wirklich überschrieben, d.h. verdrängt worden, sondern stehen für eine schnelle Verdrängung bereit. Das Auswählen von Seiten zur Verdrängung und die Verdrängung selbst werden als zwei getrennte Vorgänge betrachtet. Ist eine Seite zu verdrängen, so wird sie nach Möglichkeit der Liste der unmodifizierten Seiten entnommen. Nur wenn diese leer ist, wird eine Seite aus der anderen Liste entnommen und der alte Inhalt auf den Hintergrundspeicher zurückgeschrieben. Wenn nun ein Prozess auf eine Seite zugreifen will, die ihm vorher gehört hat, aber als Kandidat für eine Verdrängung bereits in einer dieser zwei Listen gelandet ist, so kann diese Seite dem Prozess in Rekordgeschwindigkeit wieder neu zugeordnet werden. Dies stellt einen gewichtigen Vorteil dieses Ansatzes dar!

Implementierung unter Windows

Die Adressraumauslegung in Windows reserviert einen Teil des Prozessadressraums für das Betriebssystem. Dies erlaubt der Applikation, auf einfache Art und Weise mittels Funktionsaufrufen die Systemdienste zu nutzen. Auch wenn ein Systemaufruf zu einer Umschaltung in den Kernmodus führt, ist immer noch der virtuelle Adressraum des aufrufenden Prozesses aktiv. Entsprechend muss das Betriebssystem in jedem virtuellen Adressraum vorhanden zu sein. Es ist jedoch nicht nötig, das Betriebssystem mehrfach im Hauptspeicher zu laden, da die Adressumsetzung eine elegantere Lösung erlaubt. Durch eine geeignete Initialisierung der Seitentabelle jedes gestarteten Prozesses wird das Betriebssystem quasi in dessen Prozessadressraum eingeblendet bzw. abgebildet.

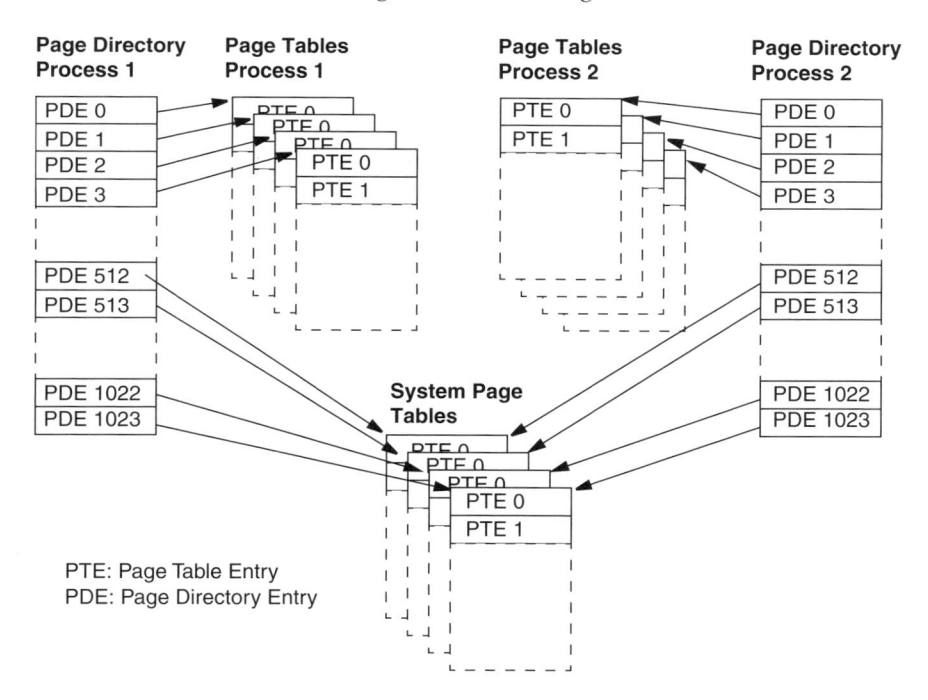

Abb. 8–66 *Einblendung des Systemcodes in die Prozessadressräume. Die Seiten des Betriebssystems sind durch die System Page Tables für alle Prozesse gleichartig beschrieben.*

Dazu existiert ein einziger Satz von Seitentabellen für den vom Betriebssystem genutzten Adressraumteil. Da der x86/x86-64-Prozessor mit einer zweistufigen seitenbasierten Adressumsetzung arbeitet (Seitengröße 4 KB), können die Systemtabellen nun einfach in der Seitenverzeichnistabelle (*page directory*) des Prozesses eingetragen werden (siehe Abb. 8–66). Zur Verwaltung des Hauptspeichers benutzt Windows eine Liste aller vorhandenen Seitenrahmen. Diese Datenhaltung arbeitet mit einem Vektor, der als Elemente zu jedem Seitenrahmen eine Datenstruktur mit den wesentlichsten Eigenschaften enthält (siehe Abb. 8–67).

Die Größe dieser *Page Frame Database* berechnet sich wie folgt:

> *Anzahl Seitenrahmen = Größe gesamter physischer Speicher / Seitengröße*

> **Beispiel:**
> Ein PC enthalte 64 MB Arbeitsspeicher
> → es gibt 16.000 Seiten zu je 4 KB Größe

Geht man davon aus, dass der Hauptspeicher adressmäßig zusammenhängend (*contiguous*) vorliegt, so kann man die Seitenrahmennummer als Index in den Verwaltungsvektor verwenden. Jeder Vektoreintrag enthält den aktuellen Seitenzustand, die Adresse des zugehörigen Seitendeskriptors (falls zugeordnet) sowie einen Verkettungszeiger zur Bildung verschiedener geketteter Listen. Jeder Seitenrahmen befindet sich in einem von acht möglichen Zuständen:

- *Active (valid)*: Der Seitenrahmen ist einem Prozess oder dem Betriebssystem zugeteilt. Ein gültiger Seitentabelleneintrag (*Page Table Entry, PTE*) zeigt auf ihn, sodass direkt und sofort auf Adressen innerhalb dieser Seite zugegriffen werden kann.
- *Transition*: Ein Seitenrahmen befindet sich in diesem Zustand, wenn er gerade aus der Auslagerungsdatei gefüllt oder sein aktueller Inhalt auf dem Hintergrundspeicher gesichert wird. Es handelt sich also um einen temporären Zustand für die Dauer des Aus- bzw. Einlagerns von Inhalten.
- *Standby*: Zustand eines Seitenrahmens, der zuvor einem Prozess zugeteilt war. Der Inhalt des Seitenrahmens wurde von dem Prozess nicht modifiziert. Der zugehörige Seitentabelleneintrag enthält immer noch die korrekte Seitenrahmennummer (ist jedoch als ungültig markiert, Valid Bit=0).
- *Modified*: Wie bei *Standby*, jedoch hat der Prozess auf diese Seite geschrieben. Ihr Inhalt stimmt also nicht mehr mit dem Abbild in der Auslagerungsdatei überein. Der zugehörige Bereich der Auslagerungsdatei wurde vom Betriebssystem noch nicht aktualisiert, d.h., das Zurückschreiben des Seiteninhalts auf den Hintergrundspeicher steht noch aus.
- *Modified no write*: Wie *Modified*, aber das Zurückschreiben auf den Hintergrundspeicher ist in diesem Zustand nicht erlaubt. Der Zweck dieses zusätzlichen Zustandes liegt darin, dass unter bestimmten Umständen eine Reihen-

8.5 Virtueller Speicher

folge des Zurückschreibens von speziellen Systemteilen erzwungen werden kann.
- *Free*: Die Seite ist frei verfügbar, jedoch noch »verschmutzt« (*dirty*). Im Rahmen des Sicherheitskonzepts von Windows darf ein Seitenrahmen, der noch Daten eines vorherigen Prozesses enthält, nicht neu einem anderen Prozess zugeteilt werden, der diese Daten dann auslesen könnte. Zuerst muss der Seitenrahmen mit Nullen gefüllt werden.
- *Zeroed*: Ein freier Seitenrahmen, der mit Nullen gefüllt wurde, befindet sich in diesem Zustand.
- *Bad*: Der Seitenrahmen hat einen Paritätsfehler oder ein anderes Hardwareproblem gezeigt. Er ist unbrauchbar und soll daher nicht benutzt werden.
- *ROM*: Der Seitenrahmen gehört zu einem ROM-Baustein.

Jeder Eintrag in der *Page Frame Database* enthält neben dem Zustand des Seitenrahmens noch zwei Zeiger. Der erste Zeiger referenziert den zugehörigen PTE (Seitendeskriptor), während der zweite Zeiger zur Gruppenbildung dient. So werden in *der Page Frame Database* über Verkettungen sechs Gruppen gebildet: *zeroed pages, free pages, standby pages, bad pages, modified pages, modified no write pages*. In Abbildung 8–67 ist ein Beispiel mit den sechs Verkettungslisten zu sehen, wobei die zwei Listen *Modified no write* und *Bad* leer sind. Seitenrahmen im Zustand *Active* und *Transition* werden nicht in Listen geführt, da sie entweder gerade einem Prozess zugeteilt sind oder sich im Lade- bzw. Zurückschreibevorgang befinden. Alle Seitenrahmen, die einem bestimmten Prozess aktuell zugeteilt sind, bilden den Prozessarbeitsbereich (*process working set*). Microsoft definiert dabei den Begriff des Arbeitsbereichs so, dass damit stets die dem Prozess zur Verfügung stehende Menge an Seitenrahmen gemeint ist und nicht eine Hauptspeicherzuordnung, bei der die Seitenfehlerrate sehr klein ist. Es wird eine lokale Verdrängungsstrategie benutzt mit vorkonfigurierten Werten für die minimale und maximale Menge an Seitenrahmen, die einem Prozess zugestanden werden. Ein zweiter Begriff der Windows-Terminologie ist der Systemarbeitsbereich (*system working set*), worunter man die dem Betriebssystem aktuell zugeordnete Menge an Seitenrahmen versteht. Als Ladestrategie (*fetch policy*) wird ein *demand-paging with clustering* angewendet. Seiten werden auf Bedarf, d.h. bei einem CPU-Zugriff darauf, geladen. Zusammen mit jeder geladenen Seite wird jedoch eine kleine Anzahl nachfolgender Seiten ebenfalls geladen, also eine Art von begleitendem *prepaging*. Damit wird versucht, die Seitenfehlerrate zu minimieren und das Einlagern von Seiten vom Hintergrundspeicher zu gruppieren. Die Clustergröße ist mit 4 – 8 Seiten vorkonfiguriert, abhängig davon, ob es sich um Code, Daten oder andere Seiten handelt. Mit Windows Vista wurde das vorausschauende Laden erweitert, indem das Betriebssystem Seitennutzungsinformationen laufender Prozesse archiviert, sodass bei frei werdendem Hauptspeicher alte Inhalte im Hintergrund nachgeladen werden können, bevor sie voraussichtlich wieder benötigt werden. Dieser als *SuperFetch* bezeichnete Mechanismus führt dazu, dass der Benutzer meistens nur einen sehr kleinen Wert für freien Hauptspeicher sieht, da der freie Speicher vom System quasi als ein adaptiver *Disk Cache* vorgehalten wird.

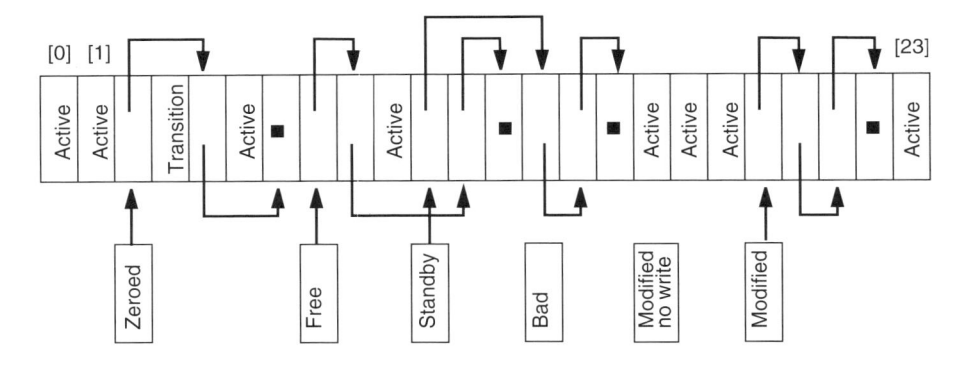

Abb. 8-67 *Page Frame Database in Windows*

Windows achtet bei der Auswahl von Seitenrahmen darauf, dass der Cache-Speicher optimal arbeiten kann. Es wird also in der Tat auch eine Platzierungsstrategie (*placement policy*) eingesetzt, die sich an Cache-Zeilengrenzen orientiert. Die Verdrängungsstrategie (*replacement policy*) arbeitet auf Einprozessorsystemen mit dem Clock-Algorithmus, wobei dies eng mit der Verwaltung der Prozessarbeitsbereiche verknüpft ist (siehe unten). Auf Multiprozessorsystemen wird eine Variation einer lokalen FIFO-Strategie benutzt. Die Verwaltung der Prozessarbeitsbereiche verwendet eine lokale Verdrängungsstrategie. Die Arbeitsbereichsgröße ist jedoch trotzdem eingeschränkt variabel. Wird ein Prozess das erste Mal geladen, so erhält er eine minimale Anzahl an Seitenrahmen als seinen Prozessarbeitsbereich (ca. 20-50). Verursacht der Prozess einen Seitenfehler, so wird ein ihm bereits zugeordneter Seitenrahmen ausgewählt (= zu verdrängende Seite), um den Inhalt der neuen Seite aufzunehmen. Der Arbeitsbereich jedes Prozesses wird in einem zeitlich optimierten Raster überprüft und entsprechend dem gesamten verfügbaren Hauptspeicherplatz angepasst.

- Ist viel Hauptspeicher frei, so wird bei einem Seitenfehler einem Prozess ein noch freier Seitenrahmen aus dem globalen Freibestand zugewiesen, d.h., es wird nicht ein ihm bereits zugeordneter Seitenrahmen verdrängt. Entsprechend wächst der Arbeitsbereich eines Prozesses bei jedem Seitenfehler an. Dieses Wachstum wird auf eine maximale Arbeitsbereichsgröße (ca. 45–345 Seiten) beschränkt, wenn der Hauptspeicherplatz langsam knapp wird.
- Ist der Hauptspeicherplatz knapp, so werden die am längsten nicht mehr gebrauchten Seitenrahmen eines Prozesses (LRU-Strategie) aus seinem Arbeitsbereich entfernt und für Verdrängungen bereitgestellt. Es wird also

8.5 Virtueller Speicher

eine sogenannte Seitenpufferung (*page buffering*) eingesetzt, bei der einem Prozess weggenommene Seitenrahmen so lange ihren alten Inhalt weiter besitzen, bis sie tatsächlich verdrängt werden. Solange ein derartiger Seitenrahmen nicht verdrängt wurde, kann er bei einem erneuten Zugriff sehr schnell dem alten Besitzer wieder zugeordnet werden.

Werden diese Betrachtungen nun auf die Seitenrahmenlisten übertragen, so lassen sich die Übergänge zwischen den verschiedenen Seitenrahmenzuständen mithilfe eines Zustandsdiagramms erklären (siehe Abb. 8–68). Wird auf einen Seitenfehler-Interrupt hin ein nullinitialisierter Seitenrahmen benötigt, so wird ein Seitenrahmen aus der *zero page list* bezogen. Ist diese Liste leer, so wird ein Seitenrahmen aus der *free page list* entnommen und mit Nullen initialisiert (durch den *zero page thread*). Typischerweise werden nullinitialisierte Seitenrahmen für nicht initialisierte Datenbereiche benötigt. Die *zero page list* wird durch den *zero page thread* aus der *free page list* nachgefüllt, sobald letztere mindestens 8 Seiten enthält. Dieser Thread läuft mit der kleinsten Priorität, also nur wenn keine Benutzer-Threads ablaufbereit sind. Wird auf einen Seitenfehler-Interrupt hin ein Seitenrahmen benötigt, der anschließend mit Daten aus der Auslagerungsdatei beschrieben wird, so erfolgt dies aus der *free page list* (eine Nullung ist hier nicht nötig). Wenn diese Liste leer ist, wird der Seitenrahmen ersatzweise aus der *zero page list* bezogen. Ist auch diese Liste leer, so erfolgt ein Rückgriff auf die *standby page list*, wobei die PTE-Referenz auf die bezogene Seite zuerst noch aufzulösen ist. Der Seitentabelleneintrag des bisherigen Seitenbesitzers enthält nämlich immer noch einen Bezug auf diesen Seitenrahmen (Seitenrahmennummer), sodass er den Seitenrahmen bei einem Zugriff darauf möglichst schnell wieder zugeordnet erhalten kann (*page buffering*).

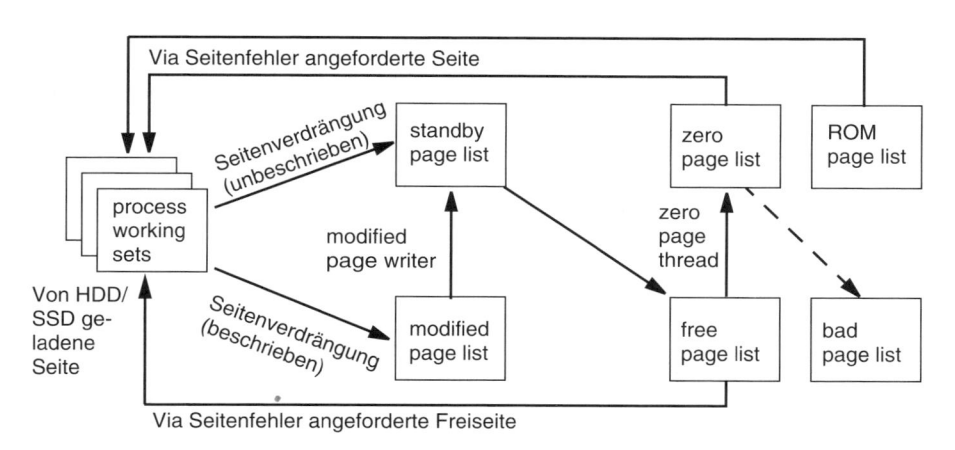

Abb. 8–68 *Zustandsdiagramm für Seitenrahmen unter Windows*

Kann auch von der *standby page list* kein Seitenrahmen bezogen werden, so wird der Bedarf aus der *modified page list* gedeckt. In diesem Fall ist der alte Inhalt des Seitenrahmens zuerst auf den Hintergrundspeicher zurückzuschreiben sowie auch die PTE-Referenz aufzulösen. Der System-Thread namens *modified page writer* schreibt modifizierte Seiteninhalte auf den Hintergrundspeicher zurück, sobald die *zero* und die *standby page list* zu kleine Bestände haben. Bei knapp werdendem Hauptspeicherplatz müssen den Prozessen Seitenrahmen entzogen werden. Die Auswahl dieser Seiten findet über einen Verdrängungsalgorithmus statt. Die entzogenen Seitenrahmen landen in der *modified page list*, falls sie beschrieben wurden (ansonsten in der *standby page list*). Dort stehen sie dann zur Neuzuteilung zur Verfügung. Neben dem *modified page writer* und dem *zero page thread* existieren zwei weitere System-Threads innerhalb der Speicherverwaltung: der *balance set manager* und der *swapper*. Der *balance set manager* überwacht und regelt die Arbeitsbereiche, der *swapper* wählt lange nicht mehr benötigte Kernmodus-Stacks zur Seitenersetzung aus.

Mit Windows Vista wurde die Verwaltung der Seitenrahmen weiter verfeinert, indem diese nicht mehr entsprechend dem FIFO-Prinzip in die *standby page list* eingetragen werden, sondern gemäß ihrer Priorität. Die Priorität eines Seitenrahmens wird dabei entsprechend dem nutzenden Prozess auf einen Wert von 0 bis 7 gesetzt. Wird der *standby page list* ein Seitenrahmen entnommen, so ist dies stets derjenige mit der kleinsten Priorität.

Implementierung unter Linux

Linux auf dem PC weicht insofern von Windows ab, indem nicht der gesamte Adressraum in das Seitenwechselverfahren einbezogen ist. Die auf dem PC eingesetzte *paged segmentation* teilt den Adressraum in zwei Segmente auf (*user segment* und *kernel segment*). Die unteren 3 GB sind für Benutzerprogramme verfügbar (= *user segment*). Das oberste GB ist dem Betriebssystemkern zugeordnet (= *kernel segment*). Nur für das *user segment* wird ein Demand Paging benutzt. Als Hintergrundspeicher kann wahlweise ein Auslagerungsgerät (*swap device*) oder eine Auslagerungsdatei (*swap file*) verwendet werden. Traditionellerweise wird der Begriff *swap* anstatt *paging* verwendet. Sachlich ist dies nicht zutreffend, da ein Demand Paging und nicht ein Swapping eingesetzt wird. Das Auslagerungsgerät ist üblicherweise eine Partition auf einem Massenspeicher und die schnellere Lösung als eine Auslagerungsdatei fester Größe. Das Auslagerungsverfahren ist so flexibel gestaltet, dass sogar mehrere Auslagerungsbereiche im Verbund verwendbar sind.

Beim Systemstart wird zuerst der Kerncode in den Speicher geladen. Dabei nicht belegter Hauptspeicher wird anschließend für das Demand Paging eingesetzt. Alle in das Seitenwechselverfahren einbezogene Seitenrahmen werden in der Datenbasis mem_map[] eingetragen (siehe Abb. 8–69).

8.5 Virtueller Speicher

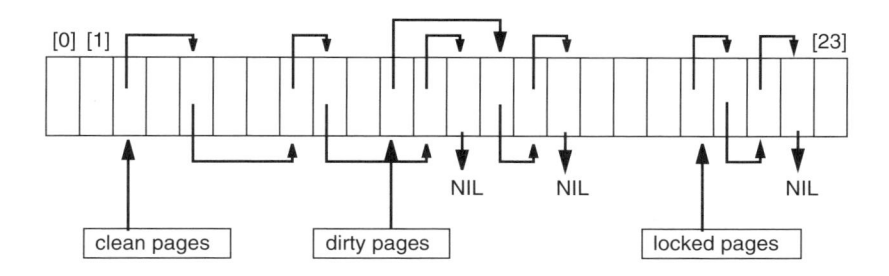

Abb. 8-69 *Datenhaltung für Seitenrahmen (mem_map[])*

Ein Eintrag in der Datenbasis mem_map[] beschreibt einen einzelnen Seitenrahmen (siehe unten). Es sind einfachheitshalber nur die wichtigsten Einträge in der Datenstruktur gezeigt. Ein Seitenrahmen darf erst freigegeben werden, wenn der usage count auf 0 fällt. In der mem_map[]-Datenbasis werden mit dem Zeiger list verkettete Seitenrahmenlisten gebildet (z.B. *clean pages, dirty pages, locked pages*). Ist ein Seitenrahmen auf eine Datei abgebildet (Auslagerungsdatei oder andere Datei), so zeigt mapping auf die zur Datei gehörigen Verwaltungsdaten (inode). Der Wert index gibt dabei die Position in der Abbildung an (Versatz). Ist der Seitenrahmen für eine Seitenersetzung ausgewählt, so ist er über den Zeiger lru in der entsprechenden verketteten Liste eingefügt. Im Falle von Seitenrahmen, die zu mehreren Prozessen zugeordnet sind (*shared memory, shared libraries*), ist das Auffinden der zugehörigen Seitentabelleneinträge ohne Zusatzmaßnahmen sehr aufwendig. Deswegen wird in diesem Fall eine Liste der zugehörigen PTEs (*Page Table Entries*) mit chain gebildet. Ein privater Seitenrahmen ist hingegen über direct nur mit einem einzigen Seitendeskriptor verknüpft. Diese zwei Arten von Seitenrahmen können über count unterschieden werden. Diese Rückwärtsverkettung (*reverse mapping*) wurde erst im Lauf der Weiterentwicklung integriert.

```
struct page {
    atomic_t count;                    // Usage count
    struct list_head *list;            // Verkettungszeiger für Seitenlisten
    struct address_space *mapping;     // Zeiger auf zugehörigen inode
    unsigned long index;               // Versatz in Abbilddatei
    struct list_head lru;              // Verkettungszeiger Ersetzungsliste
    union
        struct pte_chain *chain;       // Rückwärtsverkettung zu PTEs
        pte_addr_t direct;             // Zugehöriger PTE, falls
    } pte;                             // nicht gemeinsam
```

Für die Seitenverdrängung wird ein modifizierter Clock-Algorithmus eingesetzt. In einem einfachen Clock-Algorithmus sind jeder Seite ein *Reference-* und ein *Modified-Bit* zugeordnet. Bei Linux ist das Reference-Bit durch einen in Software realisierten 8 Bit großen Alterungszähler (*age count*) ersetzt. Jeder Seitenzugriff inkrementiert diesen Zähler. Der System-Thread kswapd prüft in regelmäßigen

Abständen oder bei unmittelbarem Bedarf auf das Vorhandensein inaktiver Seitenrahmen, d.h. solcher mit einem Alterungszählwert von 0. Dazu dekrementiert er die Zählwerte aller geprüften Seitenrahmen. Inaktive Seitenrahmen werden entweder in die Liste der unmodifizierten Seitenrahmen (*clean pages*) oder in die Liste der durch Schreibzugriffe geänderten Seitenrahmen (*modified pages*) eingetragen. Dies stellt eine Form von Seitenrahmenpufferung dar, da die eigentliche Freigabe erst mittels des System-Threads kreclaimd stattfindet, der inaktive Seitenrahmen in die Freiliste (free_area[], siehe unten) überträgt. Sind zwar genug inaktive Seitenrahmen vorhanden, aber zu wenig unmodifizierte, so sorgt der System-Thread bdflush für ein Rückschreiben modifizierter Seiteninhalte auf den Hintergrundspeicher (womit die Liste sauberer Seitenrahmen aufgefüllt wird).

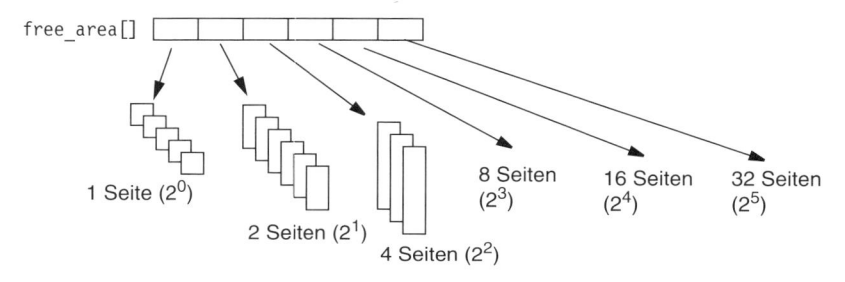

Abb. 8–70 *Datenstruktur zur Verwaltung freier Seitenrahmen*

Für die Verwaltung freier Seitenrahmen wird mit Seitenrahmengruppen nach dem Buddy-System gearbeitet. Eine Seitenrahmengruppe besteht aus 2^0 bis 2^5 Seitenrahmen und ist in sich zusammenhängend (*contiguous*) im Hauptspeicher angelegt (siehe Abb. 8–70). Die freien Seitenrahmen sind in der geketteten Liste free_area[] enthalten, wobei gleichartige, d.h. gleich große Seitenrahmengruppen in je einer separaten Teilliste geführt werden. Für die Seitenrahmenzuordnung wird auf diese Liste zurückgegriffen und bei Bedarf werden größere Bereiche unterteilt. Entsprechend wird bei der Freigabe auch wieder rekombiniert. Ziel dieser gruppenweisen Verwaltung ist eine effiziente Ein-/Ausgabe zum Hintergrundspeicher (Gruppen nebeneinander liegender Seitenrahmen). Die Verwaltung der virtuellen Seiten und der Seitenrahmen eines Prozesses sind über diverse Datenstrukturen miteinander verknüpft, wie das aus Abbildung 8–71 ersichtlich wird.

8.5 Virtueller Speicher

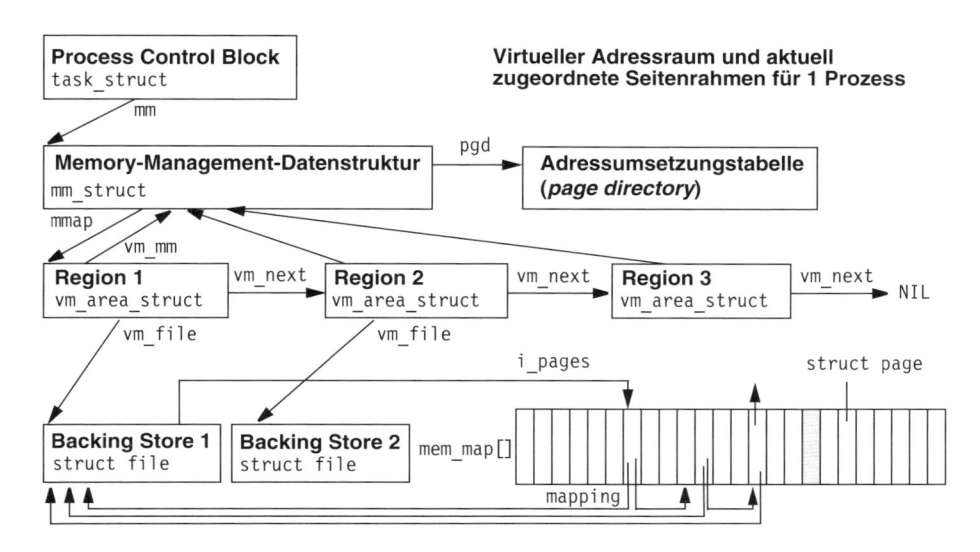

Abb. 8–71 *Gesamtüberblick über Linux-Datenstrukturen der Speicherverwaltung*

8.5.3 Speicherabgebildete Dateien

Speicherabgebildete Dateien (*memory mapped files*) stellen eine Möglichkeit dar, die Inhalte einer Datei auf den Hauptspeicher abzubilden. Der Dateiinhalt wird als sequenzielle Folge von Byte betrachtet, die 1:1 ab einer bestimmten Hauptspeicheradresse an aufsteigend in den virtuellen Adressraum projiziert wird (siehe Abb. 8–72). Diese Abbildung funktioniert in beide Richtungen. Die Applikation kann auf diese Art nicht nur Dateiinhalte aus dem Hauptspeicher direkt auslesen, sondern diese auch modifizieren. Das virtuelle Speichersystem sorgt dann automatisch dafür, dass diese Änderungen in die Datei übertragen werden. Entsprechend setzen speicherabgebildete Dateien das Vorhandensein eines virtuellen Speichersystems voraus. Speicherabgebildete Dateien haben eine spezielle Bedeutung beim Ausführen von Programmen. Anstatt die Programme vor dem Start vollständig in den Hauptspeicher zu laden, werden sie vom Betriebssystem ersatzweise nur dorthin abgebildet. Beim Zugriff der CPU auf die Codeadressen wird für fehlende Teile ein Seitenfehler ausgelöst, der ein automatisches Nachladen zur Folge hat. Damit entfällt das unnötige Laden von Programmteilen, die gar nie zur Ausführung gelangen. Zudem kann ein Programm so schneller starten, was für den Benutzer angenehm ist. Zuletzt wird auch die knappe Ressource des Hauptspeichers auf diese Art optimal genutzt.

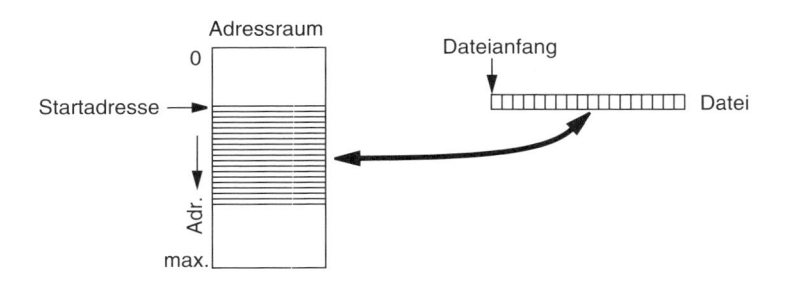

Abb. 8-72 *Prinzip speicherabgebildeter Dateien*

Speicherabgebildete Dateien lassen sich in eigenen Applikationen nutzen. Die für das Einrichten der Abbildung notwendigen Funktionen wurden bereits in den Abschnitten 6.3.1 und 6.3.2 besprochen. Unter Windows wird bei CreateFileMapping() einfach anstatt der Auslagerungsdatei die gewünschte Anwenderdatei spezifiziert. Unter Unix entfällt das Einrichten eines Shared Memory Object. Für die Funktion mmap() dient direkt die Anwenderdatei als Ziel (Parameter fdescr).

8.5.4 Gemeinsamer Speicher (*shared memory*)

Unter gemeinsamem Speicher (*shared memory*) versteht man einen Hauptspeicherbereich, der für mehrere Prozesse gleichzeitig sichtbar ist. Es gibt zwei hauptsächliche Anwendungen, in denen gemeinsamer Speicher von Vorteil ist:

- *Anwendung Datenaustausch*: Eine oder mehrere freie Seitenrahmen werden in mehrere Prozessadressräume eingeblendet (d.h. die Seitenrahmennummern werden in die betroffenen Seitentabellen eingetragen). Zur Erinnerung sei erwähnt, dass pro Prozess je ein separater virtueller Adressraum (= Prozessadressraum) existiert, der durch eine eigene Umsetzungstabelle festgelegt ist.
- *Anwendung für gemeinsame Programmbibliotheken (shared libraries)*: Eine Programmbibliothek wird nur einmal vom Masenspeicher in den Hauptspeicher geladen. Bei mehreren benutzenden Prozessen werden die entsprechenden Seitenrahmen in mehrere Prozessadressräume eingeblendet.

Wollen zwei Prozesse über einen gemeinsamen Hauptspeicherbereich Daten austauschen, so muss ein Hauptspeicherbereich in beide Adressräume eingeblendet werden (siehe Abb. 8-73). Das Betriebssystem baut zu diesem Zweck die benötigten Seitendeskriptoren für die Adressumsetzung auf und fügt sie in die Umsetzungstabellen beider Prozesse ein. Um diesen Vorgang auszulösen, stehen eine Reihe von Systemaufrufen zur Verfügung, die das Einrichten eines gemeinsamen Speicherbereichs ermöglichen.

8.5 Virtueller Speicher

Der eigentliche Datenaustausch kann anschließend durch normales Schreiben und Lesen von Daten (z.B. über eine Zeigervariable) in diesem Adressbereich erfolgen. Zu beachten ist dabei, dass der gemeinsame Speicherbereich in den beiden Prozessen nicht unbedingt auf der gleichen virtuellen Adresse liegen muss. Eine entsprechende Situation ist in Abbildung 8–73 dargestellt. Der gemeinsame Speicherbereich erscheint bei Prozess 1 auf der virtuellen Adresse A1 und im Prozess 2 auf der virtuellen Adresse A2. Dies erschwert auch die Verwendung von Zeigern, da sie im anderen Prozess auf ungültige Adressen zeigen können. Die für das Einrichten und Verwenden gemeinsamen Speichers notwendigen Funktionen und Schritte wurden bereits in den Abschnitten 6.3.1 und 6.3.2 beschrieben.

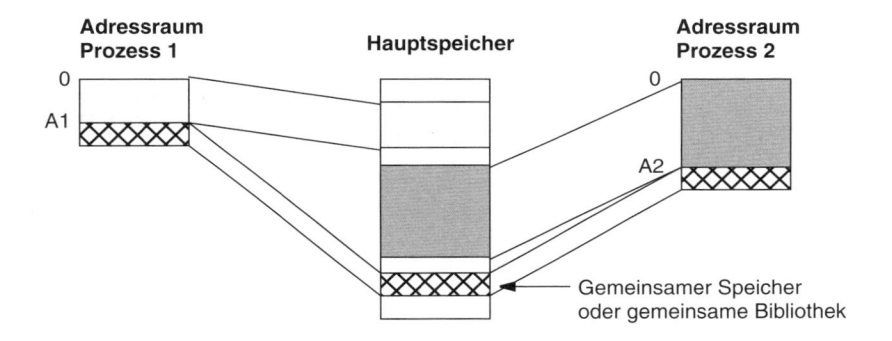

Abb. 8–73 *Gemeinsamer Speicher im virtuellen Speichersystem*

Ladeoptimierung (*copy-on-write*)

Wird ein Programm auf einem Rechner mehrmals gestartet, so resultieren mehrere Prozesse, die den gleichen Code ausführen. Dies wird auch als Mehrfachinstanziierung eines Programms bezeichnet. Das Betriebssystem versucht in diesen Fällen möglichst nur so viel Hauptspeicher zu belegen, wie minimal nötig ist. Der Code muss sowieso nur einmal geladen werden, da er identisch und unveränderlich während des Programmablaufs ist. Die Daten sind nur dann separat für jeden Prozess im Hauptspeicher bereitzustellen, wenn sie sich unterscheiden. Diese zurückhaltende Bereitstellung von Hauptspeicher für Daten ist die Idee des *Copy-on-Write*-Verfahrens. Wird das gleiche Programm ein weiteres Mal gestartet, so werden Code und Daten nicht nochmals geladen, sondern es werden die entsprechenden Seiten des bereits laufenden Prozesses in den Prozessadressraum des neuen Prozesses eingeblendet.

Erst bei einem Schreibzugriff auf die Daten, d.h. dann, wenn sie sich zu unterscheiden beginnen, wird für den schreibenden Prozess eine Kopie dieser Daten in einem zugeordneten Seitenrahmen bereitgestellt. In Abbildung 8–74 ist eine Situation gezeigt, bei der zwei Prozesse sich die Daten im Hauptspeicher teilen, solange sie identisch sind. Modifiziert einer der Prozesse die Daten, so wird dies durch die MMU festgestellt und mithilfe des Betriebssystems wird eine Kopie der Datenseite erstellt, die dann den modifizierten Inhalt aufnimmt. Das Schreiben auf die Seite wird durch die MMU dadurch erkannt, dass im Seitendeskriptor das Write-Bit auf Schreibschutz gesetzt wird. Lesevorgänge auf die Seite finden ungestört statt, während das Schreiben einen MMU-Interrupt auslöst, der das Copy-on-Write veranlasst.

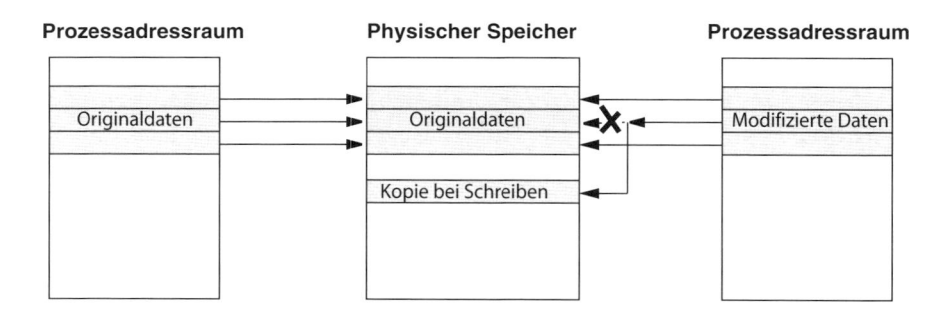

Abb. 8–74 *Copy-on-Write bei Schreibzugriff auf Daten*

9 Dateisysteme

Lernziele

- Sie erklären die Grundbegriffe und Funktionen eines Dateisystems, insbesondere Datei, Datensatz, Dateimetadaten, Dateitypen, Verzeichnishierarchie, Dateiverknüpfungen, Benennungsregeln.
- Sie zeigen Eigenschaften der Dateiöffnung für Benutzerprozesse auf.
- Sie wählen geeignete Dateisystemfunktionen für den Einsatz in eigenen Programmen aus.
- Sie erläutern die Bedeutung der Konsistenzsemantik und von Dateisperren bei der gemeinsamen Dateinutzung.
- Sie erklären das Blockspeichermodell zur Datenträgerabstraktion.
- Sie vergleichen zwei Verfahren der Platzzuteilung und drei Varianten für die Organisation von Belegungs- und Freiliste.
- Sie beschreiben die Funktion und Nutzen protokollierender Dateisysteme und von Schattenkopien.
- Sie beurteilen die Organisation der Meta- und Anwenderdatenspeicherung für die Dateissysteme UFS(V7), FAT12/16, NTFS und ZFS.
- Sie analysieren und interpretieren Metadaten der Dateisysteme FAT12/16 und EXT2 mithilfe eines hexadezimalen Diskeditors.
- Sie erklären die Datenträgerpartitionierungsverfahren der PC-Welt.

Dateisysteme erlauben die persistente, d.h. dauerhafte Ablage von Anwender- und Systemdaten sowie ausführbaren Programmen. Wir betrachten zuerst die *logische Organisation* abgelegter Daten und die für den Zugriff benötigte *Dateisystemschnittstelle*. Dem folgen einführende Überlegungen zu *Dateisystemimplemetierungen* und Details zu den Dateisystemen *UFS*, *FAT*, *NTFS* und *ZFS*. Dies wird ergänzt durch Betrachtungen zu *Netzwerkdateisystemen* und ausgewählten Dateisystemtechnologien, wie *protokollierende Dateisysteme*, *Schattenkopien* und *Disk Scheduling*. Eng im Zusammenhang mit Dateisystemen steht die Möglichkeit, Massenträger zu *partitionieren*, die wir anhand der MBR- und GPT-Lösungen studieren.

9.1 Dateisystemkonzepte

Dateisysteme dienen der Verwaltung von Daten auf einem Sekundärspeicher. Dies beinhaltet Festplatten- und Halbleiterlaufwerke sowie die Wechselmedien CD-ROM und DVD. Die Verwaltung großer Datenbestände in Dateisystemen stellt erhöhte Anforderungen an die organisierte Ablage auf dem Medium. Dazu gehören effiziente Such-, Lese- und Schreibvorgänge. Die Dateiverwaltung stellt Möglichkeiten zur Verfügung, um Daten möglichst allgemein auf einem Datenträger abzulegen. Die Dateisystemschnittstelle bietet dazu Funktionen an, die von den implementationsabhängigen Details abstrahieren. So können aus Anwendungssicht alle Medien gleichartig behandelt werden.

9.1.1 Logische Organisation

Die aus Anwendungssicht verwaltete Einheit in einem Dateisystem ist die *logische Datei (logical file)*. Sie stellt eine benannte Ablage für Anwenderdaten unterschiedlicher Art dar. Mit einer Auswahl von Dateisystemfunktionen können Dateien angelegt, verwaltet, beschrieben/gelesen und wieder gelöscht werden. Zusätzlich kann die Ablage auf einem Medium strukturiert werden, sodass auch bei sehr vielen Dateien die Übersicht gewahrt bleibt. Die übliche Lösung dieses Problems nutzt eine *Verzeichnishierarchie*, wenn auch alternative Ablageorganisationen denkbar wären. Eine logische Datei stellt eine geordnete Sammlung von *Datensätzen (records)* dar. Ein Datensatz ist die kleinste adressierbare Informationseinheit innerhalb einer Datei. Typischerweise entspricht ein Datensatz auf der Ebene der Dateisystemschnittstelle einem Bytewert beliebigen Inhalts, analog zur Organisation des Hauptspeichers. Dies hat sich quasi als Standard etabliert, obwohl vereinzelt abweichende Lösungen existieren.

Legt man Dateien auf einem Massenspeicher ab, so ist es üblich, eine Reihe damit verbundener Informationen ebenfalls dort zu speichern. Dies sind zum Beispiel Dateiname, Ablageort und Ablagedatum, um nur einige zu nennen (siehe Abb. 9–1).

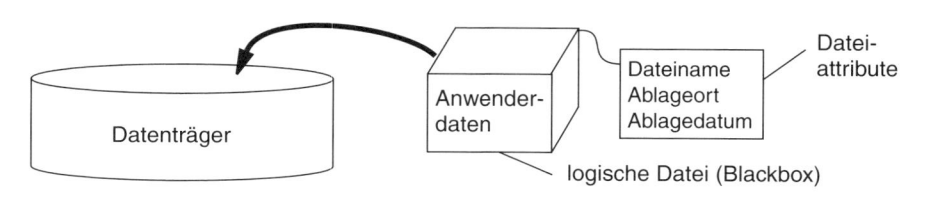

Abb. 9–1 *Datenablage mit Hilfsinformationen (Blackbox-Modell)*

9.1 Dateisystemkonzepte

Diese Informationen dienen primär zum Wiederfinden der abgelegten Daten durch den Anwender. Man bezeichnet diese Informationen als *Dateiattribute (file attributes)*. Die Ablage der Anwenderdaten zusammen mit ihren Attributen kann in Form einer Tabelle dargestellt werden (siehe Tab. 9–1). Die Spalte »Anwenderdaten« nimmt dabei eine sehr unterschiedliche Anzahl an Byte auf, da der Umfang der Anwenderdaten von wenigen Byte bis zu vielen Millionen Byte betragen kann.

Dateitypen

Die gespeicherten Anwenderdaten werden vom Speichersystem typischerweise als eine *Blackbox* betrachtet, d.h. als eine sequenzielle Folge von Byte, deren Interpretation dem Dateisystem versagt bleibt. So können beispielsweise Textdokumente, Bilddaten und Tabellenkalkulationsblätter genau gleich gespeichert werden. Diese Flexibilität bringt aber auch Nachteile mit sich. So sind zum Beispiel keine Suchvorgänge möglich, die sich auf die Anwenderdaten selbst beziehen. Diese müssen als Teil der einzelnen Applikationen realisiert werden. Dies entspricht dem klassischen Verständnis und Einsatz von Dateisystemen, bei dem die Zugriffsfunktionen zur Hauptsache nur drei elementare Zugriffsarten unterstützen: das *Auflisten von Dateiverzeichnissen*, das *stückweise oder vollständige Schreiben und Lesen der Anwenderdaten* sowie das *Abfragen und Modifizieren der Dateiattribute*. Viele gängige Dateisysteme arbeiten nach diesem einfachen Modell.

Dateiname	Ablageort	Ablagedatum	Anwenderdaten
Brief_bank1.doc	/privat/2014/	15.11.2014	Sehr geehrte....
Bericht.txt	/privat/2014/	04.07.2014	Protokoll...
Ferienhaus.jpg	/privat/Ferien/	17.07.2014	10101001001001....
...			

Tab. 9–1 Dateiablage in Tabellenform

Wichtig ist noch festzuhalten, dass zwar das Dateisystem die Anwenderdaten nicht interpretiert, das Betriebssystem als Ganzes dies jedoch für bestimmte *Dateitypen* durchaus macht. Ein Dateityp ist übrigens eine Definition einer bestimmten inneren Organisation einer Datei, die über die einfache logische Datei hinausgeht. Ein wichtiger Dateityp sind beispielsweise ausführbare Programme, die in Form von Dateien gespeichert sind. Hier muss die interne Struktur bekannt sein, damit das Programm zur Ausführung korrekt geladen werden kann. Um eine ausführbare Datei zu erkennen, werden verschiedene Wege begangen. Unter Unix muss am Anfang der Datei eine bestimmte, sogenannte »magische Zahl« stehen, damit sie als ausführbare Datei erkannt wird (außerdem muss ihr das Ausführungsrecht erteilt sein). Unter Windows wird zum selben Zweck die Dateinamenserweiterung (*file extension*) benutzt, die auf »exe« oder »com« lauten muss. Eine Dateinamenserweiterung stellt einen Textzusatz dar, der dem eigentlichen Dateinamen hinter dem letztplatzierten ».«-Zeichen folgt.

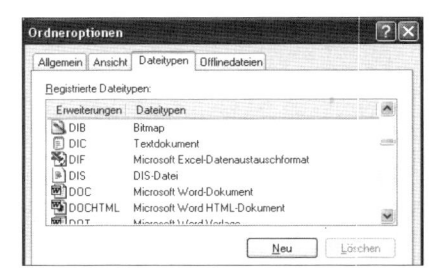

Abb. 9–2   *Verknüpfung Dateiendungen/Programme (Windows und Unix/Gnome-Desktop)*

Die Bedienoberflächen gängiger Betriebssysteme unterstützen eine Verknüpfung von Dateinamenserweiterungen mit zugehörigen Applikationen. Dabei wird jedem Dateityp eine oder mehrere Dateinamenserweiterungen zugeordnet (z.B. .htm oder .html für HTML-, d.h. Hypertext-Markup-Language-Dokumente). Diese Fähigkeit steht beispielsweise unter Windows und unter den Unix-Desktops Gnome und KDE zur Verfügung (siehe Abb. 9–2). Mitgelieferte Applikationen und Werkzeuge werden dort bei der Systeminstallation eingetragen. Nachträglich installierte Applikationen ergänzen diese Liste während ihrer Installation um die von ihnen zusätzlich unterstützten Dateinamenserweiterungen. Ferner hat der Benutzer die Möglichkeit, diese Zuordnungen zu ändern. Alle Dateien, die durch diese Verknüpfungsliste nicht erfasst werden, gelten aus Systemsicht als untypisiert. Die interne Organisation dieser untypisierten Dateien ist frei und kann auf der Applikationsebene erfolgen.

Dateispeicherung in Datenbanken

Modernere Betrachtungsweisen eines Dateisystems gehen von den Möglichkeiten eines Datenbanksystems aus, wie dies in Tabelle 9–1 bereits durch die Tabellenform angedeutet ist. Dabei können die Anwenderdaten auf zwei unterschiedliche Arten in der Tabelle vorkommen. Eine erste Form ist die eines *BLOB (Binary Large Objects)*, d.h., die Anwenderdaten sind quasi als *Blackbox* in der Tabelle abgelegt (Fall A in Abb. 9–3). Dies hat den Nachteil, dass bei der Abfrage stets alle Anwenderdaten zusammen zurückgegeben werden, was aber oft nicht nötig und außerdem sehr zeitfressend ist. Hier ist die zweite Möglichkeit von Vorteil, bei der ein *LOB (Location Object)* als eine Art von Zeiger auf die anderswo abgelegten Anwenderdaten in der Tabelle enthalten ist (Fall B in Abb. 9–3). Die

9.1 Dateisystemkonzepte

Anwenderdaten selbst können irgendwo in der Datenbank oder auch separat davon abgelegt sein.

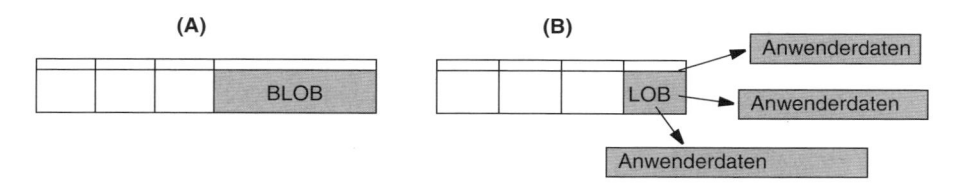

Abb. 9-3 *Zwei Prinzipien der Dateispeicherung in Datenbanken*

Eine passende Dateisystemschnittstelle würde die standardisierte Datenbankabfragesprache *SQL (Structured Query Language)* unterstützen. Damit könnten effizient Such-, Schreib- und Lesevorgänge spezifiziert werden, die auch Dateiattribute einbeziehen. Im Falle der Separatspeicherung (LOB) müssten allerdings zusätzlichen Funktionen für das stückweise Lesen/Schreiben ergänzt werden. Noch einen Schritt weiter gehen Bestrebungen, die nicht nur die Metadaten, sondern auch die Anwenderdaten in die Suchvorgänge einbeziehen wollen. Dies ist effizient möglich, wenn die Anwenderdaten mittels einer Beschreibungssprache spezifiziert und abgelegt sind. Dies wird aber angesichts der ungeheuren Vielzahl von Dateiformaten stets ein Stückwerk bleiben. Es gibt zwar Ansätze, die Inhalte von Dateien mittels XML zu beschreiben. Diese stecken aber erst in den Anfängen. Daher befassen wir uns im Weiteren mit den klassischen Dateisystemlösungen und ihren Zugriffsfunktionen. Für modernere Lösungen, die erst in Ansätzen existieren, sei auf die Datenbanktechnik verwiesen.

Verzeichnishierarchie

Dateisysteme sind heute meist hierarchisch organisiert, indem in einem Wurzelverzeichnis (*root directory*) sich sowohl Dateien (*files*) als auch Unterverzeichnisse (*sub directories*) anlegen lassen. Innerhalb von Unterverzeichnissen, manchmal auch als Ordner (*folder*) bezeichnet, können weitere Dateien und Unterverzeichnisse vorhanden sein. Ein Verzeichnis, als Oberbegriff sowohl für das Wurzelverzeichnis als auch für Unterverzeichnisse verstanden, stellt im Grunde genommen nichts anderes dar als eine Liste von Dateinamen. Diese Dateinamen können *normale Dateien (regular files)* oder *Spezialdateien (special files)* bezeichnen. Verzeichnislisten gelten sowohl unter Windows als auch unter Unix als Spezialdateien der Art *Verzeichnisdatei (directory file)*. Verzeichnisdateien besitzen eine implementationsabhängig unterschiedliche interne Struktur. Diese wird vor dem Anwender versteckt, indem dieser nie direkt mit dem Inhalt der Verzeichnisdateien arbeiten muss, sondern für alle Operationen auf standardisierte Dateisystemfunktionen zurückgreifen kann. So gesehen ist eine Verzeichnisdatei eine opake Datei, deren innerer Aufbau vor dem Benutzer versteckt wird.

Neben den Verzeichnisdateien existieren meist weitere Arten von Spezialdateien. Dies können beispielsweise *Gerätedateien (device files)* und *Interprozesskommunikationselemente* sein. Die genaue Auswahl ist systemabhängig. Das Ziel besteht jedoch immer darin, die standardisierten Dateisystemfunktionen auf weitere Systemressourcen anzuwenden. Dies erlaubt eine einheitliche Ein-/Ausgabe.

Die Verzeichnishierarchie vereinfacht die Verwaltung der Dateien für den Benutzer, indem sie eine gut verständliche logische Organisation ermöglicht. Ältere Lösungen kannten nur eine flache Verzeichnishierarchie (nur ein einziges Verzeichnis mit Dateien) oder eine zweistufige Hierarchie (nur eine Unterverzeichnisebene unter dem Wurzelverzeichnis). Diese einfachen Lösungen können als degenerierte Formen eines vollwertigen hierarchischen Verzeichnissystems betrachtet werden.

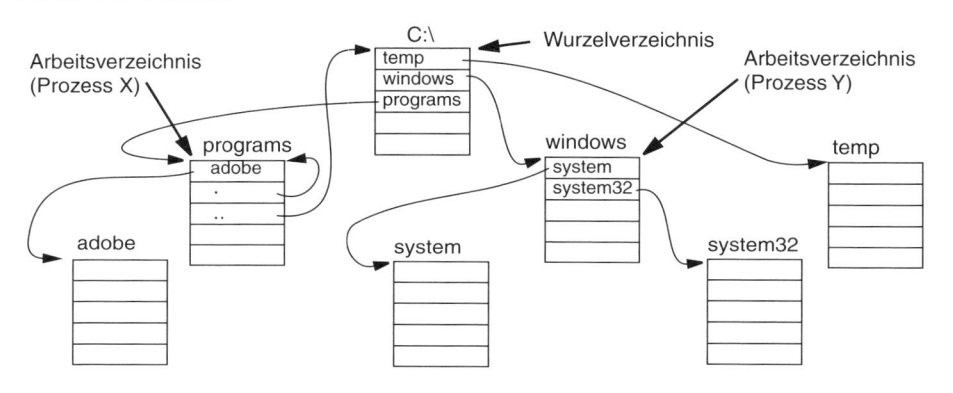

Abb. 9–4 *Verzeichnishierarchie (Beispiel für Windows)*

Zur Lokalisierung einer Datei dient der sogenannte *Pfadname (pathname)*. Dieser besteht aus zwei Teilen, nämlich dem *Verzeichnispfad (directory path)* und dem *Dateinamen (filename)*.

```
Beispiele (unter Windows):
Pfadname:         \Programme\java\j2re1.4.2_06\bin\java.exe
Dateiname:        java.exe
Verzeichnispfad:  \Programme\java\j2re1.4.2_06\bin\
Verzeichnisname:  bin
```

Sowohl unter Unix als auch unter Windows dienen zwei reservierte Verzeichnisnamen zur einfacheren Navigation in der Verzeichnishierarchie. Es sind dies der Verzeichnisname ».« für das aktuelle Verzeichnis und der Verzeichnisname »..« für das diesem übergeordnete Verzeichnis. Jedes Programm und damit auch eine Kommandokonsole (Shell) oder ein Dateimanager kennt ein eigenes *aktuelles Verzeichnis (current directory)* bzw. *Arbeitsverzeichnis (working directory)*. Es stellt ein Element der Prozessumgebung dar und geht bei Prozessende verloren, sofern es nicht an einen Kindprozess weiter vererbt wurde (siehe Abb. 9–4). Unter Unix beispielsweise wird das Arbeitsverzeichnis an einen mittels `exec()` gestarteten Nachfolgeprozess vererbt. Beim Prozessstart ist das Arbeitsverzeichnis vorgegeben. In der Regel ist es das momentane Arbeitsverzeichnis desjenigen Prozesses, durch den der neue Prozess gestartet wird. Während des Prozessablaufs kann sich ein Prozess beliebig in der Verzeichnishierarchie bewegen und damit sein Arbeitsverzeichnis ändern. Aus diesem Grund spricht man oft auch vom aktuellen Verzeichnis und meint damit das momentan gültige Arbeitsverzeichnis.

Man unterscheidet zwischen *absoluten* und *relativen Verzeichnispfaden*. Relative Verzeichnispfade nutzen die Verzeichnisnamen ».« und »..«, um relativ zum Arbeitsverzeichnis ein bestimmtes Verzeichnis zu identifizieren.

> **Beispiele (unter Unix):**
> Absoluter Verzeichnispfad: `/usr/sfw/bin/`
> Absoluter Pfadname: `/usr/sfw/bin/as`
> Relativer Verzeichnispfad: `../inc` (`/usr/sfw/bin` sei aktuelles Verzeichnis)
> Relativer Pfadname: `./bin/as` (`/usr/sfw` sei aktuelles Verzeichnis)

Sowohl für den zusammengesetzten Pfadnamen (z.B. `/usr/bin/date`) als auch für den einfachen Dateinamen (z.B. `date`) gelten abhängig vom Betriebssystem gewisse Namenskonventionen:

- Maximale Namenslänge (z.B. 14 oder 255 Zeichen)
- Erlaubte Zeichen zur Dateibenennung (z.B. nur alphanumerisch oder mit einer Auswahl an Sonderzeichen)
- Erlaubte Zeichen für den Dateinamensanfang (z.B. keine Zahlen)
- Regeln für Dateinamenserweiterungen (z.B. keine oder maximal drei Zeichen oder beliebig)
- Erlaubter Zeichensatz für Dateinamen (z.B. nur ASCII oder Unicode)
- Unterscheidung von Groß-/Kleinschreibung (*case sensitivity*) bei Dateinamen gilt bzw. gilt nicht (z.B. `ThisFile` und `thisfile` sind Namen von zwei Dateien oder bezeichnen die gleiche Datei)

Vergleichen wir die Dateisystemorganisation von Unix und Windows, so stechen drei wesentliche Unterschiede ins Auge:

- *Trennzeichen bei Pfadnamen*: Dies ist der Schrägstrich (/, *slash*) unter Unix bzw. der rückwärtsgerichtete Schrägstrich (\, *back slash*) unter Windows.
- *Laufwerksbuchstabe*: Bei Windows wird jedes Laufwerk (lokal oder auf dem Netz) mit einem Buchstaben identifiziert, der dem Dateipfad vorangestellt ist (siehe Abb. 9–5). Unter Unix sind alle Massenspeichergeräte in einen einheit-

lichen Verzeichnisbaum eingehängt (siehe Abb. 9–6). Der Anwender kann unter Unix aus dem Dateipfad nicht ersehen, auf welchem Gerät bzw. Laufwerk eine Datei abgelegt ist.

- *Namenskonventionen*: Unix unterscheidet strikt zwischen Groß-/Kleinschreibung, Windows jedoch nicht. Auch der Gebrauch von Sonderzeichen ist unterschiedlich erlaubt. Letztlich kennt der Unix-Kern im Gegensatz zu Windows keine Dateinamenserweiterungen, diese sind jedoch erlaubt und können grafischen Desktops die Zuordnung zu Programmen ermöglichen. Unter Windows hingegen sind einige Dateinamenserweiterungen verbindlich.

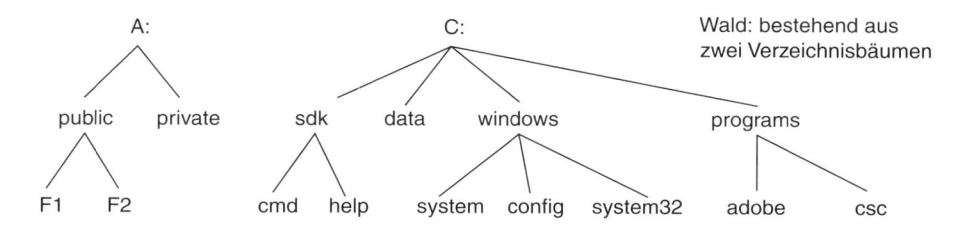

Abb. 9–5 *Verzeichnishierarchien unter Windows (nur Verzeichnisnamen gezeigt)*

Unter Unix können verschiedene Massenspeichergeräte transparent, d.h. für den Anwender nicht wahrnehmbar, an wählbaren Punkten im Verzeichnisbaum eingehängt werden. Dieses Einhängen (*mounting*) findet typischerweise beim Systemstart statt, wozu entsprechende Steuerdateien (*start scripts*) dienen. Es ist jedoch auch möglich, während des Betriebs ganze Verzeichnisäste ein- und auszuhängen. Zu erwähnen ist noch, dass auch Ausschnitte aus einem Verzeichnisbaum eines Dateiservers (*file server*) auf diese Art und Weise transparent im Verzeichnisbaum untergebracht werden. Der Zugriff auf den Dateiserver basiert dabei auf einem sogenannten Netzwerkdateisystem (siehe dazu Abschnitt 9.7).

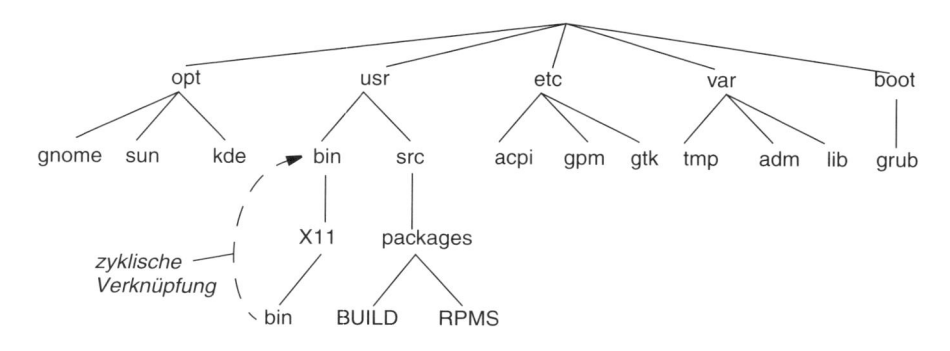

Abb. 9–6 *Verzeichnishierarchie unter Unix (nur Verzeichnisnamen gezeigt)*

9.1 Dateisystemkonzepte

In einer einfachen Realisierung sprechen wir von einem *Verzeichnisbaum*, wie dies für die dargestellten Beispiele in den Abbildungen 9–5 und 9–6 gilt.

Dateiverknüpfungen

Viele Betriebssysteme erlauben es, Querverbindungen über mehrere Verzeichnisse hinweg oder auch im gleichen Verzeichnis herzustellen, die *Dateiverknüpfungen (file links)* genannt werden. Dabei wird ein neuer Dateiname angelegt, der mit einer bestehenden Datei verknüpft ist. So ist es möglich, für eine bestimmte Datei mehrere Dateinamen zu führen. Befinden sich diese im gleichen Verzeichnis, so müssen sich natürlich die Dateinamen unterscheiden. Dies gilt jedoch nicht, wenn sie an verschiedenen Orten in der Verzeichnishierarchie abgelegt werden. Verknüpfungen können für alle Dateiarten, d.h. auch für Verzeichnisdateien, genutzt werden. Vom ganzen Organisationsprinzip her sind Verzeichnisbäume stets *azyklische Graphen*. Nun wäre es aber denkbar, dass mithilfe von Verknüpfungen Zyklen im Verzeichnisbaum entstehen (siehe Beispiel in Abb. 9–6). Diesem Problem kann verschieden begegnet werden. Eine erste Variante besteht darin, bei Suchoperationen auf Verzeichnissen die Dateiverknüpfungen zu ignorieren. Eine zweite Variante begrenzt die Anzahl an durchlaufenen Verzeichnissen innerhalb eines Suchpfads. Die dritte Variante verbietet die Verknüpfungen grundsätzlich oder erlaubt sie nur dem hoffentlich vorsichtigen Systemadministrator (typische Lösung unter Unix).

Unter Unix sind Dateiverknüpfungen ein häufig gebrauchter Mechanismus, um verschiedene Verwaltungsaufgaben zu vereinfachen. Daher steht dies auf Unix-Dateisystemen jeweils zur Verfügung. Ursprünglich kannte Unix nur sogenannte *harte Verknüpfungen (hard links)*. Diese bestehen einfach aus zusätzlichen Dateinamen für die gleiche Datei. Damit sind diese harten Verknüpfungen vom ursprünglichen Dateinamen nicht unterscheidbar. Dementsprechend wird eine Datei auf dem Datenträger erst dann gelöscht, wenn alle zugehörigen Dateinamen (ursprünglicher Name und harte Verknüpfungen) gelöscht wurden. Zur Überprüfung benutzt dazu das Dateisystem einen *Verknüpfungszähler (link count)*, der eines der Dateiattribute darstellt. Ein wesentlicher Nachteil der harten Verknüpfungen ist die Einschränkung, dass dies nur für Verzeichniseinträge auf dem gleichen Datenträger erlaubt ist, da sich die dahinterliegenden Metadaten stets auf den aktuellen Datenträger beziehen. Somit ist es nicht möglich, im gemeinsamen Verzeichnisbaum, der typischerweise mehrere Laufwerke umfasst, beliebige Verknüpfungen herzustellen. Diese Einschränkung für harte Verknüpfungen wurde mit einer zweiten Verknüpfungsart, nämlich den *weichen Verknüpfungen (soft links)*, eliminiert. Diese nutzen eine Spezialdatei des Typs Verknüpfung *(link)*, die als einzigen Eintrag die Zeichenkette des Pfadnamens zur verknüpften Datei enthält. Als weich bezeichnet man diese Form deswegen, weil sie eine lose Kopplung darstellt. Wird die verknüpfte Datei gelöscht, so ändert dies nichts an der Verknüpfungsdatei. Gleiches gilt, wenn die verknüpfte Datei woanders hin verschoben wird. Erst beim versuchten Zugriff auf eine so nicht mehr erreichbare Datei meldet das System einen Fehler.

Unter Windows stehen zwei Verknüpfungsmöglichkeiten zur Verfügung. Zum Ersten sind das die Verknüpfungsdateien mit der Dateinamenserweiterung ».lnk«, die sowohl Dateien als auch Verzeichnisse verknüpfen. Ihre Verknüpfungsfunktion ist unter dem *windows file explorer* voll, auf der Kommandozeile jedoch nur eingeschränkt verfügbar (ausführbare Dateien). Die zweite Variante steht nur unter dem NTFS-Dateisystem zur Verfügung. Hier lassen sich Verknüpfungen zu beliebigen Verzeichnispfaden erstellen. Dazu ist jedoch der weitgehend unbekannte Kommandozeilenbefehl mklink nötig, sodass diese Verknüpfungsvariante selten gebraucht wird.

Dateirechte

Unter einem Mehrbenutzersystem helfen die Dateirechte festzulegen, welche Benutzer welche Rechte beim Zugriff auf eine Datei erhalten. Dabei wird systemabhängig zwischen den zwei Extremen »keine Rechte« und »volle Rechte« in unterschiedlich feinen Schritten abgestuft. Es gibt auch einfachere Dateisysteme (z.B. CD-Dateisystem), die keine Dateirechte kennen. Dies erlaubt beliebigen Benutzern den Zugriff. Mehr Details zu den Dateirechten unter Unix und Windows sind in den Abschnitten 11.4 und 11.5 zu finden.

Innere Organisation einer Datei

Aus Sicht des Betriebssystems existieren meist nur ausführbare Dateien, Binär- und Textdateien (sieht man von Spezialdateien ab). Manche Betriebssysteme kennen nicht einmal die Unterscheidung zwischen Binär- und Textdateien. Diese ist beispielsweise für MS-DOS wichtig, jedoch irrelevant für Windows und Unix. Unter jedem Betriebssystem sind jedoch viele anwendungsspezifische Dateitypen zu finden, wie bereits weiter oben besprochen.

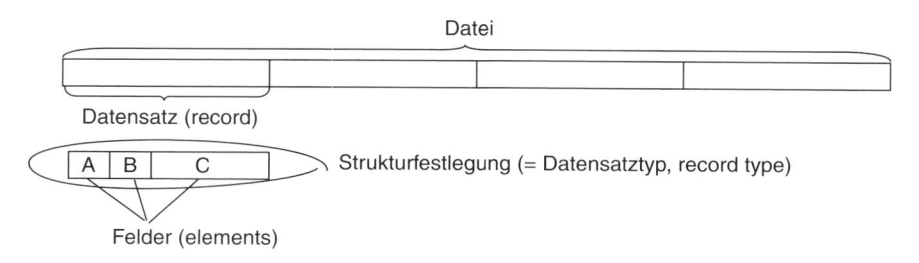

Abb. 9–7 Datensatzorganisation einer Datei

Wir wollen hier ein paar Grundprinzipien betrachten, wie man Dateien anwendungsbezogen intern organisieren kann. Dabei konzentrieren wir uns auf eine

Organisation in *Datensätzen (record organisation)*, die sich für eine strukturierte Ablage von Information vieler gleichartiger Objekte besonders gut eignet. Heute benutzt man in diesen Fällen oft eine Datenbank, die eine Reihe von Zusatzfunktionalitäten realisiert, wie z.B. Transaktionssicherheit und Wiederherstellbarkeit. Trotzdem kann es in einfacheren Fällen nützlich sein, die Prinzipien der Datensatzorganisation zu kennen. Bei dieser Organisationsform ist eine Datei nichts anderes als eine Zusammenfassung einer Menge von Datensätzen des gleichen Datensatztyps. Ein Datensatztyp legt die Struktur eines einzelnen Datensatzes fest und kann Felder unterschiedlicher Größe enthalten. Ein Datensatz könnte programmiertechnisch zum Beispiel mit einem C-struct beschrieben werden. In Anlehnung an Abbildung 9–7 würde dies wie folgt aussehen:

```
struct record {
   unsigned int A;
   int B;
   char C[20];
}
```

Felder eines Datensatzes können eine Sonderfunktion bei der Verwaltung einer Datei einnehmen. Dazu legen wir zuerst ein paar Definitionen fest (Z sei die Identifikation eines Feldes):

- *Schlüssel (key)*: Z ist ein Schlüssel, falls alle Datensätze einer Datei unterschiedliche Z-Werte haben und dies für eine Teilmenge von Z nicht gilt.
- *Primärschlüssel (primary key)*: Ein Schlüssel, der von Anfang an als solcher vorgesehen wurde (z.B. Kundennummer, Artikelnummer, Personalnummer).
- *Sekundärschlüssel (secondary key)*: Ein beliebiges Feld oder eine Kombination von Feldern, mit denen auf die Datei zugegriffen wird (z.B. Name, Vorname, Alter).

Man beachte, dass ein Sekundärschlüssel nicht unbedingt ein Schlüssel ist. Umgekehrt aber jeder Schlüssel auch ein Sekundärschlüssel ist. Einige Autoren verwenden zudem abweichende Definitionen. Gemeinsam für alle Schlüsselarten gilt, dass sie eine wichtige Rolle bei der Verwaltung einer Datei spielen. Sie erlauben beispielsweise das Suchen nach einem oder mehreren Datensätzen mit bestimmten Eigenschaften. Zudem sind sie eine Hilfe, wenn es darum geht, neue Datensätze einzufügen oder alte Datensätze zu löschen. Ein Primärschlüssel dient dazu, einen bestimmten Datensatz abzufragen (z.B. Artikelnr. 3415), und liefert einen oder keinen Datensatz (min. 0, max. 1). Ein Sekundärschlüssel erlaubt Abfragen nach bestimmten Suchkriterien (z.B. Name=Meyer, Vorname=Albert) und liefert keinen, einen oder mehrere Datensätze (min. 0, max. n, n datenabhängig).

Letztlich müssen alle Datensätze einer Datei bestimmten Positionen innerhalb der Datei zugeordnet werden, und zwar so, dass keine Überlappungen entstehen. Diese Abbildung von Datensätzen auf die logische Datei wird durch die sogenannte *Primärorganisation* festgelegt (siehe Abb. 9–8). Sie bestimmt nicht nur, wo ein Datensatz zu liegen kommt, sondern auch, wie neue Datensätze eingefügt und obsolete Datensätze gelöscht werden. Die *Sekundärorganisation* im Gegensatz dazu optimiert nur Suchoperationen, hat aber keinen Einfluss auf die Platzierung von Datensätzen innerhalb der Datei. Ein Beispiel für eine Sekundärorganisation könnte ein Adressstamm sein, auf dem möglichst schnell alle Adressen eines bestimmten Wohnortes gefunden werden sollen. Dies könnte mithilfe einer Hilfsliste realisiert werden, die Referenzen auf Datensätze geordnet nach Wohnorten enthält.

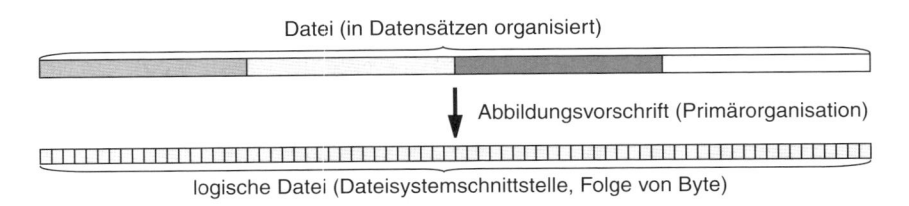

Abb. 9–8 Abbildung von Datensätzen auf eine logische Datei

Für die Festlegung einer Primärorganisation stellt sich zuerst die Frage, ob auf die logische Datei nur sequenziell oder wahlfrei zugegriffen werden kann. Ein sequenzieller Zugriff (*sequential access*) bedeutet, dass eine Datei stets nur vom Dateianfang an durchsucht wird. Ein wahlfreier Zugriff (*random access*) erlaubt hingegen den direkten Zugriff auf eine beliebige Position innerhalb der Datei. Da heute der wahlfreie Zugriff bei Plattenspeichern wie auch Halbleiterlaufwerken den üblichen Standard darstellt, beschränken wir unsere Betrachtung auf diese flexiblere Zugriffsart. Zur Wahl stehen zwei hauptsächliche Abbildungsverfahren:

- *Hash-Organisation*: Die Position eines bestimmten Datensatzes in der Datei wird durch eine Hashfunktion h(p) bestimmt, die auf den Primärschlüssel p angewendet wird. Voraussetzung dazu ist eine feste Größe der logischen Datei, die dem Wertebereich von h(p) entspricht. Der Wertebereich von p braucht jedoch nicht grundsätzlich beschränkt zu sein. Eine simple Hashfunktion wäre zum Beispiel h(p)=p modulo M (M = Anzahl an Datensätzen, die in der logischen Datei Platz finden). Sei M z.B. 100, dann würde h(p) auf p=9456 den Wert 56 liefern. Problematisch ist, dass es Kollisionen geben kann. In unserem Beispiel würde h(1356) ebenfalls 56 liefern. Es gibt Lösungen für diese Kollisionssituation, die aber aufwendige Zusatzmaßnahmen nach sich ziehen.
- *Indexsequenzielle Organisation*: Es wird eine Indexliste geführt, die für jeden mit einem Datensatz hinterlegten Primärschlüssel aussagt, wo in der Datei der Datensatz zu liegen kommt. Die Indexliste enthält Wertepaare der Art {p, a}, mit p für den Primärschlüssel und a für die Adresse (Position) innerhalb der

logischen Datei. Die Indexliste ist typischerweise nach aufsteigendem Primärschlüssel geordnet. Um das Suchen zu beschleunigen, kann auch ein mehrstufiger Index verwendet werden. Dafür eignen sich Binärbäume besonders gut.

Ergänzend ist zu bemerken, dass wir die einfachste Möglichkeit bis jetzt nicht erwähnt haben. Es ist dies die direkte Abbildung. Eigentlich handelt es sich dabei um einen Spezialfall der Hash-Organisation. Die logische Datei muss genauso viele Eintragsplätze besitzen, wie der Wertebereich des Primärschlüssels groß ist. Die Datensätze können dann der Reihe nach entsprechend ihrem Primärschlüssel eingeordnet werden. Diese Organisationsform ist nur dann gut, wenn die möglichen Werte für den Primärschlüssel zu einem Großteil ausgenutzt werden. Ansonsten wird viel Platz vergeudet. Wird nicht nur über den Primärschlüssel gesucht, so hilft eine Sekundärorganisation die Suche zu beschleunigen. Diese richtet quasi zusätzliche Zugriffspfade ein. Wird zum Beispiel in einem Kundenstamm oft nach Kunden gesucht, die den gleichen Wohnort haben, so wird dies durch eine Sekundärorganisation schneller. Gelöst wird dies mit einem ein- oder mehrstufigen Index. Die Indexierung kann entweder durch eine direkte Verkettung der einzelnen Datensätze oder durch eine separate Indexliste realisiert werden. Zuletzt sei noch erwähnt, dass es vor allem im Großrechnerbereich Dateisysteme gibt, die solche Datensatzorganisationen direkt über ihre Schnittstelle unterstützen.

9.1.2 Dateisystemfunktionen

Grundlegendes

Das Dateisystem stellt eine Menge an Funktionen zur Verfügung, die Applikationen sowohl den Dateizugriff als auch die Verwaltung von Dateien erlauben. Das nachfolgend beschriebene Zugriffsmodell ist sehr weit verbreitet und basiert auf *opaken Anwenderdaten*. Das heißt, das Betriebssystem stellt eine Infrastruktur zur Verfügung, die es erlaubt, eine sequenzielle Folge von Byte (*byte stream*) zu speichern und exakt gleich wieder abzurufen. Dieser Bytestrom trägt einen menschenlesbaren Dateinamen, wobei die Regeln für die Namensbildung systemabhängig sind. Der Dateiinhalt ist beliebig, da er vom Dateisystem nicht interpretiert wird. Hingegen können Anwendungsprogramme gewisse Dateitypen voraussetzen und Annahmen über deren innere Struktur treffen. Aus Sicht des Betriebssystems ist also eine Datei einfach ein Behälter für eine geordnete Menge an Byte. Die Funktionen zur Verwaltung von Dateien bzw. ihren Dateiattributen und von Verzeichnissen werden weiter unten vorgestellt.

Für das Lesen und Schreiben einer Datei ist der sogenannte Lese-/Schreibzeiger (*read/write pointer*) ein wichtiges Element (siehe Abb. 9–9). Öffnet eine Applikation eine Datei, so wird systemseitig ein Lese-/Schreibzeiger als Verwaltungselement angelegt. Wird eine Datei von mehreren Applikationen geöffnet, so existiert pro Öffnung je ein separater Zeiger. Wird eine Datei geöffnet, so wird der Zeiger auf den Dateianfang ausgerichtet, womit eine Datei von Anfang an ausgelesen wird. Für das Schreiben benutzt man beim Öffnen häufig die Option *anhängen (append)*, womit der Zeiger anfänglich an das Dateiende positioniert wird. Damit werden keine alten Dateiinhalte überschrieben, sondern stets am Dateiende neue Daten angehängt. Grundsätzlich gilt, dass der Zeiger beim Lesen bzw. Schreiben entsprechend der transferierten Anzahl Byte in Richtung Dateiende verschoben wird. Erreicht der Zeiger das Dateiende, so spricht man von der Dateiendesituation (*End Of File, EOF*). Für ein erneutes Lesen steht eine Zeigerpositionierfunktion zur Verfügung. Diese kann auch dann nützlich sein, wenn alte Inhalte an bestimmten Positionen zu überschreiben oder Inhalte an ganz bestimmten Stellen zu lesen sind.

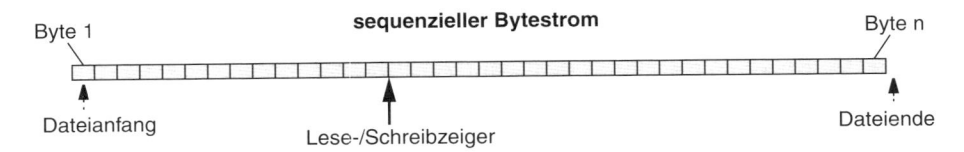

Abb. 9–9 *Modell der Anwenderdatenspeicherung (Datei als Behälter)*

Mittels des Lese-/Schreibzeigers ist ein *wahlfreier Zugriff (random access)* auf eine Datei möglich, indem der Zeiger vor dem Lesen bzw. Schreiben an die gewünschte Position gebracht wird. Ältere Systeme benutzten oft einen einfachen *sequenziellen Zugriff (sequentiel access)*. Dabei kann der Zeiger nur ganz an den Anfang repositioniert werden, was als *Rückspulen (rewind)* bezeichnet wird. Dies ist ausreichend für Magnetbänder, wäre aber zu einschränkend für Festplatten- und Halbleiterlaufwerke. Typischerweise stehen folgende Grundoperationen zur Verfügung:

- *Datei öffnen/schließen (open/close)*: Damit wird eine Datei für eine Ein-/Ausgabe vorbereitet (siehe auch Abschnitt 3.4.4). Zum Öffnen wird der Dateiname und allenfalls der Verzeichnispfad benutzt. Nachfolgende Dateioperationen arbeiten hingegen mit einer Kennung (Dateideskriptor, Handle), die beim Öffnen der Datei vom Betriebssystem zugeordnet wird. Eine Datei kann von mehreren Prozessen gleichzeitig geöffnet werden. Obwohl alle mit dem gleichen Dateinamen die Datei öffnen, erhält jeder eine eigene Kennung, mit der er anschließend auf die Datei zugreift. Die Gründe dafür werden weiter unten erläutert. Das Öffnen muss stets allen weiteren Zugriffen auf die Datei vorangehen. Die komplementäre Operation zum Öffnen ist das Schließen. Danach sind keine weiteren Zugriffe mehr auf die Datei erlaubt, sofern sie nicht vorher wieder neu geöffnet wird.

9.1 Dateisystemkonzepte

- *Lesen/Schreiben (read/write)*: Beim Lesen werden Daten von der Datei zum Anwenderprozess transferiert bzw. beim Schreiben in der umgekehrten Richtung. Bei einem direkten bzw. wahlfreien Zugriff wird auf Daten an einer beliebigen Stelle innerhalb der Datei zugegriffen. Diese Stelle kann frei gewählt werden. Beim sequenziellen Zugriff wird auf Daten an derjenigen Stelle innerhalb der Datei zugegriffen, auf die der Lese-/Schreibzeiger momentan ausgerichtet ist. Die zu transferierende Datenmenge kann frei gewählt werden. Wird beim Schreiben das Dateiende überschritten, so werden die Daten der Datei angehängt, d.h., diese wächst im Umfang.
- *Suchen/Zurückspulen (seek/rewind)*: Die Suchoperation verschiebt den Lese-/Schreibzeiger an eine wählbare Stelle innerhalb der Datei. Damit kann ein wahlfreier Zugriff erreicht werden, wenn die Lese-/Schreiboperationen keine Angabe der Position innerhalb der Datei erlauben. Das Zurückspulen setzt den Dateizeiger auf den Dateianfang, d.h. entspricht der Position 0 beim Suchen.

Das Öffnen einer Datei (*file open*) erlaubt das Anlegen eines *logischen Zugriffskanals*, durch den sich Daten zwischen der Datei und einem Prozess austauschen lassen. Jeder Zugriffskanal besitzt individuelle Einstellungen, wie einen Öffnungsmodus (z.B. nur Lesen) und einen Lese-/Schreibzeiger. Eine Datei kann gleichzeitig mehrfach geöffnet sein, d.h., es existieren mehrere logische Zugriffskanäle zur gleichen Datei. Je nach Anwendung kann es dann allerdings notwendig sein, die Zugriffe zu koordinieren, um die Datenkonsistenz zu gewährleisten. Dazu geeignete Systemfunktionen werden auf Seite 509 f. besprochen. Dateien gehören typischerweise zu den Ressourcen, die einem Prozess als Ganzem zugeordnet sind, egal welcher Thread die Datei geöffnet hat. Dies gilt auf jeden Fall für Unix und Windows, da sie prozessbezogene Ressourcentabellen führen. Wollen nun mehrere Threads des gleichen Prozesses mit der gleichen Datei arbeiten, so ist es meist sinnvoll, dass jeder Thread die Datei für sich neu öffnet. Dies ist in Abbildung 9–10 auf der rechten Seite gezeigt.

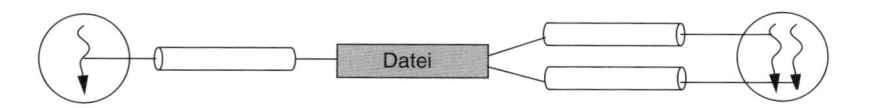

Abb. 9–10 *Logische Zugriffskanäle (Datei dreimal geöffnet)*

Beim Öffnen einer Datei wird ausgehend vom Dateinamen der gewünschten Datei eine Dateikennung zugeordnet, die für alle nachfolgenden Operationen (z.B. Lesen/Schreiben) die Datei identifiziert (siehe auch Abschnitt 3.4.4). Diese Dateikennung referenziert systemintern eine Datenstruktur, die beim Öffnen für die nachfolgenden Zugriffe angelegt wird und die Elemente *Lese-/Schreibzeiger*, *gewählte Öffnungsoptionen* und einen *Verweis auf dateisysteminterne Verwal-*

tungsdaten der Datei enthält. Wird eine Datei mehrmals geöffnet, so wird für jedes neue Öffnen diese Verwaltungsdatenstruktur neu angelegt und eine weitere neue Dateiidentifikation zugewiesen. So können unterschiedliche Threads des gleichen Prozesses eine Datei mehrfach öffnen. Damit müssen sie sich nicht den gleichen Dateizeiger teilen, obwohl sie in einer gemeinsamen Prozessumgebung ablaufen. Unter Unix werden pro Dateiöffnung eigene Verwaltungsdaten angelegt, die aus je einem Eintrag in der *File Descriptor Table* und der *Open File Table* bestehen (siehe Abb. 9–11).

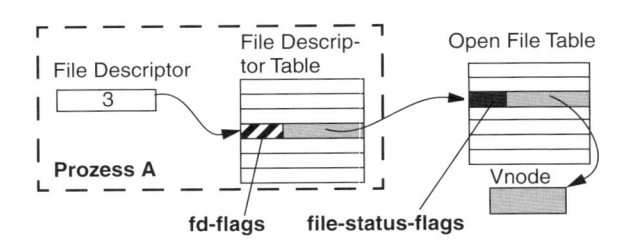

fd-flags: Zurzeit nur 1 definiert, nämlich FD_CLOEXEC (= close-on-exec)

file-status-flags:
(1) Öffnungsmodus (z.B. read, write, append, non-blocking)
(2) Lese-/Schreibzeiger

Abb. 9–11 *Unix-Verwaltungsdaten pro Dateiöffnung*

Der erste Eintrag umfasst die *fd-flags* und einen Zeiger auf einen Eintrag in der systemweit nur einmal vorhandenen *Open File Table*. Die *fd-flags* haben trotz der Mehrzahl in ihrem Namen zurzeit nur einen Eintrag, nämlich das *close-on-exec*-Flag. Ist es gesetzt, so wird die Datei über einen exec()-Aufruf hinweg nicht weiter vererbt, d.h. geschlossen. Der mit exec() neu gestartete Prozess müsste dann allenfalls die Datei neu öffnen. Beim Öffnen einer Datei wird das *close-on-exec*-Flag standardmäßig nicht gesetzt. Dies kann aber mit fcntl() nachgeholt werden. Wird ein Dateideskriptor mittels dup() oder dup2() dupliziert, so ergibt dies einen neuen Eintrag in der File Descriptor Table mit eigenen *fd-flags*, aber einem gemeinsamen Eintrag in der Open File Table. Die Deskriptorenduplizierung ist übrigens in Abschnitt 6.2.2 genauer beschrieben. Anders verhält es sich bei einem zweiten Öffnen der Datei. Damit verbunden sind neue Einträge sowohl in der File Descriptor Table als auch in der Open File Table.

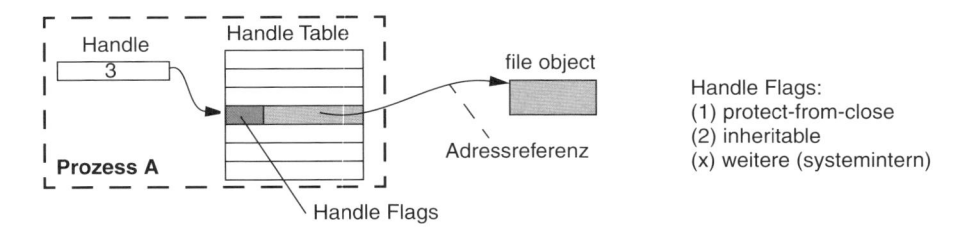

Handle Flags:
(1) protect-from-close
(2) inheritable
(x) weitere (systemintern)

Abb. 9–12 *Windows-Verwaltungsdaten pro Dateiöffnung*

Unter Windows sieht die Situation ähnlich aus. Pro Dateiöffnung wird ein *file object* angelegt, das Dateiname, Öffnungsmodus und weitere Informationen ent-

9.1 Dateisystemkonzepte

hält, die nur systemintern von Belang sind. Zudem wird ein Eintrag in der *Handle Table* vorgenommen, der neben dem Zeiger auf das *file object* noch zwei weitere Informationen enthält, die von Interesse sind. Das *protect-from-close*-Flag verbietet dem Prozess ein Schließen des Handles. Standardmäßig ist es nicht gesetzt, lässt sich aber mit SetHandleInformation() modifizieren. Gleiches gilt für das *inheritable*-Flag, das eine Vererbung an einen mittels CreateProcess() neu angelegten Prozess erlaubt (sofern dies zusätzlich mit Parameter 5 von CreateProcess() verlangt wurde).

Elementares Beispiel

Als einfaches Beispiel für die Verwendung der wichtigsten Dateisystemfunktionen betrachten wir ein kleines Unix-Programm, das nichts anderes macht, als den Inhalt der Datei srcFile in die Datei dstFile zu kopieren. Die Datei srcFile muss im aktuellen Verzeichnis vorhanden sein, die Datei dstFile wird im gleichen Verzeichnis neu erzeugt oder ihr Inhalt gelöscht, falls sie dort bereits existiert. Die open()-Funktion benötigt den Dateinamen sowie den gewünschten Zugriffsmodus (hier: nur Lesen). Mit der creat()-Funktion werden auch die Dateirechte von dstFile festgelegt (hier: volle Rechte für Eigner). Beide Funktionen liefern im Erfolgsfall einen Dateideskriptor (srcfd, dstfd). In einer while()-Schleife wird so lange von srcFile gelesen, bis 0 zurückgegeben wird. Die read()-Funktion erhält als Aufrufparameter den Dateideskriptor, einen Zeiger auf einen Datenpuffer und dessen Größe in Byte. Zurückgeliefert wird die Anzahl effektiv gelesener Byte, die kleiner sein kann als die Puffergröße. Der Rückgabewert 0 bedeutet, dass alle Inhalte ausgelesen sind bzw. der Dateizeiger sich am Dateiende befindet (sogenannte End-Of-File- bzw. EOF-Bedingung). Um die mittels read() gelesenen Daten zwischenzupuffern, wird die Variable buffer eingesetzt. So wird portionenweise der Dateiinhalt umkopiert. Der Funktion write() wird neben dem Dateideskriptor ein Zeiger auf die Daten und die Anzahl zu schreibender Byte übergeben. Die Funktion write() gibt die Anzahl effektiv geschriebener Byte zurück, die bei regulären Dateien stets der geforderten Menge entsprechen sollte. Bei Spezialdateien könnte sie aber auch kleiner sein. Ein Fehler liegt jedoch nur dann vor, wenn write() den Wert -1 zurückgibt. Am Schluss des Programms werden der Ordnung halber die Dateideskriptoren wieder geschlossen. In diesem einfachen Beispiel ist dies nicht so wichtig, da bei Prozessende automatisch alle zugehörigen geöffneten Dateien geschlossen werden. In einer komplexen Applikation kann jedoch ein Vergessen des Schließens zu einem Ressourcenleck führen. Würden laufend immer mehr Dateien geöffnet, ohne dass nicht mehr benutzte Dateien geschlossen werden, so kann irgendwann die Maximalzahl erlaubter Dateideskriptoren erreicht werden. Dies hätte zur Folge, dass sich keine weiteren Dateien mehr öffnen ließen. Verschärft wird dieses Problem bei Serverapplikationen, da sie typischerweise während längerer Zeit nicht beendet bzw. neu gestartet werden.

```c
#include <fcntl.h>
#include <sys/stat.h>

int buffer[1024];                           // Zwischenpuffer
int nread;                                  // Anzahl gelesener Byte
int srcfd, dstfd;                           // Dateideskriptoren

int main (int argc, char * argv[])
{
   srcfd = open ("srcFile", O_RDONLY);      // Datei srcFile öffnen
   dstfd = creat ("dstFile", S_IRWXU);      // Datei dstFile erzeugen
   do {                                     // Dateien umkopieren
      nread = read (srcfd, buffer, sizeof(buffer));
      if (nread > 0) {
         write (dstfd, buffer, nread);
      }
   } while (nread > 0);                     // Lese bis End-Of-File
   close (srcfd);
   close (dstfd);
   exit (0);
}
```

Werden mit diesem einfachen Programm sehr große Dateien umkopiert, so stellt sich die Frage, wie die benötigte Umkopierzeit durch die Wahl der Größe von buffer tangiert wird. Dies kann nicht allgemein beantwortet werden, da die innerhalb des Ein-/Ausgabesystems benutzte systemabhängige Pufferung von Platteninhalten dies stark beeinflusst. Generell wäre in diesem Fall jedoch eine Vergrößerung des Puffers von Vorteil.

C-Standardbibliothek

Da sowohl unter Unix als auch unter Windows die Systemprogrammierschnittstelle in C gehalten ist, kann man die Frage aufwerfen, ob es nicht besser wäre, die Dateisystemfunktionen der C-Standardbibliothek anstelle der entsprechenden Systemfunktionen zu nutzen.

Name	Funktion/Beschreibung
fopen()	Neue Datei erzeugen (Modus: w, w+)
fopen()	Vorhandene Datei öffnen (Modus: r, r+, w, w+, a, a+)
fread()/fwrite()	Blockweises Lesen von Datei / Schreiben in Datei
fputc()/fgetc()	Zeichen schreiben/lesen
fputs()/fgets()	Zeile schreiben/lesen
fprintf()/fscanf()	Formatierte Ein-/Ausgabe

→

9.1 Dateisystemkonzepte

Name	Funktion/Beschreibung
fsetpos()	Positionieren des Lese-/Schreibzeigers (+ div. ähnliche Fkt.)
fflush()	Sofortiges Schreiben des Plattenpuffers
fclose()	Datei schließen
feof()	Prüft, ob Dateiende erreicht (end of file)
remove()	Datei löschen

Tab. 9-2 *Dateisystemfunktionen der C-Standardbibliothek*

Aus Sicht der Portabilität wäre dies sicher ein Vorteil. Dagegen spricht aber oft, dass generische, d.h. Systemfunktionen zusätzliche Optionen anbieten, die man gerne nutzen möchte. Zudem stellt die C-Bibliothek eine zusätzliche Softwareschicht dar, die nicht unbedingt nötig wäre.

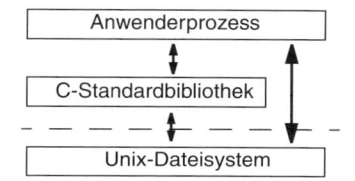

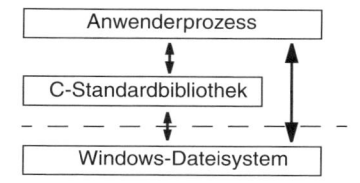

Abb. 9-13 *Generische und C-Dateisystemschnittstellen*

Immerhin bietet die C-Standardbibliothek auch Funktionen für zeichen- oder zeilenbezogene Dateizugriffe, während sich Unix und Windows auf den Blocktransfer beschränken. Ferner besitzt die C-Standardbibliothek eine interne Zwischenpufferung von Dateiinhalten, die von der systemseitigen Pufferung unabhängig ist. Die C-Standardbibliothek benutzt für den Dateizugriff einen FILE-Zeiger (FILE *), den man durch das Öffnen der Datei erlangt. Sowohl Unix als auch Windows bieten die Möglichkeit an, einen FILE-Zeiger aus einem Dateideskriptor bzw. Handle abzuleiten bzw. umgekehrt (siehe Tab. 9-3). Damit können die Vorteile beider Klassen von Dateizugriffsfunktionen genutzt werden.

Überblick Systemaufrufe unter Unix und Windows

In Tabelle 9-3 sind die wichtigsten Funktionen für die Dateiein-/-ausgabe unter Unix und Windows übersichtsartig zusammengefasst.

Unix	Windows	Funktion/Beschreibung
open()/creat()	CreateFile()	Neue Datei erzeugen
open()	CreateFile()	Vorhandene Datei öffnen
read()/write()	ReadFile()/WriteFile()	Lesen von Datei / Schreiben in Datei
–	CopyFile()/CopyFileEx()	Datei umkopieren

→

Unix	Windows	Funktion/Beschreibung
lseek()	SetFilePointer()	Positionieren des Lese-/Schreibzeigers
fsync()	FlushFileBuffers()	Sofortiges Schreiben des Plattenpuffers
close()	CloseHandle()	Datei schließen
fcntl()	–	Ändern/Lesen der Einstellungen offener Datei
unlink()	DeleteFile()	Datei löschen
fileno()	_fileno()	Dateideskriptor/Handle zu FILE-Zeiger erfragen
fdopen()	_fdopen()	FILE-Zeiger zu Dateideskriptor/Handle erzeugen

Tab. 9-3 *Systemfunktionen für die Dateiein-/-ausgabe (Unix und Windows)*

Für Zugriffe auf Verzeichnisdateien stehen Funktionen zur Verfügung, die von der Implementierung abstrahieren. Diese sind für Unix und Windows in Tabelle 9-4 zusammengefasst. Bei beiden Systemen stellen Verzeichnisse eine ungeordnete Liste der darin befindlichen Verzeichnisdaten einzelner Dateien bzw. Unterverzeichnisse dar. Beim Abfragen wird einfach diese Liste geliefert. Neben den Funktionen, um Verzeichnisinhalte zu erfragen bzw. zu verändern, kann das aktuelle Arbeitsverzeichnis des Prozesses erfragt oder neu gesetzt werden. Weitere Funktionen befassen sich mit dem Abfragen und Verändern von Dateiattributen. Zudem wird das Anlegen von Dateiverknüpfungen unterstützt.

Unix	Windows	Funktion/Beschreibung
–	MoveFile()	Datei verschieben
opendir()	–	Verzeichnis öffnen (NB: implizit bei Windows)
readdir()	FindFirstFile()	Ersten Eintrag in Verzeichnis suchen
readdir()	FindNextFile()	Nächsten Eintrag in Verzeichnis suchen
rewinddir()	–	Verzeichniszeiger auf Anfang setzen
closedir()	FindClose()	Verzeichnis schließen
–	SearchPath()	Bestimmte Datei suchen
getcwd()	GetCurrentDirectory()	Arbeitsverzeichnis abfragen
chdir()/fchdir()	SetCurrentDirectory()	Arbeitsverzeichnis ändern
mkdir()	CreateDirectory()	Neues Verzeichnis anlegen
rmdir()	RemoveDirectory()	Verzeichnis löschen (muss leer sein)
stat()/fstat()/lstat()	Getxxx (xxx: div. Funktionen)	Erfragen von Dateiattributen
xxx (div. Funktionen)	Setxxx (xxx: div. Funktionen)	Modifizieren von Dateiattributen
link()/symlink()		Dateiverknüpfung anlegen

Tab. 9-4 *Systemfunktionen für Verzeichniszugriffe (Unix und Windows)*

9.1 Dateisystemkonzepte

Asynchrone Dateiein-/-ausgabe

Bei einer synchronen Eingabe muss der die Lesefunktion aufrufende Prozess so lange warten, bis die Daten verfügbar sind. Erst dann kann er weiterlaufen. Können die Daten nicht sofort dem Prozess übergeben werden, so blockiert das Betriebssystem den Prozess, bis die Daten vom Datenträger gelesen sind. Gleiches gilt grundsätzlich auch für Schreiboperationen, wobei sich dort typischerweise dem System die Daten sehr schnell übergeben lassen. Diese werden dann zwischengepuffert und nur von Zeit zu Zeit auf den Datenträger geschrieben. In den meisten Fällen benutzt man die synchrone Ein-/Ausgabe bei Dateizugriffen. Nachteilig ist jedoch, dass der Prozess während der Zeit, in der er auf die Plattendaten wartet, keine andere Arbeit verrichten kann (siehe A in Abb. 9–14). Abhilfe bietet hier die asynchrone bzw. nicht blockierende Ein-/Ausgabe. Hier besteht aus Sicht eines Prozesses eine Ein-/Ausgabe darin, dem System einen E/A-Auftrag zu erteilen, fortzufahren und später die Resultate entgegenzunehmen. Die Resultate dürfen aber erst dann abgeholt werden, wenn sie tatsächlich vorhanden sind. Der Prozess muss dies über eine Systemfunktion erfragen, die ihm den momentanen Status der Ein-/Ausgabe mitteilt. Wenn der Prozess nichts Weiteres mehr zu erledigen hat, so kann er diese Statusabfrage auch blockierend durchführen (siehe B in Abb. 9–14). Das heißt, er wird schlafen gelegt, bis der gewünschte Status der erledigten Ein-/Ausgabe eintritt. Seitdem Multithreading vermehrt in Applikationen eingesetzt wird, hat die asynchrone Ein-/Ausgabe zunehmend an Bedeutung verloren, da eine Lösung mit mehreren Threads eleganter programmiert werden kann.

E/A-Multiplexing

Unter Ein-/Ausgabe-Multiplexing versteht man die Möglichkeit, mehrere Ein-/Ausgaben zu veranlassen und auf die Komplettierung aller Aufträge gleichzeitig zu warten. Der Unterschied zur vorhin besprochenen asynchronen Ein-/Ausgabe besteht erstens darin, dass mehrere Ein-/Ausgaben beteiligt sind, und zweitens, dass nach Veranlassung der Ein-/Ausgabe sofort synchron gewartet wird. Gleich ist hingegen, dass die E/A-Funktionen selbst nicht blockierend verwendet werden. So las-

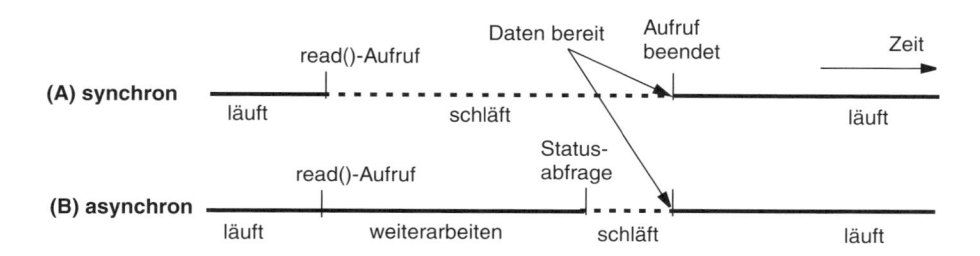

Abb. 9–14 *Prozessabläufe bei synchroner und asynchroner E/A (Beispiel)*

sen sich alle E/A-Aufträge gleichzeitig erteilen. Erst anschließend wird gewartet. Unter Windows steht mit `WaitForMultipleObjects()` ein sehr mächtiger Systemaufruf zur Verfügung.

```
DWORD WINAPI WaitForMultipleObjects(DWORD nCount,HANDLE *lpHandles,
              BOOL bWaitAll, DWORD dwMilliseconds);
```

Mit ihm kann nicht nur auf die Ein-/Ausgabe für Dateien gewartet werden, sondern auch auf die Signalisierung fast beliebiger Systemobjekte (siehe Abschnitt 5.4.2). Die ersten zwei Aufrufparameter übergeben die Adresse eines Vektors sowie die Anzahl darin enthaltener Elemente, wobei zunächst – beginnend bei Index 0 – die Handles der zu spezifizierenden Systemobjekte lückenlos im Vektor aufeinanderfolgend einzutragen sind. Der dritte Aufrufparameter legt den Wartemodus fest. Falls dieser TRUE ist, dann wird gewartet, bis alle Systemobjekte signalisiert sind, ansonsten genügt die Signalisierung eines Einzelnen. Der letzte Aufrufparameter schließlich erlaubt das Setzen eines Zeitlimits in Anzahl zu wartender Millisekunden ab dem Aufrufzeitpunkt. Unter Unix wird die Funktion `select()` für das E/A-Multiplexing eingesetzt:

```
int select(int nfds, fd_set * readfds, fd_set * writefds,
           fd_set * errorfds, struct timeval * timeout);
```

Sie eignet sich für alle Ein-/Ausgaben, bei denen Dateideskriptoren benutzt werden. Ihr Gebrauch bedarf einiger Erläuterung, da die Aufrufparameter auf den ersten Blick eher kompliziert wirken. Die Idee ist die, dass auf drei Klassen von Ereignissen gewartet werden kann, nämlich auf die Bereitschaft zum Lesen (read), zum Schreiben (write) oder Auftreten von Fehlern (error). Für jede beteiligte Datei kann individuell für diese drei Ereignistypen festgelegt werden, welche für sie gelten sollen (eine oder mehrere). So könnte bei einer Datei A auf die Lesebereitschaft und bei einer Datei B auf die Schreibbereitschaft oder einen Fehler gewartet werden. Um alle diese Informationen zu erfassen, wird für jeden Ereignistyp eine *Deskriptorenmenge* benutzt (sogenannter *file descriptor set* bzw. *fdset*). In unserem Beispiel auf Seite 501 wäre Datei `srcFile` im `readset` und Datei `dstFile` im `writeset` sowie auch im `errorset`. Um die Mengen passend zu initialisieren, dienen hauptsächlich die zwei Makros `FD_ZERO` und `FD_SET`. Damit haben wir die Aufrufparameter 2-4 (`readfds`, `writefds`, `errorfds`) der `select`-Funktion bereits kennengelernt. Der erste Aufrufparameter `nfds` entspricht dem höchsten Wert aller beteiligten Dateideskriptoren plus eins dazu gezählt. Der fünfte Aufrufparameter `timeout` schließlich sorgt für das Setzen eines Zeitlimits. Dazu muss eine Variable des Typs `struct timeval` deklariert, passend initialisiert und ein Zeiger auf sie übergeben werden.

9.1 Dateisystemkonzepte

```
struct timeval {
  time_t        tv_sec;   // Sekunden (opaker Ganzzahldatentyp)
  suseconds_t   tv_usec;  // Mikrosekunden (opaker Ganzzahldatentyp)
}
```

Wird dieser Aufrufparameter nicht benötigt, so kann der Wert NULL für ihn benutzt werden. Dies bedeutet ein Warten ohne Zeitlimit. Wird hingegen ein Zeitlimit von 0 gesetzt, so führt dies zu einer sofort beantworteten Abfrage, ob eines oder mehrere der Warteereignisse aufgetreten sind. Die Funktion `select()` lässt sich für die meisten Ressourcen verwenden, die einen Dateideskriptor als Kennung benutzen. Dazu zählen reguläre Dateien, echte oder Pseudoterminals, System V STREAMS, Pipes und Sockets. Nicht dazu gehören aber beispielsweise Message Queues. Die Funktion `select()` blockiert den aufrufenden Prozess so lange, bis mindestens eines der gewählten Ereignisse aufgetreten ist oder allenfalls das Zeitlimit erreicht wurde. Wie findet nun der Prozess heraus, welches oder welche Ereignisse zur Behandlung anliegen? Dazu muss er die drei Deskriptormengen `readfds`, `writefds` und `errorfds` mithilfe des Makros `FD_ISSET()` prüfen, da sie durch `select()` entsprechend den stattgefundenen Ereignissen modifiziert werden. Jede Menge kann aufgetretene Ereignisse enthalten. Generell gilt jedoch, dass nur Ereignisse angezeigt werden, die beim Aufruf von `select()` in den *fdsets* spezifiziert wurden. Daher nimmt man typischerweise beim Aufruf für eine nicht benötigte Menge den Aufrufparameter NULL und prüft diese Menge nach der Rückkehr nicht. Wurde ein Zeitlimit gesetzt und `select()` gibt 0 zurück, dann trat innerhalb der gesetzten Zeitgrenze kein Ereignis auf (Deskriptormengen sind dann nicht modifiziert). Diese Art der Anzeige von Ereignissen führt zu vier wichtigen Konsequenzen, die bei der Programmierung beachtet werden müssen:

- Da bei der Rückkehr aus `select()` die drei Mengen die aufgetretenen Ereignisse enthalten, müssen die Warteereignisse vor einem weiteren Aufruf von `select()` neu aufgesetzt werden (Doppelverwendung der `fdsets` als sogenannte *in-out-parameters*).
- Es muss stets auf das Auftreten aller denkbaren Ereignisse geprüft werden, da mehr als eines anliegen könnte (`select()` liefert allerdings die Anzahl aufgetretener Ereignisse, sofern kein Fehler anliegt).
- Da die drei Mengenvariablen `readfds`/`writefds`/`errorfds` im Fehlerfall nicht modifiziert werden, muss man `select()` unbedingt auf den Rückgabewert -1 testen, sonst erkennt der Ereignistest scheinbare Ereignisse, die keine sind, da die Deskriptormengen über den `select()`-Aufruf hinweg unverändert sind.
- Der Parameter `nfds` steht nicht für die Anzahl gewählter Warteereignisse, sondern für den höchsten zu berücksichtigenden Deskriptorwert (plus eins).

Einige Worte wären noch zu den Ereignissen nachzutragen. Ein Ereignis, das ein Warten mittels select() beendet, kann irgendein Ereignis sein, das einen blockierenden Systemaufruf auf der durch den Deskriptor identifizierten Ressource terminieren ließe. So wäre beispielsweise beim Lesen ab einer Datei das Dateiende (Anzahl gelesener Byte gleich null) auch ein solches Ereignis. Ein anderes Beispiel wäre ein Socket, bei dem der Kommunikationspartner die Verbindung mittels close() geschlossen hat.

```
fdset lesemenge;                                   // Nur readfds benötigt
..
FD_ZERO(&lesemenge);                               // Menge leeren
FD_SET(fd1, &lesemenge);                           // fd1 in Menge aufnehmen
FD_SET(fd2, &lesemenge);                           // fd2 in Menge aufnehmen
int maxfd = (fd1 > fd2) ? fd1 : fd2;               // Bestimme maximalen fd
stat = select(maxfd+1,&lesemenge,NULL,NULL,NULL);  // Warte ohne Zeitlimit
if (stat == -1) {                                  // Prüfe auf Fehler
   exit(1);
}
if (FD_ISSET(fd1, &lesemenge)) {                   // Prüfe fd1 auf Ereignis
   ... Behandlung für Leserereignis auf fd1 ..
}
if (FD_ISSET(fd2, &lesemenge)) {                   // Prüfe fd2 auf Ereignis
   ... Behandlung für Leserereignis auf fd2 ..
}
```

Obiger Programmausschnitt zeigt eine einfache Anwendung, bei der auf Leseereignisse an zwei Dateideskriptoren gewartet wird (max. Deskriptorwert sei vier). Nicht gezeigt ist das Öffnen, mit dem die Dateideskriptoren angelegt werden. Eine weitere Unix-Funktion für das E/A-Multiplexing heißt poll(). Sie ist etwas einfacher zu gebrauchen als select(). Allerdings setzt sie voraus, dass ein Unix-System die *XSI extension* unterstützt. Nicht erwähnt wurde die erweiterte Funktion pselect(), die gegenüber select() das Blockieren von Signalen für die Dauer des Wartens erlaubt, um Race Conditions zu vermeiden.

9.1.3 Gemeinsame Dateinutzung

Dateien können auf zwei Arten gemeinsam benutzt werden. Erstens, erfolgt die gemeinsame Nutzung zeitlich nicht überlappend, d.h. hintereinander, so entstehen kaum Probleme. Lediglich die Dateirechte müssen so gesetzt sein, dass allen Nutzern der gewünschte Zugriff erlaubt ist. Zweitens, erfolgt die Nutzung gleichzeitig, so sieht die Situation schwieriger aus, da Race Conditions entstehen könnten.

9.1 Dateisystemkonzepte

Konsistenzsemantik

Arbeiten mehrere Prozesse gleichzeitig mit derselben Datei, so stellt sich die Frage, ob Änderungen an der Datei sofort allen zugreifenden Prozessen sichtbar gemacht werden sollen. Diese als *Konsistenzsemantik (consisteny semantics)* bekannte Frage lässt sich unterschiedlich beantworten. Viele Betriebssysteme, so auch Unix und Windows, machen auf ihren eigenen Dateisystemen die Änderungen sofort für alle Prozesse sichtbar (*Unix semantics*). Dies muss jedoch nicht so sein. So löst das verteilte *Andrew File System (AFS)* dies auf andere Art. Verändert ein Prozess eine gemeinsam genutzte Datei, so werden diese Änderungen nicht sofort sichtbar gemacht. Erst wenn die Datei geschlossen wurde, ist dies der Fall. Aber nur für Prozesse, die nach diesem Zeitpunkt die Datei neu öffnen (*session semantics*). So lassen sich natürlich Konsistenzprobleme elegant lösen. Noch einfacher ist eine Konsistenzsemantik, die ein Ändern von Dateien verbietet, die von mehr als einem Prozess gleichzeitig geöffnet wurden (*immutable-file sharing*). Eine Zwischenlösung stellt die Transaktionssemantik (*transaction semantics*) dar. Der Anwender definiert bestimmte Codesequenzen, die Operationen auf Dateien durchführen, als Transaktionen. Erst wenn eine Transaktion vollständig ist, werden die Änderungen den anderen Prozessen sichtbar gemacht.

Sofortige Änderungssichtbarkeit

Wenden wir uns aber nun dem Fall zu, dass Änderungen sofort sichtbar werden. Hier sind besondere Mechanismen gefragt. Meist ist es zulässig, dass mehrere Prozesse gleichzeitig lesen. Jedoch ist ein gegenseitiger Ausschluss nötig, wenn ein Prozess schreiben und andere Prozesse lesen wollen. Ebenso gilt dies, wenn mehrere Prozesse gleichzeitig schreiben wollen. Ist dieser Ausschluss nicht gewährleistet, so kann die Datenkonsistenz nicht garantiert werden. Im Grunde sind es die gleichen Probleme, wie sie beim Leser/Schreiber-Problem in Abschnitt 5.3.4 bereits besprochen wurden. Analysiert man das Problem genauer, so kommt man schnell darauf, dass es nicht nötig ist, eine gesamte Datei zu sperren. In der Regel genügt es, nur Teilbereiche zu sperren, in denen gerade kritische Operationen (d.h. schreibende Zugriffe) anstehen. Das Sperren von Teilbereichen wird als *Datensatzsperrung (record locking)* bezeichnet.

Starke und schwache Sperren

Für die praktische Realisierung unterscheidet man zwischen starken und schwachen Sperren. *Starke Sperren (mandatory locking)* setzen die Sperrung auf der Systemebene durch. Im Gegensatz dazu ist es bei *schwachen Sperren (advisory locking)* nötig, dass alle beteiligten Prozesse vor dem Zugriff eine Datei explizit sperren, damit gleichzeitige Zugriffe verhindert werden. Sowohl bei starken als auch bei schwachen Sperren muss jedoch vor dem Dateizugriff stets eine

Systemfunktion »lock file« zum Sperren aufgerufen werden. Diese lässt den Aufrufer so lange warten, bis eine eventuell bestehende Sperre aufgehoben wird. Lediglich beim Vergessen des Aufrufs von »lock file« wird bei der starken Sperre (im Gegensatz zur schwachen Sperre) der Zugriff verwehrt, d.h., die Zugriffsfunktion bricht mit einem Fehlerstatus ab. Natürlich muss jeder Aufruf von »lock file« irgendwann von einem komplementären Aufruf von »unlock file« gefolgt sein, sonst wäre die Datei dauerhaft gesperrt.

Dateien sperren unter Windows

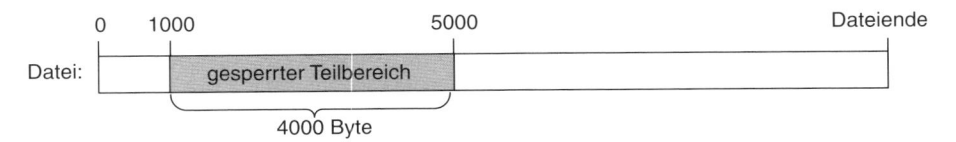

Abb. 9-15 Dateisperre für Programmbeispiel (Windows)

Windows bietet mit dem Funktionspaar LockFileEx()/UnlockFileEx() starke Sperren für Dateien bzw. Bereiche innerhalb von Dateien an (*mandatory record locking*). Eine zweite Möglichkeit stellt das ältere Funktionspaar LockFile()/UnlockFile() dar, das nur eine eingeschränkte Art von schwachen Sperren realisiert. Für die Praxis stehen daher die Funktionen mit dem »Ex« im Namen im Vordergrund. Für die Festlegung des zu sperrenden Teilbereichs innerhalb einer Datei werden zwei Angaben benötigt: erstens die Startposition des Teilbereichs und zweitens seine Größe. Die Startposition wird innerhalb einer Datenstruktur des Typs OVERLAPPED festgelegt, die Länge als Aufrufparameter in LockFileEx().

```
typedef struct _OVERLAPPED {
   DWORD    Internal;           // (reserviert für Betriebssystem)
   DWORD    InternalHigh;       // (reserviert für Betriebssystem)
   DWORD    Offset;             // Startposition (niederwertige 32 Bit)
   DWORD    OffsetHigh;         // Startposition (höherwertige 32 Bit)
   HANDLE   hEvent;             // gleich 0 setzen (hier nicht benötigt)
} OVERLAPPED;
```

Das Programmbeispiel (Ausschnitt) zeigt die Anwendung für eine Sperre wie in Abbildung 9–15 illustriert.

```
HANDLE hFout;                   // Kennung der Datei (muss initialisiert sein)
OVERLAPPED lockreg;             // Zur Angabe der Länge des Teilbereichs
..
lockreg.Offset = 1000;          // Startposition ist Byte 1000 (0= Dateianfang)
lockreg.OffsetHigh = 0;         // (Würde Bereichsgrößen > 4 GB erlauben!)
lockreg.hevent = 0;             // Nicht benötigt, muss aber gleich 0 sein
..                              // Vorbereitung: Datei öffnen, Kennung in hFout
```

9.1 Dateisystemkonzepte

```
// Dateibereich Byte 1000..4999 sperren (gemeinsame Lesesperre)
LockFile (hFout, 0, 4000, 0, &lockreg);
..
// Sperre wieder aufheben
UnlockFile (hFout, 0, 4000, 0, &lockreg);
```

Die Tabelle 9–5 fasst die Eigenschaften der Windows-Dateisystemsperren zusammen

Existierende Sperre	Lesen	Schreiben
keine	erfolgreich	erfolgreich
Gemeinsame Sperre (für Lesen)	erfolgreich	nicht erlaubt (Fehler)
Exklusive Sperre	nicht erlaubt (Fehler) bzw. erfolgreich, wenn lesender Prozess Sperre besitzt	nicht erlaubt (Fehler) bzw. erfolgreich, wenn schreibender Prozess Sperre besitzt

Tab. 9–5 *Sperren und E/A-Operationen (Windows)*

Dateien sperren unter Unix

Unix unterstützt schwache Sperren auf Dateien oder Dateiteilbereiche (*advisory record locking*), die über die Systemfunktion fcntl() gesetzt und aufgehoben werden. Einige Unix-Varianten bieten auch starke Sperren an, die wir jedoch nicht näher betrachten, da sie nicht allgemein verfügbar sind. Die Funktion fcntl() ist übrigens sehr universell, neben dem Sperren von Dateien erlaubt sie das Ändern diverser Einstellungen für den Dateizugriff. Die Funktion fcntl() referenziert eine Variable des Systemdatentyps flock. In dieser Variablen werden diverse Einstellungen für die Sperre vom Anwender festgelegt.

```
struct flock {
    short  l_type    // Typ der Sperre; F_RDLCK oder F_WRLCK oder F_UNLCK
    short  l_whence  // SEEK_SET oder SEEK_CUR oder SEEK_END (s. unten)
    off_t  l_start   // Startposition ab l_whence (für SEEK_END evtl. negativ)
    off_t  l_len     // Größe Sperrbereich in Byte (0: bis Dateiende)
    pid_t  l_pid     // PID des Halters der Sperre (falls cmd=F_GETLK)
}
```

Das Feld l_type legt die von fcntl() auszuführende Operation fest. F_RDLCK setzt eine gemeinsame Lesesperre, F_WRLCK eine exklusive Schreibsperre und F_UNLCK schließlich hebt eine vorher gesetzte Sperre wieder auf. Mit dem Feld l_whence wird bestimmt, ab welcher Position der Wert in l_start gilt. Dabei steht SEEK_SET für den Dateianfang, SEEK_CUR für die aktuelle Position des Lese-/Schreibzeigers und SEEK_END für das Dateiende. Der Beginn des zu sperrenden Teilbereichs innerhalb der Datei wird durch l_whence und l_start festgesetzt. Dabei zählt l_start ab dem Punkt, der durch l_whence festgelegt wird (siehe auch Abb. 9–16). Das letzte Feld l_pid wird nur für das Abfragen des Sperrstatus benötigt (cmd=F_GETLK bei fcntl()).

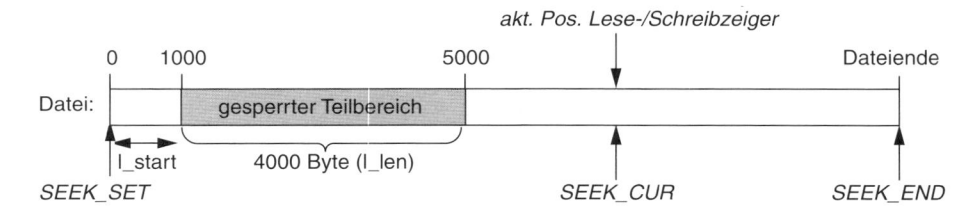

Abb. 9-16 *Dateisperre für Programmbeispiel (Unix)*

Im Programmbeispiel wird eine Sperre benutzt wie in Abbildung 9–16 gezeigt.

```
int fd;                             // Dateideskriptor
flock lockopt;                      // Datenstruktur für Befehlsoptionen

lockopt.l_type = F_RDLCK;           // Gemeinsame Lesesperre verlangen
lockopt.l_whence = SEEK_SET;        // Nimm Startposition ab Dateianfang
lockopt.l_start = 1000;             // Startposition ist Byte 1000
lockopt.l_len = 4000;               // Größe Sperrbereich (4000 Byte)
..                                  // Vorbereitung: Datei öffnen, Kennung in fd
// Dateibereich Byte 1000..4999 sperren
fcntl (fd, F_SETLKW, &lockopt);
..
// Gemeinsame Lesesperre wieder aufheben
lockopt.l_type = F_UNLCK;
fcntl (fd, F_SETLKW, &lockopt);
```

Die Tabelle 9–6 zeigt, wie errichtete Dateisperren sich auf Leser und Schreiber auswirken.

Existierende Sperre	Lesen	Schreiben
keine	erlaubt	erlaubt
Gemeinsame Lesesperre	erlaubt	gesperrt
Exklusive Schreibsperre	gesperrt	gesperrt bzw. erlaubt für Besitzer der Sperre

Tab. 9-6 *Sperren und E/A-Operationen (Unix)*

9.1.4 Speicherabgebildete Dateien

Speicherabgebildete Dateien erlauben den Dateizugriff direkt über den Hauptspeicher, womit sie konventionelle Dateisystemfunktionen ersetzen können. Das zugrunde liegende Prinzip ist in Abschnitt 8.5.3 beschrieben und die erforderlichen Systemfunktionen und Schritte für die Anwendung in eigenen Programmen in den Abschnitten 6.3.1 und 6.3.2.

9.2 Realisierung von Dateisystemen

9.2.1 Konzeptionelles Modell

Unter Weglassung der Details kann ein einfaches Schichtenmodell entworfen werden (siehe Abb. 9–17). Das Dateisystem als Ganzes setzt auf der Blockgeräte-Treiberschnittstelle auf, die systemintern definiert ist. Viele Betriebssysteme unterstützen mehr als einen Dateisystemtyp. Unter Unix steht zu diesem Zweck den Dateisystementwicklern eine Sammlung von Funktionen, Objekten und Schnittstellen zur Verfügung, die dateisystemspezifische Mechanismen auf die standardisierte Dateisystemschnittstelle abbilden. Dieses dateisystemunabhängige Framework wird *Virtual File System (VFS)* genannt und orientiert sich an den Implementierungskonzepten des ersten Unix-Dateisystems. Diese Konzepte sind weiter hinten in Abschnitt 9.3 erklärt. Unter Windows steht zum gleichen Zweck ein *IFS*-Kit *(Installable File System)* zur Verfügung, das allerdings ein ähnlich klares Modell vermissen lässt.

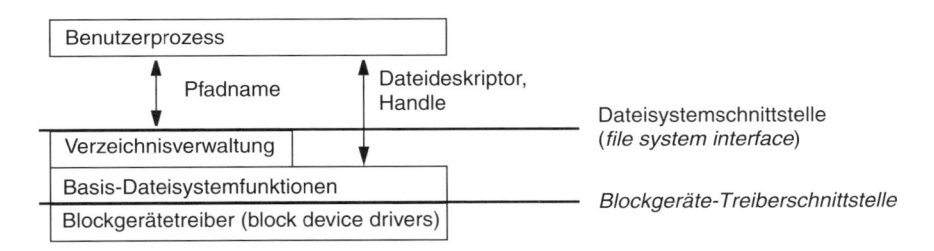

Abb. 9–17 Schichtenmodell des Dateisystems

Die Dateisystemschnittstelle kennen wir bereits aus Abschnitt 9.1.2, sodass die zu realisierenden Funktionen bekannt sind. Die Basis, auf der dies geschehen muss, ist die Blockgeräte-Treiberschnittstelle, die auf dem konzeptionellen Modell eines Blockspeichers aufbaut.

9.2.2 Blockspeicher als Grundlage

Das Dateisystem behandelt einen Datenträger als eine *Blackbox*, die über ein paar wenige Parameter charakterisiert wird. Da es sich stets um Massenspeicher handelt, stehen dem Dateisystem eine durch die Kapazität des Datenträgers begrenzte Anzahl von Blöcken zur Datenablage zur Verfügung. Diese Blöcke werden beginnend bei 0 durchnummeriert, d.h., bei einer Speicherkapazität von n

Blöcken sind die Blocknummern 0..n-1 gültig. Diese Blocknummern werden bei Plattenspeichern als *logische Sektornummern (logical sector numbers)* bezeichnet, manchmal aber auch als logische Blöcke.

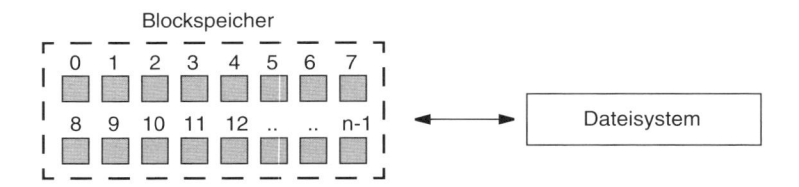

Abb. 9–18 *Blockspeichermodell*

Ein Datenträger stellt im Blockspeichermodell somit einen Behälter mit n eindeutig adressierbaren Blöcken dar, die entsprechend ihrer Nummerierung auch auf dem Datenträger benachbart angelegt sind. Das will heißen, dass die Suchdistanz zwischen zwei Blöcken umso kleiner ist, je kleiner die Differenz in der Blocknummer ist. Diese Regel entlastet das Dateisystem davon, sich Gedanken um die genaue Lokalisierung von Blöcken auf Spuren und Oberflächen eines Plattenspeichers zu machen, passt aber auch für Halbleiterlaufwerke. In der Tat kümmern sich heute Dateisysteme nicht mehr um solche Details. Je nach Rechnersystem und Typ des Massenspeichers gelten feste Vorgaben für die Blockgröße. So besitzen magnetische Plattenspeicher im PC eine Blockgröße von 512 Byte oder 4096 Byte und CD-ROM 2048 Byte. Konkret treten Blockspeicher als Wechselmedien (Diskette, CD-ROM, DVD usw.) und als Partitionen auf Festplatten oder Halbleiterlaufwerken auf. Partitionen beschreiben fest abgegrenzte Teilbereiche solcher Massenspeicher. Sie erlauben das Aufteilen eines physischen Laufwerks in mehrere logische Laufwerke. Details dazu sind in Abschnitt 9.9 zu finden.

9.2.3 Organisationsprinzipien

Dateisysteme kommen bei allen Massenspeichern zum Einsatz. Für Bänder sind sie in der Regel einfacher gestaltet und haben Restriktionen hinsichtlich des Löschens und Neuanlegens von Daten. Das interessantere und auch wichtigere Anwendungsfeld sind die Plattenspeicher bzw. Halbleiterlaufwerke, auf die wir uns im Weiteren konzentrieren.

Zielsetzungen zur Implementierung

Festplattenlaufwerke (HDD) sind vergleichsweise langsame Peripheriegeräte, wenn es darum geht, Informationen zu suchen. Dazu muss der Schreib-/Lesekopf mechanisch positioniert werden, was zu Reaktionszeiten im Millisekundenbereich führt. Diese Zeiten sind zudem direkt davon abhängig, wie weit der Ver-

9.2 Realisierung von Dateisystemen

schiebungsweg ist. Daher spielt die Aufteilung des Plattenplatzes und die Platzierung von Verwaltungsdaten eine große Rolle. Dies steht unter direkter Kontrolle des Dateisystems und kann daher durch dieses optimiert werden. Ist eine bestimmte Position erreicht und startet das Auslesen oder Schreiben von Daten, so spielt es wiederum eine Rolle, ob alle Daten einer Datei benachbart liegen oder auf verschiedene Orte verteilt sind (fragmentierte Dateiablage). Das Lesen bzw. Schreiben als solches ist zumindest für kleine Dateien ein schnellerer Vorgang, werden doch heute Datenraten im Bereich von 20-50 MB/s erreicht. Sind jedoch während des Zugriffs infolge einer Fragmentierung einer Datei zusätzliche Neupositionierungen des Schreib-/Lesekopfs nötig, so fallen jedes Mal wieder die Kopfverschiebungszeiten an. Bei Halbleiterlaufwerken (SSD) sind etwas andere Eigenschaften von Interesse. Das Löschen ist bei ihnen im Vergleich zum Schreiben/Lesen langsam. Ferner erreichen Schreibvorgänge nicht dieselbe Geschwindigkeit wie das Lesen (siehe auch Abschnitt 7.4.3). Zudem erlauben ihre Speicherstellen nur eine limitierte Anzahl an Schreibvorgängen, bevor sie ihre Zuverlässigkeit verlieren. Entsprechend sind abweichende Zugriffsstrategien optimal. Gängige Dateisysteme gehen von Nutzungsannahmen aus, die etwa wie folgt aussehen können:

- Meist sequenzieller Zugriff (d.h. wahlfreier Zugriff eher die Ausnahme)
- Tendenziell viel mehr kleine als große Dateien (klein heißt wenige KB)
- Hauptsächlich Lesen, seltener Schreiben
- Die Dateinutzung weist ein lokales Verhalten auf (d.h. Wahrscheinlichkeit des erneuten Zugriffs auf bereits zugegriffene Dateien ist hoch)
- Gemeinsame gleichzeitige Dateinutzung ist selten

Wird ein Dateisystem nicht entsprechend diesem Nutzungsschema verwendet, so können sich implementationsabhängig erhebliche Leistungsunterschiede zeigen. Besonders anforderungsreich kann eine Multimedianutzung sein, da hier über längere Zeiträume eine hohe Datenrate erforderlich ist. Zwischenzeitliche »Übertragungspausen« infolge unzureichender Leseleistung können hier zu unerwünschten Qualitätsverlusten führen.

Anwender- und Metadaten

Ein Dateisystem ermöglicht hardwareunabhängiges, persistentes Speichern und Lesen von Anwenderdaten (inklusive ausführbaren Programmen) auf Datenträgern. Dies ist ohne zusätzliche Verwaltungsinformationen nicht möglich. Da auch diese persistent gespeichert werden, findet man auf einem Datenträger stets *Anwenderdaten* und *Verwaltungsinformationen* (auch als Metadaten bezeichnet). Beide sind in eine Datenstruktur eingebettet, die entsprechend dem Dateisystemtyp strukturiert ist. Ein Dateisystem (*File System, FS*) besteht aus zwei Teilen:

- Erweiterungen des Betriebssystems im Ein-/Ausgabeteil: Diese liegen pro Dateisystemtyp als separate Dateisystemtreiber *(file system driver)* vor.
- Ein entsprechend dem Dateisystem festgelegtes Datenformat auf dem Datenträger: Ein passend formatierter Datenträger ermöglicht es dem Betriebssystem, auf dem Massenspeicher Daten abzulegen und wieder zu finden.

Dateisystemtypen unterscheiden sich in der Art und Weise, wie sie die Daten auf dem Datenträger organisieren, und damit im Aufbau der aufgebrachten Datenstruktur (Datenträgerorganisation). Entsprechend unterscheiden sich auch die Zugriffsroutinen des Dateisystemtreibers und die unterstützte Funktionalität (z.B. Dateirechtevergabe, Dateiverknüpfungen). Die benötigten Verwaltungsinformationen bzw. Metadaten umfassen im Minimum:

- Angaben über die verwendete Datenstruktur (Dateisystemtyp)
- Angaben über den freien und belegten Platz auf dem Massenspeicher
- Verzeichnis der abgelegten Anwenderdaten *(directory)*

Der Zugriff in einem Dateisystem ist im Vergleich zum Hauptspeicher relativ langsam. Maßgebend sind die physikalischen Eigenschaften des Datenträgers und die mechanischen bzw. elektronischen Eigenschaften des Laufwerks. Umso wichtiger ist eine optimierte Ansteuerung durch das Betriebssystem. Dies kann folgende Elemente umfassen:

- Pufferung von Plattendaten (siehe Abschnitt 7.4.5)
- Zugriffsplanung für Plattenspeicher (siehe Abschnitt 7.4.4)
- Geschickte Platzierung der Verwaltungsdaten
- Geschickte Platzierung der Anwenderdaten (Dateiinhalte)
- Effiziente Verwaltungsstrukturen und Mechanismen

Für ein schnelles Auffinden von Dateien auf einem Datenträger kann es hilfreich sein, wenn ergänzend zur normalen Verzeichnishierarchie ein Index benutzt wird. Damit muss nicht der gesamte Verzeichnisbaum traversiert werden. Hier können die bereits für eine innere Organisation einer Datei bekannten Prinzipien aus Abschnitt 9.1.1 hilfreich sein.

Platzreservierung und Freiplatzverwaltung

Eine zentrale Aufgabe des Dateisystems ist die Verwaltung des freien und belegten Platzes auf dem Datenträger. Dazu gehört eine *Strategie zur Platzzuteilung* beim Abspeichern einer Datei. Egal, ob die Daten einer bestimmten Datei zusammenhängend *(contiguous)* oder zerstückelt *(fragmented)* auf dem Datenträger gespeichert werden – beim Lesen sind alle Byte zwingend in der ursprünglichen Reihenfolge zu liefern. Jedes Verwaltungsprinzip, das diese Anforderung erfüllen kann, ist möglich. Kriterien für die Auswahl eines Verwaltungsprinzips sind:

9.2 Realisierung von Dateisystemen

- Minimale Zugriffszeit
- Minimaler Platzbedarf auf Datenträger
- Optimales Verhalten bei Vergrößern und Verkleinern gespeicherter Dateien (mehrere Optimierungsziele denkbar)

Bei der Suche nach einem optimalen Organisationsprinzip stehen diese Kriterien in Konkurrenz. Aus diesem Grunde sind in der Praxis verschiedene Lösungen zu finden, die je für sich ihre spezifischen Stärken und Schwächen besitzen. Betrachten wir zuerst die Frage der Platzzuteilung und gehen davon aus, dass ein einziger Block im allgemeinen Fall nicht eine ganze Datei aufnehmen kann. Dies heißt, es müssen mehrere freie Blöcke für eine neue Datei bereitgestellt werden. Es lassen sich zwei Grundstrategien unterscheiden.

- *Zusammenhängende Belegung (contiguous allocation)*: Der Dateiinhalt wird in lückenlos aufeinander folgenden Blöcken gespeichert.
- *Verteilte Belegung (linked or indexed allocation)*: Der Dateiinhalt wird in beliebig platzierten Blöcken gespeichert.

Abb. 9–19 *Zusammenhängende und verteilte Belegung*

Die zusammenhängende Belegung führt zu den gleichen Problemen, wie wir sie bereits bei der dynamischen Speicherverwaltung in Abschnitt 8.2.3 kennengelernt haben. Im Vordergrund steht dabei die unter Umständen erhebliche externe Fragmentierung. Dem steht dafür eine im sequenziellen Zugriff auf die Festplatte hohe Geschwindigkeit gegenüber, da keine oder nur minimale mechanische Kopfbewegungen nötig sind.

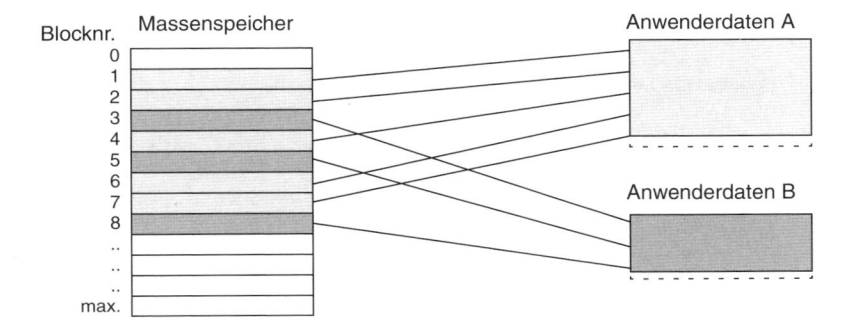

Abb. 9–20 *Beispiel einer verteilten Dateispeicherung*

Die verteilte Belegung stellt hier das andere Extrem dar. Die externe Fragmentierung entfällt, dafür kann die Zugriffszeit unattraktiv sein, wenn eine Datei über die ganze Platte verstreut ist. Das Beispiel in Abbildung 9–20 zeigt eine typische Situation, die bei längerem Gebrauch einer Festplatte bei verteilter Belegung entstehen kann. Neu aufgezeichnete Dateien werden infolge von bereits gelöschten Dateien immer mehr zerstückelt auf der Platte untergebracht und nicht in aufeinander folgenden Blöcken (*Dateifragmentierung*). Dadurch ergeben sich beim Lesen solcher Dateien unnötig viele Kopfbewegungen. Spezielle Dienstprogramme zur Defragmentierung ermöglichen es dem Benutzer, von Zeit zu Zeit die Dateien neu zu ordnen und die Zerstückelung wieder aufzuheben. Bei Halbleiterlaufwerken sieht die Situation etwas anders aus, da auf alle Blöcke vergleichbar schnell zugegriffen werden kann. Daher ist bei ihnen eine Defragmentierung nicht zu empfehlen, unter anderem auch wegen der stärkeren Abnutzung der Speicherstellen.

Bei der verteilten Belegung spielt eine wichtige Rolle, wie die Festplattenpositionen und Reihenfolge der zu einer Datei gehörigen Blöcke verwaltet werden. Eine einfache Lösung arbeitet mit einer verketteten Liste (*linked list*), wobei jeder Block einen Zeiger auf den nächsten Block enthält. Dies verursacht keine speziellen Probleme beim sequenziellen Zugriff. Wird jedoch direkt auf beliebige Stellen innerhalb der Datei zugegriffen, so muss die ganze verkettete Liste von Anfang an durchsucht werden, um den oder die gewünschten Blöcke zu finden. Dies kann unter Umständen viele Kopfbewegungen des Festplattenlaufwerks mit entsprechendem Zeitbedarf zur Folge haben. Eine Verbesserung bringt hier eine sogenannte Belegungstabelle (*file allocation table*), die eine zentrale verkettete Liste inklusive der Blocknummern an einem Ort zusammenbringt. Dies wird zum Beispiel im FAT-Dateisystem angewendet (siehe Abschnitt 9.4). Eine andere Lösung für den effizienten wahlfreien Zugriff stellt eine Indexliste dar. Pro Datei wird eine solche Liste geführt. Alle Blöcke, die zur Datei gehören, werden bei 0 beginnend durchnummeriert. So können in der Indexliste die Blocknummern richtig geordnet gespeichert werden

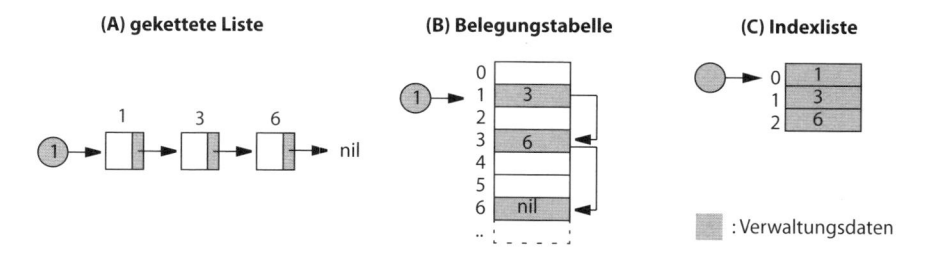

Abb. 9–21 *Verwaltungsformen der verteilten Belegung (Beispiel)*

9.2 Realisierung von Dateisystemen

Die Abbildung 9–21 zeigt die drei Verwaltungsmöglichkeiten im Vergleich anhand eines einfachen Beispiels, bei dem drei Blöcke mit den Nummern 1, 3 und 6 in dieser Reihenfolge die Dateiinhalte aufnehmen. Bei (A) und (B) ist die erste Blocknummer ein Teil der Verzeichnisdaten. Bei (A) sind die Belegungsinformationen in den Blöcken selbst enthalten und damit dezentral abgelegt. Die Belegungstabelle bei (B) wird zentral einmal geführt und benutzt als Tabellenindex die Blocknummer. Damit enthält sie genauso viele Einträge, wie Blöcke zur Verfügung stehen. Dabei kann ein freier Block mit einer reservierten Blocknummer markiert werden, womit die Belegungstabelle gleichzeitig auch eine Freiliste darstellt. Bei (C) zeigt der Verzeichniseintrag auf die Verwaltungsdaten der Datei, die unter anderem die Indexliste enthalten. Die Belegungsinformationen sind so dateiweise zentral abgelegt. Bei (A) und (C) muss die Freiliste separat geführt werden. Als Lösungen bieten sich wiederum verkettete Listen oder Bitlisten an wie in Abschnitt 8.2.3 für die dynamische Speicherverwaltung bereits vorgestellt. Zur Lösung (C) mit Indexlisten existieren Varianten, die einen mehrstufigen Index nutzen. Ein Beispiel für eine derartige Lösung ist das Unix-Dateisystem, das eine Kombination von einfacher und mehrstufiger Indexliste verwendet (Details siehe Abschnitt 9.3).

Es gibt Dateisysteme, die versuchen, die Vorteile der zwei Belegungsarten zu kombinieren, indem sie für kleine Dateien eine zusammenhängende und für größere Dateien eine verteilte Belegung benutzen. Alternativ könnten für direkten (wahlfreien) Zugriff Dateien zusammengehalten bzw. für sequenziellen Zugriff verteilt werden. Hierbei muss der Anwender aber für jede Datei die Zugriffsart im Voraus wählen. Ein weiterer Ansatz besteht darin, für eine Datei anfänglich eine zusammenhängende Belegung vorzunehmen. Wird die Datei vergrößert, so wird die Belegung so lange zusammenhängend vergrößert, wie Platz dafür vorhanden ist. Danach wird eine Platzerweiterung (*extent*) an einer anderen Stelle auf der Platte angehängt, die ausreichend Platz für weitere Vergrößerungen bietet.

Zusammenhängende Belegung	**Verteilte Belegung**
+ Kleine Zugriffszeiten infolge minimaler Kopfbewegungen auf der Festplatte (da alle Blöcke benachbart) + Problemlos, wenn Platzbedarf im Voraus bekannt (z.B. CD-ROM, DVD-ROM) + Dateispeicherung durch erste Blocknummer und Anzahl Blöcke ausreichend beschreiben – Externe Fragmentierung kann groß sein – Bei Dateivergrößerung evtl. zeitfressendes Umkopieren ganzer Datei nötig	+ Keine externe Fragmentierung + Einfache Dateivergrößerung möglich – Unter Umständen lange Suchzeiten, da Datei über ganze Festplatte verteilt sein kann – Komplizierte Beschreibung der Dateispeicherung infolge Verteilung

Tab. 9–7   *Vor- und Nachteile zusammenhängender bzw. verteilter Belegung*

Eine weitere Implementierungsfrage betrifft die kleinste verwaltete Speichereinheit auf dem Datenträger. Anstatt dafür einen Block zu nehmen, wie er vom Blockspeicher angeboten wird, können auch Gruppen von Blöcken verwaltet werden. Diese werden als *Cluster* bezeichnet und sind in der Regel für einen bestimmten Datenträger von konstanter Größe, die bei der Formatierung bzw. Initialisierung des Mediums gewählt wird. Unter Unix heißen die Cluster *blocks*, die aber als Blöcke des Dateisystems und nicht des Massenspeichers zu verstehen sind. Durch die Clusterbildung reduziert sich der Verwaltungsaufwand an Rechenzeit und Speicherplatz. Dem steht aber eine größere interne Fragmentierung gegenüber. In Abbildung 9–22 ist ein Beispiel gezeigt, bei dem 2,5 Blöcke leer bleiben. Da sie zu einem belegten Cluster gehören, können sie nicht einer anderen Datei zugeordnet werden. Die optimale Clustergröße hängt von den Größen der gespeicherten Dateien ab und bewegt sich typischerweise im Bereich von etwa 1-8 KB. Das Fragmentierungsproblem fällt vor allem bei kleinen Dateien ins Gewicht. Daher wird teilweise versucht, kleine Dateien speziell zu behandeln. Das Solaris UFS-Dateisystem beispielsweise unterteilt in dieser Situation einen Cluster in 2, 4 oder 8 sogenannte *fragments*. Einen anderen Weg geht das NTFS-Dateisystem, das kleine Dateien innerhalb der zentralen Verwaltungsdaten ablegt (siehe dazu Abschnitt 9.5). Das BSD Unix-Dateisystem benutzt große Cluster, wenn sie vollständig belegt werden können. Ansonsten weicht es auf kleine Cluster aus. Das ReiserFS benutzt für alle Dateigrößen dieselbe Clustergröße, versucht aber durch eine Unterteilung des letzten benutzten Clusters einer Datei die freien Teile dieses Clusters für andere Dateien nutzbar zu machen (*suballocation, tail packing*).

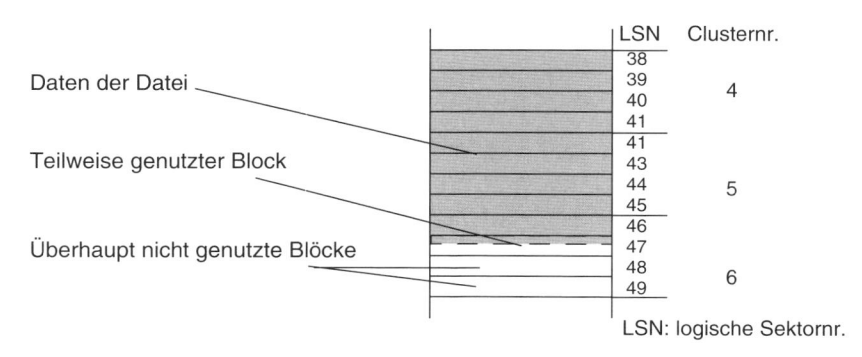

Abb. 9–22 *Speicherineffizienz durch Clusterbildung (Beispiel)*

Platzierung der Verwaltungsdaten

Um die Zugriffszeiten auf Festplatten zu minimieren, ist es wichtig, die Anzahl Kopfbewegungen klein zu halten. Da beim Dateizugriff stets auch die Metadaten betroffen sind, ist es von Vorteil, die gespeicherten Dateiinhalte und die zugehörigen Metadaten möglichst nahe beieinander zu platzieren (sogenannte *coloca-*

tion). Bei der Dateiöffnung werden zudem die Metadaten in den Hauptspeicher kopiert, damit nachfolgende Zugriffe diese nicht erneut von der Festplatte holen müssen. Auch das Absuchen von Verzeichnissen kann so optimiert werden, indem die Metadaten aller Dateien eines Verzeichnisses möglichst nahe beieinander platziert werden. Bei Halbleiterlaufwerken ist die Platzierung vergleichsweise weniger kritisch in Bezug auf die Zugriffsgeschwindigkeit.

Speicherung dünn besetzter Dateien

In speziellen Anwendungssituationen können Dateien größere Bereiche mit Nullwerten aufweisen (*sparse files*). Das heißt, beim Erstellen der Datei werden große Lücken spezifiziert, in die quasi nichts bzw. eben der Wert null abgelegt werden soll. Beim regulären Abspeichern kann dies zu einer großen Platzverschwendung führen, wenn beispielsweise nur wenige Prozent der Datei mit Werten ungleich null belegt sind. Daher bietet es sich an, für solche Dateien eine kompakte Speicherung vorzusehen. Das Windows NTFS zum Beispiel unterstützt die Angabe von Bytesequenzen mit lauter aufeinanderfolgenden Nullen, für die dann auf dem Datenträger kein Platz reserviert wird, wenn ein spezielles Dateiattribut gesetzt ist.

Einhängen von Datenträgern (*mounting*)

Da viele Datenträger wechselbar sind (z.B. DVD, Memory Sticks), muss im Betrieb dafür gesorgt werden, dass das Betriebssystem immer die aktuellen Verwaltungsdaten benutzt. Über ein Hardwaresignal oder eine Benutzerinteraktion wird der Vorgang des Einhängens (*mounting*) ausgelöst. Es handelt sich dabei um das *Öffnen* eines ganzen Speichermediums (z.B. Memory Stick) in einem Laufwerk, eventuell verbunden mit der Überprüfung der Berechtigung und momentaner Reservierung des Speichermediums für einen bestimmten Benutzer oder Prozess. Beim Vorgang des Öffnens legt das Betriebssystem Verwaltungsdaten im Hauptspeicher über den Datenträger an und initialisiert diese mit Grunddaten, die aus den Verwaltungsinformationen des Datenträgers entnommen werden. Oft wird auch das Wurzelverzeichnis des Datenträgers eingelesen und im Hauptspeicher für schnelleren Zugriff zwischengepuffert. Erst danach können normale Zugriffe auf den Datenträger vorgenommen werden. Bei Memory Sticks erfolgt das Einhängen im Allgemeinen automatisch, sobald sie angeschlossen werden.

9.3 UFS – traditionelles Unix-Dateisystem

Unter Unix kommen heute verschiedene Dateisysteme zum Einsatz. Die ersten Unix-Versionen kannten jedoch nur ein einziges Dateisystem, das sich folgerichtig *Unix File System* (abgekürzt *UFS*) nennt. Dieses Dateisystem enthielt bereits die wichtigen Eigenschaften der Verzeichnishierarchie und der Dateiberechtigungen. Aus diesem Grund ist es heute noch in erweiterter Form verbreitet.

Daneben werden in Unix-Umgebungen oft das *NFS* (siehe Abschnitt 9.7.3) und protokollierende Dateisysteme eingesetzt. Protokollierende Dateisysteme (*Journaling File Systems, JFS*) führen über alle Transaktionen hinweg ein Protokoll (siehe Abschnitt 9.8.1). Sie sind daher im Gegensatz zum klassischen *UFS* in der Lage, Stromunterbrechungen oder sonstige Systemabstürze weitgehend unbeschädigt zu überstehen. Wir betrachten hier die ursprüngliche Version des Unix-V7-Dateisystems in ihrer Funktionsweise und anhand ihrer Verwaltungsdatenstrukturen, da diese alle wesentlichen Grundprinzipien ohne Ballast illustrieren. Moderne Unix-Dateisysteme des Typs »UFS« (z.B. EXT2/3) bieten Möglichkeiten, die in verschiedener Hinsicht darüber hinausgehen (z.B optimierte Platzverwaltung und Journaling).

9.3.1 Datenträgeraufteilung

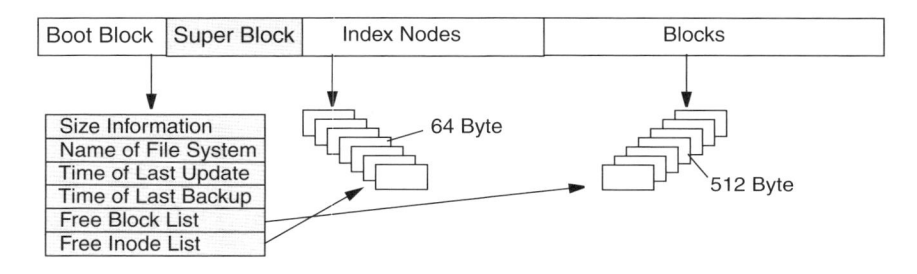

Abb. 9–23 Datenträgeraufteilung des UFS

Der Datenträger wird in vier Bezirke aufgeteilt (siehe Abb. 9–23):
- Der *Boot-Block* wird für das Laden des Betriebssystems benötigt.
- Im *Super-Block* sind Basisinformationen über den Datenträger abgelegt, wie Größe, Name des Dateisystems und des Datenträgers, Zeiteinträge des letzten Zugriffs und der Datensicherung. Daneben enthält er die Anzahl aller Index Nodes und den Beginn der Liste freier Blöcke.
- Die *Index Nodes*, abgekürzt auch *Inodes* genannt, dienen der Verwaltung einzelner Dateien. Man kann sie als Verwaltungsblöcke bezeichnen. Sie sind im dritten Bereich als Liste enthalten (*i-list*).
- Die *Datenblöcke (Blocks)* enthalten sowohl Verzeichnisdaten als auch die eigentlichen Nutzdaten. Mit Nutzdaten sind diejenigen Inhalte gemeint, die Applikationsprogramme persistent (d.h. dauerhaft) ablegen. Im Unterschied dazu werden alle Daten, die der Verwaltung der gespeicherten Nutzdaten dienen, als Metadaten bezeichnet.

9.3.2 Dateihaltung und Verzeichnisorganisation

Unix-Dateien werden als eine sequenziell eindeutige Folge von Byte gespeichert. Die Bedeutung der einzelnen Byte (z.B. Code, Text, Bilddaten, Tabellenkalkulationsblätter) ist für das Dateisystem nicht von Belang, es arbeitet also bytetransparent. Dateien lassen sich benennen. Die Dateinamen waren ursprünglich auf 14 Zeichen begrenzt, können bei modernen UFS-Varianten (BSD 4.2) aber bis zu 255 Zeichen lang sein. Ein Dateiname darf beliebige Zeichen, auch nicht druckende, enthalten. Einzige Ausnahme ist der »/«, da er als Trennzeichen bei Verzeichnisnamen dient. Dateien lassen sich in bekannter Weise in Verzeichnisbäumen ablegen. Reservierte Dateinamen sind der ».« für das aktuelle Verzeichnis und »..« für das direkt übergeordnete Verzeichnis. Ein Verzeichnis stellt nichts anderes dar als eine Datei (*directory file*), die eine Liste aller im Verzeichnis befindlichen Dateien enthält (Liste von Verzeichniseinträgen gemäß Abb. 9–24). Weitere Dateiformen neben den »normalen« Dateien (*regular files*) sind Verknüpfungsdateien (*link files*, siehe S. 493), Spezialdateien (*special files*) und Pipe-Dateien (*named pipes, FIFOs*, siehe Abschnitt 6.2.2). Spezialdateien repräsentieren Peripheriegeräte (*devices*), z.B. eine Netzwerkschnittstelle.

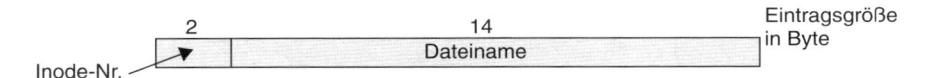

Abb. 9–24 *Struktur eines UFS-Verzeichniseintrags*

9.3.3 Index Nodes (Inodes)

Zu jeder Datei wird im Verzeichniseintrag die Inode-Nummer und der Dateiname abgelegt (siehe Abb. 9–24). Die Inode-Nummer ist ein Index in eine Liste der verfügbaren Verwaltungsblöcke (*i-list*).

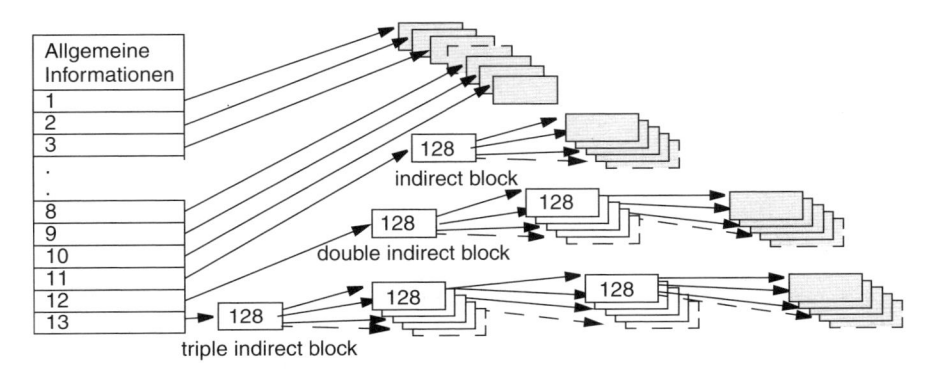

Abb. 9–25 *Struktur und Vernetzung eines Inodes*

Jeder Inode (*Index Node*) beschreibt also genau eine Datei. Er enthält sowohl allgemeine Informationen, wie Eigentümeridentifikation und Schutzbit, als auch sämtliche Angaben, um alle Datenblöcke (Blocks) der Datei zu adressieren (siehe Abb. 9–25). Die Belegungsverwaltung ist für eine effiziente Adressierung kleiner Dateien ausgelegt. Die ersten 10 Blöcke einer Datei werden nämlich direkt ohne Verkettung in den Inode eingetragen (*direct-index*, siehe Abb. 9–25). Die nächsten 128 Blöcke werden indirekt über eine Zwischentabelle, die selbst auch wieder einen Block belegt, angesprochen. Folgende 16.384 Blöcke lassen sich doppelt indirekt adressieren. Reicht dies immer noch nicht, so gibt es noch die Möglichkeit der dreifach indirekten Adressierung (*multilevel-index*). Diese Organisationsform mit einfacher und mehrfacher Indexierung ist für wahlfreien Zugriff günstig, da für den Zugriff auf einen Block inmitten der Datei nicht die gesamte Verkettungsliste wie z.B. beim FAT-Dateisystem durchlaufen werden muss.

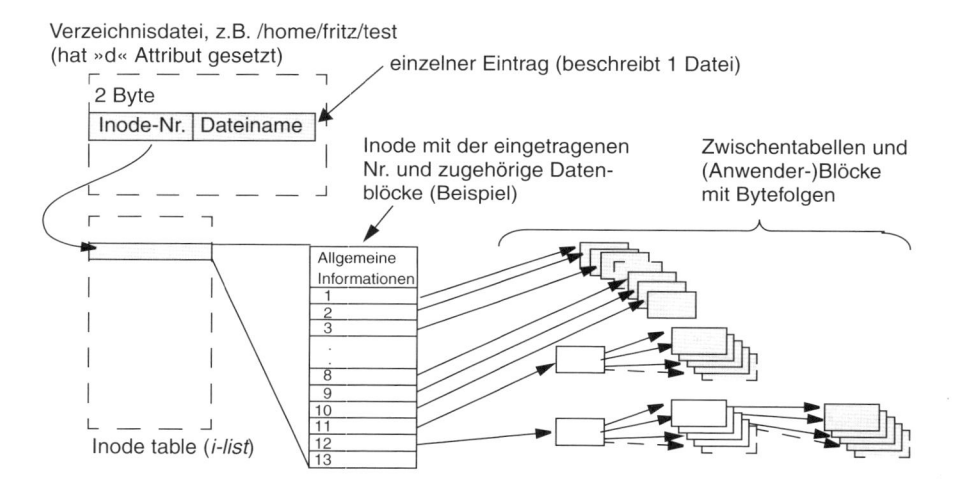

Abb. 9–26 *Zusammenhang zwischen Verzeichniseintrag, Verzeichnisblock und Datenblöcke*

Die restlichen im Inode gespeicherten Verwaltungsdaten (»Allgemeine Informationen« in Abb. 9–25) umfassen die folgenden Informationen:

- *Number of links*: Anzahl der Verzeichniseinträge, die aktuell diesen Inode referenzieren (wichtig für harte Verknüpfungen)
- *File mode*: Modus, in der Datei geöffnet wurde (z.B. read, write)
- *User ID*: Benutzeridentifikation (ID-Nr.) des Dateibesitzers
- *Time created*: Zeitpunkt der Dateierzeugung
- *Time last updated*: Zeitpunkt der letzten Änderung der Datei
- *Access permissions*: Dateizugriffsberechtigungen (siehe Abschnitt 11.4)

Das Unix-Dateisystem unterstützt Dateiverknüpfungen, wie auf Seite 493 bereits beschrieben. Der Inode-Eintrag *number of links* zählt die Anzahl der harten Verknüpfungen (*hard links*) auf eine Datei. Die weichen Verknüpfungen (*soft links*) werden im Inode hingegen nicht erfasst. Die Abbildung 9–26 zeigt zusammenfassend die einzelnen Datenelemente zur Dateihaltung in ihrem Zusammenhang.

Die Abbildung 9–27 zeigt ein Beispiel der notwendigen Verwaltungsdaten für eine Datei mit dem Namen /home/fritz/test. Ausgangspunkt ist das Wurzelverzeichnis, dessen Inode sich an einer vordefinierten Stelle befindet. Zuerst wird im Wurzelverzeichnis der Eintrag mit dem Namen home gesucht. Dieser führt zum Index Node 5, der auf den ersten Datenblock Nr. 178 zeigt. Dort befindet sich das Verzeichnis /home, in dem das Unterverzeichnis fritz eingetragen ist. Zu diesem gehört der Index Node 215, in dessen erstem Datenblock die Unterverzeichnisdaten (/home/fritz) zu finden sind. Der Verzeichniseintrag test schließlich führt zum Index Node 85, in dem unter anderem eingetragen ist, wo sich die gesuchte Datei befindet.

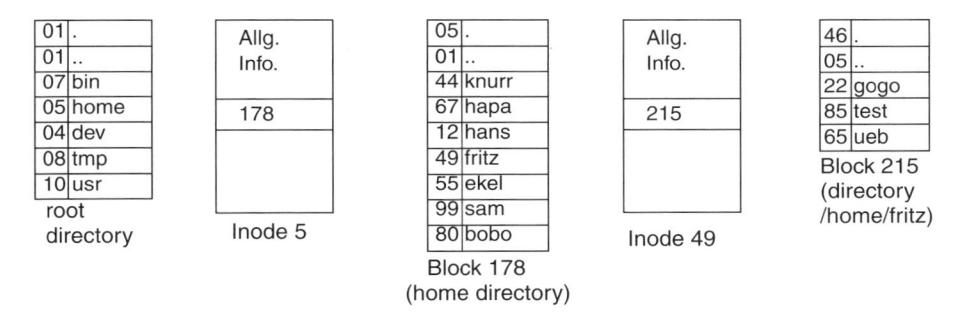

01	.
01	..
07	bin
05	home
04	dev
08	tmp
10	usr

root directory

Allg. Info.
178

Inode 5

05	.
01	..
44	knurr
67	hapa
12	hans
49	fritz
55	ekel
99	sam
80	bobo

Block 178 (home directory)

Allg. Info.
215

Inode 49

46	.
05	..
22	gogo
85	test
65	ueb

Block 215 (directory /home/fritz)

Abb. 9–27 *Beispiel zur Dateilokalisierung im klassischen Unix-Dateisystem*

9.4 FAT– traditionelles Windows-Dateisystem

Das FAT-Dateisystem wurde zusammen mit dem Betriebssystem MS-DOS etwa um 1980 entwickelt. Da es bei den Windows-Nachfolgeprodukten ein beliebtes Dateisystem ist, hat es eine enorme Verbreitung gefunden. Heute wird es hauptsächlich noch für Memory Sticks eingesetzt. Je nach Speicherkapazität des Mediums kann es als FAT-12, FAT-16, FAT-32 oder exFAT (FAT-64) eingesetzt werden, womit es sich in dieser Hinsicht der Anwendung anpassen lässt. Die Formatierung eines Datenträgers mit exFAT wird zurzeit von Windows nur für externe Datenträger unterstützt (Flash-Medien und externe Festplatten). Über die Erweiterung VFAT wurde mit den ursprünglichen Datenstrukturen die Verwendung sogenannter langer Dateinamen möglich. Ohne VFAT besteht die Begrenzung auf acht Buchstaben für den Namen und drei Buchstaben für den Namenssuffix (sogenanntes 8.3-Namensschema). Seinen Namen hat das FAT-Dateisystem von der zentralen Datenstruktur der Belegungstabelle (*File Allocation Table, FAT*) erhalten. Das FAT-Dateisystem kennt keine Zugriffsregelungen über Benutzeridentifikationen und Dateirechte (Ausnahme exFAT, dort aber kaum genutzt). Dies ist historisch begründet, da das MS-DOS ein Einbenutzersystem ohne Zugriffsschutz ist. Das FAT-Dateisystem reagiert empfindlich auf ungeordnetes Abschalten des Rechners, falls noch nicht alle Daten auf die Platte geschrieben sind. Dies könnte zum Beispiel zu inkonsistenten Metadaten und damit zu Zugriffsproblemen führen. Modernere Dateisysteme führen ein Transaktionsprotokoll, das bei ungeordnetem Abschalten eine saubere Rekonstruktion der Verwaltungsdaten erlaubt. Beim FAT-Dateisystem muss zu diesem Zweck das Dienstprogramm scandisk aufgerufen werden, das aber nur begrenzt die fehlerhaften Daten korrigieren kann. Eine TFAT genannte Erweiterung sollte ursprünglich eine begrenzte Transaktionssicherheit realisieren, wird aber von dem Windows-Dateisystemtreiber nicht oder nur teilweise unterstützt. TFAT erstellt bei der Formatierung des Datenträgers zwei Belegungstabellen, eine FAT0 und eine FAT1. Im Betrieb werden Änderungen nur an der FAT1 vorgenommen. Beim Herunterfahren des Systems wird dann die FAT1 in die FAT0 kopiert. Bei einem Systemstart wird stets geprüft, ob FAT0 und FAT1 identisch sind. Wenn nicht, dann dient die FAT0 als Basis für eine Wiederherstellung eines stabilen Vorzustandes. TFAT wurde für die Dateisystemvariante exFAT in etwas erweiterter Form implementiert und nennt sich *TexFAT (Transaction-Safe Extended FAT File System)*. TexFAT wird aktuell allerdings nur von Windows Embedded CE unterstützt und hat daher eine nur marginale Bedeutung.

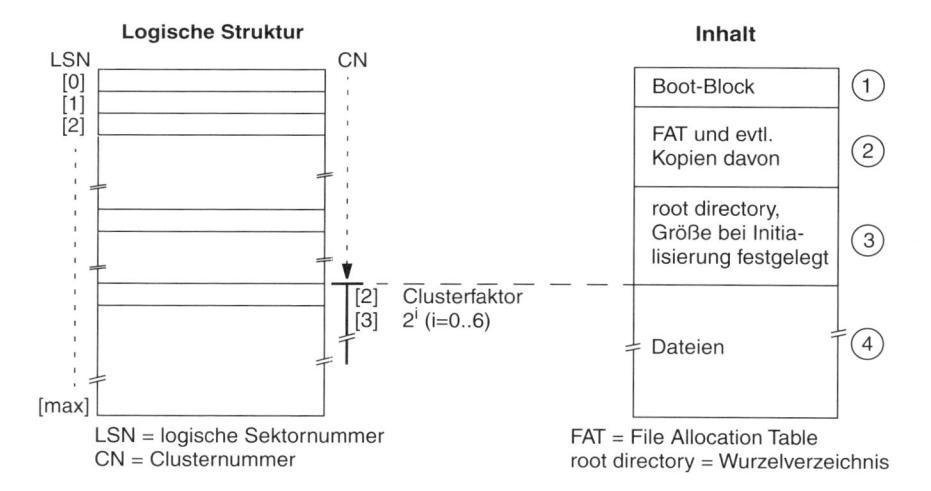

Abb. 9–28 *Logische Struktur und Inhalt eines FAT-Datenträgers*

9.4.1 Datenträgeraufteilung

Für die Dateiverwaltung wird der Datenträger (im Fall von Festplatten eine Partition) in vier Bezirke aufgeteilt (siehe Abb. 9–28):

1. *Boot-Block*: Hier sind die Grunddaten über den Datenträger und eine Routine für die erste Phase des Betriebssystem-Ladeprozesses abgelegt. Je nach Formatierung des Datenträgers kann dem Boot-Block ein leerer ungenutzter Bereich folgen, der es erlaubt, die nachfolgende Belegungstabelle auf eine aus Sicht des Datenträgers besonders günstige Anfangsposition zu legen. Vereinfacht weisen wir diesen Leerbereich dem Boot-Block zu.
2. *Belegungstabelle (File Allocation Table, FAT)*: Sie enthält Informationen über freie und belegte Blöcke. Da diese Daten für die Verwaltung essenziell sind, wird diese Tabelle neben dem Original auch noch in Kopien mehrfach geführt.
3. *Wurzelverzeichnis (root directory)*: Eine Liste aller Dateien, die in der hierarchischen Dateiverwaltung auf der obersten Ebene angelegt sind. Sie bildet den Ausgangspunkt für eine baumartige Listenstruktur. Dieser Bereich existiert auf FAT-32-Datenträgern nicht (Wurzelverzeichnis anders realisiert).
4. *Dateien (files)*: Hier sind die Anwenderdateien und die hierarchisch tiefer liegenden Verzeichnisdateien (unter dem Wurzelverzeichnis) gespeichert. Nur in diesem Bereich wird die Clusternummerierung angewendet. Ein Cluster hat für einen bestimmten Datenträger immer eine gleich bleibende Größe, die bei der Formatierung festgelegt wird. Die Clustergröße ist ein festes Mehrfaches von Blöcken (logische Sektoren). Dies wird durch den Clusterfaktor ausgedrückt. Er beträgt stets 2^i, wobei i Werte zwischen 0 und 6 annehmen kann. Die Clusternummerierung beginnt bei 2, weil die Clusternummern 0 und 1 für Spezialzwecke reserviert wurden. Die Größe eines logischen Sektors ist übrigens auf dem PC für Disketten auf 512 Byte und für Festplatten auf 512 oder 4096 Byte festgelegt.

Das FAT-Dateisystem setzt direkt auf den Blockgerätetreiber auf und benutzt daher für die Blockadressierung logische Sektornummern (*Logical Sector Numbers, LSN*).

9.4.2 Aufbau der Belegungstabelle (FAT)

Die FAT (*File Allocation Table*) ist ein Abbild der für die Dateien zur Verfügung stehenden Cluster. Für einen Datenträger mit n Blöcken (logischen Sektoren) besitzt die FAT n+2 Einträge, da die ersten zwei Tabellenplätze zusätzliche Spezialinformationen enthalten (siehe Abb. 9–29). Die FAT dient sowohl zur Verwaltung des freien Plattenplatzes als auch zur Verwaltung der Belegung durch die einzelnen Dateien. Die FAT enthält Verkettungseinträge, als frei markierte Cluster, sowie in den ersten zwei Einträgen den *Media-Deskriptor* und den Code für die *End-Of-Clusterchain-(EOC-)Markierung*. Aus diesem Grund kommen auch in Abbildung 9–28 die Clusternummern 0 und 1 nicht vor. Der Eintrag mit dem Index 2 entspricht demzufolge dem ersten freien Cluster im Datenbereich der Platte (Bereich 4 in Abb. 9–28).

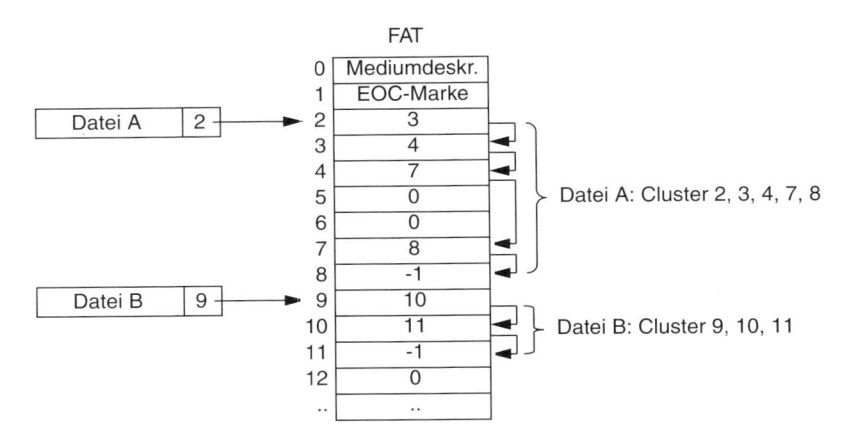

Abb. 9–29 *Funktionsweise der FAT-Belegungstabelle (Beispiel)*

In Abbildung 9–29 ist die Funktionsweise der Belegungsverwaltung mittels Verkettungseinträgen gezeigt, indem beispielhaft die Belegung für zwei Dateien eingetragen ist. Die Nummer des ersten Clusters einer Datei ist stets im Verzeichniseintrag enthalten und führt als Index in die FAT. Dort sind in Form einer einfach verketteten Liste die übrigen belegten Cluster eingetragen. Das Ende der Kette wird durch den reservierten Wert -1 angezeigt. Freie Cluster sind durch den reservierten Wert 0 markiert.

Die Größe eines Eintrages in der FAT ist abhängig von der FAT-Variante:

- *FAT-12*: 12 Bit, ausreichend für Datenträger bis 4079 Cluster
- *FAT-16*: 16 Bit, für Datenträger mit Clusteranzahlen zwischen 4079 und 65533
- *FAT-32*: 32 Bit, für sehr große Datenträger (mehrere GB), wobei nur die unteren 28 Bit eines 32-Bit-Eintrags als Clusternummer dienen

9.4.3 Verzeichnisdaten

Neben der Dateiablage selbst muss ein Verzeichnis geführt werden, das Auskunft darüber gibt, was wo auf der Platte untergebracht ist. Das FAT-Dateisystem ermöglicht eine hierarchische Ordnung der Dateien in einer Baumorganisation. Die oberste Hierarchieebene bzw. die Wurzel des Baumes wird durch das Wurzelverzeichnis (*root directory*) gebildet. Für dieses ist ein fester Bereich auf der Platte

9.4 FAT – traditionelles Windows-Dateisystem

reserviert, d.h., auch die Maximalanzahl an Einträgen ist damit begrenzt. Für die darunter liegenden Hierarchieebenen werden die Verzeichnisdaten in Verzeichnisdateien (*directory files*) gespeichert. Diese Dateien zur Verwaltung der Dateien werden nur bei Bedarf erzeugt. Die Größe einer Verzeichnisdatei richtet sich nach der Anzahl Einträge im Verzeichnis. Ein Verzeichniseintrag ist stets 32 Byte groß und besitzt einen Aufbau gemäß den Abbildungen 9–30 und 9–31.

```
           8              3  1      10        2    2    2      4
Byte  01 2 3 4 5 6 7  8 9 a  b c d e f  10 11 12 13 14 15 16 17 18 19 1a 1b 1c 1d 1e 1f
(hex.)
```

Dateiname, mit Leerzeichen aufgefüllt | Dateinamenserweiterung | Dateiattribute | reserviert | Zeit & Datum der letzten Änderung | 1. Cluster der Datei (Index in FAT) | Dateigröße in Byte

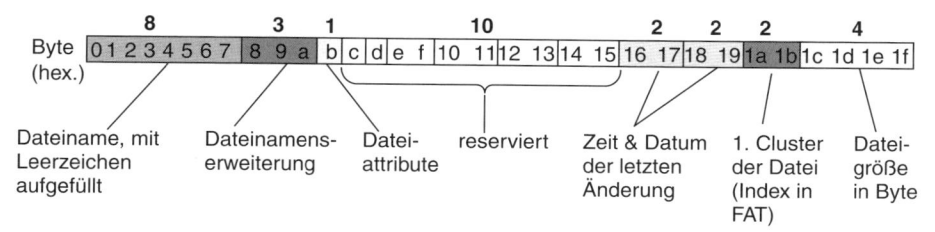

Abb. 9–30 *Struktur eines FAT-Verzeichniseintrags*

Die Einträge in einer Verzeichnisdatei sind ungeordnet, sodass bei der Suche nach einer bestimmten Datei unter Umständen die gesamte Verzeichnisdatei abgesucht werden muss. Ist der Verzeichniseintrag einer bestimmten Datei gefunden, so kann ihm die Nummer des ersten zugeordneten Clusters sowie eine Reihe von Attributdaten entnommen werden. Die weiteren zu einer Datei gehörigen Cluster können über die Verkettung in der FAT eruiert werden. Beim Auslesen der Verzeichnisdaten ist zu beachten, dass Mehrbytewerte (z.B. Dateigröße, erste Clusternummer) nach dem Little-Endian-Prinzip abgelegt sind. Dateinamen und Dateinamenserweiterung sind grundsätzlich links ausgerichtet. Sie benutzen eine ASCII-Zeichencodierung bzw. die aktuell eingestellte sogenannte Code Page (siehe dazu Anhang A.1.6). Die ersten zwei Zeichen des Dateinamensfeldes können mit speziellen Codes belegt sein (siehe Tab. 9–8).

Code	Bedeutung
0x00	Kein Eintrag und keine nachfolgenden Einträge im Verzeichnis
0x05	Steht für Zeichencode 0xe5, siehe unten
0x2e 0x20	Eigenes Verzeichnis (". ")
0x2e 0x2e	Übergeordnetes Verzeichnis (".. ")
0xe5	Gelöschte Datei, Rest des Namens unverändert

Tab. 9–8 *Codes für spezielle FAT-Eintragsbedeutungen*

Für untergeordnete Verzeichnisse werden Verzeichnisdateien angelegt, die den Namen des Unterverzeichnisses tragen. Über den Verzeichniseintrag mit dem Doppelpunkt ist dann eine Doppelverkettung in der Baumstruktur gegeben.

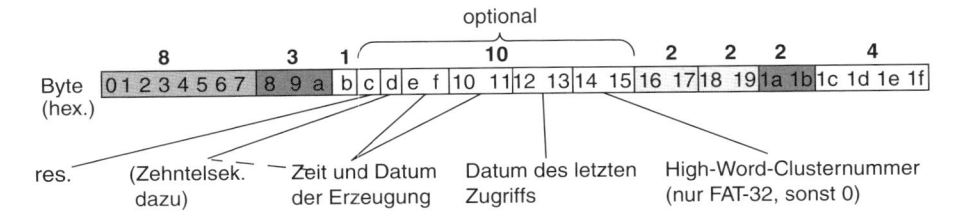

```
                                    optional
           8       3   1 ┌─────────────┐  2    2    2     4
Byte   01 2 3 4 5 6 7 │ 8 9 a │ b c d e f │10 11│12 13 14 15│16 17│18 19│1a 1b│1c 1d 1e 1f
(hex.)
```

res.   (Zehntelsek.   Zeit und Datum   Datum des letzten   High-Word-Clusternummer
       dazu)   der Erzeugung   Zugriffs   (nur FAT-32, sonst 0)

Abb. 9–31 *Struktur eines FAT-Verzeichniseintrags (reservierte Bit)*

Beim Löschen einer Datei wird nur das erste Zeichen des Dateinamens durch den Code 0xe5 ersetzt sowie die Einträge in der FAT gelöscht. Die Daten bleiben damit erhalten, bis sie durch eine andere Datei überschrieben werden. Daraus können folgende Schlussfolgerungen gezogen werden. Erstens, wenn eine Datei inhaltlich unwiderruflich gelöscht werden soll, so muss sie überschrieben werden (z.B. mit 0). Zweitens, unmittelbar nach dem Löschen einer Datei kann diese wieder rekonstruiert werden. Eine Reihe von Informationen im Verzeichniseintrag sind optional (siehe Abb. 9–31). Dies betrifft beispielsweise die Erweiterung für die Clusternummern bei FAT-32, aber auch zusätzliche Eintragsmöglichkeiten für die Zeit und das Datum der Erzeugung. Verzeichnisdateien werden von Anwenderdateien über das Dateiattributbyte unterschieden. Daneben können auch noch weitere Attribute vergeben werden (siehe Abb. 9–32).

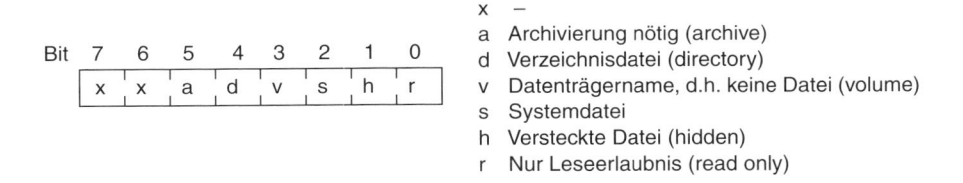

```
Bit  7  6  5  4  3  2  1  0
     x  x  a  d  v  s  h  r
```

x –
a Archivierung nötig (archive)
d Verzeichnisdatei (directory)
v Datenträgername, d.h. keine Datei (volume)
s Systemdatei
h Versteckte Datei (hidden)
r Nur Leseerlaubnis (read only)

Abb. 9–32 *Dateiattribute (Byte 0x0b im Verzeichniseintrag)*

Für jede Datei wird die Zeit und das Datum der letzten Änderung nachgeführt. Die entsprechenden Einträge benutzen die Feinstruktur gemäß Abbildung 9–33. Für die Jahreszahl wird ein Relativwert zu 1980 benutzt. Da 128 Jahre codiert werden können, ist hier nicht so schnell ein »Millennium-Problem« zu erwarten. Um die Verwendung langer Dateinamen zu unterstützen, wurde VFAT eingeführt, eine spezielle Art der rückwärtskompatiblen Dateinamensablage in Verzeichnissen.

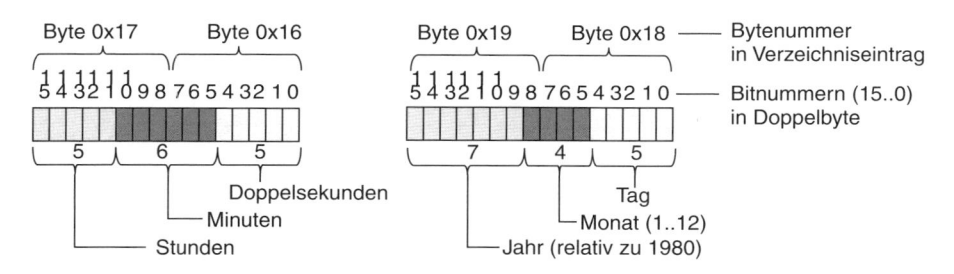

Abb. 9–33 *Codierung von Zeit und Datum (Byte 0x16..0x19 im Verzeichniseintrag)*

9.5 NTFS – modernes Windows-Dateisystem

9.5.1 Entstehung und Eigenschaften

NTFS (New Technology File System) wurde zusammen mit Windows NT entwickelt und stellt daher einen im Vergleich zum FAT-Dateisystem völlig neuen Entwurf dar. Die wichtigsten allgemeinen Eigenschaften sind:

- *Wiederherstellbarkeit (recoverability)*: Über ein Transaktionsprotokoll wird für konsistente Metadaten gesorgt (auch bei unerwarteter Systembeendigung, z.B. bei Stromausfall).
- *Zugriffsrechteverwaltung (security)*: Die Zugriffsrechte auf Dateien/Verzeichnisse lassen sich individuell einschränken (erlaubte/verbotene Zugriffe für Benutzer und Benutzergruppen, siehe auch Abschnitt 11.5).
- *Datenkomprimierung (compression)*: Dateien und Verzeichnisse lassen sich individuell komprimieren (gilt nur für Benutzerdaten, nicht für Metadaten).
- *Datenverschlüsselung (encryption)*: Dateien und Verzeichnisse lassen sich individuell verschlüsseln (symmetrische Verschlüsselung mittels DESX, Schlüssel mittels eines *private/public-key*-Algorithmus verschlüsselt mitgespeichert, *private key* wird von Windows auf dem Datenträger gespeichert und ist nur authentifiziertem Benutzer zugänglich).

9.5.2 Logische Struktur und Inhalt einer NTFS-Partition

NTFS bezeichnet Datenträgerpartionen als Volumes, die wie in Abbildung 9–34 gezeigt in Cluster aufgeteilt werden. Ein Cluster ist eine Gruppe von logischen Sektoren, die gemeinsam als kleinste Speichereinheit verwaltet werden. Die Clustergröße wird für die ganze Partition bei der Formatierung festgelegt. Für die weitergehende Organisation benutzt NTFS das Prinzip »Alles ist eine Datei«, das heißt, nicht nur Anwender-, sondern auch alle Metadaten sind in Dateien abgelegt.

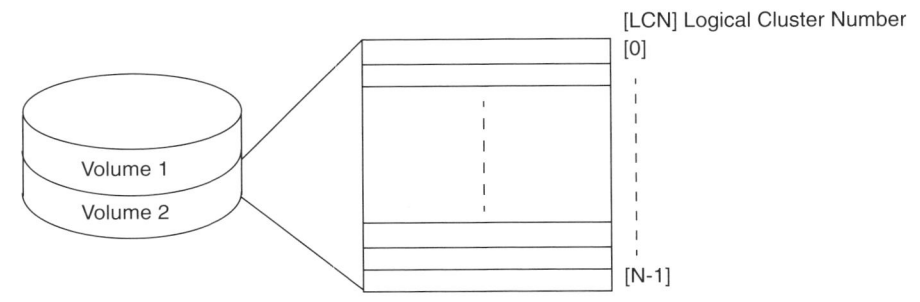

Abb. 9-34 *Datenträgeraufteilung unter NTFS (Beispiel mit zwei Volumes)*

Als zentrale Metadatendatei dient die *MFT (Master File Table)*. Sie beschreibt alle Dateien auf der NTFS-Partition inklusive sich selbst. Die MFT ist als Vektor aufgebaut *(array of records)* und wird bei Dateierzeugungen erweitert, wenn die vorreservierten Eintragsstellen aufgebraucht sind. Pro Datei sind ein oder mehrere Datensätze *(records)* in der MFT vorhanden. Alle diese Datensätze sind einheitlich 1 KB groß. Für die Identifikation einer Datei wird ein Index in die MFT benutzt, der um eine Sequenznummer ergänzt ist. Die Sequenznummer ist bei alten gelöschten und neuen Dateien, die den gleichen MFT-Eintrag belegen, unterschiedlich. Der MFT-Index wird *File Reference Number* genannt.

In Zusammenarbeit mit einem *Volume Manager* können NTFS-Volumes fehlertolerant gespiegelt und auf mehrere Platten verteilt werden (RAID-Level 1 und 5). Zudem lassen sich Nutzungsgrenzen für Benutzer *(user quota)* konfigurieren.

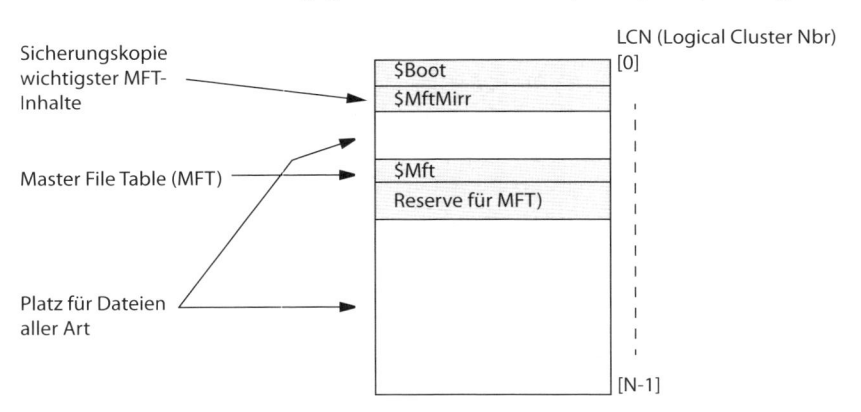

Abb. 9-35 *Partitionsaufteilung unter NTFS: »Alles ist eine Datei«*

In Abbildung 9–35 ist die Aufteilung einer NTFS-Partition gezeigt. Die gesamte Datenspeicherung außerhalb der MFT basiert auf Clusternummern (LCN). Damit die MFT im Betrieb möglichst problemlos wachsen kann, wird ein großzügiger Reservebereich reserviert, der bei Workstations 12,5% und bei Servern bis zu 50% des Gesamtplatzes einnimmt. Der Reserveplatz steht für die allgemeine Dateispeicherung erst dann zur Verfügung, wenn der gesamte restliche Freiplatz

9.5 NTFS – modernes Windows-Dateisystem

aufgebraucht ist. Der freie Platz zusammen mit dem MFT-Reservebereich wird als *MFT Zone* bezeichnet. Die Namen der Metadatendateien beginnen stets mit einem Dollarzeichen, um sie vor dem Anwender zu verstecken. Erwähnenswert ist die Datei $Boot, die garantiert am Partitionsanfang steht und für den Boot-Code des Betriebssystems reserviert ist. Die Datei $Bitmap dient der Verwaltung des freien bzw. belegten Platzes, indem sie für jeden Cluster über ein zugeordnetes Bit diese Information festhält. Weitere Metadatendateien enthalten das Transaktionsprotokoll und den Volume-Namen, um nur die wichtigsten zu nennen. Das Bestechende an NTFS ist, dass diese Metadatendateien während des Betriebs ohne Probleme vergrößert werden können, was NTFS sehr flexibel macht.

9.5.3 NTFS-Streams

Eine Datei stellt nicht nur eine einzige geordnete Folge von Byte dar, sondern besteht aus einer Liste von Attributen (= NTFS-Streams). Jeder NTFS-Stream ist eine zusammenhängende Folge von Byte (Sequenz von Byte), daher können pro Datei mehrere Byteströme gespeichert werden. Es sind Stream-Typen definiert, die Stream-Inhalte strukturieren. Eine einfache Datei nutzt beispielsweise folgende NTFS-Stream-Typen:

- $STANDARD_INFORMATION: allgemeine Dateiinformationen, z.B *read-only*, Zeitstempel, *hard link count*
- $FILE_NAME: Dateiname
- $DATA: Anwenderdaten

Man beachte, dass die Anwenderdaten nur einen von mehreren Streams einer Datei bilden, denn sie sind der Inhalt eines *unbenannten* Streams des Typs $DATA. Weitere, *benannte* Streams des Typs $DATA können erzeugt werden. Diese Eigenschaft der sogenannten *Alternate Data Streams (ADS)* wird unter Windows praktisch kaum genutzt. Experimentell können sie jedoch wie folgt auf der Kommandozeile ausgetestet werden:

```
echo "top secret" > sichtbar.txt:geheim.txt
type sichtbar.txt
more < sichtbar.txt:geheim.txt
```

Die erste Anweisung speichert denn Text »top secret« in der Datei sichtbar.txt im benannten Stream geheim.txt. Mit der zweiten Anweisung kann der Text nicht abgerufen werden, scheinbar ist die Datei leer. Erst der dritte Befehl lässt den Text wieder erscheinen.

9.5.4 Dateispeicherung

Die logische Sicht einer Datei ist eine Sammlung (*collection*) von NTFS-Streams (siehe Abb. 9–36). Die physische Speicherung hingegen unterscheidet zwischen kleinen und großen Dateien.

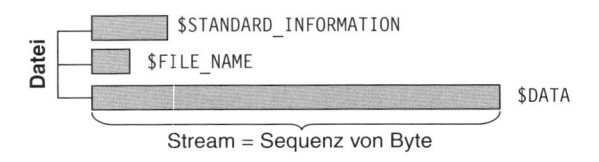

Abb. 9–36 *Logische Sicht einer einfachen Datei*

Kleine Dateien, d.h. bis knapp 1 KB groß, finden direkt im zugehörigen NTFS-Datensatz ihren Speicherplatz (siehe Abb. 9–37). Der Zugriff auf kleine Dateien ist damit sehr effizient!

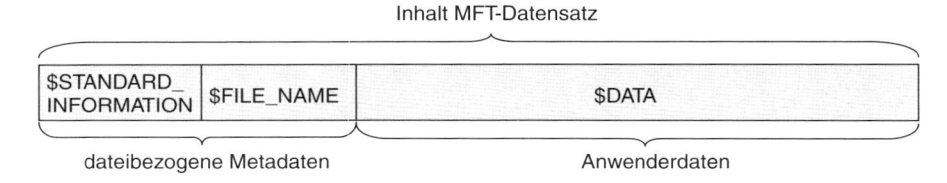

Abb. 9–37 *Speicherung kleiner Dateien im MFT-Datensatz*

Die Anwenderdaten großer Dateien hingegen belegen zusätzliche Cluster, d.h., sie sind außerhalb der MFT gespeichert. Im zugehörigen MFT-Datensatz sind lediglich Verweise darauf abgelegt (siehe Abb. 9–38). Diese zusätzlich abgelegten Verweisdaten werden als *run* bzw. *extent* bezeichnet. Obwohl die Größe eines MFT-Datensatzes fest auf 1 KB festgelegt ist, lässt NTFS eine große Spanne von Clustergrößen zu. Die zur Anwendung gelangende Clustergröße wird bei der Formatierung festgelegt.

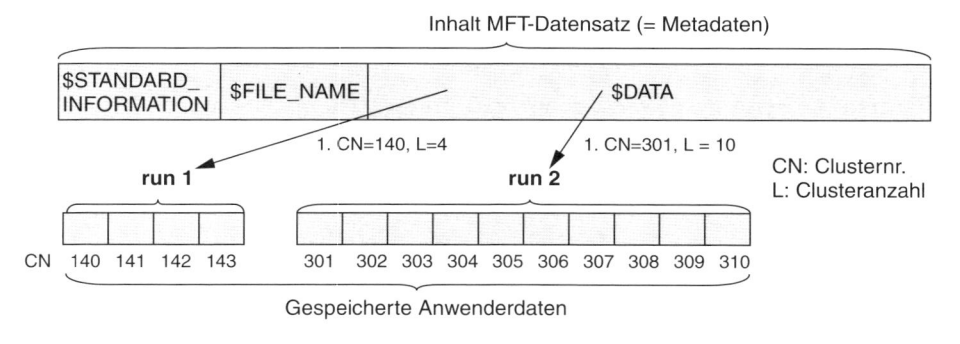

Abb. 9–38 *Speicherung großer Dateien (Beispiel)*

9.5.5 Dateiverzeichnisse

Die logische Sicht auf die Verzeichnisdaten ist eine Liste von *{Dateiname, Dateireferenz}*, wobei eine Dateireferenz im Wesentlichen ein Index in die MFT ist. Physisch werden kleine Verzeichnisse als sortierte Liste von Dateinamen innerhalb der MFT geführt. Für große Verzeichnisse werden zusätzliche Indexlisten einer fixen Größe von 4 KB angelegt (keine Dateien!). Um den Zugriff auf diese zu optimieren, werden die Verweise im MFT-Datensatz als ausgeglichener Binärbaum (*b+ tree, balanced binary tree*) organisiert. Diese aus der Datenbanktechnik stammende Organisationsform ist bekannt für schnelle Such-, Einfüge- und Löschoperationen. Neben einfachen Verzeichniseinträgen unterstützt NTFS auch harte und weiche Dateiverknüpfungen (*hard, soft/symbolic links*), die aber unter Windows kaum bis gar nicht benutzt werden.

9.6 ZFS – zukunftweisendes Dateisystem

Das ZFS ist ein sehr leistungsfähiges Dateisystem, das im Umfeld des Solaris-Betriebssystems entstanden ist. Heute steht es jedoch im Rahmen des *OpenZFS*-Projekts für weitere Plattformen zur Verfügung. Ursprünglich stand der Name für *Zettabyte File System*, wird heute jedoch nur noch als Eigenname benutzt. Das ZFS ist übrigens in keiner Weise mit dem zFS (z/OS File System) von IBM verwandt.

9.6.1 Datenträgerverwaltung

Zur Adressierung benutzt das ZFS 128 Bit große Blocknummern, was ihm eine astronomisch hohe theoretische Maximalkapazität verschafft. Praktische Implementierungen begrenzen sich auf 64 der 128 Bit, was immer noch zu einer Maximalkapazität von 16 Exabyte bzw. 16.777.216 Terabyte reicht. ZFS ist nicht nur ein Dateisystem, d.h. eine Vereinbarung für ein Format, mit dem Daten auf einem Datenträger gespeichert werden, sondern enthält auch einen *Logical Volume Manager (LVM)*. Der LVM fasst eine Gruppe von Laufwerken, Laufwerkspartitionen oder Dateien zu einem *Zpool* zusammen. Der Zpool tritt als eine einheitliche Menge von Plattenspeicher auf, was ihn sehr flexibel macht. So können zusätzliche Laufwerke dem Pool ohne weitere Vorkehrungen zugefügt werden, um die Gesamtkapazität zu erhöhen. Auch ein flexibles Entfernen von Laufwerken ist möglich, wobei natürlich deren Inhalte vorher zu sichern sind, wenn sie weiterhin benötigt werden. Zudem ist der Zpool als Ganzes sehr flexibel zu handhaben, so können mit ihm beispielsweise mehrere formatierte Dateisysteme oder auch Swap-Partitionen erstellt werden (siehe Abb. 9–39).

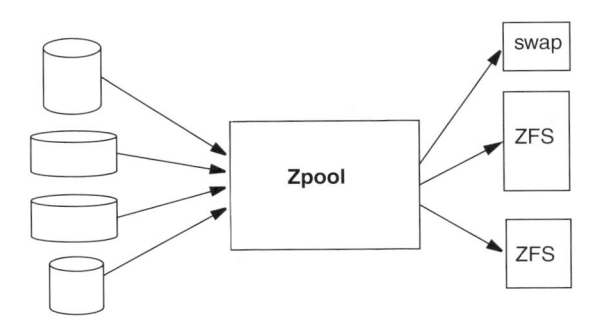

Abb. 9–39 Unter ZFS lassen sich Laufwerke zu einem Storage Pool (Zpool) zusammenfassen, aus dem sich mehrere ZFS-Dateisysteminstanzen und Swap-Laufwerke erzeugen lassen.

Zusätzlich besteht die Möglichkeit, Redundanz zu erhalten, indem der LVM ein RAID-System in Software realisiert.

9.6.2 Datenintegrität

Da das ZFS für die Speicherung extrem großer Datenmengen konzipiert wurde, haben seine Erfinder auch einen erhöhten Aufwand für die Garantie fehlerfreier Datenspeicherung getrieben, indem sie das Problem der stillschweigenden Datenbeschädigung (*silent data corruption*) lösen. Diese unbemerkten Speicherfehler treten gemäß unabhängigen Untersuchungen alle 10^{16} Bit oder noch häufiger auf. In gängigen Größen entspricht dies einem Fehler pro 1.250 Terabyte. Die Lösung besteht darin, dass für alle Anwender- und Metadaten Checksummen berechnet, mitgespeichert und beim Datenabruf geprüft werden, was anerkanntermaßen über das Übliche hinausgeht. Wird ZFS in einem RAID-Modus mit Redundanz betrieben, so werden erkannte Fehler automatisch korrigiert. Man kann sich nun fragen, wie schwerwiegend dieses Problem tatsächlich ist, aber eine Lösung desselben ist sicher vorteilhaft.

Wenn unter ZFS an einer Datei Änderungen vorgenommen werden, so wird der bestehende Inhalt auf der Platte nicht modifiziert, sondern die Änderungen werden separat abgelegt. Die so getrennt gespeicherten Inhalte (ganze Blöcke) werden anschließend der Datei zugeordnet und die obsoleten Inhalte in den Metadaten markiert. Dieses Verfahren wird als *copy-on-write* bezeichnet, da alte Dateiinhalte zuerst kopiert, modifiziert und dann in einen neuen Block geschrieben werden. Das Copy-on-write-Verfahren erlaubt das sehr einfache Erzeugen von periodischen Schnappschüssen (*snapshots*) des Dateisystems, z.B., alle 15 min, auf die bei Bedarf zurückgegriffen werden kann, womit quasi eine Archivfunktion mit eingebaut ist.

9.6.3 Pufferung und Deduplizierung

Das ZFS unterstützt den Aufbau hierarchischer Speichersysteme, indem es mehrstufige Datenpufferung zulässt. In einem Level-1-Cache lassen sich RAM-Speicher einbringen, um häufig benötigte Daten schnell bereitzustellen. In einem optionalen Level-2-Cache werden SSD (Solid State Disks) benutzt, um diejenigen Inhalte schneller anzubieten, die im RAM-Puffer keinen Platz finden. Für Einsatzszenarien, bei denen oft gleiche Daten an mehreren Orten im Dateisystem gespeichert werden, bietet ZFS die Möglichkeit der *Deduplizierung (deduplication)* an. Dabei erkennt das ZFS gleiche Inhalte auf der Ebene ganzer Blöcke und eliminiert alle überflüssigen Kopien. Entsprechend werden auch die Dateisystem-Metadaten nachgeführt. Plattenplatz kann dies einsparen, wenn ein Zpool beispielsweise Platz für mehrere virtuelle Maschinen anbietet, die mit demselben Betriebssystem arbeiten.

9.6.4 Interoperabilität

Die direkte Interoperabilität des ZFS beschränkt sich auf Unix-Systeme, für die entsprechende Treiber bereitstehen. Was jedoch das ZFS für den Einsatz in vernetzten Windows-Umgebungen interessant macht, ist der sogenannte *Native CIFS Support*, d.h. die Anbindung von Windows-Systemen mit dem als CIFS standardisierten Microsoft-Protokoll SMB für Fileserver (siehe auch Abschnitt 9.7.4). Dabei bietet ZFS den Vorteil, dass die Windows-Dateirechte und die Kennungen berechtigter Benutzer exakt gespeichert werden. Ergänzend unterstützt ZFS den gleichzeitigen Dateizugriff via das in der Unix-Welt populäre NFSv4-Protokoll (siehe auch Abschnitt 9.7.3).

9.7 Netzwerkdateisysteme

Unter einem Netzwerkdateisystem versteht man gemeinhin ein Dateisystem, das es erlaubt, Dateien auf verschiedenen Rechnern in einem Computernetz zu nutzen. Ein alternativer Begriff ist das *verteilte Dateisystem (distributed file system)*. Der Gegensatz dazu wäre ein Dateisystem, das nur den Zugriff auf direkt an den Rechner angeschlossene Festplatten zulässt und nur lokalen Benutzern genau dieses Rechners zugänglich ist.

9.7.1 Logische Sicht

Aus Sicht des Anwenders sind zwei Anforderungen besonders wichtig:
- *Ortstransparenz (location transparency)*: Diese ist gegeben, wenn der Pfadname einer Datei nicht erkennen lässt, auf welcher Maschine sich die Datei befindet.

- *Ortsunabhängigkeit (location independence)*: Dies bedeutet, dass das Verschieben einer Datei von Rechner A auf Rechner B keine Pfadnamensänderung bewirkt.

Auf jeden Fall erfolgt bei einem Netzwerkdateisystem der Dateizugriff mit den gleichen Dateisystemfunktionen, wie sie für lokale Dateien benutzt werden.

Verzeichnisstruktur

Eine für die Anwendung wichtige Frage ist die, wie ein entferntes Dateisystem lokal für den Benutzer sichtbar wird. Unter Unix werden alle Dateisysteme, auch solche auf fremden Rechnern, in einem einzigen Verzeichnisbaum sichtbar gemacht. Damit ist vor dem Benutzer versteckt, wo sich eine bestimmte Datei genau befindet. Unter Windows erscheinen entfernte Laufwerke unter eigenen Laufwerksbuchstaben. So kann der Anwender in der Regel einfach erkennen, was lokal und was entfernt gespeichert ist. Grundsätzlich kann man sich fragen, ob alle Dateien aller beteiligten Rechner überall sichtbar sein sollen. Diese Anforderung ist schwer zu erfüllen, da gewisse Dateien nur auf einer bestimmten Maschine einen Sinn haben. Dazu zählen vor allem Systemdateien und Dateien, die sich auf eine bestimmte Rechnerausstattung oder Konfiguration beziehen. Da so auch gleichnamige Dateien in verschiedenen Versionen vorkommen können, verbietet sich die globale Sichtbarkeit fast von selbst. Aus diesem Grund bietet es sich eher an, die Dateien auf einem Rechner in zwei Gruppen aufzuteilen:

- *Lokale Dateien*: Sie sind nur lokal auf dem Rechner sichtbar.
- *Globale Dateien*: Sie sind auf allen Rechnern im Netz zugänglich.

Dieser Ansatz ist ein Kompromiss, mit dem sich gut leben lässt. Vorteilhaft ist zudem, dass Dateien mit lediglich lokaler Bedeutung schneller geladen werden, wenn sie auch lokal gespeichert sind.

Gemeinsame Dateinutzung

Die gleichzeitige gemeinsame Dateinutzung stellt in einer vernetzten Umgebung andere Anforderungen, als wenn dies nur lokal der Fall ist. Dazu betrachten wir nochmals die verschiedenen Lösungen der Konsistenzsemantik, die wir bereits in Abschnitt 9.1.3 kennengelernt haben.

- *Unix semantics*: Alle Schreiboperationen sind sofort für alle Prozesse sichtbar. In einem Netzwerk heißt dies, dass die Schreibdaten sofort dorthin transferiert werden müssen, wo sich die Datei befindet. Dies kann zu viel Netzwerkverkehr führen. Zudem ist infolge unterschiedlicher Verzögerungen im Netzwerk nicht sichergestellt, dass auch mehrere Schreiboperationen in der Reihenfolge stattfinden, wie sie auf den einzelnen Rechnern ausgelöst wurden. Diese Gründe führten zur Entwicklung der nachfolgenden, weiteren Lösungsansätze.

- *Session semantics*: Die Änderungen auf einer Datei werden erst dann den anderen Prozessen sichtbar gemacht, wenn die Datei geschlossen wurde. Zudem auch nur für Prozesse, die erst nach dem Schließen die Datei öffnen. Alle anderen sehen die alten Dateiinhalte. Diese Lösung ist einfacher, aber undankbar, wenn mehrere Prozesse die Datei modifizieren. Nur die Änderungen desjenigen Prozesses, der zuletzt die Datei schließt, werden persistent. Alle anderen Änderungen gehen verloren.
- *Transaction semantics*: Um die Zeit zu verkürzen, während der Änderungen nicht sichtbar werden, deklarieren die Applikationen bestimmte Codeabschnitte als Transaktionen. Ist eine Transaktion vollständig, so werden die Änderungen sofort für alle Prozesse sichtbar.
- *Immutable-file semantics*: Änderungen auf gemeinsam genutzten Dateien sind nicht zulässig. Daher werden Änderungen in eine neue Datei geschrieben, die quasi eine weitere Version darstellt. Damit ist das Problem auf die Versionenverwaltung verschoben.

9.7.2 Implementierung

Verteilte Dateisysteme werden meistens als Client/Server-Lösungen realisiert (siehe Abb. 9–40). Server laufen auf denjenigen Rechnern, die Dateien auf dem Netz anbieten. Entsprechend laufen die Clients auf den Maschinen, die auf entfernte Dateien zugreifen wollen.

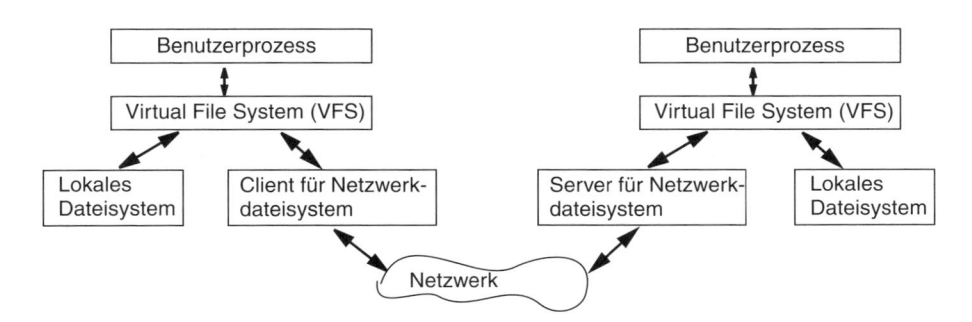

Abb. 9–40 *Netzwerkdateisystem mit Client/Server-Architektur*

Eine Zwischenschicht, in Abbildung 9–40 als *Virtual File System* bezeichnet, stellt den Anwenderprozessen eine gleichartige Schnittstelle zu lokalen und entfernten Dateisystemen zur Verfügung. Häufig kann ein Rechner sowohl Client als auch Server sein. Die Unterschiede zwischen verschiedenen Implementierungen liegen hauptsächlich darin, wie die Funktionalität zwischen Client und Server aufgeteilt wird.

Pufferung (*caching*)

Greift ein Benutzerprozess auf eine entfernte Datei zu, so erfährt der Zugriff zwei Verzögerungen: erstens für den Plattenzugriff selbst und zweitens für die Netzwerkübertragung. Beide Verzögerungen können durch eine geschickte Zwischenpufferung von Daten reduziert werden. Dabei können ganze Dateien oder nur bereits angesprochene Dateiausschnitte gepuffert werden. Bei der ausschnittsweisen Pufferung wird eine Ersetzungsstrategie benötigt, die festlegt, welche Ausschnitte im Puffer überschrieben werden dürfen, wenn der Pufferplatz knapp wird. Andererseits ist eine Pufferung ganzer Dateien unter Umständen ein Ressourcen- und Zeitfresser, wenn die Dateien sehr groß sind. Egal, wie das Problem gelöst wird, die Pufferung ist für die Anwenderprozesse nicht sichtbar. Wird die Pufferung auf der Serverseite durchgeführt, so kann die Datenträgerzugriffszeit für gepufferte Daten eingespart werden. Allerdings ist immer noch die Zeit für die Netzwerkübertragung in Kauf zu nehmen. Eine Pufferung auf der Clientseite reduziert den Netzwerkverkehr und reduziert beide Verzögerungszeiten. Bei gemeinsamer Dateinutzung können allerdings Konsistenzprobleme auftreten. Es fragt sich, wann genau eine Datei auf dem Server aktualisiert wird, wenn die Kopie auf der Clientseite modifiziert wurde. Zusätzlich kann die Notwendigkeit bestehen, die anderen auf die Datei zugreifenden Clients über die Änderung zu informieren, weil diese ja auch eine Kopie in ihrem Puffer führen könnten. Eine erste Lösung transferiert alle Modifikationen sofort vom Client zum Server (*write-through*). Je nach angewendeter Konsistenzsemantik kann diese Regel aber abgeschwächt werden und ein verzögertes Zurückschreiben (*delayed write*) stattfinden. Die Aktualisierung der Datei ist allerdings nur die Hälfte des Konsistenzproblems. Es ist nämlich notwendig, die anderen Clients über die Änderung zu informieren, sodass diese ihre eigenen Kopien in ihren Puffern erneuern. Dies kann durch den Server geschehen, was allerdings der strikten Rollenteilung in einem Client/Server-System widerspricht. Diese Benachrichtigung kann wiederum, je nach benutzter Konsistenzsemantik, abgeschwächt werden.

Zustandsloser bzw. zustandsbewusster Server

Wie bereits in Abschnitt 9.1.2 beschrieben, muss eine Datei zuerst geöffnet werden, bevor Ein- und Ausgaben darauf stattfinden können. Damit verbunden ist ein Eintrag in der Open File Table (Unix) oder das Anlegen eines File Object (Windows). Damit wird der Zustand einer Datei beschrieben, und zwar mit den Informationen Lese-/Schreibzeiger, Öffnungsmodus und Lokalisierung der Dateiinhalte auf dem Datenträger. Bei einem lokalen Dateisystem sind diese Informationen auf dem gleichen Rechner abgelegt. Bei einem Netzwerkdateisystem können sie sich auf der Server- oder Clientseite befinden. Obliegt diese Buchführung dem Server, so nennt man ihn einen zustandsbewussten (*stateful*) Server. Andernfalls handelt es sich um einen zustandslosen (*stateless*) Server.

Ein zustandsbewusster Server unterhält für alle geöffneten Dateien, egal von welchem Client, die erwähnten Informationen. Ein Client schickt eine Öffnungsanforderung mit einem Dateinamen an den Server und erhält eine Kennung (Dateideskriptor, Handle) zurück. Für nachfolgende Ein-/Ausgaben sendet der Client nur noch die Kennung. Ein Problem dieser Lösung kann die Zuverlässigkeit sein, wenn entweder der Client oder der Server abstürzt. Stürzt der Server ab, so sind die Zustandsinformationen verloren, stürzt der Client ab, so speichert der Server Informationen, die keinen Bezug mehr haben. Alle diese Fehlsituationen müssen behandelt werden.

Ein zustandsloser Server überlässt die Speicherung des oben beschriebenen Zugriffszustands dem Client. Für jede Ein-/Ausgabe sendet der Client den Dateinamen und die Dateiposition zusammen mit dem Befehl an den Server. Da der Server keine Zustandsinformationen unterhält, können Ein-/Ausgabeoperationen idempotent erfolgen. Das heißt, eine Wiederholung der gleichen Ein-/Ausgabe führt zum gleichen Resultat.

Dateireplikation

Werden Kopien von Dateien auf verschiedenen Servern geführt, so ergibt dies mehrere Vorteile:

- *Leistungssteigerung*: Eine Anfrage kann an denjenigen Server geleitet werden, der am wenigsten belastet und/oder mit der kleinsten Übertragungsverzögerung die gewünschten Daten liefern kann. Dies stellt eine Laststeuerung dar.
- *Zuverlässigkeit und Verfügbarkeit*: Stürzt ein Server ab, so können Anfragen an einen anderen Server geleitet werden, der Kopien der Daten enthält. Gelangen beim Serverabsturz Dateien in inkonsistente Zustände, so können sie aus Replikaten regeneriert werden.
- *Skalierbarkeit*: Ist ein Dateiserver überlastet, so können ihm transparent weitere Server zur Seite gestellt werden.

Für die Dateireplizierung betrachten wir zwei Ansätze. Im ersten Ansatz wird beim Lesen der Inhalt irgendeines der Replikate geliefert (die Unterscheidung zwischen Original und Replikat entfällt). Beim Schreiben werden jedoch alle Replikate aktualisiert (*read-any/write-all, read-one/write-all*). Dies ist nicht immer einfach. Vor allem, was wird gemacht, wenn ein Server temporär nicht verfügbar ist? Beim zweiten Ansatz handelt es sich um eine Art von Abstimmungsverfahren (*quorum-based*), bei dem die Mehrheit benötigt wird. Bezeichnen wir die Anzahl an Replikas, die ein Prozess minimal lesen muss, als Lesequorum R und die Anzahl für das Schreiben als Schreibquorum W, so gelten die Regeln:

(1) $R + W > N$
(2) $W > N/2$

mit N als der Anzahl aller Replikas. Die erste Regel sorgt dafür, dass jedes Lesen sich mit jedem Schreiben überschneidet. Die zweite Regel garantiert, dass nicht zwei Prozesse gleichzeitig verschiedene Replikas unbemerkt aktualisieren. Zwei Beispiele in Abbildung 9–41 illustrieren die Idee für den Fall N=5.

Abb. 9–41 *Beispiel für Lesen/Schreiben auf replizierten Dateien gemäß Quorum-Regeln*

9.7.3 NFS – Network File System in Unix

Das *Network File System* (abgekürzt *NFS*) wurde von der Firma Sun Microsystems, Inc. entwickelt und auf den Markt gebracht. Das Bestechende an NFS ist, dass es erlaubt, Rechner mit unterschiedlichen Architekturen und Betriebssystemen miteinander zu koppeln (heterogene Systeme).

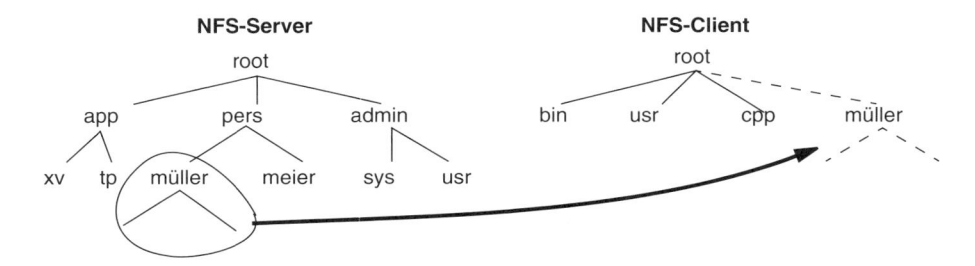

Abb. 9–42 *Abbildung von Verzeichnisästen des Servers im Client*

Wie bereits der Name sagt, ermöglicht NFS den transparenten Zugriff auf Dateien in einem Netzwerk. Im Clientrechner werden Dateisysteme des Servers (oder Ausschnitte davon) in das eigene Dateisystem eingehängt (*mounting*).

OSI-Schicht	NFS-Teil
7 Anwendung	NFS/MOUNT-Protokoll
6 Darstellung	XDR
5 Steuerung	RPC
4 Transport	
3 Vermittlung	
2 Sicherung	
1 Übertragung	

Abb. 9–43 *Zuordnung von NFS-Teilen zu Schichten des OSI-Modells*

Aus welchen Teilen besteht NFS? Es werden die Schichten 5, 6 und 7 des ISO-OSI-Modells mit folgenden drei Teilen abgedeckt (siehe Abb. 9–43):

- Schicht 7: NFS-Protokoll, MOUNT-Protokoll
- Schicht 6: XDR (*External Data Representation*)
- Schicht 5: RPC (*Remote Procedure Call*)

Das NFS stellt also eine Anwendung des Sun RPC-Mechanismus dar, der in Abschnitt 6.6.3 beschrieben ist. Entsprechend sind auch die Sicherheitsprobleme zu bewerten. Erst das NFS V4, das auf RPC-GSS beruht, kann heutige Sicherheitserfordernisse adäquat befriedigen. Es realisiert eine sichere Authentifizierung und chiffrierte Datenübertragung. Der NFS-Server arbeitet zustandslos für die älteren NFS-Versionen, für die Version 4 trifft dies aber nicht mehr zu (infolge der Dateidelegation, siehe unten). Das Öffnen einer Datei bewirkt, dass der Client einen File Handle erhält, den er für nachfolgende Zugriffe benötigt. Damit muss die Dateinamensauflösung nicht bei jedem Zugriff erneut erfolgen. Lese- und Schreibanforderungen des Clients beinhalten stets die Lese-/Schreibposition.

Eine Pufferung von Dateiinhalten (*caching*) erfolgt sowohl auf der Client- als auch der Serverseite. Ab Version 4 sendet der Client zum Lesen eine Anfrage an den Server und erhält damit eine delegierte Kopie. Diese Delegation wird vom Server aber wieder aufgehoben, wenn zwischenzeitlich ein anderer Client die Datei modifiziert hat. Das serverseitige Caching benutzt verschiedene Optimierungsverfahren, wie gezieltes Vorauslesen (*read-ahead*) und verzögertes Zurückschreiben (*delayed-write*). Eine Dateireplikation wird von NFS nicht direkt unterstützt (von NFS V4 begrenzt auf reine Lesemedien). Grundsätzlich kann jedes Unix-System sowohl NFS-Server als auch NFS-Client sein.

9.7.4 SMB – Netzwerkdateisystem in Windows

Ein zu NFS vergleichbares Dateisystem stellt das *CIFS (Common Internet File System)* dar, das auf dem von Microsoft entwickelten *SMB*-Protokoll *(Server Message Block)* aufbaut. Auf Windows-Clients werden Serververzeichnisse mit der Funktion *map network drive* als zusätzliche logische Laufwerke verfügbar gemacht. Auf Unix-Systemen werden SMB-Serververzeichnisse mithilfe der Samba-Software als zusätzliche Verzeichnisäste eingeblendet (vergleichbar mit NFS-Servern). Serverseitig müssen Verzeichnisse als sogenannte *Shares* markiert werden, damit Clients auf deren Inhalte zugreifen können. Die Client-Authentifizierung kann für einen Share global mittels eines Passworts ohne Benutzername erfolgen (*share-level security*) oder mit Benutzername und Passwort über die Dateirechteverwaltung des Servers laufen (*user-level security*). Die erste Form war früher nötig, um ältere Windows-Systeme ohne Benutzerverwaltung einzubinden. Bei der zweiten Form erfolgt die Übertragung des Passworts chiffriert und in der neuesten Version (*NT style*) ausreichend sicher. Auf keinen Fall sollte serverseitig die Klartext-Passwortübertragung aktiviert sein. Die Datenübertragung hingegen erfolgt unchiffriert. Auf neueren Windows-Servern ist eine digitale Signierung von Meldungen zwischen Client und Server standardmäßig aktiviert (*smb signing*). Damit kann immerhin die Integrität, wenn auch nicht die Vertraulichkeit des Datenaustauschs sichergestellt werden.

Die heutigen SMB-Implementierungen siedeln sich auf den Schichten 6 und 7 im ISO-OSI-Modell an und bauen typischerweise auf dem NetBIOS-Protokoll auf, das über TCP/IP gefahren wird (dann NBT genannt). Grundsätzlich könnte SMB aber auch direkt auf TCP/IP aufsetzen. Der SMB-Server arbeitet zustandslos vergleichbar mit dem NFS-Server. Das heißt, beim Öffnen einer Datei über den Dateinamen erhält der Client vom Server eine Dateiidentifikation zurück, die er für nachfolgende Zugriffe benutzt. Die einzelnen Lese- und Schreibzugriffe müssen dann die Position innerhalb der Datei stets mitliefern. Das SMB-Protokoll existiert in verschiedenen Versionen. Damit sich ein Client und ein Server auf eine beiden bekannte Version einigen können, muss der Client bei der ersten Verbindungsaufnahme zum Server eine sogenannte Protokollverhandlung durchführen (*protocol negotiation*). Dabei werden die unterstützten Protokollversionen gegenseitig ausgetauscht und eine Versionswahl durchgeführt. Das SMB-Protokoll unterstützt neben der Netzwerkdateisystemfunktion auch die Identifikation von SMB-Servern in einem Netz (*browsing*) und den Zugriff von Clients auf Drucker, die an Servern angeschlossen sind.

Clientseitige Datenpufferung wird unterstützt, wobei ein mit NFS V4 vergleichbarer Delegationsmechanismus eingesetzt wird, der auf sogenannten *opportunistischen Sperren (opportunistic lock, oplock)* aufbaut. Damit können ähnlich wie mit NFS V4 doch serverseitige Zustände anfallen. Die serverseitige Pufferung ist durch die auf dem Server auch für lokale Verwendung vorgesehenen Mechanismen gestützt. Für die Dateireplikation benutzt ein Windows SMB-Server den *Dateireplikationsdienst (File Replication Service, FRS)*, der auf dem verteilten Dateisystem (*Distributed File System, DFS*) aufsetzt. Standardmäßig ist er aber nicht aktiviert.

9.8 Spezielle Dateisystemtechnologien

9.8.1 Protokollierende Dateisysteme

Klassische Dateisysteme reagieren empfindlich auf unerwartete Ausschaltvorgänge, wie z.B. Systemabstürze, gefolgt von Neustart oder einfaches Ausschalten ohne ordentliches Herunterfahren des Betriebssystems. In solchen Situationen kann das Dateisystem, d.h. genau genommen seine Metadaten, in einen inkonsistenten Zustand geraten. Der nachfolgende Gebrauch kann zu Problemen führen, die Reparaturvorgänge und Datenverlust mit sich bringen. Protokollierende

9.8 Spezielle Dateisystemtechnologien

Dateisysteme, auch *journaling file systems* genannt, wurden für diese Betriebszustände speziell vorbereitet und sind dadurch wesentlich robuster. Sie führen über alle Zugriffe hinweg ein Protokoll und sind daher in der Lage, Stromunterbrechungen oder sonstige Systemabstürze weitgehend unbeschädigt zu überstehen. Nicht protokollierende Dateisysteme erfordern im Gegensatz dazu bei einem Neustart nach einem Absturz komplizierte Prüf- und Reparaturvorgänge. Unter Unix z.B. wird diese Funktion durch das Dienstprogramm *fsck (file system check)* durchgeführt und kann bei sehr großen Platten über eine Stunde dauern. Dies ist bei Serversystemen kaum tolerabel und bei Arbeitsplatzrechnern zumindest lästig.

Protokollierende Dateisysteme schreiben jede Aktualisierung des Dateisystems als eine Transaktion in ein Journal (separater Bereich auf dem Datenträger). Alle durchgeführten Transaktionen werden in dieses Journal eingetragen. Infolge der vom Betriebssystem verwendeten Datenpufferung werden Änderungen auf dem Datenträger oft nicht sofort geschrieben, sondern erst zu späteren Zeitpunkten. Wurde eine Transaktion vollständig in das Journal eingetragen, so gilt sie aus Sicht des schreibenden Prozesses als abgeschlossen, auch wenn die Aktualisierung auf dem Datenträger noch aussteht. Die im Journal eingetragenen Transaktionen werden asynchron auf den Datenträger geschrieben. Sobald dieser Schreibvorgang für eine Transaktion komplett erfolgt ist, wird die Transaktion aus dem Journal gelöscht.

Erleidet nun das Dateisystem Schiffbruch, d.h. wird abrupt und nicht ordentlich heruntergefahren, so weiß das Betriebssystem bei einem Neustart aufgrund der aktuellen Journaleinträge, welche Transaktionen noch nicht erledigt sind. Diese werden dann nachgeholt und damit die Konsistenz zwischen Metadaten und übrigem Datenträgerinhalt wiederhergestellt. Die geführten Protokolle umfassen meist nur die *Metadaten* der Dateien. Das heißt, es werden das Erstell- und Änderungsdatum, die Rechte, der Pfad und Dateiname, die Benutzer- und Gruppenzugehörigkeit protokolliert. Der Pfad einer Datei wird anhand eines Baums mitgeführt. Es gibt protokollierende Dateisysteme, die auch die Nutzdaten protokollieren. Dies bringt jedoch einen erheblichen Mehraufwand mit sich, der sich nur bei sehr sensitiven Daten rechtfertigen lässt. Die meisten protokollierenden Dateisysteme sind stark auf Skalierbarkeit ausgerichtet. Es lassen sich Partitionen während des Betriebs vergrößern und verkleinern, zudem können mehrere Datenträger zu einer logischen Partition zusammengefasst werden. Ebenfalls erreichen die meisten dieser Dateisysteme durch moderne Entwurfsansätze insgesamt eine höhere Verarbeitungsleistung als nicht protokollierende Dateisysteme. Unter Unix sind folgende protokollierenden Dateisysteme verfügbar (unvollständige Auswahl):

- *Btrfs*: Dies ist ein dem ZFS nachempfundenes Dateisystem.
- *Ext3/Ext4*: Dies sind Weiterentwicklungen des populären Ext2fs und heute Standardbestandteil des Linux-Kerns. Sie unterstützen optional auch das Protokollieren von Nutzdaten.
- *F2FS*: Berücksichtigt optimal die Eigenschaften von Flash-Medien.
- *JFS*: Entwickelt durch IBM.
- *ReiserFS*: Dieses Dateisystem wurde speziell auf hohe Leistung hin von Hans Reiser entwickelt und ist heute Standardbestandteil des Linux-Kerns. Es ist bei kleinen Dateien anderen Lösungen in der Platzausnutzung überlegen.
- *XFS*: Wurde von SGI (Silicon Graphics Incorporated) entwickelt.
- *VxFS*: Es wurde von der Firma Veritas speziell für Linux entwickelt.
- *Solaris ufs*: Hierbei handelt es sich um eine Weiterentwicklung des BSD-FFS (Fast File System), das bei neueren Versionen um ein Journal ergänzt wurde.
- *ZFS*: Sehr leistungsfähiges Dateisystem, das primär bei Unternehmen eingesetzt wird (siehe Abschnitt 9.6).

Unter Windows steht das hauseigene Dateisystem NTFS zur Verfügung.

9.8.2 Schattenkopie

Das Ziel bei der Erstellung von sogenannten Schattenkopien ist es, die inhaltliche Vorgeschichte einer Datei zu erhalten. Dies erlaubt das Rückführen einer Datei in einen Vorzustand, wenn beispielsweise die neuesten Änderungen verworfen werden sollen, nachdem diese bereits in der Datei gespeichert sind. Dies ist nicht nur für Anwenderdateien nützlich, sondern erlaubt es auch, am Betriebssystem durchgeführte Änderungen (Updates, Treiberinstallationen) rückgängig zu machen, falls damit Probleme aufgetreten sind. Diese Möglichkeit wird beispielsweise von Windows unter dem Namen *Systemwiederherstellung (system recovery)* angeboten und als *Schattenkopierdienst (Volume Shadow Copy Service)* bezeichnet. Schattenkopien können gundsätzlich auf zwei Arten erstellt werden:

- Vollständige Kopie (*clone, full copy, split mirror*): Zu jeder Datei existiert eine Schattendatei derart, dass beide inhaltlich stets übereinstimmen. Das heißt, dass beide Dateien fortlaufend synchronisiert werden. Diese fortlaufende Synchronisierung kann unterbrochen werden, um einen Schnappschuss (*snapshot*) zu einem bestimmten Zeitpunkt zu erstellen.
- Inkrementelle Kopie (*copy-on-write, differential copy*): Wird auf eine Datei geschrieben, so werden alle Änderungen in neu allozierte Cluster geschrieben, die der Datei anstelle der bisherigen Cluster zugeteilt werden. Die Cluster mit den alten nun nicht mehr zur aktuellen Datei gehörenden Inhalten werden anschließend der Schattenkopie zugewiesen. Die Wiederherstellung eines Dateivorzustandes setzt damit voraus, dass sowohl die Schattenkopie als auch die aktuelle Datei vollständig unversehrt vorhanden sind.

Vollständige Kopien haben den Nachteil, dass der Platzbedarf auf dem Datenträger verdoppelt wird im Gegensatz zu inkrementellen Kopien, bei denen nur die Differenzen aktueller Dateien zu ihren Vorzuständen zusätzlichen Platz belegen. Ein weiterer Nachteil liegt darin, dass sie zeitlich einen spürbaren Mehraufwand verursachen im Gegensatz zum inkrementellen Kopieren, das sehr schnell stattfinden kann. Die Wahl zwischen den zwei Arten von Kopien wird vom Einsatzzweck bestimmt. Für Schnappschüsse zu bestimmten Zeitpunkten oder auch für punktuelle Backups bieten sich die vollständigen Kopien an. Für ein kontinuierliches Backup hingegen ist die inkrementelle Kopie besser geeignet.

Viele Betriebssysteme bieten über ihren Desktop einen Papierkorb an, der gelöschte Dateien aufnimmt. Dieser Mechanismus ist unabhängig vom Schattenkopierdienst, indem vom Benutzer gelöschte Dateien einfach in ein verstecktes Verzeichnis verschoben werden. Wird der Papierkorb vom Benutzer geleert, so können die derart gelöschten Dateien über den Schattenkopierdienst trotzdem wieder hergestellt werden, sofern man noch weiß, wie sie heißen und wo in der Verzeichnishierarchie sie abgelegt waren.

9.8.3 Disk Scheduling

Eine zeitlich geschickte Einplanung der Zugriffe auf eine Festplatte unterstützt die möglichst zeitgerechte Abarbeitung der einzelnen Applikationen. So ist es beispielsweise für das Abspielen eines Films wichtig, dass die Bild- und Tondaten genügend schnell bereitstehen. Eine im Hintergrund periodisch stattfindende Sicherung einer Textdatei, die der Benutzer gerade bearbeitet, ist hingegen zeitunkritisch. Ein zusätzliches Argument liefern die auf heutigen Rechnern verbreitet eingesetzten Virenscanner, Datei-Indexierdienste und Update-Mechanismen, die alle eine Zusatzlast verursachen. Im ungünstigen Fall verlangsamen solche Hintergrunddienste die Reaktionszeit für einen Benutzer deutlich merkbar. Dieses Problem kann jedoch durch eine entsprechende Priorisierung der Zugriffe gelöst werden. Da die üblichen Massenspeicherschnittstellen keine Priorisierung von Zugriffen unterstützen, muss dies zwingend vom Betriebssystem selbst durch eine geschickte Einplanung der Zugriffe erfolgen. Die dazu benutzten Strategien und Mechanismen werden als *Disk Scheduling* bezeichnet oder, wenn für alle Ein-/Ausgabearten angewendet, auch als *I/O scheduling*. Unter Windows wird, primär für die Festplattenzugriffe, ein I/O-Scheduling eingesetzt. Dieses bietet zwei Strategien an:

- *Ein-/Ausgabeprioritäten (I/O priorities)*: Für die Zuteilung der Prioritäten wird einerseits darauf geschaut, ob die Zugriffe von einer Hintergrund- oder einer Vordergrundapplikation stammen, und andererseits, ob die Zugriffe zeitkritisch sind. Es werden fünf verschiedene Prioritäten unterschieden. Zur Anwendung kommt diese Strategie vor allem für Systemaufgaben, wie z.B.

das Zurückschreiben modifizierter Speicherseiten bei Speicherknappheit (hohe Priorität) oder das Indexieren von Dateien (sehr tiefe Priorität).
- *Bandbreitenreservierung (bandwidth reservation)*: Diese Strategie ist besonders für Streaming-Applikationen gedacht, sodass diese stets genügend Daten erhalten, um ruckelfrei ablaufen zu können. Dementsprechend können alle anderen Applikationsarten nur noch die nach der Bandbreitenreservierung verbleibende Restbandbreite nutzen.

Was hier nicht erwähnt wurde, das sind Strategien zur Optimierung der Festplattenzugriffe, die sich sowohl im Dateisystemtreiber als auch im Laufwerk selbst realisieren lassen. Diese mehr allgemeinen Optimierungsstrategien sind auf Seite 346 näher beschrieben.

9.9 Datenträgerpartitionierung

9.9.1 Anwendungsbereiche

Bei dieser Partitionierung handelt es sich um die Aufteilung eines Datenträgers in verschiedene, klar abgegrenzte Bereiche. Damit wird es möglich, verschiedene Betriebssysteme oder nur Dateisysteme auf dem gleichen Datenträger zu installieren. Bei Personal Computer (PC) lassen sich Festplatten (HDD) und Halbleiterlaufwerke (SSD) partitionieren. Die Partitionierung kann auch nützlich sein, um ein einzelnes physisches Laufwerk in mehrere logische Laufwerke aufzuteilen. Die dazu nötigen Angaben auf dem Datenträger sind:

- Anzahl der Bereiche
- Angaben über die Positionen der Bereiche
- Angaben über die Größe der einzelnen Bereiche
- Typ eines Bereichs (d.h. Dateisystemtyp)
- Identifikation des Bereichs für das Laden des Betriebssystems

Diese Informationen werden zu verschiedenen Zwecken gebraucht. Erstens beim Laden des Betriebssystems, um die Partition mit dem Urladeprogramm zu finden (sog. aktive Partition), zweitens bei Zugriffen auf das Laufwerk, um die logischen Laufwerke zu unterscheiden. Nachfolgend wird das traditionelle Partitionierungsverfahren der PC-Systeme basierend auf dem MBR (*Master Boot Record*) sowie die modernere Lösung mit der *GPT (GUID Partition Table)* vorgestellt.

9.9.2 Master Boot Record (MBR)

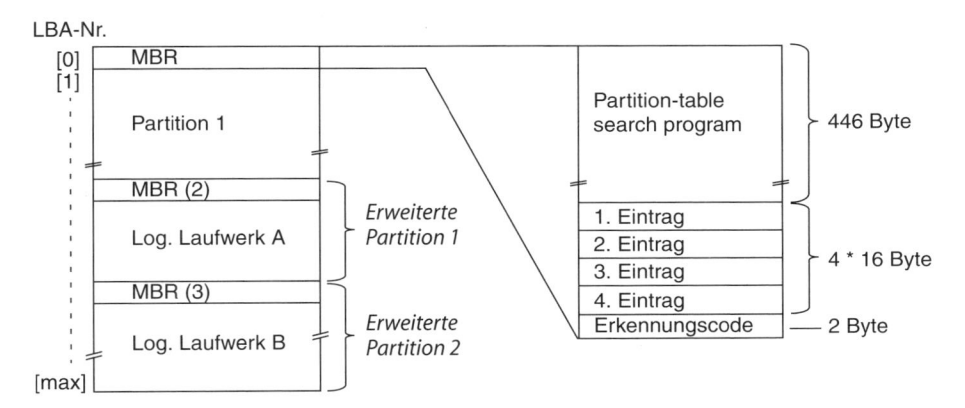

Abb. 9–44 *Aufbau eines Datenträgers mit MBR-Partitionierung (Beispiel für eine primäre und zwei erweiterte Partitionen)*

Der MBR (*Master Boot Record*) enthält die Partitionsinformationen, abgelegt in der *Partitionstabelle,* ein Programm, das die aktiv gesetzte Partition startet (*Partition Table Search Program*), und einen Erkennungscode (*magic number*). Gespeichert wird der MBR stets im ersten Sektor eines Datenträgers, gefolgt von den definierten Partitionen (siehe Abb. 9–44). Die Partitionstabelle besitzt vier Eintragsstellen, womit maximal vier sogenannte *primäre Partitionen* möglich sind. Maximal einer der vier Einträge darf eine erweiterte Partition (*extended partition*) ausweisen, deren erster logische Sektor eine zusätzliche Partitionstabelle enthält. Diese zusätzliche Partitionstabelle kann genau ein *logisches Laufwerk* sowie eine weitere Extended Partition definieren. Mit diesem Schema lässt sich eine gekettete Liste logischer Laufwerke erstellen. Das letzte Listenelement wird durch einen Nulleintrag anstatt einer Referenz auf eine weitere Extended Partition gekennzeichnet.

Ein einzelner Eintrag einer Partitionstabelle beschreibt eine bestimmte Partition im Detail (siehe Tab. 9–9). Der Partitionsstatus »aktiv« weist eine der definierten Partitionen als Startpartition aus. Das heißt, für das Starten des Betriebssystems wird der Boot-Code aus dieser Partition verwendet. Das Eintragsfeld *Partitionstyp* identifiziert das benutzte Dateisystem bzw. Betriebssystem durch einen standardisierten Code. Die weiteren Inhalte eines Partitionstabelleneintrags bestimmen die Lage und Größe der Partition. Diese Angaben sind redundant, das heißt, gleiche Informationen sind verschiedenartig dargestellt. Für Probleme mit großen Festplattenkapazitäten sorgt das Format für Zylinder und Sektor an der Stelle 0x02 im Partitionseintrag (siehe Abb. 9–45). Die maximale Zylinderanzahl ist damit 1024 und die maximale Sektoranzahl ist 63 ($2^6 - 1$). Mit einer maximalen Oberflächenanzahl von 256 ergibt sich die größte partitionierbare Festplatte zu 7,9 GB, sofern alle Eckwerte auf das Maximum gebracht werden.

Offset	Inhalt	Länge (Byte)
0x00	Partitionsstatus (0x00 = inaktiv; 0x80 = aktiv)	1
0x01	Schreib-/Lesekopf, mit dem die Partition beginnt	1
0x02	Sektor und Zylinder, mit dem Partition beginnt	2
0x04	Partitionstyp	1
0x05	Schreib-/Lesekopf, mit dem die Partition endet	1
0x06	Sektor und Zylinder, mit dem die Partition endet	2
0x08	Entfernung des ersten Sektors der Partition (Boot-Sektor) vom Partitionsblock in Blöcken	4
0x0c	Anzahl der Blöcke in dieser Partition	4
	Gesamtlänge: 0x10 (16 Byte)	16

Tab. 9–9 *Format eines Partitionseintrags*

Die Grenze von 7,9 GB lässt sich überschreiten, wenn alle Lageangaben, die auf Zylinder- und Sektorwerten beruhen, ignoriert werden. Die zwei letzten Einträge arbeiten mit Blockanzahlen (bzw. Anzahlen von logischen Sektoren). Da hier 32 Bit zur Verfügung stehen, können Festplattenkapazitäten bis $2^{32} * 512$ Byte = 2 TB verwaltet werden. Diese Form der Plattenadressierung wird als *LBA*-Modus (*Logical Block Addressing*) bezeichnet.

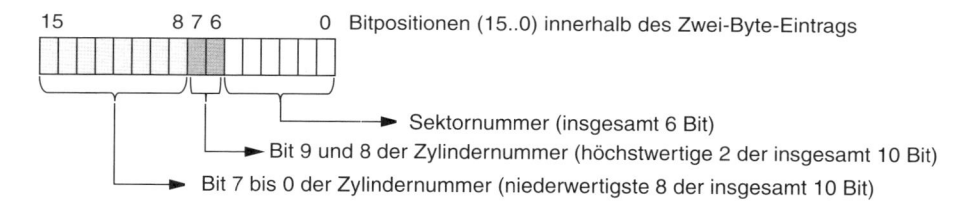

```
15        8 7 6           0   Bitpositionen (15..0) innerhalb des Zwei-Byte-Eintrags
┌─┬─┬─┬─┬─┬─┬─┬─┬─┬─┬─┬─┬─┬─┬─┬─┐
└─┴─┴─┴─┴─┴─┴─┴─┘ └─┘ └─┴─┴─┴─┴─┴─┘
                          └──────► Sektornummer (insgesamt 6 Bit)
                    └─────────────► Bit 9 und 8 der Zylindernummer (höchstwertige 2 der insgesamt 10 Bit)
 └──────────────────────────────► Bit 7 bis 0 der Zylindernummer (niederwertigste 8 der insgesamt 10 Bit)
```

Abb. 9–45 *Nummerierungsformat für Zylinder/Sektor*

9.9.3 GUID Partition Table (GPT)

Das Format der *GUID Partition Table (GPT)* ist im UEFI-Standard (siehe S. 129) festgelegt. Die GPT vermeidet Nachteile des MBR, nämlich dass Partitionen maximal 2 TB groß sein können und bei einer Beschädigung der MBR-Daten ein erfolgreicher Datenträgerzugriff infrage gestellt ist. Dazu wurden nicht nur die Wertebereiche für Partitionsbeschreibungen erhöht, sondern auch eine zweite Partitionstabelle ergänzt, die auf dem Datenträger anschließend an alle

9.9 Datenträgerpartitionierung

Partitionen platziert ist. Ergänzend sind beide Partitionstabellen mit Checksummen versehen, so dass feststellbar ist, ob und welche Tabelle fehlerhaft ist, womit eine Wiederherstellung möglich wird. Damit ein mit der GPT formatierter Datenträger auch für ältere Dienstprogramme, die nur das MBR-Format kennen, lesbar ist, wird zu Beginn des Datenträgers zuerst ein MBR eingetragen (siehe Abb. 9–46).

```
LBA-Nr.
   [0]   | Protective MBR         |
   [1]   | GPT Header 1           |
         | Partitionseinträge     |  ⎫
         | 1..128                 |  ⎬  Partitionstabelle
         |                        |  ⎭
         | Partition 1            |
         |                        |
         | Partition 2            |
         |                        |
         | Partitionseinträge     |  ⎫
         | 1..128                 |  ⎬  Partitionstabelle
   [max] | GPT Header 2           |  ⎭  (Sicherungskopie)
```

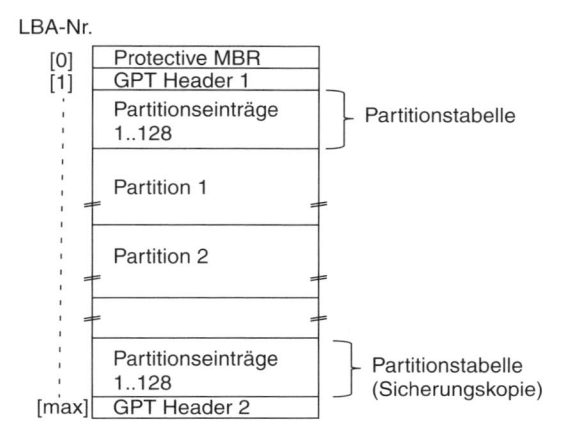

Abb. 9–46 *Aufbau eines Datenträgers mit GPT- Partitionierung*

Dieser MBR beschreibt einen Datenträger, der bereits vollständig belegt ist, wozu ein reservierter Partitionstyp benutzt wird. Dies stellt einen gewissen Schutz dar, wenn ältere Tools benutzt werden, weswegen dieser MBR auch *Protective MBR* genannt wird. Eine eigentliche Rückwärtskompatibilität besteht damit aber nicht, was zur Folge hat, dass sich GPT-Datenträger nur von UEFI-BIOS-basierten Systemen nutzen lassen. Eine Ausnahme besteht in Systemen mit älterem BIOS, falls der Bootloader und das gestartete Betriebssystem um Funktionen für die GPT-Nutzung erweitert wurden. Anschließend an den Protective MBR folgt der erste GPT-Header sowie eine Partitionstabelle mit bis zu 128 Einträgen. Dies ist gefolgt von den definierten Partitionen und wird abgeschlossen von einer Kopie der Partitionstabelle sowie einem zweiten GPT-Header, durch den der erste Header sicherheitshalber gespiegelt wird.

Der GPT-Header enthält Informationen zur Gesamtgröße des Datenträgers, der Anzahl genutzter Partitionseinträge, eine global einzigartige Kennung (*Globally Unique Identifier, GUID*), seine eigene Position und die des zweiten GPT-Headers sowie eine Checksumme über sich selbst und den zweiten GPT-Header. Diese Checksummen sind nützlich, um die Integrität der Partitionierungsinformationen zu überprüfen. Ein Eintrag, der eine einzelne Partition beschreibt, nutzt 64 Bit große Werte für die Position und Größe der Partition, was praktisch keine Größengrenzen mehr setzt. Einige Festlegungen des GPT-Formats beziehen sich auf bestimmte LBA-Nummern, unabhängig von der Größe eines logischen Sektors. Daher unterscheidet sich der Aufbau der Partionierungsdaten zwischen Datenträgern mit 512 oder 4096 Byte Sektorgröße, was beim GPT-Zugriff zu beachten ist. Ferner existieren hybride GPT-Formatierungen, bei denen dieselbe primäre Partition sowohl durch einen Eintrag in der Protective MBR als auch in der GPT beschrieben wird. Dies erlaubt die alternative Nutzung der MBR- bzw. GPT-Einträge, was manchmal nützlich sein kann.

10 Programmentwicklung

Lernziele

- Sie erklären die einzelnen Schritte der Programmübersetzung und führen diese mit den GNU-Werkzeugen schrittweise durch.
- Sie beschreiben Übersetzungsvorgänge mithilfe der T-Notation.
- Sie erläutern das Grundprinzip der Programmübersetzung und die Rolle der dabei definierten Sektionen für die GNU-Werkzeuge.
- Sie analysieren Zwischenprodukte der Programmübersetzung mithilfe des Dienstprogramms »objdump« und analysieren und interpretieren ihre hauptsächlichen Inhalte.
- Sie demonstrieren an einem einfachen Beispiel, welche Aufgaben bei der Relokation konkret gelöst werden.
- Sie erklären die Relokation und Adressbindung von Programmbibliotheken.
- Sie klassifizieren Programmbibliotheken aufgrund von drei Merkmalen.
- Sie beurteilen die Effizienz von Programmbibliotheken anhand von fünf bestimmenden Merkmalen.
- Sie erstellen einfache Programmbibliotheken unter Unix als *static library*, *shared library* oder *dynamic loadable library*.
- Sie erläutern die Rolle der GOT und PLT bei der Verwendung gemeinsamer Bibliotheken unter Unix.
- Sie entwickeln einfache Programmbibliotheken (DLL) unter Windows.
- Sie analysieren das Laden von Windows-Programmen und Programmbibliotheken.
- Sie beurteilen die Vor- und Nachteile von implizitem, explizitem und verzögertem Laden von Programmbibliotheken unter Windows.

> - Sie erstellen einfache Unix-Shell-Skripte und bringen diese zur Ausführung.
> - Sie analysieren bestehende Unix-Shell-Skripte, identifizieren Programmierfehler und schlagen Lösungsmöglichkeiten vor.

Für die Systemprogrammierung setzen wir Entwicklungswerkzeuge ein, die oft zusammen mit einem Betriebssystem installiert werden. Zuerst betrachten wir in diesem Kapitel die einzelnen Schritte der *Programmübersetzung*, deren Automatisierung und überblicksartig die *Verwaltung von Programmversionen*. Dies wird ergänzt durch die *T-Notation*, mit der sich auf anschauliche Weise die Wirkung verschiedener Übersetzungswerkzeuge darstellen lässt. Im Grenzbereich zwischen der Übersetzung und dem Laden von Programmen sind die Themen der *Adressraumbelegung und der Adressrelokation* angesiedelt. *Programmbibliotheken* stellen das Bindeglied zwischen Applikationen und der binären Systemprogrammierschnittstelle dar, sind aber auch nützlich bei der Entwicklung größerer Applikationen. Ihr Zweck, Aufbau, ihre Funktionsweise und ihre Erstellung werden beschrieben. *Skriptdateien* steuern unter Unix den gesamten Startvorgang des Betriebssystems, spielen aber auch in der Systemverwaltung, Programmentwicklung und Installation eine Rolle. Zudem illustrieren sie die Möglichkeiten und Grenzen der Skriptprogrammierung, weswegen wir sie genauer in Augenschein nehmen.

10.1 Software-Entwicklungswerkzeuge

An der Übersetzung und Bildung eines Gesamtprogramms sind im Allgemeinen verschiedene Programme beteiligt (Compiler, Assembler, Linker), die entsprechende Zwischenprodukte bilden, mit denen wir uns im Weiteren befassen wollen. Heute steht in den meisten Fällen eine integrierte Entwicklungsumgebung zur Verfügung, in der die Übersetzungsvorgänge automatisch ablaufen und durch Optionen gesteuert werden. Oft sind als Ergänzung Simulatoren erhältlich, mit denen man die (simulierte) Progammausführung auf allen Ebenen gleichzeitig verfolgen kann (Hochsprache, Assembler, Speicher, Variable). Bei der Entwicklung größerer Applikationen wird nicht selten mit Übersetzungswerkzeugen gearbeitet, die auf der Kommandozeile aufgerufen werden. Die uns als Beispiele dienenden GNU-Tools sind ebenfalls kommandozeilenbasiert, was hier keinen Nachteil darstellt, da die einzelnen Schritte der Programmübersetzung unmittelbar sichtbar und verstehbar sind.

10.1.1 Ablauf der Programmübersetzung

Grundprinzip

Ein Programm, das einen Hochsprachen-Quellcode in einen Maschinencode übersetzt, wird *Compiler* genannt. Ist die Ausgangssprache ein Assembler-Quellcode, so nennt man das Übersetzungsprogramm einen *Assembler*. Werden mehrere Quellcodeprogramme separat übersetzt, so müssen die erzeugten Codemodule am Schluss kombiniert und endgültig im Adressraum platziert werden. Das entsprechende Dienstprogramm nennt sich *Binder (linker)*. Sogenannte Einschritt-Compiler kombinieren diese drei Teilschritte. In Abbildung 10–1 ist das Grundprinzip der Programmübersetzung vom Hochsprachen-Quellcode bis zum Maschinencode gezeigt. Das *Frontend* übersetzt den Quellcode in eine Zwischendarstellung, die sich *Intermediate Representation (IR)* nennt. Die erhaltene IR wird zur Optimierung der Laufzeit und/oder des benötigten Speicherplazes durch den *Optimizer* umformuliert, wodurch eine optimierte IR entsteht. Diese muss natürlich die gleiche Bedeutung besitzen wie die nicht optimierte IR. In einem letzten Schritt erzeugt das *Backend* den ausführbaren Maschinencode. Sofern die IR recht maschinennah (low-level), aber immer noch portabel ist, kann ein bestimmtes Frontend unverändert für mehrere Backends eingesetzt werden.

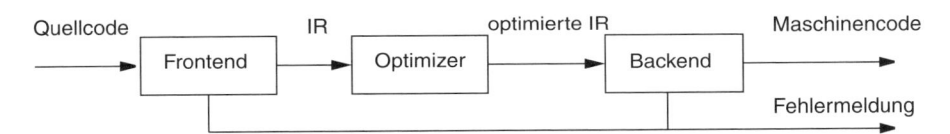

```
Quellcode        IR          optimierte IR        Maschinencode
   ────▶ [Frontend] ────▶ [Optimizer] ────▶ [Backend] ────▶
                                                     Fehlermeldung
                                                     ────▶
```

Abb. 10–1 *Funktionsweise der Programmübersetzung (Prinzip)*

Es existieren viele Variationen dieses Grundprinzips. Da wir für die Systemprogrammierung C oder allenfalls C++ einsetzen, nehmen wir im Weiteren die frei erhältliche *GNU Compiler Collection (GCC)* näher in Augenschein.

Mehrschritt-Übersetzung

Zwischen dem Quellcode (*source code*) in C/C++ und dem ausführbaren Programm in Maschinencode (*executable code*) stehen verschiedene Teilschritte der Programmübersetzung. Die GNU-Werkzeuge erlauben das Zusammenfassen dieser Teilschritte, sodass die Übersetzung für den Anwender wie ein einziger Schritt aussieht (*one-step compilation*). Für das Verständnis des Übersetzungsvorgangs ist es trotzdem nützlich, diese Schritte einzeln zu betrachten. Die meisten Programmübersetzungswerkzeuge benutzen die drei Schritte *Kompilation (Compilation)*, *Assemblierung (Assembly)* und *Binden (Linkage)*.

Kompilation

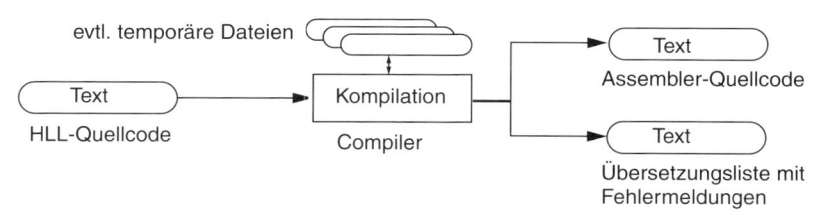

Abb. 10-2 Kompilation

Ein Quellprogramm in einer HLL (*High Level Language*) wird in ein Quellprogramm in Assemblersprache übersetzt. Der Compiler enthält die Abbildungsalgorithmen von Datenstrukturen, Ablaufstrukturen, objektorientierten Mechanismen usw., mit denen diese Elemente auf die in der Assemblerebene vorhandenen Verarbeitungsmöglichkeiten umgesetzt werden. Ein Compiler kann selbst wieder aus mehreren nacheinander verwendeten Programmen bestehen. Für einfache Mikroprozessoren existieren auch Compiler, die direkt endgültigen Maschinencode erzeugen.

Assemblierung

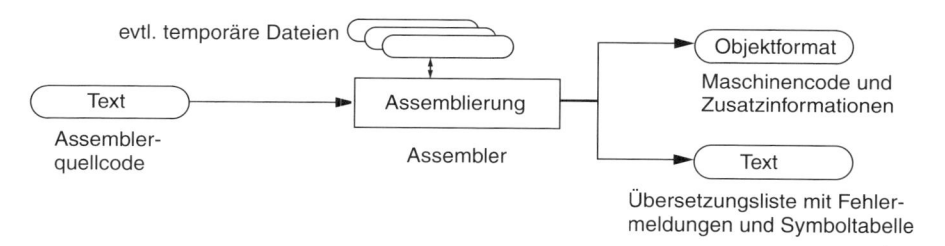

Abb. 10-3 Assemblierung

Die Assemblersprache setzt direkt auf dem Instruktionssatz des eingesetzten Prozessors auf. Die Maschinenbefehle werden dabei mit menschenlesbaren Mnemonics dargestellt, die den Bitmustern des eigentlichen Maschinencodes entsprechen. Der Assembler übersetzt ein Assembler-Quellprogramm in relozierbaren, nicht ausführbaren Objektcode (Maschinencode und Zusatzinformationen) oder in absoluten, ausführbaren Code. Relozierbarer Code ist nicht endgültig in dem Sinne, dass er noch nicht im Adressraum korrekt platziert wurde. Auf vielen Systemen ist der Code so nicht ausführbar. Es gibt jedoch spezielle Lader, die auch noch nicht relozierten Code verarbeiten können. Von absolutem Code spricht man, wenn der Code im Adressraum endgültig platziert und ausführbar ist.

Bindung

Der Binder (*linker*) fügt getrennt übersetzte Programmteile und bereits vorhandene Bibliotheksfunktionen zu einem Gesamtprogramm zusammen, wobei das Resultat eine relozierbare Objektdatei oder ein absolut ladbarer, d.h. ausführbarer Code sein kann. Eine Datei mit relozierbarem Code muss Informationen enthalten, die es dem Binder oder Lader ermöglicht, Adressen oder Adressdifferenzen im Maschinencode abzuändern. Das Spezielle bei Bibliotheksdateien (sie enthalten Bibliotheksfunktionen) liegt darin, dass nur die benötigten Funktionen extrahiert werden (nicht in allen Systemen möglich). Fast jede Programmiersprache stellt Bibliotheksdateien für die Initialisierung der Ablaufumgebung, aufwendige arithmetische Operationen (z.B. Trigonometrie) und einen Satz von Standardroutinen (sogenannte Standardbibliothek) zur Verfügung.

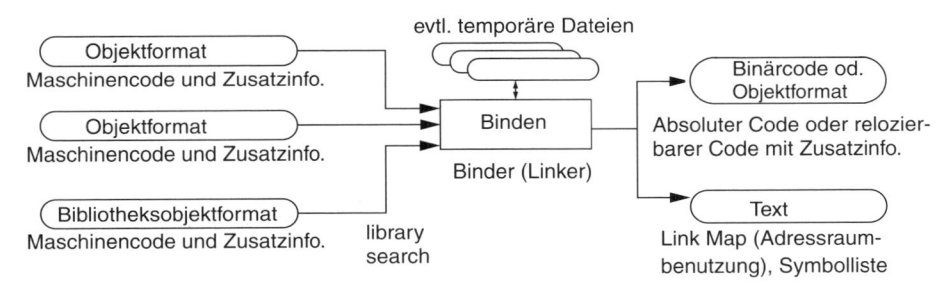

Abb. 10–4 *Binden*

Der Binder fügt die Code- und Datenteile der Eingangsdateien aneinander, sodass sie im Adressraum nicht überlappen. Am Beispiel in Abbildung 10–5 ist dies mit drei Objektdateien schematisch gezeigt. Optional können die Positionen der verschiedenen Sektionstypen im Adressraum beim Aufruf des Binders vorgegeben werden.

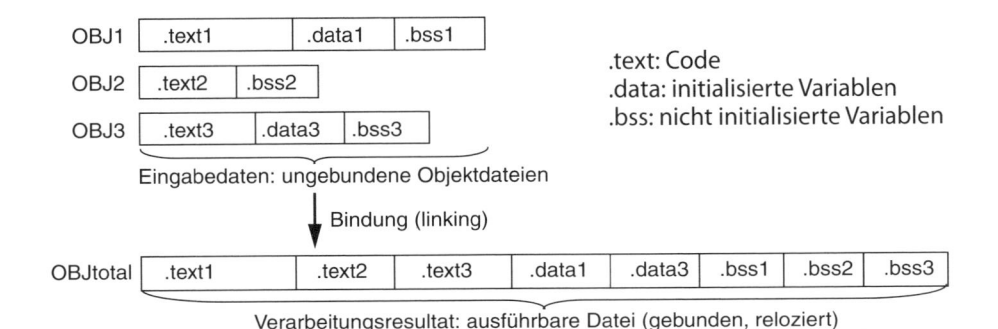

Abb. 10–5 *Binden von Objektdateien (Beispiel für drei Dateien)*

Einschritt-Übersetzung

Bei den GNU-Übersetzungswerkzeugen ist es möglich, sowohl die Übersetzung vom HLL-Quellcode in Maschinencode direkt in einem Schritt oder über Zwischenstufen durchzuführen. Das für uns dabei zentrale Programm heißt gcc (*gnu compiler collection*). Über Aufrufoptionen wird neben anderen Dingen auch gesteuert, ob direkt Maschinencode entstehen soll oder ein Zwischenprodukt. Die einzelnen Verarbeitungsschritte sind in Abbildung 10–6 zu sehen.

Der Präprozessor führt eine Vorverarbeitung des C/C++-Quellcodes durch und ersetzt dabei #define, #include mit den zugehörigen Inhalten und verarbeitet Anweisungen der bedingten Kompilierung (#if, #ifdef etc.). Die übrigen Verarbeitungsschritte entsprechen den bereits erwähnten Funktionen bei der Kompilation, Assemblierung und dem Binden.

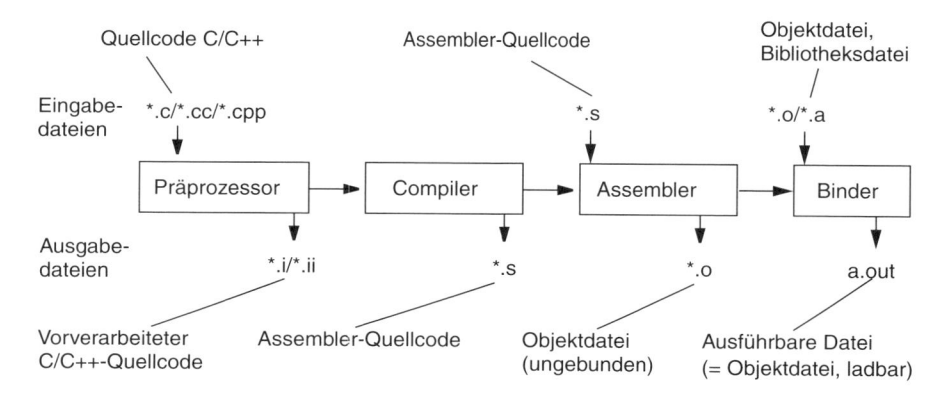

Abb. 10–6 *Übersetzungsschritte des gcc*

Beispiele für den gcc-Aufruf auf der Kommandozeile:

```
gcc -c test1.c -o test1
```

Dieser Aufruf übersetzt Quellcodemodul test1.c. Die Option -c bricht die Verarbeitung nach dem Assemblieren ab, d.h., es wird nicht gebunden. Die Option -o legt den Namen der ausführbaren Datei fest (Standard ist a.out unter Unix bzw. a.exe unter Windows).

```
gcc -c test2.c test3.c
```

Übersetzt test2.c und test3.c.

```
gcc -o test test1.o test2.o test3.o
```

Bindet alle drei Module zur ausführbaren Datei test. Der gcc kann sowohl C- als auch C++-Programme übersetzen. Welche Verarbeitung gilt, wird über die Dateinamenserweiterung gesteuert (siehe Tab. 10–1).

10.1 Software-Entwicklungswerkzeuge

Dateiendung	Bedeutung	Kommentar
*.c	C-Quellcode	Wird vorverarbeitet und übersetzt
*.cc	C++-Quellcode	Wird vorverarbeitet und übersetzt
*.i	Vorübersetzter C-Quellcode	Wird übersetzt
*.ii	Vorübersetzter C++-Quellcode	Wird übersetzt
*.s	Assembler-Quellcode	Wird übersetzt
*.o	Objektmodul	Wird übersetzt (gebunden)
*.a	Objektbibliotheksmodul	Wird übersetzt (gebunden)

Tab. 10–1 Dateinamenserweiterungen für GNU-Übersetzungswerkzeuge

Will man aus dem C/C++-Quellcode nur eine Assembler-Zwischendatei erstellen, so verwendet man die Option -S.

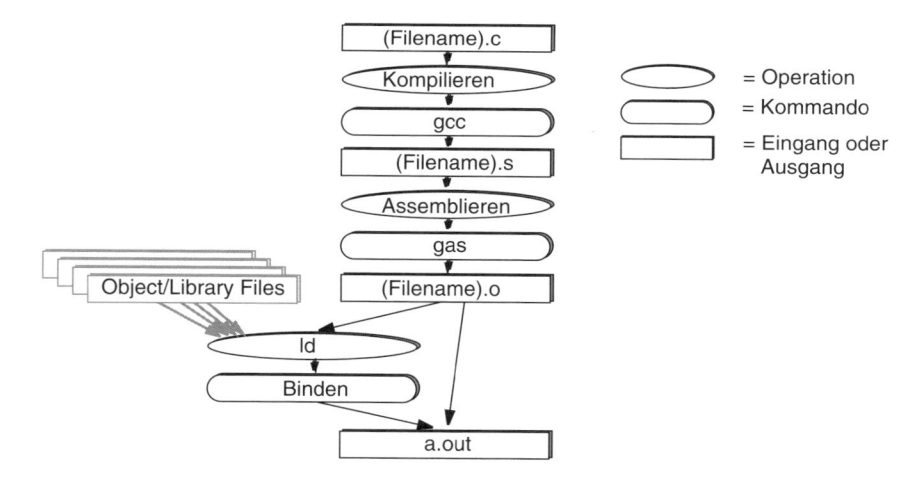

Abb. 10–7 Übersicht Übersetzungsschritte

Soll eine Quellcodedatei nur mittels des Präprozessors verarbeitet werden, so ist dies mit der Option -E möglich. Dies ist nützlich, um zu sehen, wie C-Makros arbeiten und ob Anweisungen zur bedingten Kompilierung wie erwartet wirken. Die Option -v liefert die Releasenummer des gcc. Die Option -g schließlich fügt Zusatzinformationen in das Programm ein, die beim Debugging helfen, sich im Quellcode zu orientieren. Mit der Option -0x kann die Codeoptimierung gesteuert werden, wobei x die Optimierungsart über Zahlenwerte spezifiziert, z.B. *keine, maximale,* für *höchste Ablaufgeschwindigkeit* oder *minimalen Speicherbedarf.* In Abbildung 10–7 sind alle Schritte der Übersetzung in einer Übersicht zusammengefasst.

10.1.2 Darstellung von Übersetzungsvorgängen mittels T-Notation

Für die Darstellung der Übersetzungsvorgänge und die Charakterisierung der Werkzeuge eignen sich die sogenannten T-Diagramme besonders gut. Die T-Notation arbeitet mit wenigen grafischen Grundelementen, um die an einer Programmübersetzung beteiligten Elemente darzustellen. Mit einem beschrifteten Quadrat wird die ausführende Maschine (Prozessor) beschrieben (siehe Abb. 10–8). Ein senkrecht stehendes Rechteck symbolisiert ein Programm in einer bestimmten Form. Links und rechts angehängte Quadrate stellen die Ein- und Ausgabe dar, womit das Aussehen eines T entsteht.

PPC	P	E P A
Maschine mit PowerPC-Prozessor	Programm P mit Logik X	X E: Eingabe A: Ausgabe

Abb. 10–8 *Symbole der T-Notation*

Interpreter

In Abbildung 10–9 sind die zwei Möglichkeiten der Programmausführung zu sehen. Bei der ersten Variante wird das in PowerPC-Maschinencode vorliegende Programm CAL direkt auf dem PowerPC-Prozessor ausgeführt.

Direkte Ausführung

E	CAL	A
	PPC	
	PPC	

Interpretation

E	CAL	A
	JAVA	
	JAVA	
Virtuelle Java-Maschine	JAVA { PPC	
	PPC	

→

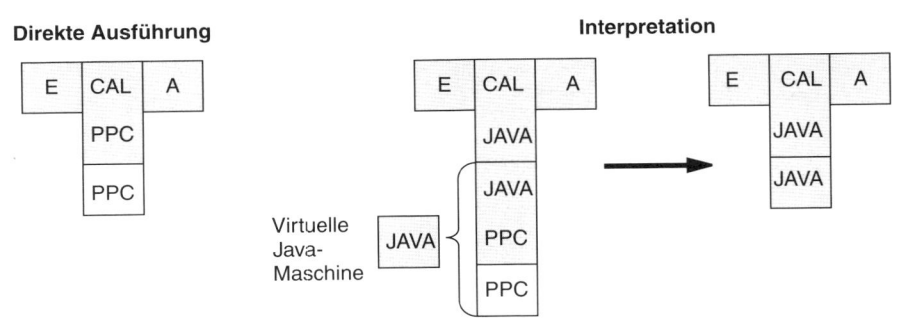

E	CAL	A
	JAVA	
	JAVA	

Abb. 10–9 *Beispiele der Programmausführung in T-Notation*

Bei der zweiten Variante liegt das Programm CAL als Java-Zwischencode (*byte code*) vor, der über eine virtuelle Java-Maschine auf dem PowerPC-Prozessor interpretiert wird. Der Vorteil der zweiten Variante liegt darin, dass das Programm CAL für die Ausführung auf einem anderen Prozessor nicht neu übersetzt werden muss. Eine Voraussetzung dazu ist das Vorhandensein eines Java-Interpreters auf dem anderen Zielprozessor. Die Eingabe an den Übersetzer sind die Quellprogramme, die Ausgabe sind Objektdaten oder wiederum Quellprogramme.

Residente Werkzeuge und Cross Tools

Übersetzer können als *residente Werkzeuge* oder als *Cross Tools* realisiert sein. Residente Werkzeuge erzeugen Code für den Rechner, auf dem sie selbst ablaufen. Die Cross Tools hingegen erlauben die Codeerzeugung für andere Rechnerplattformen. Sie werden typischerweise für die Softwareentwicklung für Kleinprozessoren eingesetzt, da so entwickelte Programme in Systemen verwendet werden, die selbst nicht in der Lage sind, komfortable Werkzeuge zu unterstützen.

Übersetzer von A nach B in der Form X

```
    A → B
      X
```

Residenter Compiler

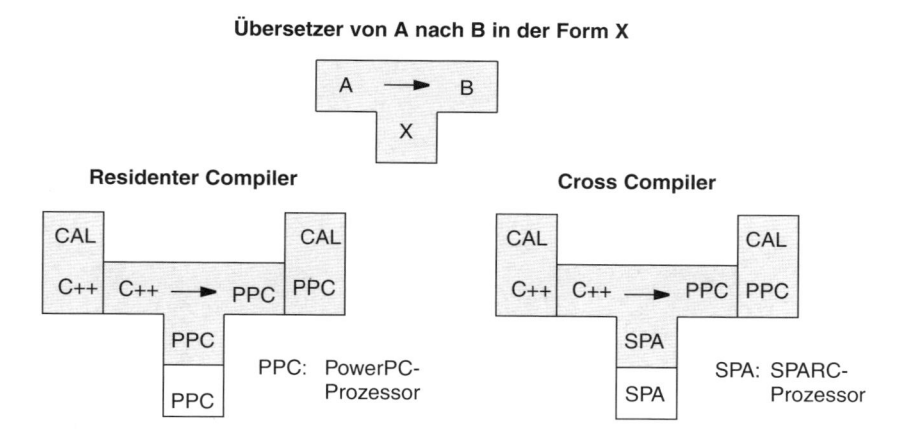

```
CAL              CAL
C++ C++ → PPC PPC
    PPC              PPC: PowerPC-
    PPC                   Prozessor
```

Cross Compiler

```
CAL              CAL
C++ C++ → PPC PPC
    SPA              SPA: SPARC-
    SPA                   Prozessor
```

Abb. 10–10 Arten von Übersetzern (Beispiel)

Ein residenter Übersetzer transformiert ein Quellprogramm in ein Objektprogramm, das auf dem gleichen Prozessor wie der Übersetzer ausgeführt wird (siehe Abb. 10–10 links). Bei den Cross Tools wird Code für einen beliebigen anderen Prozessor erzeugt. Das Übersetzungsprodukt sollte natürlich bei residenten und bei Cross Tools das gleiche sein (siehe Abb. 10–11).

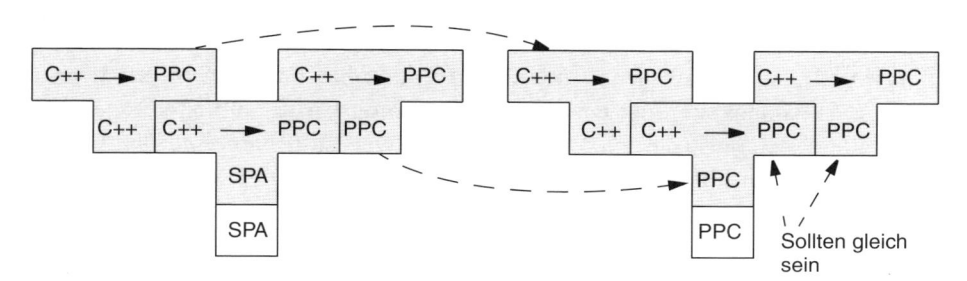

```
C++ → PPC    C++ → PPC        C++ → PPC    C++ → PPC
    C++ C++ → PPC PPC             C++ C++ → PPC PPC
        SPA                           PPC
        SPA                           PPC    Sollten gleich
                                             sein
```

Abb. 10–11 Erzeugung eines residenten Compilers (Beispiel)

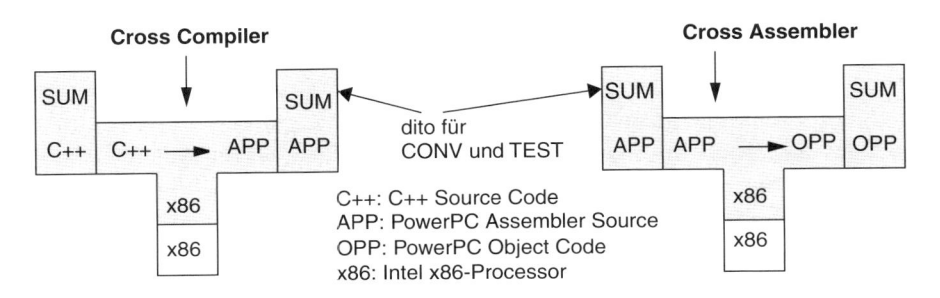

Abb. 10-12 *Beispiel mit C++ Cross Tools für die PowerPC-Plattform, die auf einem PC (Intel x86-Prozessor) ablaufen*

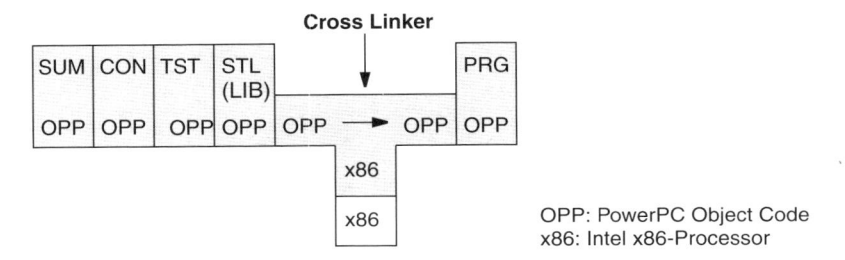

Abb. 10-13 *Beispiel eines Cross Linking, bei dem drei Objektmodule mit einer Programmbibliothek zusammengebunden werden zum ausführbaren Programm*

10.1.3 Automatisierte Übersetzung

Eine automatisierte Softwareerstellung wird durch ein Erstellungsprogramm unterstützt, das dazu eine formale Beschreibung der durchzuführenden Übersetzungsschritte benötigt. Es berücksichtigt, dass oft nur Änderungen an einem kleinen Teil der Quellcodedateien durchgeführt werden. Es macht dann keinen Sinn, alle Module frisch zu übersetzen, sondern es genügt, die geänderten Dateien einzubeziehen. Aus diesem Grund muss die formale Beschreibung Informationen über die Abhängigkeiten der einzelnen Übersetzungsschritte und Module enthalten. Bekannte Build-Programme aus der Unix-Welt sind *make*, *automake* und *Cmake*. Eine rein auf den Skriptbefehlen der Bourne-Shell basierende Lösung sind die *configure-scripts*. Sie lassen sich mit den *GNU autotools* erzeugen und sind populär, um ganze Applikationen für unterschiedliche Unix-Plattformen aus dem Quellcode zu erzeugen. Daneben existieren zahlreiche weitere Programme, die beispielsweise für eine bestimmte Programmiersprache oder Programmentwicklungsumgebung maßgeschneidert sind. Stellvertretend sind nachfolgend die Möglichkeiten des klassischen Dienstprogramms make für C/C++ vorgestellt.

Make

Um ganze Applikationen effizient zu übersetzen, die den Quellcode über eine Vielzahl von Dateien verteilt haben, ist das Dienstprogramm make ein beliebtes Automatisierungswerkzeug. Da bei C/C++-Code sehr stark mit Include-Dateien gearbeitet wird, müssen auch Änderungen an diesen berücksichtigt werden. Zu diesem Zweck werden in einer Steuerdatei (Standardbezeichnung Makefile) die Abhängigkeiten der Dateien festgehalten. Da make unabhängig von den benutzten Übersetzungswerkzeugen funktioniert, sind zudem auch die Übersetzungsregeln (allenfalls um Optionen erweitert) in der Datei Makefile festzuhalten. Ein Makefile könnte beispielsweise folgenden Inhalt besitzen:

```
test: test1.o test2.o test3.o
    gcc -o test test1.o test2.o test3.o
test1.o: test1.c
    gcc -c test1.c
test2.o: test2.c
    gcc -c test2.c
test3.o: test3.c test3.h
    gcc -c test3.c
```

In der ersten Zeile wird festgelegt, welche Abhängigkeiten zu einer Neuübersetzung der ausführbaren Datei test führen. Bei der Ausführung von make wird geprüft, ob der Zeitstempel einer oder mehrerer der drei Objektmodule aktueller ist als der der ausführbaren Datei test. Nur in diesem Fall wird frisch gebunden. Die zweite Zeile legt den durch make auszuführenden Aufruf des gcc fest. Die nachfolgenden Zeilen beschreiben die Abhängigkeiten der Objektmodule von den Quellcodedateien. Hier ist beispielsweise test3.o nicht nur von der zugehörigen Quellcodedatei test3.c abhängig, sondern zusätzlich noch von der Include-Datei test3.h. Das make-Dienstprogramm arbeitet rekursiv, sodass sichergestellt ist, dass alle Abhängigkeiten wirklich berücksichtigt wurden und stets eine Resultatdatei mit allen Änderungen erzeugt wird. In obigem Beispiel eines Makefile wird der gcc-Aufruf für jede einzelne C-Datei wiederholt. Dies kann noch vereinfacht werden, indem Standardübersetzungsregeln eingeführt werden. Auf diese Details soll hier nicht näher eingegangen werden. Was muss alles beachtet werden, damit man make einsetzen kann?

- In dem gleichen Verzeichnis, in dem sich die Quellcodedateien befinden, muss ein Makefile angelegt werden (durch den Softwareentwickler).
- Das Makefile muss alle Abhängigkeiten und Übersetzungsregeln enthalten. Fehlt oder stimmt hier etwas nicht, so kann make unter Umständen nicht das korrekte Endresultat erzeugen (d.h. alles ist »up-to-date«). Alle Abhängigkeiten zu erfassen liegt in der Verantwortung des Softwareentwicklers.
- Wurde noch nie ein ausführbares Programm erzeugt oder immer dann, wenn Änderungen am Quellcode vorgenommen wurden, muss make aufgerufen werden: make resultatdatei. Der Name resultatdatei bezeichnet das Ziel,

d.h. diejenige Datei, die im Übersetzungsvorgang am Schluss steht. Ist diese mit ihren Abhängigkeiten ganz am Anfang des Makefile angegeben, so genügt auch ein Aufruf von make ohne nachfolgenden Namen.

Es können im Makefile auch Makros eingesetzt werden. Einmal deklariert ersparen sie viel Schreibarbeit.

Makrodeklaration:	macro_name = text
Verwendung:	$(macro_name)

In folgendem Beispiel werden die zwei Makros OPTIONS und OBJECTS benutzt. Damit müssen die Optionen und die Liste aller Objektdateinamen nicht immer wiederholt werden.

```
OPTIONS= -o test
OBJECTS= test1.o test2.o test3.o
test: $(OBJECTS)
      cc $(OPTIONS) $(OBJECTS)
test1.o: test1.c
test2.o: test2.c
test3.o: test3.c test3.h
```

Makros können ähnlich wie Skriptsprachen noch für vieles andere verwendet werden. Darauf wollen wir aber hier nicht weiter eingehen.

10.1.4 Versionsverwaltung

In der Softwareentwicklung wird typischerweise schrittweise vorgegangen, sodass zwischen den ersten lauffähigen Programmentwürfen und dem endgültigen Produkt eine Vielzahl von Versionen entstehen. Um jederzeit genau festzustellen, welche Änderungen zu welchem Zeitpunkt eingeflossen sind, sowie um in speziellen Situationen ältere Programmversionen nochmals neu zu generieren, braucht es ein sogenanntes Versionskontrollsystem. Dieses speichert alle Versionierungsinformationen in einem Archiv (*repository*) in einer produktspezifischen Art und Weise. Es gibt verschiedene derartige Produkte, die sich in die folgenden drei Kategorien einteilen lassen:

- *Lokale Versionsverwaltung*: Die Datenablage erfolgt rein lokal. Beispiele sind *SCCS* und *RCS*. Diese Lösung eignet sich nur für einfache Anwendungsszenarien, z.B. eine Dokumentenversionierung.
- *Zentrale Versionsverwaltung*: Sie arbeitet im Client/Server-Betrieb, wobei dem Server die Rolle zufällt, die zentrale Datenablage über das Netzwerk berechtigten Benutzern zugänglich zu machen. Beispiele sind *CVS* und das davon abgeleitete *SVN*.

10.1 Software-Entwicklungswerkzeuge

- *Verteilte Versionsverwaltung*: Bei dieser Lösung sind die Versionierungsinformationen verteilt, wodurch Entwickler weitgehend unabhängig arbeiten können. Bei Bedarf werden die divergenten Versionen wieder zusammengeführt. Beispiele sind *Git* und *Mercurial*.

Stellvertretend betrachten wir das *RCS*- und das *CVS-Versionskontrollsystem* als Vertreter der ersten zwei Kategorien. Für verteilte Versionskontrollsysteme sei auf die weiterführende Literatur verwiesen.

RCS (*Revision Control System*)

Das Quellcode-Managementprogramm der GNU-Tools ist das *RCS (Revision Control System)*. Es bezweckt das Führen und spätere Wiedererzeugen definierter Applikationsversionen. Viele Unix-Versionen stellen vergleichbare Programme zur Verfügung, die unter dem Begriff SCCS (*Source Code Control System*) zusammengefasst sind. Diese besitzen allerdings eine etwas andere Benutzerschnittstelle. Das RCS bezieht sich nur auf Quellcodemodule und nicht auf bereits übersetzte Programme, die in Binärform vorliegen. Es wird durch das Dienstprogramm make ergänzt, das in der Lage ist, RCS-Dateien automatisch zu erkennen, sofern sie sich im gleichen Verzeichnis wie das Makefile befinden. Um eine effiziente Speicherung von Änderungen zu erreichen, verzichtet das RCS darauf, von jeder Version eines Moduls den gesamten Quellcode zu sichern, sondern speichert nur geänderte Quellcodezeilen in der zugehörigen Referenzdatei (mit Suffix *.v). Die Verwaltung von Versionen erfolgt mithilfe einer Baumstruktur. Die erste Version einer Datei stellt die Wurzel dar und erhält die Nummer 1.1. Die nachfolgenden Versionen bauen den Baum auf und tragen die Nummern 1.2, 1.3 und so weiter. Zu jedem Zeitpunkt kann ein separater Entwicklungspfad eröffnet werden, der als neuer Entwicklungszweig (*branch*) neben dem Hauptentwicklungszweig (*trunk*) geführt wird (siehe Abb. 10–14).

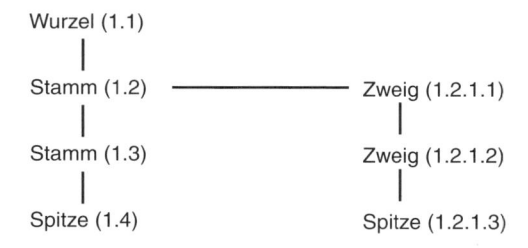

```
Wurzel (1.1)
     |
Stamm (1.2)  ─────────  Zweig (1.2.1.1)
     |                         |
Stamm (1.3)                Zweig (1.2.1.2)
     |                         |
Spitze (1.4)              Spitze (1.2.1.3)
```

Abb. 10–14 *Beispiel eines Versionsbaums mit RCS*

Sollen verschiedene Entwicklungszweige wieder zusammengeführt werden (*merging*), so steht dafür das Programm rcsmerge zur Verfügung. Entwicklungszweige sind beispielsweise dann sinnvoll, wenn eine Software nach einer Freigabe weiter entwickelt wird, aber parallel dazu an der freigegebenen Version Fehler behoben werden. Irgendwann wird dann der Wunsch bestehen, die behobenen Fehler in die Weiterentwicklung einfließen zu lassen.

Gearbeitet wird bei RCS mit den zwei Befehlen ci (*check in*) und co (*check out*). So fügt ci eine Datei xy in die RCS-Referenzdatei ein (xy.v) und löscht die originale Datei xy, um zu verhindern, dass daran weiter geändert wird. Soll eine Datei bearbeitet werden, so muss sie erst mit co geholt werden. RCS sorgt dafür, dass eine bestimmte Datei nicht von mehr als einer Person zu jedem Zeitpunkt verändert wird. Daneben werden Versionsinformationen geführt, die auch eingegebenen Text (z.B. Grund der Änderung) umfassen können. Beziehen mehrere Entwickler die gleiche Datei, so erhält nur der erste diese in einer änderbaren Form. Alle Weiteren erhalten nur eine »read-only«-Kopie. Bevor mit co/ci auf einer Datei gearbeitet werden kann, muss sie mit dem Befehl rcs in die Versionsverwaltung aufgenommen werden. Neben der Vermeidung inkonsistenter Versionen einer Datei ist RCS sehr nützlich, um Informationen über den Stand eines Projekts zu erhalten. Voraussetzung dazu ist aber, dass die eingegebenen Kommentare aussagekräftig genug sind. Zuletzt soll noch erwähnt werden, dass aus dem RCS ein weiteres frei erhältliches Versionskontrollsystem entwickelt wurde (*CVS, Concurrent Version System*), das insbesondere bei großen Projekten etwas bessere Möglichkeiten als RCS bietet (siehe unten).

CVS (*Concurrent Version System*)

Das CVS baut auf dem RCS auf und erweitert es. Es ist für verschiedene Rechnerplattformen erhältlich (z.B. Unix, Linux, Windows, Mac OS X) und erlaubt den Client/Server-Betrieb. Verwaltet werden Module (*modules*) und nicht Einzeldateien. Module werden durch die Programmierer definiert und umfassen in der Regel mehrere Dateien. Unterstützt wird eine flexible Ablage der zu verarbeitenden Dateien, indem CVS größtenteils *rekursiv* arbeitet (d.h., es schließt Unterverzeichnisse mit ein). Ferner kann es mittels Skriptdateien erweitert werden (z.B. spezielle Aktionen bei check-in/out). Eine nützliche Änderung gegenüber RCS ist die Trennung von Archiv (*Repository* genannt) und bearbeiteten Dateien, was die Archivierung vereinfacht.

Das Programm erlaubt paralleles Editieren der durch CVS verwalteten Dateien. Bei »check-in« findet ein automatisches Integrieren aller Änderungen statt (mittels *source code merging*). Falls überlappende Änderungen vorhanden sind, erfolgt die Meldung eines »*merge conflict*«, der von den Programmierern von Hand gelöst werden muss. Der Zugriff auf ältere Entwicklungsversionen erfolgt über ein Datum oder ein »tag«, d.h., einen Namen. Hilfinformationen sind auf den Unix-Handbuchseiten zu finden sowie weitere Informationen unter *http://www.gnu.org*. Bei der Verwendung von CVS ist es nötig, zuerst das Repository zu initialisieren, d.h. unter anderem, die *CVS root* festzulegen. Die wichtigsten Arbeitskommandos sind in Tabelle 10–2 aufgelistet.

Befehl	Zweck
cvs init	Initialisierung des Repository
cvs checkout	Check-out (Modul zum Editieren aus Repository holen)
cvs commit	Check-in (editiertes Modul in Repository wieder einfügen)
cvs add	Neue Dateien zu Repository hinzufügen
cvs remove	Entfernen von Dateien aus Repository
cvs update	Aktualisieren des Arbeitsverzeichnisses (alle Änderungen aus Repository einbringen)
cvs diff	Unterschiede zw. Dateien in Arbeitsverzeichnis und Repository anzeigen
cvs tag	Anlegen eines symbolischen Namens
cvs status	Abfrage des Dateistatus
cvs history	Abfrage der Geschichtsdaten (history)

Tab. 10–2 *Liste der CVS-Kommandos*

10.2 Adressraumbelegung und Relokation

10.2.1 Storage Class

Wird ein Programm auf einem Rechner ausgeführt, so belegt dieses nicht nur Speicherplatz für seine Instruktionen, sondern benötigt auch einen Stapelbereich sowie Platz für Variablen verschiedener Art. Variablen können temporär bzw. dynamisch angelegt, initialisiert, nicht initialisiert und statisch sein, d.h. permanent den Speicher belegen. In der Sprache C wird dies beispielsweise über die sogenannte *Storage Class* festgelegt. Entsprechende Schlüsselwörter sind dazu den Deklarationen vorangestellt.

- *auto*: Die Variable ist innerhalb eines Blocks deklariert. Sie wird beim Eintritt automatisch erzeugt und beim Austritt automatisch zerstört.
- *extern*: Die Variable ist anderswo deklariert. Speicherplatz wird vor dem Eintritt in die Funktion *main()* reserviert und nach dem Austritt aus *main()*, d.h. beim Programmende, wieder freigegeben.
- *register*: Vergleichbar mit *auto*, jedoch kann der Compiler die Variable einem Prozessorregister zuordnen. Ermöglicht einen schnelleren Zugriff.
- *static*: Kann überall deklariert werden. Die Variable erhält den Speicher permanent zugeordnet, d.h. bis zum Programmende. Die Variable ist nur lokal bekannt (*local scope*).

Zudem kann eine Variable mit dem Schlüsselwort *const* als Konstante festgelegt werden. Diese wird anfänglich initialisiert und während des Betriebs nie verändert.

10.2.2 Programmorganisation in Sektionen

Aus diesen Möglichkeiten der Hochsprache heraus ist zu ersehen, dass der Speicher durch ein Programm ganz unterschiedlich genutzt wird. Dies wird bei der Programmübersetzung berücksichtigt, indem der Adressraum für ein Programm in sogenannte *Sektionen (Sections)* unterteilt wird. Die einzelnen Sektionen für sich können dabei nochmals in Untersektionen aufgeteilt sein. Abhängig vom Übersetzungswerkzeug ist dies leicht unterschiedlich gelöst. Wir betrachten exemplarisch die Aufteilung, wie sie die GNU-Tools für C/C++ benutzen (siehe Abb. 10–15).

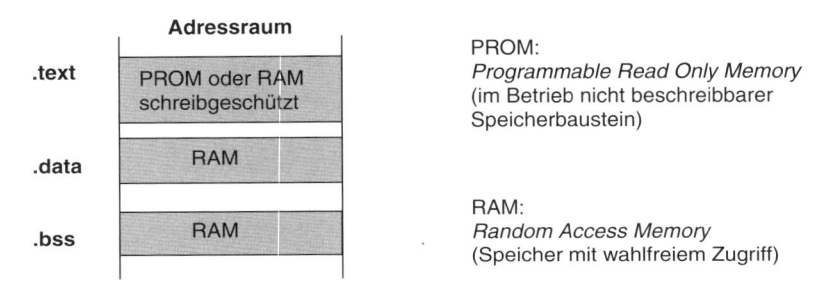

Abb. 10–15 Sektionen der GNU-Tools (Beispiel)

Der Adressraum für ein Programm wird in mindestens drei Sektionen aufgeteilt:

- *Text Section (.text)*: Die Textsektion enthält den *Programmcode* und die *konstanten Daten* (Konstante, Konstantenzeiger, alphanumerische Zeichenketten), die während der Programmlaufzeit unveränderlich sind. Diese können im Speicher schreibgeschützt werden bzw. lassen sich in reinen Lesespeichern (ROM, PROM, EPROM usw.) ablegen. Auf der Assemblerebene erzeugen alle Assemblerinstruktionen und gewisse Pseudoinstruktionen (z.B. *.ascii*, *.int* oder *.byte*) konstanten Code.
- *Data Section (.data)*: Die Datensektion enthält *initialisierte globale Variablen* und *initialisierte statische (lokale) Variablen*. Die Datensektion muss sich zur Programmlaufzeit in einem Lese-/Schreibspeicher (RAM) befinden. Dorthin wird sie vor dem Programmstart zuerst geladen. Wenn sich der Code in einem Festwertspeicher (ROM) befindet, dann wird die Datensektion aus dem ROM geladen, andernfalls direkt vom Datenträger (z.B. HDD, SSD) durch das Betriebssystem. Geladen werden natürlich die Initialwerte der Variablen. Auf der Assemblerebene lassen sich mittels Pseudoinstruktionen initialisierte

10.2 Adressraumbelegung und Relokation

Variablen in die Datensektion platzieren (analog zu den Konstanten in der Textsektion).
- *Base Section (.bss)*: Die Basissektion enthält *uninitialisierte Daten* (globale oder lokale statische Variablen, Stapel). Diese Sektion wird vor dem Programmstart durchgehend mit dem Wert 0 initialisiert (gilt für C). Auf der Assemblerebene wird mit der Pseudoinstruktion *.comm* Speicherplatz in der Basissektion reserviert.

In den einzelnen Sektionen können bei Bedarf auch Untersektionen gebildet werden (nicht betrachtet). Die drei Sektionen können bei der Übersetzung jede für sich auf eine eigene Startadresse im Adressraum gelegt werden. Dies wird bei eingebetteten Systemen dazu verwendet, Code und Daten korrekt in die von den ROM- und RAM-Bausteinen belegten Adressbereiche im Zielsystem zu platzieren. Dieser Schritt wird als Teil des Übersetzungsvorgangs ausgeführt (siehe dort).

Programmstart

Neben der Adressraumbelegung interessieren uns die notwendigen Schritte beim Programmstart. Wir betrachten hier die grundsätzlichen Abläufe ohne Einsatz eines Betriebssystems. Assemblerprogramme werden direkt über den Reset-Vektor (spezieller Einschalt-Interrupt) des Prozessors gestartet, indem dieser auf den Beginn der Textsektion ausgerichtet wird. Eine Datensektion fehlt in der Regel, d.h., die Initialisierung der Variablen muss selbst programmiert werden. Die Basissektion enthält neben den Variablen den reservierten Stack-Bereich. Prozessorabhängig kann der Stapelzeiger entweder automatisch initialisiert werden oder dies findet durch eine der ersten Programmanweisungen statt.

Soll der Code nicht aus dem ROM ausgeführt werden, da Festwertspeicher in der Regel einen langsameren Speicherzugriff bedingen, so muss am Programmanfang der Programmcode zuerst in das RAM umkopiert werden, d.h., das Programm muss sich selbst ins RAM kopieren. Das Laden und Starten von C/C++-Programmen wird durch Bibliotheksroutinen unterstützt. Die C/C++-Startroutinen sorgen für die nötigen Initialisierungen der Laufzeitumgebung.

10.2.3 Relokation von Programmen

Unter der Relokation von Programmen versteht man das Zuteilen definitiver Adressen zu Programmelementen und das dadurch notwendige Abändern von Zugriffsadressen im Code der Programme.

Relokationsbedarf

Die Notwendigkeit zur Abänderung von Zugriffsadressen im Programmcode besteht in folgenden Situationen:

- *Relokationsbedarf bei der Programmübersetzung*: Der Compiler erzeugt bei der Programmübersetzung mehrere Sektionen, die alle bei Adresse 0 starten (siehe Abb. 10–16). Diese Sektionen stellen quasi *logische Adressräume des Compilers* dar (Achtung: Sie sind zu unterscheiden von den virtuellen Adressräumen der Speicherverwaltung!). Bei der Erzeugung der ausführbaren Datei werden alle Sektionen aller gebundenen Objektmodule nebeneinander, d.h. nicht überlappend, im Adressraum platziert (= Bindevorgang, *linking*). Es existieren verschiedene Platzierungsschemen.
- *Relokationsbedarf beim Laden des Programms*: Dies ist nötig, falls ein Programm nicht auf der vorgesehenen Adresse gestartet werden kann, für die es übersetzt wurde. Dies kann beispielsweise bei der Multiprogrammierung mit festen Partitionen erforderlich sein oder auch, wenn das Swapping-Verfahren zum Austausch ganzer Prozesse eingesetzt wird (siehe Abschnitte 8.4.2 und 8.4.3). Zudem kann es beim Laden von mehreren gemeinsamen Programmbibliotheken (*shared libraries* bzw. *DLLs*) zur Kollision der Startadressen kommen, wenn mehrere Bibliotheken für die gleiche Startadresse übersetzt wurden.

Nach Kompilation

Sektion .*text* (Code):

Nach Bindung

Adressraum

0x08048244

Sektion .*data* (init. Daten)

0x08049370

0xffffffff

Jede Sektion beginnt bei Adr. 0, Sektionen sind »logische Adressräume« des Compilers

Alle Sektionen sind im Adressraum »absolut« platziert

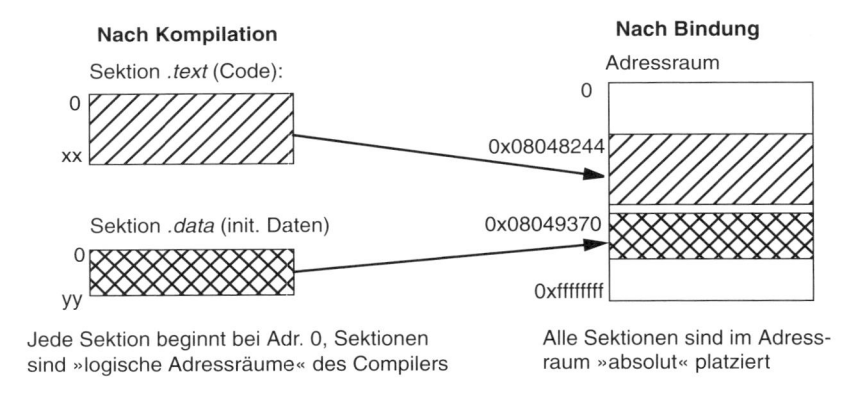

Abb. 10–16 *Platzierung von Daten und Code bei der Programmübersetzung (Beispiel)*

Relokationsproblem

Der Code von Programmen enthält Adressen für *statische Daten*, für *Sprungziele* und für den *Aufruf von Unterprogrammen*. Diese Adressen sind »festverdrahtet« im Code, d.h. Teil des binären Maschinencodes. Bei der Relokation müssen alle diese Adressen angepasst werden, indem sie entsprechend der neuen Platzierung der Sektionen im Adressraum umgerechnet und im Code modifiziert werden. Die Basis für die Relokation ist die *Relokationstabelle*, die eine Reihe von *relocation records* enthält. Fehlen diese Informationen in einer Objektdatei, so ist keine Relokation möglich! Als Beispiel betrachten wir eine solche Liste von *relocation records*:

10.2 Adressraumbelegung und Relokation

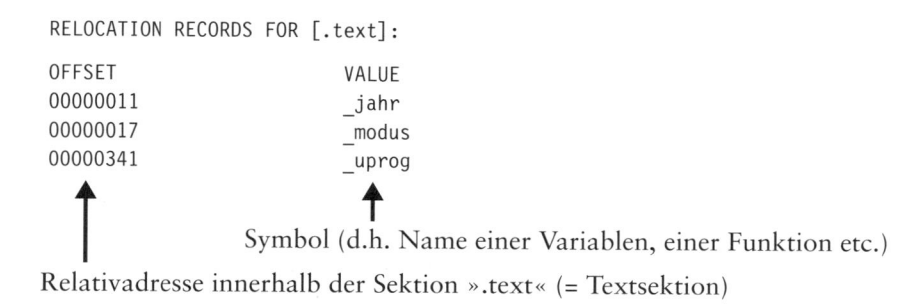

```
RELOCATION RECORDS FOR [.text]:
OFFSET                  VALUE
00000011                _jahr
00000017                _modus
00000341                _uprog
```

        Symbol (d.h. Name einer Variablen, einer Funktion etc.)
Relativadresse innerhalb der Sektion ».text« (= Textsektion)

Relokationsvorgang

Werden mehrere zusammengehörige Quellcodedateien separat kompiliert, so entstehen sogenannte Objektdateien, bei denen die einzelnen Sektionen jede für sich den Adressraum beginnend ab Adresse 0 nutzen. Zur Erzeugung eines ausführbaren Programms müssen diese Objektmodule zusammengebunden werden.

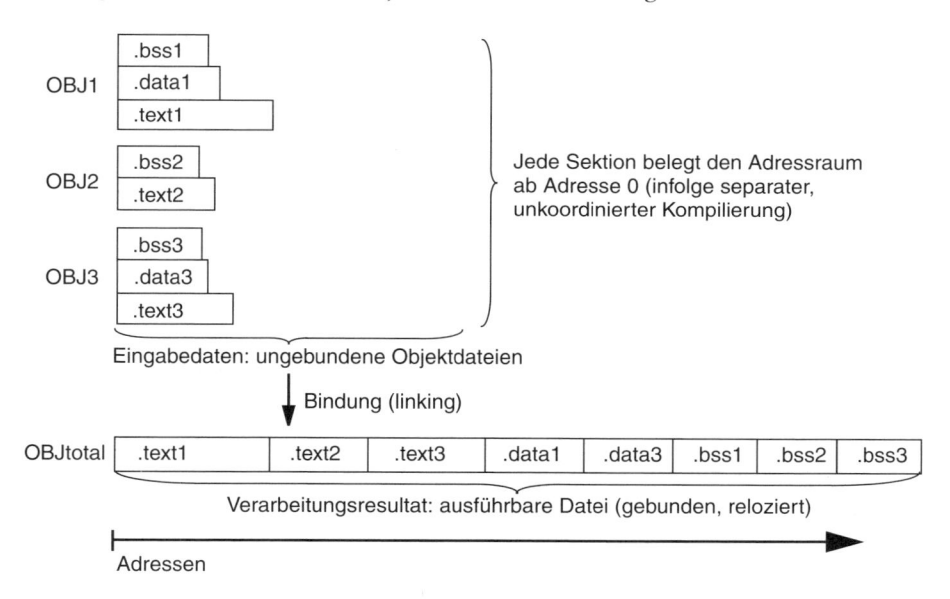

Abb. 10–17 *Adresszuteilung beim Kompilieren und Binden*

Dabei können natürlich nicht mehr alle ab Adresse 0 den Adressraum belegen, da sie sich sonst überlappen würden. Zudem macht es Sinn, alle Sektionen des gleichen Typs im Adressraum direkt aufeinander folgend zu platzieren, sodass am Schluss möglichst wenige Sektionen übrig bleiben. In Abbildung 10–17 ist ein Beispiel gezeigt, bei dem Sektionen des gleichen Typs beim Binden zusammengefasst und adressmäßig nicht überlappend platziert werden. Die Startadresse des so erzeugten ausführbaren Programms muss nicht 0 sein. Ein Betriebssystem kann dafür eine bestimmte Adresse vorschreiben. Die Verschiebung einzelner

Sektionen im Adressraum erzeugt einen Relokationsbedarf, dem durch eine Relokation während des Bindens entsprochen wird. Nachdem alle Sektionen im Adressraum definitiv platziert wurden, kann die Relokation stattfinden. Mithilfe der Relokationstabelle werden die betroffenen Adressen abgeändert. Wo werden nun Adressen abgeändert? Als Teile von Maschinenbefehlen können Unterprogrammadressen, Sprungmarken oder statische Variablenadressen vorkommen. Diese müssen *innerhalb des Codes* angepasst werden, da sie sich infolge der endgültigen Adresszuteilung zu den Programmelementen geändert haben! Warum müssen sie angepasst werden? Weil durch das Binden die Adressen von Unterprogrammen, Sprungmarken und statischen Variablen geändert wurden. Die neuen Adresswerte sind in der Relokationstabelle als Paare von *{Name, Adresse}* abgelegt, wobei der Name ein Unterprogramm, eine Sprungmarke oder eine statische Variable repräsentieren kann. Die einzelnen Teilschritte der Relokation betrachten wir anhand eines konkreten Beispiels (C-Programm uebersbsp.c).

```
int a=1;              // Globale Variable, initialisiert (-> .data)
int b;                // Globale Variable, nicht initialisiert (-> .bss)

int main ()           // Programmcode (-> .text)
{
   static int c;      // Lokale statische Variable (-> .bss)
   b = 5;             // Zugriff auf Variable b
   c = b + a + 16;    // Zugriffe auf Variablen a, b. c
   return c;          // Zugriff auf Variable c
}
```

Einfachheitshalber beschränken wir uns auf ein Beispiel, das nur eine einzige Quellcodedatei umfasst. Um jedoch die allgemeine Situation mit einer Vielzahl an unabhängig übersetzten Quellcodemodulen nachzuahmen, trennen wir die Übersetzung in die *zwei Teilschritte Kompilation und Bindung*. Nach dem Kompilieren erhalten wir eine Objektdatei uebersbsp.o und nach dem Binden eine ausführbare Datei ueberbsp. Die erforderlichen zwei Befehlszeilen sind:

```
gcc uebersbsp.c -c -o uebersbsp.o
gcc uebersbsp.o -o uebersbsp
```

Zur Analyse der Objektdatei extrahieren wir die uns interessierenden Informationen mithilfe des Dienstprogramms objdump, das diese Informationen in menschenlesbarer Form darstellt. Die Befehlszeile lautet:

```
objdump -x uebersbsp.o
```

Die erzeugte Ausgabe enthält neben allgemeinen Informationen die Startadressen der einzelnen Sektionen (VMA), ihre Größe in Byte (Size) und ihre Speicherausrichtung (Algn). Die (vorläufige) Startadresse wird als 0 angezeigt (start address). Nach diesen Sektionsinformationen folgt die Symboltabelle (symbol table) und die Relokationstabelle (relocation records). In der Symboltabelle sind in jeder Zeile zuvorderst die Adresse und zuhinterst der Symbolname (z.B. a,

10.2 Adressraumbelegung und Relokation

b, main) zu finden. Weitere Informationen umfassen die Sektionszugehörigkeit und die Größe im Adressraum (Achtung: Hexadezimalangaben).

```
uebersbsp.o:     file format elf32-i386
uebersbsp.o
architecture: i386, flags 0x00000011:
HAS_RELOC, HAS_SYMS
start address 0x00000000

Sections:
Idx Name          Size      VMA       LMA       File off  Algn
  0 .text         00000034  00000000  00000000  00000034  2**2
                  CONTENTS, ALLOC, LOAD, RELOC, READONLY, CODE
  1 .data         00000004  00000000  00000000  00000068  2**2
                  CONTENTS, ALLOC, LOAD, DATA
  2 .bss          00000004  00000000  00000000  0000006c  2**2
                  ALLOC
  3 .comment      00000033  00000000  00000000  0000006c  2**0
                  CONTENTS, READONLY
SYMBOL TABLE:
00000000 l    df *ABS*         00000000 uebersbsp.c
00000000 l    d  .text         00000000
00000000 l    d  .data         00000000
00000000 l    d  .bss          00000000
00000000 l    O  .bss          00000004 c.0
00000000 l    d  .comment      00000000
00000000 g    O  .data         00000004 a
00000000 g    F  .text         00000034 main
00000004      O  *COM*         00000004 b

RELOCATION RECORDS FOR [.text]:
OFFSET   TYPE              VALUE

00000012 R_386_32          b
0000001b R_386_32          a
00000021 R_386_32          b
00000029 R_386_32          .bss
0000002e R_386_32          .bss
```

Im *ersten Teilschritt* der Programmübersetzung haben die Programmelemente (Funktionen, Variablen usw.) zunächst provisorische Adressen zugeteilt erhalten, die sie jeweils entsprechend dem Sektionstyp relativ zur Adresse 0 positionieren. Im *zweiten Teilschritt* der Übersetzung (Binden) laufen folgende Aktionen ab:

- Kollisionsfreue Platzierung aller Sektionen im Adressraum und entsprechende Zuteilung definitiver Adressen zu den Programmelementen (= *relozierte Adressen*)
- Nachbessern aller Codestellen, die sich auf die Adressen von Programmelementen beziehen, die nun neue (definitive, relozierte) Adressen besitzen

Zur Analyse der erzeugten ausführbaren Datei benutzen wir wiederum das Dienstprogramm `objdump`, um einen menschenlesbaren Extrakt mit folgendem Befehl zu erzeugen:

```
objdump -x uebersbsp
```

Nachfolgend sind die relevanten Inhalte der resultierenden Ausgabe abgebildet, d.h., die für uns unwichtigen Zeilen sind weggelassen.

```
uebersbsp:     file format elf32-i386
uebersbsp
architecture: i386, flags 0x00000112:
EXEC_P, HAS_SYMS, D_PAGED
start address 0x08048244

Sections:
Idx Name          Size      VMA       LMA       File off  Algn
... (weggelassene Zeilen)
 11 .text         00000108  08048244  08048244  00000244  2**2
                  CONTENTS, ALLOC, LOAD, READONLY, CODE
...
 14 .data         00000010  08049370  08049370  00000370  2**2
                  CONTENTS, ALLOC, LOAD, DATA
...
 21 .bss          0000000c  08049474  08049474  00000474  2**2
                  ALLOC

SYMBOL TABLE:
08049478 l    0 .bss   00000004              c.0
0804947c g    0 .bss   00000004              b
080482f4 g    F .text  00000034              main
0804937c g    0 .data  00000004              a
```

Zu ersehen ist, dass die Sektionen und übrigen Programmelemente nun endgültige Adressen besitzen, sodass die Notwendigkeit besteht, die relozierten Adressen in den Code einzufügen.

Vor Relokation (d.h. wie in ungebundener Objektdatei):

```
10: c7 05 00 00 00 00 05 00 00 00    movl $0x5, b
```
ungültige (provisorische) Adresse 0 für »b«

Nach Relokation (d.h. wie in ausführbarer Datei):

```
08048304: c7 05 7c 94 04 08 05 00 00 00    movl $0x5, 0x804947c
```

Programmadresse — Maschinencode (byteweise aufgelistet) — angepasste endgültige Adr. von »b« — Assemblerbefehl — Quelloperand — Zieloperand

Abb. 10–18 *Relokation einer Assemblerzeile (Beispiel)*

10.2 Adressraumbelegung und Relokation

In Abbildung 10–18 ist ein Beispiel für eine ausgewählte Assembleranweisung abgebildet. Die zugehörige C-Quellcodezeile enthält die einfache Anweisung b = 5. Vor dem Binden steht im Maschinencode die ungültige Adresse 0 für die Variable b, da die Relokation noch aussteht (grau unterlegt, oben). Nach dem Binden enthält die Symboltabelle zu uebersbsp die relozierte Adresse 0804947c für die Variable b (siehe oben). Dies ist die endgültige Adresse dieser Variablen und muss nun so im Code eingetragen werden. Dies ist in Abbildung 10–18 gezeigt (grau unterlegt, unten). Man beachte, dass die Adresse in der Little-Endian-Reihenfolge eingetragen ist, da unser Beispiel für einen Intel x86-Prozessor unter Linux übersetzt wurde.

Ein Detail des Vorgangs fehlt jetzt noch. Wie hat der Binder herausgefunden, dass die endgültige Variablenadresse 0804947c nun genau auf der Codeadresse 08048306 eingetragen werden musste? Erstens hat der Binder die Relativadresse dieser Stelle aus der *Relokationstabelle* entnommen (00000012 für b). Zweitens hat der Binder die endgültige Startadresse der Textsektion mit dem Namen main aus der Symboltabelle ausgelesen (080482f4 für main). Diese zwei Adressen zusammengezählt ergeben die richtige Stelle (080482f4 + 00000012 = 08048306). Man beachte wiederum, dass die Zahlenausgaben des objdump alle hexadezimal sind, wenn dies auch nicht explizit so ausgezeichnet ist. Nachfolgend ist zur besseren Illustrierung der Programmcode von main() vor dem Binden vollständig abgebildet (in relozierbarer Objektdatei uebersbsp.o enthalten), wobei unsere Beispielszeile fett markiert ist:

```
uebersbsp.o:     file format elf32-i386
Disassembly of section .text:

00000000 <main>:
   0:   55                      push   %ebp
   1:   89 e5                   mov    %esp,%ebp
   3:   83 ec 08                sub    $0x8,%esp
   6:   83 e4 f0                and    $0xfffffff0,%esp
   9:   b8 00 00 00 00          mov    $0x0,%eax
   e:   29 c4                   sub    %eax,%esp
  10:   c7 05 00 00 00 00 05    movl   $0x5,0x0
  17:   00 00 00
  1a:   a1 00 00 00 00          mov    0x0,%eax
  1f:   03 05 00 00 00 00       add    0x0,%eax
  25:   83 c0 10                add    $0x10,%eax
  28:   a3 00 00 00 00          mov    %eax,0x0
  2d:   a1 00 00 00 00          mov    0x0,%eax
  32:   c9                      leave
  33:   c3                      ret
```

Der endgültige Code von `main()` in der ausführbaren Datei `uebersbsp` lautet wie folgt:

```
080482f4 <main>:
 80482f4: 55                        push   %ebp
 80482f5: 89 e5                     mov    %esp,%ebp
 80482f7: 83 ec 08                  sub    $0x8,%esp
 80482fa: 83 e4 f0                  and    $0xfffffff0,%esp
 80482fd: b8 00 00 00 00            mov    $0x0,%eax
 8048302: 29 c4                     sub    %eax,%esp
 8048304: c7 05 7c 94 04 08 05      movl   $0x5,0x804947c
 804830b: 00 00 00
 804830e: a1 7c 93 04 08            mov    0x804937c,%eax
 8048313: 03 05 7c 94 04 08         add    0x804947c,%eax
 8048319: 83 c0 10                  add    $0x10,%eax
 804831c: a3 78 94 04 08            mov    %eax,0x8049478
 8048321: a1 78 94 04 08            mov    0x8049478,%eax
 8048326: c9                        leave
 8048327: c3                        ret
```

Die zwei obigen Programmlisten wurden ebenfalls mittels `objdump` aus den zwei Dateien `uebersbsp.o` und `uebersbsp` extrahiert. Die notwendige Kommandozeilenoption dazu lautet -d. Übrigens, in unserem elementaren Beispiel haben wir nur eine einzelne Quellcodedatei einbezogen, was nicht der Praxissituation entspricht. Denn komplexe Applikationen umfassen typischerweise eine Vielzahl an Quellcodedateien, wobei diese Programmelemente sowohl ex- als auch importieren. Der Abgleich von Importen und Exporten ist ebenfalls eine Aktion des Binders, die vor dem Zuteilen der endgültigen Adressen stattfindet (für ein Beispiel siehe weiter unten.)

10.3 Programmbibliotheken

10.3.1 Grundlagen und Begriffe

Eine *Programmbibliothek (program library)*, oft abgekürzt nur als *Bibliothek (library)* bezeichnet, ist nichts anderes als eine Datei, die kompilierten Programmcode enthält. Dieser Objektcode besteht aus Programmanweisungen und statischen Variablen (bzw. deren Initialwerte und Adressinformationen). Im Gegensatz zu einem ausführbaren Programm fehlt jedoch die `main()`-Funktion (wir betrachten hier C/C++-Bibliotheken). Der Inhalt einer Bibliothek besteht somit aus einer Reihe von C-Funktionen und optional statischen Variablen. Die Idee, die dahintersteckt, ist typischerweise die, dass immer wieder benötigte, nützliche Funktionen in einer Bibliothek zusammengefasst zur Verfügung stehen. Das Betriebssystem bietet derartige Bibliotheken zu verschiedenen Zwecken an. Insbesondere gehört dazu der Schnittstellencode, der den eigentlichen Zugriff auf Systemfunktionen

10.3 Programmbibliotheken

realisiert (= Systembibliotheken). Daneben können beispielsweise Multithreading-Funktionen oder Netzwerkfunktionen in Bibliotheksform verfügbar sein. Bibliotheken können zu unterschiedlichen Zeitpunkten zur Applikation hinzugebunden werden. Dazu betrachten wir nochmals kurz den Vorgang des Bindens, wie er bei umfangreicheren Softwarepaketen eine Rolle spielt.

Auflösung von Externreferenzen

Wenn wir ein Programm auf verschiedene Quellcodedateien verteilen, so wird dies ohne Querreferenzen nicht funktionieren, weil ein Teil der realisierten Funktionen sich nicht mehr in der gleichen Datei befindet wie die main()-Funktion. Nehmen wir beispielsweise an, dass in der Datei A eine Funktion aus der Datei B aufgerufen werden soll. Dann ist es nötig, dass erstens in der Datei A eine Externdeklaration der Funktion erfolgt und zweitens diese Funktion in der Datei B als öffentlich (*public*) deklariert ist. Das Gleiche gilt für globale Variablen, auf die dateiübergreifend zugegriffen werden soll. Die Externdeklaration spielt bei der Kompilierung eine Rolle, da sie dem Compiler eine Typenprüfung erlaubt (Variablentyp okay, Funktionsdeklaration und Aufruf in Übereinstimmung). Die öffentliche Deklaration derart zu »exportierender« Funktionen und Variablen kommt beim Binden zum Tragen. Der Binder (*linker*) wird für alle vorkommenden Externreferenzen zugehörige öffentliche Deklarationen in den ihm übergebenen Dateien suchen. Dazu gehören alle Objektdateien sowie auch Bibliotheksdateien. Dieser Vorgang des Zuordnens wird als sogenannte *Auflösung externer Referenzen* bezeichnet. Klappt dies nicht, so wird der Binder eine Fehlermeldung der Art *unresolved external symbol* generieren. In C wird für diese Auflösung der Externreferenzen direkt auf die Namen der Funktionen und Variablen zurückgegriffen. In C++ werden alle klassenbezogen deklarierten Namen mit einem eindeutigen, meist ziemlich unlesbaren Namenszusatz versehen, da ja verschiedene Klassen gleichnamige Methoden oder Attribute enthalten können. In unten stehendem Beispiel sind varB und funcB() in Datei B öffentlich, aber varB1 und funcB1() nicht, da sie das Schlüsselwort static vorangestellt haben.

Datei testA.c:

```
extern long varB;
extern void funcB(int I);

int main ()
{
   varB = 5L;
   funcB(15);
   ..
}
```

Datei testB.c:

```
long varB;          // automatisch public
static varB1        // ist private

void funcB(int I)
{
   ..
}

static int funcB1 (void)
{
   ..
}
```

Da Datei A nur `varB` und `funcB()` benutzt, ist eine Auflösung der Externreferenzen fehlerfrei möglich. Die Deklarationen von varB und funcB() müssen typenmäßig in Datei A und B übereinstimmen, um ein fehlerfrei laufendes Programm zu erzeugen. Man beachte, dass dies die Übersetzungswerkzeuge nicht automatisch gewährleisten. Dies liegt in der Verantwortung des Softwareentwicklers. Das Beispiel kann mit den GNU-Tools wie folgt übersetzt werden:

```
gcc testA.c testB.c -o test
```

Zeitpunkt der Adressbindung

Bibliotheken können in eigenen Programmen genutzt werden, sofern man die Externreferenzen der Bibliotheksfunktionen und Variablen kennt und natürlich die Bibliotheksdatei als solche zur Verfügung steht. Die zur Bibliothek passenden Externdeklarationen sind meistens in einer gleichnamigen Header-Datei enthalten und dadurch in eigenen Programmen ohne Extraschreibarbeit nutzbar. Bindet man eigene C-Programme zu einer ausführbaren Datei zusammen, so werden die Externreferenzen damit auch aufgelöst. Nutzt man jedoch Bibliotheken, so ist dies nicht zwangsweise so. Grundsätzlich lassen sich drei Zeitpunkte für die Auflösung der Externreferenzen auf Bibliotheken unterscheiden:

- *Bindezeit (link time)*: Externreferenzen werden bei der Erzeugung der ausführbaren Datei aufgelöst.
- *Ladezeit (load time)*: Externreferenzen werden beim Laden des Programms aufgelöst.
- *Laufzeit (run time)*: Externreferenzen werden während des Programmablaufs aufgelöst.

Die Bibliotheken und das Programm müssen abhängig von den eingesetzten Entwicklungswerkzeugen und dem Betriebssystem etwas unterschiedlich präpariert werden, um einen der drei obigen Zeitpunkte auszuwählen. Man unterscheidet daher drei Bibliotheksarten:

- *Statische Bibliothek (static library)*: Der Bibliothekscode wird in die ausführbare Datei kopiert, womit die Externreferenzen gleichzeitig aufgelöst werden.
- *Gemeinsame Bibliothek (shared library)*: Sie wird beim Laden der ausführbaren Datei vom Betriebssystem dazugeladen bzw. wenn sie von einem anderen Programm schon geladen wurde, dann wird sie mitbenutzt.
- *Dynamisch ladbare Bibliothek (dynamically loadable library)*: Das Anwenderprogramm enthält Aufrufe einer speziellen Systemfunktion, die ein Nachladen der Bibliotheksdatei bei Bedarf auslöst.

Bei der gemeinsamen Benutzung belegt der Bibliothekscode nur einmal den Speicher. Dies gilt jedoch nicht für den Datenteil, da er prozessspezifisch unterschiedlich sein kann. Jede der drei Bibliotheksarten besitzt ihre spezifischen Vor- und Nachteile (siehe Tab. 10–3).

Statische Bibliothek	Gemeinsame Bibliothek	Dyn. ladbare Bibliothek
+ Automatisch dabei, da Teil der ausführbaren Datei + Schnelleres Laden − Größere ausführbare Datei − Hauptspeicherplatz, falls von mehreren Programmen genutzt	+ Kleinere ausführbare Datei + Gemeinsam benutzbar (spart Hauptspeicherplatz) + Austauschbar gegen bessere Version − Eventuell Versionskonflikte − Fehlt eventuell auf System − Langsameres Laden	+ Nur Laden bei Bedarf + Austauschbar gegen bessere Version − Eventuell Versionskonflikte − Fehlt eventuell auf System

Tab. 10–3 *Bibliotheksarten im Vergleich*

10.3.2 Anwendungsbereiche

Programmbibliotheken finden eine vielfältige Anwendung, wovon einige in folgender Aufstellung exemplarisch aufgelistet sind:

- Wiederverwendung von Code (*code reuse*)
- Aufteilung von Applikationen in separat wartbare Teile (Applikation + Hilfsmodule)
- Standardfunktionssammlungen (*standard libraries*):
  - Sprachbibliotheken: Realisieren in Sprachdefinitionen festgelegte Standardfunktionen (z.B. Mathematik, Ein-/Ausgabe, Multithreading)
  - Sammlungen nützlicher Funktionen (z.B. Grafik, 3D-Grafik, GUI-Elemente, Statistik)
- Realisierung einer Betriebssystem-API (*interface libraries*):
  - Umsetzung API auf ABI: Schnittstelle wird prozedural in Hochsprache anstatt als Low-Level-Trap auf Maschinenebene angeboten
  - Bereitstellung spezieller Systemfunktionen als optionale Pakete
- Realisierung optional ladbarer Programmteile:
  - Speicher- und Zeitersparnis, falls Bibliotheksfunktionen nicht alle gebraucht
- Gemeinsame Nutzung von Standardfunktionen durch mehrere Programme:
  - Speicher- und Zeitersparnis, falls nur einmal geladen
- Realisierung von Klassenbibliotheken (z.B. STL, MFC)

10.3.3 Programmbibliotheken unter Unix

Unix bietet alle drei Bibliotheksarten an. Diese können mit den GNU-Tools erstellt werden.

Statische Bibliothek (*static library*)

Zur Erzeugung einer statischen Bibliothek mit dem Namen libmylib.a, die zwei C-Dateien f1 und f2 enthält, dienen folgende Befehlszeilen:

```
gcc -c f1.c -o f1.o
gcc -c f2.c -o f2.o
ar crs libmylib.a f1.o f2.o
```

Die Option c legt automatisch eine neue Bibliothek an, falls sie noch nicht existiert. Die Option r erlaubt es, Dateien in die Bibliothek einzufügen bzw. alte Versionen davon zu ersetzen. Und mit der Option s wird ein Index erzeugt, mit dessen Hilfe Objekt- und Bibliotheksdateien beim Binden in beliebiger Reihenfolge angegeben werden können. Ohne Index muss eine Datei mit einer Public-Deklaration stets der Datei mit der Externdeklaration vorausgehen, damit eine Adressauflösung möglich ist (da der Binder nicht rekursiv die Dateien absucht). Soll eine statische Bibliothek durch ein C-Programm main.c benutzt werden, so muss sie beim Binden bekannt sein.

```
gcc -c main.c -o main.o
gcc main.o -L. -lmylib -o main
```

Beim Binden werden Bibliotheksdateien gemäß einem speziellen Suchpfad gesucht. Mit der Option -L. wird das aktuelle Verzeichnis ».« in den Suchpfad aufgenommen. Die Bibliotheksdatei wird hinter den Objektdateien (hier nur main.o) mit der Option -l angegeben. Dabei wird das den Namen einleitende lib und die Dateinamenserweiterung .a weggelassen.

Gemeinsame Bibliothek (*shared library*)

Gemeinsame Bibliotheken unterliegen einem speziellen Benennungsschema. Jede Shared Library besitzt einen sogenannten »soname« (*shared object name*), der sich aus mehreren Teilen zusammensetzt.

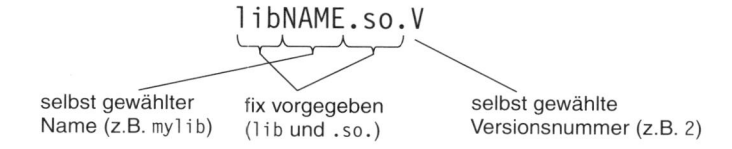

libNAME.so.V

selbst gewählter Name (z.B. mylib) — fix vorgegeben (lib und .so.) — selbst gewählte Versionsnummer (z.B. 2)

Beim Binden benutzt man aber nicht den *soname*, sondern den *linker name*, der aus ersterem abgeleitet wird, indem man die Versionsnummer inklusive vorangestelltem Punkt entfernt. Die Datei schließlich, die den Bibliothekscode enthält, erhält den *soname* gefolgt von einem Punkt und einer *Minor Number*. Dies ist der *real name*. Damit können Unterversionen gebildet werden. Diese drei speziellen Namen lauten also für einen selbst gewählten Namen mylib und eine Version 2 sowie Unterversion 1 wie folgt:

```
soname:                    libmylib.so.2
linker name:               libmylib.so
real name (= Dateiname):   libmylib.so.2.1
```

Bei der Installation wird in der Regel mittels symbolischer Dateiverknüpfungen von libmylib.so auf libmylib.so.2 verwiesen. libmylib.so.2 schließlich verweist mit einer zweiten Dateiverknüpfung auf libmylib.so.2.1, womit beim Binden die richtige Datei gefunden wird. Damit ist eine große Flexibilität bei der Versionsverwaltung möglich. Nachteilig ist, dass die symbolischen Verknüpfungen explizit angelegt werden müssen, die Übersetzungswerkzeuge erledigen diesen Teil der Arbeit nicht. Zudem verbleibt das Problem, dass eine neue symbolische Verknüpfung auf eine nicht korrekt rückwärtskompatible Version dazu führen kann, dass vorhandene Applikationen nicht mehr sauber laufen. Natürlich kann dieses Problem mittels zusätzlicher symbolischer Dateiverknüpfungen gelöst werden, sodass schließlich jede Applikation mit der richtigen Bibliotheksversion ablaufen kann.

Um eine Shared Library zu erzeugen, wird grundsätzlich gleich vorgegangen wie für eine Static Library. Der einzige Unterschied liegt neben der Namensgebung darin, dass positionsunabhängiger Code erzeugt werden muss. Dazu dient die Befehlsoption -fPIC (PIC für *Position Independent Code*) beim Kompilieren. Der Compiler wird damit veranlasst, die Maschinenbefehle so zu wählen, dass für die Shared Library keine Relokationen nötig sind. Dies ist möglich, wenn alle Maschinenbefehle nur Relativ- und keine Absolutadressen benutzen. Zusätzlich muss beim Anlegen der Bibliotheksdatei der *soname* spezifiziert werden. Dies erfolgt beim gcc-Aufruf mit der Option -Wl,-soname,myname (myname = gewünschter Bibliotheksdateiname). Die Optionsangabe darf keine Leerzeichen enthalten und die zwei Kommata dürfen nicht fehlen. Das würde für unser Beispiel von vorhin für die Erzeugung der Shared Library wie folgt aussehen:

```
gcc -fPIC -c f1.c -o f1.o
gcc -fPIC f2.c -o f2
gcc -shared -Wl,-soname,libmylib.so.2 -o libmylib.so.2.1 f1.o f2.o -lc
```

Das am Schluss der Zeile stehende -lc bindet mit der Option -l die C-Standardbibliothek mit dem Namen c ein. Die frisch erzeugte Shared Library lässt sich von dem C-Programm main.c wie folgt nutzen:

```
gcc -c main.c -o main.o
gcc main.o -lmylib -o main
```

Wiederum wird auf der Kommandozeile das den *Linker Name* einleitende lib und die Dateinamenserweiterung .so weggelassen. Im Unterschied zur Static Library wird jedoch der Inhalt der Bibliotheksdatei nicht in die ausführbare Datei des Programms kopiert. Nach einer Prüfung der Bibliotheksdatei, ob alle Externreferenzen des Programms aufgelöst werden können, wird lediglich eine Referenz darauf vermerkt. Dies zeigt dem Lader an, dass er diese Bibliothek mitladen muss. Damit die Shared Library gefunden wird, muss sie vorher im Standardverzeichnis installiert sein. Am einfachsten erfolgt dies mit dem Kommando ldconfig. Für unser Beispiel würde die Befehlszeile wie folgt aussehen, wenn sich die erzeugte Bibliothek im aktuellen Verzeichnis befindet:

```
ldconfig -n ./
```

Wird das die Shared Library nutzende Programm gestartet, so lädt das Betriebssystem nicht nur die ausführbare Datei, sondern auch die Shared Library. Dazu dient der sogenannte *dynamic loader*.

Dynamisch ladbare Bibliothek (*dynamically loaded library*)

Soll eine Bibliothek erst während des Programmablaufs geladen werden, so ist dies mithilfe der Systemfunktion dlopen() möglich. Dies bietet sich immer dann an, wenn es nicht von Anfang an klar ist, dass die Bibliothek benötigt wird. Ein Beispiel dafür sind Grafikimportfunktionen in einem Textverarbeitungsprogramm. Erstens können sehr viele davon vorhanden sein und zweitens werden sie eher selten gebraucht. Jede Grafikimportfunktion könnte nun in einer eigenen Bibliothek implementiert sein. Löst der Benutzer einen Grafikimport auf eine bestimmte Datei aus, so wird die passende Bibliothek nachgeladen.

Die Bibliotheksdatei ist einfache eine Shared Library, die beim Laden nicht mitgeladen wird, sondern erst später durch die Applikation selbst. Nehmen wir an, dass unser C-Programmbeispiel main.c die Bibliothek mylib so nutzt, dann würden wir wie folgt die ausführbare Datei main erzeugen:

```
gcc -c main.c -o main.o
gcc main.o -ldl -o main
```

Der einzige Verweis in der Kommandozeile auf eine Bibliothek ist -ldl, womit die Bibliothek dl mit eingebunden wird. Diese enthält dlopen() und ein paar ergänzende Funktionen für das Handling des dynamischen Nachladens. Im Beispielprogramm main.c könnte eine Bibliotheksfunktion conv für eine Zahlenkonversion dienen.

```
int main ()
{
  void * h;                                  // Handle für Library
  int (*convert)(int);                       // Funktionszeiger auf conv

  h = dlopen("/lib/libmylib.so.2", RTLD_LAZY); // Lade mylib
  convert = dlsym(h, "conv");                // Setze Funktionszeiger
  return (*convert)(5);                      // Rufe Bibliotheksfunktion
}
```

10.3 Programmbibliotheken

Der erste Aufrufparameter von dlopen() ist der Pfadname der Bibliothek. Der zweite Aufrufparameter ist eine Option, die wir mit RTLD_LAZY so setzen, dass Externreferenzen der Bibliothek erst dann aufgelöst werden, wenn sie tatsächlich benötigt werden. Die Funktion dlsym() liefert uns die Adresse der Bibliotheksfunktion mit dem Namen conv, die wir einem richtig typisierten Funktionszeiger convert zuweisen. Schließlich rufen wir conv über den Funktionszeiger auf und übergeben den Aufrufparameter 5, für den uns conv einen Ganzzahlwert zurückliefert. Das Beispiel ist auf das Minimum reduziert. Insbesondere wird keine Fehlerbehandlung durchgeführt. Passende Textmeldungen liefert im Fehlerfall der Aufruf der Funktion dlerror(). Soll eine Bibliothek vor Programmende wieder entladen werden, so ist dies mit der Funktion dlclose() möglich.

Dynamische Bindung

Shared Libraries unter Unix benutzen einen ausgeklügelten Mechanismus zur zeitlichen Optimierung des Bindevorgangs, um nur diejenigen Elemente aus einer Bibliothek zu binden, die während des Programmablaufs tatsächlich genutzt werden. Dies beruht auf der Beobachtung, dass Bibliotheken oft wesentlich mehr zum Export anbieten, als die Nutznießer daraus importieren. Die C-Sprachbibliothek bietet z.B. über 600 Funktionen an, von denen meist nur wenige genutzt werden. Da nur nach Bedarf gebunden wird (*lazy procedure linkage*) resultiert eine Zeitersparnis, die zu einem schnelleren Programmstart führt.

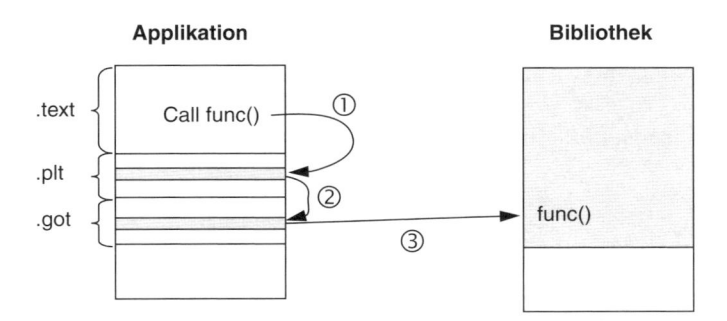

Abb. 10–19 *Aufruf einer Bibliotheksfunktion nach bereits erfolgter dynamischer Bindung*

Bei einem Aufruf einer Bibliotheksfunktion in der Applikationsausführung findet eine *Lazy Evaluation* statt, die folgende Teilschritte umfasst (siehe Abb. 10–19):

1. Der Applikationsprozess ruft eine Bibliotheksfunktion auf, die wir hier mit func() bezeichnen. Dies ist ein direkter Funktionsaufruf, der in die *PLT (Procedure Linkage Table)* verzweigt. Die PLT enthält Proxyfunktionen für alle Bibliotheksfunktionen, die genutzt werden.

2. Die PLT enthält für `func()` also eine Ersatzfunktion (= Proxy-Funktion), die einen indirekten Funktionsaufruf via einen Eintrag in der *Global Offset Table (GOT)* implementiert. Die GOT ist eine Funktionszeigerliste.
3. Bei einem erstmaligen Aufruf enthält der GOT-Eintrag die Adresse des dynamischen Binders, der diesen Eintrag durch die korrekte Adresse der gewünschten Bibliotheksfunktion `func()` ersetzt. Bei jedem nachfolgenden Aufruf wird die Bibliotheksfunktion sodann direkt ausgeführt. Übrigens, damit der Binder beim erstmaligen Aufruf die richtige Bibliotheksfunktion identifizieren kann, hat die in der PLT implementierte Proxy-Funktion einen Verschiebewert (*offset*) zum richtigen Eintrag in der Relokationstabelle auf den Stapel gelegt, bevor sie den indirekten Funktionsaufruf via GOT ausführt.

10.3.4 Programmbibliotheken unter Windows

Windows kennt zwei Bibliothekstypen, nämlich *Static Library* und *DLL (Dynamic-Link Library)*. Die Static Library wird als Datei des Typs *.LIB erzeugt und statisch in die Applikation eingebunden. Interessanter sind die DLLs, die wir im Folgenden genauer betrachten.

DLL (*Dynamic-Link Library*)

Gemeinsame Programmbibliotheken werden unter Windows als *DLL (Dynamic-Link Library)* bezeichnet. Um unnötige Ladeoperationen zu minimieren und auch Hauptspeicherplatz zu sparen, werden diese nur einmal geladen und für alle sie benutzenden Prozesse in deren Adressräume eingeblendet. Wir wollen ein paar Fragen zu Entwicklung und Einsatz von DLLs näher beleuchten.

Laden von DLLs

Die bevorzugte, d.h. beim Binden festgelegte Startadresse für DLLs ist 0x10000000. Im Vergleich dazu gilt für ausführbare Programme, d.h. EXE-Dateien, die Startadresse 0x00400000. Falls mehrere DLLs zu laden sind, entsteht nun das Problem einer Kollision der Startadressen! Die übliche Lösung des Betriebssystems für diese Situation sieht so aus, dass der Lader die Relokationstabelle (*relocation records*) der DLL benutzt, um der DLL eine neue Startadresse zuzuweisen. Mithilfe der Relokation, d.h. einer Anpassung (Fix-up) aller Referenzen für die neue Startadresse, wird der Code im Adressraum an eine freie Stelle verschoben. Nachteilig ist der nicht unbeträchtliche Zeitaufwand für die Fix-up-Vorgänge. Zudem ist eine gemeinsame Nutzung der DLL eingeschränkt, da der DLL-Code nicht mehr für alle nutzenden Prozesse identisch ist (teilweise reloziert, teilweise an Originalstartadresse). Bei Seitenfehlern kann die DLL nicht mehr aus der DLL-Datei (alte Startadresse), sondern nur noch aus der Auslagerungsdatei geholt werden (neue Startadresse). Wurde die DLL mit der Option /FIXED übersetzt, so fehlt die Relokationstabelle. Eine Relokation ist damit gar nicht möglich. Dies bricht den Ladevorgang ab mit der Fehlermeldung *abnormal process termination*.

Eine Alternative besteht darin, betroffene DLLs für nicht kollidierende Startadressen zu binden. Jede mögliche Verwendung der DLL muss damit aber im Voraus bekannt sein. Eine andere Alternative ist die vorherige optimale Platzierung der DLL mithilfe des Dienstprogramms rebase.exe. Dazu werden sowohl die EXE-Datei als auch alle benötigten DLLs einbezogen. Damit lassen sich zumindest einige der oben erwähnten Nachteile beseitigen.

System-DLLs

Systemfunktionen werden von allen Programmen benötigt, daher bietet es sich an, diese in Form von DLLs bereitzustellen. Dies gilt zumindest für diejenigen Teile, die im Benutzermodus ablaufen und damit mit der Applikation zusammengebunden werden.

Systemkomponente	DLL-Name	Include-Datei	Bemerkung
Kern und Exekutive	KERNEL32.DLL	WINBASE.H	Systemaufrufe, Prozesse, Threads etc.
User (Fensterverwaltung)	USER32.DLL	WINUSER.H	GUI-Funktionen
GDI (*Graphical Device Interface*)	GDI32.DLL	WINGDI.H	Geräteunabhängige Text- & Grafikausgabe

Tab. 10–4 *Windows System-DLLs (für 32-Bit-Windows)*

Der Zweck von System-DLLs liegt darin, die Funktionen für mehrere Programme zur Verfügung zu stellen und den Hauptspeicher trotzdem nur einfach zu belegen. Die Systemprogrammierschnittstelle von Windows, d.h. die Windows API, ist auf eine Reihe verschiedener DLLs aufgeteilt. Tabelle 10–4 listet diese auf. Die System-DLLs enthalten entweder den kompletten Systemcode selbst (*user mode code*) oder machen Kernaufrufe. Der Eintritt und Austritt in den *kernel mode* erfolgt innerhalb der DLL.

DLL-Erstellung

Betrachten wird die Erstellung einer DLL aus Sicht des Programmentwicklers. Damit die gleichen Deklarationen (z.B. Funktionsprototypen) in der DLL und in den sie nutzenden Programmen sichergestellt sind, wird eine gemeinsame Header-Datei benutzt. Die Steuerung des Exports aus der DLL bzw. des Imports in das nutzende Programm wird durch bedingte Kompilieranweisungen erledigt.

Header-Datei (MYDLL.H)

```
#ifndef MYDLLAPI
#define MYDLLAPI extern »C« __declspec(dllimport)
#endif
```

DLL-Quellcode

```
#define MYDLLAPI __declspec(dllexport)
#include "MYDLL.h"
```
→ exportiert DLL-Funktionen

Applikationscode

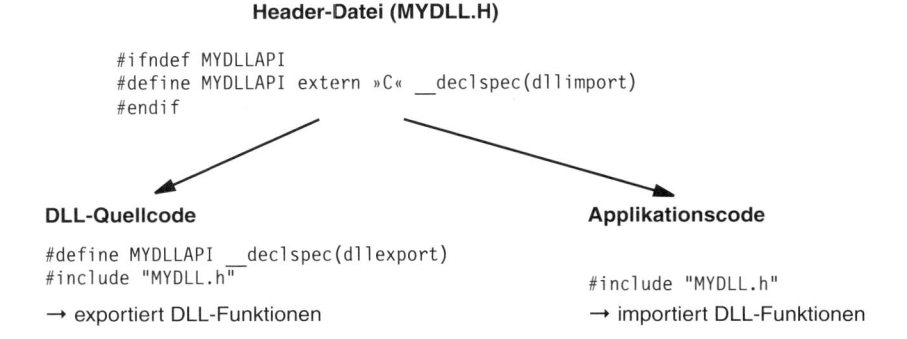

```
#include "MYDLL.h"
```
→ importiert DLL-Funktionen

Abb. 10–20 *Gemeinsame Header-Datei für DLLs*

Ein DLL-Quellcode wird wie ein normales C/C++-Programm in Objektcode übersetzt. Werden ein oder mehrere DLL-Objektmodule gebunden, so entstehen zwei Dateien: die eigentliche ladbare Datei (*.DLL) und die Bibliotheksdatei (*.LIB) mit der Exportliste (siehe Abb. 10–21). Die DLL-spezifischen Eigenschaften werden im DLL-Quellcode mittels der Steueranweisung __declspec(dllexport) festgelegt (siehe Abb. 10–20).

DLL-Header-Datei (*.h)

DLL-Quellcode (Datei 1)   DLL-Quellcode (Datei 2)
(*.c bzw. *.cpp)   (*.c bzw. *.cpp)
                                                              — Kompilation
DLL-Objektcodemodul 1   DLL-Objektcodemodul 2

                                                              — Bindung (linkage)

ladbare DLL-Datei (*.DLL)   Bibliotheksdatei (*.LIB)
→ enthält: Symbole mit RVA   → enthält: alle exportierten Symbole
(RVA = Relative Virtual Address) (Textformat, ohne Adressinformationen)

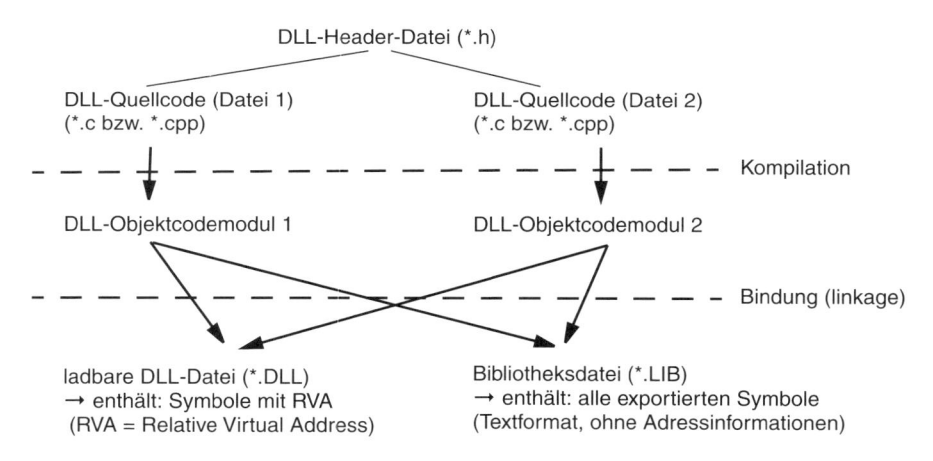

Abb. 10–21 *Erzeugung einer DLL (Resultat sind zwei Dateien)*

Die ladbare DLL-Datei enthält neben dem DLL-Code eine Liste aller exportierten Symbole zusammen mit den sogenannten relativen virtuellen Adressen (RVAs). Die RVAs geben die Position innerhalb der DLL-Datei als Adressversatz (*offset*) an. Die Bibliotheksdatei *.LIB besteht lediglich aus einer Liste aller exportierten DLL-Symbole, d.h. Funktions- und Variablennamen (Textdatei, ohne Adressen).

10.3 Programmbibliotheken

DLL-Benutzung

```
                    DLL-Header-Datei (*.h)
                    ╱              ╲
        Applikations-          Applikations-
        Quellcodedatei 1       Quellcodedatei 2
              │                       │              Kompilation
              ▼                       ▼
        Applikations-          Applikations-          DLL-Bibliotheks-
        Objektcodedatei 1      Objektcodedatei 2     datei (*.lib)
                 ╲             │            ╱
                  ▼            ▼           ▼
                  Ausführbare Applikationsdatei (*.EXE)
```

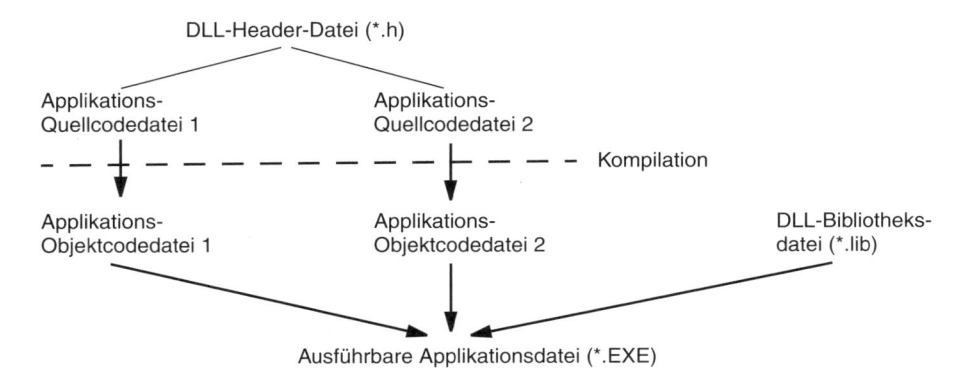

Abb. 10-22 *Erstellung eines Programms mit DLL-Nutzung*

Die Applikation mit DLL-Benutzung wird ganz normal übersetzt und ergibt mit der DLL-Bibliotheksdatei gebunden eine ausführbare Datei (*.EXE). Die DLL-spezifischen Eigenschaften werden durch die Steueranweisung __declspec(dllimport) festgelegt (siehe Abb. 10–20). Um beim Binden die Referenzen auf die DLL-Funktionen richtig aufzulösen, muss die DLL-Bibliotheksdatei beim Bindevorgang spezifiziert werden (siehe Abb. 10–22). Das Auflösen besteht darin, dass in der ausführbaren Datei eine Importliste angelegt wird, welche die Namen der importierten DLLs enthält sowie alle Namen der DLL (Funktionen, Variablen), auf die Bezug genommen wird, kombiniert mit den Zugriffsadressen.

Laden von DLLs

Die Importliste der ausführbaren Applikationsdatei (*.EXE) enthält die Namen aller referenzierter DLLs. Die DLL-Namen in der Importliste haben jedoch keine Verzeichnispfadinformation, sodass ein Suchvorgang nötig ist. Die Suchreihenfolge ist folgendermaßen:

1. Verzeichnis, wo sich die ausführbare Applikationsdatei (*.EXE) befindet.
2. Aktuelles Verzeichnis des Prozesses
3. Unterverzeichnis »system« unter dem Windows-Systemverzeichnis
4. Das Windows-Systemverzeichnis (unter der System-Umgebungsvariablen *windir* konfiguriert, z.B. C:\WINDOWS)
5. Alle in der Systemumgebungsvariablen PATH aufgeführten Pfade

Beachtet werden sollte, dass jede DLL-Datei ebenfalls eine Importliste enthalten kann. Die darin aufgeführten zusätzlichen DLLs müssen auch geladen werden. Wurde eine DLL-Datei durch einen anderen Prozess bereits geladen, so wird diese bereits geladene DLL in den Adressraum des neuen Prozesses eingeblendet (vorausgesetzt, dass keine Kollision der DLL-Startadressen aufgetreten ist). Sind alle DLLs geladen und in den Prozessadressraum eingeblendet, so folgen weitere Vorbereitungsschritte vor dem eigentlichen Programmstart, darunter die Adressberechnung aller Symbolreferenzen aus der Importliste der ausführbaren Datei (*.EXE). Dazu wird erst die RVA jedes Symbols aus der Exportliste der zugehörigen DLL erfragt. Die absolute Symboladresse errechnet sich als *Symboladresse = DLL-Startadresse + RVA*. Diese absoluten Symboladressen werden nun während des Ladens in die Importliste der EXE-Datei eingetragen. Die aus der EXE-Datei entnommene Importliste (die Symbole, d.h. die Namen von Programmelementen, enthält) wird während des Ladevorgangs somit um die fehlenden Adressen ergänzt. Bei der Programmausführung können danach die Zugriffsadressen aus der Importliste entnommen werden (*dynamische Bindung*). Dies ist der Standardfall.

Mit dem Dienstprogramm `bind.exe` kann die Symbolauflösung vorzeitig bei der Programmerstellung erfolgen. Der Nachteil dabei ist aber, dass die Applikation an eine bestimmte Windows-Version gebunden wird, da ja die Systemaufrufe ebenfalls über DLLs erfolgen und diese sich bei neueren Windows-Versionen ändern könnten. Konsequenz kann dann sein, dass die Applikation unter anderen als der ursprünglichen Windows-Version oder nach der Installation von Service Packs nicht mehr lauffähig ist.

Alternativ zu dem obigen *impliziten* Laden von DLLs während des Ladevorgangs des Programms kann ein *explizites* Laden benutzt werden. Bei einem expliziten Laden wird die DLL-Datei bei Programmstart (noch) nicht geladen. Es erfolgt ein späteres programmgesteuertes Laden mittels der Systemfunktion `LoadLibrary()`. Es gibt in diesem Fall keine Importliste für explizit geladene DLLs, da die Symboladressen während des Programmablaufs mittels `GetProcAddress()` erfragt werden. Eine dritte Variante stellt das verzögerte Laden von DLLs (*delay import*) dar. Es erfolgt wiederum kein Laden der DLL-Datei beim Programmstart. Das Laden findet erst beim Zugriff auf die DLL statt. Die Symboladressen werden erst dann errechnet und in die Importliste eingetragen.

Aufrufmechanismus

Wie bereits festgestellt, werden alle Referenzen auf Bibliotheksfunktionen während des Ladevorgangs gebunden, womit die endgültigen Adressen der Bibliotheksfunktionen in der Importliste eingetragen sind. Ein Aufruf einer DLL-Bibliotheksfunktion im Applikationscode erfolgt indirekt über einen Funktionszeiger, der Teil des zugehörigen Eintrags in der Importliste der EXE-Datei ist. Der entsprechende Eintrag enthält zwar in der EXE-Datei selbst noch den Wert 0, entspricht aber nach der dynamische Bindung der geltenden Adresse der gewünschten DLL-Funktion.

10.3 Programmbibliotheken

DLLs im Windows-Ladeprozess

Das Laden von DLLs kommt in jeder Windows-Applikation vor, da die Systemprogrammierschnittstellen ebenfalls in DLLs untergebracht sind. Zudem erfolgt der Programmladevorgang unter Windows in enger Zusammenarbeit mit der virtuellen Speicherverwaltung. Der Ladevorgang wird durch einen Aufruf von CreateProcess() in Gang gesetzt (aus File Explorer, Taskleiste oder Kommandozeile heraus ausgelöst). Der Name und Verzeichnispfad der auszuführenden Datei wird als Aufrufparameter der Systemfunktion mitgegeben. Die einzelnen Schritte des Ladeprozesses sind:

1. Suchen der Datei im spezifizierten Verzeichnispfad
2. Prozesssystemobjekt erzeugen, d.h. systemseitige Verwaltungsdaten für neuen Prozess initialisieren
3. Einen privaten Adressraum für den neuen Prozess anlegen (*page directory, page tables*)
4. Aus den Kopfinformationen der EXE-Datei die Sektionsgrößen ermitteln (*text, base, data*)
5. Passend zu den Informationen aus Schritt 4 virtuellen Speicher reservieren (für den Code ab Standardbasisadresse 0x400000)
6. Den für den Code in Schritt 5 reservierten Adressraum der zugehörigen EXE-Datei zuordnen (anstelle der Auslagerungsdatei), womit die EXE-Datei in den Speicher abgebildet wird (der virtuelle Adressraum für Daten wird hingegen der Auslagerungsdatei zugeordnet)
7. Aus den Kopfinformationen der EXE-Datei die benötigten DLLs ermitteln
8. Die ermittelten DLLs und von ihnen abhängige weitere DLLs laden (Verfahren wie Schritte 5 und 6); beinhaltet auch die System-DLLs KERNEL32.DLL, NTDLL.DLL usw.
9. Falls einer der Schritte 1..8 nicht erfolgreich war, wird der Ladevorgang abgebrochen, womit bereits allozierte Ressourcen freigegeben und eine Fehlermeldung an den Benutzer ausgegeben wird.
10. Waren die Schritte 1..8 erfolgreich, so wird die Ausführung des geladenen Codes gestartet, inklusive des Nachladens von Seiten aus der EXE-Datei bei Seitenfehlern (Aufgabe des virtuellen Speichersystems, siehe Abschnitt 8.5.2).

Im Fall, dass das gleiche Programm mehrfach gestartet wird, spricht man von Mehrfachinstanzen. Pro Ausführung des Programms wird immer ein eigener neuer Prozess erstellt. Alle diese Prozesse teilen sich den Code des gleichen Programms, d.h., sie haben eine identische Abbildung des Codes aus der EXE-Datei in ihren jeweiligen Prozessadressraum. Jeder Prozess hat jedoch eigene Variableninstanzen, d.h. separat zugeordnete Hauptspeicherbereiche für die Daten. Die Inhalte von ausführbaren Dateien unter Windows können mittels des Dienstprogramms Dumpbin in menschenlesbarer Form angezeigt werden (Dumpbin/Headers z.B. für die Kopfinformationen). Die Anzahl der Seitenfehler lassen sich mit dem Task Manager visualisieren, wie auch die Seitenfehlerrate.

10.4 Skriptprogrammierung unter Unix

Die Funktionsweise der Shell sowie eine Reihe verschiedener Shell-Typen wurden bereits in den Abschnitten 4.2.4 und 7.5.4 vorgestellt, ohne dass groß auf die Skriptprogrammierung selbst eingegangen wurde. Dies soll hier im Zusammenhang mit der Programmentwicklung nachgeholt werden. Skriptprogramme stellen Textdateien dar, deren Inhalt von der ausführenden Shell als Skriptbefehle interpretiert werden. Ansonsten unterscheiden sich Skripte für den Anwender nicht von normalen Programmen. In der Tat sind verschiedene Unix-Kommandozeilenbefehle auf manchen Systemen als Skripte realisiert. Kandidaten dafür sind man (Online-Handbuchseiten) und cc (Aufruf von Compiler, Assembler und Binder).

10.4.1 Anwendungsbereiche

Das Thema Betriebssysteme kann unter verschiedenen Blickwinkeln betrachtet werden: aus Anwendersicht (*wie bediene ich das System?*), aus Entwicklersicht (*wie programmiere ich das System?*) und aus Administrationssicht (*wie verwalte ich das System?*). In den vorangegangenen Abschnitten war der Aspekt der Programmierung maßgebend, also das Verstehen der Systemfunktionalität und die Nutzung derselben für eigene Programme. Da aber die Aufgabe eines Softwareentwicklers nie ganz von der Systemverwaltung getrennt werden kann, soll hier überblicksartig auf grundsätzliche Möglichkeiten zur Systemverwaltung eingegangen werden. Eine Systemverwaltung kann auf zwei Arten stattfinden:

- Interaktiv über die *CLI (Command Line Interface)* oder mithilfe eines *GUI (Graphical User Interface)*
- Automatisiert mittels Skriptdateien

Die Skriptprogrammierung besitzt somit eine große Bedeutung in der Systemverwaltung. Die zu diesem Zweck geschriebenen Skriptdateien werden durch den Kommandointerpreter im Stapelverarbeitungsmodus (*batch processing mode*) in entsprechende Verwaltungsvorgänge umgesetzt. Skripte enthalten Befehle des CLI sowie Elemente der Skriptsprache. Die Entscheidung für eine Erstellung eines Programms in Skript- oder Hochsprache richtet sich nach den jeweiligen Vor- und Nachteilen (siehe Tab. 10–5).

Es stehen verschiedene Skriptsprachen zur Verfügung, die grob zwei Gruppen zugerechnet werden können:

- Betriebssystemabhängige Skriptsprachen, z.B. Unix/Linux Shell-Scripts, Windows-Scripts (*VBScript, JScript, PowerShell Scripting Language*)
- Betriebssystemunabhängige Skriptsprachen, z.B. Perl, TCL

Anwendung finden Skriptprogramme in unterschiedlichen Bereichen:

- *Systeminterne Aufgaben*: z.B. Systemstart unter Unix, Benutzerkonfiguration
- *Systemadministration*: z.B. Automatisierung häufiger Abläufe (Zusammenfassung komplexer Befehlsfolgen), Erstellen bestimmter Konfigurationen
- *Softwareinstallation*: Typischerweise werden unter Unix Applikationen mittels Skripten installiert.

Vorteile	Nachteile
+ Einfacher als Programmiersprachen + Keine Programmübersetzung nötig, da direkt interpretiert + Texteditor genügt zur Erstellung + Hohe Portabilität (keine Prozessorabhängigkeit, da in Textform) + Einzelne Datei, die alle Anweisungen enthält (keine Bibliotheken o.Ä. nötig) + Direkte Unterstützung/Einbindung von Kommandozeilenbefehlen	− Beschränkt in den Möglichkeiten − Wenig geeignet für anspruchsvollere Aufgaben − Langsamer in der Ausführung als kompilierte Programme (da interpretiert) − Oft kryptischer (d.h. Code unverständlicher) als moderne Programmiersprachen

Tab. 10–5 *Vor- und Nachteile der Skriptprogrammierung*

Die Unix-Shell-Skriptsprachen zeigen die wichtigsten Möglichkeiten der Skriptprogrammierung auf und sollen uns daher im Weiteren als Beispiel dienen. Für ein vertieftes Studium der Skriptprogrammierung empfehlen sich mächtigere Skriptsprachen, wie z.B. Perl (verwendbar unter Unix/Linux und Windows/WSH.). WSH (Windows Script Host) unterstützt standardmäßig VBScript (abgeleitet von Visual Basic und VBA) und JScript (Variante von JavaScript) und ist von der auf .NET basierenden PowerShell Scripting Language zu unterscheiden.

10.4.2 Die Shell als Programminterpreter

Die primäre Aufgabe einer Shell ist die Befehlsausführung. Dies kann einerseits direkt durch Eintippen von Befehlszeilen, andererseits jedoch durch das Anstoßen von Skriptdateien geschehen. Diese stellen einfache Programme dar, die in einer Skriptsprache geschrieben sind. Bei der Verwendung der Shell als Programminterpreter werden die Befehle also nicht eingetippt, sondern stammen eben aus der Skriptdatei. Zusätzliche Elemente zur Kontrollflusssteuerung (Verzweigungen, Schleifen) und Testoperatoren (Vergleich von Zeichenketten, Zahlen) erweitern den Einsatzbereich. Viele in der Skriptprogrammierung verwendete Elemente sind auch für den interaktiven Gebrauch nützlich.

> **Beispiele:**
> `stdin`, `stdout`, `stderr` und ihre Umlenkung, z.B. `ls > dir.txt`
> Metazeichen, z.B. »*« als Platzhalter für beliebige Zeichenketten, z.B. `ls ra*`
> Verkettung von Befehlen (Piping), z.B. `ls | grep hallo`
> Gruppierung von Befehlen, z.B. `ls; date`
> Umgebungs- und Shell-Variablen, z.B. `$PATH`, `$HOME`
> Jobkontrolle, z.B. `gedit&` (führt Programm `gedit` im Hintergrund aus)
> Aliasnamen, z.B. `dir` für `ls -l`

10.4.3 Portabilität und Kompatibilität

Unix wurde fast von Anfang an durch verschiedene Gruppierungen weiterentwickelt. Daher sind verschiedene Shell-Typen entstanden, die sich auch in ihren Skriptfähigkeiten unterscheiden. So sehr konkurrierende Implementierungen helfen, eine natürliche Selektion der besten Kandidaten zu erreichen, so sehr ist sie lästig, wenn es darum geht, die Vielfalt zu beherrschen. Die Genealogie bestimmt, welche Skriptdateien unter welchen Shell-Typen wenig oder unverändert lauffähig sind. Grob gesehen gibt es zwei Gruppen, die schlecht kompatibel sind. Es sind dies die Bourne-Shell und ihre Abkömmlinge sowie die C-Shell und ihre Derivate. Einige der neuen Shell-Typen sind in der Lage, beide Skriptarten brauchbar zu unterstützen. Viele Probleme liegen jedoch in den Details. Manchmal läuft eine Skriptdatei unter dem gleichen Shell-Typ auf einem anderen Unix-System nicht einwandfrei, weil es sich nicht um die gleiche Versionsnummer der Shell handelt oder weil externe Befehle auf dem betroffenen System leicht abweichend realisiert wurden.

Ein häufiger Ansatz, um diese Probleme zu beherrschen, besteht darin, dass man sich auf den kleinsten gemeinsamen Nenner beschränkt. Dies bedeutet aber, auf komfortable Zusatzfunktionen neuerer Shell-Typen (z.B. ksh, bash) zu verzichten. Letztlich entscheidet die angepeilte Bandbreite an Systemen, auf denen ein Skript lauffähig sein soll. Wir betrachten primär die Skriptmöglichkeiten der Bourne-Shell (sh), da sie nicht nur eine gemeinsame Grundlage für die Skriptprogrammierung, sondern auch auf ziemlich allen Unix-Systemen verfügbar ist. Teilweise werden wir einige nützliche Erweiterungen der Bourne Again Shell (bash) einbeziehen, da sie zusätzliche Möglichkeiten erschließen.

10.4.4 Erstellung von Skriptprogrammen

Eine Skriptdatei ist eine einfache Textdatei und kann deswegen mit einem beliebigen Text- oder Programmeditor erstellt werden. Eine spezielle Bedeutung hat die Einführungszeile bzw. erste Zeile. Sie gibt an, unter welchem Shell-Typ die

10.4 Skriptprogrammierung unter Unix

Skriptdatei ausgeführt werden soll. Für die Bourne-Shell würde die erste Zeile folgenden Inhalt besitzen:

```
#!/bin/sh
```

Nach dem Doppelzeichen #! steht der Pfad der ausführbaren Datei, die den Code der Shell enthält. Eine derartige Anfangszeile gehört in jede vollwertige Skriptdatei. Andere Shells wie auch Skriptinterpreter lassen sich spezifizieren.

Beispiele:
#!/bin/ksh	Korn-Shell
#!/bin/bash	Bourne Again Shell
#!/bin/perl	Perl-Skriptinterpreter

Skriptdateien werden von oben nach unten zeilenweise abgearbeitet. Kommentarzeilen beginnen mit dem #-Zeichen. Bevor sich Skriptdateien aufrufen lassen, müssen sie ausführbar gesetzt werden (x-Attribut setzen mit Befehl chmod). Interne und externe Shell-Befehle lassen sich in Skripten direkt über ihren Namen aufrufen. Als einführendes Beispiel betrachten wir die Skriptdatei *cleanbak*:

```
#!/bin/bash
# Dieses Skript löscht alle Dateien mit Suffix bak im aktuellen Verzeichnis
echo "Deleting all bak files in directory $PWD"
rm ./*.bak
```

10.4.5 Ausführung von Skriptprogrammen

Wie bereits erwähnt, werden Skriptdateien von oben nach unten *zeilenweise* abgearbeitet. Bevor die einzelnen Zeilen jedoch interpretiert werden, findet stets eine *Vorverarbeitung* statt (*shell preprocessing*). Diese dient dazu, die sogenannten *Expandierungen* durchzuführen, die folgende Aktionen umfassen:

- Expandierung geschweifter Klammern (Platzhalter in bel. Zeichenketten)
- Tildenersetzung (~ bezeichnet aktuelles Home-Verzeichnis)
- Shell-Variablenersetzung (Einsetzen der aktuellen Variablenwerte)
- Befehlsersetzung (Ersetzung durch Standardausgabe des Befehls)
- Arithmetische Ausdrücke (Ersetzen durch berechnetes Resultat)
- Worttrennung
- Dateinamensexpansion
- Entfernung von Quotation Marks

Details zur Funktionsweise dieser Expandierungen sind in den nachfolgenden Abschnitten zu finden.

10.4.6 Elemente der Skriptsprache

Im Folgenden sehen wir uns die grundlegenden Elemente der Skriptsprache an: Shell-Befehle, Shell-Variablen, Metazeichen, Synonyme und Funktionen sowie bedingte Tests und Kontrollstrukturen. Wir beschränken uns auf die Möglichkeiten der *Bourne Shell (sh)*, ergänzt um ein paar nützliche Fähigkeiten der *Bourne Again Shell (bash)*, die jedoch jeweils speziell vermerkt sind. Man beachte, dass andere Shell-Typen teilweise abweichende Befehle und Konstrukte benutzen.

10.4.7 Shell-Befehle

Unix-Shell-Befehle können sowohl als interne Befehle als auch als externe Befehle realisiert sein. Die internen Befehle (*internal commands*) sind fest eingebaute (*built-in*) Kommandos, d.h., sie sind direkt im Code des Befehlsinterpreters enthalten. Im Gegensatz zu den externen Kommandos wird *kein* separater Prozess zur Befehlsausführung gestartet (Beispiel: Befehl cd). Ältere Shells verfügen nur über wenige eingebaute Befehle (kompakter Code), neuere Shells hingegen haben eine Vielzahl von Befehlen direkt integriert (schnellere Ausführung). Die externen Befehle (*external commands*) benötigen zur Ausführung eine separate ausführbare Datei (*executable file* oder *script file*). Sie werden als *separate* Prozesse ausgeführt, wie in Abschnitt 4.2.4 beschrieben. Beispielsweise benötigt der Kommandozeilenbefehl ls die ausführbare Datei (*executable file*) /bin/ls. *Executables* und *scripts* können mitgelieferte Dateien oder selbst erstellte Programme sein. Der sogenannte Suchpfad sagt, wo Dateien zur Ausführung von der Shell gesucht werden. Eine Befehlsinterpretation durch die Shell heißt Interpretation und Ausführung der eingegebenen Kommandozeile. Im Einzelnen werden folgende Schritte durchlaufen:

1. Ist es der Name eines eingebauten Befehls?
   JA: ausführen und fertig; NEIN: weiter mit (2)
2. Ist es eine absolute Pfadangabe?
   JA: führe angegebene Datei aus, fertig; NEIN: weiter mit (3)
3. Suche alle in dem Suchpfad (*search path*) bezeichneten Ordner nach entsprechender Datei ab; kann ein ausführbares Programm oder eine Skriptdatei sei.

Wie kann die Shell zwischen ausführbaren Programmen und Skriptprogrammen unterscheiden? Die ausführbaren Dateien enthalten sogenannte »magische Zahlen« an definierter Stelle als Kennung. Skriptdateien sind meistens mittels eines Texteintrags auf der ersten Zeile identifiziert, womit auch festgelegt wird, welches die zur Ausführung zu verwendende Shell ist. Im minimalsten Fall ist eine Skriptdatei einfach eine Textdatei, die das Dateiattribut »ausführbar« besitzt.

Der weiter oben bereits erwähnte Suchpfad (*search path*) legt fest, in welchen Verzeichnissen die Shell nach einem angegebenen Dateinamen sucht, sofern dieser nicht bereits einen bestimmten Verzeichnispfad vorangestellt hat. Der Suchp-

10.4 Skriptprogrammierung unter Unix

fad kann über die Umgebungsvariable namens PATH festgelegt bzw. konfiguriert werden.

> **Beispiel:**
> PATH=/bin:/usr/bin:/usr/bin/X11:/usr/ucb:/home/tim/bin:

Die Shell-Ausführung kann entweder mit dem Befehl exit oder durch die Eingabe von <ctrl-D> beendet werden. Handelt es sich um die Anmelde-Shell (*login shell*), so findet damit auch eine Abmeldung des Benutzers vom System statt. Für die Interpretation einer Kommandozeile gelten folgende Regeln:

- Erstes Wort auf der Kommandozeile = Befehlsname
- Alle weiteren Worte mit vorangehendem »-« sind Kommandooptionen
- Übrige Worte sind Kommandoargumente bzw. Kommandoparameter

> **Beispiel:**
> cp -i -r ./ueb3 ./nds/ueb3

Es wird immer nur eine einzige Zeile auf einmal interpretiert, d.h., die Verarbeitung der Eingabe erfolgt zeilenweise. Eine Zeile kann »verlängert« werden durch die Eingabe eines »\« am Zeilenende. Von der Shell interpretierte Befehle können einer der folgenden Gruppen zugeordnet werden:

- *Shell-Kommandosprache (shell command language)*: Sie enthält Befehle für die interaktive Anwendung, dazu zählen alle »normalen« Befehle.
- *Shell-Programmiersprache (shell programming language)*: Sie beinhaltet zusätzliche Befehle, die speziell für die Ausführung aus der Skriptdatei nützlich sind (z.B. die Abfrage des Ausführungsstatus eines Befehls, Kontrollstrukturen wie if, case etc.).

Eine Shell stellt eine einfache Ausführungsumgebung für Skriptprogramme dar. Im einfachsten Fall enthält jede Zeile einen einzigen Befehl. Es ist jedoch sowohl interaktiv als auch in Skriptprogrammen möglich, mehrere Befehle auf einer Zeile zu kombinieren. Verschiedene Kombinationsformen existieren, die auch eine Ausführung von Folgebefehlen von speziellen Bedingungen abhängig machen können. In Tabelle 10–6 sind diese Möglichkeiten tabellarisch zusammengefasst.

Kommandozeile	Funktion	Beispiele
k1;k2	Kommandos k1 und k2 hintereinander ausführen	`ls; cd test`
k&	Kommando wird im Hintergrund ausgeführt; Shell ist sofort für neue Eingabe bereit	`gedit&`
k1 && k2	k2 wird nach k1 ausgeführt, falls k1 erfolgreich war (Rückgabewert 0)	`cd test && echo "okay"`
k1 || k2	k2 wird nach k1 ausgeführt, falls k1 fehlerhaft war (Rückgabewert <> 0)	`cd test||echo "Fehler"`
(k)	k wird in Subshell ausgeführt (Änderungen betreffen nur Subshell, z.B. Umgebungsänderungen)	`pwd;(cd test;pwd);pwd`

Tab. 10-6 Spezielle Befehlsausführung

10.4.8 Shell-Variablen

Shell-Variablen haben die Funktion, Texte an mit Namen identifizierten Stellen für den späteren Gebrauch zu speichern. Bei der Abfrage von Shell-Variablen wird der gespeicherte Text zurückgegeben. Der Datentyp einer Shell-Variablen ist daher davon abhängig, in welchem Zusammenhang die Variable abgefragt wird (kontext-sensitiv). Shell-Variablen finden folgende Verwendung:

- Speicherung benutzerspezifischer Konfigurationen der Shell (z.B. Shell-Typ, Suchpfade)
- Übergabe von Kommandozeileninhalten an Skriptdateien (mehr dazu später)
- Temporäres Speichern von Texten während der Skriptverarbeitung (und evtl. darüber hinaus)
- Setzen von Synonymen (*alias*) für eine komfortablere Arbeit mit der Shell

Gewisse Variablennamen sind festen Zwecken zugeordnet und können bzw. sollten daher nicht anderweitig verwendet werden (z.B. Shell-Variable PATH). Die Sichtbarkeit der Shell-Variablen ist auf die erzeugende Shell begrenzt, d.h., die Werte einer Variablen sind der erzeugenden Shell zugeordnet und damit für andere Prozesse nicht sichtbar. Insbesondere sind sie nicht Bestandteil der Umgebungsvariablenliste (*environment list*) der Shell, außer sie wurden explizit exportiert (mehr darüber später). Nützliche Befehle für Shell-Variablen sind:

- *Befehl* `set`: Anzeige aller definierten und sichtbaren Shell-Variablen
- *Befehl* `echo`: Ausgeben einer einzelnen Shell-Variablen (z.B. für x: echo $x)
- *Befehl* `read`: Einlesen einer Shell-Variablen ab Kommandozeile (z.B. Text in Shell-Variable `test` einlesen, bis Return-Taste betätigt wird: `read test`)
- *Setzen mittels Kommandozeile*: `variableName=variableContent` (z.B. Setzen von x: x=Xaver)

- *Abrufen in Kommandozeile*: $variableName oder ${variableName}
  (x wird vor Kommandozeileninterpretation durch seinen Inhalt ersetzt,
  z.B.: echo $x)
- *Variable löschen (d.h. Leerinhalt erstellen)*: unset variableName
  (z.B.: unset x)

Die Platzreservierung für Shell-Variablen erfolgt implizit, wenn ihnen das erste Mal ein Wert zugewiesen wird. Die Freigabe kann gezielt mittels unset ausgelöst werden. Eine nachfolgende Abfrage liefert dann einen Leerwert (leere Zeichenkette). Neben den skalaren sind auch Vektorvariablen definierbar (nur in der Bash-Shell).

Lokale Shell-Variablen (*local shell variables*)

Sie sind für den Gebrauch innerhalb der erzeugenden Shell die richtige Wahl. Insbesondere sind sie nur derjenigen Shell zugänglich, in er sie gesetzt wurden. Genügt dies nicht, so muss man sie exportieren, womit sie zu Umgebungsvariablen werden (siehe unten).

Umgebungsvariablen (*environment variables*)

Sie werden für den Gebrauch in mehreren Shells benötigt, da sie im Vergleich zu den lokalen Shell-Variablen eine erhöhte Sichtbarkeit und Gültigkeit besitzen. Eine Umgebungsvariable wird angelegt, indem man zuerst eine lokale Shell-Variable setzt und diese anschließend exportiert. Durch den Export wird eine Shell-Variable der Umgebungsvariablenliste (*environment list*) des Prozesses zugefügt. Damit kann die Shell-Variable an Kindprozesse weitervererbt werden. Standardmäßig werden gewisse Shell-Variablen automatisch exportiert (z.B. PATH). Beispiel für das Anlegen der Umgebungsvariablen NNTPSERVER:

```
NNTPSERVER=news.xy.org
export NNTPSERVER
```

Sollen gewisse Shell-Variablen generell für einen Benutzer initialisiert sein, so muss dies entweder systemweit oder benutzerbezogen durch ein Anmeldeskript geschehen. Dies ist ein Teil einer Systemkonfiguration.

Skriptargumente-Variablen (*positional arguments*)

Sie dienen zur Übergabe von Informationen von der Kommandozeile an eine Skriptdatei. Die Kommandozeilenargumente können innerhalb eines Skripts über vordefinierte Shell-Variablennamen genutzt werden. Über ein Benennungsschema lassen sich die einzelnen Kommandozeilenargumente entsprechend ihrer Reihenfolge in der Zeile unterscheiden. Daher werden sie auch als *positional parameters* bezeichnet. Dies sieht beispielsweise für die Kommandozeile `checkfile samfile xy full` wie folgt aus:

```
Shell-Variable 0 ($0) ist Skriptname:        ./checkfile
Shell-Variable 1 ($1) ist erster Parameter:  samfile
Shell-Variable 2 ($2) ist zweiter Parameter: xy
Shell-Variable 3 ($3) ist dritter Parameter: full
```

Es besteht eine Einschränkung auf maximal neun Argumente. Dies kann mittels des Befehls *shift* durchbrochen werden. Der Befehl `shift` weist der Skriptargumente-Variablen $1 den Inhalt von $2 zu und $2 den Inhalt von $3 usw. und füllt $9 mit einem zehnten Argument (sofern eines vorhanden). Abbildung 10–23 illustriert dies, wobei zu sehen ist, dass das Skriptargument $0 seinen Inhalt behält.

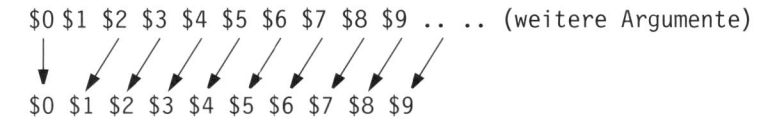

```
$0 $1 $2 $3 $4 $5 $6 $7 $8 $9 .. ..  (weitere Argumente)
 |   ↙  ↙  ↙  ↙  ↙  ↙  ↙  ↙  ↙
 ↓
$0 $1 $2 $3 $4 $5 $6 $7 $8 $9
```

Abb. 10–23 *Wirkungsweise des Befehls* `shift`. *Man beachte, dass die Benutzung des* `shift`-*Operators unter der Bash-Shell unnötig ist, da diese mehr als 9 Argumente direkt unterstützt.*

Unter Unix ist es üblich, Befehlsoptionen mit einem Bindestrich, gefolgt von einem Optionsbuchstaben und allenfalls einem Optionsargument auszudrücken. So könnte beispielsweise `-l filename` eine Option darstellen, die eine Ausgabe in eine Datei `filename` ablegt. Eine Option `-V` könnte das Skript veranlassen, eine Versionsnummer auszugeben. Da die Verarbeitung von Optionen in Skripten häufig nötig ist, wurde dazu ein spezieller Befehl `getopts` bereitgestellt.

```
getopts Optionenliste Name
```

Die `Optionenliste` enthält die für die Optionen definierten Optionsbuchstaben. Erwartet eine Option ein Optionsargument, so folgt dem Buchstaben ein Doppelpunkt. Wichtig ist, dass die `Optionenliste` keine Leerzeichen enthält. Der `Name` (wählbarer Name einer Shell-Variablen) erhält die erste gefundene Option zugewiesen. Wird `getopts` wiederholt aufgerufen, so wird `Name` der Reihe nach die einzelnen Optionen zugewiesen. Sind keine weiteren Optionen mehr vorhanden, so gibt `getopts` direkt den Wert 0 zurück. Benutzt eine Option ein Optionsargument, so wird dieses der Shell-Variablen OPTARG zugewiesen (OPTARG ist ein reservierter Name für diesen Zweck). Nachfolgendes Beispiel zeigt die Anwendung für eine Option -l mit Optionsargument (Dateiname) und für eine Option -V ohne Optionsargument. In der Shell-Variablen OPTIND gibt `getopts` stets den Index des

10.4 Skriptprogrammierung unter Unix

nächsten zu bearbeitenden Kommandozeilenarguments zurück. Zu beachten ist, dass sich die in OPTIND gespeicherten Nummern nicht auf die Optionen, sondern auf die durch Trennzeichen abgegrenzten Worte der Kommandozeile beziehen. OPTIND wird im Beispiel dazu benutzt, um die bereits verarbeiteten Optionen durch Schieben wegzuwerfen, womit $1 anschließend das erste Nichtoptionenargument liefert (sofern eines vorhanden).

```
while getopts l:V OPT; do          # fahre weiter so lange getopts <> 0
    case $OPT in                    # prüfe auf gefundene Option
        l) echo "Option -l mit Argument $OPTARG vorhanden";;
        V) echo "Option -V vorhanden";;
    esac
done
shift `expr $OPTIND - 1`           # schiebe 1. Nichtoptionsarg. in $1
echo "$1"                           # gib 1. Nichtoptionsarg. aus
```

Spezialargumente-Variablen (*special variable parameters*)

Dies sind vordefinierte Skriptvariablen für die Skriptsteuerung. Sie liefern nützliche Informationen für die Skriptverarbeitung und werden daher gerne bei der Skriptprogrammierung eingesetzt.

Name	Zweck, Funktion
$#	Anzahl der Skriptargumente
$*	Enthält alle Parameter als Zeichenkette (*text string*) (können auch mehr als 9 sein)
$$	Aktuelle PID (Prozessidentifikation) des ausgeführten Skripts
$!	PID des letzten in den Hintergrund versetzten Prozesses
$@	Ähnlich wie $#, liefert aber Argumente je für sich in Anführungszeichen (quotes), falls so aufgerufen
$-	Zeigt aktuelle Shell-Variableninhalte (wie Befehl set)
$?	Zeigt Ausführungsstatus (*exit status*) des letzten Befehls (0 für keine Fehler, andere Werte für Fehler).

Tab. 10–7 Informative Spezialargumente-Variablen (Auswahl)

Ein Skript gibt ohne weitere Maßnahmen den numerischen Ausführungsstatus 0 zurück. Mit dem Befehl exit n kann am Ende des Skripts ein davon abweichender Werte n zurückgegeben werden. Der Ausführungsstatus (*exit status*) eines Skripts oder des letzten ausgeführten Befehls kann über die Shell-Variable mit dem Namen ? abgefragt werden.

Beispiel:
$ echo $?
3
Empfehlung: 0 für ok und 1 sonst verwenden

Shell-Konfigurationsvariablen

Sie dienen der Konfiguration wichtiger Eigenschaften der Shell und der Benutzerumgebung.

Name	Zweck	Beispiel
PATH	Legt den Suchpfad fest, d.h. die Verzeichnispfade, an denen die Shell nach einem auf der Kommandozeile eingegebenen externen Kommandonamen sucht (»:« trennt die einzelnen Pfade voneinander ab)	echo $PATH /usr/local/bin:/bin:/home/fritzmuster/bin
MANPATH	Legt Verzeichnisse fest, in denen Handbuchseiten (*manual pages*) gespeichert sind	
HOME	Enthält den Pfad des benutzereigenen Verzeichnisses (entsprechend Anmeldung). Dieses wird üblicherweise als Home-Verzeichnis bezeichnet.	cd $HOME → wechselt in das eigene Home-Verzeichnis
PWD	Enthält den vollen Pfad des gerade aktuellen Verzeichnisses (d.h., wo der Benutzer sich gerade befindet)	echo $PWD → zeigt Pfad des Arbeitsverzeichnisses an
PS1	Setzt den Prompt (Eingabeaufforderungstext) am Anfang der Kommandozeile fest	PS1= "hallo:"
PS2	Bestimmt Text, den die Shell ausgibt, wenn zusätzliche Eingabedaten(zeilen) von dem Benutzer erwartet werden	
DISPLAY	Bezeichnet Standard-Display für X-Clients	DISPLAY=192.168.0.4:0
LD_LIBRARY_PATH	Legt zusätzliche Suchpfade für Programmbibliotheken fest (sonst gelten nur Standardpfade bzw. explizit beim Binden spezifizierte Pfade)	LD_LIBRARY_PATH=/opt/lib
$IFS	Gültige Trennzeichen auf Kommandozeile (Internal Field Separator), normalerweise auf Leerzeichen, Tabulator und Zeilenendezeichen gesetzt	IFS="^"

Tab. 10–8 Shell-Konfigurationsvariablen (Auswahl)

Array-Variablen

Die Bash-Shell erlaubt die Definition von Array-Variablen. Dazu bestehen verschiedene Möglichkeiten. Die *explizite Deklaration* legt eine Array-Variable eines wählbaren Namens an. Dazu dient eine Anweisung folgender Form (<..> bezeichnet einen Platzhalternamen):

```
declare -a <variable name>
```

Die Initialisierung erfolgt dann erst nachfolgend. Bei einer *impliziten Deklaration* wird eine Array-Variable auf indirekte Art und Weise erzeugt, indem eine Shell-Variable mit mehreren Werten initialisiert wird, die dann aufeinanderfolgende Eintragsstellen belegen. Bei der Abfrage wird ein bestimmtes Array-Element

10.4 Skriptprogrammierung unter Unix

durch Angabe eines Indexwerts gewählt, wobei zu beachten ist, dass das erste Element den Index 0 besitzt.

Beispiel:
```
arr=(11 23 55)
echo ${arr[1]}
```

Grundsätzlich gilt, dass bei der Abfrage jede Shell-Variable als Array-Variable angesehen wird, wobei dann aber nur das erste Element einen Inhalt besitzt, wenn die Variable nicht als Array-Variable initialisiert wurde. Eine Array-Variable muss nicht zusammenhängend gefüllt sein, die Abfrage von Leerstellen liefert einfach Leertexte, d.h. leere Zeichenketten.

10.4.9 Stringoperatoren für Shell-Variable

Geht es in einem Skript beispielsweise darum, aus dem Namen einer Eingabedatei den Ausgabedateinamen abzuleiten, so sind Funktionen zur Textmodifikation oder Textextraktion aus Zeichenketten nützlich. Die Bash-Shell unterstützt dies mit einer Auswahl an Operatoren:

- ${#variable} liefert die Länge der in variable gespeicherten Zeichenkette
- ${variable#muster} liefert den Inhalt von variable nach Entfernen des muster von links her
- ${variable%muster} liefert den Inhalt von variable nach Entfernen des muster von rechts her
- ${variable:pos:laenge} liefert den Inhalt von variable ab pos, aber maximal laenge Zeichen, wobei gilt:
  pos: 0..n = Position 0 bis n Zeichen ab Stringanfang
  pos: -n = Position von Stringende nach links gezählt
  Zu beachten ist zudem:
  - vor Minuszeichen ist stets ein Leerzeichen nötig!
  - fehlt laenge dann gilt »bis Stringende«
  - ein Pluszeichen vor pos wird ignoriert

Falls Vorgabewerte (defaults) für Shell-Variable zu benutzen sind, dann helfen folgende Funktionen:

- ${variable-value} Resultat ist Variableninhalt, falls variable existiert, ansonsten aber value

```
Beispiel 1:
    X=5; echo ${X-7}
    5
Beispiel 2:
    echo ${X-7}
    7
```

Mögliche Erweiterung: Wird dem Variablennamen ein Doppelpunkt nachgestellt, so werden existierende, aber leere Variable gleich behandelt wie nicht existierende Variable.

```
Beispiel 1:
    X=5; echo ${X:-7}
    5
Beispiel 2:
    X=""; echo ${X:-7}
    7
```

- ${variable=value} Falls variable *nicht* existiert, dann erfolgt eine Initialisierung mit value. Resultat ist stets der Variableninhalt (existierender oder neuer Inhalt).

```
Beispiel 1:
    X=5; echo ${X=7}
    5
Beispiel 2:
    echo ${X=7}
    7
```

- ${variable+value} Resultat ist value, falls variable existiert, ansonsten leere Zeichenkette.

```
Beispiel 1:
    X=5; echo ${X+7}
    7
Beispiel 2:
    echo ${X+7}
```

10.4.10 Metazeichen

Für verschiedene Zwecke existieren Spezialzeichen, die eine Sonderbedeutung nachfolgender Zeichen anzeigen (sogenannte Metazeichen). So werden z.B. die dem $-Zeichen folgenden Wörter als Shell-Variablen interpretiert und der gesamte Ausdruck (z.B. $MYHOME) durch den Inhalt dieser Variablen ersetzt. Die Verarbeitung der Metazeichen findet vor der eigentlichen Befehlsinterpretation statt (*shell preprocessing*). Ein paar der Metazeichen dienen zusätzlich dazu, die Metabedeutung nachfolgender Zeichen auszuschalten. In Tabelle 10–9 ist eine Übersicht gegeben und anschließend ein paar Metazeichen und ihre Anwendung näher beschrieben. Übrigens, in der Unix-Welt wird häufig der Begriff des *Quoting* benutzt. Dieser bezeichnet dann kontextabhängig einen der folgenden zwei Tatbestände:

- Metabedeutung eines Zeichens ausschalten (»Maskierung«)
- Gebrauch der drei Quotation Marks: *backslash, double quote, single quote*

Metazeichen	Zweck
*, ?, [s],[!s],[c1-cn], {s1,s2,...sn}	Verwendet für die Pfad-/Dateinamensexpansion, werden auch als Platzhalter (*wildcards*) bezeichnet (z.B. ls [s]*)
SPACE, TAB (Leerzeichen, Tabulator)	Dienen als Trennzeichen in Befehlszeilen (z.B. ls -l dat)
$ (Dollarsymbol)	Nachfolgender Text ist Variablenname und daher durch Variableninhalt zu ersetzen (z.B. echo $PATH)
\ (rückwärtsgerichteter Schrägstrich, *back slash*)	Hindert Shell am Interpretieren der direkt nachfolgenden Zeichen & * = ^ $ ' " ? (z.B. echo "Gewinn = \$5000")
` ` (rückwärtsgerichtete Anführungsstriche, *back quotes*)	Text dazwischen ist ein Befehl und durch sein Ausführungsresultat zu ersetzen (z.B. `pwd`)
" " (doppelte Anführungsstriche, *double quotes*)	Metazeicheninterpretation für Text dazwischen ist auszuschalten, außer für $, ', \ (z.B. cd "Program Files") → schaltet Texttrennung durch SPACE und TAB aus)
' ' (einfache Anführungsstriche, *single quotes*)	Metazeicheninterpretation für Text dazwischen ausschalten, ausnahmslos! (z.B. echo 'echo $PATH ist Suchpfad')
# (Raute, *hash*)	Leitet eine Kommentarzeile ein (z.B. # Skriptkommentar)
&, (), ;, &&, ||	Spezielle Befehlsausführung (siehe Tab. 10–6)

Tab. 10–9 *Übersicht der Metazeichen (Auswahl)*

Metazeichen für die Dateinamensersetzung (*globbing*)

Eine Auswahl von Metazeichen löst das Problem, verschiedene variable Dateinamen zu spezifizieren. Diese Metazeichen werden als Platzhalter für verschiedene Zeichen bzw. Zeichengruppen eingesetzt (Jokerzeichen bzw. *wildcards*).

Metazeichen	Verwendung	Beispiele
*	kein, ein oder mehrere Zeichen	`ls *.c`
?	ein einzelnes beliebiges Zeichen	`print main.?`
[xy]	ein x- oder ein y-Zeichen	`ls main.[hc]`
[a-z]	ein Kleinbuchstabe	`ls [a-z]module.c`
[!0-9]	ein Zeichen, das keine Zahl ist	`print mod[!0-9]`

Tab. 10-10 Metazeichen für die Dateinamensexpansion

Metazeichen für die Texttrennung

Voreingestellt sind typischerweise das Leer-, das Tabulator- und das Zeilenendezeichen, um Wörter auf einer Kommandozeile voneinander abzugrenzen. Über die Shell-Konfigurationsvariable IFS kann dies jedoch anders konfiguriert werden (siehe Tab. 10–8).

Metazeichen für die Shell-Variablenabfrage

Der Inhalt einer Shell-Variablen wird abgerufen, indem man ihrem Namen ein $-Zeichen voranstellt. Der Name der Shell-Variablen kann dabei optional zur eindeutigen Abtrennung mit geschweiften Klammern eingerahmt sein, was nützlich ist, wenn beispielsweise ein neuer Dateinamen aus mehreren Zeichenketten komponiert wird.

Metazeichen für die Maskierung

Maskierung bezeichnet beim Unix-Scripting das Ausschalten der Metabedeutung von einem oder mehreren Metazeichen. Es stehen folgende Maskierungszeichen (*quotation marks*) zur Verfügung:

- Rückwärtsgerichteter Schrägstrich (*backslash*): \
  Hindert die Shell am Interpretieren des direkt nachfolgenden Metazeichens, z.B. & * = ^ $ ' " ? ( ).

```
Beispiel:
   "Ihr Gewinn betraegt \$5000"
```

- Doppelte Anführungsstriche (*double quotes*): " "
  Schaltet die Metazeicheninterpretation für Text dazwischen aus (außer für $, ', \). Diese Maskierung wird als *weak quoting* bezeichnet.

10.4 Skriptprogrammierung unter Unix

Beispiel:
```
# Schaltet Leerzeichen als Texttrenner aus
cd "Program Files"
```

- Einfache Anführungsstriche (*single quotes*): ' '
  Schaltet die Metazeicheninterpretation für Text dazwischen ausnahmslos aus. Diese Maskierung wird als *strong quoting* bezeichnet.

Beispiel:
```
echo 'echo $PATH dient zur Anzeige des Befehlssuchpfades'
```

Metazeichen für die Kommentierung

Mit dem Metazeichen # wird eine Kommentarzeile eingeleitet.

Beispiel:
```
# Dies ist ein Skriptkommentar
```

Metazeichen für die spezielle Befehlsausführung

Die Metazeichen & () ; && || erzwingen spezielle Befehlsausführungen. Eine Übersicht mit Codebeispielen ist in Tabelle 10–6 zu finden.

Metazeichen für die Ein-/Ausgabeumleitung (*I/O redirection*)

Jedes Programm erhält beim Start drei Standardkanäle für die Ein-/Ausgabe vom Betriebssystem zugeteilt (siehe Tab. 10–11). Diese werden oft für die Umleitung der Ein-/Ausgabe innerhalb von Skriptdateien benötigt.

Name	Deskriptorwert	Funktion	Standardzuordnung
stdin	0	Eingabekanal	Tastatur
stdout	1	Ausgabekanal (ohne Fehlermeldungen)	Bildschirm
stderr	2	Ausgabekanal speziell für Fehlermeldungen	Bildschirm

Tab. 10–11 Standardkanäle und ihre Zuordnung

Die Standardzuweisung kann durch eine andere Zuweisung ersetzt werden. Dazu stehen verschiedene Möglichkeiten zur Verfügung (siehe Tab. 10–12).

Metazeichen	Verwendung	Beispiel
>	Ausgabe umleiten (Datei anstatt stdout)	ls * > list.txt
>>	Wie >, aber anhängen an Dateiinhalt	ls * >> list.txt
<	Eingabe umleiten (Datei anstatt stdin)	gcc < linkcontrol
#> oder #<	Umleitung unter Angabe des Dateideskriptorwerts des Kanals (für # einsetzen)	gcc <job 1>job.lst 2>job.err
>&#	Benutze gleichen Kanal wie Dateideskriptor #	gcc <job 1>job.lst 2>&1 gcc <job 2>job.lst 1>&2

Tab. 10–12 *Metazeichen für die E/A-Umleitung*

Der Einsatz ist am besten anhand einer Reihe von Beispielen zu verstehen:

Eingabe von Datei:	cc < source_list oder cc 0< source_list
Doppelte Umleitung:	cc < source_list > msglist
Umleitung stderr in Datei:	cc < source_list 2> err_list.txt
Alle drei Kanäle umgeleitet:	sort 0< studi 1> studi.txt 2> studi.err
Alle Ausgaben umgeleitet:	cc main.c mod2.c 1> main.lst 2>&1

Mit dem einfachen Rechtspfeil wird für die Umlenkung der Ausgabe eine neue leere Datei angelegt. Wird doppelter Rechtspfeil verwendet, so werden die Daten den vorhandenen Inhalten einer bereits existierenden Datei dieses Namens angehängt (oder eine neue leere Datei dieses Namens angelegt und die Ausgabe dort hinein geleitet).

Metazeichen für die Befehlsverknüpfung

Mittels des | kann die Ausgabe eines Programms an die Eingabe eines zweiten Programms weitergeleitet werden. Dabei laufen beide Programme gleichzeitig ab und werden über eine temporäre Pipe durch die Shell miteinander verbunden.

Metazeichen	Verwendung	Beispiel
		Leitet die Ausgabe eines Befehls an den nächsten Befehl (*pipelining*)	ls	sort

Tab. 10–13 *Metazeichen zur Befehlsverknüpfung*

10.4.11 Synonyme und Funktionen

Ein Synonym (*alias*) ist ein benutzerdefinierter Name, hinter dem ein beliebiger Text gespeichert werden kann. Ein Aliasname erlaubt das Abkürzen häufig benutzter Befehlssequenzen. Funktional zwingend ist die Eigenschaft, dass er Vorrang vor externen Kommandos (d.h. auf der Platte in Dateiform abgelegtem Befehlscode) hat und nicht rekursiv arbeitet. Ein *alias* kann auf der gleichen Kommandozeile mit weiteren Eingaben ergänzt werden. Es gilt die Einschränkung, dass ein *alias* sich nicht auf einen anderen *alias* beziehen kann. Für wiederholten Gebrauch können sie in einem Anmeldskript abgelegt werden. Aliasnamen sind unter der Bourne-Shell nicht unterstützt, jedoch z.B. unter der *ksh* und *bash* verfügbar.

> Beispiele:
> Setzen eines Aliasnamens: `alias ls = "ls -l"`
> Aufruf (ergänzt mit zusätzlichem Text):   `ls 3.txt`
> Aufheben des Aliasnamens: `unalias ls`

Ein zweiter Mechanismus zur Automatisierung neben *aliases* sind die *functions*. Sie können, vergleichbar mit Skripts, Aufrufparameter (*positional parameters*) verwenden. Eine *function* liefert zudem einen Rückgabewert (*exit status*). Der Unterschied zu Skriptdateien besteht darin, dass die Skripte über das Ende der Shell hinaus leben, die Shell-Funktionen jedoch nicht.

> Beispiel:
> ```
> function addtopath
> {
> [ -d $1 ] && export PATH=$1:$PATH
> }
> ```
> NB: `[ -d $1 ]` prüft, ob das Verzeichnis vorhanden ist.

10.4.12 Bedingte Tests (*conditional tests*)

Um intelligente Skripte zu erstellen, ist es oft nötig, Texte zu vergleichen oder einfach festzustellen, ob ein Text oder eine Datei existiert.

Test des Dateistatus

Der Test eines Dateistatus (*file status*) kann mit einer der beiden Anweisungen erfolgen (mit `filename` als Name einer Datei):

```
test condition filename
[ condition filename ]
```

Die Form mit den eckigen Klammern stellt eine Kurzschreibweise dar, da sie das Ausschreiben des Befehls `test` ersetzt. Eine Auswahl möglicher Werte für die `condition` ist in Tabelle 10–14 zu finden.

condition	Getesteter Status
-d	Ist es ein Verzeichnis?
-r	Ist Datei lesbar (Dateirechteattribut r gesetzt)?
-w	Ist Datei schreibbar (Dateirechteattribut w gesetzt)?
-x	Ist Datei ausführbar (Dateirechteattribut x gesetzt)?
-s	Ist Datei nicht leer?
-f	Ist es eine reguläre, existierende Datei? NB: regulär heißt kein *special file* (d.h. Pipe, Gerät usw.).

Tab. 10–14 *Bedingungscodes für test-Befehl auf Dateien*

Ein paar Beispiele zu den bedingten Tests auf den Dateistatus illustrieren die Anwendung:

Beispiel 1:
```
$ test -w hallo.txt
$ echo $?
0
```
→ Resultat ist 0, daher ist Datei schreibbar

Variante:
```
$ [ -w hallo.txt ]
$ echo $?
0
```
NB: Die Leerzeichen zwischen den eckigen Klammern und den Inhalten sind zwingend einzuhalten!

Beispiel 2:
```
$ [ -d hellobin ]
$ echo $?
1
```
→ Verzeichnis `hellobin` existiert nicht

10.4 Skriptprogrammierung unter Unix

Verknüpfung mehrerer Tests

Wenn mehrere Bedingungen miteinander verknüpft werden sollen, so lassen sich dazu logische Operatoren einsetzen.

Operator	Bedeutung
-a	logisches UND (wahr, falls beide Seiten des Operators wahr)
-o	logisches ODER (wahr, falls min. 1 Seite des Operators wahr)
-!	logisches NICHT (wahr, falls Bedingung nicht wahr)

Tab. 10-15 Verknüpfungsoperatoren

Beispiel 1:
```
$ [ -w main.c -a -w main.h ]
$ echo $?
0
```

Beispiel 2:
```
$ [ -w main.c -o -x main.o ]
$ echo $?
0
```

Beispiel 3:
```
if [ ! -d $directory ]; then
      echo "Directory does not exist"
else
      echo "Directory does exist"
fi
```

Tests auf Zeichenketten

Bedingte Tests lassen sich auf Zeichenketten (*strings*) anwenden. Die allgemeinen Formen dieses Tests sind wie folgt (mehrere Varianten mit einem oder zwei beteiligten Zeichenketten sind möglich):

```
test "string"
test stringoperator "string"
test "string" stringoperator "string"
[ stringoperator "string" ]
[ "string" stringoperator "string" ]
```

Dabei steht string für eine beliebige Zeichenkette, die mit doppelten Hochkommas eingefasst werden muss, wenn sie aus mehreren Worten besteht. Übrigens, die erste der oben aufgeführten Formen spezifiziert keinen Stringoperator, sondern testet lediglich, ob eine Zeichenkette »nicht leer« ist. Die für den stringoperator möglichen Operatoren sind in Tabelle 10–16 aufgelistet.

```
Beispiel:
$ [ -z $COMP ]
$ echo $?
1
```

Operator	Bedeutung
=	Test auf Gleichheit von zwei Zeichenketten
!=	Test auf Ungleichheit von zwei Zeichenketten
-z	Test, ob Zeichenkette leer ist
-n	Test, ob Zeichenkette nicht leer ist

Tab. 10–16 Operatoren für Zeichenketten

```
Beispiel (Eingabe »nok«):
$ read in
$ [ "$in" = "ok" ]
$ echo $?
1
```

```
Beispiel (doppelte Hochkommas um $s fehlen):
$ s="Wer da"
$ [ $s = "Wer da" ]
-bash: [: too many arguments
```

Zahlenvergleiche

Oft sind bedingte Tests auf Zahlen nützlich. Dabei werden zwei Zahlen miteinander verglichen. Die allgemeine Form dieses Zahlenvergleichs lautet:

```
number1 numeric_operator number2
[ number1 numeric_operator number2 ]
```

Wobei number1 und number2 beliebige Ganzzahlen sind. Mögliche Werte für den numeric_operator sind in Tabelle 10–17 zu finden.

Operator	Bedeutung
-eq	Test auf Gleichheit (*number1* = *number2*)
-ne	Test auf Ungleichheit (*number1* <> *number2*)
-gt	Test auf größer als (*number1* > *number2*)

→

10.4 Skriptprogrammierung unter Unix

Operator	Bedeutung
-lt	Test auf kleiner als (*number1* < *number2*)
-le	Test auf kleiner/gleich als (*number1* <= *number2*)
-ge	Test auf größer/gleich als (*number1* => *number2*)

Tab. 10-17 Operatoren für Zahlenvergleiche

Beispiel:
```
$ NUM=20
$ [ $NUM -eq 50 ]
$ echo $?
1
```

Erweiterter Testbefehl der Bash

Die Bash-Shell bietet eine vereinfachte Form des Testbefehls an, die einfacher zu handhaben ist:

```
[[ condition ]]
```

Diese Form vermeidet Fehler, die bei der Anwendung des einfachen Testbefehls häufig gemacht werden. Erstens expandiert sie keine Dateinamen innerhalb der Klammern und zweitens führt sie dort keine Worttrennungen durch. Zudem unterstützt sie die Operatoren &&, ||, < und >, die ansonsten nicht zulässig sind.

10.4.13 Arithmetik

Ganzzahl-Rechenausdrücke können mit dem Befehl expr verarbeitet werden. Neben den Rechenoperatoren +, -, * und / steht auch der Modulooperator % zur Verfügung. Innerhalb komplizierterer Ausdrücke können runde Klammern zur Gruppierung benutzt werden. Zu beachten ist, dass sowohl Operatoren als auch Zahlen stets voneinander mit Leerzeichen zu trennen sind.

Beispiel 1:
```
$ expr 4 + 5
9
```

Beispiel 2:
```
$ RESULTAT=`expr \( 4 + 5 \) / 3`
$ echo $RESULTAT
3
```

Im zweiten Beispiel werden die runden Klammern zur Gruppierung eingesetzt. Da die runden Klammern aber eine Sonderbedeutung bei der Befehlsausführung haben (siehe Tab. 10–6), muss ihnen ein »\« (Backslash) vorangestellt werden. Alternative ist (nur) unter der Bash-Shell die folgende Form möglich:

```
$(( .. ))
```

Beispiel:
```
$ A=$((2+3))
$ echo $A
5
```

10.4.14 Kontrollstrukturen für Skripte

Für die Auswertung von Tests und zur Programmierung passender Reaktionen auf einen Ausführungsstatus werden Kontrollstrukturen benötigt. Häufig verwendete Kontrollstrukturen sind if..then..else, case, for loop, until loop, while loop und select.

if-then-else-Struktur

Allgemeine Form:
```
if cond1
then
  commands1
elif cond2
then
   commands2
else
  commands3
fi
```

Die obige Struktur stellt eine Maximalform dar, die vereinfacht werden kann.

Beispiel 1:
```
if [ "$COMP" = "cc" ]; then
   echo "Okay"
fi
```

10.4 Skriptprogrammierung unter Unix

Beispiel 2:
```
#!/bin/sh
# Überprüfe cp
if cp xy.txt xy.bak
then
   echo "cp okay"
else
  echo "cp not okay"
fi
```

Beispiel 3:
Verbessertes Beispiel 2: Unerwünschter Output wird eliminiert, indem er auf das Nullgerät (= »Nirwana«) umgelenkt wird. Dies muss natürlich auch für stderr erfolgen (Anweisung 2>&1).
```
#!/bin/sh
if cp xy.txt xy.bak > /dev/null 2>&1
then
   echo "cp okay"
else
  echo "cp not okay"
fi
```

case-Struktur

Allgemeine Form:
```
case value in
pattern1)
   commands1
   ...
   ;;
pattern2)
   commands2
   ...
   ;;
esac
```

Dabei ist `value` ein beliebiger Name einer Shell-Variablen. `commands1` und `commands2` stehen für beliebige Anweisungsfolgen. `pattern1` bzw. `pattern2` können Metazeichen enthalten. Das Metazeichen `*` ist ein Platzhalter für ein oder mehrere beliebige Zeichen, das Metazeichen `?` ist ein Platzhalter für genau ein beliebiges Zeichen und [..] steht für irgendein Zeichen einer Klasse oder eines Bereichs.

In dem folgenden Beispiel wird der Befehl `read` benutzt, um Benutzereingaben von der Konsole in einer Shell-Variablen abzulegen. Werden mehrere Shell-Variablen bei `read` angegeben, so erhalten diese von links nach rechts die dem

Skriptnamen folgenden Kommandozeilenargumente zugewiesen. Kommen auf der Kommandozeile mehr Argumente vor, als Shell-Variablen bei read angegeben sind, so werden die überzähligen Argumente alle der letzten aufgeführten Shell-Variablen zugewiesen.

Beispiel:
```
#!/bin/sh
# Einfache case-Anweisung
echo -n "Eine Nummer zwischen 1 und 3 eingeben :"
read NBR
  case $NBR in
    1) echo "eins";;
    2) echo "zwei";;
    3) echo "drei";;
    *) echo "Ist kein Wert zwischen 1 und 3" >&2
       exit 1;;
  esac
```

for-loop-Struktur

Allgemeine Form:
```
for var_name in list
do
    command1
    command..
done
```

Führt Befehle unter do für jeden Variablenwert aus list genau einmal aus. Als var_name kann ein beliebiger Name verwendet werden, der als Platzhalter für den aktuellen Schleifenindex innerhalb der Schleife dient. var_name steht als Shell-Variable zur Verfügung.

Beispiel 1:
```
#!/bin/sh
# for_13
# Einfaches Beispiel für for loop
for xy in 1 2 3
do
    echo $xy
done
```
Ausgabe bei der Ausführung:
```
$ ./for_13
1
2
3
```

10.4 Skriptprogrammierung unter Unix

Beispiel 2 (Datei-Backup):
```
#!/bin/sh
# for_bak
BAK=".bak"
for xy in `ls `
do
    echo "Kopiere $xy in $xy$BAK"
    cp $xy $xy$BAK
done
```

Beispielausgabe:
```
$ ./for_bak
Kopiere ab in ab.bak
Kopiere test in test.bak
Kopiere main.c in main.c.bak
...
```

Für die Bash-Shell ist eine alternative Form der for-Kontrollstruktur definiert:

```
for ((EXPR1; EXPR2; EXPR3))
do
    command1
    command..
done
```

Wobei EXPR1/2/3 arithmetische Ausdrücke sind, die sich gleich wie bei der for-Kontrollstruktur in C/C++ verhalten, d.h.:

- EXPR1 wird zuerst genau einmal ausgeführt.
- EXPR2 wird vor jedem potenziellen Schleifeneintritt ausgeführt.
- EXPR3 wird nach jedem Schleifendurchlauf ausgeführt.

Beispiel 3:
```
#!/bin/bash
for ((i=1;i<10;i=i+1)); do echo $i; done
```

until-loop-Struktur

Allgemeine Form:
```
until condition
do
    command1
    ...
done
```

Die Schleife wird ausgeführt, bis die Bedingung condition wahr ist. command1 steht für eine beliebige Anweisungsfolge.

Beispiel:
```
#!/bin/sh
# Warte bis Root-Benutzer angemeldet
until [ "`who | grep root`" ]
do
    sleep 6
done
echo "Hallo Fritz! Root hat eingeloggt " | mail Fritz
```

In obigem Beispiel testet die Bedingungsanweisung in den eckigen Klammern, ob der resultierende String »nicht leer« ist, was dann zutrifft, wenn der Name root in der Liste der aktuell angemeldeten Benutzer auftaucht.

while-loop-Struktur

Allgemeine Form:
```
while condition
do
    commands1
    commands2
    ...
done
```

Solange die Bedingung condition wahr ist, wird fortgefahren, die Schleife auszuführen. commands1 und commands2 stehen für beliebige Anweisungsfolgen.

Beispiel:
```
#!/bin/sh
COUNTER=0
# Erhöhe und zeige Zähler an, solange er kleiner 5 ist
while [ $COUNTER -lt 5 ]
do
    COUNTER=`expr $COUNTER + 1`
    echo $COUNTER
done
```

In diesem Beispiel wird der Befehl expr benutzt, um Arithmetik mit Shell-Variablen durchzuführen. Unter der Korn-Shell steht übrigens alternativ auch der Befehl let zur Verfügung, der einfacher zu handhaben ist.

Auswahllisten mit select

Eine Hilfe für interaktive Skripte stellt eine Auswahlliste (Menü) dar.

```
select variable in list; do
   commands
done
```

`variable` bezeichnet eine Shell-Variable, die mit einem der gewählten Elemente aus der Liste `list` gefüllt wird, sofern der Benutzer eine solche eingegeben hat. Die Auswahlliste besteht aus einem oder mehreren Menütexten, die der Reihe nach beginnend bei 1 den Menünummern zugeordnet werden. Sollen für die einzelnen Menüpunkte Texte verwendet werden, die mehr als ein Wort umfassen, so sind die Texte in doppelten Hochkommata anzugeben. Die `select`-Schleife kann nur mittels des Befehls `break` verlassen werden (oder durch Benutzerabbruch mit `ctrl-C` oder `ctrl-D`). Der Text zur Eingabeaufforderung an den Benutzer wird vor der `select`-Schleife in der reservierten Shell-Variablen PS3 bereitgelegt. Unten stehendes Codebeispiel illustriert die Anwendung.

```
PS3="Waehlen Sie:"
select SEL in "hallo" "quit"; do
  case $SEL in
    "hallo") echo "Ihre Wahl: $SEL";;
    "quit") echo "bye!"; break;;
    *) echo "Fehleingabe: $REPLY";;
  esac
done
```

Beim Aufruf zeigt dieses Skript dem Anwender eine Auswahlliste folgender Art:

```
1) hallo
2) quit
Waehlen Sie:
```

Anschließend wartet es mittels des Befehls `select` auf eine Benutzereingabe. Nach erfolgter Eingabe liefert $SEL nicht die Nummer des gewählten Menüpunktes, sondern den zugehörigen Text (z.B. `hallo` für die Benutzereingabe der Zahl l). Hat der Benutzer jedoch keine der Nummern der Menüauswahl eingegeben, sondern irgendetwas anderes, so wird die Benutzereingabe in der Shell-Variablen mit dem reservierten Namen REPLY gespeichert.

11 Sicherheit

> **Lernziele**
>
> - Sie identifizieren mögliche Gefahren für Betriebssysteme und schützende Systemeigenschaften.
> - Sie wenden die Begriffe Schutzziele, Autorisierung und Zugriffskontrolle für vorgegebene Situationen korrekt an.
> - Sie wenden das Schutzdomänenkonzept an, um die Mechanismen bestehender Betriebssysteme zu charakterisieren.
> - Sie unterscheiden zwischen Schutzstrategien und Schutzmechanismen.
> - Sie beurteilen das Schutzsystem eines konkreten Betriebssystems.

Das Thema der Sicherheit ist sehr weitreichend in der Informatik und könnte alleine schon mehrere Bücher füllen. Selbst, wenn man die Betrachtung auf Betriebssysteme eingrenzt, fällt noch sehr viel darunter. In diesem Kapitel geht es uns aber nur um die Kernkonzepte der Autorisierung und Zugriffskontrolle. Sie greifen tief in die Art und Weise der Verwaltung von Systemressourcen ein. Nicht betrachtet werden allgemeine Angriffsszenarien und Mechanismen, sicherheitstechnische Maßnahmen in Computernetzen, Kryptografie, Benutzerverwaltung und Authentisierung. Uns interessiert vielmehr, was theoretisch ein idealer Schutz gegen Sicherheitsverletzungen wäre und was davon typischerweise heute in Betriebssystemen realisiert wird.

11.1 Schutzziele

Die Sicherheit von Informatiksystemen basiert auf Schutzzielen, durch deren Erfüllung die Gefahren B bis E in Abbildung 11–1 gebannt werden können:

- *Vertraulichkeit (confidentiality, secrecy)*: Kein Ausspionieren vertraulicher Daten durch Unberechtigte, d.h., Daten sind nur für Berechtigte einsehbar.

- *Integrität (integrity)*: Kein unbemerktes, nicht erlaubtes Verändern der Daten, d.h., Daten sind nicht manipuliert (bzw. gelöscht).
- *Verfügbarkeit (availability)*: Kein Verhindern der Datenverfügbarkeit, d.h., das System kann Datenzugriffe fortlaufend ermöglichen.
- *Authentisierung (authenticity)*: Das System kann Benutzer zweifelsfrei identifizieren, d.h., Benutzern mit gefälschter Identität wird der Systemzugang verwehrt.

Verwandte Begriffe, die jedoch klar unterschieden werden sollten, sind:

- *Datensicherung*: Führen von Kopien zur Sicherung gegen Datenverluste
- *Datenarchivierung*: Erstellen von Kopien zur dauernden Archivierung
- *Datenschutz*: Schutz von Personendaten gegen Missbrauch durch Dritte

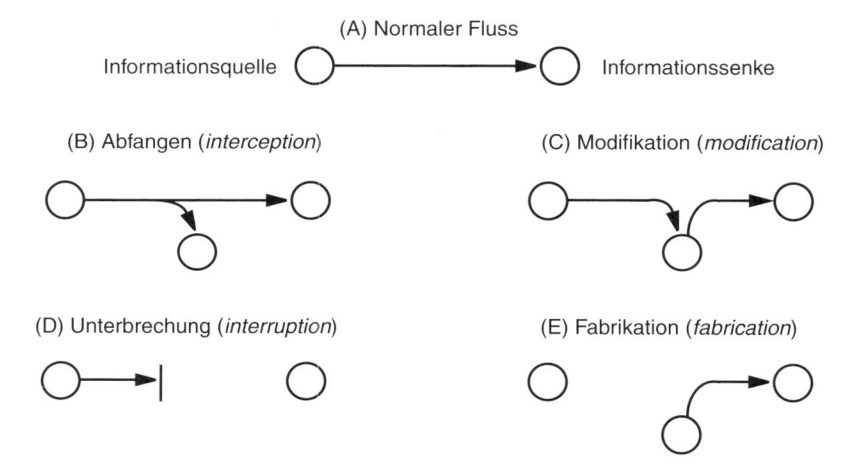

Abb. 11-1 *Sicherheitsgefährdungen*

Die Erfüllung der vier oben erwähnten Schutzziele benötigt ein ganzes Maßnahmenbündel. So bedingt beispielsweise die Authentisierung eine Personalisierung (Benutzerverwaltung) und eine Identifizierung (Anmeldename, Passwort). Sind keine systemexternen Kommunikationskanäle im Spiel, so ist damit in der Regel auch die Vertraulichkeit und Integrität gewährleistet. Beim Informationszugriff von außerhalb des Systems über Rechnernetze werden jedoch zusätzliche Sicherheitsmaßnahmen, wie verschlüsselte Datenübertragung und digitale Signaturen, nötig. Die Verfügbarkeit ist eine Frage der Systemstabilität einschließlich der Abwehr von gezielten Attacken darauf.

11.2 Autorisierung und Zugriffskontrolle

In diesem Abschnitt engen wir unsere Betrachtung auf die Autorisierung und Zugriffskontrolle ein, wobei wir voraussetzen, dass eine Personalisierung und eine sichere Identifizierung bereits realisiert sind. Unter Autorisierung verstehen wir die Festlegung und Vergabe von Rechten. Die Zugriffskontrolle dient der Durchsetzung dieser Rechte. Da beide Begriffe eng zusammenhängen, fassen wir sie für die weiteren Betrachtungen zusammen.

Die Basis einer ganzheitlichen Betrachtung setzt ein gutes Verständnis der maßgebenden Grundbegriffe voraus. Daher nehmen wir diese zuerst in Augenschein und grenzen sie gegeneinander ab. Danach benutzen wir das Domänenkonzept zur Modellierung der Autorisierung und Zugriffskontrolle auf einer allgemeinen Basis. Es eignet sich gut für eine Beschreibung gängiger Lösungen in Betriebssystemen.

11.2.1 Grundlagen und Begriffe

Schutzprinzipien

Grundsätzlich ist stets zu fragen, welcher Schutz nötig ist. Dies hängt eng mit der Systemnutzung zusammen und kann mittels einer Reihe von Schutzprinzipien allgemein umschrieben werden:

- *Kein Schutz (no protection)*: Alle sensitiven Datenverarbeitungen laufen mit klarer Trennung hintereinander ab.
- *Isolation (isolation)*: Parallele Datenverarbeitungen werden vollständig voneinander getrennt, d.h., jedes ablaufende Programm bzw. jeder Prozess hat virtuell einen eigenen Rechner für sich und merkt nichts von den anderen.
- *Alles oder nichts gemeinsam (share all or share nothing)*: Der Besitzer eines Objekts erklärt das Objekt als geheim (private) oder öffentlich (public).
- *Gemeinsamer Zugriff mit Beschränkungen (share via access limitation)*: Das Betriebssystem kontrolliert jeden Zugriff bezüglich Erlaubnis (Wächterfunktion).
- *Gemeinsamer Zugriff mit dynamischen Rechten (share via dynamic capabilities)*: Erweitert das vorstehende Konzept um die Möglichkeit, die Rechte dynamisch zu ändern.
- *Nutzungsbegrenzungen auf Objekten (limit use of an object)*: Dieses Schutzprinzip kann beispielsweise bedeuten »nur ansehen, aber nicht drucken« und kann vielfältig angewendet werden.

Diese Schutzprinzipien ergänzen sich teilweise und werden daher oft in Kombination eingesetzt. Typisch für ihre Anwendung ist jedoch, dass in der Regel ein Abwägen zwischen erreichbarer Sicherheit und dem anfallenden Realisierungsaufwand nötig ist. Die meisten Sicherheitsmaßnahmen fordern ihren Preis in Form von Hardware- oder Software-Mehraufwand und verursachen damit Einbußen an Verarbeitungsgeschwindigkeit und Einfachheit der Handhabung. In diesem Zusammenhang ist eine Berücksichtigung der Benutzerakzeptanz zwingend nötig, denn gut gemeinte, aber letztlich durch den Anwender unterlaufene Sicherheit bringt niemandem etwas.

Sicherheit und Schutz

Sicherheit (security) als Ober- bzw. Sammelbegriff wird am häufigsten benutzt, um Fragen zur Realisierung der Schutzziele unter einen gemeinsamen Titel zu stellen. Teilweise findet jedoch eine Unterscheidung zwischen den Begriffen *Sicherheit* und *Schutz* statt. Unter *Schutz (protection)* werden Maßnahmen innerhalb des Betriebssystems verstanden. Damit wird die Notwendigkeit der Zugriffskontrolle auf Programme und Daten beschrieben. Dies wurde ursprünglich nur für eine sichere Realisierung von *Mehrbenutzersystemen* als nötig erachtet, gilt heute aber für eine Vielzahl komplexer Umgebungen mit gemeinsamer Ressourcennutzung. Der Begriff *Sicherheit (security)* andererseits bezieht die Umgebung des Rechners mit ein. Er umfasst damit mehr als *Schutz (protection)*, d.h., er stellt eine Obermenge dar. Er bezieht auch das physische Rechnersystem mit ein, also den Schutz von Hardware. In der Praxis werden diese zwei Begriffe unscharf gebraucht, was ein gewisses Missverständnispotenzial in sich birgt.

Schutzstrategie und Schutzmechanismus

Für den Entwurf der Autorisierung und Zugriffskontrolle ist die Unterscheidung der Begriffe *Schutzstrategie (policy)* und *Schutzmechanismus (mechanism)* wichtig. Die Schutzstrategie beantwortet zwei Fragen. Erstens: Was ist zu schützen? Zweitens: Wie soll der Schutz wirken? Sie umfasst also sowohl die Bestimmung der Schutzobjekte als auch der Schutzziele. Damit ist sie *anforderungs- bzw. bedarfsorientiert*. Der *Schutzmechanismus (mechanism)* auf der anderen Seite legt fest, wie geschützt wird. Er bestimmt somit die Realisierung des Zugriffsschutzes. Damit ist er *umsetzungs- bzw. technikorientiert*.

Ein ingenieurmäßiges Entwurfsprinzip, das auf die Unix-Urväter zurückgeht, verlangt die saubere Trennung der *Schutzstrategie* und des *Schutzmechanismus*. Dabei darf aber nicht übersehen werden, dass die möglichen Schutzstrategien durch die Realisierung des Schutzmechanismus eingegrenzt sind. Umgekehrt gilt, dass ein guter Entwurf eines Schutzmechanismus möglichst von einer bestimmten Schutzstrategie unabhängig ist. Dies ermöglicht es, mit dem gleichen Mechanismus unterschiedliche Schutzstrategien zu verwirklichen. Es ist also viel Flexibilität verlangt, die durchaus auch einen Mehraufwand bedeuten kann. Andererseits bedingen unterschiedliche Anwendungsszenarien eine unterschiedliche Sicherheit. In der Praxis liegt oft ein Kompromiss zwischen Aufwand und Flexibilität nahe, d.h. beispielsweise eine Anwendung der 80/20-Regel.

11.2 Autorisierung und Zugriffskontrolle

Sicherheitsrichtlinie

Dieser Begriff ist bezogen auf die Informatiksicherheit sehr allgemein definiert. Er beschreibt *sicherheitsbezogene Richtlinien für den sicheren EDV-Betrieb (organisatorisch, technisch)*. Das Dokument *Security Policy* erläutert die entsprechende Strategie einer Firma und stellt die Basis für die Organisation und Umsetzung passender Maßnahmen dar. Es handelt sich dabei um ein Managementelement der Geschäfts- bzw. Informatikleitung. Zu Erstellung einer Sicherheitsrichtlinie dieser Art existieren diverse Standards (z.B. BS7799).

Beziehen wir den Begriff auf die Betriebssystemsicherheit, so handelt es sich um eine Beschreibung der *Eigenschaften der Zugriffskontrolle* auf Ressourcen. Die Sicherheitsrichtlinie legt also fest, wie Ressourcen gebraucht werden dürfen sowie welchen Entitäten Rechte zugeteilt werden (z.B. Benutzer, Gruppen oder Rollen). In der Praxis wird der Begriff teilweise noch enger gebraucht, z.B. in Windows. Dort handelt es sich um *konkrete Einstellwerte für die Zugriffskontrollmechanismen*, womit bereits die Umsetzung einer bestimmten Sicherheitsrichtlinie gemeint ist. Mögliche Einstellwerte betreffen z.B. die Beantwortung der Frage: »Wer darf Backups des Systems machen?«

11.2.2 Schutzdomänenkonzept

Die *Schutzdomäne (protection domain)*, meist abgekürzt *Domäne (domain)* genannt, stellt das theoretische Fundament aller Zugriffskontrollmechanismen auf Rechnern dar. Sie ist ein Modell für verschiedene Implementierungen der Autorisierung und Zugriffskontrolle unter konkreten Betriebssystemen. Sie befasst sich mit den Schutzmechanismen, macht aber keine Vorschriften bezüglich der Schutzstrategie. Verschiedene Zugriffsstrategien lassen sich jedoch mit Erweiterungen zur Schutzmatrix beschreiben.

Eine Domäne entspricht einer Menge von Objekten mit bestimmten Rechten. Oft wird eine Domäne auch als *Subjekt (subject)* oder *Prinicipal* bezeichnet. Pro Domäne werden die erteilten Rechte in einer Liste mit Objekt/Rechte-Paaren festgehalten. Domänen können einzelne Benutzer, bestimmte Rollen oder Benutzergruppen entsprechen. Die Objekte, auf die mittels Rechten der Zugriff kontrolliert erfolgt, können Dateien, Prozesse, Datenbanken oder Semaphore sein, um nur ein paar zu nennen. Ein *Recht (right)* ist die Erlaubnis, bestimmte Operationen auf einem Objekt auszuführen. Dies kann beispielsweise heißen »Datei lesen/schreiben«, »Drucker benutzen«, »Netzzugang erhalten«. Ein Objekt kann in mehreren Domänen mit unterschiedlichen Rechten vorhanden sein. Zum Beispiel kann eine Datei für den Besitzer schreib/lesbar, aber nur lesbar für andere Benutzer sein. Zugriffe werden letztlich stets durch Prozesse, d.h. ablaufende Programme, gemacht. Daher sind Prozesse stets einem echten Benutzer oder einem Systembenutzer zugeordnet, womit für die Rechteerteilung die Domänen festgelegt sind.

Ein Prozess kann während des Ablaufs zwischen den Domänen wechseln. So bestehen beispielsweise begrenzte Rechte im Benutzermodus, aber volle Rechte im Kernmodus, wenn wir ein Betriebssystem betrachten, das diese zwei Betriebsarten unterstützt (*dual-mode operating system*). Die Ausführung eines Systembefehls durch einen angemeldeten Benutzer erfolgt oft im Kernmodus. Dies bedeutet, dass Systemcode in kontrollierter Art und Weise im Auftrag eines bestimmten Benutzers ausgeführt wird. Die Arbeit des Benutzers am System findet also nicht nur im Benutzer-, sondern auch im Kernmodus statt. Es gilt lediglich, dass Benutzercode stets im Benutzermodus abläuft, da er aus Sicht des Systems unsicher ist. Der Zugang zum Systemcode muss dem Benutzer prinzipiell jedoch möglich sein, da die Ressourcen unter Systemkontrolle stehen und nur über diese benutzt werden können. Natürlich ist der Zugang zum Systemcode mittels Hard- und Software so geschützt, dass er nur unter genau kontrollierten Bedingungen möglich ist (Ausschluss des Missbrauchs).

Schutzmatrix

Die Zuordnung von Rechten zu Objekten lässt sich gut mithilfe der Schutzmatrix zeigen. In dem Beispiel in Tabelle 11–1 sind in den Zeilentiteln die Domänen und in den Spaltentiteln die Objekte eingetragen. Die Einträge in der Tabelle stellen die zugewiesenen Rechte dar. Die Abkürzungen im Beispiel stehen für D=Domain, F=File, P=Printer, R=Read, W=Write und X=Execute. Beispielsweise besitzt die Domäne DB alle Rechte auf der Datei F3 und Lese-/Schreibrecht auf der Datei F4. Zusätzlich darf Domäne DB Daten an den Drucker P1 senden.

	F1	F2	F3	F4	F5	P1	P2
DA	R	R, W					
DB			R, W, X	R, W		W	
DC					R, W, X	W	W

Tab. 11-1 Schutzmatrix (Beispiel)

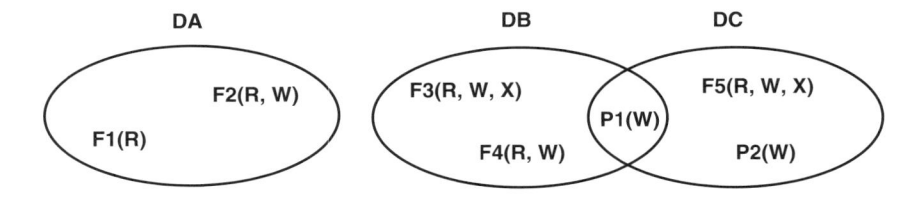

Abb. 11-2 Grafische Darstellung der Rechtezuweisungen (Beispiel)

Der Inhalt der Schutzmatrix kann grafisch dargestellt werden (siehe Abb. 11–2 für ein Beispiel). Die Überschneidungen der Ellipsen zeigen die gemeinsame

Benutzung an. Diese könnte auch unterschiedliche Rechte beinhalten, was jedoch schwieriger darzustellen ist.

Neben den beispielhaft aufgeführten Rechten R, W, X kann ein Betriebssystem natürlich eine beliebige Anzahl zusätzlicher Rechte (z.B. update, list) definieren. Im Folgenden wollen wir uns mit Aspekten der praktischen Realisierung befassen.

Wahl und Zuordnung der Domäne

Zuerst sind wir mit der Wahl der Schutzdomäne konfrontiert. Diese kann auf verschiedenen Stufen erfolgen:

- *Stufe Benutzer*:
    - Jedem Benutzer ist eine eigene Domäne zugeordnet.
    - Domänenwechsel finden beim An-/Abmelden statt.
    - Alle Aktivitäten des Benutzers arbeiten mit gleichen Rechten.
    - Varianten sind möglich (siehe weiter unten).
    - Ist Standardlösung vieler verbreiteter Betriebssysteme.

- *Stufe Prozess*:
    - Prozess = Ausführung eines Programms
    - Jeder Prozess hat eine eigene Domäne zugeordnet.
    - Domänenwechsel finden bei Prozesswechsel statt (z.B. beim Meldungsaustausch).
    - Auf dieser Stufe sehr feine Zugriffskontrolle möglich (unterschiedlich für verschiedene Prozesse).
    - Wird für hochsichere Betriebssysteme genutzt.

- *Stufe Prozedur*:
    - Jede Prozedur (Funktion, Methode) hat eigene lokale Variablen.
    - Wird durch Programm-Laufzeitsystem realisiert (nicht weiter betrachtet).

Weitere teilweise kombinierbare Möglichkeiten auf der Stufe des Benutzers sind *Benutzer (user)*, *Benutzergruppe (user group)* und *Rolle (role)*. Die Unterscheidung zwischen Benutzergruppe und Rolle ist subtil. Typischerweise kann ein Benutzer gleichzeitig mehreren Gruppen angehören, jedoch zu jedem Zeitpunkt nur eine Rolle einnehmen. Für den Rollenwechsel muss er sich ab- und neu anmelden (*logout/login*). Allerdings gibt es auch Systeme, bei denen zwischen Benutzergruppe und Rolle nicht klar unterschieden wird. Bei diesen gilt, dass ein Benutzer stets alle Rechte der Gruppen bzw. Rollen besitzt, denen er zugeteilt ist. Will man die Unterscheidung jedoch pflegen, so dienen Gruppen dazu, gleiche Rechte auf bestimmten Objekten für alle Gruppenmitglieder gemeinsam zu erteilen. Im Gegensatz dazu fassen Rollen gleiche Rechte auf meist allgemeinerer Basis zusammen, z.B. aufgabenbezogen zur Systemadministration oder für den Backup.

Mit welchen Rechten wird nun ein Programm ausgeführt? Bei der Programmausführung entscheidet die dem Prozess zugeordnete Schutzdomäne über die gewährten Rechte. Wurde der Prozess ab einer ausführbaren Datei gestartet, so gelten die Rechte des *aktuellen Benutzers*, unter dem der Prozess startet. Zusätzliche Prozesse, die durch den Prozess aus der ausführbaren Datei erzeugt werden (Vergabelung, *forking*), erben die Rechte des Elternprozesses. Einige Systeme (z.B. Unix) unterstützen die zusätzliche Möglichkeit, eine Datei mit den Rechten des *Dateibesitzers* auszuführen. Wie dies unter Unix nützlich eingesetzt werden kann, ist in Abschnitt 11.4 beschrieben.

Rechteverwaltung

Zuerst müssen wir zwischen einer statischen und dynamischen Zuordnung der Domäne unterscheiden. Bei einer *statischen Zuordnung* sind die Zugriffsrechte während des Prozessablaufs gleichbleibend. Das ist nicht problemlos. Es würde nämlich heißen, dass dauernder Vollzugriff auf Systemressourcen nötig ist, da sonst der Zugriff grundsätzlich verhindert wäre. Dies hat zur Folge, dass die Systemdaten im Speicher manipuliert werden können, womit die Sicherheit hinfällig wird! Bei der *dynamischen Zuordnung* der Domäne wird meist die Unterscheidung zwischen *Kernmodus (kernel mode, supervisor mode)* und *Benutzermodus (user mode)* gemacht. Der Kernmodus gilt für die Ausführung gewisser Systemdienstfunktionen. Der Zugang zu diesen erfolgt über definierte Eintrittspunkte in den Systemcode so, dass kein ungeregelter Zugriff möglich ist. Im Systemmodus hat ein ablaufender Prozess volle Zugriffsrechte auf alle Ressourcen. Der Benutzermodus wird immer eingenommen, wenn Benutzer- bzw. Applikationscode ausgeführt wird, mit Ausnahme natürlich des Aufrufs von Systemfunktionen, wie bereits besprochen. Im Benutzermodus sind die Zugriffsrechte benutzerspezifisch eingeschränkt. Betriebssysteme, die diese Unterscheidung nicht kennen, gelten als nicht sicher. Eine Variation in die andere Richtung wäre die Unterscheidung von mehr als zwei Betriebsarten. Da die meisten CPUs jedoch nur zwei Betriebsmodi unterstützen, ist dies in der Praxis meist der kleinste gemeinsame Nenner, auf den Betriebssysteme ausgerichtet sind.

Die bisher betrachtete einfache Schutzmatrix gibt keine Auskünfte über Domänenwechsel. Es ist also eine Erweiterung zur Modellierung der Berechtigungen für Domänenwechsel nötig, damit diese nicht unkontrolliert erfolgen. Unkontrollierte beliebige Domänenwechsel würden ja die Sicherheit grundsätzlich wieder infrage stellen. Domänen können auch als Objekte behandelt werden und kennen dann das einzige Recht »switch«, das den Wechsel zu dieser Domäne erlaubt. Im Beispiel in Tabelle 11–2 darf DA zu DB wechseln, jedoch nicht

11.2 Autorisierung und Zugriffskontrolle

zurück. Zudem darf DC zu DA oder DB wechseln, aber auch nicht mehr zurück zu DC.

	F1	F2	F3	F4	F5	P1	P2	DA	DB	DC
DA	R	R, W							switch	
DB			R, W, X	R, W		W				
DC					R, W, X	W	W	switch	switch	

Tab. 11–2 *Schutzmatrix für Domänenwechsel erweitert (Beispiel)*

Mit den bis jetzt erfolgten Überlegungen sind wir in der Lage, nicht nur den Zugriff auf Objekte zu regeln, die wir gezielt den Domänen zuordnen, sondern auch den Domänenwechsel zu kontrollieren. Keine Gedanken haben wir uns aber darüber gemacht, wer die Einträge in der Schutzmatrix ändern darf. Zu restriktiv wäre, wenn die Einträge nicht modifiziert werden könnten. Eine automatische Rechtevergabe durch das System beim Neuanlegen von Objekten ist zwar denkbar und findet typischerweise statt. Trotzdem genügt dies kaum je, um ein Betriebssystem universell nutzen zu können. Also ist eine Möglichkeit gesucht, mit der Benutzer Einträge in der Schutzmatrix modifizieren können. Dies jedem zu erlauben ist zwar einfach, aber kaum erwünscht. Die Krux ist, nicht jeder Benutzer darf die gesamte Schutzmatrix verändern! Er könnte sich damit beispielsweise Schreibrechte auf fremde Dateien holen. Erst eine kontrollierte Änderungsmöglichkeit gewährleistet die notwendige Sicherheit. Es sind also zusätzliche Mechanismen zur Einschränkung nötig. Diese Mechanismen implementieren eine bestimmte Schutzstrategie. Ein System kann mehrere derartige Mechanismen anbieten. Je nachdem, wie sie aktiviert sind, lassen sich damit nur eine oder mehrere Schutzstrategien realisieren. In der Tat können sich Betriebssysteme genau in diesem Punkt klar unterscheiden.

Zur sicheren Verwaltung der Schutzmatrix müssen sechs Basisoperationen unterstützt werden: *create object*, *delete object*, *create domain*, *delete domain*, *insert right*, *remove right*. Diese Basisoperationen sind den Benutzern nicht direkt zugänglich, sondern werden auf geeignete Weise durch *Schutzkommandos* zur Verfügung gestellt. Die konkrete Programmierung der Schutzkommandos unterstützt die Schutzstrategie und erlaubt es, Änderungen der Matrix auf genau kontrollierte Art und Weise durchzuführen. Die einfache Schutzmatrix, wie wir sie bereits kennengelernt haben, gibt keine Auskünfte über die Verwaltungsrechte. Zur Modellierung der Verwaltungsrechte auf Einträgen lassen sich drei Erweiterungen der Schutzmatrix einsetzen:

- Kopieren (*copy*)
- Besitzer (*owner*)
- Kontrolle (*control*)

Betrachten wir zuerst das *Kopierrecht (copy)*. Es erlaubt einen Eintrag von einer Zeile (Domäne) auf eine andere Zeile (Domäne) zu kopieren. In der Schutzmatrix wird es mit einem Stern (*) bei dem betroffenen Rechteeintrag in der Zelle markiert. In dem Beispiel in Abbildung 11-3 erlaubt das Kopierrecht das Leserecht auf Datei F3 von der Domäne DB in die Domäne DC zu kopieren.

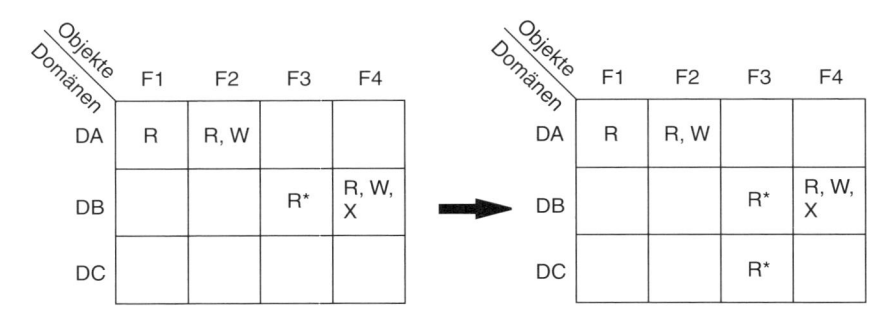

Abb. 11-3 *Kopierrecht in der Schutzmatrix (Beispiel)*

Zwei zusätzliche Varianten des Kopierrechts sind denkbar. Erstens, ein Recht kann zwar umkopiert werden, wird aber am Quellort entfernt. Dies stellt einen Rechtetransfer (*right transfer*) dar. Zweitens, ein Recht kann zwar umkopiert werden, aber die Kopierberechtigung wird am Zielort entfernt. Dies entspricht einem limitierten Rechtetransfer, d.h., die Zieldomäne kann das Recht nicht weiter verbreiten (*limited propagation*). Ein Betriebssystem kann sowohl das vollumfängliche Kopierrecht als auch die zwei limitierten Varianten unterstützen – oder nur eines oder zwei davon. Die beschreibenden Begriffe für die drei Varianten sind übrigens auf Englisch *copy*, *transfer* und *limited copy*.

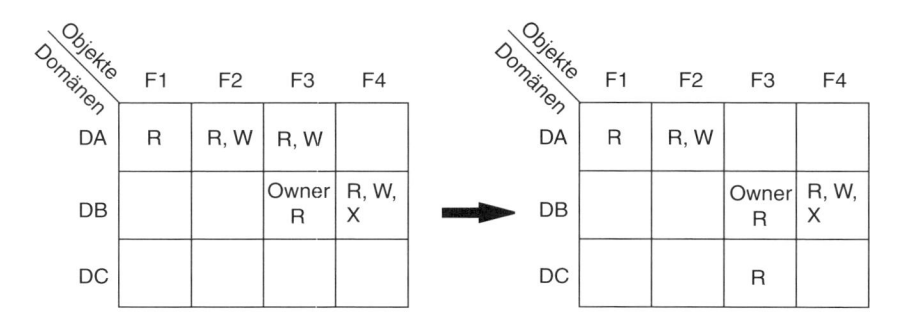

Abb. 11-4 *Besitzerrecht in der Schutzmatrix (Beispiel)*

Eine andere, ebenfalls wichtige Erweiterung zur Verwaltung der Schutzmatrix ist das Eignerkonzept. Der *Besitzer (owner)* eines Objekts erhält automatisch eine Reihe von Verwaltungsrechten. Er besitzt die Erlaubnis für das Hinzufügen neuer

11.2 Autorisierung und Zugriffskontrolle

Rechte bzw. Entfernen bestehender Rechte auf dem Objekt. Dieses Recht gilt für alle Domänen des Besitzobjekts bzw. die ganze Spalte in der Schutzmatrix. Die Bezeichnung dieses Rechts in der Schutzmatrix erfolgt mittels des Begriffs *Owner*. Typischerweise gilt, dass ein Objekt nur einen einzigen Besitzer kennt. In dem Beispiel in Abbildung 11–4 ist Domäne DB der Besitzer der Datei F3. Er entfernt alle Rechte für Domäne DA auf dem Objekt und fügt das Leserecht für Domäne DC hinzu.

Eine letzte Erweiterung zur Verwaltung der Schutzmatrix ist nur anwendbar auf Objekte des Typs Domäne. Es handelt sich um das *Kontrollrecht (control)*. Falls gesetzt, erlaubt es das Modifizieren aller Rechte innerhalb einer Domäne, d.h. auf allen Einträgen in der Zeile der Schutzmatrix. Dies schließt auch das komplette Löschen einer Domäne ein. Meist besitzt jede Domäne das Kontrollrecht auf sich selbst. Eine Domäne kann aber auch das Kontrollrecht auf eine andere Domäne besitzen. Im Beispiel in Abbildung 11–5 entfernt Domäne DB das Leserecht der Domäne DC auf die Datei F2.

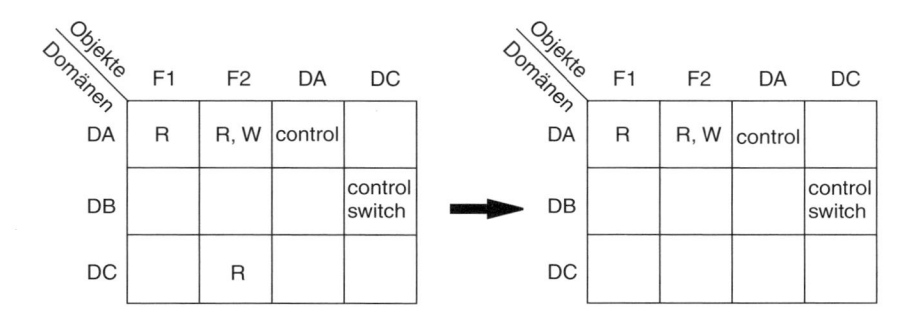

Objekte / Domänen	F1	F2	DA	DC
DA	R	R, W	control	
DB				control switch
DC		R		

→

Objekte / Domänen	F1	F2	DA	DC
DA	R	R, W	control	
DB				control switch
DC				

Abb. 11–5 *Kontrollrecht in der Schutzmatrix (Beispiel)*

Die Schutzmatrix mit ihren definierten Operationen/Rechten stellt einen modellhaften Schutzmechanismus dar und illustriert die Möglichkeiten zur dynamischen Rechteverwaltung. Sie erlaubt das dynamische Erzeugen/Löschen neuer Objekte und Domänen und ermöglicht die Modellierung und Beurteilung praktischer Implementierungen. Letztlich weist sie auch auf Verbesserungsmöglichkeiten heutiger Betriebssysteme hin. Aktuelle Betriebssysteme realisieren die Schutzmatrix unterschiedlich. Gründe dafür sind Entwurfskompromisse verschiedener Art, wie z.B. eine schnelle Zugriffsprüfung oder geringe Datenhaltung (Effizienz). Auch eine einfache Verwaltung, Konfiguration und Programmierung können für den Endbenutzer, Systemadministrator oder Applikationsentwickler wichtig sein. Zudem kommen abhängig vom Einsatzgebiet unterschiedliche Schutzstrategien zum Einsatz.

Implementierung der Schutzmatrix

Die komplette Schutzmatrix zu speichern wäre ineffizient, da die Matrix schwach belegt ist. Alternativ sind drei Varianten denkbar: eine *globale Tabelle (global table)*, eine *Zugriffskontrollliste (Access Control List, ACL)* oder eine *Ticket-Liste (Capability-List, C-List)*.

Die Lösung mit einer globalen Tabelle besteht aus einer Liste, die sortierte Tripel der Art <domain-id, object-id, rights-set> enthält, mit *domain-id* und *object-id* als Identifikationen der Domänen und Objekte sowie *rights-set* als eine Menge an zugeordneten Rechten. Eine Rechteprüfung bei einem Zugriff besteht darin, die Liste zu durchsuchen. Vorteilhaft im Vergleich zur Schutzmatrix ist, dass leere Matrixeinträge keinen Platz belegen. Ist jedoch die Liste sehr groß, so ist das Suchen oft ineffizient.

Objekt	Zugriffskontrolllisten (ACLs)	
Datei F1	→ DA: R	
Datei F2	→ DA: RW	Beispiel für sieben Objekte
Datei F3	→ DB: RWX	und drei Domänen DA, DB, DC
Datei F4	→ DB: RW	
Datei F5	→ DC: RWX	
Drucker P1	→ DB: W DC: W	
Drucker P2	→ DC: W	

Abb. 11-6 *Zugriffskontrolllisten (Beispiel)*

Bei der Lösung mit *Zugriffskontrolllisten* wird pro Objekt eine Liste von Schutzdomäne/Rechte-Paaren <domain-id, rights-set> geführt. Damit entfallen pro Objekt alle leeren Zeileneinträge. Das Beispiel in Abbildung 11–6 speichert die Angaben aus der vollständigen Schutzmatrix in Tabelle 11–2 als eine Reihe von Zugriffskontrolllisten. Diese zählen zu den Systemdaten. Die ACL orientiert sich an den Bedürfnissen bei der Objektbenutzung (schnelle Zugangsprüfung) und muss bei jedem Zugriff auf ein Objekt geprüft werden.

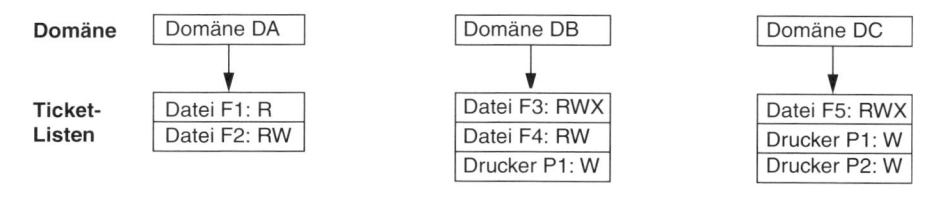

Domäne	Domäne DA	Domäne DB	Domäne DC
Ticket-Listen	Datei F1: R Datei F2: RW	Datei F3: RWX Datei F4: RW Drucker P1: W	Datei F5: RWX Drucker P1: W Drucker P2: W

Abb. 11-7 *Ticket-Listen (Beispiel)*

11.2 Autorisierung und Zugriffskontrolle

Wird für die Speicherung der Schutzmatrix die Form der *Ticket-Liste* gewählt, so enthält diese pro Schutzdomäne eine Liste von Objekt/Rechte-Paaren <object-id, rights-set>. Es werden also pro Domäne die leeren Spalteneinträge weggelassen. In Abbildung 11–7 sind die gleichen Informationen wie in Abbildung 11–6 dargestellt, hier nun abgepackt in Ticket-Listen. Die Ticket-Liste orientiert sich an den Bedürfnissen des Betriebssystems (Datenhaltung pro Domäne). Nach einer ersten Zugriffsprüfung erhält die Domäne ein Ticket (*capability* bzw. Schlüssel) auf das Objekt. Diese Objektreferenz stellt einen Zugriffsausweis (Ticket) dar und gilt für Folgezugriffe.

Bei allen Lösungen zählen die entsprechenden Listen zu den Systemdaten. Entsprechend sind sie nur im Kernmodus durch die Schutzkommandos veränderbar. In Tabelle 11–3 sind die zwei Möglichkeiten einander gegenübergestellt. Die ACLs sind stark verbreitet, teilweise auch in vereinfachter Form (siehe Beispiel in Abschnitt 11.4). Die Ticket-Listen (*C-Lists*) sind bei experimentellen Betriebssystemen häufig zu finden. Teilweise werden auch Mischungen aus beiden Ansätzen benutzt, wie z.B. eine ACL für die erste Zugriffsprüfung und Tickets für nachfolgende Zugriffe.

Zugriffskontrolllisten (ACLs)	Ticket-Listen (C-Lists)
+ Sind Objekten zugeordnet und damit schnell gefunden bei Zugangskontrolle + Wenn ein Objekt erzeugt wird, können gleichzeitig Berechtigungen gesetzt werden – Schwierig herauszufinden, auf welche Objekte eine Domäne welche Rechte hat – Schwierig, die Rechte eines gelöschten Benutzers sauber zu entfernen – Evtl. langes Absuchen der ACL bei vielen Berechtigungen pro Objekt – Zugriffsprüfung muss für jeden Zugriff wiederholt werden (kann auch Vorteil sein)	+ Rechte pro Domäne sind zusammengefasst gespeichert + Rechte können einfach gelöscht werden beim Löschen eines Benutzers – Langes Absuchen der Liste bei Zugriffsprüfung bei vielen Listeneinträgen – Technische Realisierung anspruchsvoll

Tab. 11–3 *Vergleich ACLs zu C-Lists*

11.2.3 Schutzstrategien

In der Theorie wurde eine Vielzahl an Schutzstrategien entworfen, von denen nur wenige eine größere Verbreitung gefunden haben.

Benutzer- und systembedingte Zugriffskontrolle

Grundsätzlich kann man zwischen zwei Arten von Schutzstrategien unterscheiden:

- *Benutzerbestimmte Zugriffskontrolle (Discretionary Access Control, DAC)*: Jedes Objekt kennt einen Besitzer (*owner*). Dieser Besitzer kann nach eigenem Ermessen die Zugriffsrechte ändern. Alle anderen Benutzer können auf dem

Objekt die Rechte nicht ändern, wobei es Ausnahmen, d.h. sogenannte *super user* oder *root user*, geben kann. Dies ist eine übliche Lösung für verbreitete Betriebssysteme (z.B. Unix/Linux, Windows).
- *Systembestimmte Zugriffskontrolle (Mandatory Access Control, MAC)*: Organisatorische Regeln schränken die Rechteverwaltung ein (Militärhierarchie, organisatorische Funktion in einer Bank usw). Typischerweise sind die Rechte an eine Rolle gekoppelt. Solche Schutzstrategien sind in sogenannten hochsicheren Betriebssystemen realisiert (zB. Trusted Solaris, SELinux).

Zwei weitere Kürzel stehen im Zusammenhang mit diesen Strategietypen. Die *RBAC (Role Based Access Control)* kann, muss aber nicht MAC realisieren. Sie weist Rechte nicht Benutzern, sondern Rollen zu. Die *RSBAC (Rule Set Based Access Control)* umfasst jedoch nur MAC-Systeme. Bei den MAC-Systemen wird meist eine Mehrstufensicherheit (*multi-level security*) implementiert, die sich an organisatorischen Regeln orientiert. Wir stellen zwei alternative derartige Modelle einander gegenüber.

Bell-LaPadula-Modell

Das Bell-LaPadula-Modell wurde 1970 von D. Bell und L. La Padula zur Verbesserung der Betriebssystemsicherheit entwickelt. Das primäre Ziel besteht darin, Geheimnisse zu bewahren, d.h. eine unerwünschte Weitergabe von Informationen zu verhindern. Dazu besitzen Dokumente Sicherheitsstufen, z.B. nicht klassifiziert, vertraulich, geheim. Zudem sind Personen Sicherheitsstufen zugeordnet, und zwar abhängig von ihrer Einsichtsberechtigung. Die Zugriffskontrolle basiert auf zwei Regeln:

- *Simple Security Rule (ss-property)*: Die Leseberechtigung gilt für die gleiche und alle tieferen Sicherheitsstufen, z.B. kann ein General Dokumente eines Leutnants lesen, jedoch nicht umgekehrt (*no read-up*).
- ** Rule (star security)*: Die Schreibberechtigung gilt nur für die gleiche und alle höheren Sicherheitsstufen, z.B. darf der General keine Nachrichten an einen Leutnant senden, da er geheimere Dokumente kennt. Ein Leutnant darf aber alles, was er kennt, dem General mitteilen (*no write-down*).

Diese Schutzstrategie dient dem Zweck der restriktiven Handhabung militärischer Sicherheit, ist jedoch auch anderweitig anwendbar. Das Bell-LaPadula-Modell wird durch ein paar Varianten des Linux unterstützt.

Biba-Modell

Das Bell-LaPadula-Modell hat die Schwäche, dass die Datenintegrität nicht gewährleistet ist. So kann beispielsweise ein Leutnant Dokumente des Generals verändern. Daher arbeitet das von K. Biba 1977 entwickelte Modell mit zwei neuen Regeln zum Integritätsschutz:

- *Simple Integrity Rule*: Die Schreibberechtigung gilt für die gleiche und alle tieferen Stufen (*no write-up*). Ein Leutnant kann z.B. seine Dateien und die aller ihm Untergebenen ändern.
- *Integrity * Rule*: Die Leseberechtigung gilt nur für die gleiche und alle höheren Stufen (*no read-down*). Ein Leutnant kann z.B. seine Dateien und die des Generals lesen.

Eine als *LoMAC (Low-Watermark Mandatory Access Control)* benannte Variation des Biba-Modells erlaubt es, Dokumente auf tiefere Sicherheitsstufen zu verschieben. Dazu wird jedem Dokument eine zusätzliche Eigenschaft zugeordnet, die festlegt, wie tief seine Sicherheitsstufe sein darf (*object low watermark property*). Dies erlaubt die *no-write-up*-Regel auf kontrollierte Art und Weise aufzuweichen. Um Dokumente auf tieferen Sicherheitsstufen zu lesen, existiert eine vergleichbare Möglichkeit. Dazu kann die Sicherheitsstufe des Lesenden auf die Stufe des Dokuments reduziert werden, sofern eine definierte Sicherheitsstufe nicht unterschritten wird (*subject low watermark property*). Das Biba- und das LoMAC-Modell werden u.a. durch die Betriebssysteme FreeBSD, Trusted Solaris und Mac OS X (im Darwin Kernel) unterstützt. Eine Variante des Biba-Modells wird in Windows ab Vista benutzt und dort als *MIC (Mandatory Integrity Control)* bezeichnet. Bei einem Zugriff durch einen Benutzer wird dessen Vertraulichkeitsstufe (*integrity level*) mit der Vertraulichkeitsstufe des zugegriffenen Objekts verglichen, bevor zusätzlich noch die übliche Zugriffskontrolle gemäß der DAC-Strategie stattfindet. Damit wird verhindert, dass aus einer unsicheren Quelle (z.B. aus dem Internet als E-Mail-Anhang) bezogene Programme lokal auf dem Rechner Dateien einer höheren Vertraulichkeitsstufe modifizieren können.

Oft sind die Eigenschaften der beiden Modelle, d.h. eine Geheimnisbewahrung und Datenintegrität, erwünscht. Dies ist schwierig zu realisieren, da diese zwei Anforderungen in Konflikt stehen. Hochsichere Betriebssysteme implementieren daher meist andere Schutzstrategien.

11.3 Hochsichere Betriebssysteme

Hochsichere Betriebssysteme versuchen das *Prinzip minimaler Privilegien (need to know principle)* möglichst konsequent umzusetzen. Ein Benutzer bzw. ein Prozess soll zu jedem Zeitpunkt nur diejenigen Zugriffsrechte erhalten, die er für seine anstehende Datenverarbeitung wirklich benötigt. Eine Datenverarbeitung soll also derart erfolgen, dass notwendige Zugriffe erlaubt sind und nicht notwendige Zugriffe nicht möglich (d.h. verboten) sind. Das Prinzip ist offensichtlich simpel, jedoch die Umsetzung schwierig! Es gibt mehrere Gründe dafür. Ein Prozess benötigt zu verschiedenen Zeitpunkten unterschiedliche Ressourcen. Der Zugriff auf nicht benötigte Ressourcen sollte ihm ansonsten verboten sein. Allerdings weiß nur das Programm, wann es welche Ressourcen benötigt (Gebrauchsmuster). Praktisch führt dies in der Regel dazu, dass alle erforderlichen Ressourcen dauernd zugreifbar sind. Neben dieser zeitlichen gibt es auch eine verwaltungstechnische Komponente. Verschiedene Programme, ausgeführt unter dem gleichen Benutzer, benötigen teilweise unterschiedliche Ressourcen. Nicht gebrauchte Ressourcen sollten gesperrt bleiben. Die Nutzungsbedarfe sind somit nicht nur benutzer-, sondern auch programmabhängig. Praktisch hat ein Prozess meist Zugriff auf alle Ressourcen, für die der Benutzer Zugriffsrechte besitzt, ob er sie nun wirklich benötigt oder nicht.

Grundsätzlich sind hochsichere Betriebssysteme technisch machbar, aber aufwendig hinsichtlich der Schutzmechanismen (Mehrzeitbedarf bei der Verarbeitung) und der Erfassung und Verwaltung der minimal notwendigen Rechte (Systemadministration). Der Stand heute ist, dass gängige Desktop- und Serverbetriebssysteme das Prinzip nur teilweise erfüllen (Unix/Linux, Windows). Sogenannte hochsichere Betriebssysteme nähern sich dem Prinzip immerhin an (Trusted Solaris, SELinux, Linux mit RSBAC-Erweiterung). Zwischen diesen zwei Bauformen existieren auch Mischungen (Kompromisse), zu denen de facto auch die meisten hochsicheren Betriebssysteme gehören.

Je nach Betriebssystem kann viel über eine restriktive Konfiguration erreicht werden. Probleme bei der Umsetzung entstehen, weil Anwendungen gewisse Regeln strikt einhalten sollten, was leider nicht selbstverständlich ist. Zudem kann es einen hohen Aufwand und Einschränkungen sowie Probleme im Betrieb bedeuten. Zum Beispiel unterstützen die Sicherheitsrichtlinien von Windows Hunderte von Einstellparametern!

11.4 Sicherheit unter Unix

Die zwei zentralen Unix-Konzepte sind die *Dateien (files)* und die *Prozesse (processes)*. Da ein von einem Benutzer gestarteter Prozess letztlich nichts anderes ist als die Ausführung einer Datei, lässt sich die Berechtigungsfrage für Prozesse auf die Betrachtung der Dateirechte reduzieren. Natürlich kann ein derart gestarteter Prozess selbst weitere Prozesse in die Welt setzen. Die damit verbundene Berechtigungsproblematik wird unter Unix jedoch sehr einfach mittels einer Rechtevererbung vom Eltern- auf den Kindprozess gelöst, sofern es sich um eine Prozessvergabelung (*forking*) handelt. Bei der Prozesserzeugung mittels Verkettung (*chaining*) werden wiederum die dem zugehörigen Benutzer gewährten Dateirechte angewendet. Ein Spezialfall stellen Dateien dar mit einem gesetzten *setuid*-Recht. Für sie findet während der Ausführung ein Domänenwechsel zu dem Dateibesitzer statt.

11.4 Sicherheit unter Unix

Benutzer- und Rechteverwaltung

Benutzer werden eineindeutig identifiziert durch eine *Benutzeridentität (user identification,* abgekürzt *UID)* und autorisiert über ein Passwort während des Anmeldevorgangs *(login procedure)*. Benutzer lassen sich zu *Benutzergruppen* zusammenfassen. Diese tragen eine Gruppenidentifikation *(group identification,* abgekürzt *GID)*. Für die Systemadministration steht eine Benutzerverwaltung zur Verfügung (neue Benutzer hinzufügen, obsolete Benutzer löschen usw.). Die von Benutzern gespeicherten Dateien bzw. die zum Betriebssystem gehörenden Dateien unterstehen einer *Dateirechteverwaltung*. Damit kann die Besitzer- und die Gruppenzugehörigkeit festgelegt werden sowie die erteilten Berechtigungen für Operationen auf der Datei. Die auf Dateien setzbaren Berechtigungen sind abgestuft.

Dateirechte

Es wird ein dreiteiliges Benutzer/Rechteschema unterstützt, nämlich *Besitzer (user)*, *Benutzergruppe (group)* und *Allgemeinheit (other)*. Es handelt sich um eine vereinfachte Form von ACLs, wobei in der ACL eines Objekts nur Werte für die *domain-id* aus {owner, group, other} zulässig sind. Eine ACL ist also eine Liste mit genau drei Einträgen der Form <owner, rights-set>, <group, rights-set> und <other, rights-set>. Der Besitzer einer Datei hat grundsätzlich das Recht, die Dateirechte zu ändern (Kommandozeilenbefehl chmod). Standardmäßig ist der Ersteller auch der Besitzer einer Datei. Er kann jedoch einen anderen Besitzer bestimmen, sodass die Besitzrechte zu diesem transferiert werden (Kommandozeilenbefehl chown). Die Zuordnung der Benutzer zu Gruppen erfolgt manuell durch den Systemadministrator. Pro Benutzer ist in klassischen Unix-Systemen nur eine einzige Gruppenzugehörigkeit erlaubt. Moderne Systeme kennen diese Restriktion nicht mehr. Der Dateibesitzer kann die Gruppenzugehörigkeit einer Datei ändern (Kommandozeilenbefehl chgrp). Es existiert in jedem Unix-System ein allmächtiger Überbenutzer *(super user)*. Er trägt den Benutzernamen root und besitzt eine UID=0. Der root-Benutzer hat stets Vollzugriff ungeachtet der aktuell gesetzten Dateirechte. Er steht damit außerhalb der Dateirechteverwaltung. Der root-Benutzer ist auch in der Lage, die Dateirechte aller Dateien zu ändern. Die Rechteprüfung beim Dateizugriff umfasst folgende Schritte:

1. UID des Dateibesitzers = UID des Benutzers?
2. JA: es gelten die Berechtigungen des Dateibesitzers, Prüfung abgeschlossen
3. NEIN: bei Datei eingetragene GID = GID des Benutzers?
4. JA: es gelten die Berechtigungen der Gruppe, Prüfung abgeschlossen
5. NEIN: es gelten die Berechtigungen der Allgemeinheit (*others*), Prüfung abgeschlossen, da keine weiteren Prüfschritte mehr vorhanden

In unten stehendem Beispiel ist die Anzeige von Dateiberechtigungen mithilfe des Befehls ls -l gezeigt. Am Anfang der Zeile stehen jeweils die Berechtigungen für Besitzer, Gruppe und Allgemeinheit. Diese sind nach dem Schema in Abbildung 11–8 zu interpretieren. Als Nächstes folgt die Anzahl der Verzeichniseinträge. Für normale Dateien ohne Verknüpfungen ist dies immer gleich 1. Dann erscheint der Besitzername und nachfolgend der Gruppenname, zuletzt die Dateigröße in Byte, Datum/Zeit und der Dateiname.

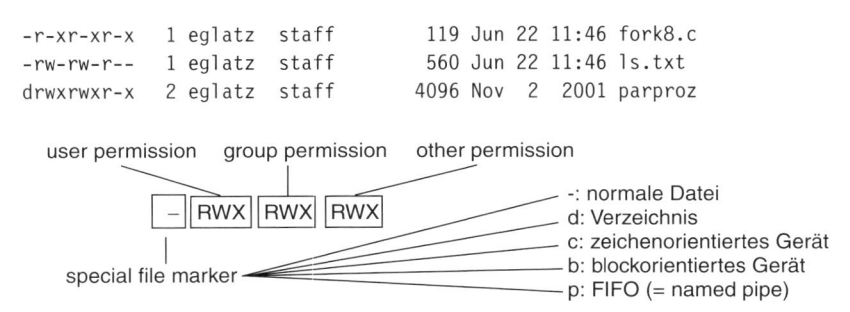

```
-r-xr-xr-x   1 eglatz   staff      119 Jun 22 11:46 fork8.c
-rw-rw-r--   1 eglatz   staff      560 Jun 22 11:46 ls.txt
drwxrwxr-x   2 eglatz   staff     4096 Nov  2  2001 parproz
```

Abb. 11–8 *Interpretation der Dateiberechtigungen*

Unterstützte Rechte sind Lesen (*read*), Schreiben (*write*) und Ausführen (*execute*). Abhängig davon, ob es sich um eine normale Datei (*ordinary file*) oder eine Verzeichnis (*directory file*) handelt, sind diese etwas unterschiedlich in der Bedeutung. Für normale Dateien gilt:

- R (read): Leseberechtigung
- W (write): Schreibberechtigung (auch Löschberechtigung)
- X (execute): Ausführungsberechtigung

Für Verzeichnisse gilt:

- R (read): Der Inhalt des Verzeichnisses ist lesbar (ls zeigt Verzeichnisinhalt an)
- W (write): Neue Einträge sind erlaubt bzw. obsolete Einträge sind löschbar
- X (execute): Das Verzeichnis ist suchbar, jedoch kein Lesen und Schreiben

Die Spezialdateien (*special files*) werden gleich behandelt wie normale Dateien. Sie sind beim Auflisten durch entsprechende Buchstabenkennungen ersichtlich (siehe Abb. 11–8). Neben den drei Rechten Lesen, Schreiben und Ausführen existieren zusätzlich drei Spezialrechte, die wir noch nicht kennengelernt haben. Diese Spezialrechte (*special permissions*) sind für Sonderzwecke vorgesehen. Das Spezialrecht *setuid (set user identification)* erzwingt die Ausführung einer Datei mit den Rechten des Dateibesitzers anstatt des aufrufenden Benutzers. Man sagt, die effektive, d.h. wirksame Benutzeridentifikation (*effective UID*) sei die des Dateibesitzers und nicht diejenige des aktuellen Benutzers (*real user*). Dies ist nützlich für Systembefehle. Zum Beispiel muss der Kommandozeilenbefehl

11.4 Sicherheit unter Unix

passwd (Kennwort ändern) einen Zugriff auf die Passwortdatei erhalten, da er sonst dort keine Änderungen vornehmen kann. Zu diesem Zweck ist auf der ausführbaren Datei des passwd-Befehls das *setuid*-Recht gesetzt und als Dateibesitzer der root-Benutzer eingetragen, womit der passwd-Befehl stets mit den benötigten Rechten ablaufen kann. Das *setgid*-Recht *(set group identification)* funktioniert gleichartig für die Dateigruppe wie das *setuid*-Recht für den Dateibesitzer. Es hat in der Praxis aber keine große Bedeutung. Ein drittes Spezialrecht nennt sich *sticky*. Es hat zur Folge (falls gesetzt), dass das Löschen nur durch den Besitzer oder den root-Benutzer erlaubt ist. Seine Anwendung findet es auf gemeinsamen Verzeichnissen, für die es wichtig ist, dass jeder lesen/schreiben, aber nur der Dateibesitzer seine Dateien löschen kann. Die Spezialrechte können bei entsprechender Berechtigung ebenfalls mittels des Kommandozeilenbefehls chmod gesetzt werden.

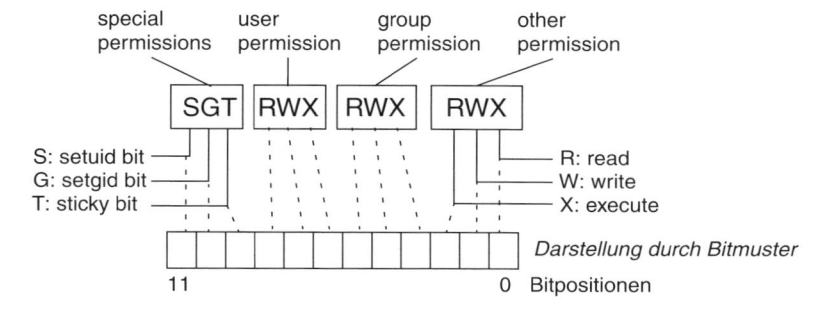

Abb. 11–9 *Erweiterung der Dateiberechtigungen für chmod-Befehl*

Von Interesse ist die Frage, welche Rechte eine Datei bei ihrer Erzeugung automatisch zugeteilt bekommt. Die Antwort ist, dass diese Standardrechte mit dem Befehl umask von der Kommandozeile oder durch den Systemaufruf umask() durch Programme konfiguriert werden können. Die *umask* stellt eine Bitmaske dar, bei der gesetzte Bit das Erteilen der zugehörigen Rechte *verhindern*. Die benutzte Rechte-zu-Bitpositionen-Abbildung ist in Abbildung 11–9 gezeigt und entspricht in etwa der Rechte-Darstellungsart, wie sie der ls-Befehl benutzt. Sind beispielsweise in der *umask* alle Bit auf null gesetzt, so erlaubt dies alle Rechte für eine neue Datei. Der umask-Befehl bzw. die umask()-Systemfunktion können aber auch mit symbolischen Konstanten gefüttert werden, wenn man die Bitdarstellung scheut.

```
// Setzen der Dateierzeugungs-Rechtemaske in einem Programm auf --X-WXRWX
umask(S_IXUSR | S_IWGRP | IXGRP | S_IROTH | S_IWOTH | S_IXOTH);
// Erzeugen einer Datei unter Angabe aller Rechte (RWXRWXRWX)
fd = creat ("tempdata", S_IRWXU | S_IRWXG | S_IRWXO);
```

In dem kleinen Programmausschnitt wird die umask()-Systemfunktion mit den symbolischen Konstanten aufgerufen (--X-WXRWX). Der anschließende creat()-

Aufruf möchte der neuen Datei `tempdata` alle Rechte geben. In der Tat erhält die neue Datei aber nur die Rechte RW-R-----, da die *umask* einen Teil der Rechtevergabe verhindert.

In Abbildung 11–9 sind alle Dateirechte in ihrer Bit-zu-Buchstabendarstellung nochmals zusammengefasst. Wie daraus ersichtlich ist, wird zum Setzen der Spezialrechte die neun Buchstaben bzw. Bit große Gruppe vorne um drei Positionen erweitert. Nachfolgende Beispiele illustrieren das Setzen von Dateirechten, wobei für die Rechte das anzuwendende Bitmuster oktal angegeben wird. Rechte können aber auch symbolisch erteilt oder weggenommen werden (nicht gezeigt).

```
chmod 600 test     → R, W für Besitzer, keine Rechte sonst
chmod 70 stock     → R, W, X für Gruppe, keine Rechte sonst
chmod 4700 batt    → setuid, R, W, X für Besitzer, keine Rechte sonst
```

Da sich die Spezialrechte bei der Anzeige die Buchstabenpositionen für die Execute-Bit teilen, wird zur Unterscheidung ein kleiner Kniff angewendet. Ist das Execute-Bit bereits gesetzt, so wird das Spezialrecht mit einem Großbuchstaben (S, G, T) angezeigt. Andernfalls wird ein Kleinbuchstabe benutzt (s, g, t). Dies ist in nachfolgenden Beispielen illustriert (übrige Informationen der ls-Anzeige sind weggelassen).

```
-rws------    → setuid sowie R, W für Besitzer, keine Rechte sonst
-rwSrw----    → setuid sowie R, W, X für Besitzer sowie R, W für Gruppe
-rwx--s---    → setgid sowie R, W, X für Besitzer, keine Rechte sonst
-rwx-----t    → sticky sowie R, W, X für Besitzer, keine Rechte sonst
```

11.5 Sicherheit unter Windows

Die Zugriffsrechte bei der Programmausführung sind an den zugeordneten Benutzer gebunden. Dateirechte regeln den Zugriff auf Dateien (nur bei NTFS, FAT kennt keine Dateirechte). Der Dateibesitzer (*owner*) hat das alleinige Recht, die Zugriffsrechte zu ändern. Nicht dateibezogene zusätzliche Rechte sind konfigurierbar pro Benutzergruppe oder pro Rechner.

Benutzer- und Rechteverwaltung

Benutzer werden eineindeutig identifiziert mittels einer Benutzeridentität (Benutzerkennung, Passwort). Es lassen sich Benutzergruppen (Gruppenidentifikation *Group ID, GID*) bilden. Ein Anmeldeverfahren (*login procedure*) dient der Authentisierung (*authentication*) gültiger Benutzer. Die Rechtevergabe beruht auf individuellen Benutzern und/oder Benutzergruppen. Ein Benutzer kann mehreren Benutzergruppen angehören. Eine Reihe von Standardbenutzergruppen sind als Rollen vordefiniert. Die Rechteverwaltung basiert auf Zugriffskontrolllisten (ACLs). Rechte können einzelnen Benutzern und/oder Benutzergruppen zugeordnet werden. Im Gegensatz zu Unix unterliegt der Systemadministrator ebenfalls

11.5 Sicherheit unter Windows

der Zugriffsprüfung. Ihm kann der Zugriff verweigert werden, jedoch kann er Dateibesitzer werden (*take ownership*). Eine Datei kann Zugriffsrechte für mehrere Benutzer und Benutzergruppen enthalten. Die ACLs betreffen auch Laufwerke, Drucker und weitere Peripherie.

Dateirechte

Die Dateirechte beruhen auf der Verwendung des NTFS-Dateisystems, da das FAT-Dateisystem keine Rechte kennt und somit den Vollzugriff für jedermann erlaubt (wie übrigens auch die CD-ROM und die DVD). Die initial erteilten Dateirechte beim Anlegen neuer Dateien und Verzeichnisse können grundsätzlich durch das anlegende Programm individuell festgelegt werden. Dies wird allerdings sehr selten genutzt, stattdessen sind »Standardeinstellungen« üblich. Die »Standardeinstellungen« werden von dem übergeordneten Verzeichnis geerbt. Die Dateirechte können aber »von Hand« abweichend gesetzt werden. Ebenso lässt sich die automatische Weitervererbung der Rechte auf untergeordnete Objekte ausschalten. Unterstützt werden fein abgestufte Berechtigungen für Dateien (insgesamt 13 Teilrechte). Es können nicht nur Dateirechte erteilt (*allowed*), sondern auch explizit verboten (*disallowed*) werden. Dies hat eine Bedeutung, wenn die ACL bei der Zugriffsprüfung ausgewertet wird. Gehört ein Benutzer mehreren Benutzergruppen an und wurde irgendeiner davon ein bestimmtes Recht erteilt, so gilt dies für den Zugriff, auch wenn es bei anderen Gruppenzugehörigkeiten fehlt. Hier greifen die Einstellwerte für verbotene Rechte ein, denn sie haben Vorrang vor erteilten Rechten. Gehört zum Beispiel ein Benutzer einer Gruppe A mit erteiltem Recht X an und gleichzeitig einer Gruppe B mit verbotenem Recht X, so besitzt er das Recht X bei einem Zugriff nicht.

Lokale und Gruppenrichtlinie

Neben den Dateirechten können zusätzliche Rechte mittels der sogenannten *Gruppenrichtlinien (group policies)* verwaltet werden. Diese Möglichkeit steht sowohl unter der Workstation- als auch Serverversion in Windows zur Verfügung. Auf der Workstation sind sie unter dem Konfigurationsdialog *Lokale Sicherheitsrichtlinien (local security policies)* zu finden. Die erweiterten Rechte umfassen zahlreiche Einstellmöglichkeiten auf der Stufe Einzelbenutzer/Gruppe oder System, z.B. für das Starten von Diensten oder Berechtigungen auf Registry-Einträgen. Um für bestimmte Anwendungsgebiete schnell gute Einstellungen zu finden, stehen eine Reihe von vordefinierten *Sicherheitsschablonen (security templates)* zur Verfügung. Es können zusätzliche Schablonen mit individuellen Einstellungen definiert werden. Insbesondere lassen sich mit den Sicherheitsschablonen Einstellparameter aktivieren und deaktivieren sowie die Einstellwerte selbst ändern. Mit dem Werkzeug »Lokale Sicherheitsrichtlinie« (*local security policy*) lassen sich hingegen nur die Einstellwerte selbst ändern.

Software Restriction Policies

Interessant ist die Möglichkeit, das Installieren unerwünschter Software mittels einer *black-list* zu verbieten. Dabei gilt, es ist alles erlaubt, was nicht verboten ist (*security level = unrestricted*). Die gegenteilige Möglichkeit existiert ebenfalls in Form einer *white-list*, mit der akzeptierte Software erlaubt werden kann. Hier gilt, dass alles verboten ist, was nicht explizit erlaubt wurde (*security level = disallowed*). Dies ist nützlich, um Downloads problematischer Software durch Benutzer in einer Unternehmensumgebung zu verhindern. Die Software kann auf drei Arten identifiziert werden: erstens mittels Dateiname/Pfad (inklusive Jokerzeichen * und ?), zweitens mittels Zertifikat und drittens durch einen Hashwert. Die Konfiguration kann auf Computer- oder Benutzerebene erfolgen.

Objektrechte

Auf Systemobjekten können Programme individuelle Sicherheitseinstellungen anwenden; dazu muss dessen *Security Descriptor* modifiziert werden. Er enthält unter anderem die ACL des Objekts. Zuerst muss die ACL mit `InitializeACL()` initialisiert werden. Anschließend können Rechteeinträge der Art *{domain-id, rights-set}* vorgenommen werden. Für die *domain-id* verwendet Windows sogenannte *Security Identifiers (SIDs)*. Ein *rights-set* kann mittels bitweise oder-verknüpften vordefinierten Konstanten zusammengestellt werden. Einen Eintrag (*Access Control Entry, Ace*) in der ACL kann mit `AddAccessAllowedAce()` für erteilte Rechte und `AddAccessDenyAce()` für verbotene Rechte erfolgen. Muss ein SID bestimmt werden, so ist dies mittels `LookupAccountSid()` möglich. Meistens wird mit Standardwerten für die *Security Attributes* gearbeitet, da das Anwenden abweichender Einstellungen ziemlich aufwendig ist.

12 Virtualisierung

> **Lernziele**
>
> - Sie unterscheiden sieben Arten der Virtualisierung und beurteilen ihre Nutzen und Anwendung.
> - Sie zählen drei Anforderungen an einen Hypervisor auf.
> - Sie erläutern die Unterschiede zwischen einer Computervirtualisierung mit und ohne Hardware-Unterstützung sowie der Paravirtualisierung.
> - Sie ordnen einen konkreten Hypervisor einer der zwei Grundtypen zu.
> - Sie setzen einen Hypervisor in sechs unterschiedlichen Szenarien ein.

Die Virtualisierung von Rechnerressourcen bringt in verschiedener Hinsicht neue Nutzen. Sie kann auf verschiedenen Stufen erfolgen und ist bereits teilweise in den Konzepten des Prozessmodells und des virtuellen Speichers realisiert. Wir geben einen Überblick über bekannte Virtualisierungsformen und ergänzen diese um neue Virtualisierungskonzepte, wobei wir auf den *Virtual Machine Monitor (Hypervisor)* aufgrund seiner großen Bedeutung in der Praxis näher eingehen.

12.1 Anwendungsbereiche

Bei der Virtualisierung wird eine tatsächlich vorhandene Ressource (ganzer Rechner oder Teile davon) durch eine scheinbar vorhandene Ressource ersetzt, die für den Ressourcennutzer nicht von dem realen Objekt unterscheidbar ist. Die Ziele, die dabei verfolgt werden, sind unterschiedlich. Zum Beispiel ermöglicht eine Abstraktion von der Realität eine einfachere und einheitlichere Nutzung. Oder mithilfe der Virtualisierung lassen sich parallele Abläufe besser isolieren, womit Schutzziele einfacher einzuhalten sind. Ist zudem eine einzelne Ressource für die Mehrfachverwendung nicht vorgesehen, so kann sie über eine Virtualisierung dennoch mehreren Nutzern zugänglich gemacht werden. Nachfolgend befassen wir uns exemplarisch mit einer Reihe von Virtualisierungsansätzen im Umfeld des Betriebssystems:

- *Virtuelle Prozessoren*: Simulation einer CPU-Hardware durch Software
- *Virtuelle Prozessumgebungen*: Nutzung virtueller Adressräume für Prozesse (Raummultiplex) zusammen mit CPU-Scheduling (Zeitmultiplex)
- *Virtuelles Betriebssystem*: Ausführung unveränderter (Binär-)Programme eines Betriebssystems A unter einem Betriebssystem B
- *Virtueller Desktop*: entfernter Zugriff auf einen grafischen Desktop über das Netzwerk
- *Virtuelle Ressourcen*: Sekundärspeicher- und Netzwerkvirtualisierung
- *Sandboxing*: virtuelle Prozesslaufzeitumgebungen inklusive Betriebssystem
- *Virtuelle Computer*: Virtualisierung der gesamten Computerhardware mithilfe eines Virtual Machine Monitor (Hypervisor)

12.2 Virtualisierungstypen

12.2.1 Virtuelle Prozessoren

Diese Form der Virtualisierung simuliert den Instruktionssatz eines Prozessors und erlaubt damit die Ausführung von Software, die für eine *andere Prozessorfamilie* geschrieben wurde. Dazu gehört die Bereitstellung eines virtuellen Hauptspeicherbereichs, damit die simulierte CPU überhaupt erst Programme ausführen kann. Diese Lösung wird auch *Emulation* genannt und manchmal als *virtuelle Maschine* bezeichnet, da sie Anweisungen der Wunschplattform dynamisch in Anweisungen der Gastgeberplattform umsetzt. Ein frei erhältliches Produkt für die PC- und weitere Plattformen ist *QEMU (Quick Emulator)*. Codeteile aus QEMU kommen auch in einigen Virtual Machine Monitors (siehe Abschnitt 12.3) vor, beispielsweise um dort fehlende Hardware-Unterstützung in Software nachzubilden. Prozessorsimulatoren werden in der Entwicklung von Mikrocontroller-Software gerne benutzt, um Programme auf einem komfortablen Entwicklungssystem auszutesten, bevor sie auf die echte Hardware übertragen werden.

Ein anderer Anwendungsbereich besteht in der *interpretierten Ausführung* von Programmen. Beispielsweise werden Java-Quellcodeprogramme durch den Java-Compiler in einen Zwischencode (Bytecode) übersetzt, der dann von der *Java Virtual Machine (JVM)* interpretiert wird. Die JVM simuliert einen hypothetischen Java-Prozessor, der einen Maschinenbefehlssatz realisiert, der objektorientierte Programme optimal unterstützt. Dadurch, dass die JVM-Software für unterschiedliche Rechnerplattformen implementiert wurde, können im Bytecode vorliegende Programme ohne Änderungen auf all diesen Systemen ausgeführt werden. Dies spielt für über das Internet verteilte Programme eine große Rolle.

Moderne JVMs bzw. Java-Compiler bieten die Möglichkeit, Java-Quellcodeprogramme direkt in Maschinencode der Zielplattform zu übersetzen. Damit kann die Rechenleistung gesteigert werden, die bei der Simulation einer CPU naturgemäß unter den Werten einer direkten Ausführung des plattformspezifischen Maschinencodes liegt.

Ein mit der JVM vergleichbarer Ansatz ist in dem Laufzeitsystem der *Microsoft .NET-Plattform* zu finden. Bei dieser Lösung interpretiert die *Common Language Runtime (CLR)* Anweisungen einer Zwischensprache, die sich *Microsoft Intermediate Language (MSIL)* nennt. Damit diese Plattform viele Sprachen unterstützen kann, wird sie durch ein *Common Type System (CTS)* ergänzt, das für die unterschiedlichen Datentypen die möglichen Werte und ihre Darstellung verbindlich festlegt.

12.2.2 Virtuelle Prozessumgebungen

Moderne leistungsfähige Betriebssysteme unterstützen das *Prozessmodell*, ergänzt um einen *virtuellen Speicher*. Damit können Applikationen unabhängig voneinander entwickelt und isoliert nebeneinander auf dem gleichen Rechner ablaufen. Die Funktionsweise wurde bereits an mehreren Stellen in diesem Buch erläutert, z.B. in den Abschnitten 4.2 und 8.5.

12.2.3 Virtuelles Betriebssystem

Die binäre Applikationsprogrammierschnittstelle des Betriebssystems (*Application Binary Interface, ABI*), also die Systemprogrammierschnittstelle, lässt sich ebenfalls virtualisieren. Dies ermöglicht die Ausführung von Programmen, die für das Betriebssystem A geschrieben wurden, unter einem Betriebssystem B. Ein Beispiel dafür ist die Software *WINE (Wine Is Not an Emulator)*, die es erlaubt, Microsoft Windows-Programme unter Unix mit dem X-Window-System auszuführen, ohne dass sie neu übersetzt oder sonstwie geändert werden müssen. Zurzeit werden Linux, Solaris und diverse BSD-Unix-Systeme unterstützt. Ein zweites Beispiel ist die *Classic-Umgebung* des Apple Mac OS X, die anfänglich benutzt wurde, um ältere Programme des Mac OS 9 unter Mac OS X auszuführen.

12.2.4 Virtueller Desktop

Wird die Bedienoberfläche eines Rechners A auf einen Rechner B abgebildet, so nennt sich dies ein *virtueller Desktop*. Er unterstützt dieselben Bedienmöglichkeiten eines Systems, aber auf der Hardware eines Zweitsystems. In der Windows-Welt ist dies die Software *Remote Desktop Client (RDP)*, mit der die entfernte Bedienung eines Windows-Rechners ermöglicht wird. Die RDP-Software lässt sich auf unterschiedlichen Plattformen installieren (z.B. Windows, Android, iOS, Mac OS X). Vergleichbare Möglichkeiten bietet in der Unix-Welt das Produkt *VNC (Virtual Network Computing)* oder das Protokoll *XDMCP (X Display Manager Control Protocol)*, mit dem sich auf X beruhende grafische Desktops auf entfernte Systeme umlegen lassen. Diese Virtualisierungsart unterstützt *Thin-Client-Konzepte* auf sehr einfache Art und Weise. So kann ein Serversystem so aufgesetzt werden, dass es vielen Benutzern gleichzeitig einen individuellen grafischen Desktop auf ihren Arbeitsplatzrechnern anbietet. Ein entsprechendes Produkt sind die Microsoft Remotedesktopdienste, die im Windows Server 2012 enthalten sind.

12.2.5 Virtuelle Ressourcen

Eine sehr einfache Lösung beschränkt sich auf die Partitionierung der Ressourcen, indem diese einer Strategie folgend auf nachfragende Prozesse aufgeteilt werden. Speziell auf Serversystemen spielt die Verfügbarkeit von Diensten eine große Rolle. Diese kann dadurch gefährdet sein, dass eine Applikation bei einem Fehlverhalten alle anderen Applikationen behindert, indem sie übermäßig Ressourcen belegt. Dadurch entsteht für andere Dienste ein Ressourcenengpass, der letztlich die Sicherstellung der Dienstgüte verhindert. Ein Lösungsansatz besteht darin, einen speziellen Ressourcenmanager in das Betriebssystem zu integrieren, der für die Ressourcennutzung ein *Quota-System* realisiert. Die Quotenregelung kann auf der Stufe einzelner Prozesse oder Prozessgruppen erfolgen. Werden mehrere Ressourcen für die Quotenverwaltung zusammengefasst, so spricht man von *Ressourcenbehältern (resource containers)*.

Weiter gehende Lösungen nehmen sich spezifischer Ressourcenarten an, wie sie durch Peripheriegeräte realisiert werden. Damit wird die entsprechende Peripherie vom Kernsystem abgetrennt und mittels eigener, d.h. vom Betriebssystem unabhängiger Verfahren verwaltet und über eine neu definierte Schnittstelle dem Kernsystem angeboten. Dies wird vor allem für Sekundärspeicher (HDD, SSD) und Netzwerke benutzt.

Virtuelle Sekundärspeicher (storage virtualization) nehmen sich der Bedürfnisse großer Unternehmungen an, die Bedarfe an Sekundärspeicherkapazität im mehrstelligen Terabyte-Bereich haben. Zudem muss Verfügbarkeit, Archivierung, Datensicherung und gemeinsame Datennutzung sichergestellt werden. Konventionell an Rechner angeschlossene Festplattenlaufwerke sind in einem vernetzten Umfeld mit sehr vielen Rechnern nicht ideal. Zunehmend werden deshalb eigene Speichersubnetze eingesetzt, an denen viele Festplattenlaufwerke angeschlossen sind (*Storage Attached Network, SAN*). Ein SAN dient nur für den Speicherzugriff. Zur flexiblen Verwaltung wird eine Sekundärspeichervirtualisierung eingesetzt. Das heißt, alle verfügbare Festplattenspeicherkapazität erscheint als ein einziges unternehmensweites Dateisystem (*common file system, SAN file system*).

12.2 Virtualisierungstypen

Dazu sind entsprechende Dateisystemtreiber für alle eingesetzten Betriebssysteme nötig. Eine etwas weniger weitgehende Lösung besteht darin, dass virtuelle Laufwerke (*virtual volumes*) den einzelnen Nutzern im Stil klassischer Netzwerkdateisysteme angeboten werden.

Virtuelle Netzwerke (*network virtualization*) realisieren, aufbauend auf realen Netzwerken, eigene Verbindungskanäle mit wohldefinierten Verbindungspartnern. Sie können eigene Protokolle nutzen, die zum Beispiel sicherer sind als das reale Netzwerkprotokoll. Zusätzliche Ziele, wie eine kontrollierte Aufteilung der verfügbaren Netzwerkbandbreite, können helfen, die Dienstgüte zu verbessern, sofern alle Kommunikationsteilnehmer nur die virtuellen Netzwerkverbindungen nutzen. Die Netzwerkvirtualisierung kann sich auch nur auf die realen Netzwerkschnittstellen eines einzelnen Computers beschränken. In diesem Fall handelt es sich eigentlich um eine Virtualisierung der Netzwerkschnittstelle und nicht des ganzen Netzes, da auf das Netz hinaus nur die vorhandenen realen Protokolle genutzt werden. Die rechnerexternen Kommunikationspartner merken daher nichts von der Virtualisierung. Rechnerlokal können jedoch vergleichbare Ziele wie bei der Netzwerkvirtualisierung angestrebt werden.

12.2.6 Sandboxing (virtuelles Laufzeitsystem)

Die Laufzeitumgebung einer Applikation wird vom restlichen System abgeschirmt, d.h. virtualisiert (*Container-based Operating Systems, COS*). Diese Möglichkeit wird von einigen Betriebssystemen unterstützt, zum Beispiel von Oracle Solaris mit den *Containers,* vom FreeBSD-Unix mit den *Jails* und von Linux mit dem *Vserver*. Dasselbe Konzept wird aber beispielsweise auch in Webbrowsern im Kleinen genutzt, um einzelne Webseiten oder Plug-ins zu isolieren. Beim Sandboxing sieht jeder Prozess nur sich selbst und das Betriebssystem, wodurch eine wechselseitige Beeinflussung von Applikationen untereinander verhindert wird. Dazu gehört, dass jedem Anwenderprozess nur ein begrenzter Anteil an der Nutzung gemeinsamer Ressourcen gewährt wird. Man könnte auch sagen, dass jede Sandbox ein separater *User Space* darstellt, der sich mit anderen Sandboxen lediglich den geschützten *Kernel Space* teilt. Erwähnt sei noch, dass die im Unix-Bereich klassische Lösung der *chroot-Umgebung* nicht dieselbe Isolation gewähren kann wie das Sandboxing-Konzept, da die damit realisierbare Isolierung unvollständig ist.

Anwendung findet das Sandboxing bei Anbietern von *Virtual Hosting,* zur erhöhten Isolierung kritischer Applikationen bei sich wechselseitig nicht trauenden Systembenutzern, zur feineren Kontrolle der Ressourcenzuteilung und zur Ermöglichung einfacher Migrierungen von Applikationen. Im Vergleich zu Lösungen mit einem *Virtual Machine Monitor* (siehe Abschnitt 12.3) ist der Zusatzaufwand gering, da stets dieselbe Systemprogrammierschnittstelle genutzt wird und spezielle Hardware unnötig ist. Allerdings wird nicht dieselbe Flexibilität erreicht, da nur Applikationen für dieselbe Betriebssystemplattform lauffähig sind.

12.2.7 Virtuelle Computer (Stufe Computerhardware)

Den Kern eines virtuellen Computers bildet der *Virtual Machine Monitor (VMM)* bzw. *Hypervisor*. Er sorgt dafür, dass eine wählbare Anzahl von *Virtual Machines (VMs)* konfiguriert werden kann. Jede VM stellt eine unabhängige Plattform für ein Betriebssystem dar, d.h. scheinbar einen vollständigen Rechner. Die echte Rechnerplattform wird durch einen VMM so vervielfacht, dass außer einer Verlangsamung keine anderen Unterschiede zur einfachen Plattform auftreten. Im Großrechnerbereich ist diese Technologie mehrere Jahrzehnte alt und wurde dazu benutzt, mehrere unabhängige, voneinander isolierte virtuelle Rechner gemeinsam auf einem einzigen realen Computer auszuführen. Diese Anwendung hat nun auch für die PC-Plattform zunehmendes Interesse gefunden. Sie erlaubt beispielsweise eine Serverkonsolidierung, d.h die Zusammenfassung vieler Servermaschinen auf wenigen realen Rechnern. Damit können auf mehreren Ebenen Kosten eingespart werden. Diese Virtualisierung ist aber auch für die Softwareentwicklung nützlich, denn es können so mehrere Betriebssystemumgebungen auf dem gleichen Entwicklungssystem konzentriert werden. Zum Beispiel kann eine separate VM als Testumgebung dienen, deren eventueller Absturz infolge der Isolation die Entwicklungsumgebung nicht tangiert. Mehr Details sind im nachfolgenden Abschnitt zu finden.

12.3 Virtual Machine Monitor bzw. Hypervisor

Neben der Speichervirtualisierung (siehe Abschnitt 8.5) ist heute die Bereitstellung virtueller Rechnerumgebungen durch einen *Virtual Machine Monitor* (VMM) bzw. *Hypervisor* die wichtigste Virtualisierungsform. Der VMM erlaubt die Erstellung mehrerer virtueller Umgebungen, *Virtual Machines (VM)* genannt, in denen sich unterschiedliche Betriebssysteme installieren lassen.

12.3.1 Anforderungen

Ein VMM muss nach Popek/Goldberg (1974) drei Kerneigenschaften unterstützen:

- *Ausführungsumgebung* (*fidelity, equivalence*): Programme laufen auf einem virtualisierten Rechner identisch ab wie auf einem realen Rechner, mit Ausnahme der Geschwindigkeit.

12.3 Virtual Machine Monitor bzw. Hypervisor

- *Effizienz (performance, efficiency)*: Die große Mehrheit aller Maschinenbefehle, die innerhalb einer VM abgearbeitet werden, müssen direkt durch den realen Prozessor ausgeführt werden ohne die Intervention durch den VMM.
- *Ressourcenverwaltung (safety, resource control)*: Die Ressourcen werden vollständig durch den VMM verwaltet und den einzelnen VMs zugeteilt bzw. wieder entzogen.

12.3.2 VMM-Funktionsweise

In der Anfangszeit der VMM in der PC-Welt fehlte eine passende Hardwareunterstützung, sodass sich der VMM und das in der VM ablaufende Betriebssystem den Kernmodus teilten. Wie das genau funktioniert, ist nachfolgend vorgestellt. Neue Prozessoren unterstützen nun einen separaten Betriebsmodus für den VMM, was später beschrieben wird.

Ohne Unterstützung durch Hardware

Ein sicherer VM-Monitor setzt eine voll virtualisierbare CPU voraus. Das heißt, dass alle Instruktionen, die auf die Hardware zugreifen oder indirekt die Hardware beeinflussen können, nur privilegiert ausgeführt werden. Dazu muss die CPU zwischen einem privilegierten und nicht privilegierten Betriebsmodus unterscheiden. Typischerweise werden diese als *Kernmodus (kernel/supervisor mode)* und *Benutzermodus (user mode)* bezeichnet. Prozessorintern wird der privilegierte Modus durch ein gesetztes KM-Bit repräsentiert (KM für Kernel Mode). Dieses Bit kann im Benutzermodus natürlich nicht direkt gesetzt werden. Erfolgt jedoch ein Hardware- oder Software-Interrupt, so wird es automatisch durch die CPU selbst gesetzt (siehe Abb. 12–1). Die Einsprungpunkte der Interrupt-Behandlungsroutinen stehen dabei in einem geschützten Speicher, sodass nur vertrauenswürdige Codeteile im Kernmodus zur Ausführung kommen. Dies setzt wiederum das Vorhandensein einer Speicherverwaltung (MMU-Baustein) voraus, durch die bestimmte Adressbereiche für die Ausführung im Kernmodus reserviert werden.

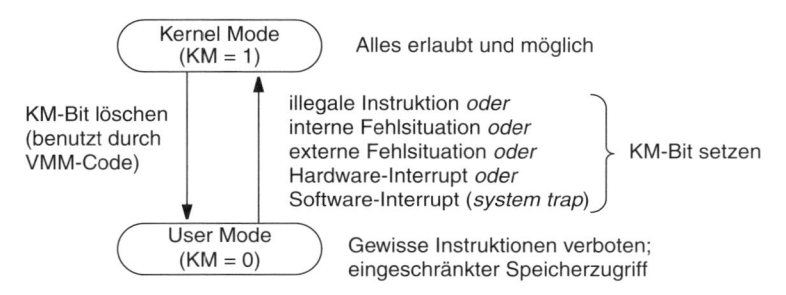

Abb. 12–1 Zustandsmodell für Privilegiensystem der CPU

Was passiert nun, wenn ein Programm im Benutzermodus eine privilegierte Instruktion ausführen will? Die CPU wird in diesem Fall den Befehl nicht ausführen, sondern einen Software-Interrupt (trap) auslösen. Wird ein VMM eingesetzt, so läuft nur der VMM im privilegierten Modus. Aller restlicher Code, einschließlich irgendwelcher Betriebssysteme, läuft im Benutzermodus. Die Unterscheidung eines Betriebssystems zwischen Benutzer- und Kernmodus wird nämlich durch den VMM ebenfalls virtualisiert. Damit steht die Hardware unter alleiniger Kontrolle des VM-Monitors, der diese nur gezielt an die VMs delegiert und diesen jederzeit wieder entziehen kann. Eine wesentliche Voraussetzung für eine voll virtualisierbare CPU stellt die Privilegierung heikler Prozessorinstruktionen dar. Heikel sind sie dann, wenn sie einer VM erlauben würden, dem VMM die Kontrolle über die Hardware zu entreißen. Alle diese Instruktionen müssen einen Software-Interrupt auslösen, wenn sie im Benutzermodus eingesetzt werden. Kernelement ist also, dass privilegierte Instruktionen in den VM-Monitor verzweigen. Dieser nimmt dann eine virtuelle Ausführung dieser Instruktionen vor, wenn sie im virtualisierten Kernmodus erfolgen. Dabei wird der VM nur kontrolliert ein Teil der realen Hardware zugänglich gemacht. In Abbildung 12–2 ist ein Beispiel mit zwei VMs dargestellt. Beide VMs laufen im nicht privilegierten CPU-Modus. Den Gastbetriebssystemen wird jedoch erlaubt, die privilegierten Instruktionen innerhalb ihrer virtuellen Umgebung zu nutzen (KM* als virtualisiertes KM-Bit). Der eigentliche Zugriff auf die Hardware erfolgt jedoch nur durch den VMM kontrolliert, d.h., er interpretiert die privilegierten Instruktionen im Zustand KM*=1, KM=0 derart, dass der VM der Zugriff auf zugeteilte Ressourcen möglich ist. Ein VMM, der nach diesem Prinzip arbeitet, wird auch als *Software-only VMM* bezeichnet.

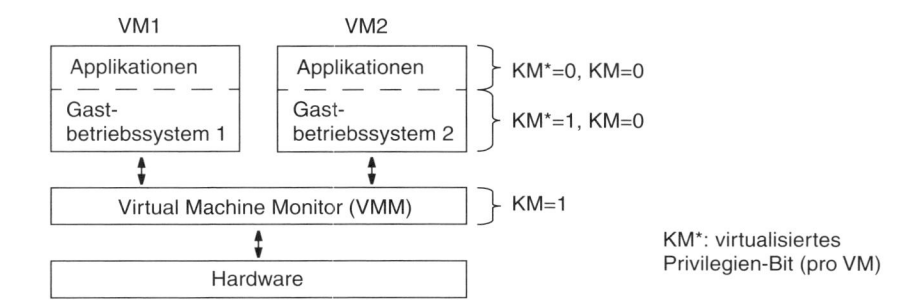

Abb. 12–2 *Sichere Virtualisierung mittels Privilegiensystem*

Ein VMM kann auch auf Prozessoren realisiert werden, die keine volle Virtualisierung unterstützen. Je nachdem, wie viel Unterstützung eine CPU bereits realisiert, muss jedoch auf eine zunehmend interpretierte Ausführung der Maschinenbefehle und weitere Zusatzmaßnahmen ausgewichen werden. Ist gar keine

12.3 Virtual Machine Monitor bzw. Hypervisor

Unterstützung vorhanden, so ist für einen sicheren Betrieb nur eine volle Interpretation aller Prozessorinstruktionen (Emulation) möglich, wie in Abschnitt 12.2.1 beschrieben. Eine Zwischenform stellt der Intel x86-Prozessor dar. Er bietet gute Schutzmöglichkeiten, hat aber nicht alle heiklen Instruktionen privilegiert. Daher muss für einen sicheren VMM der ausgeführte Instruktionsstrom durch den VMM fortlaufend auf diese heiklen Befehle abgesucht werden. Diese werden dann durch Befehlssequenzen ersetzt, die sie auf sichere Art und Weise ausführen (*binary translation, dynamic rewriting*). Die so realisierten virtuellen Umgebungen werden als *Hybrid Virtual Machines* bezeichnet.

Unterstützt ein Prozessor mehr als zwei Privilegienstufen, so ist eine weitere Implementierungsart möglich. Diese wird *Paravirtualisierung* genannt. Dazu muss aber der Code der Gastbetriebssysteme angepasst werden, was sich bei kommerziellen Betriebssystemen aus Lizenzgründen verbietet. Der Intel x86-Prozessor realisiert vier Privilegienstufen, die auch als Ringe bezeichnet werden. Für die Paravirtualisierung wird nun beispielsweise dem VMM die Stufe 0, dem Gastbetriebssystem die Stufe 1 und den Applikationen die Stufe 3 zugeordnet (siehe Abb. 12–3). Der Xen-VMM der Cambridge-University nutzt diesen Ansatz.

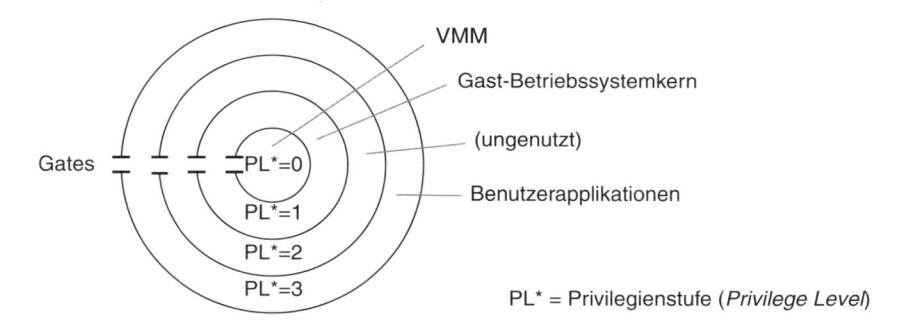

Abb. 12-3 *Privilegiensystem des Intel x86-Prozessors mit einer möglichen Nutzung der Privilegienstufen für die Paravirtualisierung*

Betrachtet man die 64-Bit-Prozessorvariante, d.h. den Intel x86-64, so lässt sich diese Idee nicht mehr direkt umsetzen, da diese CPU-Architektur nur noch den Ring 0 und 3, aber nicht 1 und 2 realisiert. Für diesen Prozessor muss daher auf die Verfahren der Software-VMM zurückgegriffen werden, um eine Paravirtualisierung zu realisieren.

Mit Unterstützung durch Hardware

Moderne CPUs enthalten eine Zusatzhardware für eine einfachere Realisierung des VMM, der dann als *Hardware-assisted VMM* bezeichnet wird. Dies trifft für viele Prozessortypen zu, auch für die x86- und x86-64-Prozessoren. Ergänzend zu den Privilegienstufen, die das Betriebssystem nutzt, steht eine nochmals höher privilegierte Hypervisor-Stufe zur Verfügung, in die bei der Ausführung kritischer Instruktionen verzweigt wird. Bei x86-Prozessoren wird diese als Root-Betriebsmodus bezeichnet.

12.3.3 VMM-Typen

Der Prozentsatz aller Maschinenbefehle, der direkt auf der CPU ausgeführt wird, stellt ein Unterscheidungsmerkmal verschiedener VMM-Typen dar. Werden alle Prozessorinstruktionen durch Software emuliert, so wird dies als *Complete Software Interpreter Machine (CSIM)* bezeichnet und entspricht der Lösung in Abschnitt 12.2.1. Diese betrachtet man meist nicht als VMM, sondern als Prozessorsimulatoren für begrenzte Anwendungszwecke. Die verbleibenden Lösungen werden in *Hybrid VM (HVM)* und *VMM* unterteilt, wobei VMM letztlich meist auch als Oberbegriff für beide Typen gilt. Eine HVM unterscheidet sich von einem VMM darin, dass alle privilegierten Instruktionen interpretiert werden müssen (*Software-only VMM*). Ein VMM kann bei einem Teil der privilegierten Maschinenbefehle darauf verzichten, da er durch Prozessorhardware unterstützt wird (*Hardware-assisted VMM*). Welcher Typ implementiert werden kann, wird durch die Möglichkeiten der Hardware vorgegeben.

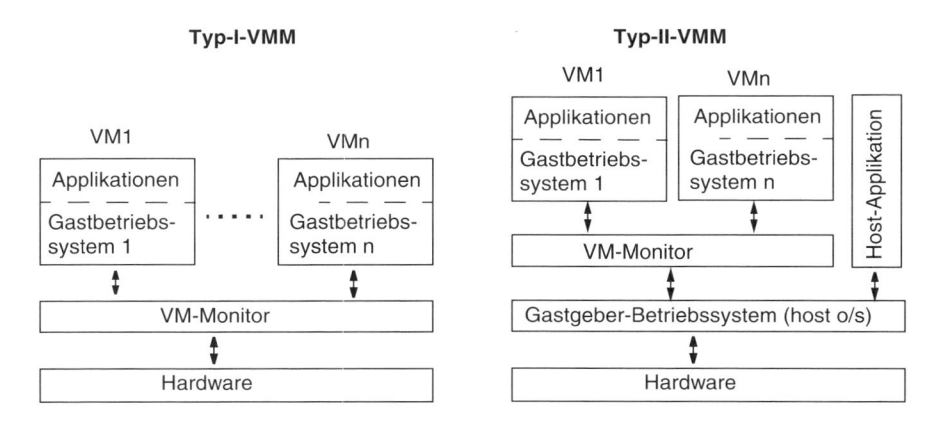

Abb. 12–4 *VMM-Realisierungen. Der VMM des Typs II wird durch einen speziellen VMM-Treiber ergänzt (nicht gezeigt), der unter dem Gastgeber-Betriebssystem installiert wird.*

Ein VMM kann auf zwei Arten realisiert werden, die als Typ-I- und Typ-II-VMM bezeichnet werden. Beim Typ I setzt der VMM direkt auf der Hardware auf und virtualisiert diese (*bare-metal*). Der VMM stellt ein eigenes Betriebssystem dar, dessen Aufgabe in der Ressourcenverwaltung und der Bereitstellung von VMs liegt. Die Ressourcenverwaltung umfasst die Aufteilung der Rechenzeit (*scheduling*) und die Zuteilung (*allocation*) von Speicher und Peripherie auf die einzelnen VMs. Beispiel eines solchen Produkts ist VMware ESX, das aber nur auf Hardware ablaufen kann, für die es eigene Treiber besitzt. Ein Typ-II-VMM läuft als eine von mehreren Applikationen (*hosted*) auf einem Gastgeber-Betriebssystem (*host operating system*). Damit er jedoch die nötigen Rechte auf der Hardware erhält, benutzt er einen speziellen VMM-Treiber, der unter dem Gastgeber-Betriebssystem installiert ist und dadurch dem Hypervisor Kernmodus-Priviliegien eröffnet. Jedes weitere Betriebssystem, das unter dem VMM läuft, wird als Gastbetriebssystem (*guest operating system*) bezeichnet. Der VMM kann auf Mechanismen des unterliegenden Gastgeber-Betriebssystems für die Ressourcenverwaltung zurückgreifen. Typ-II-Produkte sind VMware Workstation, VirtualBox und Xen. Bei Xen ist ein Linux für die Verwaltung integriert, sodass dieser VMM auch direkt auf die Hardware aufsetzen kann. Wenn die CPU jedoch keine Hardwareunterstützung anbietet, dann beherrscht Xen nur die Paravirtualisierung. Eine zwischen Typ I und Typ II anzusiedelnde Variante sind Hypervisors, die in das Betriebssystem von Haus aus bereits integriert sind. Realisiert wird dies in Linux durch die *KVM (Kernel-based Virtual Machine)* und unter Windows mit *Hyper-V*.

12.4 Einsatzgebiete

Ein VMM ermöglicht Einsatzszenarien, die oft mit anderen Technologien nur erschwert oder gar nicht realisierbar sind. Beispiele sind:

- Serverkonsolidierung
- Applikationsisolation
- Applikationsmigration
- Softwaredistribution
- Testumgebung
- Systemüberwachung
- Program Shepherding
- Cloud Computing

Sind Rechnerressourcen nur wenig genutzt, so lassen sich mittels der *Serverkonsolidierung* Hardwareaufwand und damit Kosten sparen. In Abbildung 12–5 ist gezeigt, wie zwei separate Servermaschinen durch ein gemeinsames System ersetzt werden, bei dem ein VMM den Betrieb zweier vollständig isolierter Serverapplikationen erlaubt. Durch die bessere Hardwarenutzung sinkt nicht nur der Hardwareaufwand, sondern auch die Administration wird einfacher.

Werden Rechnerplattformen als Dienstleistung angeboten, so ist eine maximale Isolation der Applikationen einzelner Kunden eine Voraussetzung für den problemlosen Betrieb. Zudem ist eine solche Isolation in vielen weiteren Anwendungsbereichen ebenfalls erwünscht. Das Einsatzszenario ist mit der Serverkonsolidierung vergleichbar (siehe Abb. 12–5).

```
        VM1                VM2                      VM1                VM2
  ┌──────────────┐  ┌──────────────┐         ┌──────────────┐  ┌──────────────┐
  │ Applikationen│  │ Applikationen│         │ Applikationen│  │ Applikationen│
  ├──────────────┤  ├──────────────┤         ├──────────────┤  ├──────────────┤
  │ Gastbetriebs-│  │ Gastbetriebs-│  ──▶    │ Gastbetriebs-│  │ Gastbetriebs-│
  │ system 1     │  │ system 2     │         │ system 1     │  │ system 2     │
  └──────────────┘  └──────────────┘         └──────────────┘  └──────────────┘
  ┌──────────────┐  ┌──────────────┐         ┌─────────────────────────────────┐
  │  Hardware 1  │  │  Hardware 2  │         │   Virtual Machine Monitor (VMM) │
  └──────────────┘  └──────────────┘         └─────────────────────────────────┘
                                             ┌─────────────────────────────────┐
                                             │            Hardware             │
                                             └─────────────────────────────────┘
```

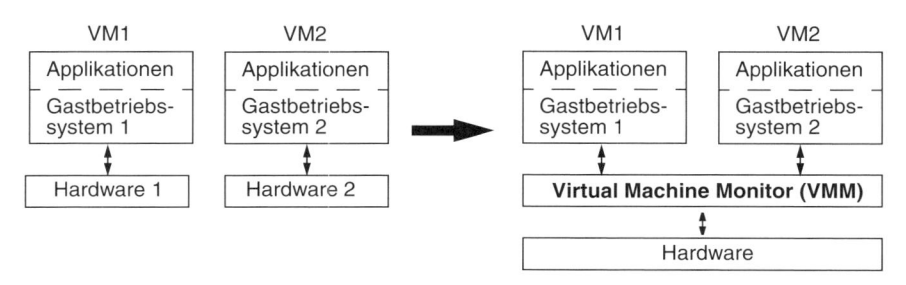

Abb. 12-5 *VMM-Einsatzszenario Serverkonsolidierung bzw. Applikationsisolation (Beispiel)*

Die Nutzen sind eine verbesserte Betriebsstabilität, die mögliche Realisierung unterschiedlich sicherer Applikationsumgebungen sowie unterschiedlicher Betriebssysteme auf derselben Hardware. Ein anderes Szenario ist die *Applikationsmigration*, bei der eine Applikation mitsamt ihrer Laufzeitumgebung von Rechner 1 auf Rechner 2 migriert wird (siehe Abb. 12–6). Moderne Lösungen unterstützen diese Fähigkeit im laufenden Betrieb (*live-migration*). Die Nutzen sind eine einfache Replizierung im Stil eines *fail-over*, eine mögliche Skalierung der eingesetzten Rechnerhardware (*down-/up-scaling*) oder auch die Multiplizierung, wenn als Resulat dieselbe Ablaufumgebung zweimal vorliegt.

```
        VM                                                      VM                VM
  ┌──────────────┐                                       ┌──────────────┐  ┌──────────────┐
  │ Applikationen│                                       │ Applikationen│  │ Applikationen│
  ├──────────────┤                                       ├──────────────┤  ├──────────────┤
  │ Gastbetriebs-│                                       │ Gastbetriebs-│  │ Gastbetriebs-│
  │ system       │                                       │ system       │  │ system       │
  └──────────────┘                                       └──────────────┘  └──────────────┘
  ┌──────────────┐  ┌──────────────┐        ──▶          ┌──────────────┐  ┌──────────────┐
  │     VMM      │  │     VMM      │                     │     VMM      │  │     VMM      │
  └──────────────┘  └──────────────┘                     └──────────────┘  └──────────────┘
  ┌──────────────┐  ┌──────────────┐                     ┌──────────────┐  ┌──────────────┐
  │  Hardware 1  │  │  Hardware 2  │                     │  Hardware 1  │  │  Hardware 2  │
  └──────────────┘  └──────────────┘                     └──────────────┘  └──────────────┘
```

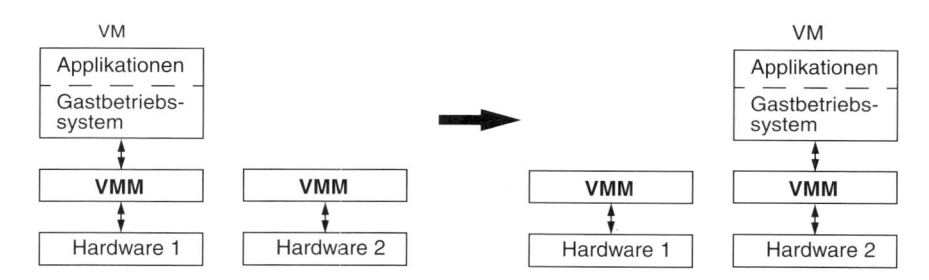

Abb. 12-6 *VMM-Einsatzszenario Applikationsmigration*

Im Informatikbetrieb kann die Softwaredistribution durch den Einsatz einer VMM-Lösung vereinfacht werden. Auf einem Mastersystem werden das Betriebssystem und alle Applikationen installiert, konfiguriert und getestet (siehe Abb. 12-7). Anschließend wird das virtuelle Abbild der Masterinstallation auf alle Clientmaschinen verteilt. Damit wird der Supportaufwand reduziert und beim Einsatz mehrerer VM auf dem Clientrechner können zudem unterschiedliche Desktop-Arbeitsumgebungen gepflegt werden.

Auch für die Softwareentwicklung kann der VMM-Einsatz nützlich sein. Da sich die Entwicklungs- und Testumgebung auf demselben Rechner ausführen lassen (siehe Abb. 12-8), können Hardware und Kosten gespart werden. Häufig wird damit auch die Handhabung vereinfacht.

12.4 Einsatzgebiete

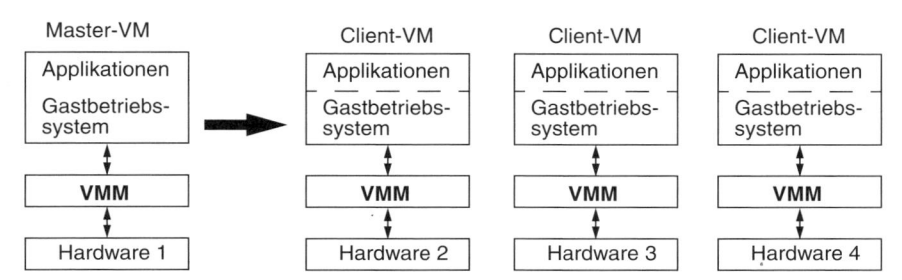

Abb. 12-7 *VMM-Einsatzszenario Softwaredistribution (Beispiel)*

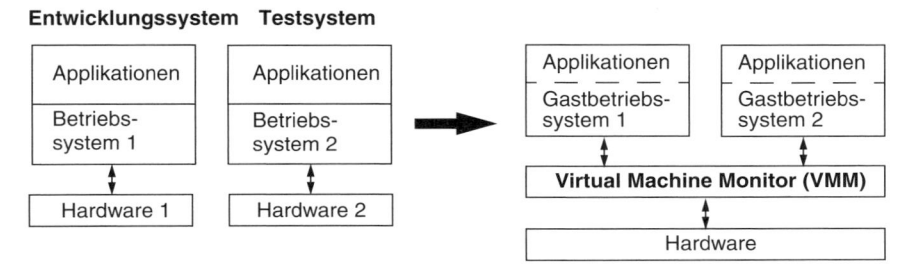

Abb. 12-8 *VMM-Einsatzszenario Testumgebung (Beispiel)*

Der Zugang auf das Firmennetz über private PCs kann Sicherheitsprobleme aufwerfen. So könnten auf diesem Weg infizierte Dateien vom Internet in das Firmennetz gelangen. Indem für den Firmenzugang eine separate VM eingesetzt wird, kann der Netzzugriff eingeschränkt werden, ohne dass der Nutzer für seine privaten Applikationen irgendwelche Einschränkungen erfährt (siehe Abb. 12–9).

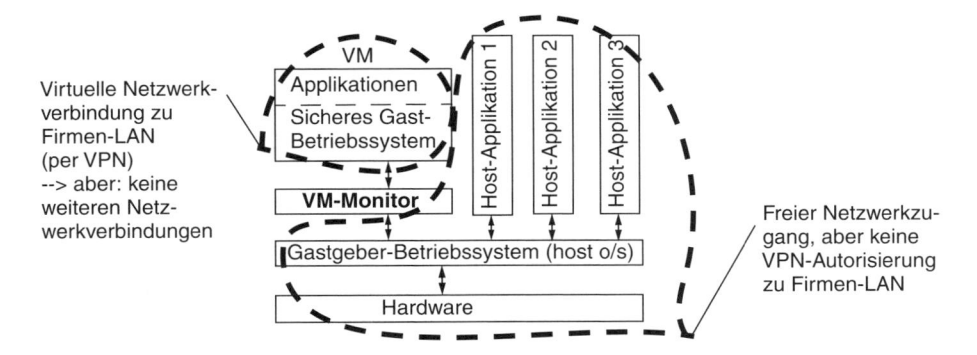

Abb. 12-9 *VMM-Einsatzszenario gesicherter Firmenzugang (Beispiel)*

Weitere Einsatzszenarien sind:

- Systemüberwachung: Beispielsweise durch ein *Intrusion and Prevention Detection System (IPS)*, das in einer separaten VM abläuft.
- *Überprüfen unsicheren Codes*: Verdächtiger Code wird in einer VM zur Beobachtung ausgeführt, was auf einem produktiven System ein zu großes Risiko wäre. Dies wird auch als *Program Shepherding* bezeichnet und kann verschiedene Analysen beinhalten, wie beispielsweise auf sichere Sprungziele bzw. auf vertrauenswürdige Quellen von Programmsprüngen.
- *Cloud Computing*: Der VMM ist eine der Technologien, auf denen Cloud Computing aufbaut. Daher können VMM-Produkte ein Bestandteil eines Cloud-Computing-Angebots sein. Insgesamt können Clouds jedoch sehr verschiedenartig aufgebaut sein, weswegen wir hier für Details auf die spezialisierte Literatur verweisen.

13 Mobile Betriebssysteme

> **Lernziele**
>
> - Sie erläutern sieben Anforderungen an Mobilbetriebssysteme.
> - Sie unterscheiden vier Mobilbetriebssysteme und charakterisieren sie.
> - Sie vergleichen die Architekturen von vier Mobilbetriebssystemen und diskutieren die Unterschiede.
> - Sie erklären das Lebeszyklusmodell von Android-Apps.
> - Sie beschreiben den Nachrichtenmechanismus des Android.
> - Sie analysieren die Architekturumsetzung des Firefox OS.

Kleincomputer, wie Smartphones und Tablets, erweitern die klassische Rechnerwelt um Geräte, die primär auf der Touch-Bedienung beruhen und vorzugsweise unterwegs genutzt werden. Durch die weltweite, umfassende Verbreitung stellen Smartphones heute die häufigste Plattform für Betriebssysteme dar, die ursprünglich nur auf stationären Rechnern, wie Workstations und Desktops, Verbreitung fanden. Mobile Betriebssysteme (*mobile operating systems*) besitzen einerseits große Ähnlichkeiten mit Workstation-Systemen, wurden jedoch anderseits ihren Plattformen angepasst, was sie zu einer eigenen Kategorie von Betriebssystemen macht.

13.1 Gemeinsame Eigenschaften

13.1.1 Anforderungen durch die Plattform

Mobile Betriebssysteme müssen Anforderungen gerecht werden, die bei stationären Rechnern nicht existieren oder eine nur marginale Bedeutung besitzen. Es sind Lösungen gefragt für folgende plattformspezifische Probleme:

- *Beschränkte Displaygröße*: Klassische grafische Desktops sind weniger geeignet und werden durch plattformspezifische Bedienoberflächen ersetzt.

- *Fehlende physische Tastatur*: Dies wird durch eine Bildschirmtastatur mit Touch-Bedienung substituiert. Eine Alternative stellen Stiftbedienungen dar.
- *Plattformspezifische Peripherie*: Es werden GPS, Mobiltelefonieteil, Kamera, usw. unterstützt, die auf Workstations nur beschränkt Sinn machen.
- *Limitierte Stromversorgung (Akku)*: Die Lebensdauer einer Akkuladung kann kaufentscheidend sein. Eine Energiebedarfsoptimierung ist daher zwingend nötig. Dies betrifft vor allem die CPU, die jeweils nur für sehr kurze Zeit mit voller Taktfrequenz laufen darf.
- *AppStore, MusicStore*: Diese spielen eine zentrale Rolle für die Applikationsinstallation und den Bezug von MP3-Dateien.
- *Datenschutz*: Smartphones speichern sehr persönliche Daten und Bilder. Ein *Sandboxing* soll Sicherheitsgefährdungen reduzieren. Aber falls eine App infolgedessen zu langsam ist, ermöglicht meist ein *Native Interface* direkten Plattformzugriff.
- *Schneller Applikationsstart bzw. Reaktionszeit*: Zum Beispiel sollen Telefonate schnell gestartet bzw. entgegengenommen werden können.

Obwohl Unterschiede existieren, kann keine eindeutige Abgrenzung zu Desktop-Systemen gezogen werden. Eine Tendenz besteht darin, dass Apps zunehmend auf allen Plattformen, vom Kleingerät bis zur Workstation, ablauffähig sind. Damit stellt sich die Frage, ob dasselbe Betriebssystem auf allen Plattformen eingesetzt werden soll. Die Hersteller haben verschiedene Antworten auf diese Frage gefunden, die in nachfolgenden Abschnitten vorgestellt werden.

13.1.2 Middleware als Betriebssystem

Einige der nachfolgend vorgestellten Betriebssysteme realisieren Anwendungsprogrammierumgebungen, die neuartig sind, obwohl der benutzte Systemkern altbekannt ist. Das Baumuster besteht darin, eine Middleware auf einen bewährten Systemkern aufzusetzen und die Schnittstelle für Anwendungen so zu gestalten, dass sie nur begrenzt Durchgriffe auf den Systemkern erlaubt. Dies entspricht dem Programmiermodell (A) in Abbildung 13–1, bei dem die Anwendungsentwicklung sozusagen in einem *goldenen Käfig* stattfindet. Da Mobilplattformen eine neuartige Rechnerumgebung darstellen, war die Rückwärtskompatibilität kein zwingendes Kriterium bei der Gestaltung der Anwendungsprogrammierschnittstelle. Diese Lösung bietet mehrere Vorteile, die eine einfachere und sicherere Anwendungsentwicklung unterstützen:

- Potenziell unsichere Eigenschaften des Systemkerns lassen sich vor dem Anwendungsentwickler verstecken, ohne dass auf die Benutzung bewährter Systemkerne verzichtet werden muss.
- Für die Plattform optimierte Systemfunktionen sind einfach ergänzbar.

13.1 Gemeinsame Eigenschaften

- Eine vom Abstraktionsgrad einheitliche Programmierschnittstelle wird ermöglicht.
- Die Rechte des Administrators werden so gekapselt, dass der Anwender sie nur noch indirekt, z.B. bei der weitgehend automatisierten Applikationsinstallation, erhält.

Ein typisches Beispiel für das Baumuster (A) stellt Google Android (siehe Abschnitt 13.2) dar, dessen Innovation nicht im Systemkern, sondern in der aufgesetzten Middleware steckt. Android versteht sich als eigenständiges Betriebssystem, das letztlich aber eine neuartige Variante eines Unix-artigen Systems darstellt. Ein bemerkenswerter Unterschied zu Unix-Systemen ist die abweichende Verwendung der Benutzerkennung (User-Id): Jede Applikation läuft unter ihrer eigenen User-Id, womit die Dateien der einzelnen Apps voneinander automatisch stark isoliert werden. Eine ähnlich kreative Verwendung findet auch die Gruppenkennung (Group-Id), da sie spezielle Zugriffsrechte, z.B. den Zugriff auf SD-Speicherkarten, regelt. Mehrere tatsächliche Benutzerkontos werden infolge dieser Zweckentfremdung nicht unterstützt, es handelt sich also um ein Single-User-System.

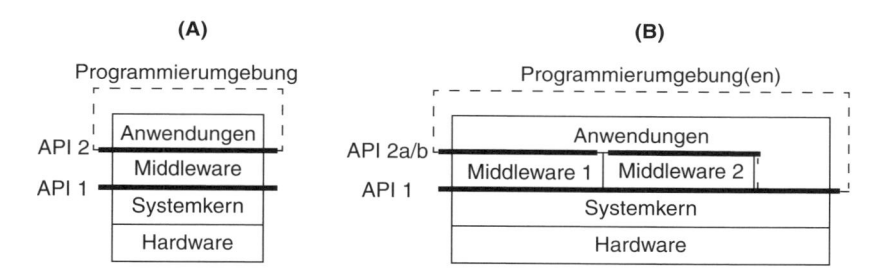

Abb. 13–1 *Programmiermodelle mit exklusiver (A) bzw. komplementärer Middleware (B). Bei A steht eine einzige, bei B stehen jedoch mehrere Anwendungsprogrammierschnittstellen zur Verfügung.*

Ein Beispiel für das Programmiermodell (B) in Abbildung 13–1 ist ein Linux für Desktop-Systeme, auf dem der Gnome- und der KDE-Desktop aufsetzen, also zwei alternative Middleware-Frameworks, die je eine grafische Bedienoberfläche mit eigenem Programmiermodell realisieren. Was unter Android der auf *Intents* basierende Nachrichtenmechanismus darstellt, ist unter KDE mit *CORBA (Common Object Request Broker Architecture)* bzw. unter Gnome mit *DCOP (Desktop Communication Protocol)* realisiert. Im Gegensatz zu Android kann auf einem klassischen Linux-System jedoch stets direkt auf die potenziell unsichere Linux-Systemprogrammierschnittstelle zugegriffen werden.

Ebenfalls nach Baumuster (A) ist das Firefox OS konstruiert, indem es die Middleware-Technologie des Mozilla Webbrowsers in eine komplette Programmierumgebung für ein Mobilsystem umgestaltet (siehe Abschnitt 13.5). Einer etwas anderen Entwicklungslinie folgen Apple iOS (siehe Abschnitt 13.3) und Microsoft Windows Phone 8 (siehe Abschnitt 13.4): Beide benutzen den Systemkern sowie mehrheitlich die Middleware-Technologien der Desktop-Plattformen, die sie für die Mobilplattformen adaptieren, womit diese Mobilbetriebssysteme Varianten der entsprechenden Desktop-Betriebssysteme darstellen. Die Unterschiede betreffen primär die neuartige Bedienmöglichkeit der Touch-Bildschirme sowie der Umgang mit der limitierten Bildschirmfläche. Eine weitgehende Vereinheitlichung der Programmierumgebung zwischen der Desktop- und der Mobilrechner-Welt bietet den Vorteil, dass Anwendungen sich so entwickeln lassen, dass sie auf beiden Plattformen lauffähig sind, was Zeit und Kosten spart. Allerdings sollten dabei die unterschiedlichen Bedienweisen angemessen berücksichtigt werden, damit derart gebaute Anwendungen die Akzeptanz der Benutzer finden.

13.2 Google Android

13.2.1 Überblick

Android realisiert eine Betriebsumgebung zur parallelen Ausführung mehrerer Java-Applikationen auf mobilen Geräten. Dazu wird eine speziell angepasste Java Virtual Machine (JVM) benutzt, die sich *Dalvik* nennt. Weiterentwickelt für Version 5 wird diese JVM neu als *Android Runtime (ART)* bezeichnet. Als Systemkern kommt ein Linux-Kernel zum Einsatz, auf dem pro laufende Applikation je eine eigene Dalvik- bzw. ART-Instanz aufsetzt. Von Java-Programmen aus kann in begrenztem Umfang die Gerätehardware angesprochen werden. Zur vollumfänglichen Nutzung der Hardware besteht die Möglichkeit, sogenannte *Native Code Libraries* von Java-Programmen aus zu laden und über die JNI (Java Native Interface) zu nutzen. Auf diese Weise lassen sich Zugriffsroutinen in C/C++ oder einer anderen Sprache programmieren, die direkt auf die Linux API zugreifen. Android stellt eine reiche Sammlung von Programmbibliotheken zur Verfügung, die nicht nur alle bekannten Mobil- und Wireless-Protokolle beherrscht, sondern auch mit *SQLite* eine einfache Datenbank implementiert. Die grafische Oberfläche unterstützt 2D/3D-Grafik und bietet Multitouch-Support. Als Webbrowser wird das *WebKit Framework* genutzt.

Für die Applikationsentwicklung wird bevorzugt Eclipse mit dem Plug-in *ADT (Android Development Tools)* eingesetzt. Dieses Plug-in erlaubt auch das Austesten von Programmen auf einer Zielhardware, die mittels des *DDMS (Dalvik Debug Monitor Server)* über eine Socket-Verbindung das Setzen von Haltepunkten direkt in der IDE ermöglicht. Daneben können auch Android-Applikationen mithilfe eines Emulators direkt auf dem PC getestet werden. Aus Entwicklersicht besticht das Konzept zur Komponentenwiederverwendung (Code Reuse), das jeder Softwarekomponente das Publizieren ihrer Fähigkeiten erlaubt, die dann von anderen Komponenten genutzt werden können. Nachteilig ist hingegen, dass Android etablierte Standards wenig beachtet, so werden beispielsweise nicht standardkonforme C- und Java-Bibliotheken bereitgestellt und die grafische Oberfläche setzt auch nicht auf einem standardkonformen X-Window-System auf. Android stellt grundsätzlich offene Software dar, die von der *Open Handset Alliance* getragen wird. Oft enthalten aber Android-basierte Geräte proprietäre Software, beispielsweise von der Firma Google.

13.2.2 Architektur

Android ist in fünf Hauptschichten aufgeteilt (siehe Abb. 13–2). In der *Anwendungsschicht* sind eine Grundausstattung häufiger Dienste und Apps von Drittanbietern zu finden. Jede App startet als unabhängiger Prozess und nutzt ihre private JVM. Ein App-Prozess terminiert nicht, wenn eine andere App aufgerufen wird. Jedoch kann das System eine App beenden. Eine App wird in Java programmiert und setzt auf der Programmierschnittstelle des *Application Framework* auf, das komponentenbasiert sowohl die grafische Bedienoberfläche als auch Möglichkeiten zur persistenten Datenspeicherung implementiert. Den Zugriff auf die nächsttiefere Schicht, d.h. die C/C++-Programmbibliotheken für verschiedene Zwecke, erfolgt via JNI. Das Laufzeitsystem besteht aus einer Sammlung von Java-Programmbibliotheken und der Dalvik Virtual Machine. Diese JVM unterstützt zwar den Standard Java SDK (Software Development Kit), benutzt jedoch eine Register- anstatt einer Stack-Maschine als Prozessorarchitektur zur Effizienzsteigerung. Der Linux Kernel stellt das Bindeglied zur unterliegenden Hardware dar, z.B. mittels passender Treiber. Er unterscheidet sich von einem Standard-Kernel hauptsächlich durch seine Erweiterungen für das Power Management, den Binder für die Interprozesskommunikation und die Debug-Mechanismen.

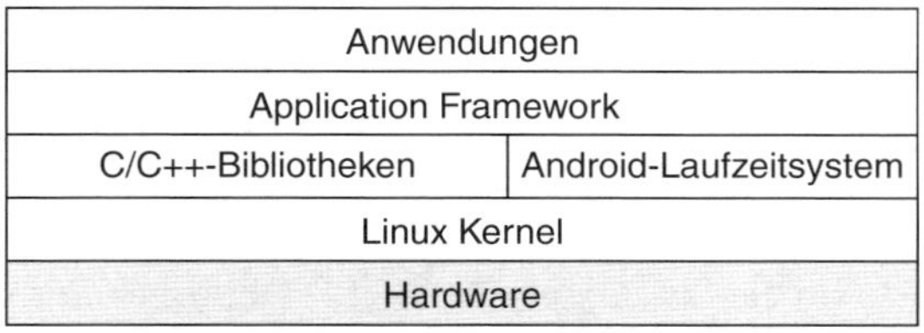

Anwendungen	
Application Framework	
C/C++-Bibliotheken	Android-Laufzeitsystem
Linux Kernel	
Hardware	

Abb. 13–2 *Architektur des Android-Betriebssystems*

13.2.3 System- und Applikationsstart

Der *Bootloader* lädt entweder die Wiederherstellungsumgebung (*Recovery*) oder die Standardumgebung. Erstere stellt eine von der Standardumgebung unabhängige Android-Installation in minimaler Form für Softwareaktualisierungen, das Löschen sämtlicher Benutzerdaten und zum Starten spezieller externer Programme dar. Im Standardablauf wird zuerst der *Init-Prozess* gestartet, der Hintergrundaktivitäten in Gang setzt (*daemons*) und auch den *Zygote-Prozess*, der sich mehrfach vergabelt (*forking*), um die Dienste des *Application Framework* und diverse Apps zu starten. Als Resultat erscheint der Startbildschirm (*home screen*) und die Telefoniedienste z.B. stehen bereit.

Prozesse zur Ausführung von Android-Anwendungen werden nach Bedarf gestartet, z.B. vom Benutzer, vom System oder durch andere Anwendungen. Ein Startereignis (z.B. ein Klick) führt zum Versenden einer Anforderung (*Intent*) für das Starten einer *Activity*. Eine *Activity* ist unter Android eine Applikationskomponente, die eine bestimmte Aktion ausführen kann, die sie dem Anwender über einen GUI-Dialog anbietet. Auf den *startActivity*-Intent reagiert der *Activity Manager Service (AMS)*, indem er über eine Socket-Verbindung beim Zygote-Prozess die Erzeugung eines Anwenderprozesses beantragt, sofern noch keiner für die gewünschte App existiert. Der Zygote-Prozess erzeugt darauf einen Kindprozess, der sogleich in seine Meldungsverarbeitungsschleife (*looper*) einsteigt. In einem nächsten Schritt wird die App an den neuen Prozess gebunden, wobei ihr Code in den Speicher geladen wird. Zuletzt wird die *onCreate()*-Methode der neuen App aufgerufen, womit ihr Hauptdialog (*launcher/main activity*) auf dem Display erscheint.

13.2.4 Lebenszyklus von Applikationen

Eine Applikation kann mehrere Activities enthalten, wobei jede einen individuellen Lebenszyklus und ein eigenes Dialogfenster besitzt. Wird eine App das erste Mal gestartet, so erscheint stets der Dialog der *Main*- bzw. *Launcher-Activity* als Folge des Aufrufs von *onCreate()*, womit die Activity sich im Zustand *Created* befindet (siehe Abb. 13–3). Dies ist jedoch ein transienter Zustand, den die App durch Aufruf von *onStart()* schnell verlässt und damit in den ebenso transienten Zustand *Started* wechselt. Damit ist der Hauptdialog der App auf dem Display sichtbar und der Aufruf von *onResume()* führt sogleich in den Zustand *Resumed*, in dem die Activity verbleibt, solange sich ihr Dialogfenster im Vordergrund befindet. Ein Wechsel in den Zustand *Paused* findet statt, wenn das Dialogfenster teilweise durch das Fenster einer anderen Activity verdeckt wird, wobei es keine Benutzereingaben mehr erhält. Wird das Dialogfenster der Activity vollständig verdeckt, so wechselt sie in den Zustand *Stopped* und befindet sich im Hintergrund. In diesem Zustand besitzt die Activity immer noch alle während ihres

13.2 Google Android

Ablaufs gesammelten Daten, ohne sie explizit persistent abzuspeichern, kann aber keinen Code ausführen. Zu beachten ist, dass das System den Prozess der Activity terminieren kann, um Ressourcen für andere Zwecke freizumachen. Dies gilt jedoch nur für die Zustände *Paused* und *Stopped*. Da bei dieser zwangsweisen Terminierung weder die Methode *onStop()* noch *onDestroy()* sicher aufgerufen werden, können temporäre Daten der Activity verloren gehen. Der Anwendungsentwickler kann dies vermeiden, wenn er in seiner Implementierung von *onPause()* die temporären Daten seiner Activity stets persistent speichert. Nun ist auch klar, wozu der Übergang mittels *onRestart()* dient: Durch ihn wird die App für den Anwender in den genau gleichen Zustand zurückversetzt, mit dem sie in den Hintergrund verschwunden war, d.h., die Resultate vormals getätigter Benutzerinteraktionen sind nicht verloren, womit vor dem Anwender versteckt wird, dass die Activity womöglich zwischenzeitlich terminiert war.

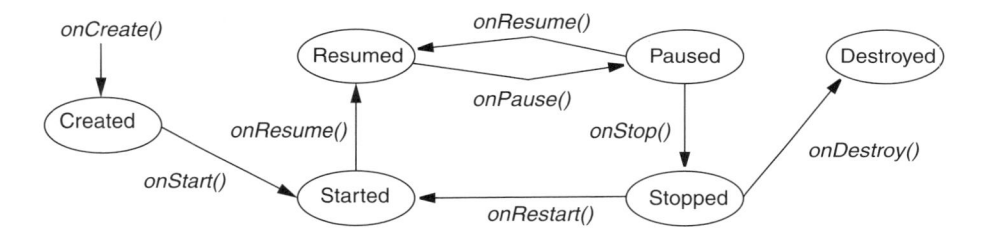

Abb. 13–3 *Lebenszyklus-Zustandsmodell von Activities*

13.2.5 Nachrichtensystem

Damit eine Activity eine zweite, fremde Activity starten kann, wird ein prozessübergreifender Nachrichtenmechanismus benötigt. Dieser ist mit den sogenannten impliziten *Intents* realisiert, die unidirektionale Nachrichten darstellen. Daneben existieren explizite Intents, die eine prozessinterne Kommunikation unterstützen. Ein impliziter Intent beschreibt eine gewünschte Aktion und wird von einem Prozess an das System verschickt.

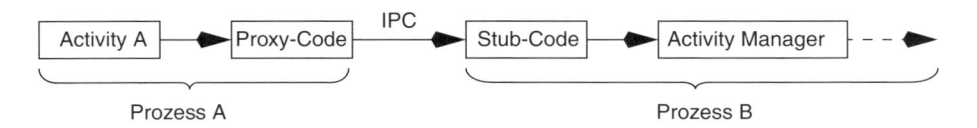

Abb. 13–4 *Intent-Übertragung mittels Interprozesskommunikation (IPC)*

Das System prüft, welche Empfängerkomponente(n) die beschriebene Aktion in ihrer Manifest-Datei vermerkt haben, und benachrichtigt diese. Dies wird vom *Binder Driver* implementiert, der Daten vom Adressraum des Senders zum Empfänger mit den Funktionen der Linux-Treiberschnittstelle umkopiert (*copy_to_user()*, *copy_from_user()*). An dem Benachrichtigungsvorgang ist *Proxy-Code* in Prozess A beteiligt, der die Nachrichteninhalte serialisiert (*Marshalling*) und über die JNI an die C++-Binder-Middleware übergibt (siehe Abb. 13–4). Diese überträgt die Nachricht mittels des Binder Driver an Stub-Code in Prozess B, der in den *Activity Manager* führt, wodurch die gewünschte Aktion in B ausgelöst wird.

13.3 Apple iOS

Das iOS ist ein mobiles Betriebssystem, das verschiedenartige Kleingeräte unterstützt. Dies beinhaltet Apples Smartphone (iPhone), die Apple iPad-Gerätefamilie, den Apple iPod und Apple TV (ab 2. Generation). Das iOS stellt eine an Mobilgeräte angepasste Variante des Mac OS X dar mit entsprechend eigenständiger Bedienoberfläche. Das Mac OS X nutzt den Darwin-Unix-Kern, ergänzt um proprietäre Systemteile, die das Apple-spezifische *Look-and-Feel* dieses Betriebssystems prägen. Das iOS erlaubt den Anwendungsprogrammen keinen direkten Zugriff auf das Dateisystem, sondern diese werden in einer Sandbox ausgeführt. Ebenso ist dem Anwender keine Kommandozeile zugänglich, außer er durchbricht die Systemsicherheit mittels eines *Jailbreak*, womit er Vollzugriff auf das Dateisystem und die Kommandozeile gewinnt, wie man sie von Unix-Systemen ansonsten gewohnt ist. Als Dateisystem kommt HFSX zum Einsatz, eine Variante des HFS+-Dateisystems des Mac OS X. Es werden zwei Partitionen verwendet, nämlich die nur lesbare Systempartition mit dem Root-Verzeichnis und die Datenpartition mit allen Medien und Anwendungsdaten.

Anwendungen
Cocoa Touch Framework
Media Framework
Core Services
Core OS
Hardware

Abb. 13–5 *Architektur des iOS*

Die Architektur gliedert sich in fünf hauptsächliche Schichten (siehe Abb. 13–5) mit den Anwendungen zuoberst und der Hardware zuunterst. Auf der Hardware setzt der Systemkern (*Core OS*) auf, der um wichtige Systemdienste (*Core Services*) erweitert wird. Darüber liegen die durch je eigene Frameworks realisierten *Media*- und *Cocoa Touch*-Schichten. Apple empfiehlt für die Anwendungsentwicklung die möglichst ausschließliche Benutzung der höherschichtigen Frameworks mit ihren objektorientierten Konzepten anstelle beispielsweise der elementaren Socket- und Multithreading-Schnittstellen. Bei Bedarf, d.h., wenn entsprechende Fähigkeiten in einem Framework fehlen, kann jedoch auf Funktionen tieferer Schichten zurückgegriffen werden. Für die Entwicklung von iOS-Apps steht die integrierte *XCode*-Entwicklungsumgebung zur Verfügung, mit der Programme in den Sprachen *Objective-C* und *C/C++* entwickelt und in einem *iOS-Simulator* getestet werden können. Neu hat Apple die Programmiersprache *Swift* vorgestellt, mit der sich Applikationen auf Cocoa Touch besonders einfach erstellen lassen sollen. Apps für iOS, die auf der *Cocoa Touch Middleware* aufsetzen, lassen sich mit beschränktem Aufwand auf Mac OS X portieren, sofern sie konsequent die Klassen der *Core* und *Foundation Frameworks* nutzen und dem *MVC-(Model-View-Controller-)*Entwurfsmuster folgen. Größere Unterschiede bestehen aber bei der Benutzerschnittstelle, die bei iOS auf dem *AppKit*, bei Mac OS X jedoch auf dem *UIKit* basieren. Zudem ist zu beachten, dass auf dem iOS kein direkter Zugriff auf das Dateisystem möglich ist, dies hingegen auf dem Desktop-System ein Teil der Bedienphilosophie sein kann. Zurzeit kann man daher nicht von einem plattformübergreifenden einheitlichen Programmiermodell sprechen.

13.4 Microsoft Windows Phone 8

Frühere Versionen des Mobiltelefonie-Betriebssystems von Microsoft nutzten den eigenständigen Windows CE-Systemkern, da es zum damaligen Entwicklungszeitpunkt aufgrund der sehr beschränkten Rechnerressourcen nicht möglich war, den Windows NT-Kern auf Kleinplattformen zu portieren. Dies hat sich mit der Version 8 jedoch geändert, die auf demselben Systemkern aufsetzt, den die Windows Desktop- und Serversysteme nutzen. Diesem Wechsel ist die Einführung von Windows 8 mit seiner neuartigen Kacheloberfläche (*Modern UI*) vorausgegangen, die viele Eigenschaften der Mobiltelefonbedienung in die Desktop-Welt einführte. Die Architektur des Windows Phone 8 (WP8) umfasst fünf Schichten (siehe Abb. 13–6).

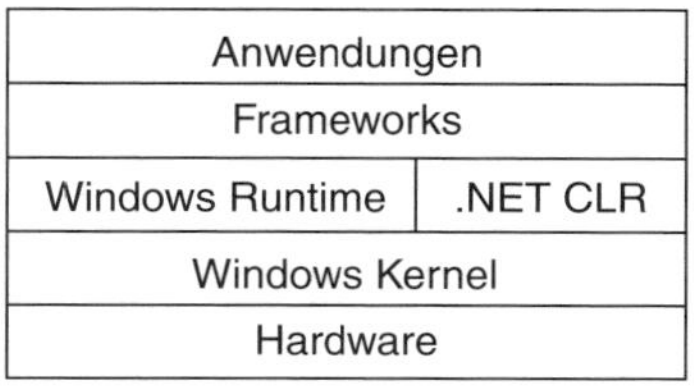

Anwendungen	
Frameworks	
Windows Runtime	.NET CLR
Windows Kernel	
Hardware	

Abb. 13–6 *Architektur des Windows Phone 8*

Auf der *Hardware* setzt der *Windows Kernel* auf, der die Basis sowohl für die *Windows Runtime* als auch die *.NET Common Language Runtime (CLR)* darstellt. Die Windows Runtime fasst eine Menge nützlicher COM-(*Component-Object-Model-*)Komponenten zusammen, die Funktionen der Windows Core API kapseln. Diese COM-Komponenten sind durch entsprechende Schnittstellen den Programmiersprachen C#, Visual Basic .NET, C++ und JavaScript zugänglich. Diese Architektur gilt auch für Windows 8, wobei aber die telefoniespezifischen Funktionen des *Namespace Microsoft.Phone* nur auf dem WP8 verfügbar sind. Windows unterstützt zwei Applikationsarten: die *Desktop Apps* und die *Windows Store Apps*. Nur die zweite dieser Applikationsarten eignet sich für die Mobilplattform, wobei jedoch solche Applikationen auch auf dem Desktop-System ausführbar sind. Die Windows Store Apps laufen in einer *Sandbox* zur Erhöhung der Sicherheit. Dazu erhält jede Store App eine eigene Instanz der .NET CLR und kann nur eine Untermenge der Schnittstelle der Windows Runtime benutzen. Ausgenommen davon sind Apps in JavaScript, die direkt Aufrufe in die Windows Runtime ausführen.

13.5 Mozilla Firefox OS

Die Entwicklung dieses Betriebssystems startete unter dem Namen *Boot-to-Gecko (B2G)*, womit beschrieben wird, um was es geht: direkt die *Rendering Engine Gecko* der *Mozilla Foundation* zu starten, um eine Plattform zur Ausführung von Webapplikationen zu erhalten. Im Juli 2012 tauften die Verantwortlichen das Projekt in das prestigeträchtigere *Firefox OS* um. Die Architektur umfasst vier Schichten (siehe Abb. 13–7).

	Gaia	Hosted Apps	Packed Apps	**Gaia Layer**
Web API	Rendering Engine		Web API Support	**Gecko Layer**
User Space HAL	Linux Kernel & Driver		OSS Libraries	**Gonk Layer**
	Hardware			

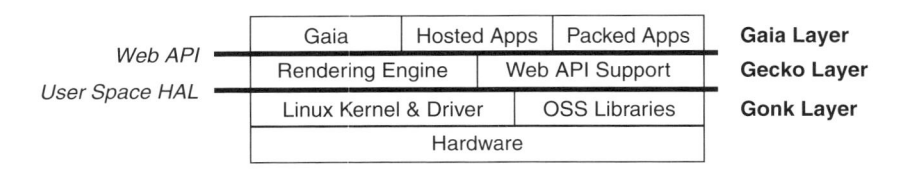

Abb. 13–7 *Architektur des Firefox OS*

Direkt auf der Hardware setzt der *Linux Kernel* auf, der mit *Open Source Software (OSS) Libraries* um zusätzliche Funktionalität angereichert wird. Diese Schicht realisiert die *Userspace HAL* gegenüber den höheren Schichten und wird als *Gonk Layer* bezeichnet. Die nächsthöhere Schicht, *Gecko Layer* genannt, enthält die *Gecko Rendering Engine* und die Unterstützung zur Realisierung weiterer Funktionen in der Komponente *Web API Support*. Darüber können im *Gaia Layer* Webapplikationen unter Nutzung der *Web API* ausgeführt werden. Die Komponente *Gaia* implementiert die Bedienoberfläche mittels JavaScript,

13.5 Mozilla Firefox OS

HTML5 und CSS. Für die Anwendungsebene bietet der Gecko Layer die Web API an. Sie stellt eine zentrale Schnittstelle dar, da sie definiert, welche Gerätefunktionen die Apps benutzen dürfen. Neben den grundlegenden Rendering-Funktionen von HTML5 gehören dazu spezielle Schnittstellen für typische Smartphone-Funktionen wie Telefonie, SMS/MMS, GPS, Kamera, Vibration, WLAN- und Mobilnetzinformationen. Im Mittelpunkt steht der *b2g-Prozess* (siehe Abb. 13–8), in dem die Gecko Rendering Engine läuft und die Zugriffsrechte auf große Teile der Hardware besitzt – sozusagen das Herz des Firefox OS.

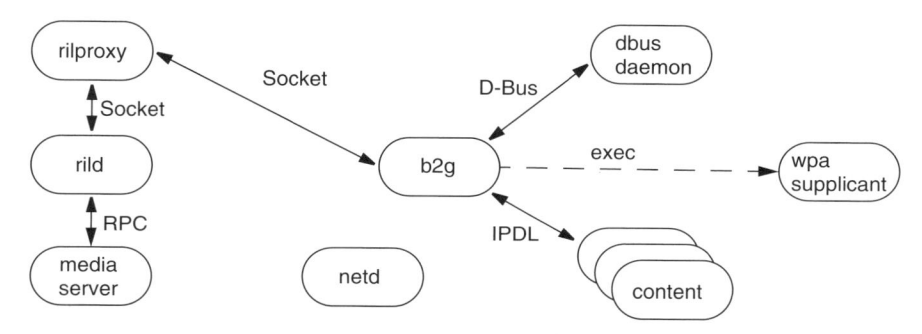

Abb. 13–8 *Systemprozesse der Gecko-Schicht*

Für das Ausführen von Webapplikationen verwendet das System eine Sandbox, in der jede App ihre eigene Ablaufumgebung besitzt. Dazu startet der b2g-Prozess pro App einen eigenen *Content-Kindprozess*, mit dem er über die IPDL-Schnittstelle kommuniziert, die einen Messaging-Mechanismus zur *Inter Process Communication (IPC)* bereitstellt. IPDL steht für *IPC Protocol Definition Language*, eine Beschreibungssprache für den Nachrichtenaustausch zwischen Prozessen. Damit kann der Programmierer konkrete Spezifikationen erstellen und sie mit dem IPDL-Compiler in Code-Skelette übersetzen. Die in Content-Prozesse ausgelagerten Applikationen können Gerätefunktionen über den b2g-Prozess aktivieren, wobei der b2g-Prozess jeden Zugriff auf seine Berechtigung hin kontrolliert. Zusätzlich laufen noch weitere Systemprozesse im Hintergrund als Daemons ab. Das trifft auf den *Radio Interface Layer Daemon (RILD)* zu, der das Modem des Smartphones kontrolliert. Der b2g-Prozess kommuniziert nicht direkt mit ihm, sondern nutzt dazu den Prozess *rilproxy*, den er über eine Socket-Verbindung anspricht. Es handelt sich um einen Vermittler, der kaum mehr erledigt, als Nachrichten weiterzuleiten. Er ist laut Mozilla aus technischen Gründen erforderlich, die in den Codedetails versteckt sind. Ton, Bild und Film gibt der Mediaserver-Prozess wieder. Er kommuniziert mit b2g per *Remote Procedure Call (RPC)*. Der aktuell eingesetzte Code des Mediaservers stammt aus dem Android-Projekt, was Mozilla als temporäre Lösung bezeichnet, die man ab Firefox OS 2.0 durch ein eigenes Produkt ersetzen will. Zu erwähnen bleibt noch der Daemon für den *Desktop Bus (DBUS)*. Er implementiert das Nachrichtensystem für Bluetooth.

Dieses Framework für IPC betreut die Freedesktop-Community. Ferner sind noch Daemons zu erwähnen, die Netzwerk und WLAN steuern. Sie entsprechen weitgehend den Unix/Linux-Implementierungen zum Konfigurieren und Verwalten des Netzwerks sowie der Verbindung mit WLAN Access Points. Insgesamt fällt auf, dass in der Gecko-Schicht eine Vielzahl unterschiedlicher Nachrichtenmechanismen zum Einsatz kommt, was damit zusammenhängt, dass Mozilla auf bewährte Softwarekomponenten zurückgreift. Das reduziert zwar die Entwicklungszeit, bringt aber auch eine gewisse Uneinheitlichkeit in die Architektur mit ein.

Bei den Apps für Firefox OS werden zwei Klassen unterschieden: Sie können lokal auf dem Gerät installiert sein (*Packed Apps*) oder lassen sich auf einem durch seine URL identifizierten Webserver ausführen (*Hosted Apps*). Bei gepackten Apps dient eine Zip-Datei zum Ausliefern, die neben dem Applikationscode und den Ressourcendateien ein Manifest enthält. In dieser Manifest-Datei stehen für die Installation wichtige Informationen über eine App, beschrieben in *JSON (JavaScript Object Notation)*. Der Vorteil der Packed Apps liegt darin, dass mit ihnen ein Zugriff auf sensible Schnittstellen erfolgen kann, wenn sie beim Einstellen in den *Firefox Marketplace* einer Sicherheitsüberprüfung standhalten (Code Review oder vergleichbarer Test) und damit einen privaten kryptografischen Schlüssel zugewiesen erhalten. Firefox OS überprüft die Korrektheit dieses Schlüssels bei der Installation. Werden noch höhere Privilegien benötigt, etwa zum Zugriff auf sicherheitskritische Funktionen (beispielsweise Wählfunktionen fürs Telefon), muss der Anbieter die App als zertifizierte App ausliefern. Die Zertifizierung erfolgt exklusiv durch den OEM-Hersteller oder den Mobilfunkanbieter. Packed Apps bieten gegenüber den Hosted Apps zusätzlich noch den Vorteil, dass sie selbst bei ungünstigen Empfangsverhältnissen einen schnellen Ablauf ermöglichen, da sie lokal laufen und damit der Bandbreitenbedarf beim Netzzugriff auf das Minimum reduziert ist. Hosted Apps hingegen laufen auf einem entfernten Webserver, sodass sie mehr bandbreitenabhängig sind. Ihre Installation ist dafür sehr einfach: Über ihre Manifest-Datei werden sie dem Firefox OS bekannt gemacht, wonach sie sofort nutzbar sind. Entwickler können ihre Apps im *Firefox OS Simulator* überprüfen, der dazu als Plug-in in den Firefox Webbrowser integriert wird. Der Simulator enthält unter anderem auch einen *JavaScript Debugger*. Das Firefox OS stellt eine spannende Alternative zu anderen Mobilbetriebssystemen dar, da es kompromisslos auf Webapplikationen setzt, jedoch diese im Gegensatz zu Google Chrome OS (siehe S. 19) durch eine lokale Installation auch vollumfänglich offline nutzen kann.

A Anhang

A.1 Maßeinheiten und Darstellungen

A.1.1 Maßeinheiten in der Informatik

Weltweit sind sowohl metrische als auch angelsächsische Einheiten in Gebrauch. Die metrischen Grundeinheiten sind in Tabelle A–1 aufgelistet. Bei den Abkürzungen ist der erste Buchstabe des Präfixes der Einheit vorangestellt (z.B. Mbit). Die Groß- und Kleinschreibung ist nicht einheitlich geregelt, beides wird gebraucht. Die Grundeinheiten werden nicht dekliniert (d.h. kein Mehrzahl-s).

Exp.	Explizit	Präfix	Exp.	Explizit	Präfix
10^{-3}	0,001	milli	10^{3}	1.000	Kilo
10^{-6}	0,000001	micro	10^{6}	1.000.000	Mega
10^{-9}	0,000000001	nano	10^{9}	1.000.000.000	Giga
10^{-12}	0,000000000001	pico	10^{12}	1.000.000.000.000	Tera
10^{-15}	0,000000000000001	femto	10^{15}	1.000.000.000.000.000	Peta
10^{-18}	0,000000000000000001	atto	10^{18}	1.000.000.000.000.000.000	Exa
10^{-21}	0,000000000000000000001	zepto	10^{21}	1.000.0000.000.000.000.000'000	Zetta
10^{-24}	0,000000000000000000000001	yocto	10^{24}	1.000.000.000.000.000.000.000.000	Yotta

Tab. A–1   Metrische Grundeinheiten

In der Informatik liegt ein unschöner Spezialfall bei Größenangaben für den *Speicherplatz* vor. In der Praxis werden nämlich Zweierpotenzen neben den metrischen Grundeinheiten verwendet, ohne dass dies unbedingt aus der Maßeinheit ersichtlich ist. Das heißt ein Kilo = 2^{10} = 1024 bzw. ein Mega = 2^{20} = 1024 * 1024 = 1.048.576 bzw. ein Giga = 2^{30} = 1024 * 1024 * 1024 = 1.073.741.824 und ein Tera = 2^{40}. Der Gebrauch der Maßeinheiten ist uneinheitlich, beispielsweise 1 KB = 1024 Byte oder 1 KByte = 1000 Byte. Eine Stolperfalle sind die

Angaben bei der Datenübertragung. Für diese gilt stets die metrische Definition, z.B. 1 KBit/s = 1000 Bit pro Sekunde.

A.1.2 Darstellung von Bitmustern

Bedingt durch die binäre Speicherung von Information in einem Rechner kann man Speicherinhalte beliebiger Art stets als Bitmuster unterschiedlicher Größe betrachten. Bitmuster lassen sich also als eine Kette von Nullen und Einsen darstellen. Überträgt man das aus der Mathematik bekannte Dualsystem auf Bitmuster, so erhält jedes Bit innerhalb eines Musters eine Wertigkeit. Das höchstwertige Bit (*most significant bit, MSB*) steht ganz links, das niedrigstwertige Bit (*least significant bit, LSB*) steht ganz rechts (siehe Abb. A–1).

MSB	1	1	0	1	0	0	1	0	1	1	0	0	0	1	1	1	LSB
Wertigkeit	2^{15}	2^{14}	2^{13}	2^{12}	2^{11}	2^{10}	2^{9}	2^{8}	2^{7}	2^{6}	2^{5}	2^{4}	2^{3}	2^{2}	2^{1}	2^{0}	

Abb. A–1   *Bitmuster als Dualzahl (Beispiel)*

Das Dualsystem wird innerhalb eines Rechners benutzt, um die Grundrechenarten mit vorzeichenlosen Zahlen durchzuführen, was quasi einer 1:1-Codierung entspricht. Daneben sind aber eine Vielzahl von Codierungen gebräuchlich, z.B. zur Abspeicherung von alphanumerischen Zeichen, Gleitkommazahlen und Instruktionen, um nur ein paar zu nennen. Speicherinhalte als Dualzahlen dargestellt entsprechen also oft nicht der effektiv gespeicherten Information, sondern es ist noch ein Wissen über die benutzte Codierung nötig.

A.1.3 Oktal- und Hexadezimalzahlen

Bitmuster	Dezimal	Hex.	Oktal	Bitmuster	Dezimal	Hex	Oktal
0000	0	0	0	1000	8	8	10
0001	1	1	1	1001	9	9	11
0010	2	2	2	1010	10	A	12
0011	3	3	3	1011	11	B	13
0100	4	4	4	1100	12	C	14
0101	5	5	5	1101	13	D	15
0110	6	6	6	1110	14	E	16
0111	7	7	7	1111	15	F	17

Tab. A–2   *Umsetzungstabellen für Bitmuster*

Die Darstellung von Bitmustern als Dualzahlen ist aufwendig, weswegen sie meist nur benutzt wird, wenn die einzelnen Bit voneinander unterschiedliche Bedeutungen haben. In der Informatik bevorzugte Notationen sind das Oktal- und das Hexadezimalsystem (Zahlenbasis 8 und 16). Sie erlauben das Zusam-

A.1 Maßeinheiten und Darstellungen

menfassen von drei Bit im Falle des Oktal- und von vier Bit im Falle des Hexadezimalsystems. Dies ist möglich, weil die Zahlenbasen beider Systeme Zweierpotenzen darstellen. Da teilweise die normalen Ziffern des Dezimalsystems benutzt werden, um Bitmuster darzustellen, ist es nötig, das benutzte System anzugeben. Das Vorgehen bei der Umwandlung ist einfach: Man fasst drei bzw. vier Bit zusammen und ersetzt sie durch das entsprechende Oktal- bzw. Hexadezimalzeichen (siehe Tab. A–2).

A.1.4 Kennzeichnung der Zahlensysteme

Gebräuchliche Kennzeichnungen sind in Tabelle A–3 zusammengefasst. Bei dem ersten Beispiel im Oktalsystem dient die einleitende »0« zur Kennzeichnung und darf daher nicht vergessen gehen. Beim zweiten Beispiel einer Oktalzahl ist das letzte Zeichen ein großes »O« und sollte nicht mit einer »0« verwechselt werden (in der Tab. A–3 leider nicht unterscheidbar). Im Hexadezimalsystem dienen die Buchstaben »A..F« zur Darstellung der Zahlenwerte 10..15. In der Regel spielt hier die Einhaltung der Groß-/Kleinschreibung keine Rolle.

Dualsystem	Oktalsystem	Hexadezimalsystem
%1101001011000111	0151307	0xD2C7
1101001011000111B	01513070	0xd2c7
1101001011000111_2	0151307Q	D2C7H
	@0151307	$D2C7
	0151307_8	$D2C7_{16}$

Tab. A–3 Übliche Kennzeichnungen von Dual-, Oktal- und Hexadezimalzahlen

A.1.5 Rechnerinterne Zahlendarstellungen

In der Mathematik ist eine Zahl als eine endliche Folge von Ziffern definiert (nur ganze und reelle Zahlen betrachtet). Eine rechnerintern dargestellte Zahl schränkt den verwendbaren Zahlenbereich, der präzise dargestellt werden kann, unabhängig vom benutzten Verfahren auf eine genau festlegbare Maximalanzahl von Ziffern ein. Längere Zahlen können entweder gar nicht (Festkommadarstellung) oder nur ungenau abgebildet werden (Gleitkommadarstellung). Dies gilt natürlich auch für die in Programmiersprachen zur Verfügung gestellten Datentypen.

Grundlegende Datentypen

Wir beschränken uns auf die grundlegenden Datentypen und die ihnen zugrunde liegenden Zahlendarstellungen. Grundlegende Datentypen eines Prozessors sind diejenigen Datentypen bzw. Zahlendarstellungen, die durch die Hardware direkt verarbeitet werden können (z.B. die Addition von Ganzzahlwerten). Ein grundlegender Datentyp stellt nichts anderes dar als eine Vereinbarung, wie ein Bitmuster als Zahl interpretiert werden soll. Diese Interpretationsregel gilt sowohl für den Anwender als auch für die Prozessorhardware.

Rechnerintern werden Daten immer als ein Bitmuster gespeichert. Die Anzahl der benötigten Bit ist dabei vom Datentyp abhängig. Für unsere Betrachtung gehen wir von einem allgemeinen Bitmuster mit folgenden Bitbezeichnungen aus:

$$\boxed{d_{m-1} \quad d_{m-2} \quad \ldots \quad d_2 \quad d_1 \quad d_0} \quad \text{(m Bit)}$$

Abb. A–2   *Bitbezeichnungen innerhalb eines Bitmusters*

> **Beispiel:**
> Bitmuster mit Binärwert 01100111 (m=8)
> → $d_7=0, d_6=1, d_5=1, d_4=0, d_3=0, d_2=1, d_1=1, d_0=1$

Die unterschiedlichen Zahlendarstellungen bzw. Datentypen entstehen durch verschiedene Interpretationen der Bitmuster. Rechnerintern ist einem Bitmuster nicht anzusehen, was für eine Zahl es darstellt. Vielmehr ist es Sache des Anwenders bzw. des Anwenderprogramms, für die korrekte Interpretation zu sorgen.

Ganzzahlen

Ganzzahlen kommen in praktischen Realisierungen in den Größen 8, 16, 32 und 64 Bit vor. Die Datentypen *vorzeichenlose Ganzzahl (unsigned integer)* und *vorzeichenbehaftete Ganzzahl (signed integer)* werden von jedem Prozessor hardwaremäßig unterstützt. Dies sind die einfachsten Datentypen eines Rechners.

Zahlendarstellung	Datentyp	Hardware
Vorzeichenlose Ganzzahl	unsigned integer	Duales Rechenwerk
Zweierkomplement	signed integer	Duales Rechenwerk, Zusatzlogik
Excess 2^{m-1}	–	– (nur zum Vergleich aufgeführt)

Tab. A–4   *Zahlendarstellungen, Datentypen und ihre Hardwareunterstützung*

Drei wichtige Begriffe, die in Tabelle A–4 vorkommen, seien noch näher erläutert.

- *Zahlendarstellung*: Von Zahlendarstellungen spricht man, wenn eine bestimmte Abbildungsvorschrift gemeint ist und der Wert von m (Größe des Bitmusters) noch nicht festlegt.
- *Datentyp*: Von Datentypen spricht man im Zusammenhang mit Compilern und Prozessoren. Für jeden Datentyp ist m festgelegt (z.B. = 8, 16 usw.). Die in der Tabelle aufgeführten Datentypen werden meistens mit m=16 realisiert. Für m=8, 32, 64 gibt es etwas abweichende Bezeichnungen (short, long usw.).

A.1 Maßeinheiten und Darstellungen

- *Zweierkomplement*: Dies stellt die meistverbreitete Abbildungsvorschrift für vorzeichenbehaftete Zahlen in Rechnern dar. Daneben gibt es andere Verfahren, wie Einerkomplement, Vorzeichen und Betrag usw.

Festkommazahlen

Bei der rechnerinternen Darstellung von Prozessgrößen hat man oft das Problem, dass der Ganzzahlbereich des Datentyps *unsigned integer* schlecht ausgenutzt wird. Sind die maximalen Werte der Prozessgröße um ein Mehrfaches von zwei kleiner als die maximal darstellbare Zahl, so liegt es nahe, eine programmmäßige Skalierung vorzunehmen. Führt man diese Skalierung sowohl bei der Ein- als auch der Ausgabe durch, so kann man sie im Rechenwerk ignorieren.

$$d_{m-1} \quad d_{m-2} \quad \cdots \quad d_2 \quad d_1 \quad d_0 \quad , \quad d_{-1} \quad d_{-2} \quad \cdots \quad d_{-n} \qquad (m\text{ Bit})$$

Abb. A–3 *Bitbezeichnungen für Festkommazahlen*

Bei der Ganzzahlendarstellung ist die Schrittweite, d.h. die kleinste Differenz zwischen zwei Zahlenwerten, gleich eins. Bei der Festkommazahlendarstellung wird sie auf 2^{-n} verkleinert.

> **Ein Beispiel dazu:**
> Das Bitmuster von 8 Bit Größe werde unterteilt in m=5, n=3.
> → Schrittweite: $2^{-3} = 0{,}125$ (gegenüber 1 bei m=8, n=0)
> → größte darstellbare Zahl: $2^5 - 2^{-3} = 31{,}875$ (gegenüber 255)

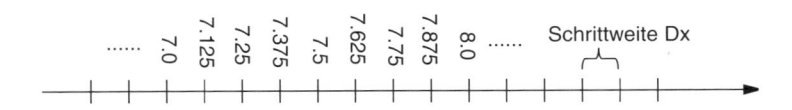

Zahlenstrahl mit Werten: 7.0, 7.125, 7.25, 7.375, 7.5, 7.625, 7.75, 7.875, 8.0 ... Schrittweite Dx

Abb. A–4 *Schrittweite anhand Zahlenstrahl*

Gleitkommazahlen

Festkommazahlen besitzen einen Nachteil: Da die Schrittweite über den ganzen Zahlenbereich konstant ist, bleibt der Maximalwert des absoluten Fehlers ebenfalls über den ganzen Bereich konstant. Das heißt nichts anderes, als dass kleine Zahlen einen größeren maximalen Relativfehler haben als große Zahlen, also weniger präzis sind.

> **Beispiel:**
> m=5, n=3 (wie vorheriges Beispiel)
> Zahlenwert 30: Maximalfehler 0,125/30=0,0042 bzw. 0,42%
> Zahlenwert 2: Maximalfehler 0,125/2=0,063 bzw. 6,3%

Meist ist aber eine ungefähr konstante Relativgenauigkeit gewünscht. Das Problem der Festkommazahlendarstellung liegt in ihrer Haupteigenschaft, nämlich der festen Kommaposition. Könnte man die Kommaposition für jeden Zahlenwert individuell wählen, so ließen sich auch kleine Zahlen vernünftig genau darstellen. Gerade dies wird mit der Gleitkommazahlendarstellung (*floating point representation*) erreicht. Im Gegensatz zur Festkommazahlendarstellung muss nun aber die Kommaposition als Zusatzinformation zu jeder Zahl mitgespeichert werden, da sie ja unterschiedlich sein kann. Dies entspricht einer Mantisse-Exponent-Darstellung:

$$w = m \cdot 2^e$$

Vorzeichenbehaftete Gleitkommazahlen werden mit Vorzeichen und Betrag dargestellt. Das Vorzeichen wird dabei in einem dritten Feld von 1 Bit Größe abgelegt.

VZ	Exponent e	Mantisse m

Abb. A-5 *Bitmusteraufteilung für Gleitkommazahlen (Prinzip)*

Um eine optimale Genauigkeit bei der Darstellung zu erreichen, ist eine sogenannte Normalisierungsregel zu vereinbaren. Diese könnte z.B. verlangen, dass die Mantisse immer mit 1,xxxx beginnt oder mit 0,xxxx. Ohne eine Normalisierung wären auch Mantissen erlaubt, die mehrheitlich aus führenden Nullen bestehen und daher recht unpräzis sind.

> **Beispiel:**
> Die Zahl 10,5 soll im Gleitkommaformat dargestellt werden.
> → in eine Dualzahl umwandeln: $1010,1_2$
> → normalisieren (Regel: 0.xxxx): $0,10101_2 \times 2^4$
> → Exponent $e = 100_2$, Mantisse $m = 0,10101_2$

In einem Gleitkommarechenwerk werden die Resultate immer normalisiert. Da bei der Normalisierung das vorderste Bit stets 0 (Regel 0,xxxx) bzw. 1 (Regel 1,xxxx) wird, braucht es nicht gespeichert zu werden (siehe auch nachfolgende Standardformate). Obige einfache Darstellung hat noch einen Nachteil: Sie erlaubt nur die Speicherung positiver Exponenten. Aus diesem Grund wählt man

A.1 Maßeinheiten und Darstellungen

für den Exponenten in der Regel eine Excess-Darstellung. In der Praxis wird heute fast ausnahmslos das standardisierte IEEE-Format benutzt.

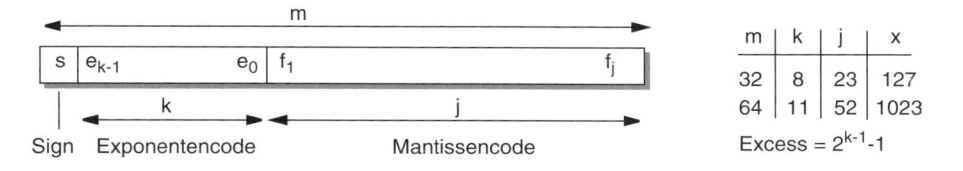

m	k	j	x
32	8	23	127
64	11	52	1023

Excess = $2^{k-1} - 1$

Abb. A–6   Struktur des IEEE-754-Gleitkommaformats

$e = \Sigma\, 2^{i} * e_i$	$f = f_1..f_j$	Wert r	Bemerkungen
$1..2^k - 2$	beliebig	$(-1)^s * (2^{e-x}) * (1.f)_2$	normalisiert
0	nicht 0	$(-1)^s * (2^{e-x+1}) * (0.f)_2$	denormalisiert
$2^k - 1$	0	$(-1)^s * (\text{unendlich})$	unendlich
0	0	$(-1)^s * (0)$	0 (Definition!)
$2^k - 1$	nicht 0	–	Keine Zahl (NaN)

Tab. A–5   Zahlendefinitionen des IEEE-754-Gleitkommaformats

Vergleich von Fest- und Gleitkommadarstellung

Beide Zahlendarstellungen haben ihre Vor- und Nachteile. Diese sind einander in der Tabelle A–6 gegenübergestellt.

	Vorteile	Nachteile
Festkommazahlen	– Einfachere Rechenalgorithmen – Kleinere Rechenzeiten	– Begrenzung des Zahlenbereichs – »Kommabuchhaltung«
Gleitkommazahlen	– Zahlenbereich praktisch »unbegrenzt« – Länge der Mantisse legt Genauigkeit fest – Automatische »Kommabuchhaltung«	– Höhere Rechenzeiten – Gleitkommabibliothek oder – Gleitkommarechenwerk nötig

Tab. A–6   Vergleich von Fest- und Gleitkommazahlen

A.1.6   Textzeichensätze

Beim Einsatz eines Betriebssystems, sei es als einfacher Benutzer, als Softwareentwickler oder auch als Systemadministrator, ist man manchmal gezwungen, die Art und Weise der Zeichencodierung und Zeichendarstellung genauer zu studieren. Dabei stößt man auf viel Komplexität, die auf den Einsatz von Computern in den unterschiedlichsten Ländern mit den verschiedensten Sprachen zurückgeht. Zudem haben sich nebeneinander verschiedene Lösungen für die gleichen Probleme entwickelt, die nicht oder nur teilweise aufeinander abgestimmt sind.

Letztlich existiert in der Praxis viel Konfusion durch den unpräzisen Gebrauch verschiedener mit der Textzeichencodierung verbundener Begriffe.

Von der Eingabe über die Verarbeitung und Speicherung bis zur Ausgabe sind eine ganze Reihe von Problemen zu lösen, um eine befriedigende Textverarbeitung zu erreichen (siehe Abb. A–7). Dies beginnt bei der Tastatur. Je nach Rechnermodell stehen verschiedene *Tastatur-Layouts* mit einer unterschiedlichen *Tastenauswahl* und *Tastenplatzierung* zur Verfügung. Landesabhängig sind diese Tasten zum Teil mit unterschiedlichen Zeichen belegt. Immerhin, durch die Konfiguration eines passenden Tastaturtreibers werden diese dann in eine passende rechnerinterne Darstellung übergeführt. Ein verbleibendes Problem besteht darin, dass nicht alle Tastaturen die Eingabe aller denkbaren Zeichen eines bestimmten Sprachraumes unterstützen. Man denke nur an das Euro-Symbol, das oft durch behelfsmäßig definierte Tastenkombinationen eingegeben werden muss.

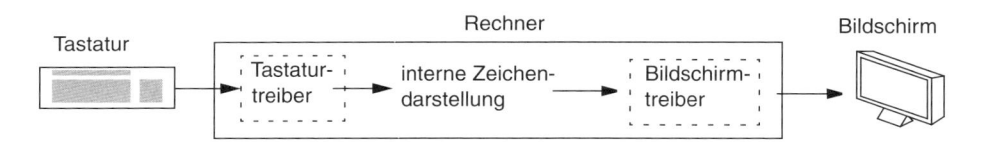

Abb. A–7   *Zeichenverarbeitende Elemente in einem Rechensystem*

Die rechnerinterne Zeichendarstellung beruht auf einer Umsetzung der Tastaturcodes in Textzeichencodes, die man auch kurz *Zeichencode (character code)* nennt. Im Gegensatz dazu wird die verfügbare Menge an Zeichen, für die Zeichencodes definiert sind, als *Zeichenvorrat (character repertoire)* bzw. als *Zeichensatz* bezeichnet. Die Zeicheneingabe auf einer Tastatur wird somit unter Berücksichtigung der zutreffenden Tastenbeschriftungen in Zeichencodes eines bestimmten Zeichensatzes (es gibt mehrere!) umgesetzt. Diese Umsetzung nennt man *Zeichencodierung (character encoding)*. Die Basis der Zeichencodierung bildet eine Liste, durch die jedes Zeichen des Zeichenvorrats auf einen Zahlenwert abgebildet wird.

> **Beispiele:**
> Zeichenvorrat bzw. Zeichensatz: {A..B, a..z} (alle Groß- und Kleinbuchstaben)
> Zeichencode: 0x43 für »C« (nach ASCII-Codiertabelle)

Die Zeichencodierung erlaubt die Eingabe und die Verarbeitung eines gewählten Zeichensatzes. Geht es nun darum, diese Zeichen wieder auf dem Bildschirm auszugeben, so muss das Problem einer Umsetzung in darstellbare Zeichen gelöst werden. Entsprechend der Vielfalt typografischer *Schriftarten (fonts)* besteht hier eine große Wahlmöglichkeit. Bei der Wahl einer bestimmten Schriftart ist neben der Ästhetik darauf zu achten, dass diese Schriftart alle Zeichen des benutzten

A.1 Maßeinheiten und Darstellungen

Zeichensatzes darstellen kann. Dies ist nicht zwingend. Nehmen wir wiederum das Beispiel des Euro-Symbols. Die Wahl eines passenden Zeichensatzes ermöglicht zwar die rechnerinterne Darstellung. Aber erst die Wahl einer passenden Schriftart bringt das Euro-Symbol auf dem Bildschirm zur Anzeige. Am schwierigsten zu lösen ist das Darstellungsproblem auf der Kommandokonsole, da diese für eine bestimmte Schriftart statisch konfiguriert ist. Eine Umkonfiguration ist zwar möglich, aber kaum inmitten einer Dokumentenausgabe. Gleiches gilt für einen sogenannten Programmeditor. Textverarbeitungssysteme hingegen erlauben das Umschalten der Schriftart auch für einzelne Zeichen innerhalb eines Dokuments.

Es sind nun also zwei Probleme zu lösen:

- *Wahl der rechnerinternen Zeichendarstellung*: Der verfügbare Zeichenvorrat hängt von dem gewählten Zeichensatz ab. Hässliche Probleme ergeben sich, wenn ausgetauschte Dokumente einen anderen Zeichensatz benutzen – Umlaute könnten verunstaltet dargestellt werden.
- *Wahl der für die Anzeige benutzten Schriftart*: Für jedes darstellbare Zeichen des Zeichensatzes muss ein *Glyph (glyphe)* vorhanden sein. Fehlt ein Glyph für einen bestimmten Zeichencode, so erscheint auf dem Bildschirm nichts oder nicht das Erwartete.

Über die Jahre hinweg wurden viele unterschiedliche Zeichensätze definiert, die sich primär durch ihren Zeichenvorrat unterscheiden. Die in der englischen Sprache fehlenden Umlaute hatten geänderte Codierungstabellen zur Folge, wobei je nach Codierungstabelle zum Beispiel für den Buchstaben »Ä« unterschiedliche Codes gewählt wurden. Der Grund bestand darin, dass ursprünglich 7 Bit große Zeichencodes üblich waren. Der prominenteste Vertreter dieser Zeichencodierung wird als US-ASCII bezeichnet. Der Name ASCII steht dabei für *American Standard Code for Information Interchange*. Das vorangestellte US deutet an, dass es Varianten davon für nicht amerikanische Länder gibt. Die US-ASCII-Codierung ordnet 7-Bit-Codes darstellbaren Zeichen und nicht darstellbaren Steuerfunktionen zu (siehe Abb. A–7). Neben den bekannten Schreibmaschinenzeichen umfasst diese Codierung eine Reihe von Steuercodes, die über zwei bis drei Buchstaben umfassende Kürzel identifiziert werden (z.B. LF = line feed → Zeilenfortschaltung). Für die Umsetzung der Steuercodes in Steuerfunktionen existieren Empfehlungen, die sich historisch bedingt an den Bedürfnissen serieller Datenübertragung (RS232) orientieren. Je nach Betriebssystem und zum Teil sogar Programm werden diese Steuercodes aber unterschiedlich interpretiert, was wiederum beim Datenaustausch für Probleme sorgen kann. Die ursprüngliche Auslegung als 7-Bit-Codierung wurde auch darum gewählt, damit das 8. Bit bei der seriellen Übertragung von Bytewerten als Paritätsbit verwendbar war.

> **Codierbeispiel für US-ASCII:**
> Der zum Buchstaben »C« gehörende Code wird gefunden, indem zuerst die zuoberst in der Spalte stehende Ziffer und anschließend die ganz links in der Zeile stehende Ziffer hintereinander aufgeschrieben werden. Das Resultat ist die Hexadezimalzahl 0×43 (= Zeichencode).

hex	0_	1_	2_	3_	4_	5_	6_	7_
_0	NUL	DLE	SP	0	@	P	`	p
_1	SOH	DC1	!	1	A	Q	a	q
_2	STX	DC2	"	2	B	R	b	r
_3	ETX	DC3	#	3	C	S	c	s
_4	EOT	DC4	$	4	D	T	d	t
_5	ENQ	NAK	%	5	E	U	e	u
_6	ACK	SYN	&	6	F	V	f	v
_7	BEL	ETB	'	7	G	W	g	w
_8	BS	CAN	(	8	H	X	h	x
_9	HT	EM	)	9	I	Y	i	y
_A	LF	SUB	*	:	J	Z	j	z
_B	VT	ESC	+	;	K	[	k	{
_C	FF	FS	,	<	L	\	l	¦
_D	CR	GS	-	=	M	]	m	}
_E	SO	RS	.	>	N	^	n	~
_F	SI	US	/	?	O	_	o	DEL

Tab. A–7   US-ASCII-Codiertabelle

Für die Darstellung der Zeichen vieler Sprachen hat sich die ASCII-Codierung mit der Zeit als zu wenig umfassend erwiesen. Beispielsweise können damit keine Umlaute dargestellt werden. Erste Erweiterungen setzten ebenfalls auf eine 7-Bit-Codierung auf und ersetzten Steuercodes oder wenig gebrauchte Zeichencodes durch neue Zuordnungen. Unglücklicherweise entstanden parallel Lösungen, die beispielsweise den Umlaut »ü« nicht dem gleichen Zeichencode zuwiesen. Dies führte beim Dokumentenaustausch öfters zu unerwarteten Resultaten. Als Abhilfe wurden Zeichensätze entwickelt, die mit 8 Bit großen Zeichencodes arbeiten. Damit stehen im Vergleich zu US-ASCII immerhin 256 anstatt nur 128 Codewerte zur Verfügung. Leider entstanden auch hier divergierende Lösungen mit ähnlichen Problemen. Ein besonders unrühmliches Beispiel sind die DOS- und die Windows-Zeichensätze. Unter DOS können verschiedene sogenannte *OEMCode Pages (CP)* konfiguriert werden, die unterschiedliche 8-Bit-Zeichen-

A.1 Maßeinheiten und Darstellungen

codierungen realisieren. Zum Beispiel entspricht CP 437 dem amerikanischen Zeichensatz und CP 850 dem westeuropäischen Zeichenvorrat. Unter Windows wurde dann der sogenannte *windows character code 1252* für Westeuropa definiert (neben anderen), der ebenfalls auf 8-Bit-Codierung beruhend für die Umlaute im Vergleich zu CP 850 abweichende Codes benutzt.

Ein auf Unix/Linux-Systemen in Westeuropa oft benutzter Zeichensatz ist *ISO Latin 1* alias *ISO 8859-1*. Es handelt sich um eine 8-Bit-Codierung, bei der die Zeichencodes 0..127 der US-ASCII-Codierung entsprechen. Die Zeichencodes 128-159 sind explizit als Steuercodes ausgeschieden (abweichend von dem *windows character code 1252*!). Die verbleibenden Zeichencodes 160-255 decken eine Vielzahl spezieller Zeichen westeuropäischer Sprachen ab. Unter ISO 8859 sind weitere Zeichensätze neben ISO 8859-1 definiert, die sich jedoch nur bei den Zeichencodes 160-255 unterscheiden. Sie dienen unter anderem der Darstellung weiterer europäischer, slavischer und arabischer Sprachzeichen. Zu beachten ist jedoch, dass eine vollständige Konvertierung zwischen den verschiedenen ISO-8859-Codierungsvarianten nicht möglich ist, da sich die verschiedenen Zeichensätze ja nur teilweise überlappen.

Ein noch umfassenderes Codierverfahren stellt *Unicode* bzw. *ISO 10646* dar, das heute mit einem auf 32 Bit erweiterten Codeumfang auch sehr exotische Sprachzeichen (z.B. chinesische, japanische) berücksichtigt. Je nach Anwendungsfeld stehen folgende vier Unicode-Varianten zur Auswahl:

1. *UTF-32*: Alle Zeichencodes sind 32 Bit groß. Weil dies in vielen Fällen zu unnötigem Platzverschleiß führt, wird UTF-32 nur ab und zu bei der rechnerinternen Verarbeitung benutzt, da einfachere Verarbeitungsalgorithmen als bei UTF-16/UTF-8 anwendbar sind.
2. *UTF-16*: Die meisten Zeichen werden durch 16-Bit-Zeichencodes dargestellt. Die verbleibenden Zeichen werden durch 32 Bit repräsentiert, wobei die ersten 16 Bit reservierte Codes aus dem ansonsten benutzten 16-Bit-Codebereich verwenden.
3. *UTF-8*: Zeichencodes im Bereich 0..127 (d.h. US-ASCII) werden als solche direkt benutzt. Alle übrigen Zeichen werden nach einem komplizierten Schema durch 2..6 Byte (16..48 Bit) dargestellt. UTF-8 ist der bevorzugte Zeichensatz für Internetprotokolle (RFC2277). UTF-8 ist sehr effizient, solange nur Zeichen gemäß US-ASCII vorkommen. Für Text nach ISO Latin 1 ist es noch einigermaßen effizient.
4. *UTF-7*: Jedes Zeichen wird durch einen ein oder mehrere Byte großen Zeichencode repräsentiert (mit MS-Bit=0, d.h 7 Bit). Die meisten Zeichen gemäß US-ACSII kommen mit einem Byte aus. Einige Zeichencodes sind jedoch als sogenannte Escape-Zeichen definiert und leiten jeweils einen mehr als ein Byte großen Zeichencode ein. UTF-7 hat wenig Bedeutung in der Praxis.

Egal welcher Zeichensatz eingesetzt wird, ist es stets wichtig, zu wissen, wie vorhandener Text zu interpretieren ist. Um den Dokumentenaustausch oder in manchen Fällen allein schon die korrekte Anzeige gespeicherter Texte sicherzustellen, muss für jedes Textdokument bekannt sein, welcher Zeichensatz benutzt wurde. Optimalerweise ist diese Information dem Dokument angehängt. Ersatzweise kann dies auch über die Dateinamenserweiterung erreicht werden, indem das zur Bearbeitung zugeordnete Programm die gleiche Zeichencodierung benutzt.

Will man den Zeichensatzproblemen möglichst ausweichen, so kann man sich auf den Zeichenvorrat gemäß US-ASCII beschränken. Probleme können dann aber immer noch bei der Interpretation der Steuercodes auftauchen. So kann der Zeilenumbruch systemabhängig durch folgende drei Steuercodesequenzen ausgelöst werden:

- CR (Carriage Return)
- LF (Line Feed)
- CR+LF: Eigentlich die logischste Variante mit CR = Wagenrücklauf und LF = Zeilenfortschaltung (orientiert sich an der Walze klassischer Schreibmaschinen)

Ferner ist zu erwähnen, dass je nach System und Tastatur gewisse Steuercodes über die Tastatur ausgelöst werden können (z.B. ctrl-D) oder eben auch nicht.

Weitere Einschränkungen bei den Zeichensätzen sind in der Praxis noch für Folgendes zu nennen:

- Hilfsprogramme, um systemnah Speicherinhalte zu analysieren. Diese benutzen zur Darstellung von Bitmustern nebst Hexadezimalzahlen (*hex dump*) eine Zeichendarstellung, die typischerweise nur US-ASCII berücksichtigt.
- Dateibenennungen mit Zeichen außerhalb von US-ASCII sind beim Datenaustausch problematisch (z.B. per E-Mail, auf einem FTP-Server oder per Wechselmedium).

A.2 Instruktionssatz der Intel x86-Prozessoren

Unter die x86-Prozessorfamilie fallen alle Intel x86-Prozessoren und ihre Derivate. Die x86-Prozessoren sind die Nachfolger der 8088/8086-Prozessorfamilie. Ihr erster Vertreter, allerdings noch mit separatem Arithmetikkoprozessor, war der Typ 80386. Die x86-Prozessoren stellen die Basis der PC (Personal Computer) dar, wie sie heute im Handel sind. Nachfolgende Instruktionsliste ist nicht vollständig, so fehlen die Gleitkommabefehle, MMX-Befehle und gewisse Befehle zur Systemsteuerung.

A.2 Instruktionssatz der Intel x86-Prozessoren

Mnemonic	Instruktion	Erklärungen
AAA	ASCII adjust for add.	Umwandlung in ungepackte BCD-Zahl[a] für Addition
AAD	ASCII adjust for div.	Umwandlung in ungepackte BCD-Zahl für Division
AAM	ASCII adjust for mul.	Umwandlung in ungepackte BCD-Zahl für Multiplikation
AAS	ASCII adjust for sub.	Umwandlung in ungepackte BCD-Zahl für Subtraktion
ADC	add with carry	Addieren im binären Rechenwerk (mit Carry)
ADD	add	Addieren im binären Rechenwerk (ohne Carry)
AND	and	Bitweises AND
BOUND	detect value out of range	Testen, ob Array-Index innerhalb Grenzen
BT	Bit tests	Ein einzelnes Bit testen (Resultat im Carry-Flag)
BTS	Bit test and set	Ein einzelnes Bit testen, dann auf eins setzen
BTR	Bit test and reset	Ein einzelnes Bit testen, dann auf null setzen
BTC	Bit test and complement	Ein einzelnes Bit testen, anschließend invertieren
BSF	Bit scan forward	Sucht in Operand das niedrigstwertige Bit, das auf eins gesetzt ist (Resultat: Bitposition)
BSR	Bit scan reverse	Sucht in Operand das höchstwertige Bit, das auf eins gesetzt ist (Resultat: Bitposition)
BSWAP	byte swap	Umwandlung eines Langworts zwischen Little- und Big-Endian-Format
CALL	call procedure	Sprung in Unterprogramm
CLC	clear carry	Carry-Bit auf 0 setzen
CLD	clear direction flag	Auto-Inkrement für Stringbefehle anwählen
CLI	clear interrupt enable flag	Erkennung externer Unterbrechungsanforderungen blockieren
CMC	complement carry flag	Carry-Bit auf negieren
CMOVcc	conditional move	Bedingtes Kopieren (abhängig von Bedingung cc[b])
CMP	compare	Vergleich (= Subtraktion ohne Speicherung des Resultats)
CMPXCHG	compare and exchange	Vergleich mit bedingtem Registertausch
CMPS/ CMPSx	compare string	Zeichenketten (*strings*) vergleichen, Flags setzen (x = b, w, d für byte, word, double word)
Czz	convert word to double word	Vorzeichenerweiterung signed integer (zz=BW: 8->16 Bit; =WD: 16->32 Bit; =DQ: 32 -> 64 Bit)
DAA	decimal adjust for addition	BCD-Resultatkorrektur nach Addition
DAS	decimal adjust for subtraction	BCD-Resultatkorrektur nach Subtraktion
DEC	decrement	Wert um 1 erniedrigen
DIV	divide	Division mit unsigned integer

→

Mnemonic	Instruktion	Erklärungen
ENTER	procedure entry	Stack frame aufbauen (sieheAbschnitt 2.4)
ESC	escape	Zusammenarbeit mit Koprozessor
HLT	halt	Prozessor anhalten bis zum nächsten Interrupt Request
IDIV	integer divide	Division mit signed integer
IMUL	integer multiply	Multiplikation mit signed integer
IN	read form a port	Daten im Ein-/Ausgabe-Adressraum lesen
INC	increment	Wert um 1 erhöhen
INS/INSx	input string from port	Stringdaten im Ein-/Ausgabe-Adressraum lesen (x = b, w, d für byte, word, double word)
INT	interrupt	Software-Interrupt (aktiviere Exception-Routine mit bestimmter Vektornummer)
INTO	interrupt on overflow	Trap, falls V-Bit=1
IRET	interrupt return	Rücksprung aus Exception-Routine
Jcc	jump if cc	Bedingter Sprung, springen, falls Bedingung cc erfüllt
JMP	jump unconditionally	Unbedingter Sprung
LAHF	load register ah from flags	Kopiere Statusregisterinhalt in ah
Lww	load pointer using ds	Lade Zeigerwert in Zieloperand und Register (ww = DS, ES, FS, GS, SS)
LEA	load effective address	Nur Adresse des Operanden, nicht den Operanden speichern
LEAVE	restore stack	Stack frame abräumen (siehe Abschnitt 2.4)
LOCK	lock the bus	Nachfolgende Instruktion auf Bus exklusiv dekl.
LODS/ LODSx	load string	Stringdaten holen (x = b, w, d für byte, word, double word)
LOOP/ LOOPy	loop	Fußgesteuerte Schleife mit Abbruch, wenn Bedingung y (Z, NZ, E, NE) erfüllt
MOV	move	Kopieren
MOVS/ MOVSx	move string	Stringdaten kopieren (x = b, w, d für byte, word, double word)
MOVSX	move and sign extend	Kopiere und mache Vorzeichenerweiterung
MOVSZ	move and zero extend	Kopieren und erweitere mit Nullen
MUL	multiply	Multiplikation von zwei unsigned integer-Werten
NEG	negate	Vorzeichenwechsel signed integer(0 − Zahl)
NOP	no operation	Füllbefehl
NOT	logical not	Bitweise invertieren
OR	logical or	Bitweise ODER-Verknüpfen

→

A.2 Instruktionssatz der Intel x86-Prozessoren

Mnemonic	Instruktion	Erklärungen
OUT	write to a port	Daten im Ein-/Ausgabe-Adressraum schreiben
OUTS/ OUTSx	output string to port	Stringdaten im Ein-/Ausgabe-Adressraum schreiben (x = b, w, d für byte, word, double word)
POP	pop	Datenwert aus Stapel entnehmen (ESP aktualisieren)
POPA/ POPAD	pop all registers	Vielzweckregister aus Stapel entnehmen (ESP aktualisieren)
POPHF	pop flags	Statusregisterinhalt aus Stapel entnehmen (ESP aktualisieren)
PUSH	push	Datenwert in Stapel ablegen (ESP aktualisieren)
PUSHA/ PUSHAD	push all registers	Vielzweckregister in Stapel ablegen (ESP aktualisieren)
PUSHF	push flags	Statusregisterinhalt in Stapel ablegen (ESP aktualisieren)
RCL/RCR	rotate through carry left/right	Bitmuster rotieren durch Carry-Flag nach links/rechts
REP/REPy	repeat	Schleife mit Abbruch, falls Bedingung y (y=E,NE,Z). Speziell Für Stringoperationen (bestimmt durch nachfolgenden Stringbefehl)
RET	return	Rücksprung aus Unterprogramm (Adresse von Stapel)
ROL/ROR	rotate left/right	Bitmuster rotieren nach links/rechts
SAHF	store reg. ah into flags	Inhalt des Registers ah in das Statusregister kopieren
SAL/SAR	shift arithmetic left/right	Schieben eines signed integer nach links/rechts
SBB	subtract with borrow	Subtrahieren und dann noch C-Flag subtrahieren
SCAS/ SCASx	scan string	String absuchen, ob Musterstring vorhanden, Flags entsprechend setzen (kombiniert mit REP-Befehl) (x = b, w, d für byte, word, double word)
SETcc	set byte on condition	Setzt Byteoperand auf eins, wenn Bedingung erfüllt. Ansonsten auf null
SHL/SHR	shift logical left/right	Schieben unter Einfüllen von Nullen (links/rechts)
SHLD/ SHRD	shift left/right double	Schieben links/rechts unter Einfüllen leerwerdender Bitpositionen aus einem anderen Register
STC	set carry	Carry-Flag auf 1 setzen
STD	set direction flag	Auto-Dekrement für Stringbefehle anwählen
STI	set interrupt enable flag	Erkennung externer Unterbrechungsanforderungen aktivieren
STOS/ STOSx	store string	Stringdaten ablegen (x = b, w, d für byte, word, double word)
SUB	subtract	Subtrahieren
TEST	test	Bitweise UND-Verknüpfung ohne Speicherung des Resultats (nur Flags gesetzt)

→

Mnemonic	Instruktion	Erklärungen
XADD	exchange and add	Beide Operanden vertauschen und dann addieren
XCHG	exchange	Austausch zweier Speicherinhalte
XLAT/ XLATB	translate	Wert aus Tabelle holen mit bestimmtem Index
XOR	eclusive or	Exor-Verknüpfung

a. BCD = Binary Coded Decimal
b. cc steht für einen der möglichen Bedingungscodes (siehe nachfolgende Tabelle)

Tab. A-8 *Instruktionsliste der iA32-Prozessoren*

Bedingungscode (condition, cc)	Getestete Flags[a] (aus EFLAGS)	Beschreibung
unsigned integer:		
A/NBE	/(C + Z)	above/not below or equal
AE/NB	/C	above or equal/not below
NC	/C	not carry
B/NAE	C	below/not above or equal
C	C	carry
BE/NA	C + Z	below or equal/not above
E/Z	Z	equal/zero
NE/NZ	/Z	not equal/not zero
P/PE	P	parity/parity even
NP/PO	/P	not parity/parity odd
signed integer:		
GE/NL	/(S + O)	greater or equal/not less
L/NGE	S (+) O	less/not greater or equal
LE/NG	(S (+) O) + Z	less or equal/not greater
O	O	overflow
NO	/O	not overflow
S	S	sign (negative)
NS	/S	not sign (non-negative)

a. DSL-Operatoren: / für NOT; * für AND; + für OR; (+) für EXOR

Tab. A-9 *Bedingungscodes der iA32-Prozessoren*

Literaturhinweise

Einführung

M. Aceta et al.: Mach: A New Kernel Foundation For UNIX Development. Proc. of the 1986 Summer USENIX Conference.

M. Aiken et al.: Deconstructing process isolation. Proc. of the 2006 workshop on Memory system performance and correctness. ACM, 2006.

M. J. Bach: The Design of the Unix Operating System. Prentice Hall, 1986.

K. Bauknecht, C. A. Zehnder: Grundlagen für den Informatikeinsatz. Teubner, 1997.

B. N. Bershad et al.: SPIN—an extensible microkernel for application-specific operating system services. ACM SIGOPS Operating Systems Review, vol. 29, nr. 1, 1995.

B. Catlin, J. Hanrahan, M. E. Russinovich: Windows Internals. Seventh Edition, Microsoft Press, 2015.

D. R. Engler, M. F. Kaashoek: Exokernel: An operating system architecture for application-level resource management. Vol. 29. No. 5. ACM, 1995.

B. Goodheart, J. Cox: The Magic Garden Explained, The Internals of Unix System V Release 4. Prentice Hall, 1994.

B. W. Lampson: An open operating system for a single-user machine. Operating Systems. Springer Berlin Heidelberg, 1974. 208-217.

W. Mauerer: Linux Kernelarchitektur. Hanser Fachbuchverlag, 2003.

J. Mauro, R. McDougall: Solaris Internals: Solaris 10 and Open Solaris Kernel Architecture. Prentice Hall PTR, 2006.

G. Morrisett et al.: From System F to typed assembly language. ACM Trans. on Programming Languages and Systems (TOPLAS), vol. 21, nr. 3, 1999.

G. C. Necula, P. Lee: Safe kernel extensions without run-time checking. SIGOPS Operating Systems Review 30 (1996): 229-244.

N. Palix et al.: Faults in Linux: Ten years later. ACM SIGARCH Computer Architecture News. Vol. 39. No. 1. ACM, 2011.

G. J. Popek, R. P. Goldberg: Formal requirements for virtualizable third generation architectures. Communications of the ACM, vol. 17, nr. 7, 1974.

D. E. Porter et al.: Rethinking the library OS from the top down. ACM SIGPLAN Notices, vol. 46, nr. 3, 2011.

D. M. Ritchie, K. Thompson: The UNIX time-sharing system. Communications of the ACM, vol. 26, nr. 1, 1973.

J. H. Saltzer, D. P. Reed, D. D. Clark: End-to-end arguments in system design. ACM Transactions on Computer Systems (TOCS) 2.4, 1984).

M. M. Swift et al.: Improving the reliability of commodity operating systems. ACM SIGOPS Operating Systems Review, vol. 37, nr. 5, 2003.

D. Wentzlaff, A. Agarwal: Factored operating systems (fos): the case for a scalable operating system for multicores. ACM SIGOPS Operating Systems Review, vol. 43, nr. 2, 2009.

Grundlagen der Programmausführung

J. L. Hennessy, D. A. Patterson: Computer Architecture. A Quantitative Approach. Elsevier, 2012.

J. L. Hennessy, D. A. Patterson: Computer Organization and Design. The Hardware/Software Interface. Newnes, 2013.

P. Herrmann: Rechnerarchitektur. Vieweg, 2002.

W. Schiffmann, R. Schmitz: Technische Informatik 2: Grundlagen der Computertechnik. Springer-Lehrbuch, 2002.

Systemprogrammierung

J. Engel: Programming for the Java Virtual Machine. Addison-Wesley, 1999.

J. M. Hart: Windows System Programming. Addison-Wesley, 2010.

H. Herold: Linux-Unix Systemprogrammierung. Addison-Wesley, 2004.

B. W. Kernighan, D. M. Ritchie: C. Programming Language. Prentice Hall PTR, 1988.

M. J. Rochkind: Advanced UNIX Programming. Addison-Wesley Professional, 2004.

W. R. Stevens, St. A. Rago: Advanced Programming in the UNIX Environment. Addison-Wesley Professional, 2013.

R. Teer: Solaris Systems Programming. Addison-Wesley, 2004.

Prozesse und Threads

Th. E. Anderson et al.: Scheduler activations: effective kernel support for the user-level management of parallelism. ACM Trans. on Computer Systems (TOCS), vol. 10, nr. 11, 1992.

G. R. Andrews: Foundations of Multithreaded, Parallel, and Distributed Programming. Addison-Wesley, 2000.

M. J. Bach: The Design of the Unix Operating System. Prentice Hall, 1986.

G. C. Buttazzo: Hard Real-Time Computing Systems. Predictable Scheduling Algorithms and Applications. Springer-Verlag, 2011.

B. O. Gallmeister: POSIX 4, Programming for the Real World. O'Reilly, 1995.

S. Iyer, P. Druschel: Anticipatory scheduling: A disk scheduling framework to overcome deceptive idleness in synchronous I/O. Proc. of the 18th ACM symposium on Operating systems principles (SOSP), 2001.

B. W. Kernighan, Rob Pike: The UNIX Programming Environment. Prentice Hall, 1984.

T. Wagner, D. Towsley: Getting Started wit POSIX Threads. Univ. of Massachusetts, 1995.

D. A. Wallach, D. R. Engler, M. F. Kaashoek: ASHs: Application-specific handlers for high-performance messaging. IEEE/ACM Trans. on Networking (TON), vol. 5, nr. 4, 1997.

Synchronisation von Prozessen & Threads

E. G. Coffman, M. Elphick, A. Shoshani: System deadlocks. ACM Computing Surveys (CSUR), vol. 3, nr. 2, 1971.

E. W. Dijkstra: Cooperating sequential processes. Springer-Verlag, New York, 2002.

A. B. Downey: The Little Book of Semaphores. Green Tea Press (http://greenteapress.com/semaphores/), 2005.

R. C. Holt: Comments on prevention of system deadlocks. Communications of the ACM, vol. 14, nr. 1, 1971.

R. C. Holt: Some deadlock properties of computer systems. ACM Computing Surveys (CSUR), vol. 4, nr. 3, 1972.

L. Lamport: A New Solution of Dijkstra's Concurrent Programming Problem. Communications of the ACM, vol. 17, nr. 8, 1974.

G. L. Peterson: Myths About the Mutual Exclusion Problem. Inf. Process. Lett., vol. 12, nr. 3, 1981.

G. L. Reeves: Priority Inversion: How We Found It, How We Fixed It. Dr. Dobb's Journal, Nov. 1999.

M. Rinard, P. Diniz: Eliminating synchronization bottlenecks in object-based programs using adaptive replication. Proc. of the 13th intl. conf. on Supercomputing, 1999.

Kommunikation von Prozessen & Threads

M. Ben-Ari: Principles of Concurrent and Distributed Programming. Second Edition. Prentice Hall, 2006.

P. J. Courtois, F. Heymans, D. L. Parnas: Concurrent control with »readers« and »writers«. Commun. ACM, vol. 14, nr. 10, 1971.

Ch. Dannegger, P. Geugelin-Dannegger: Parallele Prozesse unter Unix. Hanser, 1991.

R. Herrtwich, G. Hommel: Nebenläufige Programme. Springer-Verlag, 1994.

C. A. R. Hoare: Monitors: An operating system structuring concept. Commun. ACM, vol. 17, nr. 10, 1974.

Ein- und Ausgabe

J. Corbet, A. Rubini, G. Kroah-Hartmann: Linux Device Drivers. Third Edition. O'Reilly, 2005.

G. Coulouris, J. Dollimore, T. Kindberg: Verteilte Systeme, Konzepte und Design. Pearson Studium, 2005.

Microsoft Corp. (Hrsg.): Architecture of the Windows Driver Foundation. Microsoft, 2005.

Microsoft Corp. (Hrsg.): Architecture of the Kernel-Mode Driver Framework. Microsoft, 2005.

A. Nye: Xlib Programming Manual. O'Reilly, 1992.

A. Nye: Xlib Reference Manual. O'Reilly, 1992.

W. Oney: Programming the Microsoft Windows Driver Model. Microsoft Press, 2010.

L. L. Peterson, B. S. Davie, A. Shafir: Computernetze. dpunkt.verlag, 2007.

J. Quade, E.-K. Kunst: Linux-Treiber entwickeln. dpunkt.verlag, 2004.

M. Seltzer, P. Chen, J. Ousterhout: Disk scheduling revisited. Proc. of the Winter 1990 USENIX Tech. Conf., 1990.

W. R. Stevens: Programmieren von Unix-Netzwerken. Hanser, 2000.

Speicherverwaltung

L. A. Belady: A study of replacement algorithms for virtual-storage computer. IBM systems journal, vol. 5, nr. 2, 1966.

P. J. Denning: Working sets past and present. IEEE Trans. Software Eng., vol. 6, nr. 1, 1980.

R. K. Gupta, M. A. Franklin: Working set and page fault frequency paging algorithms: A performance comparison. IEEE Trans. on Computers, vol. 100, nr. 27, 1978.

Dateisysteme

R. Card, T. Ts'o, S. Tweedie: Design and implementation of the second extended filesystem. Proc. of the First Dutch International Symposium on Linux, 1994.

H. Custer: Inside the Windows NT File System. Microsoft Press, 1994.

D. Giampaolo: Practical File System Design. Morgan Kaufmann, 1999.

Th. R. Harbron: File systems: structures and algorithms. Prentice Hall, 1988.

M. K. McKusick et al.: A fast file system for UNIX. ACM Transactions on Computer Systems (TOCS), vol. 2, nr. 3, 1984.

Programmentwicklung

H. Bratman: A alternate form of the »UNCOL diagram«. Communications of the ACM, Volume 4, Issue 3 (March 1961).

O.-J. Dahl, E. W. Dijkstra, C. A. R. Hoare: Structured Programming. Academic Press, 1972.

R. Krienke: UNIX Shell-Programmierung. Hanser, 2001.

J. R. *Levine*: Linkers & Loaders. Morgan Kaufmann, 2000.

M. *Loukides*, A. *Oram*: Programmieren mit GNU-Software. O'Reilly, 1997.

J. *Richter*, C. *Nasarre*: Windows via C/C++. Fifth Edition. MS Press, 2007.

D. *Tansley*: LINUX and UNIX Shell Programming. Addison-Wesley, 2000.

Sicherheit

D. E. *Bell*, L. J. *La Padula*: Secure computer system: Unified exposition and Multics interpretation. MTR-2997 Rev. 1, The Mitre Corporation, EDF-TR-75-306, 1976.

K. J. *Biba*: Integrity Considerations for Secure Computer Systems. MTR-3153, The Mitre Corporation, April 1977.

M. A. *Harrison*, W. L. *Ruzzo*, J. D. *Ullman*: Protection in operating systems. Communications of the ACM, vol. 19, nr. 8, 1976.

P. A. *Loscocco et al.*: The inevitability of failure: The flawed assumption of security in modern computing environments. Proc. of the 21st National Information Systems Security Conference, vol. 10, 1998.

J. H. *Saltzer*, M. D. *Schroeder*: The protection of information in computer systems. Proc. of IEEE, vol. 63, 1975.

Virtualisierung

J. *Smith*, R. *Nair*: Virtual Machines Versatile Platforms for Systems and Processes. Morgan Kaufmann, 2005.

Anhang

R. *Richter*, P. *Sander*, W. *Stucky*: Der Rechner als System. Teubner, 2002.

Kapitelübergreifend

ACM and IEEE Computer Society: Computer Science Curricula 2013. ACM, 2013, ISBN 978-1-4503-2309-3.

L. F. *Bic*, A. C. *Shaw*: Operating Systems Principles. Prentice Hall, 2003.

P. *Brinch Hansen*: Classic Operating Systems. Springer-Verlag, 1983.

V. *Claus*, A. *Schwill*: Duden Informatik. Ein Fachlexikon für Studium und Praxis. Bibliographisches Institut, Mannheim, 2003.

J. *Nehmer*, P. *Sturm*: Systemsoftware. Grundlagen moderner Betriebssysteme. dpunkt.verlag, 2001.

J. *O'Gorman*: Operating Systems with Linux. Palgrave, 2001.

Index

A

abandoned event 226
abandoned mutex 222
Abbildungsalgorithmen 556
Abfertigungsstrategie 152
Ablaufpfad 48, 119
Absicherung kritischer Bereiche 202
abstraktes Gerät 326
ACL 640
activation frame/record 67
adaptive Replikation 250
AddAccessAllowedAce() 640
AddAccessDenyAce() 640
Administrationssicht 590
Adresse 33
Adressraum 33, 34, 135, 137
Adressraumbelegung 40, 567
Adressraumgröße 34
Adressraumtypen 34
Adresstransformation 438
aktive Warteschleife 152, 193
aktives Fenster 376
aktuelle Parameter 80
alias 607
alignment rules 39
allgemeine Register 31
Amoeba 8, 14
AMP 15
Android 658
Anfangsparameter 94
Anmeldekonsole 130
Anmeldevorgang 635
anonymous Pipes 271

Anticipatory Scheduling 347
Anwendersicht 590
Application Programming Interface (API) 69
Archivierung 620
argc, argv 94
ARM Cortex-Prozessor 33
Assembler Inline Code 194
Assemblersprache 45, 556
asynchrone Ein-/Ausgabe 325, 335
asynchrone Kommunikation 254
atexit() 96
Attributmenge 85
Aufrufrahmen 49, 50, 67
Aufrufverfahren 100
Ausführungsumgebung 595
Ausnahmesituation 52
Ausrichtungsregeln 39
auto 42
automatische Übersetzung 562
Automatisierung 591
auto-reset event 226

B

back-end allocator 420
Bakery-Algorithmus 195
balance set manager 478
balanced binary tree 427
Basiszeiger 66
batch job 115
Batch processing 590
bedingte Tests 607
Beendigungsstatus 94, 120

Befehlsinterpretation 594
Befehlsprozessor 29
Befehlsverarbeitung 29
Befehlsverkettung 260
Begriff »Betriebssystem« 1
Belegungstabelle 527
Bell-LaPadula-Modell 632
benannte Pipes 260
Benutzer 625, 635
Benutzer- und Rechteverwaltung 635
benutzerbestimmte Zugriffskontrolle 631
Benutzergruppe 625, 635
Benutzeridentifikation 525
Benutzeridentität 635
Benutzerinteraktion 350
Benutzermodus 11, 55
Benutzermodustreiber 329, 337
Bereitliste 154
Berkeley-Socket-Funktionen 268
Best Fit 411
Betriebsmittel 152, 236
Betriebssystemkern 140
Biba-Modell 632
Big Endian 37
Big Kernel Lock 248
Binärcode 44
Binärdatei 125
Binärer Semaphor 198, 220
Binder 557
bind.exe 588
Blackbox 10
block device 18, 324
blockierende Systemaufrufe 141
blockorientierte Geräte 330
blockorientierte Peripherie 324
Blocktransfer 316
Boot-Block 130
Bootstrap-Routine 130
Bottom Of Stack 51
bound threads 173
broken pipe 264
BSD 9, 14
Buddy-Algorithmus 415
Buddy-System 415
buffer cache 348
Buffer-Overflow 80
built-in command 123
bus driver 336

Bussystem 313
busy wait 152, 193, 332
Bytereihenfolge 36
Bytestrom 271

C

C Run-Time System 79
Cache-Leistung 397
call by reference 62
call by value 62
call stack 50, 57
calling convention 73
CAV 342
Central Processing Unit, CPU 27
chaining 115, 122
character device 18, 324, 330
character set 352
check in (ci) 566
check out (co) 566
Checkerboarding 406
child window 385
CLI 590
Client/Server 14
Client/Server-Konfiguration 143
Client/Server-Prinzip 259
Clock-Algorithmus 479
close 263
CloseHandle() 91, 145, 222
close_on_exec 128
close() 90, 326, 329
Cloud Computing 19
Cloud-Services 19
CLV 342
code page 353
Command Line Interface 590
Common Language Runtime (CLR) 77
Common Type System 78
Common User Access 380
Compiler 45
Computertechnik 6
concurrent processes 110
Concurrent Version System 566
Condition Variable 286
conditional tests 607
connection-oriented 256, 267
ConvertThreadToFiber() 146
copy-on-write 483
copy_from_user() 335

copy_to_user() 335
CORBA 357
CPU-bound 156
creat 128
CreateFiber() 146
CreateFileMapping 278
CreateProcess 126, 128, 589
CreateProcess() 126, 501
CreateThread() 144
CreateWindow 380
CreateWindow() 385
create() 327, 501
creation 115
Critical Section Object 220, 223, 224
critical sections 192
ctrl-D 595
CTSS 8
CUA 380
CVS 566
C++ 72

D

DAC 631
datagram 275
Dateiattribute 530
Dateideskriptor 89, 119, 128, 324
Dateihaltung 523
Dateirechteverwaltung 635
Dateisysteme 485
Datenabgrenzung bei der Kommunikation 253
Datenarchivierung 620
Datenblock 325
Datenintegrität 632
Datenschutz 620
Datensicherung 620
Datenstrom (Data stream, D) 325
Datenträger 548
Datenverluste 620
Deadline Scheduling 348
Deadlocks 235
Debugger 37
DefWindowProc 377
delete 421
DeleteFiber() 146
demand paging 452, 464
demon 115

device driver 322
device files 329
Dienstverteilungsroutine 102
DIN 44 300 111
Direct Memory Access (DMA) 313, 315
directory 636
Discretionary Access Control 631
disk I/O scheduling 344
Disk Scheduling 547
DispatchMessage 376
Display Manager 362
DLL (Dynamically Loadable Library) 584
dllexport 586
dllimport 587
DMA 315
DMA-Betrieb 315
DPC (Deferred Procedure Call) 341
Drawbridge 21
Drei-Adress-Maschine 47
Dreschen 239
driver 320
driver installation files 336
driver interface 322
DriverEntry() 338
Dumpbin 589
Dynamische Allokation von Adressraum 404
Dynamische und statische Treibereinbindung 331

E

echo 596
Echtzeitbetrieb 7, 110
effective UID 636
effektive Benutzeridentifikation 636
Ein-Adress-Maschine 46
eingebaute (built-in) Kommandos 123, 594
Einprozessorsystem 237
Einzeltransfer 315
Ein-/Ausgabeabläufe 313
Ein-/Ausgabeschnittstelle 323
Ein-/Ausgabesystem 319
Ein-/Ausgabeumleitung 605
elektronische Datenverarbeitung 108
Elternprozess 128, 626
End-to-End Arguments 20

Entladestrategie 472
Entwicklersicht 590
Entwicklungspfad 565
Entwicklungszweig 565
environment list 87
environment variables 597
Ereignismeldungen 375, 378
Event Object 220, 226
exception processing 52
exec 124, 183
executable 594
Executable Code 555
EXECUTE 29, 49
exec() 89, 122, 125, 130
exit 184, 595
exit status 607
exit() 117, 123
ExoKernel 21
explizite Freigabe 409
Explizites P/Invoke 78
Exportierte Shell-Variablen 597
externe Befehle (commands) 594

F

Fäden 110, 136
Fahrstuhlalgorithmus 347
fasync() 335
FAT 525
FCFS 346
fcntl() 335, 512
Fehlerbehandlung 95
Fensteranzeige 380
Fenstererzeugung 380
Fenstergrundlagen 380
Fensterklasse 376, 380
Fensterprozedur 376, 377, 386
Festkörperlaufwerk 343
Festplatte 313
FETCH 29, 48
Fiber 146
FIFO 260, 269
FIFO-Strategie 159
file cache 348
file descriptor 324
File Descriptor Table 91
file mapping 278, 279
FILE * 90
FindWindow 274

First Fit 411
flags 52
FlushFileBuffers 268
Fokus (focus) 376
fork 183, 626, 634
forking 115, 118
fork() 119, 128, 130
formale Parameter 69, 80
Formatierung 343
FormatMessage() 98
fos 22
frame buffer 279
frame pointer 57, 66
free 409
FreeBSD 9
free_irq() 333
front-end allocator 420

G

Garbage Collection 409
gcc 558
GDI 354
gemeinsamer Speicher 277, 482
Gerätedateien 329
Gerätetreiber 322
Geräteverwaltung 321, 336
geschichtete Systeme 13
GetCurrentFiber() 146
GetExitCodeThread() 145
GetFiberData() 146
GetLastError() 98
GetMessage 376
GetNamedPipeHandleState 268
GetNamedPipeInfo 268
GetProcAddress 588
getty 130
GID 635
Google Chrome OS 19
grafische Benutzerschnittstelle 62
Graphical User Interface 590
group id 635
group policy 639
Gruppenidentifikation 635
GUI 590
GUI-Architektur in Unix-Systemen 354
GUI-Architektur in Windows 354
GUI-Dialogelemente 367, 376

H

HAL 337
HANDLE 92
Handle 89, 324
hard link 493
Hardware-Interrupt 53
Hardware-Parallelität 107
Harvard-Architektur 26
Hauptprogramm 57
HeapAlloc 421
HeapCreate 421
HeapFree 421
Heap-Management 408
Heap-Verwaltung 420
High Level Language (HLL) 556
Hintergrundprozess 115
hold and wait condition 240
HOME 600

I

IBM 380
IBSYS 8
idempotent 80
Idempotente Unterprogramme 80
implizites P/Invoke 77
Index Nodes 522, 523
init 130
InitializeACL() 640
inittab 130
init_wait_queue_head() 333
Inodes 522, 523
Input/Output 312
instruction pointer 48
Instruktionssatz 31
Instruktionssatzarchitektur 5
Integrität 620
Integrity * Rule 633
interne Befehle (commands) 594
interne Fragmentierung 416, 418
Interprozesskommunikation 252
Interrupt Service Routine 51
interrupt sharing 333
interruptible_sleep_on() 333
Interrupt-Vektortabelle 102
IN/INS/INSx 35
ioctl 333
ioctl() 326
ioperm() 329

iopl() 329
IR 49
ISO-OSI-Modell 543
ISO-OSI-Referenzmodell 293
ISR (Interrupt Service Routine) 101
I/O 312
I/O Manager 336
I/O redirection 605
I/O scheduling 344, 547
I/O-bound 156

J

Java 140, 284
Java Native Interface (JNI) 73, 658
Java-Bytecode 21
Java-Monitor 283
Java-Sockets 268
Java-Thread-Zustände 175
JNI 658
JNI (Java Native Interface) 73
Job 110
join 118
journaling file systems 545
JScript 591
JVM (Java Virtual Machine) 174

K

Kennwort 637
kernel memory allocator 419
kernel mode 55
kernel modules 331
kernel segment 478
Kernel-Level-Thread 138
KERNEL32.DLL 589
Kernmodus 11, 55, 422
kill 229
Kindfenster 376, 385
Kindprozess 128
Kommandoargumente 595
Kommandointerpreter 590
Kommandooptionen 595
Kommandoparameter 595
Kommandozeile 123, 350
Kommandozeilenargument 94, 123
Kontrollfluss 48, 137
Kontrollflusssteuerung 591
Kontrollstrukturen für Skripte 612
Konvoieffekt 250

kooperierende Prozesse 109
Koroutinen 170
kritische Bereiche 192

L

Lader 557
Laufzeitsystem 6, 62, 142
Leichtgewichtsprozesse 136
Light Weight Processes (LWP) 136, 148
linker 557
Linux-Scheduling 187
Little Endian 37
LoadLibrary 588
local security policy 639
Logical Block Addressing (LBA) 550
logical sector number (LSN) 514, 527
Login 123, 131
login procedure 130, 635
login shell 130
logische Blocknummern 527
logische Datentypen 36
logische Kanäle 3, 319, 323
logische Kanalnummer 323
logische Sektoren 550
logische Sektornummern 514
logisches Laufwerk 548
Logout 123
Lokale Shell-Variablen 597
Lokalitätsprinzip 395
LookupAccountSid() 640
LOS 21
lseek() 326
LSN 527
LWP 136

M

MAC 632
MACH 14
magische Zahlen 594
main 183
make 563
Makefile 563
malloc 408
managed C++ 77
Mandatory Access Control 632
MANPATH 600
manual-reset event 226
Maschinenbefehle 29
Massenspeicher 324, 341

Master Boot Record (MBR) 548, 549
Mehrprogrammbetrieb 107, 111
Mehrstufen-Sicherheitssysteme 632
Meldungspumpe 376
Meldungsschleife 376
Meldungsübermittlung 383
Memory Management Unit 137
memory map 37
message pump 376
Metazeichen 592, 603
Microsoft .NET 77
Middleware 308
Mikrocontroller 10
Mikrokernsysteme 14
militärische Sicherheit 632
MinWin 18
misalignment 39
Mischsprachenprogrammierung 72
Mischsprachenprogrammierung (mixed language programming) 72
MMU 11, 137
Mnemonic 45, 556
modified page-writer 478
Modulare Betriebsysteme 13
Monitor 280
monolithische Systeme 12
mounting 521
MS-DOS 9, 525
MsgWaitForMultipleObjects() 146
MT Safe 62
MULTICS 8
multi-level security 632
Multimedia Class Scheduler Service 181
Multimedia-Scheduler 181
Multiprogrammierung 107
Multiprozessorsysteme 15, 641
Multithreading 139, 157
Multithreading als Hybridlösung 142
MultiThreading Safe 62
Multithreading-Modelle 140
Mutex Object 222
mutual exclusion 192, 239

N

name decoration 73
Name Mangling 73
named pipes 260
namenlose Pipes 260
naming convention 73

native API 71
nebenläufige Prozesse 110
NetBSD 9
Netzwerkfunktionen 62
new 421
Next Fit 411
NMI 54
non maskable interrupt 54
nonpaged pool 422
nonpreemptive 159
normale Datei 636
NTDLL.DLL 589
Null-Adress-Maschine 46

O

Oberprogramm (OP) 57, 58
object file format 114
Objektcode 556
Objektdateiformat 114
Objektorientierte Programmierschnittstelle 388
offene Parameterlisten 69
open 128
Open File Table 91
OpenBSD 9
OpenFileMapping 278
OpenVMS 9
open() 271, 326, 329
Operanden 33
ordinary file 636
OS X 8, 14
OS/2 13
OS/360 8
OUT/OUTS/OUTSx 35
overlapped input/output 226
Overlay-Technik 434
owner 222, 226

P

P- und V-Operationen 197
page buffering 477
page cache 348
paged pool 422
paging file 278
parallele Abläufe 135
parallele Prozesse 106
Parallelverarbeitung 106
Parameterübergabe 62

Parent Process IDentification (PPID) 128
Partition Table Search Program 549
Partitionsstatus 549
Partitionstabelle 549
Partitionstyp 549
Passwort 635
PATH 595, 600
pattern 156
PC 48, 60
PCB 112
PCC 22
PeekNamedPipe 268
Peripherieanschluss 324
Peripheriecontroller 312, 320
Perl 591
perror() 98
Personendaten 620
PFF-Algorithmus (Page Fault Frequency) 462
physische Datentypen 36
physische Kanäle 319
physisches Laufwerk 548
pipe 259
Pipe, gebrochene 264
Piping 592
Platform Invocation Services 77
Plug-and-Play 334, 335
P-Operation 221
Pop-up-Threads 143
positional parameters 598, 607
POSIX (Portable Operating System Interface) 103
POSIX-Mutex 216
POSIX-Realtime-Semaphor 219
PostMessage 383
PostQuitMessage() 381
Power Management 334, 335
Präprozessor 558
preemption points 187
preemptive 159
prepaging 464
primary thread 143, 149
Prioritätsanhebung 181, 215
Prioritätsanpassung 181, 186
Prioritätsdecke 218
Prioritätsmodifikation 181
Prioritätsstufen des Windows NT-Kerns 176

Prioritätsumkehrung 213, 250
Prioritätsvererbung 214, 217
Priority 346
priority ceiling 218
priority hints 174
priority inheritance 217
private Variablen 43
Privilegienstufen (privilege level) 11
Privilegiensystem 11
Process Control Block (PCB) 112, 155
process identification (PID) 119, 128, 599
PROCESS_INFORMATION 126
program counter 48
program status word 52
Programm 108
Programmausführung 48
Programmcode 48
programmgesteuerte Ein-/Ausgabe 313
Programmiermodell von GUI-Betriebs-
    systemen 358
Programmiersprache 69, 170
Programmstart 553
Programmstatuswort (PSW) 31, 32
Programmunterbrechung 55, 313
Programmzähler 32, 48, 58, 118, 137
Proportional Share Scheduling 348
Prozess 108
Prozessbeendung 117
Prozesserzeugung 114, 115
Prozesserzeugung unter Windows 125
Prozessgruppe 133
Prozesshierarchie 128, 131
Prozessidentifikationen 128
Prozessmodell 111, 135
Prozessor 27
Prozessoraufbau 31
Prozessorgrundlagen 26
Prozessorregister 62, 111, 137
Prozessorzuteilung 151
Prozessprioritäten 153
Prozessstart 114
Prozesstabelle 121
Prozessterminierung 114
Prozessumgebung 137
Prozessumschaltung 32
Prozessvergabelung 115, 118, 634
Prozessverkettung 115
Prozesszustände 152

pselect() 508
pseudoparallel 108
PSW 52
PS1, PS2 600
pthread_cond_broadcast 287
pthread_cond_signal 287
pthread_cond_wait 286
pthread_create 148
pthread_detach 149
pthread_join() 149
pthread_mutexattr_settype 217
pthread_mutex_lock 217
pthread_mutex_unlock 217
PTHREAD_PROCESS_PRIVATE 217
PTHREAD_SCOPE_PROCESS 172
PTHREAD_SCOPE_SYSTEM 172
Pufferspeicher 348
Pufferung 324
PWD 600
P/Invoke 77

Q

Quellcode 555
queues 154
Quick Fit 412

R

Race Condition 192, 286
RAM drive 344
RCS 565
rcsmerge 565
read 263, 333
Read Cache 349
read-ahead 348
ready list 154
read() 84, 271, 326, 329, 501
rebase.exe 585
Rechnermodell 312
Recht (right) 623
reference counter 409
Referenzdatei 565
Referenzzähler 409
Registeraufbau 31
Registerblock 31
Registerbreite 31
RegisterClass 381
Registeroperationen 32
register_chrdev 331

register_chrdev() 330
registry 336
Rekursion 60
relocation records 584
relozierbar 556
Rendezvous-Prinzip 290
request_irq() 333
Resource Leak 91, 145, 149, 222
Ressourcen 109
return 123
Revision Control System 565
Rolle (role) 625
root file system 130
round robin with multilevel feedback 185
Rückgabewert 125
Rücksetzen (reset) 213
Rücksprungadresse 58
RVA 586

S

SCCS 565
Schattenkopie 546
Schattenkopierdienst (Volume Shadow
    Copy Service) 546
schedule 332
scheduler 156
scheduler activation 142
Scheduler-Szenarien 179
scheduling algorithms 156
scheduling allocation domain 174
scheduling attributes 173
scheduling contention scope 171
SCHED_FIFO 172
SCHED_OTHER 172
SCHED_RR 172
SCHED_SPORADIC 172
Schutzkommandos 627
Schutzmatrix 624, 630
Schutzstrategien 631
Schutzziele 619
script 125, 590, 592, 594
segregated free lists 413
SEH(Structured Exception Handling) 96
Seitenfehler 141, 142
select() 506
Semaphor 197
Semaphore Object 220, 221, 224
semctl() 219

semget() 219
semop() 219
SendMessage 273, 383
sequential fit algorithms 412
sequenzielle Prozesse 111
serielle Schnittstelle 324, 326
service request 143
Session 110
set 596
SetHandleInformation() 501
setPriority 174
setrlimit() 86
setuid 637
sh 124
shared memory 278, 482
Shared-Memory 15
shell 123
Shell-Kommandosprache 595
Shell-Programmiersprache 595
Shell-Variablen 596
shift 598
short cuts 380
Sicherheit unter Unix 634
sicherheitstechnische Maßnahmen 619
SID 640
sigaction 231
SIGKILL 229
Signalbehandlung 231
Signalmengen 231
sigset_t 231
Simple Integrity Rule 633
simple lock 216
Simple Security Rule 632
single-threaded process 139
Singularity 22
sizeof 127
SJF-Strategie 160
Skriptargumente 599
Skriptargumente-Variablen 597
Skripte, Erstellung von 592
Skriptprogrammierung 590
Skriptsprachen 590
Skriptsteuerung 599
Sleep() 145
SMP 15
soft link 493
Softwarearchitekturen 357
Software-Entwicklungswerkzeuge 554

Software-Interrupt 53, 101
Software-Parallelität 107
Solaris 8
Solid State Drive (SSD) 343
Source Code 555
Source Code Control System 565
source code merging 566
Speicherbelegungsplan 37
Speicherklasse 42
Speicherprinzipien 391
Speicherverwaltungs-Hardware 137
Spezialargumente-Variablen 599
Spezialdateien 636
Spezialrechte 636
Spezielle Register 31, 32
SPIN 21
Spin Lock 224
Sprungweite 49
Spur 313
SRT-Strategie 161
SSD 343
SSF 346
SSTF 347
stack 137
stack frame 50, 57, 67
Standarddialogelemente 376
Standardeingabe 123
standardisierte E/A-Funktionen 326
Stapel (stack) 49, 137
Stapelauftrag 115
Stapelverarbeitung (Batch Processing) 7
Stapelverarbeitungsmodus 590
Stapelzeiger 32, 50, 137
Startadresse 29, 58
STARTUPINFO 126
starvation 239
static 42
stderr 592, 605
stdin 123, 592, 605
stdout 592, 605
Steuermechanismen 357
Steuerprogramme 4
Stränge 136
stream input/output 325
strerror() 98
Subshell 124
Suchpfad (search path) 594
swap device 478

swap file 478
swapper 185, 478
SwitchToFiber() 146
synchrone Ein-/Ausgabe 325
synchrone Kommunikation 254
Synchronisationsengpass (synchronization bottleneck) 248
synchronization bottleneck 248
system recovery 546
system service call 81
system service dispatch table 102
system service dispatcher 102
system service number 102
Systemadministration 635
Systemaufruf 115
systembestimmte Zugriffskontrolle 632
Systemdatentypen 92
Systemdienstaufruf 81
Systemdiensttabelle 102
Systemfunktion 62, 187
Systemmodus 624
Systemobjekte 220, 221
Systemprogramme 4, 5
Systemsoftware 4
Systemstart 115, 128, 323
Systemverwaltung 590
Systemwiederherstellung 546

T

TAL 22
TAS-Befehl 194
Task 110
Task Cloning 249
Tasklets 333
Tastatur 123
Tastaturmeldungen 384
TCL 591
Terminal 123, 350, 352
Terminierung von Prozessen 117
Test And Set 194
Testhilfsmittel 37
Testoperatoren 591
Textnamen 3
textorientierte Bedienschnittstelle 352
Thread 110, 135
Thread Control Block (TCB) 141
Thread Object 221
Thread-Anwendung 138

Thread-Erzeugung 114
Thread-Modell 106, 135, 171
Threads unter MS Windows 143
Threads unter Unix 148
Thread-Tabelle 141
Thread-Umschaltung 137, 140
Thread-Zustände 141, 177
Thread-Zustandsmodell in Windows 178
Threshing 239
time quantum 180
Time-Sharing-Betrieb 7
tmpfile 123
tmpfile() 116
Top Of Stack (TOS) 50
Top-down-Sicht 2
track 313
Transaktionsprotokoll 526
TranslateMessage 377
TranslateMessage() 385
Transportsystem (Bus) 28
Trap-Interrupt 100, 101
Treiber 320
Treiberschnittstelle 322
TSO (Time Sharing Option) 8

U

UID 635
Umgebungsvariablenliste 87
unbound threads 173
Ungarische Notation 93
unistd.h 271
Universalmikroprozessoren 11
Unix 140
Unix System V 17
Unix-Konzepte 634
Unix-Shell 123
Unix-Signale 226
Unix/Linux Shell Scripts 591
unnamed pipes 260, 271
unset 597
Unterbrechungssystem 314
Unterprogramm (UP) 57
Unterprogrammaufruf 60, 62
Unterprogrammausführung 49
Unterprogrammtechniken 80
upcall 142
Urstartadresse 29
user 625

user group 625
user identification 635
user mode 55
user mode driver 329
user segment 478
User-Level-Thread 138, 146

V

Variablenplatzierung 42
VBScript 591
Vektor 58
Vektornummer 53
Vektortabelle 53
Verdrängende und nicht verdrängende
　　Strategien 158
Verdrängungspunkte 187
Vererbung unter Prozessen 128
Verfügbarkeit 620
Vergabelung 626
Verhungern 239
Verkettung 122
Versionenkontrolle 564
Verteilte Betriebssysteme 17
Vertraulichkeit 619
Verzeichnis 636
Verzeichnisorganisation 523
VFAT 525
virtual address descriptors, VADs 427
virtuelle Maschine 6
virtueller Programmzähler 118
VMM 21
VMS 9
Volume Shadow Copy Service 546
von Neumann 26
von-Neumann-Flaschenhals 28
vorauslesen 348
Vordergrundprozess 115, 125
VSWS-Algorithmus (Variable-interval
　　Sampled Working Set) 463
VxWorks 213

W

Wachhund (watch dog) 214
wait 120
WaitForMultipleObjects() 146, 220, 506
WaitForSingleObject() 146, 220
wait() 230
wake_up_interruptible() 333

Warteereignisse 154
Warteschlangen 154
Wartezeiten 157
WDF 335
WdfDriverCreate() 338
WDM 335
wear leveling 344
Web-Based Enterprise Management (WBEM) 335
wechselseitiger Ausschluss 239
WEXITSTATUS 120
Whitebox 10
widgets 356
WIFEXITED 120
window class 376, 380
Window Manager 354, 362
Windows API 104
windows core 18
windows message queue 273
windows messages 375, 378
Windows Named Pipes 267
windows procedure 376, 377
Windows Scripts 591
Windows Unnamed Pipes 271
WinMain 380
Win32 103
Win32 API 103
WMI 335
Worst Fit 412
write 263, 333
Write Back Cache 349
Write Through Cache 349
WriteFile() 86
write() 84, 271, 326, 329, 501
WSH 591

X

XGetVisualInfo() 369
XOpenDisplay() 363
XSelectInput() 370
X-Window-System 355

Y

yield 174

Z

Zählsemaphor 198, 220, 221
zeichenorientierte Geräte 330
zeichenorientierte Peripherie 324
Zeichensatz 352
Zeitmultiplex (time multiplex) 107, 111
Zeitquantum 180
Zeitquantumsanpassung 181
Zeitquantumsmodifikation 182
Zeitquantumsverwaltung 180
Zeitscheibenverfahren 153
zero page thread 478
ZeroMemory 127
zombie 184
Zombieprozess 120, 230
Z-Order 386
Zustandsmodell 154
Zuteilungsstrategien 156
Zwei-Adress-Maschine 47
zweistufige Prozessorzuteilung 173
zweistufiges Zuteilungssystem 140
Zwischencode 6
zyklische Wartebedingungen 240
z/OS 8

Sonderzeichen

_exit() 123
_POSIX_MAPPED_FILE 279
_POSIX_MESSAGE_PASSING 271
.NET CTS 78
.NET MSIL 21
.NET-Technologie 77

Ziffern

32- und 64-Bit-Systeme 99

Jürgen Quade

Embedded Linux lernen mit dem Raspberry Pi

Linux-Systeme selber bauen und programmieren

Wenn Sie einen praktischen Einstieg in die Entwicklung eingebetteter Systeme mit Linux suchen, ist dieses Buch das Richtige für Sie. Anschaulich beschreibt es Aufbau, Konzeption und Realisierung eingebetteter Linux-Systeme auf Basis des Raspberry Pi.

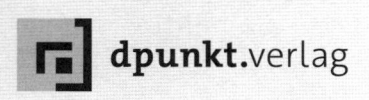

2014, 306 Seiten, Broschur
€ 29,90 (D)
ISBN 978-3-86490-143-0

»Eine gute Einstiegshilfe für Praktiker«
c't

dpunkt.verlag

Wieblinger Weg 17 · 69123 Heidelberg
fon 0 62 21/14 83 40
fax 0 62 21/14 83 99
e-mail hallo@dpunkt.de
http://www.dpunkt.de